LAROUSSE
de la Jardinería

PLANTAS DE INTERIOR

ES UNA OBRA

EDICIÓN ORIGINAL

Obra colectiva realizada bajo la dirección de
Patrick Mioulane

Dirección editorial: Catherine Delprat
Edición y coordinación: Agnès Dumoussaud
Idea gráfica: Marie-Astrid Bailly-Maître

Asesores de redacción
Catherine Hébert-Bion y Marc Gueguen

Coordinación y lectura final
Céline Charpiat y Frédérique Vergne-Bosch

Redactores
Alain Delavie: de 246 a 253, de 276 a 283, 304-305
Catherine Delvaux: de 192 a 197, 220-221, de 254 a 275, de 284 a 301, de 312 a 367, de 420 a 425, de 428 a 435, de 472 a 475
Valérie Garnaud-d'Ersu: de 202 a 217, de 224 a 241, de 478 a 495
Marie-Hélène Loaëc: de 370 a 373, de 376 a 399, de 402 a 409, de 412 a 417
Patrick Mioulane: 3, 7, 8, de 10 a 191, de 198 a 201, 218-219, 223, 243-244, 302, de 306 a 311, 368, 374, 400, 410, 418, 426, 436, 448-449, 477, de 496 a 499, 511
Didier Willery: de 438 a 447, de 450 a 471

Paginación
Aris Lapeyre y Nadine Grosvalet

Ilustraciones
Fotografía: © Agence MAP/MISE AU POINT
Estilista de fotografías interiores: Marie Berthelot, Nicole Mioulane y Anne Valery
Dibujos: Nicole Colin

EDICIÓN ESPAÑOLA

Dirección editorial: Núria Lucena Cayuela
Coordinación general: Jordi Induráin Pons
Edición: Laura del Barrio Estévez

Realización: Digital Screen, servicios editoriales
Maquetación: Digital Screen, servicios editoriales
Traducción: Dommo Serveis
Asesoría técnica: Isabel Bovet Pla
(Catedrática de Ingeniería Agrónoma de la Universidad de Lleida)
Preimpresión: Digital Screen, servicios editoriales
Cubierta: Francesc Sala

Aribau, 197-199, 3.ª planta - 08021 Barcelona
Tel.: 93 241 35 05 Fax: 93 241 35 07
larousse@larousse.es ■ www.larousse.es

ISBN: 84-8332-526-8
Depósito legal: NA. 762-2005
Impresión y encuadernación: Gráficas Estella, S. A.
Impreso en España - *Printed in Spain*

Viajar por todo el mundo, desde la selva amazónica a las estepas africanas, pasando por el desierto mexicano, sin moverse del sillón. Soñar con escalar cimas vertiginosas para contemplar orquídeas exóticas. Imaginar una expedición a las profundidades de la jungla en busca de plantas carnívoras... Todas estas aventuras se viven cada día al observar las plantas que decoran nuestros hogares. La mayor parte de estas plantas, cuyas formas y colores nos embelesan, proceden de parajes lejanos, pero están obligadas a crecer en macetas y a adaptarse a las particulares condiciones de los interiores actuales. Por eso requieren atenciones muy específicas para gratificarnos con su fascinante belleza. Cada página de este libro, fruto de largos años de experiencias y observaciones, revela algunos secretos para poder disfrutar de la compañía de las plantas, en la tranquila y confortable intimidad de su casa.

S U M A R I O

3

4

1

LAS PLANTAS EN CASA

LAS PLANTAS EN CASA

Resguardados cómodamente tras las paredes del hogar, nos protegemos de las inclemencias atmosféricas y de los rigores de la naturaleza. Sin embargo, la frialdad de los materiales de los edificios crea un ambiente artificial y despersonalizado. ✲ Hay que embellecer el entorno, devolverle la vida, animarlo. Y, precisamente, la naturaleza de la que hemos huido será la que nutra nuestra inspiración. ✲ Los papeles pintados de las paredes, las cortinas y los tapices del mobiliario y la ropa de baño se llenarán de motivos florales. Incluso las flores frescas penetrarán hasta el interior de nuestras casas, en calidad de huéspedes efímeros, arregladas según el código misterioso de una sensibilidad supuestamente artística, aunque a menudo artificial. ✲ La sola presencia de una planta, bien colocada en su tiesto, orgullosa de sus botones llenos de savia y listos para dar vida, es suficiente para que la casa adquiera un nuevo aspecto. ✲ Testimonio de amor o de amistad, de pasión o de afecto, o bien expresión simple y espontánea de nuestros sentimientos, la planta destinada al entorno doméstico simboliza con su generosa naturaleza las mejores intenciones. ✲ Será objeto de todas nuestras atenciones, ya que encarna a quienes la regalaron. Es digna de respeto porque está viva. ✲ La cuidamos con solicitud porque embellece nuestra vida cotidiana. ✲ Se trata de una amiga, una compañera; una presencia necesaria para nuestra plenitud, que equilibra nuestro comportamiento y engalana el entorno. ✲ Debido a sus orígenes lejanos y con frecuencia misteriosos, las plantas que decoran el interior de nuestro hogar invitan a la evasión. Las más sorprendentes arrastran nuestra imaginación a viajes que nos ayudan a olvidar la banalidad de lo cotidiano y a imaginar la humedad de junglas inextricables pobladas de orquídeas y de lianas gigantes, o la inmensidad de los desiertos donde cactus y plantas crasas luchan contra la escasez de agua. Ante el lector se abre un universo de aventuras, en el que puede crear, transformar y modelar hasta los límites de su inspiración. ✲

Pase, está abierto y lleno de verdor

Un ambiente acogedor en esta pequeña granja de encanto rústico. Cuando hace buen tiempo, la puerta de entrada permanece abierta de par en par para que entre el sol, lo que resulta provechoso para las plantas. Una colección rica y variada adorna este largo pasillo de suelo soberbiamente enlosado. La disposición de las plantas en varios niveles imprime un efecto rítmico flexible y agradable. La mirada «baila» pasando del suelo al techo para apreciar una a una todas las especies. Así se crea la impresión de un espacio de mayor volumen, mientras que se refuerza la agradable presencia de este ambiente natural. La elección de especies de siluetas variadas, cuyos colores contrastan entre sí, produce un efecto luminoso. Un decorado incesantemente renovado, que siempre debe parecer impecable.

PLANTAS PARA ACERTAR

1. **Loto *(Lotus berthelotii),*** planta colgante de flores exóticas.
2. **Areca *(Chrysalidocarpus lutescens),*** palmera muy poblada.
3. ***Begonia elatior,*** con flores de colores muy cálidos.
4. **Hiedra *(Hedera helix),*** planta trepadora.
5. ***Dracaena deremensis* «Janet Craig»,** con hojas verde oscuro.
6. **Potos *(Epipremnum aureum),*** planta muy resistente.
7. **Croton *(Codiaeum variegatum),*** con efecto luminoso.

PRUEBE TAMBIÉN

Clivia miniata
Muy resistente, necesita una habitación fresca y con luz intensa para florecer bien. La clivia requiere riegos bastante espaciados.

***Aspidistra elatior* «Variegata»**
El follaje matizado confiere un aspecto muy luminoso a esta planta que lo resiste todo.

Otras ideas

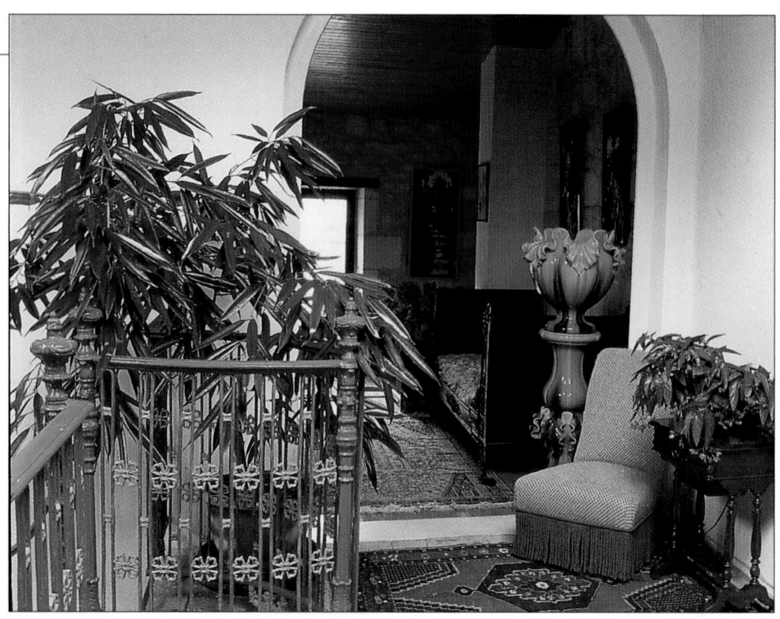

▶ RECEPCIÓN EN EL ENTRESUELO

Con el punto justo de sofisticación para afirmar el gusto por el lujo y a la vez evitar caer en lo pomposo, este pasillo de entresuelo resulta acogedor y delicado. Refleja perfectamente el carácter hospitalario de la propietaria del lugar. Las plantas, presentes aunque sin dominar, son bastante opulentas, pero en absoluto molestas. Un *Ficus longifolia* aprovecha la luz generosa procedente de una ventana del tejado para ramificarse a placer. La *Begonia glaucophylla* disfruta del ambiente y manifiesta su satisfacción con una floración casi continua. La temperatura desciende de forma regular durante la noche, lo cual también resulta provechoso para las plantas.

◀ DE UN JARDÍN AL OTRO...

Esta entrada, zona de transición entre el interior confortable y señorial de la casa y el jardín, dispone de abundante luz casi todo el día. Por ello, las plantas pueden prosperar y beneficiarse de una renovación permanente del aire, ya que la puerta permanece abierta cuando las condiciones atmosféricas lo permiten. Un cierto frescor reina en la habitación, así se limitan los riegos y se evitan muchos contratiempos. El surtido de plantas de interior es muy variado. Hay un *Ficus longifolia* muy cerca de la entrada y luego un expositor dominado por un potos donde se agrupan, además, una begonia florida y algunos helechos. En el marco de la puerta hay un *Ficus benghalensis* (ficus de Bengala).

BUENAS COSTUMBRES

El éxito de una decoración basada en las plantas reside en el aspecto impecable de las mismas. Es muy normal que una hoja se estropee o se seque de vez en cuando. Cuando así ocurra, elimínela rápidamente, cortándola lo más cerca posible de su punto de nacimiento, o, si se trata de una especie de hojas compuestas, suprimiendo solamente el foliolo estropeado. Al mismo tiempo, compruebe que la planta no tenga parásitos examinando el haz y el envés de las hojas, y asegúrese de que la tierra no esté encharcada o que la base de la maceta no se encuentre permanentemente sumergida en agua.

Consejo: **Al fondo de un pasillo largo, la intensidad de la luz es muy débil y esto dificulta el crecimiento de las plantas. Instale lámparas provistas de bombillas tipo «luz diurna» que dejará encendidas al menos seis horas al día. Pronto notará que mejora el crecimiento de las plantas.**

La antesala de la comodidad

Iluminado generosamente por una gran puerta vidriera, este vestíbulo acoge al visitante en un ambiente florido. Los visillos, de colores vivos, marcan la tónica con sus motivos florales y de follajes exóticos que semejan plantas. La frondosa alfombra china y el mobiliario antiguo confieren a la estancia un aspecto elegante, que conserva su funcionalidad gracias al embaldosado, de fácil limpieza. Las plantas, muy presentes y variadas, contribuyen a animar este sitio de paso. La longevidad de las plantas y sus condiciones de iluminación han condicionado la elección de las especies. En invierno, algunas macetas se trasladarán para evitar los efectos nefastos del aire frío que penetra cuando se abre la puerta.

PLANTAS PARA ACERTAR

1. ***Dracaena fragans* «Lindenii»**, planta escalonada.
2. ***Asplenium bulbiferum,*** helecho de largas frondas flexibles y dentadas.
3. ***Dieffenbachia* «Reflector»**, con gran y contrastado follaje.
4. **Balsamina (*Impatiens* x *hawkeri*).**
5. ***Begonia masoniana,*** con hojas alveoladas que no deben mojarse.
6. **Violeta africana *(Saintpaulia ionantha),*** una colección variada.

PRUEBE TAMBIÉN

Dracaena hookeriana
Especie de hojas anchas y bastante rígidas, que forman un plumero sobre un tronco flexible, ramificado y rugoso.

Primula auricula
Esta pequeña planta de hojas carnosas presenta flores de coloridos excepcionales al principio de la primavera.

Otras ideas

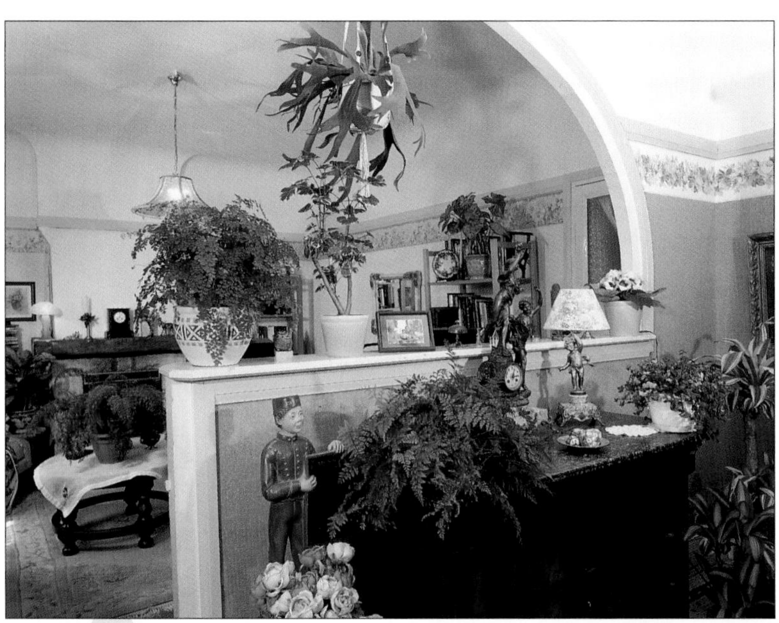

◀ DE PUNTILLAS...

Al entrar en este vestíbulo, que se abre a una sala señorial donde cada objeto cuenta una historia, queda al descubierto un delicado botón floral. Se tiene la impresión de acceder a un jardín secreto como invitado privilegiado de una familia que cultiva la pasión por las plantas. Cualquier rincón es aprovechado para albergar una especie elegida con auténtica voluntad de originalidad: una *Davallia mariesii* y una *Callisia repens* sobre la cómoda; un culantrillo *(Adiantum venustum),* una *Polyscias balfouriana* «Pennockii» y una gloxinia (*Sinningia* híbrida) en el estante, y un cuerno de alce *(Platycerium bifurcatum)* colgante, sólo son una muestra de esta magnífica colección...

▶ LAZOS DELICADOS

En esta entrada de paredes vestidas de listas de colores cálidos, la escalera aparece adornada con una barandilla de motivos labrados. Los lazos de hierro forjado soportan los tallos volubles de dos plantas trepadoras que se enmarañan alegremente: un *Cissus rhombifolia* «Ellen Danica», de hojas de color verde oscuro muy recortadas, y una parra virgen de interior (*Ampelopsis brevipedunculata* «Maximowiczii Elegans»), bellamente jaspeada de rosa y blanco. Estas dos plantas reciben una iluminación indirecta de la habitación vecina. Como la entrada tiene poca calefacción, las condiciones resultan favorables para su adecuado desarrollo. No obstante, habrá que quitarles el polvo de forma regular.

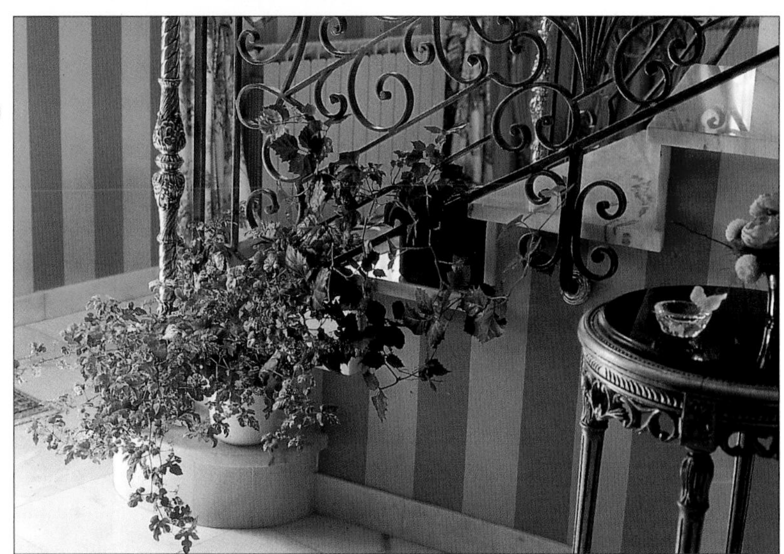

IDEAS DECORATIVAS

Un gran espejo colocado en la entrada crea la ilusión óptica de un mayor espacio. También refleja las luces, que aportan un ambiente intimista y cálido. Instale una consola (mesa estrecha) a lo largo del espejo y coloque encima objetos bellos y una planta excepcional. En este caso, es una *Sageretia theezans* de 30 años, en forma de bonsái de estilo Sokan (árbol de tronco doble). Sin embargo, una hermosa orquídea, un cactus de forma cristata e incluso un simple amarilis con trompetas podrían resultar igualmente convenientes en este ambiente. Se trata de personalizar un lugar que suele descuidarse sin razón.

Consejo: **En una entrada no deben colocarse plantas justo enfrente de la puerta. En invierno, el aire frío entra en la habitación cada vez que se abre la puerta. Una fuerte sensación de frío produce que las hojas de las plantas se pongan amarillas. Colóquelas a los lados o aléjelas al menos tres metros de la puerta.**

Bienvenida en medio de la naturaleza

PLANTAS PARA ACERTAR

1 **Azucena (*Lilium candidum* x),** con flores de perfume muy intenso.

2 ***Fuchsia* híbrida,** una floración continua durante todo el verano.

3 ***Isoloma grandiflora,*** con estrellas azules en verano.

4 **Calamondín *(Citrofortunella mitis),*** florece en verano.

5 **Hortensia *(Hydrangea macrophylla),*** con flores tempranas.

6 ***Gloriosa rotschildiana,*** liana de flores muy espectaculares.

7 **Pasionaria *(Passiflora caerulea),*** una vegetación extraordinaria.

PRUEBE TAMBIÉN

Anizodontea capensis
Pequeñas flores de mayo a octubre. En invierno protéjala del frío.

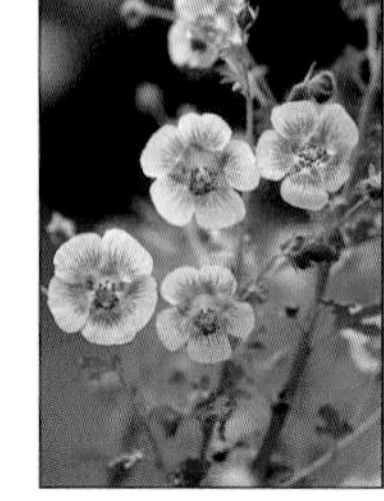

***Abutilon* híbrido**
Arbusto que florece durante todo el verano en el exterior o en la galería, pero que debe pasar el invierno al abrigo de heladas. Vigile los pulgones, que son muy aficionados a los brotes tiernos.

Cuando la entrada de la casa está cubierta con una cristalera, las condiciones ambientales serán parecidas a las de un invernadero para plantas de clima mediterráneo. Basta con mantener una temperatura invernal mínima entre 5 y 7 °C para que se desarrollen todas las plantas que hechizan nuestros veranos con sus floraciones continuas. Asimismo, se puede lograr que un importante número de especies como los bulbos de flores y la hortensia puedan avanzar su floración y abrir sus generosos corimbos desde abril. En verano, un toldo cubre parcialmente la cristalera y la puerta de entrada permanece abierta para mantener una temperatura soportable para las personas y las plantas. Un espacio para recibir visitas y un rincón para relajarse muy agradable.

Otras ideas

Consejo: **Antes de guardar las plantas en otoño en un lugar resguardado para protegerlas de las heladas invernales, practique una poda severa a todas las especies cuya floración haya terminado. Ocuparán menos lugar, pero también, y sobre todo, se conservarán mejor y rebrotarán con fuerza en primavera. No junte demasiado las macetas para que el aire pueda circular libremente entre ellas y evitar así las podredumbres.**

▼ VESTÍBULO LLENO DE VERDOR

Esta entrada, auténtico soporte de la casa, ofrece tres orientaciones opcionales: en línea recta al final del pasillo, el comedor y la cocina; a la derecha, la gran sala, muy luminosa, y a la izquierda, la escalera que sube a los dormitorios.
Como el lado de la escalera es muy oscuro, hay que conformarse con flores cortadas. La sala acoge grandes plantas verdes (*Ficus benjamina* y *Dracaena fragans*) y las habitaciones del fondo se decoran también con plantas.

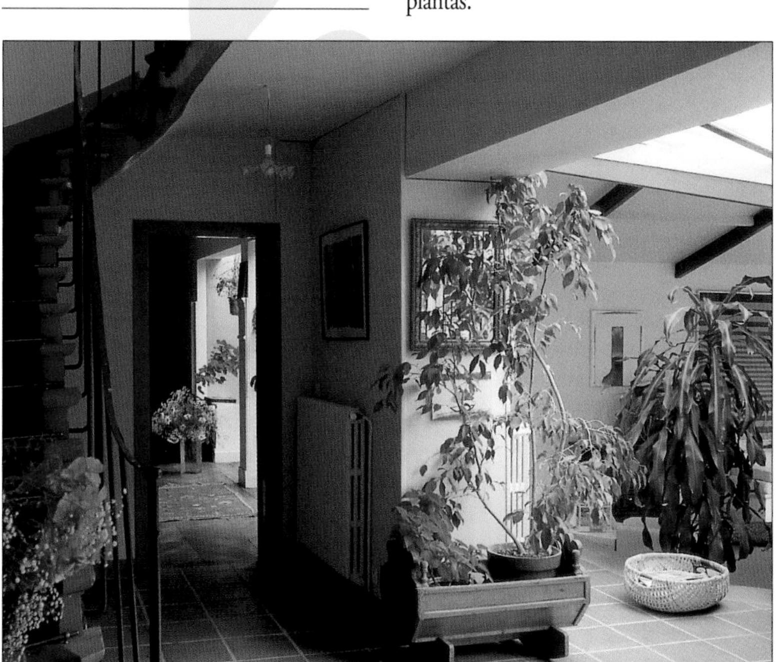

IDEAS DECORATIVAS

Una «entrada ajardinada» debe ofrecer un espectáculo permanente de floraciones. La oferta de plantas estacionales en tiestos se desarrolla, evoluciona todo el año y permite componer bonitos conjuntos de tiestos que llenarán de encanto la habitación. Las azaleas, los ciclámenes, las cinerarias, las primaveras, las campánulas, las begonias, las flores de Pascua y otras pequeñas plantas de intenso colorido se conservarán más tiempo bajo una cristalera.

▲ LA GALERÍA DE LAS PLANTAS

En esta casa, de arquitectura muy contemporánea, gran parte de la entrada está cubierta por una gran cristalera, lo que la convierte en una habitación excepcionalmente luminosa, donde proliferan las plantas. Se entra a la casa por una pequeña puerta vidriera que da a una sala de recepción, donde la presencia de las plantas es intensa, con un gran *Ficus benjamina* colocado sobre la entibación de madera a la que se adosa el sofá. Al adentrarse en la habitación, aparece la cristalera y su ambiente de jardín de invierno. Un tilo de salón *(Sparmannia africana)* acompaña a un *Ficus rubiginosa,* que se inclina bajo el peso de su follaje y necesita un buen tutorado. Las paredes están cubiertas por un *Cissus antartica,* que se desarrolla con la fuerza de una liana, mientras que de una generosa monstera *(Monstera deliciosa)* se forman nuevas hojas cada vez más grandes y perfectamente recortadas.

Encuentros vegetales
El lugar de paso entre el pasillo de entrada y la cocina se encuentra dividido por plantas que animan el decorado y destacan los bellos muebles rústicos. La gran costilla de Adán *(Monstera deliciosa)* se presenta en un soberbio cubretiestos antiguo de cerámica, para añadir una nota suplementaria de refinamiento. A la izquierda, violetas africanas; al fondo, un tiesto de begonias de flor (*Begonia* x «Rieger»).

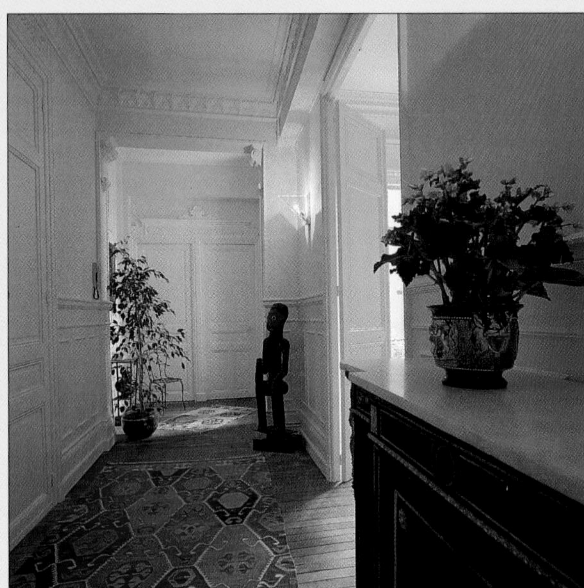

Todo sobriedad
La elegancia lujosa de este hermoso piso se manifiesta desde la entrada mediante la presencia discreta de un *Ficus benjamina,* que recibe a las visitas, y la begonia de flor (*Begonia* x «Rieger»), que, en su cubretiestos sofisticadísimo, acentúa la belleza de la cómoda Imperio. Es una planta efímera, que se sustituye regularmente.

PÁGINA SIGUIENTE
Opulento frescor
Tras cruzar el quicio, la visita se sumerge en un universo encantador. Una cristalera convierte una entrada en un compartimiento estanco, una especie de conservatorio para las plantas muy sensibles al frío, especialmente una extraordinaria colección de fucsias, azucenas y agrios. Un ambiente exótico que contribuye a que el visitante se sienta cómodo y contento.

Armonía en claroscuro

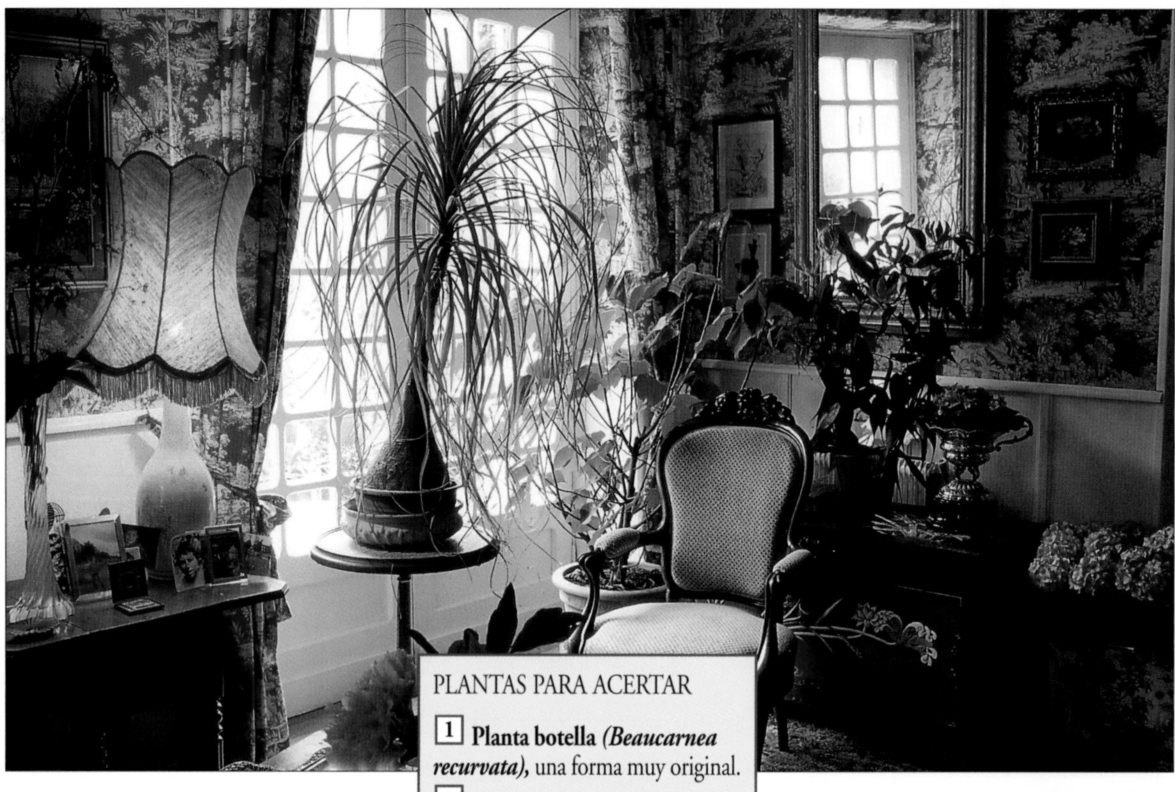

PLANTAS PARA ACERTAR

1 **Planta botella *(Beaucarnea recurvata),*** una forma muy original.

2 **Ramo de peonías,** con flores exuberantes y perfumadas.

3 **Tilo de salón *(Sparmannia africana),*** planta ramificada.

4 ***Gloriosa rotschildiana,*** flores estivales de color fuego.

5 **Hortensia *(Hydrangea paniculata),*** con inflorescencias.

Esta sala, que deja asomar una pizca de misterio mediante una iluminación sabiamente dosificada, evoca el ambiente lánguido y deliciosamente anticuado de una novela de Agatha Christie. Las zonas de sombra y de luz crean un ambiente distinguido que subrayan el mobiliario y los adornos, muy propicio para la lectura o la conversación. Fruto de la elección voluntaria, y basadas en su originalidad o inconformismo, las plantas, agradablemente provocativas, llaman la atención de las visitas y les comunican la pasión que les prodigan los dueños de la casa. Están cerca de la ventana para disponer de toda la luz necesaria. Esta habitación no suele estar muy caldeada durante el invierno.

PRUEBE TAMBIÉN

Crassula arborescens

Para sustituir la *Beaucarnea,* un arbusto de hojas suculentas que está cubierto durante el invierno de flores de color rosado. Supera 1 m de altura.

Araucaria heterophylla

Esta conífera de ramas horizontales acepta condiciones de cultivo similares a las de la *Sparmannia.* Alcanza los 2 m.

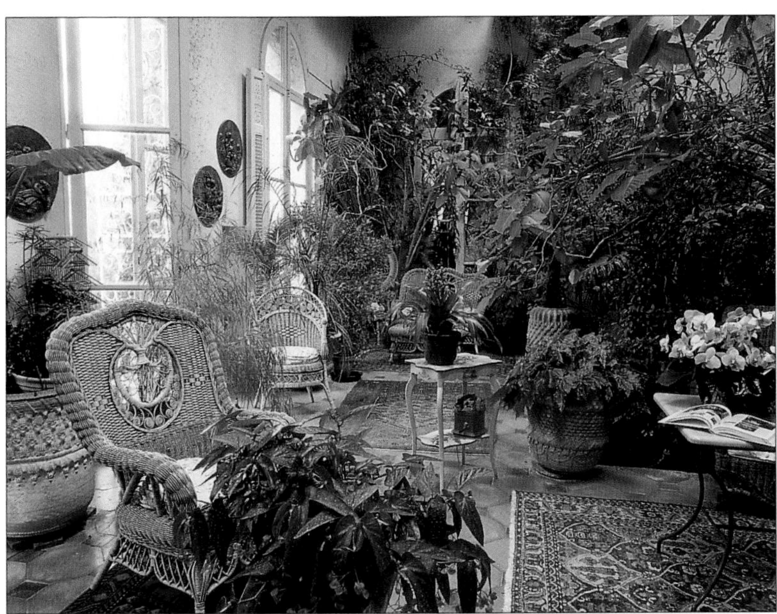

Otras ideas

◀ ATMÓSFERA EXÓTICA

Esta inmensa estancia iluminada por amplios ventanales evoca una hacienda o casa colonial del siglo XIX. Todo respira exotismo, aunque se encuentra en el Bordelés, a un tiro de piedra de los mejores viñedos del mundo. Gracias al techo muy alto y a que se dispone en un solo nivel, se plantaron en la tierra una *Brugmansia,* una buganvilla y otras plantas mediterráneas para que se desarrollasen adecuadamente. Así se creaba una impresión de «jungla» domesticada. El entorno se completa con enormes maceteros donde prosperan alocasias, begonias, esparragueras, palmeras y cicas.

▶ CHARLAS BAJO LAS PALMERAS

Con el uso de grandes plantas de follaje verde, como «claustros vivos», se logró compartimentar una enorme estancia, sin dar la impresión de tabicarla: bastó con reunir sillones y sofás para componer un pequeño rincón íntimo, ideal para charlas entre amigos. Las plantas se benefician de una buena iluminación y de una temperatura constante, de entre 18 y 19 °C durante todo el año, lo cual les resulta muy conveniente. Se distinguen en segundo plano un *Ficus longifolia* y un *Ficus benjamina,* y en primer plano una *Rhapis excelsa* y *Howea fosteriana* (kentia). Sobre la mesa se colocó una pequeña colección de begonias. Situadas en el suelo, las especies *Ctenanthe* y *Calathea* aprecian la luz más tamizada.

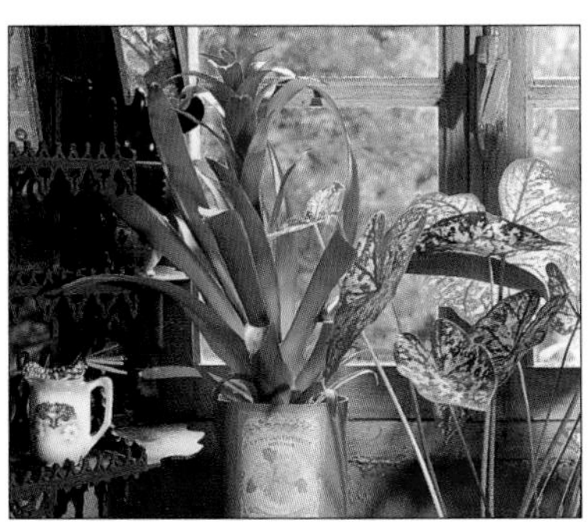

IDEA DECORATIVA

Encuentre en los rastros viejas cajas metálicas decoradas y utilícelas como maceteros. Con su pátina y sus inscripciones antiguas, las cajas para legumbres, té, café, etc., muy corrientes a principios del siglo XX, se integrarán de forma sutil en un ambiente rústico o romántico.

Observe que los cactus prefieren ser cultivados directamente en estas cajas metálicas, siempre y cuando se realicen varias perforaciones en la base.

Consejo: **No dude en abrir de par en par las puertas acristaladas cuando la temperatura exterior supere los 20 °C.**

Si observa que aparecen síntomas de enfermedades o de ataque de insectos, realice tratamientos con productos fitosanitarios adecuados para combatirlos.

La buena convivencia contemporánea

De ambiente cálido y con una decoración elegante, pero funcional, este rincón ofrece un bello efecto de perspectiva que produce una impresión de comodidad y bienestar, óptima para el descanso. La atmósfera refinada, aunque sin ostentaciones, revela el gusto de los propietarios, aficionados a recibir visitas. La generosa presencia de plantas que animan la habitación sin recargarla testifican dicha afición. La disposición triangular de tres ejemplares de importancia similar no es fruto del azar. La vegetación está presente en cualquier lugar de la habitación. Como el entresuelo ofrece una importante altura de espacio libre, las plantas superan los 2 m. La dosificación del volumen de la vegetación en una habitación merece la misma reflexión que la elección de un mueble. Cuando los volúmenes quedan bien repartidos, la casa «respira», pese a producir la sensación de que el espacio está muy recargado. Esta característica convierte esta sala en un lugar excepcional.

PLANTAS PARA ACERTAR

1 ***Ficus benjamina,*** el árbol de interior más popular. Puede superar los 3 m de altura fácilmente.

2 ***Schefflera actinophylla,*** ejemplar adulto de grandes hojas.

3 **Kentia *(Howea forsteriana),*** la palmera que mejor se adapta al cultivo en casa.

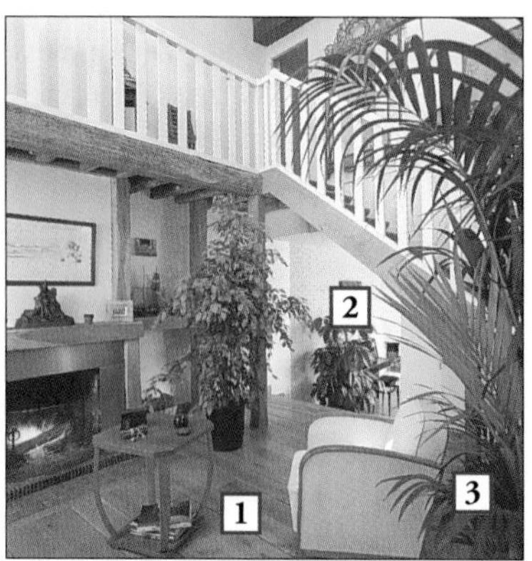

PRUEBE TAMBIÉN

***Philodendron* «Medusae»**
Un híbrido de *Philodendron erubescens* de hojas amarillas más o menos teñidas de verde. Una variedad nueva muy original, que exige una situación luminosa, pero sin sol directo.

Hiophorbe lagenicaulis
Se trata de la palmera botella, originaria de isla Mauricio, una bellísima especie, cuyo tronco finamente estriado se engrosa por la base a medida que la planta crece. El crecimiento es lento y requiere una humedad ambiental muy elevada para evitar la desecación de las palmeras.

***Ficus* «Alii»**
Una variedad nueva, procedente de *Ficus longifolia,* pero de porte menos frondoso. La planta forma un bello árbol, cuyo tronco toma consistencia lentamente. Puede presentar raíces aéreas que hay que vaporizar.

Otras ideas

◀ EL ARTE DE LA DESNUDEZ

Mediante el dibujo de formas geométricas simples y la utilización de materiales industriales (estratificado, metal, vidrio, plástico) para el mobiliario, el estilo «de diseño» juega con la perfección de las líneas y expresa lo esencial. En este contexto, las plantas interpretan la fantasía, y a la vez se inscriben en un buen equilibrio visual. Yucas y *Lytocaryum weddellianum* se asocian en una hidrojardinera y ostentan su arquitectura ligera, en oposición con la *Dracaena fragans* «Massangeana». Una habitación agradable y cómoda para vivir.

▼ EL CAMPO DE TÓTEMS

Rodeado por una colección de plantas de gruesos troncos, que también se denominan «plantas tótem», el desayuno tiene visos de aventura exótica. Una *Dracaena fragans* «Massangeana», las *Yucca aloifolia* y *Yucca elephantipes* y una originalísima *Dracaena deremensis* «compacta» de tallos trenzados forman un conjunto sorprendente y armonioso a la vez. La idea de asociar especies de siluetas similares resulta ingeniosa. Sin duda, se trata de un guiño simpático, fácil de realizar.

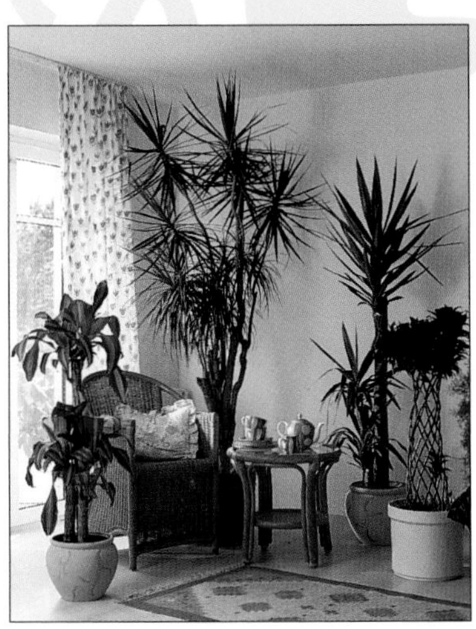

BUENAS COSTUMBRES

Dado que el aire caliente sube, la temperatura es siempre superior cerca del techo que a nivel de suelo. Si cultiva plantas de gran tamaño, se arriesga a ver cómo amarillean o se secan rápidamente las hojas de la copa. Para evitar este problema, es necesario refrescarlas con una vaporización, al menos una vez al día, cuando la temperatura de la habitación supere los 20 °C. Utilice agua sin cal para que no se manchen las hojas.

Consejo: **Como las plantas muy grandes son difíciles de trasladar, debido a su volumen, cultívelas preferentemente en macetas de plástico, más fáciles de manejar que las tinajas de terracota. No utilice maceteros.**

◀ ALCANZAR LO ESENCIAL

Esta gran sala de sobria elegancia encuentra su inspiración en la década de los años cincuenta, con muebles de líneas despojadas de todo detalle superfluo, pero que aún respetan cierta tradición con el empleo de la madera. El resultado es un ambiente confortable e interesante que podría parecer afectado sin la presencia de un notable ejemplar de *Phoenix roebelenii*, una graciosa palmera originaria de Laos, cuyas hojas, que miden más de 1 m de longitud, están finamente recortadas.

Esta planta es cada vez más apreciada, debido a que puede formar troncos bien cincelados y muy decorativos. Sobre la mesa, una *Neoregelia carolinae* «Tricolor» deja apreciar su roseta central adornada con rayas doradas. ¡Sutil y bello!

El jardín entra en casa

PLANTAS PARA ACERTAR

1 ***Ctenanthe oppenheimiana* «Variegata»,** para un lugar luminoso.

2 **Cesta compuesta,** cada planta deberá trasplantarse a una maceta.

3 ***Dieffenbachia seguine,*** dos variedades para un contraste de colores.

4 **Balsamina (*Impatiens hawkeri* x),** muy florífera.

5 ***Caladium bicolor,*** sorprendente follaje que deja filtrar la luz.

6 ***Dracaena fragans* «Linderii»,** planta «tótem» matizada.

7 ***Polyscias balfouriana* «Marginata»,** le encanta el calor.

8 **Begonia tuberosa híbrida,** nueva variedad de hojas laciniadas.

9 ***Saintpaulia ionantha,*** pilón que contiene varias variedades.

Bañada de una luz delicadamente filtrada por el follaje de un árbol muy cercano, esta pequeña sala de lectura sirve de refugio a una colección de plantas situadas en bonitos maceteros de cerámica o loza. Este lugar carece de tema o escenografía sofisticada, la espontaneidad es la regla y sólo cuenta el amor por las plantas. Esta generosidad reaparece en la decoración, muy recargada. Poco importa si hay que mover una planta o un objeto para llegar a un libro o un asiento. La habitación no debe caldearse mucho en invierno, a fin de no superar los 18 °C durante el día y los 15 °C por la noche. El árbol desprovisto de hojas deja pasar la luz y las plantas se aprovechan de ello. También apreciarán que se «olviden un poco» de regarlas.

PRUEBE TAMBIÉN

Philodendron verrucosum
Una bella especie brasileña de porte trepador, cuyos brotes jóvenes habrá que sujetar a un tutor recubierto de musgo para ofrecerles una humedad máxima. Las hojas onduladas son traslúcidas y ligeramente moteadas de rojo.

Begonia «Lucerna»
Un *cultivar* de *Begonia corallina* cuyos tallos llevan en su extremo inflorescencias de 20 a 30 cm de largo, compuestas de flores simples rosa intenso. Las hojas, de 20 cm de largo, presentan puntos blancos.

Otras ideas

▼ UNA CENA REGIA

Este comedor tira la casa por la ventana con su araña de cristal, su chimenea esculpida y su baldaquín trampantojo que viste la pared. Es un lugar para embriagarse de gran lujo saboreando un menú regio, recibir invitados de categoría en un entorno suntuoso, o vivir durante una cena los fastos de Versalles. Se trata de una habitación de gala, que sin la presencia de las plantas podría causar malestar. El *Ficus benjamina* confiere una nota de ligereza y la sorprendente *Medinilla magnifica* servirá de pretexto para iniciar la conversación.

▲ CORAZONADA A CONTRALUZ

La apariencia de las plantas cambia en función de la luz que reciben, de ahí la importancia de su ubicación en la habitación. Aquí, la ventana orientada hacia el oeste aprovecha los rayos rasos de la puesta del sol, que se refractan escasamente al atravesar el vidrio. La luz baña a la plantas por detrás, lo que resalta la textura diáfana del follaje de la flor de Pascua *(Euphorbia pulcherrima)* y realza la intensidad de los colores de la *Neoregelia* híbrida. La impresión resulta cálida, vigorizante y alegre, reforzada por la naturalidad de los muebles de mimbre. Bajo esas condiciones es inútil recargar el entorno con muchos accesorios. El pequeño cupido de bronce lo dice todo.

◀ EL SUEÑO DE UN ANTICUARIO

Sin la ventana, que da «un respiro a la mirada» permitiéndole escaparse hacia el jardín, este rincón de sala resultaría muy agobiante. Entre los adornos, los muebles y los cuadros, las plantas, que buscan con avidez la luz, consiguen, de una manera u otra, un pequeño espacio. Tradescantia, croton, *Acalypha pendula, Schefflera actinophyll* y cuerno de alce componen dicho conjunto. Será necesario moverlas para el riego y no vaporizarlas en su sitio para respetar el mobiliario.

Consejo: **El hecho de reunir un gran número de plantas en un espacio reducido facilita su cuidado. No obstante, habrá que separarlas para que sus follajes no se mezclen. A veces basta con que dos plantas se toquen para que una de ellas reaccione negativamente y se marchite o se necrose. Deje que el aire circule con libertad.**

BUENAS COSTUMBRES

Las begonias ornamentales por su follaje se multiplican por esqueje de hoja. Este método es un medio adecuado para renovarlas, ya que estas plantas tienden a perder su belleza tras 3 o 4 años. Corte una hoja sana y adulta, y reduzca la longitud del pecíolo a 4 o 5 cm. Plántela en una maceta que contenga un sustrato compuesto por turba y arena a partes iguales.

Un baño de luz

PLANTAS PARA ACERTAR

1 ***Tetrastigma voinerianum,*** trepadora que puede superar los 5 m.

2 ***Hibiscus rosa-sinensis,*** un ejemplar que necesita ser podado.

3 **Monstera o costilla de Adán *(Monstera deliciosa),*** podrá cubrir todo el pilar.

4 ***Cissus rhombifolia,*** cultivado en una cesta colgante.

5 **Cafeto o planta del café *(Coffea arabica),*** que florece gracias a la luminosidad de la habitación.

La parte central de esta inmensa sala está dominada por una pirámide acristalada, que transforma la habitación en cristalera. Las plantas, bañadas de luz, se desarrollan en esta configuración arquitectónica parecida a la de una galería. Se trata de una habitación concebida para el descanso, con un inmenso sofá que viste la rotonda acristalada. Esta zona se encuentra ligeramente más baja, al mismo nivel del jardín, y así se crea la deliciosa impresión de vivir libremente fuera y dentro. Se da prioridad al espacio en detrimento de la decoración, y los escasos objetos (pajarera, alfombra, espejo) evocan el Oriente Medio. Las plantas se cultivan en hidrojardineras, para minimizar su mantenimiento. Sólo la eliminación de polvo lleva un cierto tiempo.

PRUEBE TAMBIÉN

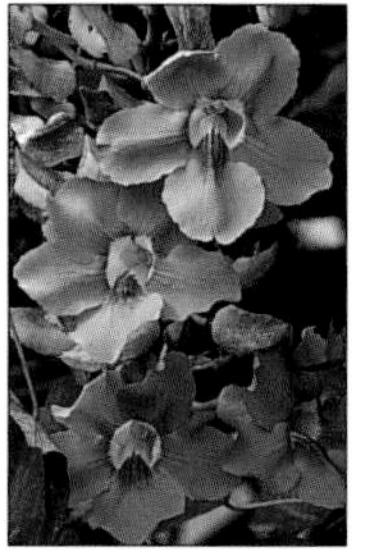

Thunbergia grandiflora
Esta trepadora de hojas perennes de 10 a 20 cm de longitud presenta flores azules en forma de trompeta durante el verano.

Acalypha pendula
Ideal para el cultivo en cesta colgante, presenta desde fines de primavera hasta mediados de verano inflorescencias rojas aterciopeladas.

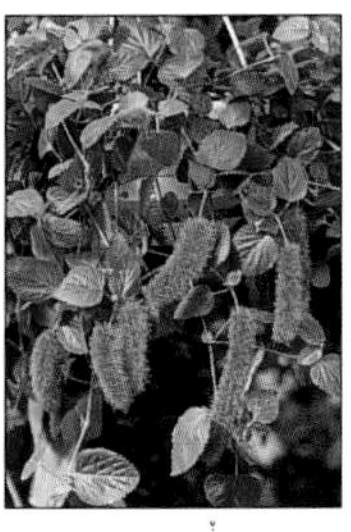

Otras ideas

▶ TRAS LAS PERSIANAS

Ver sin ser vistos podría ser el lema de los propietarios de este apartamento, cuyos amplios ventanales están protegidos con persianas de lamas orientables. Se puede admirar a placer la vista exterior, y disfrutar a la vez de una total intimidad. La inclinación de las lamas permite regular la entrada de sol en la habitación, para crear bellos efectos luminosos.

En este ambiente claro, las plantas crecen sin problemas. Espatifilo, balsamina, potos, *Philodendron,* anturio, papiro, etc., se agrupan para producir un efecto de volumen, indispensable en una habitación de estas dimensiones.

◀ UN JARDÍN EN CASA

En este magnífico apartamento, amueblado en un estilo muy actual, se acondicionó una recámara para acoger un sorprendente jardín interior, donde reina una estatua inspirada en la Antigüedad. El techo, totalmente acristalado, asegura una luminosidad perfecta. Las paredes enrejadas están cubiertas de diferentes plantas trepadoras. El jardín, de menos de 10 m^2, alberga una pequeña colección de bonsáis, tratados como si fueran auténticas joyas. El pavimento de hormigón se cubrió de gravilla, lo que permite regarlo cuando hace mucho calor para reducir la temperatura ambiente. En la habitación principal dominan dos soberbias kentias *(Howea forsteriana),* plantadas en tinajas de Anduze.

Consejo: **Para emparrar las lianas de interior de gran envergadura con la máxima discreción, la mejor solución consiste en tender hilos metálicos a lo largo de las paredes o los puntales y sujetar las plantas con ataduras finas, que no deben apretarse demasiado para no estrangular los tallos.**

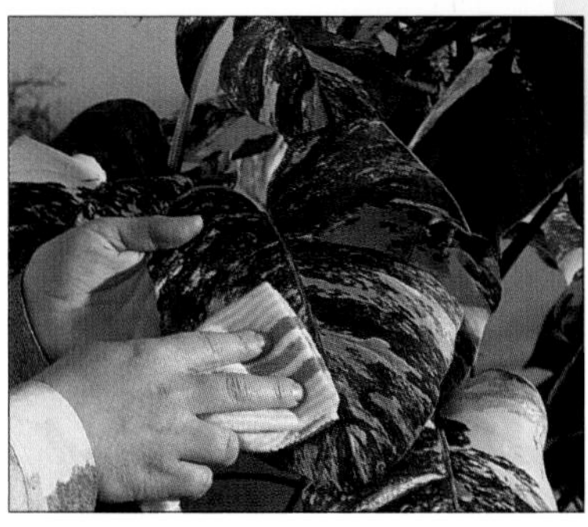

BUENAS COSTUMBRES

Las plantas de grandes hojas brillantes, como los filodendros, atraen irresistiblemente el polvo por un fenómeno electrostático. Es importante limpiar las hojas con un trapo húmedo o una esponja, ya que la capa de polvo puede reducir, o incluso impedir, la fotosíntesis. Para limpiarlas puede agregar al agua un 50 % de cerveza o un 30 % de alcohol de 60º, lo que contribuirá a controlar los ataques de cochinilla y dará a las hojas reflejos brillantes.

Las plantas crean el entorno

PLANTAS PARA ACERTAR

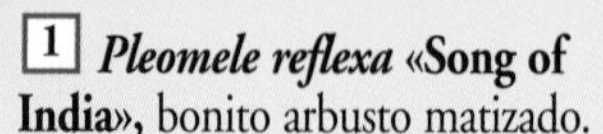

1 ***Pleomele reflexa* «Song of India»**, bonito arbusto matizado.

2 **Camaedorea *(Chamaedorea elegans)*,** compacta y grácil.

3 **Nolina *(Beaucarnea recurvata)*,** planta muy original.

4 **Hiedra *(Hedera helix)*,** en espaldera rodeando una palmatoria.

5 ***Scheffera actinophylla*,** se convertirá en un bonsái.

6 ***Alocasia macrorrhiza*,** con hojas gigantes lanceoladas.

PRUEBE TAMBIÉN

Murraya paniculata
Un bello arbusto procedente de la India que necesita una elevada humedad ambiental para conservar permanentemente su follaje verde oscuro. En primavera luce flores blancas perfumadas y en otoño, bonitas bayas rojas.

Corynocarpus laevigatus
También llamado «laurel de Nueva Zelanda», este arbusto bien ramificado se parece a un ficus.

Al elegir voluntariamente plantas de características bien definidas e integrarlas en la decoración de la habitación, los propietarios quisieron manifestar su pasión por las plantas y desmarcarse de las escenografías tradicionales. El salón se comunica sin transiciones con la cocina y el comedor, creando una sensación de espacio y permitiendo aprovechar un ambiente muy luminoso y beneficioso para las plantas. El truco consiste en utilizar soportes de alturas diferentes para presentar las diversas especies, con un efecto de movimiento ondulante que es grato a la vista. El secreter de inspiración provenzal da un toque personal a la habitación, pero resulta discreto, ya que tiene la misma tonalidad que el papel pintado de la pared.

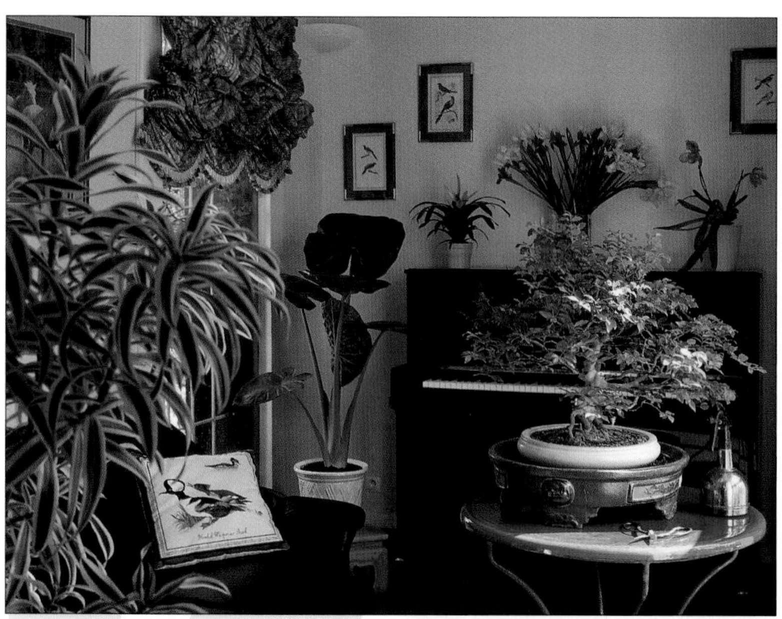

Otras ideas

◀ UNA PARTITURA ADECUADA

El universo apacible de la sala de música armoniza a la perfección con las plantas, que parecen apreciar las melodías románticas. Aquí, el ambiente es sereno y se inspira en un soberbio bonsái de 30 años *(Eugenia cauliflora)* a modo de calderón, que ostenta su silueta elegante y su corteza clara. Lo acompaña un *Pleomele reflexa* «Song of India», en primer plano, mientras que una *Alocasia macrorrhiza* refuerza el tono exótico cerca de la ventana.

Sobre el piano, la sinfonía floral continúa con un ramo de lirios holandeses enmarcado por híbridos de *Guzmania* y de *Paphiopedilum.*

▶ UNA MURALLA TROPICAL

En este apartamento, un largo sofá de piel, bien mullido, disimula sus líneas un tanto austeras gracias a una espectacular combinación de follajes donde se asocian grandes kentias *(Howea forsteriana),* una *Dracaena deremensis* de más de 2 m de alto y un croton *(Codiaeum variegatum),* especies muy comunes y de fácil mantenimiento. El efecto se debe a la gran envergadura de las plantas. Como nota delicada y simbólica, un magnífico buda de cobre se encuentra parcialmente oculto por las palmas. Esta figura acentúa la idea de exotismo, e incita al descanso y a la meditación. Los grandes ventanales quedan velados por persianas de lamas de madera, en perfecta armonía con el resto del entorno.

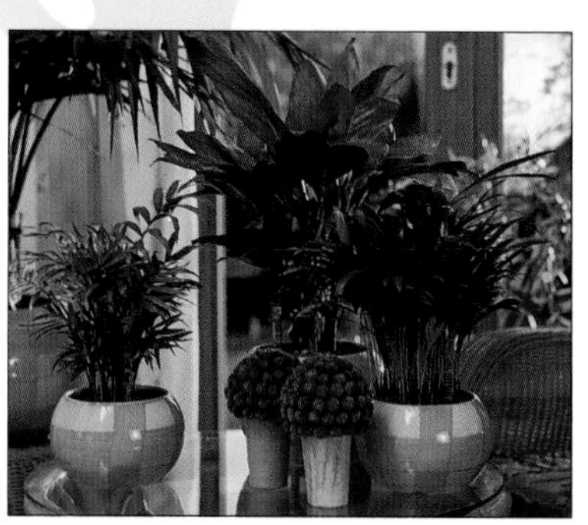

IDEA DECORATIVA

Existen dos tendencias opuestas en la elección de un macetero. Líneas sobrias, discretas y clásicas en tonalidades pastel o neutras tienden a destacar la planta. En cambio, los maceteros esculpidos, estilizados o decorados con motivos subidos de color le restan importancia. Ello sirve para realzar el objeto, cuya función decorativa resulta primordial. Es lo que se materializa aquí mediante una soberbia homocromía muy cálida, que anula la presencia de las palmeras (*Chamaedorea* y *Caryota*).

Consejo: **En una sala donde hay mucho movimiento durante el día, pero donde se descansa al anochecer, las plantas deben disponerse en varios niveles. Las macetas más altas podrán apreciarse estando de pie, mientras que, una vez sentado, se disfrutará más de las plantas colocadas en el suelo.**

Terruño y tradición

PLANTAS PARA ACERTAR

1 ***Asparagus densiflorus,*** de ramas flexibles.

2 ***Guzmania* x,** con una floración de vistoso colorido.

3 ***Caladium bicolor,*** con hojas lanceoladas de colores vivos.

4 ***Dracaena deremensis* «Janet Craig»,** árbol de interior.

5 ***Cordyline terminalis,*** con flores de color púrpura y oro.

6 **Tradescancia *(Tradescantia fluminensis),*** toda flexibilidad.

7 **Croton *(Codiaeum variegatum),*** con hojas de color sangre y oro.

8 ***Acalypha pendula,*** con espigas aterciopeladas de color rojo intenso.

9 **Cuerno de alce *(Platycerium bifurcatum),*** helecho epifito.

En el corazón de la Borgoña, esta casa del siglo XVIII huele a terruño con sus muebles rústicos con la pátina del tiempo y su techo con pesadas vigas de roble.

Como en todas las edificaciones antiguas, el interior es un refugio, un lugar íntimo y secreto donde se vive con discreción. El ambiente suele ser sombrío, pero dos grandes ventanas orientadas totalmente hacia el Sur dejan que entre sol, lo que permite que las plantas prosperen. Los propietarios reunieron una colección importante y variada, que alternó plantas con pequeños objetos, y animaron el entorno con especies de colores vivos o de formas originales. La gran drácena se impone como pieza maestra, confiriendo un efecto arquitectónico muy marcado.

PRUEBE TAMBIÉN

Polyscias balfouriana
La luz intensa es indispensable para que este arbusto asiático conserve su follaje matizado todo el año. Vaporícelo cuando el tiempo sea cálido y seco.

Zebrina pendula
Otro género de tradescantia, cuyas hojas se visten de rojo, rosa y púrpura. Una planta colgante ideal.

Sinningia speciosa
Se trata de la clásica «gloxinia», que, pese a su floración de colores excepcionales y su follaje aterciopelado, resulta un tanto anticuada. Una planta que es preciso recuperar.

Otras ideas

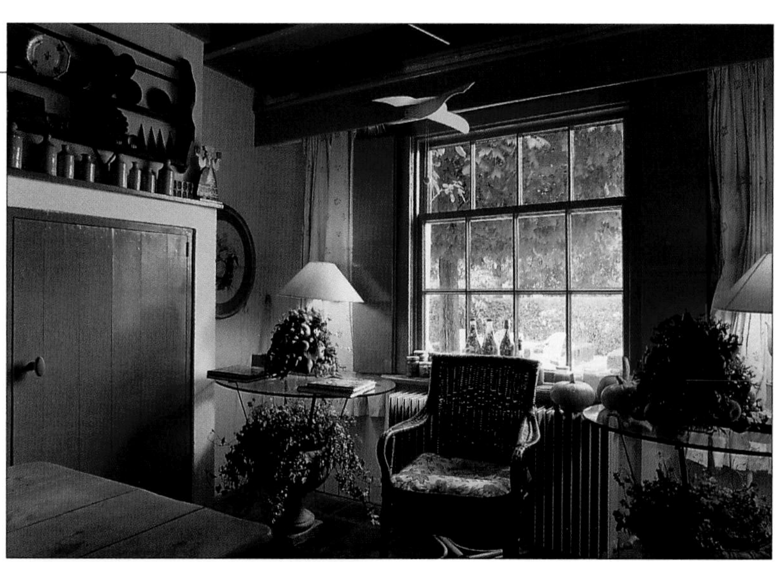

▶ HOGAR, DULCE HOGAR

Este comedor transmite una sensación de gran tranquilidad y bienestar, debido a la armonía cálida de sus colores. Sin anular el carácter auténticamente campestre de la habitación, los propietarios superaron el reto de modernizarla mediante la utilización de una pintura de color ladrillo, tono muy apreciado en la actualidad, pero que respeta las armonías tradicionales. En este ambiente poco luminoso las plantas tienen dificultades para prosperar. Sólo las hiedras parecen adaptarse, aprovechando la climatización natural de las paredes de piedra.

◀ LA AFICIÓN A LO AUTÉNTICO

En un ambiente acogedor donde compartir forma parte de lo cotidiano, una ordenada colección de cestas cuelga del techo simbolizando el generoso maná del campo y la promesa de ser bien recibido. La ventana, con su antepecho de piedra ligeramente hueco, es la ubicación ideal para una colección de orquídeas (*Miltonia* y *Zygopetalum*) que aprovechan el relativo frescor del lugar y su buena iluminación. Están acompañadas de un ficus, una hiedra, y una maranta y una cinta suspendidas.

Consejo: **Cuando realice un arreglo con plantas de follaje, juegue con los colores de las macetas y los maceteros para agregar un poco de cromatismo conjunto. Haga lo contrario con las plantas de flor, para evitar un colorido excesivo. Aunque la uniformidad suele ser una prueba de buen gusto, si se exagera puede conducir al aburrimiento.**

IDEA DECORATIVA

Una composición de plantas variadas dispuesta sobre un mueble pequeño (consola, estantería, velador) suele ser el mejor modo de atraer la mirada. Elija plantas con flor. Deberá renovarlas con regularidad para evitar la monotonía. Esta solución está inspirada en el arte floral, pero con plantas más duraderas; es una inversión similar a la de las flores cortadas.

La sobriedad de lo ultramoderno
Un elegante grupo de plantas verdes descansa encima de una consola de cristal, en un ambiente dominado por un lienzo de Réginald Pavamani, que evoca una ciudad de Túnez. Reconocemos de izquierda a derecha: *Clenanthe oppenheimiana* «Variegata», *Ficus benjamina, Begonia x* «rex», hiedra *(Hedera helix)* en espaldera sobre un armazón metálico, *Begonia* «Norah Bedson» y *Maranta leuconeura* «Fascinator». Estas plantas, con formas y colores variados, crean un decorado elegantísimo, dispuesto en tonos que se atenúan a medida que se acercan a la lámpara. Ésta se encuentra provista de una bombilla tipo «luz de día», para ofrecer rayos beneficiosos para el desarrollo de las plantas. Toda la sutileza del decorado proviene de los cubretiestos de zinc, muy modernos.

La serenidad de un árbol venerable
En un decorado decididamente refinado, sobre una mesa baja se ha colocado un bonsái, como un objeto precioso que se incluye en el entorno de modo respetuoso, y con todos los cuidados que requieren su naturaleza excepcional. Se trata de un ciruelo de Java de 30 años (*Eugenia cauliflora* o *Syzygium cauliflorum*), un árbol de hojas perennes, muy decorativo por la armonía de su ramaje y por su corteza de color pardo rojizo. La nota exótica y oriental se ve reforzada por la máscara del Buda birmano de madera, cuyo rostro apacible expresa una tranquilidad absoluta. La habitación está iluminada, por el lado izquierdo, por un gran ventanal que aporta la luz indispensable para el adecuado crecimiento del ciruelo de Java.

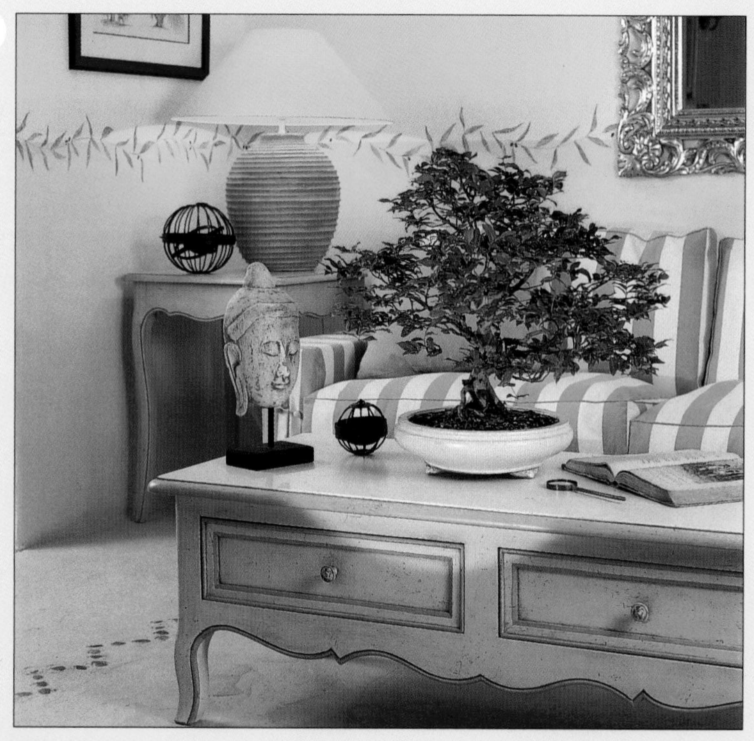

Descanso en los trópicos
Los propietarios de este lugar intentaron dotarlo de una total naturalidad al elegir un mobiliario de mimbre para decorar este gran salón magníficamente iluminado por un inmenso ventanal.
El ambiente resulta muy cálido debido a los colores anaranjados que predominan. En la composición, destacan las palmeras, particularmente la kentia *(Howeia forsteriana)*, la camedorea (*Chamaedorea elegans* o *Neanthe bella*) *y* las palmeras jóvenes de cola de pescado *(Caryota urens)*. Todas estas plantas requieren una elevada humedad atmosférica para medrar.

La alquimia de las flores preciosas

PLANTAS PARA ACERTAR

1 ***Cymbidium* x,** dos orquídeas de grandes flores y porte compacto.

2 ***Phalaenopsis* x,** orquídea de abundante y continuada floración.

3 **Pafiopedilo (*Paphiopedilum* x),** orquídea con flores que aprecian la semisombra.

4 ***Ludisia discolor*,** orquídea asiática rastrera, que soporta temperaturas muy bajas.

5 **Livistona de China *(Livistona chinensis)*,** palmera de crecimiento lento y equilibrado.

PRUEBE TAMBIÉN

Bifrenaria harrisoniae
Orquídea brasileña que forma pseudobulbos ovoidales parecidos a los del *Cymbidium*. Las flores aparecen en primavera. Sáquela al exterior en verano.

***Catasetum pileatum* «Imperial»**
Una orquídea con inflorescencias colgantes muy perfumadas en verano. Cultívese como una planta colgante, a 18 ºC.

Una amplia ventana filtra la cantidad justa de luz solar para simular el ambiente de la selva tropical. El vapor de agua emitido por las ollas y la humedad permanente generada por la proximidad del fregadero propician el ambiente adecuado para el correcto desarrollo de las orquídeas. La reducida colección crece sobre una gran bandeja de plástico, rellenada con gravilla, que siempre está húmeda gracias al agua procedente del drenaje del sustrato.

En esta atmósfera templada, en la que la temperatura desciende suavemente por la noche, las orquídeas florecen durante más tiempo y algunas *Phalaenopsis* van abriendo sus flores durante más de seis meses seguidos.

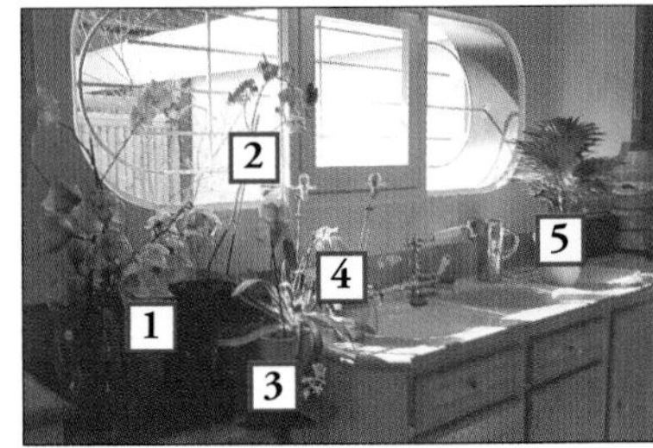

Otras ideas

◀ PENACHOS DE HELECHOS

Los helechos, supuestamente difíciles de cultivar en casa, puesto que requieren una elevada humedad ambiental, aprecian el ambiente a menudo húmedo de la cocina. El tragaluz, orientado de lleno hacia el norte aporta la cantidad justa de luz, sin riesgos de insolación. Durante los cálidos días estivales, la ventana se encuentra entreabierta para conseguir una ventilación beneficiosa. Se observan, de izquierda a derecha: un *Asplenium undulatum,* un *Asparagus densiflorus* «Myersii», un *Nephrolepsis exaltata,* un *Adiantum venustum* (culantrillo) y un *Asplenium nidus.* Las pequeñas flores malvas son ejemplares de *Campanula isophylla* (farolillo).

▶ ENCANTO Y SENCILLEZ

Esta cocina sin sofisticación, con sus armarios y una superficie de trabajo estratificada, imita el estilo romántico gracias a sus cortinas «caseras», de gráciles ondulaciones. Sin embargo, es la presencia de las plantas la que personaliza el entorno y le confiere un aire acogedor y grato. Una vasija de barro barnizado acoge dos grandes azucenas, cuyas espectaculares flores exhalan un perfume divino, sobre todo al final del día. Sería prudente eliminar los estambres, cuyo polen de color pardo naranja mancha muebles y ropa por igual. Tras un par de semanas de gloria, las azucenas se marchitarán, y dejarán espacio para que se desarrollen las cintas *(Chlorophytum comosum).* Si no la riega demasiado, esta planta puede alcanzar rápidamente proporciones considerables, con un bonito porte colgante. A su lado, una *Polyscias balfouriana* desarrolla sus curiosos tallos tortuosos, aprovechando la humedad ambiental y la intensa luminosidad, indispensables para su desarrollo.

Consejo: **Recoja el agua de la lluvia para regar sus orquídeas. Es completamente pura y se tolera mejor que el agua del grifo, cuya cal resulta nociva. Como no contiene elementos minerales, el agua debe enriquecerse con un abono líquido específico para orquídeas. Al regarlas, evite mojar hojas y flores.**

UNA BUENA COSTUMBRE

Si se ausenta unos seis u ocho días, llene el fregadero y sumerja en él el extremo de un fieltro sobre el que habrá colocado sus plantas. Riéguelas abundantemente para que la tierra quede empapada de agua. Luego, por capilaridad, las macetas irán absorbiendo agua automáticamente.

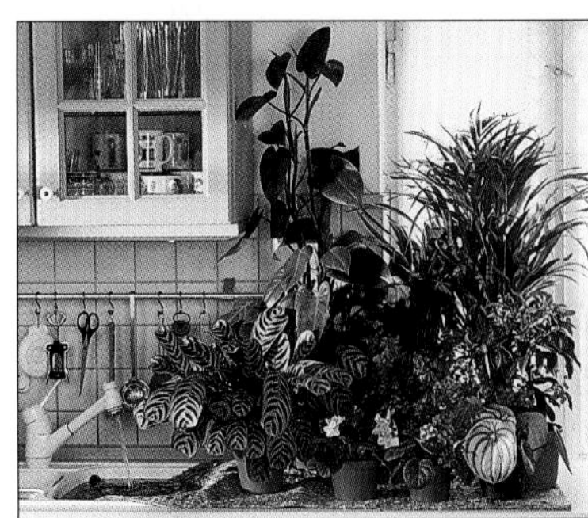

Una cocina con aromas campestres

PLANTAS PARA ACERTAR

1 **Maranta (*Maranta leuconeura* «Kerchoveana»)**, sus hojas se repliegan por la noche.

2 **Ficus *(Ficus elastica),*** lo resiste todo si se riega poco.

3 **Orquídea (*Miltonia* x)**, una floración generosa en primavera.

4 **Orquídea (*Zygopetalum* spp.)**, prefiere ambientes algo frescos.

5 **Hiedra *(Hedera helix),*** deje que cuelguen sus largas ramas.

6 **Cinta *(Chlorophytum comosum),*** planta para colgar.

Esta cocina de una antigua granja situada en la Borgoña conserva el encanto campestre y la autenticidad del lugar. La ventana, con una orientación ideal hacia el este, recibe el suave sol matinal, que resulta provechoso para las plantas sin quemarlas. El sencillo acristalamiento de la ventana deja escapar el calor por la noche, proporcionando el frescor indispensable para la floración de las orquídeas. Los preciosos maceteros de cerámica armonizan con la colección de teteras, igualmente bellas. Un lugar ideal para vivir...

PRUEBE TAMBIÉN

Gardenia jasminoides
Una planta un poco delicada y hogareña, pero cuyas flores de perfume embriagador y suave justifican todos sus caprichos.

Streptocarpus grandis
Una planta extraordinaria con una única y enorme hoja totalmente agrietada y flores muy duraderas.

***Pisonia umbelifera* «Variegata»**
También llamado a veces *Heimerliodendron brunonianum,* este gran arbusto, cuyas hojas alcanzan hasta 40 cm de longitud, cultivado en maceta puede superar 1,5 m de altura. Una poda bastante drástica a principios de primavera le permitirá adquirir un porte más compacto.

Otras ideas

◀ COMO EN LOS VIEJOS TIEMPOS

Al elegir recipientes de zinc para plantar romero, ciclamen, parietaria o soleirola *(Soleirolia soleirolii)* y cafeto o planta del café *(Coffea arabica),* se quiso dotar la escena de un efecto de unidad, pero también, y sobre todo, se intentó poner una nota rústica en el entorno, en armonía con la regadera tradicional. La nota campestre la pone un punto justo de cursilería, el viejo molinillo de café, que, como un guiño, destaca la presencia de la planta del café.
Todas las plantas aquí reunidas aprecian la luz directa de la ventana, así como la temperatura templada que reina en su entorno inmediato, sobre todo por la noche. Una idea muy sencilla pero digna de ser recordada es la utilización de hueveras de cerámica como maceteros para las violetas africanas enanas (*Saintpaulia* x).

▶ UN ARREBATADOR CLAROSCURO

Orientada hacia el sur, esta cocina sería inhabitable en verano si sus dos grandes ventanas no estuvieran vestidas con gruesos visillos traslúcidos. Las cortinas están fruncidas de forma sutilmente descuidada, encajadas en parte en la falleba de la ventana. Una idea sencilla y fácil de realizar, que personaliza bellamente el entorno y le aporta una cierta inspiración campestre. A modo de colección, se dispusieron unos ficus diferentes a lo largo del fregadero. Se puede reconocer, de izquierda a derecha: un *Ficus benjamina* «Variegata», joven ejemplar podado en corto para conservar su forma compacta; un *F. Benjamina* «Danielle», rechoncho, compacto y de follaje verde muy oscuro; un *F. Longifolia;* un *F.* «Trinova», variedad nueva con sorprendentes hojas en forma de abanico, y un *F. Deltoidea* (o *F. Diversifolia*), de porte irregular, que muestra todo el año pequeños frutos verdes o amarillos. Bastará un riego semanal, ya que las plantas aprovechan el ambiente húmedo de la cocina.

Consejo: **Como las orquídeas precisan de una elevada humedad ambiental para crecer, pruebe a rellenar los intersticios entre la maceta y el macetero con musgo, que mantendrá bien la humedad. Esta solución suele ser preferible a la vaporización, que no resulta aconsejable durante la floración, ya que las flores manchadas de gotitas de agua tienden a marchitarse con más rapidez.**

IDEA DECORATIVA

Busque recipientes cuyos motivos armonicen acertadamente con la decoración de su interior. Hay muchos modelos de cerámica que contemplan todo tipo de estilos. En este caso, las líneas geométricas, muy contemporáneas, cobran cierta originalidad con su colorido.

Los aromas provenzales

PLANTAS PARA ACERTAR

1 ***Arsidia crenata,*** con frutos escarlata durante varios meses.

2 **Primavera *(Primula obconica),*** de colores muy suaves.

3 ***Nephrolepsis exaltata,*** helecho que requiere humedad ambiental.

4 **Hiedra *(Hedera helix),*** en espaldera en un aro metálico.

5 ***Jasminum polyanthum,*** un perfume embriagador en invierno.

6 ***Dracaena marginata,*** planta que soporta condiciones difíciles.

Creada por Henri de Tonge, esta enorme cocina combina clasicismo y rusticidad en un ambiente provenzal recargado por los nichos redondos de las paredes y las molduras con realces verdes. Se trata de un entorno muy «burgués», estudiado para ser elegante sin parecerlo. La estética no está reñida con la funcionalidad y todo ha sido diseñado para estar disponible o ser accesible inmediatamente. En este ambiente de planificación un tanto rígida, las plantas brindan una nota de fantasía y buena convivencia. La cocina cobra vida y pierde su faceta un tanto teatral. Se anima con la nota de color de las primaveras y de los frutos de la ardisia, y se impregna con el perfume sensual del jazmín.

PRUEBE TAMBIÉN

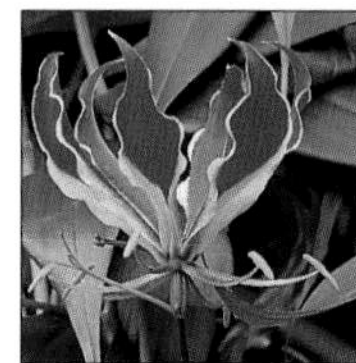

Gloriosa rotschildiana
Para sustituir el jazmín durante el verano, una trepadora de gran crecimiento, cuyas flores en forma de llamas poseen una belleza inimitable.

Serissa japonica
Este bonsái de formas muy tortuosas muestra numerosas y pequeñas flores blancas. Le encantará la cocina, debido al ambiente bastante húmedo que reina en ella.

Otras ideas

▶ **LA SUAVE PÁTINA DE LA MADERA**

Con el fin de crear un ambiente cálido y refinado, se prefirieron los materiales naturales, sobre todo la madera. Una lámina de roble, sencilla pero elegante, cubre la pared. De realización moderna, el revestimiento de los electrodomésticos se embellece con molduras en forma de «tricornio». La pieza maestra es el vasar del siglo XIX de cerezo silvestre, con una pátina excepcional. Alberga una colección de garrafas, una hiedra, un helecho (*Pteris cretica* «Alexandrae») y una maranta (*Maranta leuconeura* «Kerchoveana»). En la estantería de la izquierda hay un *Lotus berthelotii* y una hiedra matizada.

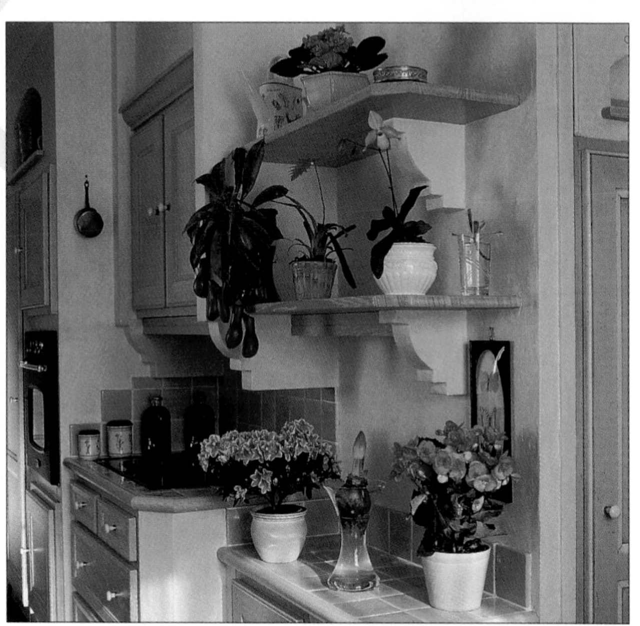

▲ **EL JARDÍN SECRETO DEL APASIONADO**

En esta cocina de roble sellado, una estantería alberga una colección de plantas variadas. La parte superior está ocupada por una violeta africana (*Saintpaulia ionantha*). Abajo, una planta carnívora (*Nepenthes* x) disfruta del ambiente húmedo de la cocina. Está acompañada de una sorprendente *Tillandsia dyeriana* en su macetero de bambú y de un precioso pafiopedilo (*Paphiopedilum* x). Un esqueje de drácena está arraigando en un vaso de agua. Abajo, la azalea y la begonia decoran temporalmente la estancia, y esperan la floración del amarilis (*Hippeastrum* x).

UNA BUENA COSTUMBRE

Como las plantas enanas gozan de un éxito creciente, la oferta es cada vez más variada. Son ideales para decorar un expositor o una bandeja en una cocina. Aquí, una *Muehlenbeckia adpressa,* pequeña trepadora de hojas oscuras, un *Asparagus plumosus* fino como el musgo y un calancoe de floración muy duradera se sitúan encima de una bandeja de pequeñas cucurbitáceas (calabazas enanas, siamesas y kiwano) con un *Callisia fragans,* especie de tradescantia de hojas pequeñas, y un *Exacum affine* de bonitas flores azules con el botón central amarillo en primer plano. Una composición de fácil ejecución que se renovará periódicamente, ya que algunas de estas plantas no suelen vivir muchos meses en los hogares.

Consejo: **Para permitir el desarrollo máximo de una planta trepadora, sujete el tutor principal con hilos sintéticos transparentes (como los de pescar) tendidos verticalmente desde el techo. Basta con enrollar después los tallos flexibles a su alrededor (por ejemplo, los del jazmín), atándolos cada 30 cm más o menos con un lazo discreto. A continuación, deje caer el extremo de las ramas más largas para obtener un efecto muy espectacular.**

El pecado de la gula

PLANTAS PARA ACERTAR

1 ***Begonia* x «Rieger»,** no moje las flores por nada del mundo.

2 ***Exacum affine*,** florece entre abril y septiembre.

3 **Perejil,** planta que se conserva bien en un interior fresco.

4 **Cafeto o planta del café *(Coffea arabica)*,** los ejemplares adultos dan flores blancas.

5 **Beloperone *(Justicia brandegeana)*,** florece repetidamente.

6 **Romero,** arbusto muy rústico que requiere una maceta grande.

7 **Tomillo,** a pleno sol y con poco riego crece de maravilla.

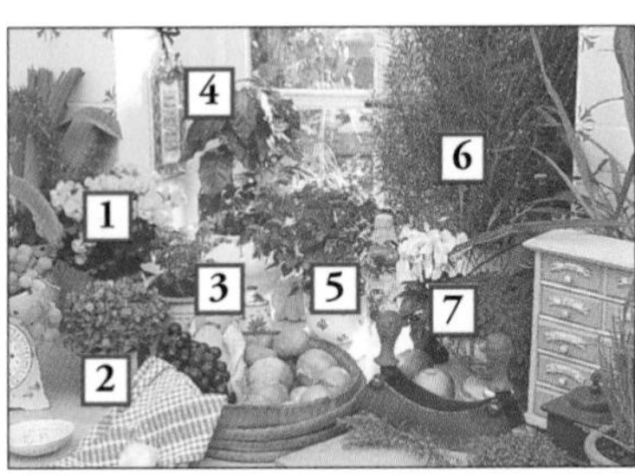

Disponer sobre la superficie de trabajo de la cocina las hierbas aromáticas con las plantas de interior es una idea divertida, totalmente admisible si se dispone de una ventana muy luminosa. La idea consiste en componer un jardincillo divertido y coloreado, por la gran variedad de plantas utilizadas y por la elección de especies de flores espectaculares. Cada planta se coloca en un macetero diferente para contribuir a la fantasía general. No obstante, se conserva un color dominante (el azul), en pro de una indispensable nota de refinamiento. El error consistiría en crear una variedad excesiva de colores, que produciría una impresión de confusión. Para que las plantas aromáticas se mantengan sanas, hay que ventilar la cocina siempre que sea posible.

PRUEBE TAMBIÉN

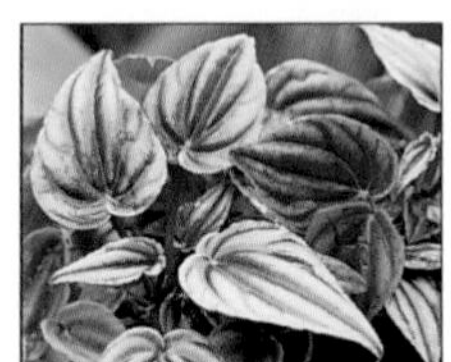

***Peperomia marmorata* «Silver heart»** Planta compacta y equilibrada que crece sin problemas si se evita regarla con demasiada frecuencia. Requiere una elevada intensidad de luz.

Justicia rizzinii Parecida a la beloperone, también se denomina *Jacobina pauciflora.* La floración, abundante, se produce de octubre a marzo.

Otras ideas

▶ LA FIESTA DE LAS FLORES

En un ángulo de una cocina muy luminosa, una mesa de pino barnizada alberga una colección en la que dominan las plantas con flor. La única voluntad decorativa concreta es la de disfrutar de la belleza natural de las plantas. Se reconocen, de izquierda a derecha: una orquídea (*Miltonia* x), un abutilón híbrido de flores amarillas, una gerbera roja y, en primer plano, diferentes crisantemos enanos, una campánula (*Campanula* «G. F. Wilson») y un helecho *(Nephrolepis exaltata)*. Al fondo, sobre la estantería, un *Asparagus falcatus*. A la derecha, una *Pachira macrocarpa*. La temperatura debe descender necesariamente en torno a los 15 °C por la noche para prolongar la duración de las floraciones.

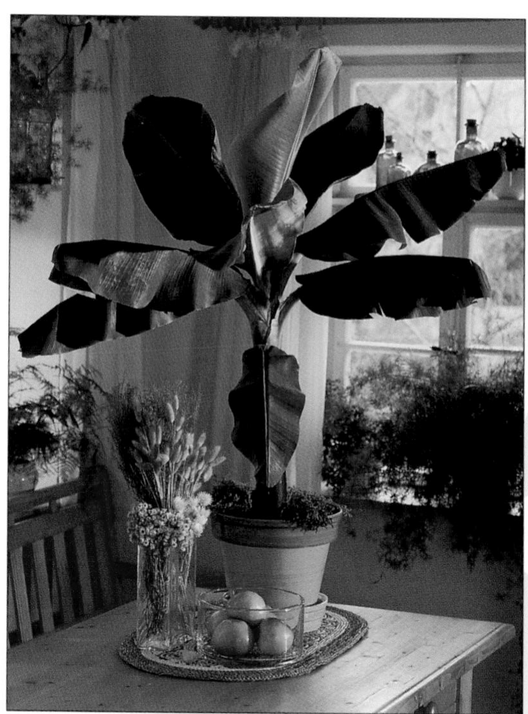

◀ A RÉGIMEN BAJO EL BANANERO

Sobre una mesa de cocina de pino macizo, una enorme planta de banano *(Musa acuminata)* formará una especie de parasol sobre los comensales. La disposición dominante de esta planta generosa evoca un árbol bajo el que se almorzaría en un ambiente agradable y relajado. Abundantes *Asparagus setaceus* (o *A. plumosus*) completan este entorno bien poblado de plantas, que se conforma con un ambiente bastante fresco.

▲ UN HUERTO EN CASA

Esta variante del entorno presentado en la página anterior combina únicamente hortalizas y plantas aromáticas salvo, a la derecha, la *Polyscias balfouriana* matizada y la *Billergia nutans* de largas hojas. Así se dispone permanentemente de una variedad de plantas aromáticas frescas, que se pueden usar y de las que se puede abusar a placer para aromatizar cualquier receta. Las plantas deben ser renovadas al menos dos veces al año, ya que su duración es limitada, pero ¡qué delicia!

Consejo: **Una buena ventilación es la clave del éxito. Abra la ventana tan pronto como la temperatura exterior supere los 18 °C. Cuando el tiempo sea fresco, ponga en marcha lenta la campana extractora al menos tres horas diarias. También puede prever una ventilación mecánica controlada para que el aire de la cocina se renueve al menos una vez por hora, lo que evita un ambiente demasiado húmedo.**

Vivir en el aire

Un decorado vegetal de extraña opulencia confiere a esta cocina cierto aspecto de jardín de invierno. Todo el truco consistió en producir una impresión de abundancia con plantas de tamaños relativamente modestos. La idea de alinear varias plantas colgantes marcó la diferencia. Las matas de largas y delgadas ramas crean curiosos efectos visuales y ocupan un espacio que no se suele destinar a las plantas. El resultado da la impresión de que las plantas han colonizado toda la habitación y que se han instalado en varios niveles, como lo hacen en la naturaleza. Es suficiente con un riego semanal, sin olvidar el abono mensual.

PLANTAS PARA ACERTAR

1 **Acalypha *(Acalypha pendula)*,** planta amiga del calor.

2 **Ficus de Bengala *(Ficus benghalensis)*,** puede alcanzar grandes proporciones.

3 **Orquídea (*Miltonia* x),** sus flores se parecen a los pensamientos.

4 **Hiedra *(Hedera helix)*,** con largas ramas muy flexibles.

5 ***Lotus berthelotii*,** con flores en forma de gancho.

6 **Arreglo de plantas verdes,** en un recipiente de cobre.

7 **Tradescantia *(Tradescantia fluminensis)*,** con brotes frágiles.

8 **Cinta *(Chlorophytum comosum)*,** de tallos con estolones.

PRUEBE TAMBIÉN

***Schlumbergera* híbrida**

Es el cactus de Navidad, una especie epifita con muchas flores en invierno. Los tallos estrechos, de 30 a 40 cm de largo, se prestan de maravilla al cultivo en macetas para colgar. Plena luz.

x *Fatshedera lizei* «Variegata»

Una planta grande, rígida y erguida, que necesita una elevada iluminación para conservar la coloración dorada de sus hojas.

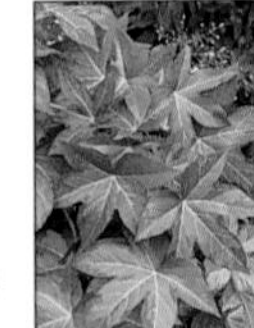

Aeschynanthus lobbianus

Esta planta colgante originaria de Indonesia es ideal para el cultivo en macetas para colgar. Sus ramas vellosas alcanzan los 90 cm de largo.

Otras ideas

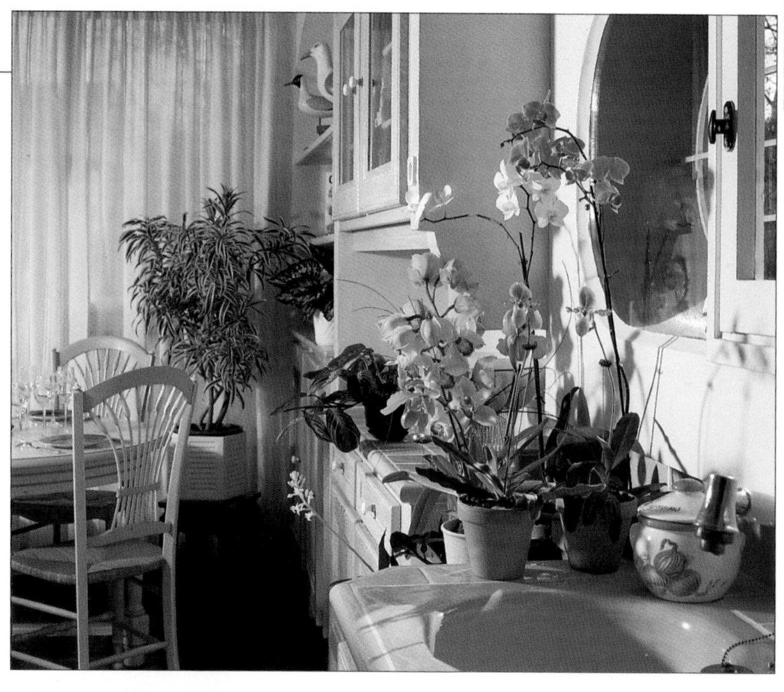

▶ CONVIVIR CON PLANTAS

Esta cocina-comedor es la habitación más frecuentada de la casa, razón por la cual los propietarios han reunido en ella sus plantas favoritas y los ejemplares más espectaculares de su colección de orquídeas. Así disfrutan permanentemente de las floraciones más bellas y las plantas recuperan el ambiente húmedo y sano de la galería cuando pierden las flores.
La excelente luminosidad que reina en esta cocina, así como la proximidad del fregadero, garantizan una elevada humedad, que permite que las orquídeas *(Cymbidium, Paphiopedilum, Phalaenopsis, Ludisia)* florezcan durante varios meses. Se recomienda el riego con agua de lluvia.

UNA BUENA COSTUMBRE

El trasplante de orquídeas se lleva a cabo en primavera, sólo cuando el sistema radical de las plantas requiere más espacio, es decir, cada tres o cuatro años aproximadamente. Utilice un sustrato especial para orquídeas, a base de corteza de pino, poliestireno expandido, perlita y turba. Use con preferencia cestas colgantes. No entierre los pseudobulbos muy profundamente y manipule las raíces con precaución.

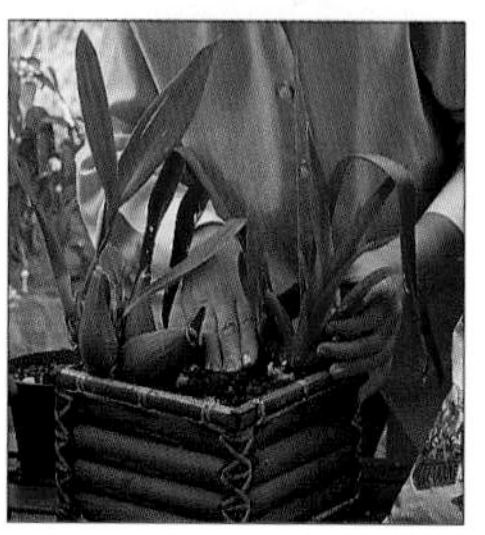

▲ REFINAMIENTO EXENTO DE SOFISTICACIÓN

Esta ventana de cocina se viste con magníficas cortinas, lo que crea en la estancia un ambiente acogedor y cálido. La ventana decorada con encajes está orientada hacia el este, por lo que no necesita visillo. Las plantas, tradescantia (*Tradescantia fluminensis* «Albovittata»), *Schefflera elegantissima,* helecho (*Pteris quadriaurita* «Argyreia») y acalypha *(Acalypha pendula)* aprovechan la luz directa, pero bastante suave, sin riesgo de que se produzcan quemaduras. En una cesta sobre la estantería: *Pteris cretica* «Wimsettii».

Consejo: **Las macetas para colgar se enganchan fácilmente a las vigas de los techos. Utilice ganchos de tuerca, que son más sólidos que los que se fijan con clavos. Para introducir el gancho, taladre la viga y haga un agujero de poco diámetro. Si traslada la planta colgante, saque el gancho y tape el agujero con pasta de madera del mismo color que la viga.**

A la hora del té

Una bonita mesa o velador en un ángulo bien iluminado, o un rincón para comer junto a la cocina reúnen las condiciones necesarias para relajarse unos momentos ante una taza de té. Concédase este placer, disfrutando de su vajilla más bonita, que combinará, como en la fotografía, con algunas plantas de flor luminosas. Las begonias y otras plantas resplandecientes, aunque de corta duración, tienen la ventaja de permitir un cambio frecuente del decorado y, por consiguiente, de evitar la monotonía. Ofrecen también la posibilidad de crear ambientes de gran belleza, con elementos insólitos, como unos alquequenjes, por ejemplo.

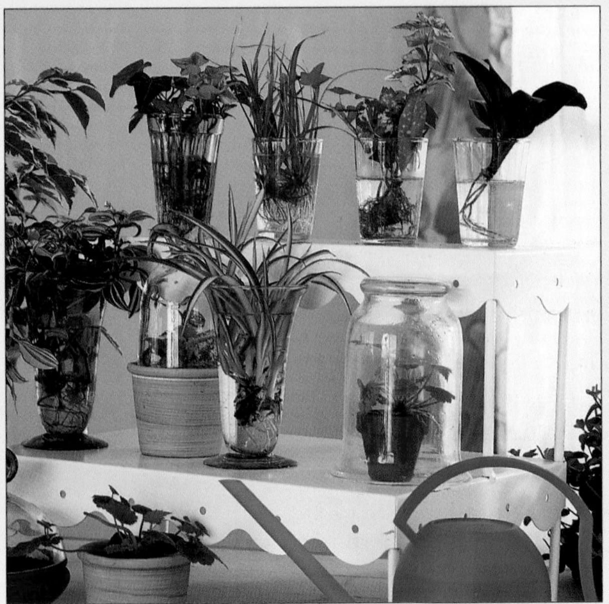

Un laboratorio de experimentos apasionantes

La cocina es un lugar perfecto para dar rienda suelta a su pasión por la jardinería de interior, ya que suele disponer de mucha luz, de una temperatura constante y de un ambiente bastante húmedo. Experimente el esquejado de todas sus plantas preferidas e inténtelo, primero, con agua (suelen conseguirse sorpresas muy agradables). Juegue, como en este ejemplo, con la diversidad de los recipientes, que colocará sobre un estante decorativo, y así convertirá su lugar de experimentos en un espacio de lo más seductor, que atraerá la curiosidad de las visitas y le fascinará con cada resultado.

Los frutos prohibidos
Sobre una mesa situada en un rincón de la cocina, esta bonita colección de plantas de interior de frutos ornamentales se presenta en cubretiestos variados para evitar la monotonía. Se puede reconocer un naranjo enano (x *citrofortunella microcarpa*), cuyos frutos muy amargos no pueden consumirse; un mandarino *(Citrus reticulata)*, de porte más arbustivo; varias *Ardisia crispa,* con sus frutos de color rojo brillante no comestibles, y una nertera *(Nertera granadensis)*, que forma un bonito tapiz de musgo cubierto de bayas de color naranja. Todas estas plantas son, sobre todo, decorativas en invierno y prefieren un ambiente más bien fresco (de 15 °C como máximo) y muy luminoso.

Elogio de la pereza

PRUEBE TAMBIÉN

***Campanula isophylla* «Alba»**
Bonita planta que se cubre de flores blancas durante la primavera. El frescor de una habitación será muy provechoso para su crecimiento.

Yucca elephantipes
Una planta de cultivo fácil y muy resistente a la sequía, que vive muchos años en casa si se puede colocar a plena luz, incluso en verano.

Bañado por la luz delicada de la mañana, este dormitorio expuesto al Este es todo suavidad y serenidad. Apetece entrar de puntillas, sobre todo para no hacer ruido y respetar la atmósfera apacible que se percibe. Una decoración muy sencilla, con un cubrecama floreado, armoniza bien con las grandes cortinas «a la antigua usanza». Las líneas sobrias del escritorio completan el ambiente discreto y sutilmente británico. Las plantas, que son renovadas de forma regular, añaden la nota florida y animan la habitación. Son presencias fugaces, pero tan preciosas...

PLANTAS PARA ACERTAR

1 ***Dracaena fragans* «Lindenii»**, una planta de crecimiento lento.

2 **Balsamina de Nueva Guinea,** tolera el sol.

3 **Cuerno de alce *(Platycerium bifurcatum)*,** para un rincón sombreado.

4 **Violeta africana *(Saintpaulia ionantha)*,** planta de larga floración.

5 **Gloxinia (*Sinningia* x),** no moje las hojas por nada del mundo.

Cyclamen persicum
Una planta, a menudo efímera, que vive más tiempo en una habitación fresca (15 °C). Un dormitorio resulta conveniente.

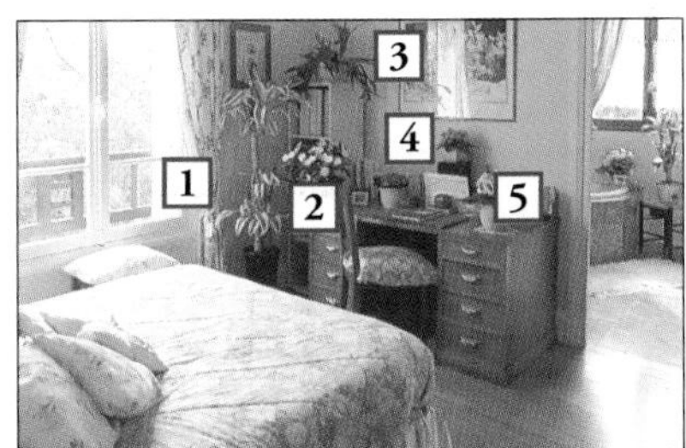

Otras ideas

◀ SUEÑOS DE ANTAÑO

Este dormitorio, con un imponente armario de roble antiguo y una cama de sólidos montantes metálicos, ocupa con creces el espacio. No obstante, el entorno no carece de poesía, gracias al maniquí de modista, vestido con un kimono japonés que, junto con las cortinas de tela de Jouy y las plantas, agrega un pequeño toque pastoril. Como protagonista, una areca *(Chrysalidocarpus lutescens)*, cuyo pie se viste de hiedra y de orquídeas (*Miltonia* x) para adornar la mesilla de noche y el reborde de la ventana. Como la habitación carece de luz, las orquídeas permanecen en su lugar durante la floración y luego vuelven a la galería.

BUENAS COSTUMBRES

Revise periódicamente la parte inferior de las hojas de sus plantas de interior, sobre todo las de las especies de follaje liso, grueso y coriáceo, para detectar la presencia ocasional de cochinillas *(en la fotografía, cochinillas algodonosas)*. Estos insectos, protegidos por un caparazón, pican las hojas y chupan la savia, debilitando las plantas y favoreciendo la aparición de una especie de hollín (negrilla). Comience por eliminar las cochinillas frotando las hojas con una esponja empapada con agua y alcohol de 60°, y luego póngales un insecticida.

Consejo: **Coloque las plantas en función de la luz que reciben. Las especies denominadas «de pleno sol» se pondrán justo tras la ventana, tamizada si es preciso por un velo. Las plantas «de semisombra» deben estar entre 1 y 2 m alejadas de la ventana, y las llamadas «de sombra», de 2 a 4 m.**

IDEA DECORATIVA

A menos que utilice maceteros decorados o de colores para crear un efecto visual concreto, vale más destacar las plantas y, en la medida de lo posible, evitar que la mirada se distraiga en el recipiente. Para ello basta con disponer en torno a éste plantas de porte colgante que disimularán en parte la maceta. Aquí, una palmera *(Livistona chinensis)* está acompañada por un estreptocarpo y una begonia. Deje que las ramas cuelguen con soltura a lo largo de la parte delantera del mueble, cuidando de desenredarla con regularidad para que el efecto sea más elegante.

▲ UN DECORADO DE ORO

La utilización de accesorios variados dentro de un conjunto coherente es la base de una decoración perfecta. Aquí, una mesilla de noche sostiene una *Ardisia crenata* con racimos de bayas escarlatas y una violeta africana *(Saintpaulia ionantha)*. Las plantas se encuentran en maceteros de latón brillante como el oro, para generar un ambiente alegre que evoca las fiestas de Navidad. La sutileza de la armonía se muestra en los pequeños detalles, como el color de las velas, idéntico al de los frutos de la ardisia, y las flores de un color blanco tan perfecto como el del mantel. Una escenografía refinada, pero de fácil realización.

Sueños de una noche florida

*E*ste entorno, de estilo clásico y moderno a la vez, se debe al mobiliario de inspiración Imperio. Sin embargo, la coloración dorada ha desaparecido en favor de la sobriedad de las líneas y la auténtica suavidad de la madera de roble discretamente pintada. La tela de Jouy del cubrecama refuerza la atmósfera cálida y apacible, necesaria para la presencia de un ambiente natural muy sobrio.

Dos plantas de flor (ciclamen y primavera) sustituyen con acierto el tradicional ramillete. Las plantas se reemplazan con regularidad, cuando pierden las flores y cambian según las estaciones. En cambio, las de follaje más vigoroso son permanentes.

PLANTAS PARA ACERTAR

1 **Ciclamen (*Cyclamen* x *persicum*)**, con flores.

2 **Potos *(Epipremnum aureum)*,** trepador o colgante, muy resistente.

3 **Primavera *(Primula obconica)*,** planta delicada y efímera.

4 ***Dracaena marginata*,** tolera una luz bastante tenue.

PRUEBE TAMBIÉN

Calceolaria
Esta planta de colores estimulantes sustituirá las primaveras durante el verano. Necesita mucha agua.

Jatropha podagrica
Se conforma con mínimas atenciones y puede soportar largos olvidos. Requiere una gran luminosidad.

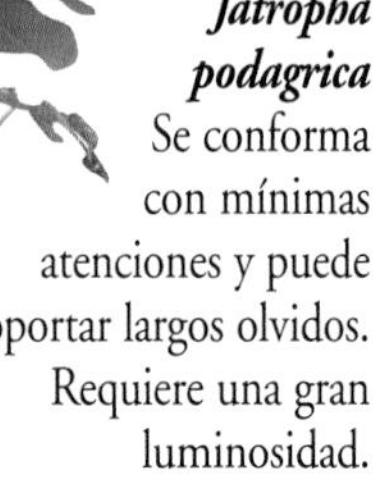

Otras ideas

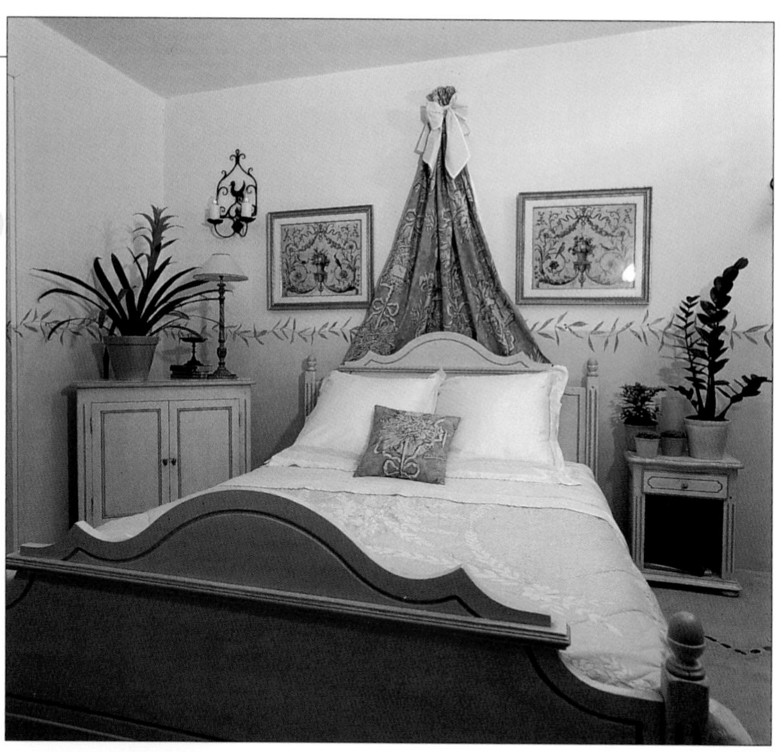

▶ UN TOQUE DE ROMANTICISMO

Este dormitorio encaja perfectamente en una casa de campo. El bonito entorno «femenino» transmite la sensación de que los muebles y los objetos estaban reunidos allí desde siempre. El dominio de la madera del mobiliario imprime una sensación de comodidad y permite que las plantas se integren libremente en la decoración. El uso de especies muy vivas, como la *Neoregelia carolinae* (a la izquierda) y el *Zamioculcas zamiifolia* (a la derecha), añade un toque de modernidad. Este entorno se completa con plantas efímeras: un solanum *(Solanum pseudocapsicum),* cuyo simbolismo (manzano de amor) no pasó inadvertido para los propietarios, y dos *Nertera granadensis.*

◀ UNA RUSTICIDAD SEÑORIAL

El entorno tranquilo de este bonito dormitorio está dominado por una cama antigua, cuyo armazón de metal fue adornado con motivos de hiedra, planta que simboliza la opulencia. La autenticidad de los materiales usados, con los morrillos de la pared a la vista y los muebles campestres de madera con una bella pátina, proporcionan a este lugar un encanto señorial. El resultado de este entorno es bastante minimalista, pero suficiente para crear una sensación de vida. Sobre el tocador hay dos tiestos de primaveras *(Primula obconica),* que durarán algunas semanas. Luego se sustituirán por otras flores de temporada, renovando con satisfacción el decorado. Cerca de la ventana, una orquídea (*Odontoglossum* x) y un *Clerodendron thomsoniae* prosperan con la luz.

Consejo: **Como las plantas están bastante alejadas de la ventana, para mejorar sensiblemente sus condiciones de vida bastará con sustituir las bombillas tradicionales de las lámparas de mesa y de techo por modelos de «luz diurna». Use un sistema de interruptor eléctrico automático para programar una iluminación complementaria de 4 a 6 horas diarias, sobre todo durante los meses de octubre a marzo.**

IDEA DECORATIVA

En lugar de limitarse a una simple planta con flor sobre la mesilla de noche o el tocador, no dude en componer conjuntos, mezclando diferentes plantas, como estos narcisos y primaveras. Hay muchos recipientes que pueden servir de jardinera, especialmente las copas y ensaladeras, como este precioso modelo de porcelana. Use preferentemente recipientes estancos para no manchar los muebles durante el riego, pero, ¡que no se le vaya la mano!

Descanso en la buhardilla

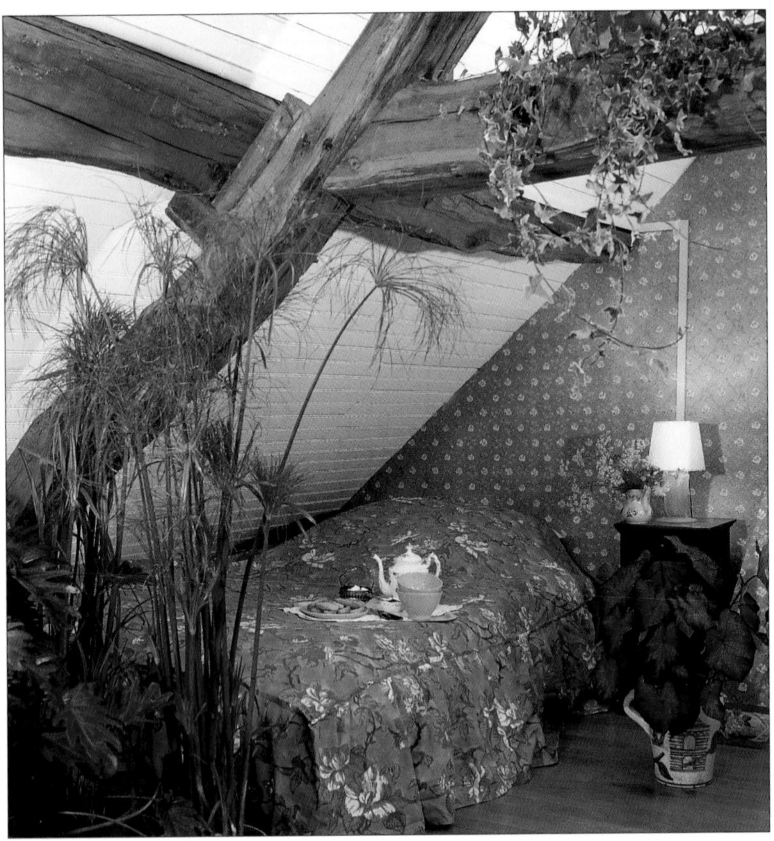

PLANTAS PARA ACERTAR

1 ***Philodendron bipinnatifidum* «German Selloum»**, de hojas muy lobuladas.

2 ***Cyperus papyrus,*** nunca debe faltarle agua.

3 **Hiedra (*Hedera helix* «Glacier»)**, las ramas flexibles cuelgan de modo natural.

4 ***Caladium bicolor,*** de hojas finas, traslúcidas y de colores vivos.

Bellamente decorado con vigas maestras, este dormitorio abuhardillado juega con el color y los contrastes. La cama, disimulada en parte tras una generosa cortina de follaje, se halla cubierta con un cubrecama de motivos florales muy contrastados reforzados por la presencia cercana de una planta de caladio, que se eligió con esmero para que presentara los mismos matices de rojo. Las ramas de una gran hiedra cuelgan tranquilamente. Sólo se podan de forma esporádica para no estorbar el paso. Es una habitación muy sencilla, que ofrece un ambiente joven y agradable, ideal como dormitorio de invitados. La iluminación proviene de un tragaluz muy apreciado por las plantas.

PRUEBE TAMBIÉN

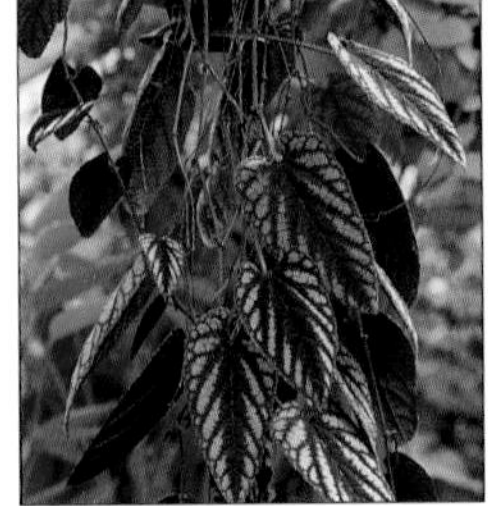

Cissus discolor
Planta trepadora procedente del Sureste asiático, cuyas hojas jaspeadas de plata pueden alcanzar 25 cm de largo. Una habitación fresca resulta muy conveniente (mínimo 10 °C).

***Ctenanthe lubbersiana* «Variegata»**
Esta planta brasileña presenta hojas de 20 a 30 cm de largo, matizadas de amarillo. Se forman inflorescencias de flores blancas en cualquier época del año. Coloque la maceta cerca de la ventana. Riéguela a menudo, si no, las hojas se enrollarán sobre sí mismas.

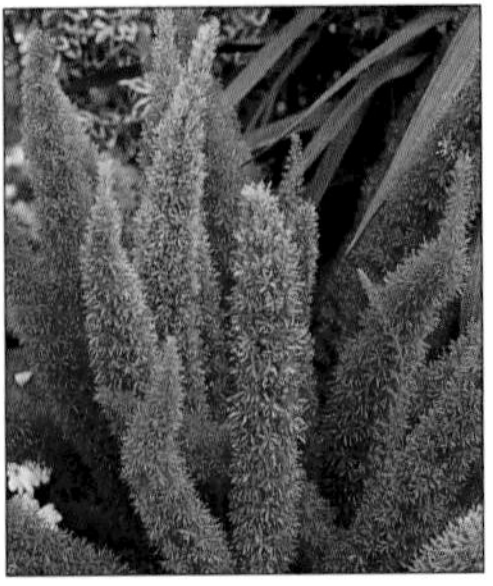

Asparagus densiflorus* «Myersii» *(A. Meyeri)
Una vegetación densa y compacta. Los tallos están recubiertos de hojas finas dispuestas en espiral como una escobilla.

Otras ideas

▶ CIELO NOCTURNO

Este dormitorio, de un color azul dominante subrayado con matices verdes, es una sinfonía de paz compuesta de pequeños detalles que valorizan el ambiente sin intentar «hacerlo excesivo». Reina una discreta intimidad y una suave quietud. Se percibe que es una habitación para vivir, más que para descansar cómodamente. El azul, suave y relajante, es omnipresente, incluso en los cuadros. La ropa de cama pone la nota vegetal, en armonía con el motivo dominante de la cortina. Ésta es la ocasión para aclarar el tono de la habitación y darle más vida, adornándola con plantas discretas, pero cuya presencia se haga notar. Son especies con flor (*Phalaenopsis,* flor de Pascua, begonia) con la cantidad justa de fantasía.

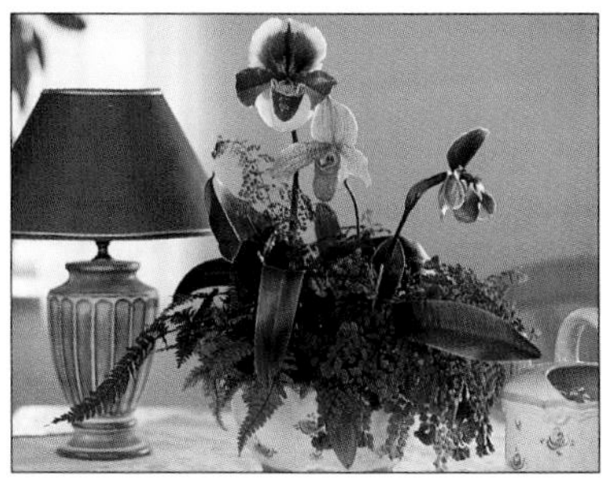

IDEAS DECORATIVAS

El azul es uno de los colores predilectos para la decoración de dormitorios, cuando se desea algo discreto y sosegante. Apueste por la armonía en los detalles más pequeños.

En el primer ejemplo, las listas del papel de la pared, los motivos de la lámpara, la pantalla y el fondo de la ropa de cama varían con azules muy parecidos, cuya tonalidad dominante es retomada por las flores de Pascua.

En el segundo ejemplo, todo es en blanco o crema, y reúne elegancia y discreción. Mezcla de sencillez y refinamiento, las pequeñas macetas pintadas a mano retoman los motivos clásicos del mantel. Azaleas de tonos carne acompañan a una cala *(Zantedeschia aethiopica)* y a una campánula rastrera.

El último ejemplo muestra mucha elegancia. Los *Paphiopedilum* x, plantas sofisticadas y extravagantes, son los huéspedes perfectos de un dormitorio, ya que estos seductores natos sólo desvelan sus secretos encantos tras dejarse «cortejar» largamente.

BUENAS COSTUMBRES

El papiro es una planta que necesita rejuvenecerse regularmente, ya que sus tallos tienden a amarillear y las matas se vuelven menos compactas al envejecer. Se practica el esqueje de hoja sólo con el *Cyperus alternifolius,* el más común. El papiro auténtico *(Cyperus papyrus)* se debe sembrar o multiplicar por división de mata. La técnica de multiplicación por esqueje para propagar el *Cyperus alternifolius* consiste en cortar un largo tallo provisto de su verticilo de brácteas. Luego se reduce la longitud del tallo a unos 10 cm, se cortan las brácteas a 3 cm y se sumergen en agua (con la *cola* en el aire). En un mes se forman las raíces y aparece el primer brote. El esqueje se planta cuando las raíces alcanzan entre 4 y 5 cm de longitud.

Consejo: **En un arreglo en que dominen las plantas verdes, añada siempre una nota de color muy vivo con una maceta de flores o un follaje muy colorido. La planta debe ser de tamaño medio, para atraer la mirada y deleitarla. Si todo es monocromático, la impresión resulta triste.**

Un suave olor a resina

PLANTAS PARA ACERTAR

1 ***Dieffenbachia seguine* x,** una planta perenne de hojas lanceoladas.

2 ***Dracaena fragans* «Lindenii»,** un bonito «tótem» de tres plumeros.

3 ***Hypocyrta glabra,*** flores de color amarillo naranja todo el año.

4 ***Dieffenbachia* «Rudolf Roehrs»,** un follaje muy luminoso.

5 ***Saintpaulia* x,** variedades enanas, pequeños objetos vivos.

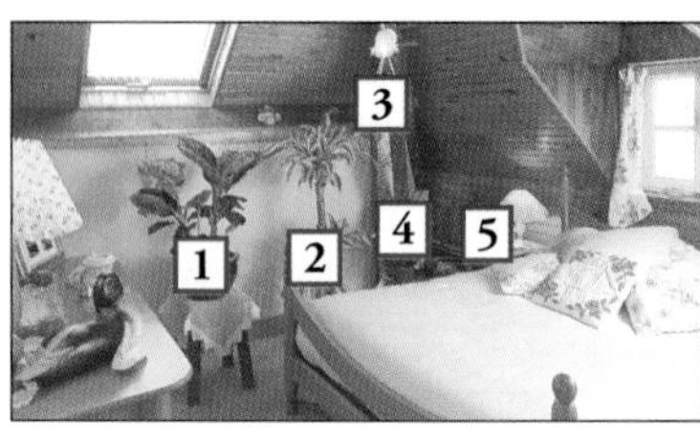

Revestido con una bonita lámina de pino, este dormitorio abuhardillado exhala un sutil y delicioso olor a resina. Con la misma tonalidad, el mobiliario logra dar unidad al conjunto, que refuerza la impresión de comodidad voluptuosa. La habitación está bien iluminada, lo que permite que prospere una bonita colección de plantas verdes. Para respetar la monocromía general dominan las plantas de follaje, pero se eligieron entre variedades jaspeadas y matizadas, para conseguir cierta originalidad. Un pequeño detalle refinado es la presencia de cautivadoras violetas africanas aterciopeladas y enanas sobre la mesilla de noche, que se pueden admirar antes de apagar la luz.

PRUEBE TAMBIÉN

Nephrolepis exaltata
Con su porte flexible y gracioso, este helecho se adecua al entorno de un dormitorio en el que penetra el sol suavizado por un velo traslúcido. Sea generoso con el abono.

***Codiaeum* «Miss Iceton»**

Esta variedad de croton de colores muy ricos, que aúna los tonos más intensos en la misma planta, es ideal para un dormitorio.

Otras ideas

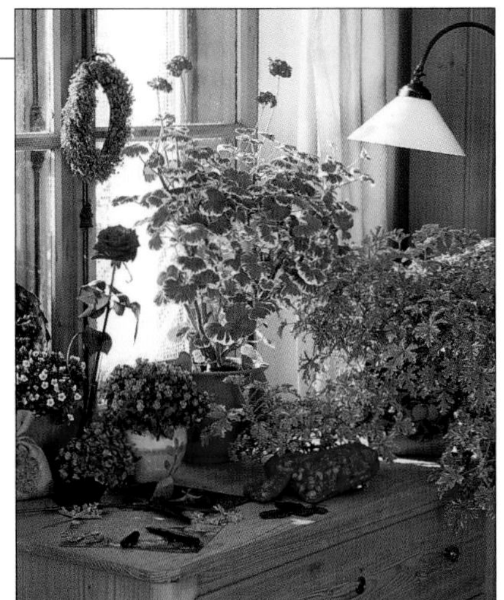

▶ SUAVES FRAGANCIAS

En la intimidad de un dormitorio de madera, se creó un jardincillo secreto con algunas plantas. Perfumada por la fragancia de rosas que exhalan las hojas de *Pelargonium graveolens,* la habitación se llena también de olores florales con la corona de lavanda y las mezclas de flores secas. La combinación de perfumes produce un efecto tranquilizador, casi calmante. Se duerme relajado y feliz. A esta nota vegetal se suman dos macetas de *Exacum affine,* cuyas pequeñas flores de yemas doradas son deliciosas.

IDEA DECORATIVA

Para acentuar el carácter alegre, divertido y dinámico de un dormitorio de adolescentes, atrévase con un decorado multicolor con plantas con flor. La idea consiste en asociar colores primarios intensos para componer un conjunto tonificante sin ser chillón. En la práctica, usará maceteros de cerámica adornados con motivos preferentemente figurativos, de colores vivos. Bastará con instalar plantas cuyas flores presenten tonalidades contrastadas.

◀ GIGANTES EN EL ESPACIO

Esta habitación espaciosa y generosa, instalada en el desván, suele hacer las veces de lugar de descanso y de relajación más que de cuarto complementario. El mobiliario, sencillo y discreto, es más funcional que decorativo. En este contexto, sólo las plantas pueden evitar la frivolidad. Sin buscar a cualquier precio el ejemplar excepcional, sólo las plantas con mucha presencia pueden contribuir a transformar la apariencia de la habitación y brindarle carácter. Se eligió una gran kentia *(Howea forsteriana),* por su forma voluminosa y ligera al mismo tiempo. Le acompaña un *Philodendron domesticum.* Sin tutor, toma forma arbustiva y, extendido, deja apreciar la silueta en forma de saeta de sus hojas, que podrían alcanzar los 60 cm de largo en edad adulta. Al fondo, una begonia.

BUENAS COSTUMBRES

Las diefenbaquias se reservan para los dormitorios de adultos, debido a su toxicidad. Estas plantas tienden a formar de manera natural un tronco que pierde las hojas en la zona basal. Suelen languidecer tras algunos años. El esquejado en agua de tallos sin hojas es una buena solución para «recuperar» las plantas. Corte un brote de unos 30 cm de largo y sumerja la base en un recipiente con agua y un poco de abono. Echa nuevas raíces en unas pocas semanas.

Consejo: **En verano, use un difusor eléctrico de insecticida. Le protegerá de los mosquitos, y evitará la proliferación de pulgones y de trips.**

Descanso en un ambiente acogedor

Un refinamiento muy británico, con la justa proporción de elementos anticuados para experimentar una ligera nostalgia y ternura. Este dormitorio de cálida sencillez apuesta por la sutileza de los tejidos y la armonía cromática para crear un ambiente tranquilo e íntimo. El interior con plantas respeta el mismo tono, se manifiesta sin ostentaciones, con la dosis exacta para animar sin dominar. Las flores de begonia (*Begonia* x «Rieger»), en un bonito macetero de cerámica, atraen la mirada por el intenso color de sus flores escarlatas. Ese ambiente de temporada se aprovecha cuando se apaga el radiador. En primer plano, una *Dracaena fragans* «Victoria», cuyas franjas coloreadas armonizan sutilmente con el papel de la pared.

Una cabecera con plantas originales

Una mesilla de noche de madera, junto a la cama, alberga un jardincillo compuesto por un *Zamioculcas zamiifolia,* una extraordinaria arácea de tallos gruesos y hojas coriáceas, un solanum *(Solanum pseudocapsicum)* y dos nerteras *(Nertera granadensis),* sorprendentes con sus pequeños frutos de color naranja. Este entorno adquiere un tono muy moderno gracias a los maceteros de cerámica lisa de color naranja que crean un efecto muy luminoso.

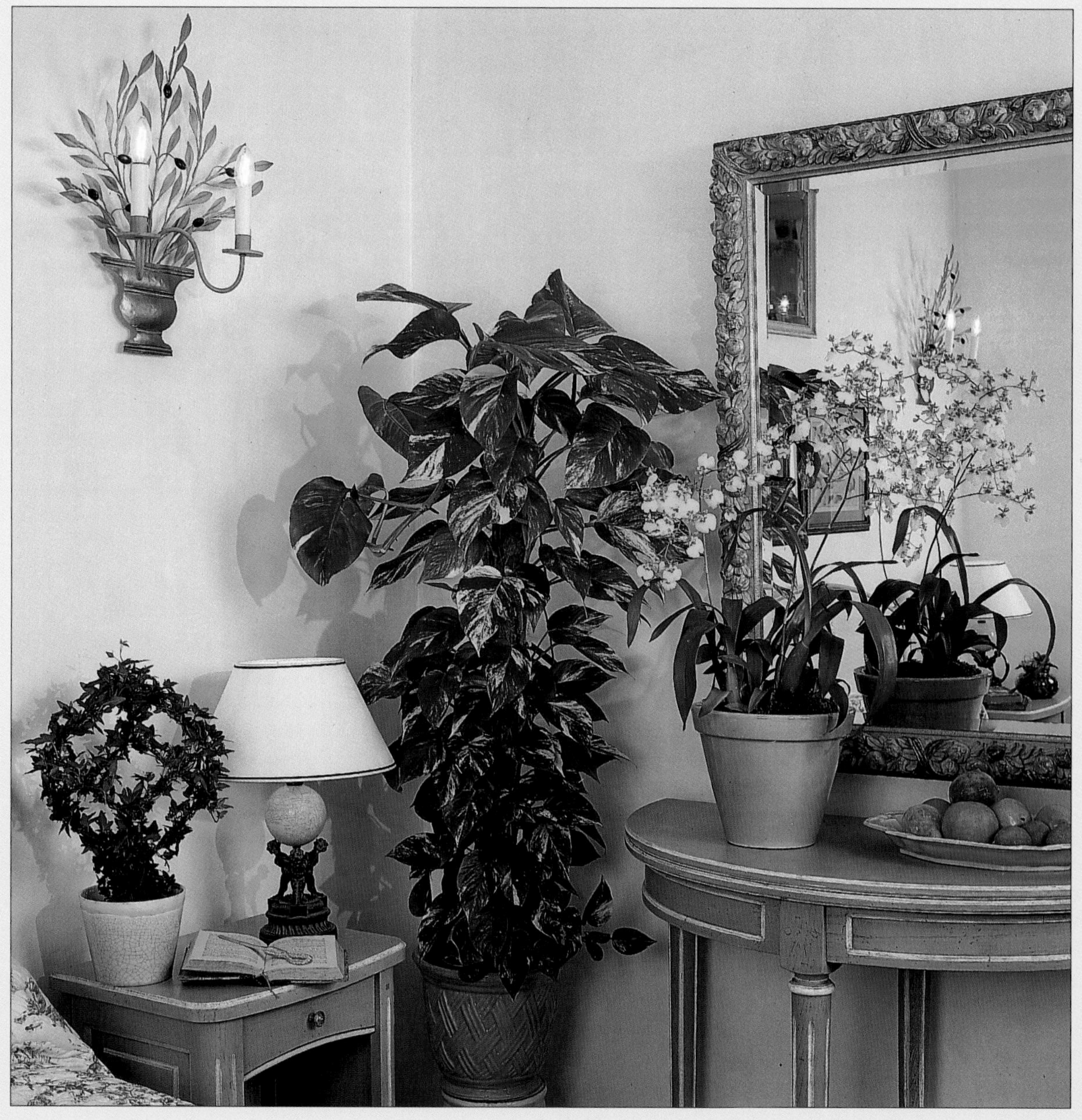

Un lujo muy refinado

Copiando las líneas un tanto sobrias y las molduras talladas de los muebles de antaño, este entorno apuesta por el prestigio y la elegancia. Sin embargo, se ha «modernizado» el ambiente: el original colorido gris verdoso que lucen la consola y la mesilla de noche enlaza tradición y modernidad. Se trata de un dormitorio de encanto sofisticado, un entorno refinado que el gran espejo multiplica. Por su estudiada elección, las plantas aumentan la impresión de refinamiento, en especial la gran orquídea (*Oncidium* x) y la hiedra emparrada sobre una esfera metálica, que armoniza sutilmente con la lámpara de cabecera. El potos *(Epipremnum aureum)* viste con elegancia el ángulo de la pared, que parecería desnudo sin su generosa presencia.

Un punto de nostalgia

PLANTAS PARA ACERTAR

1 **Kentia *(Howea forsteriana)*,** gran palmera de grandes hojas flexibles, que supera los 2 m.

2 ***Caladium bicolor*,** mata de hojas de colores sorprendentes.

3 ***Begonia elatior* híbrida,** vive más tiempo en el cuarto de baño que en las otras habitaciones.

4 ***Dracaena fragans* «Massangeana»,** planta resistente.

Las escasas plantas, que contribuyen a destacar con sencillez el diseño original de esta bañera empotrada, añaden una nota viva y cálida que refuerza la sensación calmante del baño. La elección recayó en especies de tamaños razonables, para conservar el ambiente elegante y sobrio. Sólo la kentia *(Howea forsteriana)* interpreta la opulencia, invitando a la evasión cuando se descansa relajadamente en el agua caliente bajo sus palmas. Todas las plantas se instalaron en maceteros, lo que permite mantener una higiene indispensable.

Sería totalmente juicioso en este caso emplear vegetales cultivados mediante hidroponía y utilizar un sustrato a base de arcilla expandida. El riego se realiza directamente en la bañera.

PRUEBE TAMBIÉN

Asparagus falcatus

Una gran mata despeinada que prefiere las exposiciones a la sombra. Tras algunos años, la planta adopta un comportamiento trepador y puede cultivarse en espaldera sobre un enrejado. Abonar generosamente.

Ixora coccinea

Un pequeño arbusto tropical muy florífero que será mucho más feliz en el ambiente húmedo del cuarto de baño que en otra habitación de la casa. Riéguelo, a ser posible, con agua sin cal, y pode drásticamente los tallos en otoño.

Otras ideas

▶ RECUERDOS DE INFANCIA...

Este entorno sencillo de estilo rústico evoca las viejas casas de campo, donde toda la familia se reunía durante las vacaciones, en un ambiente de encanto anticuado y de comodidad precaria. Es recuerdo de una época pasada, pero aún muy cercana, en la que las cañerías eran un lujo, por lo que la jofaina de la pila de loza decorada con motivos florales se vuelca para vaciarse en un barreño disimulado en el mueble. Los bonitos maceteros de cerámica realzan las plantas *(Tillandsia, Begonia, Saintpaulia)* y desempeñan un papel discreto, aunque sin su presencia este lugar íntimo perdería gran parte de su atmósfera romántica.

◀ BAÑO DE SOL

Aprovechando una gran ventana expuesta a la luz, cuyo marco gira a placer para ventilar, este pequeño rincón de aseo evoca la vida tranquila del siglo XIX. El mueble de madera maciza se adorna con muchos cajones, elegantes y prácticos. Sirve de soporte a una encimera de mármol, realzada por un precioso estante. Un gran espejo con su marco de madera tallada refuerza el ambiente rústico de la habitación. No cabe duda de que estamos en el campo, pero en un universo refinado, como muestra la elegancia de los objetos distribuidos con gracia. Sólo hay dos plantas: una primavera para celebrar su homónima y una *Begonia coccinea* que va creciendo bañada de luz.

Consejo: **En un cuarto de baño, intente disponer las plantas en los límites más externos de la habitación, para dejar el máximo espacio libre, siempre bastante limitado en esta sala. Como las salpicaduras son normales, no coloque las plantas de follaje aterciopelado muy cerca de la bañera. Compruebe que los maceteros no contengan agua, pues sería muy perjudicial para las plantas. Por último, no intente conservar indefinidamente las mismas plantas en este entorno exiguo. Use especies efímeras, pero espectaculares, para no cansarse.**

UNA BUENA COSTUMBRE

A medida que desarrolla su estípite (tronco de las palmeras), la kentia pierde las palmas u hojas de la base, que se vuelven pardas y se secan. Córtelas lo más cerca posible de su punto de nacimiento. Si el color pardo aparece en las palmas jóvenes, significa que la planta tiene demasiada agua. No la riegue más de una vez por semana y aplíquele un fungicida.

Cálido como un chalé

PLANTA PARA ACERTAR

1 ***Pleomele reflexa* «Song of India»**, un bello árbol de interior de porte arbustivo. Hasta 1,5 m.

Escondido en la buhardilla, este discreto aseo generosamente iluminado por una ventana ocupa casi todo el espacio de la habitación.

La luz entra directamente y es aprovechada por un *Pleomele reflexa* «Song of India», cuyo follaje matizado muy vigoroso refuerza la luminosidad del lugar. El aspecto sobrio del entorno resalta el porte de la planta, cuyo aire exótico queda destacado por un macetero de laca china. Todo está diseñado para el bienestar. A pesar de la modernidad del marco, se opta por la autenticidad de los materiales, como el sillón de mimbre y el mueble de madera maciza. Es un claro ejemplo de que, en materia de decoración, la elegancia rima con la discreción.

PRUEBE TAMBIÉN

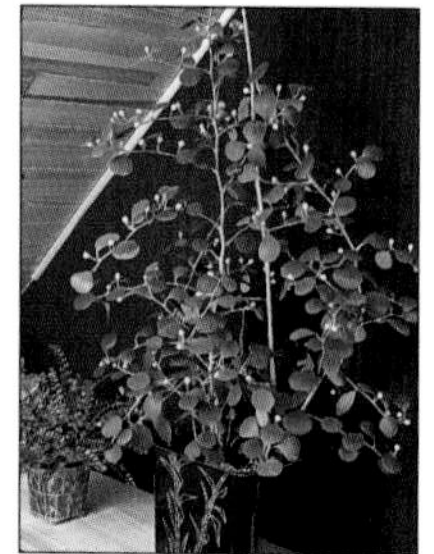

Ficus deltoidea
Comercializado en ejemplares pequeños bien ramificados, con el nombre de *Ficus diversifolia,* este bello arbusto perenne originario del sudeste asiático encuentra en el cuarto de baño la humedad de su hábitat natural, donde suele vivir como epifito. Crece lentamente, pero puede superar los 1,5 m. Durante casi todo el año produce pequeños higos amarillentos. Prefiere un sustrato poroso y una temperatura mínima de 15 °C.

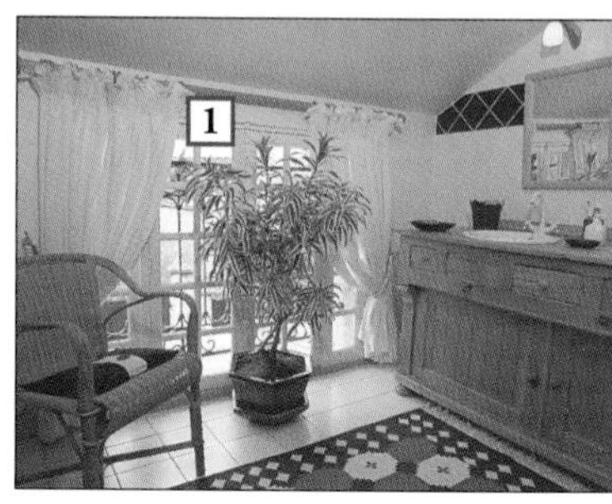

Beaucarnea recurvata
La luz intensa es ideal para este «árbol botella», que forma al envejecer un tronco muy grueso en la base, de una gran originalidad. Una planta que no debe regarse mucho, pero que agradece el aire bastante húmedo.

Otras ideas

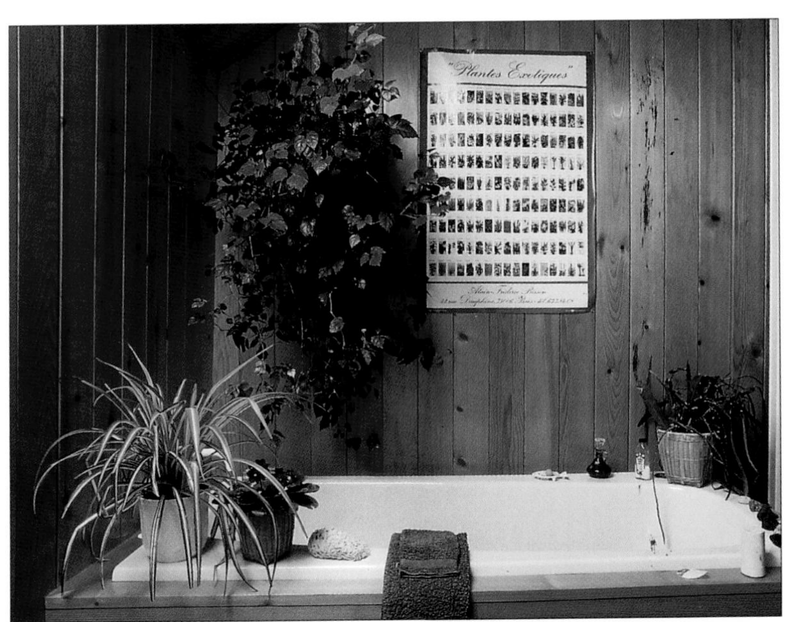

◀ **CALOR Y FRÍO**

Reducido a la amplitud del polibán, el cuarto de baño con predominio de la madera va revestido de duelas, produciendo una impresión de encierro como el de una sauna. Frente a la desnuda modernidad del entorno, la presencia de plantas resultaba indispensable. La vegetación invita a tomarse un tiempo y a disfrutar del sosiego ambiental. Esta impresión es debida principalmente al generoso *Cissus antartica* colgante. La cinta *(Chlorophytum)*, la violeta africana y, a la derecha, un *Epiphyllum* completan el entorno, animado por el cartel que incita a soñar con otras esencias más raras. La habitación está iluminada por un tragaluz.

▶ **TODO DE MADERA**

En el estilo puro de «diseño» de la década de 1970, este bello conjunto muy homogéneo y monocromático está realizado en pino. Todo se integra en una armonía perfecta, quizás un tanto rígida, pero la calidez de la madera consigue que el lugar sea agradable. Las plantas *(Impatiens, Saintpaulia, Dracaena, Chlorophytum)* tienen una importante presencia, pero no excesiva, para no romper la geometría de las líneas. Están colocadas en maceteros de mimbre, cuyo interior se tapizó con una película plástica impermeable. El mueble y las duelas llevan una capa de barniz marino que los hace resistentes a la humedad. Las lámparas de tipo «luz diurna» mejoran la iluminación de las plantas.

Consejo: **Adorne los árboles de interior de gran tamaño cuya base esté desprovista de hojas, cubriendo la superficie de las grandes macetas con una alfombra de musgo natural. Así reforzará el efecto decorativo de la planta. Además, el musgo conserva bien la humedad y permite a la planta disponer durante más tiempo del agua del sustrato. Tenga en cuenta la propiedad absorbente del musgo y riegue las plantas aumentando ligeramente la cantidad de agua, pero espaciando los aportes de 1 a 2 días más. El musgo sólo vive algunos meses, por lo que lo renovará en cuanto se vaya resecando.**

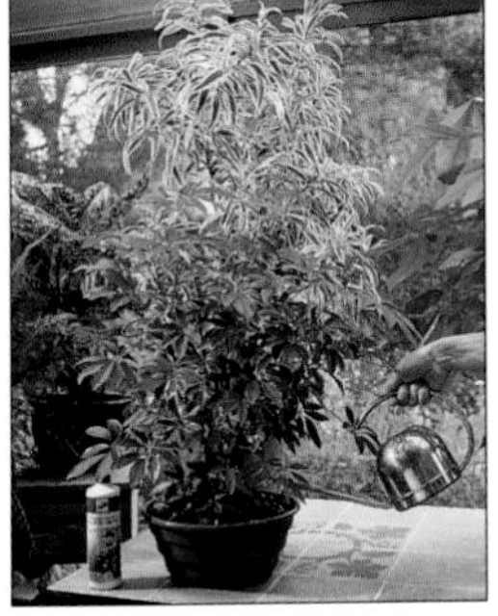

UNA BUENA COSTUMBRE

El *Pleomele* «Song of India» es una planta vigorosa, cuya velocidad de crecimiento, bastante rápida, debe mantenerse con aportes regulares de abono para plantas verdes. Elija un producto que contenga oligoelementos, para que ningún desequilibrio pueda provocar la aparición de brotes verdes entre el follaje matizado. Abone de abril a octubre, dos veces al mes como media.

Galas vegetales

La pasión por las plantas «tiene razones que la razón ignora». Se puede olvidar el aspecto práctico de lo cotidiano para regalarse una pequeña «locura», como este rincón de cuarto de baño, donde toda la decoración está basada en las plantas. Sobre la estantería, el perfume y los cosméticos cedieron su lugar a jóvenes esquejes, que acentúan deliberadamente «la impresión de colección». Estas jóvenes plantas se encuentran simplemente de paso durante varias semanas. Serán trasplantadas en cuanto requieran una maceta mayor. El ambiente cálido y húmedo del lugar es propicio para la floración de las orquídeas. El pafiopedilo se encuentra detrás respecto al eje central, para no recibir la luz directa del tragaluz. En cambio, el *Dendrobium* está más expuesto, ya que necesita más luz. El *Zamioculcas* es una planta de la familia de los filodendros que es necesario «olvidarse de regar».

PLANTAS PARA ACERTAR

1 **Orquídea (*Paphiopedilum* x),** pafiopedilo de grandes flores.

2 **Orquídea (*Dendrobium nobile* x),** prefiere el calor.

3 ***Dracaena deremensis* «Warneckii»,** muy resistente.

4 ***Schefflera elegantissima,*** de follaje recortado.

5 **Violeta africana *(Saintpaulia ionantha),*** florece varios meses.

6 ***Hypoestes phyllostachya,*** un sorprendente follaje de color rosa.

7 **Hiedra (*Hedera helix* «Jubilee»),** cuelga o trepa a placer.

8 ***Zamioculcas zamiifolia,*** muy resistente a la sequedad y vigorosa.

PRUEBE TAMBIÉN

***Zygopetalum* «Helen Kim»**
Una orquídea de fácil cultivo, que requiere una buena luminosidad y cierto frescor durante la noche. La floración, de colores sorprendentes, dura mucho tiempo. Riéguela con agua tibia sin cal.

***Selaginella martensii* «Variegata»**
Sólo el ambiente muy húmedo del cuarto de baño permite conservar esta planta originaria de las selvas tropicales. Aprecia los lugares sombreados y una temperatura mínima de 15 °C. Riegue la planta por inmersión en invierno.

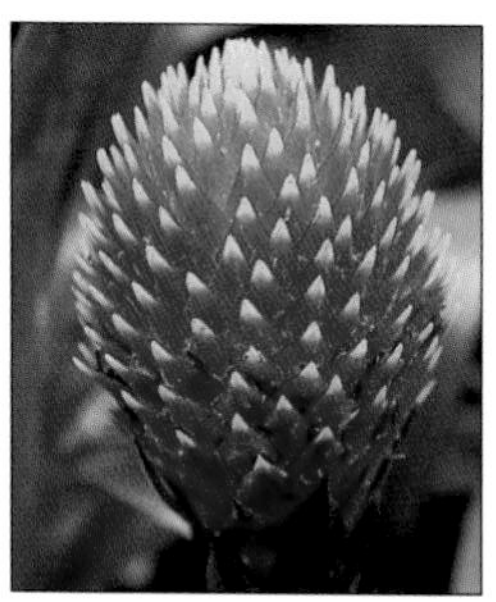

Guzmania conifera
Esta bromeliácea es una pequeña maravilla para colección que aprecia la humedad del cuarto de baño. En verano, debe haber agua permanentemente en la roseta de las hojas.

Otras ideas

◀ FLEXIBILIDAD Y REFINAMIENTO

En un ambiente señorial con dominio del mármol, cobre y cristal, dos plantas encarnan la elegancia, vestidas con sobrios maceteros de cerámica. *Lytocarpum weddelianum* y culantrillo *(Adiantum tenerum)* se asocian bellamente por la finura y flexibilidad de su follaje. Requieren una elevada humedad ambiental y, por tanto, se encuentran como pez en el agua en el cuarto de baño. Sólo habrá que cuidar que los maceteros no contengan agua permanentemente, para evitar el riesgo de asfixia radicular. Una luminosidad media, e incluso tamizada, resulta muy conveniente para ambas plantas, que toleran una temperatura mínima de 13 °C en invierno.

BUENAS COSTUMBRES

Las orquídeas requieren atenciones regulares, totalmente indicadas para el principiante. Hay que limpiar el polvo de las hojas (sin usar abrillantador) mensualmente.

Se recomienda el uso de toallas empapadas de un líquido que sea limpiador e insecticida. Esto evita el amarilleamiento del follaje y previene las invasiones de cochinillas.

Por sus raíces carnosas, algunas orquídeas son muy sensibles al exceso de sales minerales en el sustrato. Para abonarlas, hay que distribuir unos cuantos gránulos de abono de liberación lenta por la superficie del sustrato. Su eficacia es de 1 año.

▲ BAÑO EN LA JUNGLA

Para saborear el efecto relajante del baño, nada mejor que un entorno lleno de plantas capaz de transportarle en espíritu a un mundo de aventuras exóticas dignas de Indiana Jones. Para conseguir una escenografía exótica se instaló un acuario de forma de bola que contenía una lechuga de agua *(Pistia stratioides)*, una planta característica de los ríos tropicales. El macizo está compuesto por una pequeña *Fittonia verschaffeltii* «Pearcei», de nervios rojos, una sorprendente *Alocasia sanderiana*, de hojas lobuladas y nervaduras plateadas, un papiro, un potos, un helecho *(Nephrolepis)* y una palmera *(Lytocaryum weddelianum)*.

Consejo: **El uso de maceteros (o también de macetas) calados, e incluso de cestas de listones, propicia el correcto desarrollo de las orquídeas. En efecto, como la mayoría de estas plantas son epifitas, forman raíces aéreas y requieren una buena ventilación de su sistema radicular. Puede introducir la orquídea en su recipiente calado sin conservar su maceta original. Forre las paredes del nuevo recipiente con turba o con fibra de coco, y luego coloque la orquídea en su sustrato. Vaporícelas con regularidad.**

Abluciones tropicales

PLANTAS PARA ACERTAR

1 **Kentia *(Howea forsteriana),*** palmera amplia y flexible.

2 **Areca *(Chrysalidocarpus lutescens),*** mata muy frondosa.

3 ***Dendrobium nobile* x,** orquídea que forma largos tallos.

4 ***Livistona chinensis,*** palmera de hojas en forma de abanico.

5 ***Cattleya* x,** con flores dentadas y muy perfumadas.

6 ***Spathiphyllum wallisii,*** con espatas blancas todo el año.

7 ***Anthurium andreanum* x,** con flores que duran mucho tiempo.

8 ***Dieffenbachia seguine* «Tropic»,** de follaje muy coloreado.

Un baño en medio de este entorno tranquilizador, es una incitación a la pereza. Estírese y disfrute de ese momento de relajación intensa en el que se olvidan todas las preocupaciones cotidianas del día... Deje que el perfume de las orquídeas le embriague lo suficiente para dormitar; una deliciosa languidez le embarga: es el mejor momento del día.

Las plantas aprovechan la intensa evaporación del baño caliente para reencontrarse con el ambiente húmedo de sus regiones de origen.

Todo se desarrolla, incluso las especies más raras. La única exigencia indispensable es disponer de una luminosidad máxima.

PRUEBE TAMBIÉN

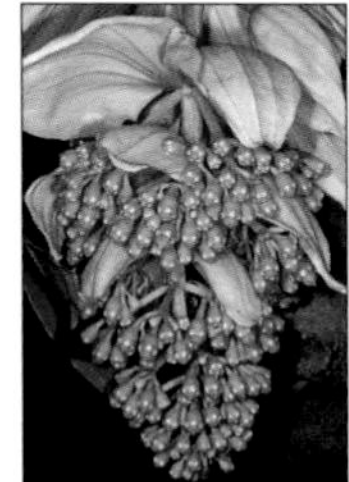

Medinilla
El ambiente húmedo y el calor del cuarto de baño conservan esta planta en casa durante varios años.

Streptocarpus
Aunque el cuarto de baño carezca de luz, a esta bonita gesnerácea le encantará. ¡Cuidado! Su vegetación es anual.

Otras ideas

▶ ABUNDANCIA DE HELECHOS

La abundancia de plantas recuerda el ejemplo de la página anterior, pero la bañera se encuentra aquí en un lugar más oscuro. El uso de helechos es, pues, la solución ideal, sobre todo porque estas plantas tienen muchas dificultades para desarrollarse en otras habitaciones, debido a sus elevadas necesidades de humedad ambiental. Todas las especies de helechos pueden sobrevivir en este cuarto de baño, donde reconocemos un *Nephrolepis exaltata* «Bostoniensis», un *Asparagus densiflorus* «Myersii», un culantrillo *(Adiantum tenerum)* y un *Asplenium nidus,* acompañados por un soberbio *Anthurium andreanum* híbrido, que en este ambiente florecerá casi continuamente durante todo el año. ¡No dude en regar los helechos rociándolos de forma regular y en abonarlos mucho, les encanta!

▲ HUMEDAD TROPICAL

Mediante algunas valvas, una grifería elegante, cortinas finísimas y una mata de *Pogonatherum paniceum* que simboliza la vegetación de gramíneas tapizantes del borde del mar, este rinconcito de cuarto de baño presenta una sutil armonía.

La planta, también llamada «bambú enano de salón», es una especie introducida hace bastante poco en el surtido de vegetales de interior. Se trata de una gramínea tropical que aprecia una elevada humedad atmosférica y riegos frecuentes. Su cultivo en el cuarto de baño, donde recibe una luz filtrada, resulta ideal.

IDEA DECORATIVA

El culantrillo *(Adiantum tenerum)* encuentra unas condiciones de desarrollo ideales en un cuarto de baño. No dude en incluirlo, y ofrézcale, como en este caso, un bonito macetero, en armonía con los diferentes productos y accesorios. Debido a las medidas generalmente bastante reducidas de los aseos, es conveniente simplificar el decorado sin desnudarlo y, sobre todo, apostar por los ambientes monocromáticos y los camafeos. Los colores deben ser en tonos pastel, para reforzar el aire tranquilo y sosegado del lugar.

Consejo: **Use el cuarto de baño como «clínica de plantas», reuniendo todas las que no tengan buen aspecto en otras habitaciones. El calor y la humedad serán como una cura rejuvenecedora para la mayor parte de las especies, que reencontrarán una segunda juventud tras una estancia de 3 a 6 meses. Observe que en esta habitación hay que moderar el riego, ya que las plantas también aprovechan la humedad ambiental. Ventile con regularidad cuando el tiempo lo permita, para no crear un ambiente que favorezca el desarrollo de las enfermedades.**

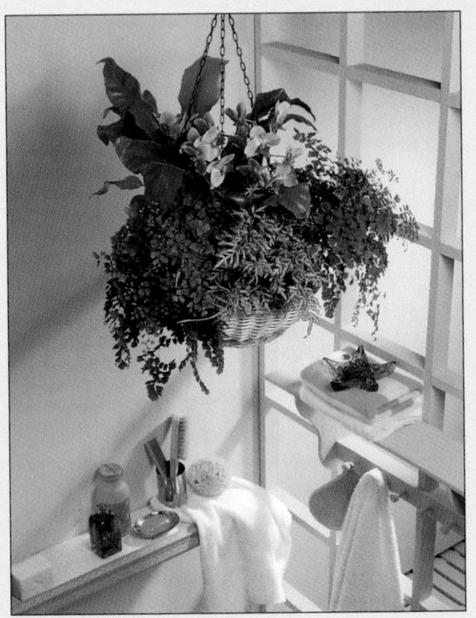

Ballet aéreo
Excelente idea la de esta cesta colgada, que decora bellamente los estantes en el ángulo del cuarto de baño. Las plantas son básicamente helechos (*Asplenium nidus*, culantrillo, *Pteris ensiformis* «Evergemiensis»), realzados mediante la floración coloreada de un *Phalaenopsis* híbrido. Un arreglo que debe regarse con mucha frecuencia, ya que el volumen de sustrato resulta escaso.

Fantasía azul
El azul es uno de los colores más usados para el cuarto de baño, ya que sosiega y calma. Según los matices, los azules evocan el cielo, el mar y el agua, y expresan una dulce nostalgia. En la fotografía, muy cerca de la ventana, un bonito decrescendo de plantas, con variaciones en un solo tono. Los cubretiestos, en perfecta armonía, son de loza, un material que recuerda los cuartos de baño antiguos. El decorado de plantas destaca como un adorno efímero, con predominio de plantas de flor poco duraderas (primavera, hortensia, almizcleña), pero cuyo resplandor le fascinará durante los últimos días del invierno. Un *Asparagus densiflorus* «Sprengeri» y una *Saintpaulia ionanhta* «Zoha» garantizan la presencia permanente de las plantas.

Minijardín en forma de dúplex
Un pequeño estante metálico de dos niveles, lacado en blanco, se confunde discretamente con el enlosado. Esto permite crear una auténtica composición, gracias a la degradación del volumen que ocupan las plantas. En la parte superior: una cinta *(Chlorophytum comosum)* y un ciclamen híbrido; en primer plano: una *Peperomia rotundifolia* y un jazmín blanco (*Jasminum officinale* «Grandiflorum»), que crea un ambiente perfumado incomparable. Esta composición prosperará en un cuarto de baño fresco, donde la calefacción sólo se encienda puntualmente.

Lecturas exóticas

PLANTAS PARA ACERTAR

1 **Ficus de Bengala *(Ficus bengalensis),*** árbol sagrado de los budistas.

2 **Pilón de plantas (*Schefflera,* esparraguera, calancoe).**

3 **Monstera o costilla de Adán *(Monstera deliciosa),*** planta joven.

4 ***Lotus berthelotii,*** con flores elegantes y muy originales.

5 ***Schefflera elegantissima,*** de follaje muy fino.

6 **Hiedra (*Hedera helix* «Glacier»),** planta colgante.

Un grupo de plantas reunidas en torno a una ventana anima una biblioteca que alberga una bella serie de libros antiguos. El ambiente es decididamente rústico, con predominio de la madera cubierta con pátina. Podría experimentarse cierta melancolía sin la presencia vegetal, generosa y espontánea. La disposición de las macetas en varios niveles permite componer un entorno de volumen interesante. Hay ritmo en esta escenografía, que logra combinar con gran acierto flexibilidad y rigidez. Esta última procede del joven ficus, que yergue sus brotes de hojas oblongas y coriáceas. Habrá que pinzar los tallos principales para que se ramifiquen. De esta forma, la planta adoptará un aspecto compacto.

PRUEBE TAMBIÉN

Calibanus hookeri
Esta planta carnosa forma una masa esférica de 20 a 30 cm de diámetro, cubierta con una corteza gruesa y corchosa. Es una mata de textura fina con hojas estrechas y bonitas flores rosas en verano.

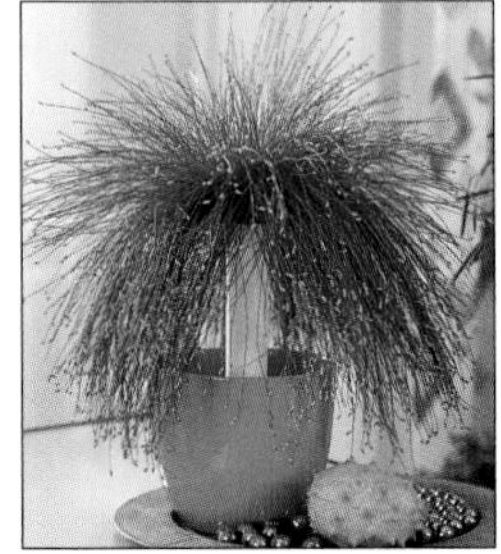

Scirpus cernuus
Esta planta parecida a los juncos, que aprecia los lugares bastante frescos (máximo 18 °C) y una exposición sombreada, necesita un suelo húmedo. Follaje muy fino, flexible y original.

Pogonatherum paniceum
Muy próxima a los bambúes, esta gramínea forma una mata compacta de tallos herbáceos y flexibles. Necesita luminosidad, frescor y abono.

Otras ideas

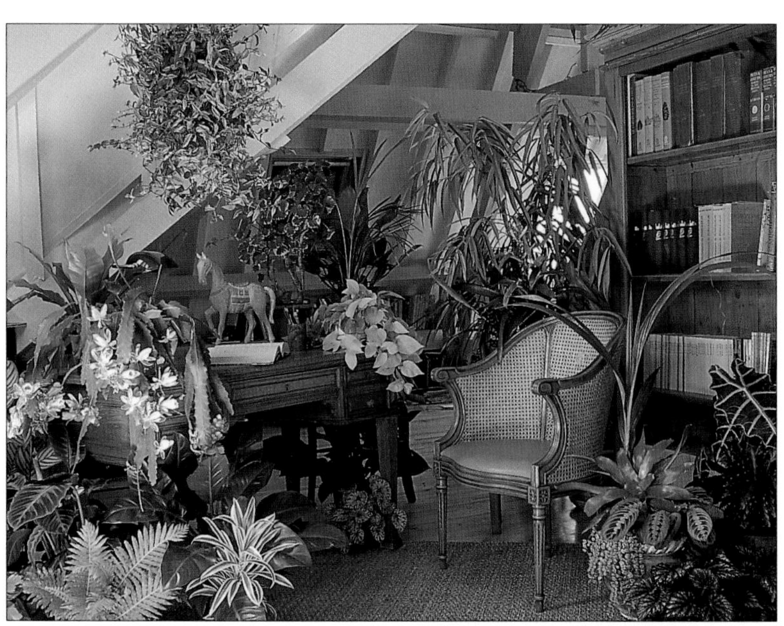

◀ INVASIÓN DE PLANTAS

Hay que deslizarse entre las plantas para alcanzar el sillón sumergido en este entorno de verdor. Este despacho biblioteca de estilo Imperio se transformó en jardín tropical, muestra de la pasión de los propietarios por las plantas. La habitación, situada en el desván, goza de la buena iluminación que le proporcionan dos grandes tragaluces. La disposición de sus aberturas permite a los rayos solares repartirse de forma homogénea por toda la superficie. Resultado: las plantas encuentran condiciones idóneas para su desarrollo. Entre las veinte especies presentes, destacan sobre todo las brillantes flores de una *Schlumbergera truncata* (cactus de Navidad).

▶ RECUERDOS DE ORIENTE

En esta biblioteca, desbordada de obras variadas, las alfombras de Oriente en el suelo y los tapices en la pared aportan un leve detalle exótico, reforzado por la presencia generosa de las plantas. Un *Phoenix roebelenii* se integra a la perfección en el contexto, recordando el penacho amplio y fino de una palmera datilera. A sus pies, un joven *Syngonium podophyllum.* Enfrente, una palmera «de cola de pescado» *(Caryota mitis)* añade una nota original y exótica. Lo mismo sucede con la gran planta del café *(Coffea arabica).* Aquí, las plantas alcanzan proporciones considerables, debido a la presencia de un gran ventanal lateral. La temperatura se mantiene permanentemente en torno a los 18 °C.

Consejo: **Vaporice al menos una vez al día el ficus insistiendo en los tallos, ya que una intensa humedad puede propiciar la aparición de raíces aéreas que dan a la planta mucha originalidad. De lo contrario, hay que esperar cerca de 5 años hasta que la planta esté más desarrollada.**

BUENAS COSTUMBRES

El trasplante debe imponerse cuando las raíces se encuentren muy apretadas en el recipiente. Ello suele manifestarse con una disminución del crecimiento, y también por la presencia de una red de raíces alrededor del cepellón. Es indispensable desenredar estas raíces, e incluso recortarlas en parte, para que no permanezcan en posición de espiral y esto les impida desarrollarse. Espere al menos dos meses antes de abonar tras el trasplante.

Plantas mini y megabytes

Próximas a un ordenador y colocadas sobre la mesa de trabajo, las plantas son compañeras agradables que, con su presencia tranquilizadora, estimulan la inspiración, animan al esfuerzo y mejoran los resultados de la actividad intelectual. Es más fácil concentrarse al observar este conjunto de plantas, ya que el color verde propio de la vegetación se percibe como neutro, lo que evita cualquier distracción. Cuando el ojo contempla una flor, el cerebro se olvida del entorno y se centra en la belleza pura y los colores vivos. Entonces cuesta menos pensar y meditar. Es inútil componer asociaciones sofisticadas, basta con la simple presencia de las plantas. Los anturios, como plantas de flor, por su originalidad y la duración de su floración, y un papiro de tallos flexibles y esbeltos añaden una nota de fantasía. Será mejor llevar las plantas a la cocina o al cuarto de baño para cuidarlas, regarlas y abonarlas sin riesgos de manchar o mojar el equipo informático.

PLANTAS PARA ACERTAR

1 **Cissus (*Cissus rhombifolia* «Ellen Danica»)**, trepadora vigorosa y fácil de cultivar.

2 **Anturio (*Anthurium andreanum* x)**, hojas coriáceas y un espádice bien recto.

3 **Anturio *(Anthurium scherzerianum)***, reconocible por su espádice en forma de sacacorchos.

4 **Papiro *(Cyperus alternifolius)***, mata elegante que requiere un riego frecuente.

PRUEBE TAMBIÉN

Hedera helix
La hiedra, puesta en aros o formas metálicas, se convierte en una planta muy bonita para ponerla sobre el escritorio.

Zamioculcas zamiifolia
Se parece a la vez a un helecho, un cica y una palmera, y es un pariente cercano de las monsteras. Necesita mucha luz y, sobre todo, poco riego en invierno.

Otras ideas

▶ REFLEXIONES ESPINOSAS

Parece un poco incongruente instalar cactáceas muy cerca del ordenador, debido al carácter espinoso de estas plantas. Pero, en realidad, su presencia permite adoptar un actitud más pausada, medir los gestos, controlar mejor las reacciones y, sobre todo, ordenar con más atención papeles y accesorios. Debido a la gran resistencia de estas plantas, aquí un *Cereus peruvianus* y un joven asiento de la suegra *(Echinocactus grusonii)* necesitan poca dedicación y la longevidad está asegurada, con la condición de no regarlos demasiado. Para evitar los riesgos de manchas de tierra, recubra la superficie de la maceta con gravilla o tierra volcánica; las cactáceas también apreciarán este detalle.

▲ MISTERIOS DE LA NATURALEZA

Para estimular su curiosidad y su sentido de la observación (o el de sus hijos), no hay nada como las plantas carnívoras, cuyo comportamiento resulta realmente apasionante. Encima de un viejo pupitre, *Pinguicula vulgaris* y *Dionaea muscipula* están bien expuestas a la luz, pero no reciben una insolación muy elevada. Como las plantas carnívoras crecen de modo natural en las zonas de turberas, se han colocado las macetas en recipientes que permiten llenarlos en parte de agua cuando la temperatura supere los 20 °C. La alternancia de mucha humedad con algunos días de sequía es una de las condiciones del éxito de estas trampas vivientes.

Consejo: **Para no dañar los muebles de madera, como los escritorios, disponga siempre las plantas en recipientes gruesos y absorbentes, ya que, aunque se encuentren dentro de maceteros estancos, la humedad se desprende de las mismas plantas o bien del recipiente si éste está mojado.**

IDEAS DECORATIVAS

El ambiente de estudio de un despacho propicia la realización de experimentos diversos con plantas. Intentos varios de multiplicación pueden aunar el placer de ver crecer las plantas nuevas y un cierto aspecto decorativo. Vasos, jarrones, vasijas, pilones, cubiletes, campanas o platillos son otros tantos elementos de aspecto insólito que contribuirán a crear un ambiente original y simpático. Reúna todas sus plantas en una estantería o en un ángulo del escritorio, a condición de que la ubicación sea bastante luminosa, pero no expuesta directamente a los rayos de sol más intensos. Intente cultivar los esquejes más variados en agua o en una mezcla de arena o perlita y turba, y no dude en comenzar con semilleros, ¡resulta realmente apasionante!

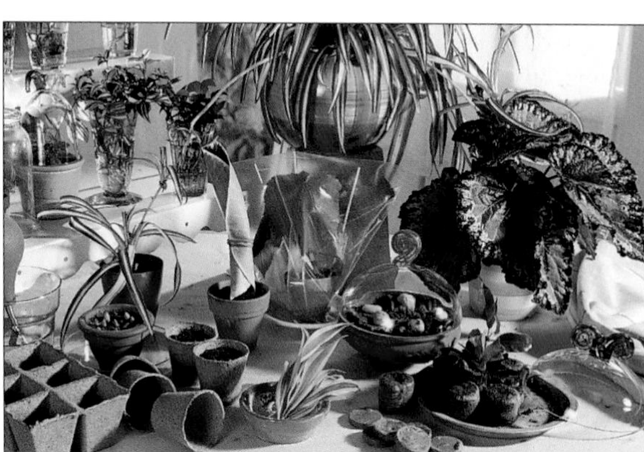

Cierto afán de lujo

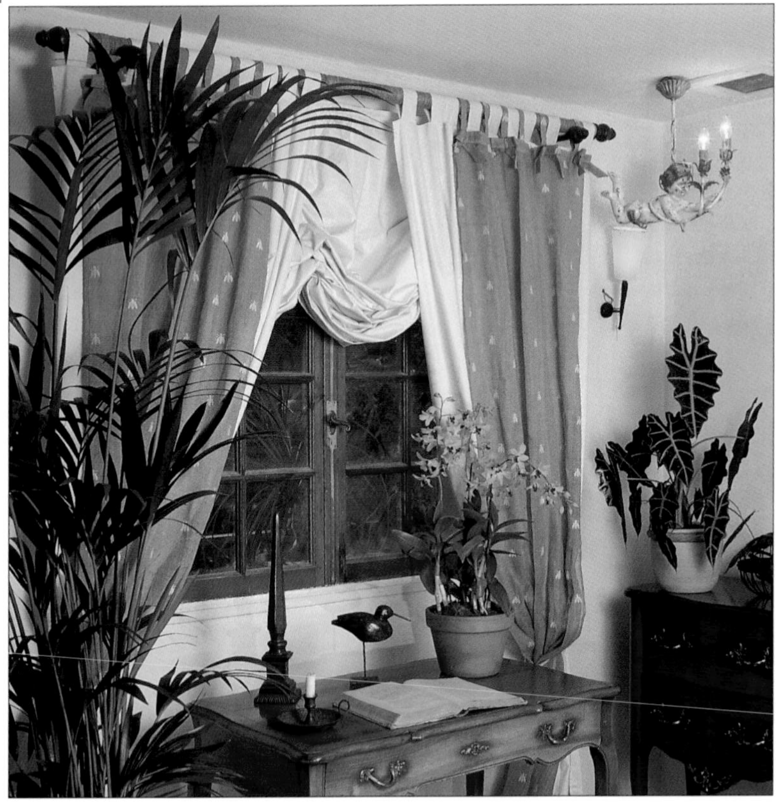

PLANTAS PARA ACERTAR

1 **Kentia** ***(Howea forsteriana),*** la más resistente de las palmeras de interior; puede superar los 2,5 m.

2 **Orquídea (*Dendrobium* x),** necesita mucha luz, calor y vaporizaciones frecuentes del follaje con agua tibia.

3 ***Alocasia sanderiana,*** planta rizomatosa originaria de Filipinas, que aprecia la humedad.

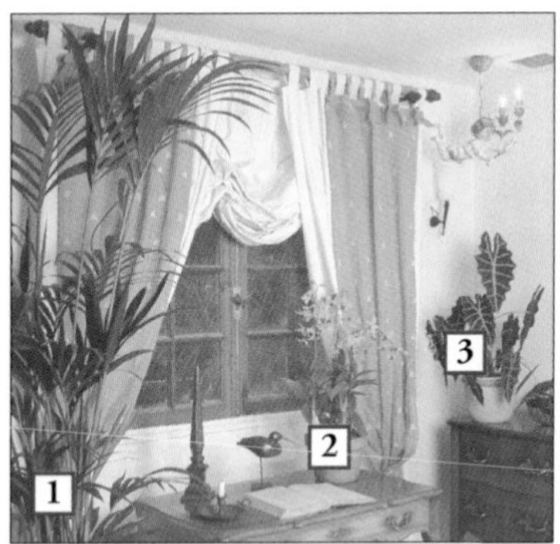

Sin llegar a la ostentación, la elegancia de este despacho de estilo Imperio es innegable. El ambiente refinado se debe a la calidad de los muebles torneados de maderas raras, que imitan perfectamente la pátina del tiempo y respetan toda la finura de la ebanistería artística. El efecto decorativo está sabiamente dosificado con una búsqueda del detalle que roza la perfección. Por ejemplo, las cortinas están diseñadas con los mismos motivos de abejas que los que adornan los documentos personales de Napoleón. En este contexto, resulta normal elegir plantas tan sofisticadas como la orquídea y la alocasia, que acentúan con elegancia la originalidad del lugar. Un despacho de gala donde el más nimio objeto está colocado con una meticulosa preocupación por el esteticismo.

PRUEBE TAMBIÉN

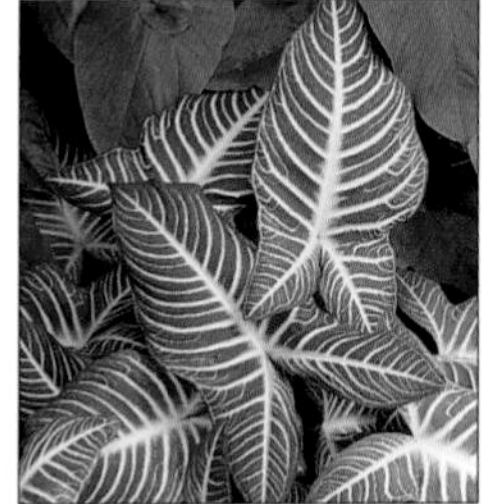

Dendrobium thyrsiflorum
Esta orquídea epifita se cultiva sobre todo en una cesta para plantas colgantes, ya que sus inflorescencias forman racimos péndulos de 30 a 40 cm de largo. Temperatura mínima: 15 °C.

Xanthosoma lindenii
Esta planta colombiana de hojas lanceoladas prefiere un lugar sombreado, una temperatura alta y mucha humedad ambiental. Use un sustrato con turba.

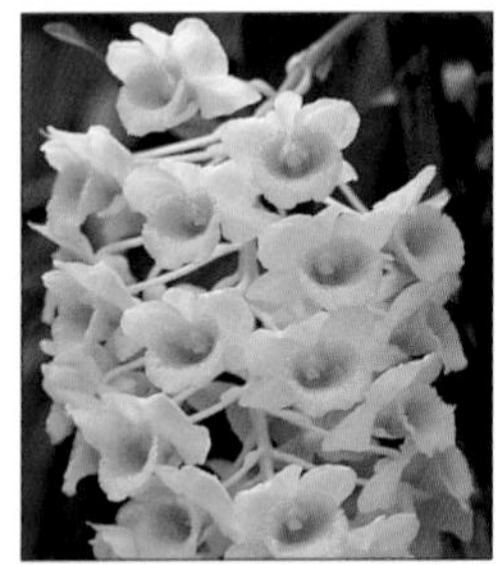

Ficus cyathistipula
Una especie introducida recientemente en las colecciones de plantas de interior. Su porte erguido, pero frondoso, permite usarlo en lugar de una palmera. Crece rápido y puede alcanzar los 2 m en una maceta.

Otras ideas

◀ VISTA INEXPUGNABLE

Este despacho, que aprovecha las hermosas vistas de los tejados de la ciudad, es un lugar de contemplación y meditación. El ambiente «zen» está acentuado por las líneas muy sobrias y contemporáneas del mobiliario. Todo es pulcro, nítido y sin adornos. No se trata de un lugar de acción sino de reflexión. Bañado por la luz que entra generosamente por el inmenso ventanal, un *Ficus benjamina* alcanza un desarrollo espectacular. Su altura supera la del techo y el tallo principal se ha dirigido de modo natural hacia el hueco de la escalera, donde dispone de más espacio. Es lo que confiere ese aire desequilibrado a la planta.

▶ RECUERDO DE DICKENS

El ambiente muy británico de este despacho se debe al escritorio y a la cortina, dispuesta con la dosis justa de delicadeza para dejar flotar en el aire un leve perfume de romanticismo. La atmósfera es acogedora, cálida, viva y alegre, aunque muy sobria. En este contexto, la *Pachira macrocarpa* añade una nota de seducción suplementaria con su porte sorprendente. Se trata de varios pies, cuyos jóvenes y principales tallos fueron trenzados. Actualmente lignificados, forman un tronco que da la impresión de estar esculpido. La planta aprovecha plenamente la intensa luminosidad que entra por una ventana muy cercana. También agradece la temperatura templada de la habitación.

Consejo: **En un contexto decorativo bastante sofisticado, no recargue sus plantas con maceteros demasiado vistosos. Inclínese por la sobriedad de la terracota. Como las orquídeas tienen un sustrato muy poroso, hay que introducir la maceta original en otra más grande, cuyo fondo no esté agujereado sino cubierto de gravilla.**

BUENAS COSTUMBRES

Los dendrobium son orquídeas monopodiales que desarrollan largos tallos de los que pueden cortarse esquejes. Los esquejes se eligen siempre de la parte superior del tallo (la más joven) y se cortan por encima de una hoja. Deben medir unos 20 cm de longitud. Tras haberlos dejado secar durante un día, plante los esquejes en un miniinvernadero con calefacción, que contenga sustrato para orquídeas que se habrá encargado de humidificar con antelación. Vaporice y cierre el invernadero para mantener una temperatura alrededor de los 25 °C. Estas acciones aceleran el proceso de crecimiento de la planta.

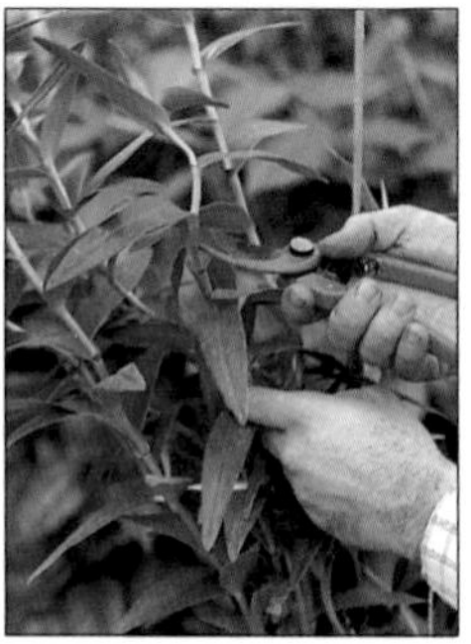

Lectura en un ambiente confortable

PLANTAS PARA ACERTAR

1 **Kentia *(Howea forsteriana),*** gran palmera de largas palmas flexibles y arqueadas.

2 ***Ficus benjamina,*** ejemplar de más de 2 m de alto, que aprecia el frescor ante la ventana.

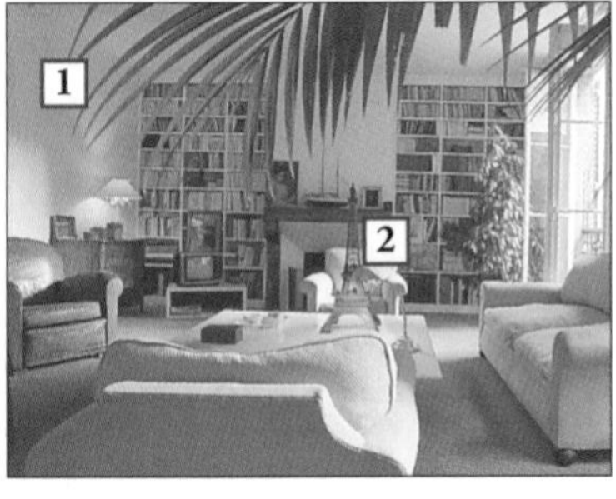

Esta gran habitación, decididamente moderna, funciona indistintamente como biblioteca y sala de lectura. El mobiliario es sencillo y sobrio, para liberar el máximo espacio y despejar los volúmenes. La adecuada percepción del entorno incita al descanso. Las plantas, presentes pero discretas, aumentan esta sensación de bienestar. Se trata de grandes ejemplares cultivados en hidrojardineras, para minimizar el mantenimiento, y situados muy cerca de los ventanales, para aprovechar la máxima luz. La habitación debe ventilarse generosamente cuando el tiempo lo permita, para crear una sensación tonificante, muy apreciada por las plantas y las personas. Sin duda, se trata de una habitación acogedora, clara y tranquila donde leer constituye un placer.

PRUEBE TAMBIÉN

Clusia major
Este arbusto semiepifito es originario de las Antillas. Sus hojas son muy semejantes a las del ficus. Supera los 2 m.

Cycas revoluta
Situada en un ambiente fresco, esta «falsa palmera» puede alcanzar los 2 m de altura.

Otras ideas

▶ **TODO ELEGANCIA...**

Este despacho, rincón secreto donde da gusto refugiarse, se inspira en nuestra personalidad íntima y desvela toda su sensibilidad. Se trata de una habitación donde la iluminación tiene una función primordial, con luces a menudo tamizadas o indirectas. Aquí, un claroscuro donde se perfilen las sombras de cada objeto incita a la mente a evadirse de la realidad en una evocación poética y creativa. Es un lugar donde se filosofa a placer, inspirado por la forma tortuosa de un bonsái de interior *(Ficus retusa)*. Este árbol enano, aún joven, pero muy prometedor por su silueta falsamente desequilibrada, se revela como compañero al que confiar los estados de ánimo. Símbolo de armonía y de longevidad, el bonsái es una planta que se muestra de modo exacerbado, reaccionando rápida y brutalmente a los menores errores de cultivo. Ello lo convierte en un ser tan apasionante como excepcional, que enriquecerá su conocimiento de las plantas con más eficacia que un ejemplar «normal».

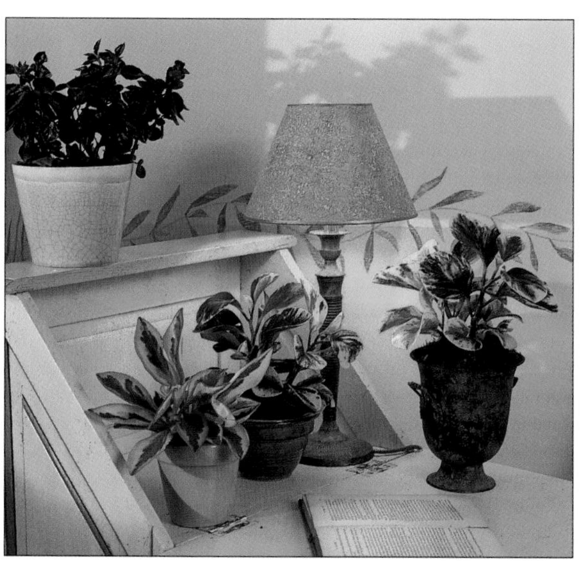

◀ **EL RINCÓN DEL COLECCIONISTA**

En materia de decoración, los grandes espacios suelen ser más difíciles de personalizar que los pequeños, más íntimos y discretos. Aquí, un bonito secreter de madera de roble cubierto de pátina sirve de rincón de lectura, alumbrado por una discreta lámpara de cabecera. El ambiente es sereno, apacible y reservado. Es agradable retirarse a este lugar para estar con las plantas queridas y sentir su presencia muy cercana. Como esta parte de la habitación recibe una iluminación muy tenue, era necesario elegir especies muy resistentes y poco exigentes. La elección recayó en una colección de pequeñas peperomias, que necesitan un mantenimiento mínimo y riegos bastante espaciados. Se observan: *Peperomia obtusiifolia* «Variegata», de hojas redondeadas y matizadas, *Peperomia clusiifolia* «Variegata», de hojas oblongas y tricolores, y, encima del mueble, *Peperomia bicolor* var. *peduncularis*, de hojas púrpura oscuro casi negro, marcadas con listas plateadas. Estas plantas deben mantenerse todo el año entre los 18 y 20 °C en un sustrato bastante poroso.

Consejo: **Cuando abra una ventana en una habitación, acuérdese de cerrar la puerta, para evitar las corrientes de aire. Las plantas de interior temen la sensación de frío intenso y brutal que genera un violento soplo de viento. Para ventilar, espere a que la temperatura exterior alcance al menos 15 °C.**

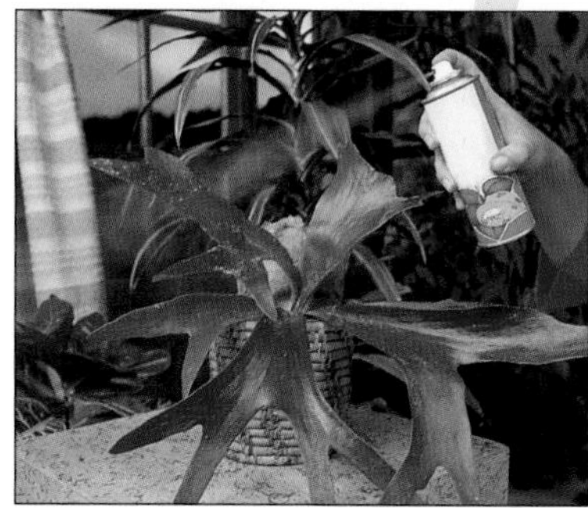

BUENAS COSTUMBRES

Los tratamientos insecticidas en aerosol proporcionan la ventaja de una difusión muy fina, por lo que son más económicos y menos contaminantes (se utiliza menos materia activa). Se reparten bien sobre la planta, para llegar a los insectos mejor escondidos (bajo el follaje, por ejemplo). No obstante, la expansión del gas bajo presión produce una disminución de la temperatura que puede perjudicar a la planta. Durante el tratamiento, mantenga el aerosol a 40 cm de la planta.

Un momento de asombro

Dispuestas sobre un pequeño escritorio de madera, estas plantas de silueta original componen un conjunto dinámico y agradable. Las plantas se crían en hidrocultivo, en recipientes de loza, cuya forma cuadrada se integra a la perfección en un interior de estilo moderno. Dos espatifilos enanos acompañan a una beaucarnea *(Beaucarnea recurvata)* y a una *Alocasia sanderiana.* Las hojas de esta última se limpiarán regularmente con una esponja húmeda, para quitarles el polvo y ofrecer a la planta el ambiente húmedo, que aprecia por encima de todo. Exposición a la luz intensa, pero tamizada. Temperatura media de 20 °C.

Fantasía de follajes
Cerca de las anaquelerías de la biblioteca, una *Calathea zebrina* «umilior»; una *Begonia rex* x, destacando en primer plano; una *Maranta leuconeura* «Fascinator», y, en segundo plano, un *Ctenanthe lubbersiana*. Este decorado, de concepción muy sencilla, produce una impresión de elegancia y refinamiento, gracias a la acertada elección de las variedades. Cada planta usada presenta un follaje original y los matices armonizan perfectamente. El truco consiste en la presencia de la begonia de hojas plateadas, que crea un efecto luminoso, a la vez que resalta las otras plantas.

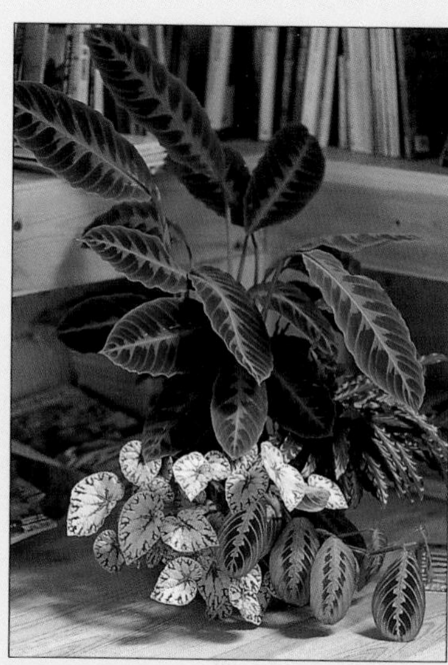

La magia de las flores
Las plantas con flor resultan incomparables para atraer la mirada y conferir un aire de fiesta a la casa. Sobre este escritorio de madera, una orquídea (*Miltonia* x), un *Streptocarpus* x y una violeta africana *(Saintpaulia ionantha)* rivalizan por su belleza en un sutil contraste de colores. Como estrellas efímeras, las plantas de flor deben renovarse regularmente, ya que el decorado de la casa merece la perfección. Una oportunidad de mantener un ambiente floral que nunca cansa.

Un hormigueo vegetal

PLANTAS PARA ACERTAR

1 ***Callisia fragans,*** parecida a una tradescantia de grandes hojas.

2 ***Begonia* «Erythrophylla»,** se cubre de flores rosas a finales del invierno.

3 **Violeta africana *(Saintpaulia ionantha),*** de floración duradera.

4 ***Asplenium bulbiferum,*** forma retoños sobre las frondas.

5 ***Codonanthe gracilis,*** de porte colgante y flores blancas en verano.

6 ***Billbergia nutans,*** bromelia epifita muy frondosa.

7 **Cinta *(Chlorophytum comosum),*** forma largos estolones.

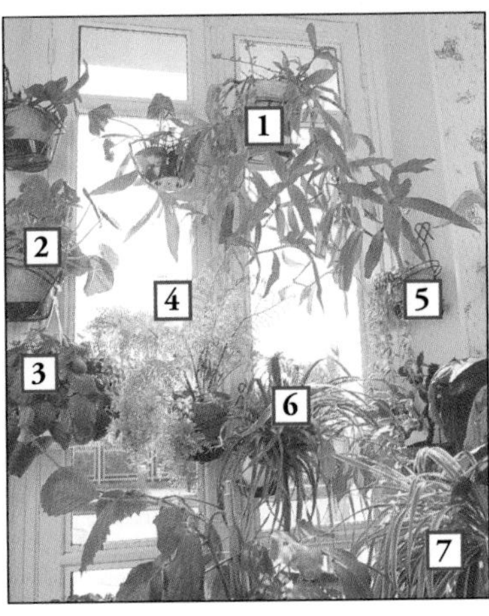

Una ventana orientada al este fue sacrificada para transformar un rincón de la sala en un improvisado invernadero. Aquí no existe ningún artificio decorativo, ya que son las plantas las que garantizan la escenografía y el efecto atractivo. Sencillos maceteros metálicos sirven de soportes. Están dispuestos en el marco para que las plantas ocupen todo el espacio. Lo importante es la abundancia y diversidad, de modo que se evite una impresión monótona. Esta ornamentación que pregona claramente un amor desmesurado por las plantas necesita un mantenimiento frecuente. Habrá que vaporizar a menudo y no dudar en abonar con regularidad todas las plantas, ya que el crecimiento se estimula de modo espectacular con la abundante luz. Un entorno que se renueva permanentemente.

Consejo: **Contrariamente a lo que se suele aconsejar, las plantas colgadas se benefician de los riegos mediante el llenado del platillo. Ello evita que se moje el follaje y, sobre todo, el suelo. Compruebe que la planta haya absorbido el agua una hora después del riego, de lo contrario, elimine el excedente (muy importante en invierno).**

BUENAS COSTUMBRES

Cuando la temperatura ambiental alcance los 20 °C, aumente la humedad atmosférica en torno a las plantas con vaporizaciones de agua a la temperatura ambiental. Los helechos (aquí, un *Nephrolepis* y un *Polypodium*) aprecian esta operación.

Otras ideas

▶ UNA PROLÍFICA CESTA

La cesta de plantas, ejemplo característico del regalo que se recibe con motivo de una fiesta o un aniversario, reúne varios ejemplares elegidos únicamente por su estética. Se plantan del modo más ajustado posible para crear un conjunto que deleite la mirada. Se puede disfrutar de esta composición durante un mes o dos, pero luego las plantas se estorbarán y, sobre todo, manifestarán una auténtica desaprobación por sus condiciones de vida. Amarilleo, necrosis, caída de hojas y desecación aparecerán inevitablemente. Resulta, pues, conveniente prever un trasplante individual de cada ejemplar o trasplantar el conjunto a un recipiente mayor. Intente reunir únicamente especies cuyas exigencias de cultivo sean similares. Aquí, la cesta agrupa: gloxinia *(Sinningia speciosa), Plectranthus* y *Begonia massangeana,* plantas que requieren aproximadamente la misma luminosidad, temperatura y riego.

◀ MACIZO HETERÓCLITO

Reunir las plantas de casa en un mismo lugar y preferentemente frente a una ventana es una decisión excelente. La comunidad crea por su volumen de transpiración un microclima beneficioso para cada individuo que la forma. La luz intensa, que puede ser tamizada con un visillo, garantiza un buen crecimiento. Se facilita el mantenimiento y no se corre el riesgo de olvidar una planta aislada. Incluso el agrupamiento ecléctico de plantas con formas variadas genera un fuerte efecto decorativo. Esta colección comprende: *Calathea, Callisia, Nephrolepis, Ctenanthe* y *Pelargonium graveolens,* en la hilera superior, y *Scirpus, Peperomia, Guzmania, Nertera, Cyperus,* y *Adiantum,* en primera fila.

▶ ADELANTARSE AL VERANO

El alféizar de las ventanas suele ser el lugar más fresco de la habitación, sobre todo si el acristalamiento es simple. Se puede observar una diferencia de temperatura de al menos 5 °C, especialmente por la noche. Ello se debe a la pérdida rápida de calorías a causa de los puentes térmicos que provoca la cohabitación de materiales con conductividad de calor diferente. El resultado es que se pueden poner en este lugar plantas que requieren cierto frescor. En esta imagen, una bonita colección de bulbos primaverales forzados (*Puschkinia* «Ruby Giant» de flores rosas, *Tulipa tarda* y *Puschkinia scilloides*) hechiza la casa durante unos 12 días, mucho antes de que el sol de verano permita a estas plantas florecer en el jardín.

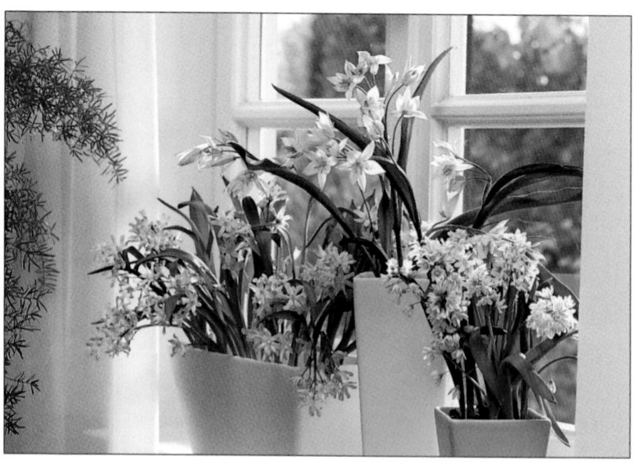

Candidez y pureza

PLANTAS PARA ACERTAR

1 **Hiedra *(Hedera helix)*,** variedad de pequeñas hojas matizadas.

2 **Orquídea (*Phalaenopsis* x),** con flores en forma de mariposa.

3 **Begonia *(Begonia elatior)*,** bello híbrido de flores dobles.

4 **Violeta africana *(Saintpaulia ionantha)*,** planta enana.

5 **Jazmín de Madagascar *(Stephanotis floribunda)*,** muy perfumado.

6 ***Spathiphyllum wallisii*,** variedad compacta muy florífera.

Esta decoración manifiesta una voluntad de seducir con distinción gracias a la blancura brillante de las flores y los accesorios, símbolo de juventud, feminidad, delicadeza, frescor e inocencia. La idea de una composición monocromática no es nueva, pero cuando se consigue, el éxito es arrollador. Aquí, la ventana proporciona una iluminación lateral al final de la tarde que, al proyectar largas sombras, tiende a oscurecer la habitación. Sin embargo, bajo la caricia de los rayos muy suaves, las flores adquieren un resplandor incomparable e iluminan la habitación. Para acentuar el efecto exótico, grandes palmas de kentia *(Howea forsteriana)* y hojas bien cinceladas de una *Pachira macrocarpa* ocupan el segundo plano. Una composición muy elegante, hasta en los accesorios.

IDEAS DECORATIVAS

Colocados ante una ventana, vasos con formas y contenidos diferentes se admiran a contraluz. Esta iluminación concreta destaca las raíces aún traslúcidas de los esquejes enraizados y resalta toda su arquitectura viva. Aquí, una cinta, una hiedra y un papiro han arraigado perfectamente y comienzan a crecer. Puede conservar estas plantas nuevas en agua durante varios meses, con la condición de cambiarla una vez por semana y suministrarles un poco de abono.

Otras ideas

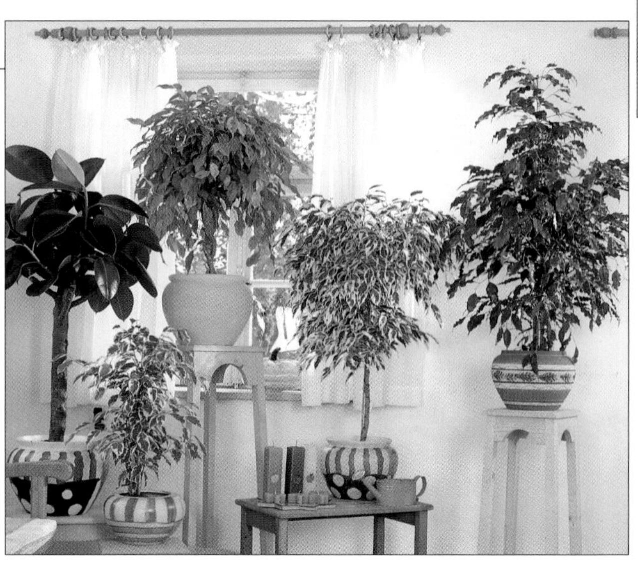

▶ EL FICUS EN FAMILIA

Con unas 800 especies, el género *Ficus* es uno de los más cultivados en interiores. Así, es posible componer un único entorno con formas diferentes del mismo género. Fue lo que se hizo en este caso, aunque la inspiración del decorador llegó mucho más lejos... Partiendo del principio de que la única denominación común de las plantas no basta para generar una idea de unidad, los accesorios sirven para crear un vínculo visual, al tiempo que añaden una nota de fantasía. Taburetes de bar se pintaron de diferentes colores, de alturas distintas, constituyen soportes sencillos, graciosos y variados para las plantas, colocadas en maceteros de colores muy vivos que animan y refuerzan el escenario.

◀ ARMONÍA TOTAL

Lo más fino en materia de decoración con plantas consiste en que los colores del tiesto y de las flores combinen, como en este caso. Las orquídeas (*Phalaenopis* x), de un amarillo diáfano, se combinan con violetas africanas *(Saintpaulia ionanhta)* en una jardinera de bonitos motivos geométricos, con la misma tonalidad que las flores.

▼ PASIÓN POR LOS GERANIOS

El género *Pelargonium* no se limita sólo a los geranios de los balcones, ni mucho menos. Incluye 230 especies, la mayor parte sudafricanas, algunas de las cuales se adaptan al cultivo en interiores, salvo en verano. Aquí, un conjunto de variedades originales se cultiva en maceteros de tamaños y colores variados, y forman una bellísima composición.

Consejo: **Una composición monocromática debe integrarse obligatoriamente en un entorno que la destaque. Para ello, vale más usar un segundo plano en tonalidades contrarias, con el objeto de crear un contraste. Azul y amarillo, blanco y negro, naranja y violeta, rojo y verde, rosa y blanco son los más intensos. No obstante, puede jugar con mayor sutileza con rojo y malva, rojo y amarillo, etc.**

LA GALERÍA Y EL JARDÍN DE INVIERNO

Déjese llevar hasta el final de sus sueños acompañado por una suave humedad que evoca islas paradisíacas con nombres que huelen a vacaciones. ✤ *Apenas cruzada la puerta acristalada, se ve inmediatamente transportado a miles de kilómetros de lo cotidiano. La exuberancia de las plantas le embelesa, la riqueza de los follajes le sorprende, el perfume sutil de las flores le encanta, se encuentra en otro mundo que le pertenece.* ✤ *En el corazón de su burbuja de cristal, el feliz propietario de un invernadero o una galería se aísla en un microcosmos donde reinan las plantas. Todo crece en un gran impulso generoso, gracias a la maravillosa alquimia que combina la luz, el calor y la humedad.* ✤ *Las condiciones atmosféricas casi perfectas que se encuentran bajo un acristalamiento lo convierten por arte de magia en un excelente jardinero.* ✤ *La orquídea que se negaba a florecer abre de nuevo sus corolas maravillosas. Un ficus agotado se yergue y vuelve a desarrollarse con entusiasmo. Una monstera, cuyas hojas cada vez menos recortadas reducían cada vez más su tamaño, recupera su orgullo y se adorna con nuevos encajes.* ✤ *En este invernadero todas las ambiciones se materializan. Engatusa a las plantas más ariscas, aclimata las rarezas que todos admiran y hace felices a todos con bonitas plantas de su producción.* ✤ *El jardín de invierno, que alberga especies sensibles al frío, es un oasis de verdor donde florecen bellezas exóticas, lugar privilegiado de experiencias apasionantes o una simple habitación de descanso y meditación. La galería, el invernadero o el jardín de invierno, como prefiera llamarlo, en realidad sólo tiene un nombre: el paraíso del enamorado de las plantas.* ✤

Descanso en medio del frescor

PLANTAS PARA ACERTAR

1 ***Solanum jasminoides,*** flexible, trepador o colgante muy perfumado.

2 **Limonero *(Citrus limon),*** árbol perenne, de flores perfumadas.

3 ***Anthemtis cupaniana,*** una bola de margaritas estivales.

4 ***Bougainvillea glabra,*** una profusión de brácteas escarlatas.

5 **Níspero *(Eriobotrya japonica),*** árbol perenne, de flores blancas en invierno y frutos comestibles.

6 ***Aeonium,*** planta crasa arbustiva.

En esta galería que alberga, de octubre a mayo, plantas que recuerdan las dulces horas de descanso estival en la Costa Azul, reina un ambiente muy mediterráneo. Generosas y prolíficas, estas especies podrán decorar el balcón o el jardín durante el verano. En una galería bien ventilada, toda esta colección de bellezas del Mediterráneo podrá mantenerse todo el año bajo el acristalamiento. El secreto del éxito consiste en un riego moderado y, sobre todo, en las diferencias de temperatura entre el día y la noche, que garantizan una floración abundante de estas plantas enamoradas del sol intenso. Y un truco más: no dude en podar.

PRUEBE TAMBIÉN

Passiflora* x *alatocaerulea
Una trepadora de flores maravillosas que sólo duran un día, pero que se renuevan gradualmente durante todo el verano. Fertilice abundantemente con un abono líquido.

Datura en árbol *(Brugmansia sanguinea)*
Un arbusto cuyas flores en forma de trompeta pueden superar los 20 cm de longitud. ¡Cuidado!, es una planta tóxica.

Otras ideas

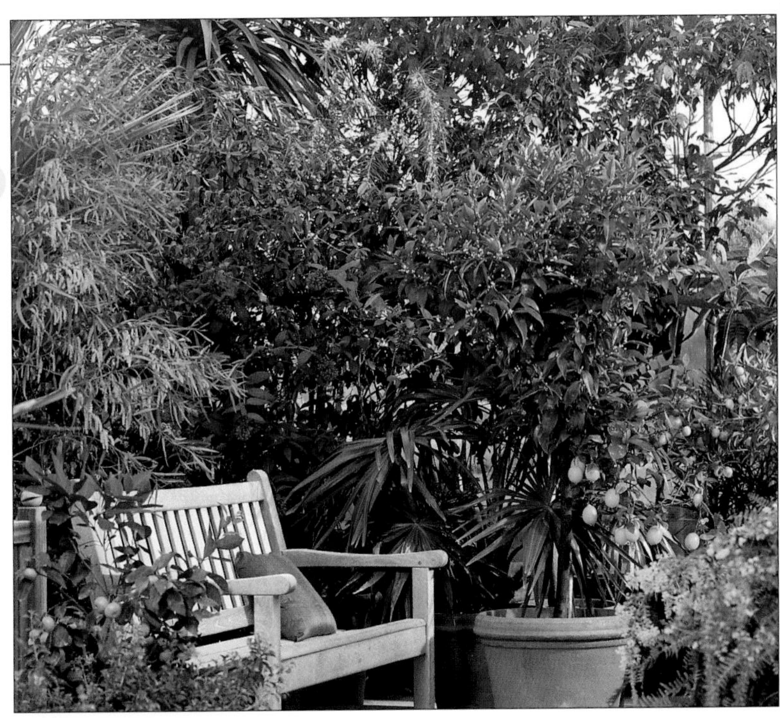

▶ SOÑAR CON EL GRAN AZUL

Instálese cómodamente en el banco, estire los brazos y las piernas, afloje los músculos y cierre los ojos... Está en el bulevar de la Croisette, en medio de un entorno pleno de verdor, sólo faltan las estrellas del festival de Cannes y el Mediterráneo. Una gran *Acacia longifolia* perfuma con sus flores olorosas. Es una prima de la mimosa, que exige las mismas condiciones de cultivo. A su derecha, un *Cestrum elegans* luce sus inflorescencias escarlatas en el extremo de largos tallos arqueados. Contrasta con elegancia con la floración blanca del naranjo amargo *(Citrus aurantium)* y el amarillo dorado de los limones. En segundo plano, grandes abutilones y un *Cordyline australis.* Todas estas plantas pueden pasar el verano al aire libre y requieren una exposición muy soleada para crecer bien.

◀ LA BÓVEDA EMBRIAGADORA DE UN EMPARRADO

De factura muy actual con sus montantes de aluminio lacado, esta galería sirve a la vez de invernadero para las plantas sensibles al frío y de comedor. En cualquier época del año se puede disfrutar de la deliciosa impresión de festejar fuera, sin ser molestado por el viento, la lluvia o los insectos. Todo el encanto del lugar procede del magnífico emparrado, que viste de verdor la cubierta transparente de la edificación. Muy de moda en Gran Bretaña en el siglo XIX, y casi olvidado actualmente, el cultivo en invernadero de la parra garantiza una cosecha generosa en todos los climas, al resguardar la floración de las heladas primaverales. Esta situación privilegiada expone también a los sarmientos y el follaje a una insolación máxima, lo que refuerza el contenido de azúcar de la uva. Estimulada por este ambiente perfecto, la parra se muestra más resistente a sus enemigos naturales y a las enfermedades.

Consejo: **Añada 1/4 de arena al sustrato de las plantas mediterráneas en maceta. Al hacer el sustrato más drenante, evitará el riesgo de podredumbre de las raíces, sobre todo en invierno, cuando las plantas deben conservarse casi en seco y al fresco.**

UNA BUENA COSTUMBRE

Durante el período de crecimiento, los cítricos aprecian los riegos abundantes, pero bien espaciados, y se debe esperar a que se sequen 2 o 3 cm de la superficie del sustrato para el siguiente aporte de agua. Es preferible usar agua de lluvia para evitar riesgos de clorosis, o bien añadir un producto antical, que neutralizará la cal contenida en el agua corriente. Es aconsejable un aporte de abono líquido cada 3 riegos, que debe unirse al sustrato bien humidificado.

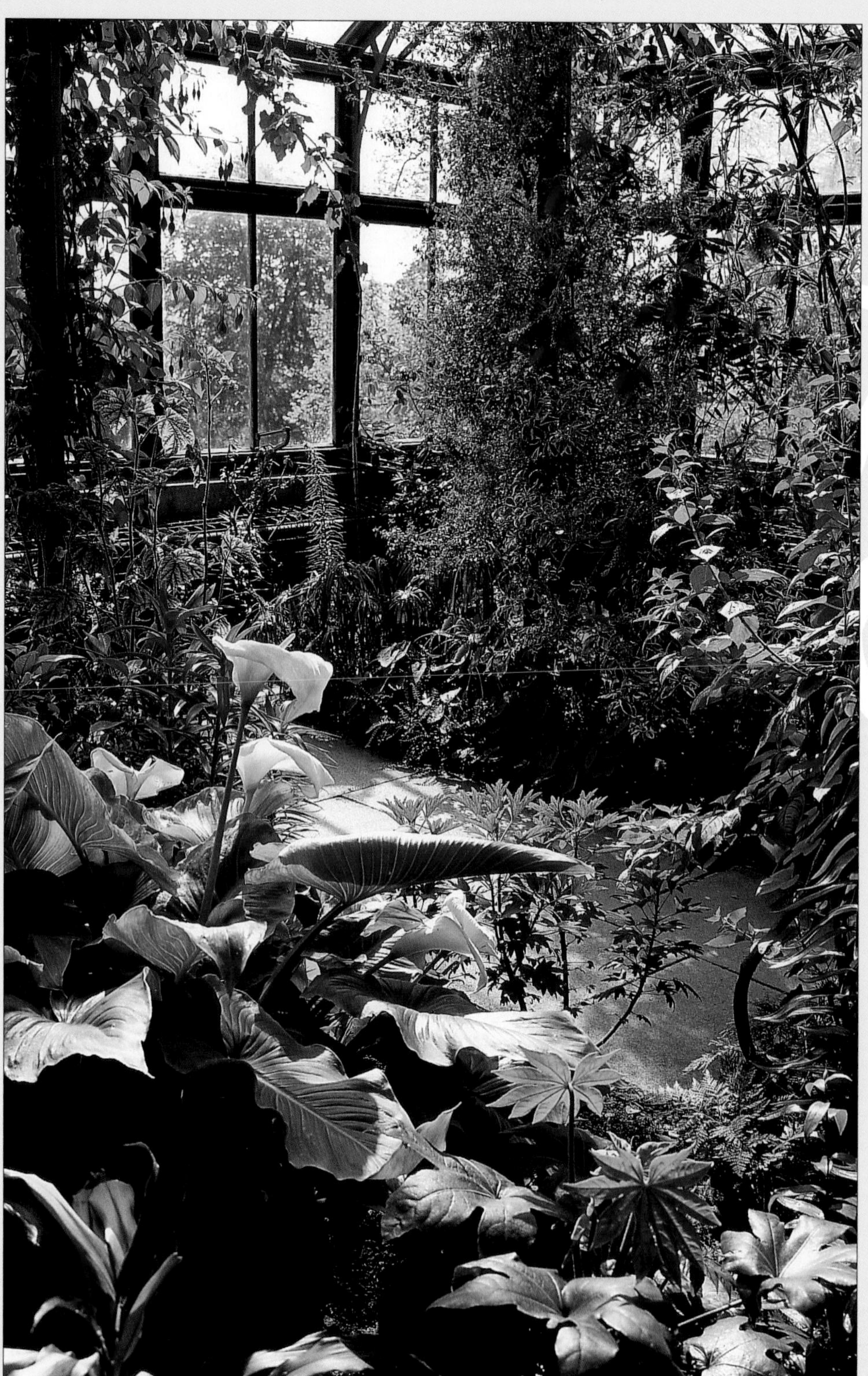

PÁGINA SIGUIENTE
Evasión tropical
Bajo su elegante armazón de cedro rojo, este invernadero galería aloja una vegetación abundante, que se conforma con mantenerse al abrigo de las heladas durante el invierno. A la derecha, una magnífica *Coprosma baueri* «Marginata», un arbusto neocelandés; a la izquierda, la «flor ave» de la *Strelitzia reginae,* dominada por los ramajes de una *Tibouchina urvilleana;* en la pared, una pasionaria.

El jardín de los mil placeres
Contiguo a la casa y comunicado directamente con el salón, este imponente invernadero de madera sirve de compartimiento estanco entre la vivienda y el jardín. Sea cual sea la estación, la exuberancia de las plantas permanece inalterable, ya que éstas se cultivan directamente en el suelo, situado al mismo nivel de la edificación. Se puede reconocer en primer plano un magnífico aro *(Zantedeschia aethiopica).* Una soberbia fucsia se precipita sobre el pilar de la izquierda, acompañada de una begonia; enfrente, el *Callistemon laveis* se viste, desde mayo hasta julio, de resplandecientes escobillas de color escarlata.

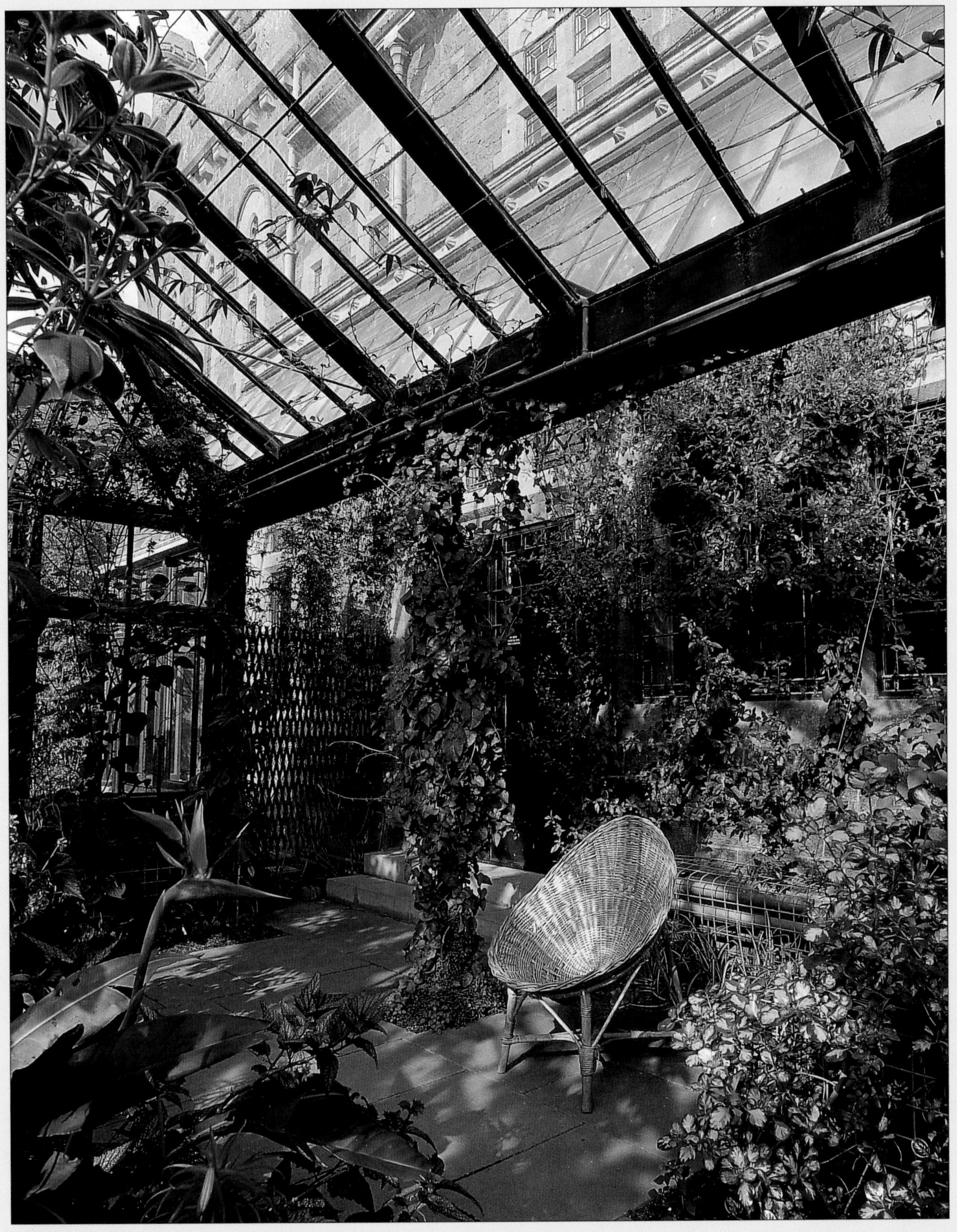

Una selva domesticada

PLANTAS PARA ACERTAR

1 **Kentia *(Howea belmoreana)*,** palmera que alcanza 3 m.

2 ***Cymbidium* híbrido,** orquídea que necesita exposición a plena luz.

3 ***Tetrastigma voinerianum*,** liana de 3 a 5 m de largo.

4 ***Heliconia stricta*,** con hojas de 1,5 m de largo y flores maravillosas.

5 ***Yucca elephantipes*,** arbusto de hojas semirígidas. De 2 a 4 m.

6 ***Alocasia macrorrhiza*,** con hojas lanceoladas de 1 m.

7 ***Dracaena marginata*,** planta de una gran resistencia.

8 ***Euphorbia tirucalli*,** planta carnosa muy ramificada. De 2 a 3 m.

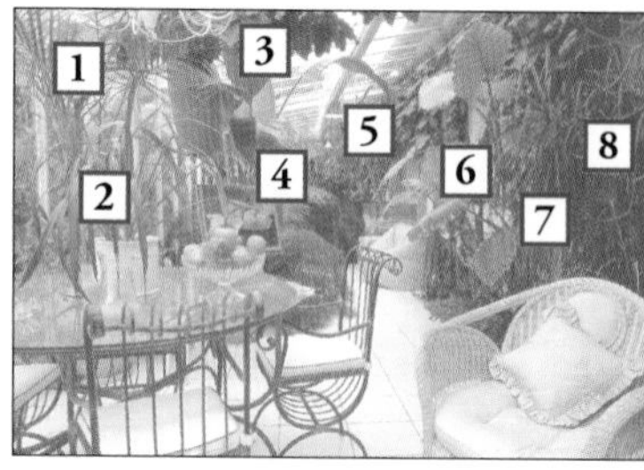

Un ambiente de selva tropical bien domesticada es un sueño materializado, un lugar de evasión y de descanso donde la vegetación se vuelve acogedora. Aprovechando el efecto de invernadero de la cubierta acristalada, esta habitación permite que se exprese toda la exuberancia de las plantas, que se vuelven gigantes cuando se plantan en plena tierra. En efecto, el creador, J.-P. Benet, «olvidó» colocar baldosas en algunos lugares, para disponer así de jardines «naturales» propicios para el libre desarrollo de las raíces. En invierno, la habitación se mantiene entre los 14 y 16 °C como mínimo mediante la calefacción central. Un sistema automático garantiza la ventilación necesaria al menor rayo de sol. Las vaporizaciones regulares del follaje mantienen un ambiente beneficioso para las plantas.

PRUEBE TAMBIÉN

Ficus longifolia
Un bello árbol de interior aún muy desconocido, pero cada vez más popular en los centros de jardinería. Sus hojas se parecen a las de la adelfa. Porte piramidal. Mide de 2 a 4 m.

Heliconia prostrata
Una pequeña joya de hojas parecidas a las del banano y con largas inflorescencias colgantes, protegidas por brácteas carnosas. Mide 2 m.

Otras ideas

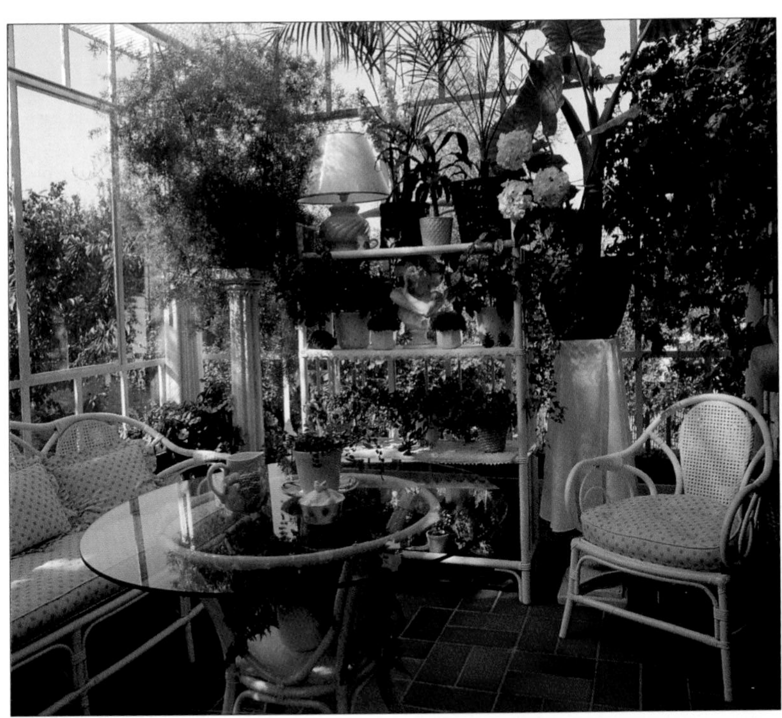

◀ A LA HORA DEL TÉ

Pese a su superficie bastante limitada, esta galería acoge una bonita colección de plantas. La habilidad consistió en superponerlas en una gran estantería de mimbre y crear diferentes variaciones de nivel, gracias a columnas que sostienen los especímenes más amplios. Suele olvidarse destacar los volúmenes en un jardín de interior. Es una lástima, ya que se trata del medio más sencillo para producir una sensación de generosidad y abundancia de vegetación. Aquí, tres ejemplares bastante excepcionales: el *Asparagus densiflorus* a la izquierda, la *Alocasia macrorrhiza,* de grandes hojas lanceoladas, en el centro, y, a la derecha, la caída opulenta de *Cissus rhomboidea* «Ellen Danica». Aprecie los bonitos maceteros.

▶ UN RINCONCITO DE PARAÍSO

En un ambiente pleno de plantas se saborea la sensación única de comer al aire libre, independientemente de las condiciones atmosféricas exteriores. La vidriera da directamente al jardín y permite apreciar sus plantas y soñar con los bellos días ante el azul de la piscina. Es un lugar muy íntimo, que produce la impresión de un nido mullido, gracias a la generosa presencia de la gran areca *(Chrysalidocarpus lutescens),* a la izquierda, y de una *Yucca elephantipes,* a la derecha, asociada a un ficus y vestida con una mata de esparraguera.

Consejo: **Para evitar que el acristalamiento se manche de cal, use agua desmineralizada o de lluvia en todas las vaporizaciones. Puede añadir «antical» al agua del pulverizador y de la regadera, lo cual resulta muy beneficioso para las plantas, ya que la mayor parte de las especies tropicales son más bien acidófilas.**

UN BUEN CONSEJO

El efecto invernadero, es decir, la facultad que presentan las superficies transparentes de dejarse atravesar por las calorías de la radiación solar, pero de retenerlas después en el interior de la cristalera, obliga a prever un sombreado en todos los invernaderos y las galerías. Existen numerosos modelos de persianas que pueden cerrarse según las necesidades, o que se desenrollan automáticamente, en función de la luminosidad ambiental (programación mediante una célula fotoeléctrica). Es preferible instalarlas en el interior para que no se vean sometidas a la intemperie, lo que garantiza una mayor duración. El sombreado también refresca el ambiente.

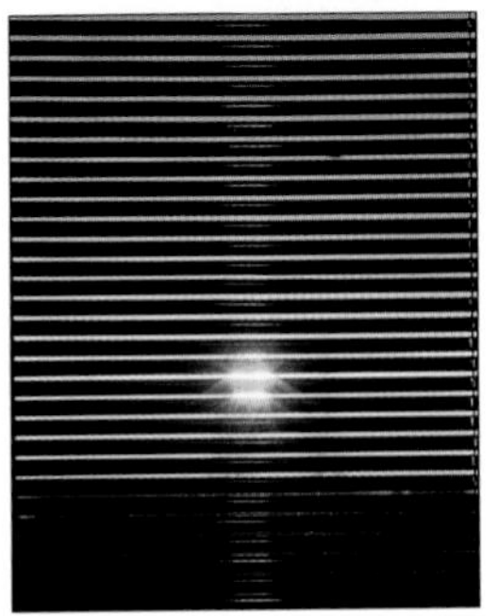

Bajo las palmeras

PLANTAS PARA ACERTAR

1 **Areca** ***(Chrysalidocarpus lutescens),*** palmera en forma de mata.

2 **Rhapis** ***(Rhapis excelsa),*** palmera enana con tallos de bambú.

3 **Granado** ***(Punica granatum),*** con bonitas flores rojas.

4 ***Lotus berthelotii,*** planta colgante de porte elegante y flexible.

5 **Tilo de salón** ***(Sparmannia africana),*** suave y aterciopelado.

6 **Cordiline** (***Cordyline australis*** **«Variegata»**), un bello plumero.

7 **Cala** ***(Zantedeschia aethiopica),*** espatas de colores.

Este pequeñísimo jardín de invierno que sirve de entrada a la casa crea un ambiente simpático e informal, gracias a la elección de plantas exóticas que despistan inmediatamente. La mata generosa de la areca marca la pauta. Bajo estas condiciones ideales de temperatura y luz, superará los 2 m de alto en unos cuantos años y reforzará la impresión exótica del lugar. Las plantas menos sensibles al frío (loto, granado, abutilón, cala, cordiline) podrán vivir en el jardín de mayo a octubre, a condición de que puedan disfrutar de una situación bien soleada. Si estas especies se mantienen bajo vidrio deberá garantizarse una buena ventilación. En invierno, la temperatura puede descender sin problemas entre 13 y 15 °C, evitando las variaciones demasiado importantes.

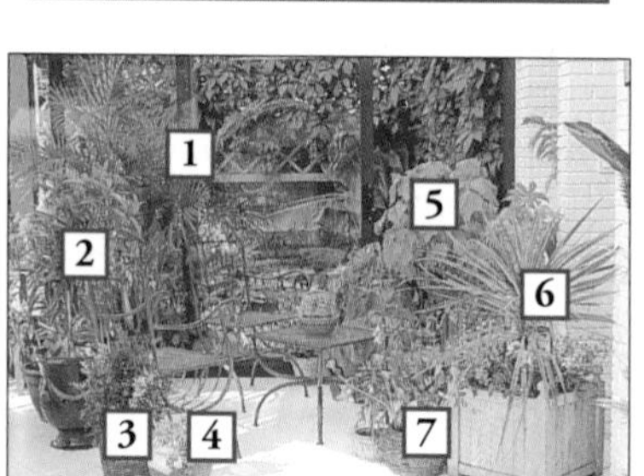

PRUEBE TAMBIÉN

Licuala grandis
Una palmera de hojas en forma de abanicos redondeados, que exige una elevada humedad atmosférica, con vaporizaciones por la mañana y por la noche.

Chamaedorea metallica
Una palmera muy compacta, cuyo tronco termina en un generoso ramo verde oscuro lustroso.

Otras ideas

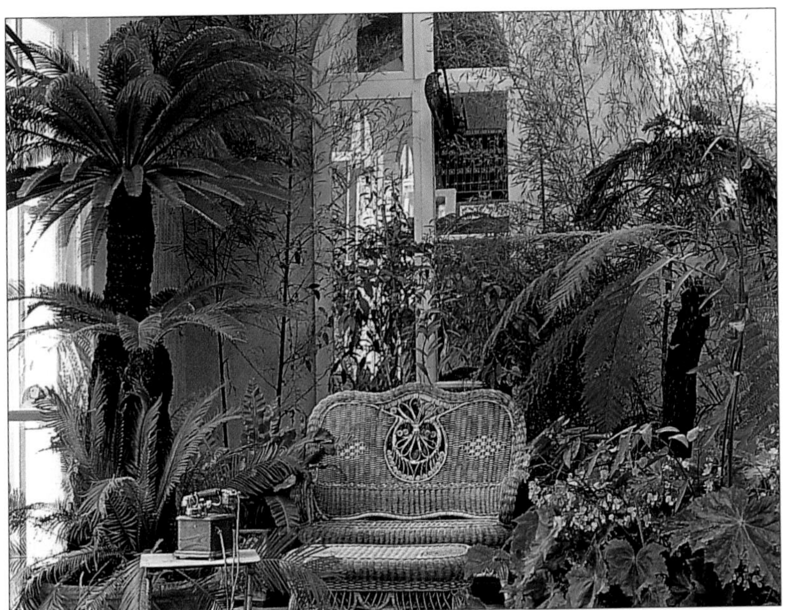

◀ REGRESO AL FUTURO

Las cicas y los helechos arborescentes (aquí, una *Dicksonia antartica*), unas plantas que no han cambiado desde la prehistoria, otorgan a este rincón del jardín de invierno un ambiente muy original, así como seductor y misterioso a la vez. Tras sentarse en el precioso sofá de mimbre, puede imaginar que revive las aventuras de *Jurassic Park*... Para completar el aspecto exótico del lugar, una imponente *Begonia heracleifolia* nos alegra con su follaje inusual y su floración generosa. Los bambúes están plantados en el suelo, con el objeto de constituir un fondo vegetal que refuerza la impresión de selva casi domesticada.

▶ DESDE EL FIN DEL MUNDO

Decorada con helechos arborescentes de Nueva Zelanda *(Dicksonia antartica),* esta galería se adorna con forjaduras artísticas inspiradas en las cristaleras del siglo XIX. El resultado es un sorprendente modernismo donde se conjugan las líneas sobrias, elegantes y vivas de las plantas, de la edificación y del mobiliario. Se necesita una orientación hacia el norte para conservar los helechos que no toleran la luz directa del sol. Basta con mantener la temperatura invernal entre los 7 y 12 °C para que las plantas se desarrollen. En cambio, son indispensables varias atomizaciones diarias cuando la temperatura supere los 18 °C. También hay que humedecer los troncos.

Consejo: **Como la temperatura tiende a subir rápidamente en una galería, no dude en mojar el suelo cada mañana para refrescar el ambiente. El agua se evaporará y aumentará la humedad ambiental, lo que es muy beneficioso para las plantas. Por eso, es importante que el suelo de la galería esté embaldosado.**

IDEA DECORATIVA

La asociación de una pajarera (aquí, con un loro amazónico) con plantas tropicales refuerza la sensación exótica que pueden producir las palmeras, como esta kentia *(Howea forsteriana)*. La jaula misma, por su diseño de líneas, a menudo elegantísimas, puede servir como elemento decorativo. En cuanto al loro, anima agradablemente el lugar con sus sonidos y su bonito plumaje. Observe también en este ejemplo el uso de un macetero de cestería, que combina a la perfección con el sillón de mimbre. La utilización de accesorios y objetos procedentes de los países de origen de las plantas aumenta el valor del entorno y lo autentifica.

Un elegante jardín de interior
Bellamente adornadas con molduras decorativas, las paredes de esta gran cristalera añaden una nota señorial y acogedora. No es necesario nada más para destacar las plantas y permitirles expresarse con el máximo refinamiento. El uso del contrachapado marino, insensible a la humedad, y de una pintura impermeabilizante garantiza la longevidad de la estructura y limita el mantenimiento a una simple eliminación del polvo. Las plantas forman parte del surtido clásico, en el que predomina un gran *Ficus benjamina* y gráciles macetas colgantes de tunbergias *(Thumbergia alata)*.

PÁGINA SIGUIENTE
Un salón en pleno cielo
Sobre los techos de París, esta gran cristalera de arquitectura moderna pretende ser un remanso de luz y de tranquilidad. Basada en una idea del paisajista Alain Charles, la galería crea una sutil transición entre el piso y la terraza ajardinada. Amueblada cómodamente, el lugar resulta acogedor y alegre. El lujo no resulta ostentoso, hay lo necesario para sentirse bien. Las plantas brillan en este ambiente. En primer plano, un *Spathiphyllum* «Sensation», de hojas gigantes y, más lejos, un caladio sombreado por un ficus.

Sol en las velas
Orientada de lleno al sur, esta galería de madera resultaría inhabitable sin la presencia de las cortinas, hábilmente recogidas cuando el tiempo es gris y nublado. Construida en una región de inviernos crudos, se mantiene a 12 °C como mínimo, independientemente de las condiciones exteriores, gracias a un radiador de grandes dimensiones. El tamaño importante del radiador permite mantenerlo a temperatura reducida, para no molestar en absoluto a las plantas colocadas cerca. De izquierda a derecha se puede reconocer: *Abutilon* híbrido, *Cissus* «Ellen Danica», *Crassula arborea* y un *Stephanotis floribunda.* Las excelentes condiciones de luminosidad permiten que las plantas medren con un mantenimiento mínimo. Una habitación sencillísima destinada a la lectura y a la ensoñación, amenizada por el canto de un canario instalado en una bonita jaula antigua.

Un paraíso de coleccionista

Esta clásica galería está compuesta de una estructura de aluminio con doble acristalamiento, adornada con un paramento de madera exótica. El inmenso ventanal corredizo facilita una ventilación que se agradece en verano y que asegura una transición directa hacia el jardín. El enlosado de piedra reconstituida se humidifica regularmente, para mantener una elevada humedad ambiental, muy beneficiosa para las orquídeas y las plantas carnívoras. Ello también permite reducir la temperatura cuando el tiempo sea más cálido y limitar su mantenimiento. La colección ecléctica de plantas tropicales se ve sometida en invierno a temperaturas muy bajas (de 8 a 10 °C), que garantizan bellas floraciones.

PLANTAS PARA ACERTAR

1. **Planta carnívora (*Nepenthes* híbrido)**, bellas trampas en urnas.
2. ***Corynocarpus laevigatus***, procedente de Nueva Zelanda.
3. ***Aechmea fasciata***, bromelia que florece durante varios meses.
4. **Orquídea (*Odontoglossum* híbrido)**, aprecia el frescor.
5. **Orquídea (*Cymbidium* híbrido)**, debe sacarse al jardín en verano.
6. **Orquídea (*Phalaenopsis* híbrido)**, florece todo el año.
7. ***Araucaria heterophylla***, un árbol de Navidad de interior.

PRUEBE TAMBIÉN

Angraecum* x *veitchii
Una orquídea cérea que supera los 15 cm de diámetro. Se cultiva en un ambiente luminoso y húmedo, a 16 °C como mínimo.

Laelia jongheana
Una pequeña joya para los amantes de las orquídeas, cuya flor se abre durante un mes en verano. Debe cultivarse a 13 °C como mínimo.

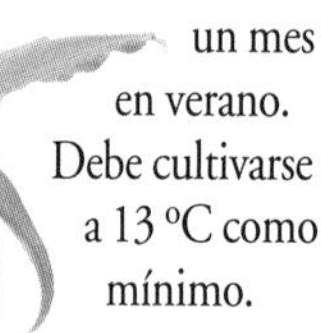

Otras ideas

▶ UN ESPECTÁCULO PERMANENTE

Con una composición escalada, como un macizo de jardín, esta escenografía de galería produce la impresión de una alfombra salpicada de joyas. Unas begonias tuberosas híbridas forman la base de la decoración. Están dispuestas a intervalos regulares sobre estantes, cuidando de mezclar bien los colores. Entre las begonias se deslizan macetas de esparraguera, cintas y cóleos *(Solenostemon scutellarioides)*, que crean una bonita impresión de unidad. El decorado se ve dominado por plantas más voluminosas (chéflera, diefembaquia, drácena, ficus), que refuerzan la opulencia de esta presentación de prestigio. Esta realización se encuentra al alcance de todos. Basta con cultivar las begonias a partir de bulbos, sembrar las esparragueras y dividir o acodar las cintas.

UNA BUENA COSTUMBRE

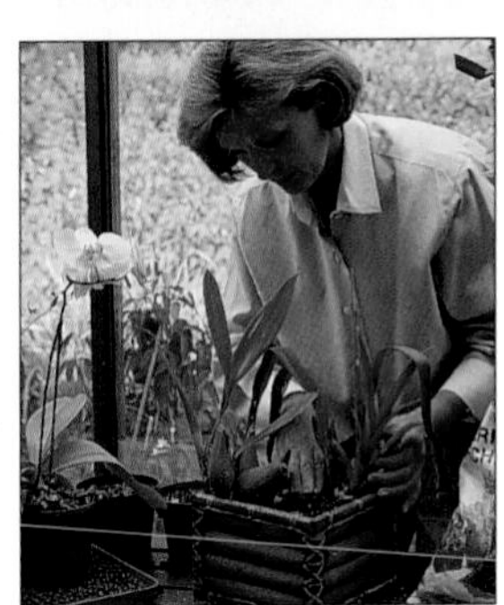

El trasplante de orquídeas es una operación que debe efectuarse con la menor frecuencia posible, ya que las raíces carnosas de estas plantas no toleran que se las manipule. Espere a que la maceta se haya quedado pequeña para proceder, tras la floración o al principio de la vegetación, a un trasplante. Muchas orquídeas viven como epifitas sobre los árboles y agradecen que se las cultive en cestas colgantes. Use preferiblemente sustrato especial para orquídeas.

▲ UNA SUAVE LUZ FILTRADA

Este gran invernadero apuesta por la armonía, la sutileza y la elección de plantas originales. El color procede de las flores rojas de las *Cuphea ígnea* y las tumbergias *(Thumbergia alata)*, que revolotean en torno a la planta colgante. En primer plano, el pie de un *Ficus benjamina* variegado decorado con un *Ficus pumila*, que se extiende ante un *Pseuderanthemum atropurpureum* «Tricolor» y una sansevieria. El ambiente bastante fresco en invierno y muy ventilado en verano resulta ideal. La única dificultad estriba en dosificar adecuadamente los riegos, ya que las necesidades de las plantas usadas aquí difieren bastante.

Consejo: **Nunca use maceteros estancos para colocar orquídeas. Como el sustrato es poroso, permite que el agua sobrante drene después de cada riego. Si ésta no puede desalojarse, las raíces quedarán sumergidas y se asfixiarán rápidamente. La asfixia radicular y las enfermedades criptogámicas aparecerán y entonces será muy difícil salvar la planta. No dude en practicar agujeros de drenaje con el taladro, y procure hacerlo lentamente para no romper el tiesto.**

Invitación al exotismo

La exuberancia de la vegetación evoca las regiones tropicales e islas de ensueño donde se languidece bajo las caricias del sol... Plantas con exigencias casi opuestas se asocian en la misma composición y crecen como por arte de magia. Este «milagro» se debe al uso de un sistema de calefacción mediante unas resistencias eléctricas estancas enterradas. Las plantas más sensibles al frío, como los anturios y el *Philodendron selloum,* se plantan directamente en plena tierra, en el hoyo que se acondicionó especialmente para ellas. Las otras, como las palmeras, la cica o los geranios, se dejan en las macetas. La temperatura no debe descender por debajo de los 10 °C en invierno.

PLANTAS PARA ACERTAR

1 ***Cycas revoluta,*** planta «prehistórica» de crecimiento lento.

2 **Geranios (*Pelargonimu* x),** pies madre invernados a cubierto.

3 ***Anthurium andreanum* x,** con flores durante casi todo el año.

4 **Tilandsia *(Tillandsia usneoides),*** crece sin tierra.

5 ***Livistona chinensis,*** con hojas que superan 1 m de diámetro.

6 **Kentia *(Howea forsteriana),*** palmera de cultivo facilísimo.

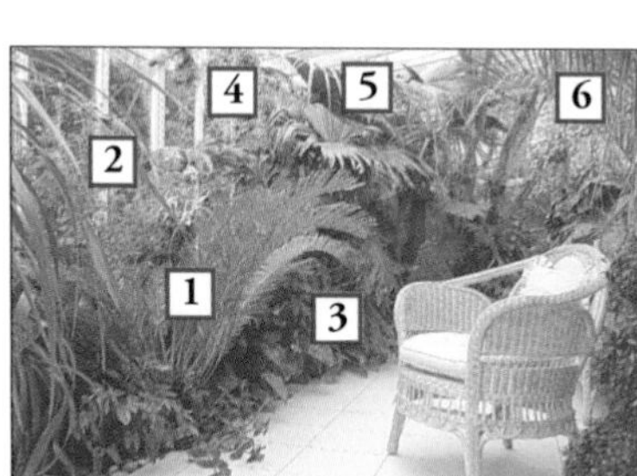

PRUEBE TAMBIÉN

Calathea orbifolia
Bastante nueva entre las plantas de interior, prefiere las zonas en sombra del jardín de invierno y el frescor invernal.

***Pleomele* x «Song of India»**
Un arbusto muy ramificado, de cultivo fácil y color muy luminoso, que combina bien con las palmeras. Riéguelo poco.

Otras ideas

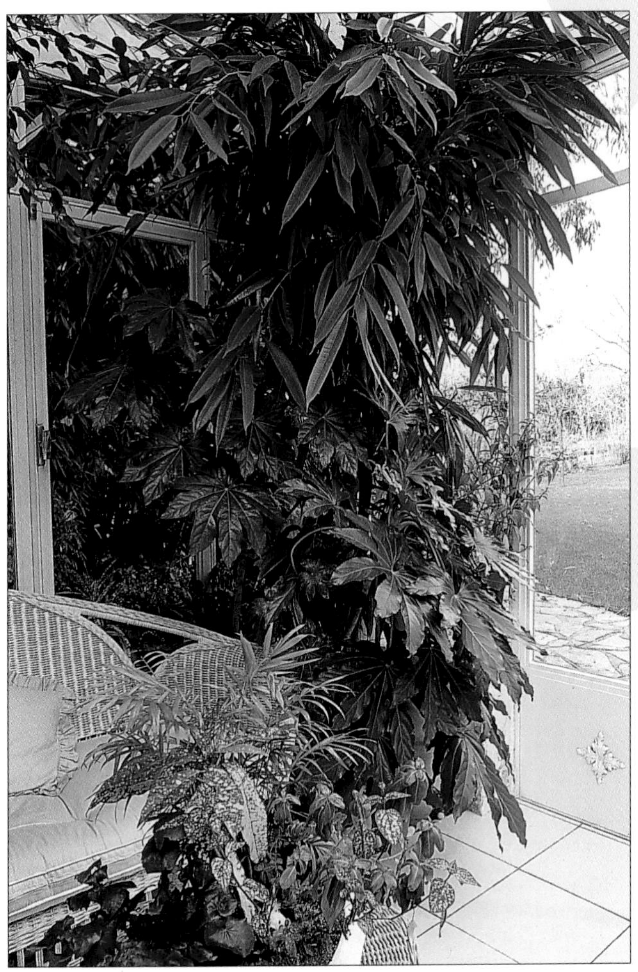

▲ UNA TRANSICIÓN HACIA EL JARDÍN

Esta asociación de un *Ficus longifolia* con una aralia *(Fatsia japonica),* sencilla y espectacular a la vez, tiene valor sobre todo por el tamaño de las plantas que crecen gracias a un ambiente fresco y muy luminoso. La cantidad de verdor queda reforzada por la presencia muy cercana de una mata de bambúes plantada en el jardín, que produce una impresión de continuidad. El jardín entra en la casa y resulta muy agradable en todas las estaciones.

Consejo: **Una plantación muy densa aumenta sensiblemente los riesgos de aparición de la temible podredumbre gris *(Botrytis cinerea).* Es muy importante ventilar el jardín de invierno cuando la temperatura exterior lo permita, para evitar una sensación de humedad permanente. En invierno, reduzca sensiblemente el riego (nunca más de una vez por semana) y deje de vaporizar.**

BUENAS COSTUMBRES

Las plantas que poseen un tronco principal de cierto calibre, como los cordilines, las drácenas, las yucas y las diefembaquias, pierden su encanto cuando se les caen la mayoría de las hojas. Practicando un acodo aéreo, recuperarán su bello plumero de hojas. Corte la corteza en forma de anillo de 1 cm de altura y retírela. Aplique hormonas de arraigamiento en la herida. Fije una lámina de plástico a 10 cm debajo de la incisión. Forme un cucurucho que llenará de turba fibrosa húmeda. Cierre el plástico. Espere entre dos y tres meses a que aparezcan las raíces...

▲ UN INVERNADERO MODERNO

Este magnífico jardín de invierno se caracteriza por tener la cumbrera a 3,5 m de altura, lo que permite el desarrollo generoso de las mimosas *(Acacia dealbata)* y de un inmenso *Abutilon pictum* que florece continuamente todo el año. Este lugar se mantiene entre 5 y 7 °C mínimo en invierno, muy propicio para la floración de las mimosas y de la clivia (en primer plano).

Una sutil exuberancia

La humedad de un invernadero favorece la proliferación de musgos que cubrirán con una bella pátina las piedras de las paredes y del enlosado. Aquí, incluso se permitió que algunos helechos y selaginelas se propagaran naturalmente y se incrustaran donde quisieran. Como el lugar resulta bastante reducido, las plantas quedan repartidas en varios niveles, para ocupar mejor el espacio. Además de la enorme flor de Pascua *(Euphorbia pulcherrima)*, que no acaba de enrojecer de una vez por todas, el efecto de color es obra de las orquídeas (*Dendrobium* x). La parte superior de la pared se encuentra totalmente revestida por las ramas colgantes de los *Asparagus denisflorus* «Sprengeri», que, en una composición muy lograda, combinan con el culantrillo *(Adiantum tenerum)*.

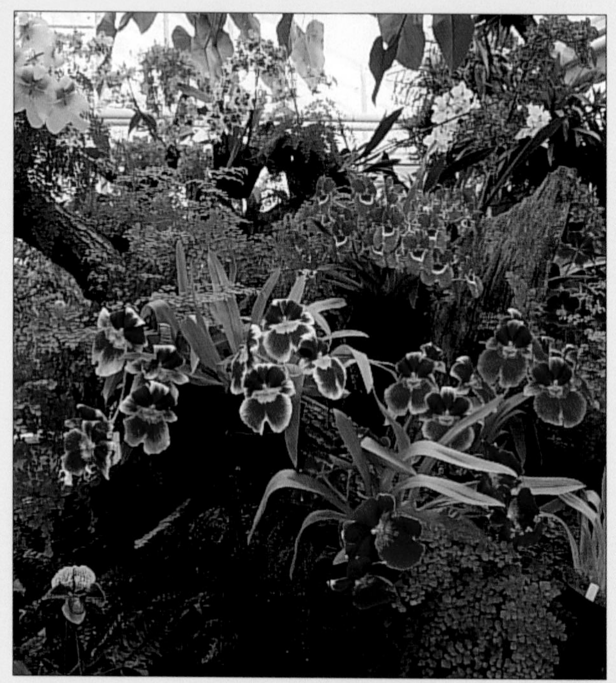

Una locura de miltonias

Descubierta en la casa de un amante de las orquídeas de Jersey, esta magnífica presentación incluye diferentes *Miltonia* x, cuyas macetas se encuentran sujetas a troncos y ramas mediante simples ataduras de alambre. El resultado es espectacular y, sobre todo, sorprendente, ya que las orquídeas adquieren, tras ser colgadas, una exuberancia excepcional. El efecto de volumen, creado por la disposición en varios niveles, ofrece una amplitud sin igual al decorado, adornado con las frondas gráciles y temblorosas de los culantrillos (*Adiantum raddiatum* «Goldelse»).

Una selva muy domesticada
Por lo que se refiere a la decoración con plantas de interior, ¿por qué no aplicar los mismos principios que dan resultado en el jardín? En este ejemplo, se jugó con los efectos de volumen, limitando el número de especies usadas, pero agrupando varios individuos para crear un impacto visual más acentuado. Las *Dieffenbachia seguine* x del primer plano añaden la nota de exuberancia, indispensable en un decorado exótico. Aéreas, graciosas y sutiles, las orquídeas (*Dendrobium phalaenopsis* x) producen el resplandor luminoso y coloreado que atrae la mirada. El segundo plano está compuesto por palmeras *(Licuola grandis)* con magníficos abanicos.

La selva encantada

Con una temperatura que nunca descienda de 15 °C y una humedad que supere el 70 %, se crearán las condiciones ambientales perfectas para que crezcan todas las plantas tropicales. Las especies más delicadas, como los anturios de grandes hojas y las alocasias, se desarrollarán, en tanto que las plantas más vigorosas, como los filodendros, las chefleras, las drácenas o los ficus, adquirirán portes gigantescos. El secreto del éxito reside en la plantación en plena tierra, para que las plantas adquieran confianza. Hay que retirar el suelo original hasta una profundidad de 60 a 80 cm y cubrir el fondo del hoyo con una malla, 10 cm de guijarros no calcáreos o de cascotes garantizarán el drenaje. Luego debe llenarse la zona donde se va a plantar con una mezcla a partes iguales de tierra de jardín arenosa, de turba rubia y de tierra de hojas. Las plantas se disponen en forma de macizo, y se instalan las más grandes detrás, previendo su desarrollo rápido. Un metro de espacio entre cada ejemplar grande es ideal para que las ramas se imbriquen entre sí, como en una selva natural. Como aquí, juegue con el contraste de formas de follaje y de siluetas, y no dude en completar la escenografía con algunas epifitas (orquídeas y bromelias), que se engancharán aquí y allá.

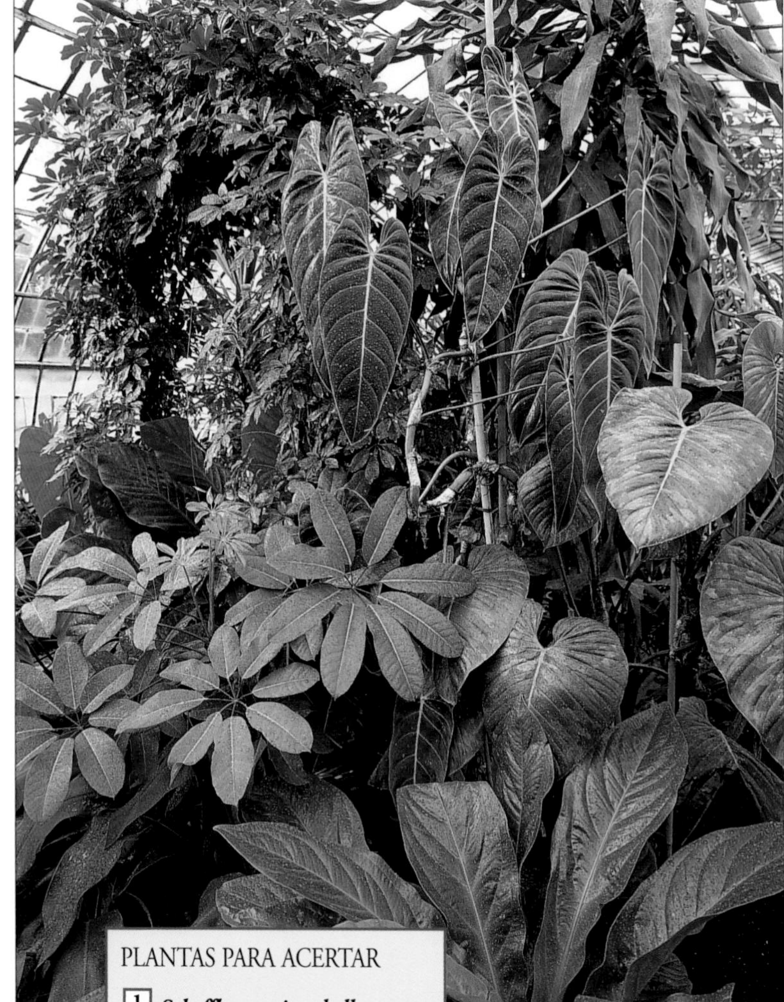

PLANTAS PARA ACERTAR

1 ***Schefflera actinophylla,*** con hojas de 30 cm de largo.

2 ***Philodendrum melanochrysum,*** con hojas de 1 m.

3 ***Dracaena fragans* «Massangeana»**, planta muy longeva.

4 ***Anthurium cordifolium,*** con hojas enormes en forma de corazón.

5 ***Anthurium hookeri,*** una especie para coleccionistas, de largas hojas en forma de roseta.

PRUEBE TAMBIÉN

***Alocasia* híbrida «Black Velvet»**
Una nueva planta propuesta por los centros de jardinería, que exige una elevada humedad ambiental para desarrollarse y una temperatura de 15 °C como mínimo. Luz muy tamizada.

Otras ideas

▶ ORO Y PLATA

Es lo que evoca este ambiente, centrado en una tilandsia *(Tillandsia usnoides)*, una planta epifita, conocida también como planta del aire porque se puede colgar de cualquier soporte y crecer sin sustrato. Sus hojas cubiertas de finas escamas toman de la atmósfera que las rodea el agua y los nutrientes que necesitan para vivir. El contraste entre el fino follaje plateado con el dorado de las flores de la orquídea (*Cymbidium* x «Rozel Bay») resulta soberbio. En segundo plano, un *Philodendron scandens* trepa sobre un tutor recubierto de musgo, mientras que detrás, una enorme tradescantia (*Tradescantia zebrina* «Purpusii») colgante realza el efecto de color. Luz, una temperatura mínima de 10 °C y una elevada humedad estival son las claves del éxito.

▶ UN SENDERO EN LA SELVA

Este gran invernadero de aficionado con montantes metálicos alberga una profusión de plantas tropicales que deben su exuberancia a una plantación directa en pleno suelo. La escenografía se compuso como un jardín con macizos separados por un pequeño sendero que se adentra en la vegetación. En primer plano, a la izquierda, un joven *Phoenix roebelinii* de palmas esbeltas se asocia al follaje lanceolado de un anturio. Está dominado por una mata de *Dracaena deremensis* «Warneckii» y por un *Philodendron scandens* «Variegatum» colgante. El sendero está bordeado por una bonita alfombra de parietaria *(Soleirolia soleirolii)*, que contiene la vegetación generosa de las balsaminas. Al fondo hay un *Nephrolepis exaltata* colgante. La vaporización en verano está programada y automatizada.

Consejo: **Ponga tutores a los filodendros, que son lianas muy vigorosas en la naturaleza. Use preferentemente bambúes o tutores de musgo que no afearán el entorno. Para lograr una solidez adecuada, entiérrelos en un tercio de su altura. Puede ser necesario para los grandes ejemplares, como los de *Monstera deliciosa,* reforzar la solidez de los tutores, disponiéndolos en triángulo y sujetándolos entre sí.**

BUENAS COSTUMBRES

Las plantas cultivadas en maceta agotan muy rápidamente las escasas reservas nutritivas contenidas en el sustrato. Cuando las hojas amarillean en las nervaduras, como en el caso de este *Rhoicissus capensis,* significa que hay una carencia de sales minerales y, concretamente, de nitrógeno. Habrá, pues, que añadir abono. No confunda estos síntomas con la clorosis (carencia de hierro), cuyos efectos son inversos: las hojas amarillean y las nervaduras permanecen verdes.

Un sueño inalcanzable
Este magnífico estanque de nenúfares gigantes *(Victoria amazonica)*, rodeado de opulentas acalifas *(Acalipha hispida)*, no existe en la naturaleza, ya que las plantas acuáticas proceden de la Amazonia y las acalifas, de Malasia y de Papúa Nueva Guinea. Se requieren invernaderos con una dimensión excepcional, como los del jardín botánico de Nancy, donde fue tomada esta fotografía, para lograr el nenúfar gigante, también llamado «azucena de agua real». El estanque debe medir al menos 1 m de profundidad y la temperatura del agua nunca debe descender por debajo de los 22 °C; aunque los 25 °C son ideales. Las hojas características, en forma de molde para tarta, pueden superar 2 m de diámetro. La flor blanca, que se parece a un nenúfar de jardín *(Nynphaea)*, alcanza 30 cm. Tras esa belleza resplandeciente se esconde una planta temible, cuya parte sumergida se encuentra totalmente provista de espinas punzantes.

Un contraste logradísimo
La exuberancia y la gracia de las *Medinilla magnifica* está realzada por la fila de plantas cebra *(Aphelandra squarrosa)*, cuyo follaje resplandeciente atrae irresistiblemente la mirada. Sólo un invernadero con ambiente muy húmedo permite que estas dos plantas se conserven en flor durante mucho tiempo. La temperatura debe mantenerse a 15 °C como mínimo en invierno. Ofrézcales una luz intensa, evitando demasiado sol directo.

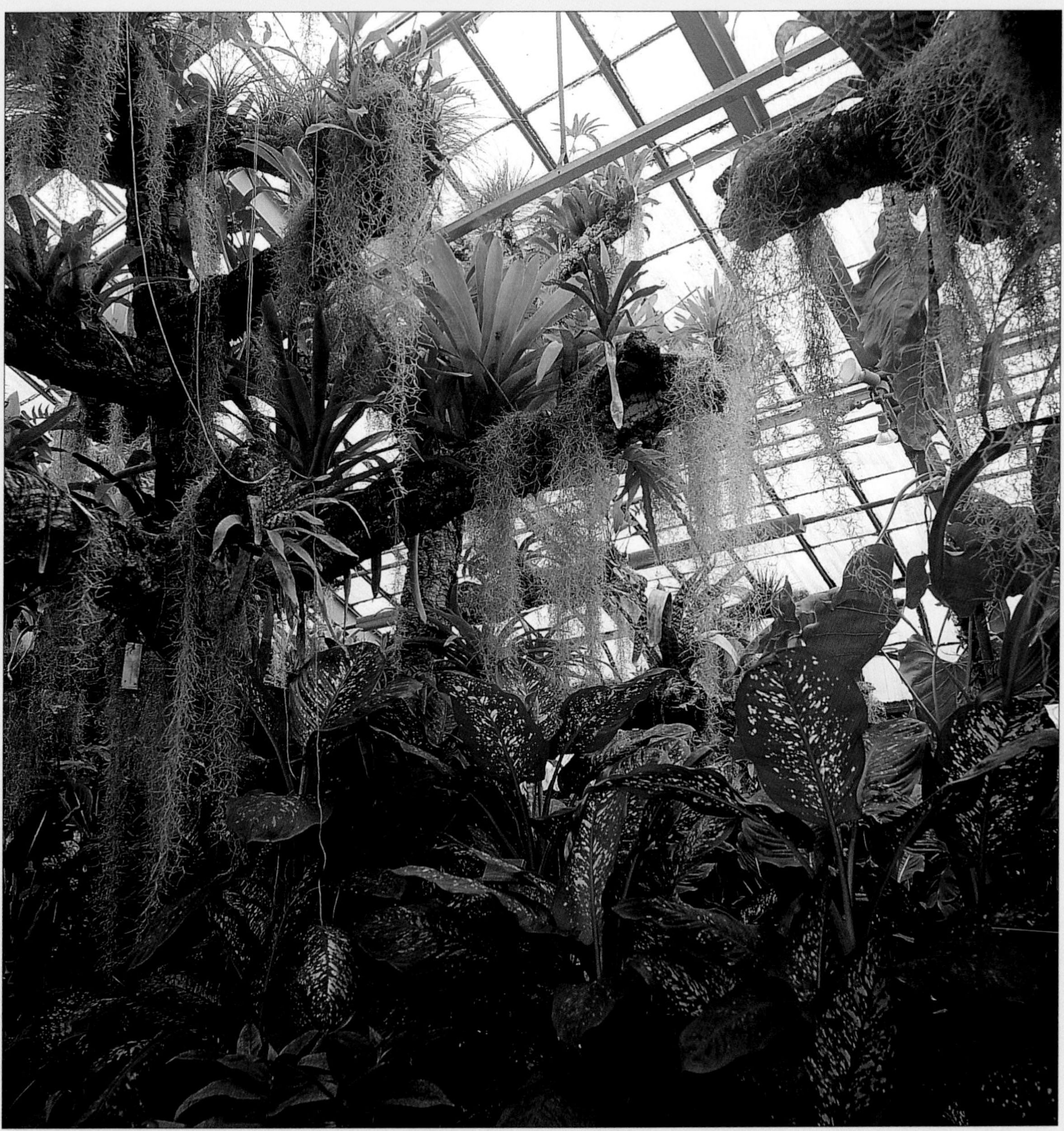

El árbol de la vida
Este bello invernadero del jardín botánico de Montreal rinde homenaje al árbol gigante de la selva tropical, un ser venerable y majestuoso, que domina a todas las plantas, pero que resulta un anfitrión condescendiente y magnánimo, que se deja invadir por las epifitas. La vegetación frondosa de las diefembaquias representa el primer estrato vegetal de la selva primaria, mientras que una estructura metálica, hábilmente cubierta de corcho, ofrece su ramaje como soporte de una colección rica y variada de bromeliáceas (*Aechmea, Guzmania, Vriesea* y *Tillandsia*). Las tilansias enganchan sus raíces en los repliegues complejos de la corteza del corcho.

2

JARDINERÍA DOMÉSTICA

SECRETOS DEL ÉXITO

Tener buena mano para las plantas no es un don del cielo. ❀ *El éxito del cultivo de plantas en casa es, ante todo, una cuestión de implicación personal, de observación y de experiencia.* ❀ *El respeto puntual de todas las exigencias vitales de las plantas llamadas «de interior» no resulta siempre compatible con los criterios de comodidad moderna. Estas plantas de origen lejano tienen algunos motivos para sentirse desorientadas. Las condiciones de iluminación, de ventilación y de calefacción completamente artificiales a las que estamos acostumbrados en el siglo* XXI, *en modo alguno tienen en cuenta el entorno de las plantas.* ❀ *Podemos creer que la luminosidad de una habitación es suficiente si podemos leer sin tener que recurrir a una lámpara complementaria, pero dicha luminosidad no es en absoluto aceptable para la mayoría de las plantas, que requieren mucha luz para efectuar la fotosíntesis, y con ello, nutrirse.* ❀ *La humedad tropical, que parece asfixiante y difícil de soportar, es, en cambio, una bendición para la mayor parte de las plantas. Frente a estas necesidades contradictorias, el aficionado a las plantas bellas debe contemporizar. Y en ello interviene toda la sensibilidad del jardinero.* ❀ *La facultad de «dialogar» con las plantas, de interpretar sus discretas llamadas antes de que se conviertan en señales de peligro, de saber adelantarse a sus necesidades, de dosificar con tino el riego, el abono, la luz, la temperatura…, se convierte, junto con la experiencia, en una segunda naturaleza.* ❀ *Cada planta es única y el jardinero debe comprenderla. A continuación ofrecemos nuestras mejores recetas para triunfar, pero a usted le toca «sazonarlas» a su manera para que tomen ese sabor incomparable que hará de ellas un éxito.* ❀

LOS RECIPIENTES

La maceta, el pilón, la jardinera o la tina son esenciales en el comportamiento y desarrollo de la planta, puesto que desempeñan la función de «hogar» para ella. Una maceta debe ser estable y bien proporcionada, ya que su forma, color y acabado contribuyen en gran medida a la función decorativa de la planta.

▲ Los materiales, los motivos y los colores de las macetas desempeñan una función esencial en el aspecto decorativo final de las plantas.

Consejo: **Para encontrar el modelo cuyas medidas correspondan adecuadamente al diámetro y a la altura del cepellón, compre por sistema una maceta o un macetero con cada planta nueva. En efecto, no existen medidas estándar en este sector.**

Los recipientes incluyen macetas o tiestos, maceteros, pilones, jardineras, terrinas, jarrones, cestas, etc., capaces de alojar una planta.

Hay que distinguir claramente los «recipientes de cultivo» , que deben presentar obligatoriamente al menos un orificio en la parte inferior, de los «recipientes para decorar» que son totalmente cerrados y permiten colocar una planta sobre un mueble, sin temor a que se derrame el agua y se manche. Los recipientes estancos se designan más comúnmente con el término genérico de maceteros o «cubretiestos».

Sin embargo, presentan el gran inconveniente de que el agua de riego sobrante se estanca. Por consiguiente, deben vaciarse tras cada riego, para que las raíces de la planta no se encuentren permanentemente en un medio húmedo, lo que provocaría su asfixia, después de la aparición de hongos y, por último, el desarrollo de podredumbres. La planta manifestará este grave problema con el ennegrecimiento de las hojas, seguido de un reblandecimiento general de la parte aérea.

Los recipientes de cultivo desempeñan una función decorativa nada despreciable gracias a su textura (un barro de grano fino, un bonito barnizado, un motivo pintado o esculpido, etc.), pero siempre han de estar sobre un platillo, que tendrá que vaciarse, ya que acumula el agua de riego sobrante.

◀ La diversidad de los recipientes anima el entorno.

Las macetas son indispensables

Al margen de su forma o su volumen, el recipiente sirve, ante todo, de soporte y de protección a las raíces de la planta. La pared de la maceta, aun siendo muy fina, evita que las raíces entren en contacto directo con el exterior, lo que provocaría su desecación sistemática. Las macetas contienen la tierra que retiene el agua y los elementos nutritivos. Todos los recipientes deben, pues, considerarse «jardines en miniatura» autónomos donde cada planta se desarrolla y medra.

Durante mucho tiempo, las macetas fueron tradicionalmente de terracota, un material poroso que se suponía dejaba respirar las raíces. La experiencia demuestra que las plantas, si se manejan correctamente, se desarrollan igual en los recipientes de materiales impermeables, como plástico, cerámica, metal, etc. Lo importante es el sustrato y el orificio para el drenaje, en el cual se insistió con anterioridad.

Las ventajas de los diferentes materiales que componen las macetas se estudiarán en las páginas siguientes. Sin embargo, existe un punto en el que hay que hacer especial hincapié, ya que suele desatenderse: se trata de la estabilidad del recipiente.

Puesto que las plantas se ven sometidas a los caprichos y las fantasías de la naturaleza, su simetría suele ser imperfecta, y su desarrollo, francamente anárquico, sobre todo cuando se estimula con aportes de abono. Además, la planta, atraída por la luz, tiende a orientarse hacia las ventanas o fuentes luminosas. El resultado es que adquiere una silueta desequilibrada.

Si se trata de una mata herbácea o en forma de roseta, no hay problema. En cambio, cuando se trata de un arbusto o un matorral, los riesgos de caída se incrementan. Debe asegurarse, pues, de que la maceta sea no sólo estable (el diámetro de la base debe al menos igualar un tercio a la altura), sino también lo suficientemente pesada como para contrarrestar el desequilibrio natural del vegetal. Puede hacer pequeñas trampas en este punto, por ejemplo, añadiendo una abundante proporción de arena al sustrato. El peso de la arena ayudará a dar mayor estabilidad a la maceta.

Lo mejor es que el peso del vegetal no exceda más de un tercio el de la maceta llena de sustrato, aunque la proporción ideal es, incluso, de un cuarto.

LAS MEDIDAS ADECUADAS

La mayor parte de las plantas de hogar prefieren recipientes bastante ajustados. Las raíces se anclan firmemente en la tierra. Las plantas carnosas y las palmeras prefieren las macetas profundas, mientras que las peperomias, los hipoestes, las violetas africanas, las fitonias y la mayor parte de las ramas que forman una mata se desarrollarán mejor en un pilón o una terrina (más anchos que altos). En la práctica, la altura de la maceta debe representar entre un cuarto y un tercio de la altura total (parte aérea y raíces), en una planta de menos de 1,5 m de altura, y alrededor de un quinto, en un ejemplar más grande. En las tiendas, las macetas se clasifican según su diámetro. Éste equivale, por término medio, a dos tercios de la altura del recipiente. Por ejemplo, una maceta de 18 o de 20 cm de diámetro alojará una planta de 80 cm a 1,20 m de altura. Cuanto más voluminosa sea la planta, más ancha debe ser la maceta.

Un pilón muy bien equilibrado. ▶

▲ Un conjunto de recipientes de cerámica y de resina.

Estilo y armonía

Los recipientes integran en gran medida la sensación decorativa que producen las plantas. Existen diseños de moda seguros, y todos los años aparecen nuevas colecciones de macetas y de maceteros. No se vea obligado a apostar por la uniformidad, aunque le garantice una perfecta armonía. La sutil oposición de la madera y la alfarería, y el contraste del metal y el plástico pueden generar efectos creativos muy espectaculares. La regla de oro sigue siendo la discreción y la sobriedad. Salvo en el caso de plantas aisladas y de silueta muy arquitectónica, es mejor evitar las fantasías, ya que pueden llegar a cansar con el tiempo.

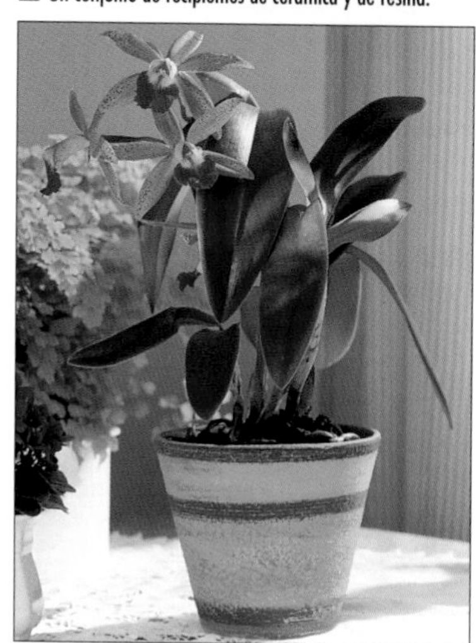

Una *Cattleya* híbrida en una maceta de decoración natural. ▶

LOS MATERIALES DE LOS RECIPIENTES

Hay muchos tipos de recipientes que se adaptan al cultivo de plantas de interior, como por ejemplo el barro, la resina sintética y la madera. También la cerámica y el metal. El aspecto decorativo debe primar.

Consejo: **Todo recipiente para plantas debe contar con uno o varios orificios en el fondo, destinados a la evacuación del agua sobrante. Si no hay agujeros, taládrelos con una broca, a velocidad baja y sin forzar.**

LIMPIEZA DE UNA MACETA

Antes de volver a utilizar cualquier tipo de recipiente, es necesario proceder a una limpieza completa. Lo ideal consiste en sumergir la maceta durante toda una noche en una solución de lejía al 15%. Después, frote con cuidado el interior y el exterior con agua jabonosa, con un cepillo de cerdas duras, y aclare con agua varias veces.

▼ *Limpieza de macetas de terracota. Cepillado.*

▲ Ambiente con diferentes estilos de maceteros.

La elección de un material para un recipiente depende esencialmente de su estética (forma, color y textura) y de la coherencia con el estilo de su decoración interior. Luego está la cuestión de los precios, muy variable de un modelo a otro.

La terracota

Se trata de un material de la alfarería tradicional, cuyo aspecto varía en función de las regiones, de los métodos de cocción y de la fabricación.

Para las plantas de interior, es inútil buscar una terracota gruesa que no se agriete, siempre más cara. La ventaja de este material reside en su porosidad, que permite controlar bien las necesidades de riego, y en su estética, totalmente indicada para los interiores rústicos o de estilo. Las formas y medidas se multiplican hasta el infinito. Puesto que la terracota está modelada a mano, conviene comprobar la posible presencia de defectos y, sobre todo, su buena estabilidad.

La resina sintética

Este material suele denominarse con el nombre genérico de «plástico». Sin embargo, este término con matiz peyorativo no puede aplicarse a todos los modelos de recipientes de resina.

Algunos están provistos de un sistema de almacenamiento de agua, lo que puede resultar ventajoso en caso de ausencias fre-

VACIAR EL PLATILLO

▲ *Elimine el agua sobrante del platillo.*

Salvo el paraguas *(Cyperus)* y el *Carex*, que toleran crecer «con los pies en el agua», todas las plantas de la casa temen a la humedad permanente. Los cactos y las orquídeas se pudrirán en unos cuantos días, si la base de la maceta permanece sumergida en agua. A menos que la temperatura en la casa supere los 24 °C, vacíe el platillo 10 o 15 minutos después del riego.

cuentes. En cambio, hay que tener un especial cuidado con el riego.

Los recipientes de resina tienen formas geométricas simples: cubos, cilindros o paralelepípedos. Las líneas son sobrias, a menudo elegantes, totalmente adaptadas a los interiores modernos. Existen excelentes copias de los de terracota, como los modelos fabricados por el sistema de «moldeo mediante rotor». Pueden resultar muy útiles cuando se requieren maceteros de gran tamaño, debido a su poco peso. En cuanto al precio, la resina es más barata que la terracota, aunque dura mucho menos.

◀ *Dracaena marginata* en una maceta decorativa de plástico.

La madera

Muy apreciada antiguamente para las grandes jardineras de las plantas de invernadero, la madera está un poco desfasada para las plantas de interior. La mayoría de los modelos que se encuentran en el mercado son de teca. Presentan una línea muy depurada, más agradable en un balcón o una terraza. Suelen ser de gran tamaño. El principal defecto de la madera es su sensibilidad a la humedad, incluso en el caso de la madera tratada con resinas supuestamente imputrescibles. Son escasos los modelos que presentan agujeros para evacuar el agua. Algunas jardineras de madera sirven sólo como revestimiento de un recipiente de resina. Se trata de una solución práctica, que evita los inconvenientes de la madera. Este material se destina sobre todo a los entornos rústicos o a los interiores de estilo nórdico o montañés, en los que prevalece la madera.

La cerámica y los laqueados

Muy de moda hoy en día, las macetas de cerámica permiten todas las fantasías decorativas, adornadas con motivos originales o, en el caso de las macetas lacadas, de matices disgregados de muy bello efecto. ¡Cuidado! Muchos de estos recipientes se venden sin agujeros de aireación y entonces se deben utilizar como maceteros. La cerámica tiene unas medidas muy limitadas (rara vez supera los 40 cm de diámetro), y su precio es muy elevado si está tallada. Se trata de recipientes pesados, pero muy decorativos. No obstante, tenga cuidado: la cerámica se agrieta con mucha facilidad. La terracota lacada o barnizada se presenta en infinidad de modelos, y los más apreciados son los que se hacen a mano, de manera individual, lo que les otorga una pátina inimitable. Estos recipientes pueden dejarse en el exterior hasta el final del verano, pero se trasladarán al interior en invierno.

▲ *Dieffenbachia* en una maceta de terracota.

▲ *Medinilla magnifica* en una maceta revestida de madera.

Vasija de barro barnizada con una pátina a la antigua. ▶

▲ Surtido de hidrojardineras.

Hidrojardineras

Se tiende a llamar a este tipo de recipiente con el nombre de la marca que lo inventó, pero, desde hace muchos años, otros fabricantes introdujeron en el mercado otras técnicas diversas, aunque con el mismo principio fundamental.

Una hidrojardinera es un macetero que dispone de una rejilla de separación interna acompañada de una tela o mechas sumergidas en el agua del depósito.

El tejido se empapa de agua, que sube al sustrato por capilaridad. El principio funciona mientras la tierra no se encuentre totalmente saturada. Por ello es imperativo no usar el depósito permanentemente (véase el cuadro).

En una hidrojardinera siempre alimentada, el mantillo que se encuentra junto a la rejilla se transforma rápidamente en un lodo compacto.

Las raíces, atraídas por la humedad, se sumergen en este magma y no tardan en asfixiarse. Como consecuencia, la planta se reblandece, aparecen manchas en sus hojas o, incluso, se pudre.

La principal ventaja de la hidrojardinera es impedir que, tras unas tres semanas sin regarse, las plantas se sequen.

Los riegos son menos frecuentes, lo que supone un auténtico alivio para las personas que no suelen ocuparse con regularidad de sus plantas.

La gama de hidrojardineras es amplia, y entre los numerosos modelos, se encuentran algunos muy decorativos, por ejemplo los que van adornados con serigrafías elegantes o presentan un bonito acabado lacado. En cambio, hay que desconfiar de algunos productos de pésima calidad, que suelen reconocerse por el escaso grosor de sus paredes. Una vez llenas de sustrato y bajo la presión de las raíces, estas jardineras, a menudo, tienden a deformarse de modo antiestético. La calidad del sistema de depósito de agua también resulta muy variable. Algunos modelos se limitan a un platillo, que debe llenarse, y el agua es absorbida a través de agujeros situados en la base de la jardinera. Cabe mencionar que esta técnica es muy similar al hecho de dejar una maceta estándar en remojo en un platillo lleno de agua, lo que para muchas plantas significa una muerte rápida. Las jardineras más elaboradas disponen de una amplia superficie de humectación, lo que permite repartir el agua de forma homogénea. Se critica de los sistemas de mecha simple que alimentan sólo una parte del sustrato.

También es importante optar por una jardinera provista de un testigo bien visible de llenado del depósito. Sin esta preciada indicación de nivel, es imposible controlar el consumo de las plantas y saber en qué momento intervenir en el llenado del depósito.

Por último, hay que tener en cuenta que todas las plantas no son aptas para ser cultivadas en una hidrojardinera, como los cactos y las orquídeas, entre otras.

USO CORRECTO DE UNA HIDROJARDINERA

Cuando se habla de «reserva de agua», se sobreentiende un uso excepcional o puntual en caso de necesidad. En cuanto a las hidrojardineras, el principio debe ser el mismo. Use el depósito sólo cuando se ausente más de tres o cuatro días. En ese caso, llénelo completamente y póngale una solución de abono muy diluida (un tapón para todo el depósito). Deje que la planta consuma toda el agua y espere de seis a diez días antes de regar de nuevo. El resto del tiempo, riegue como siempre (sobre el sustrato), pero con mayor frecuencia y en dosis reducidas, de modo que se absorba toda el agua.

▼ *Llenado del depósito.*

▼ *Comprobación del nivel de agua.*

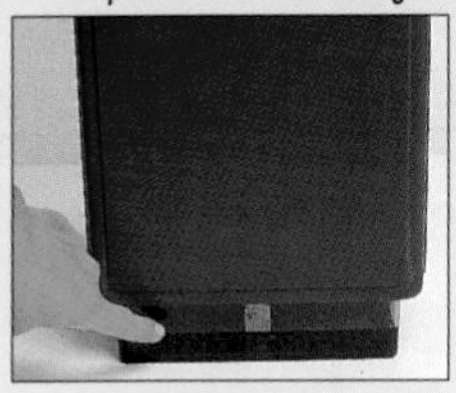

▼ *Colocación de la rejilla.*

Recipientes colgantes

Las cestas de cultivo, durante mucho tiempo destinadas exclusivamente a las orquídeas, se han generalizado en la actualidad para todas las plantas de porte flexible o más o menos colgante (véase cuadro).

Por lo demás, en los centros de jardinería cada vez se encuentran más especies en recipientes colgantes. Estos recipientes brindan la oportunidad de crear ambientes diferentes y, sobre todo, permiten sacar más partido al espacio en el interior, evitando las distribuciones en un plano demasiado lineal. Los recipientes colgantes pueden sujetarse a diferentes tipos de soportes, particularmente a barras de cortinas, a soportes en la pared, o la parte inferior de una ménsula. También se pueden colocar sobre un estante elevado.

Las cestas de madera perforadas, fabricadas con listones, se destinan principalmente a las orquídeas y a ciertas bromelias epifitas. Permiten que las raíces aéreas crezcan con libertad en busca de la humedad necesaria para vivir. Algunas especies de orquídeas, como las *Stanhopea* y las *Masdevallia,* deben cultivarse obligatoriamente en este tipo de cestas, ya que los tallos florales tienden a atravesar el cepellón de raíces para volver a salirse de la maceta y formar un racimo colgante.

Los recipientes colgantes presentan el inconveniente de estar recubiertos de un revestimiento poroso (fibra de coco, turba prensada, rejilla revestida de musgo). Por consiguiente, los riegos deben ser más frecuentes y más reducidos en cantidad.

Los macramés, esos trenzados de bramante, de cuerdecilla o de algodón, que hicieron furor en la década de 1980, no se utilizan en la actualidad. Se prefieren las cestas de alambre o de armazón metálica soldada, mucho más discretas, sobre todo cuando van revestidas de musgo. En cuanto a los sistemas de suspensión, están de moda las cadenas cuyas mallas pueden conferir una auténtica impresión de elegancia.

▲ En un jardín de invierno, una orquídea *(Cymbidium)* cultivada en una cesta colgante de listones de madera.

Los recipientes colgantes comerciales, compuestos de una maceta de plástico (que suele venderse con un platillo incorporado) y de un sistema de suspensión rígido del mismo material, no pueden usarse tal cual en casa. Por lo tanto, debe tenerse en cuenta, desde la compra de la planta, un conjunto de trasplantes y de suspensión. Elija un tamaño ligeramente superior a su modelo, para que la planta se desarrolle de forma adecuada.

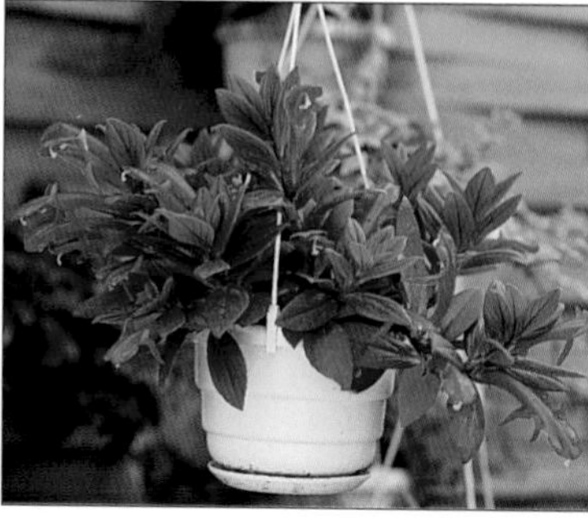

▲ *Columnea* x *banksii* en un macetero de plástico colgante.

PLANTAS COLGANTES

Entre la amplísima oferta de plantas destinadas al cultivo en interiores, las especies siguientes resultan muy adecuadas para el cultivo como plantas colgantes: *Aeschynanthus, Ampelopsis, Aporocactus, Asparagus, Begonia corallina, Begonia limminghеiana, Callisia, Campanula isophylla, Ceropegia, Chlorophytum, Cissus* «Ellen Danica», *Clerodendron ugandense, Codonanthe, Columnea, Epiphyllum, Epipremnum* (potos), *Ficus pumila, Gynura, Hedera* (hiedra), *Mikania, Mandevilla* (Dipladenia), *Maranta, Masdevallia, Oncidium, Oplismenus, Pellaea, Pellionia, Phalaenopsis, Platycerium, Rhipsalidopsis, Scirpus, Senecio mikanoides, Setcreasea, Soleirolia* (helxine), *Atanhopea, Syngonium, Thunbergia alata* (tumbergia), *Tradescantia* (tradescantia), *Zebrina*, etc.

Un potos colgante. ▶

LOS MACETEROS

Al revestir con elegancia los recipientes, el macetero es el pequeño toque de refinamiento que suele cambiar todo el entorno de las plantas de interior. Marca la pauta y unifica la presentación, al tiempo que crea una transición de buen gusto con el mobiliario. Existen innumerables modelos realizados con materiales variados para adaptarse a todos los gustos y estilos.

▲ Begonia, culantrillo, helxine, ardisia, davalia, espatifilo y ficus en una armonía de maceteros de cerámica.

Consejo: **Compre un macetero con cada planta nueva, para estar seguro de adaptarlo de modo ideal a la medida de la maceta. Como no hay ningún modelo universal en este sector, lo fácil es efectuar las pruebas directamente en la tienda. Evitará así los errores de apreciación.**

La principal diferencia entre un recipiente o maceta y un macetero consiste en que este último no presenta orificios de drenaje. Esta particularidad permite el riego de las plantas en cualquier lugar de la casa, incluso sobre los muebles más delicados, sin riesgo de estropearlos con un chorro de agua manchado de tierra.

Este aspecto práctico del macetero o cubretiestos conlleva la obligación absoluta de vaciar el agua sobrante, entre diez minutos y un cuarto de hora después del riego.

Sin esta precaución, las raíces de las plantas se asfixiarán y se pudrirán. No obstante, cuando el tiempo sea muy cálido (si la temperatura en la casa supera los 23 °C), se podrá dejar el agua en el macetero. Puesto que la evaporación es entonces muy rápida, la planta no sufrirá daños.

Desde el punto de vista técnico, los maceteros se usan a veces en invierno para favorecer el aumento de la humedad ambiental, muy necesaria para las plantas. Basta con comprar un macetero con un diámetro que supere en 3 cm al de la maceta. En tal caso, puede colocar ésta sobre una capa de bolas de arcilla expandida que se mantenga siempre húmeda o bien introducir musgo húmedo o turba entre la pared interna del macetero y la maceta misma, para mejorar la higrometría.

◀ *Nephrolepis exaltata* en un macetero de cestería.

Algunas ideas prácticas

A diario, el cubretiestos o macetero se usa sobre todo en su primera acepción, es decir, como soporte para colocar macetas. Es lógico colocar una planta florida efímera (primavera, ciclamen, begonia, azalea) en un macetero, en lugar de trasplantarla a un recipiente decorativo. Sobre todo, sabiendo

que la planta se morirá después de algunas semanas.
Se gana tiempo y se evita una compra inútil de sustrato. Suele salir más barato mantener una planta (sobre todo de gran tamaño) en su recipiente de plástico original revestido con un bonito macetero.
Éste también desempeñará una función importante en la buena estabilidad de la planta. Permite, asimismo, colocar un pequeño enrejado ornamental en el caso de las plantas trepadoras, sin tener que clavarlo directamente en la maceta.

Un revestimiento decorativo

El macetero se considera sobre todo un elemento puramente decorativo. Su elección debe ser, en primer lugar, estética.
Pero cuidado, los maceteros no deben considerarse de modo individual, sino que deben formar parte de la decoración de la habitación.

• **Los maceteros de cerámica** están muy de moda, ya que se presentan con formas y motivos de gran fantasía. Lo más sencillo es comprar modelos de cerámica blanca, cuyas formas podrá ir variando hasta el infinito, conservando al mismo tiempo una perfecta unidad en el ambiente global.
Como son muy sencillos y de buen gusto, estos maceteros hacen juego con todo tipo de plantas y con casi todos los estilos de muebles, sobre todo modernos. La cerámica con motivos de colores o en relieve puede alcanzar precios muy elevados.

• **Los maceteros de cestería** tuvieron su momento de gloria a principios de la década de 1990, cuando las tiendas de artículos exóticos estaban en todo su apogeo. Mimbre, bambú y rafia tejida tienen precios reducidos y una estética acertada, muy adecuada para un mobiliario rústico.
En cambio, no ofrecen garantía alguna de estanqueidad, y su estabilidad es escasa, debido a su peso limitado. También se estropean rápidamente, ya que el material no resiste la humedad, y su fabricación deja mucho que desear.

• **Los maceteros de metal** son las últimas creaciones de moda. El zinc es muy apreciado para los interiores modernos; para los entornos rústicos se recuperan las virtudes del hierro labrado, a menudo pintado o amartillado. La ventaja estriba en poder disponer de líneas variadas, con frecuencia muy innovadoras.
En cambio, estos maceteros son propensos a la oxidación, que a veces les otorga una pátina muy estética, pero que también puede afearlos.
Con la misma intención, se encuentran también diferentes recipientes de cristal de colores muy bonitos.

▲ Maceteros de cristal de colores muy actuales.

▲ Los maceteros pintados son de una gran originalidad.

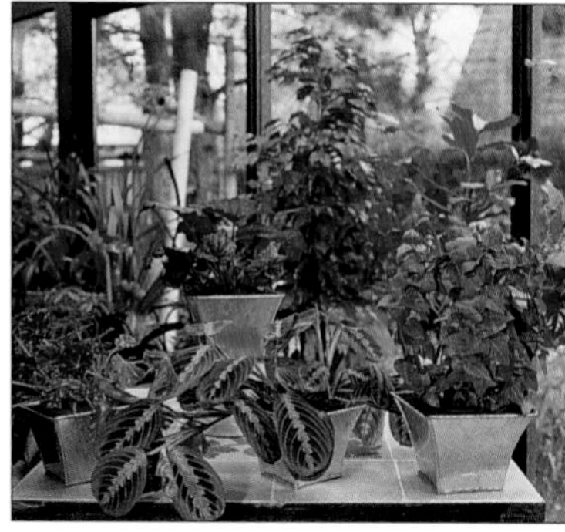
Los maceteros de zinc están muy de moda. ▶

MACETAS Y BANDEJAS PARA BONSÁIS

Se suele tender a reservar las bonitas terracotas lacadas de origen chino o japonés al cultivo exclusivo de bonsáis. Es cierto que sus medidas bastante reducidas y su fondo plano fueron pensados para alojar pequeños árboles.
Pero muchas plantas de interior, especialmente las cactáceas y las carnosas, se adaptan muy bien a estos recipientes. Se trata en su mayor parte de auténticos recipientes de cultivo, ya que disponen de buenos orificios de drenaje. No obstante, hay cerámicas cuyas formas y medidas se inspiran en las macetas para bonsáis. Se usarán entonces como macetero.
Observe que las macetas y bandejas para bonsáis constituyen excelentes recipientes para realizar siembras de interior y pequeños esquejes. Se llenan, por tanto, con una mezcla de arena y turba rubia, cuidando de que los elementos más gruesos se encuentren repartidos por el fondo, y ocupen aproximadamente un tercio de la altura total del recipiente.
Los bonsáis de interior se trasplantarán, por supuesto, a este tipo de recipientes, armonizando el modelo con la forma particular del árbol.

▲ *Un bello conjunto de macetas para bonsáis.*

URNAS Y MINIINVERNADEROS

Para triunfar con los semilleros y los esquejes delicados, no hay como un miniinvernadero, que permitirá mantener una elevada humedad e incluso calentar el sustrato. También existen modelos decorativos, destinados a alojar las especies más caprichosas o algunas maravillas de las que se enorgullecerá...

Consejo: **No se fíe demasiado de los miniinvernaderos y elija un modelo tan voluminoso como pueda. En efecto, las plantas se sentirán muy a gusto bajo el cristal o el plástico y prosperarán rápidamente. Pero es imprescindible que sus hojas no toquen la pared transparente, a riesgo de padecer un ataque mortal de podredumbre gris.**

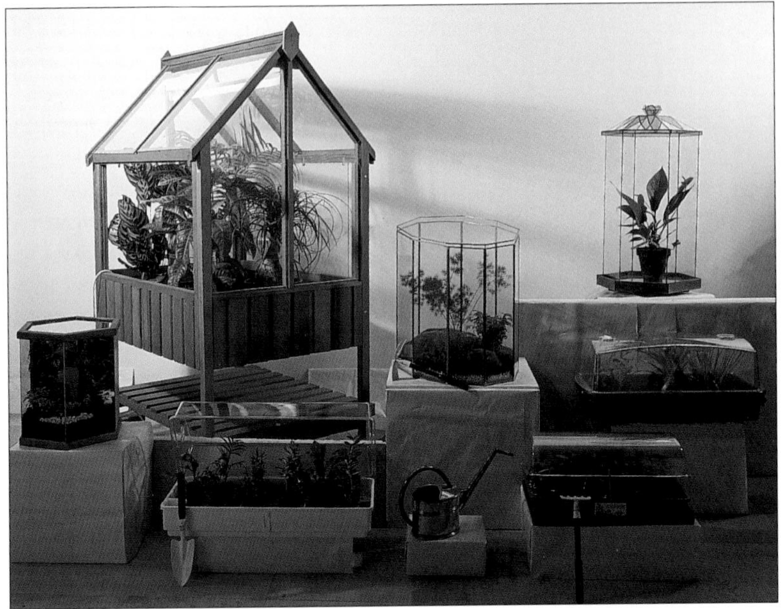

▲ Hay muchos modelos de miniinvernaderos, destinados en su mayor parte a la multiplicación de las especies delicadas.

Si no tiene la suerte de poseer un invernadero o una galería, no pierda la esperanza de poder cultivar plantas tan delicadas como las orquídeas, las bromelias, algunos helechos o las carnívoras.

Pero, desafortunadamente, todas estas especies necesitan de una elevada humedad ambiental, insuficiente en las casas, causa principal de los fracasos. Basta con encerrarlas en una «cárcel verde» para que todo cambie. En este recipiente, el agua contenida en el sustrato se evaporará, pero quedará retenida en la pared de cristal (o de plástico), creando la humedad que necesitan las plantas antes mencionadas.

Por el efecto invernadero, que guarda el calor aportado por la luz, la temperatura interior se eleva, lo que provoca un mejor crecimiento de las plantas y favorece la germinación de las semillas o el arraigo de los esquejes.

◀ Composición en una urna en forma de pera.

El miniinvernadero decorativo

Se trata a la vez de un estuche estético y de una «burbuja ecológica», que se beneficia del microclima específico que se ha descrito en el párrafo anterior. En primer término de esta categoría se encuentran las «urnas» y otros recipientes grandes de cristal, que pueden transformarse en un pequeño jardín tropical *(véase el cuadro de la página siguiente)*. El entorno puede prosperar durante varios años, a condición de no regarlo demasiado (el recipiente es estanco) y de no exponerlo a la luz directa. La pared transparente actúa como una lupa con los rayos luminosos, lo que puede provocar quemaduras graves en el follaje.

Las reproducciones en miniatura de cristaleras a la antigua son más caras, pero a menudo son también verdaderos objetos de arte. Se caracterizan por poseer una estructura metálica que sostiene los cristales. Los diferentes modelos están prácticamente rea-

JARDINES DENTRO DE UN VIDRIO

La realización de una composición en una urna o un miniinvernadero es un auténtico placer. Sin embargo, la dificultad se plantea debido al diámetro del orificio. Si no puede introducir la mano, use varitas de bambú que le servirán de almocafre. Por supuesto, hay que elegir plantas lo suficientemente pequeñas para que se deslicen por la abertura sin estropearse.

No utilice mantillo. Debido a la alta humedad ambiental, podría causar la aparición de podredumbre. Arena gruesa, piedras y bolas de arcilla expandida resultan más convenientes. Incluso puede superponer capas de materiales diferentes para aumentar el aspecto decorativo de la composición. Las plantas que deben emplearse son: fitonia, pilea, peperomia, selaginela, hipoestes, violeta africana miniatura y pequeños helechos para las plantaciones periféricas. Para el centro, una joven planta de: *Chamaedorea, Cordyline, Pleomele* y croton.

Regará con tranquilidad y usará una solución nutritiva (un tapón de abono líquido diluido en 10 litros de agua).

◀ *Llene el cuarto inferior del recipiente con bolas de arcilla expandida o piedrecillas blancas, que habrá limpiado con mucho cuidado. Es inútil usar mantillo.*

◀ *Use plantas muy jóvenes, que sacará de la maceta cuidando de no estropear las raíces. Comprima el cepellón en el hueco de la mano para facilitar la plantación en la urna.*

◀ *Instale las plantas bajas en la periferia del recipiente. Disponga en el centro una especie de aparte vertical. Riegue y cierre la urna para lograr una elevada humedad ambiental en el interior.*

lizados a medida por artesanos especializados. Este miniinvernadero formará parte integral del entorno de la habitación, e incluso creará un polo de atracción. Antes de comprar, hay que fijarse en que los diferentes elementos sean fáciles de desmontar y de ensamblar, para que el mantenimiento no se convierta en un verdadero suplicio.

El orquidario es una especie de vitrina o de invernadero en miniatura que incluye la estructura y los accesorios, junto con la calefacción, iluminación, humidificador, ventilador y termostato. Se trata de una fabricación artesana muy cara, pero la única que garantiza resultados de principio a fin.

El miniinvernadero para multiplicación

Puede atribuirse ese término a las pequeñas fabricaciones más anchas que altas. En ellas resulta imposible cultivar vegetales, salvo algunas carnívoras y pequeñas orquídeas y plantas de rocalla de reducido tamaño.

Estos miniinvernaderos de plástico cuentan con una jardinera que contiene el mantillo y con una bóveda transparente que se coloca encima, y permiten un cierre estanco. Se crea, de esa manera, un ambiente cálido, propicio para el arraigo de esquejes. Obtendrá mejores resultados con los modelos que disponen de una resistencia de calor. Colóquela al fondo de la jardinera y, tras enchufarla, hará que la temperatura del mantillo suba hasta los 20 °C. Es una lástima que no se disponga de modelos con termostato, que permitan regular el «calor de fondo». Ello posibilitaría controlar con precisión la temperatura en función de las especies sembradas o esquejadas.

Cuidado: la mayoría de los invernaderos para multiplicación no disponen de orificios de drenaje del agua sobrante. Por tanto, es necesario disponer de una capa drenante y usar un sustrato muy poroso.

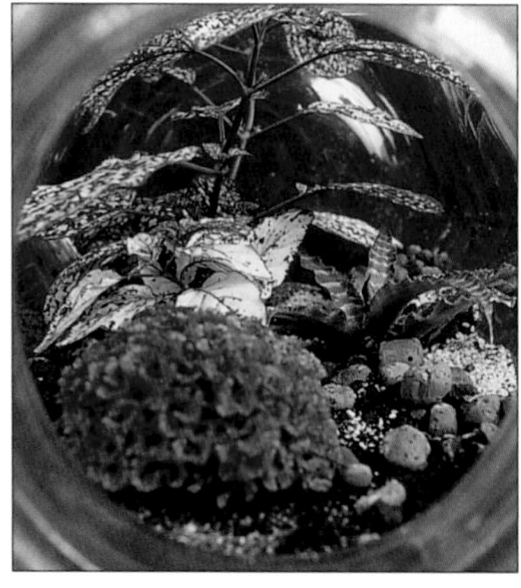

▲ En una urna las plantas prosperan rápidamente.

▲ El miniinvernadero vertical es ideal para una orquídea.

Un estilo moderno para este miniinvernadero hexagonal. ▶

LA TIERRA Y LOS SUSTRATOS

La tierra, elemento vital para las plantas, y lugar de donde extraen su alimento, adquiere una gran importancia para cualquier cultivo en maceta. En un volumen restringido, las raíces deben engancharse, nutrirse, beber sin ahogarse y respirar.

Consejo: **Los profesionales producen las plantas en macetas bajo condiciones muy controladas de humedad, de fertilización y de riego. Usan sustratos a base de turba rubia, un material suelto, poroso, ligero, pero difícil de dominar para un aficionado. Trasplante, pues, las plantas tras comprarlas.**

▲ Muestras de diferentes elementos incluidos en la composición de sustratos para plantas de interior.

◀ Trasplante de una *Dracaena marginata* en una mezcla de arena, de turba rubia y de mantillo de cortezas.

Los jardineros designan con el término de «tierra» la parte más superficial del suelo, donde se mezclan diferentes componentes minerales: la arena, la arcilla, la cal y elementos orgánicos. La tierra es una estructura compleja e inestable, sometida a la agresión permanente de la intemperie, el clima y los microorganismos. Los materiales o mezclas de ellos con los que se rellenan las macetas para que se desarrollen las raíces de las plantas se conocen con el nombre genérico de «sustratos». En una maceta, como el medio externo no interviene en el comportamiento y la calidad de la tierra, hay que definir correctamente la composición del sustrato. La compactabilidad debe bastar para sostener toda la planta, con las raíces bien sujetas. La capacidad de retención de agua es fundamental para la fertilidad, ya que las raíces extraen su alimento bajo la forma de sales minerales diluidas. Con todo, la tierra no debe transformarse en un lodazal, ya que la ventilación es necesaria para la oxigenación de las raíces.

La tierra de jardín

En su teórica composición ideal, una buena tierra de jardín incluye un 60 % de arena, un 25 % de arcilla, un 10 % de cal y un 5 % de mantillo. Cuando se acerca a esta fórmula, se denomina «tierra franca». Cuidado con el término «tierra vegetal», que se emplea sin fundamento y suele corresponder a tierras de recuperación o de acarreo, con una calidad agronómica totalmente mediocre. La tierra de jardín no se usa pura en las macetas, ya que presenta una estructura demasiado compacta o tiende a compactarse a medida que el riego la surca. La tierra de jardín se usará en mezclas para plantas grandes (palmeras, agrios, ficus, costilla de Adán, yucas, drácenas), en proporciones de entre el 20 y el 50 %.

El mantillo

Sería mejor decir «los mantillos», ya que en su primera acepción este término está definido como «producto de la descomposición de una materia orgánica simple». Existen, pues, mantillos de hojas, de estiércol, de corteza, de turba, etc. Si se hace referencia a la definición del *Pequeño Larousse,* el mantillo es «una tierra mezclada con materias animales o vegetales en descomposición», es decir, lo que los jardineros designan hoy en día con el término de «compost», que se define como un «abono formado por una mezcla fermentada de residuos orgánicos y minerales, cal y tierra, que se transforma en mantillo». El único matiz se encuentra, por tanto, en el grado de descomposición de las materias orgánicas. En la práctica, el mantillo es una mezcla de diferentes componentes minerales y orgánicos, en el que crecen las plantas. El mantillo puede usarse en estado puro para el cultivo de plantas en maceta. Esto lo diferencia de las mejoras (el compost de estiércol y la cal, por ejemplo), que pueden utilizarse en la composición de los mantillos, pero resultan demasiado ricas o mal equilibradas para servir de soporte de cultivo.

Se designa con el término «sustrato» al soporte de cultivo formado por una mezcla de diferentes tipos materiales orgánicos e inorgánicos, de tierras, de minerales y de mantillos, adaptada específicamente al cultivo de un tipo de plantas o de un grupo vegetal.

▼ El sustrato para hidrojardineras es muy poroso.

▶ El sustrato para orquídeas: cortezas, poliestireno y turba fibrosa.

Los sustratos comerciales

Los productos empaquetados «listos para usar» garantizan el éxito.

El sustrato para plantas verdes: se trata de la mezcla básica, propuesta a menudo a precio de promoción. Su calidad no es siempre excelente. Las fórmulas pesadas y que forman terrones se aligerarán con arena. Los productos demasiado sueltos y con un contenido excesivo de turba se reforzarán con tierra de jardín.

El sustrato para cactáceas: está destinado a las plantas crasas y a los cactos, pero también a la sansevieria, la beaucarnea o la yuca. Es una mezcla de arena y diversas turbas, con contenido de puzolana (tierra volcánica), que desempeña una función de aireación.

El sustrato para bonsáis: debe contener tierra arcillosa para ofrecer una buena estructura. Se le suele añadir turba, cortezas compuestas y puzolana. Puede agregarle un 10 % de arena.

El sustrato para agrios: es conveniente para el naranjo, el limonero, el calamondin, el kimquat, pero también para el olivo, la palmera, la buganvilla y las plantas leñosas mediterráneas. Rico y compacto, aúna tierra arcillosa, arena, turba y cortezas.

El sustrato para orquídeas: un producto de buena calidad está compuesto de los siguientes elementos: cortezas, musgo sintético, turba y bolas de poliestireno.

El sustrato para hidrojardineras: incluye bolas de arcilla en una mezcla porosa donde la turba no debe superar el 50 %.

▼ El sustrato para plantas de interior menos exigentes.

▼ El sustrato para cactáceas contiene en su mayor parte arena.

▼ El sustrato para agrios es rico y compacto.

MATERIALES BÁSICOS

Para constituir los mantillos y los sustratos en los que se cultivan las plantas de la casa se utilizan elementos de origen muy variado. Cada uno añade cualidades muy concretas que, combinadas con las de otros componentes, crean un medio favorable para el crecimiento.

Consejo: **Para asegurarse de comprar un sustrato de buena calidad, compruebe la composición, que debe aparecer obligatoriamente en el dorso del envase. La mezcla debe incluir, al menos, tres materias primas diferentes que garanticen una buena estructura, la retención de agua y la aireación. También es preferible que la proporción de turba no supere el 50 %, de lo contrario hay grandes probabilidades de que el sustrato resulte muy pobre en nutrientes, a no ser que la turba haya sido previamente abonada.**

Diferentes materias primas de origen natural son mezcladas en proporciones variables por los profesionales para elaborar los sustratos comerciales. También se pueden encontrar a veces sin mezclar, lo que permite que uno mismo componga sustratos según sus recetas personales.

Tierra de jardín

Bien trabajada y mezclada con regularidad y abonada, la tierra del propio jardín constituye, por su riqueza, un elemento de primera calidad para el cultivo de las plantas de la casa. Utilice preferentemente la de la superficie, mejor la del huerto, en una parcela no cultivada y que se habrá desherbado con cuidado a mano. No use tierra que haya recibido un tratamiento herbicida (incluso no residual), ya que para las plantas en maceta los riesgos son altos. Puesto que casi todas las plantas prefieren un pH más bien ácido, evite emplear tierras alcalinas o que se hayan mezclado con cal recientemente.

Retire las piedras y las raíces de las malas hierbas. Compruebe a fondo que no haya lombrices ni larvas de insectos. La tierra de jardín se usa en una proporción del 25 al 50 %, según las plantas. Se emplea sobre todo para las plantas de gran desarrollo que necesitan un lecho sólido y un suelo muy nutritivo.

Arena

Se usa principalmente arena de río, una roca sedimentaria suelta, formada sobre todo por granos de cuarzo, cuyo diámetro máximo es de 2 mm, en el caso de la arena fina, y de 5 mm para la gruesa. La arena de cantera contiene a veces elementos finos, cuyas partículas se aglutinan con facilidad entre sí. Se desaconseja para el cultivo de plantas de interior. Puesto que la arena de cuarzo no se compacta, desempeña esencialmente una función drenante (escurrimiento del agua y ventilación).

La proporción de arena en un sustrato puede alcanzar el 50 % en los mantillos destinados a los semilleros, los esquejes y las cactáceas. Ya que es totalmente inerte, la arena no añade ningún elemento mineral nutritivo y beneficioso para la planta. La arena de cuarzo empaquetada en sacos suele encontrarse en la sección de los aficionados a los acuarios.

Turba rubia

Se trata del material preferido por los horticultores profesionales, ya que la turba rubia desempeña la función de esponja natural, y reteniendo agua equivalente a 300 veces su volumen, además de buen aireador de sustratos. Con reacción muy ácida (pH 4 o 5), la turba rubia se puede utilizar directamen-

▼ Tierra de jardín (tierra franca).

▼ Arena de río fina.

▼ Turba rubia cribada (húmeda).

te para el cultivo de plantas acidófilas (las que requieren un sustrato ácido). Normalmente se corrige con dolomita hasta que su pH se eleva y permite que en ella puedan prosperar la mayoría de plantas de interior. Formada a partir de musgos (esfagnos) o de especies de juncos (los carex), la turba rubia se rehumedece con dificultad cuando está muy seca (el agua resbala por encima). Es bien tolerada por todas las plantas.

Se encuentra en casi todos los sustratos comerciales, ya que es aún un material económico, fácil de almacenar, de mezclar y, sobre todo, totalmente inerte. Cabe preguntarse por el futuro de la turba en el cultivo, ya que los sitios explotables escasean y su extracción produce importantes problemas ecológicos en ciertas regiones del norte de Europa (destrucción de ecosistemas y de una vegetación única).

La turba rubia se usa en una proporción del 25 al 35% en los diferentes sustratos. Su presencia puede llegar al 50% en los mantillos de semilleros y esqueje.

Turba negra

Aunque la turba rubia es la formación más reciente (de 300 a 1 500 años según los yacimientos explotados) que se extrae de las capas superficiales, cuanto más profundo es el estrato, y por tanto más antiguo, más oscuro es su color. La turba parda es un material de 1 000 a 5 000 años de edad, que la mayoría de las veces se produjo en un medio anaerobio (sin oxígeno). A pesar de ser un poco fibrosa, es muy esponjosa, rica en materia orgánica y desempeña una función muy eficaz en la retención de agua (hasta 500 veces su volumen). La turba negra, todavía más antigua (hasta 30 000 años), es la de peor calidad desde el punto de vista agronómico, ya que ha perdido prácticamente su estructura.

Suele comercializarse con el nombre de mantillo, tras ser triturada y mezclada con un poco de turba rubia. El producto es bastante compacto y se apelmaza con facilidad. Tiene poca capacidad de aireación, lo que constituye un motivo de riesgo evidente de asfixia de las raíces. Esos mantillos de turba, vulgarmente denominados «mantillos hortícolas», dan resultados bastante pésimos en el cultivo por aficionados de plantas domésticas. No debería superarse una proporción de 25% de turba parda o negra en cualquier tipo de sustrato. El abono es indispensable, ya que el material resulta muy pobre en nutrientes.

La turba fibrosa

Se trata de una presentación especial de la turba rubia, que, en lugar de aparecer triturada finamente y luego compactada, como es el caso más frecuente, sólo se deshace en gruesos terrones que conservan bien la estructura fibrosa del material. Sólo es turba de esfagnos, en general muy jóvenes, cuya textura es muy gruesa. Además, es frecuente que se encuentren fragmentos vegetales todavía intactos. La turba fibrosa no está muy extendida en el mercado de los jardineros aficionados. Suele encontrarse en ciertos sustratos para orquídeas, donde incluso se usa casi pura. Su función es sobre todo evitar la compactación y mejorar la aireación del sustrato.

Se emplea en mezclas destinadas a las bromelias y los helechos y para las orquídeas terrestres *(Cymbidium).*

Tierra de brezo

La auténtica tierra de brezo, resultado de la descomposición de raíces y tallos de viejos brezos en las landas y los sotobosques, es una especie de mantillo fibroso que contiene una gran proporción de arena. Es apreciada especialmente por su buen equilibrio físico y su pH muy ácido (5,5), que la convierten en el sustrato preferido para el cultivo de plantas que no toleran la cal. La tierra de brezo, un medio muy pobre en sales minerales, sólo se usa en estado puro para las azaleas. No obstante, participa en la composición de muchas mezclas, especialmente para plantas de suelos ácidos, como helechos, gardenias, camelias, etc.

Puesto que los yacimientos naturales explotados cada vez son más restringidos, la tierra de brezo auténtica suele sustituirse por una mezcla de arena con turba rubia, vendida con la denominación de «tierra llamada de brezo». En la práctica, este producto suele presentarse finamente cribado, con los consiguientes riesgos de compactación, nefastos para las raíces. Una mezcla con mantillo de cortezas de pino o de fibra de coco *(véanse páginas 122-123)* se acerca bastante a la tierra de brezo «silvestre».

▼ Turba negra no cribada.

▼ Turba triturada fibrosa.

▼ Tierra de brezo auténtica, no cribada.

Compost casero

Se trata de una especie de tierra densa y muy negra, obtenida a partir de la descomposición, de 6 a 12 meses, de todos los desechos orgánicos de origen vegetal que producen la casa y el jardín. Los cortes de césped, las hojas muertas, los restos de poda triturados, los desperdicios de hortalizas, los viejos trapos despedazados, la fruta estropeada, las cáscaras de huevo, los posos de café o de té, las cenizas de la madera son otros tantos elementos que pueden componer este producto extraño, pero rico en materia orgánica y en elementos fertilizantes. El compost casero debe cribarse antes de usarse. Su textura bastante fina no permite su empleo puro para el cultivo en maceta, pero puede cambiar la tierra de jardín o el mantillo de hojas en las diferentes mezclas.

Cortezas

El uso de cortezas de pino en la composición de sustratos tiene menos de 20 años. Antes, este residuo de aserraderos simplemente se quemaba. Hoy en día, la corteza va camino de destronar poco a poco a la turba, ya que se trata de un material fácilmente renovable, extraído de los árboles que se cultivan en plantaciones forestales. Por este motivo, su uso no crea ningún impacto negativo en el medio ambiente, puesto que no afecta a los bosques naturales.
Las cortezas de pino trituradas, y luego mezcladas con compost, participan en la elaboración de muchos mantillos. Dan un producto suelto, ligero, que proporciona una buena aireación, pero que retiene bastante mal el agua y presenta una elevada acidez (pH 4 o 5). Un mantillo sólo compuesto de corteza en diferentes fases de descomposición es un producto de baja calidad, que hay que enriquecer con tierra de jardín o compost casero. Una simple mezcla de turba y de corteza tampoco resulta muy satisfactoria, ya que es pobre y pesa demasiado poco. Las cortezas no abonadas, de pequeño calibre (10 a 15 mm), constituyen la base de los sustratos para orquídeas y bromelias epifitas. Hay que elegir una calidad sin líber (capa inferior de la madera) para evitar la descomposición de las partes fibrosas, que podría desembocar en el desarrollo de diferentes podredumbres.
Las cortezas de árboles frondosos no se usan en los sustratos debido a su elevado contenido de taninos, que desempeñan una función inhibidora del crecimiento de las plantas.

Mantillo de cortezas

Se trata del producto menos noble de la explotación de cortezas de pino. Se presenta en forma de láminas fibrosas de medidas muy variables. Se conocen principalmente como *mulch* o *mulching*.
Con todo, tras el paso por el triturador para reducir el tamaño de sus partículas, se puede emplear como complemento de la turba negra o una tierra de jardín demasiado arcillosa. Los helechos aprecian mucho la presencia de este material.

Estiércol

A menudo considerado (erróneamente) la panacea del jardinero, esta mezcla de materias fecales de origen animal con varios lechos orgánicos (paja principalmente), sólo se usa tras una larga descomposición (al menos 6 meses, en las mejores condiciones de 8 a 12 meses). En cuanto está del todo descompuesto, se obtiene un producto bastante pesado, muy negro, que se llamaba antiguamente «mantillo de estiércol», pero denominado en la actualidad «compost de estiércol». Aunque la calidad intrínseca varía mucho según el origen animal, los mejores estiércoles son los de caballo y los de bovino, ya que son muy ricos en sustancias fertilizantes y tienen una textura gruesa y fibrosa interesante. El estiércol de oveja y de conejo es más seco y pobre. El excremento de aves se usa poco. La técnica de compostaje es importante. La recuperación del jugo de estiércol, que se añade regularmente al montón, ya que es rico en nitrógeno, mejora la actividad microbiana, así como un volteo puntual. El estiércol puede mezclarse con el compost casero en una proporción del 30 al 50 %. Es importante conocer el origen del que vaya a usarse, para asegurarse de que la paja no contiene herbicidas. Algunos productos son tan persistentes que podrían subsistir en los sustratos.
Desde el mismo punto de vista, desconfíe de todos los productos animales (sangre, huesos, piel, excrementos, plumas, etc.) cuyo origen desconozca. Se pueden descomponer perfectamente, pero suelen en-

▼ El compost casero debe quedar un poco fibroso.

▼ Cortezas de pequeño calibre para las orquídeas.

▼ El compost de estiércol se emplea mezclado.

contrarse sustancias sospechosas que pueden resultar nocivas para sus plantas, para el entorno o para su propia salud.
En los comercios encontrará compost de estiércol (a menudo denominado «fertilizante»). La mayoría está enriquecido con algas que también han sufrido el proceso de compostaje, y cuya ventaja reside en el aporte de oligoelementos y de hormonas útiles para los cultivos.
Para las plantas de interior, el estiércol se usará para enriquecer, en una proporción del 10 al 20 %, los sustratos para plantas de crecimiento rápido.

Cáscaras de cacao

Desde hace algunos años, la envoltura de celulosa que recubre el haba del cacao se recicla, se limpia, se seca y se comercializa en sacos para su uso en horticultura (con frecuencia con el nombre de «mulcao»). Su primer destino es esencialmente el *mulching,* como sustituto de las cortezas de pino. También puede incorporarse a los sustratos para plantas en maceta. La cáscara de cacao tarda bastante en descomponerse, lo que le permite desempeñar una función aligerante en un mantillo o en una mezcla con tierra de jardín. Basta con desmigarla un poco entre los dedos e incorporarla de modo homogéneo, en una proporción media del 10 %. También se puede utilizar la cáscara de cacao en los sustratos destinados a las hidrojardineras, más económica que las bolas de arcilla expandidas. En este caso se usa entera.

Fibra de coco

La envoltura fibrosa que recubre el coco es interesante. Triturada o picada, la materia conserva su textura y servirá para airear las turbas negras, el compost casero o las tierras de jardín un poco pesadas. También es posible incorporarla a los sustratos para helechos, bromelias y orquídeas terrestres, en una proporción del 10 al 20 %. Pulverizada finamente, secada y luego compactada en forma de ladrillo para volver a hidratar, la fibra de coco se propone como un sucedáneo de la turba, ya que tiene un poder de retención de agua totalmente comparable. Algunos fabricantes la llaman incluso «mantillo», pero son muy optimistas con respecto a las virtudes de este material que no debe usarse solo.

Esfagno

Este musgo de estructura esponjosa y fibrosa estaba muy extendido antiguamente en las zonas pantanosas de Francia. Es, incluso, el constituyente principal de las turberas de Alemania del Norte y de Irlanda. Considerado providencial por los aficionados a las orquídeas, el esfagno ha sido explotado hasta el punto de casi desaparecer. Tras convertirse en un producto escaso y caro, fue abandonado en beneficio de la espuma de poliuretano, que proporciona una buena aireación al sustrato, pero que tiene un escaso poder de retención del agua. Desde hace poco, se vuelve a comercializar el esfagno procedente de Chile.

Las raíces de helecho

Esta materia natural se utiliza en la composición clásica del sustrato para las orquídeas epifitas. Se usaba sobre todo la raíz de polipodio por su estructura fibrosa, que añade una calidad filtrante al sustrato. Puesto que la explotación de helechos se complicó tanto en el ámbito económico, así como en el ecológico, éstos han sido sustituidos poco a poco por las cortezas de pino. Sin embargo, es posible conseguir las raíces en las tiendas especializadas en orquídeas e incorporarlas en una proporción aproximada del 30 % al sustrato de las especies de tamaño pequeño, que apreciarán la finura de este soporte. Por lo demás, también se usan láminas de estípite (tronco) de helechos arborescentes, aprovechando su estructura fibrosa, para enganchar bromelias epifitas (sobre todo las tilandsias) y pequeñas orquídeas colgantes.

Restos de lana

Se trata de un material de reciclaje totalmente nuevo procedente de las fábricas de hilado. Son restos de lana en forma de gránulos compactados de 1,5 cm de diámetro aproximadamente. Incorporados al mantillo en una proporción del 10 al 15 %, los gránulos desempeñan la doble función de retención de agua y de aligeramiento del sustrato. La frecuencia del riego puede reducirse sensiblemente. El producto se descompone lentamente (más o menos en un año), y libera compuestos nitrogenados y oligoelementos.

▼ Ligeras cáscaras de habas de cacao o mulcao.

▼ Las fibras de coco picadas aligeran bien la tierra.

▼ El esfagno, un musgo apreciado por las orquídeas.

LOS MATERIALES SINTÉTICOS

Los elementos que constituyen la tierra y el compost no resultan siempre muy estables ni muy fiables, por eso los profesionales añaden a sus sustratos materiales, naturales o industriales, de propiedades estables y fácilmente controlables. En la actualidad, es fácil encontrarlos en las mezclas destinadas a los aficionados.

Consejo: **Para evitar cualquier problema de podredumbre en los esquejes y los semilleros, use materiales sintéticos. Ofrecen la ventaja de ser perfectamente inertes y sobre todo de no presentar una estructura favorable al desarrollo de hongos causantes de la muerte de las plántulas (Botrytis, Pythium). La perlita y la vermiculita dan excelentes resultados. Pueden usarse puras o mezcladas. También puede mezclarlas con arena de río o con puzolana para aumentar el efecto drenante.**

Los mantillos comerciales contienen en la actualidad materiales naturales o sintéticos que no forman parte de la composición normal o habitual de los suelos. Suele tratarse de productos industriales cuya primera vocación estaba alejada de la horticultura, pero que, con la experiencia, mostraron un gran valor. Estos materiales diferentes a veces se encuentran disponibles por separado. La utilización de estos productos le permitirá enriquecer la composición de sus propias mezclas, al mismo tiempo que apreciará su fácil uso, su textura suelta y agradable y su limpieza. Si no están más difundidos hoy en día, es porque su precio aún resulta bastante elevado. No obstante, como la mayoría de estos productos puede fabricarse a discreción, sin perjudicar el entorno, representan materias con un gran futuro.

La perlita

Esta sílice expandida se presenta en forma de partículas blancas o grises, muy ligeras (de 60 a 100 g/l). Debido a su poco peso, la perlita se usa cada vez más para sustituir a la arena en los mantillos comerciales. Es un producto fácil de manipular y de almacenar, y su transporte es más económico.

La perlita desempeña una función de aireación en el sustrato. Puede usarse pura o mezclada con arena o con vermiculita en los semilleros y esquejes, aunque es más aconsejable mezclarla con turba. En los mantillos que contienen tierra de jardín o turba negra bastante compacta, incorpore del 10 al 20 % de perlita y obtendrá excelentes resultados.

La puzolana

Es una roca volcánica silícea de estructura alveolar que se tritura en partículas de 2 a 5 mm de diámetro, con contornos muy irregulares. La puzolana se caracteriza por poseer propiedades higroscópicas elevadas (retiene el agua). Se usa para proporcionar aireación a los sustratos, como sucedáneo de las gravas que se encuentran naturalmente en una tierra de jardín. Puesto que se puede comprimir, limita la compactación del sustrato. Si es de granulometría elevada, se incorpora a mantillos de hidrojardineras, donde, por su rugosidad y calibre, proporciona una aireación más eficaz que las tradicionales bolas de arcilla, sobre las que la tierra húmeda tiende a adherirse rápidamente. La puzolana también puede usarse para constituir un lecho de drenaje en el fondo de las macetas. Por último, también se emplea para recubrir los platillos o platos en los que se colocan las macetas tras haber empapado la puzolana de agua. Las plantas se benefician, de esta forma, de un ambiente húmedo, sin riesgo de asfixia radicular.

▼ Perlita, un material muy ligero para airear el sustrato.

▼ Puzolana, higroscópica, pero muy porosa.

▼ Vermiculita, puede usarse pura en los semilleros.

La vermiculita

Fabricada a partir de arcilla que se calienta a altas temperaturas, la vermiculita se parece a las virutas pequeñas de corcho o madera. Está compuesta de minerales que se aglutinan entre sí en forma de láminas. La vermiculita es muy ligera y pesa unos 100 g/l. Se trata de un material totalmente inerte, que carece de interacción con la planta. Suele usarse en los semilleros o como sustrato para plantar los esquejes en lugar de la arena, y las jóvenes raíces se forman correctamente en este medio ligero y aireado. En los sustratos, la vermiculita es un excelente elemento de aireación y de drenaje, ya que no retiene el agua.

La arcilla expandida

Obtenido por cocción, este material se presenta en forma de bolas de textura alveolar, cuyo calibre es de entre 0,5 y 3 cm de diámetro aproximadamente. Dotadas de una reducida capacidad de retención de agua, las bolas de arcilla se usan sobre todo para el drenaje o se incorporan a los sustratos para las hidrojardineras. En este último caso, es preferible romperlas para que adopten una forman irregular, con un poder de aireación más eficaz.

El agrosil

Producto de síntesis fabricado a base de sílice, contiene también nitrógeno y ácido fosfórico, lo que le permite desempeñar una función estimulante en el desarrollo radicular. El agrosil aumenta la capacidad de retención de agua de los sustratos. Asimismo, se comporta como un regulador de la fertilización, fijando los excedentes de sales minerales, lo que evita las quemaduras de las raíces. Se incorpora directamente al sustrato.

La lana de roca

Este material fibroso, cercano a la lana de vidrio, pero compactado, se presenta en forma de cubitos o copos que se incorporan a algunos sustratos. La buena retención de agua del material, igual que su aspecto sólido, permiten un equilibrio correcto entre la humedad y el drenaje. Observe que es posible cultivar plantas sólo en lana de roca, añadiendo los fertilizantes al agua de riego.

La dolomita

Esta roca sedimentaria está compuesta de carbonato de calcio y magnesio mezclado con calcita. Se usa tras su trituración para reducir la acidez de sustratos ricos en turba y así elevar el pH del sustrato. Por ejemplo, se agrega siempre un poco de dolomita a los sustratos de pafiopedilos *(Paphiopedilum)* que se encuentran entre las escasas orquídeas que detestan un medio ácido. En general, toda la turba rubia se corrige con dolomita antes de incorporarla a los sustratos de cultivo.

El carbón de leña

Conocido por sus virtudes antisépticas, se añade un trocito al agua donde se pretende que arraiguen los esquejes. Su sola presencia impide que el líquido se corrompa. El polvo de carbón de leña puede mezclarse con los sustratos de plantas con raíces carnosas (orquídeas y cactáceas sobre todo), para evitar los riesgos de podredumbre.

▼ Bolas de arcilla, para airear un sustrato muy compacto.

▼ Agrosil: evita los excesos de sales minerales en el suelo.

EL DRENAJE

En el jardín, el agua de lluvia o de riego penetra en la tierra y luego es absorbida en parte por las raíces. Una parte del excedente se almacena en el suelo, el resto se infiltra profundamente. En una maceta, se produce el mismo fenómeno, pero si el exceso de agua no puede eliminarse por el orificio situado bajo la maceta, la planta se expone a una catástrofe. En efecto, las raíces, atraídas por la humedad permanente, se hundirán y acabarán por sumergirse en el agua estancada, donde se asfixiarán. Aprovechando el medio cerrado, húmedo y compacto, bacterias y hongos atacarán a las raíces debilitadas, por lo que la podredumbre está asegurada. En esta fase, la planta tiene pocas probabilidades de sobrevivir. Debe, pues, tener en cuenta la evacuación del agua instalando una capa de bolas de arcilla, de 3 a 5 cm de profundidad, que drene el fondo de la maceta. También puede usar gravilla. Así impedirá que las raíces formen un tapón que pueda obstruir el orificio de la maceta. El drenaje aislará el sustrato del agua que pueda estancarse en el platillo, evitando que suba a la planta por capilaridad.

Coloque una capa de drenaje en el fondo de las macetas. ▶

NUESTRAS RECETAS DE SUSTRATOS

Aunque los sustratos de marca que se pueden encontrar en el mercado son cada vez más elaborados, con fórmulas que integran un número importante de materias primas, puede considerarse que cada planta debería ser objeto de una mezcla específica para responder con precisión a sus necesidades particulares. Esto es lo que hacen los horticultores, que elaboran con los profesionales de los sustratos «recetas», cuyo secreto guardan con celo. Aquí le ofrecemos unas cuantas, adaptadas a las necesidades particulares de la jardinería doméstica.

Consejo: **Para las plantas fáciles de cultivar, confíe en los sustratos comerciales. Presentan la ventaja de estar fabricados con materias primas de origen y calidad controlados. Los buenos productos también están garantizados como libres de gérmenes patógenos (enfermedades) y de malas hierbas. Se trata de una ventaja segura con respecto a las mezclas «caseras», donde intervienen tierra de jardín y mantillo.**

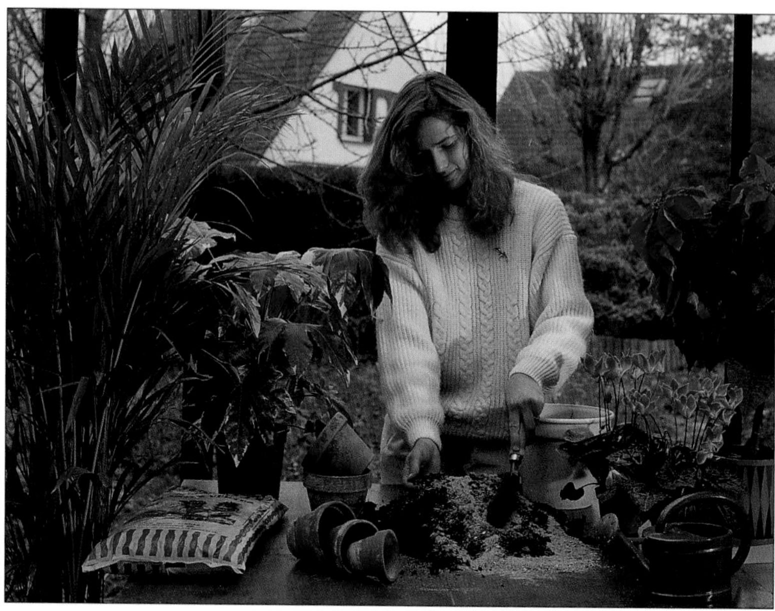

▲ Trasplante de una *Fatsia japonica*. Preparación del sustrato en un ambiente de galería.

La experiencia prueba que se obtienen excelentes resultados usando los mejores sustratos del mercado tal como se compran. Sin embargo, puede reprocharse a muchos de éstos el que provengan de las mezclas para profesionales y presenten una riqueza excesiva en turba, lo que, si el aficionado desconoce su manejo, contribuye a que aparezcan problemas relacionados con la falta o el exceso de humedad en el sustrato, según se riegue poco o mucho. Si no tiene la posibilidad de disponer de un amplio surtido de materias primas para realizar sus propias mezclas, no dude en asociar dos sustratos de textura opuesta, por ejemplo, una mezcla pesada, como el mantillo de agrios o bonsáis, con una combinación ligera, como el mantillo para plantas con flor o cactáceas. Obtendrá entonces una buena mezcla para cultivar con éxito las plantas comunes. Pero si prefiere las recetas «caseras» a los «platos cocinados», intente las composiciones siguientes. Los autores hace tiempo que las han comprobado con éxito.

El sustrato clásico: destinado a las plantas comunes (ficus, costilla de Adán, crotón, drácena, cordiline, potos, diefenbaquia, etc.), es una mezcla a partes iguales de mantillo de hojas (o de cortezas), de arena de río, de turba rubia y de tierra de jardín.

Hidrojardineras: utilice la mezcla clásica compuesta de elementos gruesos (no cribe), y añádales un 15 % de bolas de arcilla o de puzolana.

Helechos: la mitad de tierra de helechos, un cuarto de mantillo de hojas y un cuarto de abono orgánico (estiércol).

Bromelias: mantillo de hojas, tierra de brezo fibrosa, mantillo de cortezas de pino, vermiculita y turba rubia a partes iguales. Variante: la mitad de tierra de brezo no cribada, un cuarto de fibras de coco y un cuarto de cortezas de pino (de 15 mm).

Plantas crasas: un tercio de arena de río gruesa, un tercio de mantillo de hojas (o de cortezas), una sexta parte de perlita o de vermiculita y una sexta parte de turba rubia.

Cactáceas: mitad de arena de río bastante fina, un cuarto de mantillo de hojas y un cuarto de turba rubia, mezcla a la que añadirá un 20 % de piedrecitas.

Orquídeas epifitas: corteza de pino en virutas pequeñas (10 a 15 mm), poliestireno expandido, espuma de poliuretano o lana de roca (cubos de 1 cm de lado), raíces de helechos y esfagno. La proporción de los diferentes ingredientes puede variar de una especie a otra. Lo importante es obtener una mezcla muy granulosa y filtrante, pero en la que las raíces se anclen bien.

Orquídeas terrestres: turba rubia triturada y sustrato para orquídeas epifitas en una mezcla al 50 %.

Bulbos y tubérculos: tierra de jardín, arena, turba negra y mantillo de cortezas en una mezcla a partes iguales.

Plantas con flor: un cuarto de tierra de jardín, la mitad de mantillo de cortezas o de tierra de brezo y un cuarto de turba rubia. Observe que, para las plantas efímeras, basta con usar un sustrato para geranios suelto y poroso.

Agrios: la mitad de tierra de jardín, un cuarto de arena y un cuarto de turba rubia. Añada un 10 % de compost de abono orgánico (estiércol) y de algas.

Bonsáis: tierra de brezo, mantillo de hojas (o de cortezas), arena de río y tierra de jardín en una mezcla a partes iguales.

Palmeras: arena de río fina, tierra de jardín, mantillo de cortezas, turba negra, turba rubia y estiércol descompuesto a partes iguales. Una variante más simple asocia a partes iguales mantillo de turba, arena y tierra de jardín. Estas mezclas también resultan convenientes para las cicadáceas *(Cycas, Encephalartos).*

Plantas colgantes: tierra de jardín, tierra de brezo arenosa, no cribada, y mantillo de cortezas en una mezcla a partes iguales.

Zingiberáceas (alpinia, cúrcuma, etc.): la mitad de tierra de jardín arcillosa, un cuarto de turba rubia y un cuarto de mantillo de cortezas. Añada a esta mezcla un 20 % de abono orgánico a base de compost de estiércol y algas.

Plantas mediterráneas (olivo, adelfa, buganvilla, mimosa, etc.): tierra de jardín, arena, turba rubia y mantillo de cortezas en una mezcla a partes iguales. La mayoría de las mezclas que contienen tierra de jardín pueden aligerarse si se les añade un 10 % de puzolana o de perlita. En el caso de mezclas fibrosas, puede añadirse vermiculita.

▼ Mezcla clásica: arena, turba y mantillo.

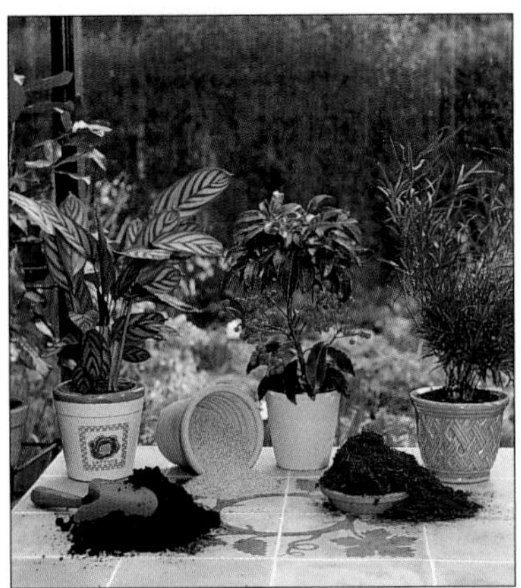

▼ Helechos: mantillo, tierra de brezo y estiércol.

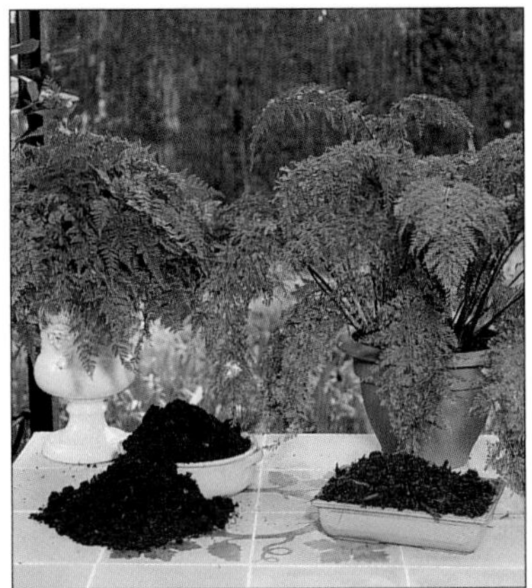

▼ Bromelias: fibra de coco, tierra de brezo y cortezas.

▼ Cactáceas: gravilla, arena, mantillo y perlita.

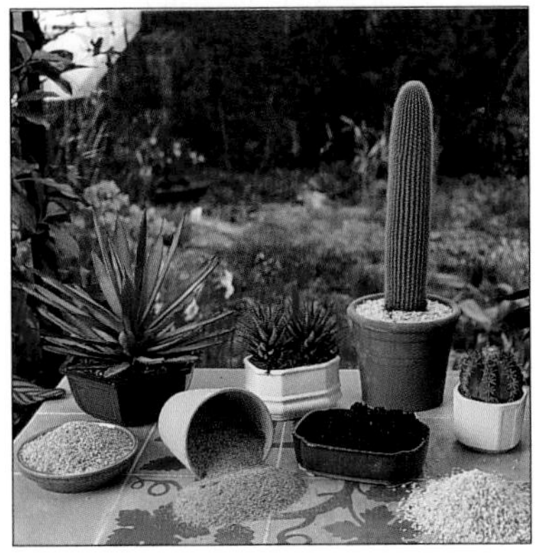

▼ Orquídeas: cortezas, poliestireno y turba fibrosa.

▼ Cicas y palmeras: mantillo, arena y tierra de jardín.

EL TRASPLANTE

Considerada una operación delicada por los jardineros principiantes, el trasplante es, sin embargo, una intervención muy simple que forma parte de las tareas habituales de mantenimiento de las plantas domésticas. Realizado en buenas condiciones, un trasplante no debe causar sufrimiento a la planta y le permitirá desarrollarse cada vez más...

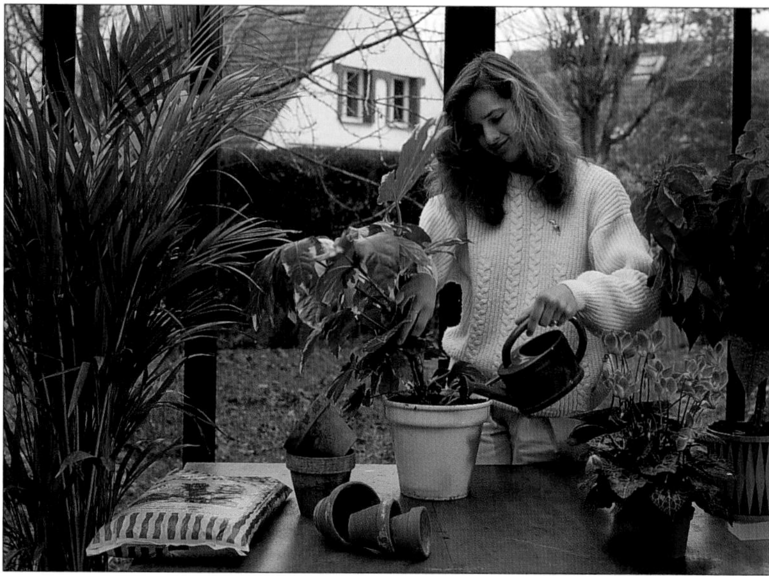

▲ Trasplante de una *Fatsia japonica* en una galería. Se termina con el riego (salvo en el caso de las cactáceas y las orquídeas).

Consejo: **Cuando compre una planta en una tienda, pida al vendedor que se asegure de que no necesita ser trasplantada. En la mayor parte de los casos, las plantas procedentes de invernaderos han desarrollado muchas raíces que han «consumido» casi todo el sustrato. Elija entonces una maceta bonita y pida que le trasplanten la planta allí mismo. De este modo, estará tranquilo al menos durante un año.**

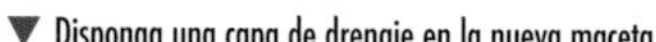

El trasplante o cambio de maceta consiste en transferir una planta de una maceta a otra de mayor tamaño. También puede cambiarse el sustrato y volver a plantarla en la misma maceta.

La época adecuada

El trasplante se efectúa preferentemente a finales de invierno o principios de primavera. Pero sepa que puede trasplantar todo el año, cada vez que la planta lo manifieste. Si el trabajo se realizó correctamente, la planta no mostrará ninguna señal de debilitamiento tras un trasplante. No obstante, si se quiere cambiar todo el sustrato, es conveniente no transplantar, si es posible, en pleno invierno o pleno verano.

Señales que no engañan

Todas las plantas no necesitan trasplantarse anualmente. Ello depende de su velocidad de crecimiento y de la relación que existe entre su propio volumen y el de la maceta. Es obligatorio que trasplante cuando la planta carezca de estabilidad, ya que la amplitud de su ramaje acarrea el desequilibrio

▼ Disponga una capa de drenaje en la nueva maceta.

▼ Llene un cuarto de la maceta con el sustrato.

▼ Extraiga la planta de la maceta sin estropear las raíces.

de la maceta. Las plantas que sobresalen de ella, y cuyos retoños crecen en el exterior, o las que ocupan todo el volumen, hasta el punto de no permitir el riego por encima, están preparadas para trasplantarse. Un crecimiento escaso o nulo y hojas que palidecen a la altura de las nervaduras le indican también que es hora de trasplantar.

Cómo cortar las raíces

El desarrollo de las raíces es proporcional al crecimiento de la parte aérea. El volumen reducido de la maceta conlleva un crecimiento en espiral de las raíces (espiralización), que forman una especie de moño en la base de la tierra. Este enmarañamiento dificulta el riego e impide que la planta se nutra correctamente. Por tanto, hay que desenredar las raíces y no dudar en eliminar totalmente el moño. Al efectuar este «corte», provocará la formación de raicillas, que son las partes más eficaces para absorber el agua y los elementos nutritivos contenidos en el suelo.

Las etapas paso a paso

Comience por observar la maceta. Si parece demasiado pequeña con respecto a la planta, cámbiela. Generalmente se usa un recipiente de 2 a 4 cm más de diámetro, ya que las raíces de la inmensa mayoría de plantas crecerán mejor en macetas no demasiado grandes.

Coloque un casco de vasija de barro o un trozo de rejilla de plástico sobre el agujero, para que no se obstruya. Disponga luego una capa drenante (bolas de arcilla, gravilla, puzolana) de 3 a 5 cm de grosor. Llene entre un cuarto y un tercio del volumen con el sustrato elegido. Extraiga la planta de la maceta golpeando el borde de la misma sobre una esquina de mesa (es preferible no haberla regado durante los días anteriores al trasplante).

Corte las raíces y luego introduzca la planta en el nuevo sustrato, colocándola en el centro de una maceta redonda y ligeramente descentrada si se trata de una jardinera rectangular.

La parte alta del cepellón debe enterrarse a 1 o 2 cm aproximadamente. Introduzca el sustrato en la maceta y entre las raíces. Compacte con los dedos o con un pequeño tutor de bambú. Termine regando abundantemente.

▼ Desenrede las raíces y elimine las que están enrolladas.

▼ Introduzca la tierra en la parte más profunda de la maceta.

EL HIDROCULTIVO

Considerando que en una maceta la tierra desempeña una función de soporte para las raíces y que las plantas se alimentan de líquido, hace poco menos de medio siglo se pensó en sustituir el sustrato por materiales inertes, que deben ser alimentados constantemente con una solución nutritiva. Esta técnica, llamada «hidroponía», «hidrocultivo» o, más comúnmente, cultivo hidropónico, es muy usada por los profesionales para la producción de algunas hortalizas en invernadero (tomates, pepinos) y de flores cortadas. También es aplicable a las plantas de interior y hace furor en Alemania y los países escandinavos. La ventaja estriba en la ausencia de tierra en beneficio de un material limpio que no mancha (bolas de arcilla expandida o puzolana). Las plantas se benefician del agua y del abono continuamente. Los resultados suelen ser excelentes, con un crecimiento espectacular. Hoy en día se encuentran en los centros de jardinería equipos para el cultivo hidropónico (hidrojardineras, abonos, sustratos). Trasplante a este medio las plantas jóvenes, tras lavar las raíces.

Una joven Murraya lista para ser colocada en hidrocultivo. ▶

RENOVACIÓN EN SUPERFICIE

Cuando las plantas se vuelven demasiado voluminosas para manipularlas, o cuando las macetas ya alcanzan un tamaño importante (al menos 40 cm de diámetro), el trasplante resulta difícil o casi imposible. Conténtese, pues, con una renovación en superficie que consiste en eliminar la mayor cantidad posible de sustrato de la superficie de la maceta y sustituirlo por un sustrato nuevo. Esta operación puede realizarse dos veces por año, al principio de la primavera y al final del verano. Renueve también en septiembre las plantas que hayan «consumido» sustrato durante la estación.

▼ *Renovación en superficie de un naranjo.*

LA LUZ

Ligadas íntimamente mediante sus funciones vitales a la presencia de la luz, las plantas aprovechan los rayos solares para elaborar sus sustancias nutritivas. Por tanto, es normal asociar la luminosidad de una habitación con el crecimiento correcto de las plantas. Pero, ¡cuidado! Nuestra percepción humana de la luz no corresponde obligatoriamente con las necesidades de las plantas.

Consejo: **Para simplificar la distribución de las plantas en la casa, piense que las especies de hojas verdes necesitan menos iluminación que las plantas con flor y las formas de follaje matizado. Sin embargo, cuanto más claro y fino es el tejido vegetal, más sensible se muestra a las quemaduras. Exponga a pleno sol sólo las plantas gruesas, coriáceas o carnosas.**

▲ En la medida de lo posible, acerque las plantas a la ventana y apague el radiador.

La luz está compuesta por ondas electromagnéticas (o partículas de energía desprovistas de masa, que se llaman fotones), que se propagan en el vacío interestelar según un movimiento ondulatorio, a la fabulosa velocidad de 300 000 km/s (exactamente 299 792,5 km/s). La luz es emitida por una potente fuente de energía (el sol, el fuego, un metal llevado a la incandescencia) o por la radiación de algunos cuerpos (se habla entonces de luminiscencia).

La energía del sol emite también calor, lo que explica por qué la temperatura nocturna es siempre inferior.

Nuestro ojo percibe la luz del día como blanca, porque no es capaz de individualizar los diferentes rayos que la componen. Sólo se evidencian en el arco iris, debido a la refracción de los rayos del sol al atravesar las gotas de agua. Entonces se distinguen el rojo, el naranja, el amarillo, el verde, el azul, el añil y el violeta.

Si se pudieran equiparar esos colores a longitudes de onda, nos percataríamos de que las más largas corresponden a los colores cálidos (rojo, naranja, amarillo) y las más cortas, a los fríos (azul verde, añil).

Esta noción es muy importante, ya que las plantas no «ven» en modo alguno como las personas.

Se muestran muy sensibles a los colores azules y rojos, que absorben, en tanto que nuestros ojos se estimulan con el amarillo y el verde reflejados por ellas.

◄ El hibisco sólo florece a plena luz.

La intensidad luminosa

La cantidad de luz que recibe una planta puede medirse. Se expresa en lux (lx), unidad con valor equivalente a un flujo luminoso homogéneo de un lumen (lm) por metro cuadrado.

En verano, a pleno sol, la intensidad luminosa puede llegar a 100 000 lx, lo que resulta excesivo para las plantas, ya que la mayoría de ellas necesita entre 5 000 y 10 000 lx para desarrollarse adecuadamente. Pero la luz debe ser constante durante seis a ocho horas como mínimo, para que el proceso de crecimiento de las plantas se desarrolle con normalidad.

La luminosidad nunca es constante en el transcurso del día, basta con una nube para que disminuya considerablemente. La intensidad también varía en función de la posición relativa del sol, que cambia sin cesar en virtud de la rotación de la Tierra.

Puesto que la fuerza de los rayos solares es más débil por la mañana que por la tarde, es preferible orientar al este o al nordeste las plantas que requieren una luminosidad media, y al oeste o al suroeste, las plantas que necesitan una fuerte iluminación. La posición de las plantas en la habitación es también determinante. Al atravesar el filtro que constituyen las ventanas, la luz experimenta un efecto de refracción, que reduce el ángulo de incidencia de sus rayos. El resultado es que pierde su potencia y su intensidad disminuye rápidamente a medida que penetra en la habitación.

Esta pérdida de luminosidad es proporcional al cuadrado de la distancia de alejamiento. Así, la planta se beneficia de la luz máxima en un radio de 1 m alrededor de la ventana. A 2 m de distancia, recibe 4 veces menos luz, y a 3 m, nueve veces menos. Esta pequeña precisión matemática evidencia la falta crónica de luz que reina en nuestros interiores.

Y, aunque nos acostumbremos con facilidad a estos ambientes de penumbra, las

LA FOTOSÍNTESIS

En presencia de la luz, las plantas de hojas verdes o de colores (cuyos tejidos contienen clorofila) pueden sintetizar los hidratos de carbono (azúcares) a partir del agua absorbida por las raíces y el gas carbónico (dióxido de carbono) contenido en el aire. Este fenómeno, muy complejo desde el punto de vista químico, se denomina «fotosíntesis» o «función clorofílica». Durante el proceso, las sales minerales extraídas del suelo por las raíces se transforman en elementos orgánicos asimilables por la planta. Durante la fotosíntesis, la planta absorbe el gas carbónico (tóxico para las personas) y desprende oxígeno. Por tanto, puede pues afirmarse que los vegetales desempeñan una función primordial en el desarrollo de la vida animal y humana, ya que nuestro metabolismo funciona según el principio inverso (absorción de oxígeno y desprendimiento de gas carbónico). Somos entonces complementarios del mundo vegetal y por ello hay que respetarlo, protegerlo y desarrollarlo.

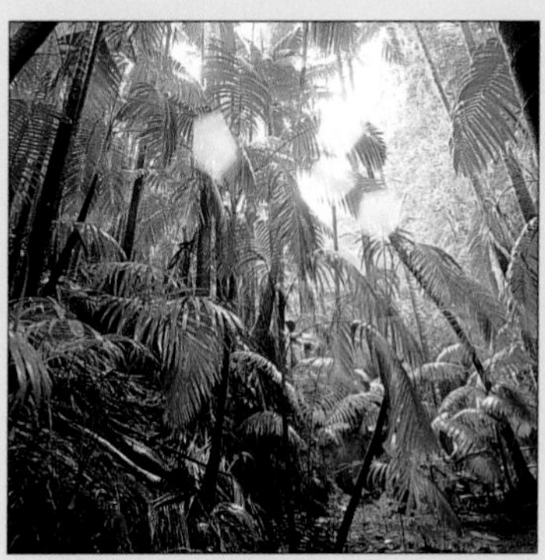

▲ Archontophoenix alexandrae: *a la conquista del sol.*

▼ En una habitación, la intensidad luminosa disminuye según un valor igual al cuadrado de la distancia. Una planta colocada a 3 m de la ventana recibe, por tanto, 9 veces menos luz que la que se encuentra más cerca.

▼ Es necesaria una iluminación complementaria en invierno.

plantas sufren y lo manifiestan con un crecimiento deficiente.

Las plantas y la luz

En la naturaleza, las plantas libran una guerra sin cuartel por la conquista del terreno y el espacio.

La búsqueda de la luz es una lucha vital que lleva a las diferentes especies a adaptarse a unas condiciones de iluminación determinadas. En la selva tropical, los árboles grandes elevan sus copas a varias decenas de metros de altura, para captar los rayos solares. Las plantas epifitas juegan a «los polizones», al engancharse a las ramas mejor expuestas. Las lianas van al asalto de los árboles, a los que envuelven con sus tallos voluminosos hasta encontrar el maná luminoso, sin el cual no pueden vivir.

Los escasos rayos de luz que perforan los ramajes gigantes son ocupados rápidamente por una vegetación arbustiva, donde los más fuertes imponen su ley.

La humedad permanente que reina al pie de los árboles y la gruesa capa de humus que engendra la descomposición de las hojas muertas es aprovechada por unas pequeñas plantas que tapizan el suelo, los helechos. Su follaje suele ser oscuro, señal inequívoca de que no necesitan la luz.

En casa, ha de intentar respetar el biotopo de sus huéspedes, aun a riesgo de verlos decaer. El cuadro de la página siguiente es una valiosa ayuda. Las plantas de sombra no deben exponerse a la luz directa. Ello no quiere decir que puedan prosperar en un lugar oscuro. Un alejamiento de 4 m de una ventana (o sea, 16 veces menos luz que en su proximidad) es lo máximo. No obstante, ello le permite considerar una decoración llena de verdor en los ángulos de la habitación. En invierno será necesario acercar las plantas a la luz u ofrecerles una iluminación complementaria.

Las especies llamadas de «semisombra» necesitan una mayor cantidad de luz, pero siempre bien filtrada e indirecta. Son muchas las plantas que requieren cierto frescor, por lo que hay que alejarlas de las fuentes luminosas. También es posible exponerlas (preferentemente por la mañana) a una intensa iluminación y mantenerlas en una suave penumbra el resto del día. Por regla general, estas categorías que acaban de ser presentadas incluyen las plantas más fáciles de cultivar en casa. Las plantas «de mucha luz» son las más numerosas. Aprecian una iluminación bastante intensa, pero sin sol directo en las horas cálidas. En invierno, pueden exponerse a una insolación completa.

Por último, las plantas «de sol» o heliófilas son las que piden unas condiciones luminosas extremas. Muchas proceden de desiertos o de las costas mediterráneas.

▲ Generalmente, las plantas con flor aprecian una exposición a plena luz.

PLANTAS DE DÍAS LARGOS Y DE DÍAS CORTOS

La duración del día y la intensidad luminosa desempeñan una función esencial en el proceso de la floración.

▼ Kalanchoe, *planta de día corto.*

Algunas plantas, llamadas de días cortos, echan sus botones cuando se exponen a menos de 10 h de luz por día (azalea, begonia, crisantemo, cacto de Navidad *(Schlumbergera), Kalanchoe,* flor de Pascua, etc.). Bastará con cubrirlas con un film opaco o colocarlas en una habitación oscura para que aparezcan las flores.

▼ *Violeta africana, planta de día largo.*

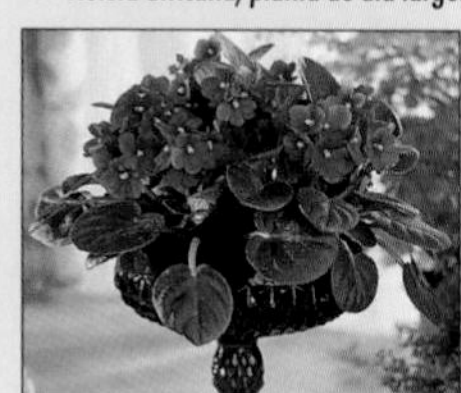

A la inversa, las plantas de días largos necesitan un mayor número de horas de luz diariamente (alamanda, buganvilla, farolillo, geranio, gloxinia, jazmín de Madagascar, violeta africana, etc.) para poder florecer.

Surtido de plantas según la intensidad luminosa

Le proponemos en esta tabla un listado de plantas, clasificadas en función de la cantidad de luz que toleran en casa. Así sabrá colocarlas en el mejor sitio de las habitaciones.

SOMBRA (plantas que pueden colocarse a 3-4 m de una ventana)	*Adiantum, Aglaonema commutatum, Angraecum sesquipedale, Anthurium crystallinum, Asparagus falcatus, Aspidistra, Asplenium bulbiferum, Begonia albopicta, B. maculata, B. metallica* y *B.* x *margaritae, Blechnum, Campanula isophylla, Cissus rhombifolia, Cyrtomium, Darlingtonia, Davallia, Dionaea, Disa, Dracaena marginata, Dryopteris, Epipremnum, Episcia reptans,* x *Fatshedera, Fatsia, Ficus pumila* y *F. Sagittata, Fittonia, Hedera* (de hojas verdes), *Lycaste, Microlepia, Miltonia, Neoregelia, Nephrolepis, Nidularium,* x *Odontioda, Odontoglossum bictoniense, Oncidium papilio, Ophiopogon, Pellaea, Peperomia, Platycerium, Pleione, Polystichum, Pteris, Selaginella, Tolmiea.*
SEMISOMBRA (plantas que pueden colocarse a 2-3 m de una ventana)	*Aglaonema costatum, Anthurium, Ardisia, Asparagus densiflorus, Asplenium nidus, Begonia boweri, B. elatior, B. heracleifolia, B. rex, B. rotundifolia, B.* x *tuberhybrida* y *B. Venosa, Billbergia, Calathea, Callisia, Cissus antartica* y *C. discolor, Clivia, Clusia, Codonanthe, Columnea, Cryptanthus, Cupressus macrocarpa «Goldcrest», Drosera, Episcia dianthiflora, Fucsia, Glechoma, Gynura, Hedera* (de hojas matizadas), *Impatiens, Kohleria, Ludisia, Mimosa pudica, Nepenthes, Nertera, Odontoglossum, Paphiopedilum, Pellionia, Philodendron scandens, Pilea, Pinguicula, Polyscias, Rhipsalidopsis, Rhipsalis, Rhododendron* (azalea), *Rhoicissus, Schlumbergera, Scirpus, Soleirolia* (helxine), *Streptocarpus, Syngonium* (de hojas verdes), *Tillandsia cyanea, Tradescantia* (de hojas oscuras).
LUZ (plantas que pueden colocarse a 1-2 m de una ventana)	*Abutilon, Acalypha, Achimenes, Acorus, Aglaonema crispum, Allamanda, Alocasia, Alpinia, Ampelopsis, Ananas, Angraecum eburneum, Anigozanthos, Aphelandra, Aporocactus, Araucaria, Asparagus setaceus, Astrohytum, Begonia* «Cleopatra», *B. coccinea, B. imperialis* y *B. masoniana, Brassia, Breynia, Browallia, Brunfelsia, Bulbophyllum, Caladium, Calanthe, Calceolaria, Calliandra, Caryota, Cattleya, Chamaecereus, Chlorophytum, Chrysalidocarpus* (areca), x *Citrofortunella* (calamondín), *Clerodendrum, Cocos, Codiaeum, Coelogyne, Coffea, Coleus, Columnea microhilla, Cordyline, Corynocarpus, Ctenanthe, Cuphea, Cycas, Cyclamen, Cymbidium, Cyperus, Dendrobium, Dicksonia, Dieffenbachia, Dipladenia, Dracaena, Drosera, Encyclia, Epidendrum, Euphorbia fulgens* y *E. pulcherrima, Exacum, Ficus, Gardenia, Gloriosa, Grevillea, Guzmania, Gymnocalycium, Haemanthus, Ixora, Jacaranda, Justicia, Laelia, Lilium, Livistona, Manettia, Maranta, Mascarena, Masdevallia, Medinilla, Microcoelum, Mikania, Monstera, Murraya, Musa, Mussaenda, Oncidium, Pachira, Pachytachys, Pandanus, Parthenocissus, Passiflora, Persea, Phalaenopsis, Philodendron, Phoenix, Pisonia, Plectranthus, Primula, Radermachera, Rhoeo, Saintpaulia, Sanchezia, Sarracenia, Saxifraga, Schefflera, Senecio, Serissa, Sinningia, Sparmannia, Spathiphyllum, Stephanotis, Syngonium, Tetrastigma, Thunbergia, Tibouchina, Tillandsia* (de hojas grises), *Vanda,* x *Vuylstekeara, Washingtonia, Zamia, Zamioculcas, Zantedeschia, Zygopetalum.*
SOL (plantas que pueden colocarse a 0-1 m de una ventana)	*Acacia, Acca, Adenium, Aeonium, Agave, Aloe, Anisodontea, Asclepias, Beaucarnea, Bougainvillea, Bowiea, Brugmansia, Caesalpinia, Callistemon, Capsicum, Caralluma, Carex, Carnegia, Cassia, Catharanthus, Cephalocereus, Cereus, Ceropegia, Cestrum, Citrus, Cleistocactus, Clianthus, Cordyline australis, Cotyledon, Crassula, Dasylirion, Echeveria, Echinocactus, Echinocereus, Echinopsis, Ensete, Erythrina, Espostoa, Eucomis, Euphorbia, Faucaria, Fortunella, Gasteria, Hibiscus, Justicia* (jacobinia), *Jasminum, Jatropha, Kalanchoe, Lithops, Lobivia, Malvaviscus, Mammilaria, Mandevilla, Metrosideros, Neoporteria, Nerium, Notocactus, Opuntia, Pachyphytum, Pachypodium, Parodia, Pelargonium, Puya, Rebutia, Strelitzia, Streptosolen, Tecoma, Yucca.*

LA ILUMINACIÓN

Puesto que las condiciones de luminosidad en el interior de la casa no siempre son óptimas, conviene paliar los problemas intensificando la luminosidad con una iluminación complementaria o templando el ardor del sol mediente una sombra adecuada.

Consejo: **Si las plantas domésticas disponen de una ventilación suficiente y de una elevada humedad atmosférica, puede, en casi todos los casos, exponerlas a plena luz, sin riesgo de daños notables. Sólo observará una aclaración del follaje. Comience esta aclimatación durante el período invernal, los resultados serán mucho mejores.**

▲ Iluminación artificial de esquejes con una lámpara incandescente de tipo «luz del día».

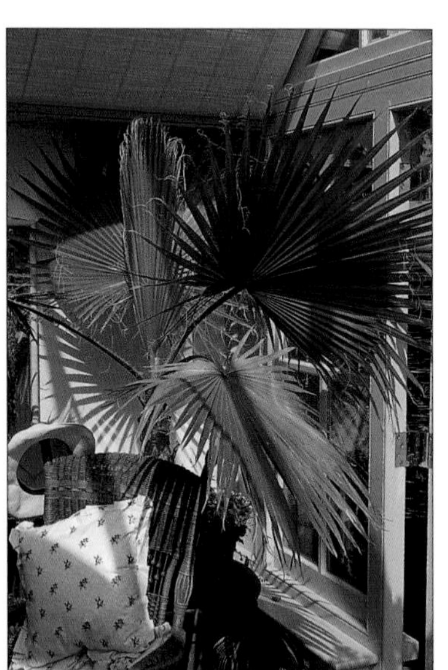

◀ Una sombra en la galería para la *Washingtonia*.

En casa, es difícil que las plantas padezcan por un exceso de luz. Lo hacen más bien por todo lo contrario. Por tanto, se intenta aumentar al máximo la intensidad luminosa. Las medidas de las ventanas desempeñan una función esencial, pero a veces basta con pintar las paredes de blanco para reflejar la luz y obtener un ambiente más claro. También puede intensificar la iluminación individual de una planta colocando una lámina de cartón blanco detrás de la maceta, en dirección a la ventana. En invierno, la iluminación complementaria es casi indispensable para todas las plantas con flor y para las macetas que se encuentren alejadas más de 1 m de la ventana. Use bombillas o tubos fluorescentes de tipo «luz del día» o lámparas de vapor de sodio o mercurio especiales para suministrar la luz suplementaria que requieren las plantas.

La sombra bienhechora

Durante las horas cálidas del verano, cuando el sol se encuentra muy alto, las plantas no toleran la violencia de la intensidad luminosa. Como precaución, hay que colocar un velo transparente en la ventana. Sería conveniente considerar la posibilidad de instalar una persiana, para obstaculizar la entrada de los rayos solares, que tienden a caldear demasiado la atmósfera. También debería colocar un sistema de sombra automático en el invernadero o la galería.

Plantas para cada orientación

En esta tabla le proponemos descubrir las condiciones que se encuentran en el interior de la casa en función de los cuatro puntos cardinales, que van acompañados de su respectiva lista de plantas.

	CONDICIONES PARTICULARES	LAS PLANTAS PARA ELEGIR
AL NORTE	Puesto que reciben poco sol directo, las habitaciones orientadas al norte son bastante oscuras. Las plantas nunca deben colocarse a más de 2 m de una ventana. Debe preverse una intensa entrada de sol y un acristalamiento doble para limitar las diferencias de temperatura. La exposición al norte se presta a la instalación de una galería (sobre todo, tipo invernadero frío o para conservar), ya que bajo la cristalera se evitan los calores del verano.	*Adiantum* (culantrillo), *Aglaonema, Anthurium, Asparagus falcatus, Aspidistra, Asplenium bulbiferum, Blechnum, Campanula isophylla, Cissus, Clivia, Cyrtomium, Darlingtonia, Davallia, Dionaea, Disa, Dracaena marginata, Epipremnum* (potos), *Episcia, Ficus pumila, Fittonia, Hedera,* (hiedra, variedad de hojas verdes), *Microlepia, Miltonia, Paphiopedilum, Pellaea, Selaginella.*
AL SUR	Las ventanas expuestas al sur reciben una luz máxima, con una media anual de 9 h por día. Es la exposición ideal para las plantas de la casa, en las regiones más septentrionales. En las regiones más meridionales, disponga de buena ventilación y zonas de sombras eficaces. Asimismo, un humidificador resulta muy válido, ya que es necesario una elevada humedad ambiental.	*Abutilon, Ananas, Beaucarnea,* buganvilla, *Brugmansia,* cactáceas, *Callistemon, Catharanthus, Ceropegia, Chlorophytum, Citrus, Cordyline, Ficus benjamina, Gloriosa, Haemanthus, Hibiscus, Hoya, Jasminum, Justicia, Mikania, Musa, Pachystachys, Passiflora, Persea* (aguacate), *Phoenix,* plantas carnosas, *Setcreasea, Solanum, Strelitzia, Thunbergia, Yucca, Zantedeschia.*
AL ESTE	La habitación orientada al este se beneficia del sol directo por la mañana, una luz muy provechosa para las plantas. Las plantas de interior se desarrollan bien al nordeste, en las regiones más cálidas, y al sudeste, en las más septentrionales. El único inconveniente de una habitación orientada al este es que se enfría con bastante rapidez.	*Achimenes, Aechmea, Aeschynanthus, Alocasia, Aphelandra, Araucaria, Asparagus, Begonia, Caladium, Calathea, Clerodendrum, Coffea, Columnea, Crossandra, Dieffenbachia, Dracaena,* x *Fatshedera, Fatsia, Gardenia, Howea* (kentia), *Maranta, Nepenthes, Nepheolepis, Philodendron,* flor de Pascua, *Rhoicissus, Syngonium, Tolmiea.*
AL OESTE	La insolación directa se produce al final del día en una habitación orientada al oeste. Es perfecto en las regiones de veranos muy cálidos, ya que mantiene un ambiente templado fácilmente. Puesto que los vientos dominantes suelen soplar del oeste, se prestará atención al aislamiento de las ventanas y a la ventilación de la habitación que debe permanecer cerrada todo el tiempo.	*Acalypha, Allamanda, Brunfelsia, Cattleya, Cocos, Codiaeum, Cycas, Cyperus, Dendrobium, Ficus elastica, Grevilea, Guzmania, Jacaranda, Justicia* (jacobinia), *Mandevilla, Montera, Medinilla, Neoregelia, Odontoglossum, Oncidium, Pandanus, Phalaenopsis, Pisonia, Plumbago, Polyscias, Rhoeo, Saintpaulia, Scheffera, Senecio, Sparmannia, Spathiphyllum, Stephanotis, Tillandsia, Vriesea.*

Las reacciones a la luz

Las plantas se sienten irresistiblemente atraídas por la luz. En la naturaleza, el crecimiento normal es vertical, ya que los brotes y las hojas se orientan hacia la luz. Sin embargo, hay algunas excepciones que demuestran la necesidad irresistible que tienen las plantas de exponerse a la luz. Obsérvese, por ejemplo, una semilla de árbol transportada por el viento y que aterriza, para su desdicha, en un desprendimiento rocoso. Encuentra la tierra necesaria para su germinación, pero un gran bloque rocoso le bloquea parte de la luz. Por un fenómeno sorprendente llamado «fototropismo», la plántula se dirigirá automáticamente hacia la escasa luz que percibe y encontrará el camino hacia el aire libre. Una vez «salvada», crecerá bien erguida. Este comportamiento se observa también en casa, en las plantas demasiado alejadas de las ventanas y cuyos tallos se inclinan hacia la fuente luminosa. Cuando la luz es francamente insuficiente, este comportamiento se completa con un ahilamiento, es decir, con la formación de tallos delgados y decolorados y entrenudos largos, señal inequívoca de un desequilibrio fisiológico debido a una iluminación demasiado tenue.

Mientras el comportamiento fototrópico de la planta se limite a una inclinación de los tallos, no es grave. Bastará con dar un cuarto de giro a la maceta cada mes, para que la planta conserve una posición vertical más estética. Limite esta operación a las especies de follaje, ya que las variaciones de luminosidad, incluso muy leves, pueden tener un efecto desastroso en las plantas con flor. Es así, por ejemplo, cómo se explican en gran parte las caídas brutales y aparentemente sin motivo de los capullos florales de las gardenias, los hibiscos, las flores de cera y muchas orquídeas. En el caso de estas plantas delicadas, se procurará conservar la orientación de la maceta. Si necesita desplazarla, para limpiar la habitación por ejemplo, pruebe el «truco de la cerilla», que consiste en hincar en la maceta una cerilla, de tal modo que se encuentre en el eje de

▲ Una iluminación lateral permite apreciar los follajes con matices más sutiles y bonitas transparencias.

◀ Dé un cuarto de giro a las macetas cada mes.

▼ Un reflector colocado de frente, y dirigido de abajo hacia arriba, acentúa el efecto arquitectónico de una planta y crea efectos de sombra y de luz contrastados, que generan un ambiente bastante extraño.

◀ Una iluminación posterior evidencia la transparencia y la finura de algunos follajes, como el del caladio.

▼ Cerca del efecto de la luz natural, la iluminación vertical por encima sirve, sobre todo, para estimular la floración mediante lámparas tipo «luz de día».

▲ Una iluminación lateral produce una intensa sombra proyectada y evidencia la estructura de la planta, al tiempo que resalta algunos colores.

◀ Dos proyectores colocados lateralmente crean un efecto majestuoso, ya que las plantas se encuentran bañadas de luz.

▲ Según la disposición de los reflectores, los efectos de luz pueden variar bastante. Adopte las diferentes soluciones en función del ambiente que desee crear y de la silueta de las plantas.

un elemento fijo (uno de los montantes de la ventana, por ejemplo) y sirva de orientación al volver a colocarla.

Podrá, sin ningún problema, trasladar la planta, seguir con sus ocupaciones y colocarla en su sitio, en la posición exacta que ocupaba antes, alineando la cerilla con el punto de referencia. Y no olvide una regla de oro: una planta que crece sin problemas en un sitio determinado debe permanecer allí, ya que la mayoría de las plantas muestran un «temperamento» muy hogareño.

Iluminación ambiental

El valor ornamental de las plantas de la casa también depende de la iluminación que reciben. Según el ángulo y la posición de los rayos luminosos, las plantas se expresarán de modo diferente. Los «árboles» y los grandes ejemplares destacan más con la iluminación desde la base mediante un haz dirigido hacia arriba. Esta orientación, opuesta a la naturaleza de la luz, produce una impresión curiosa y bastante teatral de la que podrá sacar partido en los jardines de invierno para «teatralizar el ambiente». Lo mismo sucede con una iluminación lateral con una sola fuente luminosa, que proyecta una sombra intensa sobre las plantas situadas en sentido opuesto a dicha fuente. Las plantas de tallos estrechos y traslúcidos o de follaje fino y de colores, como las balsaminas, los cóleos, los caladios, algunas begonias, etc., se destacan magníficamente con una iluminación a contraluz, que resulta más suave si se instala de forma lateral.

ILUMINACIÓN DE LAS PLANTAS

Existen desde hace poco equipos de iluminación para plantas de interior listos para ser usados. Uno de los sistemas se compone de un transformador, que permite alimentar dos focos de 10 W con una tensión de 24 V para una seguridad completa. Las lamparitas son estancas y se clavan directamente en la tierra de la maceta, y crean un flujo luminoso vertical que realza mucho los follajes. La finalidad es decorativa, ya que las lámparas halógenas difunden una luz amarilla, que el ojo humano percibe con agrado, pero que no es provechosa para las plantas. La ventaja es la creación de una iluminación ambiental estética y modulable, que no comporta serios riesgos de quemaduras para las plantas debido a su escasísima potencia.

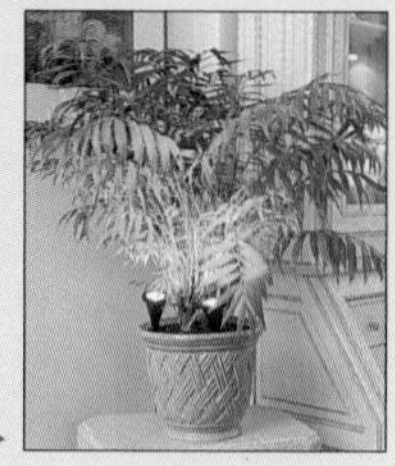

Un bello efecto luminoso. ▶

LA TEMPERATURA

Las plantas cultivadas en casa se encuentran en un entorno climático muy especial. La influencia de las estaciones es inexistente con respecto a la temperatura, que se mantiene más o menos constante todo el año. La luminosidad varía, lo cual plantea problemas...

Consejo: **Para evitar muchos sinsabores con las plantas de la casa, basta con mantener una temperatura ambiente inferior o igual a 20 °C en invierno y a 23 °C en verano. En el primer caso, sólo hay que usar llaves con termostato para regular el funcionamiento de los radiadores. Durante el período veraniego, la ventilación creará una climatización natural.**

▲ En una galería, acerque las plantas más sensibles al frío al radiador y colóquelas en alto, cerca de la pared de la casa.

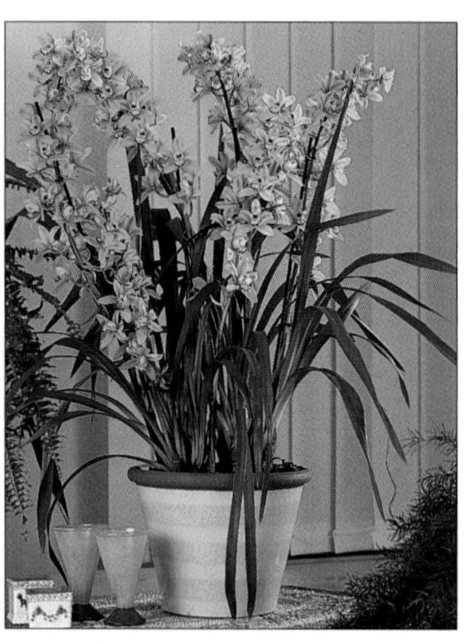

◀ El *Cymbidium* es una orquídea que prefiere el frescor.

Digámoslo enseguida: no es cierto que, debido a su origen a menudo tropical, las plantas de la casa se complazcan en ambientes recalentados. Incluso se puede establecer un axioma: *los riesgos de fracaso con las plantas son proporcionales al aumento de la temperatura.* En efecto, temperatura y humedad se encuentran íntimamente ligadas al metabolismo vegetal.

Cuanto más calor soporte una planta, más aire húmedo necesitará. Primero para compensar su transpiración natural y, después, para soportar mejor las altas temperaturas, ya que la humedad es un excelente regulador natural.

Cabe también observar que la inmensa mayoría de las plantas es capaz de «curtirse», es decir, de adaptarse a unas condiciones de calor inferior a las de su lugar de origen. Para ello, basta con aclimatarlas progresivamente, sometiéndolas a temperaturas cada vez más bajas. Regule la calefacción de modo que la temperatura descienda 2 °C por la noche durante el primer mes, luego baje 1 °C cada período de 30 días, hasta obtener una diferencia de 5 °C entre el día y la noche. Esta diferencia es bien tolerada por todas las plantas y contribuye en gran medida a su salud en casa.

El ciclo de las estaciones

Si tiene la suerte de viajar de vez en cuando a las regiones tropicales, observará que desde el punto de vista climático se distinguen dos grandes períodos a lo largo del año: la estación lluviosa y la seca. Es dicho ciclo el que hay que intentar crear en casa. Se simplificará del modo siguiente: la «estación lluviosa» (con riegos regulares y frecuentes) corresponderá al período de crecimiento de la planta y a medias de temperatura más elevadas. En la práctica, calcule que esta época de vegetación se extiende desde el 15 de marzo hasta finales de septiembre.

La «temporada seca» se extiende desde principios de octubre hasta la primera quincena de marzo. Para especificar estos datos con respecto a la temperatura, han de tenerse en cuenta nuestras propias estaciones. Así pues, la actividad de crecimiento de los vegetales se encuentra aún más ligada a la luz que a la temperatura.

Desde marzo hasta final de abril, los días se alargan, pero el sol se encuentra todavía bastante bajo, con frecuencia cubierto, y su intensidad resulta más reducida. La temperatura debe, pues, ser moderada (la ideal es de 16 a 18 °C) y subir muy lentamente.

Desde mayo hasta finales de agosto, Europa se beneficia de una «insolación» máxima y de temperaturas ambiente altas; los días son largos, las plantas de la casa pueden tolerar sin problema algunos momentos de canícula si se encuentran suficientemente húmedas y regadas y pueden disfrutar de un frescor nocturno relativo. En septiembre, como los días se acortan bastante, la temperatura deberá descender de modo progresivo.

En otoño e invierno se produce un gran acortamiento de la duración de los días, hasta el punto de provocar desórdenes metabólicos en las plantas, acostumbradas a beneficiarse durante todo el año, en las regiones tropicales, de una alternancia muy regular, de 12 horas de día y 12 horas de noche (con variaciones de una hora más o menos).

Durante esos períodos críticos, la temperatura deberá ser reducida, para que la planta no vea estimulado su crecimiento. También conviene disponer de una iluminación artificial complementaria (sobre todo en las regiones y los países más septentrionales, para que la planta disponga diariamente de una luminosidad adecuada durante al menos ocho horas).

Esta necesidad de adaptar las plantas a las condiciones concretas del clima europeo y al ambiente de la casa origina comportamientos muy diferentes en función de las especies. Se observa, entre otras cosas, que resulta mucho más difícil adaptar las plantas procedentes de regiones de climas muy característicos del hemisferio sur. Como las estaciones están invertidas, las plantas se encuentran totalmente «desorientadas» y «obligadas» a florecer en estaciones opuestas y, sobre todo, no disfrutan nunca de una parada vegetativa durante el período veraniego (demasiado cálido), que corresponde naturalmente a su invierno.

Es así como las bulbosas de origen sudamericano, entre ellas las amarilis *(Hippeastrum)* son las representantes más populares en nuestros interiores, se benefician de una parada vegetativa en verano (letargo veraniego) y deben someterse a un cultivo forzado con calor e iluminación artificial durante el invierno, que corresponde a su época.

LA PARADA VEGETATIVA

Salvo las especies nativas de regiones tropicales, de clima ecuatorial caluroso y húmedo todo el año, la mayor parte de las plantas de interior requiere un período de interrupción del crecimiento. Esta parada vegetativa, o reposo invernal, es aprovechado por la planta para aprovisionarse de reservas y, sobre todo, para iniciar el proceso de la floración. Se suelen requerir condiciones de supervivencia un poco difíciles para que se formen las flores, ya que la planta que «se siente en peligro» manifiesta rápidamente la necesidad de multiplicarse. La parada vegetativa coincide por lo general al período invernal, en el que se produce un descenso de la temperatura, un acortamiento de los días y una reducción de la intensidad luminosa. Los riegos se ven reducidos y espaciados, y los aportes de abono se interrumpen. Por experiencia, indicamos que un gran número de plantas se comporta sin problemas hasta con temperaturas nocturnas de 8 a 10 °C, si durante el día la temperatura gira en torno los 15 °C y se las riega muy poco.

Pasionaria y plantas mediterráneas en invernadero frío. ▶

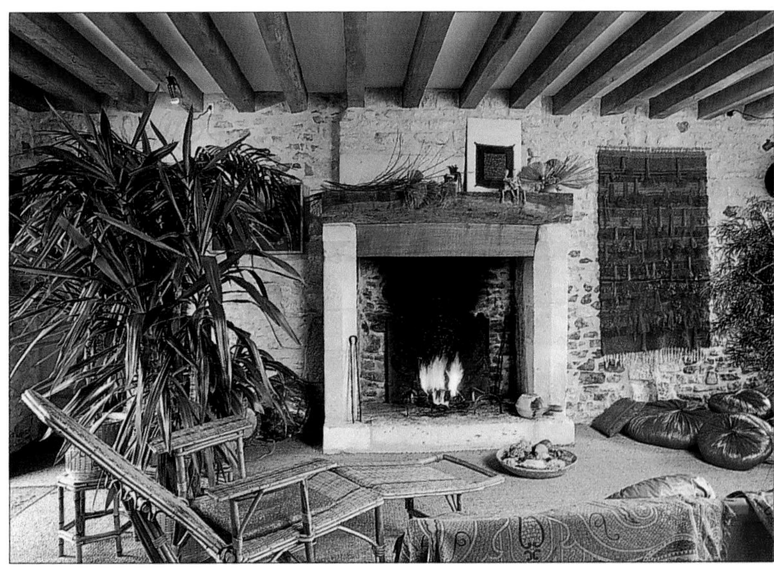

Es imprescindible alejar las plantas de la chimenea. ▶

Cómo aumentar la temperatura

Desde un ámbito puramente teórico, el aumento de las temperatura no plantea ningún problema, ya que las fuentes de calor son múltiples. En la práctica, resulta menos obvio, ya que las plantas nunca deben exponerse al calor y existen, por supuesto, imperativos económicos que se han de respetar.

No olvide que nos beneficiamos todo el año (o casi) de una fuente de calefacción gratuita, que es nuestra estrella. Por más que el Sol diste 150 millones de kilómetros de la Tierra, los rayos que lanza sobre nuestro planeta aportan calorías sustanciales. Además, es posible captarlas, gracias al fenómeno del efecto invernadero. Por consiguiente, al aumentar la superficie acristalada en una habitación, se produce un aumento importante de su temperatura en cuanto el sol brilla. Esto es lo que ocurre en los invernaderos y las galerías.

Puesto que la acción del sol se ve sometida a los caprichos de las estaciones, también puede verse obstaculizada por las numerosas perturbaciones atmosféricas a las que están expuestas nuestras regiones templadas, una fuente complementaria de calefacción resulta indispensable.

Para las plantas, los radiadores eléctricos de inducción (en especial los modelos de vitrocerámica) son los que ofrecen los mejores resultados, ya que difunden el calor de modo muy homogéneo.

▲ La ventilación es un medio sencillo y muy eficaz para reducir la temperatura en una habitación. Evítese en invierno.

Los radiadores clásicos de agua también son muy útiles. En cambio, hay que evitar los sistemas de calefacción por aire caliente, porque resecan considerablemente el ambiente.

Cuidado con los radiadores complementarios de resistencias eléctricas, ya que irradian el calor en un perímetro muy reducido y, por tanto, la temperatura es demasiado elevada en las zonas próximas al aparato. Por el mismo motivo, hay que alejar las plantas de las chimeneas.

Si opta por instalar calefacción central (no importa la fuente de energía), lo ideal para las plantas (pero más costoso) es elegir radiadores tan grandes como sea posible. Ello permitirá reducir la temperatura de la fuente de calefacción y obtener una distribución del calor más homogénea dentro de la habitación.

En un apartamento, sepa que los sistemas de calefacción por el suelo (salvo los que funcionan por difusión a baja temperatura) son incompatibles con una buena presencia de las plantas de interior (el aire es demasiado seco).

◀ La gardenia no tolera las diferencias de temperatura.

Cómo reducir la temperatura

Resulta mucho más difícil refrescar una habitación que calentarla, y es cierto que muchas veces resulta complicada o poco propicia la instalación de la refrigeración en nuestros hogares.

A pesar de todo, sepa que, por encima de 24 a 26 °C, resulta muy difícil controlar el comportamiento de las plantas e incluso mantenerlas en buen estado en casa.

Los climatizadores complementarios, cuya venta comienza a generalizarse, presentan el mismo inconveniente grave que los aparatos de calefacción: reducen la humedad ambiental.

No obstante, puede usarlos puntualmente, si su efecto se compensa con frecuentes vaporizaciones de las plantas. Cuide de no colocar la fuente de aire frío demasiado cerca de las plantas, puesto que puede provocar alteraciones en el follaje.

Por supuesto, el mejor modo de refrescar el ambiente es ventilar, pero en tiempo muy cálido y tempestuoso resulta bastante ineficaz. Asimismo, sería conveniente aumentar el aislamiento de las habitaciones, para reducir y frenar sensiblemente las variaciones de la temperatura.

Las plantas de interior amantes del frescor

Le proponemos en esta tabla una lista de plantas que prefieren una temperatura invernal comprendida entre 0 y 12 °C y que deben, pues, cultivarse preferentemente en un invernadero frío o en una galería.

De 0 a 5 °C	*Acacia* (mimosa), *Acca sellowiana* (feijoa), *Acorus, Agave americana* y *A. parviflora, Ampelopsis brevipedunculata, Bomarea, Calceolaria, Chamaecereus, Chamaerops, Cordyline australis, Corokia, Cupressus macrocarpa, Darlingtonia, Dasylirion, Delosperma, Eucomis, Fatsia japonica* (aralia), *Gasteria, Glechoma hederacea, Hyacinthus* (jacinto), *Hydrangea* (hortensia), *Jasminum, Kalanchoe tubiflora, Lagerstroemia, Leptospermum, Nerium* (adelfa), *Opuntia* (chumbera), *Phoenix canariensis, Pittosporum, Podocarpus, Polystichum, Rosa* (rosal), *Sarracenia, Trachycarpus, Weingartia.*
De 5 a 8 °C	*Abutilon, Adenium obesum* (pata de elefante), *Aeonium, Aloe* (áloe), *Anisodontea, Aporocactus, Araucaria, Ardisia, Ariocarpus, Asclepias, Aspisistra, Astrophytum, Bouvardia, Browallia, Brugmansia* (datura), *Callistemon, Campanula isophilla, Caralluma, Carex, Carnegia, Cassia, Cereus, Cestrum, Chlorophytum, Cissus antartica,* x *Citrofortunella* (calamondín), *Citrus* (naranjo enano), *Cleistocactus, Clivia, Corynocarpus, Cotyledon, Crassula, Cuphea, Cussonia, Cycas, Cymbidium, Cyrtomium, Cytisus* x *racemosus, Dicksonia, Dionaea* (atrapamoscas), *Dolichotele, Drosera, Dryopteris, Dyckia, Echeveria, Echinocactus, Echinocereus, Ensete* (banano enano), *Erica gracilis* y *E.* x *willmorei* (brezo), *Eritrina crista-galli* (cresta de gallo), *Faucaria, Ferocactus, Ficus pumila, Fortunella (kumquat), Fuchsia, Hedera* (hiedra), *Isoplexis, Lachenalia, Lantana, Lilium* (azucena), *Lobivia, Lophophona, Lotus Berthelotii* (loto), *Mammilaria, Matucana, Myrtus, Neoporteria, Ophiopogon, Oroya, Pachycereus, Pachyphytum, Parodia, Passiflora, Pelargonium, Phoenix dactylifera* (palmera), *Plumbago, Punica* (granado), *Puya, Rebutia, Rehmannia, Rhafis, Rhodochiton, Sedum, Serissa, Sparmannia* (tilo de salón), *Tecomaria, Trichocereus, Washingtonia, Yucca.*
De 8 a 12 °C	*Abutilon megapotamicum* y *A. pictum, Achimenes, Agave victoriae-reginae, Anigozanthos* (planta canguro), *Anguloa, Angulocaste, Asparagus, Asplenium bulbiferum, Beaucarnea, Begonia alatior, Bougainvillea, Brunfelsia, Bulbophyllum, Caesalpinia, Catharanthus* (vincapervinca de Madagascar), *Cephalocereus, Ceropegia, Chamaedorea, Cissus,* «Ellen Danica», *Coelogyne, Cyclamen, Cyperus alternifolius, Davallia, Echinopsis, Espostoa, Euphorbia pulcherrima* (flor de Pascua), *Euphorbia milii, E. resinifera, E. quadrangularis* y *E. tirucalli,* x *Fatshedera, Fenestraria, Ficus benjamina* (verde), *Gerbera, Gloriosa, Grevillea, Gymnocalycium, Haemanthus, Haworthia, Heterocentron, Hippeastrum* (Pascua amarilla), *Homalocladium, Huernia, Hypocyrta, Impatiens hawkeri* (balsamina de Nueva Guinea), *Iresine, Justicia carnea* y *J. pauciflora* (jacobinia), *Jatropha, Kalanchoe beharensis, K. manginii* y *K. tomentosa, Lithops, Lycaste, Mandevilla* (dipladenia), *Manettia, Melocactus, Mikania, Murraya, Nertera, Polystichum, Notocactus, Oplismenus, Orbea* (stapelia), *Pachypodium, Pavonia, Persea* (aguacate), *Primula, Radermachera, Reinwardtia, Rhipsalidopsis* (cacto de Navidad), *Rhipsalis, Rhododendron simsii, Rhoicissus, Sandersonia, Saxifraga stolonifera, Schefflera, Scirpus, Selenicereus, Senecio cruentus* (cineraria), *Strelitzia, Streptosolen, Tetrastigma, Thunbergia, Tibouchina, Tillandsia usnoides, Tolmiea, Veltheimia,* x *Vuylstekeara, Zamia, Zamioculcas, Zantedeschia, Zebrina.*

Los errores en la temperatura

Las plantas cultivadas en un ambiente demasiado cálido o excesivamente frío no se desarrollan bien. Un exceso de calor se traduce en un amarilleo del follaje, con pérdida rápida de las hojas, incluso las verdes. Los capullos florales se marchitan y caen antes de abrirse. También puede observarse un resecamiento del extremo de los brotes. El motivo directo de los problemas no es el exceso de calor en sí, sino la fuerte reducción en la humedad que éste provoca. Para evitar cualquier problema, es conveniente vaporizar (por la mañana y por la noche si es necesario) las plantas cuando la temperatura supere los 20 °C. En cambio, una planta de origen tropical puede perfectamente morir de frío. En las tablas de las páginas 141 y 143 se enumeran de modo bastante exhaustivo las plantas en función de las temperaturas mínimas que toleran. Sin embargo, observe que cualquier planta es capaz de soportar temperaturas más bajas de lo normal si se cumplen dos condiciones: una disminución lenta de la temperatura (menos de 0,7 °C por hora) y el mantenimiento de las raíces en un suelo seco. Por ejemplo, un croton en un suelo bien seco «aguantará» hasta 12 °C si no ha sido regado en una semana, mientras que comenzará a presentar síntomas de debilitación a partir de 15 °C en un ambiente húmedo. Una planta que ha pasado frío tiende a doblarse, su follaje se decolora (se blanquea o adquiere un tono gris plateado) y, en presencia de humedad, la podredumbre se propaga a gran velocidad.

▲ Vaporización refrescante de una *Dracaena marginata.*

Control de la temperatura

Es muy importante saber en todo momento la temperatura que reina en cada habitación de la casa. Ello le permite comprobar el buen funcionamiento de los aparatos de calefacción y regularlos en caso de necesidad. Para las plantas, lo ideal es conocer las variaciones de temperatura.

Un termómetro de máximas y mínimas indica las temperaturas extremas. Resulta suficiente para la casa, pero hay que ponerlo a cero cada día, para que la indicación de las variaciones sea significativa.

Los termómetros electrónicos de nueva generación son multifuncionales. Presentan la temperatura interior y exterior, el índice de higrometría e, incluso, hacen de meteorólogos, indicando la tendencia (con iconos) de la evolución del tiempo en las próximas horas. Coloque siempre el aparato de medición en un lugar seco y lejos del sol directo, para obtener unas medidas tan precisas como sea posible.

▼ Un singonio sufre si se coloca frente a un radiador.

▼ Los termómetros de interior se presentan en varios modelos decorativos, para elegir según el estilo del mobiliario. Los modelos electrónicos tienen varias funciones.

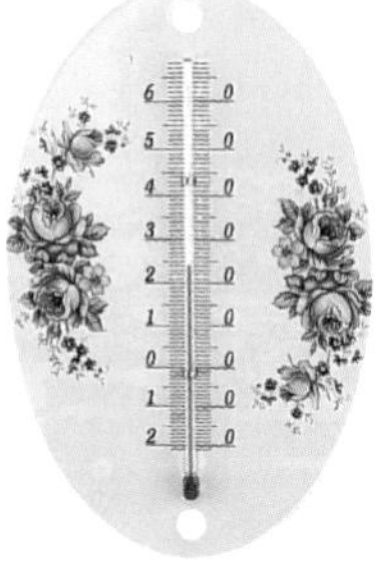

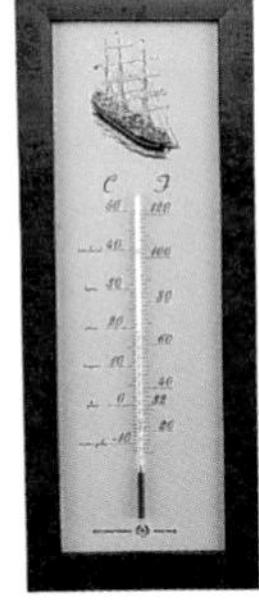

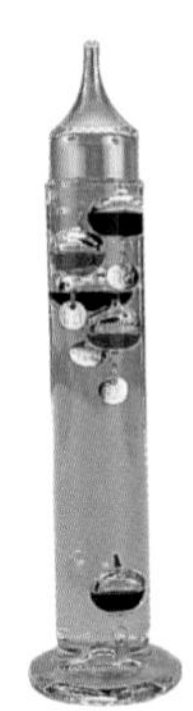

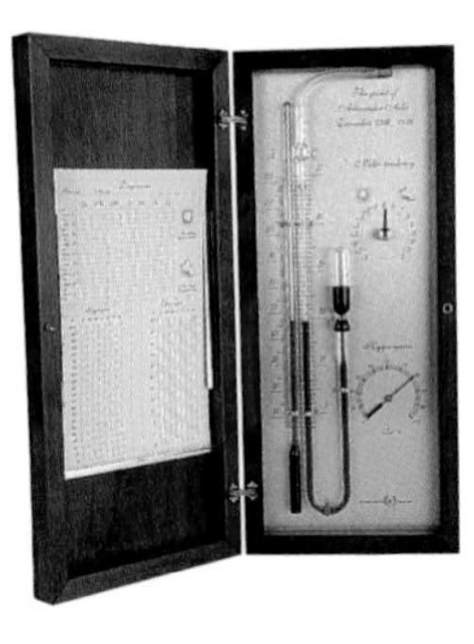

Las plantas de interior amantes del calor

Le proponemos en esta tabla una lista de plantas que deben ponerse a invernar a una temperatura superior a 12 °C. En ella se encuentran las mejores especies para interiores.

DE 12 A 15 °C	*Acalypha hispida, Acalypha pendula, Acokanthera, Adiantum raddianum* (culantrillo), *Aechmea, Aerangis, Aeschynanthus, Aglaonema, Amorphophallus, Ananas, Anthurium* híbrido, *Aphelandra* (afelandra), *Asplenium nidus* (nido de ave), *Begonia boweri, Begonia masoniana, Begonia rex, Bifrenia, Blechnum gibbum, Bowiea, Brassavola, Brassia, Caladium, Calathea, Calliandra, Cattleya* híbrida, *Callisia, Catasetum, Clerodendron, Coffea* (cafeto), *Cordyline fruticosa, Crossandra, Ctenanthe, Cyperus papyrus, Dendrobium, Doryopteris, Dracanea marginata* y *D. deremensis, Dracula, Elettaria, Encyclia, Epidendrum, Epipremnum* (potos), *Episcia, Erythrina indica, Euphorbia fulgens, Exacum affine* (exacum), *Gardenia, Justicia brandegeana* (beloperone), *Ficus benjamina* (de follaje matizado), *Ficus elastica* (árbol del caucho), *Ficus longifolia* y *F. rubiginosa, Gloxinia* (gloxinia), *Hedychium, Hibiscus rosa-sinensis, Howea forsteriana* (kentia), *Hoya bella* (flor de cera pequeña), *Ipomoea batatas* (batata), *Jacaranda, Kalanchoe blossfeldiana, Livistona, Ludisia discolor, Malvaviscus, Maranta, Masdevallia, Maxillaria, Microlepia, Miltonia, Musa* (banano), *Nephentes,* x *Odontioda,* x *Odontocidium, Odontoglossum, Oncidium, Pachira, Pachystachys, Pandanus, Paphiopedilum* (pafiopedilo), *Pellaea, Pellionia, Pentas, Peperomia, Pereskia, Pilea, Piper* (pimentero), *Platycerium* (cuerno de alce), *Plectranthus, Pteris, Rhoeo, Saintpaulia, Sansevieria, Schlumbergera* (cacto de Navidad), *Scutellaria, Senecio macroglossus* (cineraria africana), *Sinningia* híbrida (gloxinia), *Smithiantha, Solandra, Sophronitis, Spathiphyllum, Stanhopea, Stephanotis* (jazmín de Madagascar), *Streptocarpus, Thevetia, Tradescantia* (tradescantia), *Zygopetalum.*
MÁS DE 15 °C	*Acalypha wilkesiana, Adiantum hispidulum, Adiantum peruvianum, Aerides, Allamanda, Alloplectus, Alocasia, Alpinia, Anastatica* (rosa de Jericó), *Angraecum, Anexilla, Anthurium crystallinum, Asarían, Begonia corallina* y *B. heracleifolia, Bertolonia, Breynia, Calanthe, Caryota* (palmera cola de pescado), *Chrysalidocarpus* (areca), *Chrysothemis, Cissus discolor, Clusia, Cocos* (cocotero), *Codiaedum* (croton), *Codonanthe, Columnea, Costus, Cryptanthus, Dichorisandra, Dieffenbachia, Dipteracanthus, Schefflera elegantissima* (aralia elegantísima), x *Doritaenopsis, Doritis, Dorstenia, Dracaena deremensis, D. fragrans* y *D. reflexa, Euphorbia obesa, Euterpe, Ficus benghalensis, F. lyrata, F. religiosa, F. retusa* y *F. stricta, Fittonia, Globba, Goethea, Guzmania, Gynura, Habenaria, Hemigraphis, Hemionitis, Hibiscus schizopetalus, Hoffmannia, Hoodia, Hymenocallis* (ismena), *Hyophorbe, Hypoestes, Ixora, Kohleria, Leea, Medinilla, Microcoelum, Mimosa pudica* (sensitiva), *Monstera deliciosa* (monstera), *Mussaenda, Nautilocalyx, Neoregelia, Nefhrolepis, Nidularium, Pedilanthus, Peripelta, Phaius, Phalaenopsis, Philodendron, Phlebodium, Phoenix roebelenii, Pisonia, Polyscias, Pseuderanthemum, Rhaphidophora, Rhynchostylis, Sanchezia, Schismatoglottis, Setcreasea, Siderasis, Sonerila, Stromanthe, Syagrus, Syngonium, Tacca, Testudinaria, Tillandsia cyanea, Vanda, Veitchia, Vriesea, Xanthosoma, Xeranthemum.*

LA VENTILACIÓN

La renovación regular del aire de las habitaciones de la casa es indispensable para la buena salud de sus ocupantes, ya sean las personas o las plantas. La ventilación es un excelente regulador de la temperatura interior: es el método de climatización más natural que existe. Debe realizarse con cuidado, sin provocar corrientes de aire que agredan a las plantas.

Consejo: **En las habitaciones donde se encuentran las plantas, equipe las ventanas con sistemas que tengan una pequeña abertura segura. Basta con un simple chorro de aire para que las condiciones atmosféricas de la habitación evolucionen favorablemente. Si las plantas se hallan alejadas al menos 1 m de la ventana, puede dejarla entreabierta todo el año y cerrarla solamente durante los períodos de heladas.**

◀ Las plantas delicadas aprecian un ventilador.

▲ Una ventana entreabierta garantiza una climatización natural de la habitación, refrescando un *Asplenium nidus*.

Como todos los seres vivos, las plantas respiran absorbiendo oxígeno y desprendiendo dióxido de carbono. En los vegetales, la respiración está ligada al consumo de glúcidos, es decir, los azúcares elaborados por la planta durante la fotosíntesis. Si, debido a una temperatura alta y una falta de luz, la actividad respiratoria es superior a la fotosíntesis (la síntesis de los elementos nutritivos mediante la clorofila, por la acción del sol, con absorción de gas carbónico y desprendimiento de oxígeno), la planta muere. Las casas modernas están equipadas con sistemas de ventilación estáticos (persianas pequeñas y discretas) que permiten que el aire fresco penetre en las habitaciones al nivel del suelo y que el aire caliente (que se expande y se hace más ligero) se escape por la evacuación alta, cerca del techo.

Un sistema así permite una renovación total del aire de la habitación en una hora aproximadamente. En general, también basta para mantener una agradable sensación de comodidad en la casa y, sobre todo, para que no se note el movimiento del aire en circulación. Este aspecto resulta muy importante, ya que una masa de aire en movimiento siempre genera una sensación de frescor. Puede obtenerse una aireación más eficaz de la casa con los sistemas de ventilación mecánica controlada, en los que un extractor, provisto de un regulador, varía la cantidad de aire renovado en función de la temperatura ambiente. En tiempo cálido, se logran cuatro sustituciones completas de aire por hora en las habitaciones, sin que sea perceptible.

¿Por qué hay que ventilar?

Además de proporcionar el oxígeno que respiran los seres vivos que habitan en la casa, la ventilación evita la formación de humedad en las paredes y el suelo, ya que el aire que atraviesa las habitaciones se carga de humedad. La ventilación airea la casa y elimina de modo natural el polvo y, sobre todo, una cantidad considerable de ácaros. La ventilación también regula la temperatura, lo que permite a las plantas aguantar mejor las condiciones, a veces difíciles, que padecen en la casa. Por último, la ventilación contribuye a la buena salud de las plantas, ya que impide la aparición de enfermedades criptogámicas.

Cuidado con las corrientes de aire

Para que sea beneficioso, el movimiento del aire debe ser casi imperceptible. Compruebe, por ejemplo, que las hojas no se mueven. Si tiemblan, la planta puede manifestar tarde o temprano los síntomas de un golpe de frío, con decoloración del follaje o caída brutal de los capullos florales, incluso antes de abrirse.

Uno de los motivos de fracaso más frecuentes con las plantas de interior es la exposición a las corrientes de aire. Cuando la temperatura exterior es igual a la de la casa, no hay nada que temer. Al contrario, la corriente de aire suele ser incluso la única solución para mejorar la atmósfera de la casa en tiempo de canícula.

En cambio, es suficiente con una diferencia de 3 °C entre el interior y el exterior para que una corriente de aire fuerte produzca una sensación de frío, que las plantas no toleran en modo alguno. Cuide, pues, de abrir las ventanas una a una para evitar cualquier problema.

▲ La ventilación mecánica controlada es el sistema ideal que garantiza una circulación del aire fluida, discreta y eficaz en cualquier estación.

Por el mismo motivo, resulta muy importante no dejar las plantas en el vestíbulo durante el período invernal: la entrada súbita y frecuente de aire fresco del exterior resultaría fatal para ellas.

Piense también en actuar con precaución al limpiar. Aunque «airear» las habitaciones parece revitalizar a las personas de la casa, la disminución casi instantánea de varios grados de la temperatura ambiente puede resultar nefasta para muchas plantas.

Asimismo, tenga en cuenta ese fenómeno en sus compras en invierno. Nunca elija plantas expuestas al aire libre en los mercados (incluso se desaconseja en cualquier estación), ya que seguramente se encontrarán debilitadas por las malas condiciones de almacenamiento que padecieron.

En los centros de jardinería, las plantas se encuentran bien resguardadas en invernaderos caldeados. Es inútil someterlas al experimento de una «ducha de agua fría» si se han expuesto al frío a la salida. Exija que cada planta esté empaquetada, es decir, completamente envuelta en, al menos, dos capas de papel.

La utilidad del ventilador

Muchas especies delicadas como las orquídeas, las plantas carnívoras y la mayoría de las especies que presentan hojas aterciopeladas o alveoladas aprecian la proximidad de un ventilador a velocidad baja. El aire en movimiento evita el estancamiento de la humedad, lo que reduce sensiblemente los riesgos de enfermedades y de podredumbre.

LA CLIMATIZACIÓN

Antiguamente reservados a los climas cálidos, los climatizadores triunfan en nuestros hogares con modelos portátiles, fáciles de instalar y muy eficaces. Garantizan, al mismo tiempo, la ventilación y la refrigeración y expulsan aire fresco. El principio es la extracción de las calorías contenidas en el aire, en cierto modo lo contrario a la técnica del frigorífico. El climatizador está provisto de un tubo, que debe orientarse hacia el exterior para evacuar el aire caliente. Hay que evitar orientar el flujo de aire frío hacia las plantas, porque se puede provocar una reacción que puede parecerse a los síntomas de las quemaduras, ya que las hojas muestran decoloraciones que producen necrosis. Como los climatizadores expulsan aire seco (disponen de un recipiente para depositar el agua, que se puede usar para regar las orquídeas y las plantas delicadas, ya que es pura), es conveniente elevar la humedad ambiental mediante vaporizaciones sobre y bajo el follaje, por la mañana y por la noche.

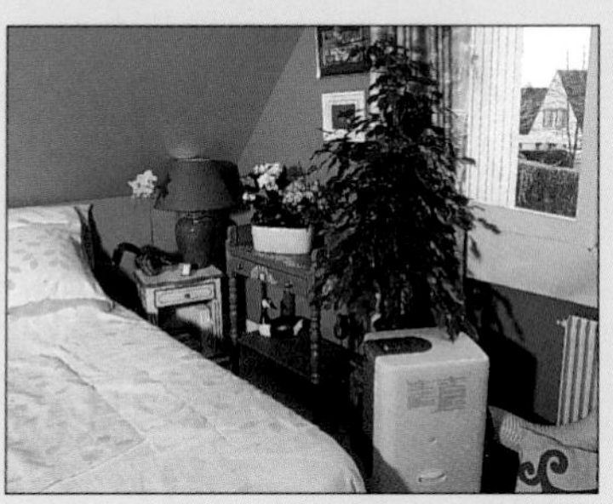

◄ *Climatizador en una habitación, cerca de un Ficus.*

LA HUMEDAD DEL AIRE

La sorprendente sensación de humedad que embarga al visitante que llega por vez primera a un país tropical le lleva irresistiblemente a pensar en un invernadero. Gracias a esa atmósfera cargada de humedad, las plantas de la selva adquieren proporciones gigantescas. En casa, resulta bastante difícil recrear ese ambiente.

▲ La vaporización de agua sobre el follaje (aquí un *Syngonium podophyllum*) aumenta eficazmente la humedad ambiental.

Consejo: **Para aumentar la humedad cerca de las plantas, instale cada ejemplar en un macetero de un diámetro superior en 5 cm al continente del vegetal. Vierta en el fondo del macetero una capa de 3 a 5 cm de bolas de arcilla y coloque la planta encima. Riegue con normalidad y deje que el agua sobrante se estanque bajo las bolas de arcilla, para que se evapore, sin entrar nunca en contacto directo con las raíces.**

En la naturaleza, el aire está más o menos cargado de humedad, que absorbe en forma de vapor de agua. La medición de esta humedad del aire se llama higrometría (o higroscopia). Se efectúa mediante un higrómetro o un psicrómetro y se expresa en forma de porcentaje: un índice higrométrico del 100 % indica un estado de saturación. En esa fase, ello no significa que vaya a llover, sino que el aire, a esta temperatura concreta, ya no puede absorber más humedad. Entonces reina un ambiente brumoso, con una sensación muy fuerte de humedad. De modo sistemático, el aire es capaz de contener más agua a medida que la temperatura aumenta; se trata de un principio físico. A 5 °C, el aire saturado contiene 6,8 g de agua por metro cúbico, un valor que alcan-

◀ No moje las hojas vellosas de la violeta africana.

LES GUSTA LA SEQUÍA

En general, todas las plantas llamadas «carnosas», o más exactamente «suculentas», es decir, que tienen tejidos gruesos y carnosos y mucho jugo, están adaptadas a condiciones de vida difíciles en atmósferas secas. Toleran bien el ambiente de la casa.

Es también el caso de las especies de follaje coriáceo o lustroso. Ensaye con: *Aeonium, Agave, Aglaonema, Aloe, Aspidistra, Beaucarnea, Ceropegia, Chlorophytum, Corynocarpus, Crassula, Dasylirion, Dracaena, Echeveria, Euphorbia,* x *Fatshedera, Haworthia, Jatropha, Kalanchoe, Lithops, Pachypodium, Pachyphytum, Sanseveria, Sedum* y *Senecio,* así como con todos los cactos.

Sanseveria trifasciata «*Laurentii*». ▶

za los 17,4 g a 20 °C. Si se produce una bajada súbita del termómetro, el aire libera agua y se produce un fenómeno de condensación, por el cual parte del vapor de agua contenido en la atmósfera pasa a estado líquido, dando lugar a la formación de gotitas. Es lo que da lugar al rocío que aparece al amanecer en el jardín, lo mismo que sucede con frecuencia en los cristales de la casa (y más aún en la galería) por la noche.

La humedad ideal

Lo importante no es la humedad absoluta (la cantidad de agua exacta contenida en el aire), sino su valor relativo, es decir, el porcentaje expresado con respecto al valor 100 (saturación), a una temperatura dada. En el caso de las personas, la sensación «de aire seco» se da por debajo del 40 % de humedad relativa, la de humedad, a partir del 70 %. Se experimenta cierto bienestar con un valor higrométrico comprendido entre el 50 y el 60 %. Las plantas tropicales son más exigentes, con una media ideal que varía del 70 al 90 %. Un término medio aceptable para el cultivo en casa se sitúa entre el 65 y el 70 %, valores dados para una temperatura constante de 20 °C.

▼ El amarilleo de la monstera se debe al aire demasiado seco.

En la práctica, el problema estriba en que para sentirnos cómodos en casa, la humedad debe bajar con el calor. Esto quiere decir que aguantamos mucho mejor una temperatura superior a 25 °C cuando la humedad no supera el 55 %. El problema es que las plantas tropicales reaccionan de modo contrario, ya que los poros (estomas) que se encuentran en la epidermis de las hojas se abren más generosamente cuanto más sube la temperatura (aunque al alcanzar un límite determinado se cierran). Este fenómeno no es controlable ni regulable y sólo el aumento de la humedad permite aclimatar estos vegetales *(véase la lista en el recuadro)*. Por desgracia, los sistemas de calefacción usados en casa producen normalmente una desecación del aire.

Las plantas y el aire seco

Cuando se superan los 20 °C , algunas de las plantas de la casa padecen al aumentar su actividad de transpiración por la subida de la temperatura. En verano no resulta muy grave, ya que se puede ventilar la habitación, lo que permite la entrada de aire del exterior, por lo general, según las zonas, bastante cargado de humedad. En invierno, en cambio,

▼ Este *Philodendron fragantissimum* tiene los bordes secos.

LES GUSTA LA HUMEDAD

Las plantas ávidas de una elevada humedad ambiental proceden de regiones tropicales, sometidas a lluvias frecuentes, pero breves, y a temperaturas medias altas. Las más exigentes (difíciles de conservar durante mucho tiempo en casa, pero que se consiguen en invernadero) son: *Acalypha, Achimenes, Adiantum, Aeschynanthus, Alocasia, Ananas, Anthurium, Aphelandra, Asplenium, Breynia, Bromelia, Brunfelsia, Caladium, Calathea, Clerodendrum, Cocos, Codiaeum, Columnea, Costus, Crossandra, Ctenanthe, Darlingtonia, Dichorisandra, Dieffenbachia, Dipladenia, Episcia, Fittonia, Gloriosa, Guzmania, Heliconia, Hemigraphis, Hoffmania, Hypoestes, Ixora, Jacaranda, Justicia* (jacobinia), *Kohleria, Licuala, Maranta, Medinilla, Microcoelum, Microlepia, Mikania, Monstera, Murraya, Musa, Nautilocalyx, Neoregelia, Nepenthes, Nephrolepis, Pachystachys, Pandanus, Passiflora, Pavonia, Pellionia, Pentas, Peripelta, Philodendron, Phoenix roebelenii, Pilea, Piper, Pisonia, Plectranthus, Polyscias, Pseuderanthemum, Pteris, Rhipsalidopsis, Saintpaulia, Sandersonia, Scindapsus, Selaginella, Siderasis, Sinningia, Smithiantha, Sonerila, Spathiphyllum, Stromanthe, Tetrastigma, Tillandsia, Vriesea, Xanthosoma, Zebrina*, así como la mayor parte de las orquídeas (*Aerides, Angraecum, Brassavola, Calanthe, Catasetum, Cattleya, Dendrobium, Epidendrum, Laelia, Lycaste, Masdevallia, Odontoglossum, Oncidium, Paphiopedilum, Phalaenopsis, Stanhopea, Vanda*, etc.). Estas plantas se desarrollarán sin problemas en una habitación donde la humedad del aire no descienda por debajo del 60 %. A pesar de todo, observe que en ciertos géneros (especialmente *Anthurium* y *Spathiphyllum*) existen nuevos híbridos mucho mejor adaptados a las condiciones de vida de nuestros interiores, y que se conforman con una higrometría del 50 %.

▲ Cattleya x *(orquídea)*.

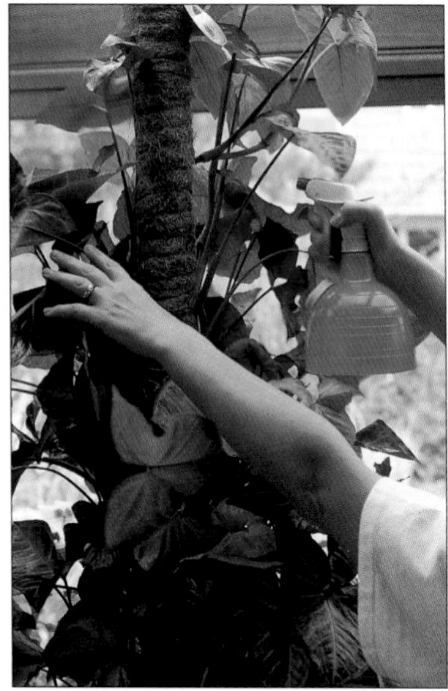

▲ Humidificación de un tutor con musgo *(Syngonium)*.

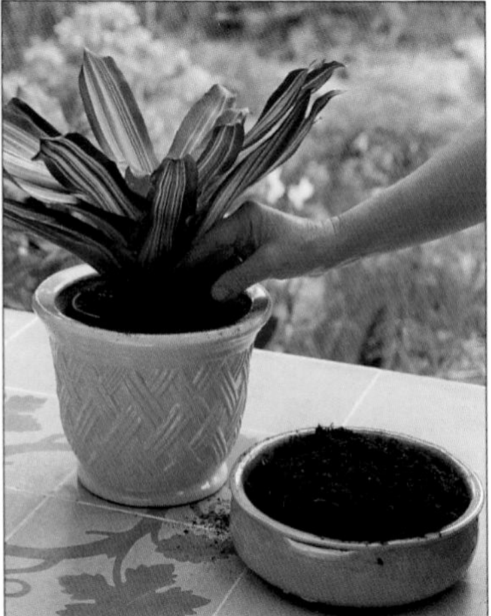

▲ Inserción de turba húmeda entre la maceta y el macetero.

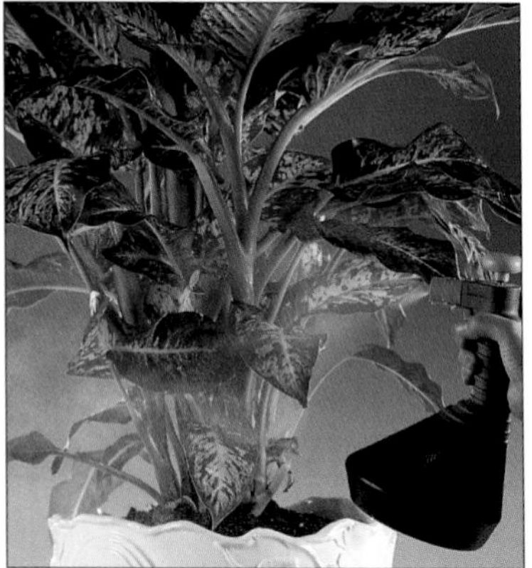

en interiores con calefacción resulta imprescindible aumentar la humedad mediante diferentes mecanismos, para que las plantas se desarrollen correctamente.

Las materias higroscópicas

Las raíces aéreas de las trepadoras tropicales –algunas orquídeas, los filodendros, el potos, el singonio, por ejemplo– buscan con avidez la humedad del aire y la obtienen en beneficio de la planta. Por consiguiente, prefieren encontrarse en contacto con una materia húmeda. Colóquelas sobre un tutor recubierto de musgo natural o sintético, o bien de fibras de coco, materiales que retienen bien la humedad. Basta con vaporizar a menudo el soporte para mantener un nivel higrométrico favorable para el correcto desarrollo de las plantas. En las especies que forman matas, obtendrá un resultado parecido si coloca cada planta en un macetero que mida, como mínimo, 5 cm de diámetro más que la maceta. Llene el hueco entre ambos recipientes con musgo (esfagno) o turba rubia fibrosa, que mantendrá la planta permanentemente húmeda, pero no empapada. Inspirándose en el mismo principio, puede componer una jardinera con diferentes plantas de interior, que se dejarán en su maceta original, y rellenar los huecos con turba o esfagno.

La nebulización del follaje

La nebulización, denominada también «vaporización», «difusión» o «atomización», consiste en vaporizar finas gotitas de agua pura encima y debajo de las hojas: se trata del método de humectación del aire más comúnmente usado en las plantas de la casa. Por desgracia, se limita a las especies de hojas lisas y coriáceas. En consecuencia, hay que evitar mojar los follajes aterciopelados, muy finos o traslúcidos y más propensos a los ataques de enfermedades criptogámicas,

◀ Vaporización fina del follaje *(Dieffenbachia)*.

las cuales encuentran en las gotitas estancadas un medio idóneo para desarrollarse. La operación de la vaporización, que puede manchar los muebles, debe realizarse en una pila o en la ducha, lo que requiere el traslado frecuente de las plantas. Si usa agua del grifo, en gran parte calcárea, observará rápidamente que aparecen sedimentos blanquecinos sobre el follaje. Elimínelos limpiándolos con una esponja húmeda.

Para que resulte eficaz, la nebulización debe efectuarse al menos dos veces por día (por la mañana y al final de la tarde), ya que el agua concentrada como rocío se evaporará con mucha rapidez. ¡Cuidado! Una vaporización muy generosa produce un chorreo sobre el follaje, que gotea sobre el mantillo y mantiene una humedad permanente del suelo, desfavorable para las raíces. Por eso, es muy importante dosificar con exactitud la vaporización, que no siempre resulta fácil para un principiante. Lo esencial es disponer de un buen pulverizador y regular la salida del conducto en un chorro muy fino. Insista, sobre todo, en la parte inferior de las hojas, ahí donde se encuentran los estomas (los poros de la planta) y donde se produce más evaporación. En las habitaciones donde la temperatura disminuya sensiblemente por la noche, es muy importante que las hojas de las plantas permanezcan secas durante este período, con el fin de impedir el desarrollo de las enfermedades criptogámicas. Observe también que la vaporización refuerza la sensación de frescor, lo que puede traducirse en alteraciones del follaje o en decoloraciones. Por el lado positivo, la atomización permite eliminar el polvo de las plantas con rapidez, y constituye un medio para frenar la proliferación de arañas rojas, ya que los ácaros se desarrollan, sobre todo, en condiciones de sequedad ambiental.

La vaporización puede efectuarse sin riesgos durante los períodos de intenso calor, ya que entonces es posible ventilar las habitaciones. También puede practicarse durante todo el año bajo cristaleras, donde la evaporación es muy elevada.

LOS HUMIDIFICADORES

Además de los diferentes métodos de cultivo, y de las múltiples operaciones y trucos que se presentan en estas páginas, existen aparatos destinados a mejorar las condiciones higrométricas en nuestros interiores. El más extendido es el saturador, que debería instalarse sobre cada radiador de la casa.

Se trata simplemente de un recipiente enganchado a la fuente de calefacción y que se llena de agua para facilitar la evaporación. El saturador impedirá sobre todo la disminución de la humedad ambiental, evitando que el aire frío del exterior (por el sistema de ventilación de la habitación) se deseque a medida que se calienta. La presencia de saturadores permite también el cultivo de plantas sensibles al frío, poniéndolas sobre la placa protectora del radiador. Colocadas cerca de ese «generador de vapor de agua» y situadas sobre gravilla, bolas de arcilla expandidas o puzolana húmeda, las plantas se benefician de una mayor higrometría que en todos los demás sitios de la habitación.

Los humidificadores eléctricos son aparatos muy eficientes que permiten mantener una higrometría controlada. Funcionan según un principio muy simple. El agua almacenada en uno o varios depósitos se elimina lentamente y se difunde con un grosor fino sobre un plato calentador. Un ventilador de turbina aspira el aire húmedo a través de un filtro y lo manda al compartimiento de vaporización, de donde es expulsado a través de una rejilla. El aire húmedo es estéril y está exento de minerales, por lo que no aparecen sedimentos antiestéticos.

Un regulador higrométrico permite controlar automáticamente el grado de humedad deseado (80% como máximo). En un invernadero o una galería, también puede adoptar el sistema de la nebulización, ideal para las orquídeas.

▼ *El humidificador: eficaz pero caro.*

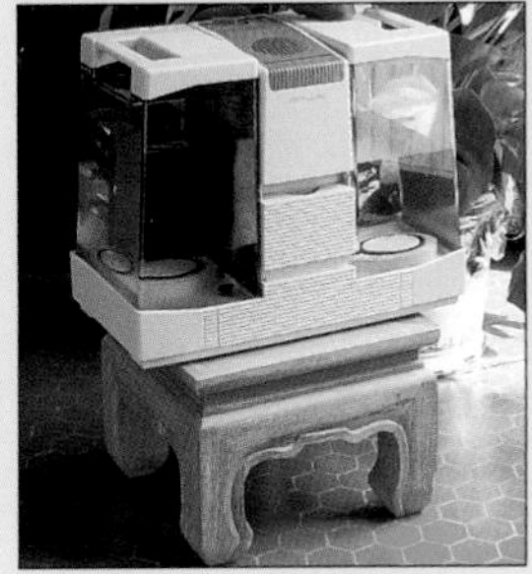

▼ *El saturador: simple y práctico.*

La gravilla húmeda

Para crear sin riesgos un ambiente húmedo cerca de las plantas, la mejor solución consiste en poner las macetas sobre una capa de gravilla, de bolas de arcilla o de puzolana, que se mantiene húmeda permanentemente. Basta con disponer un plato de 3 a 5 cm de profundidad, llenar sus tres cuartas partes con los materiales antes mencionados y verter agua, hasta que el líquido aflore a la superficie, pero sin cubrir por completo la gravilla. El agua se evaporará, envolviendo las plantas en una humedad beneficiosa. Puesto que la base de las macetas nunca se encuentra en contacto directo con el agua, no existe riesgo de saturación del sustrato y de podredumbre de las raíces. Para que dé el resultado deseado, el plato debe tener, como mínimo, un diámetro al menos igual al del follaje de la planta. Con la misma intención, es posible meter la maceta en un macetero que contenga en el fondo una gruesa capa de gravilla, un calce de madera, una copela boca abajo, o cualquier otro elemento que eleve la planta, para que nunca permanezca sumergida en el agua.

Algunas ideas para probar

El hecho de reunir plantas diferentes genera un microclima apropiado, ya que la evaporación de las hojas varía de una especie a otra, y las que transpiran más son provechosas para las demás.

Aleje sus cultivos de las fuentes de calefacción. Si enciende una chimenea, coloque siempre cerca una gran olla llena de agua, ya que una llama intensa reseca terriblemente el aire *(véase cuadro).*

Piense también en una fuente de interior, elemento de decoración de primer orden, que alimenta continuamente el aire de humedad.

En el invernadero o la galería, resulta muy eficaz rociar el suelo con agua en tiempo muy cálido. Ello aumenta la humedad relativa y aporta a las plantas una sensación de frescor muy beneficiosa. Por supuesto, el suelo debe estar enlosado o embaldosado. Para evitar a la larga la formación de musgo, basta con lavar el suelo una vez al mes con una solución de lejía.

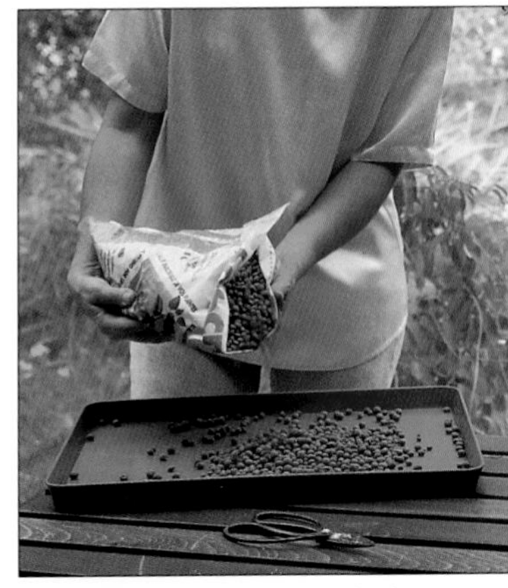

▲ Colocación de bolas de arcilla en una bandeja.

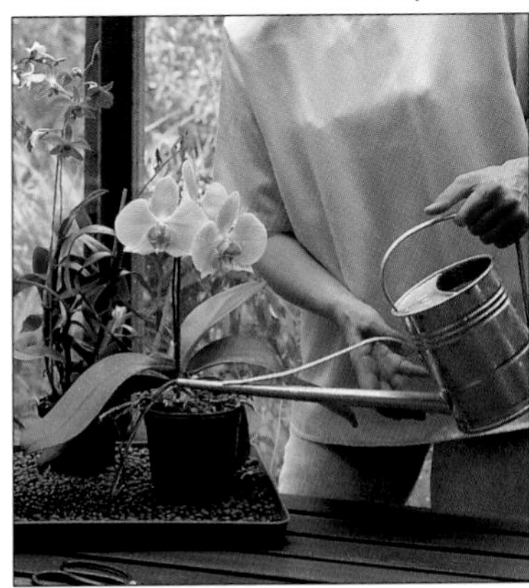

Las bolas de arcilla se humidifican a menudo. ▶

EL MANTENIMIENTO COTIDIANO

Las plantas de interior, inducidas a prosperar bajo condiciones muy alejadas de las que disfrutan en la naturaleza, suelen encontrarse en situaciones precarias. ❋ Luz insuficiente, aire seco, temperatura invernal demasiado elevada, tierra inadaptada, falta o exceso de riego, etc., son otras condiciones que hacen padecer a nuestros huéspedes y reducen anormalmente la duración de su vida. ❋ Y no olvidemos que el hecho de cultivarlas en maceta produce forzosamente una perturbación en el desarrollo radicular. Para permitir que nuestras compañeras con hojas toleren mejor todos esos sinsabores, y con el fin de compensar la incomodidad de su situación, lo mínimo es dedicarles unos cuidados y atenciones básicos. ❋ La jardinería de interior suele limitarse al «socorrismo de plantas», que hace feliz y llena de orgullo a aquellos que tienen éxito en las intervenciones delicadas. Nada produce más entusiasmo que ver cómo una planta, que ayer se encontraba triste y en mal estado, se revitaliza y nos demuestra su agradecimiento mediante un discreto brote, símbolo de vida y promesa de futuro. ❋ Y ¡qué orgullo observar la renovación de una floración, cuyo luminoso color viene a coronar con éxito nuestros esfuerzos y nuestra paciencia! ❋ Dedicarse a la jardinería en casa es intrínsecamente más cómodo que mantener macizos, rocalla, huerto o huerta. ❋ El único esfuerzo físico es trasladar algunas macetas, aunque también se necesitan grandes dosis de observación, inspiración y sentido común, que se transforman poco a poco en un diálogo cotidiano con sus plantas. ❋ Para perfeccionar todo eso, para trazar el camino y empezar con buen pie, las páginas siguientes le desvelan algunas buenas recetas y probadas técnicas que podrá adaptar a su antojo, valiéndose de su sensibilidad. ❋

EL RIEGO

Los tejidos vegetales están compuestos entre el 80 y el 90 % de agua, que garantiza el transporte de elementos nutritivos y da rigidez a las células. Una pérdida del 10 % de líquido comporta por lo general un deterioro irreversible. En casa, las plantas necesitan su dedicación. Su supervivencia depende de usted...

Consejo: **Para asegurarse de que una planta necesita riego, haga la «prueba del bambú». Hinque un tutor fino de bambú hasta lo más hondo de la maceta, déjelo allí un minuto y luego retírelo. Si sale con tierra adherida u observa alguna mancha, es inútil regar.**

▲ Riego de las plantas de casa: *Pentas lanceolata, Kalanchoe, Dipladenia.*

La expresión «el agua es fuente de vida» es mucho más importante de lo que parece. En el metabolismo de las plantas todo está ligado a la presencia del agua, tanto en el aire como en el suelo. Las raíces son auténticas «bombas de agua» que, mediante sus pelos absorbentes, absorben el agua que encuentran en la tierra. El mecanismo físico de la capilaridad permite luego que el líquido sea transportado a todos los órganos del vegetal. El agua extraída por las raíces está más o menos cargada de sales minerales, que serán transformadas en elementos orgánicos por el complejo y fabuloso fenómeno de la fotosíntesis. El agua contenida en el aire en forma de vapor de agua también desempeña una función muy importante. Evita la desecación de los órganos aéreos (tallos y hojas) y los refresca cuando el tiempo es muy cálido. Asimismo, la humedad del aire es aprovechada por las raíces aéreas.

◀ Los filamentos absorbentes de una raíz de banano.

Depósitos subterráneos

Las plantas, sometidas a los caprichos del cielo y de las estaciones, «inventaron» métodos, a menudo muy astutos, para conservar de la mejor manera el agua que necesitan. Las especies que viven en zonas de baja pluviometría o cuyas estaciones, muy marcadas, alternan períodos de sequía y de humedad, suelen disponer de tejidos gruesos y carnosos. Las raíces raramente se ven involucradas, ya que la mayoría de ellas no desempeñan en ningún caso la función de órgano de depósito. En cambio, algunos tallos se impregnaron intensamente de líquido y sus tejidos se hincharon. Se resguardaron dentro de la tierra, para escapar de los fuertes rayos de sol, y se convirtieron en bulbos, tubérculos o rizomas. Con frecuencia, la planta sobrevive a la estación seca mediante sus órganos de reserva, que brotan con las primeras lluvias para formar un nuevo miembro dispuesto a propagar la especie.

Depósitos aéreos

La lucha contra las pérdidas de agua suele parecer tan importante para las plantas como la reproducción. Sin embargo, en la naturaleza, la reproducción es el objetivo final de todo ser viviente.

Basta con observar una vegetal para imaginar el lugar que ocupa en su ecosistema. Las plantas expuestas al sol en las regiones tropicales presentan hojas gruesas, coriáceas y lustrosas. Se encuentran en las palmeras, los ficus, los filodendros y otros ejemplares grandes. Se trata de plantas que pueden tolerar algunos días de sequía. En cambio, las pequeñas hojas finas, tiernas y aterciopeladas suelen indicar especies que se desarrollan bajo la sombra de grandes árboles y que, como no reciben sol directo, no necesitan protegerse de sus rayos. Viven en un ambiente bastante húmedo y, por consiguiente, deberán regarse con un ritmo regular y sostenido, para que su sustrato no se seque nunca. Las hojas anchas de algunas palmeras y de las costillas de Adán indican también que estas plantas crecen en regiones sometidas a frecuentes precipitaciones y donde la humedad del aire es alta. Debido a la gran superficie de sus hojas, estas plantas son propensas a la evaporación, por lo que tendrá que pulverizarlas muy a menudo. Los troncos hinchados y carnosos de las yucas y las beaucarneas están impregnados de agua y hacen las veces de auténticos depósitos. Lo mismo sucede con los pseudobulbos de ciertas orquídeas. Las plantas que presentan órganos de este tipo deben regarse de modo más esporádico que las especies de tallos tiernos y finos o acaules (sin tallo).

Las raíces aéreas absorben la humedad del aire. ▶

Redondeces del desierto

Las plantas de las regiones áridas adoptan un aspecto globuloso, ya que la esfera ofrece, con un volumen igual, una superficie más reducida. Fue así como las cactáceas se redondearon y sus hojas se transformaron en espinas. Los tejidos de los vegetales del desierto se empaparon de agua y se convirtieron en gruesos y carnosos, de donde deriva la denominación de «plantas carnosas», aunque en la actualidad se prefiere la denominación de crasas o «suculentas», es decir, «jugosas», lo que resulta más exacto científicamente hablando. El ejemplo extremo es el de los litops que, por mimetismo con las piedras del desierto, soportan varios meses sin la más mínima gota de agua.

▼ El pseudobulbo de la orquídea es un órgano de reserva.

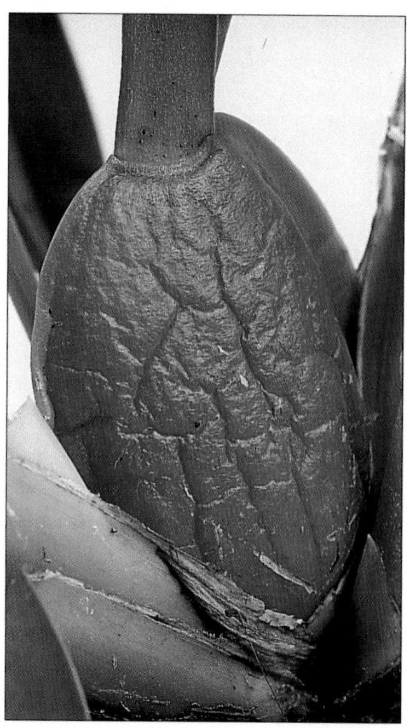

▼ *Lithops fulleri*, la planta piedra está repleta de agua.

CÓMO RECONOCER UNA PLANTA SEDIENTA

Cuando la planta ya no encuentra en el suelo el agua que necesita para garantizar su subsistencia, comienza a usar sus reservas. Las especies que disponen de órganos gruesos o fuertes (tronco, bulbo, pseudobulbo, rizoma, tubérculo, corteza, tallos u hojas carnosas, etc.) pueden resistir períodos de sequía de hasta varios meses, como en el caso de las cactáceas y algunas suculentas *(Lithops)*.

En cambio, las plantas de tallos menudos o muy tiernos y las especies de grandes hojas flexibles y finas notan mucho antes la falta de agua.

◀ Begonia heracleifolia *sedienta.*

Cuando sus células ceden una parte del líquido que contienen, pierden rigidez y sus tejidos decaen o se marchitan. Es la señal más evidente de una carencia de agua.

En la mayor parte de los casos, bastará con empapar la tierra para que la planta recupere su turgencia.

Cuidado, el marchitamiento agota la planta y perjudica su correcto crecimiento. Para administrar agua a la planta, actúe rápidamente, pero con precaución.

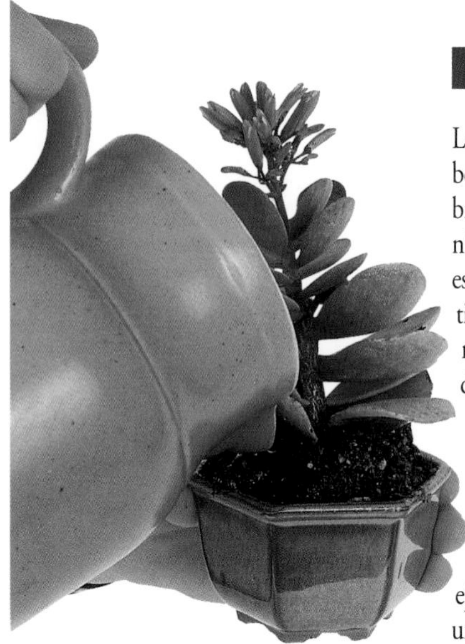

▲ Riego de una *Crassula* (planta carnosa).

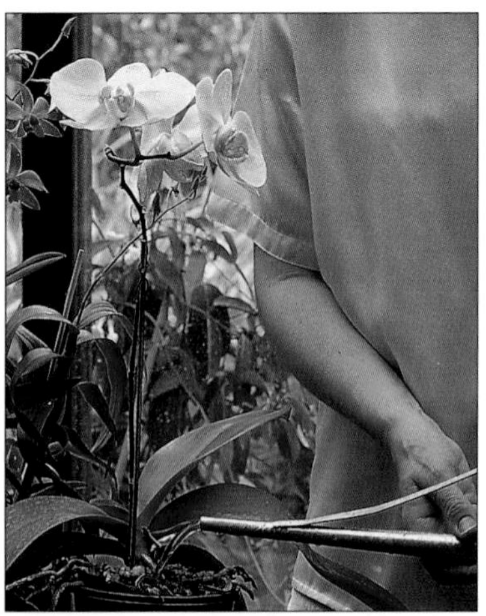

◀ Riego de un *Phalaenopsis.*

La calidad del agua

Los problemas ligados al riego suelen deberse a una frecuencia desajustada, pero, sobre todo, a un agua inadecuada. Es conveniente saber que la naturaleza bastante esponjosa de los sustratos usados para el cultivo de plantas de interior (salvo excepciones, como la orquídea) conlleva una elevada retención de agua en la mezcla nutritiva.

Puesto que el volumen de tierra contenido en la maceta es bastante reducido, si el agua contiene demasiados elementos minerales (sales) o sustancias tóxicas (como el cloro del agua en las ciudades, por ejemplo), la repetición del riego producirá una concentración excesiva de los productos nocivos y la planta reaccionará debilitándose. La mejor agua de lluvia es la que se recoge fuera de las ciudades (en zonas sin problemas de contaminación atmosférica), porque es neutra y pura. En las tiendas puede encontrar muchos sistemas de recuperación del agua de lluvia que se fijan a los canalones. Resultan prácticos y económicos. Sin embargo, cuide de que el tejado esté bien limpio y espere 24 h hasta que las impurezas se asienten antes de usar el agua recuperada. En las ciudades, no utilice el agua de lluvia, ya que suele contener materias contaminantes.

El agua del grifo es la que suele usarse más. Por lo general, su calidad intrínseca es buena, pero contiene dos elementos que las plantas detestan: la cal (en algunas zonas) y el cloro. Puesto que una parte de las plantas cultivadas en casa prefieren los medios ácidos, un riego regular con agua calcárea puede provocar síntomas de clorosis (amarilleamiento). Basta con añadir un producto antical al agua de riego o el zumo de medio limón en una regadera de 10 litros para paliar este problema. Puesto que el cloro se evapora naturalmente en unas cuantas horas, si recoge el agua y la deja reposar toda la noche en una regadera, cuando riegue por la mañana el cloro activo habrá desaparecido. Este tiempo de reposo también permitirá equilibrar la temperatura del agua con la de la habitación, lo cual resulta muy importante.

Un riego bien hecho

Cuando moja la tierra, la planta no bombea el agua golosamente durante los segundos siguientes. Primero, el sustrato debe impregnarse de líquido hasta la saturación para que las raíces puedan comenzar su trabajo de aspiración. Esta noción es muy importante, ya que los sustratos a base de turba que usan los profesionales presentan el inconveniente de que se empapan con dificultad cuando están muy secos. El resultado es que usted riega, pero el sustrato no retiene el agua. Si observa este fenómeno, significa que la planta ha sido mal regada (excepto en el caso de las orquídeas). Hay, pues, que sumergir la maceta en el agua (a veces hasta flota, lo que prueba la sequedad extrema de la tierra) durante media hora al menos, el tiempo necesario para que la turba recupere su consistencia esponjosa y se sature de líquido. En la práctica, riegue generosamente, pero de forma esporádica y en cantidad reducida, salvo en el caso de los recipientes con depósito de agua y las macetas sin agujero de evacuación, cuya agua debe concentrarse a la altura de las raíces, sin que se sobresature el sustrato (existe riesgo de asfixia radicular).

LOS MACETEROS, DEPÓSITOS DE AGUA

Los maceteros, indispensables para destacar el aspecto decorativo de las plantas, presentan el inconveniente de carecer de orificios de evacuación de agua. Durante el riego, recogen el exceso de agua que se filtra a través de la maceta, cuya base queda sumergida. Si no tiene la precaución de vaciar los maceteros, como máximo una hora después de regar, el agua subirá por capilaridad e impregnará el sustrato permanentemente, y provocará la asfixia de las raíces. Sin embargo, durante la época de calor intenso, puede usar el macetero como depósito de agua, y dejar que la evaporación natural se ocupe de vaciarlo.

Ambiente de galería. ▶

La frecuencia de riego adecuada

	Desde el principio de octubre hasta el final de febrero	Desde el principio de marzo hasta el final de septiembre
1 vez al día	Ninguna planta debe regarse con tanta frecuencia en esta estación, salvo las azaleas, si la temperatura ambiente supera los 20 °C.	Las plantas con flor, las especies de tallos finos, los helechos, las plantas carnívoras, cuando la temperatura ambiente supere los 24 °C.
Cada 2 o 3 días	Begonias, ciclámenes, cinerarias, primaveras, cuando la temperatura ambiente supere los 20 °C. También selaginela, fitonia, tolmiea, nertera, pimiento, tomatera, etc.	Las mismas especies que en invierno y todas las plantas con flor, salvo las orquídeas, las cactáceas, las bromelias. Las plantas carnosas y las de hojas y tallos aterciopelados. El paraguas.
1 o 2 veces por semana	Todas las plantas con flor, las flores de Pascua, las orquídeas, los helechos, el espatifilo, las plantas carnívoras, las calateas, si la temperatura ambiente se encuentra comprendida entre 18 y 20 °C.	Las plantas herbáceas y de tallos blandos o flexibles: cinta, ginura, fitonia, pilea, peperomia, columnea, crosandra, bromelias, plantas carnívoras, *Dipladenia, Medinilla,* etc.
1 vez por semana	La mayor parte de las plantas herbáceas y con flor, las bromelias, anturio, banano, begonias de follaje, cuando la temperatura ambiente se encuentra comprendida entre 18 y 20 °C.	Esparraguera, begonias de follaje, ciso, *Cimbydium,* hiedra, hibisco, singonio, *Pachystachys,* acalifa, alocasia, banano, si la temperatura ambiente es inferior a 22 °C.
Cada 8 o 10 días	Hiedra, ciso, flor de Pascua sin flores, singonio, cinta, esparraguera, *Polyscias,* etc. Los agrios y las plantas mediterráneas, cuando la temperatura se encuentra comprendida entre 12 y 15 °C.	Palmeras, *Scheflera,* ficus, filodendro, potos, aspidistra, diefenbaquia, drácena, cordiline, *Beaucarnea,* pachira, yuca, Kalanchoe, clivia, si la temperatura ambiente es inferior a 22 °C.
Cada 10 o 15 días	Palmeras, *Schefflera,* ficus, filodendro, potos, aspidistra, croton, drácena, cordiline, etc. Los agrios y las plantas mediterráneas, con temperaturas entre 8 y 12 °C.	Cacto, agave, áloe, *Crassula,* Sansevieria, *Aeonium, Ceropegia, Echeveria,* euforbia, *Hoya, Jatropha,* sedo, *Pachypodium,* etc., si la temperatura no supera los 22 °C.
Cada 15 o 20 días	Plantas carnosas, cactáceas, bulbos de flor en reposo vegetativo, *Beaucarnea,* sanseviera, geranios, fucsias, si la temperatura no supera los 12 °C.	Es obligatorio regar las plantas con mayor frecuencia durante la vegetación, salvo los bulbos de flores en reposo vegetativo, que se conservan totalmente en seco.
Cada 20 o 30 días	Plantas carnosas, cactáceas, bulbos de flores en reposo vegetativo, geranios, fucsias, cuando la temperatura se encuentra comprendida entre 5 y 8 °C.	Es obligatorio regar las plantas durante la vegetación, salvo los bulbos de flores en reposo vegetativo, que se conservan totalmente en seco.

LAS TÉCNICAS DE RIEGO

En principio, el riego es una operación muy sencilla, pero las plantas de la casa muestran un comportamiento diferente en relación con las necesidades de agua. Suele ser el riego el que marcará la diferencia con respecto a la longevidad de sus huéspedes. El principio básico es mojar de forma completa y uniforme el sustrato, pero sobre todo, evitar el estancamiento del agua.

Consejo: **Disponga sus plantas de modo que estén todas bien visibles y accesibles. No tenga sólo en cuenta la estética, sino más bien la disposición de las macetas, ya que la regadera debe poder llegar a ellas obligatoriamente. El ideal consiste en colocar las plantas escalonadas en estanterías o taburetes y jamás esconder las macetas pequeñas entre las grandes.**

▲ Las numerosísimas regaderas disponibles en el mercado permiten su adaptación a todos los cultivos.

Si por cuestiones prácticas el riego de las plantas domésticas se expresa siempre mediante su frecuencia, se omite un punto importante, y es la cantidad de agua que se aporta. Esta noción no siempre resulta fácil de comprender en la práctica, ya que depende de la planta, del volumen de la maceta, de la calidad del sustrato, de la temperatura ambiente y de la estación. Durante el período de crecimiento (desde el principio de primavera a mediados de otoño), es preferible regar abundantemente y con poca frecuencia, en lugar de hacerlo en cantidades reducidas y muy a menudo. Los recipientes con depósito de agua que se usan en condiciones normales durante los períodos de asistencia son una excepción. Para evitar que el agua sobrante llene el depósito y ocasione el proceso de saturación por capilaridad, se regará poco, pero con frecuencia. Cuando el tiempo sea muy cálido, habrá que repartir una pequeña cantidad de agua

CÓMO ELIMINAR LA CAL

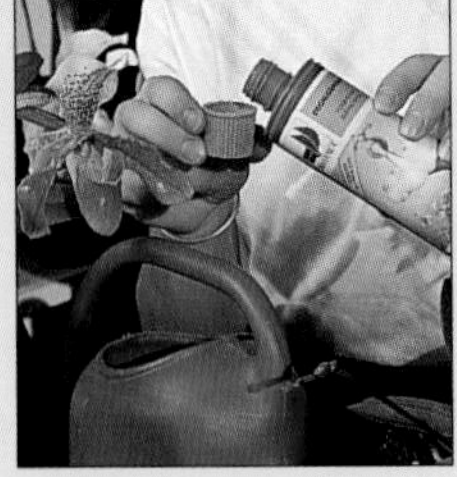

◀ *Dosificación del antical.*

El agua de muchas ciudades suele presentar un pH cercano a 8, que comporta la presencia de cal activa diluida. Esta cal provoca la formación de cercos blanquecinos sobre las hojas con las nebulizaciones sucesivas. También tiende a fijarse en el sustrato y a cambiar su pH. Para las plantas que se trasplantan anualmente, esto no supone un problema. En cambio, para muchas orquídeas y para las plantas que gustan de la acidez, que permanecen de 2 a 4 años en su maceta, es imperativo usar un producto comercial que elimine la cal contenida en el agua.

casi a diario, para refrescar un poco las plantas, aunque sin mantenerlas en un sustrato empapado.

Durante el período de reposo vegetativo (desde el principio de octubre hasta el final de febrero, en gran parte de las zonas), la mayoría de las plantas se regarán lo suficiente para que no se marchiten, es decir, cantidades reducidas y aportes muy espaciados.

El riego por encima

Se trata del método clásico inspirado en el fenómeno natural de la humectación del suelo por las precipitaciones. El agua se vierte sobre la superficie de la maceta y se infiltra en la tierra, que se empapa. Un riego oportuno se traduce en un goteo abundante de agua por el agujero de drenaje de la maceta, y por una absorción auténtica del agua por el sustrato (no debe estancarse en la superficie). La cantidad de agua correcta para un riego adecuado corresponde al 10 % del volumen de la tierra, es decir 1 l de agua por cada 10 l de sustrato. Viértala lentamente, usando con preferencia una regadera de tubo largo que se deslizará bien entre las hojas.

Riego por inmersión

Se trata del método apropiado para todas las especies que no toleran el follaje mojado (hojas aterciopeladas, alveoladas o traslúcidas), las que forman una roseta (salvo las bromelias) y las plantas con tallos muy tiernos y carnosos y formas muy opulentas, como algunos helechos, cuya vegetación desborda la maceta. La técnica consiste en sumergir en agua dos terceras partes o tres cuartos de la maceta, durante media hora aproximadamente. Para asegurarse de que el sustrato esté bien empapado, es muy importante comprobar que no se escape ninguna burbuja de aire del sustrato cuando se sumerja completamente la maceta.

Antes de volver a colocar la planta en su elemento de decoración, deje que la tierra drene el agua sobrante durante unos 10 minutos. Así no tendrá que vaciar el platillo un poco más tarde.

El riego por vaporización es un método usado principalmente para las plantas epifitas que crecen enganchadas a un soporte de corcho o de fibra. También se emplea en los semilleros y los esquejes, para no revolver la superficie del suelo.

¡CUIDADO CON EL EXCESO DE AGUA!

▲ *Una* Dieffenbachia *demasiado regada.*

Cuando una planta presenta un follaje flácido, se piensa de inmediato en una falta de agua. Antes de regar, sería lo más indicado comprobar que el sustrato no esté ya muy húmedo. Una planta demasiado mojada presenta síntomas semejantes a los de la sed: se dobla, sus tejidos, demasiado impregnados de agua, carecen de rigidez. Unos días después, aparecen manchas pardas en el borde o en el centro de las hojas. Evolucionan ennegreciéndose y formando necrosis.

En esta fase, la planta ya ha sido atacada por hongos que hacen que se pudran las raíces. Es necesario detener de inmediato el riego y mantener la planta completamente seca, en un lugar bien ventilado, al menos durante 15 días.

Luego, sería deseable trasplantarla, usando para esta operación un sustrato muy ligero, sin olvidar colocar una gruesa capa de drenaje en el fondo de la maceta.

Revise atentamente las raíces y elimine todas las que presenten en las partes blandas señales pardas. Preste atención en no regar enseguida la planta que acaba de trasplantar. Lo que debe hacer es esperar unos días. Cuando las manchas del follaje se propaguen a los pecíolos y al corazón de la planta, será desgraciadamente demasiado tarde para intentar salvarla.

Es mejor regar los semilleros jóvenes mediante vaporización. ▶

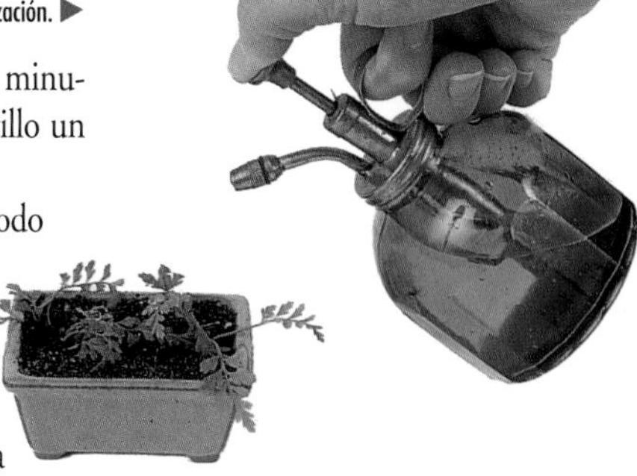

▼ Remoje la maceta de helechos durante media hora.

Una botella de agua boca abajo con el tapón perforado alimenta a la planta durante dos semanas. ▶

LAS PLANTAS Y EL RIEGO

Hay demasiados factores relacionados con en el riego para que existan recetas infalibles. En principio, se riega con más frecuencia cuando la temperatura ambiente es alta y cuando las plantas se encuentran en macetas pequeñas y en sustratos porosos. Luego, hay que regular el riego en función de las plantas mismas.

Consejo: **La observación y el conocimiento adecuado de las plantas permiten regar en el momento ideal y con la cantidad óptima. Para disponer de una buena referencia, use un espatifilo. Se trata de una planta que reacciona rápidamente ante la sequía, mediante una inclinación bastante espectacular del follaje. Cuando el espatifilo tenga sed, compruebe el estado de las otras plantas.**

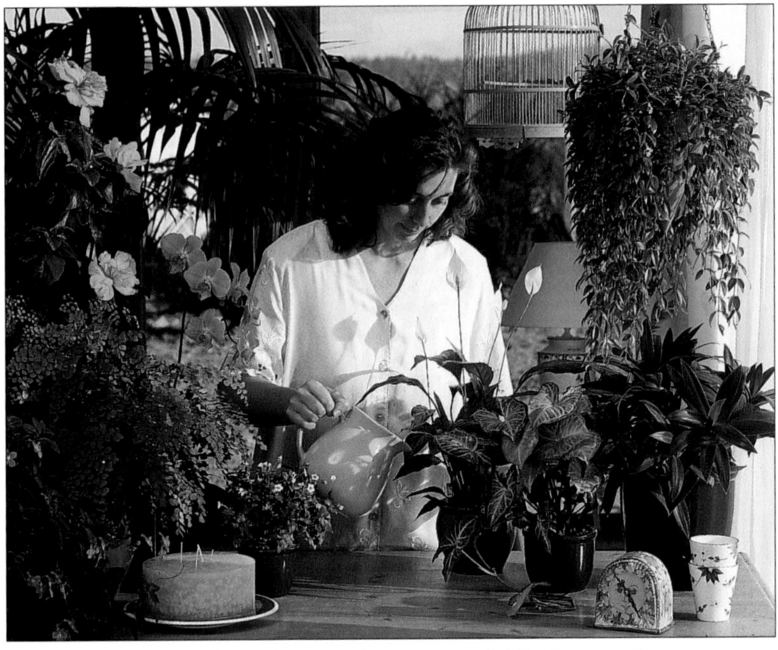

▲ Riego de plantas de interior: *Adiantum, Phalaenopsis, Hibiscus, Exacum, Spathiphyllum, Syngonium* y *Dracaena.*

La gran diversidad de las plantas por lo que respecta a su aspecto, estructura y origen geográfico, impide proponer recetas matemáticas garantizadas por lo que se refiere a frecuencia y volumen del riego. La única respuesta acertada a la pregunta «¿cuándo debo regar mi planta?» debería ser: «¡cuando lo necesite!» Si adopta la costumbre de observar atentamente a sus huéspedes, descubrirá sus necesidades. Pero mientras se convierte en experto en «psicología vegetal», le ofrecemos algunos consejos prácticos...

Tener en cuenta las estaciones

Durante el crecimiento (se dice también «época de vegetación»), es decir, desde mediados de marzo hasta finales de septiembre, las plantas necesitan riegos más copiosos y frecuentes. En general, se riega con una frecuencia doble y un volumen tres o cuatro veces mayor durante el período de crecimiento que a lo largo del reposo vegetativo (desde mediados de octubre hasta finales de febrero). Durante los períodos de transición, el ritmo del riego varía con la temperatura ambiente, pero a partir de 24 °C se impone un riego casi diario. No hay que olvidar, sin embargo, que tanto la frecuencia

LAS SEDIENTAS

◀ Cyperus alternifolius: *acuático.*

Algunas plantas no soportan la falta de agua y se marchitan o se secan cuando el sustrato se deshidrata. Una vez marchitas, suele costarles reanudar su turgencia normal.

Es el caso de culantrillo, azalea, *Browallia*, calatea, zapatito de la Virgen, *Campanula, Crosandra*, ciclamen, paraguas, *Darlingtonia*, atrapamoscas, episcia, exacum, *Ficus pumila*, fitonia, *Hemigraphis*, nepente, *Nephrolepis*, nertera, *Pellaea*, pilea, primavera, sarracena, selaginela, scirpus, espatifilo, estreptocarpo, etc. En su mayor parte, estas plantas deben cultivarse en un sustrato que retenga bien el agua (añada turba). En cuanto la temperatura supere los 18 °C, compruebe que el sustrato sigue húmedo, pero no empapado.

LAS PLANTAS «CAMELLO»

Puede considerarse que la frecuencia media del riego de plantas de la casa es de una a dos veces por semana durante el período de crecimiento. A pesar de eso, algunas especies no necesitan riegos tan frecuentes. Se trata esencialmente de las cactáceas, de las plantas carnosas (suculentas) y de todos los vegetales que tienen un tronco grueso y sólido o poseen hojas coriáceas o lustrosas.
Un buen número de estas plantas puede tolerar un «olvido» en el riego de dos semanas, incluso de tres, en el caso de los cactos y de las plantas carnosas. En condiciones de sequía, su crecimiento se interrumpe. Por el contrario, cuando estas plantas se riegan regularmente, su desarrollo es más rápido y más espectacular.
Todo depende también de la temperatura ambiente. Un cacto puede tolerar un invierno completo en seco, si se encuentra en una galería o en un invernadero entre 5 y 8 °C. Asimismo, resistirá la falta de riego en tiempo muy cálido pero, si se riega una vez por semana, cuando la temperatura es de 20 y 23 °C, y cada 3 días, cuando es aún más elevada, lo verá brotar con renovado vigor.
La palma de la resistencia a la sequía se la llevan los *Lithops*, que aguantan cerca de un año sin la mínima gota de agua, incluso en maceta.
Entre las plantas de la casa, las menos exigentes en agua son: ágave, áloe, aspidistra, *Astrophytum*, *Beaucarnea*, céreo, *Ceropegia*, *Chamaecereus*, *Cleistocactus*, crásula, cica, *Echeveria*, cactus espinoso, céreo espinoso, *Espostoa*, *Euphorbia*, *Ferocactus*, *Gymnocalycium*, *Hoya*, *Jatropha*, *Lythops*, mamilaria, notocactus, chumbera, *Pachyphytum*, *Pachypodium*, *Parodia*, *Rebutia*, *Sanseviera*, sedo, *Testudinaria*, yuca, etcétera.
Algunas plantas de aspecto herbáceo, como la esparraguera y la cinta, soportan la sequía, ya que disponen de órganos de reserva en forma de bulbillos.

▼ *Vaciar el platillo lleno de agua.*

▼ *Cinta colgante.*

como la dosis de riego más apropiadas dependerán, además de los factores mencionados, de la especie, del tamaño de la planta, de la capacidad y material de la maceta y, sobre todo, de las propiedades físicas del sustrato (porosidad, capacidad de retención de agua, etc.).

Riego de las plantas leñosas

En condiciones normales de temperatura (de 18 a 22 °C en casa), las plantas que poseen un tallo leñoso (tronco), lo mismo que las especies de hojas gruesas, se riegan una media de una vez por semana, y cada 10 o 15 días en invierno (reposo vegetativo). Se riega preferentemente la parte superficial de la tierra.

Riego de las plantas herbáceas

Las plantas acaules (sin tallos), las que forman una roseta, o una mata de tallos flexibles o finos, y todas las especies herbáceas se regarán una media de dos veces por semana durante el crecimiento, y una vez por semana en invierno. Riegue por inmersión.

Riego de las orquídeas

Las que tienen pseudobulbos se riegan una vez por semana, pero cada cuatro días durante la floración. Las orquídeas de tallos finos y las que forman una roseta se riegan dos veces por semana durante la vegetación, y una vez por semana en invierno. Use agua sin cal, no moje el corazón de la planta y vacíe el platillo.

Riego de cactus y suculentas

Riegue cada seis o diez días mientras crecen y según la temperatura ambiente, y no más de un aporte de agua cada 15 o 20 días en invierno. Si hace frío, no los riegue.

Riego de las bromelias

Piña americana, aechmea, guzmania y compañía se riegan una media de una vez por semana. Durante el crecimiento, deje que se estanque el agua (sin cal) en el corazón de la roseta de las hojas.

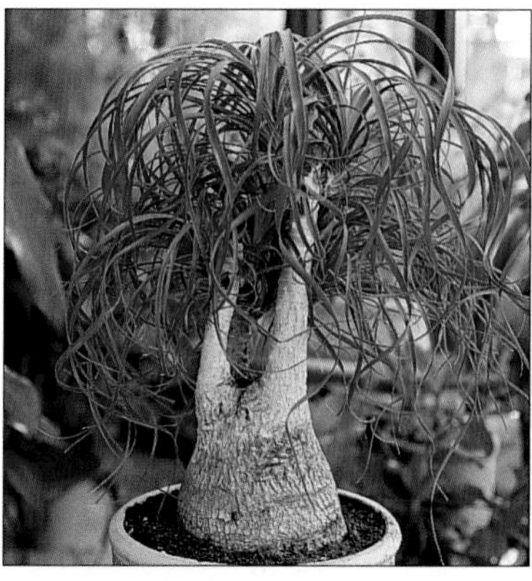

▲ La *Beaucarnea recurvata* necesita muy poca agua.

En un sustrato demasiado seco el agua no penetra. ▶

PRINCIPIOS DE LA FERTILIZACIÓN

Como todos los seres vivos, las plantas necesitan energía para crecer. Usan como «alimentos básicos» los minerales, que sus raíces absorben del suelo y luego los transforman en sustancias orgánicas por la acción de la luz solar. Como cada elemento actúa de modo específico, resulta interesante conocerlos...

▲ Las plantas absorben dióxido de carbono del aire y lo utilizan como elemento nutritivo, mientras desprenden oxígeno.

Consejo: **Las plantas que compra se crían en invernaderos, donde todos los parámetros de cultivo están cuidadosamente controlados. Los profesionales las cultivan en sustratos casi inertes y las alimentan con soluciones nutritivas dosificadas con la mayor precisión. Como las condiciones son muy diferentes en casa, sería deseable trasplantar cuanto antes las plantas nuevas a un sustrato más rico y mejor adaptado al cultivo en interiores.**

La planta es una auténtica fábrica química de funcionamiento complejo, cuyos principios de comportamiento generales se presentan a continuación.

Las raíces sirven para bombear las sales minerales que se encuentran disueltas en la solución del suelo. No son capaces de absorber el mínimo elemento en forma orgánica o sólida. Ello significa que es importante que el suelo contenga cierta cantidad de agua y de microorganismos que se encarguen de degradar la materia orgánica para que libere los elementos minerales (luego químicos) que la componen. Los tejidos vegetales absorben después las sales minerales por ósmosis e intercambios de iones a través de la pared celular.

◀ El hibisco aprecia el fósforo.

LOS OLIGOELEMENTOS

Además de los tres elementos principales NPK, la planta «consume» magnesio, hierro, boro, cobre, molibdeno, etc.

Estas sustancias absorbidas en cantidades infinitesimales se llaman «oligoelementos». Su insuficiencia o la imposibilidad para la planta de usarlos provoca fenómenos de carencia. La más frecuente en las plantas domésticas es la «clorosis férrica», una carencia de hierro debida a la presencia de cal. Así, para resolver problemas de carencia, algunas plantas como esta atrapamoscas se volvieron carnívoras.

La fotosíntesis

Los estomas (poros), situados en el envés de la hoja, bombean grandes cantidades de aire atmosférico y fijan una parte del gas carbónico (CO_2) que contiene.

En presencia de luz, la clorofila (la sustancia que da su color verde a las hojas) permite separar los átomos de las moléculas de gas carbónico absorbidas por la hoja y las de agua (H_2O). El oxígeno es liberado por la planta, que retiene el carbono y el hidrógeno, para sintetizar hidratos de carbono (glúcidos), almidón y azúcares, entre otros. Al conjunto de estos fenómenos tan complejos se denomina «fotosíntesis».

El nitrógeno: hojas y tallos

El líquido bombeado por las raíces (la savia bruta) contiene esencialmente tres elementos: N (nitrógeno), P (fósforo) y K (potasio), además de oligoelementos *(véase cuadro)*.

El nitrógeno del suelo procede en gran parte de la descomposición de la materia orgánica por las bacterias, que lo transforman en nitrato. Las raíces sólo pueden asimilar el nitrógeno de esta forma. La savia bruta lo transporta hasta las hojas, las cuales, mediante el procedimiento de la fotosíntesis y por la acción de las enzimas, transforman el nitrógeno en aminoácidos y luego en proteínas.

El nitrógeno forma parte de la composición de tejidos vegetales y desempeña una función importante en el crecimiento. Estimula el desarrollo del follaje y de los tallos herbáceos.

El aire que respiramos contiene un 79 % de nitrógeno, en gran medida inutilizable. Sólo las plantas de la familia de las leguminosas (en el caso de las plantas de interior *Acacia, Cassia, Caesalpinia, Eritrina,* etc.) fijan el nitrógeno atmosférico, gracias a las bacterias *(Rhizobium)* que viven en sus raíces.

El fósforo: flores y raíces

El fósforo ocupa la segunda posición en la presentación de las composiciones de abonos para las plantas. Se representa en los envases con el símbolo químico P.

Las plantas absorben el fósforo en forma de ácido fosfórico o anhídrido fosfórico (P_2O_5). El fósforo es un elemento imprescindible para el crecimiento de las plantas, ya que estimula el desarrollo radicular y contribuye, por consiguiente, al equilibrio idóneo de la planta. Desempeña, además, una función esencial en la formación y el desarrollo de las flores. También aumenta la resistencia natural de la planta a las posibles enfermedades.

Para que sea soluble y, por tanto, asimilable, el fósforo debe ser atacado por ácidos orgánicos que se encuentran en el humus, de donde se deduce la importancia de un sustrato rico en materia orgánica. En la mayoría de abonos, el fósforo se presenta en una forma asimilable por las plantas.

El potasio: frutos y reservas

La trilogía de las materias fertilizantes básicas se cierra con el potasio, que se representa en los abonos con el símbolo químico K.

En la plantas, la formación y maduración de sus frutos y su calidad están ligadas a la correcta asimilación de potasio. Este elemento desempeña una función esencial en el transporte de azúcares y la formación de órganos de reserva, acumulando almidón en los tubérculos, los rizomas, los granos y las raíces. También actúa sobre la rigidez de los tejidos y, por consiguiente, la solidez de los tallos.

Sin la presencia de potasio, la planta no puede usar correctamente el nitrógeno. Casi todos los suelos demasiado ácidos presentan carencia de potasio. Por lo general, siempre habrá que usar un abono rico en potasio para las plantas domésticas.

▲ El nitrógeno favorece el desarrollo de las hojas *(Cycas)*.

▲ El fósforo estimula la floración *(Hoya bandaensis)*.

El potasio mejora la fructificación (kumquat). ▶

LOS DIFERENTES TIPOS DE ABONOS

Al disponer de un volumen de tierra limitado por la capacidad de la maceta, las plantas de la casa agotan rápidamente las sustancias nutritivas que les aporta el sustrato. Sin una fertilización regular y juiciosa, las plantas en maceta se desarrollan insuficientemente y florecen con dificultad. En el mercado tiene a su disposición una amplísima variedad de abonos.

▲ El abono en bastoncillo resulta muy conveniente para las plantas cultivadas en una hidrojardinera o trasplantadas recientemente.

Consejo: **Las plantas deben usar las sales minerales que les aportan los abonos, con el riesgo de provocar concentraciones en el suelo y quemaduras. Un tapón de abono líquido diluido en una cantidad de agua que oscile entre los 5 y los 10 l, garantiza una fertilización sin riesgos.**

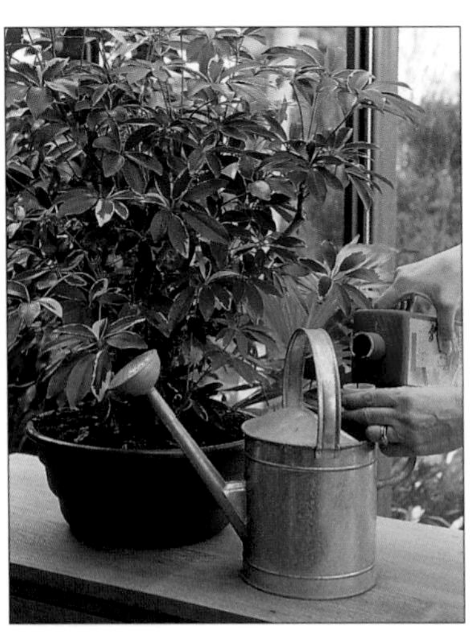

◀ El abono orgánico líquido actúa muy suavemente.

El término «abono» es la denominación oficial de los productos fertilizantes destinados a estimular el crecimiento de las plantas. En el lenguaje común, ha adquirido estos últimos años cierta connotación peyorativa, ya que sobrentiende la estimulación artificial de las funciones vitales.

Si se expresara, como sería lo correcto, con el término «alimento para plantas», ya no existiría ambigüedad alguna. De hecho, todo depende de la manera en la que se añade el abono y de la cantidad administrada a la planta.

En los cultivos industriales, los programas de abonado tienen como objetivo acelerar e incrementar la producción para poder comercializar plantas de calidad en el menor tiempo posible. Pero en cuanto entra en la casa, la planta se encuentra en un contexto muy diferente y volverá a alimentarse normalmente.

Los abonos líquidos

Se trata de la presentación más comúnmente ofrecida para las plantas de interior. Las sustancias nutritivas se encuentran disueltas de modo homogéneo, pero todavía siguen siendo demasiado concentradas para un uso directo del producto, por tanto, es necesario diluirlo. Los abonos líquidos se dividen en dos categorías: orgánicos y minerales.

- **Los abonos orgánicos** proceden de materias naturales (remolacha, guano, etc.). Ofrecen la ventaja de actuar suavemente y no entrañan el riesgo de quemar las raíces. Son productos bien equilibrados, cuya acción es más bien lenta y constante. Tienen como defectos un olor bastante intenso y una propensión a manchar los tejidos y los objetos.
- **Los abonos minerales** son aquellos que se suelen calificar de «químicos». Se fabrican de modo sintético y están dosificados con la

mayor exactitud. Puesto que las plantas los asimilan de inmediato, actúan rápidamente y los resultados son visibles en unos cuantos días. Se trata de productos a menudo inodoros, incoloros y que no manchan, salvo los riesgos de cristalización de sales minerales sobre el follaje o el suelo (en caso de sobredosificación). Un mal uso de estos productos puede provocar quemaduras. Desde hace poco se encuentran en el mercado abonos líquidos listos para usarse sin necesidad de diluir. Basta con romper el tapón del envase para que el producto se distribuya por el sustrato por goteo, y garantice una fertilización eficaz durante algunas semanas.

Los abonos solubles

Son polvos muy dosificados que se disuelven en el agua, para obtener una solución fertilizante que se usa como abono líquido. La ventaja reside en que compra sólo abono (en lugar de agua fertilizada). En cambio, la concentración es siempre elevada y el producto presenta dificultades de conservación (se endurece).
Algunos abonos solubles se ofrecen con difusores que se conectan a una manguera de riego. Este sistema puede resultar práctico en un invernadero o una galería que contenga muchas plantas. Un gran número de abonos solubles presentan una eficacia foliar *(véase columna siguiente).* Ofrecen el inconveniente de que a veces es difícil dosificarlos con precisión, aunque algunos productos se venden en sobres dosificados muy prácticos (para un litro).

Los abonos en bastoncillos

En estos productos, la materia fertilizante (mineral) está integrada en un soporte sólido. Tras compresión mecánica, se obtienen, según su aspecto, «tabletas», «clavos», «conos» o «bastoncillos», que se clavan en el sustrato, cerca del borde de la maceta. El producto se disuelve con el riego, por lo que su eficacia es de unos dos meses. Un inconveniente de esta presentación es la falta de regularidad en la calidad de los bastoncillos. Algunos resultan demasiado desmenuzables y se deshacen en el momento de su colocación. Los perfeccionistas pensarán (con razón) que el abono no está muy bien repartido, sobre todo en las macetas pequeñas donde sólo se usa un bastoncillo. Elija los bastoncillos para plantas cultivadas en grandes jardineras o aquellas que fueron trasplantadas recientemente, para evitar que el producto entre en contacto directo con las raíces.

Los abonos granulados

Este tipo de formulación se usa mucho en el jardín, pero para las plantas de la casa se prefieren las nuevas generaciones de «bolas» o de «perlas» de difusión lenta y progresiva. Son los denominados «abonos de liberación lenta» o «liberación controlada». El abono está encerrado en una especie de cápsula porosa y se libera a través de la membrana, en función de la humedad y la temperatura del sustrato.
Basta con dos o tres aportaciones anuales (según el tipo de formulación, el abono puede durar más de seis meses) sobre la superficie del sustrato o incorporado al mismo. Se trata, sin duda, de un producto con futuro debido a la sencillez de uso. El único defecto estriba en que resulta imposible controlar el momento en el que los gránulos se agotan.

Los abonos foliares

Son abonos líquidos o solubles con poder penetrante que pueden aplicarse al follaje mediante pulverización. Los nutrientes son absorbidos directamente por las hojas y utilizados rápidamente por la planta. Este tipo de abono es adecuado especialmente para las orquídeas y las plantas de raíces carnosas y frágiles.

▲ El polvo soluble suele ser muy concentrado.

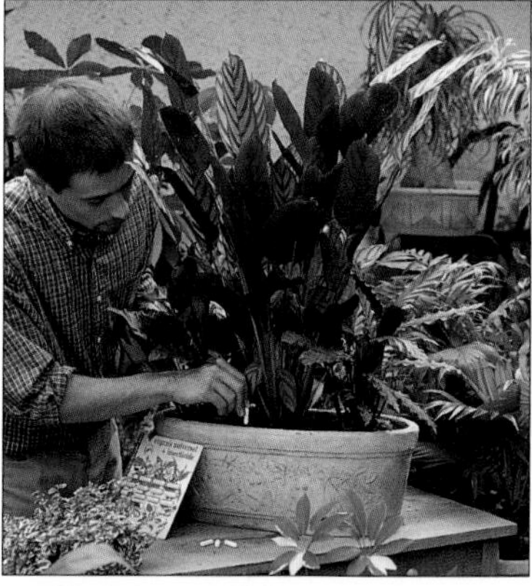

▲ Los bastoncillos se colocan en el borde de la maceta.

▲ Basta una aplicación anual de abono de liberación lenta.

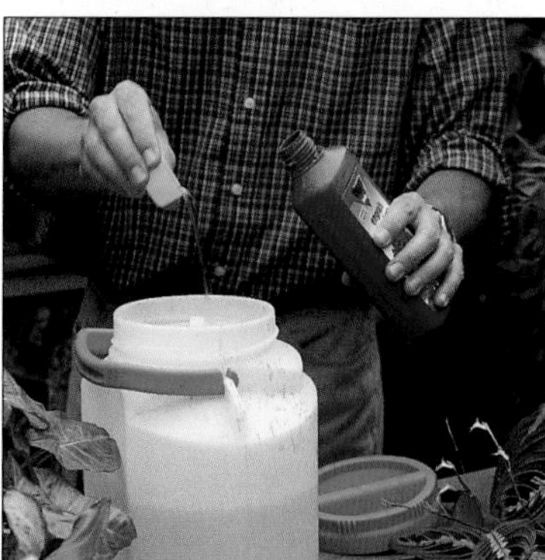

El abono de tipo foliar surte un efecto inmediato. ▶

LOS ABONOS ESPECIALES

La gama de abonos para las plantas de la casa, menos amplia que la oferta destinada al jardín, ha crecido durante estos últimos años. Por supuesto, es más cómodo usar productos específicos para los diferentes grupos de plantas que presentan exigencias concretas. Siga el consejo de un especialista.

Consejo: **Los abonos que se usan para el jardín no son en modo alguno incompatibles con las plantas de la casa. Puede, por ejemplo, usar un abono para «azaleas» u «hortensias», para todas las plantas arbustivas, y un abono para «geranios», para las plantas de flor.**

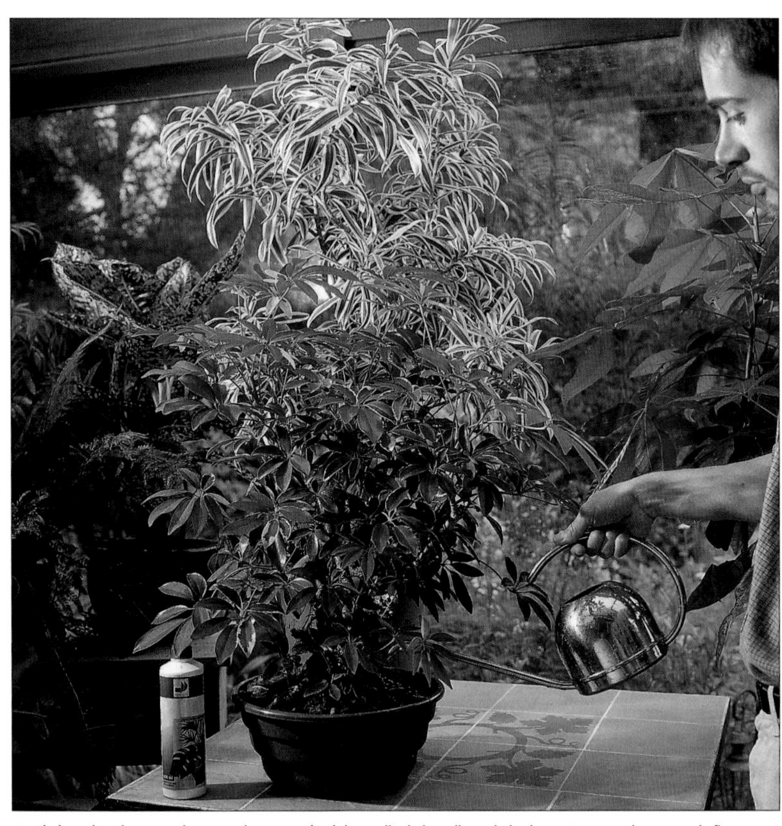

▲ El abono líquido para «plantas verdes» estimula el desarrollo de los tallos y de las hojas. Aquí se aplica a una cheflera.

En un sentido estricto, toda planta debería beneficiarse de un programa de fertilización específico, en función de sus particularidades metabólicas y de su modo de vida. Se han realizado estudios exhaustivos de las especies más comúnmente cultivadas y los profesionales conocen la «dietética» de los vegetales que producen. Por consiguiente, elaboran un menú «a la carta» para sus huéspedes y el ordenador se encarga de alimentar las plantas con una solución nutritiva adecuada. Ello explica en parte por qué la mayoría de las plantas de interior que compramos se encuentra en un sustrato de turba casi pura. Puesto que dicho material es inerte, aunque retiene bien el agua y las sales minerales, los resultados son espectaculares. Por desgracia, en casa no controla más que la temperatura. La luminosidad depende de los caprichos del cielo y de las estaciones, y la humedad y el riego, de su buena voluntad. Por ello, al principio es conveniente trasplantar las plantas nuevas usando un sustrato más equilibrado y, sobre todo, más rico que el de origen. Tres meses después, el abono es necesario.

◀ A la *Murraya* póngale un abono para «plantas verdes».

Comprender los abonos

Casi todos los abonos comerciales propuestos para las plantas de la casa son productos llamados «completos», es decir, que incluyen los tres elementos principales o macroelementos –nitrógeno, fósforo y potasio– bajo la denominación NPK, que responde a los símbolos químicos de estos elementos *(véase página 161)*. La formulación puede completarse con magnesio, que actúa positivamente sobre la floración, vitaminas y oligoelementos que equilibran el crecimiento. La composición del producto siempre se expresa mediante tres números que reflejan el porcentaje de cada elemento principal (según el orden NPK) que contiene el abono.

Los abonos universales

Por lo general, son productos equilibrados en los que cada elemento está dosificado en proporción idéntica o similar. Los abonos universales pueden compararse con productos genéricos y estándares. Son muy convenientes para las plantas comunes con un objetivo puramente de mantenimiento. Sin embargo, es mejor usar abonos más específicos.

Los abonos genéricos

Estos productos muy extendidos se ofrecen en dos versiones: abonos para plantas verdes y para plantas de flor. Es una manera sencilla, pero eficaz, de abordar la fertilización de las plantas de la casa, ya que cada especie puede encajar en alguna de las dos categorías.

Para simplificar, el abono para plantas verdes estimula el crecimiento y el desarrollo de los tallos y las hojas, en tanto que el de plantas de flor favorece el proceso complejo de la floración.

«BIOLÓGICAMENTE» HABLANDO

Un abono no puede ser absorbido por las plantas en forma orgánica. Un abono «natural» debe necesariamente mineralizarse en la tierra por la acción de las bacterias. Éstas se encuentran muy presentes en los mantillos y los composts procedentes de la descomposición de materias vegetales y animales (hojas, césped, restos de podas, estiércol, cortezas fermentadas, guano, algas, etc.). En cambio, la actividad microbiana es casi inexistente en la turba, una materia natural pero casi inerte, y totalmente ausente en los materiales como vermiculita, puzolana, perlita, lana de roca, etc. En este tipo de sustrato, el uso de abonos «químicos» resulta indispensable.

▲ El abono para «plantas de flor» es adecuado para el hibisco.

Los abonos especializados

Estos productos gozan de una formulación específicamente adaptada a las necesidades de un grupo de plantas. Con el afán de simplificar, los fabricantes centraron su denominación en una categoría muy conocida, pero cuyas necesidades de nutrientes son semejantes a las de otros cultivos. De esta manera, un «abono para agrios» es apropiado para todas las plantas que llevan frutos *(Ardisia, Capsicum)*, y también para las palmeras. Un «abono para orquídeas» resulta perfecto para las bromeliáceas y la mayoría de las plantas acidófilas, como la gardenia o los helechos.

El «abono para bonsáis» es muy conveniente para todos los árboles y otras plantas leñosas. El «abono para cactáceas» es apreciado para las *Jatropha* y las *Beaucarnea.*

▲ Los abonos para cactáceas tienen escasa concentración.

▲ Los abonos para agrios están enriquecidos con potasio.

▲ Los bonsáis aprecian los abonos de liberación lenta.

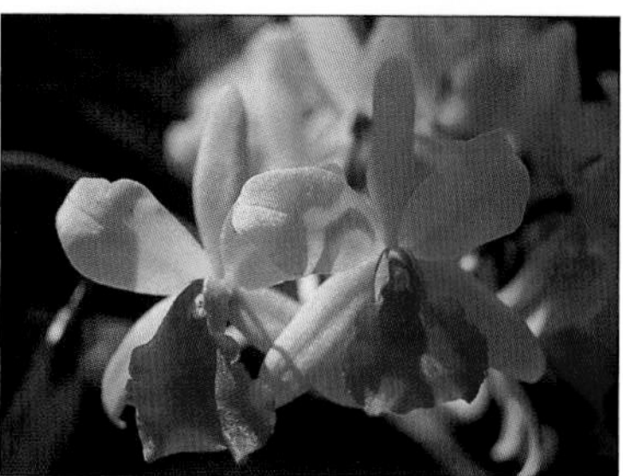

Los abonos para orquídeas no contienen cal. ▶

USO CORRECTO DEL ABONO

La fertilización correcta de las plantas de interior comienza por una observación atenta de su comportamiento y un respeto a su ritmo de vida. Después, es importante nutrirlas «con mesura» para permitirles un desarrollo razonable y bien equilibrado. Éste es uno de los secretos que garantizan la longevidad de sus huéspedes.

▲ La dosificación del abono nunca debe rebasar la concentración aconsejada por el fabricante en el envase.

Consejo: **Una planta bien alimentada y con un fuerte crecimiento tiene más probabilidades de resistir los ataques de parásitos y las enfermedades. En cuanto empiece un tratamiento antiparasitario, añada un abono muy poco concentrado, unos tres días tras la pulverización y proteja la planta mediante una fertilización regular adaptada a sus necesidades. Sanará más rápido.**

La correcta fertilización es, en teoría, la dosis nutritiva exacta que la planta necesita para garantizar su crecimiento, una cantidad añadida en el momento ideal, que permitirá obtener un resultado tan eficaz como sea posible. En la práctica, sobre todo en nuestros cultivos de aficionado, el aporte de abono se hace siempre de forma empírica. No sabemos medir las necesidades del vegetal y, aún menos, controlar la presencia de elementos nutritivos almacenados en el suelo. Incluso hay que saber que un mantillo desequilibrado puede «capturar» el abono e impedir a la planta que disponga de él. Algunas carencias obstaculizan también la asimilación de materias nutritivas. Tendemos, pues, a aplicar reglas simples, fruto de la observación y de la experiencia.

LA PLANTA HAMBRIENTA

Cuando una planta en maceta no ha sido fertilizada, comienza por mostrar un crecimiento lento, e incluso se detiene. Pero la decoloración del follaje, que adquiere un color amarillo pálido tirando a blanco, debe alertarle seriamente.

Al principio, los síntomas pueden confundirse con una clorosis (carencia de hierro), pero el color de las hojas es menos amarillo y el limbo también tiende a ondularse.

En caso de carencia de nitrógeno, se observa el fenómeno inverso de la clorosis, es decir, un amarilleo a la altura de las nervaduras y un limbo que sigue siendo muy verde.

Buganvilla con carencia de nitrógeno. ▶

Fertilizar en el momento adecuado

La experiencia ha demostrado que el período más favorable para suministrar abono a las plantas de interior (o al menos el que da resultados visibles) se sitúa entre principios de abril y mediados de agosto, y luego en septiembre. En el terreno alimentario, parece que un buen número de plantas «toman vacaciones de verano», con un crecimiento lento durante los días más cálidos del año. Después, se observa una reactivación en septiembre y, luego, una ralentización progresiva del crecimiento durante el transcurso de octubre; desde noviembre hasta mediados de febrero o principios de marzo se produce una detención vegetativa total. Este ritmo vegetativo es más o menos acentuado según las especies y puede ser controlado, o incluso perturbado por las técnicas de cultivo (variación de la temperatura, iluminación artificial, frecuencia de riego y de fertilización, etc.). En general, puede decirse que la fertilización debe ser más intensa al principio del período de crecimiento y, después, experimentar un ligero descenso en junio para reactivarse en septiembre y disminuir en octubre. Salvo si las plantas están en plena floración, el período invernal debe señalar una detención total de los aportes de abono.

Frecuencia de los aportes

Todo dependerá del tipo de abono usado. Los abonos de liberación controlada requieren muy pocas aplicaciones por año (de 1 a 4). Los bastoncillos permanecen activos entre ocho y diez semanas. Los abonos foliares tienen una eficacia inmediata, pero corta. Sin embargo, se aplicarán una vez por semana como media. En el caso de los abonos líquidos, la regla marca un aporte de abono cada tres riegos durante el período de fuerte crecimiento (de abril a julio), lo que equivale, en función de la temperatura ambiente, a una fertilización semanal o bimensual.

En marzo y septiembre, bastará un solo aporte. En las plantas activas durante el período invernal, no pase de una fertilización cada quince días. Por supuesto, todo ello es válido en el caso de un empleo tradicional de abonos, dosificados según la concentración aconsejada en los envases.

Algunos consejos especiales

En función del tipo de abono que utilice, tome las precauciones siguientes:

• **La aplicación del abono líquido** se hace siempre sobre un sustrato húmedo, para que las raíces no absorban bruscamente un exceso de sales minerales. La experiencia ha demostrado que el mejor método (independientemente de la especialidad del producto usado) consiste en diluir la dosis especificada por el fabricante, de forma que se incremente la frecuencia de riegos fertilizados, pero con menor concentración. Con esta técnica, las plantas se fertilizan con moderación, sin riesgo de quemaduras y se benefician, sobre todo, de un crecimiento más regular, lo que al final resulta muy positivo. En las hidrojardineras, el abono se verterá en el depósito, pero con la mitad de la concentración que se aconseja de forma habitual para evitar una sobredosificación.

• **Los abonos granulados** se distribuyen de manera uniforme por la superficie del sustrato, procurando no superar la dosis aconsejada por el fabricante. Puede enterrar ligeramente los gránulos con un tenedor o un pequeño rastrillo.

• **Los abonos en bastoncillos** se plantan siempre verticalmente, siguiendo el contorno de la maceta (jamás en medio de la tierra para evitar el contacto directo del producto con las raíces). Entiérrelos unos 3 cm. Coloque un bastoncillo cada 10 o 15 cm.

• **Los abonos foliares** se aplican en forma de atomización fina, insistiendo bajo el follaje, para que penetren en los estomas (poros). El producto no debe chorrear bajo ningún concepto. Las plantas de follaje aterciopelado o muy fino no se fertilizarán de este modo (riesgo de manchas).

EXCESO DE ABONO

Algunos errores pueden provocar una asimilación excesiva de abono por parte de la planta, por ejemplo, el hecho de no respetar la concentración del abono líquido (sobredosis), aportes demasiado frecuentes, la fertilización de una planta sedienta, un producto inapropiado, etc. También hay que tener en cuenta la capacidad de retención por parte de los componentes del sustrato. En general, puede considerarse que cuanto más esponjoso sea un sustrato, más capacidad tendrá de almacenar sales minerales. A la larga, éstas alcanzarán una proporción nociva para la planta (indigestión). El exceso de abono no se manifiesta por un crecimiento magnífico, sino más bien por un comportamiento achacoso. La planta se muestra indispuesta y su crecimiento se frena. Al principio, puede tenerse la impresión de que necesita de un buen «latigazo»; este error puede ser fatal.

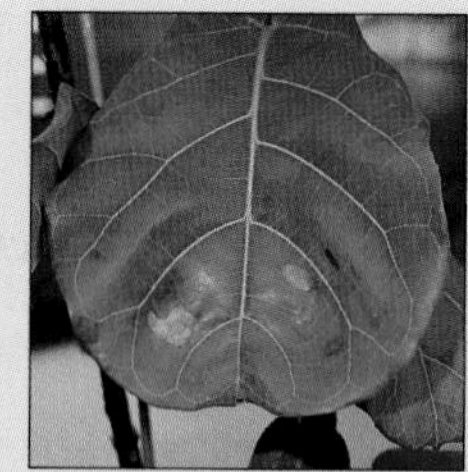

▲ *Quemaduras de abono en un ficus.*

Los síntomas de reacción violenta se manifiestan mediante quemaduras en el follaje, cuyas partes centrales se secan. Riegue abundantemente para diluir.

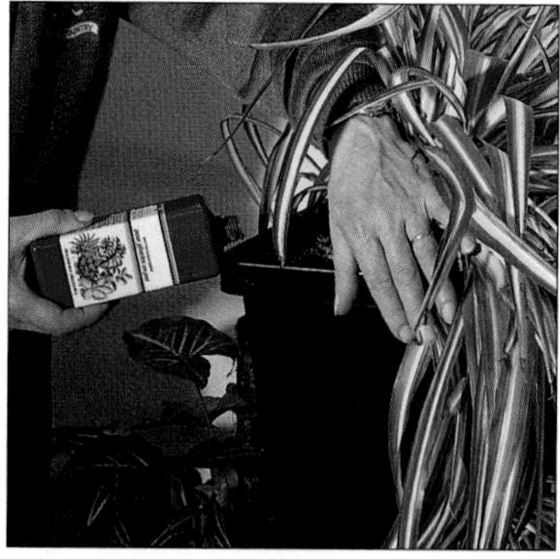

▲ El abono se vierte directamente en el depósito de agua.

▲ Plante el bastoncillo de abono en la periferia de la maceta.

Es imperativo diluir el abono líquido. ▶

TRATAMIENTOS PARA PLANTAS DE INTERIOR

Como todos los seres vivos, las plantas se ven amenazadas por diferentes plagas y enfermedades. Un ataque parasitario en casa debe atajarse con mucha rapidez, ya que las plantas cultivadas en macetas muestran una menor resistencia natural a sus enemigos que las que crecen en la tierra.

Consejo: **En cuanto una planta presente el menor síntoma anormal (manchas, decoloración, interrupción del crecimiento, presencia de insectos sobre los tallos y las hojas), póngala en cuarentena en una habitación bien iluminada y poco caldeada, donde estará sola. Así evitará el contagio y podrá vigilarla mejor.**

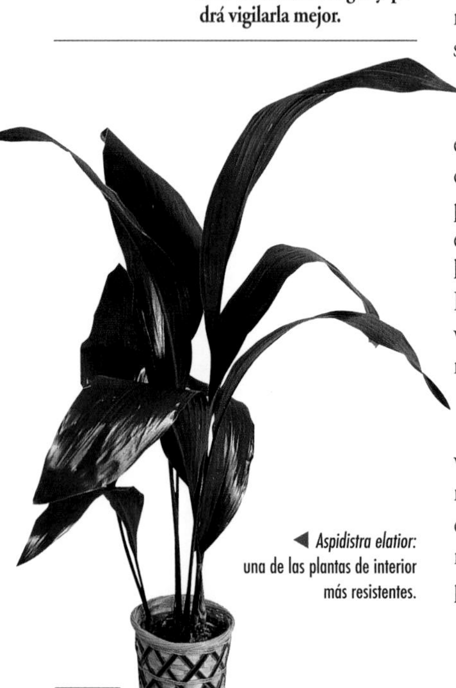

◀ *Aspidistra elatior:* una de las plantas de interior más resistentes.

▲ Intente no juntar demasiado las plantas, ya que ello favorece la aparición y la propagación de enfermedades.

Puesto que las plantas de casa se cultivan en maceta, un universo artificial no siempre muy bien adaptado a sus necesidades, y se ven sometidas a un ritmo estacional diferente al de sus regiones de origen, sufren siempre debilitamiento. En condiciones de cultivo desfavorables, especialmente falta de luz, una bajísima humedad ambiental, exposición a las corrientes de aire, riegos excesivos, un sustrato agotado o poco apropiado, etc., las plantas ya no disponen de la energía necesaria para resistir a los ataques de los parásitos.

Por el contrario, los enemigos de los cultivos encuentran en la casa unas condiciones muy favorables para su desarrollo. Escapan de la mordedura mortal del frío invernal y permanecen activos todo el año. Se aprovechan de la humedad estancada (en las macetas o las plantas) para proliferar, sin contar con que sus depredadores o sus parásitos naturales se encuentran, casi siempre, ausentes al interior de nuestras casas.

Una resistencia natural

Al igual que los seres vivos, las plantas disponen de un sistema de defensa natural contra las agresiones externas. La mecánica de su funcionamiento aún se desconoce totalmente, pero algunos experimentos de-

LAS PLANTAS QUE NUNCA ENFERMAN

Algunas plantas de interior se muestran resistentes a la mayor parte de plagas y enfermedades. Las siguientes casi nunca necesitan tratamiento: *Adenium, Alpinia, Amorphophallus, Ardisia, Aspidistra, Caladium, Clusia, Colletia, Cyanotia, Cyperus, Exacum, Fittonia, Glechoma, Haemanthus, Hymenocallis* (ismene), *Jathropha, Microlepia, Neoregelia, Nidularium, Ophiopogon, Oplispemus, Pachyphytum, Pellaea, Pellionia* (Elastotema), *Pinguicula, Plectranthus, Puya, Rehmannia, Sansevieria, Scirpus, Siderasis, Sonerila, Stenocarpus, Veltheimia*, etc.

mostraron, por ejemplo, que una enfermedad no se propagaba forzosamente a todos los individuos, ya que las plantas más vigorosas, cultivadas bajo unas excelentes condiciones, disponían de medios internos para detener la agresión.

Es casi seguro que este «sistema inmunitario» es de naturaleza química, ya que la planta es capaz de segregar sustancias que inhiben o incluso dañan a su adversario. Además, este fenómeno puede observarse de modo muy espectacular en la *Euphorbia,* por ejemplo, cuya savia lechosa (el látex) es tóxica, lo que protege a la planta del apetito de los herbívoros. En cambio, algunas especies de cochinillas y de pulgones se muestran insensibles a esta defensa natural de la planta, a la que acuden para vivir como parásitos.

Prevenir y curar

Puesto que todo es una cuestión de equilibrio en la naturaleza, no se trata de intentar exterminar a «los malos», sino de limitar su acción para que siga siendo «tolerable» para las plantas. Si tomamos ejemplos de la vida cotidiana, veremos que aguantamos algunas picaduras de mosquitos en las noches de verano, sin tener la impresión de vivir un momento penoso. En cambio, si sufrimos los asaltos en regla de una nube de esos insectos «chupadores de sangre», la «barbacoa» se convierte en un infierno rápidamente. Lo importante es el umbral de tolerancia, más allá del cual todo se desequilibra: el grano que se convierte en forúnculo, la tos que se transforma en bronquitis, etc. Con la planta sucede lo mismo. Algunas hojas devoradas por las orugas no perjudican seriamente a la planta y sólo tienen consecuencias estéticas. En cambio, un ataque generalizado de arañas rojas puede eliminar todo el follaje en unos cuantos días y provocar la muerte de la planta.

Ante todo, su sentido de la observación y la rapidez de la intervención marcarán la diferencia. Todos los trastornos no son tan espectaculares como los ataques de pulgones. A veces, el enemigo resulta insidioso y el «tiempo de incubación» de la enfermedad, a menudo bastante largo. Cualquier modificación en el aspecto o el comportamiento de la planta debe alertarle e incitarle a actuar, comenzando por mejorar las condiciones de cultivo.

El objetivo debe ser ofrecer a la planta los medios para resistir ante el problema, liberarla de las plagas o de los agentes vectores de la enfermedad, y después actuar de tal manera que no se produzcan ataques nuevos y que, a su vez, otros enemigos no aprovechen su debilidad pasajera para pasar a la acción. En ningún caso, la idea no es la erradicación de los parásitos, ya que esa «guerra generalizada» está perdida de antemano y seguramente resultaría desastrosa para el entorno.

Plagas y enfermedades

Las plantas se ven amenazadas por varias categorías de enemigos. Se denominan «plagas» a las especies que proliferan sobre las plantas y se nutren de ella directamente: insectos, ácaros, limacos, roedores, etc. Las «enfermedades» son la reacción de la planta mediante manchas, necrosis y decoloraciones a la presencia de un huésped indeseable: hongo, bacteria o virus.

En el primer caso, siempre es posible actuar suprimiendo manualmente los órganos donde se concentran las plagas. El tratamiento siguiente tendrá como objetivo proteger al vegetal contra un nuevo ataque.

Con respecto a las enfermedades, los cuidados consisten en impedir la extensión del problema y limitar los daños sobre la planta. En cambio, hay que saber que cualquier órgano manchado, deformado, con necrosis o decolorado nunca recuperará su aspecto inicial. Por tanto, es necesario cortar las partes enfermas o, incluso, eliminar totalmente la planta en el caso de un ataque demasiado fuerte.

▲ La sansevieria sólo teme a los excesos del riego.

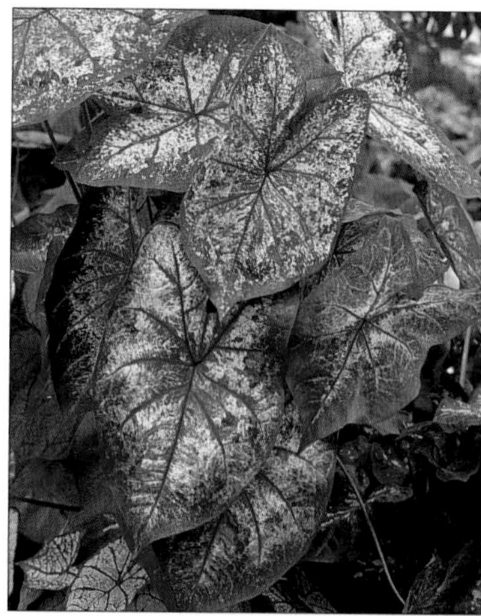

▲ El caladio se asusta ante las corrientes de aire frío.

Cochinillas, pulgones y trips atacan el anturio. ▶

LOS ENEMIGOS Y LAS PLAGAS

Se llama «enemigos de las plantas» o «plagas» al conjunto de los animales –insectos, ácaros, gasterópodos, pájaros, roedores– que se nutren de las plantas cultivadas. En casa, su número es limitado, pero sus acciones, a menudo rápidas y violentas, los convierten, con razón, en temibles enemigos. Sepa identificarlos para combatirlos con eficacia e impedirles que se multipliquen.

Consejo: **La irrigación del follaje, al menos una vez al mes, es un buen método para prevenir la invasión de plagas. También desempolva las plantas. Use un chorro fino y bastante potente para despegar los huevos y las larvas. Insista sobre todo en el envés. Puede completar eficazmente la intervención mediante un tratamiento preventivo.**

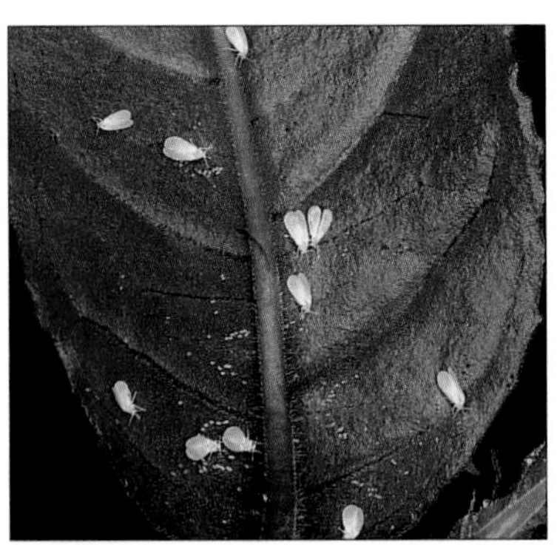

◀ *Aleuródidos* o «moscas blancas» sobre una fucsia.

▲ Ataque de arañas rojas a una *Fatsia japonica.*

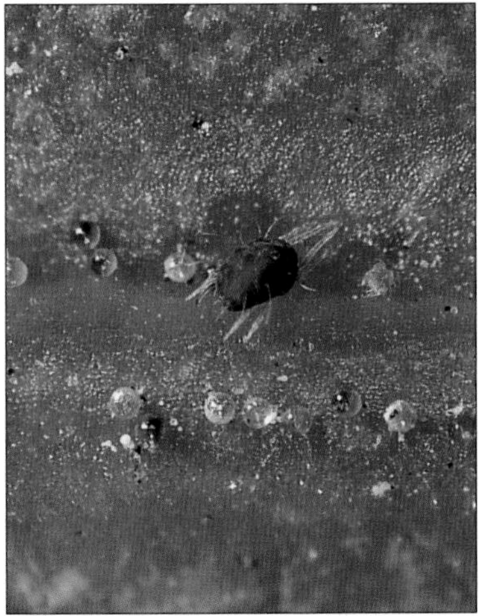

▲ Ácaros de los agrios *(Panonychus citri).*

Los ácaros

Con este nombre genérico se designa a todos los arácnidos de «ocho patas», es decir, a las arañas rojas o amarillas, que no hay que confundir con los insectos (seis patas), y que deben tratarse con productos específicos (acaricidas). Por su pequeño tamaño (miden menos de 1 mm de largo) los ácaros son difíciles de descubrir individualmente. No obstante, se les identifica por las telas muy finas que tejen en el envés de las hojas. Estas plagas devoran la epidermis de las hojas. La planta reacciona mediante decoloraciones y el limbo toma un color gris plateado con un aspecto plomizo. También pueden observarse manchas minúsculas en la cara inferior de las hojas. Los capullos florales es posible que ennegrezcan y se caigan antes de abrirse. Los ácaros proliferan en ambientes cálidos y secos. Los ataques suelen ser violentos y pueden ocasionar la muerte rápida de la planta.

• **Plantas sensibles:** *Aeonium, Anigozanthos, Asparagus,* bananos (*Ensete* y *Musa*), *Brugmansia* (datura), *Brunfelsia,* cactáceas, *Callisia, Citrus* (agrios), *Codiaeum* (croton), *Cordyline, Crossandra, Cupressus macrocarpa, Cyperus, Dichorisandra, Dieffenbachia,* x *Fatshedera, Fatsia, Ficus, Fortunella* (kumquat), *Fucsia, Grevillea, Gynura, Hedera* (hiedra), *Heliconia, Hibbertia, Hibiscus, Hippeastrum* (amarilis) atacado por el ácaro de los bulbos, *Hoffmannia, Impatiens, Ipomoea, Jacaranda, Medinilla,* orquídeas, palmeras, *Passiflora, Peperomia obtusifolia, Persea* (aguacate), *Pilea, Rhoicissus, Saintpaulia, Tecoma, Thunbergia, Tradescantia* y *Zantedeschia.*

• **Método de lucha:** el mantenimiento de una intensa humedad ambiental es el mejor medio de prevención. Vaporice a menudo el follaje. Los acaricidas específicos a base de Dicofol son los únicos productos curativos eficaces que deben usarse para controlar el ataque. Existen también insecticidas con efecto acaricida.

• **Nuestro consejo:** envuelva totalmente la planta atacada en una lámina de plástico, para aislarla y provocar una elevada humedad que será nefasta para los ácaros. Si se trata de plantas pequeñas, puede sumergirlas por entero en una solución acaricida al 50 %.

Los aleuródidos

A menudo denominadas «moscas blancas», los aleuródidos son unos insectos parecidos a pequeñas moscas con alas, de 3 mm de largo, que proliferan sobre la cara inferior de las hojas, cuya savia chupan. Sus desechos pegajosos (melaza) favorecen la aparición de la fumagina o negrilla (especie de carbón).

- **Plantas sensibles:** todas las especies de hojas tiernas y de plantas de flor, especialmente: azalea, zapatito de la virgen, cineraria, *Crossandra, Erythrina, Fuchsia, Hibiscus,* flor de Pascua, *Pelargonium* y primavera.
- **Método de lucha:** debe emprenderse una acción insecticida preventiva con pulverizaciones con insecticidas apropiados y con la frecuencia que indique el producto. Debido a la proliferación rápida de esta plaga, la mosca blanca es difícil de controlar.
- **Nuestro consejo:** las moscas blancas son insectos tropicales que necesitan calor para desarrollarse. Reduzca la temperatura de la habitación, ventile bien y refuerce la defensa natural de las plantas atacadas con aportes de abono diluido.

Los gorgojos

Estos insectos coleópteros, que pueden alcanzar 2 cm de largo, devoran el borde de las hojas y los capullos florales. Los gorgojos suelen atacar por la noche, lo que dificulta la observación de los «enemigos». Las larvas, que parecen pequeños gusanos blanquecinos o de color de crema, se desarrollan en las macetas y mordisquean las raíces, con lo que debilitan las plantas. Los ataques presentan por lo general una virulencia limitada y son bastante localizados.

- **Plantas sensibles:** especies de hojas tiernas, sobre todo la azalea y la begonia.
- **Método de lucha:** pulverice con un insecticida de ingestión sobre el follaje en cuanto aparezcan los primeros estragos. Para mayor eficacia, repita el tratamiento cuatro veces en un intervalo de una semana.
- **Nuestro consejo:** utilice sustratos comerciales para sus trasplantes, puesto que éstos ofrecen la garantía de estar libres de todo parásito.

Las orugas

La larva de algunos insectos, como las mariposas, se denomina «oruga». La mayoría de las veces son verdes, pardas o amarillas y se nutren de las partes carnosas del follaje, evitando las nervaduras. Las orugas, dotadas de un apetito feroz, pueden causar la defoliación completa de una planta en pocos días.

- **Plantas sensibles:** todas las especies de hojas tiernas y lisas.
- **Método de lucha:** elimine manualmente las orugas que descubra en las plantas. Los tratamientos insecticidas preventivos también resultan muy eficaces.
- **Nuestro consejo:** los ataques de las orugas a las plantas de la casa se producen sobre todo en verano, cuando las plantas se encuentran en el jardín, o en el caso de plantas recientemente adquiridas. Una observación regular permite evitar los ataques graves.

Las cicadelas

Son pequeñas cigarras de 1 a 3 cm de largo, bellamente coloreadas de verde, pardo, amarillo y rojo, que se instalan en la cara inferior de las hojas, de cuya savia se alimentan. Estos insectos son fáciles de localizar por los saltos que dan cuando se mueve el follaje.

Las hojas dañadas presentan un punteado amarillento, que se forma a causa de las picaduras.

- **Plantas sensibles:** todas las especies de hojas tiernas y, sobre todo, las azaleas.
- **Método de lucha:** suprima las hojas afectadas y duche toda la planta.
- **Nuestro consejo:** puesto que el ataque de cicadelas no suele ser grave, resulta inútil un tratamiento.

▲ Gorgojo *(Phyllobius urticae)*.

▲ Hojas de acalifa devoradas por las orugas.

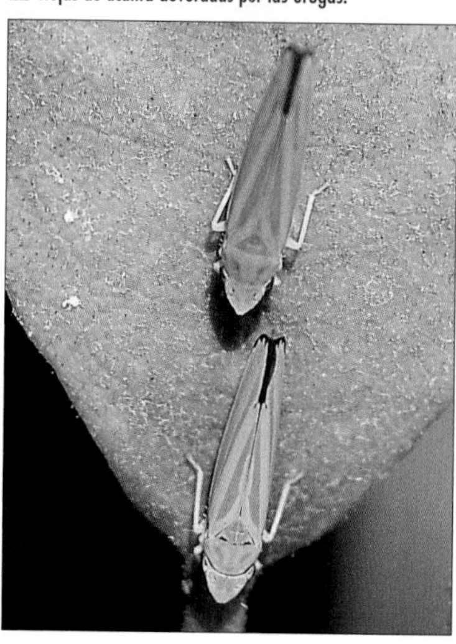

Cicadélidos *(Graphocephala fennshi)*. ▶

▲ La cochinilla de humedad *(Oniscus asellus)* es un crustáceo.

▲ Cochinillas negras del olivo sobre una adelfa.

◀ Cochinilla sobre la inflorescencia de una *Chamaedorea.*

Las cochinillas de humedad

Pertenecen a los artrópodos, una familia que agrupa algunos animales invertebrados, como los insectos, los arácnidos, los miriápodos y los crustáceos, que presentan un esqueleto externo de elementos articulados. Las cochinillas de humedad pertenecen a esta última categoría y se encuentran emparentadas con las langostas y las gambas, aunque viven en el suelo, y prefieren los ambientes húmedos. Se ocultan a menudo bajo las macetas o en las zonas oscuras del invernadero o de la galería. Las cochinillas de humedad (crustáceos isópodos), de color gris, de forma ovalada y provistas de muchas patas cortas, realizan su actividad durante la noche, que es cuando roen las raíces de las plantas. Por regla general, los daños son escasos, ya que las proliferaciones de cochinillas de humedad son fáciles de descubrir y su eliminación no plantea problema alguno.

- **Plantas sensibles:** todas las especies de raíces finas y que aprecian los lugares húmedos y las atmósferas encerradas.
- **Método de lucha:** resulta inútil su tratamiento y, además, la acción de los insecticidas es casi inexistente, ya que las cochinillas forman parte de otra categoría de artrópodos. Sin embargo, se observa cierta eficacia con las piretrinas. La caza con trampa es un método muy sencillo. Basta con ahuecar una patata para que las cochinillas acudan a aglutinarse en el interior.
- **Nuestro consejo:** limpie con mucha regularidad el invernadero y la galería para eliminar del suelo los desechos orgánicos (hojas, partículas de mantillo, etc.) que atraen a las cochinillas. Levante las macetas y limpie la parte inferior, que no debe estar manchada de tierra permanentemente.

Las cochinillas

Estos insectos primitivos bastante cercanos a los pulgones (son homópteros) comprenden muchísimas especies de aspecto muy diferente. Las cochinillas constituyen una auténtica plaga para las plantas de la casa, ya que resulta bastante difícil combatirlas eficazmente y se propagan con mucha rapidez, sumando varias generaciones por año. Se distinguen las cochinillas de escudo, las harinosas y las de las raíces.

Las cochinillas de escudo se caracterizan por tener un caparazón céreo que les sirve de protección y bajo el cual el insecto se encuentra bien cobijado. Pueden dividirse en tres grupos.

Los diaspinos, denominados vulgarmente «caspillas», se aglutinan en colonias inmóviles sobre los tallos y bajo las hojas. Están protegidos por un escudo céreo independiente de su cuerpo, que se parece a una valva de molusco en miniatura (3 mm).

Los lecánidos son especialmente virulentos con las plantas de interior y de invernadero. Con una longitud de 2 a 6 mm, no disponen de un auténtico escudo, pero están cubiertos con una piel cérea, gruesa y dura que cumple la misma función. Su forma es más bien redonda.

La cochinilla australiana es muy aficionada a los agrios *(Citrus)* y las mimosas *(Acacia).* Es una «cochinilla gigante», de 1 cm de largo, con escudo rojo pardo, a menudo acanalado, que pulula con mucha rapidez.

Las cochinillas pican los tejidos de la planta y chupan la savia.

Las cochinillas algodonosas o harinosas se caracterizan por sus posibilidades de desplazamiento por la planta, ya que las cochinillas de escudo permanecen inmóviles. Están cubiertas con una especie de harina blanquecina, y miden de 3 a 7 mm de largo. Parecen cochinillas de humedad en miniatura. Son muy virulentas en casa, ya que su desarrollo óptimo exige una temperatura de 22 °C.

Las cochinillas de las raíces son mucho más pequeñas, pero se parecen a las harinosas, o algodonosas, con su cubierta blanquecina y lanosa. Son especialmente perjuciales para las plantas carnosas y las cactáceas, ya que provocan la irritación de los tejidos y una muerte segura. Las cochinillas segregan una melaza pegajosa muy azucarada y concentrada, que puede provocar quemaduras en la epidermis, y sobre la cual acude a desarrollarse la fumagina (negrilla). Debido a su proliferación, estos insectos son responsables de graves estragos: caída de hojas, formación de hendiduras sobre los tallos, muerte de los brotes, disminución muy notoria del crecimiento, aspecto general lamentable, deformación general de la vegetación y muerte de la planta.

• **Plantas sensibles:** la inmensa mayoría de los vegetales cultivados en nuestros interiores es susceptible de ser atacada por cochinillas. No obstante, algunas plantas se encuentran más amenazadas: agrios, *Asparagus, Anthurium,* banano, bromelias, cactáceas, cicas, *Ficus,* helechos, *Monstera,* palmeras, plantas carnosas (suculentas), *Philodendron,* orquídeas, etc.

• **Método de lucha:** al principio conviene despegar manualmente las cochinillas, ya que su escudo protector las protege de los insecticidas. Frote las partes invadidas con un algodón empapado en una solución de alcohol de 60° diluido en agua (1/3 de alcohol por 2/3 de agua). Media hora después resulta más fácil despegar las cochinillas con un cepillito o una esponja. Tras efectuar esta limpieza, aplique un insecticida que contenga piretrinas de síntesis (sobre todo, Cipermetrina y Deltametrina). Los productos elaborados con Imidaclopride, que se encuentran también en forma de aerosoles, dan buenos resultados.

En cambio, en las plantas de la casa hay que evitar cualquier aplicación de los clásicos productos para combatir cochinillas a base de aceite de parafina. El producto no sólo puede dañar el mobiliario, sino que es poco tolerado por la inmensa mayoría de las plantas de interior.

Contra las cochinillas de las raíces hay que comenzar por la extracción de la planta, el lavado de las raíces con mucha agua y un cambio completo del sustrato; luego riegue cada diez días durante tres meses con una solución de insecticida diluido con la mitad de la concentración aconsejada. Existen algunos insectos (*Leptomastix dactylopii, Exocomus flavipes,* etc.) que pueden utilizarse en programas específicos de lucha biológica, puesto que son enemigos naturales de algunas especies de cochinilla, pero no es un método recomendado a los aficionados.

• **Nuestro consejo:** efectúe una poda importante de las plantas atacadas eliminando las partes cubiertas de cochinillas. Administre tratamiento después para evitar una nueva infestación y estimule el crecimiento de la planta mediante aportes regulares de abono en dosis reducidas.

Los ciempiés

Estos artrópodos son tan numerosos y diversos que forman la clase zoológica de los miriápodos, a la que pertenecen las escolopendras, de cuerpo muy largo y delgado, y las escutíferas, de cuerpo corto y patas más largas. Su cuerpo alargado, en forma de serpiente, está dividido en numerosos anillos, cada uno de los cuales lleva un par de patas. Cuando descansan, los ciempiés tienden a enrollarse en espiral sobre ellos mismos. Durante el trasplante, en las macetas suele descubrirse con bastante frecuencia uno o varios ciempiés mordisqueando las raíces para alimentarse. Cuando la invasión se limita a unos cuantos individuos, que es lo más frecuente, el ataque carece de gravedad. En cambio, si se juntan más de cinco ciempiés en la misma maceta, los daños pueden ser graves, ya que la planta puede dejar de crecer y ajarse.

• **Plantas sensibles:** sobre todo los cultivos jóvenes (esquejes, semilleros) y todas las especies de raíces finas y tiernas.

• **Método de lucha:** basta con eliminar manualmente los ciempiés que habitan en el mantillo de la planta.

• **Nuestro consejo:** es aconsejable cambiar toda la tierra, ya que puede contener huevos.

▲ Cochinillas de escudo sobre un *Phoenix canariensis.*

▲ Cochinillas algodonosas sobre un tallo de *Crassula.*

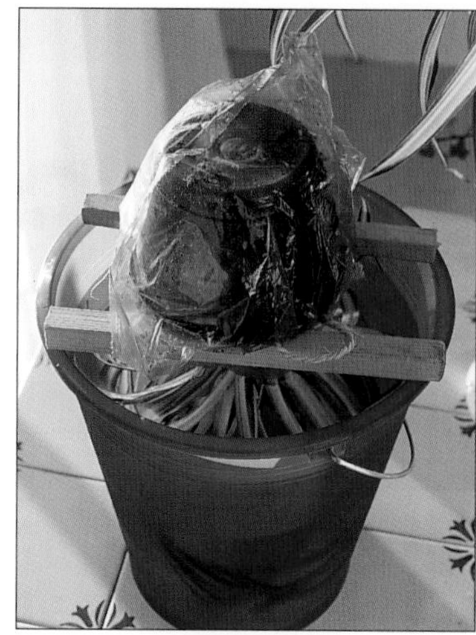

▲ Remojo de la planta en la lucha contra las cochinillas.

El ciempiés es un huésped indeseable en las macetas. ▶

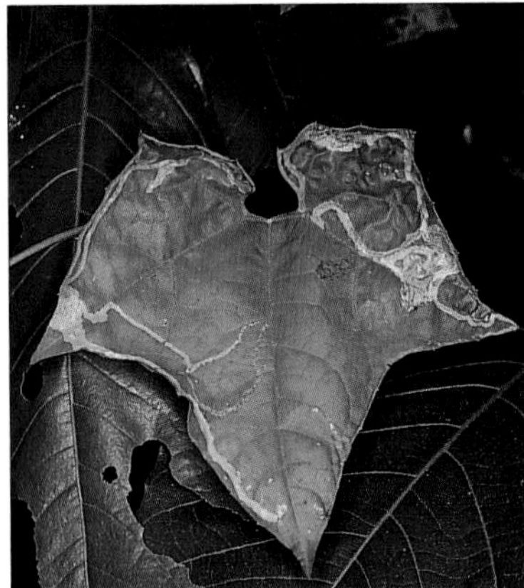

▲ Daños de minadora en una hoja de hiedra.

▲ Ataque de nematodos (anguílulas) a unos narcisos.

Las minadoras

La denominación de «minadoras» se emplea para designar las larvas de algunos insectos que se desarrollan en el interior del limbo de las hojas, excavando galerías que se hacen visibles por transparencia. Las «minadoras», de tamaños y formas muy variados, son más espectaculares que peligrosas. Confieren siempre un aspecto bastante antiestético a la planta. Cuando se trata de un ataque grave, puede observarse una disminución en la velocidad de crecimiento de la planta, por la destrucción de la clorofila que reduce la actividad de la fotosíntesis.

• **Plantas sensibles:** sobre todo los follajes bastante gruesos y coriáceos que no formen látex: aralia, x *Fatshedera,* hiedra, *Senecio macroglossus,* y los crisantemos, las cinerarias y los *Pelargonium.*

• **Método de lucha:** suprima las hojas atacadas en cuanto aparezcan los destrozos. Es inútil comenzar un tratamiento específico, ya que los ataques no suelen ser graves en las plantas de la casa.

• **Nuestro consejo:** efectúe un tratamiento completo preventivo una vez al mes, para evitar cualquier ataque de las minadoras.

Los nematodos

También conocidos como «anguílulas», estos gusanos, a menudo microscópicos, viven a expensas de las raíces, de las que se alimentan, lo que provoca reacciones en la parte aérea que se irrita, se marchita y deja de desarrollarse. La necrosis de las raíces induce al desarrollo de podredumbres y la planta decae rápidamente. Los ataques son muy perjudiciales, sobre todo en los invernaderos. Son mucho menos frecuentes en casa, a menos que se use tierra de jardín en los sustratos.

• **Plantas sensibles:** *Asparagus, Begonia,* cactáceas, crisantemo, cineraria, *Cyclamen, Fatsia, Ficus,* lirio y *Philodendron.*

◀ Una flor de *Paphiopedilum* invadida de pulgones.

• **Método de lucha:** los escasos tratamientos eficaces son incompatibles con las plantas de la casa. Sin embargo, la inmersión de las macetas en agua a 50 °C durante una hora da buenos resultados, pero sólo la toleran los ficus y las costillas de Adán.

• **Nuestro consejo:** el uso de sustratos comerciales, cuya ausencia de gérmenes patógenos está normalmente garantizada, evita todo riesgo de infestación por los nematodos.

Los pulgones

Se trata de la plaga más común y la más fácil de descubrir. Estos pequeños insectos homópteros se aglutinan en colonias en el extremo de los brotes jóvenes. También pueden observarse en la cara inferior de las hojas. Los pulgones, provistos de una boca puntiaguda, pican la hoja, cuya savia succionan ávidamente. Pueden ser grises, verdes o negros. Existen centenares de especies, entre las cuales algunas son más específicas de ciertas plantas y otras se muestran polífagas. En una colonia vive una mayoría de pulgones ápteros (sin alas) y algunas formas migradoras con alas que suelen ser las fundadoras de la colonia o de futuras colonias. En una población de pulgones se cuentan esencialmente hembras, ya que esos insectos tienen la capacidad de reproducirse durante cierto tiempo sin necesitar la presencia de machos (partenogénesis). La proliferación es muy rápida y en un año pueden sucederse de 7 a 10 generaciones.

Debido a su gran número y a la repetición de sus picaduras, los pulgones provocan alteraciones en el desarrollo y formación de los órganos atacados. Las plantas se agotan y su crecimiento se frena. La floración se reduce sensiblemente. También existen pulgones que atacan los bulbos y las raíces. Por lo general, son más perjudiciales, ya que producen la aparición de podredumbre. Asimismo, los pulgones son agentes transportadores de enfermedades víricas y, además, la sustancia pegajosa que expulsan provoca quemaduras sobre las hojas y constituye un medio favorable para la proliferación de la fumagina (negrilla).

• **Plantas sensibles:** prácticamente todas las plantas de la casa son sensibles a los ataques de los pulgones. *Abutilon* y crisantemo son los más amenazados. Las especies de follaje muy grueso o duro, como las bromelias, y las plantas de látex, como los *Ficus* y las euforbias, suelen librarse.

• **Método de lucha:** corte los brotes cubiertos de ristras de pulgones y tírelos. También puede evitar la proliferación pulverizando agua finamente, pero bajo mucha presión, para despegar los pequeños insectos y ahogarlos. Los insecticidas del grupo de las piretrinas no son peligrosos para los seres humanos y los animales domésticos (salvo para los peces). Dan excelentes resultados sobre los pulgones, ya que destruyen su sistema nervioso.

Las mariquitas son los depredadores naturales de los pulgones y pueden devorar hasta cien de ellos por día. Aunque parece difícil iniciar una lucha biológica en casa, resulta totalmente factible en un invernadero o una galería.

• **Nuestro consejo:** una pulverización mensual con un insecticida o la colocación de bastoncillos insecticidas en las macetas garantizará una adecuada protección.

Los trips

Estos insectos minúsculos, que no superan 1 mm de largo, se desarrollan esencialmente a cubierto porque son muy sensibles al frío. Crecen de modo ideal entre 20 y 28 °C y permanecen inactivos por debajo de los 10 °C. Aunque llevan dos pares de alas provistas de largos pelos finos, los trips resultan poco activos. Las larvas carecen de alas (ápteras), poseen la misma longitud que los adultos, pero son de un color más claro. Éstas rasgan la epidermis de las hojas con sus mandíbulas y se alimentan del líquido contenido en las células, cosa que provoca fuertes reacciones en la planta, que se decolora y se seca. A veces se puede confundir un ataque de trips con una invasión de ácaros, ya que el color gris que toma la hoja les es común, aunque los trips no forman esas especies de telas finas. Atacan también a las flores, que entonces presentan señales blancas y se deforman. La planta crece de forma anormal y se debilita.

• **Plantas sensibles:** amarilis, *Anthurium,* azalea, *Begonia, Bomarea, Callisia, Campanula,* crisantemo, cineraria, *Cyclamen, Dieffembachia, Eucomis, Ficus, Fuchsia, Monstera,* orquídeas y palmeras. Observe que el trips del gladiolo ataca también a los tubérculos de la *Sinningia* (gloxinia).

• **Método de lucha:** aplique un insecticida para combatir los pulgones en el momento en el que aparezcan los primeros daños y repita la operación cuatro veces seguidas con ocho días de intervalo. Corte las hojas afectadas.

• **Nuestro consejo:** parece que la naftalina es un buen repelente contra los trips. Puede colocar algunas bolas cerca de las plantas más predispuestas.

Las lombrices

La acción directa de la lombriz no suele ser negativa para las plantas de interior, pero su presencia en las macetas produce alteraciones en las raíces que las plantas no toleran. No la confunda con otros gusanos (larvas de noctuidos o de gorgojos) que se alimentan de raíces.

• **Plantas sensibles:** todas.

• **Método de lucha:** elimine la lombriz cuando aparezca en la superficie, o si nota su presencia durante un trasplante. Una planta que parece en mal estado sin motivo aparente puede sufrir trastornos debido a una lombriz. No dude en sacarla de la maceta para comprobarlo.

• **Nuestro consejo:** si no añade tierra de jardín al sustrato de sus plantas de interior, nunca debería encontrar una lombriz.

▲ Aislamiento de una planta atacada por trips.

▲ Estragos de trips sobre una hoja de *Cyperus* (paraguas).

La lombriz no es bien recibida en las macetas. ▶

ENFERMEDADES DE LAS PLANTAS DE INTERIOR

Las enfermedades, mucho más malévolas que las plagas, que son más fáciles de localizar, pueden ser provocadas por hongos microscópicos (enfermedades criptogámicas), bacterias (bacteriosis) o virus (virosis). Aparecen siempre en las plantas más débiles y se manifiestan por la presencia de manchas, decoloraciones o deformaciones que se propagan rápidamente por toda la planta.

Consejo: **Evite la humedad estancada, aireando regularmente las habitaciones o manteniendo una ventilación correcta cerca de los cultivos. Tras una atomización del follaje, las gotitas de agua deben evaporarse durante la media hora siguiente. Intente también dosificar el riego en función del calor ambiental, y no dude en mantener las plantas secas cuando la temperatura descienda por debajo de los 15 °C.**

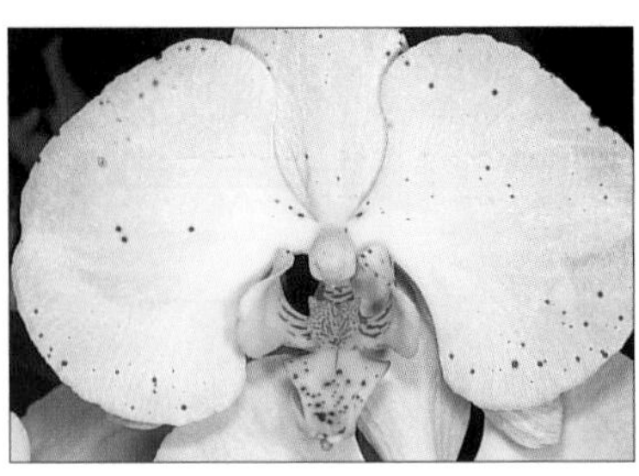

▲ Podredumbre de semilleros de cóleo tras el repicado.

La botrytis

Este temible hongo adopta formas muy variadas según las plantas que invade. Es responsable de la podredumbre noble de las uvas de Sauternes, la podredumbre gris *(véase página 178),* la enfermedad de la tela, o bien forma pequeñas manchas, llamadas «viruelas», en las hojas o las flores.

- **Plantas sensibles:** amarilis, *Aphelandra, Begonia,* zapatito de la virgen, crisantemo, cineraria, *Cyclamen, Ficus,* helechos, *Fucsia, Gerbera,* gloxinia, *Hibiscus,* lirio, *Pelargonium, Phalaenopsis* y primavera.
- **Método de lucha:** evite mantener una atmósfera cerrada. No vaporice las flores y reduzca la temperatura de la habitación. Los fungicidas que se ofrecen al aficionado resultan poco eficaces, sobre todo en casa.
- **Nuestro consejo:** ¡cuidado!, otras enfermedades criptogámicas, especialmente el *Coryneum* y la antracnosis, pueden provocar síntomas parecidos, pero los tratamientos difieren.

◀ Manchas de *Botrytis* en una flor de *Phalaenopsis.*

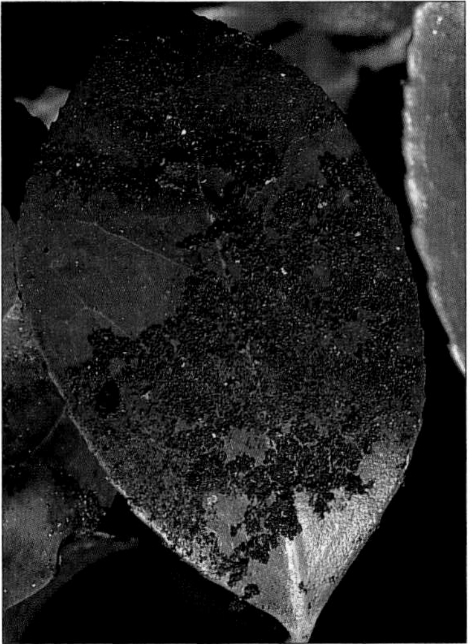

▲ Fumagina (negrilla) sobre una hoja de camelia.

La podredumbre de los semilleros

Esta enfermedad, debida la mayoría de las veces a un hongo del género *Pythium,* también puede ser causada por *Botrytis, Rhizoctonia, Sclerotinia* y *Fusarium.* Se trata de una podredumbre que aparece a la altura de la semilla (en este caso sin brotar) o en el cuello de las plántulas, que ennegrecen y toman una consistencia grasa. Los esquejes también son atacados del mismo modo. La podredumbre de los semilleros aparece en los sustratos demasiado compactos y en presencia de una humedad elevada, sobre todo cuando la temperatura se encuentra entre los 15 y los 18 °C.

- **Plantas sensibles:** todas, pero especialmente las especies carnosas o impregnadas de agua.
- **Método de lucha:** no hay modo de detener el ataque. Deben reunirse buenas condiciones de cultivo para evitar el desarrollo del hongo.
- **Nuestro consejo:** use un terrario calefactor para sus semilleros y esquejes delicados

y, sobre todo, un sustrato compuesto de materiales inertes (vermiculita, perlita, arena de río, turba rubia).

La fumagina

Esta enfermedad, también llamada «negrilla» por su aspecto parecido al hollín negro, se debe a varios hongos: *Cladosporium, Torula* y *Triposporium,* que se desarrollan a expensas de la melaza que segregan los insectos chupadores (pulgones, trips, cochinillas). La fumagina no daña directamente la planta, sino que le confiere un aspecto poco agradable y, ante todo, obstaculiza la fotosíntesis, ya que cubre la totalidad del limbo con una especie de masas negras, que forman rápidamente una costra.

- **Plantas sensibles:** todas, pero sobre todo la azalea, los agrios, la camelia y las palmeras.
- **Método de lucha:** la limpieza de cada una de las hojas o una ducha de chorro potente son los únicos métodos para eliminar el «hollín». Es inútil usar un fungicida, pero administre un tratamiento a los insectos que, con seguridad, se encuentran presentes en una planta cubierta de fumagina.
- **Nuestro consejo:** diluya alcohol de 60° en el agua de la limpieza al 50 %, para actuar también sobre los insectos. Asimismo, la cerveza pura da buen resultado, además de abrillantar.

La marchitez criptogámica

También se conoce con el nombre de «marchitamiento». Esta enfermedad es causada por el ataque de hongos de los géneros *Cephalosporium, Fusarium* y *Verticillium.* Comienza a manifestarse en una parte bien localizada del follaje, que empieza a ajarse, debido a la falta de agua, y a tomar un color pardo; luego el mal se extiende a toda la planta y entonces muere.

- **Plantas sensibles:** *Abutilon, Aphelandra,* aralia, zapatito de la virgen, crisantemo, helechos, *Gerbera, Impatiens,* orquídeas, palmeras, *Pelargonium* y *Tibouchina.*
- **Método de lucha:** la única solución consiste en destruir rápidamente las plantas enfermas, para evitar el contagio general. El tratamiento resulta inútil.
- **Nuestro consejo:** use abonos pobres en nitrógeno, ya que este elemento ablanda los tejidos, lo que propicia la aparición del marchitamiento.

Los mohos

Se conoce como «moho» cualquiera de las fructificaciones pulverulentas, filamentosas o que forman una capa algodonosa producidas por varios hongos, especialmente los mildius y las *Botrytis.* La presencia de mohos indica el desarrollo de podredumbres.

- **Plantas sensibles:** todas, pero principalmente las flores y los frutos, así como las hojas y los tallos finos y traslúcidos.
- **Método de lucha:** cortar el órgano enfermo y recurrir tan rápidamente como sea posible a un tratamiento anticriptogámico, para detener el desarrollo del hongo.
- **Nuestro consejo:** no vaporice las flores ni los frutos que formen las plantas de la casa, ya que la presencia permanente de agua propicia la aparición de mohos.

El oídio

Presenta síntomas muy característicos por el desarrollo de una capa algodonosa, de color blanco grisáceo, que cubre hojas, tallos y flores. El oídio se produce por numerosos hongos, y muchos son específicos de algunas plantas. Al dificultar la fotosíntesis, el oídio reduce el crecimiento de las plantas y las debilita. Existen barrenadores que deforman los tejidos y agujerean el follaje.

- **Plantas sensibles:** aguacate, begonia, crisantemo, cineraria, ciso, ciclamen, farolillo, *Kalanchoe,* etc.
- **Método de lucha:** hay muchos fungicidas de síntesis muy eficaces, que han de aplicarse desde la aparición de los primeros

▲ Marchitez en un fronde de helecho *(Blechnum).*

▲ Moho en los frutos de calamondin (x *Citrofortunella*).

Ataque de oídio (blanco) a un *Cissus* «Ellen Danica». ▶

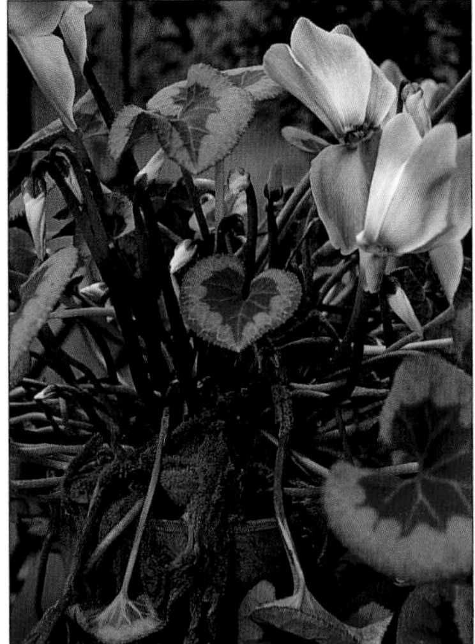

▲ Ataque de podredumbre gris a un ciclamen.

▲ Un cacto atacado por una podredumbre negra.

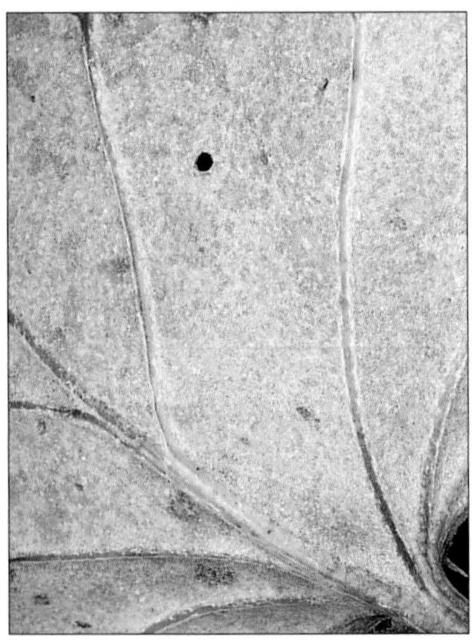

◀ Las acumulaciones naranja son muy reconocibles en la roya.

síntomas. Repita el tratamiento al menos tres veces con diez días de intervalo.

• **Nuestro consejo:** el tradicional azufre debe proscribirse de la casa, ya que su toxicidad es perjudicial para las vías respiratorias.

La podredumbre gris

Esta enfermedad, causada por el hongo *Botrytis cinerea,* es uno de los trastornos que se han presentado en la *página 176,* bajo la denominación de «*Botrytis*». En este caso, el hongo desarrolla una capa lanosa gris pulverulenta sobre los tallos carnosos y los pecíolos de las hojas o los pedúnculos florales, que se pudren rápidamente. Se caracteriza por el aspecto marchito de la planta y por la velocidad con la que el mal se extiende por toda la mata. Una mala ventilación y una humedad estancada sobre el follaje favorecen la aparición de la podredumbre gris.

• **Plantas sensibles:** todas las especies que forman tejidos blandos e impregnados de savia y, en especial, las begonias, los ciclámenes, las balsaminas, los cactos, las suculentas y las plantas aterciopeladas o vellosas.

• **Método de lucha:** lo importante es impedir el desarrollo del hongo cultivando las plantas en un medio saludable. Incorpore arena, vermiculita o perlita a los sustratos para airearlos. Riegue con moderación y vigile que la base de las macetas no se encharque de agua. No junte demasiado las macetas, de modo que el aire pueda circular. Puesto que no existen tratamientos eficaces, las plantas afectadas deberán destruirse.

• **Nuestro consejo:** las corrientes de aire favorecen la diseminación de esporas de la podredumbre gris. En cambio, una buena ventilación con una renovación regular de aire resulta profiláctica.

La podredumbre negra

Esta gravísima afección está provocada por un hongo cercano a los mildius *(Phytophtora cactorum).* Se manifiesta porque las partes aéreas comienzan por presentar manchas de color pardo violáceo, que evolucionan hacia el negro, y luego la planta se pudre a la altura del cuello. Se observa también en la base de los tallos jóvenes, que se ahuecan, y después forman necrosis. La planta se dobla y muere. Esta enfermedad criptogámica se debe esencialmente al exceso de riego o al uso de sustratos demasiado compactos.

• **Plantas sensibles:** muchas especies pueden verse afectadas, sobre todo las azaleas, las cactáceas, las orquídeas y las suculentas. Una enfermedad muy parecida, la podredumbre de los tallos y de las raíces *(Phytophtora cinnamomi),* suele observarse en las azaleas y los helechos cultivados en macetas.

• **Método de lucha:** puesto que no existe un tratamiento curativo, las plantas enfermas deben destruirse inmediatamente y tirarse con su maceta, ya que el hongo permanece en el suelo. Use sustratos que no contengan tierra de jardín. Evite atomizar el follaje.

• **Nuestro consejo:** durante el invierno, período en el que la enfermedad es más virulenta, mantenga una temperatura bastante baja, lo que le permitirá reducir el riego e incluso interrumpirlo por completo, especialmente en el caso de las cactáceas y las plantas carnosas.

La roya

Esta enfermedad criptogámica se debe a varios hongos (*Melampsora, Puccinia, Uromyce,* etc.) que provocan los mismos síntomas, es decir, la aparición de pústulas amarillas, naranja o pardas en la cara inferior del follaje, que se seca. La mayoría de las royas son específicas de algunas plantas o familias botánicas, pero todas se combaten de modo idéntico. La propagación de la enfermedad se produce en un ambiente húmedo y con una temperatura comprendida entre los 10 y los 20 °C.

• **Plantas sensibles:** *Anizodontea,* crisantemo, euforbio, hibisco y geranio.

• **Método de lucha:** comience eliminando las hojas manchadas, cuando la enfermedad aún se encuentre muy localizada. También puede aislar la planta enferma y envolverla con una bolsa de plástico transparente, para que se encuentre en una atmósfera caliente y cerrada. En efecto, a partir de 30 °C la actividad de los hongos vectores de la roya se detiene. La pulverización de fungicidas de síntesis (para combatir enfermedades), que puede encontrar en forma de vaporizadores listos para usar, muy prácticos, ofrece excelentes resultados. Repita el tratamiento una vez por semana durante al menos un mes. Es deseable al acabar la estación deshacerse de los pies madre de las plantas que fueron afectadas y no extraer esquejes de ellas.

• **Nuestro consejo:** ante todo no vaporice el follaje de plantas propensas a la roya, ya que la germinación de las esporas requiere la presencia de gotas de agua en las hojas. Riegue también con precaución, y evite mojar la parte aérea de las plantas.

Las manchas foliares

Muchísimos hongos parásitos provocan una reacción epidérmica en forma de manchas pardas o negruzcas. Estas enfermedades –antracnosis, cercosporiosis, moteado– son de síntomas parecidos y de tratamiento idéntico. Las hojas que se manchan durante el período de crecimiento caen prematuramente. Resulta rarísimo que las plantas se vean gravemente afectadas: los fungicidas modernos son muy eficaces y detienen rápidamente la propagación de la enfermedad. Hay que actuar desde los primeros síntomas, ya que, si la enfermedad se extiende a los brotes, resulta mucho más difícil de combatir y los estragos son más importantes. Cuando las manchas evolucionan a un estado de necrosis, se trata la mayoría de las veces de ataques bacterianos contra los cuales resulta dificilísimo luchar.

• **Plantas sensibles:** todas las especies cultivadas comúnmente en casa pueden presentar manchas foliares. Observe que los ágaves, las drácenas y las yucas son atacados por un hongo específico, el *Conothrium concentricum,* que provoca manchas ovaladas, de color gris oscuro, que evolucionan formando una corona negra. Esta enfermedad bastante grave puede producir el desecamiento de las plantas afectadas.

• **Método de lucha:** temperaturas altas y una elevada humedad favorecen el desarrollo de los hongos vectores de las manchas foliares. Cuando la temperatura alcance los 20 °C en la habitación, efectúe un tratamiento preventivo con un producto específico para combatir la enfermedad (fungicida) de plantas domésticas o de rosales. Una profilaxis adecuada consiste también en cortar las hojas manchadas y tirarlas.

• **Nuestro consejo:** el caldo bordelés, un fungicida tradicional, es muy eficaz contra estas enfermedades, pero se desaconseja totalmente aplicarlo a las plantas de la casa, ya que se trata de un producto que mancha mucho (el sulfato de cobre colorea el follaje de azul verdoso) y, sobre todo, que no toleran las plantas de follaje fino, carnoso o velloso.

Las virosis

Los ataques de virus provocan decoloraciones (mosaicos, variegaciones) o deformaciones (rizados) en el follaje. Las plantas afectadas se encuentran esmirriadas y tienden a degenerar.

• **Plantas sensibles:** agrios, *Brugmansia,* farolillos, crisantemos, lirios, orquídeas, *Pelargonium, Peperomia* y *Solanum.*

• **Método de lucha:** ya que no hay ningún producto eficaz, hay que eliminar las plantas enfermas para que no contaminen a sus vecinas. La multiplicación por cultivo de meristemos *(in vitro)* garantiza la ausencia de virus en las plantas (sobre todo, las orquídeas). Desinfecte las herramientas para cortar.

• **Nuestro consejo:** luche contra los pulgones y los trips, pues son temibles agentes de transmisión de virus.

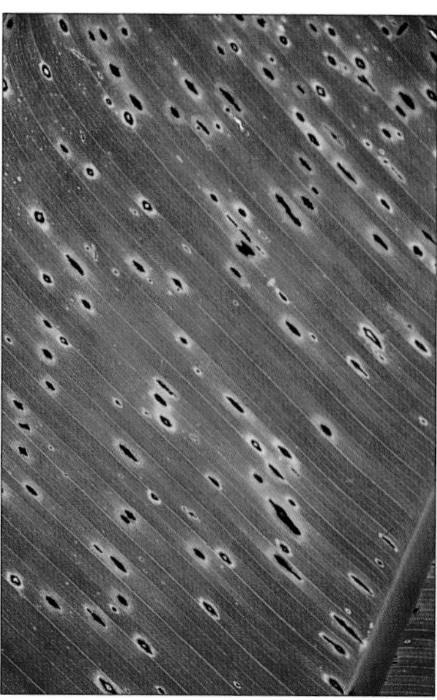

▲ Hoja de banano manchada por la *Cercosporiosis.*

▲ Manchas de origen bacteriano en una hoja de orquídea.

Una flor de cattleya decolorada por una virosis. ▶

LOS PROBLEMAS DE CULTIVO

Muchas de las afecciones que presentan las plantas se deben a condiciones de cultivo inadaptadas. Marchitamiento, manchas, decoloraciones y amarilleos no manifiestan siempre un problema parasitario, sino un «malvivir» de la planta que se conoce como «alteración fisiológica».

Consejo: **No se precipite con el pulverizador al menor síntoma anormal que manifieste una planta. Si una hoja amarillea o se cae, no es ningún drama. Ponga en observación la planta «sospechosa». Para ello, la aislará en una habitación luminosa pero fresca. Dosifique el riego y detenga los aportes de abono.**

▲ La yuca cuyas hojas se ennegrecen se regó demasiado.

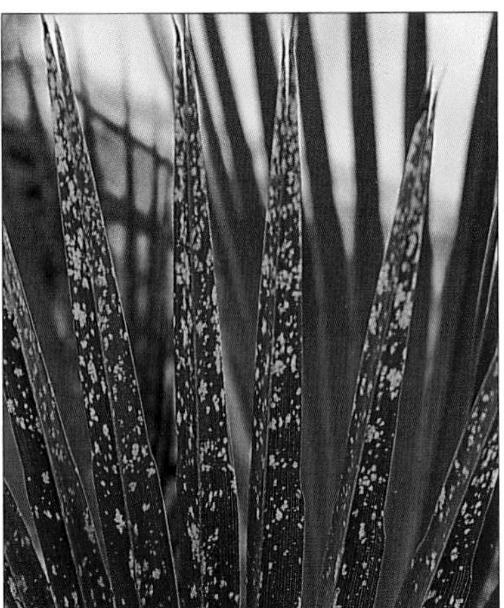

▲ La manifestación de una carencia en una palmera.

Cualquier signo anormal que aparezca bruscamente y de forma bastante generalizada en una planta de interior manifiesta casi siempre un problema de orden no parasitario. Una enfermedad se localiza primero en un órgano y luego evoluciona de forma paulatina, lo que le permite observar el comportamiento de la planta durante algunos días antes de tratarla.

Las quemaduras del follaje

El proceso comienza por una decoloración y luego aparecen ennegrecimientos sobre el borde del limbo o a la altura del nervio principal. La parte «enferma» se torna seca y quebradiza y el resto de la planta se ondula o se deforma.

• **Las causas:** una exposición al sol demasiado intensa, frecuentes aportes de abono o excesivamente concentrados (exceso de sales en el sustrato). Agua de riego contaminada o demasiado clorada.

• **Los remedios:** nunca exponga las plantas a pleno sol durante las horas más cálidas del verano. No abone durante al menos dos meses. Use composiciones bastante pobres en nitrógeno. Fertilice como máximo una vez cada tres riegos y reduzca la concentración de la solución a un tapón de abono por 6 u 8 l de agua. Emplee un abono granulado o en bastoncillos únicamente en una planta que acabe de trasplantar.

• **Nuestro consejo:** nunca vaporice una planta expuesta al sol directo. Las gotitas depositadas sobre las hojas desempeñan la función de lupa, lo que provoca quemaduras.

◀ Quemadura de la hoja debida a un exceso de abono.

El ennegrecimiento del follaje

La punta de las hojas se seca y ennegrece. El borde del limbo presenta amplias zonas marrones que se ablandan y marchitan. El conjunto de la planta acaba presentando un aspecto ajado y luego muere.

• **Las causas:** el ennegrecimiento seco se debe a una humedad ambiental insuficiente o a un golpe de frío. También puede ser la consecuencia de una quemadura. El ennegrecimiento «blando» es la manifestación de que la planta se ha regado en exceso, o que el sustrato, mal ventilado o demasiado comprimido, ha provocado una asfixia radicular.

• **Los remedios:** incremente la humedad

ambiental. Vaporice el follaje y cultive las plantas en gravillas o bolas de arcilla, que deben mantenerse húmedas permanentemente. En caso de un ennegrecimiento con ablandamiento, detenga el riego durante al menos diez días y luego efectúe un trasplante y elimine todo el sustrato viejo. Corte las raíces si presentan señales blandas o ajadas y aplique un fungicida.

• **Nuestro consejo:** puesto que la tierra contenida en las macetas se compacta con el tiempo, es conveniente no dejar una planta más de dos años en un recipiente sin cambiar el sustrato.

Las carencias

El limbo de las hojas palidece y amarillea, pero las nervaduras siguen verdes (carencia de hierro o clorosis férrica). Un amarilleo se manifiesta en forma de halo alrededor de las nervaduras (carencia de nitrógeno). En las hojas adultas, aparecen manchas amarillas como puntos que indican carencia de potasio. El crecimiento y la floración son escasos.

• **Las causas:** la planta padece un desequilibrio nutritivo, debido a la no asimilación o a la insuficiencia de un elemento mineral necesario.

• **Los remedios:** use regularmente abonos equilibrados y evite regar las plantas de interior con agua demasiado calcárea, ya que favorece la aparición de la clorosis.

• **Nuestro consejo:** según las plantas, añada al sustrato entre un 5 y un 20 % de fertilizante orgánico a base de estiércol y algas.

La caída de los capullos florales

Sin motivo aparente, una planta que empezaba a florecer pierde sus capullos, que caen tras haber florecido, o sin hacerlo. La gardenia y el estefanote tienen tendencia a padecer este trastorno.

• **Las causas:** la planta está expuesta a corrientes de aire frío. El agua de riego está demasiado fría. La planta recién comprada se transportó en malas condiciones. Se efectuó un trasplante cuando los botones ya estaban formados. Se produce una diferencia de temperatura demasiado brusca entre el día y la noche.

• **Los remedios:** mantenga la planta a punto de florecer a una temperatura ambiente de 19 °C y una humedad del aire del 60 % como mínimo. Aumente la frecuencia del riego y disminuya la concentración del abono.

• **Nuestro consejo:** tan pronto como una planta se encuentre cubierta de capullos florales, no debe moverla, ni siquiera para regarla.

La caída de las flores abiertas

Una planta que parecía florecer abundantemente pierde sus pétalos sin síntomas aparentes de plagas o enfermedades y antes de que se marchiten.

• **Las causas:** la temperatura de la habitación es demasiado elevada y el aire excesivamente seco. La planta ha sido expuesta a corrientes de aire. También puede haber padecido una falta de agua.

• **Los remedios:** cuide que la temperatura ambiente no supere los 20 °C y que descienda a unos 15 °C por la noche. Las especies «frías» –azaleas, farolillos, cinerarias, ciclámenes, primaveras– florecen más tiempo si se conservan entre 12 y 15 °C.

• **Nuestro consejo:** nunca vaporice las plantas de flor, ya que las gotas de agua, incluso las muy finas, perjudican la calidad de los pétalos, que se manchan y caen muy rápidamente.

La caída de las hojas

La planta pierde una parte importante de su follaje que, sin embargo, sigue verde, pero puede presentar algunas deformaciones.

• **Las causas:** una humedad relativa insuficiente, riegos anormales (demasiado escasos o muy abundantes) y un sustrato pobre.

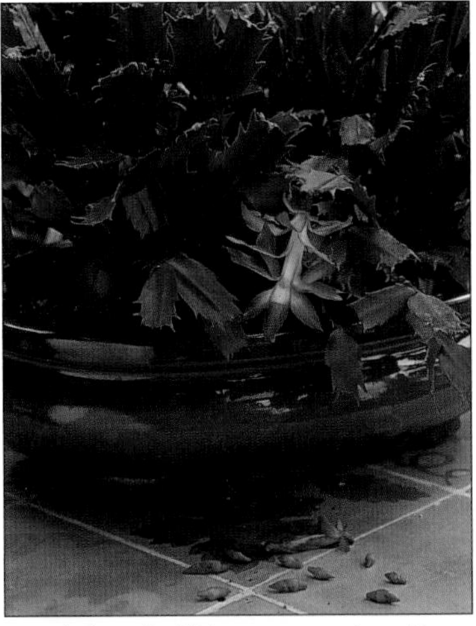

▲ Caída de capullos debida a una corriente de aire frío.

▲ La caída de flores indica un calor muy fuerte.

La caída de hojas indica que el aire es demasiado seco. ▶

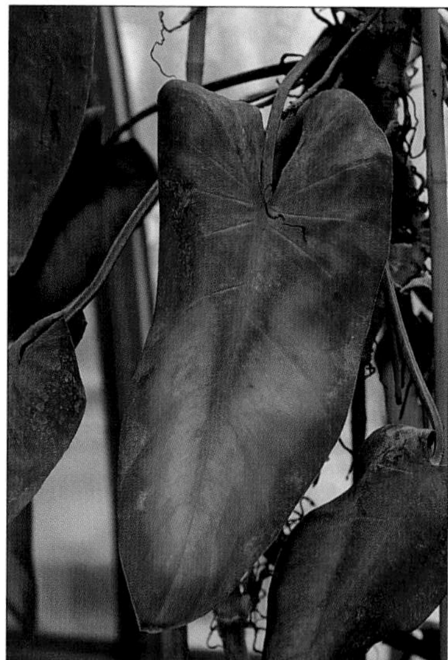
▲ Decoloración de una hoja de filodendro.

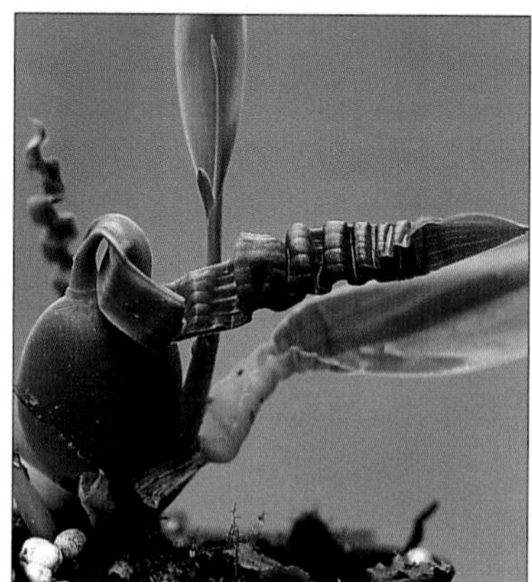
▲ Deformación de hojas de orquídeas debida al frío.

◀ Desecación de un jazmín de Madagascar.

• **Los remedios:** vaporice la planta diariamente y coloque la maceta sobre gravilla que debe permanecer siempre húmeda. Regule los riegos y trasplante.

• **Nuestro consejo:** no dude en podar las plantas que han perdido hojas, sobre todo en invierno. Brotarán de nuevo sin problemas.

Las decoloraciones del follaje

Una o varias hojas cambian de color o palidecen localmente. El síntoma, al principio puntual, se extiende luego por toda la hoja, que cae.

• **Las causas:** una exposición a corrientes de aire, una temperatura inadecuada (a menudo demasiado fría) o con cambios bruscos y considerables, y un sustrato agotado pueden provocar decoloraciones.

• **Los remedios:** una decoloración suele ser el signo que precede a un problema mayor y manifiesta una alteración fisiológica de la planta. Asegúrese de que las condiciones de cultivo sean efectivamente compatibles con las exigencias de la especie en cuestión.

Las deformaciones diversas

Primero las hojas y luego los tallos se ondulan, se enrollan o se rizan. Las hojas recién abiertas presentan malformaciones o desgarrones.

• **Las causas:** enfermedades víricas pueden provocar este tipo de síntomas, pero aparecen más bien en los invernaderos. Una temperatura demasiado baja y un abono inadecuado (demasiado rico en potasio) pueden también ocasionar la deformación de los tejidos.

• **Los remedios:** vuelva a colocar la planta en condiciones de cultivo ideales. Si el fenómeno continúa extendiéndose tras un mes, se trata sin duda de una afección vírica. Entonces la planta debe ser eliminada.

• **Nuestro consejo:** evite que las hojas toquen los cristales de la ventana en invierno, pues los choques térmicos son inevitables. Para el riego, use siempre agua a temperatura ambiente.

La desecación

Una hoja entera, o simplemente su extremo, adopta la consistencia del papel, se ennegrece y muere.

• **Las causas:** suele tratarse de una reacción a un aire demasiado seco o a una atmósfera llena de humo (las plantas no se sienten cómodas en las habitaciones donde se fuma). Este fenómeno también se registra en las plantas que fueron sacadas al exterior demasiado pronto en primavera, y que soportan un contraste excesivo de temperatura entre el exterior y el interior. Un agua de riego demasiado rica en cloro produce también desecaciones.

• **Los remedios:** equilibre los riegos y ventile bien las habitaciones, sin provocar corrientes de aire. Vaporice el follaje todos los días, tan pronto como la temperatura alcance o pase los 20 °C. Coloque humidificadores sobre los radiadores. Instale las plantas sobre un lecho de bolas de arcilla expandidas o de gravilla, que debe mantenerse húmedo siempre.

• **Nuestro consejo:** prepare siempre la víspera el agua destinada a las plantas de la casa. Tendrá tiempo de equilibrar su temperatura en contacto con el aire y el cloro que contiene se eliminará de modo natural.

El marchitamiento

Las hojas comienzan por perder parte de su rigidez y adoptan un porte llorón; la planta se dobla y luego se seca.

• **Las causas:** riego insuficiente o demasiado esporádico, el sustrato no retiene agua suficiente o no le deja que penetre correctamente hasta las raíces.

• **Los remedios:** riegue con mayor frecuencia si la temperatura sube. Riegue por inmersión las macetas durante media hora cada diez días, para que el sustrato se humedezca completamente.

• **Nuestro consejo:** la proporción de turba rubia en un sustrato no debe exceder el 50 % (un tercio es lo ideal). La turba negra o la tierra de jardín son buenos elementos reguladores de la humedad del suelo.

El amarilleo

Una o varias hojas adquieren bruscamente una coloración amarilla bastante viva. Acaban por desprenderse de la planta.

• **Las causas:** cuando se trata de las hojas situadas en la base de los tallos de las plantas leñosas, el amarilleo es un fenómeno natural. La lignificación (formación de madera) produce el desarrollo de tejidos muertos suberosos (corteza), que ya no pueden mantener las hojas insertadas directamente en estas partes de la planta. Es lo que se observa, por ejemplo, en los árboles de caucho (ficus) que, al formar un tronco, se despueblan por la parte inferior.

El amarilleo y la caída invernal del follaje son normales si la cantidad de hojas caídas resulta inferior al tercio de su número total. En cambio, cualquier amarilleo más consecuente o localizado sobre hojas jóvenes en el extremo del ramaje debe considerarse una señal de alarma. La planta reacciona a un problema. Se siente mal y lo manifiesta a su manera, sobre todo cuando se trata de errores en el riego, de una mala fertilización o de problemas de sequedad en el aire.

• **Los remedios:** en invierno, reduzca la temperatura ambiente y la frecuencia de los riegos. Aumente la higrometría mediante pulverizaciones. Esos órganos no son eternos y resulta normal que la planta los pierda de cuando en cuando. Puesto que algunas especies de plantas de interior son caducas (por lo general las plantas de bulbo o de rizoma, como los *Caladium, Hippeastrum, Sinningia*), el amarilleo y la caída de hojas son un fenómeno normal. Lo mismo sucede con las bromelias, cuya planta madre muere naturalmente algunos meses después de haber florecido, puesto que ya ha completado su ciclo vital.

El crecimiento lento

La planta ya no crece; ofrece un aspecto achacoso y puede presentar decoloraciones. Los entrenudos (intervalo entre dos hojas) son muy cortos y no hay floración.

• **Las causas:** por lo general, se trata de una planta que no ha sido trasplantada desde hace mucho tiempo, y cuyo sustrato ha perdido su estructura original y su fertilidad, o de un individuo recién comprado que se encuentra en un sustrato totalmente inerte.

• **Los remedios:** trasplante la planta a una mezcla rica en elementos nutritivos (añada entre un 10 y un 20 % de fertilizante orgánico). Riegue con una solución fertilizante diluida si no es posible trasplantar.

• **Nuestro consejo:** en general, sería deseable trasplantar inmediatamente todas las plantas verdes que compre. En el caso de las especies con flor, espere el final de la floración.

La reversión

Sobre una planta de follaje variegado o coloreado aparece un brote verde.

• **Las causas:** se trata de la «vuelta al tipo», una reversión a la forma original, que hace que resalten los caracteres genéticos de la especie botánica en detrimento de los de la variedad. También puede observarse un fenómeno idéntico en las plantas coloreadas que carecen de luz. Asimismo, llegan a desarrollarse brotes de follaje verde más vigorosos que la variedad.

• **Los remedios:** elimine la parte verde, ya que siempre será más vigorosa que los brotes de follaje coloreado o variegado.

• **Nuestro consejo:** también puede suceder el fenómeno inverso, es decir, la aparición de un pequeño brote coloreado o variegado sobre una planta verde. En ese caso, intente esquejarla, ¡quizá descubra una nueva variedad!

▲ Ajamiento de las hojas del *Chlorophytum.*

▲ Amarilleo de una hoja de *Fatsia japonica.*

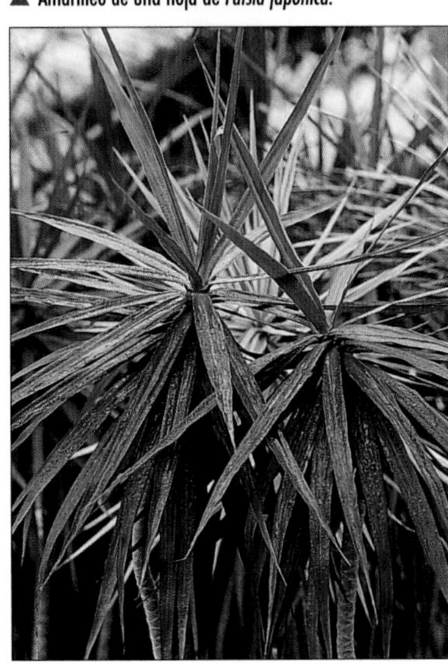

Reversión en una *Dracaena marginata.* ▶

CONSEJOS PARA UN TRATAMIENTO ADECUADO

Las condiciones especiales que hay en una casa, con la presencia, entre otras cosas, de muebles, tapices y objetos de decoración, limitan las posibilidades de intervención para cuidar las plantas. Así, cabe orientarse hacia una prevención destinada a impedir la aparición de enfermedades.

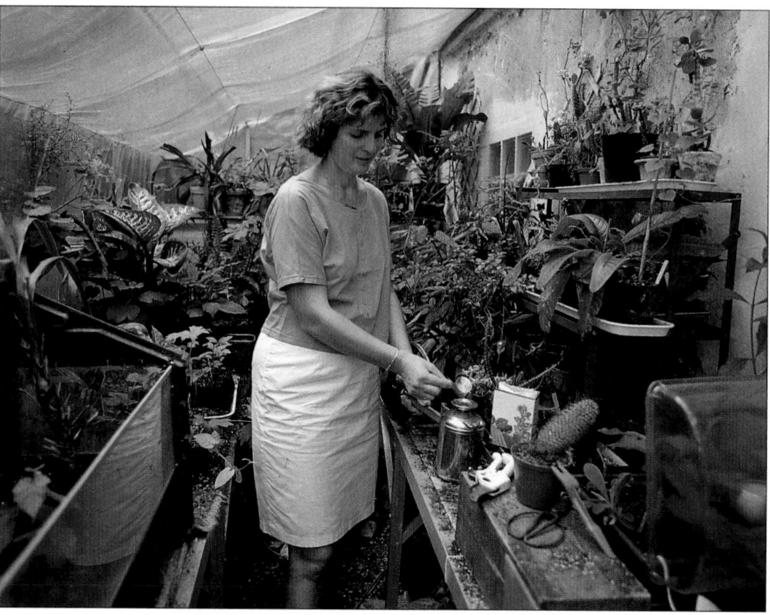

▲ El invernadero es un lugar cerrado, así que efectúe de modo sistemático tratamientos preventivos una vez al mes.

Consejo: **Como los pesticidas no son inocuos, no trate las plantas directamente sobre muebles valiosos. Sáquelas al balcón o al jardín, si la temperatura lo permite (mínimo 15 °C), o efectúe la pulverización en la bañera, que lavará luego a fondo.**

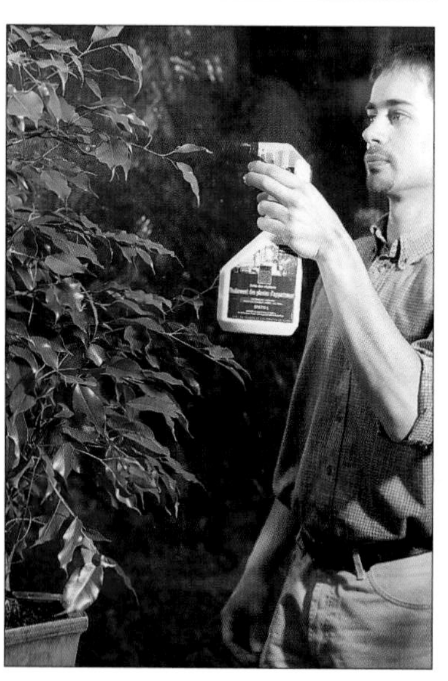

Imaginar que pueden erradicarse todas las plagas y las enfermedades resulta utópico e irracional. Para ello habría que administrar tales dosis de pesticidas que nuestra propia supervivencia se vería amenazada. Esto es válido para las plantas de jardín y para las de la casa.
Conviene, pues, limitar los riesgos y las afecciones hasta un umbral tolerable tanto para las personas como para las plantas. Una especie de «libertad vigilada», donde nuestra atención nunca debe faltar.

Los medios mecánicos

Se designan así todas las operaciones manuales destinadas a eliminar problemas o a frenar su extensión. Por ejemplo, basta con cortar los brotes jóvenes cubiertos de pulgones, los tallos donde se aglutinan las cochinillas, las hojas que albergan colonias de

◀ Los productos listos para usar son realmente prácticos.

TRAMPA ECOLÓGICA

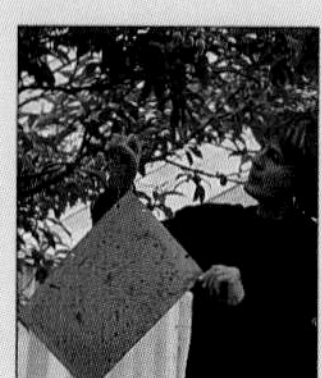

Los aleuróridos (moscas blancas) y los trips se sienten irresistiblemente atraídos por los objetos de color amarillo vivo. Puesto que la lucha química contra estos insectos resulta bastante difícil, e incluso a menudo ineficaz, basta con confeccionar una trampa muy sencilla para limitar su presencia. Pegue una hoja de papel de dibujo de color amarillo vivo a ambos lados de una lámina de poliestireno expandido o de conglomerado con un adhesivo de doble cara. Unte el papel de cola, aplicándole una capa fina. Coloque luego su trampa en el invernadero o en la galería y centenares de insectos se pegarán en ella. Cuando las hojas amarillas se manchen, bastará con sustituirlas, ya que el adhesivo de doble cara facilitará la operación.

trips o las que presentan manchas sospechosas. También puede, en la misma línea, duchar las plantas con parásitos con un chorro potente, para despojarlas de sus indeseables huéspedes.
Las pulverizaciones regulares que crean un ambiente húmedo también inhiben el desarrollo de arañas rojas, aunque propician el desarrollo de otros parásitos, como los pulgones.

Los tratamientos «bio»

Estos métodos de tratamiento, más bien empíricos, no deben confundirse con la lucha biológica propiamente dicha, ya que usan materias de origen natural o que no se consideran tóxicas. La lucha consiste, sobre todo, en usar insectos auxiliares que viven como parásitos sobre los enemigos de las plantas. Existen soluciones eficaces contra los pulgones (con las mariquitas), las cochinillas y la mosca blanca (con *Encarsia*), pero no deben emplearse en una casa.
En cambio, se emplean con éxito en los invernaderos. Para un aficionado, los medios llamados «bio» se limitan a la limpieza de las hojas con un jabón líquido, alcohol de 60° diluido al 50 % o cerveza para limitar la proliferación de insectos. La cola de caballo (150 g de hojas secas en infusión, durante 24 horas, en 10 l de agua) supuestamente tiene una eficacia fungicida contra la roya y el oídio. El jugo de ortigas macerado, al que se le confieren todas las virtudes, realmente huele muy mal para ser usado en casa.

Los productos comerciales

La oferta de productos fitosanitarios para las plantas de la casa resulta bastante limitada. Los insecticidas suelen ser piretrinas (naturales o sus derivados), cuya acción de choque es eficaz contra gran cantidad de plagas. Los fungicidas (contra las enfermedades criptogámicas) emplean esencialmente productos de síntesis, la mayoría de las veces sistémicos, es decir, que el producto penetra en la planta y circula por la savia. También existen productos llamados mixtos, que asocian fungicidas e insecticidas. Cabe recomendarlos para todas las operaciones preventivas.
En las tiendas especializadas puede elegirse entre productos ya preparados y listos para su uso (por ejemplo, pulverizadores o aerosoles) o productos concentrados que deben diluirse antes de su aplicación.

Algunas precauciones de empleo

Antes de cualquier tratamiento, lea detenidamente la instrucciones de uso que figuran obligatoriamente al dorso de cada producto. Elija únicamente preparados destinados a las plantas de la casa.
Con los aerosoles, respete una distancia de al menos 40 cm, para evitar cualquier concentración de producto. Repita siempre un tratamiento tres veces, con ocho o diez días de intervalo, siempre que así lo aconsejen las instrucciones del fabricante.

▲ Cada mes, dé un tratamiento preventivo a todas las plantas.

El bastoncillo de abono con insecticida es muy práctico. ▶

LA PREVENCIÓN ANTE TODO

«Más vale prevenir que curar» es un antiguo refrán con mucho sentido común que debe aplicarse a las plantas de la casa. Un ataque parasitario adquiere rápidamente proporciones dramáticas en interiores. Las plagas y las enfermedades encuentra allí un ambiente cómodo y propicio para su desarrollo. No se ven sometidas al ritmo de las estaciones y se muestran, por tanto, activas todo el año. Ya que sus enemigos naturales, claro está, se encuentran ausentes, su proliferación no se puede regular como sucede en el exterior. Por tanto, debe vigilar mucho y realizar una observación sistemática de las plantas al menos una vez por semana. Aproveche mientras les quita el polvo o las atomiza para inspeccionarlas una por una. Levante las hojas para descubrir la presencia de parásitos y ponga inmediatamente en cuarentena cualquier planta que presente síntomas sospechosos. Aíslela bajo un gran film de plástico transparente, lo que permitirá seguir la evolución de una posible enfermedad, sin riesgos de contaminación. Proceda a la eliminación manual de los pulgones y efectúe un tratamiento preventivo mensual con un producto completo.

◀ *Eliminación manual de parásitos sobre una* Begonia rex.

LA PODA

La intervención consiste en suprimir brotes o ramas. La poda tiene como objetivo equilibrar y dar forma a la planta, estimular su crecimiento, provocar su rejuvenecimiento o, simplemente, limpiarla. Para ello se retiran las partes estropeadas.

Consejo: **Mientras no intervenga en la estructura misma de la planta (ramas estructurales), la poda no representa ningún riesgo. Por tanto, puede cortar en cualquier período del año un brote joven demasiado largo o mal colocado sin provocar una reacción negativa de la planta.**

▲ Poda de un ficus «Natasha»: se eliminan los brotes sobrantes o mal colocados para equilibrar la forma.

◀ Poda de brotes marchitos de *Jasminum polyanthum*.

La poda no es una operación muy frecuente en las plantas de la casa. Las especies que forman una mata herbácea, una roseta o un tallo único sólo requieren una operación de poda: la eliminación de hojas o de flores ajadas.

La función de la poda

Una poda es aparentemente una acción reductora. Podar supone cortar una parte de la planta. En primer lugar, se debe intervenir con el objeto de eliminar las partes muertas, enfermas, marchitas o que estén estropeadas.

La poda también consistirá en limitar la longitud de algunas ramas, que ocupan mucho espacio o cuyo crecimiento resulta exagerado respecto del resto de la planta. Esta operación es frecuente en las plantas de vegetación trepadora o voluble.

Una poda importante consiste en eliminar los brotes que sobran o están mal colocados, para permitir que la planta adquiera una silueta estéticamente agradable y continúe desarrollándose de modo armonioso. La poda también tiene un efecto estimulante y, la mayoría de las veces, la planta reacciona con vigor a una mutilación. Por tanto, se poda para provocar una reactivación del crecimiento en las plantas enclenques o envejecidas.

Cuándo podar

Las plantas de interior también reciben la influencia de las estaciones. Puede considerarse que el período desde mediados de marzo hasta finales de septiembre corresponde a la «vegetación» o «período de crecimiento». Desde octubre hasta principios de marzo, la planta se encuentra «en reposo» o «en parada vegetativa». Por lo general, sólo se efectuarán las podas suaves, que intervienen en los brotes jóvenes, durante el período de crecimiento, mientras que se esperará al final de la parada vegetativa para obrar de manera más drástica sobre la estructura o el porte del vegetal. Entonces comienzan a brotar las yemas, y la planta se reactivará más fácilmente tras la poda.
En el caso de las especies interesantes por su floración, la poda se efectúa siempre al final de ésta, período que corresponde la mayoría de las veces con el principio de la parada vegetativa.

Las reacciones de la planta

Puesto que la circulación de la savia elaborada es ascendente, ésta afluye al extremo de los brotes, lo que estimula el crecimiento de la planta. Tras una poda, la parte que acaba de ser cortada se encuentra en posición final y recibe entonces abundante savia. El resultado es una intensa estimulación del crecimiento y una recuperación del vigor a la altura de la parte podada. Para simplificar, se tiende a decir que cuanto más se poda, con más fuerza rebrota la planta. No obstante, debe moderarse esta observación en el caso de las plantas de la casa, sabiendo que crecen en maceta en unas condiciones ambientales a veces desfavorables. Una poda deberá, pues, acompañarse de grandes cuidados, sobre todo de riegos abundantes, de un aporte de abono (en concentración baja), de una buena exposición a la luz y de una temperatura ambiente bastante elevada, asociada a un aumento sensible de la humedad del aire.

La poda de formación

Se practica en las plantas de las que se desea obtener una forma concreta, especialmente en los bonsáis. Se trata de una poda de estructura que consiste en potenciar algunas ramas eliminando los brotes mal colocados o sobrantes. La poda de formación consiste en despuntes repetidos destinados a provocar ramificaciones. La finalidad es conseguir una silueta más compacta o estimular la floración.

La poda de conservación

Se trata de una operación cotidiana que requiere mucho sentido común y consiste, en primer lugar, en eliminar las partes antiestéticas o estropeadas, para que la planta conserve un aspecto saludable. Elimine las flores marchitas para favorecer el desarrollo de capullos. Limite el crecimiento de algunas ramas para conservar la silueta elegante y bien equilibrada de la planta. Al final de la estación pode muy cortas las ramas que florecieron.

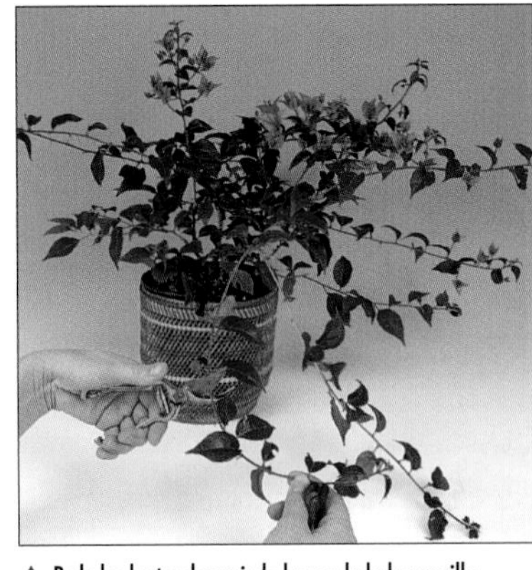

▲ Pode los brotes demasiado largos de la bungavilla.

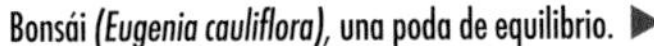

Bonsái *(Eugenia cauliflora)*, una poda de equilibrio. ▶

¿DÓNDE PODAR?

La poda es un asunto que requiere observación y sentido común. Como la finalidad de esta operación es provocar la formación de un brote en el lugar donde se cortó, lo ideal consiste en podar por encima de una hoja en las intervenciones veraniegas o las plantas de follaje perenne. En el caso de las especies caducas en las que se interviene en invierno, la poda se efectuará a la altura de la yema. Las hojas van siempre acompañadas de una yema latente (yema axilar). Tras una poda, esta yema recibirá una afluencia de savia que provocará «el despertar» de la yema, que se convertirá en un joven brote. Las podas formativas o de compensación son más drásticas. En ese caso, se corta por encima de una rama o de un brote bien colocados, que garantizarán la continuidad del desarrollo o permitirá que la planta se oriente hacia la dirección deseada. En algunas podas de estructura, se puede llegar a cortar por una parte sin nudos. En ese caso, es preferible cortar a la altura del «nudo», es decir, un abultamiento en la corteza que señala el antiguo emplazamiento de una hoja o de un tallo. Una poda a ras de tierra consiste en eliminar toda la parte aérea.

▲ *Pode siempre por encima de una hoja.*

Poda de eliminación de ramas opuestas

Se trata del principio que debe aplicarse a las podas destinadas a aligerar una silueta. Se piensa que dos brotes nunca deben desarrollarse a partir del mismo punto. Por extensión, también se evita que una rama forme una ramificación doble. Este tipo de poda consiste, por tanto, en simplificar el ramaje eliminando en los brotes dobles el menos vigoroso o el peor orientado, cortándolo lo más cerca posible de su punto de nacimiento. Unas tenazas para bonsái serán la herramienta más eficaz y más precisa, ya que no deja muñones.

El rejuvenecimiento

Es un principio básico en todas las operaciones de poda. Se trata de eliminar las ramas viejas, desnudas o antiestéticas, en favor de jóvenes brotes vigorosos. En las plantas de la casa, la poda de rejuvenecimiento se practica básicamente en las plantas leñosas arbustivas y en algunas suculentas. La operación consiste en podar por encima del nuevo brote que seleccionó. Pueden beneficiarse de este tipo de poda: abutilón, acalifa, afelandra, aguacate, buganvilla, agrios, corazón, jazmín de Paraguay, croton, aralia elegantísima, fatshedera, ficus, granado, hibisco, ixora, adelfa, pachystachys, polyscias, cheflera, tilo de salón, etc. Corte con una buena podadera y enmasille la herida si es importante.

El desmoche

Se trata de una poda drástica, que consiste en eliminar todos los brotes jóvenes y tiernos, y que conserva sólo la estructura básica. La finalidad es impedir que la planta desarrolle una estructura leñosa demasiado grande y conserve una mata compacta. En efecto, cuando el tallo pasa del estado herbáceo (tierno) al leñoso (madera), se desnuda de modo natural. Se practica el desmoche en plantas que florecen sobre los brotes del año: abutilón, datura *(Brugmansia),* fucsia, balsamina, lantana, geranio, vincapervinca de Madagascar, flor de Pascua, etc.

La operación se practica desde el final de la floración, cortando todos los tallos que florecieron a 5 cm de su punto de nacimiento. Tras esta poda, las plantas se dejan en reposo vegetativo en un lugar más fresco y en seco.

La defoliación

Es una operación muy espectacular que se practica en las plantas cultivadas en forma de bonsáis, cuya finalidad consiste en provocar una ralentización del crecimiento y, sobre todo, la formación de hojas más pequeñas, luego más estéticas. Se trata de eliminar, en mayo o junio, todas las hojas que cubren la planta, cortándolas delicadamente por la base del pecíolo, con unas tijeras pequeñas.

Tras una o dos semanas, durante las cuales la planta acusa la repercusión de esta operación, las yemas auxiliares se desarrollarán rápidamente y darán nuevas hojas, dos o tres veces más pequeñas que las primeras. Debido a la dureza de esta poda, que moviliza toda la energía de la planta para formar un segundo follaje, la defoliación no debe practicarse más que cada tres o cuatro años. Los ficus y las chefleras son las dos especies de bonsáis de interior a las que más se practica esta técnica. Mantenga la planta en un ambiente cálido y húmedo, para que disponga de las mejores condiciones y pueda rebrotar.

El recepado

Es la solución extrema, ya que se trata de cortar casi toda la planta para provocar la aparición de nuevos brotes en la base del tronco, o a partir del cepellón. El recepado se utiliza en las plantas demasiado grandes, cuyo ramaje ya no se adapta a las medidas de la habitación (tallos que tocan el techo, por ejemplo) o, al contrario, cuando el conjunto de la parte aérea ha amarilleado y está poco desarrollado. En el último caso, es cuestión de una «operación de supervivencia», para estimular nuevamente el crecimiento. A veces se practica un recepado a las plantas trepadoras demasiado desnudas por la base y que se desea ver rebrotar en una forma más compacta (buganvilla, jazmín, hiedra, etc.). También se puede equiparar a un recepado el hecho de eliminar completamente la parte aérea de una planta bulbosa al final de la estación (amarilis, caladio, por ejemplo).

▼ Poda de la flor de Pascua: se rebaja o desmocha todo.

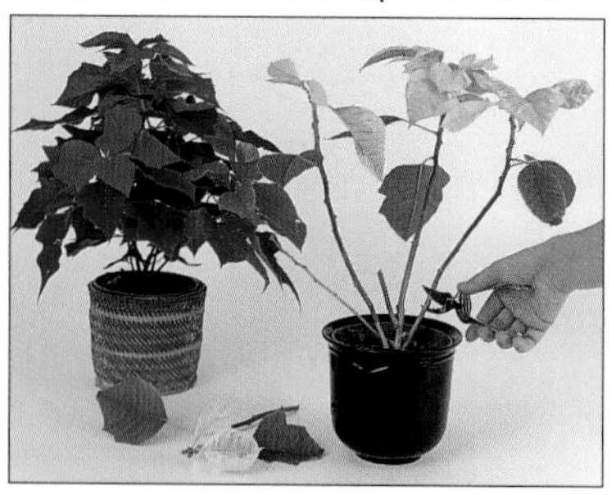

▼ Deshojamiento de un bonsái de *Ficus retusa.*

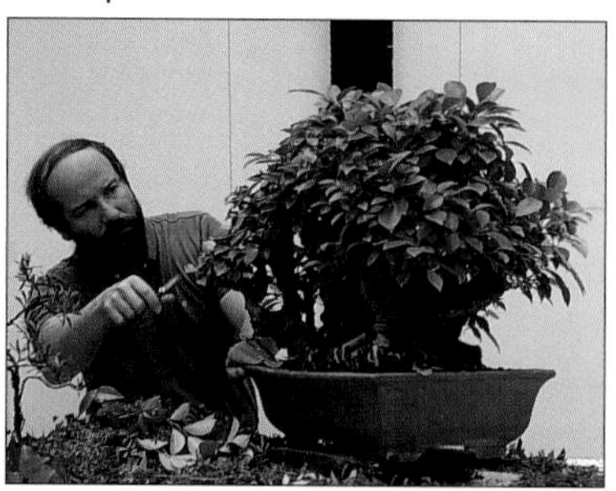

▼ La planta está completamente desnuda en primavera.

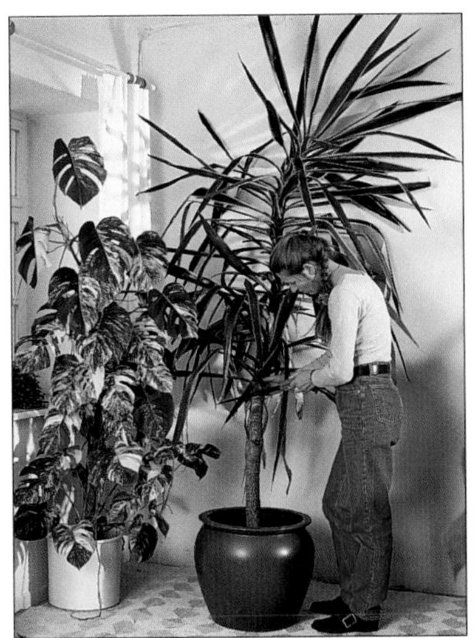

▲ Poda de una *Yucca elephantipes* demasiado grande.

En las plantas leñosas, consiste en cortar el tronco entre 10 y 20 cm de la base. Esta operación se practica a: acacia (mimosa), cordiline, drácena, aralia, ficus, polyscias, cheflera, tilo de salón y yuca.
El recepado también es válido para las plantas desnudas por la base y que no han producido ramificaciones que permitan un desmoche.
En las plantas herbáceas, este tipo de poda es una especie de cura de juventud que permite producir una nueva generación de tallos y de hojas, a partir del cepellón mismo. Se practica en esparragueras, diefembaquia, farolillo, paraguas, etc.

▲ La planta fue completamente recepada.

El pinzamiento

Esta técnica se usa básicamente en las plantas herbáceas que se desea que ramifiquen, para favorecer la formación de capullos florales, o con la finalidad de que adopten una forma más compacta. El pinzamiento consiste en cortar por encima de una hoja el extremo de un tallo joven aún tierno. Se puede realizar con los dedos (de donde procede el sustantivo «pinzamiento»), pero es preferible usar unas tijeras pequeñas, para realizar un corte más completo. El pinzamiento puede practicarse varias veces durante el período de vegetación. Puede utilizarlo en plantas del tipo: corazón, fitonia, fucsia, ginura, hipoestes, balsamina, solanum, etc. También sirve para impedir el desarrollo de flores en las especies de follaje decorativo (cóleo, por ejemplo) o para reducir los tamaños de los tallos rastreros o colgantes (planta de cera, columnea, etc.).

▲ Jóvenes brotes aparecieron al nivel de los nudos.

El despuntado

Se trata del compañero del pinzamiento, realizado en las plantas leñosas o en los vegetales bien desarrollados, pero que no logran ramificarse, como los aguacates, el árbol del caucho, *Ficus lyrata*, etc. También puede efectuarse un despuntado en las plantas demasiado altas, en las que resulta imposible practicar un recepado porque ello pondría en peligro la supervivencia de la planta: acalifa, afelandra, croton, etc.

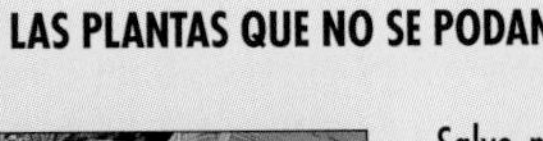

LAS PLANTAS QUE NO SE PODAN

▲ *No pode el banano.*

Salvo para eliminar las hojas muertas y las flores marchitas, nunca manipule las plantas acaules (sin tallo) o que forman una roseta: aquimenes, alocasia, amarilis, aspidistra, bromelias, zapatito de la virgen, clivia, gloxinia, peperomia, primavera, violeta africana, sansevieria, estreptocarpo, etc. No pode las cactáceas, los bananos, los helechos (salvo para una poda drástica de rejuvenecimiento), las plantas carnívoras, las orquídeas (excepto las especies que crecen sobre largos tallos como algunos *Dendrobium* o *Vanda*).
Sobre todo no pode las palmeras, ya que cualquier crecimiento de estas plantas se efectúa mediante una yema situada en el centro de la mata de hojas.

Pinzamiento de un tallo de balsamina. ▶

LA LIMPIEZA

El polvo es un enemigo insidioso para las plantas de la casa. Partículas casi invisibles se van depositando continuamente sobre el follaje e impiden a la larga las funciones vitales de la planta. La limpieza no tiene, pues, una función puramente estética.

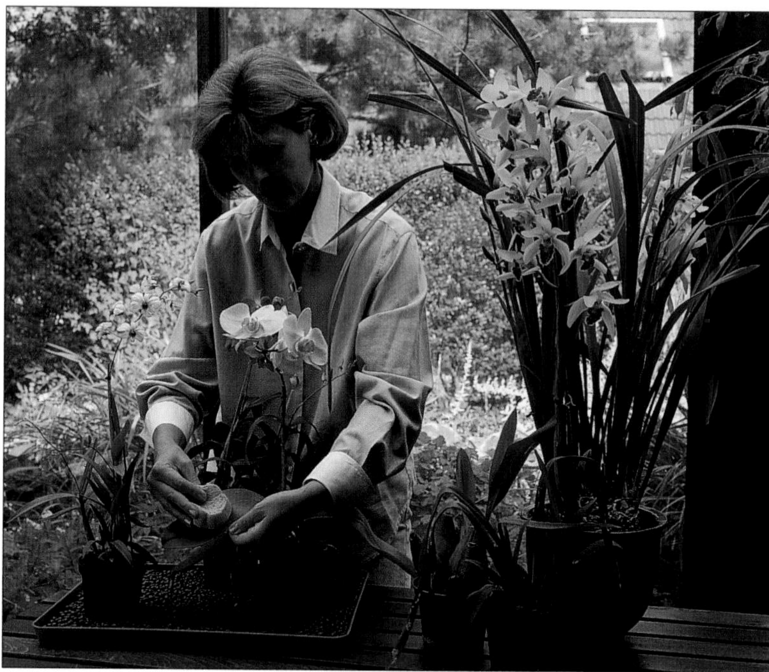

▲ La limpieza de las hojas gruesas de un *Phalaenopis,* efectuada una vez al mes, contribuye a la buena salud de la planta.

Consejo: **Para la limpieza de las hojas, use únicamente agua desmineralizada o que contenga algún un producto antical, ya que el agua calcárea deja al secarse unos cercos que pueden dar un aspecto aún más «sucio» que el polvo.**

◄ Algunas toallitas están impregnadas de insecticida.

Para que desempeñen una función decorativa, las plantas de la casa deben parecer «limpias». Esta noción es una apreciación puramente humana, ligada a nuestra percepción personal de la estética, influida por las reglas de la educación que hemos recibido. Así, las hojas amarillas o secas, las flores marchitas o un brote muerto nos parecerán «sucios», cuando forman parte integral de la planta en su medio natural. Además, los vegetales saben «limpiarse» por sí solos, o gracias a la complicidad de la lluvia o del viento. Las hojas que mueren y las flores que se marchitan caen al suelo, donde son atacadas por los microorganismos que allí habitan, las descomponen y reciclan sus elementos orgánicos, los cuales posteriormente serán usados de nuevo por la planta. En casa, este proceso no se realiza, por lo que todos los residuos producidos por la planta se perciben lógicamente como una alteración de su belleza.

La primera operación de limpieza consiste, pues, en despojar las plantas de la casa de todas las partes estropeadas, enfermas o muertas. Ello atañe a la conservación diaria y se basa en la mera observación de estos huéspedes.

Quitar el polvo

En casa, los movimientos de aire no bastan para garantizar el transporte del polvo. Por la gravedad, se deposita en el suelo, en los muebles y en las plantas. Estas finas partículas incluso tienden a concentrarse sobre las hojas, debido al intenso poder electrostático de los vegetales.

LOS ABRILLANTADORES

▲ *Abrillantado de una* Fatsia japonica.

Los productos abrillantadores tienen una triple acción: quitan el polvo, dan brillo a las hojas y garantizan la prevención contra la aparición de insectos parásitos (sobre todo cochinillas). Muy prácticos, los abrillantadores se presentan en aerosol. Deben usarse únicamente sobre las plantas de hojas anchas y coriáceas: ficus, monstera, croton, aralia, fatshedera, drácena, kentia, sansevieria, singonio, yuca, etc. Los follajes vellosos y finos no deben abrillantarse.

En la naturaleza, la lluvia se encarga de lavar regularmente las plantas. Pero en casa, el polvo se acumula y va formando, poco a poco, una capa opaca sobre las hojas. Ello reduce sensiblemente la cantidad de luz que recibe la planta. La clorofila ya no se produce o desaparece, las hojas amarillean y el crecimiento se ralentiza.

Por tanto, es indispensable eliminar de modo regular el polvo de todas las plantas de interior.

Una vez por semana es la frecuencia ideal; nunca debe ser inferior a una vez al mes. Las plantas de hojas lisas podrán ser duchadas (con agua tibia), lo que tiene otro efecto beneficioso: aumentar el ambiente húmedo.

Si no, limpie la parte superior e inferior de las hojas con una esponja húmeda o una toallita limpiadora desechable. No use algodón porque suele dejar pelusas. Puede sustituir el agua por una solución con alcohol (mitad cerveza, mitad agua, por ejemplo) que tendrá un buen efecto insecticida preventivo.

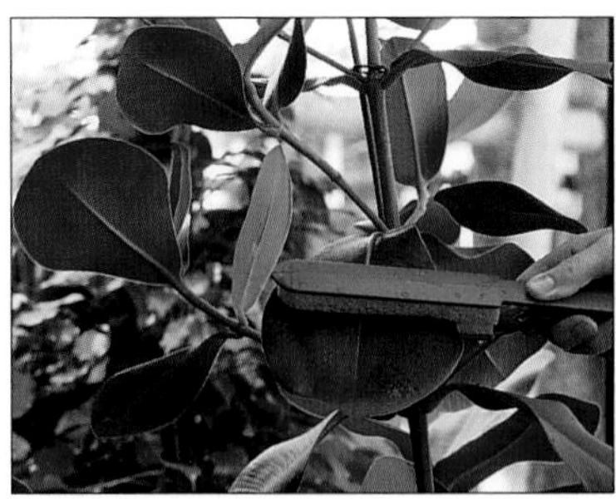

▲ Muy práctica, la pinza esponja limpia el haz y el envés.

La ducha del follaje es el mejor modo de quitar el polvo. ▶

LA ELIMINACIÓN DE FLORES MARCHITAS

Esta operación, aparentemente lógica y banal, no tiene únicamente una finalidad estética. En las plantas cuya floración se prolonga durante varias semanas -azalea, begonia, fucsia, gardenia, orquídeas, etc.-, la eliminación de flores marchitas estimula la formación y la madurez de nuevos botones. La explicación resulta muy sencilla: la planta florece para reproducirse. Las flores, una vez fecundadas, producen frutos que contienen semillas.

Si impide la formación de frutos eliminando las flores marchitas, la planta se ve «obligada» a producir nuevas flores, ya que no ha alcanzado su objetivo (garantizar la perennidad de la especie). No se conforme con retirar los pétalos marchitos. Corte toda la flor con su pedúnculo, ya que es el ovario protegido por el cáliz (los sépalos) el que se transforma en fruto. En las especies que forman una inflorescencia, hay que cortar el tallo floral lo más cerca posible de su punto de nacimiento. Use tijeras para realizar un corte bien limpio. Antes de ejecutar, examine bien el tallo floral. Es posible que presente uno o varios abultamientos bastante discretos (sobre todo en las orquídeas). Se trata de yemas latentes, capaces de producir nuevas flores. Para estimular el fenómeno, basta con cortar por encima de la parte abultada. En las plantas cuyas flores van acompañadas de brácteas decorativas, como la mayor parte de las bromelias, elimine las flores marchitas (a menudo minúsculas) a mano, justo para quitar las partes marchitas de la inflorescencia. Espere luego (a veces varios meses) a que las brácteas comiencen a marchitarse antes de cortar por la base la inflorescencia.

◀ *Eliminación de la inflorescencia de la* Vriesea.

Clivia. No deje que se formen los frutos. ▶

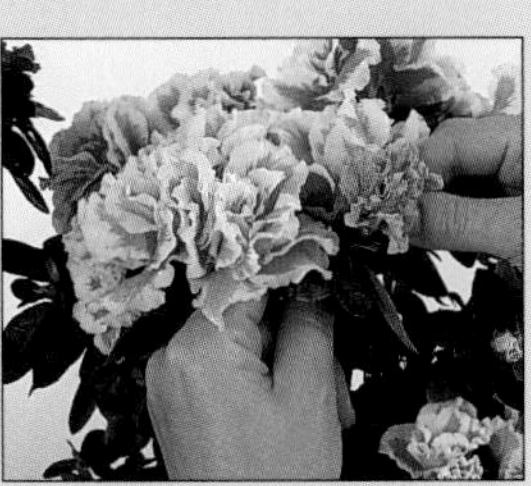

◀ *Azalea. Quite las flores a mano.*

COLOCACIÓN DE TUTORES Y ESPALDERAS

Las plantas volubles, trepadoras, sarmentosas o cuyos tallos carecen de rigidez para soportar el peso del follaje, y las especies tapizantes o de ramas menudas, necesitan ser colocadas sobre un soporte. Existen muchos modelos adaptados a los diferentes tipos de vegetales, pero lo importante es la eficacia y la discreción...

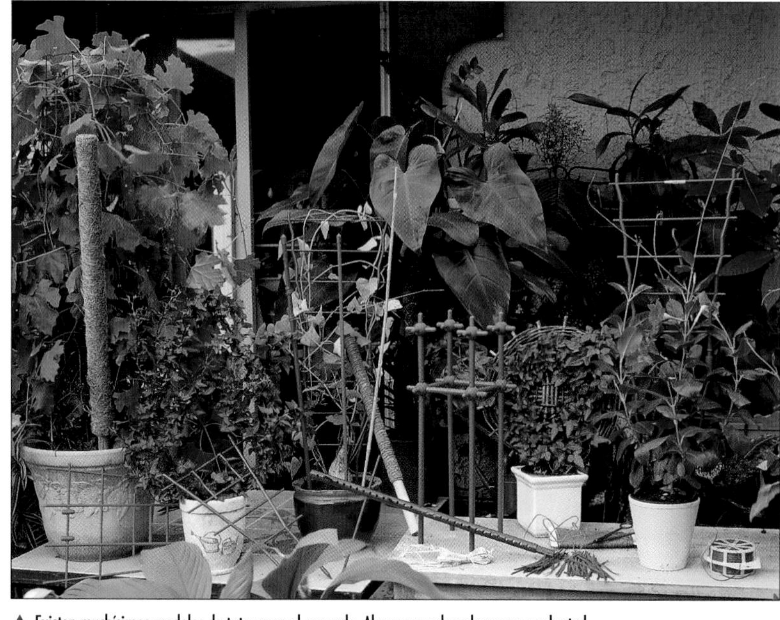

▲ Existen muchísimos modelos de tutores en el mercado. Algunos pueden alargarse a voluntad.

Consejo: **Para evitar que las ataduras lastimen o estrangulen los tallos, sujételas primero a un tutor, apretando bien y con doble nudo, y luego pase el lazo en forma de ocho alrededor del tallo de la planta, sin apretar. Anude el extremo de la atadura al tutor. Así, el tallo de la planta se mantiene con soltura, lo que le permitirá engrosar tranquilamente.**

Se habla de instalar un «tutor» cuando la planta se sostiene mediante uno o varios postes rectos, o bien en arcos o espirales. Se prefiere emplear la expresión «colocación en espaldera» cuando la planta se desarrolla contra un enrejado, un entramado, una escalera o se apoya sobre alambres tendidos contra un muro. En todos los casos, el soporte debe ser discreto y estable. Es preferible ponerlo o sustituirlo cuando la planta es joven, o con motivo de un trasplante, para no arriesgarse a dañar las raíces.

El bambú, sólido y natural

Los tutores de bambú se confunden con el follaje. Los modelos comunes, que no superan 1 m de largo, resultan perfectos para las plantas jóvenes o las de desarrollo medio, como las hortensias o las flores de Pascua.

▼ Una forma decorativa en alambre.

▼ El tutor de musgo para el filodendro.

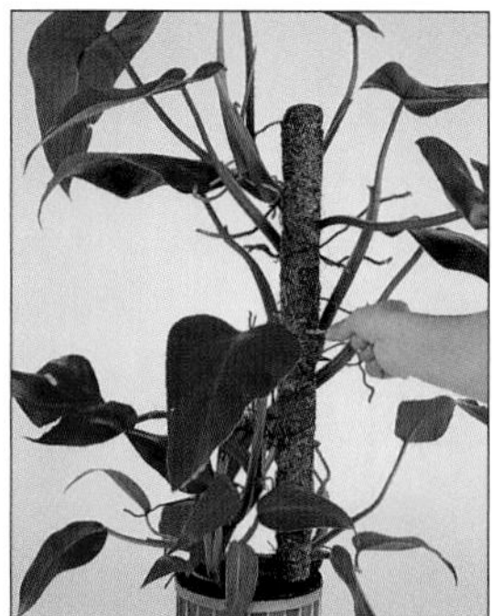

▼ Bambúes para el *Ficus lyrata*.

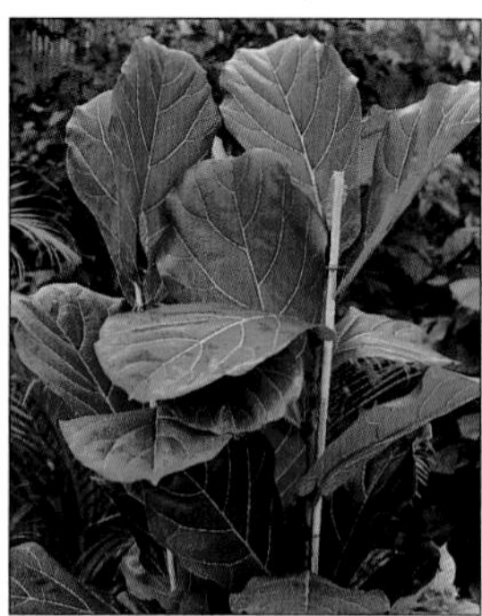

▼ Una escalera de madera muy estética.

PLANTAS QUE NECESITAN TUTOR

❐ **Sobre un arco**

Dipladenia, *Gynura* sarmentosa, *Hoya*, pasionaria, parra virgen, *Stephanotis*, plumbago, buganvilla, fuente de cera, *Philodendron* de hojas pequeñas, hiedra, etc., se guían bien alrededor a un arco metálico. Calcule un diámetro suficiente (al menos 40 cm) para que los tallos de la planta no se vean demasiado forzados. El jazmín chino y otros jazmines pueden enrollarse alrededor de un arco durante los dos o tres primeros años.

❐ **Sobre un tutor de musgo**

Todas las plantas que forman raíces aéreas: aralias, ficus trepadores, filodendros trepadores, potos y singonios.

❐ **Sobre un tutor en forma de escalera**

Las trepadoras o lianas de gran desarrollo: *Solanum jasminoides*, *Streptosolen*, buganvilla, *Thunbergia*, *Clerodendron*, *Solandra*, *Passiflora*, *Stephanotis* (plantas adultas).

Tres o cuatro bambúes, atados a media altura con una cuerda, permiten contener de modo natural las plantas de porte muy ensanchado, como los paraguas o los tilos de salón *(Sparmannia)*.
La flexibilidad de los bambúes no les permite soportar plantas de desarrollo muy grande, como los ficus, las costillas de Adán o los singonios. Se requieren soportes con un diámetro mínimo de 2 cm. Recuerde que debe proteger el extremo de cada bambú con una tapón de corcho, para no herirse por descuido cuando se agache para regar, por ejemplo.

De plástico o de metal

Los tutores de plástico o de metal plastificado resultan convenientes para las plantas vigorosas y pesadas. Puesto que son resistentes, pueden permanecer colocados varios años sin doblarse.

El color verde se pierde entre el follaje y el blanco resulta también bastante discreto, sobre todo para las plantas de follaje variegado. Los arcos son convenientes para las trepadoras floridas, como los estefanotes o las dipladenias. El hecho de encorvar las ramas hacia abajo favorece la emisión de nuevos brotes florales.
Muchas plantas se venden en espaldera sobre arcos. Si el diámetro es demasiado pequeño (menos de 30 cm), hay que trasplantar un mes después de la compra y sustituir el tutor. Jazmines, celestinas y tumbergias, de crecimiento vigoroso, se desarrollarán durante la estación sobre arcos de al menos 40 cm de diámetro.
Ya se encuentran en el mercado tutores de formas decorativas variadas: espirales, corazones, siluetas animales o vegetales. Estos últimos resultan perfectos para las especies de hojas pequeñas, como las hiedras o los ficus rastreros, que pueden entonces guiarse de forma artística.

Los tutores de musgo

Recubiertos de musgo natural o artificial, se adaptan a las plantas con raíces aéreas: potos, singonios o costillas de Adán trepadoras. Las raíces extraerán del musgo humedad y elementos nutritivos. Debe considerar ese tutor como un segundo medio de cultivo.
Riegue suavemente la parte superior del tutor para humedecer el musgo o pulverice a diario el conjunto con agua tibia. Una vez al mes, añada media dosis de abono líquido en el pulverizador para alimentar las raíces aéreas. Adhiera los tallos al musgo con un trozo de rafia o clips medio abiertos, hundidos en el espesor del tutor.

La colocación en espaldera

Esta operación se practica a las plantas trepadoras o lianas cuyo desarrollo se prefiere

▲ Colocación de un tutor en un *Solanum jasminoides*.

▲ Un alambre en espiral y la hiedra toman una bonita forma.

Enrolle el tallo del *Stephanotis* alrededor de un tutor. ▶

▲ Atadura de un tallo de singonio sobre un tutor de musgo con un alambre.

ver sobre una superficie más que en volumen o colgante para obtener un efecto de mayor amplitud.

Una planta en espaldera correctamente orientada presenta una mayor superficie al sol y crece con más vigor. Acostúmbrese a colocar los tallos en espaldera para guiar el crecimiento de la planta. Las celestinas, por ejemplo, se vuelven muy invasoras si «olvida» encaminarlas. Los tallos se enredan y se rompen cuando se enderezan, lo cual dificulta la colocación posterior en espaldera.

Si no tuvo en cuenta la colocación en espaldera durante la plantación, instale tres tutores de bambú en la periferia de la maceta y pase una cuerda o un trozo de rafia en torno al conjunto, enrollando la atadura dos veces alrededor de cada tutor.

Si dispone de una pared, lo más sencillo consiste en tender alambres sobre tornillos fijos cada 2 m (los clavos se arrancan con más facilidad cuando el ramaje adquiere peso). Este sistema es conveniente para las costillas de Adán, el ciso y el jazmín.

A título de referencia, el ramaje de un *Trachelospermum jasminoides* vigoroso de diez años puede pesar más de 10 kg. El trasplante de una planta en espaldera contra una pared será en lo sucesivo más delicado. Disponga de una maceta lo suficientemente voluminosa (al menos 30 cm de diámetro) en la que la planta pueda permanecer al menos tres o cuatro años.

Los diferentes tipos de ataduras

Todo lo que es flexible y resistente y puede anudarse puede servir de atadura. La rafia es un producto natural que procede de una palmera originaria de Nigeria. Resulta conveniente para las plantas de desarrollo reducido.

Puesto que es flexible, la rafia no daña la corteza de los tallos, si no se aprieta demasiado.

El alambre plastificado se vende en rollos. Ya que es resistente, puede sostener las plantas pesadas. Resulta práctico para usarlo con los tutores de musgo. Para las plantas de tallos gruesos y de fuerte crecimiento elija las abrazaderas de plástico. Existen muchos modelos adaptados a los diferentes tamaños.

Los alambres de cobre de los floristas no resultan convenientes. Son demasiado finos, y hieren los tallos con facilidad.

▼ Tres bambúes atados hacen un buen armazón.

▼ Sostenga los tallos frágiles de los narcisos con una atadura.

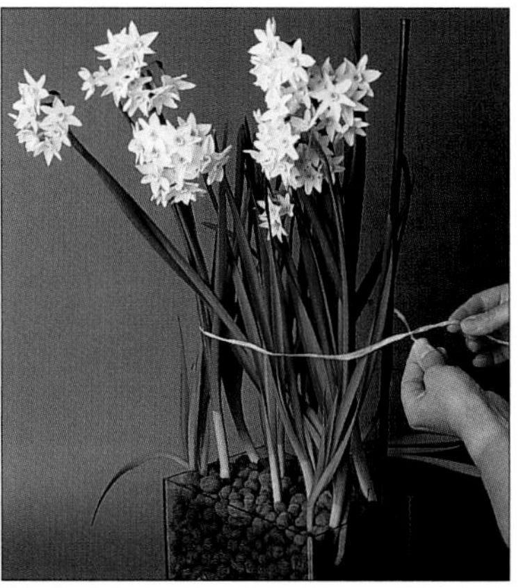

▼ Proteja el tallo frágil del amarilis con un algodón.

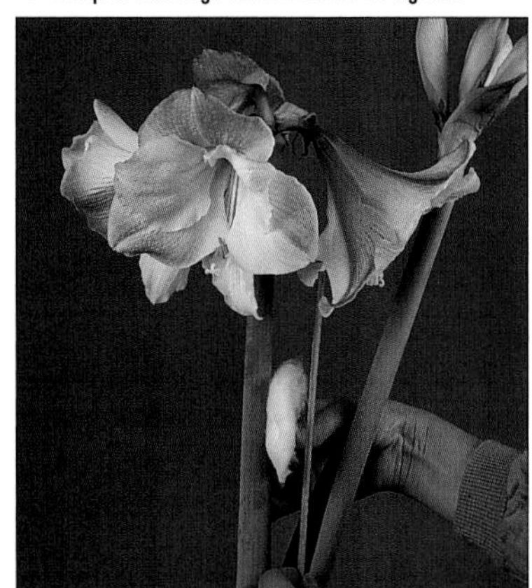

Los bulbos, un caso aparte

En la naturaleza, las flores de bulbo no necesitan tutores. Cultivadas en maceta, estas plantas requieren un soporte. Las condiciones de cultivo (menos luz, más calor y más abono) alargan los tallos y los hacen más flexibles.

Es preferible colocar tutores al mismo tiempo que los bulbos, para no herirlos. En efecto, la menor magulladura suele acarrear la podredumbre del bulbo.

En el caso de los narcisos, bastan unos bambúes finos. También puede conformarse con un solo tutor, que fijará a un lado, contra la pared de la maceta. Pase una atadura de rafia alrededor del grupo de tallos.

Las plantas frágiles

Algunas orquídeas, como las *Phalaenopsis,* producen largos tallos flexibles. Las más floríferas pueden desarrollar inflorescencias de hasta quince flores grandes.

Para evitar que los tallos se rompan o se doblen peligrosamente, los aficionados instalan pequeños tutores sesgados, que siguen la curvatura natural del tallo de la inflorescencia y lo sostienen sobre aproximadamente dos tercios de su longitud. La atadura se realiza con hebras de lana o rafia de colores.

Los tallos de las amarilis, gruesos pero frágiles, requieren una protección, especialmente cuando llevan varias flores pesadas. Coloque una almohadilla de algodón o de poliestireno expandido entre el tutor y el tallo para amortiguar los golpes.

Las medinillas, esas plantas de imponentes racimos rosa porcelana, suelen tener tallos quebradizos. Sostenga discretamente los tallos florales con un ramo ahorquillado de nogal, que quedará disimulado por el abundante follaje.

Las begonias, de tallos acuosos y flores a veces muy pesadas, también requieren con frecuencia la colocación de un tutor. Utilice varitas finas de madera, que atará en diferentes puntos del tallo con un trozo de rafia. ¡Cuidado! Los tallos se rompen como el cristal y las hojas se magullan con mucha facilidad.

▲ La atadura de plástico armado es fuerte y fácil de colocar.

El tutor en escalera «crece» con la planta. ▶

CUIDADO CON LAS HERIDAS

Las plantas crecen tanto en altura como en grosor. El tallo de un ficus de 1 cm de diámetro dobla su espesor en tres años, si la planta se alimenta bien, y tiene un riego y una exposición a la luz correctos. La circunferencia del tronco de un naranjo en maceta gana al menos 1 cm por año, si pasa el buen tiempo al aire libre. El crecimiento del espesor continua incluso si una atadura estrangula el tallo. Puesto que la circulación de savia se lentifica, los tejidos forman primero un collar. Luego la corteza se agrieta y la atadura va recubriéndose poco a poco de madera que tiende a necrosarse. La rama queda entonces profundamente marcada. En algunos casos, la corteza se desarrolla sobre la atadura, hasta integrarla por completo en la planta. La rama, debilitada por la cicatriz, es más frágil y produce hojas más pequeñas. Aumentan los riesgos de ataques parasitarios, especialmente de los chancros. Para evitar cualquier problema, resulta conveniente comprobar el estado de las ataduras cada seis meses aproximadamente. Debe poder deslizar un pequeño tutor entre la atadura y el tronco. Si la atadura ha encentado la corteza, no intente extraerla de una forma brusca. Corte con delicadeza para soltar la opresión. Tire suavemente de ella. Si la atadura se desprende sola, quítela. Si permanece incrustada en la corteza, intente cortarla en pequeños trozos, que se soltarán con más facilidad. Cubra la llaga con almáciga en pasta, para que se conserve muy limpia. La planta acabará cicatrizando por sí misma, pero la señal nunca desaparecerá. Vigile de cerca las especies leñosas como el tilo de salón, los *Ficus benjamina,* los abutilones, los polyscias, las yucas y las araucarias.

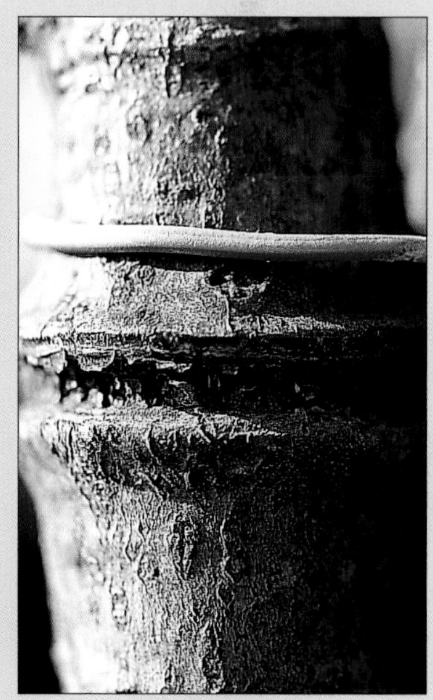

Cicatriz sobre un tronco, por una atadura demasiado ceñida. ▶

LAS PLANTAS DURANTE LAS VACACIONES

Las plantas del hogar soportan sin ningún problema una ausencia veraniega de cuatro días como máximo. A partir de ese momento se plantea el problema del riego, y el de la iluminación. Si nadie puede acudir a cuidar sus cultivos, tendrá que colocar sistemas para conservarlos en buen estado hasta su regreso. Afortunadamente, existen soluciones.

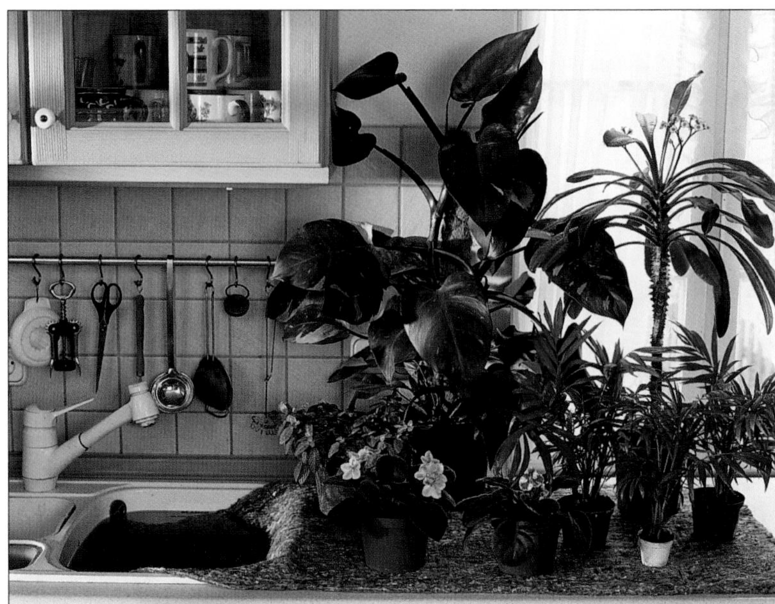

▲ Al colocar las macetas sobre un fieltro para jardinería con un extremo sumergido en agua, su base se mantiene húmeda.

Consejo: **Con una aguja para tejer, metálica e incandescente, perfore el tapón de plástico de una botella de agua mineral llena. Vuelque la botella e hinque el cuello en la tierra a una profundidad mínima de 3 cm y manténgala en su sitio. Haga un agujero pequeño en el fondo de la botella para crear una entrada de aire. Así el agua se esparcirá suavemente por la gravedad.**

◀ *Existen soportes para fijar una botella volcada.*

Ninguna planta puede sobrevivir sin luz. Tras tres días en la oscuridad, aparecen los primeros síntomas de debilitamiento: las hojas palidecen y los tallos se marchitan. La primera precaución durante las vacaciones consiste en agrupar las plantas en una habitación iluminada por luz natural al menos ocho horas al día. Evite el sol directo, que estimula inútilmente la transpiración. Si todas las persianas deben permanecer cerradas por razones de seguridad, instale una iluminación artificial, con lámparas de «luz diurna». Un interruptor automático (temporizador) regulará la duración del alumbrado establecida en doce horas al día, lo que resulta conveniente para la mayoría de las especies. La víspera de su partida, riegue normalmente las plantas. Al día siguiente, sumerja cada maceta en un cubo de agua, hasta que ya no se forme la más mínima burbuja de aire. Coloque cada planta en un platillo y, en esta ocasión, no vacíe el agua. Para limitar la desecación, cubra la tierra con bolas de arcilla, musgo, turba empapada o papel de periódico mojado. Las macetas pequeñas (menos de 10 cm de diámetro) se secan más pronto. Si son de terracota, colóquelas en un recipiente de 6 a 7 cm más ancho, que llenará de turba muy húmeda. Las macetas de plástico con un diámetro menor de 15 cm plantearán problemas tras cuatro o cinco días. Si se marcha en invierno, baje la calefacción: una temperatura de 15 °C es bien aceptada por todas las plantas.

Métodos empíricos

Agrupe las plantas, ya que se beneficiarán de la transpiración de sus vecinas. Instaladas en una estera sobre un fieltro absorbente hundido en el agua de la pila, las plantas pueden aguantar una semana aproximadamente. El fieltro se empapará y la humedad se absorberá por capilaridad a través del orificio de drenaje situado en la base de la maceta. Si se ausenta durante unos diez días, puede asegurar el suministro de agua mediante mechas de algodón. Cada mecha se introduce tanto en el sustrato de la maceta como en el recipiente lleno de agua, que debe estar instalado más alto que el tiesto. El agua se desplazará suavemente por capilaridad y gravedad. Para una maceta de 30 cm de diámetro, disponga, al menos, de tres mechas. En jardinerías encontrará también pequeños conos de terracota porosa conectados a un tubo fino. Tras haber sumergido éste en el agua, aspire y luego conecte el extremo del tubo al cono y el suministro de agua se hará de modo regular.

Riego automático

Si se marcha con frecuencia, instale sus plantas en hidrojardineras. El día de la partida, llene del todo el depósito y moje bien la tierra por encima. Una hidrojardinera de 30 cm de diámetro puede garantizar las necesidades de agua de la mayoría de las plantas verdes durante tres semanas.

Existen también sistemas de riego automático, inspirados en el sistema de riego por goteo, especialmente concebidos para las plantas de interior. Consisten en una pequeña bomba que se sumerge en un depósito. Ésta está unida a un repartidor al que se conectan tubos muy finos, que se instalan en cada maceta, sostenidos en su lugar mediante soportes fijados en el mantillo. El programa distribuye el agua una o dos veces al día, en cantidad regular. Basta con conectar uno o varios tubos en función del diámetro de la maceta.

Todas las plantas no tienen las mismas necesidades de agua. Las cactáceas pueden permanecer hasta tres semanas en seco, al igual que los ágaves, los áloes, las clivias, las cicas, las euforbias, las sansevierias y las peperomias de hojas gruesas.

La beaucarnea, así como la yuca, la *Jatropha* y las drácenas, poseen un tronco que acumula agua, por lo que pueden permanecer dos semanas solas sin padecer. La mayoría de las bromelias pueden estar sin beber al menos diez días, si se cuidó de llenar de agua el corazón de la roseta de las hojas. Las plantas bulbosas o de tubérculo (amarilis, begonias) toleran un régimen seco durante una semana larga. En cambio, las plantas de flor, de follaje fino y velloso empiezan a marchitarse tras estar entre tres y cinco días sin agua. Todo depende también de la temperatura ambiente. A su vuelta, corte todo lo que está muerto o marchito y sumerja la maceta en un cubo de agua para rehumedecer la tierra con profundidad. No dude en podar drásticamente todos los tallos ajados. Si sus plantas vivieron en semipenumbra, espere una semana antes de exponerlas a plena luz.

UNA ESTANCIA BENÉFICA EN EL JARDÍN

En verano, durante su ausencia, muchas plantas aprovechan su permanencia en el jardín. Agrúpelas bajo un árbol, en un lugar resguardado del viento. Si se tercia, asegure las plantas más grandes con un objeto decorativo pesado o una silla de jardín. Ponga en alto las macetas pequeñas y las plantas colgantes. Compruebe el estado sanitario de cada planta, elimine las hojas muertas, las flores y los capullos en formación, para no fatigar las plantas. Riegue en abundancia antes de irse y remoje los follajes. Lo ideal es disponer de un sistema de riego programado en el jardín. También puede enterrar hasta el cuello las macetas de tamaño pequeño en turba húmeda, que recubrirá con un plástico que aguantará con piedras. Aunque los agrios, las daturas, las palmeras, los bananos, ciertas orquídeas, las cicas, los helechos arborescentes y las plantas carnosas aprecian este tratamiento, es preferible dejar dentro los helechos, los estreptocarpos, las violetas africanas, las gloxinias y los crotons. Cuídese de los limacos que devoran las cactáceas sin púas, como los litops, o perforan el follaje del jazmín de Paraguay. A su regreso, revise el follaje para descubrir la presencia de parásitos. Espere dos semanas para abonar las plantas que muestren signos de haber sufrido sequedad.

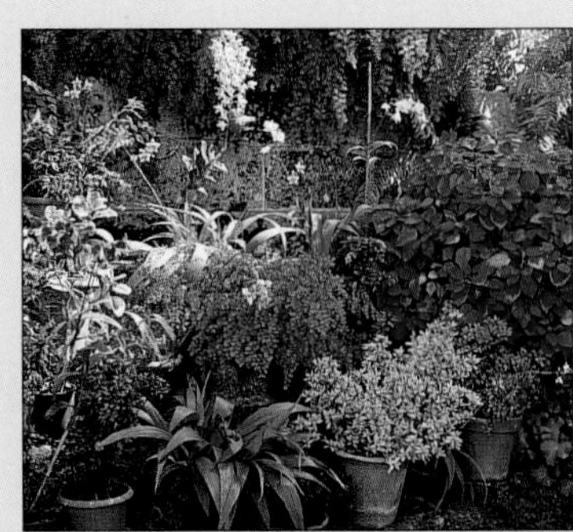

▲ *Orquídeas y flor de Pascua pasan el verano en el exterior.*

▼ Se llena de agua el cono de terracota.

▼ La difusión del agua es regular.

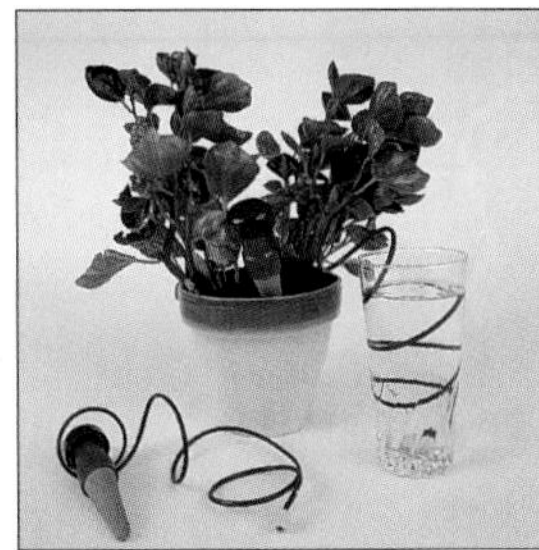

▼ El sistema automático completo.

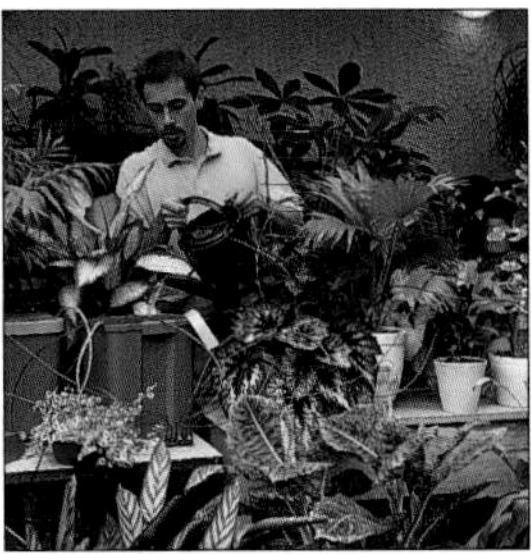

▼ Una bomba permite el suministro.

LAS PLANTAS EN INVIERNO

Procedentes de regiones que carecen de invierno, las plantas cultivadas en casa detestan el período comprendido entre noviembre y marzo. La calefacción artificial, esencial para nuestra comodidad, perjudica a las plantas, puesto que reseca el aire o eleva demasiado la temperatura. La luz escasa y las corrientes de aire frío resultan seriamente perjudiciales...

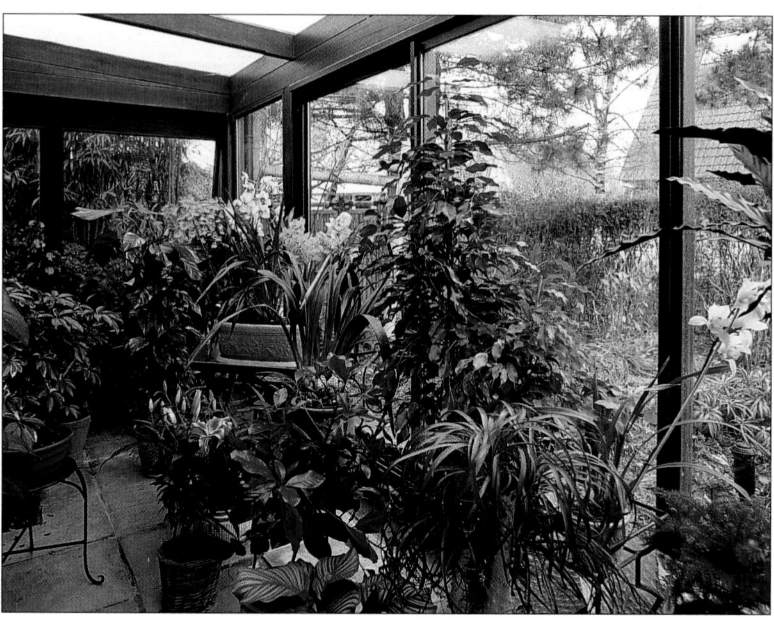

▲ En una galería poco caldeada, las plantas hibernan de modo ideal, siempre y cuando no las riegue demasiado.

Consejo: **Conseguirá mejores resultados en las habitaciones frescas que en las demasiado caldeadas. Con 18 °C durante el día y 15 °C por la noche, la mayor parte de las plantas llamadas «de interior» se comportan sin problemas. Tan pronto como la temperatura suba, debe aumentar la humedad del aire; éste es el secreto del éxito.**

Salvo las plantas originarias de regiones con estaciones bien definidas del hemisferio Sur (Chile, Argentina, Sudáfrica) y que deberían experimentar una parada vegetativa durante nuestro verano (letargo veraniego), la mayoría de las plantas de interior entran en un período de parada vegetativa en el transcurso del mes de octubre. La lentitud del crecimiento se produce naturalmente. Está ligada a la reducción de la duración del día. Debe seguir el ritmo biológico de las plantas, comenzando por interrumpir los aportes de abono. Resulta inútil intentar estimular el desarrollo de las plantas, puesto que «desean» descansar. Disminuya progresivamente la frecuencia y las dosis de riego. Como la parada vegetativa natural de las especies tropicales está ligada al período de la estación seca, es normal respetar ese comportamiento.

El último punto importante atañe a la temperatura ambiente. En una habitación muy caldeada, las plantas tenderán a «olvidar» el período de parada vegetativa. En las especies de follaje, las consecuencias son imperceptibles. En cambio, la inobservancia de la parada vegetativa suele impedir la formación de capullos florales. Se trata de una de las causas principales de que las plantas no reflorezcan en casa. También es lógico observar una mayor fragilidad y una menor longevidad en las plantas que no han respetado el reposo invernal.

SI COMPRA FLORES EN INVIERNO

El período de fiestas propicia la compra de plantas de interior. Se trata de la mejor temporada de las orquídeas y las flores de Pascua, cuyo surtido es muy rico y atractivo. Es muy importante tomar algunas precauciones en el transporte de las plantas de la tienda a la casa. Una caída brusca de la temperatura provoca la caída de los capullos florales o reduce de modo considerable la duración de las flores ya abiertas. Pida que le embalen totalmente las plantas; la protección alrededor de las flores debe ser reforzada mediante, al menos, dos capas de papel de seda.

Y, ante todo, no compre en invierno plantas exhibidas fuera, en los mercados.

◀ Protagonista: la flor de Pascua.

Frescor indispensable

La experiencia demuestra que para sentirnos cómodos en casa necesitamos una temperatura media de 18 a 20 °C. Ésta corresponde también al bienestar de una gran mayoría de las plantas de interior durante el período de crecimiento. En cambio, las que necesitan una parada vegetativa muy señalada o las que proceden de regiones semitempladas no están contentas de ningún modo bajo estas condiciones. Es el caso de las plantas de flor: ciclamen, azalea, cineraria, primavera, hortensia, helecho, etc., que resultan muy difíciles de conservar más de una semana en una habitación normal, puesto que necesitan menos de 15 °C (lo ideal es de 8 a 12 °C). Lo mismo sucede con las especies «mediterráneas» –agrios, buganvilla, algunas palmeras, celestina, mimosa, ave del paraíso, cica, datura, pitósporo, granado, solanum, anisodontea, jazmín, etc.– que toleran temperaturas cercanas a 0 °C plantadas en tierra, y prefieren entre 5 y 10 °C cuando se encuentran en macetas. También ocurre lo mismo con las cactáceas, las plantas carnosas, la pasionaria, el tilo de salón, la *Nertera,* falso pimentero, etc. Todas estas plantas deben hibernar en un invernadero frío o en una galería, en caso contrario el follaje amarillea y cae prematuramente. Observe que la casi totalidad de las plantas tolera temperaturas mucho más bajas de lo que podría suponerse, con la única condición de disponer de una adecuada humedad, así como de un sustrato muy seco.

Cómo aumentar la humedad ambiental

Por desgracia, cuanto más sube la temperatura en invierno, más baja el grado de humedad. En efecto, los sistemas de calefacción absorben la humedad del aire, lo que es muy perjudicial para las plantas. Para evitar esta sequedad, coloque las plantas sobre lechos de gravilla o de bolas de arcilla que se conserven húmedos siempre y coloque humidificadores cerca de los radiadores. Una vaporización del follaje es apropiada para las plantas de hojas lisas, siempre que el agua no chorree por las hojas y humedezca el sustrato. La vaporización debe interrumpirse en las habitaciones donde la temperatura sea inferior a 18 °C.

Cómo aumentar la iluminación

Los problemas que suelen plantearse en invierno con las plantas del hogar proceden en gran medida de la falta de luz. No sólo los días son más cortos, sino que la intensidad luminosa es inferior. Si la habitación está normalmente caldeada, la parada vegetativa de las plantas sólo es parcial y, por tanto, necesitan mucha luz. No dude en colocarlas justo detrás de una ventana. Es el lugar más fresco de la habitación y, al mismo tiempo, el más luminoso. En las regiones más frías, una exposición directa al sol entre noviembre y febrero puede ser aconsejable. Si no dispone de grandes ventanales, sustituya las bombillas habituales por las de tipo «luz diurna» y manténgalas encendidas al menos seis horas todos los días.

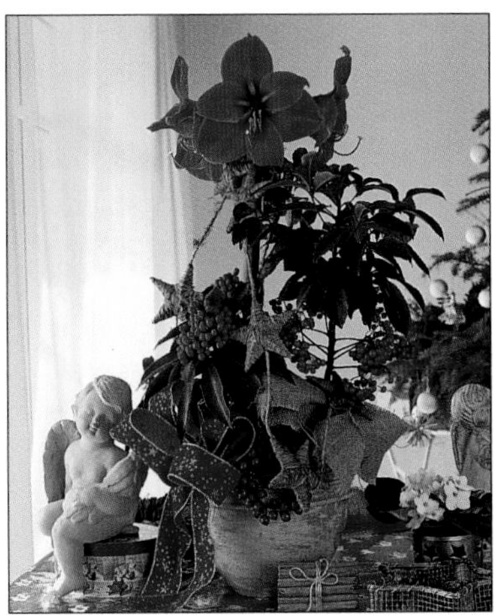

Incorpore plantas a sus adornos de Navidad. ▶

LA PRIMAVERA EN INVIERNO

▲ *Bulbos en arena, gravilla y musgo.*

Los bulbos de flores que se abren en el jardín en primavera –tulipanes, narcisos, jacintos, crocos, almizcleñas, escilas, lirios bulbosos, etc.– pueden constituir macetas floridas efímeras, pero soberbias para alegrar nuestros interiores en invierno. Se practica para ello un cultivo forzado, es decir que se obliga a la planta a desarrollarse durante un período diferente de su temporada de vegetación natural.

La suavidad ambiente del hogar basta para provocar el brote de los bulbos. Con todo, para que la floración suceda, el bulbo debe experimentar un período de frío.

En el mercado se encuentran bulbos llamados «para forzar» o «preparados» que han permanecido en cámara fría bajo condiciones óptimas. La flor embrionaria que contienen ya está bien desarrollada. Elíjalos preferentemente para sus cultivos de interior. La mayor parte de las veces ofrecen también un gran calibre, lo que le garantiza obtener flores de gran tamaño. Coloque los bulbos en un sustrato arenoso o entre gravilla. Mantenga el cultivo en la oscuridad hasta la aparición de los tallos florales.

▲ *Vasija de jacintos.*

◀ *Crocus forzados.*

CÓMO FAVORECER LA FLORACIÓN

La floración de las plantas en casa, algo parecido a un capricho, puesto que no está garantizada ni es regular, es la suprema recompensa a todas nuestras atenciones. Ello se debe sobre todo a condiciones de cultivo inadaptadas y a un ritmo biológico inadecuado.

Consejo: **No todas las plantas de interior son susceptibles de reflorecer a discreción. Azaleas, primaveras, ciclámenes, cinerarias, Exacum, Browallia, begonias, etc., dejan de tener interés tras perder las flores y es mejor sustituirlas regularmente. Úselas para decorar puntualmente las jardineras de plantas verdes y apueste en cada renovación que realice por una nueva gama de colores.**

▲ Las flores de la *Clivia miniata* híbrida se abren cada año en primavera, si la planta ha hibernado correctamente al fresco.

La floración es el desenlace del ciclo vegetativo de una planta. En gran número de especies, la abertura de las flores es anual y se produce en épocas muy precisas.

En el jardín, por ejemplo, las forsitias florecen en invierno, los tulipanes en primavera, las petunias en verano y los asters en septiembre.

Algunas plantas, en cambio, se muestran mucho más avaras en sus floraciones. Es el caso de especies que requieren varios años para alcanzar la madurez, como algunos cactos, cuyas flores sólo aparecen en individuos de más de diez o quince años. En el extremo, algunos bambúes florecen solamente hacia los ochenta o cien años.

En las regiones sometidas a un ciclo estacional bien definido, las plantas florecen prácticamente todos los años, influidas por las condiciones climáticas. Experimentan un período de crecimiento (primavera, verano), seguido por una lentificación del crecimiento (otoño) y una parada vegetativa total (invierno).

El ritmo biológico de las plantas está ligado a las estaciones y la mayoría de las especies efectúa un ciclo vegetativo completo en un año.

En casa, albergamos especies procedentes de diversas regiones, a veces incluso del otro hemisferio y acostumbradas a condiciones climáticas muy diferentes. Por tanto, es normal que a veces surjan problemas de floración.

PLANTAS DE DÍAS LARGOS Y DE DÍAS CORTOS

El proceso de la floración está ligado a la luminosidad ambiental. Son la duración del día y la intensidad de luz que recibe la planta las que provocan la formación de capullos florales. Según su etapa de floración en la naturaleza, las diferentes especies son sensibles a un predominio del período de iluminación o de oscuridad. Las plantas de floración tardía -crisantemo, nerine, cacto de Navidad, flor de Pascua, ciclamen, *Kalanchoe*- o muy precoz -azalea, primavera, etc.- florecen, en general, cuando la duración del día es inferior a la de la noche. Basta con colocar dichas plantas en un lugar oscuro varias horas cada día durante varias semanas para que se formen sus capullos florales. A la inversa, las especies de floración veraniega -buganvilla, geranio, estefanote, alamanda, violeta africana, gloxinia- necesitan una noche más corta que el día. Un aporte de luz artificial garantiza la aparición rápida de flores.

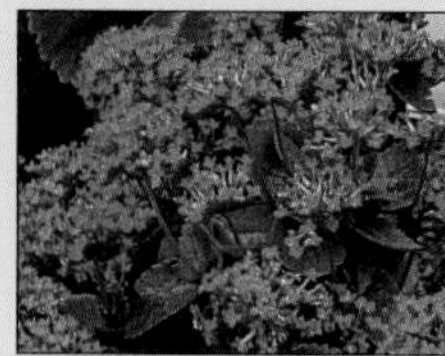

◀ *El Kalanchoe, planta de día corto.*

¿QUÉ ES UNA FLOR?

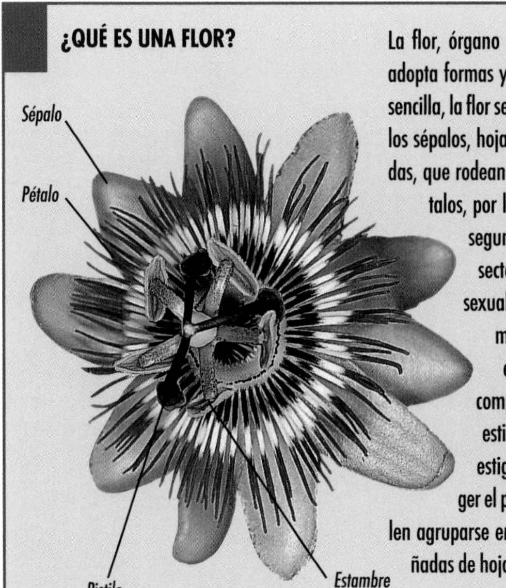

▲ La originalísima flor de la Passiflora caerulea.

La flor, órgano reproductor de las plantas superiores, adopta formas y colores casi infinitos. En su forma más sencilla, la flor se compone de cuatro órganos principales: los sépalos, hojas transformadas, más o menos coloreadas, que rodean el botón floral antes de abrirse; los pétalos, por lo general muy coloreados, forman una segunda corona protectora y atraen a los insectos que polinizan; los estambres, órganos sexuales masculinos, compuestos por un filamento que lleva la antera que contiene el polen, y el pistilo, órgano femenino, compuesto por el ovario, prolongado por su estilo, una especie de tubo que termina en el estigma, con frecuencia pegajoso, para recoger el polen que fecundará la flor. Las flores suelen agruparse en inflorescencias y a veces van acompañadas de hojas coloreadas, las brácteas.

▲ El espádice del anturio con su espata rojo vivo.

Brácteas coloreadas acompañan a las flores de beloperone. ▶

Sufrir para florecer

Todo ser vivo se encuentra programado para reproducir su especie. En los seres primitivos, como los vegetales, «el instinto de supervivencia» es el que prima. Tienen que experimentar condiciones desfavorables, el invierno en el caso de las plantas de nuestros jardines, la estación seca cuando se trata de especies de origen tropical, para que se active el proceso reproductivo. Conservadas en un ambiente siempre cómodo, como suele suceder en nuestros interiores, las plantas no «experimentan el deseo» de reproducirse. Es, pues, necesario colocarlas en condiciones más difíciles para provocar el fenómeno de la floración.

La influencia de la temperatura

Lo primero que favorece la formación de flores es la diferencia de temperatura entre el día y la noche. Una planta instalada en una habitación cuya temperatura oscile permanentemente entre 18 y 20 °C, sólo producirá hojas. En cambio, si se llega a 15 °C por la noche, es muy probable que aparezcan los botones florales. En muchas especies, un auténtico reposo vegetativo resulta indispensable, con interrupción completa del crecimiento. Los riegos disminuyen en gran medida y la temperatura puede entonces bajar en torno a 10 °C, sin problemas. Por supuesto, estas condiciones sólo pueden realizarse en un invernadero o una galería, aunque se trata del único medio, por ejemplo, para que florezcan muchas orquídeas o cactáceas.

Los bulbos de flores

Bulbos, cormos, rizomas y tubérculos son órganos de reserva destinados a permitir que las plantas soporten cambios climáticos muy importantes y especialmente largos períodos de sequía y de frescor. Para hacer reflorecer una planta de bulbo, es indispensable mantenerla en seco tras la floración, en una habitación tan fresca como sea posible. Es el caso, por ejemplo, de los amarilis y los ciclámenes.

Un conjunto florido: *Cymbidium*, *Primula* y *Kalanchoe*. ▶

Las plantas monocárpicas

Así se denominan las plantas que sólo florecen una vez y mueren después de haber fructificado. Es el caso del banano, de las bromelias, de los ágaves y de algunas palmeras. Es normal que estas plantas esperen varios años para formar sus flores. Para estimular la floración en los ejemplares adultos, coloque la planta bajo un plástico y próxima a una manzana cortada en dos, que despedirá etileno.

LA MULTIPLICACIÓN

Descubra el placer de multiplicar las plantas de interior. Basta con algunos vasitos o unas cuantas bandejas con un buen sustrato para semillero, o, en el mejor de los casos, un miniinvernadero, y podrá experimentar experiencias increíbles con los semilleros, el esquejado, el acodo y el injerto.

▲ Multiplicar las plantas del hogar es una experiencia apasionante y, con frecuencia, muy satisfactoria.

Consejo: **Si recoge esquejes o hijuelos de diferentes plantas en casa de los amigos, envuélvalos completamente con papel absorbente o algodón húmedo antes de colocarlos en una caja metálica (sobre todo, que no sea de plástico). Puede conservarlos así algunos días, pero cuide de ventilarlos de vez en cuando para evitar la aparición de podredumbres.**

Multiplicar las plantas de interior es el placer siempre renovado de maravillarse ante el milagro de la vida. Sembrar, esquejar, dividir y acodar ofrecen la oportunidad de aumentar el número de sus plantas preferidas, de dar un aspecto nuevo a los individuos envejecidos, de hacer pequeños regalos o de realizar intercambios con amigos o vecinos. Es también un medio para iniciar a los niños en el descubrimiento de la jardinería mediante experiencias fáciles y lúdicas que les encantarán.

Las labores de multiplicación de plantas de interior requieren un equipo mínimo. La panoplia completa no es indispensable para tener éxito, pero cuanto mejor equipado esté, más aumentarán sus probabilidades de lograrlo.

▼ Tijeras de bonsái, muy útiles.

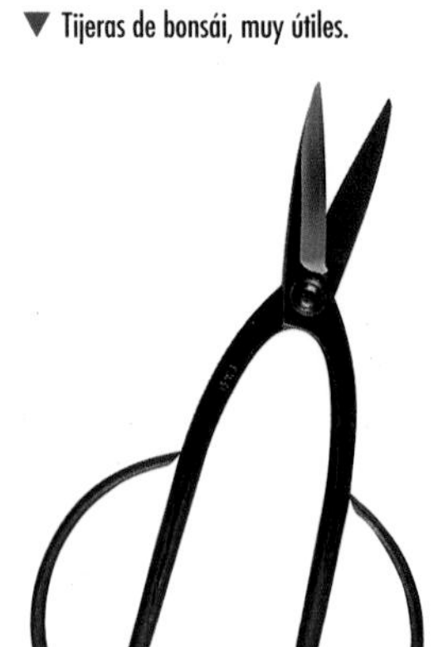

▼ Etiquetas para identificar.

▼ Un invernadero con una bolsa de plástico.

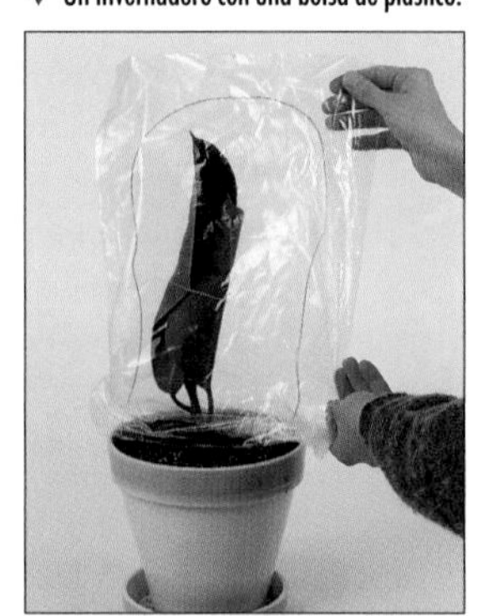

▼ Tenga una cuchilla de injertar afilada.

▲ Hormonas en polvo para facilitar el arraigo.

Las herramientas de corte

Para sacar y preparar los esquejes y cortar los estolones o los acodos arraigados usará diferentes herramientas cortantes. Reserve la podadera para podar los tallos lignificados, gruesos y duros de los esquejes de madera seca. Las tijeras de bonsái, potentes pero precisas, serán perfectas para manipular las partes finas, herbáceas o pequeñísimas porciones de plantas. Opte por un modelo largo y puntiagudo. Una navaja para injertar o un cuchillo afilado permiten recortar los esquejes de tallos o de hojas y cortar los tallos para acodar. Coloque los esquejes sobre una tablita de madera para «arreglarlos», es decir, recortar la base del tallo, eliminar las hojas inferiores y reducir la longitud del limbo de las hojas grandes. Una hoja de afeitar será muy efectiva para realizar los cortes de precisión, por ejemplo, para el injerto de cactos o para hacer una incisión delicada en las nervaduras de los esquejes de hojas de begonia o de estreptocarpo.

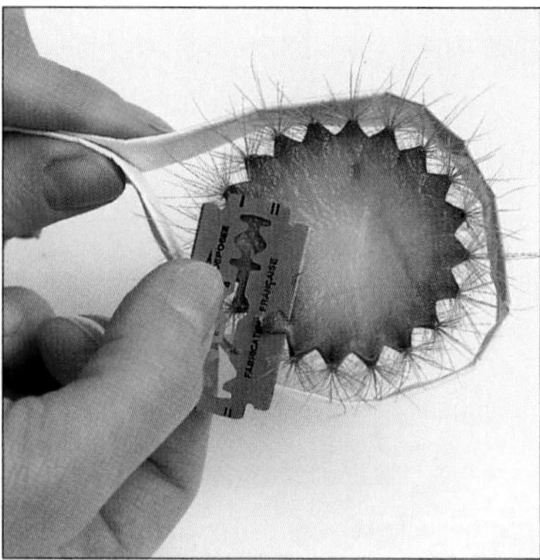
▲ Una hoja de afeitar para los cortes muy finos.

Riego e identificación

Use un vaporizador para regar los semilleros y los esquejes sin «ahogarlos», revolverlos o descomponer la superficie bien homogénea de la terrina. Otra solución consiste en sumergir la base de las macetas en una palangana de agua hasta que la superficie del mantillo esté húmeda.

No olvide etiquetar con cuidado los semilleros, los esquejes y las plantas trasplantadas, ya que no siempre resulta fácil reconocerlos. Indique la fecha de cada operación. También podrá controlar los tiempos de germinación o de reactivación.

Las etiquetas de madera conservan bien la escritura (con rotulador o con lápiz para papel), pero no pueden reutilizarse, contrariamente a lo que sucede con las de plástico. Para estas últimas hay que usar un rotulador especial o cintas adhesivas impresas por una máquina.

Las hormonas de esquejar

Presentadas normalmente en forma de polvo blanco parecido a la harina, los fitorreguladores utilizados para estimular el arraigo de los esquejes son hormonas sintéticas, pero poseen las mismas propiedades que algunas hormonas de crecimiento producidas por los vegetales. Estas sustancias favorecen, primero, la formación de un callo cicatrizal en el lugar del corte y, luego, la emisión de raíces; también son adecuadas para el arraigo de los esquejes de tallos leñosos (croton, ficus, tilo de salón, etc.).

Suelen ir asociadas a un fungicida que limita los riesgos de enfermedades. Conserve el polvo de hormonas en un lugar bien seco y compruebe antes de usarlo que la fecha de caducidad no haya vencido. Una vez abiertas, las bolsitas no pueden reutilizarse. ¡Cuidado! Un exceso de hormonas puede producir efectos negativos.

◀ Un miniinvernadero con ventilación para los semilleros.

Los miniinvernaderos

Salvo en el caso de las cactáceas y las plantas carnosas, los semilleros, los esquejes y los acodos requieren una elevada higrometría durante la fase de arraigo. Por eso resultan muy adecuados los pequeños invernaderos de multiplicación.

Desde la simple bandeja o terrina para semilleros, cubierta con una cúpula de plástico transparente, hasta el miniinvernadero con trampillas de ventilación, un dispositivo de calefacción, e incluso un termostato, existen muchísimos modelos para elegir en función de sus necesidades, por ejemplo, un modelo de altura para los esquejes o los plantones trasplantados en vasitos. También puede improvisar un miniinvernadero volcando en cada maceta la mitad inferior de una botella de plástico o envolviéndola con un film transparente sostenido por dos o tres tutores o por un arco de alambre resistente. Tras haber regado, sujete el conjunto con una goma o rafia que pasará alrededor del borde de la maceta.

▼ Un miniinvernadero calefactor para los casos difíciles.

Recipientes variados

Pequeños jarrones, probetas, tarros de mostaza o frascos de mermelada pueden acoger los esquejes que arraigan en agua. Las tiendas de decoración o algunos comercios especializados también disponen de botellas pequeñas o jardineras de cristal provistas de orificios destinados a la presentación más estética de esquejes acuáticos. Lo que importa es contar con recipientes de cuello angosto para que el esqueje se sostenga erguido, sin que las hojas se sumerjan en el agua, lo que produciría forzosamente una podredumbre rápida. Si sólo dispone de un recipiente ancho, cúbralo con una hoja de papel de aluminio y plante el esqueje ensartándolo.

Para los semilleros de semillas grandes (palmeras, por ejemplo) puede conseguir pastillas de turba prensada. Basta con dejarlas impregnarse de agua durante unos diez minutos para que tomen la forma de un terrón envuelta en una redecilla, que dispone de una abertura en el centro. Deposite una sola semilla en cada miniterrón y colóquelos encima de una bandeja llena de agua para que se impregnen por completo. El trasplante o trasvase resulta luego muy sencillo, ya que se trasplanta todo el terrón, sin molestar a la planta.

El principio del trasplante sin estrés también es el objetivo de los cubiletes de turba, que resultan más convenientes para los esquejes, debido a sus grandes medidas. Dada su fabricación con un material biodegradable, los cubiletes de turba evitan tener que extraer las plantas de la maceta para los trasplantes.

▲ Plantas en cubiletes y cajitas de semilleros y de esquejes encuentran condiciones de reactivación ideales en un invernadero.

Existen diversos tipos de recipientes para las labores de multiplicación. Las cajitas alveoladas, con sus pequeños compartimientos individuales, resultan idóneas para los semilleros variados o para los trasplantes, y suele utilizarse una sola planta (o semilla) por alveolo. Las terrinas o bandejas se presentan en todo tipo de materiales, desde el plástico más sencillo hasta la cerámica decorativa, pasando por la terracota con o sin motivo ornamental. Estos recipientes son los más usados para sembrar las semillas finas. Elija preferentemente las terrinas destinadas a los bonsáis, siempre muy decorativas e ideales para los semilleros, ya que disponen de grandes orificios de drenaje.

Los cubiletes individuales sirven, sobre todo, para los trasplantes y los esquejes. Decántese por los recipientes pequeños, más favorables para un correcto arraigo que un gran volumen de cristal. Los cubiletes podrán reunirse en un miniinvernadero. Incluso puede utilizar las cajas de huevos de cartón para realizar semilleros, a razón de una semilla por alvéolo. Las cajas de pescado de poliestireno expandido resultan muy convenientes para los esquejes, ya que son profundas. Hay que lavarlas muy bien con agua antes de usarlas. Los recipientes de nata montada pueden sustituir al miniinvernadero, y las tarrinas de yogur de plástico, a los cubiletes, siempre y cuando se perfore el fondo.

◀ Hinche las pastillas de turba en agua.

Use siempre recipientes perfectamente limpios, para evitar cualquier trasmisión de enfermedades. Límpielos a fondo con una solución de lejía, aclare y déjelos secarse por completo.

El sustrato adecuado

Para los semilleros y los esquejes, un buen sustrato comercial para semilleros suele bastar. Debe ser manejable, muy poroso y no formar terrones compactos. Cuidado: el sustrato de trasplante suele ser demasiado pesado y está enriquecido con abono. No resulta conveniente para los esquejes y los jóvenes plantones, que prefieren una mezcla ventilada y pobre en elementos nutritivos en la fase de arraigo.

Si sólo dispone de mantillo común, prepare una mezcla a partes iguales con arena de río y vermiculita o perlita. También puede preparar usted mismo un mantillo para multiplicación, mezclando dos volúmenes iguales de turba rubia y de arena de río o vermiculita.

Algunos accesorios

Acuérdese de colocar un platillo o una bandeja bajo los recipientes de los esquejes y de los semilleros, y cuide, como en el caso de las plantas adultas, de no dejar que el agua se estanque permanentemente. En cambio, puede llenar ese recipiente para regar y para impregnar el sustrato sin remover su superficie. Prepare también un pequeño pulverizador para vaporizar las plántulas o regar superficialmente los semilleros de semillas finas. Un tamiz permite disponer de un sustrato muy uniforme para constituir la capa superficial de los semilleros o para cubrir las semillas finas. Existen modelos de rejillas intercambiables, muy prácticas para modular la finura de las partículas según las necesidades. Use también un tenedor para romper los pequeños terrones de sustrato o para levantar las plántulas sin estropearlas en el momento del trasplante. Una regla o una espátula, de madera o de plástico, son indispensables para igualar el sustrato con precisión durante el llenado de las terrinas. Una tablita o una raqueta de ping-pong desprovista de su revestimiento resultarán perfectas para la compresión superficial y muy regular del sustrato.
Un accesorio especial en forma de cono, un palito o un simple lápiz servirán para preparar los agujeros y para comprimir en torno al tallo durante el trasplante.

LAS ÉPOCAS DE MULTIPLICACIÓN

La primavera, cuando acaba el invierno, es por regla general la mejor estación para comenzar la multiplicación de plantas de interior. Es el momento en que las plantas reanudan un crecimiento vigoroso. Los esquejes y los acodos echarán más rápidamente sus raíces y los fragmentos divididos se tapizarán en el transcurso del verano. Los semilleros encontrarán una iluminación suave y días largos para desarrollarse bien. Las plantas más resistentes y las más fáciles de multiplicar, a partir de esquejes o división -cinta, culantrillo, singonio, paraguas, etc.-, pueden reproducirse en cualquier estación si les garantiza una suave calidez y una buena luminosidad.
Por último, aproveche el final del período de calefacción (febrero) para realizar los esquejes más delicados (buganvillas, croton, drácena, etc.), que aprecian el calor ambiental. Basta con colocar sobre la placa de protección del radiador la bandeja cubierta con una hoja de vidrio o de plástico para favorecer el arraigo.

¿Dónde se instalan los semilleros y los esquejes?

Lo idóneo para tener éxito en todas las labores de jardinería en interiores consiste en disponer de un invernadero o una galería provista de estanterías o de anaqueles que puedan albergar sus bandejas de multiplicación. Para realizar esquejes y semilleros con una eficacia máxima, trabaje sobre una superficie fácil de limpiar, por ejemplo, una mesa o una encimera en la cocina estratificadas o embaldosadas. Cubra la zona de operaciones con papel de periódico o un film de plástico de protección para facilitar la limpieza posterior. Antes de comenzar, reúna todas las herramientas y los accesorios que necesitará, para no perder tiempo y trabajar eficazmente. Debe disponer con antelación el lugar donde pondrá los cubiletes y las bandejas durante la fase de germinación o de arraigo. Una luz intensa, sin sol directo, es la regla general.
Una luminosidad insuficiente se traduce en plántulas o esquejes ajados y endebles, mientras que el sol directo puede quemar o desecar las plantas frágiles, aunque apenas arraigadas. Una mesita colocada tras la ventana o un reborde de ventana, expuesta al este, por ejemplo, resultará muy conveniente. Sepa que tendrá que vigilar a diario la humedad del mantillo, así que coloque sus cultivos en un lugar alto, directamente en el eje de la mirada. ¡Sea precavido y no prepare semilleros o esquejes si tiene que marcharse unos cuantos días!

▼ Una regla de madera para nivelar el mantillo.

▼ Semillero de banano en cubiletes de turba.

▼ Esquejes de hipoestes en pequeñas botellas de agua.

▼ Tamizado de sustrato en un semillero en terrina.

CÓMO SEMBRAR LAS PLANTAS EN CASA

El semillero permite obtener un número considerable de plantas con una inversión reducida. Es un modo de multiplicación sexuada, el más natural para la planta; pero, debido a la combinación múltiple de los genes de los padres, el semillero no da forzosamente jóvenes individuos idénticos a la planta madre.

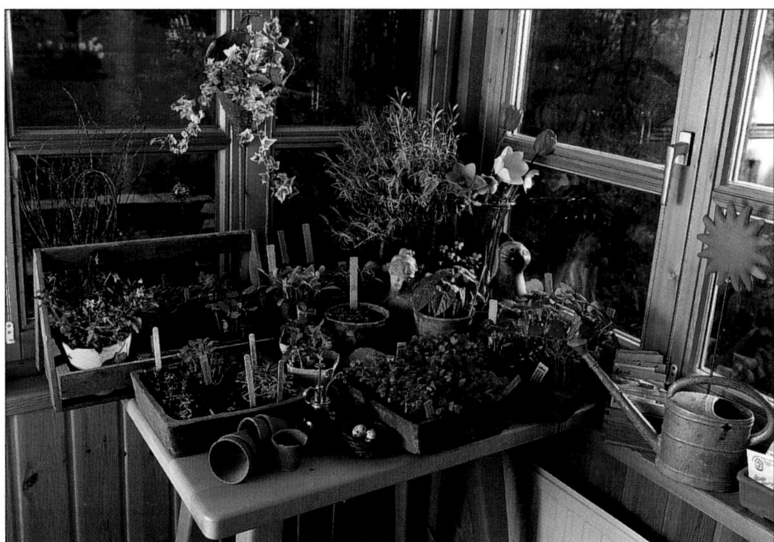

▲ Semilleros en casa. Coloque las macetas y las terrinas tras una ventana bien iluminada, pero resguardada del sol directo.

Consejo: **Las semillas de algunas plantas germinarán más rápidamente si las remoja de 24 a 48 horas en agua tibia antes de sembrarlas. Las que presentan una envoltura externa dura pueden rasparse ligeramente con un cuchillo afilado, también para acelerar la germinación.**

◀ Semillero de palmeras: una sola semilla por cubilete.

Para hacer algunos semilleros de plantas de interior, reserve un pequeño rincón en la casa, que sea luminoso pero protegido del sol directo. Cuidado: la facultad germinativa de las semillas comerciales es muy alta, y pronto se encontrará con una colección de plántulas bastante numerosa. La germinación puede requerir una semana en el caso de las plantas herbáceas, como la pasionaria, o varios meses en el caso de algunas palmeras. La duración media de germinación de las semillas figura a veces en sus bolsitas. ¡Ante la duda, sea paciente!

Si siembra semillas procedentes de sus propias plantas floridas o cosechadas en casas de amigos o vecinos, sepa que los plantones que obtendrá no serán forzosamente idénticos a la planta de origen. Los azares de la genética combinarán los genes de los progenitores y destacarán sus características predominantes.

Puede, por tanto, conseguir un color de flores, una forma o una variegación de hojas diferentes. ¡Ello contribuye a la atracción de este método de multiplicación! Cuando los jóvenes plantones hayan desarrollado algunas hojas, podrá hacer su propia selección para no conservar más que los que le gusten.

Siembre rápido las semillas que coseche usted mismo, ya que la germinación suele ser mejor con semillas frescas. En el caso de semillas en bolsita, vuélvala a cerrar con cuidado, si no usa todas las simientes y guárdela en una caja metálica en un lugar seco, indispensable para la conservación de semillas.

¿Cómo se siembra?

Si decide sembrar semillas compradas en el mercado, lea primero los consejos que aparecen en la etiqueta de la bolsita. Especifican, con un lenguaje sencillo, las modalidades especiales del semillero (simientes que brotan a la luz o en la oscuridad, temperatura de germinación, la época más favorable, etc.).

Prepare bandejas, cubiletes o pastillas de turba compacta y elija preferentemente una bandeja para las semillas finas, y cubiletes o terrones individuales para las simientes grandes.

Llene macetas y bandejas con sustrato para semillero, o una mezcla a partes iguales de arena de río y de turba rubia, nivele y comprima ligeramente la superficie con una tablita.

Para las semillas pequeñas: prepare surcos poco profundos, por ejemplo, colocando en la superficie del sustrato una varita delgada cada 3 o 4 cm. Las semillas minúsculas, como las de las begonias, son difíciles de sembrar, ya que caen en gran número en el surco. Intente sembrar lo más espaciado que pueda, mezclando la simiente con arena, por ejemplo, o bien deslizando las semillas golpeando muy suavemente bajo un reguero constituido por una hoja de papel doblada en cuatro.

Es inútil recubrir las semillas muy finas, se mezclarán con el sustrato tan pronto como comprima la superficie. Tamice un poco de sustrato o de arena, si las semillas son evidentes. No cubra las semillas que requieren luz para brotar, como las de la begonia o las cactáceas.

Una misma bandeja podrá albergar varios semilleros diferentes, pero cuídese de identificarlos correctamente poniéndoles etiquetas.

Las semillas medias a grandes: prepare surcos de 1 a 3 cm de profundidad y espacie las semillas de 2 a 5 cm en la fila, según

▲ El miniinvernadero es ideal para plantones trasplantados.

su tamaño. Como media hay que cubrir las semillas con una capa de sustrato equivalente al doble de su diámetro. También puede hundir las semillas individualmente a la profundidad deseada. En el caso de un semillero en cubiletes individuales o en pastillas de turba húmedas, coloque una sola semilla en cada terrón.

Humedezca bien el mantillo tras la siembra con un vaporizador o por inmersión de dos terceras partes de la bandeja en agua durante media hora en el caso de las semillas finas. Para las semillas grandes, que son más difíciles de remover, puede usar una regadera de cuello largo con una alcachofa fina. Una técnica sencilla consiste en apretar lentamente una esponja impregnada de agua sobre la superficie de los semilleros.

Según la temperatura necesaria para la germinación, coloque macetas y bandejas tras una ventana bien iluminada, pero protegida del sol directo, o bien en un miniinvernadero, caldeado (a 25 °C), en el caso de las especies tropicales, especialmente las semillas de mango y de lichi.

PLANTAS QUE PUEDEN SEMBRARSE

En los centros de jardinería y en algunos catálogos de venta por correo encontrará un surtido relativamente reducido de simientes de plantas verdes -esparraguera, banano, *Begonia rex*, planta del café, ficus, *Ficus benjamina*, hipoestes, paraguas, palmera, sensitiva, tilo de salón- y algunas plantas de flor: jazmín de Paraguay, zapatito de la virgen, cineraria, ciclamen, pasionaria, estefanote, cactáceas y plantas carnosas, etc. Se encuentran también bulbos o tubérculos de begonia, caladio, gloxinia y estreptocarpo. Siembre semillas de frutos tropicales o mediterráneos -mango, papaya, guayaba, aguacate, dátil, granada, lichi o agrios- tomadas de frutos bien maduros. Lave y seque las semillas antes de sembrarlas. Siembre también semillas formadas por algunas plantas en la casa: ardisia, balsamina, *Jatropha*, etc.

Cuidados tras la siembra

Vigile el sustrato, que nunca debe secarse. Puesto que la humedad ambiental es elevada en el miniinvernadero, no riegue demasiado. Los semilleros descubiertos se secan con mucha rapidez. Use agua blanda, siempre a temperatura ambiente. En cuanto broten las semillas, ventile, mantenga una suficiente humedad y aireación y garantice una buena iluminación a las plántulas. Aclare los plantones sobrantes. Trasplante los jóvenes plantones a cubiletes individuales tan pronto como se hayan formado cuatro hojas.

▼ Comprima bien la superficie del mantillo.

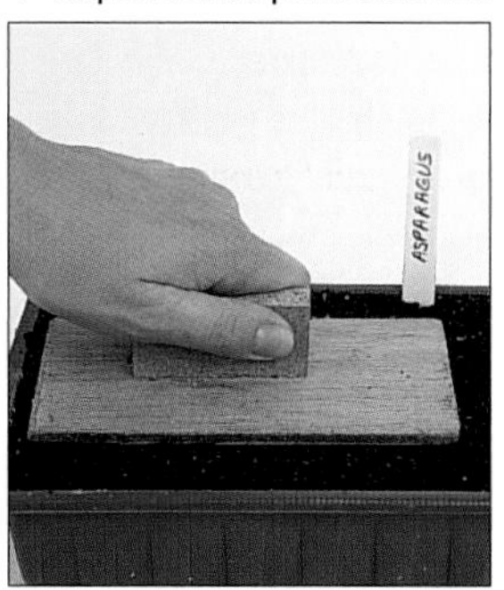

▼ Una hoja de papel como sembradora.

▼ Riego suave con una esponja.

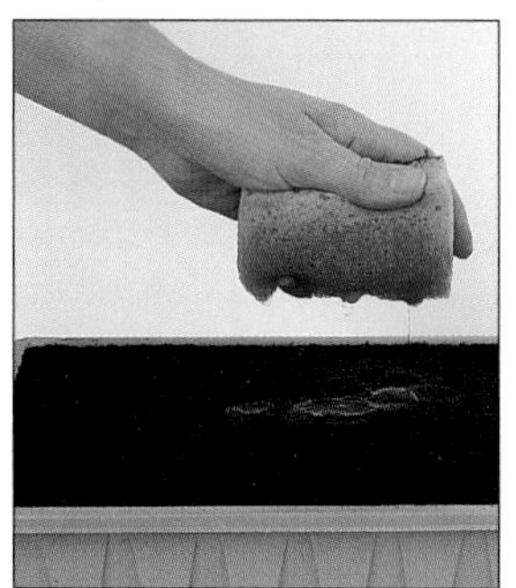

▼ Tape las semillas con arena.

LA DIVISIÓN

La división de matas y la separación de retoños o hijuelos son procedimientos de multiplicación muy simples. Esta técnica permite al mismo tiempo rejuvenecer una mata adulta, cuya maceta es demasiado pequeña, y obtener plantas nuevas provistas de raíces.

Consejo: **En el caso de una mata poblada, intente desenredar lo más delicadamente posible las raíces muy enmarañadas. Si es necesario, pase el cepellón bajo el grifo para eliminar al máximo el sustrato y distinguir mejor la distribución de las raíces. Si resulta imposible desunirlas, corte fragmentos de la mata con una navaja para injertar o un cuchillo bien afilado.**

▲ Los retoños que aparecen en la base de las bromelias se separan cuando alcanzan al menos 20 cm de largo.

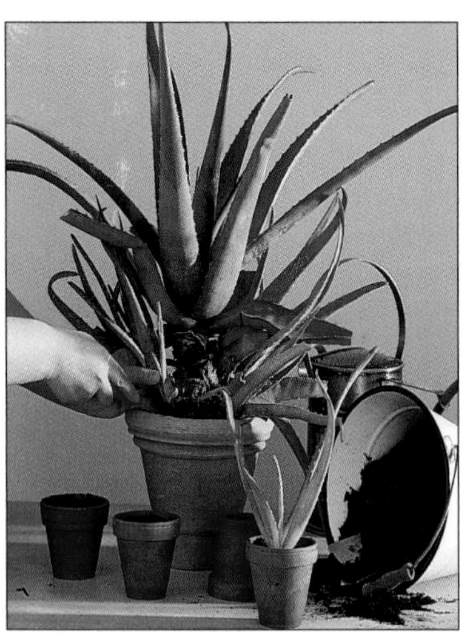

◀ Separación de hijuelos de un *Aloe vera*.

La división es una técnica de multiplicación vegetativa de plantas que consiste en separar una mata grande y bien ramificada en varios fragmentos, de modo que cada uno contenga uno o varios tallos, o rosetas de hojas, provistos de raíces.

La joven planta vuelve a crecer rápidamente una vez trasplantada y, en un período de tiempo determinado, se obtienen bellos individuos más desarrollados que los sembrados mediante semillero o esquejado. Lo ideal consiste en practicar la división al final del invierno o al principio del verano, cuando las plantas recuperan un crecimiento vigoroso. Espere el final de la floración para dividir las plantas de flor.

¿Qué plantas se dividen?

Puede dividir todas las plantas que forman retoños o hijuelos en torno a la base del cepellón, como las plantas carnosas que desarrollan rosetas de hojas (áloe, *Echeveria, Haworthia,* etc.). La mayoría de las bromelias se multiplican por división, igual que las plantas de flor, como las violetas africanas y el estreptocarpo. Son igualmente facilísimas de dividir las especies que forman hijuelos o tallos procedentes de rizomas o de raíces carnosas.

Es el caso de plantas de follaje decorativo, como diefembaquia, aspidistra, esparraguera, *Stromanthe,* maranta y culantrillo, de igual modo que muchos helechos. Cuidado: las palmeras que crecen en matas no toleran dividirse. Más vale multiplicarlas a partir de semilla. La división es también el método más sencillo para multiplicar las orquídeas que se desarrollan a partir de pseudobulbos, como *Cymbidium, Oncidium* y *Dendrobium.*

El método paso a paso

Aunque a veces puede separarse un retoño del borde exterior de la mata, sin tener que extraer la planta madre de su maceta (llene luego el vacío dejado con sustrato de tras-

▲ División de una mata de *Sansevieria.*

▲ Separación de hijuelos de una *Vriesea.*

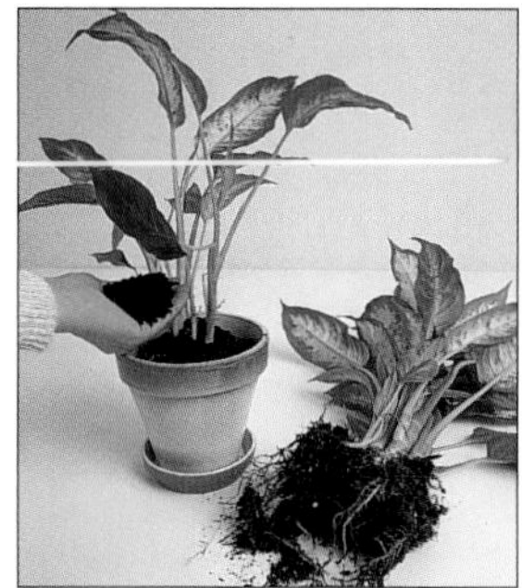

▲ División de una mata de *Dieffenbachia.*

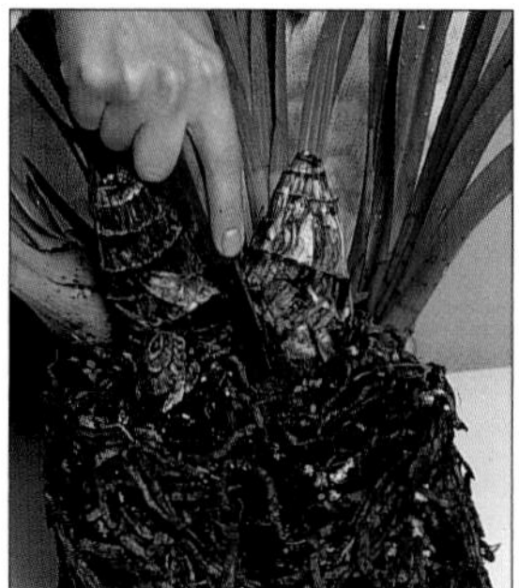

▲ Separe los pseudobulbos de *Cymbidium.*

plante), normalmente es necesario sacar la planta madre del tiesto, lo que garantiza al mismo tiempo su replantación.

Retire delicadamente las raíces, eliminando una parte del sustrato, para poder identificar las porciones que dividirá.

Evite dividir una mata en muchos fragmentos pequeños, ya que tardarán más en volver a formar una bella planta, que los fragmentos bien formados.

Lo mínimo es un tallo con raíces provisto de una hoja, pero se suele preferir la mayoría de las veces una pequeña mata que lleve al menos tres hojas. Separe dos o tres retoños o las matas que formen por el contorno del cepellón principal. Si se trata de una planta muy grande desprovista por el centro, elimine durante la división las porciones más viejas y secas.

Las plantas que forman rosetas de hojas flexibles, como la violeta africana, resultan fáciles de dividir con la mano, simplemente se separan con suavidad las rosetas elegidas. En el caso de raíces enmarañadas, de un cepellón leñoso o de un rizoma que emite brotes en toda su longitud, use una herramienta afilada para cortar limpiamente el rizoma o las raíces carnosas entre las porciones que deben tomarse.

Para dividir los cepellones grandes de helechos, como el *Nephrolepis,* a veces ha de cortarse el cepellón. Procure siempre que sea posible que cada porción aislada posea algunas yemas o un tallo y algunas raíces, condición indispensable para garantizar el éxito de la división de mata.

Si sucede que un retoño separado, por ejemplo, una porción de rizoma, aún no lleva raíces, replántelo en un sustrato para semillero o para esquejes y estimule el arraigo. Ponga un poco de hormonas en polvo en la herida del corte. El retoño se trasplantará a un sustrato común cuando manifieste señales de crecimiento que garanticen que el arraigo es efectivo.

Antes de replantar individualmente cada fragmento en un sustrato de replantación, limpie la mata. Elimine las hojas amarillas o estropeadas y las raíces secas, podridas o rotas durante la división.

Elija siempre una maceta de un diámetro superior en 4 a 6 cm al que conservó el cepellón.

La división de las orquídeas

Se practica durante la replantación de las orquídeas que no caben en su maceta y cuyos pseudobulbos comienzan a desbordarse. Extraiga la planta de la maceta, saque las raíces y, luego, con un cuchillo afilado, corte fragmentos que posean cada uno al menos un pseudobulbo carnoso y algunas raíces. Replante individualmente cada división. Riegue lentamente y vaporice la planta diariamente hasta la aparición de hojas nuevas o de brotes jóvenes que señalen la reactivación.

Los cuidados tras la división

Tras la replantación de la planta madre y de los fragmentos divididos, riegue abundantemente para garantizar un buen contacto de las raíces con el sustrato, y evitar la persistencia de bolsas de aire.

No exponga enseguida las plantas a una luz intensa, concédales un período de «convalecencia» de diez a quince días a 18 °C, bajo una luz tamizada, con riegos regulares pero sin excesos.

Siga después con los cuidados habituales, aunque espere un mes para volver a comenzar con los aportes de abono.

TOMA DE UN ESTOLÓN

Algunas plantas -cinta, *Tolmiea* y saxifraga estolonífera- echan estolones, finos tallos procedentes del corazón de la mata, que llevan en su extremo plántulas que desarrollan poco a poco raíces.

Replante delicadamente estas jóvenes plantas provistas de algunas raíces en un cubilete lleno de una mezcla de arena, mantillo y turba rubia. Si la plántula está poco desarrollada, déjela unas cuantas semanas más unida a la planta madre por el estolón, antes de cortarlo al ras de la joven roseta de hojas.

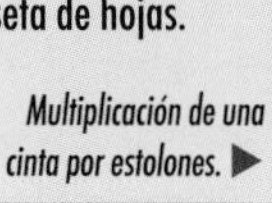

Multiplicación de una cinta por estolones. ▶

PLANTAR ESQUEJES

El esqueje, fuente inagotable de renovación de plantas, parece obra de magia: ¡un trozo de tallo, una hoja y... ya tenemos un nuevo huésped! Le invitamos a descubrir las múltiples facetas del esquejado de las plantas de interior, una actividad sencilla y muy placentera.

▲ Replantación, en un medio arenoso, de un esqueje de begonia que arraigó en un vaso de agua.

Consejo: **Los mejores órganos para esquejar son un joven brote sin flores, de follaje poblado; una hoja reciente bien desarrollada, sana, muy verde, y un trozo de tallo vigoroso. Si la planta ha padecido sequía o un exceso de agua, espere para realizar los esquejes; de lo contrario, se arriesgará a obtener plantas endebles.**

◀ Tras haber echado largas raíces en un mes, este esqueje de *Coleus* está listo para el trasplante.

Existen mil y una formas de realizar esquejes de plantas de interior. El método más común consiste en provocar el arraigo de un fragmento de tallo.
Los tejidos vegetales que mejor se regeneran son los que aún son jóvenes, sanos y ricos en agua. Elija siempre para el esquejado un brote terminal vigoroso, que no presente ninguna deformación, ni la menor señal de parasitismo.

La naturaleza de los esquejes

En el caso de las plantas de interior, se distinguen los esquejes herbáceos, tomados de tallos tiernos –hipoestes, culantrillo, fitonia, cóleo, etc.– y los semileñosos o semiagostados, cortados en tallos lignificados (duros) en la base, pero aún herbáceos (blandos) en su extremo –croton, ficus, diefembaquia, buganvilla, etc. Las partes terminales siempre son parcialmente herbáceas.

Los esquejes terminales

Se cortan en el extremo de los tallos o de los brotes, con la yema terminal, sede del crecimiento de la planta.
Para extraerlos, use tijeras para bonsáis o de florista, una navaja para injertos o una pequeña podadera para obtener un corte limpio y definido.
Corte por encima de una hoja o de una pareja de hojas, para no dejar un muñón de tallo desnudo. La longitud del esqueje dependerá de la de los entrenudos, porciones de tallo que separan los puntos de inserción de las hojas.
En el caso de los tallos de entrenudos cortos y de follaje poblado, como el culantrillo o el hipoestes, basta con un esqueje de 5 a 8 cm de largo. Calcule de 10 a 15 cm en las plantas grandes de entrenudos largos, como el ficus, la *Scheflera* o la *Fatshedera.*
Se comienza por la preparación del esqueje. Primero se recorta la base del esqueje, justo

bajo el nudo o yema inferior, el lugar donde se formarán las raíces. Use, si es necesario, una hoja de afeitar para dejar un corte perfectamente limpio. Elimine las hojas inferiores del esqueje, para evitar que se pudran en contacto con el agua o con el sustrato y para limitar las pérdidas de agua por evaporación.
Conserve sólo dos o tres hojas grandes y hasta cinco de las más pequeñas (menos de 5 cm de largo). Corte el limbo por la mitad, para limitar las pérdidas de agua. No toque las hojas coriáceas y brillantes (como las del ficus), bien adaptadas a la sequía y que transpiran poco. Si el tallo está lignificado en la base, sumérjalo en polvo de hormonas.
Algunos esquejes de tallos leñosos (tilo de salón, jazmín) rebrotan mejor si llevan en la base un pequeño fragmento de la madera del tallo principal (esqueje con talón). Para sacarlos, separe un brote lateral con un trozo de corteza, tirando hacia abajo. Reduzca limpiamente el colgajo o talón arrancado, entre 1,5 y 2 cm de largo y luego haga lo mismo que con los otros esquejes.
Plante los esquejes individualmente en cubiletes o en grupos de tres a cinco en una maceta. Use un sustrato para semillero, ligero y que drene, o una mezcla a partes iguales de arena de río y de turba rubia o vermiculita.
Para las plantas de tallos flexibles, haga un agujero con un palito e introduzca el esqueje en él, sin estropear los tejidos. Hinque la base del esqueje en un tercio largo de su longitud. Comprima delicadamente alrededor del tallo para mantenerlo en su lugar y luego riegue con un vaporizador o una alcachofa fina, para no tumbar los esquejes. Coloque los cubiletes en un miniinvernadero o bajo una bolsita de plástico transparente, sostenida mediante un arco o dos tutores. Es el método ideal para conservar una atmósfera cálida y húmeda, propicia para el arraigo.

▼ Esqueje apical del ficus (separe la base).

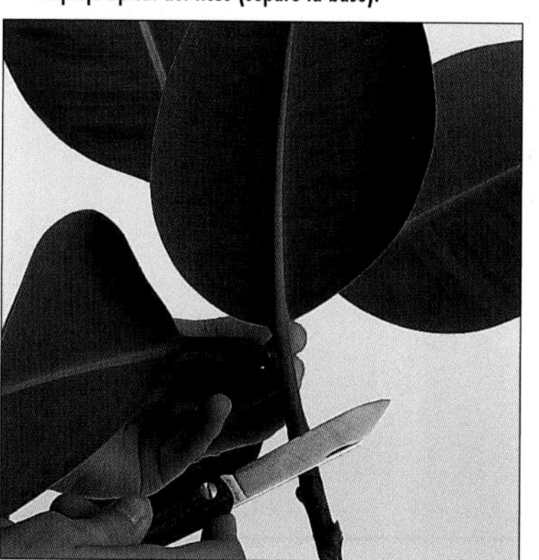

▼ Sujete la hoja y cúbrala con una bolsa de plástico.

¿Qué plantas se esquejan?

Las más fáciles de esquejar en casa son las plantas de tallos blandos no lignificados: culantrillo, hipoestes, plectranthus, singonio, pilea, cóleo, balsamina, iresine, hiedra, etc. Pueden esquejarse todo el año.
Las plantas grandes de tallos más duros son un poco más delicadas de esquejar. Esta operación debe realizarse desde junio hasta mediados de septiembre, ya que los tejidos cortados forman más fácilmente raíces durante esta fase de crecimiento activo.
Observe algunas excepciones: las palmeras y las cicadáceas no se esquejan, ya que el tallo sólo posee un botón terminal.
Los helechos, que forman matas de hojas en lugar de tallos, no se logran mediante esquejado. Lo mismo sucede con las plantas anuales, cuyos tallos mueren tras la floración.

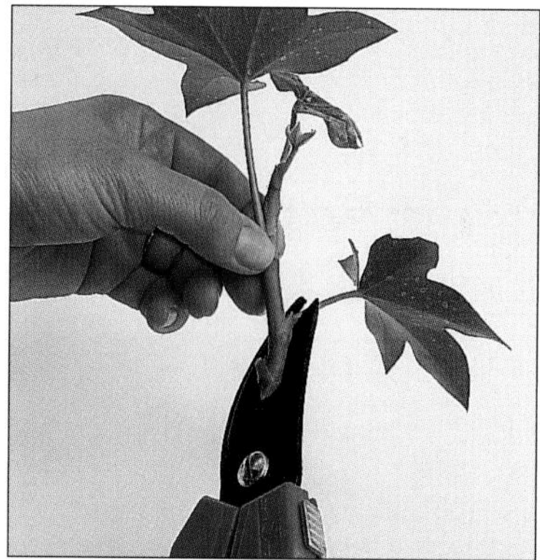

▲ La preparación consiste en eliminar las hojas de la base.

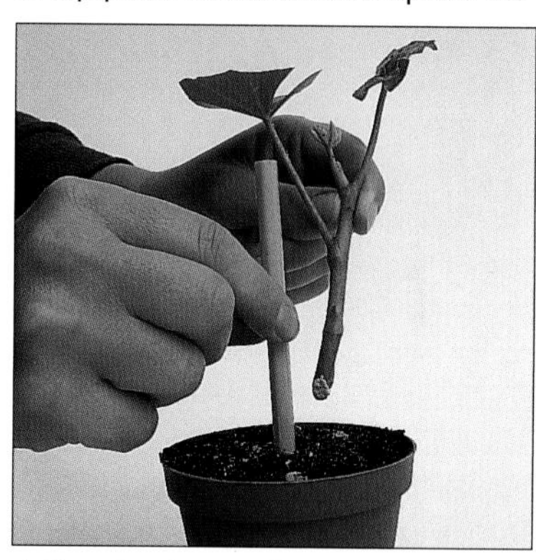

▲ El esqueje se planta verticalmente en una maceta.

Esquejes de hojas

En el caso de las plantas acaules, es decir sin tallos, o las que forman rosetas, la única posibilidad de realizar esquejes consiste en usar una hoja o un fragmento de ésta. Todas las especies no arraigan de la misma

Cuente unos dos meses para un arraigo correcto. En esta fase, el esqueje se replanta individualmente en una maceta y se coloca bajo cobijo durante algunas semanas para que tome consistencia. ▶

◀ Disponga los esquejes alejados del sol directo.

manera (las bromeliáceas sobre todo son refractarias), pero se logran bien las plantas siguientes: begonias de follaje decorativo, peperomia, gloxinia, violeta africana, estreptocarpo, crásula, *Sedum,* echeveria, etc. Se distinguen dos tipos de esquejes.

Los esquejes de hojas enteras: se efectúan plantando el pecíolo en la tierra, con la hoja erguida en el caso de las especies de hojas pequeñas, como la *Saintpaulia,* la *Peperomia caperata,* la *Pilea cadieri* y las plantas carnosas.

El arraigo se produce entonces en la unión entre la hoja y el pecíolo. En el caso de muchas begonias o del *Streptocarpus* híbrido, las hojas se colocan planas en el suelo, tras realizar pequeños cortes en las nervaduras de la cara inferior, utilizando una hoja de afeitar o una navaja para injertar. A la altura de estas incisiones, aparecen las plántulas. Elija hojas jóvenes bien desarrolladas y que no presenten manchas ni decoloraciones sospechosas.

Con una herramienta afilada, separe el pecíolo a la altura de su punto de nacimiento y luego recórtelo a 3 o 4 cm del limbo. En lo que respecta a las plantas que no son muy tiernas ni vellosas (pilea, peperomia), unte la base del pecíolo con hormonas de arraigo enriquecidas con un fungicida.

Llene una bandeja con sustrato para esquejado, aligerado con un 20 % de vermiculita o de perlita.

Realice un agujero clavando la punta de un lápiz o un tallo de bambú en el sustrato y deslice el pecíolo dentro, en posición ligeramente oblicua, de modo que la base de la hoja se asiente sobre la superficie del mantillo. Humedezca el sustrato sin mojar las hojas, lo que podría favorecer el desarrollo de podredumbre.

Coloque la bandeja en un miniinvernadero, con calefacción basal, a ser posible, y a una temperatura de 25 °C, ideal para el rebrote. Instale su cultivo durante algunas semanas en un lugar claro, pero protegido del sol directo, mientras se desarrollan plántulas en la base de las hojas. Realice siempre varios esquejes de hojas, ya que el índice de éxito es a veces reducido (calcule un 50 %, aproximadamente).

El esquejado de fragmentos de hoja: se usa sólo un trozo de limbo foliar y nuevas plántulas se forman al nivel de las nervaduras.

Este método económico se emplea para la *Begonia rex,* la *Begonia massoniana,* el *Sterptocarpus* híbrido y la *Sanseviera.* Observe un fenómeno extraño en esta última, a pesar de que el esquejado sea un método de multiplicación vegetativa y que normalmente debe producir plantas idénticas a la planta madre, en la *Sansevieria trifasciata* «Laurentii», los bordes amarillos de las hojas no se reproducen mediante el esquejado y las plantas obtenidas son sólo de tonalidades verdes.

Los esquejes se plantan verticalmente en el sustrato y se entierran 2 cm (la mitad de su longitud). Las condiciones de cultivo son similares a las de las hojas enteras.

▼ Corte las nervaduras de la begonia.

▼ Vaporice los esquejes de hojas.

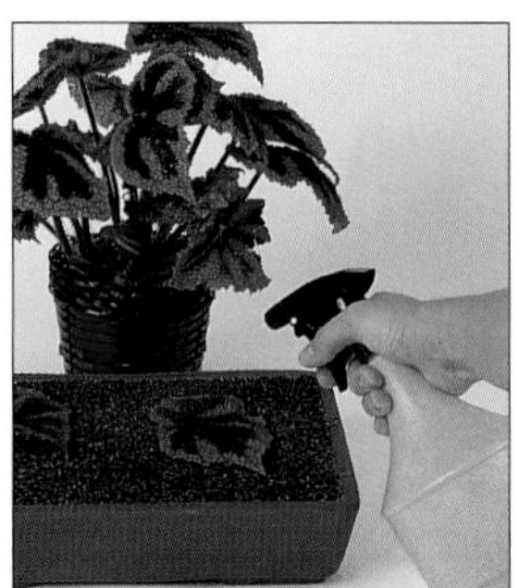

▼ Esqueje de hoja de peperomia.

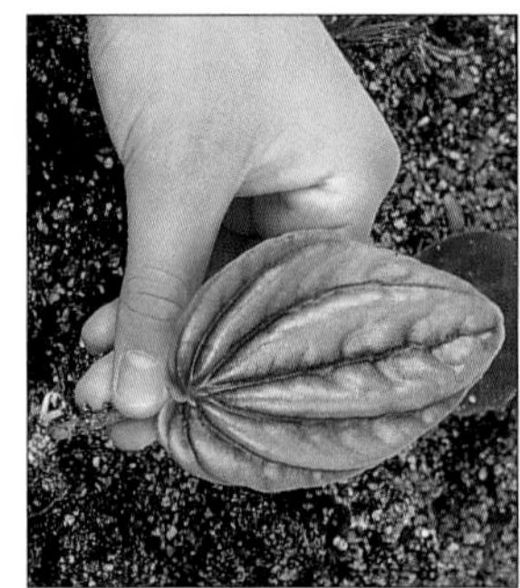

▼ El estreptocarpo arraiga fácilmente.

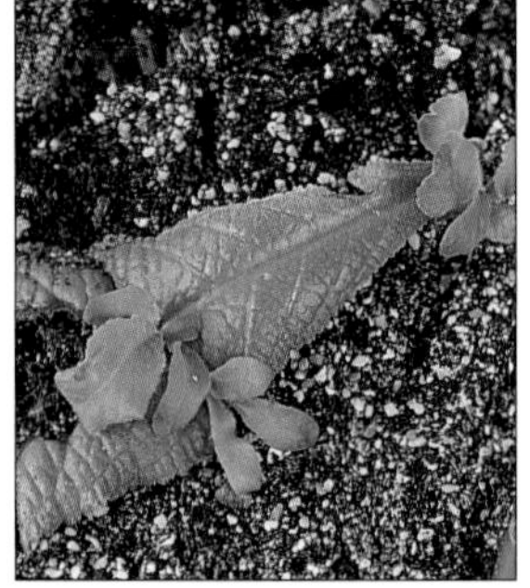

Esquejes de trozos de tallo

Las plantas de tallos gruesos, carnosos y poco lignificados, como la drácena, la diefembaquia, el corazón, el cordiline o la yuca, se multiplican esquejando fragmentos de tallo de 3 a 5 cm de largo. Elija sobre todo un tallo joven y vigoroso. Corte la corona de hojas terminal y hágala arraigar como un esqueje de tallo *(véase página 210)*. Recorte la parte del tallo desnuda en trozos regulares.

Cada fragmento debe llevar dos o tres nudos, pequeños abultamientos que señalan el emplazamiento de antiguas hojas y donde se encuentran yemas latentes. Use una hoja de afeitar o una navaja para injertos bien limpias para obtener cortes limpios y planos.

Plante los trozos verticalmente en un sustrato para semillero, respetando el sentido del crecimiento del tallo, o bien colóquelos planos sobre la superficie de la bandeja, enterrando la mitad de su grosor. Para facilitar el arraigo, realice incisiones superficiales en la corteza de la parte que se encuentre en contacto con el sustrato y espolvoree con hormonas de arraigo. Riegue y luego lleve las macetas a un miniinvernadero o cúbralas con film trasparente. Conserve el cultivo en un ambiente cálido (entre 22 y 25 °C) y húmedo, bajo una luz tamizada. Calcule de un mes y medio a dos meses para que aparezcan lo primeros pequeños brotes en los fragmentos esquejados. Elimine progresivamente la cubierta de cristal o de plástico, pero conserve la temperatura de los cultivos y ofrézcales frecuentes vaporizaciones de agua.

EL ESQUEJE AL REVÉS

El paraguas *(Cyperus alternifolius)* es fácil de multiplicar haciendo que arraigue en agua una umbela de brácteas volcada. En primavera o en verano, preferentemente, corte una o varias umbelas (que no estén secas, aún jóvenes) con algunos centímetros del tallo en el que nacen. Recorte un tercio o la mitad de la longitud de las hojas (en realidad brácteas) y coloque la umbela volcada, con el tallo hacia arriba, en la superficie de una vasija llena de agua (con un trocito de carbón de leña añadido para que el agua permanezca clara). Observará la formación de raíces y nuevos brotes a la altura de la parte sumergida. Replante la umbela cuando haya echado algunas raíces, poniéndola en la superficie de un cubilete lleno de sustrato de plantación común. Conserve el sustrato bien húmedo permanentemente.

Algunos buenos consejos

Una higrometría elevada es indispensable para compensar las pérdidas de agua de los esquejes, que deben sobrevivir con sus propias reservas.

Un miniinvernadero es efectivo ya que acelera el arraigo y aumenta el índice de rebrote de los esquejes. La temperatura media de un interior (entre 18 y 20 °C) resulta conveniente para la mayoría de los esquejes, pero lo ideal son 25 °C. Coloque las terrinas sobre la placa de protección de un radiador o use un miniinvernadero provisto de una resistencia de calor.

Exponga los esquejes a la luz intensa, pero sin sol directo, para evitar las quemaduras de las jóvenes hojas o de los brotes. Existen preparados comerciales de hormonas de arraigo para distintos tipos de esquejes (herbáceos, leñosos, etc.), que suelen llevar incorporado un fungicida. Este polvo no debe amalgamarse alrededor del tallo, ya que ello resultaría nocivo para el arraigo.

Los esquejes en agua

Se trata de la técnica de multiplicación más sencilla, totalmente recomendada para los novatos. Consiste en sumergir la base de un brote o el pecíolo de una hoja en agua, para

▲ Recorte en trozos el tallo de una drácena.

▲ Coloque los fragmentos de tallo planos sobre el sustrato.

El rebrote de los esquejes se produce tras dos meses. ▶

provocar el desarrollo de raíces. Muchas plantas de interior de tallos blandos –pilea, cóleo, *Plectranthus,* hiedra, fitonia, hipoestes, balsamina, ciso, corazón, *Begonia semperflorens*– dan buenos resultados con fragmentos de tallos de 7 a 12 cm de largo. En el caso de las plantas más resistentes –diefembaquia, *Ficus benjamina,* potos, fatshedera, cheflera, singonio– los esquejes deben medir entre 15 y 25 cm de largo. Algunas hojas –violeta africana, *Begonia rex,* sansevieria, aglaonema– también se prestan al esquejado en agua.

Con las palmeras, los helechos y las orquídeas obtendrá un fracaso seguro. Realice experiencias variadas, ¡quizá se lleve una buena sorpresa!

Los esquejes terminales son los que arraigan mejor en agua. Recorte la base del esqueje justo bajo un nudo (parte ligeramente abultada del tallo que lleva hojas y yemas), ya que allí se forman más fácilmente las raíces. Elimine las hojas inferiores, de modo que sólo el tallo permanezca sumergido en el agua.

En el caso de una hoja con su pecíolo, éste debe cortarse limpiamente a una longitud de 4 o 5 cm. Prepare el recipiente para albergar uno o varios esquejes: un pequeño jarrón, una probeta, un bote de mermelada, un tarro de mostaza...

Algunas tiendas de decoración proponen también modelos de recipientes decorativos, especialmente destinados a este uso. Llene de agua clara y añada un trocito de carbón de leña, cuyas propiedades antisépticas evitarán que el agua se ensucie rápidamente.

▲ Varios esquejes conseguidos en agua: *Zebrina pendula, Solenostemon* (cóleo) y *Streptocarpus saxorum.*

Algunas gotas de abono líquido servirán para «alimentar» el esqueje con elementos nutritivos. Un abono orgánico, más rico en vitaminas y en auxinas, ofrece excelentes resultados. Calcule unas diez gotas por litro de agua.

Si el recipiente es ancho, encuentre un medio para mantener las hojas en su lugar sin que queden sumergidas, lo que provocaría el desastre (podredumbre).

El extremo superior del esqueje debe siempre mantenerse fuera del agua. Basta con cubrir la abertura del recipiente con una hoja de papel de aluminio o un film de plástico y hacer uno o varios agujeros para deslizar los esquejes.

Nunca exponga los esquejes a pleno sol, ya que correrían el riesgo de secarse rápidamente. Vigile la formación de raíces y complete el nivel de agua cuando sea necesario.

¡Cuidado! Las raíces que se desarrollan en el agua tienen una estructura diferente de las que crecen en tierra. Como son finas, translúcidas y frágiles, resultan muy sensibles a la podredumbre.

No espere a que los esquejes hayan forma-

▼ Añada unas gotas de abono.

▼ La hoja de violeta africana arraiga bien.

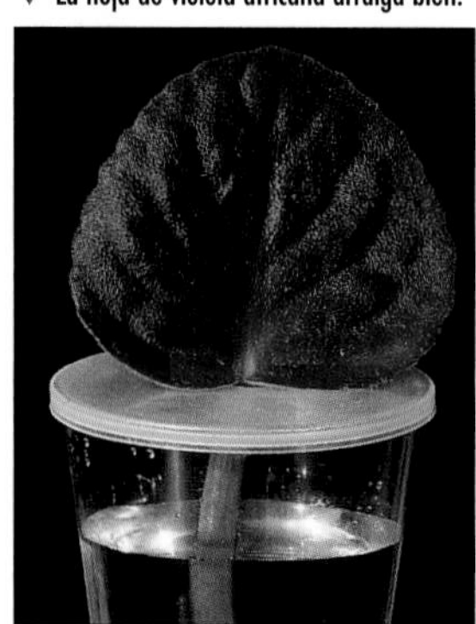

▼ Esquejes arraigados en agua.

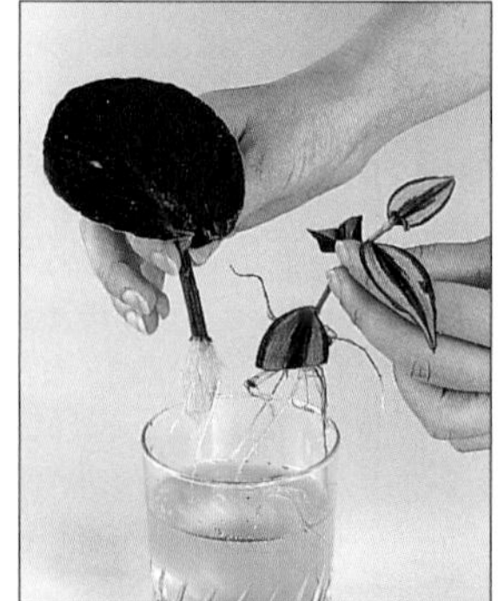

▼ El paraguas se esqueja «al revés».

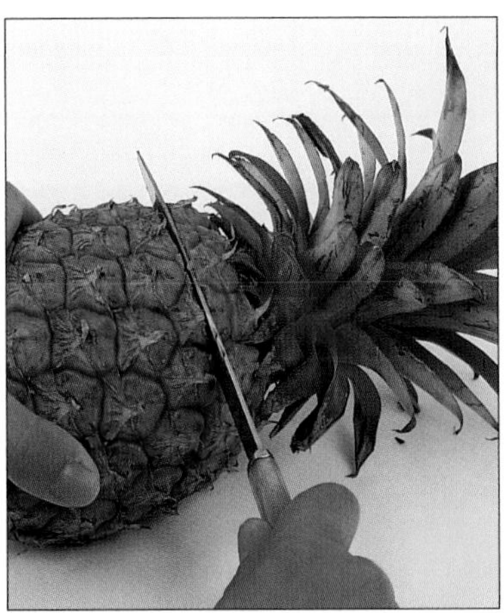
▲ Recorte la corona de piña con un poco de pulpa.

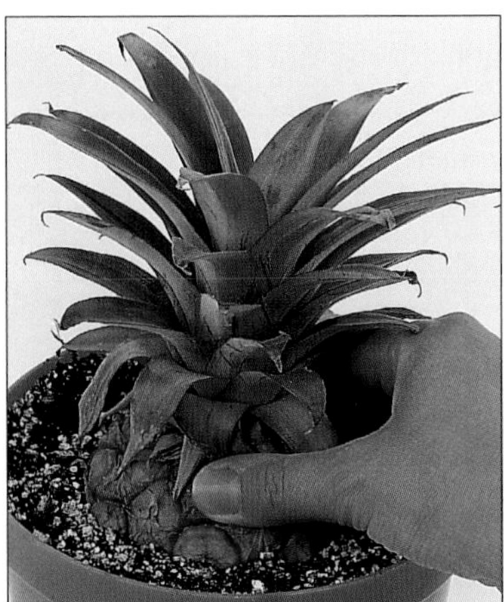
▲ Coloque el esqueje plano sobre un sustrato bien ventilado.

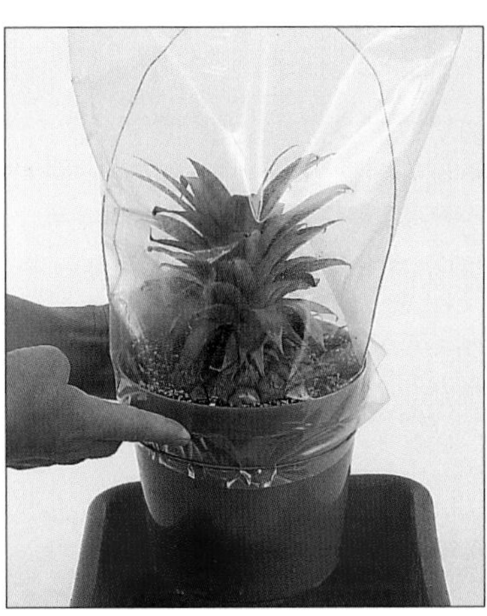
▲ Cubra con un film de plástico y riegue por inmersión.

do una abundante cabellera radicular para replantarlos en cubiletes individuales llenos de sustrato ligero.

El trasplante debe hacerse efectivo cuando las raíces tengan 5 cm de largo. Si espera demasiado, las raíces producidas en agua tendrán dificultades para adaptarse al nuevo medio radicular.

Los esquejes de plantas carnosas

Esqueje en primavera los cactos y las suculentas. Tras sacarlos, deje que los esquejes se sequen al aire durante dos o tres días, lo que tarda en formarse una piel fina sobre la parte cortada. Sobre este callo cicatrizal aparecerán las raíces.

Plante los esquejes en una mezcla a partes iguales de turba y de arena gruesa. Plante la base de la hoja o del brote en la mezcla. Para ello, entiérrelos lo menos posible. Riéguelos con muy poca frecuencia y en cantidades reducidas.

Los cuidados tras el rebrote

Sea cual sea la técnica usada, hay que trasplantar los esquejes sin esperar demasiado. Para ello, lo más indicado es hacer esta operación tan pronto como los esquejes echan raíces. El rebrote se manifiesta en el momento en el que aparecen nuevas hojas o un pequeño brote. En el caso de los esquejes realizados en agua, la replantación debe efectuarse en cuanto las raíces alcancen de 3 a 5 cm de largo.

Los esquejes agrupados en la misma maceta o en una bandeja presentan por lo general raíces enredadas. Puede reducir su longitud en un tercio sin problemas. Sin embargo, cuide de desenterrar con precaución los esquejes sacándolos con un tridente o un tenedor para no estropear las raíces. En ningún caso hay que tirar de la planta, ya que las raíces son muy quebradizas en esta fase del desarrollo y podría echar a perder todo el trabajo realizado.

Instale cada nueva planta en un mantillo de replantación que previamente habrá aligerado con un 20 % de arena.

Una buena solución consiste en disponer tres esquejes en triángulo en una maceta de 12 cm de diámetro, lo que permitirá obtener más rápidamente una mata bastante decorativa.

Conserve los esquejes trasplantados bajo una campana de cristal o un film de plástico durante un mes aproximadamente. Luego, destape el cultivo para curtir las plantas, pero continúe manteniendo una elevada higrometría mediante vaporizaciones casi diarias.

Al principio, lo más deseable sería una posición de semisombra, pero en cuanto la planta haya desarrollado cuatro hojas, puede colocarse al sol, siempre y cuando se trate de una especie que lo tolere.

Espere un mes antes de abonar. El primer aporte se efectuará con una solución dosificada a la mitad de la concentración aconsejada en el embalaje.

ESQUEJADO DE UNA PIÑA

¿Sabe que puede esquejar la corona de hojas que se encuentra en la parte superior de una piña (*Ananas*)? Formará con el tiempo una impresionante roseta de hojas espinosas, pero no tendrá el follaje variegado de la piña propuesta como planta de interior.

Elija un bello fruto bien fresco, cuya corona de hojas no presente señales de sequedad. Corte a 2 cm bajo la mata de hojas, con la coronilla superior del fruto. Deje secar el corte 24 horas para evitar que esté demasiado húmedo y corra el riesgo de pudrirse.

Colóquelo luego en la superficie de una maceta llena de sustrato para esquejes, hincando ligeramente la parte superior del fruto. Riegue sin excesos y tape la maceta con plástico transparente, sobre un arco, para crear un ambiente cálido y húmedo. Coloque la maceta bajo una fuente de luz.

EL ACODO Y EL INJERTO

Las acodaduras, menos usadas que el esquejado para multiplicar las plantas de interior, son muy efectivas. Las más usadas son la aérea y la clásica. Estas técnicas tan delicadas son experiencias apasionantes, cuyo logro le llenará de orgullo.

▲ El acodo aéreo se practica con mucho éxito sobre la monstera *(Monstera deliciosa)*.

Consejo:

Para realizar un acodo aéreo, elija con cuidado el lugar donde se formarán las raíces, de modo que no desfigure la planta cuando se corte el acodo. Una rama lateral suele plantear menos problemas. Si se trata del tallo principal, habrá que podar toda la parte aérea por la base con la esperanza de que eche nuevos brotes.

Acodar consiste en provocar el arraigo de un tallo que, a diferencia de los esquejes, aún se encuentra unido a la planta madre. El acodo sólo se separa tras haber arraigado, lo que aumenta las probabilidades de éxito. En cambio, no pueden producirse muchos individuos mediante este método, que queda reservado, sobre todo, a los aficionados.

El acodo aéreo

Esta técnica usada en el caso de algunas plantas de origen tropical, de tallos gruesos más o menos lignificados, provoca la formación de raíces sobre el tallo. Este último se corta luego por debajo de las raíces y se planta en una maceta para dar pie a una nueva planta.

Experimente la acodadura aérea desde abril hasta junio, con los ficus de hojas grandes, las drácenas, los cordilines, el croton, la cheflera, la diefembaquia, etc.

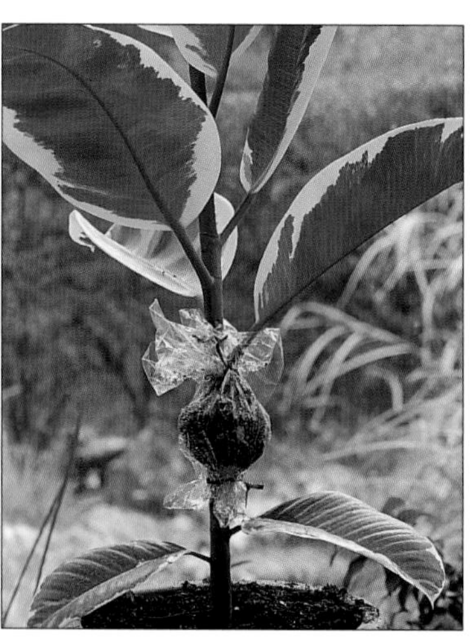

◀ Acodadura aérea de un *Ficus elastica* «Doescheri».

ACODE LOS TALLOS RASTREROS

Algunas plantas verdes de tallos rastreros son fáciles de acodar: hiedra, plectranthus, *Ficus pumila*, fitonia, potos, filidendro trepador, ciso, etc. Elija un tallo joven flexible y prepare un cubilete lleno de sustrato para esquejes. Encorve el tallo por el lugar donde desea que arraigue, y entierre ligeramente esa porción de tallo en el cubilete, tras haber eliminado las hojas que podrían ser enterradas.

Para favorecer el arraigo de tallos un poco gruesos, sájelos por la parte inferior. Sostenga el tallo en su lugar mediante un ganchito metálico o una horquilla del pelo. El extremo del tallo que sobresale del cubilete debe ponerse en espaldera verticalmente sobre un pequeño tutor.

Riegue regularmente y deje el acodo pegado a la planta madre hasta que aparezcan hojas o brotes nuevos.

Vigile el arraigo rascando delicadamente el sustrato. Corte entonces el tallo que une el acodo a la planta madre.

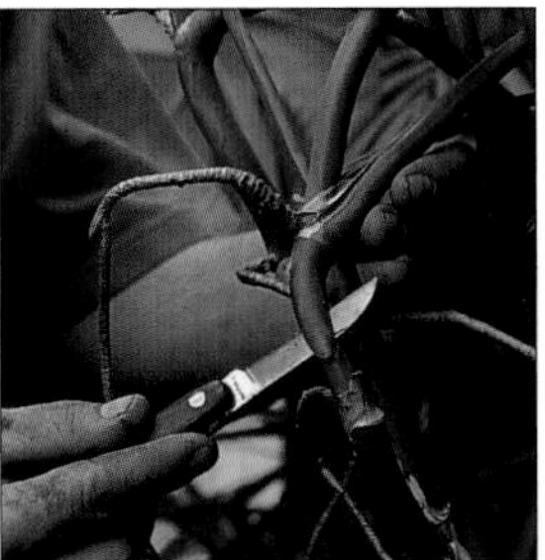

▲ Raje la corteza con la navaja para injertar.

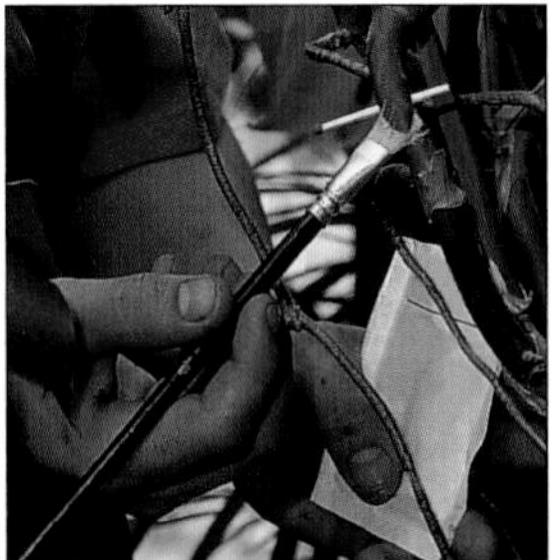
▲ Aplique polvo de hormonas.

▲ Cubra la herida de turba húmeda.

▲ El acodo emite raíces bajo el plástico.

Este método suele ser un medio interesante para «recuperar» una planta cuya base entera ha quedado desnuda. Elija una porción de tallo desnudo o elimine algunas hojas. El acodo debe realizarse sobre un entrenudos, es decir, una porción de tallo liso situada entre dos hojas.

Con una navaja limpia y afilada realice incisiones en el tallo de abajo hacia arriba, en una longitud de 2 a 3 cm. No profundice demasiado, ya que el tallo podría romperse. Limpie si es preciso los derrames de savia y luego separe suavemente la cortadura para aplicar un poco de hormonas de arraigo con un pincel fino. Si el corte no permanece abierto espontáneamente, coloque una cerilla dentro para evitar que los tejidos se vuelvan a soldar al cicatrizar. Una variante consiste en despegar la corteza en forma de corona alrededor del tallo a una altura de 1 cm.

Prepare un manguito de plástico transparente para poder vigilar la evolución del acodo. Fíjelo a algunos centímetros bajo el corte del tallo con rafia o una ligadura de plástico; llénelo de turba o de esfagno húmedo, envolviendo todo el tallo. Cierre el manguito por encima del corte. Humedezca regularmente.

De un mes y medio a dos meses después, aparecerán raíces en el manguito. Cuando estén bien desarrolladas, corte el tallo acodado justo bajo las raíces y replante la nueva planta por separado. Póngale tutores si es necesario. Recorte el tallo de la planta madre por encima del nudo para incitarlo a ramificarse.

El injerto de las cactáceas

Esta técnica consiste en provocar la soldadura de una porción de tallo (púa o injerto) en una planta arraigada (portainjerto o patrón). Se injerta para multiplicar las formas variegadas o matizadas que no pueden desarrollarse sobre sus propias raíces.

Use como portainjerto *Hylocereus, Eriocereus* o *Echinopsis.* Corte horizontalmente el tallo del portainjerto con una hoja de afeitar, entre 8 a 10 cm de la base. Corte el injerto (porción del cactus que se quiere multiplicar) y sujételo con una cinta de papel grueso. Coloque el injerto sobre el patrón comprobando que las partes descortezadas coincidan bien (deben tener el mismo diámetro). Sujete el conjunto con una goma que pase bajo la maceta y por encima de la planta injertada. La fusión de los tejidos se producirá dentro de algunas semanas.

INJERTO DE LOS FICUS

En los *Ficus benjamina*, los *Ficus retusa* y otras especies de hojas pequeñas, se usa la técnica del injerto por aproximación. El objetivo no es obtener nuevas plantas, sino provocar la fusión de varios tallos en un «tronco» de aspecto más decorativo.

Reúna al menos tres individuos jóvenes en una misma maceta y luego elimine todos los brotes laterales de la parte inferior de los tallos. Trence irregularmente los tallos y líguelos con rafia, apretando bien para mantener el conjunto en su lugar. Mantenga un ambiente cálido y húmedo sobre la planta mediante vaporizaciones frecuentes. Los tallos comenzarán a soldarse en dos meses. Afloje o suelte la ligadura en cuanto estrangule los tallos. Esta técnica resulta especialmente interesante para crear bonsáis de interior.

▼ Injerto de aproximación de *Ficus retusa* (ligadura).

▼ Injerto de cactáceas: colocación del injerto.

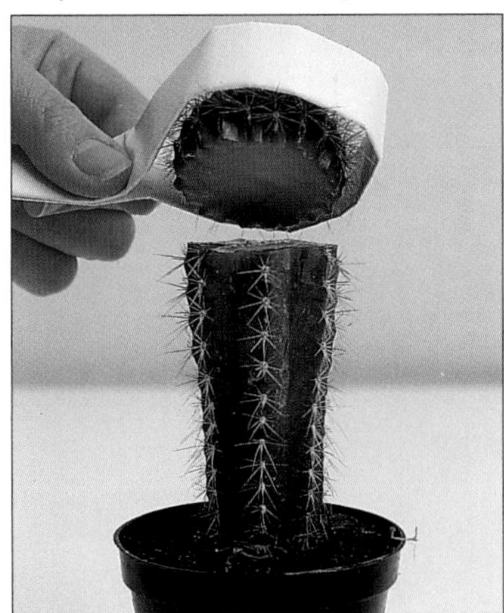

LAS HERRAMIENTAS DEL JARDINERO DE INTERIOR

Practicar la jardinería en casa requiere un equipo mucho más modesto que el que se utiliza en el jardín exterior. También puede recurrir de forma experimental a utensilios de cocina (cucharas, tenedores, etc.). A pesar de todo, unas herramientas de calidad permiten efectuar tareas diarias con más eficacia y comodidad.

▲ Existe un amplio surtido de herramientas y accesorios, con frecuencia muy estéticos, para el cuidado de las plantas de la casa.

Consejo: **Lave con agua y jabón y seque con mucho cuidado sus herramientas tras cada operación, de modo que estén siempre impecables. La buena salud de sus plantas depende, en gran medida, de la limpieza del material usado. No dude en sumergir regularmente las herramientas en lejía o en un desinfectante doméstico, para eliminar eficazmente los microbios.**

◀ Los guantes de cuero resultan indispensables para manejar las plantas punzantes.

Salvo el trasplante, que puede plantear algunos problemas con plantas de gran tamaño, las operaciones con las plantas de interior resultan sencillas y no requieren enormes esfuerzos. Las plantas pueden trasladarse fácilmente e instalarse de modo que se pueda trabajar en buenas condiciones. No olvide las nociones de placer y de comodidad en todas sus acciones, para efectuarlas con sumo agrado. La elección de herramientas y accesorios resulta primordial, ya que con una colección apropiada se consiguen los resultados esperados, pero también y, sobre todo, facilita la tarea. Existe en el mercado un amplísimo surtido de herramientas destinadas al cuidado de las plantas de interior y algunas poseen también una función estética, lo cual es un valor añadido.

El equipo indispensable

A continuación le presentamos los utensilios con los que debe equiparse necesariamente para practicar la jardinería en casa.

- **La regadera:** un modelo pequeño de 1 l con cuello largo y fino. Si tiene más de diez plantas, necesitará una regadera de 5 l, si es posible metálica.
- **El pulverizador:** para el riego del follaje, un modelo con disparador de 1 o 2 l, con conducto regulable. Para tratamientos en la galería, se recomienda un pequeño pulverizador de presión previa de 1 o 2 l, o un modelo eléctrico.
- **Las tijeras:** de hojas cortas y gruesas; opte por modelos de jardín o «multiusos» que le servirán tanto para las podas superficiales

▼ Tijeras multiusos. ▼ Trasplantador. ▼ Escarificador de cinco dientes. ▼ Rastrillo en miniatura.

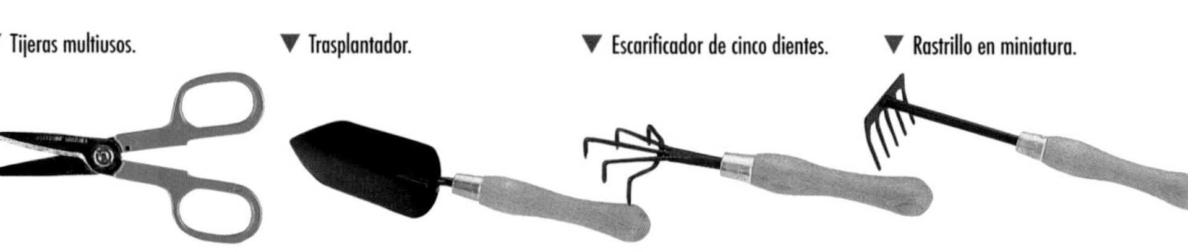

como para cortar ataduras, abrir saquitos de abono, etc. Las tijeras para bonsáis *(véase cuadro a la derecha)* resultan especialmente prácticas y eficaces.

• **El trasplantador:** es la «pala» que se usa para sacar el sustrato de los sacos y arrancar las plantas marchitas en los arreglos. Un modelo con un mango de madera resulta más agradable de usar.

• **El escarificador:** para descortezar la superficie de las jardineras; puede sustituirse por un tenedor si sólo dispone de macetas pequeñas.

• **Las ataduras:** debe contar en todo momento con rafia natural o artificial, plástico con alma de alambre y abrazaderas.

Lo superfluo práctico

Algunas herramientas pueden parecer menos necesarias para la jardinería de interior, pero resultan muy útiles y cómodas de usar.

• **La podadera:** complementa a las tijeras en todas las operaciones de poda de tallos leñosos. Opte por un modelo pequeño de cuchillas finas, pero sólidas (podadera de señora). Puede sustituirse por unas tenazas de corte oblicuo para bonsáis *(véase el cuadro).*

• **El rastrillo:** modelo que se usa con una mano y sólo resulta útil para el cuidado de grandes jardineras. Es una herramienta de acabado, que permite alisar bien el sustrato.

• **La navaja para injertos:** indispensable en todas las operaciones de multiplicación, ya que se trata del cuchillo del jardinero, que puede sustituirse ocasionalmente por una cuchilla de afeitar.

• **El tutor de bambú:** se convierte en una herramienta complementaria durante los trasplantes, para introducir el sustrato en las macetas estrechas.

▼ Regadera de cuello largo. ▼ Pulverizador o atomizador.

UNA SELECCIÓN COMPLETA DE HERRAMIENTAS PARA LOS BONSÁIS DE INTERIOR

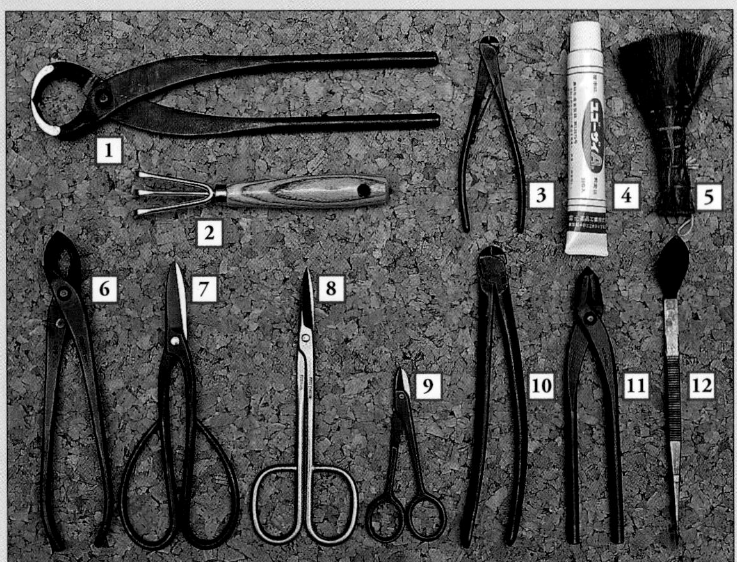

1 TENAZAS: una herramienta que sirve para cortar el alambre de cobre usado para atar las ramas, con el fin de orientarlas en una dirección precisa, sin riesgo de desgarrar los tejidos ya lignificados.

2 ESCARIFICADOR: una pequeña herramienta metálica de tres dientes, que se usa para aflojar superficialmente el sustrato y, así, facilitar la penetración del agua de riego y de los abonos.

3 TENAZAS DE CORTE RECTO: esta herramienta se usa durante la poda para cortar las pequeñas ramas leñosas al nivel de una ramificación o debajo de un brote. El corte resulta limpio y recto.

4 MASILLA PARA CICATRIZAR: este producto, que se presenta en tubo, se aplica en todos los cortes de más de 2 mm de diámetro, para proteger a la planta contra el ataque de parásitos y facilitar la cicatrización.

5 ESCOBILLA: un pequeño accesorio muy útil, la mayor parte de las veces de fibras de coco muy ceñidas, que se usa para barrer las tablas en torno a los árboles y para alisar estéticamente la superficie de las macetas.

6 TENAZAS DE CORTE OBLICUO: es la herramienta preferida para la poda total de una rama, ya que la forma de la boca permite realizar un corte cóncavo que no deja muñón en el árbol.

7 TIJERAS DE HOJA LARGA: es la herramienta básica que se suele usar para el pinzado de los brotes jóvenes, la poda de hojas, la eliminación de hijuelos, etc.

8 TIJERAS DE MANGO LARGO: menos potente, pero más puntiaguda y precisa, sirve para podas delicadas y exactas y para llegar a los pequeños brotes de difícil acceso en medio del ramaje.

9 TIJERAS ESPECIALES PARA CORTAR HOJAS: esta herramienta permite el corte rápido y preciso de los pecíolos, con las ventajas de su gran ligereza y perfecto manejo.

10 PODADERA DE YUNQUE: es una herramienta potente, pero de boca muy corta, usada para descortezar y podar muñones de ramas que deben quedar desnudas en el árbol, con una finalidad puramente estética (jin).

11 TENAZAS PARA LIGADURAS: esta herramienta sin filo sirve para colocar las ligaduras de cobre alrededor de las ramas de los ejemplares jóvenes en proceso de formación, para orientarlos en una dirección precisa.

12 RASTRILLO CON ESPÁTULA: es una herramienta de suelo, que sirve para descortezar superficialmente el sustrato de las pequeñas macetas o entre las raíces. La espátula se usa para comprimir y alisar tras un trasplante.

CONSEJOS PARA LA COMPRA

Las plantas de interior, de surtido variadísimo y constantemente renovado, invitan a olvidar las estaciones, con la posibilidad de florecer a lo largo de todo el año. Cambie con frecuencia de plantas, para evitar cualquier sensación de monotonía. Sin embargo, para efectuar buenas compras, siga alguno de estos consejos...

▲ Los centros de jardinería disponen todo el año de una sección de plantas de interior, plantas de flor o plantas de follaje.

Consejo: **En las secciones de los centros de jardinería hay siempre una persona competente para aconsejarle y orientarle en su elección; no dude en consultarle. Pero tenga en cuenta, a la hora de formular sus preguntas, que el personal suele estar más ocupado el fin de semana que el resto de los días. Si es posible, acuda antes del mediodía del sábado o de los días festivos que estén abiertos estos centros.**

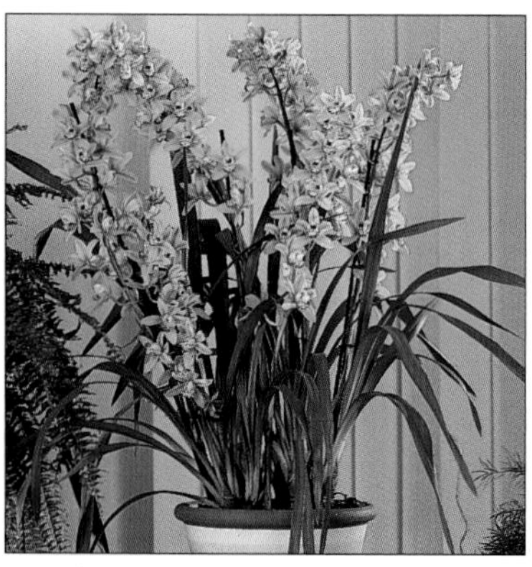

◀ Compre preferentemente orquídeas en botón.

Centros de jardinería, horticultores, autoservicios agrícolas, grandes superficies alimentarias, tiendas de bricolaje y floristerías en tiendas o en mercados disponen de plantas de interior. Pero el surtido, los servicios y la calidad que ofrecen no son los mismos en todas partes. Los centros de jardinería le brindan la gama de plantas más amplia. En estos centros especializados encontrará las últimas novedades. Estos almacenes han desarrollado una imagen de competencia, gracias a sus buenos consejos. Incluso en algunos centros de jardinería le conseguirán una planta poco común, descubierta en una revista, por ejemplo. La oferta resulta por lo general homogénea y casi todas las plantas llevan sus correspondientes etiquetas. Puesto que el personal tiene una buena formación y las instalaciones están bien acondicionadas, las plantas gozan de excelentes cuidados y de buena salud. Además, allí podrá encontrar todos los productos complementarios: sustratos, jardineras, abonos, tutores, herramientas, cubretiestos, etc.

Las grandes superficies alimentarias o de bricolaje ofrecen precios muy competitivos, pero de lotes limitados y, a veces, de calidad discutible. Compre las plantas el primer día de su llegada, ya que estos almacenes no cuentan con los medios adecuados para conservar las plantas en buen estado. Los horticultores suelen ofrecer las plantas que producen. Muchos son especialistas en algunas especies, y sabrán hablarle con entusiasmo de sus plantas y del modo de cultivarlas. Los floristas apuestan por la «escenografía» y las plantas se presentan siempre en magníficos embalajes. En algunas tiendas pueden encontrarse plantas muy originales y excepcionales por su tamaño o especie, pero con frecuencia a precios elevados. En cuanto a los mercados, se limitan a una oferta estándar, bajo condiciones de almacenamiento a menudo cuestionables. Hay que evitar cualquier compra fuera del período veraniego, ya que las plantas se ven sometidas permanentemente a contrastes de frío y calor que pueden resultarles fatales.

Efectuar una elección correcta

El estado del follaje supone evidentemente un criterio decisivo en el momento de la elección. La planta debe encontrarse libre de parásitos y la punta de las hojas no debe estar ni acartonada ni reseca, salvo en el caso de algunas palmeras, en las que este segundo síntoma forma parte de un comportamiento casi normal. Hojas sin brillo y péndulas y tallos deshojados son otras señales de advertencia: la planta ha padecido. Evite también las plantas cuyas raíces se salen de la maceta o forman un moño ceñido, ya que son síntomas de que la planta ha permanecido demasiado tiempo en el mismo recipiente. Por el mismo motivo, la superficie del sustrato debe estar libre de musgos y de líquenes (excepto los bonsáis). Las plantas abonadas con demasiada generosidad se reconocen por sus hojas y tallos tiernísimos. Estas plantas corren el riesgo de no poder soportar sin dificultades el paso del invernadero caliente al interior de una vivienda. En el caso de las plantas de flor, elija las que presenten muchos botones a punto de despuntar, y uno o varios bohordos florales por aparecer. Su floración durará mucho más tiempo.

Compras de temporada

En el caso de las plantas de interior, el carácter estacional no resulta tan señalado, sobre todo en las plantas verdes. A pesar de eso, algunas especies de flor no se encuentran todo el año. Las flores de Pascua y las azaleas se hallan en pleno apogeo en diciembre, durante las fiestas. En la misma época, en centros de jardinería encontrará ciclámenes, cactos de Navidad, muchas orquídeas (sobre todo, cymbidiums y phalaenopsis) y amarilis. A comienzo del año se da la llegada masiva de bulbos forzados y de primaveras de salón. Desde los primeros días del buen tiempo, los anaqueles se llenan de plantas mediterráneas, como las adelfas, los abutilones, los jazmines, las pasionarias y las dipladenias. Algunas especies resultan francamente veraniegas, como los clerodendros, las alamandas, los cestrums, etc. Visite regularmente los almacenes, para aprovechar el surtido estacional específico, a sabiendas de que la oferta más amplia se efectúa al final del verano, con operaciones de promoción como «el regreso de las plantas».

Consejos para el transporte

Agrupe las macetas pequeñas en una caja (los almacenes ofrecen cajas de cartón muy prácticas) e inserte papel grueso entre las plantas para estabilizarlas. Instale la caja en el maletero, nunca en la bandeja del coche. Corre el riesgo de caer con el primer frenazo y, si brilla el sol, las plantas pueden padecer un calor excesivo. Las macetas más grandes se embalarán totalmente con papel o plástico. No dude en juntar bien el follaje; se estropeará mucho menos, sobre todo en el caso de las palmeras o las medinillas. Abata el asiento del acompañante y coloque encima las plantas grandes, cuidando de que el sustrato no se salga de la maceta. Para ello, embale la maceta en una bolsa de plástico y anúdela alrededor del tronco de la planta. No desplace las plantas de interior por la galería, incluso embaladas con papel: no resistirían el viento, el frío o el sol. Cuando la temperatura sea inferior a los 12 °C, no saque una orquídea o una gardenia en flor sin protección. Los botones florales caerían algunos días después de la compra. Una vez en casa, instale la planta en su nuevo entorno y no la cambie de lugar si parece que se encuentra gusto. Espere dos semanas antes de añadir abono. Al mes de comprarla, puede trasplantarla si advierte que se encuentra apretada o en un sustrato de turba rubia.

CUIDADO CON LA VPC

▶ *Un servicio de mensajería le garantiza una entrega rápida.*

Las plantas vendidas por catálogo deben viajar en embalajes rígidos, fuera de los períodos de heladas y con un plazo de entrega tan corto como sea posible. Verifique que las plantas se encuentren en buen estado en cuanto lleguen y rechace las que le parezca que están en mal estado. Lea bien los catálogos y no espere recibir las plantas en plena floración, como las que aparecen en la ilustración. Por lo general, sólo se venden ejemplares muy pequeños por catálogo. Entonces, ¡compare los precios!

▲ Calce bien las macetas para que no se caigan.

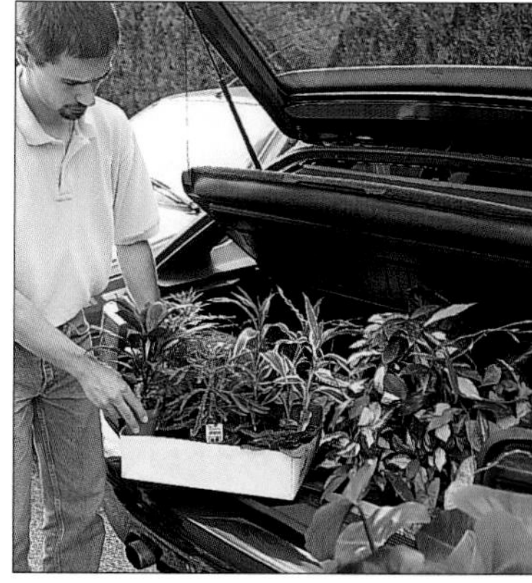

Envuelva totalmente las plantas más grandes. ▶

CÓMO INTERPRETAR LAS FICHAS

Cada ficha descriptiva de las plantas de interior y de galería que se comentan va acompañada de unos símbolos que permiten averiguar con rapidez las necesidades básicas de cada planta.

Plena luz. Exposición posible y aconsejada al sol directo.

Semisombra. Sol velado o intensa luz tamizada por una cortina.

Sombra. Iluminación indirecta. Habitación poco iluminada.

Temperaturas mínimas y máximas toleradas por la planta.

Este símbolo indica una planta fácil de cultivar, aconsejada para los principiantes.

spp. después del nombre científico (ej. *Pinus* spp.) significa «especie» en latín e indica que se trata de un género de planta de especie indeterminada; en caso contrario, se indica con su especie (ej. *Pinus pinea*).

x acompañando al nombre científico (ej. *Fuchsia* x) indica que se trata de un híbrido de dicha planta.

Riego escaso.
Máximo una vez a la semana en período de crecimiento. Una vez cada 10 o 15 días durante el reposo invernal, si se respeta la baja temperatura.

Riego medio.
Dos veces por semana como media durante el crecimiento. Aproximadamente una vez cada 7 o 10 días durante el reposo invernal, si la temperatura es inferior a 20 °C.

Riego abundante.
Cada 2 o 3 días durante el período vegetativo. Diario si la temperatura supera los 24 °C. Aproximadamente dos veces a la semana, desde noviembre hasta marzo.

3

PLANTAS DE INTERIOR Y DE GALERÍA

Desde Abutilon *hasta* Zygopetalum, *375 géneros detallados en forma de fichas clasificadas por orden alfabético y totalmente ilustradas.*

LAS PLANTAS DE FOLLAJE DECORATIVO

Se les llama «plantas verdes», aunque muchas nos embrujan con sus colores. El sol de los trópicos parece ejercer un efecto mágico sobre sus follajes, que palidecen con diversos matices de amarillo bajo los ardientes rayos de nuestra estrella, o enrojecen de placer bajo sus cálidas caricias. Algunas plantas tímidas se adornan con delicados tonos rosas, mientras que las amigas de la oscuridad ven cómo su follaje se intensifica y cambia al púrpura, que a veces está muy cerca del negro. ❀ *La variedad está muy presente en las regiones tropicales, ya sea en los vestidos de las mujeres o en el follaje de las plantas. La intensidad luminosa es tal que todos los colores cantan y se expresan con naturalidad y sencillez, sin la menor vulgaridad.* ❀ *Los abigarramientos que parecerían excesivos y de mal gusto en nuestras latitudes, allí forman parte de lo cotidiano e, incluso, de las elecciones de la naturaleza.* ❀ *Para ser totalmente honesto, hay que confesar que el ser humano no dudó en ayudar a la Madre Naturaleza en sus intentos de acuarelas y estampas. Seleccionando las fantasías más asombrosas y favoreciendo los contrastes más audaces, los horticultores amplían permanentemente la oferta de variedades de «plantas verdes» con follajes cada vez más sofisticados.* ❀ *En el entorno de la casa, la planta de follaje verde será el elemento predominante, ya que produce una sensación apacible y descansada. El follaje de colores añade una nota de alegría que anima, con la ventaja de tener una longevidad muy superior a cualquier floración. Descubra en las páginas siguientes una selección extensa de follajes a cual más bello.* ❀

▲ *Acalypha wilkesiana* «Macafeana»: con reflejos bronceados.

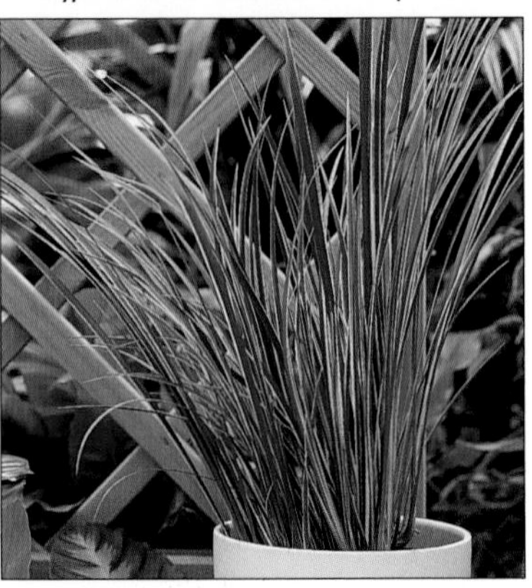

▲ *Acorus gramineus* «Aureovariegatus»: finura y ligereza.

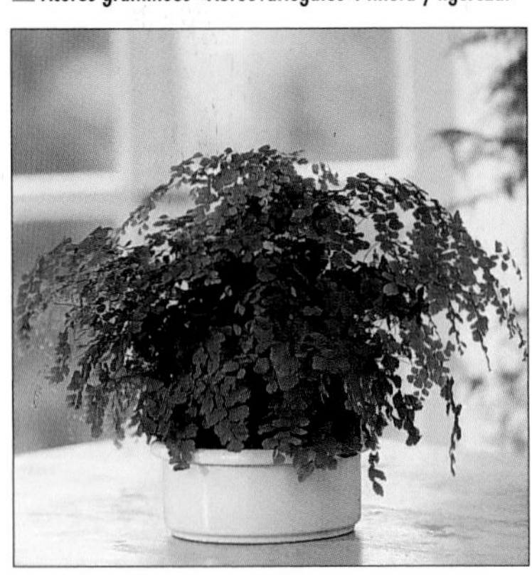

Acalypha wilkesiana
ACALYPHA

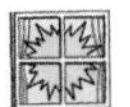  

Planta semiarbustiva, en forma de mata.

Origen: Papúa Nueva Guinea, Java.

Hojas: de 10 cm de largo, acorazonadas, dentadas, púrpura cobrizo con reflejos grises y rojo violáceo.

Flores: en forma de espiguitas unisexuales insignificantes.

Luz: instálela tras una ventana velada, orientada al sur/suroeste.

Sustrato: mantillo, abono descompuesto y arena, a partes iguales.

Abono: cada 15 días, desde mayo hasta octubre, añada un abono líquido para plantas verdes.

Humedad ambiental: vaporice dos veces al día en verano. Coloque la planta sobre gravilla húmeda.

Riego: cada dos días, desde junio hasta septiembre; una vez a la semana en invierno.

Trasplante: cada año, entre febrero y mayo.

Exigencias especiales: es conveniente eliminar las flores.

Tamaño: de 50 a 80 cm. Crecimiento rápido.

Multiplicación: por esqueje, desde enero hasta marzo, de tallos laterales de 10 a 15 cm provistos de talón.

Longevidad: poco más de tres años en casa.

Plagas y enfermedades: arañas rojas sobre la cara inferior de las hojas en tiempo cálido y seco.

Especies y variedades: «Godseffiana» de hojas verdes, crispadas, con bordes blancos; «Musaica», mezcla de cobre, rojo y naranja.

Consejo: pode la planta al final del invierno, para obtener nuevos brotes coloreados.

Acorus gramineus
ACORUS

Planta herbácea, vivaz, con rizomas, semiacuática, que forma una mata tupida.

Origen: Japón.

Hojas: perennes, estrechas, parecidas a la hierba, rígidas, de 40 cm de largo, verdes o variegadas.

◀ *Adiantum raddianum:* el gracioso culantrillo.

Flores: un espádice oblicuo, de 5 a 10 cm, que no se percibe cuando se cultiva la planta en casa.

Luz: semisombra o sol, indistintamente.

Sustrato: 2/3 de turba y 1/3 de tierra de jardín.

Abono: desde mayo hasta septiembre, una vez al mes, riegue con un abono líquido rico en nitrógeno.

Humedad ambiental: máxima. Coloque la maceta en un platillo lleno de agua o plántela en un acuario.

Riego: el fondo de la maceta debe estar sumergido en agua.

Trasplante: cada dos o tres años, cuando la mata se encuentre demasiado estrecha en su maceta.

Exigencias especiales: no deje que el suelo se empobrezca, de lo contrario, el crecimiento de las hojas se detendrá.

Tamaño: 40 cm de alto y 20 cm de ancho.

Multiplicación: en otoño o en primavera, divida los rizomas y replántelos enseguida.

Longevidad: ilimitada, si divide el cepellón cada dos años y conserva la planta en lugar fresco.

Plagas y enfermedades: ninguna, por lo general.

Especies y variedades: *Acorus gramineus* «Variegatus», con hojas listadas de blanco.

Consejo: instale el acoro en el exterior desde mayo hasta octubre. Su crecimiento se verá estimulado.

Adiantum raddianum
CULANTRILLO

Helecho rizomatoso del que existen 200 especies.

Origen: Brasil.

Hojas: las frondas redondas, delicadas y de un verde mate son sostenidas por tallos pardos, erguidos y gráciles, que caen graciosamente.

Flores: los helechos no producen flores.

Luz: el sol directo quema o amarillea las hojas del culantrillo. Una ventana orientada al norte resulta ideal.

Sustrato: turba, tierra de brezo, mantillo y arena de río, en una mezcla a partes iguales.

Abono: a partir de mayo añada una vez a la semana un abono líquido para plantas verdes.

Humedad ambiental: tan pronto como encienda la calefacción, coloque la maceta sobre una capa de piedras húmedas.

Riego: una vez por semana desde octubre hasta marzo; tres veces a la semana en verano.
Trasplante: cuando las raíces salgan de la maceta.
Exigencias especiales: el culantrillo no soporta el humo.
Tamaño: 40 a 50 cm de alto y de ancho.
Multiplicación: por división de matas viejas, en junio. Las nuevas plantas tardan en recobrar su vigor. Mantener el semillero de esporas a 21 °C; es delicado.
Longevidad: más de cinco años en buenas condiciones de cultivo.
Plagas y enfermedades: ataques frecuentes de moscas blancas o de cochinillas lanosas.
Especies y variedades: «Fragantissima», de frondas perfumadas; «Goldelse», con frondas doradas.
Consejo: al culantrillo no le gustan los traslados. Encuentre el lugar adecuado y no mueva la maceta.

Aglaonema spp. AGLAONEMA

Planta frondosa, que pierde las hojas de la base con la edad y forma un tallo corto. 50 especies.
Origen: Malasia, donde fue descubierta hacia 1880.
Hojas: de 20 cm de largo, lanceoladas, con pecíolos largos, variegadas y moteadas de plateado.
Flores: espata y espádice sin gran interés.
Luz: las habitaciones mal iluminadas o los lugares alejados de la ventana resultan muy convenientes.
Sustrato: 1/3 de tierra de brezo, 2/3 de sustrato para plantas verdes y un poco de estiércol compostado.
Abono: desde mayo hasta septiembre añada abono para plantas verdes dos veces al mes.
Humedad ambiental: la aglaonema tolera la atmósfera seca de las casas en invierno, pero aprecia vaporizaciones frecuentes con agua blanda.
Riego: una vez por semana en invierno; cada tres días, si la temperatura supera los 20 °C.
Trasplante: cada año, entre marzo y abril.
Exigencias especiales: el humo del tabaco y las corrientes de aire frío amarillean las hojas.
Tamaño: 80 cm de alto y 50 cm de ancho.
Multiplicación: fácil; por división de mata.
Longevidad: la aglaonema comienza a perder su aspecto frondoso tras tres o cuatro años.
Plagas y enfermedades: la *botrytis* forma manchas en las hojas, por debajo de los 15 °C.
Especies y variedades: *Aglaonema trewbii*, de hojas verdes y plateadas; *Aglaonema pseudobracteatum*, de hojas salpicadas de amarillo.
Consejo: mantener fuera del alcance de los niños, la savia y las bayas son tóxicas.

Alocasia macrorrhiza ALOCASIA, MARQUESA

Planta herbácea, que forma una mata ensanchada en forma de vaso.
Origen: Filipinas, Malasia, Java.
Hojas: sagitadas, que alcanzan 1 m de largo en maceta. Pecíolos sólidos.
Flores: parecidas a las de los aros, pero bastante insignificantes. Una espata envuelve el espádice.
Luz: intensa, aunque queda prohibido el sol directo.
Sustrato: arena, sustrato para plantas verdes, tierra de jardín y estiércol con algas a partes iguales.
Abono: cada dos semanas a partir de mayo. Un abono rico en potasio permite obtener hojas rígidas.
Humedad ambiental: vaporice una vez al día.
Riego: una o dos veces por semana en invierno; tres o cuatro veces a la semana en verano.
Trasplante: cada año, entre marzo y mayo.
Exigencias especiales: la alocasia aprecia la luz directa del sol en invierno.
Tamaño: 1,50 m de alto y de ancho.
Multiplicación: esqueje de rizomas; difícil. Separación de los retoños que aparecen en la base.
Longevidad: de uno a dos años en casa; más de 15 años en galería o en invernadero.
Plagas y enfermedades: cochinillas harinosas y arañas rojas colonizan las plantas debilitadas.
Especies y variedades: *Alocasia sanderiana* presenta bellas hojas sagitadas, de un verde metálico, con nervios manchados de plateado, sostenidas por largos pecíolos.
Consejo: si tiene la suerte de prosperar, *Alocasia macrorrhiza* adquiere una dimensión espectacular. Calcule al menos 4 m^2 por planta.

▲ *Aglaonema commutatum* «Silver Queen»: en el mismo tono.

▲ *Alocasia macrorrhiza*: de hojas gigantes.

Alocasia sanderiana: reflejos metálicos y nervaduras marfil. ▶

▲ *Alsophila australis:* un gran helecho arborescente.

▲ *Ampelopsis brevipedunculata* var. *maximowiczii* «Elegans».

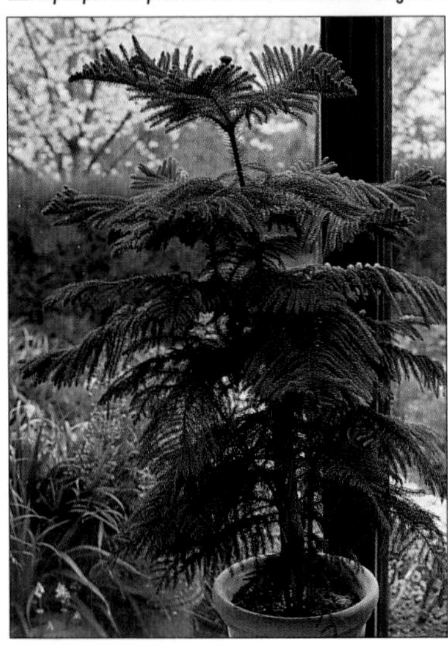

◀ *Araucaria heterophylla:* una elegante conífera de interior.

Alsophila australis ALSOPHILA, HELECHO ARBÓREO

  20 °C 7 °C

Helecho cuyos tejidos se renuevan continuamente y acaban por constituir un «tronco» grueso (el estípite), de donde salen las frondas de porte ensanchado.

Origen: Australia.

Hojas: los extremos curvos, carnosos y escamosos se despliegan en inmensas frondas verde claro, muy recortadas, de más de 1 m de largo y 40 cm de ancho. Finas escamas rojizas cubren los tallos.

Flores: los helechos no producen flores.

Luz: el sol directo marchita el extremo de las jóvenes frondas. Pero es necesaria una excelente luminosidad para obtener un buen desarrollo.

Sustrato: 1/2 de turba y 1/2 de tierra de brezo.

Abono: desde mayo hasta octubre riegue dos veces al mes con abono líquido para plantas verdes.

Humedad ambiental: tan elevada como sea posible. Vaporice las frondas y el tronco de una a cuatro veces al día a lo largo de todo el año.

Riego: dos veces por semana en invierno; cada dos días en verano, mojando bien el tronco.

Trasplante: en primavera, cada dos años.

Exigencias especiales: coloque un tutor en cuanto empiece a inclinarse el tronco. Las raíces de este helecho no siempre son lo suficientemente fuertes para equilibrar el peso de las frondas.

Tamaño: varios metros en su hábitat natural; en casa, rara vez supera los 2 m de altura y los 2 o 3 m de ancho, después de cuatro o cinco años.

Multiplicación: en semilleros de esporas por profesionales.

Longevidad: varios decenios.

Plagas y enfermedades: ninguna, por lo general.

Consejo: reserve un espacio mínimo de 3 a 4 m^2 para este helecho. Instálelo en el exterior en verano. Una permanencia en el jardín, bajo un árbol, desde mayo hasta octubre, permite que la planta adquiera un nuevo vigor. El uso de un sistema de riego automático por microaspersores resulta ideal.

Ampelopsis brevipedunculata AMPELOPSIS, PARRA VIRGEN

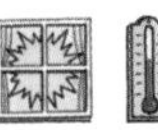  18 °C 2 °C 

Planta trepadora de follaje caduco, provista de zarcillos, que se engancha sola a su soporte.

Origen: fue introducida en Europa en 1847 por Siebold, procedente del sureste asiático.

Hojas: recortadas en tres o cinco lóbulos. La variedad más vendida, *maximowiczii* «Elegans», también llamada «Tricolor», presenta un follaje teñido de rosa y de crema al nacer, que parece incluso decolorado y que cambia al verde, manchado de amarillo, al envejecer.

Flores: insignificantes, aunque dan unas bayas de un azul de porcelana excepcional.

Luz: el sol directo resulta conveniente, salvo en el caso de los jóvenes brotes que «se queman» fácilmente, sobre todo tras un cristal.

Sustrato: 1/3 de tierra de jardín, 1/3 de arena y 1/3 de mantillo, enriquecido con algas y estiércol compostado.

Abono: a partir de abril riegue una vez al mes con abono para plantas verdes.

Humedad ambiental: vaporice la planta de dos a tres veces por semana en verano. Mejor aún, instálela en el jardín en verano y dúchela cada vez que riegue.

Riego: cada 10 días en invierno, cuando la superficie del sustrato esté seca. Cada dos días en verano.

Trasplante: cada dos años, en primavera, en una maceta más profunda que ancha.

Exigencias especiales: un soporte resulta indispensable para que la planta trepe.

Tamaño: la variedad «Tricolor» alcanzará hasta 4 m en maceta, en una casa bien fresca.

Multiplicación: por esqueje en septiembre.

Longevidad: de 5 a 10 años.

Plagas y enfermedades: cuidado con las cochinillas al principio del otoño y en invierno.

Especies y variedades: *Ampelopsis japonica,* de hojas verdes, es menos corriente.

Consejo: pode los tallos a un tercio de su altura en marzo para favorecer el brote de un joven follaje de colores.

☞ ***Aralia*** véase *Dizygotheca* y *Fatsia.*

☞ ***Aralia* «Ming»** véase *Polyscias.*

Araucaria excelsa
ARAUCARIA

Elegante conífera de porte flexible, que forma ramas escalonadas horizontalmente.

Origen: descubierta en el Pacífico, en la isla de Norfolk, en 1793, por sir Joseph Banks.

Hojas: las agujas de 15 mm de largo, que no pinchan, nacen de color verde pálido y se oscurecen con la edad.

Flores: las plantas en maceta no presentan conos.

Luz: prospera bien en una habitación bastante clara. En verano, entre las 10 h y las 17 h, evite el sol directo.

Sustrato: uno para plantación no demasiado compacto, enriquecido con un buen fertilizante orgánico.

Abono: para un recipiente de 20 litros, una cucharadita de abono granulado de liberación controlada es suficiente para toda la temporada.

Humedad ambiental: vaporice las ramas cada dos días, y aleje la planta de los aparatos de calefacción cuando estén encendidos.

Riego: no más de una vez a la semana en invierno, pero abundante; dos o tres veces a la semana en verano.

Trasplante: cada dos años, entre febrero y marzo, mientras el arbusto sea joven. Cada tres años en el caso de las plantas que superen un 1,20 m de alto.

Exigencias especiales: la araucaria no soporta el calor en invierno, cuando se suma a la sequedad ambiental. Evite que esté a más de 15 °C en esta época del año. Tenga en cuenta la colocación de tutores para los tallos.

Tamaño: de 50 a 60 m en su medio natural; en maceta, 3 m como máximo.

Multiplicación: fácil; mediante semillero, si encuentra semillas. El esquejado queda reservado para los profesionales.

Longevidad: un decenio largo, si la planta disfruta de buenas condiciones de cultivo.

Plagas y enfermedades: la atmósfera seca favorece la aparición de arañas rojas y de cochinillas.

Especies y variedades: *Araucaria bidwillii,* de hojas planas y espinosas, es menos común.

Consejo: la araucaria desarrolla entrenudos importantes si los aportes de abono contienen un alto contenido de nitrógeno. Ello desequilibra la silueta. Administre la mitad de las dosis aconsejadas en las cajas y elija los abonos especiales para coníferas.

Asparagus densiflorus
ESPARRAGUERA

Planta herbácea, que forma una mata, de follaje muy fino, que recuerda el de los helechos.

Origen: Suráfrica. Las esparragueras fueron introducidas en Europa al final del siglo XIX.

Hojas: perennes, muy finas, parecidas a las agujas, de color verde suave.

Flores: apenas visibles, de color blanco rosado. A veces se transforman en bayas rojizas.

Luz: tres o cuatro horas diarias de luz intensa o de sol directo. Tolera una exposición ligeramente sombreada.

Sustrato: mantillo, arena y tierra de jardín, a partes iguales.

Abono: desde mayo hasta septiembre, añada dos veces al mes abono líquido para plantas verdes.

Humedad ambiental: las esparragueras aguantan bien la sequedad atmosférica de nuestros interiores, siempre que se encuentren en una habitación fresca.

Riego: tres veces por semana en verano; una vez a la semana en invierno. Mantenga el cepellón casi seco, por debajo de los 14 °C.

Trasplante: en primavera. Espere para trasplantar a que las raíces ocupen toda la maceta.

Exigencias especiales: las esparragueras se desarrollan muy bien en macetas colgantes.

Tamaño: 40 cm de alto y de ancho. En espaldera sobre un encañado, alcanza más de un metro de altura.

Multiplicación: fácil; mediante semillero, en abril. Por división de mata, la reactivación resulta a veces lenta.

Longevidad: más de 10 años.

Plagas y enfermedades: las cochinillas se instalan sobre los tallos y bajo las hojas. Las arañas rojas atacan a veces el conjunto del follaje en invierno.

Especies y variedades: *Asparagus densiflorus* «Meyeri», de agujas tupidas como escobillas; el follaje de *Asparagus plumosus* es más fino que el de un helecho.

Consejo: no dude en talar completamente la mata a ras del suelo si las plantas comienzan a amarillear o a deshilacharse. Plante las esparragueras en una jardinera en el balcón, en verano.

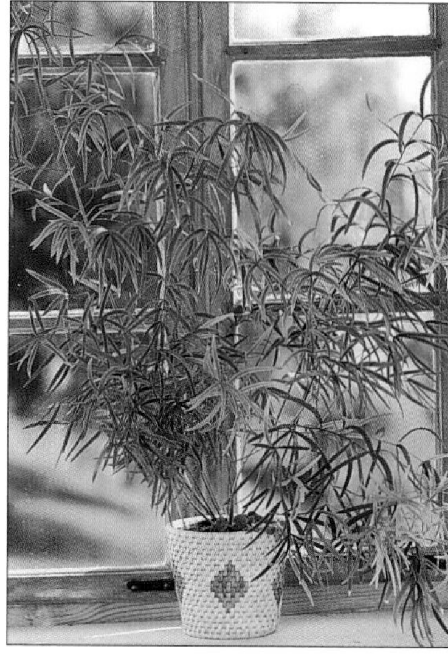

▲ *Asparagus falcatus:* todo flexibilidad y ligereza.

▲ *Asparagus densiflorus* «Meyeri»: compacto, pero muy fino.

Asparagus plumosus: encaje vegetal. ▶

▲ *Aspidistra elatior:* en la ventana, la forma «Variegata».

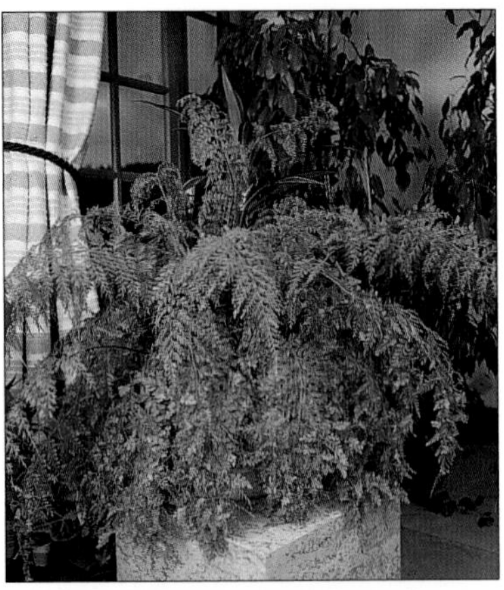

▲ *Asplenium bulbiferum:* amplio, flexible y grácil.

Aspidistra elatior ASPIDISTRA

Planta herbácea, con rizomas, que forma una mata.

Origen: Himalaya, China, Japón, Taiwán.

Hojas: rectas, verde oscuro, lanceoladas, con pecíolo largo, nacen directamente de las raíces.

Flores: las yemas se abren (rara vez) a ras del suelo, produciendo corolas carnosas púrpuras.

Luz: puede colocar la maceta en una habitación poco o mal iluminada, ya que la aspidistra tolera bien la sombra.

Sustrato: sustrato para plantas verdes y tierra de jardín arenosa en una mezcla a partes iguales.

Abono: desde abril hasta septiembre, añada una vez al mes un abono líquido para plantas verdes.

Humedad atmosférica: la aspidistra tolera el aire seco de las casas, pero aprecia una vaporización semanal para limpiar sus hojas.

Riego: cada 10 o 15 días en invierno, impregnando completamente el cepellón. Cada cinco o siete días en verano, según la temperatura ambiente.

Trasplante: cada tres años, cuando las raíces ocupan todo el volumen disponible de la maceta comienzan a apretarse en la maceta.

Exigencias especiales: las aspidistras crecen mejor solas en su maceta debido a sus fuertes raíces. No emplee abrillantador, sino toallitas desechables para limpiar las hojas.

Tamaño: de 30 a 60 cm de alto y de ancho. La aspidistra crece lentamente y produce una media de dos o tres hojas por año.

Longevidad: la aspidistra es una de las plantas más resistentes. Vive más de 10 años.

Plagas y enfermedades: cochinillas en invierno, arañas rojas en tiempo cálido y seco.

Especies y variedades: *Aspidistra elatior* «Variegata», de hojas listadas de color blanco cremoso en sentido longitudinal, necesita más luz que la planta tipo.

Consejo: evite las plantas cuyas hojas presenten el borde recortado.

◀ *Asplenium nidus.* Se le llama también «nido de ave».

Asplenium spp. ASPLENIUM

 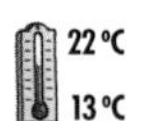 

Helecho que forma una mata, de aspecto variable.

Origen: Asia, África, Australia.

Hojas: frondas de aspecto variable: enteras, gruesas y verde brillante, que presentan una roseta en forma de embudo, o finas, recortadas en forma de encaje. Nervio central marrón, muy señalado.

Flores: los helechos no producen flores.

Luz: los asplenium no toleran el sol directo. Ante una ventana orientada hacia el sur, aleje la planta al menos 3 metros.

Sustrato: para plantas verdes, turba rubia y tierra de brezo mezclados a partes iguales.

Abono: desde mayo hasta septiembre, añada aproximadamente cada 15 días un abono líquido para plantas verdes.

Humedad ambiental: tan elevada como sea posible. Al igual que todos los helechos, los asplenium deben vaporizarse una o dos veces al día en invierno.

Riego: dos o tres veces por semana en verano. Reduzca los aportes de agua cuando la temperatura descienda. En invierno, en una habitación a 16-18 °C, basta con un riego abundante cada ocho días.

Exigencias especiales: sobre todo elimine las corrientes de aire. Evite la humedad estancada, principalmente en el corazón de las hojas del *Asplenium nidus.*

Tamaño: de 30 a 90 cm de alto y de ancho.

Multiplicación: difícil; por semillero de esporas, en un miniinvernadero con calor de fondo, entre febrero y marzo.

Longevidad: de 3 a 10 años.

Plagas y enfermedades: las cochinillas suelen fijarse a lo largo del nervio central, en la cara inferior de las frondas. Aplique un tratamiento preventivo, se desaconsejan los productos oleosos.

Especies y variedades: *Asplenium bulbiferum* presenta bulbillos, que se arraigan en contacto con la tierra; *Asplenium nidus* de hojas anchas y rectas, que forman una copa amplia.

Consejo: el asplenium vive muy bien en un cuarto de baño iluminado por una ventana. También resulta conveniente como planta colgante.

B

Bambusa vulgaris BAMBÚ DE INTERIOR

  25 °C 10 °C 

Gramínea vivaz con rizomas, poblada, de tallos rígidos y entrecortados por nudos.

Origen: diversas regiones tropicales del mundo.

Hojas: oblongas, lanceoladas, puntiagudas.

Flores: tras las espigas amarillo verdoso, muy raras, siguen la desecación y la muerte de las ramas.

Luz: se necesita un amplio ventanal orientado al sur/suroeste. Lo ideal es una galería.

Sustrato: tierra de jardín, mantillo para plantar, turba rubia y fertilizante a base de estiércol.

Abono: durante el trasplante, agregue en una maceta de 25 cm de diámetro una cucharada de abono granulado para plantas verdes.

Humedad ambiental: vaporice el follaje dos veces por semana durante el período vegetativo, y todos los días en invierno cuando la temperatura sea inferior a 10 °C.

Riego: cada 15 días en invierno. Desde mayo hasta septiembre, un bambú de 1,50 m de alto requiere 10 litros de agua a la semana.

Trasplante: una vez al año, entre marzo y abril.

Exigencias especiales: el bambú necesita aire. Instálelo en el jardín a partir de mayo. El frescor en invierno impide que el follaje amarillee.

Tamaño: de 1,50 a 2 m en maceta.

Multiplicación: la división de los rizomas en otoño es el método más fácil.

Longevidad: no más de 5 años en maceta.

Plagas y enfermedades: ninguna, por lo general.

Especies y variedades: *Bambusa ventricosa* presenta entrenudos decorativos, cortos y abultados.

Consejo: pode los tallos viejos secos para favorecer el rebrote.

Begonia spp. BEGONIA

  22 °C 14 °C 

Plantas con rizomas, de tallos carnosos, que forman matas compactas, la mayoría de las veces acaules (sin tallos) o que presentan un porte flexible o colgante.

Origen: las primeras begonias de follaje, procedentes del noreste de India (Asma), fueron introducidas en Gran Bretaña en 1858. Otras se importaron de Malasia hacia 1940. Originaron los numerosos híbridos actuales.

Hojas: asimétricas, redondas, arriñonadas o acorazonadas (cordiformes), puntiagudas, a menudo aterciopeladas o alveoladas y adornadas con motivos de colores muy variados (manchas, franjas, matices, veteados, etcétera).

Flores: pequeñas, de color rosa pálido o blancas, tienen escaso interés ornamental en las begonias de follaje. Los coleccionistas las eliminan para favorecer el crecimiento de la planta.

Luz: elija un lugar resguardado de los rayos directos del sol, desde mayo hasta septiembre, pero orientado a plena luz el resto del año.

Begonia «Bettina Rotschild»: con matices metálicos. ▶

▲ *Bambusa vulgaris* «Striata».

Begonia «Boomer». ▼

▼ *Begonia* «Bow Ariola»: un brillo luminoso en el corazón.

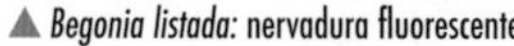

▲ *Begonia listada:* nervadura fluorescente.

▲ *Begonia masoniana.*

▲ *Begonia* «La Perle de Morte-Fontaine».

▲ *Begonia rex* «Leboucque»: reflejos azules.

▲ *Begonia bowerae* var. *magnifolia:* bonitos bordes.

▲ *Begonia* «Cleopatra»: un crecimiento muy poblado.

◀ *Begonia glazioui:* rayas claras sobre las nervaduras.

Sustrato: mezcle a partes iguales mantillo para plantas verdes, fertilizante orgánico a base de estiércol y de algas y turba rubia. Añada un puñado de arena de río por cada maceta de 14 cm de diámetro, para mejorar el drenaje.

Abono: a partir de abril, diluya un tapón de abono líquido en una regadera de 10 litros y riegue hasta mediados de agosto con esta solución fertilizante.

Humedad ambiental: reducida en invierno, en una habitación fresca. Nunca vaporice el follaje. Coloque las plantas sobre una capa de gravilla húmeda o reúna las begonias en un grupo de plantas, cuya transpiración bastará para suministrarles la humedad ambiental suplementaria que necesitan.

Riego: dos veces por semana en verano. En invierno, entre dos riegos, espere a que el sustrato se seque a una profundidad de 2 cm. Nunca deje el fondo de la maceta sumergido en agua: las raíces se asfixiarían. Es una de las principales causas del fracaso en su cultivo.

Trasplante: al principio de la primavera, cuando las raíces ocupen todo el volumen disponible de la maceta. No compacte demasiado el mantillo, ya que las raíces son frágiles. Instale en el fondo de la maceta una capa de drenaje: unas piedras y arena gruesa, que también estabilizarán la planta, gracias a su peso. El follaje voluminoso de las begonias puede acarrear el vuelco de las macetas.

Exigencias especiales: las begonias no toleran las corrientes de aire, la contaminación (tabaco), los golpes de calor y la humedad estancada.

Tamaño: de 20 a 40 cm de alto y de ancho en la mayoría de las variedades. Algunos especímenes poco frecuentes alcanzan 1 m de envergadura.

Multiplicación: los esquejes de hojas arraigan fácilmente todo el año. Recorte en una hoja hermosa pequeños cuadrados de 2 cm de lado, colóquelos en una bandeja con el envés plano sobre el sustrato húmedo. Tápela después con un plástico transparente. Colóquela en un lugar poco luminoso y mantenga el sustrato apenas húmedo. Nuevos brotes aparecerán en uno o dos meses.

Longevidad: de uno a tres años en casa; rara vez más. De cuatro o cinco años en invernadero o en una galería.

Plagas y enfermedades: muchos hongos atacan los tallos y las hojas de la begonia, sobre todo cuando las plantas padecen un exceso de agua. El mildiu, la podredumbre gris y el oídio son los más frecuentes. Las arañas rojas hacen también estragos durante los veranos cálidos y secos.

Especies y variedades: *Begonia rex* es la más popular. Posee numerosos híbridos coloreados de rosa, de púrpura o plateados; *Begonia masoniana* presenta una marca pardo purpúreo en el centro de las flores; *Begonia boweriae* de elegantes hojas vellosas, verde esmeralda, manchadas de color de chocolate por los bordes; *Begonia listada,* de hojas alargadas, presenta una señal fluorescente verde claro sobre el nervio central; *Begonia glazioui,* poco común, pero con nervios verde luminoso.

Consejo: renueve sus begonias preferidas todos los años mediante esquejado, puesto que las plantas pierden su belleza al envejecer. No olvide comprobar el corazón de la mata y las hojas inferiores, pues son las primeras en pudrirse o en cubrirse de blanco (oídio). Será necesario eliminar las hojas y los tallos que presenten síntomas de enfermedades y reducir el riego, ya que los hongos parásitos se propagan rápidamente en las begonias.

Bertolonia maculata BERTOLONIA

  25 °C 16 °C 

Herbácea vivaz, con tendencia a trepar, de tallos carnosos, que forman una roseta.

Origen: los primeros ejemplares llegaron a Europa hacia 1850, procedentes de regiones tropicales del sur de Brasil.

Hojas: de 15 cm de largo, aterciopeladas, acorazonadas, plateadas cerca de los nervios.

Flores: las corolas de 2 cm de diámetro, rosa purpúrea, se reúnen en racimos. Aparecen en otoño y se abren por la mañana.

Luz: coloque la bertolonia ante una ventana con cortinas orientada al sur/suroeste.

Sustrato: turba húmeda, mantillo de hojas y arena de río en una mezcla a partes iguales.

Abono: una dosis de abono para plantas verdes una vez al mes, desde abril hasta septiembre.

Humedad ambiental: las bertolonias exigen una humedad tropical. Resulta imposible mantenerlas mucho tiempo en casa. Medran en los pequeños invernaderos cálidos domésticos destinados a las orquídeas, o incluso en un terrario.

Riego: durante el crecimiento, riegue cuando el primer centímetro de mantillo esté seco. No moje el follaje, ya que se pudre fácilmente.

Trasplante: cada tres años.

Exigencias especiales: sobre todo no riegue con agua fría y calcárea.

Tamaño: 20 cm de alto y 30 cm de ancho.

Multiplicación: los esquejes de tallo arraigan fácilmente a 25 °C, desde diciembre hasta marzo.

Longevidad: uno o dos meses en una casa; tres o cuatro años en un invernadero caliente.

Plagas y enfermedades: las hojas mojadas son atacadas por la podredumbre gris o el oídio.

Especies y variedades: *Bertolonia* x *houtteana* presenta hojas con nervios subrayados de blanco. El follaje verde brillante de *Bertolonia marmorata* está salpicado de blanco puro.

Consejo: coloque el contenedor sobre una maceta boca abajo para que las hojas no toquen el mueble, o cuelgue la planta.

Blechnum gibbum o *Lomaria* BLECHNUM

 25 °C 13 °C 

Helecho que forma una mata compacta, que a veces se hace arbóreo, con un estípite robusto.

Origen: Nueva Caledonia, América del Sur.

Hojas: frondas de 50 cm de largo, pinnadas, profundamente divididas, sobre pecíolos provistos de escamas negras.

Flores: los helechos no producen flores.

Luz: instale el blechnum a 1 m aproximadamente de una ventana orientada al sureste.

Sustrato: tierra de jardín, turba rubia, mantillo de hojas y fertilizante a base de estiércol.

Abono: durante el buen tiempo, añada cada 10 días media dosis de abono líquido para plantas verdes a la tierra húmeda.

Humedad ambiental: elevada (más del 60 %). Instale el blechnum en un cuarto de baño luminoso o en la cocina, sobre la pila. No vaporice la planta, mejor colóquela sobre una capa de gravilla permanentemente húmeda.

Riego: cada tres días en verano.

Trasplante: cada dos años, en primavera.

Exigencias especiales: por debajo de 16 °C, el crecimiento del *Blechnum* es casi inexistente.

Tamaño: de 60 a 80 cm de altura y de extensión de las frondas; 1 m para el estípite.

Multiplicación: delicada; mediante semillero de esporas, desde su madurez, en un miniinvernadero con calor de fondo (25 °C), en arena y turba.

Longevidad: algunos meses en casa; varios años en un invernadero caliente.

Plagas y enfermedades: ninguna, por lo general.

Especies y variedades: *Blechnum brasiliense,* de frondas muy recortadas; *Blechnum spicant,* rústico, se cultiva en el jardín o en jardinera a la sombra.

Consejo: lo ideal consiste en colocar el blechnum cerca de una fuente o un pequeño estanque, para que se beneficie de un ambiente húmedo.

☞ ***Brassaia*** véase *Schefflera.*

▲ *Bertolonia maculata:* **bonitas decoloraciones.**

▲ *Blechnum brasiliense* (o *Lomaria*)**: finura.**

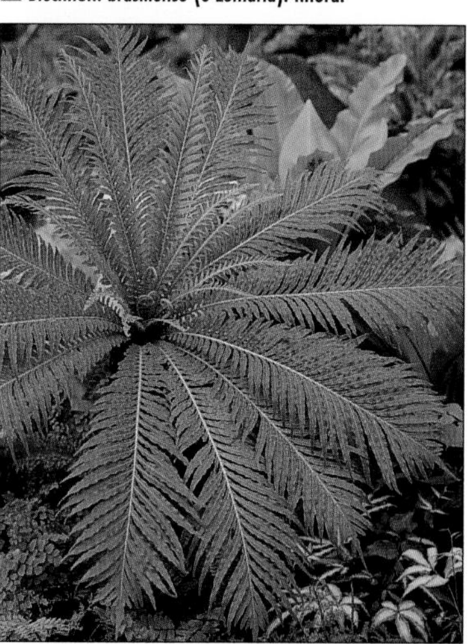

Blechnum gibbum: **puede hacerse arborescente.** ▶

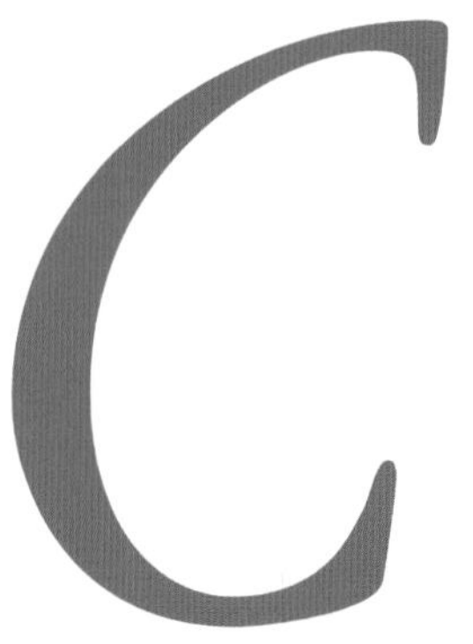

Caladium spp.
CALADIUM

Planta tuberosa vivaz, que inicia la parada vegetativa y pierde las hojas a partir de octubre.

Origen: zonas tropicales de América del Sur.

Hojas: de 20 a 40 cm de largo, con largos pecíolos flexibles, sagitados y traslúcidos. La diversidad de coloridos y formas es infinita.

Flores: en septiembre aparece una flor blanquecina en forma de corneta. Resulta poco decorativa.

Luz: nunca a pleno sol, ya que quema el follaje. Una suave luz indirecta, tras una ventana orientada al oeste, conserva la vivacidad de los colores.

Sustrato: tierra de brezo, sustrato para plantas verdes y sustrato de cortezas. Algunos especialistas cultivan el caladium en turba.

Abono: 1/2 dosis de abono líquido para plantas verdes, cada dos semanas en verano.

Humedad ambiental: en casa, el humidificador eléctrico es ideal. Si no, coloque la maceta sobre una capa de gravilla húmeda. Nunca vaporice las hojas, ya que se pudrirían rápidamente.

◀ *Caladium* «Pink Symphony» y «Sweetheart».

Riego: moderado en primavera, al principio del crecimiento (basta con un vaso de agua por semana). El ritmo se acelera a medida que la planta crece. En pleno verano, hay que calcular medio litro de agua al día en dos riegos (mañana y tarde). Llene la regadera con antelación para que el agua alcance la temperatura ambiente.

Trasplante: plante tres tubérculos en una maceta de 18 cm de diámetro en marzo. Consérvelos apenas húmedos, a 22-24 °C, hasta que brote el follaje. Coloque el cultivo sobre la placa de un radiador para crear calor de fondo.

Exigencias especiales: sobre todo no exponga el caladium a las corrientes de aire.

Tamaño: de 30 a 50 cm de alto y otro tanto de ancho. Algunos híbridos, cultivados por coleccionistas muy expertos, alcanzan 1,50 m de alto.

Multiplicación: en otoño se marchitan las hojas. Entonces, hay que disminuir los riegos. En noviembre el bulbo se conserva en seco y luego se almacena a 15-16 °C. En marzo, separe un fragmento de tubérculo que presente un botón y trasplántelo en turba. Debe conservarse a 25 °C en el ambiente hermético de un invernadero caliente, sin regarlo demasiado.

Longevidad: algunos meses en manos de un principiante; dos a tres años en casa de un jardinero experimentado. Cultive más bien los caladium como plantas anuales.

Plagas y enfermedades: ninguna, por lo general.

Especies y variedades: *Caladium bicolor,* de grandes

▼ *Caladium* x *hortulanum* «Mrs. W.B. Halderman».

▲ *Caladium*» «Miss Muffet»: totalmente punteado.

▲ *Caladium* «Kathleen»: muy matizado.

▲ *Caladium* «Reina de Suecia»: contrastado.

▲ *Caladium* «Sunrise»: bastante variegado.

hojas sagitadas blancas y verdes, originó numerosos híbridos. La mayoría de dichos cultivos se agrupan bajo el nombre de *Caladium* x *hortulanum,* que mezclan colores sorprendentes: esmeralda, albaricoque, rojo sangre, rosa fuerte o turquesa.

Consejo: es preferible comprar plantas ya desarrolladas, ya que el cultivo de rizomas resulta muy difícil. Se pudren fácilmente cuando se inicia el proceso vegetativo, si el suelo está demasiado húmedo.

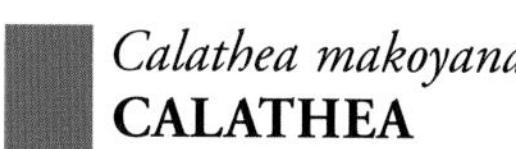

Calathea makoyana
CALATHEA

  25 °C 15 °C 

Planta vivaz, de hoja persistente y porte frondoso, graciosamente ensanchada, que no forma tallos.

Origen: regiones tropicales de América del Sur.

Hojas: de 15 a 20 cm de largo, ovaladas, muy finas, erguidas, con largos pecíolos que salen directamente de la raíz. Finas rayas verdes y blanco plateado alternan con regularidad con manchas oblongas verde oscuro, rojo violáceo por el envés.

Flores: espigas violetas o inflorescencias globulosas que aparecen en primavera.

Luz: instale la maceta a 1 o 2 m de una ventana con cortinas ligeras, preferentemente orientada al oeste.

Sustrato: una mezcla de arena de río, esfagno triturado, tierra de brezo, turba y mantillo de cortezas.

Abono: nutra la planta cada 15 días con 1/2 dosis de abono para plantas verdes.

Humedad ambiental: en verano vaporice las hojas todos los días. Un agua demasiado caliza ocasiona la aparición de manchas blancas sobre las hojas. En tal caso, límpielas con un trapo mojado.

Riego: dos o tres veces por semana en verano. Cada seis u ocho días en invierno, preferentemente con agua a temperatura ambiente.

Trasplante: cada año, en marzo, a una maceta más ancha que profunda. No compacte demasiado el sustrato, ya que las raíces de la calathea son propensas a asfixiarse a causa de la podredumbre.

Exigencias especiales: las calatheas no deben colocarse en una habitación donde se fume habitualmente, pues el humo les molesta, ni cerca de una puerta que comunique con el exterior, ya que los choques térmicos les resultan fatales.

Tamaño: de 50 a 150 cm de alto y de 30 a 60 cm de ancho.

Multiplicación: en el momento del trasplante, divida delicadamente el cepellón por la mitad, de tal modo que cada rizoma presente dos o tres hermosas raíces y algunas hojas. El arraigo de las nuevas plantas es a veces lento y difícil. Aumentará sus probabilidades de supervivencia colocando durante un mes las jóvenes calatheas en un lugar caliente y húmedo (por ejemplo, sobre un radiador, situadas sobre una capa de gravilla húmeda).

Longevidad: de dos a cuatro años. Indefinidamente, si la planta se regenera por división.

Plagas y enfermedades: la presencia de filamentos grises en el envés de las hojas indica un ataque de arañas rojas. El ennegrecimiento de las hojas no es forzosamente provocado por un parásito. La mayor parte de las veces suele deberse a una humedad ambiental insuficiente.

Especies y variedades: *Calathea lancifolia,* de largas hojas estrechas, onduladas por los bordes; *Calathea ornata,* con finas estrías blancas, rosas o rojas, y de hojas rojo ladrillo por el envés; *Calathea zebrina,* cuyas hojas, perpendiculares al tallo, presentan anchas estrías alternadas verde claro y oscuro; *Calathea picturata,* de hojas muy claras, bordeadas con una ancha franja verde puro; «Argentea», con un contraste más marcado.

Consejo: las calatheas se desarrollan mejor junto a otras plantas, ya que éstas les suministrarán una humedad ambiental añadida.

***Calathea makoyana:* la forma más extendida.** ▶

▲ ***Calathea ornata:* listados muy sutiles.**

▲ ***Calathea picturata* «Argentea»: oposición de verdes.**

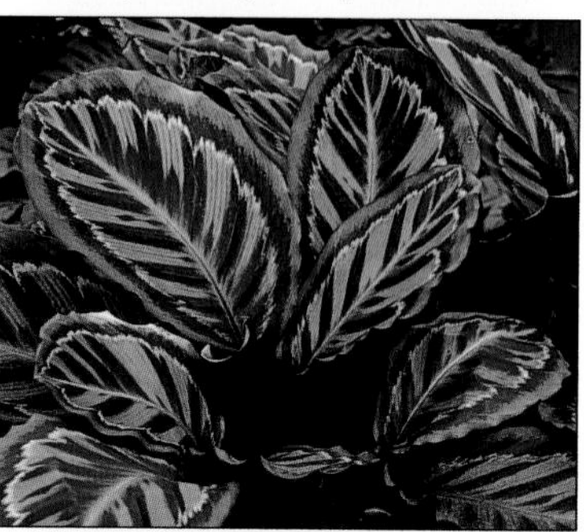

▲ ***Calathea rotundifolia* «Oppenheimer».** ▼ ***C. zebrina.***

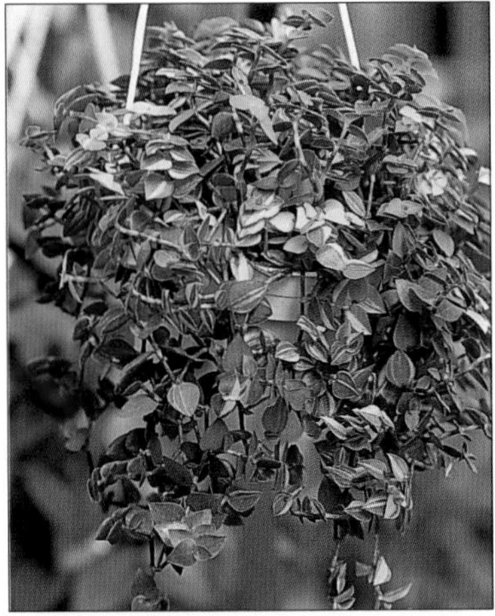

▲ *Callisia repens:* una planta ideal en una cesta colgada.

▲ *Chlorophytum comosum* «Variegatum»: muy resistente.

Callisia repens CALLISIA

22 °C
12 °C

Pequeña vivaz frondosa, parecida a las tradescantias, de largos tallos menudos, primero erguidos o rastreros y luego colgantes cuando alcanzan unos 20 cm de largo.

Origen: América Central y del Sur.

Hojas: cordiformes, carnosas, verde subido con el envés púrpura, que envainan los tallos.

Flores: blancas, sin interés decorativo.

Luz: no demasiado intensa e indirecta. La callisia no aguanta el sol directo, pero en sombra densa la planta experimenta un alargamiento de los entrenudos de sus tallos.

Sustrato: un buen sustrato para plantas verdes o una mezcla a partes iguales de sustrato de hojas, de turba rubia y de tierra de jardín arenosa.

Abono: nutra cada 10 días con un abono líquido muy diluido (la tercera parte de la dosis normalmente recomendada).

Humedad ambiental: la callisia agradece vaporizaciones diarias, sobre todo en verano.

Riego: el sustrato debe secarse entre dos aportes de agua. Use una regadera de alcachofa fina para mojar entre los tallos y no sobre las hojas.

Trasplante: una vez al año, en primavera.

Exigencias especiales: la callisia suele prosperar mejor colgada en un lugar poco transitado, ya que sus tallos se rompen al menor contacto.

Tamaño: 20 cm de alto y 30 cm de largo.

Multiplicación: la planta se multiplica muy fácilmente por esquejes de fragmentos de tallos puestos a arraigar en agua, en cualquier época del año.

Longevidad: la callisia tiende a perder hojas al cabo de dos o tres años. Por eso es sensato renovarla esquejando los tallos más bellos.

Plagas y enfermedades: las arañas rojas tejen finas telas que se pueden observar a contraluz. El follaje se decolora.

Especies y variedades: *Callisia elegans* tiene un follaje rayado de blanco por encima, y púrpura por el envés.

◀ *Cissus antarctica:* una trepadora muy generosa.

Chlorophytum comosum CINTA

18 °C
7 °C

Herbácea vivaz estolonífera de raíces carnosas, que forma una mata compacta, de porte grácil.

Origen: Suráfrica. La cinta fue introducida en Europa en el siglo XIX.

Hojas: largas, encintadas, arqueadas, verde pálido con bandas blanco cremoso o amarillas.

Flores: blancas, en forma de estrellitas, que aparecen en el extremo de largos estolones amarillentos.

Luz: la cinta tolera vivir en una habitación sin sol. Pero se vuelve más frondosa y con colores más intensos expuesta a la luz directa.

Sustrato: sustrato para trasplante mezclado a partes iguales con una buena tierra de jardín.

Abono: la cinta es menos glotona que la mayoría de las otras plantas. Una dosis de abono líquido diluido en una gran regadera basta para cada riego, desde mayo hasta septiembre.

Humedad ambiental: aunque tolera la atmósfera seca del hogar, la cinta aprecia una ducha mensual con agua tibia (25 °C), de forma que sus hojas queden perfectamente limpias.

Riego: una vez a la semana en invierno; cada tres días en verano. Cuidado, las raíces carnosas almacenan el agua y padecen por un exceso de riego que las lleva a pudrirse rápidamente.

Trasplante: en primavera, cuando las raíces comienzan a aparecer en la base de la maceta.

Exigencias especiales: el *Chlorophytum* se desarrolla bien colgado en un lugar en el que no existan corrientes de aire.

Tamaño: una planta en plena madurez puede alcanzar unos 50 cm de diámetro y de altura.

Multiplicación: fácil; por trasplante de las rosetas que nacen en el extremo de los estolones.

Longevidad: más de 10 años.

Plagas y enfermedades: arañas rojas.

Especies y variedades: *Chlorophytum undulatum* se distingue por sus hojas rígidas y rugosas.

Consejo: durante el cuidado de esta planta, no aplique abrillantador sobre las hojas para evitar que sufran quemaduras.

Cissus rhombifolia CISSUS

 20 °C 8 °C 

Vigorosa planta trepadora, que se engancha gracias a sus zarcillos.

Origen: Suráfrica, Australia.

Hojas: de 6 a 8 cm de longitud, lobuladas, verde brillante, sobre largos tallos flexibles.

Flores: no se ha observado floración en interiores.

Luz: una ventana con cortinas orientada al este suministrará la iluminación indirecta necesaria.

Sustrato: sustrato para plantas verdes, arena de río, turba y tierra de jardín a partes iguales.

Abono: desde marzo hasta agosto fertilice una vez al mes con abono líquido para plantas verdes.

Humedad ambiental: un punto de suministro de agua usado con frecuencia (lavamanos, bañera, pila) próximo a la planta basta para proporcionar la humedad suficiente al cissus; si no, vaporice la planta para refrescarla.

Riego: una vez a la semana en invierno, si la maceta suena hueca; cada tres o cuatro días en verano.

Trasplante: durante los dos primeros años, el crecimiento es tan vigoroso que puede ser necesario trasplantar una vez en primavera y otra en otoño. Luego, una vez por año bastará (en marzo). Cuando la maceta supere los 30 cm de diámetro, confórmese con sustituir, dos veces al año, los tres primeros centímetros de sustrato (sustitución superficial).

Exigencias especiales: el cissus necesita un soporte: celosía, tutor de escalera, enrejado, encañado, barandilla, etc., si no, caerá en cascada.

Tamaño: de rápido crecimiento. El cissus crece fácilmente 1 m por año, hasta alcanzar de 3 a 6 m en buenas condiciones.

Multiplicación: se obtienen plantas nuevas en dos meses, eligiendo fragmentos de tallos que se plantan en un sustrato húmedo para que arraiguen, en un miniinvernadero colocado sobre la placa de un radiador.

Longevidad: de 4 a 10 años.

Plagas y enfermedades: las arañas rojas y las cochinillas harinosas pueden anular una temporada completa de crecimiento. Si el ataque es importante, pode todos los tallos a 20 cm del cepellón.

Especies y variedades: «Ellen Danica», de hojas muy recortadas; *Cissus antarctica*, de hojas dentadas; *Cissus discolor*, de hojas esmeralda, jaspeadas de plata. Se trata de una planta de invernadero, de cultivo bastante delicado, que no soporta el frío.

Consejo: pince los ramos demasiado largos. Así obligará la planta a adoptar un porte más frondoso.

Clusia rosea o *Clusia major* CLUSIA

  25 °C 16 °C 

Este árbol semiepifito vive en la naturaleza sobre las rocas o crece sobre otros árboles.

Origen: regiones tropicales del hemisferio austral.

Hojas: ovaladas, opuestas, gruesas, sin vetas, sobre pecíolos cortos y estriados.

Flores: las corolas blanco cremoso o rosas, poco frecuentes en una casa, recuerdan las flores de la magnolia.

Luz: semisombra o sol suave muy tamizado.

Sustrato: sustrato de trasplante, vermiculita y tierra de brezo mezclados a partes iguales.

Abono: una vez al mes, en verano, una dosis de abono para plantas verdes, diluida en tres partes de agua.

Humedad ambiental: la clusia necesita una atmósfera tropical que sólo un invernadero puede ofrecer.

Riego: abundante, una vez por semana.

Trasplante: lo menos posible. Cambie de maceta en primavera si el crecimiento de la planta se detiene.

Exigencias especiales: evite las bajadas bruscas de temperatura, de lo contrario, las hojas caerán.

Tamaño: crecimiento lento. De 3 a 6 m en su hábitat natural; de 90 cm a 1,50 m de alto en maceta.

Multiplicación: reservada para los especialistas, por esquejes bajo neblina, con elevado calor de fondo.

Longevidad: dos a tres meses en casa de un neófito; varios años en invernadero, en casa de un coleccionista.

Plagas y enfermedades: ninguna, por lo general.

Especies y variedades: *Clusia rosea* es la única especie que se encuentra en el mercado.

Consejo: vaporice el envés de las hojas mañana y tarde a lo largo de todo el año.

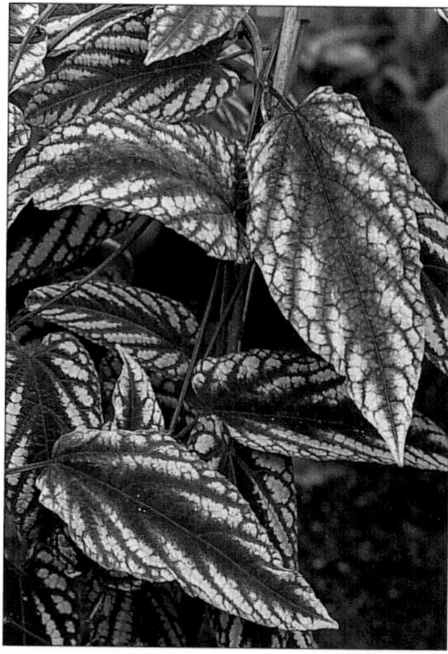

▲ *Cissus discolor:* de follaje magnífico, pero delicado.

▲ *Cissus rhombifolia* «Ellen Danica»: un gran clásico.

Clusia rosea: muy sensible al frío, difícil de conseguir. ▶

▲ *Codiaeum variegatum.*

Codiaeum «Apple leaf». ▼

Codiaeum spp.
CROTON

Arbusto de porte en forma de mata, que presenta tallos gruesos y hojas coriáceas de colores.

Origen: Malasia, Australia, Polinesia.

Hojas: lanceoladas, encintadas o lobuladas, de colores verdes, amarillos, naranjas, rojos mezclados, y de formas variadas. En una misma planta, casi ninguna hoja es parecida a su vecina.

Flores: cuando el croton padece un poco (sequedad, frescor), produce en verano pequeñas inflorescencias blanco cremoso y poco espectaculares.

Luz: una ventana orientada al oeste suministra al croton la claridad necesaria para que sus colores no se atenúen.

Sustrato: tierra de jardín, mantillo y arena a partes iguales.

Abono: nutra la planta cada 15 días, desde mayo hasta septiembre, con un abono líquido para plantas verdes, añadido tras el riego.

Humedad ambiental: elevada todo el año. Vaporice el croton una vez al día con agua blanda. Coloque la maceta sobre gravilla mantenida húmeda.

Riego: medio vaso de agua a 20-22 °C cada tres días para una planta de 40 cm de alto. Duplique la dosis en verano. La superficie del sustrato puede secarse ligeramente desde noviembre hasta marzo.

Trasplante: una vez al año en marzo, los tres primeros años. Después, intervenga solamente cuando las raíces se desborden por la maceta. El croton aprecia vivir en macetas bastante pequeñas.

Exigencias especiales: el croton pierde las hojas inferiores por debajo de los 12 °C. Teme el sol directo ardiente desde mayo hasta septiembre.

Tamaño: hasta 1 m de alto y de ancho.

Multiplicación: esquejes apicales de tallos al principio de la primavera, en turba húmeda sobre un radiador, en un miniinvernadero.

Longevidad: imprevisible en manos inexpertas; más de 10 años en buenas condiciones.

Plagas y enfermedades: las cochinillas aparecen cuando se debilita la planta.

Especies y variedades: *Codiaeum variegatum* «Pictum» ha dado espectaculares híbridos, como «Apple Leaf», «Miss Iceton», «Fortielli», etc.

Consejo: pince los brotes jóvenes en primavera, para hacer la planta más frondosa. Evite las bajadas de temperatura bruscas y las corrientes de aire.

▼ *Codiaeum variegatum* «Fortielli».

▼ *Codiaeum* «Frau Notar Frangs».

▼ *Codiaeum* «Miss Iceton».

▼ *Codiaeum* «Président de Selve».

Codonanthe crassifolia
CODONANTHE

22 °C 14 °C

Planta bastante frondosa, de porte rastrero o en forma de cascada, que presenta tallos menudos.

Origen: México, Honduras, Brasil, Perú.

Hojas: de 6 a 8 cm de largo, oblongas, alargadas, puntiagudas, gruesas, opuestas.

Flores: la planta se cubre todo el año de florecitas tubulares de 2 cm, blancas, de corazón granate, poco espectaculares, pero que dan bayas naranja del tamaño de la grosella.

Luz: instale la planta tras un cristal orientado al oeste. En verano, el *Codonanthe* se recuperará, enganchado a un árbol en la semisombra.

Sustrato: 1/2 de mantillo, 1/2 de tierra para cactáceas.

Abono: una vez al mes, desde mayo hasta septiembre, diluyendo en dos partes de agua la dosis indicada en la caja.

Humedad ambiental: más bien baja, lo que lo convierte en una planta de interior ideal.

Riego: muy escaso. Deje que la maceta se seque notablemente entre dos riegos. Incluso debe sonar un poco hueca cuando se la golpee con la uña. El sustrato de la superficie debe permanecer seco y desmenuzable, a una profundidad de 2 a 3 cm, durante un día o dos.

Trasplante: cada dos años, entre febrero y marzo, a una mezcla de tierra de brezo y de mantillo.

Exigencias especiales: cultive el *Codonanthe* colgado, protegido de las corrientes de aire.

Tamaño: de 30 a 50 cm de largo.

Multiplicación: esquejes de fragmentos de tallos de 10 a 15 cm de largo. Quite las hojas de la base y plante el esqueje bien recto en una mezcla húmeda de arena, turba y vermiculita.

Longevidad: los principiantes demasiado concienzudos, que rieguen todos los días, sólo conservarán el *Codonanthe* algunos meses. Con un aporte de agua cada 8 o 10 días, puede vivir muchos años.

Plagas y enfermedades: ninguna, por lo general.

Especies y variedades: *Codonanthe crassifolia* es la única especie comúnmente cultivada.

Consejo: Tenga cuidado, ya que si deja el fondo de la maceta sumergido en el agua del platillo más de uno o dos días, firmará la sentencia de muerte de la planta.

Coleus spp. o *Solenostemon*
CÓLEO

18 °C 8 °C

Planta vivaz herbácea, muy ramificada, con tallos con sección cuadrada, muy tiernos e impregnados de savia.

Origen: Java, Asia tropical, África.

Hojas: dentadas, ovaladas o acorazonadas, en una planta de coloridos infinitos (amarillo, rojo, púrpura, verde claro, blanco) con diseños variados.

Flores: en verano aparecen discretas espigas de flores tubulares azules bastante bonitas.

Luz: para conservar sus colores, el cóleo necesita una luz intensa. Colóquelo a unas decenas de centímetros de un gran ventanal, sin cortinas si se encuentra orientado al norte. En verano, evite el sol demasiado fuerte pues puede quemar el follaje.

Sustrato: turba, mantillo y tierra de jardín a partes iguales.

Abono: dos veces al mes, desde abril hasta agosto.

Humedad ambiental: coloque la planta sobre una capa de gravilla húmeda. La vaporización mancha el follaje.

Riego: riegue abundantemente y con frecuencia, para conservar el sustrato siempre húmedo.

Trasplante: en primavera y luego en el trascurso de la temporada vegetativa, si la maceta de origen se ha quedado demasiado pequeña.

Exigencias especiales: en verano se puede sacar el cóleo al jardín o al balcón.

Tamaño: de 20 a 60 cm de alto.

Multiplicación: los fragmentos de tallos arraigan en un vaso de agua, a temperatura ambiente.

Longevidad: es difícil que sobreviva al invierno. Si no muere, pierde sus hojas y deja de ser decorativo. Es preferible renovar el cultivo cada año con plantones jóvenes.

Plagas y enfermedades: moscas blancas en el envés de las hojas. Los pulgones se instalan sobre los brotes jóvenes y pueden invadir la planta en dos semanas, y causar importantes daños.

Especies y variedades: *Coleus blumei* dio cientos de híbridos, la mayor parte de ellos sin denominación.

Consejo: pince los tallos jóvenes. Gire la maceta un cuarto de vuelta cada semana para que aproveche bien la luz.

▲ *Codonanthe crassifolia:* planta colgante muy frondosa.

▲ *Coleus blumei:* híbrido de follaje brillante.

Coleus híbrido: mezclado produce un efecto muy luminoso. ▶

▲ *Cordyline terminalis* «Kiwi»: con bonitos matices de verde.

▲ *Cordyline terminalis* «Red Edge»: un soberbio contraste.

Cordyline terminalis
CORDYLINE

  22 °C 10 °C 

Arbusto cercano a las drácenas, que forma una mata de tronco muy corto y que pierde las hojas con la edad.

Origen: Oceanía y Asia tropical.

Hojas: lanceoladas, bastante gruesas, de 25 a 40 cm de largo, salpicadas de verde, rojo, crema o púrpura, según las variedades.

Flores: hay que conservar la planta durante al menos 10 años para poder observar un largo tallo floral, que presenta en verano estrellas blancas perfumadas.

Luz: los cordyline de follaje verde toleran los lugares mal iluminados. Las variedades de colores necesitan estar cerca de una ventana.

Sustrato: sustrato para plantas verdes, tierra de jardín y tierra de brezo mezclados a partes iguales.

Abono: desde mayo hasta septiembre, añada dos veces al mes abono líquido durante el riego, o incorpore en el sustrato, en el momento del trasplante, granulados de descomposición lenta.

Humedad ambiental: vaporice el follaje una vez al día, sobre todo en invierno.

Riego: tan pronto como la superficie del sustrato se seque a una profundidad de 2 a 3 cm. Use agua entre 22 y 24 °C.

Trasplante: cada dos o tres años, en marzo.

Exigencias especiales: proteja a los cordyline de las corrientes de aire y asegúrese de que la temperatura invernal sea bastante baja (13-15 °C).

Tamaño: de 50 a 90 cm de alto y de ancho en maceta. Varios metros en los individuos viejos que viven en un invernadero. La planta crece 10 cm por año aproximadamente.

Multiplicación: con esquejes de fragmentos de tallo.

Longevidad: de tres a cinco años en casa. Con la edad, el tronco se deshoja. Coloque la planta en una jardinera, con especies más bajas.

Plagas y enfermedades: entre mayo y junio aparecen pulgones sobre los brotes jóvenes. Administre un tratamiento en cuanto los vea.

Especies y variedades: muchos cultivares ricamente coloreados han visto la luz durante los 10 últimos años. «Red edge», verde rayada de rojo; «Tricolor», variegado de rosa, de púrpura y de crema sobre fondo verde; «Kiwi», en varios matices de verde; «Amabilis», verde oscuro, blanco y rosa; «Firebrand», rojo púrpura con nervios más claros. *Cordyline australis* es una planta rústica del sur de Francia, que puede decorar bellamente una galería o un invernadero frío. Alcanza los 3 m de alto. Hojas coriáceas y flores blancas perfumadas.

Consejo: no compre cordilines cuyas hojas hayan sido cortadas o que presenten puntas pardas. Si la planta se deshoja más de lo debido, puede podar el tronco entre 30 y 50 cm de la base. Nuevas hojas aparecerán más abajo.

◀ *Cordyline terminalis* «Tricolor»: un festival de colores.

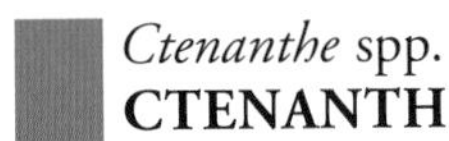

Ctenanthe spp.
CTENANTHE

  24 °C 15 °C 

Planta vivaz rizomatosa, que forma una mata, muy cercana a las calateas y las marantas.

Origen: Brasil.

Hojas: oblongas, de 25 a 40 cm de largo, gris verdoso, finamente veteadas de verde claro y oscuro. Los largos pecíolos y el envés de las hojas son vellosos y suelen presentar un color burdeos.

Flores: las flores en forma de espiga del ctenanthe no suelen aparecer cuando se cultiva en maceta.

Luz: coloque la planta cerca de una ventana orientada al sur, con luz tamizada por unos visillos finos.

Sustrato: sustrato de trasplante y de cortezas y tierra de brezo mezclados a partes iguales.

Abono: desde abril hasta septiembre, añada un abono líquido para plantas verdes una vez cada cuatro riegos. No fertilice en invierno.

Humedad ambiental: el ctenanthe no soporta la atmósfera del interior de la casa. Coloque la maceta sobre gravilla húmeda. No lo vaporice.

Riego: en invierno, cuando el sustrato comience a secarse y las hojas a replegarse. En primavera y en verano, cada cuatro días.

Trasplante: cada año, en marzo.

Exigencias especiales: en invierno el ctenanthe prefiere una galería a 15 °C. En esas condiciones, ofrézcale un gran vaso de agua cada 10 días.

Tamaño: 80 cm de alto y de envergadura.

Multiplicación: divida las matas en primavera o separe los hijuelos laterales, formados en la base.
Longevidad: cinco años en buenas condiciones.
Plagas y enfermedades: arañas rojas y cochinillas son dos plagas bastante comunes.
Especies y variedades: *Ctenanthe oppenheimiana* «Tricolor», de follaje gris, verde y púrpura; *Ctenanthe lubbersiana,* de hojas más finas, verde oscuro, estriado de amarillo en la forma «Variegata».
Consejo: los principiantes preferirán la calatea o la maranta, más fáciles de conseguir.

Cyperus alternifolius PARAGUAS

Herbácea vivaz semiacuática, que forma mata, de tallos huecos.
Origen: ciénagas africanas y malgaches.
Hojas: las hojas auténticas son casi invisibles y se ocultan en la base de los tallos. Se suelen confundir las hojas con las brácteas dispuestas como las varillas de un paraguas.
Flores: en verano, unas inflorescencias amarillo verdoso dan paso, en el corazón de las brácteas, a semillas de color pardo claro.
Luz: elija un lugar tan luminoso como sea posible, pero no muy caluroso. En verano, instale el paraguas en el jardín, en un lugar resguardado.
Sustrato: turba rubia y tierra de jardín a partes iguales y 20 % de fertilizante a base de estiércol.
Abono: desde marzo hasta octubre, añada abono para plantas verdes una vez al mes.
Humedad ambiental: por encima de los 20 °C vaporice la planta todos los días, por la mañana y por la tarde.
Riego: instale el paraguas en un macetero que contenga siempre de 5 a 10 cm de agua.
Trasplante: en marzo, cuando la planta se encuentre muy apretada en su maceta.
Exigencias especiales: el paraguas se desarrolla mejor si lo instala a partir de mayo en el jardín.
Tamaño: 1 m de alto y 40 cm de ancho, cuando la planta alcanza cuatro o cinco años.
Multiplicación: corte un tallo a 10 cm de las brácteas y sumerja éstas en un vaso de agua con carbón de leña. Arraigo en tres semanas. División de mata en otoño.
Longevidad: más de 10 años.
Plagas y enfermedades: casi ninguna.
Especies y variedades: *Cyperus papyrus* (papiro), de brácteas más finas y numerosas, supera los 2 m.
Consejo: manipule el paraguas con suavidad, ya que los tallos se rompen fácilmente. Pode las hojas viejas para estimular el crecimiento.

Cyrtomium falcatum CYRTOMIUM

Helecho frondoso de follaje persistente.
Origen: China, Japón e Himalaya.
Hojas: frondas compuestas de pínulas en forma de guadaña, verde oscuro, lustrosas y coriáceas.
Flores: los helechos no producen flores.
Luz: en semisombra permanentemente.
Sustrato: sustrato para plantas verdes a base de corteza, turba rubia y tierra de brezo a partes iguales.
Abono: desde abril hasta septiembre, añada una vez al mes abono líquido para plantas verdes.
Humedad ambiental: *Cyrtomium* es uno de los helechos que tolera mejor una humedad ambiental reducida. Una ducha de vez en cuando elimina el polvo del follaje y reaviva su brillo.
Riego: una vez a la semana en invierno. Cada tres días durante el período de crecimiento; diariamente cuando la temperatura supere los 22 °C.
Trasplante: en primavera, únicamente cuando las raíces ocupen todo el volumen disponible de la maceta.
Exigencias especiales: *Cyrtomium* prefiere temperaturas frescas en invierno (galería).
Tamaño: de 40 a 60 cm de alto y de ancho.
Multiplicación: por división de mata en abril. Cada fragmento debe poseer tres o cuatro frondas y un trozo de rizoma de 10 cm de largo por lo menos.
Longevidad: más de 10 años.
Plagas y enfermedades: cochinillas de escudo.
Especies y variedades: *Cyrtomium caryotideum,* de frondas colgantes y pínulas dentadas.
Consejo: el cirtomio es la especie ideal para empezar con los helechos.

▲ *Ctenanthe lubbersiana* «Variegata» es muy luminosa.

▲ *Cyperus alternifolius:* le gusta tener los pies en el agua.

Cyrtomium falcatu: un helecho casi rústico. ▶

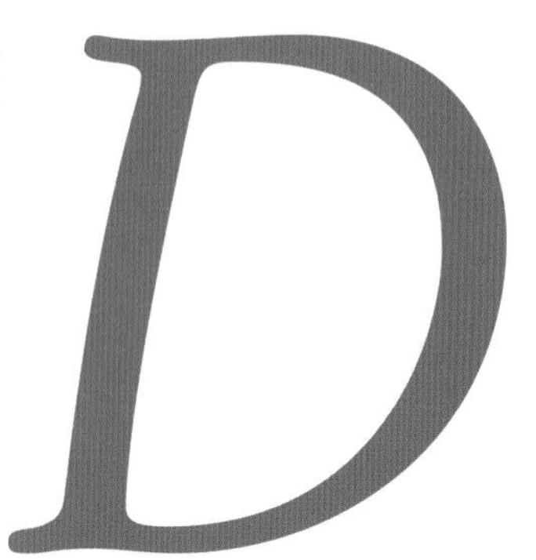

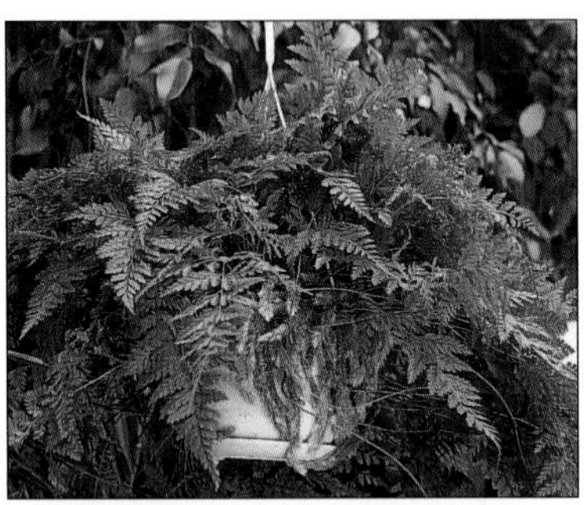

▲ *Davallia mariesii:* una colgante muy fina.

▲ *Dicksonia antarctica:* un bello helecho arborescente.

Davallia mariesii
DAVALLIA, HELECHO PATA DE CONEJO

Helecho que forma gruesos rizomas vellosos, pardo rojizo, que recuerdan a las patas de conejo. Rastrean en la superficie de la maceta y luego revisten sus bordes.

Origen: Islas Fidji, Asia tropical.

Hojas: frondas triangulares, ligeras, rígidas, profundamente divididas, de un hermoso verde oscuro.

Flores: los helechos no producen flores.

Luz: intensa, tanto en verano como en invierno, evitando el sol directo entre las 10 h y las 16 h.

Sustrato: turba, sustrato de hojas y arena de río en una mezcla a partes iguales.

Abono: una vez al mes desde abril hasta septiembre.

Humedad ambiental: la davallia tolera sin problemas la atmósfera seca de las casas.

Riego: use una regadera de alcachofa fina, para mojar el sustrato y no los rizomas, que se pudren con rapidez cuando permanecen húmedos mucho tiempo. O sumerja la maceta hasta la mitad de su altura en una palangana con agua durante 15 minutos.

Trasplante: cada dos años, entre marzo y abril.

Exigencias especiales: la davallia se desarrolla mejor colgada, con unas tilansias, por ejemplo.

Tamaño: de 15 a 20 cm de alto y 30 cm de envergadura; 50 cm en un invernadero.

Multiplicación: separe segmentos de rizoma que presenten una o dos frondas y manténgalos, con una horquilla de alambre, en la superficie de un sustrato para semillero. Arraigan en dos meses.

Longevidad: de tres a diez años e incluso más.

Plagas y enfermedades: los trips, minúsculos insectos pardos, se alojan bajo las pínulas, a las que ennegrecen. Moscas blancas en invierno.

Especies y variedades: *Davallia canariensis,* muy adecuada como planta colgante, ya que sus frondas recortadas sobre tallos fibrosos caen con elegancia a lo largo de la maceta.

Consejo: no use abrillantador, ennegrecería las frondas.

◀ *Didymochlaena truncatula* es ideal para la sombra.

Dicksonia antarctica
HELECHO ARBÓREO

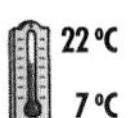

Helecho de largas frondas flexibles, cuyos tallos más viejos acaban formando un «tronco» o estípite, que puede alcanzar los 2 m en cultivo.

Origen: Australia (Tasmania).

Hojas: las frondas, profundamente divididas, se ensanchan graciosamente. En los individuos mayores de 10 años, alcanzan los 2 m de largo.

Flores: los helechos no producen flores.

Luz: bastante intensa, pero siempre indirecta.

Sustrato: mantillo, arena, tierra vegetal y tierra de brezo fibrosa en una mezcla a partes iguales.

Abono: desde la primavera hasta el otoño, añada cada cuatro riegos un abono para plantas verdes, siempre sobre un cepellón húmedo.

Humedad ambiental: en verano, vaporice el tronco, las frondas y el corazón varias veces al día cuando la temperatura supere los 20 °C. En invierno, no suelen plantearse problemas si la temperatura es bastante baja.

Riego: en cuanto el sustrato comience a secarse en la superficie, riegue la *Dicksonia* vertiendo agua sobre el tronco, hasta que el platillo se llene. Espere 20 minutos y luego vacíe el agua.

Trasplante: una vez al año, durante los cinco primeros años; después, cada dos o tres años.

Exigencias especiales: plantada en plena tierra, la *Dicksonia* tolera temperaturas negativas (hasta 5 °C bajo cero), si sólo duran una o dos noches. En maceta, no puede descender de 5 °C.

Tamaño: según los individuos, de 30 cm a 2 m de alto y de ancho en el momento de la compra.

Multiplicación: por siembra de esporas semillero en un miniinvernadero con calor de fondo reducido, muy difícil para un aficionado.

Longevidad: más de 50 años en un invernadero con buenos cuidados; dos años en manos de un principiante.

Plagas y enfermedades: ninguna, por lo general.

Especies y variedades: *Dicksonia fibrosa* presenta frondas de pínulas más largas y estrechas.

Consejo: un sistema de riego con microaspersores, colocados en el centro de las frondas, y goteros, a lo largo de la estípite, le ayudará a conservarla durante mucho tiempo.

Didymochlaena truncatula
DIDYMOCHLAENA

Helecho semiarbóreo de frondas coriáceas.

Origen: selvas tropicales de África y de Asia.

Hojas: las frondas bipinnadas y erguida, miden de 80 cm a 1,50 m de largo. El raquis está cubierto de escamas de un rojo pardusco.

Flores: los helechos no producen flores.

Luz: difusa, aunque queda prohibido el sol directo. Un ángulo entre dos grandes ventanales es ideal.

Sustrato: sustrato de hojas, tierra de brezo, turba y arena, con un puñado de estiércol compostado.

Abono: durante el crecimiento, añada abono líquido para plantas verdes cada 15 días.

Humedad ambiental: del 60 al 80 %. Se desaconseja la calefacción por el suelo. Vaporice con mucha frecuencia.

Riego: un vaso cada tres días, para que el sustrato esté siempre mojado.

Trasplante: cada dos años, en abril.

Exigencias especiales: las variaciones de temperatura bruscas provocan la caída de parte de las pínulas que componen las frondas.

Tamaño: de 60 cm a 1,50 m de alto y de 30 a 80 cm de envergadura.

Multiplicación: por semillero de esporas bastante delicado, reservada para los profesionales.

Longevidad: seis meses si no tiene buena mano para las plantas; más de 15 años en un invernadero templado o en una galería, en manos de un jardinero experto.

Plagas y enfermedades: ninguna, por lo general.

Especies y variedades: *Didymochlaena truncatula* es la única especie del género. A veces se denomina *Didymochlaena lunulata.*

Consejo: en verano, un riego automático por goteo es lo ideal.

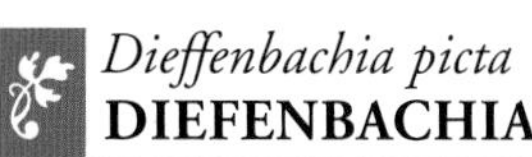

Dieffenbachia picta
DIEFENBACHIA

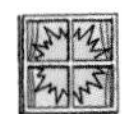 

Gran herbácea vivaz y vigorosa, de tallos y hojas carnosas y gruesas.

Origen: América Central y del Sur (Brasil).

Hojas: ovaladas, puntiagudas, lucen matices sutiles de verde y de amarillo, variegaciones, jaspeados o estrías regulares.

Flores: como todas las aráceas, la diefenbachia produce una inflorescencia en forma de espádice, protegida por una espata, que se parece a un aro verde.

Luz: las variedades de follaje matizado claro necesitan luz intensa, pero indirecta. La penumbra cambia el amarillo de las hojas a verde.

Sustrato: 1/2 tierra vegetal, 1/2 sustrato de turba.

Abono: durante el período de crecimiento, añada un abono líquido una vez por semana.

Humedad ambiental: por debajo de los 20 °C, instale la planta sobre una capa de gravilla húmeda. Dúchela una vez por semana para lavar las hojas.

Riego: una vez por semana, dejando que el cepellón se impregne de agua. Sumerja tres cuartas partes de la maceta durante 15 minutos en una palangana con agua.

Trasplante: cada año, en abril.

Exigencias especiales: la diefenbachia no tolera las corrientes de aire frío, así como el exceso de riego y el aire muy seco.

Tamaño: hasta 1,50 m de alto y 80 cm de ancho. Existen cultivares enanos (40 cm).

Multiplicación: por esquejado de fragmentos de tallo de 10 cm de largo, puestos planos sobre una mezcla de arena y de turba, en un miniinvernadero, en atmósfera controlada, con calefacción de fondo. Arraiga en dos meses. Posibilidad de esquejes apicales en agua.

Longevidad: como la diefenbachia se deshoja por la base, pierde la belleza tras cinco años.

Plagas y enfermedades: las cochinillas y las arañas rojas atacan a las plantas débiles. No toleran los productos fitosanitarios. Mejor use bastoncillos insecticidas como prevención.

Especies y variedades: Existe una multitud de híbridos de *Dieffenbachia picta*, cuyos nombres no siempre aparecen en las plantas cuando se compran. *Dieffenbachia amoena* presenta hojas más finas y largas.

Consejo: lávese las manos después de haber tocado la savia de la planta. Puesto que es tóxica, irrita e inflama las mucosas.

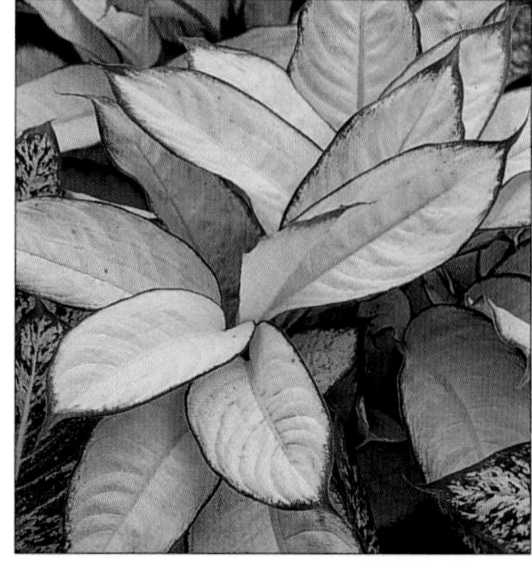

▲ *Dieffenbachia picta* «Mariann»: una gran pureza.

▲ *Dieffenbachia maculata* «Exotica»: un gran clásico.

▲ *Dieffenbachia oerstedii* «Hillo»: una curiosidad.

Dieffenbachia x *bausei:* un cierto refinamiento. ▶

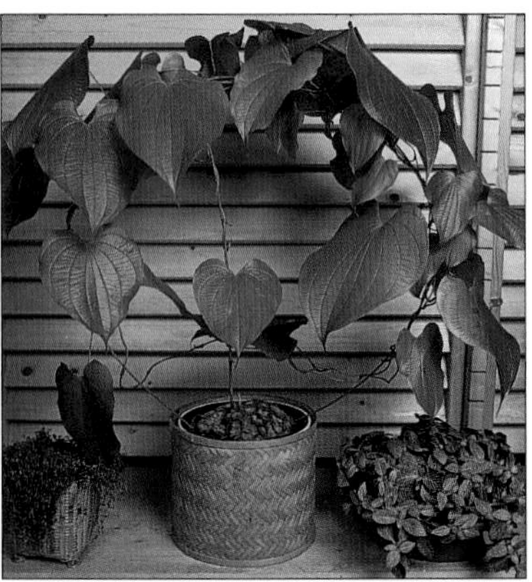

▲ *Dioscorea elephantipes:* una trepadora poco común.

▲ *Dizygotheca elegantissima:* una aralia de hojas finas.

Dioscorea elephantipes
DIOSCOREA

Subarbustiva de raíz tuberosa que se lignifica por la base. Prima del ñame.

Origen: Suráfrica.

Hojas: de 6 a 7 cm de ancho, alternas, cordiformes, de un verde tirando a azul.

Flores: las flores unisexuales, en racimos de 6 a 8 cm de largo, aparecen excepcionalmente en las plantas cultivadas en maceta.

Luz: muy intensa, sin ser ardiente. Un gran ventanal orientado al oeste o al suroeste es ideal.

Sustrato: tierra de brezo, sustrato de cortezas y arena de río a partes iguales.

Abono: cuando la vegetación haya brotado por completo, riegue una vez de cada tres con un abono universal diluido.

Humedad ambiental: la atmósfera relativamente seca de la casa resulta conveniente para esta planta.

Riego: impregne por completo el cepellón cada semana durante el buen tiempo. Reduzca el riego cuando los días se acorten. Cuando el follaje amarillee, conserve la planta en seco durante la parada vegetativa. Vuelva a regar en primavera, cuando aparezcan las hojas.

Trasplante: cada año, al principio de la vegetación. No siempre es necesario aumentar el diámetro de la maceta, pero cambie el sustrato.

Exigencias especiales: la dioscorea necesita la presencia de un tutor en escalera, de un armazón de bambúes o de un pequeño enrejado.

Tamaño: de 1 a 2 m de largo en casa.

Multiplicación: por división del tubérculo; delicada.

Longevidad: de tres a cinco años en casa, mucho más en invernadero (varios decenios).

Plagas y enfermedades: las arañas rojas tejen finas telas entre las hojas y los tallos.

Especies y variedades: existen más de 600 especies de *Dioscorea.* El ñame *(Dioscorea batatas)* es una hortaliza tropical muy cultivada.

Consejo: conserve el tubérculo en una maceta un poco estrecha, para favorecer la vegetación.

◀ *Dracaena deremensis* «Compacta Variegata»: muy cultivable.

Dizygotheca elegantissima
DIZYGOTHECA, FALSA ARALIA

 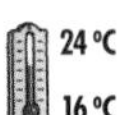

Arbolitos o arbustos, que forman matas (20 especies), muy cercanos a las aralias, pero ya integrados por los botánicos en el género *Shefflera.*

Origen: Nueva Caledonia, Polinesia.

Hojas: coriáceas, dentadas, palmadas, divididas en folíolos de 10 cm de largo y de 1 cm de ancho, de un verde oscuro casi negro, con reflejos cobrizos.

Flores: los racimos apicales blancos no aparecen en las plantas cultivadas en maceta.

Luz: intensa, incluso directa, pero nada de sol abrasador entre las 10 h y las 17 h, desde mayo hasta septiembre.

Sustrato: un buen sustrato de trasplante bastante suelto.

Abono: desde marzo hasta octubre, añada cada 15 días un abono líquido para plantas verdes.

Humedad ambiental: vaporice la planta todos los días. En invierno, esto compensa la sequedad del aire, impide que el follaje amarillee y caiga y elimina el polvo.

Riego: de 8 a 12 días en invierno empapando completamente el cepellón; cada tres o cuatro días en verano, sin ahogar las raíces.

Trasplante: en primavera, cuando las raíces ocupen todo el volumen disponible de la maceta. La falsa aralia disfruta de su comodidad.

Exigencias especiales: *Dizygotheca* no tolera la sequedad ambiental. Crece sin problemas en los cuartos de baño bien iluminados.

Tamaño: 1,50 m de alto y 90 cm de ancho.

Multiplicación: por esquejes de tallos en primavera o al final del verano. Es una operación delicada que requiere un miniinvernadero con calefacción, la colocación en una atmósfera controlada y el empleo de hormonas. Arraigo en tres meses.

Longevidad: de tres a seis años; más en un invernadero cálido.

Plagas y enfermedades: moscas blancas bastante frecuentes en invierno. Administre un tratamiento preventivo.

Especies y variedades: *Dizygotheca veitchii* se diferencia por sus hojas más anchas, provistas de un nervio central rosa. «Castor», el cultivar más popular, tiene un follaje muy oscuro.

Consejo: en primavera, pode los tallos apicales en un tercio de su longitud, para dar a la falsa aralia un porte parecido al de una mata.

Dracaena spp.
DRÁCENA

Arbusto que forma una mata y luego desarrolla un tronco con la edad. Las plantas propuestas en el mercado suelen ser troncos esquejados.

Origen: África, Asia, Australia.

Hojas: de 30 a 40 cm de largo y 8 cm de ancho, encintadas, gruesas, con frecuencia variegadas.

Flores: la mayor parte de las drácenas no florecen cuando se cultivan en maceta y en casa.

Luz: intensa, aunque el sol directo quema las hojas. Aléjela 1 o 2 m de una ventana orientada al sur o al suroeste.

Sustrato: sustrato para plantas verdes, tierra de jardín y arena a partes iguales. Lo importante es garantizar un drenaje abundante, mediante una capa de 3 cm de bolas de arcilla o de piedras, colocada en el fondo de la maceta.

Abono: fertilice la planta cada 15 días con un abono líquido para plantas verdes.

Humedad ambiental: remedie la atmósfera demasiado seca de las casas instalando la maceta sobre una capa de piedras húmedas. Vaporización diaria del follaje (haz y, sobre todo, envés).

Riego: cada cinco o siete días, en pequeñas dosis. Una vez al mes, sumerja la maceta en una palangana con agua hasta que desaparezcan las burbujas de aire y déjela escurrir. No vuelva a regar hasta pasada una semana larga.

Trasplante: conserve las drácenas durante el mayor tiempo posible en su maceta, hasta que las raíces se salgan del contenedor. Cada primavera, sustituya el sustrato de la superficie de las macetas por un sustrato enriquecido con un fertilizante a base de estiércol y de algas.

Exigencias especiales: pese a que las hojas son coriáceas, no toleran los productos abrillantadores (sobre todo el gas propulsor). Use una esponja o un papel absorbente húmedo para limpiar el follaje, que se cubre rápidamente de polvo.

Tamaño: en maceta, de 50 cm a 2,50 m de altura y hasta 80 a 1,20 m de envergadura.

Multiplicación: por esquejes de brotes apicales de 15 cm, que posean, al menos, dos pares de hojas, en un miniinvernadero, en atmósfera controlada o en agua. Esquejado de fragmentos de tallos de plantas demasiado despobladas (sobre todo, *Dracaena marginata*).

Longevidad: de 5 a 15 años.

Plagas y enfermedades: las cochinillas provocan la decoloración de las hojas. Se despegan fácilmente con un bastoncillo de algodón impregnado de cerveza.

Especies y variedades: *Dracaena deremensis*, de hojas largas y estrechas, lanceoladas, presenta muchos cultivares, entre los cuales «Compacta» tiene ramos tupidos, verde oscuro, y «Bausei» posee anchas variegaciones; *Dracaena fragans* tiene anchas hojas en forma de roseta, coloreadas con una amplia franja amarillo mazorca en el centro; *Dracaena marginata* se parece un poco a la yuca, con las hojas y el tronco más finos. Para los principiantes, es una de las plantas más fáciles de conservar en maceta, ya que tolera una atmósfera bastante seca y riegos irregulares; *Dracaena sanderiana* queda reservada para los jardineros que tengan varios años de experiencia. Crece lentamente y sus hojas verde grisáceo, bordeadas con dos franjas amarillas, tienden a enrollarse y a torcerse.

Consejo: una estancia en el exterior en verano, en el jardín o en la terraza, ligeramente a la sombra, resulta muy beneficiosa para la *Dracaena marginata*.

☞ ***Epipremnum*** véase *Scindapsus*.

Dracaena fragans: un efecto luminoso. ▶

▼ *Dracaena marginata*: un arbusto de conservación fácil.

▼ *Dracaena deremensis* «Lemon Lime»: en medios tonos.

▼ *Dracaena marginata* «Tricolor»: un follaje muy coloreado.

EF

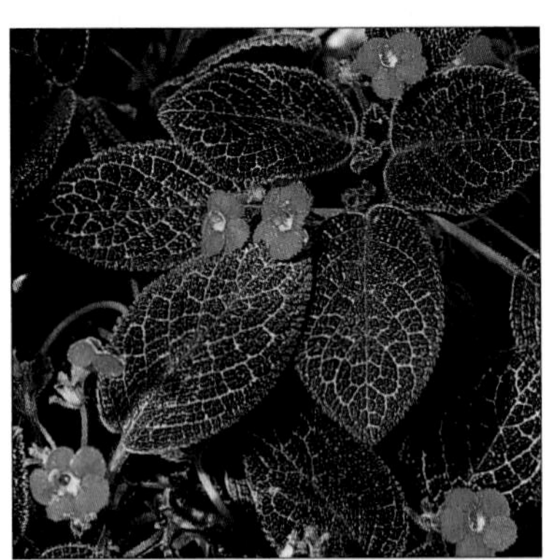

▲ *Episcia cupreata* «Amazona».

x *Fatshedera lizei.* ▼

Episcia cupreata EPISCIA

25 °C
16 °C

Herbácea vivaz, cuyos tallos rastreros producen estolones vigorosos.

Origen: Colombia, Venezuela.

Hojas: de 5 a 8 cm de largo, en forma de rosetas, ovaladas, vellosas, que presentan manchas y nervios de diversos colores según las variedades.

Flores: bonitas, tubulares, en forma de embudo, rojo anaranjado con yema amarilla, desde primavera hasta otoño.

Luz: intensa, con una o dos horas al día de sol directo, pero no ardiente. Una luz insuficiente bloquea la floración. Semisombra tolerada.

Sustrato: 1/2 turba rubia, 1/2 mantillo de bosque.

Abono: a partir de marzo, añada un abono líquido para plantas verdes cada 15 días.

Humedad ambiental: coloque la maceta sobre una capa de gravilla siempre húmeda. No vaporice las hojas, ya que la pelusa retiene demasiada humedad. El empleo de un humidificador eléctrico es lo más idóneo.

Riego: abundante mientras la planta produzca nuevas hojas (todos los días en verano). Disminuya los aportes de agua en octubre (cada cinco a siete días).

Trasplante: cada año, a una maceta más ancha que alta o a un bonito pilón.

Exigencias especiales: la planta se pudre fácilmente por el cuello. Retire el sustrato húmedo circundante y separe las hojas secas o enfermas.

Tamaño: 20 cm de alto y 40 cm de ancho.

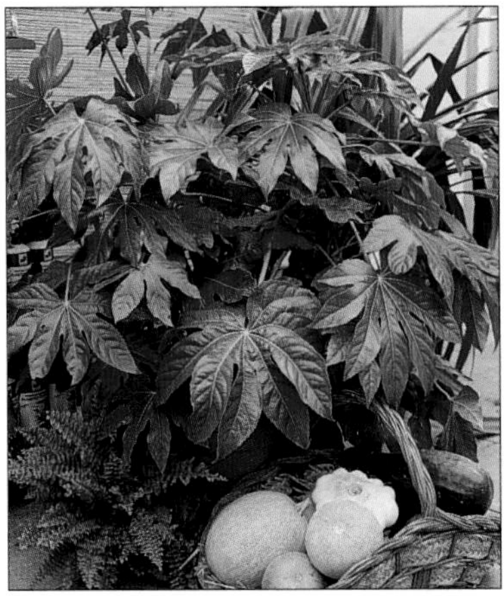

Multiplicación: separación de las plántulas que se desarrollan en el extremo de los estolones; fácil.

Longevidad: de uno a cuatro años en casa.

Plagas y enfermedades: pulgones, que deben tratarse de modo preventivo mediante bastoncillos insecticidas.

Especies y variedades: *Episcia cupreata* «Cleopatra», de hojas bordeadas de rosa; «Silver Queen», plateada y verde; «Acajou», de hojas púrpura.

Consejo: renuévela cada dos años.

x *Fatshedera lizei* FATSHEDERA, ARALIA-HIEDRA

20 °C
10 °C

Este híbrido entre una hiedra *(Hedera helix* «Hibernica») y la *Fatsia japonica* «Moseri» crece rápidamente en sentido vertical, apoyándose en un tutor. Podado, conserva su forma de mata y resulta más compacto.

Origen: el cruce de ambos progenitores se realizó en 1912, en Nantes, por los hermanos Lizé.

Hojas: palmadas, recortadas en tres a cinco lóbulos, coriáceas, verde oscuro, lustrosas.

Flores: en los individuos adultos, las umbelas redondas verde pálido se reúnen en panículas apicales.

Luz: en el interior, la aralia-hiedra crece bien cerca de una ventana orientada al norte o en una entrada.

Sustrato: sustrato para plantas verdes y tierra franca.

Abono: dos veces por semana, desde marzo hasta agosto.

Humedad ambiental: si la calefacción procede del suelo, coloque la planta sobre gravilla húmeda.

Riego: cuando la superficie del sustrato se encuentre bien seca. Los excesos de agua provocan la caída de las hojas.

Trasplante: cada año, en marzo.

Exigencias especiales: un tutor forrado de musgo ayuda a la planta a desarrollarse mejor.

Tamaño: de 1 m a 1,50 m de alto y 50 cm de ancho en maceta; mucho más en el suelo.

Multiplicación: por esquejes de brotes apicales o laterales, en agosto, en agua; fácil.

Longevidad: de 3 a 15 años según las especies.

Plagas y enfermedades: la decoloración frecuente de las hojas se debe a las arañas rojas.

◀ ***Fatsia japonica*: una planta casi rústica.**

Especies y variedades: «Pia», compacta, verde oscuro; la forma «Variegata» presenta manchas de color crema, la punta de sus hojas ennegrece fácilmente.
Consejo: instale la aralia-hiedra al aire libre (jardín o balcón) desde mayo hasta octubre.

Fatsia japonica ARALIA DE JAPÓN

Arbusto en forma de mata, amplio, poco ramificado, con tendencia a constituir un pequeño tronco.
Origen: Japón. Introducido hace más de 100 años.
Hojas: de 20 a 30 cm de ancho, palmadas, con 5 a 9 lóbulos en forma de abanico, verde brillante.
Flores: grandes umbelas de flores blancas aparecen al final del verano en los individuos adultos.
Luz: tolera bien la sombra, pero la planta se conserva más compacta a plena luz.
Sustrato: sustrato de trasplante con turba y tierra franca silícea, en una mezcla a partes iguales.
Abono: desde mayo hasta septiembre, fertilice con un abono para plantas verdes una vez al mes.
Humedad ambiental: dos vaporizaciones por semana y el cultivo sobre una capa de gravilla húmeda evitan que la punta de las hojas se seque. Planta muy resistente a la sequedad.
Riego: 1 l cada tres días en verano, en el caso de una planta de 40 cm de alto. Tres veces menos en invierno.
Trasplante: cada año, en marzo.

▼ *Ficus benjamina* «De Gantel»: variegaciones elegantes.

Ficus benjamina puede formar un hermoso árbol en maceta. ▶

Exigencias especiales: deje que la aralia de Japón pase su reposo invernal en una galería protegida de las heladas.
Tamaño: hasta 1,80 m de alto en maceta.
Multiplicación: por separación de hijuelos basales.
Longevidad: más de 10 años, con frescor.
Plagas y enfermedades: las cochinillas se pegan al envés de las hojas. Trate con un insecticida específico en aerosol.
Especies y variedades: sólo existe una especie. «Variegata» tiene hojas de bordes color crema.
Consejo: limpie las hojas con una esponja húmeda. Los abrillantadores son bien aceptados si la pulverización se lleva a cabo a 50 cm de distancia.

Ficus benjamina FICUS BENJAMINA, FICUS DE HOJA PEQUEÑA

Gran arbusto o arbolito frondoso, de ramas arqueadas o francamente colgantes.
Origen: India, Malasia.
Hojas: perennes, de 5 a 7 cm de largo, ovaladas, puntiagudas, coriáceas, de aspecto céreo, verde vivo.
Flores: nunca observadas en las plantas en maceta.
Luz: muy intensa, a 1 m de una ventana al sur. No traslade la planta con demasiada frecuencia, ya que los cam-

▼ *Ficus benjamina* «Golden King»: colgante, variegado.

▼ *Ficus* «Danielle»: frondoso, de follaje verde muy oscuro.

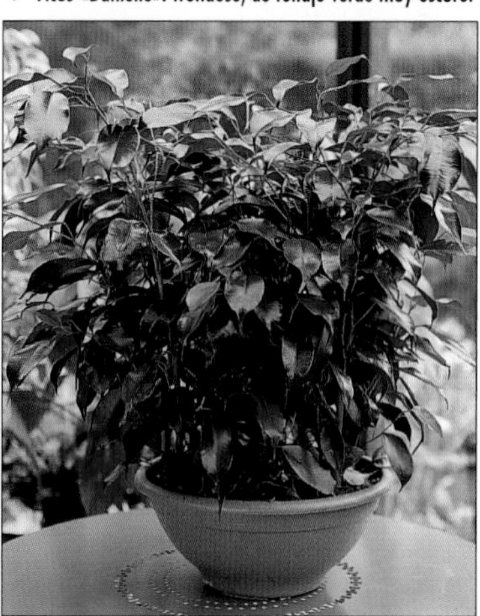

▼ *Ficus benjamina* «Reginald»: un poco de dorado en el verde.

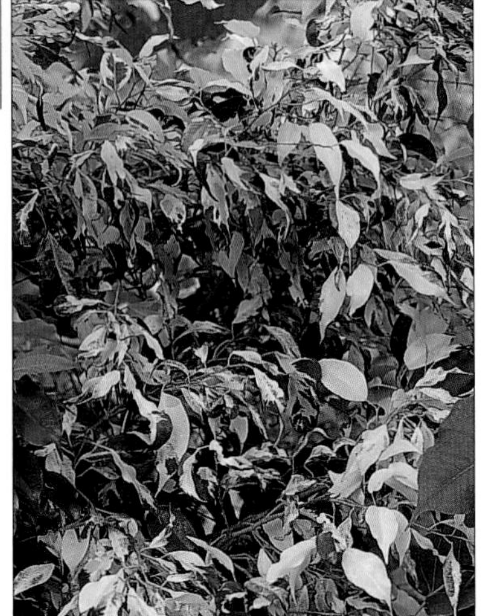

▲ *Ficus benjamina* «Curly»: variegada, en forma de mata.

▼ *Ficus* «Natacha»: enana, con sorprendentes troncos trenzados.

bios bruscos de exposición provocan la caída de parte del follaje.

Sustrato: mantillo, tierra de jardín y arena.

Abono: cuando comienzan a aparecer hojas jóvenes, en marzo, fertilice el *Ficus benjamina* con una solución de abono líquido para plantas verdes, en una concentración de un tapón por cada 10 litros de agua. Interrumpa la fertilización desde noviembre hasta febrero.

Humedad ambiental: vaporice el follaje de su ficus cada dos días, sobre todo en invierno. Aleje la planta más de 2 m de los radiadores, ya que la reducida humedad ambiental es una de las causas principales de la caída y amarilleo de las hojas.

Riego: no más de una vez a la semana en invierno; cada dos o tres días en verano. Riego por inmersión, impregnando bien el cepellón.

Trasplante: cada año, entre febrero y marzo en el caso de las plantas jóvenes. Cuando la maceta alcance los 30 cm de diámetro, conténtese con cambiar los tres primeros centímetros de sustrato en marzo y en septiembre (sustitución superficial). Enriquezca en tal caso el sustrato de trasplante con un 20 % de abono orgánico.

Exigencias especiales: evite colocar un *Ficus benjamina* cerca de una puerta que comunique con el exterior o de una ventana que se abra con mucha frecuencia. Esta planta no tolera las corrientes de aire frío, que provocan la caída de las hojas y secan las ramitas más débiles. Tampoco aguanta la calefacción por el suelo.

Tamaño: de 50 cm a 3 m en maceta.

Multiplicación: por esquejes apicales de tallos, en un miniinvernadero o en agua.

◀ *Ficus benjamina* «Lacia»: compacta, ramosa, verde puro.

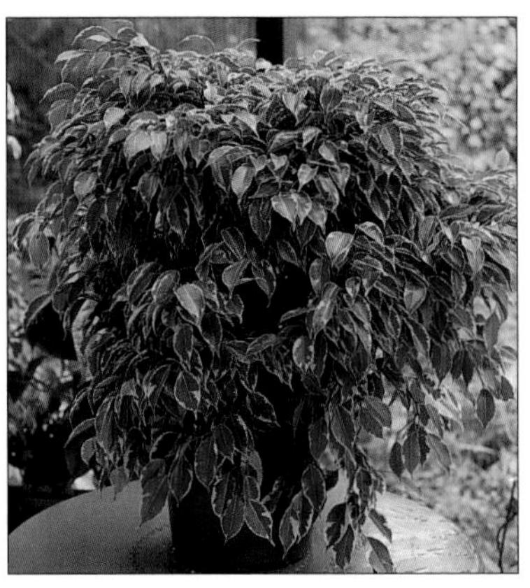

Longevidad: de 2 a 15 años e incluso más, en grandes habitaciones muy luminosas y templadas.

Plagas y enfermedades: las cochinillas de escudo se separan fácilmente con un algodón, si el ataque se detecta a tiempo. Arañas rojas en verano.

Especies y variedades: «Curly», en forma de mata, de hojas curvadas; «Natacha», enana, con frecuencia se presenta con troncos trenzados; «Danielle», mata compacta de hojas muy oscuras; «Reginald», verde claro y dorada; «Lacia», muy frondosa, verde medio. Muchas variedades son variegadas: «De Gantel», «Golden King», «Ryandi» (llamada también «Wiandi»), «Variegata», «Exotica», «Starlight», etc.

Consejo: realice una pequeña poda de limpieza dos veces al año, en primavera y al final del verano, eliminando las ramitas secas. Si un *Ficus benjamina* pierde las hojas, hay que trasladarlo inmediatamente a un lugar más favorable.

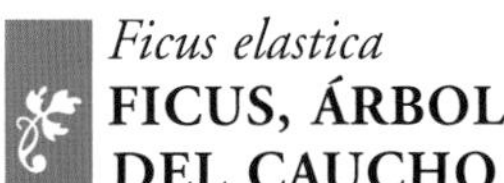

Ficus elastica
FICUS, ÁRBOL DEL CAUCHO

Gran árbol cuyos fuertes tallos, que encierran una savia lechosa, se ramifican al envejecer.

Origen: India, Himalaya, Birmania (Myanmar), Malasia.

Hojas: de 30 a 45 cm de largo, gruesas, lustrosas, simples, ovaladas, terminadas en punta. Las hojas nuevas nacen de color cobrizo y verdean después.

Flores: no hay floración en las plantas cultivadas en maceta. En los grandes invernaderos, los viejos individuos presentan pequeños higos no comestibles.

Luz: los árboles del caucho toleran encontrarse a 2 o 3 m de la ventana. Pero crecen mucho mejor cuando reciben la luz del sol durante la mitad del día.

Sustrato: tierra de jardín, sustrato para plantas verdes y arena, en una mezcla a partes iguales. Es importante depositar en el fondo de la maceta una capa de 5 cm de gravilla, que garantizará un buen drenaje.

Abono: desde marzo a octubre, riegue con una solución fertilizante en una dosis de 1 g de abono por litro de

◀ *Ficus* «Ryandi»: una variedad enana y variegada.

Ficus elastica: en su medio natural puede alcanzar 10 m. ▶

agua (o un tapón de abono líquido cada 10 litros). Los abonos granulados, que se esparcen por la superficie del sustrato, son muy válidos para los grandes ficus, ya que liberan lentamente sus elementos fertilizantes, en función de la humedad del suelo, sin entrar en contacto directo con las raíces.

Humedad ambiental: tan pronto como encienda la calefacción central, vaporice las hojas al menos tres veces por semana. Una vez al mes, lave las hojas con una esponja húmeda o una toallita húmeda especial, a fin de eliminar el polvo. El árbol del caucho agradecerá la presencia de copelas llenas de agua colocadas sobre los radiadores.

Riego: el árbol del caucho se marchita con más frecuencia por un exceso de agua que por falta de ella. En invierno, administre un litro de agua a la semana a una planta de 1 m de alto. El sustrato debe secarse superficialmente entre dos riegos. En verano, riegue dos a tres veces por semana, en función de la temperatura ambiental. Evite las hidrojardineras.

Trasplante: una vez al año, entre febrero y marzo, durante los tres primeros años. Después, cambie el sustrato cada dos años solamente. Cuando la maceta se haga demasiado pesada o voluminosa, conténtese con una sustitución superficial de 4 cm de profundidad, cuidando de no estropear las raíces. Use en ese caso un sustrato para trasplante clásico, enriquecido con un fertilizante a base de estiércol.

Exigencias especiales: el árbol del caucho es de naturaleza fácil y crece para no ahogar sus raíces. Tras un riego, cuide de vaciar el platillo que contiene el agua sobrante.

Tamaño: de 1 a 3 m de alto, en maceta en casa. Hasta 5 m, plantado en un invernadero. De 30 cm a 2 m de ancho, dependiendo de si la planta se ramifica bien.

Multiplicación: por acodadura aérea de tallos, desde mayo hasta septiembre. Corte un tallo de abajo hacia arriba de 5 mm, bajo una hoja. Unte una cerilla mojada en polvo de hormonas de esquejado e introdúzcala en el corte, para mantenerlo abierto. Envuelva todo en un puñado de musgo húmedo, sostenido mediante una atadura de rafia. Conserve el musgo en un film de plástico, atado por ambos extremos. Tras algunos meses, aparecerán raíces a través del musgo. Entonces habrá llegado el momento de cortar el tallo bajo las raíces y de trasplantar la nueva planta a una maceta de 12 o 14 cm de diámetro. Esquejes apicales de tallo en un miniinvernadero con calor de fondo.

Longevidad: de 10 a 20 años, e incluso más, si las condiciones de cultivo son satisfactorias. En cambio, el exceso de agua lo matará en seis meses.

Plagas y enfermedades: las cochinillas dejan las hojas pegajosas y se distinguen por la presencia de caparazones pardos o blancos y algodonosos a lo largo de los nervios, bajo las hojas.

Especies y variedades: «Decora», de jóvenes hojas enrolladas en una vaina foliar roja; «La France», de hojas más pequeñas, de extremo crispado; «Robusta», de hojas más grandes; *Ficus elastica* «Decora Belga» y «Doescheri», de hojas jaspeadas de amarillo crema y de verde oscuro (como todas las variedades variegadas, requieren un poco más de luz para conservar esos colores); «Schryveriana», verde pálido, matizado con un tono más oscuro.

Consejo: los jóvenes árboles del caucho tienden a crecer muy erguidos sobre un solo tallo. Compre preferentemente una maceta grande que agrupe varios individuos. Para provocar la formación de brotes laterales, despunte las plantas jóvenes o saje ligeramente la corteza del tallo, justo por encima de una hoja. Ello estimulará el brote de una yema axilar.

▲ *Ficus elastica* «Decora Belga»: matices muy bonitos.

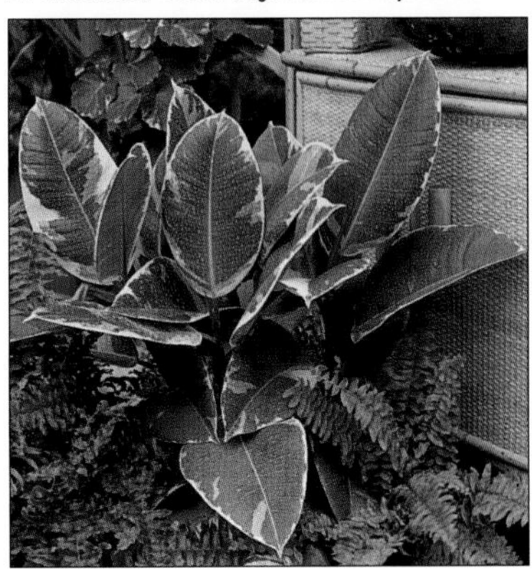

Ficus elastica «Doescheri»: variegaciones irregulares. ▶

▲ *Ficus* «Amstel Queen»: una curiosa textura de cuero.

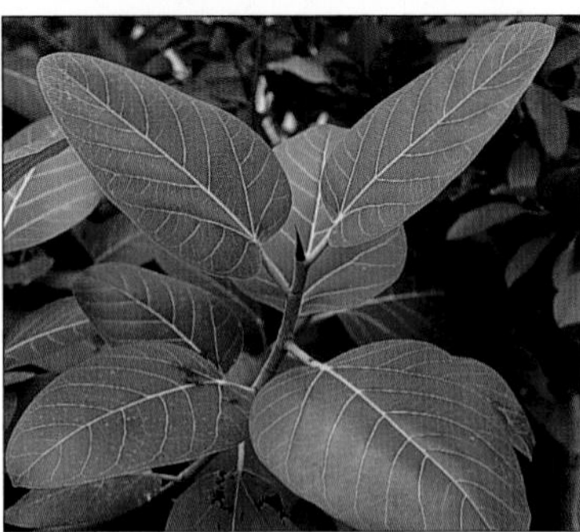

▲ *Ficus benghalensis:* un árbol gigante en la naturaleza.

◀ *Ficus lyrata:* anchas hojas lustrosas y onduladas.

Ficus benghalensis FICUS DE BENGALA

  25 °C 15 °C 

Árbol vigoroso de tallos resistentes y ramificados, que forma en su hábitat natural largas raíces aéreas.

Origen: noreste de India (Asma).

Hojas: de 15 a 25 cm de largo, verde oscuros, ovalados, puntiagudas, gruesas y vellosas, un poco más pequeñas que las del árbol del caucho, con muchos nervios.

Flores: las plantas en maceta no presentan floración.

Luz: coloque el ficus de Bengala cerca de una ventana a pleno sol, durante la mitad del día por lo menos.

Sustrato: sustrato para plantas de interior, arena y tierra de jardín, con un 5 % del volumen de bolas de arcilla trituradas, para mejorar el drenaje.

Abono: una vez al mes, desde marzo hasta octubre.

Humedad ambiental: cuando la calefacción se encuentre encendida, coloque la maceta sobre un platillo con gravilla húmeda. Vaporice todos los días.

Riego: una vez por semana en invierno; cada tres o cuatro días en verano, cuando la temperatura supere los 24 °C. Sobre todo nada de agua estancada.

Trasplante: una vez al año mientras la maceta mida 30 cm de diámetro. En el caso de las plantas grandes, sustituya el sustrato superficial dos veces por año, en marzo y en septiembre, por un sustrato enriquecido con un fertilizante orgánico a base de estiércol y de algas.

Tamaño: hasta 3 m de alto.

Exigencias especiales: requiere habitaciones bastante grandes, ya que es espectacular.

Multiplicación: por esquejes apicales, con atmósfera controlada y hormonas, en un miniinvernadero caliente (25 °C).

Longevidad: más de 10 años, incluso en casa de un principiante, si no riega demasiado la planta.

Plagas y enfermedades: en verano, los ácaros tejen telas microscópicas entre las hojas.

Especies y variedades: *Ficus* «Amstel Queen», de hojas largas y estrechas, parecidas a las del sauce llorón; *Ficus retusa* y *Ficus nitida* se cultivan del mismo modo que el *Ficus benghalensis.*

Consejo: aleje la planta de las fuentes de calor, de lo contrario, perderá el follaje.

Ficus lyrata FICUS HOJA DE LIRA

  25 °C 15 °C 

Arbusto imponente o arbolito, de tallos gruesos, verticales, pero escasamente ramificados.

Origen: África occidental y central.

Hojas: de 30 a 45 cm de largo y 25 cm de ancho, verde brillante, coriáceas, con nervios muy visibles, a veces ondulados. Más estrechas por la base, recuerdan una lira.

Flores: no hay floración en los individuos en maceta.

Luz: al menos cuatro horas de pleno sol por día, pero matizado cuando el tiempo sea caluroso.

Sustrato: sustrato de turba, arena y tierra franca.

Abono: una vez al mes, durante el buen tiempo; fertilice con abono líquido poco concentrado.

Humedad ambiental: el ficus hoja de lira no tolera las casas con atmósfera demasiado seca ni con calefacción por el suelo. Vaporice con frecuencia y todo el año.

Riego: cada semana en invierno; cada tres o cuatro días en verano, según la temperatura.

Trasplante: cada dos años. En primavera sustituya el sustrato superficial de los individuos muy grandes.

Tamaño: de 2 a 3 m de alto en maceta.

Exigencias especiales: hay que colocar en espaldera la joven planta, para sostener sus tallos en posición vertical.

Multiplicación: por esquejes de 15 cm de largo, elegidos en primavera de los brotes laterales.

Longevidad: más de 10 años, en una habitación luminosa.

Plagas y enfermedades: cochinillas.

Especies y variedades: *Ficus microcarpa, F. diversifolia* y *F. rubiginosa* se cultivan del mismo modo que *Ficus lyrata.*

Consejo: cuidado con las hojas jóvenes, que se doblan fácilmente y quedan señaladas para siempre.

Ficus pumila FICUS TREPADOR O RASTRERO, FICUS ENANO

  20 °C 5 °C 

Pequeña planta rastrera o trepadora, vivaz y de hoja persistente, de tallos flexibles y ramificados que se acodan solos.

Origen: China, Japón, Vietnam.

Hojas: de 2 a 5 cm de largo, cordiformes, finas, verde mate, oblongas, en el extremo de los tallos adultos.

Flores: en los individuos plantados en el suelo aparecen higos en forma de pera, de 5 cm de largo.

Luz: el ficus enano prefiere la sombra. Se mantiene a 3 o 4 m de un ventanal bien iluminado. Si la ventana se encuentra orientada al norte, acerque la planta a unos 50 cm.

Sustrato: sustrato para plantas de interior, tierra de brezo y tierra de jardín a partes iguales.

Abono: desde marzo hasta septiembre, administre al *Ficus pumila* un abono para plantas verdes, rico en nitrógeno, cada dos o tres riegos.

Humedad ambiental: el ficus enano gusta de la humedad. Medra en un cuarto de baño o en una cocina. Para paliar la sequedad ambiental, vaporice el follaje dos veces por semana como mínimo.

Riego: a diferencia de sus congéneres, el ficus enano no se recupera si se olvida regarlo. Hay que mantener el cepellón húmedo permanentemente, pero siempre debe asegurarse de vaciar el agua del platillo de la maceta.

Trasplante: cada año, entre febrero y marzo, a una maceta más ancha que profunda.

Exigencias especiales: el ficus enano forma bonitas plantitas colgantes que permanecen muy compactas. Expresará todo su vigor en un invernadero, en espaldera contra una pared, que es capaz de cubrir en cuatro años. También trepa muy bien por un tutor grueso forrado de musgo.

Tamaño: de 50 cm a 1,50 m en maceta; al menos 3 m en el suelo.

Multiplicación: por esquejes de tallos en agua, desde abril hasta septiembre (muy fácil).

Longevidad: de tres meses a cinco años.

Plagas y enfermedades: las arañas rojas aparecen cuando la atmósfera resulta demasiado seca.

Especies y variedades: *Ficus pumila* suele ofrecerse bajo su antigua denominación de *Ficus repens*. Existen variedades matizadas encantadoras, pero más difíciles de conservar y menos vigorosas.

Consejo: si poda regularmente los brotes, conservará la silueta en forma de bola del ficus trepador. En la costa mediterránea, esta planta puede cultivarse perfectamente en el jardín, como tapizante o trepadora, para cubrir, por ejemplo, una barandilla de escalera.

Fittonia verschaffeltii
FITONIA

Planta vivaz de hoja persistente de porte tapizante.

Origen: las primeras fittonias fueron cosechadas en las selvas tropicales de Perú, en 1867.

Hojas: de 6 a 10 cm de largo, de redondas a ovaladas, con nervios muy señalados, blancos plateado o rojos según las variedades.

Flores: minúsculas, blancas, sobre inflorescencias verticales. Córtelas, ya que su desarrollo perjudica la belleza del follaje.

Luz: en su entorno natural, la fittonia tapiza el suelo bajo una vegetación densa. Aprecia una luminosidad tamizada y no tolera el sol directo.

Sustrato: 1/2 de turba, 1/2 de sustrato de hojas.

Abono: desde abril hasta septiembre, administre cada 15 días un abono líquido para plantas verdes, cuya concentración se dividirá por tres.

Humedad ambiental: la humedad es el secreto del éxito, asocie la fittonia a las orquídeas, en un invernadero de interior o plántela en una bombona de cristal o un terrario, o bien intente aclimatarla en el cuarto de baño.

Riego: nunca permita que el sustrato llegue a secarse.

Trasplante: un mes tras la compra; después, todos los años, en febrero, a una bandeja o a una maceta ancha.

Exigencias especiales: la fittonia requiere un drenaje perfecto. Su sistema radicular, poco desarrollado y frágil, se pudre con el primer exceso de agua.

Tamaño: 10 cm de alto y 25 cm de ancho.

Multiplicación: por esquejado de extremos de tallos, en un miniinvernadero con calefacción o en agua.

Longevidad: tres o cuatro años en manos expertas; no más de dos meses en el caso de un principiante.

Plagas y enfermedades: los pulgones y las moscas blancas son temibles, pero poco frecuentes.

Especies y variedades: «Argyroneura», de nervios marfil; «Pearcei», de nervios rojos.

Consejo: asocie la fitonia a pequeños helechos, pileas, ficus enanos, selaginelas y peperomias.

▲ *Ficus nitidus:* un gracioso arbolito de interior.

▲ *Ficus pumila:* puede colgarse en el balcón en verano.

Fittonia verschaffeltii «Argyroneura»: nervaduras marfileñas. ▶

Glechoma hederacea
GLECHOMA

18 °C
0 °C

Planta vivaz de hoja persistente rizomatosa, cuyos tallos menudos presentan un porte rastrero o colgante.

Origen: la glechoma es una planta europea indígena. Se encuentra en estado salvaje en los bosques y las praderas, al pie de las hayas.

Hojas: festoneadas, redondas a cordiformes, vellosas, perfumadas cuando se frotan.

Flores: violetas o lilas, rara vez blancas, aparecen en verano, en la axila de las hojas.

Luz: acostumbrada a vivir entre la maleza, la glechoma de follaje verde se conforma, en los interiores, con una ventana orientada al norte o en una habitación oscura.

Sustrato: tierra vegetal y sustrato para plantación.

Abono: dos veces al mes, desde mayo hasta septiembre, con un abono pobre en nitrógeno, para evitar el alargamiento desmesurado de los tallos.

Humedad ambiental: en una habitación cálida, combata la sequedad ambiental con vaporizaciones cada dos días. Coloque la maceta sobre gravilla.

Riego: la glechoma se marchita fácilmente en cuanto el sustrato se seca. Sumerja la maceta durante media hora al primer indicio de sequedad.

Trasplante: en primavera, sólo si las raíces han cubierto el sustrato por completo.

Exigencias especiales: los largos tallos destacarán en una maceta colgante o como tapizantes sobre una gran jardinera.

Tamaño: hasta 1 m de largo y de ancho.

Multiplicación: muy fácil; por esquejado de tallos, que arraigan en un vaso de agua. Cuando se manipula la glechoma, es frecuente romper los tallos. Replántelos inmediatamente en la maceta, arraigarán en tres semanas.

Longevidad: de cuatro a cinco años.

Plagas y enfermedades: ninguna, por lo general.

Especies y variedades: el follaje de *Glechoma hederacea* «Variegata» está festoneado de blanco. Más sensible al frío, esta variedad debe hibernar a 10 °C. Requiere también una luz más intensa.

Consejo: en primavera, pode todos los brotes a 10 cm del suelo, para que la planta desarrolle un nuevo follaje más denso.

▲ *Glechoma hederacea* «Variegata»: bonita colgante.

◀ *Gynura aurantiaca*: un follaje de terciopelo púrpura.

Gynura aurantiaca
GYNURA

22 °C
13 °C

Herbácea vivaz de hoja persistente, de porte difuso.

Origen: Sureste asiático, Indonesia.

Hojas: de 10 a 20 cm de largo, ovaladas, dentadas, púrpura violáceo oscuro casi fluorescente en los bordes, cubiertas, así como los tallos, de una pelusa tupida y aterciopelada, muy suave al tacto.

Flores: margaritas amarillas de 1 a 2 cm de diámetro, se abren en otoño y en invierno. Elimínelas en cuanto aparezcan, ya que desprenden un olor desagradable.

Luz: intensa, pero velada para conservar la coloración de las hojas sin quemarlas. En invierno, hay que acercar la planta a una ventana muy luminosa.

Sustrato: sustrato para plantas verdes, tierra de brezo y un 10 % de fertilizante a base de estiércol.

Abono: media dosis de abono líquido para plantas verdes cada mes, desde abril hasta agosto.

Humedad ambiental: la *gynura* tolera la calefacción central y la atmósfera seca. Por debajo de los 20 °C, instale la maceta sobre una capa de piedras húmedas.

Riego: medio vaso por semana en invierno; cada tres o cinco días en verano.

Trasplante: el crecimiento rápido suele imponer un trasplante seis meses tras la compra, y luego, cada año entre finales de febrero y principios de marzo.

Exigencias especiales: en verano aprecia estar en el exterior, en un lugar sombreado.

Tamaño: de 20 a 40 cm de alto y de ancho.

Multiplicación: por esquejes de tallo en agua.

Longevidad: sustituya la planta cada dos o tres años, ya que sólo los individuos jóvenes resultan decorativos.

Plagas y enfermedades: manchas negras debidas a hongos, cuando se moja el follaje.

Especies y variedades: *Gynura aurantiaca* es la única especie ofrecida, con su cultivar «Purple Passion», a veces llamado *Gynura sarmentosa*.

Consejo: como las ginuras no soportan las corrientes de aire, cultívelas en un terrario.

H

Hedera helix
HIEDRA

Planta trepadora o tapizante, rústica, de hoja persistente, de largos tallos flexibles. En la fase juvenil, éstos se adhieren al suelo o a un soporte gracias a sus raíces aéreas.

Origen: sotobosque de Europa.

Hojas: de 4 a 10 cm de largo, triangulares, recortadas en tres o cinco lóbulos en los tallos jóvenes y luego oblongas, brillantes, rígidas y lustrosas.

Flores: poco frecuentes en maceta, verdosas, aparecen sobre tallos erguidos.

Luz: abundante luz, aunque sin sol directo en el caso de las hojas variegadas. Sombra para las hojas verdes.

Sustrato: sustrato de hojas, turba rubia y tierra de jardín a partes iguales, con un buen drenaje.

Abono: desde marzo hasta septiembre, añada un abono líquido para plantas verdes una vez al mes.

Humedad ambiental: vaporice el follaje al menos una vez por semana, sobre todo en invierno.

Riego: durante el período de crecimiento, basta con uno o dos aportes de agua semanales. En invierno, el suelo de la superficie debe secarse antes de regar.

Trasplante: cada dos años, en primavera.

Exigencias especiales: poca calefacción en invierno (máximo 15 °C, lo ideal es de 8 a 10 °C). En un ambiente demasiado cálido, la hiedra amarillea y pierde las hojas.

Tamaño: hasta 2 m en maceta.

Multiplicación: por esquejes de fragmentos de tallo, de 8 a 12 cm de largo, desde mayo hasta septiembre. Para obtener una forma de arbusto, esquejes de brotes erectos de tallos viejos.

Longevidad: de tres a seis años en maceta.

Plagas y enfermedades: arañas rojas en verano, cuando la temperatura es alta y la atmósfera seca.

Especies y variedades: para interiores, prefiera las variedades de hojas pequeñas: «Buttercup», variegada, con algunas hojas completamente amarillas; «Eva», matizada de blanco; «Glacier», de hojitas manchadas de gris plateado y bordeadas de blanco luminoso, «Goldchild», matizada de color crema; «Ivalace», de follaje trilobulado verde oscuro; «Luzii», verde clarísimo, con máculas más oscuras; «Mint Kolibri», de hojas verdes bordeadas y moteadas de amarillo crema; «Perkeo», de hojas redondeadas; «Sagittaefolia», de hojas trilobuladas muy finas y estrechas, verde oscuro; «White Knight», blancas bordeadas de verde, etc.

Consejo: sujeta a diferentes soportes de madera o de metal, la hiedra forma esculturas vegetales que recuerdan la topiaria. Pode los tallos a la mitad, una vez al año, en marzo.

▲ *Hedera helix* «Mirira»: sutiles nervaduras doradas.

▲ *Hedera helix* «Gracilis»: de hojas muy pequeñas.

▼ *Hedera helix* «Harlequin»: hojitas variegadas.

▼ *Hedera helix* «Golden Mathilde»: de hojas alargadas.

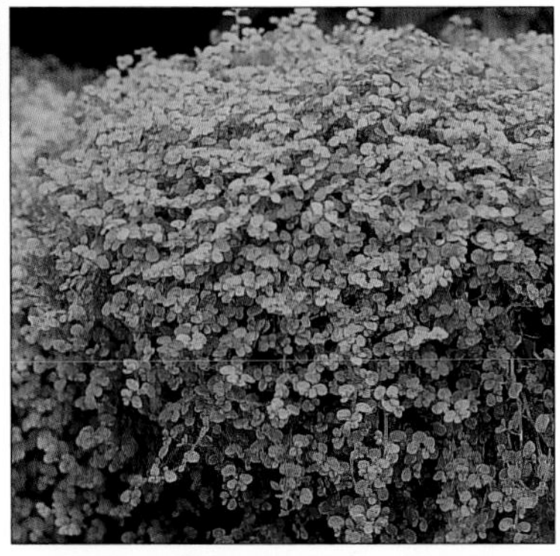

▲ *Helxine soleirolii:* una alfombra fina como el musgo.

▲ *Hemigraphis alternata:* tapizante, le gusta la sombra.

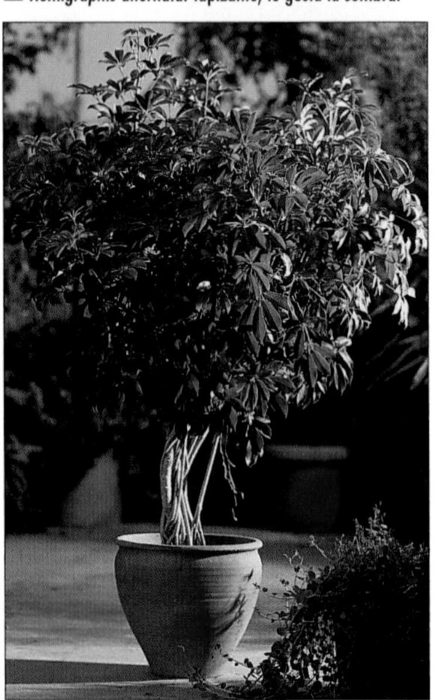

◀ *Heptapleurum arboricola:* un árbol de cultivo fácil.

Helxine soleirolii o *Soleirolia* HELXINE

Esta prima de la ortiga de porte tapizante es vivaz y de hoja persistente. Forma una alfombra compacta.

Origen: Córcega, Mallorca y Cerdeña.

Hojas: de 0,5 cm de diámetro, redondeadas, verde pálido, que producen la impresión de una alfombra de musgo.

Flores: minúsculas, blancas, poco frecuentes en maceta.

Luz: tolera bien la sombra.

Sustrato: mantillo y turba rubia a partes iguales.

Abono: desde abril hasta septiembre, añada un abono líquido orgánico cada 15 días.

Humedad ambiental: vaporice el follaje una vez al día en una habitación calurosa.

Riego: cada dos o tres días para mantener el suelo fresco. En invierno, una vez por semana.

Trasplante: cada año, en primavera, a un contenedor más ancho que profundo (copa).

Exigencias especiales: en invierno, conserve la planta entre los 5 y 15 °C.

Tamaño: 10 cm de alto y 30 cm de ancho.

Multiplicación: desde primavera hasta el final del verano, utilice esquejes de los tallos provistos de raíces y trasplántelos individualmente. Riegue bien.

Longevidad: un año en casa.

Plagas y enfermedades: la humedad excesiva provoca la podredumbre de las raíces y de los tallos.

Especies y variedades: «Argentea», de follaje verde claro plateado; «Aurea», de follaje verde amarillento, muy luminoso.

Consejo: pode en primavera o en verano, para limitar el desarrollo de los tallos. Esta planta también puede cultivarse a la sombra, en el jardín.

Hemigraphis alternata HEMIGRAPHIS

Planta vivaz herbácea, de hoja persistente, en el suelo o colgante, con tallos fuertes que emiten raicillas aéreas.

Origen: India, Sureste asiático, Java.

Hojas: de 6 a 10 cm de largo, opuestas, enteras, ovaladas, dentadas, vellosas. El haz es violeta metálico y el envés rojo violáceo.

Flores: pequeñas flores blancas, agrupadas en espigas apicales de 3 cm de largo, acompañadas de grandes brácteas, en primavera y al principio del verano.

Luz: intensa, aunque queda prohibido el sol directo.

Sustrato: mezcla a partes iguales de mantillo de hojas, de turba rubia y de arena de río.

Abono: desde mayo hasta septiembre, añada un abono líquido para plantas verdes cada 15 días.

Humedad ambiental: mantenga una humedad ambiental elevada vaporizando el follaje diariamente.

Riego: según la temperatura, de una a tres veces por semana, con un agua sin cal.

Trasplante: cada año, en primavera.

Exigencias especiales: es una de las plantas de interior más sensibles al frío. Evite las corrientes de aire.

Tamaño: 15 cm de alto y 45 cm de ancho.

Multiplicación: por esquejes apicales, en verano, en atmósfera controlada, con calor de fondo (28 °C).

Longevidad: dos o tres años en casa.

Plagas y enfermedades: ninguna, por lo general.

Especies y variedades: *Hemigraphis alternata*, también llamada *H. colorata*, de hojas plateadas por el haz y envés rojo; *Hemigraphis repanda*, de porte extendido y hojas angostas, violáceas por el haz y rojas por el envés; «Exotica», de follaje verde oscuro, alveolado, de nervios rojos.

Consejo: plante los *Hemigraphis* en los bordes de las macetas. Hacen destacar los follajes verdes. Pode los tallos en un tercio en primavera, para conservar un porte frondoso y regular.

Heptapleurum arboricola SCHEFFLERA

Gran arbusto muy ramificado, de hojas persistentes. Se llama también *Schefflera arboricola.*

Origen: Taiwán.

Hojas: 15 cm de diámetro, palmadas, lustrosas, verde oscuro brillante, compuestas de siete u ocho folíolos ovalados y largos pecíolos.

Flores: en panículas blancas, poco frecuentes en maceta.

Luz: intensa, aunque queda prohibido el sol directo.
Sustrato: mezcla a partes iguales de mantillo, turba, arena de río y tierra de jardín.
Abono: desde mayo hasta septiembre, añada un abono líquido para plantas verdes cada semana.
Humedad ambiental: vaporice todos los días.
Riego: cada 5 o 12 días. Deje que el cepellón se seque bien entre dos riegos.
Trasplante: cada año, en primavera.
Exigencias especiales: mantenga una temperatura invernal baja, de 12 a 15 °C, y de 16 a 18 °C, en el caso de las variedades de follaje variegado.
Tamaño: de 1 a 2,50 m de alto, en maceta.
Multiplicación: por esquejes apicales en agua y por acodo aéreo, en primavera y en verano.
Longevidad: de 5 a 12 años en casa.
Plagas y enfermedades: cochinillas.
Especies y variedades: «Janine» y «Trinette», de hojas verdes brillantes, más o menos teñidas de blanco cremoso; «Nora» y «Renate», de grandes hojas verde intenso, que cambian a verde oscuro en la madurez.
Consejo: los largos tallos flexibles requieren la colocación de un tutor. En primavera, pode por encima de una hoja las plantas demasiado espectaculares.

Hoffmania refulgens
HOFFMANIA

24 °C
18 °C

Planta vivaz herbácea, en forma de mata, de hoja persistente.
Origen: México.
Hojas: de 20 a 30 cm de largo, alveoladas y con nervios muy señalados. Las hojas jóvenes, de color de bronce cobrizo satinado, cambian a verde oscuro.
Flores: rojo pálido, muy poco frecuentes en interiores.
Luz: planta ideal para una habitación oscura.
Sustrato: mezcla de tres partes iguales de mantillo de hojas, de tierra de brezo fibrosa y de turba rubia.
Abono: desde mayo hasta septiembre, añada media dosis de abono líquido cada 15 días.
Humedad ambiental: la humedad es la clave del éxito, pero no vaporice el follaje. Lo ideal es una vitrina para orquídeas o un invernadero caliente.
Riego: semanal, con agua sin cal.
Trasplante: cada año, en primavera.
Exigencias especiales: planta muy sensible al frío que requiere un mínimo de 18 °C todo el año.
Tamaño: de 40 a 50 cm de alto y de ancho.
Multiplicación: por esquejes de tallos, en verano; difícil.
Longevidad: algunos meses en casa.
Plagas y enfermedades: arañas rojas, trips.
Especies y variedades: *Hoffmania ghiesbreghtii* puede alcanzar 1 m de alto. Sus hojas varían del verde musgo al bronce satinado por el haz y con rosas por el envés.
Consejo: pince el extremo de los nuevos brotes para favorecer un porte más frondoso.

Hypoestes phyllostachya
HYPOESTES

24 °C
15 °C

Planta herbácea vivaz, perenne, llamada también *Hypoestes sanguinolenta*.
Origen: Madagascar, América del Sur.
Hojas: de 3 a 5 cm de largo, ovaladas, verde moteado de rosa, rojo o crema.
Flores: espigas azul liliáceo, desde julio hasta diciembre.
Luz: intensa, aunque sin sol directo.
Sustrato: mezcla de tres partes iguales de turba rubia, de mantillo de hojas y de tierra de jardín.
Abono: desde mayo hasta septiembre, añada un abono líquido para plantas verdes cada 15 días.
Humedad ambiental: vaporice el follaje cada dos días, con agua sin cal.
Riego: cada tres días para mantener el suelo fresco en verano. Una vez por semana en invierno.
Trasplante: cada año, en primavera.
Exigencias especiales: evite sobre todo que el agua se quede estancada bajo la maceta.
Tamaño: de 20 a 50 cm de alto.
Multiplicación: por esquejes de tallos en agua.
Longevidad: de uno a cuatro años, en maceta en interior.
Plagas y enfermedades: arañas rojas en verano con tiempo caluroso y seco. Cochinillas en invierno.
Especies y variedades: existen formas completamente rojas, rosas o crema, con nervios verdes.
Consejo: pode regularmente para obtener brotes jóvenes.

▲ *Heptapleurum arboricola* «Variegata»: el árbol umbela.

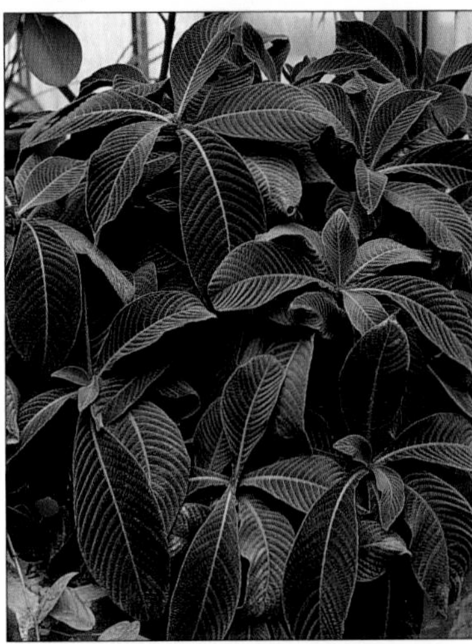

▲ *Hoffmania refulgens*: grandes hojas alveoladas.

Hypoestes phyllostachya: hojas muy coloreadas. ▶

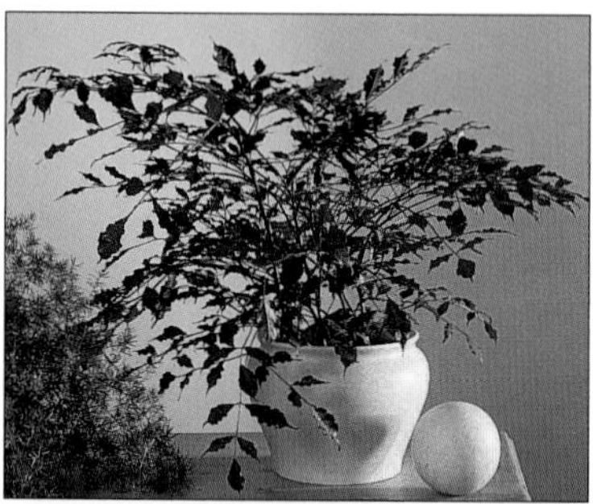

▲ *Leea guineensis* «Burgundy»: un arbusto muy ligero.

▲ *Maranta leuconeura* «Erythroneura»: hojas extrañas.

Leea guineensis LEEA

Arbusto de hoja persistente, que forma una bella mata, de porte muy elegante.

Origen: India, Birmania (Myanmar) y Malasia.

Hojas: hasta 60 cm de largo, compuestas, brillantes, color de bronce en primavera y luego verde muy oscuro. Los pequeños folíolos, lanceolados u ovalados, presentan bordes ligeramente ondulados.

Flores: rojo ladrillo, reunidas en ramos. Muy poco frecuentes en maceta, aparecen en verano en los individuos grandes cultivados en invernadero caliente. Tras la fecundación, las flores dan pequeñas bayas negras.

Luz: intensa, aunque queda prohibido el sol directo, sobre todo en verano.

Sustrato: mezcla bien drenada de mantillo de hojas, tierra de jardín y arena gruesa.

Abono: desde mayo hasta septiembre, añada un abono líquido para plantas verdes cada 15 días. En el momento del trasplante, incorpore al sustrato un abono orgánico o un fertilizante a base de estiércol y de algas (15 %).

Humedad ambiental: del 65 al 80 % de media.

Riego: una vez por semana, todo el año, con agua tibia sin cal.

Trasplante: cada año, en primavera.

Exigencias especiales: rocíe la planta varias veces por semana, sobre y bajo el follaje.

Tamaño: de 50 cm a más de 1,50 m de altura y de anchura en maceta.

Multiplicación: por esquejes de extremos de tallos o de hojas con un fragmento de pecíolo, en un miniinvernadero, en atmósfera controlada, con hormonas y calefacción de fondo (25 °C).

Longevidad: de tres a ocho años en casa.

Plagas y enfermedades: ninguna.

Especies y variedades: «Burgundy», de espléndido follaje teñido de rojo purpúreo, que cambia a verde rojizo con la edad; *Leea coccinea,* de flores rosas.

Consejo: en verano puede instalar la maceta en el jardín, siempre en semisombra y protegida de las corrientes de aire.

◀ *Maranta leuconeura* «Kerchoveana»: hojas moteadas.

Maranta spp. PLANTA DE LA ORACIÓN, MARANTA

Planta vivaz rizomatosa, de hoja persistente, de porte erguido cuando es joven y que luego se extiende si no dispone del apoyo de un soporte.

Origen: América del Sur (Brasil).

Hojas: de 10 a 15 cm de largo, redondeadas, verdes, adornadas con bonitos diseños coloreados, que difieren de una especie o de una variedad a otra.

Flores: pequeñas, blancas, agrupadas en espigas.

Luz: protegida del sol directo, sobre todo en verano. Una iluminación demasiado intensa provoca una decoloración del follaje. Coloque la planta a 2 m de una ventana.

Sustrato: una mezcla a partes iguales de mantillo de hojas y tierra de brezo fibrosa.

Abono: durante el crecimiento, añada un abono líquido para plantas verdes cada 15 días.

Humedad ambiental: al menos del 60 %, si no, el follaje amarillea y la planta parece secarse.

Riego: cada tres o cuatro días en verano, para mantener el suelo siempre fresco. En invierno, deje que el sustrato de la maceta se seque entre dos aportes de agua.

Trasplante: cada año, en primavera.

Exigencias especiales: vaporice el follaje diariamente con agua templada.

Tamaño: de 20 a 30 cm de altura, hasta 60 cm de extensión en las plantas adultas.

Multiplicación: por división de mata en primavera.

Longevidad: al menos tres años en casa.

Plagas y enfermedades: muy propensa a las arañas rojas cuando la atmósfera es demasiado seca.

Especies y variedades: *Maranta leuconeura* es la especie más cultivada y, sobre todo, estas variedades: «Kerchoveana», de grandes máculas pardas, dispuestas a ambos lados del nervio mediano; «Fascinator», de follaje verde aceituna por el haz y rojo por el envés, con nervios laterales rojos; «Erythroneura» de nervios rojos y señales centrales amarillo verdoso, y «Massangeana», de hojas verde grisáceo con nervios rosa plateado.

Consejo: instale la maceta en una bandeja llena de bolas de arcilla expandida o de gravilla que estén permanentemente húmedas.

Mikania ternata MIKANIA

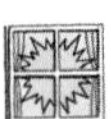  22 °C 12 °C 

Muy suave y aterciopelada, esta planta vivaz herbácea, de base leñosa, adopta un porte colgante.

Origen: América del Sur.

Hojas: de 5 a 10 cm de largo, digitadas, cubiertas de pelusa fina. Son verdes por el haz y rojo violáceo por el envés. Los tallos, largos y muy flexibles, cuelgan con gracia alrededor de la maceta.

Flores: las pequeñas margaritas amarillas (capítulos) son muy poco frecuentes en las plantas en maceta.

Luz: muy intensa, tres horas de sol directo por lo menos, sobre todo en invierno.

Sustrato: mezcla de tres partes iguales de mantillo de estiércol, de turba rubia y de arena de río.

Abono: desde mayo hasta septiembre, aporte cada 15 días media dosis de abono líquido.

Humedad ambiental: al 50 % como mínimo, aunque lo ideal es al 70 %, si no, el follaje se seca y cae. Se aconseja el cultivo sobre gravilla en invierno, en habitaciones con una temperatura superior a 15 °C.

Riego: en verano, mantenga el suelo ligeramente fresco mediante riegos cada tres o cuatro días. En invierno, espere a que se seque el sustrato superficial de la maceta entre dos riegos.

Trasplante: cada año, al final del invierno.

Exigencias especiales: en invierno, conserve la mikania en una habitación poco caldeada (12 °C). No moje el follaje aterciopelado.

Tamaño: de 30 a 50 cm de alto y de diámetro en maceta; más de 1 m en la tierra.

Multiplicación: por esquejes de extremos de tallos, en arena, en un miniinvernadero con calefacción (entre 22 y 25 °C), atmósfera controlada y hormonas.

Longevidad: una temporada, si no dispone de una habitación fresca para el reposo invernal.

Plagas y enfermedades: arañas rojas.

Especies y variedades: entre las 300 especies conocidas sólo se cultiva *Mikania.*

Consejo: instale la mikania en una maceta colgante para destacar las grandes guirnaldas de hojas y el porte flexible. Pode los extremos de los tallos, si tienden a desvestirse.

Mimosa pudica SENSITIVA

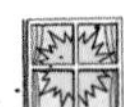  25 °C 18 °C 

Esta planta vivaz efímera, en forma de mata, a veces tapizante, suele cultivarse como planta anual.

Origen: América tropical, Brasil.

Hojas: de 5 a 10 cm de largo, compuestas, con largos pecíolos verde claro. Los folíolos se pliegan contra el eje foliar al tocarlas.

Flores: entre julio y agosto la planta presenta pequeñas flores en forma de orlas rosas, suaves al tacto.

Luz: sol directo todo el año.

Sustrato: mezcla de cuatro partes iguales de turba rubia, mantillo, estiércol descompuesto y arena de río.

Abono: desde mayo hasta agosto, añada un abono líquido para plantas de flor cada 15 días.

Humedad ambiental: al menos del 60 %; vaporice el follaje por la mañana y por la tarde, durante todo el año.

Riego: cada tres días, por inmersión de la maceta de modo que el suelo se mantenga siempre fresco.

Trasplante: operación inútil, ya que la sensitiva no suele sobrevivir al invierno en casa.

Exigencias especiales: el fenómeno de la retracción de las hojas sólo se produce a partir de los 20 °C. Hay que evitar entretenerse en provocarlo, ya que ello agota bastante rápido a la planta.

Tamaño: de 20 a 50 cm de largo y de ancho.

Multiplicación: en primavera, por semillero en una mezcla de arena y turba, en un miniinvernadero caliente (25 °C). Como las sensitivas no aprecian el repicado, siembre tres semillas por cubilete.

Longevidad: poco menos de un año.

Plagas y enfermedades: ninguna, por lo general. Una humedad ambiental muy baja provoca la desecación de las hojas. La podredumbre es frecuente cuando las plantas están empapadas o pasan demasiado frío.

Especies y variedades: entre las 400 especies conocidas, sólo *Mimosa pudica* se cultiva en casa.

Consejo: como la sensitiva aprecia el calor, lo ideal consiste en cultivarla en un terrario o en una vitrina caliente para orquídeas, acompañada de plantas carnívoras, por ejemplo.

▲ *Marantha leuconeura* «Massangeana»: motivos gráficos.

▲ *Mikania ternata:* flexible, aterciopelada, casi negra.

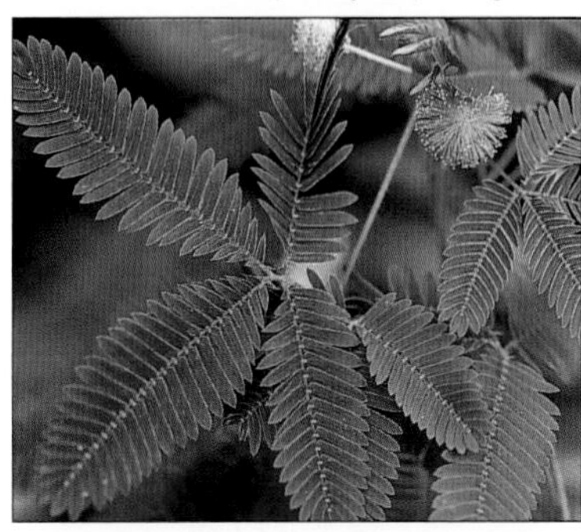

▲ *Mimosa pudica*: hojas abiertas y flores en forma de borla.

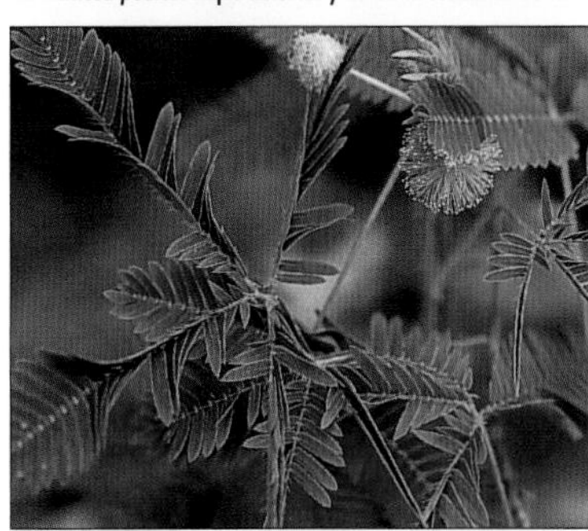

Mimosa pudica: las hojas, después de tocarlas. ▶

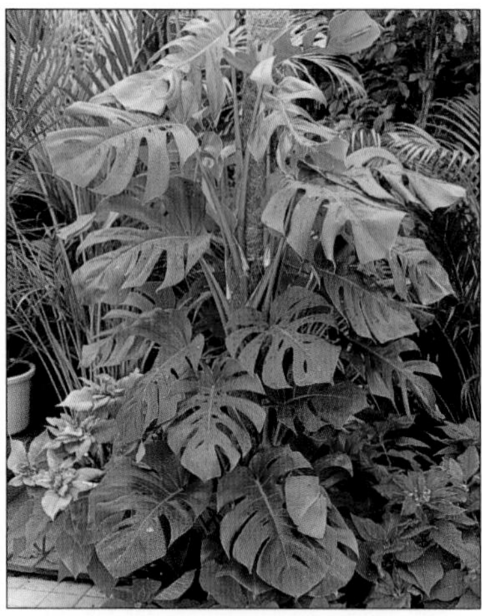

▲ *Monstera deliciosa:* la costilla de Adán de hojas recortadas.

▲ *Monstera deliciosa* (detalle).

Musa acuminata. ▼

Monstera deliciosa
COSTILLA DE ADÁN, MONSTERA

Esta trepadora tropical robusta de proporciones imponentes es idónea para los principiantes.

Origen: México, Panamá.

Hojas: hasta 1 m de diámetro, redondeadas, perforadas y recortadas. Sus hojas son más pequeñas si la luz es insuficiente.

Flores: espatas blanco cremoso, en individuos mayores y de gran tamaño. Frutos comestibles.

Luz: intensa, aunque sin sol directo.

Sustrato: mantillo de hojas, arena y turba rubia.

Abono: desde mayo hasta septiembre, añada un abono líquido para plantas verdes cada 15 días.

Humedad ambiental: vaporizaciones diarias.

Riego: una vez por semana durante el buen tiempo; cada 10 a 15 días en invierno.

Trasplante: cada año, al final del invierno. Añada al sustrato un fertilizante a base de estiércol.

Exigencias especiales: tutores para los nuevos brotes a la medida de su crecimiento.

Tamaño: 2 a 3 m de alto y 1,50 m de ancho.

Multiplicación: por acodo aéreo en primavera. Por esquejes de tallos, en agua o en una mezcla ligera a base de vermiculita y de mantillo, en un miniinvernadero, en atmósfera controlada, con calor de fondo.

Longevidad: al menos cinco a seis años.

Plagas y enfermedades: ninguna, por lo general.

Especies y variedades: «Variegata», variegada de verde y de blanco cremoso. *Monstera adansonii,* de hojas ovaladas, perforadas y menos resistente.

Consejo: cada mes elimine el polvo de las grandes hojas con una esponja húmeda.

Musa spp.
BANANO

Gran planta herbácea, que forma una especie de tronco (estípite). Hojas anchas. Frutos comestibles.

Origen: India, Sureste asiático, Australia.

Hojas: de 40 a 70 cm de largo, oblongas, enteras, que se rompen en tiras con la edad.

Flores: las inflorescencias cónicas aparecen en el extremo del estípite en las plantas mayores de tres años. Los frutos maduran en verano, en invernadero.

Luz: el sol directo es muy apreciado.

Sustrato: mantillo de estiércol, tierra de jardín y turba rubia, en una mezcla de tres partes iguales.

Abono: desde mayo hasta octubre, añada un abono líquido para plantas verdes cada semana.

Humedad ambiental: al menos del 60 %. Vaporice.

Riego: una o dos veces por semana en primavera y en verano; en invierno, deje secar la superficie del sustrato de la maceta entre dos aportes de agua.

Trasplante: anual, en primavera.

Exigencias especiales: el banano aprecia un ambiente cálido y húmedo, aunque, en invierno, tolera hasta 12 °C en una galería, en seco.

Tamaño: de 1 a 2 m de alto y de ancho en maceta; hasta 3,50 m en plena tierra, en invernadero.

Multiplicación: tras la floración, separe los brotes laterales que aparecen en la base del pie. Por semillero bajo cristal, a 20-25 °C.

Longevidad: el banano es monocárpico. Muere tras haber fructificado y es sustituido por los hijuelos.

Plagas y enfermedades: cochinillas, arañas rojas y trips, que deben tratarse de modo preventivo.

Especies y variedades: *Musa acuminata,* el banano enano de Asia, es la especie que mejor se adaptada al cultivo en interiores; *Ensete ventricosum* (sinónimo de *Musa ensete*) desarrolla un espléndido follaje verde claro con el nervio central rojo; *Musa cavendishii* es una planta compacta, de bellas hojas verde oscuro manchadas de pardo rojizo.

Consejo: saque el banano al jardín desde mediados de mayo hasta finales de septiembre, a pleno sol.

◀ *Musa manii:* una floración roja muy decorativa.

N

Nautilocalyx forgetii NAUTILOCALYX

Herbácea vivaz cercana a las violetas africanas y las episcias, de cultivo bastante delicado.

Origen: América del Sur.

Hojas: de 8 a 15 cm de largo, en forma de óvalos alargados, verde claro, brillantes, con nervios muy oscuros.

Flores: más bien insignificantes, blanco cremoso, aparecen agrupadas en ramos axilares.

Luz: intensa, aunque sin sol directo.

Sustrato: mantillo de hojas, arena de río y turba rubia en una mezcla de tres partes iguales.

Abono: desde mayo hasta septiembre, añada un abono líquido para plantas verdes cada 15 días.

Humedad ambiental: al menos del 70 %.

Riego: cada tres o cuatro días durante el crecimiento, una vez por semana desde octubre hasta febrero.

Trasplante: cada año, en primavera.

Exigencias especiales: coloque la maceta sobre una capa de gravilla permanentemente húmeda.

Tamaño: de 30 a 60 cm de alto y de ancho.

Multiplicación: por esquejes de extremos de tallos, con calefacción, en miniinvernadero, en atmósfera controlada.

Longevidad: dos o tres años en invernadero caliente o en terrario. Sólo algunos meses en interiores.

Plagas y enfermedades: arañas rojas.

Especies y variedades: *Nautilocalyx lynchii* (o *Alloplectus*) desarrolla un suntuoso follaje brillante verde oscuro, matizado de rojo y de negro.

Consejo: riegue con agua templada y sin cal, sin mojar el follaje.

Nephrolepis exaltata NEPHROLEPIS

Helecho que forma grandes matas compactas, de frondas primero rectas y luego colgantes.

Origen: todas las zonas tropicales húmedas.

Hojas: de 40 a 70 cm de largo, verde subido, muy recortadas, alargadas, reunidas en una amplia roseta.

Flores: no hay floración en los helechos.

Luz: prohibido el sol directo. Coloque la maceta cerca de una ventana orientada al norte o al este.

Sustrato: tierra de brezo y mantillo de hojas.

Abono: desde abril hasta finales de septiembre, añada un abono líquido para plantas verdes cada 15 días.

Humedad ambiental: al menos del 60 %. Una atmósfera demasiado seca provoca la desecación del extremo de las frondas, que toman la textura del papel. Vaporice todos los días, durante todo el año.

Riego: una o dos veces por semana, con agua templada, sin cal. La inmersión de la maceta durante 20 a 30 minutos resulta muy eficaz.

Trasplante: cada año, entre marzo y abril.

Exigencias especiales: es preferible cultivar la planta en una maceta colgante e insista mucho en el envés de las frondas en el momento de la vaporización.

Tamaño: algunos individuos alcanzan 1 m de envergadura. Altura: de 50 a 80 cm.

Multiplicación: por división de mata en primavera. Por semillero de esporas, en miniinvernadero; difícil.

Longevidad: de dos a cinco años en casa.

Plagas y enfermedades: ninguna por lo general.

Especies y variedades: existen numerosas variedades, que presentan hojas más o menos divididas y onduladas. Las más cultivadas son «Bostoniensis», el helecho de Boston, muy amplio, pero poco recortado; «Cordatas», muy rizado; «Erecta», de porte erguido y frondas rizadas; «Maassii», de porte erguido y frondoso; «Rooseveltii», recortado varias veces, y «Teddy Junior», compacto y en forma de mata.

Consejo: incorpore en el suelo, en el momento del trasplante, un puñado de abono orgánico (sangre seca o asta torrefacta).

▲ *Nautilocalyx forgetii:* un follaje con nervios negros.

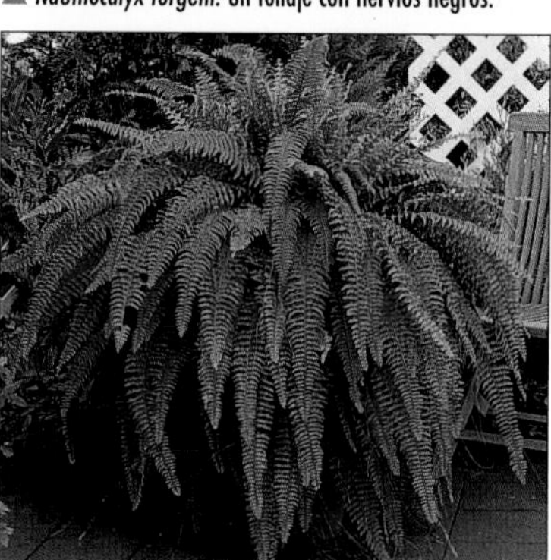

▲ *Nephrolepis exaltata* «Bostoniensis»: muy gracioso.

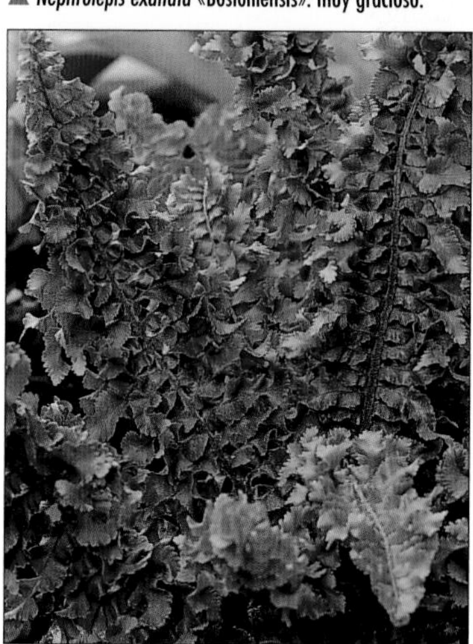

Nephrolepis exaltata «Erecta»: frondas rizadas. ▶

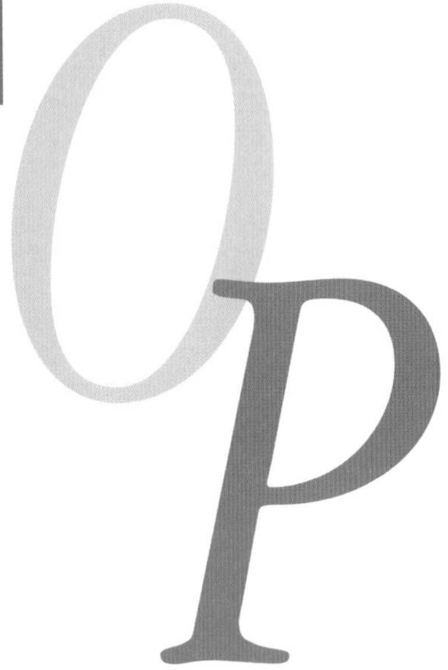

Oplismenus hirtellus
BAMBÚ ENANO

  20 °C 5 °C 

Pequeña gramínea vivaz de porte tapizante, que forma una especie de bambú cubresuelos.

Origen: selvas tropicales y subtropicales de América del Sur y Central, África, Polinesia.

Hojas: de 4 a 6 cm de largo, finas, lanceoladas, sobre tallos rígidos, nacidos del rizoma.

Flores: insignificantes. Aparecen en verano, agrupadas en pequeños racimos erectos.

Luz: cuatro horas de sol directo a diario.

Sustrato: mezcla de tres partes iguales de tierra de jardín, arena de río y mantillo de cortezas.

Abono: administre un abono líquido para plantas verdes, una vez cada 15 días, en verano.

Humedad ambiental: al menos del 50 %. Vaporice cada dos o tres días, desde mayo hasta septiembre.

Riego: deje que el sustrato se seque a una profundidad de 2 a 4 cm entre dos aportes de agua. Reduzca los riegos al mínimo en invierno.

Trasplante: cada año, en primavera. Incorpore en el sustrato un puñado de sangre seca o de fertilizante a base de estiércol.

Exigencias especiales: instale el bambú enano de interior en una cesta colgante, así logrará resaltar su bello follaje.

Tamaño: de 20 a 30 cm de altura, de 40 a 50 cm de amplitud, en maceta.

Multiplicación: por división de mata o separación de un fragmento de rizoma, en primavera y en verano. Se aconseja este rejuvenecimiento cada dos años.

Longevidad: tras dos o tres años, la mata tiende a deshojarse y a secarse por la base.

Plagas y enfermedades: ninguna, por lo general.

Especies y variedades: se le llama también *Oplismenus africanus.* «Variegatus», de hojas con alegres franjas de color blanco cremoso, a veces teñidas de rosa.

Consejo: instale la planta en un recipiente más ancho que largo, de forma que favorezca el arraigo de los tallos al nivel de los nudos y un crecimiento más frondoso y vigoroso.

▲ *Oplismenus hirtellus* «Variegatus»: un bambú enano.

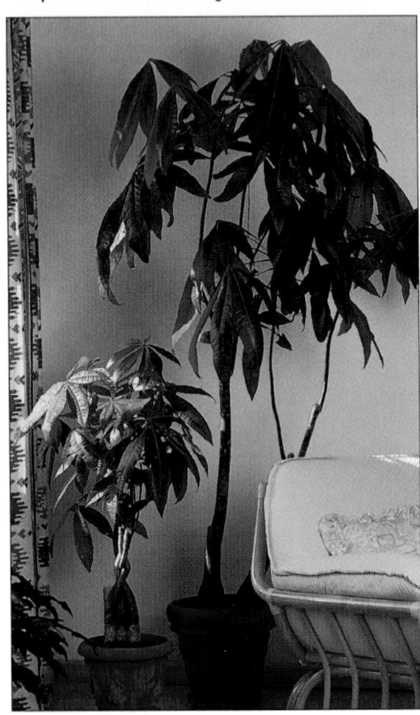

◀ *Pachira macrocarpa:* mucha originalidad.

Pachira aquatica
PACHIRA

  22 °C 12 °C 

Bello árbol tropical, de tronco desnudo, que con frecuencia se presenta bajo la forma de jóvenes tallos trenzados.

Origen: México, América del Sur.

Hojas: de 30 a 40 cm, verde subido, recortadas en cinco a siete folíolos ovalados, sobre un largo pecíolo.

Flores: no se produce floración en maceta, en interiores.

Luz: la pachira tolera algunas horas de insolación directa, sobre todo en invierno.

Sustrato: mantillo de hojas, turba rubia y arena de río, en una mezcla de tres partes iguales.

Abono: añada un abono para plantas verdes, una vez al mes, desde la primavera hasta el final del verano.

Humedad ambiental: al menos del 60 % todo el año. Cuando la humedad ambiental es insuficiente, las hojas se secan y se caen. Vaporice.

Riego: el sustrato debe secarse por la superficie entre dos aportes de agua. Riegue muy poco en invierno si la temperatura baja de los 18 °C.

Trasplante: cada año, en primavera.

Exigencias especiales: la pachira prefiere pasar el verano en el jardín en un lugar protegido.

Tamaño: de 60 cm a 1,50 m de alto.

Multiplicación: por esquejes de extremos de tallos, bajo atmósfera controlada, con calefacción (de 25 a 30 °C), en un miniinvernadero con hormonas; difícil.

Longevidad: de dos a cinco años en casa.

Plagas y enfermedades: ninguna, por lo general.

Especies y variedades: sólo se cultiva *Pachira macrocarpa,* también llamada *Pachira aquatica.*

Consejo: al final del invierno, pode la planta drásticamente si se vuelve demasiado imponente.

Pandanus veitchii
PANDANUS

 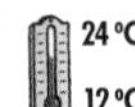 24 °C 12 °C 

Arbusto cuyos individuos jóvenes forman matas rectas, de porte rígido, que recuerdan los cordyline o las palmeras. Raíces en forma de «zancos».

Origen: todas las regiones tropicales húmedas.
Hojas: coriáceas, lanceoladas, encintadas, rígidas, verdes rayadas de amarillo y bordeadas de dientes acerados. Tras la formación de un tronco, se agrupan en forma de espiral en el borde de las ramas.
Flores: poco frecuentes en cultivo. Las flores macho forman espigas; las flores hembra, una especie de conos.
Luz: intensa, aunque queda prohibido el sol directo.
Sustrato: mantillo de cortezas, turba rubia y arena.
Abono: desde mayo hasta octubre, añada un abono líquido para plantas verdes cada 15 días.
Humedad ambiental: al menos del 60 % todo el año. Vaporice una a dos veces al día, sobre todo en invierno.
Riego: cada 6 o 10 días según la estación. Deje que el sustrato de la maceta se seque por la superficie.
Trasplante: cada año, al final del invierno.
Exigencias especiales: para la vaporización y el riego, use agua sin cal.
Tamaño: de 60 cm a 1 m de envergadura.
Multiplicación: por semillero en un miniinvernadero, entre 20 y 25 °C. Por esquejes de extremos de tallos, en atmósfera controlada, con hormonas y calor de fondo (de 25 a 30 °C).
Longevidad: de dos a cinco años, en maceta en casa.
Plagas y enfermedades: ninguna, por lo general.
Especies y variedades: se han registrado más de 250 especies. Para interiores, *Pandanus sanderi* presenta un espléndido follaje verde rayado de amarillo; *Pandanus utilis* forma grandes hojas verdes.
Consejo: manipule la planta con cuidado, ya que las hojas son muy afiladas.

Pelargonium spp.
GERANIO

20 °C
5 °C

Plantas vivaces, frondosas de porte extendido. Las formas cultivadas en interiores son semiarbustivas y buscadas por su oloroso follaje.
Origen: Suráfrica.
Hojas: de 10 a 15 cm de largo, de enteras a muy recortadas, verdes o variegadas de crema, de blanco o de amarillo, según las especies y las variedades.

Pelargonium tomentosum: huele intensamente a menta. ▶

Pandanus veitchii: hojas dentadas. ▶

Flores: con frecuencia minúsculas, en las especies de interior: blancas, rosas o rojas, en verano.
Luz: pleno sol todo el año.
Sustrato: un sustrato para geranios comercial, con un poco de arena si parece muy compacto.
Abono: administre un abono líquido para geranios, una vez por semana, desde abril hasta septiembre.
Humedad ambiental: bastante reducida, sobre todo en invierno durante el período de parada vegetativa.
Riego: una o dos veces por semana en primavera y en verano; en invierno, manténgalo casi seco.
Trasplante: cada año, en abril.
Exigencias especiales: pode drásticamente la mata al final del invierno, para conservar un porte bien ramificado y equilibrar adecuadamente la planta.
Tamaño: de 30 a 60 cm de alto, en maceta.
Multiplicación: por esquejes de extremos de tallos, al final del verano, conservados en una galería.
Longevidad: una estación como planta de interior. De tres a cinco años, si posee una galería.
Plagas y enfermedades: roya del geranio.
Especies y variedades: *Pelargonium graveolens,* el geranio «Rosat», desprende un perfume de rosa al aplastar sus hojas; *P. Tomentosum* tiene un olor mentolado y un follaje muy suave al tacto; *P. Blandfordianum* exhala un perfume de almendra, ajenjo y almizcle; *P. odorantissimum* huele a manzana; *P.* x «Citronella», con olor a toronjil.
Consejo: instale todas las plantas de geranio en el exterior, desde mayo hasta septiembre.

▼ *Pelargonium* x «Citronnella»: un olor a toronjil.

▼ *Pelargonium graveolens* «Lady Plymouth»: huele a rosa.

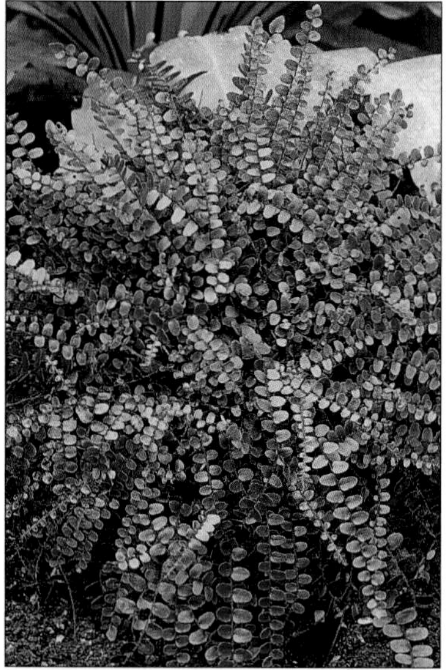

▲ *Pellaea rotundifolia:* helecho de hojas de terciopelo.

▲ *Pellionia repens:* una colgante de hojas coriáceas.

Pellaea rotundifolia
PELLAEA

  20 °C 12 °C 

Pequeño helecho perenne, de porte extendido.

Origen: África, América del Norte y del Sur.

Hojas: las frondas, de nervios pardos, presentan folíolos aterciopelados, redondeados y verde oscuro.

Flores: los helechos no producen flores.

Luz: una ligera penumbra.

Sustrato: mitad mantillo de hojas, mitad turba.

Abono: desde mayo hasta septiembre, añada un abono para plantas verdes diluido a la tercera parte cada 10 días.

Humedad ambiental: por encima de los 20 °C, la pellaea se deshidrata rápidamente. Coloque la maceta permanentemente sobre una capa de gravilla húmeda.

Riego: en verano, nunca deje secar el sustrato; en invierno, no más de una vez por semana.

Trasplante: cada año, en primavera.

Exigencias especiales: la pellaea aprecia la atmósfera cerrada de los jardines embotellados.

Tamaño: 25 cm de alto y 30 cm de ancho.

Multiplicación: en mayo, por división de mata.

Longevidad: de dos a cinco años, en casa.

Plagas y enfermedades: cochinillas algodonosas.

Especies y variedades: *Pellaea viridis* presenta frondas más grandes, de pínulas triangulares y nervios negros; *Pellaea falcata* forma frondas arqueadas y pínulas oblongas verde claro.

Consejo: con una tijeras, corte regularmente las frondas secas. No moje el follaje de *Pellaea rotundifolia.*

Pellionia repens o *Elatostema*
PELLIONIA

  23 °C 12 °C 

Planta vivaz de hoja persistente y porte rastrero.

Origen: Birmania (Myanmar), Vietnam, Malasia.

Hojas: de 4 a 6 cm de largo, carnosas, elípticas, verde cobrizo iluminado con verde pálido en el centro.

Flores: nunca se dan en las plantas en maceta.

Luz: exposición al sur necesariamente. Cubra ligeramente la ventana a partir del mes de abril.

Sustrato: mitad mantillo, mitad turba rubia.

Abono: cada 15 días, desde abril hasta septiembre.

Humedad ambiental: al menos del 70 %.

Riego: dos veces por semana, todo el año.

Trasplante: inmediatamente después de comprarla; después, cada año, en primavera.

Exigencias especiales: la pellionia prefiere una maceta colgante o un terrario.

Tamaño: hasta 60 cm de largo.

Multiplicación: por esquejes de tallos de 10 cm de largo, en atmósfera controlada o por división de mata.

Longevidad: seis meses en manos de un neófito. De cuatro a cinco años, si se satisfacen sus necesidades.

Plagas y enfermedades: ninguna, por lo general.

Especies y variedades: *Pellionia pulchra* presenta hojas verde grisáceo, adornadas con nervios pardos.

Consejo: sin un miniinvernadero, resulta difícil conservar en invierno una pellionia en casa.

Peperomia spp.
PEPEROMIA

  22 °C 12 °C 

Pequeña planta vivaz de hoja persistente, frondosa, de porte erguido cuando es joven, que se ensancha al envejecer.

◀ *Peperomia argyreia:* bonitas hojas sombreadas de plateado.

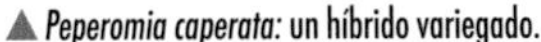

▲ *Peperomia caperata:* un híbrido variegado.

▲ *Peperomia obtusifolia* «Variegata».

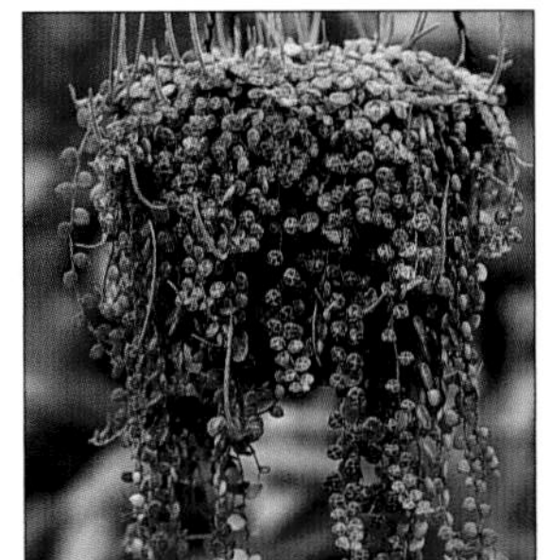

▲ *Peperomia prostrata:* una colgante.

▲ *Peperomia verschaffeltii:* muy matizada.

Origen: regiones tropicales del mundo entero.

Hojas: carnosas, simples, ovaladas, lisas o alveoladas, de nervios en relieve, a veces pardos.

Flores: en verano, largas espigas tupidas y finas, formadas de minúsculas flores de color blanco verdoso.

Luz: semisombra. El sol deslustra el follaje.

Sustrato: 2/3 de mantillo, 1/3 de arena de río.

Abono: en verano, añada dos veces al mes un abono para plantas verdes, en dosis muy reducidas.

Humedad ambiental: vaporice todos los días. Aleje la planta de los aparatos de calefacción.

Riego: semanal en verano. Justo para evitar la desecación total en invierno.

Trasplante: en cuanto la compre, si la planta ocupa toda la maceta; luego, cada primavera, a una maceta más ancha.

Exigencias especiales: las peperomias odian el aire frío, que detiene su crecimiento.

Tamaño: 25 cm de alto y de ancho.

Multiplicación: por esquejes de extremos de tallos en primavera, conservando dos hojas, o por esquejes de hojas en atmósfera controlada, en miniinvernadero.

Longevidad: de uno a cuatro años.

Plagas y enfermedades: ácaros en verano.

Especies y variedades: *Peperomia argyreia,* de hojas redondeadas, con marcas plateadas; *Peperomia caperata,* de hojas alveoladas e inflorescencias blancas en forma de bastón; *Peperomia prostrata* y *P. rotundifolia,* de hojas minúsculas; *Peperomia obtusifolia,* de hojas carnosas; *Peperomia serpens,* de porte parecido al de la hiedra.

Consejo: cultive las peperomias en composiciones acompañadas de plantas de flor.

☞ ***Peripelta*** véase *Strobilanthes.*

Persea gratissima
AGUACATE

Arbusto o arbolito de follaje persistente.

Origen: México, Guatemala, Antillas.

Hojas: de 20 a 30 cm de largo, oblongas, verde mate, ligeramente alveoladas.

Flores: nunca se dan en plantas en maceta.

Luz: sol directo, excepto a mediodía en verano.

Sustrato: sustrato para plantas verdes y tierra franca.

Abono: cada 15 días, desde abril hasta octubre.

Humedad ambiental: tolera bien la atmósfera seca en una habitación con poca calefacción. Vaporice.

Riego: una vez por semana.

Trasplante: tras la germinación, cuando la planta haya echado dos hojas; más tarde, cuando el tallo alcance los 30 cm, después cada dos años, en marzo.

Exigencias especiales: sólo el cultivo en plena tierra permite que la planta se manifieste adecuadamente.

Tamaño: de 1 a 2 m en maceta; de 3 a 5 m en plena tierra, en un invernadero.

Multiplicación: a partir de un hueso, que se hace germinar, poniendo la base en contacto con agua.

Longevidad: más de 10 años en casa.

Plagas y enfermedades: arañas rojas, aleuródidos, cochinillas y oídio en época de frío.

Especies y variedades: la variedad que dio el fruto no se trasmite fielmente mediante semillero.

Consejo: pince el joven brote varias veces hasta que se ramifique, de lo contrario la planta toma un porte despoblado.

▲ *Persea gratissima:* un joven aguacate de tres años.

Germinación de un hueso de aguacate en agua. ▶

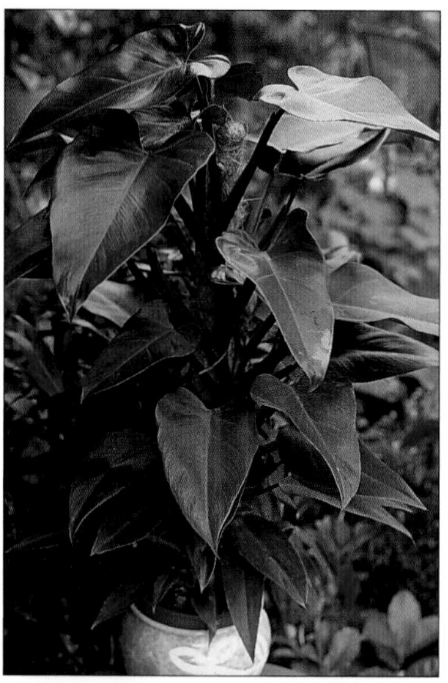

▲ *Philodendron rubescens* «Burgundy»: pecíolos púrpura.

Philodendron spp. FILODENDRO

Gran arbusto trepador vigoroso del que existen más de 500 especies, de aspecto muy diferente.

Origen: selvas húmedas tropicales de América Central y del Sur, Antillas, Florida, México.

Hojas: de 15 cm a 2 m de largo según las especies, perennes, coriáceas, lustrosas, enteras o recortadas, cordiformes o sagitadas.

Flores: alguna vez espádices rodeados por una espata.

Luz: intensa, pero indirecta. El sol ardiente puede quemar la epidermis de las hojas. Muchas especies toleran la sombra.

Sustrato: mezcla de tres partes iguales de mantillo para plantas verdes, arena de río y tierra de jardín.

Abono: dos veces al mes, desde abril hasta octubre.

Humedad ambiental: al menos del 50 %. Rocíe todos los días el follaje con agua tibia.

Riego: riéguelo cada 8 o 12 días en invierno; cada 5 o 7 días en verano. Es necesario mantener húmedo el musgo del tutor.

Trasplante: cada año, cuando la maceta sea difícil de levantar. Sustituya el sustrato superficial en marzo y en septiembre, con una mezcla enriquecida.

Exigencias especiales: los tutores forrados de musgo son más convenientes que los simples bambúes, ya que las raíces aéreas del filodendro pueden engancharse y aprovechar la humedad que contienen. Use un producto abrillantador para lustrar las hojas, pero no más de una vez al mes.

◀ *hilodendron giganteum:* reservado a los coleccionistas.

Tamaño: de 80 cm a más de 3 m. Algunos filodendros crecen más de 60 cm al año. Pode los tallos que estorben.

Multiplicación: por esquejes de yemas o de fragmentos de tallo en atmósfera controlada. Por acodo aéreo.

Longevidad: de 5 a 15 años, en casa.

Plagas y enfermedades: unas hojas que amarillean indican un sustrato agotado o un riego excesivo.

Especies y variedades: *Philodendron scandens,* de hojitas cordiformes; *Philodendron pertusum,* de hojas perforadas y muy hendidas; *Philodendrum radiatum,* de hojas recortadas hasta el nervio central; *Philodendron erubescens* «Burgundy», de elegantes hojas verde cobrizo; «Green Emerald», de hojas alargadas y lustrosas; *Philodendron panduriforme,* de hojas en forma de violín; *Philodendron selloum,* de inmensas hojas muy recortadas; *Philodendron giganteum,* liana con hojas de 1 m de largo.

Consejo: guíe los brotes sobre tutores y arquee suavemente los largos tallos para contener el follaje, con frecuencia desbordante.

Pilea cadierei PILEA

Planta vivaz de hoja persistente baja, de porte extendido.

Origen: Vietnam.

Hojas: de 5 a 8 cm de largo, ovaladas, manchas plateadas y brillantes, alveoladas o redondas.

Flores: poco frecuentes, insignificantes, parecidas a las de las ortigas. Es mejor cortarlas, ya que su desarrollo perjudica el del follaje.

▼ *Philodendron* «Emerald King»: amplio.

▼ *Philodendron* «Medusa»: matices dorados.

▼ *Philodendron scandens* «Oxycardium».

▼ *Philodendron selloum:* un gigante.

Luz: no aleje la planta más de 1 m de una ventana orientada al oeste o al suroeste.
Sustrato: mezcla de tres partes iguales de sustrato de trasplante, turba rubia y arena de río.
Abono: en el momento del trasplante, enriquezca el sustrato con abono granulado de liberación lenta, que difunde los elementos nutritivos durante un año.
Humedad ambiental: la sequedad hace amarillear el borde de las hojas. Vaporice el follaje una vez al día.
Riego: antes de regar, espere a que la superficie del sustrato se seque a una profundidad de 2 a 3 cm.
Trasplante: cada año, en primavera, a una maceta más ancha que alta, para que la planta se desarrolle en forma de almohadilla regular, bien extendida.
Exigencias especiales: pince cuatro o cinco brotes al mes, entre los más largos, para que la planta conserve su porte compacto.
Tamaño: 20 cm en todas las direcciones.
Multiplicación: por esquejes desde abril hasta septiembre, en agua o en arena en un miniinvernadero con atmósfera controlada. Agrupe cinco o seis esquejes en la misma maceta, para obtener una mata más frondosa.
Longevidad: de dos a cinco años.
Plagas y enfermedades: pulgones.
Especies y variedades: *Pilea involucrata,* de hojas carnosas, muy alveoladas, verde cobrizo escarchado de plateado; *Pilea microphylla,* de hojas finamente recortadas, como las de un helecho; *Pilea spruceana* «Moon Valley», de hojas alveoladas y vellosas, con nervios negros; «Norfolk» y «Silver Tree», de hojas púrpura oscuro y plateado.
Consejo: multiplique la planta cada dos años, para conservar individuos compactos.

Pisonia umbellifera
PISONIA

Arbusto parecido al árbol del caucho, pero que pertenece a la familia de las buganvillas. Se llama también *Heimerliodendron brunonianum.*
Origen: Australia, Nueva Zelanda, Isla Mauricio.
Hojas: de 20 a 30 cm de largo, perennes, anchas, simples, oblongas u ovaladas.
Flores: en los individuos adultos aparecen racimos rosas o amarillos, únicamente en invernadero.
Luz: un gran ventanal orientado al sur, aunque protegido durante las horas más calurosas.
Sustrato: mezcla de tres partes iguales de tierra franca, sustrato para plantas verdes y arena de río.
Abono: a partir de abril, añada cada 15 días una dosis de abono líquido para plantas de flor en el agua de riego. No fertilice un sustrato seco, ya que quemaría las raíces.
Humedad ambiental: tan elevada como sea posible. En invierno, vaporice el follaje con agua tibia, por la mañana y por la tarde. En verano, coloque la maceta sobre gravilla húmeda.
Riego: las raíces de la planta se pudren fácilmente si el sustrato está siempre húmedo. En invierno, riegue cada 8 o 12 días (la maceta debe aligerarse y sonar un poco hueca). En verano, sumerja la maceta hasta 2/3 partes de su altura una vez por semana. Vacíe el agua contenida en el platillo.
Trasplante: cada año, en primavera, agrandando la maceta sólo para mejorar el equilibrio de la planta, o si las raíces están demasiado apretadas.
Exigencias especiales: la pisonia se desarrolla mejor en invernadero caliente que en interiores. No tolera la más mínima corriente de aire fresco.
Tamaño: en su hábitat natural, la pisonia forma un árbol; en jardinera, no supera los 2 m de alto.
Multiplicación: por esquejes de tallos en un miniinvernadero con atmósfera controlada, o mediante acodo aéreo, desde abril hasta agosto.
Longevidad: de uno a tres años en casa; en invernadero, unos cinco o siete años, después la planta se deshoja y adquiere un aspecto poco atractivo.
Plagas y enfermedades: el mildiu causa manchas blanquecinas sobre las hojas, sobre todo si la planta pasa frío. Las cochinillas se alojan bajo las hojas, contra los nervios. Despéguelas con un bastoncillo de algodón, antes de aplicar un insecticida.
Especies y variedades: «Variegata», de hojas jaspeadas y con bordes de color crema, teñidas de rosa cuando son jóvenes. Es la variedad más popular para cultivar en interior.
Consejo: la pisonia tiende a deshojarse por la base. No dude en podarla para obligarla a desarrollar nuevos brotes.

▲ *Pilea cadierei:* preciosas rayas plateadas.

▲ *Pilea spruceana* «Moon Valley»: alveolada y vellosa.

Pisonia umbellifera «Variegata»: falso parecido al ficus. ▶

▲ *Platycerium grande:* un helecho excepcional.

▲ *Platycerium bifurcatum:* ideal como colgante.

◀ *Plectranthus barbatus:* un bonito follaje velloso.

Platycerium bifurcatum CUERNO DE ALCE

  22 °C 15 °C 

Helecho epifito de porte amplio y colgante.

Origen: el primer cuerno de alce llegó a Europa en 1808, procedente de Australia.

Hojas: cohabitan dos tipos de frondas. Las de la base, estériles, se encajan unas dentro de otras. Al envejecer, se ennegrecen y ciñen la maceta. Como poseen forma de copa, recogen el agua y las sustancias nutritivas. No las corte. Las frondas fértiles se yerguen en el centro y luego cuelgan. Son de color gris verdoso, gruesas, cubiertas por una fina pelusa blanca, planas, anchas y lobuladas.

Flores: los helechos no producen flores.

Luz: los cuernos de alce crecen de modo natural bajo la cubierta de grandes árboles. Ofrézcales un ambiente tenue, incluso sombreado.

Sustrato: mantillo de hojas, tierra de brezo fibrosa y esfagno (o corteza compostada).

Abono: desde abril hasta septiembre, añada un abono líquido para cactáceas u orquídeas una vez al mes.

Humedad ambiental: el cuerno de alce no tolera la atmósfera seca de los interiores, ni las vaporizaciones. Use un humidificador eléctrico para elevar la humedad de la habitación al 60 % por lo menos.

Riego: una vez por semana, sumerja toda la planta durante 15 minutos y después déjela escurrir.

Trasplante: delicado; cada dos años; hay que evitar sobre todo estropear las raíces, muy frágiles.

Exigencias especiales: el cuerno de alce prefiere vivir en una cesta tapizada de musgo. También puede engancharlo como epifito sobre una corteza.

Tamaño: de 50 a 80 cm de alto, hasta 1,50 m de envergadura.

Multiplicación: por semillero de esporas, reservado para los profesionales. La planta produce a veces hijuelos que pueden separarse de la planta madre sólo si vienen provistos de algunas raíces.

Longevidad: de dos a cinco años en casa.

Plagas y enfermedades: cochinillas de escudo. Podredumbre en caso de humedad excesiva.

Especies y variedades: *Platycerium grande,* planta que desarrolla frondas mucho más anchas, pero que requiere la atmósfera de un invernadero caliente.

Consejo: maneje el cuerno de alce con cuidado, para no romper las frondas ni eliminar la pelusa blanca que protege la epidermis.

 *Plectranthus* spp. PLECTRANTHUS

  22 °C 10 °C 

Planta vivaz herbácea, de hoja persistente, de tallos juveniles erguidos y luego colgantes, en cuanto alcanzan unos 20 centímetros de largo.

Origen: Nueva Caledonia, Fidji, Australia.

Hojas: de 5 a 10 cm de largo, ovaladas o redondas, dentadas, de perfume herbáceo cuando se las aplasta.

Flores: espigas erguidas, lila pálido o blancas, aparecen en verano. Resultan poco decorativas y más vale retirarlas para dejar que se desarrolle el follaje.

Luz: bastante intensa. En invierno, coloque la planta justo detrás de una ventana expuesta al suroeste. A partir de mayo, aléjela 1 m.

Sustrato: tierra de jardín, mantillo y tierra de brezo, en una mezcla a partes iguales.

Abono: desde abril hasta octubre, añada un abono líquido para plantas verdes dos veces al mes.

Humedad ambiental: vaporice el follaje dos o tres veces por semana, todo el año.

Riego: cuando las hojas se debilitan y pierde su esplendor y los tallos se doblan, es el momento de empapar completamente la planta.

Trasplante: inmediatamente tras la compra, llévela a una maceta con 4 cm más de diámetro; luego, cada año en marzo.

Exigencias especiales: el *Plectranthus* se desarrolla muy bien colgado. Puede usarse para decorar cestas o jardineras del balcón.

Tamaño: hasta 40 cm de largo.

Multiplicación: en verano, por esquejes de tallos de 10 cm de largo, en agua. Arraigo garantizado.

Longevidad: renueve la planta cada dos años, ya que se deshoja pronto por la base.

Plagas y enfermedades: el mildiu mancha las hojas de gris, en una habitación húmeda, cuando la temperatura desciende por debajo de los 14 °C en invierno.

Especies y variedades: *Plectranthus nummularis,* rastrero, de hojas redondeadas, carnosas, verde subido; *Plectranthus fruticosus,* de hojas dentadas, alveoladas, verdes; *Plectranthus forsteri* «Marginatus», de pequeñas hojas de bordes color crema; *Plectranthus barbatus,* de hojas muy suaves al tacto.

Consejo: en verano, asocie el plectranthus a petunias, a lobelias y a verbenas.

Pleomele reflexa o *Dracaena*
PLEOMELE

Arbusto que forma una mata y fuertes ramas. Clasificado por los botánicos en el género *Dracaena,* se ofrece en el mercado con el nombre de pleomele.

Origen: Madagascar, Isla Mauricio.

Hojas: de 20 a 40 cm de largo, encintadas, afiladas, gruesas, naturalmente lustrosas.

Flores: panículas terminales, crema o verdes.

Luz: no aleje demasiado la planta de la ventana, salvo en verano, entre las 10 h y 17 h.

Sustrato: sustrato para plantas verdes, tierra vegetal y arena de río en una mezcla a partes iguales.

Abono: una vez al mes, desde abril hasta septiembre.

Humedad ambiental: coloque la planta sobre una capa de piedras húmedas. Vaporice todos los días.

Riego: abundante, en cuanto la superficie del sustrato se seque a una profundidad de 2 a 3 cm.

Trasplante: cada dos años, en marzo.

Exigencias especiales: el pleomele aprecia la compañía de otras plantas de interior, que le aportan una humedad suplementaria muy beneficiosa.

Tamaño: de 50 cm a 1,50 m en maceta.

Multiplicación: desde marzo hasta septiembre mediante esquejes de tallo de 10 cm, en agua o en atmósfera controlada.

Longevidad: más de 10 años.

Plagas y enfermedades: cochinillas en el envés de las hojas y en los tallos. Elimínelas frotando con un bastoncillo empapado de alcohol.

Especies y variedades: «Song of India», variegado con amarillo crema; «Song of Jamaica», de color verde.

Consejo: gire regularmente la maceta para que la planta crezca verticalmente y bien equilibrada.

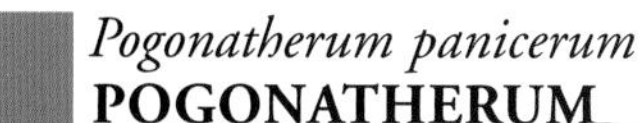

Pogonatherum panicerum
POGONATHERUM

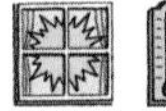

Gramínea que forma una mata compacta, parecida a un bambú en miniatura.

Origen: Asia oriental, China, Australia.

Hojas: de 6 a 8 cm de largo, perennes, lineales, finas, verde amarillento mate.

Flores: nunca se han observado en plantas en macetas.

Luz: directa, aunque evite el sol demasiado ardiente. En los meses de verano, el pogonatherum prefiere el exterior, a pleno sol.

Sustrato: 1/2 tierra vegetal, 1/2 mantillo. Una capa de 2 cm de grava en el fondo de la maceta garantizará el drenaje necesario.

Abono: desde abril hasta septiembre, añada una vez al mes un abono para plantas verdes.

Humedad ambiental: debe ser al menos del 60 %. Vaporice el follaje varias veces por semana. En otoño, en cuanto los aparatos de calefacción comiencen a funcionar, coloque la maceta sobre un lecho de bolas de arcilla, que conservará húmedas. Aleje la planta de los radiadores.

Riego: nunca deje que el cepellón se seque por completo, ya que la planta amarillea rápidamente.

Trasplante: cada año, entre febrero y marzo.

Exigencias especiales: el bambú de interior requiere una atmósfera cálida y una humedad elevada. De lo contrario, las hojas se pliegan longitudinalmente, amarillean y caen.

Tamaño: 50 cm de alto y 80 cm de ancho.

Multiplicación: por división de mata, en abril y mayo.

Longevidad: más de cinco años si se mantiene en buenas condiciones; apenas un año en una habitación demasiado seca.

Plagas y enfermedades: ninguna, por lo general.

Especies y variedades: sólo se comercializa la especie, ya poco común.

Consejo: las macetas de gres barnizado destacan el bambú de interior. Puede acompañar de modo muy estético una colección de bonsáis. Pode la planta a ras del suelo, si se ha deshojado demasiado por la base.

▲ *Pleomele reflexa* «Song of India»: luminoso.

▲ *Pleomele* híbrido: arbusto resistente en forma de mata.

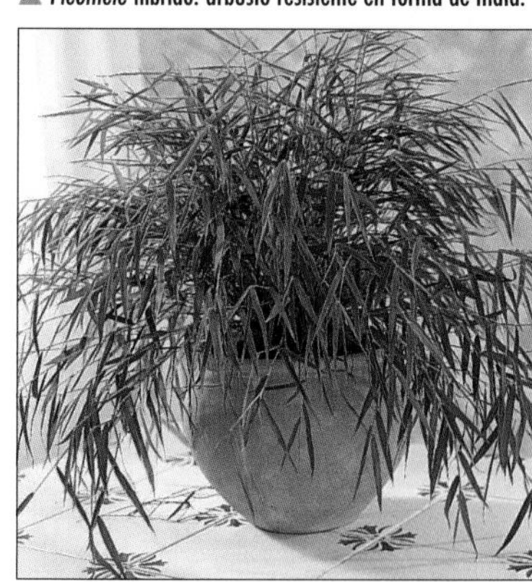

Pogonatherum paniceum: un bambú en forma de mata. ▶

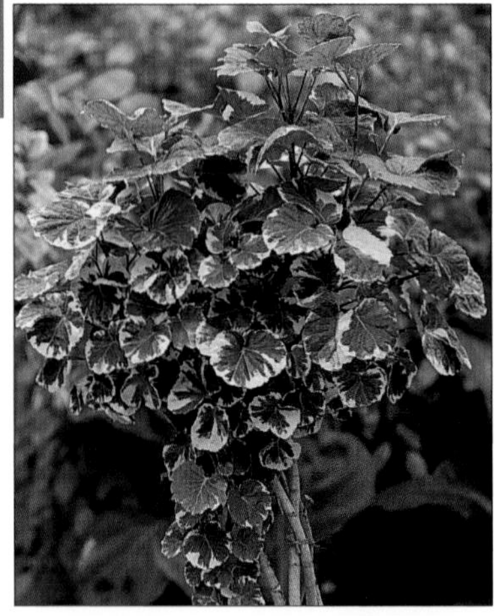

▲ *Polyscias balfouriana* «Variegata»: un bello arbusto.

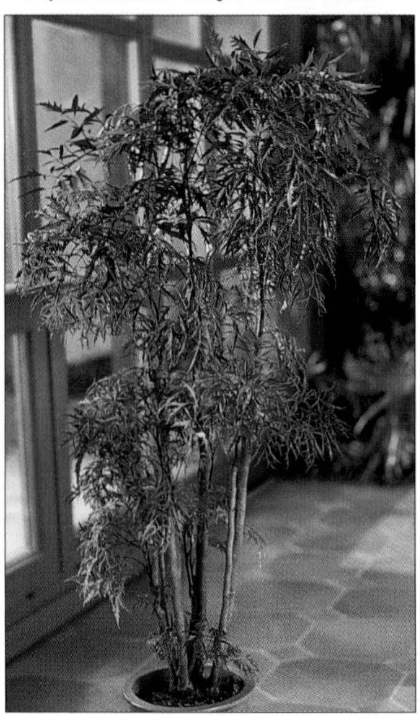

▲ *Polyscias filicifolia*: como las hojas de helecho.

Polyscias spp.
POLYSCIAS

Arbusto grácil, de ramas contorneadas.

Origen: Nueva Caledonia, Madagascar.

Hojas: casi redondas, dentadas, finas, verde subido, muy recortadas, como un helecho.

Flores: espigas blanco verdoso, muy poco frecuentes en maceta.

Luz: un ventanal orientado al este es ideal.

Sustrato: mezcle un puñado de bolas de arcilla expandida con 10 litros de sustrato para plantas verdes.

Abono: desde marzo hasta octubre, añada un abono líquido para plantas verdes una vez al mes.

Humedad ambiental: la polyscias se deshoja con una humedad inferior al 50 %. A falta de humidificador, coloque la maceta sobre una capa de 5 cm de gravilla húmeda. Vaporice diariamente.

Riego: en verano, empape la planta todas las semanas. Basta con un vaso por semana en invierno.

Trasplante: cada dos años.

Exigencias especiales: la polyscias, muy hogareña, no soporta los traslados.

Tamaño: hasta 2 m de alto, en jardinera.

Multiplicación: por esquejes, en verano, en caliente.

Longevidad: de 1 a 10 años según las condiciones.

Plagas y enfermedades: arañas rojas.

Especies y variedades: *Polyscias balfouriana* «Variegata», de hojas ribeteadas de color crema; «Pennockii», con nervios amarillos; *Polyscias filicifolia,* de hojas divididas finamente; *Polyscias guilfoylei,* de porte ligero, semillorón y de hojas recortadas; «Victoriae», variegado de blanco.

Consejo: los individuos pequeños pueden convertirse fácilmente en bonitos bonsáis.

Polystichum setiferum
POLYSTICHUM

Llamado también helecho de escudo, es perenne, rústico y se aclimata bien en una maceta en el interior.

◀ *Polystichum setiferum* «Divisilobum Dahlem».

Origen: bosques de montaña en Europa.

Hojas: grandes frondas muy verdes y tupidas, de pínulas muy divididas, ligeras.

Flores: los helechos no producen flores.

Luz: nunca sol directo, incluso en invierno. Coloque el polystichum a 1 o 2 m de la ventana.

Sustrato: tierra de brezo fibrosa y mantillo de hojas, en una mezcla a partes iguales.

Abono: en cuanto los jóvenes extremos curvos empiecen a crecer, añada una vez al mes un abono líquido para plantas verdes, tras el riego.

Humedad ambiental: vaporice el follaje a diario cuando la temperatura supere los 18 °C.

Riego: dos veces por semana desde abril hasta septiembre; basta con un vaso a la semana en invierno.

Trasplante: inmediatamente tras la compra; después, cada año, al principio de la primavera.

Exigencias especiales: evite que las frondas entren en contacto con una pared o un cristal. Deje que el aire circule libremente alrededor de la planta.

Tamaño: de 20 a 60 cm de alto y de 40 cm a 1 m de extensión, según las especies.

Multiplicación: por semillero de esporas. Las frondas producen a veces bulbillos que sólo hay que separar y colocar sobre un sustrato húmedo.

Longevidad: un año, a menos que la planta pueda invernar al fresco en una galería bien protegida de las heladas.

Plagas y enfermedades: ninguna, por lo general.

Especies y variedades: «Herrenhausen», de frondas más anchas; «Dahlem», de frondas rectas; *Polystichum tsussimense,* el helecho de Corea, más pequeño, de frondas triangulares, se conserva mejor en invierno.

Consejo: incorpore en el sustrato un fertilizante orgánico a base de estiércol y el crecimiento será mucho mayor.

Pseuderanthemum spp.
PSEUDERANTHEMUM

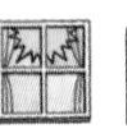 

Arbusto de porte bastante compacto.

Origen: Polinesia.

Hojas: de 10 a 15 cm de largo, ovaladas, verde oscuro metálico, jaspeadas de púrpura, rosa, amarillo y blanco cremoso.

Flores: en invernadero solamente, espigas erguidas de 20 cm de largo, blancas manchadas de rosa o de azul.
Luz: un amplio ventanal al norte o al este es muy conveniente. Está prohibido el sol directo en verano.
Sustrato: 1/2 mantillo de hojas, 1/2 de tierra franca.
Abono: añada una cucharadita de abono de difusión lenta en el sustrato para trasplante.
Humedad ambiental: al menos del 70%. Instale la planta en el cuarto de baño o cerca de un humidificador eléctrico. Vaporización diaria.
Riego: entre dos riegos, la superficie del sustrato debe secarse a una profundidad de 2 a 3 cm.
Trasplante: inmediatamente después de la compra; luego, cada año, al principio de la primavera.
Exigencias especiales: el pseuderanthemum no tolera las bajadas bruscas de temperatura.
Tamaño: de 30 a 50 cm de alto y de ancho.
Multiplicación: por esquejes de tallos, en un miniinvernadero, con atmósfera controlada, con calor (25 °C) y hormonas.
Longevidad: algunos meses en casa.
Plagas y enfermedades: cochinillas y ácaros.
Especies y variedades: entre las 60 especies existentes, sólo *Pseuderanthum atropurpureum* «Variegatum» es la más popular.
Consejo: el cultivo en un terrario da mejores resultados.

Pteris spp.
PTERIS

Helechos que forman una mata ligera y graciosa.
Origen: Europa, Suráfrica, Asia, Fidji, Australia y Nueva Zelanda.
Hojas: cortos rizomas rastreros presentan frondas, más o menos divididas, según las especies, con pecíolos rígidos, verdes o pardos.
Flores: los helechos no producen flores.
Luz: tamizada, prohibido el sol directo. Si los tallos se alargan demasiado, la planta carece de luz.
Sustrato: sustrato para plantas verdes y tierra de brezo fibrosa en una mezcla a partes iguales.
Abono: todas las semanas en verano, con un abono diluido a una cuarta parte de la dosis recomendada.
Humedad ambiental: la atmósfera seca generada por la calefacción no molesta demasiado a los pteris, siempre que el sustrato permanezca húmedo. Las plantas se embellecerán si las vaporiza tres veces por semana.
Riego: cada tres o cuatro días.
Trasplante: cada año, en primavera.
Exigencias especiales: las variedades matizadas necesitan más luz.
Tamaño: de 20 a 40 cm de alto y de ancho.
Multiplicación: por división cada tres años.
Longevidad: de dos a cuatro años, en casa.
Plagas y enfermedades: ninguna, por lo general.
Especies y variedades: *Pteris tremula,* de frondas ligeras y arqueadas; *Pteris cretica,* de pínulas lineales; «Roweri» y «Wimsettii» son totalmente rizados; «Albo lineata» presenta marcas longitudinales verde claro; *Pteris ensiformis,* de frondas muy recortadas; «Everge miensis», con marcas plateadas; *Pteris quadriaurita,* de largas frondas recortadas; «Argyreia», de larga raya plateada.
Consejo: si la planta se secó, pode todas las frondas y empape el cepellón. Enseguida aparecerán nuevas frondas.

Pseuderanthemum atropurpureum «Variegatum». ▶

▼ *Pteris quadriaurita* «Argyreia»: una llama plateada.

▼ *Pteris tremula:* muy vigoroso.

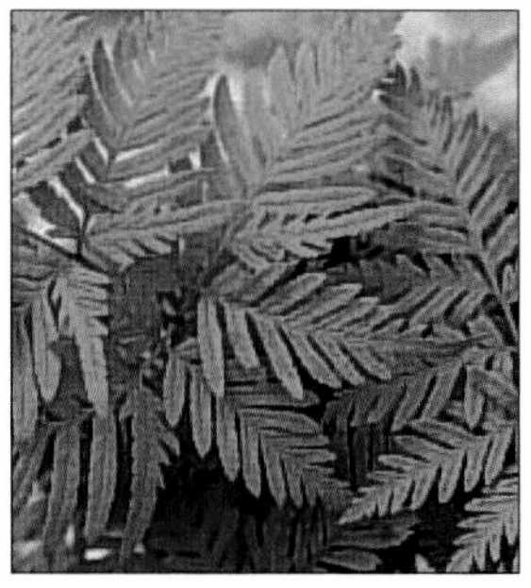

▼ *Pteris tricolor:* jóvenes frondas cobrizas.

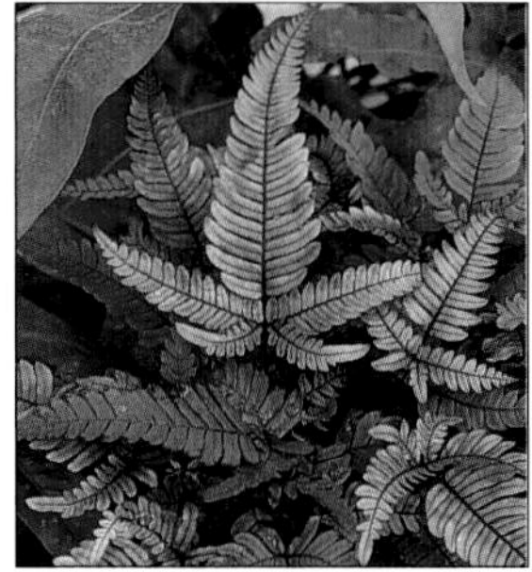

▼ *Pteris cretica* «Albolineata»: bicolor.

▼ *Pteris cretica* «Wimsettii»: todo rizado.

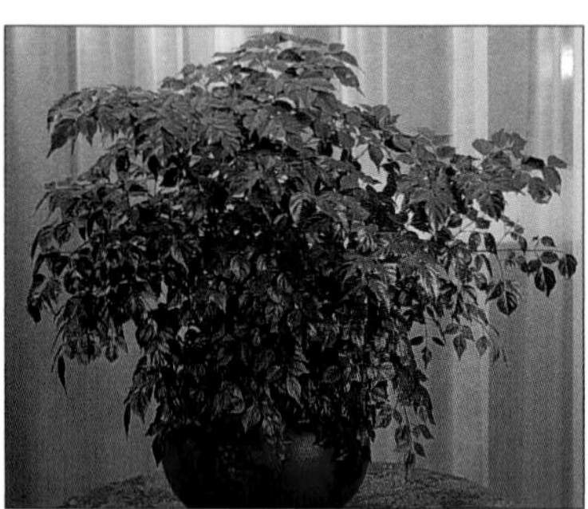

▲ *Radermachera sinica:* un bello arbusto muy frondoso.

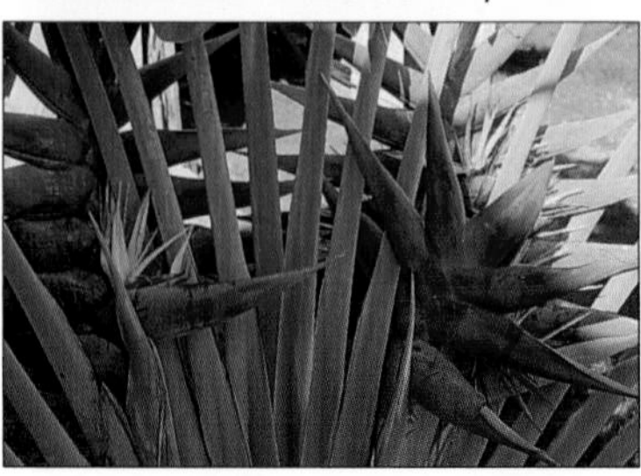

▲ *Ravenala madagascariensis:* no florece en maceta.

◀ *Ravenala madagascariensis.*

Radermachera sinica
RADERMACHERA

Este pequeño arbusto de porte erecto, compacto y piramidal, también se denomina *Stereospermum sinicum.*

Origen: China.

Hojas: los tallos muy rectos presentan hojas compuestas, de folíolos ovalados, puntiagudas, ligeramente alveoladas, de un verde espinaca brillante. Las hojas se desarrollan en niveles horizontales superpuestos, confiriendo a la planta un porte grácil.

Flores: campanillas amarillo azufre, perfumadas, aparecen únicamente en invernadero caliente o en el hábitat natural de la planta.

Luz: sin una luminosidad intensa, la radermachera pierde rápidamente las hojas inferiores. Desde mayo hasta octubre, evite el sol directo durante las horas centrales del día.

Sustrato: mezcla a partes iguales de arena, tierra de jardín y turba.

Abono: desde el mes de abril, un riego al mes con abono líquido para plantas verdes.

Humedad ambiental: mínima del 60%, vaporice el follaje todos los días si es posible.

Riego: una vez cada 10 días, impregnando el cepellón. Espere hasta que la maceta comience a aligerarse para regar de nuevo.

Trasplante: cada año, en primavera.

Exigencias especiales: la radermachera no tolera la contaminación atmosférica, en particular los ambientes con mucho humo. Colóquela en una habitación bien ventilada.

Tamaño: hasta 1,50 m de alto en buenas condiciones.

Multiplicación: por esquejes de tallos en verano.

Longevidad: hasta seis o siete años.

Plagas y enfermedades: moscas blancas bajo las hojas, en invierno, si la atmósfera es seca.

Especies y variedades: existe una forma de follaje variegado, muy poco común.

Consejo: pince los extremos de los tallos cuando la radermachera comience a marchitarse.

☞ ***Raphidophora*** véase *Monstera*.

Ravenala madagascariensis
RAVENALA, ÁRBOL DEL VIAJERO

Planta arbustiva, de tallo único, coronada con un espectacular abanico de hojas, cuyos pecíolos encajan unos dentro de otros.

Origen: propia de Madagascar, llegó a Europa hacia el año 1813.

Hojas: los limbos oblongos, de 80 cm a 1,50 m de largo, adoptan una forma acanalada.

Flores: en el medio natural, flores blancas en forma de cabeza de ave, como las del ave del paraíso.

Luz: intensa y directa. Son indispensables dos grandes ventanales en la habitación.

Sustrato: tierra vegetal, arena y tierra de brezo.

Abono: se recomiendan los bastoncillos.

Humedad ambiental: vaporice diariamente.

Riego: deje que se seque el sustrato entre riegos abundantes.

Trasplante: durante los cinco primeros años en primavera; luego, sustituya la parte superficial del sustrato.

Exigencias especiales: en un invernadero, plante en el suelo individuos de siete u ocho años.

Tamaño: de 2 m a 2,50 m en maceta.

Multiplicación: por semillero en un miniinvernadero, en caliente.

Longevidad: más de 10 años en buenas condiciones; un año en un interior fresco y seco.

Plagas y enfermedades: cuidado con las cochinillas.

Especies y variedades: *Ravenala guianensis,* menos conocida, procede de América del Sur.

Consejo: limpie las hojas con delicadeza, ya que se rasgan fácilmente.

Rhoeo spp.
REO

Planta vivaz, que forma una mata, clasificada en el género *Tradescantia.*

Origen: desde Florida hasta México y las Antillas.

Hojas: en forma de rosetas, lineales, lanceoladas, gruesas, estriadas longitudinalmente de verde, amarillo o crema y purpúreas por el envés.

Flores: pequeñas, de tres pétalos blancos, nacen todo el año en la base de las matas, envueltas en brácteas coriáceas purpúreas.

Luz: los colores se empañan cuando la planta carece de iluminación. Una ventana al sur resulta conveniente si unas cortinas filtran el sol.

Sustrato: el reo no tolera los sustratos demasiado compactos. Mezcle 1/2 de mantillo y 1/2 de vermiculita.

Abono: desde marzo hasta septiembre, añada un abono líquido diluido a la mitad cada 15 días.

Humedad ambiental: aleje la planta de los radiadores y vaporícela dos o tres veces por semana.

Riego: cada tres días en verano; una vez a la semana en otoño; cada 10 días en pleno invierno. Nunca deje agua en el platillo.

Trasplante: cada dos años, entre marzo y abril, a una maceta más ancha que profunda, ya que su sistema radicular no está muy desarrollado.

Exigencias especiales: el reo se encuentra mejor cuando acompaña a otras plantas que conservan bien la humedad ambiental.

Tamaño: 30 cm de alto y de ancho.

Multiplicación: después de la floración, separe los hijuelos provistos de algunas raíces, que aparecen en la base de la planta. A continuación, plántelos en cubiletes individuales, tapados con una hoja de plástico y manténgalos a 20 °C durante dos semanas. El semillero de semillas escogidas de la planta produce casi siempre individuos de follaje verde.

Longevidad: tres o cuatro años en casa.

Plagas y enfermedades: ninguna, por lo general.

Especies y variedades: *Rhoeo discolor,* actualmente llamado *Tradescantia spathacea.* La forma «Vittata» está estriada de verde y de amarillo subido.

Consejo: la planta pierde belleza al envejecer. Renuévela cada tres años.

Rhoicissus capensis
RHOICISSUS

Planta trepadora vigorosa, que forma zarcillos.

Origen: Suráfrica.

Hojas: redondeadas o reniformes, ligeramente lobuladas, lustrosas, verde oscuro, de textura coriácea.

Flores: verdosas, sin interés decorativo; muy rara vez se observan en interiores.

Luz: las habitaciones poco iluminadas son convenientes, aunque no oscuras (debe poderse leer la prensa sin luz adicional).

Sustrato: mezcla de tierra de jardín un poco calcárea y de sustrato para plantas verdes.

Abono: cada primavera, añada una cucharadita de abono granulado de liberación lenta y rasque suavemente el sustrato para incorporarle el abono.

Humedad ambiental: tolera bien las atmósferas bastante secas de los interiores, incluso en invierno. Vaporice el follaje dos veces por semana, para eliminar el polvo.

Riego: demasiada agua provoca la putrefacción de la base de los tallos. Antes de regar de nuevo, espere a que la superficie del sustrato se seque a una profundidad de 3 a 4 cm.

Trasplante: todos los años, en primavera, mientras la maceta sea manejable. Sustituya el sustrato superficial de las muy voluminosas en marzo y en agosto.

Exigencias especiales: para crecer verticalmente, el rhoicissus necesita tutores o un emparrado. Elimine el polvo de las hojas mediante una ducha mensual y la planta se embellecerá. No use abrillantador, ya que provoca quemaduras que ennegrecen el borde del follaje.

Tamaño: 2 m en interiores; 4 m en invernadero.

Multiplicación: fácil, desde junio hasta septiembre, por esquejes en agua o en un sustrato para semillero, de yemas terminales con una edad de seis meses. Arraigo garantizado en dos meses.

Longevidad: más de 10 años.

Plagas y enfermedades: si la atmósfera es calurosa y seca, las arañas rojas pueden invadir en masa la planta. Decoloran las hojas y tejen telas que se transparentan a contraluz. Tratamiento obligatorio.

Especies y variedades: *Rhoicissus capensis* es la única especie de este género; *Rhoicissus rhombifolia,* en realidad es *Cissus rhombifolia.*

Consejo: la planta será más frondosa si se pinzan los extremos de los tallos. No deje que los tallos volubles invadan las plantas vecinas.

▲ *Rhoeo discolor* «Vittata»: una bonita roseta coloreada.

▲ *Rhoeo spathacea:* haz verde, envés púrpura.

Rhoicissus capensis: de crecimiento rápido. ▶

S

▲ *Sanchezia speciosa* «Variegata»: nervios dorados.

Sanchezia speciosa SANCHEZIA

  24 °C 15 °C 

Pequeño arbusto de tallos herbáceos, nudosos y ramificados, cultivado por su follaje decorativo.

Origen: la sanchezia fue descubierta hacia 1866 en las selvas tropicales del Ecuador.

Hojas: opuestas, ovaladas, de 20 a 30 cm de largo, con nervios amarillos y rojos muy marcados.

Flores: panículas de flores amarillas tubulares, rodeadas de brácteas rojas, aparecen cuando el calor y la humedad resultan suficientes.

Luz: coloque la sanchezia pegada a una gran ventana orientada al sur y filtre la luz en pleno verano.

Sustrato: 2/3 de tierra de brezo, 1/3 de mantillo.

Abono: en el momento del trasplante primaveral, añada al sustrato una cucharada de abono granulado de liberación lenta. Basta con este único aporte fertilizante.

Humedad ambiental: muy elevada. Lo ideal es colocar la planta cerca de un humidificador eléctrico.

Riego: un vasito dos veces por semana para una planta de 40 cm de alto. Sumerja la maceta en agua durante 10 minutos, una vez cada 15 días.

Trasplante: inmediatamente tras la compra; luego, una vez al año, en abril, cuando se reactive la vegetación.

Exigencias especiales: la sanchezia aprecia la atmósfera controlada del invernadero para orquídeas.

Tamaño: de 60 cm a 1 m como máximo en maceta.

Multiplicación: por esquejes de tallos, de 15 cm de largo, en verano, en un miniinvernadero con calor de fondo.

Longevidad: de uno a tres años en casa.

Plagas y enfermedades: cochinillas en el envés de las hojas grandes y a lo largo de los nervios. Tratamiento preventivo con insecticida.

Especies y variedades: *Sanchezia speciosa, S. glaucohylla* y *S. nobilis* son denominaciones sinónimas, a veces consideradas erróneamente variedades distintas. «Variegata» presenta nervios amarillo dorado.

Consejo: pode la planta al final del invierno para equilibrarla, cuando los tallos de la base se deshojen y el follaje pierda su belleza, o bien renuévela.

◀ *Saxifraga stolonifera:* graciosa y aterciopelada.

Saxifraga stolonifera SAXIFRAGA, MADRECIENTOS

  20 °C 7 °C 

Planta herbácea, que forma una mata redondeada, de porte colgante, cuyos abundantes estolones son productores de plántulas.

Origen: especie importada de China en 1815.

Hojas: redondas, ligeramente dentadas, delicadamente aterciopeladas. Los limbos son verde oliváceos con nervios plateados y envés coloreado de púrpura.

Flores: largas y finas plumas aparecen en verano, con flores blancas de corazón amarillo y hendiduras irregulares.

Luz: tolera bien un ligero sombreado.

Sustrato: arena, tierra de brezo y tierra de jardín.

Abono: desde marzo hasta octubre, riegue con un abono líquido para plantas verdes una vez al mes.

Humedad ambiental: la madrecientos necesita poca humedad. No la vaporice, puesto que su follaje es velloso.

Riego: cada 8 o 12 días en invierno. Entre dos riegos, la superficie del sustrato debe secarse a una profundidad de 2 a 3 cm. Dos veces por semana en verano.

Trasplante: cada año en primavera, preferentemente a cestas colgantes.

Exigencias especiales: coloque la saxifraga en una galería en invierno y manténgala a una temperatura de entre 7 y 12 °C.

Tamaño: de 10 a 20 cm de alto. Los estolones pueden medir hasta 50 cm de largo.

Multiplicación: plante en la misma maceta varias rosetas jóvenes para obtener rápidamente una planta de buen tamaño. Separación sencilla de las plántulas que se forman sobre los estolones.

Longevidad: renueve la planta madre cada dos a tres años, ya que la madrecientos envejece mal.

Plagas y enfermedades: pulgones.

Especies y variedades: *Saxifraga sarmentosa* es sinónimo de *stolonifera.* La variedad «Tricolor» presenta hojas verdes, rojas, crema y menos estolones.

Consejo: en verano, saque la saxiraga a la terraza o al jardín. Cuelgue la planta sobre los montantes de un encañado o de una pérgola.

☞ ***Schefflera*** véase *Heptapleurum.*

Scindapsus aureus
POTOS

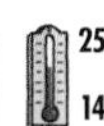

Hiedra vigorosa, trepadora con zarcillos adventicios, muy cercana a los filodendros, clasificada en el género *Epipremnum*.

Origen: Islas Salomón.

Hojas: de 10 a 20 cm de largo, gruesas, cordiformes y luego recortadas, de un verde claro manchado con variegaciones amarillo mostaza.

Flores: espatas y espádices parecidos a los de los aros. La floración sólo se produce en su hábitat natural.

Luz: coloque la maceta entre 50 cm y 2 m de una ventana bien iluminada. En una habitación demasiado oscura, el follaje pierde sus variegaciones.

Sustrato: tierra vegetal, turba y mantillo de cortezas.

Abono: durante la vegetación, añada un abono para plantas verdes cada tres semanas.

Humedad ambiental: elevada, al menos del 60 %. En estas condiciones, las hojas serán mucho más grandes y acabarán por recortarse como las de la costilla de Adán.

Riego: una vez por semana todo el año.

Trasplante: de uno a seis meses tras la compra; luego, entre marzo y abril, cada dos años.

Exigencias especiales: aunque el potos puede colocarse en espaldera a lo largo de una pared, sujetarse con tutores, colgar en forma de cascada o trepar por una barandilla, apreciará, sobre todo, un tutor de musgo, que conserve una humedad adecuada alrededor de las raíces aéreas.

Tamaño: los tallos pueden alcanzar unos 3 m en maceta y más de 15 m en su medio natural.

Multiplicación: por esquejes de extremos de tallos, en agua o en un sustrato para semillero, en un miniinvernadero con atmósfera controlada; fácil.

Longevidad: más de 10 años en casa.

Plagas y enfermedades: por el exceso de humedad aparecen manchas pardas sobre las hojas.

Especies y variedades: «Exotica», verde manchado de plata; «Marble Queen», variegado de crema y de verde. Algunas hojas se encuentran incluso desprovistas de clorofila; *Scindapsus pictus* «Argyraeus», verde oscuro manchado de verde más claro.

Consejo: pince los tallos demasiado largos a 1 cm por encima de una hoja.

Scirpus cernuus
SCIRPUS, JUNCO

Planta semiacuática, que forma una mata, compuesta de hojas filiformes, acaules, de un verde muy subido.

Origen: ciénagas de la cuenca mediterránea.

Hojas: de 25 a 30 cm de largo, herbáceas, flexibles, finas, cilíndricas. Primero rectas, más tarde se arquean hacia abajo hasta cubrir toda la maceta.

Flores: cada hoja presenta, en el transcurso de su crecimiento, una minúscula espiguilla terminal, blanca amarillenta.

Luz: el junco puede alejarse más de 2 m de la ventana o colocarse en una habitación oscura.

Sustrato: mantillo, turba rubia y tierra compacta.

Abono: una vez al mes, cuando la temperatura ambiente alcance los 13 °C.

Humedad ambiental: basta con el 50 %. Una vaporización cada dos días en invierno resulta ideal.

Riego: conserve el junco en 5 cm de agua. A falta de ello, el riego diario bastará, aunque el cepellón no debe secarse.

Trasplante: en primavera, cuando la planta ocupe toda la maceta y crezca menos.

Exigencias especiales: el porte colgante del junco resaltará suspendido. Esta planta se presta fácilmente para el hidrocultivo.

Tamaño: 30 cm de alto y de ancho.

Multiplicación: divida la mata entre marzo y abril, o entre septiembre y octubre, cuando el centro comience a deshojarse. Traspase a una maceta individual fragmentos arraigados, escogidos por el contorno del pie.

Longevidad: de uno a dos años en casa.

Plagas y enfermedades: ninguna, por lo general.

Especies y variedades: sólo la especie *Scirpus cernuus* se vende como planta de interior.

Consejo: el junco suele venderse con las hojas reunidas en un tubo de cartón, que da a la planta una apariencia de palmera enana, muy fina. Mantener esa funda condena a la planta a corto plazo, ya que las hojas no reciben aire ni luz. Retírela.

▲ *Scindapsus aureus:* llamado «potos».

▲ *Scindapsus aureus* «Marble Queen»: un efecto plateado.

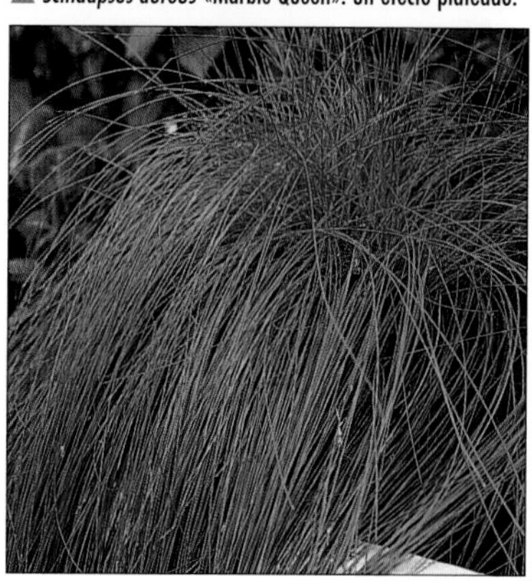

Scirpus cernuus: tan fino como hebras. ▶

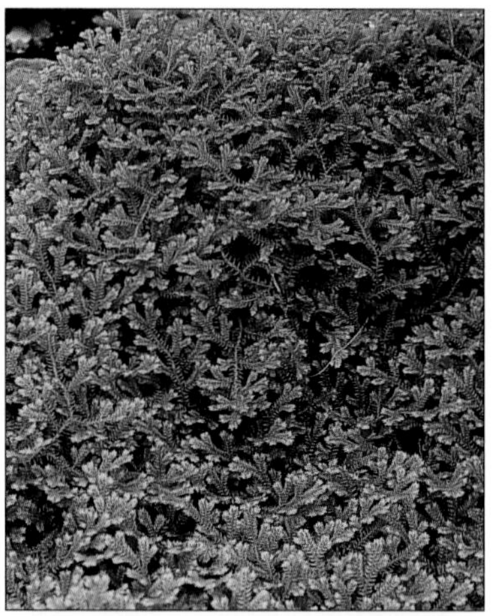

▲ *Selaginella kraussiana* «Aurea»: como el musgo.

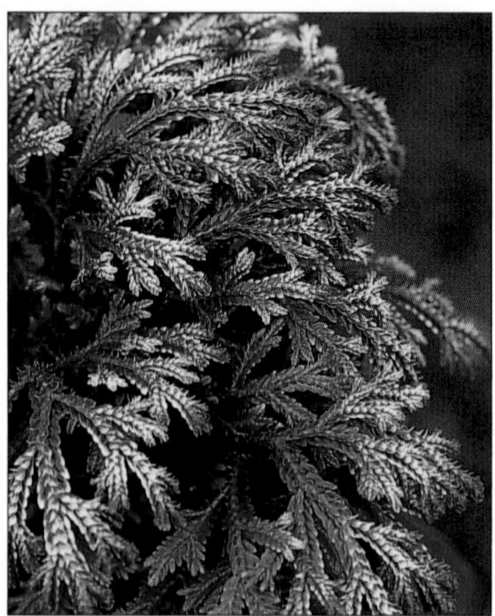

▲ *Selaginella martensii*: ideal en una habitación oscura.

Selaginella spp.
SELAGINELA

  22 °C 14 °C 

Planta tapizante, cercana a los helechos, que forma alfombras tupidas, de apariencia musgosa.

Origen: regiones tropicales del mundo entero.

Hojas: minúsculas, en forma de escamas planas, sobre tallos rastreros, menudos y ramificados.

Flores: las selagineláceas no florecen.

Luz: una habitación moderadamente iluminada.

Sustrato: turba, arena gruesa y tierra de brezo.

Abono: nutra la planta todos los meses con un abono nitrogenado, diluido a la mitad de la dosis aconsejada.

Humedad ambiental: las hojas se encogen en cuanto la humedad desciende por debajo del 60%. Las vaporizaciones diarias resultan indispensables.

Riego: no deje que se seque el cepellón.

Trasplante: en abril, a una maceta bastante plana.

Exigencias especiales: las selaginelas medran bien en un terrario o en una bombona.

Tamaño: 20 cm de alto y de ancho.

Multiplicación: por división de rizomas enraizados.

Longevidad: de uno a tres años en casa.

Plagas y enfermedades: ninguna, por lo general.

Especies y variedades: *Selaginella apoda* y *S. kraussiana* producen la impresión de una alfombra de musgo; «Aurea» tiene reflejos dorados; *Selaginella lepidophylla*, la rosa de Jericó, puede secarse completamente. Reverdece si se la sumerge en agua; *Selaginella martensii* tiene hojas anchas y tallos poco ramificados; forma matas sueltas.

Consejo: pode la planta con tijeras, para conservar su silueta en forma de bola.

Senecio macroglossus
SENECIO-HIEDRA

  22 °C 10 °C 

Planta voluble, suculenta, de hoja persistente.

Origen: Suráfrica (Natal). 1868.

Hojas: de 5 a 8 cm de largo, triangulares, carnosas, de tres a cinco lóbulos, recuerdan la hiedra. Los tallos se vuelven leñosos al envejecer.

Flores: capítulos amarillos solitarios, en el extremo de los ramos. La floración es poco frecuente en casa.

Luz: coloque el senecio a menos de 1 m de una ventana para impedir que los tallos se marchiten.

Sustrato: sustrato para cactáceas o una mezcla ligera de arena de río y turba.

Abono: el senecio no requiere aportes de abono si se trasplanta anualmente.

Humedad ambiental: la atmósfera de los interiores, incluso seca, resulta conveniente.

Riego: una vez por semana, muy abundante para impregnar bien todo el cepellón.

Trasplante: cada tres años, en primavera.

Exigencias especiales: el senecio se encuentra mejor suspendido que en espaldera.

Tamaño: de 40 a 60 cm de alto.

Multiplicación: desde mayo hasta julio, por esquejes de tallos en agua o en tierra arenosa; en agosto y septiembre, en un miniinvernadero con calefacción de fondo.

Longevidad: más de 10 años en casa.

Plagas y enfermedades: las moscas blancas pueden invadir las plantas en invierno.

Especies y variedades: «Variegatus», de follaje variegado de crema.

Consejo: el senecio prefiere pasar el invierno al fresco, en un lugar bien iluminado. Saque la planta al jardín en verano, pero ¡cuidado con los limacos!

◀ *Senecio macroglossus* «Variegatus»: una falsa hiedra.

Setcreasea purpurea
SETCREASEA

  23 °C 10 °C 

Planta vivaz de tallos carnosos, que forma una mata y se convierte en rastrera con la edad. A veces se la llama *Tradescantia pallida* «Purpurea».

Origen: México. La planta no se cultivó en interiores hasta la década de 1950.

Hojas: lanceoladas, cóncavas, sin pecíolos, que envainan los tallos. La planta está totalmente coloreada de púrpura violáceo y cubierta de un polvillo aterciopelado.

Flores: corolas de tres pétalos, rosa purpúrea, nacen en los extremos de los tallos, en verano.

Luz: al menos tres horas de sol al día.

Sustrato: 1/2 tierra de jardín, 1/2 tierra de brezo.
Abono: una vez al mes, desde abril hasta septiembre.
Humedad ambiental: no vaporice.
Riego: a lo largo de todo el año, entre dos aportes de agua, deje que la superficie del sustrato se seque a una profundidad de 3 a 4 cm.
Trasplante: dos veces al año, en marzo y en septiembre, hasta que la maceta alcance los 25 cm de diámetro; luego, cada dos años, en abril.
Exigencias especiales: Puede sacar la planta al jardín desde mayo hasta octubre.
Tamaño: 25 cm de alto y 40 cm de ancho.
Multiplicación: por esquejes de tallos de 10 cm, en agua o en un sustrato para semilleros.
Longevidad: tras tres o cuatro años, la planta se afea. Multiplíquela regularmente.
Plagas y enfermedades: moscas blancas.
Especies y variedades: «Purple Heart», de hojas intensamente teñidas de púrpura.
Consejo: combine la setcreasea con una violeta africana, una fittonia, una peperomia o una pilea.

Siderasis fuscata
SIDERASIS

25 °C
16 °C

Planta vivaz, que forma una roseta compacta.
Origen: Brasil.
Hojas: de 15 a 25 cm de largo, ovaladas, verde oscuro, con una franja plateada en el centro, cubiertas de pelusa color herrumbre.
Flores: la planta produce en verano flores violetas de tres pétalos, de 2 a 3 cm de diámetro.
Luz: proteja al siderasis de los rayos directos del sol y ofrézcale, a la vez, una buena iluminación.
Sustrato: sustrato para trasplantes muy drenante.
Abono: realice tres aportes de abono líquido para plantas verdes, entre abril y septiembre.
Humedad ambiental: muy alta. Un invernadero caliente, una bombona o un terrario son aconsejables.
Riego: una a dos veces por semana, dejando que se seque la superficie del sustrato de la maceta.
Trasplante: todos los años, en primavera.
Exigencias especiales: no vaporice las hojas vellosas, pues se manchan fácilmente.
Tamaño: de 30 a 40 cm de alto y de ancho.
Multiplicación: el esquejado queda reservado para los profesionales. Divida las matas grandes.
Longevidad: poco más de seis meses en casa; hasta cuatro años en un invernadero o un terrario.
Plagas y enfermedades: ninguna. El ennegrecimiento del follaje se debe a un exceso de riego.
Especies y variedades: sólo se comercializa, de tanto en tanto, la especie *Siderasis fuscata.*
Consejo: coloque una gruesa capa drenante en el fondo de la maceta para evitar la podredumbre.

☞ ***Soleirolia*** véase *Helxine.*
☞ ***Solenostemon*** véase *Coleus.*

Sonerila margaritacea
SONERILA

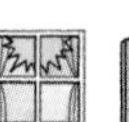  

25 °C
16 °C

Planta vivaz de porte extendido y en forma de mata.
Origen: Birmania (Myanmar), Java.
Hojas: de 5 a 7 cm de largo, ovaladas, lanceoladas, puntiagudas, con máculas de verde oscuro y de plata. Los tallos y el envés de las hojas son rojos.
Flores: la planta produce en verano florecitas rosas de tres pétalos y estambres dorados.
Luz: intensa, pero siempre filtrada.
Sustrato: arena, tierra de brezo fibrosa y cortezas.
Abono: una vez cada 15 días, desde abril hasta agosto.
Humedad ambiental: del 70 al 90 %. La sonerila se desarrollará bien en la atmósfera saturada de un terrario.
Riego: cada tres días.
Trasplante: todos los años, en primavera.
Exigencias especiales: La sonerila no tolera la menor corriente de aire frío.
Tamaño: de 20 a 30 cm de alto y de ancho.
Multiplicación: por esquejes en agua en verano.
Longevidad: de tres meses a dos años.
Plagas y enfermedades: ninguna, por lo general.
Especies y variedades: «Handersonii», de nervio central rojo; «Variegata», verde oscuro y plata.
Consejo: cultive la sonerila en macetas anchas, en compañía de otras plantas.

▲ *Setcreasea purpurea:* una cinta aterciopelada y púrpura.

▲ *Siderasis fuscata:* una planta todavía poco común.

Sonerila margaritacea «Variegata»: reflejos plateados. ▶

▲ *Sparmannia africana:* también tilo de salón.

▲ *Strobilanthes dyerianus* «Exotica»: metálico.

◀ *Stromanthe sanguinea,* planta cercana a las *Calathea.*

Sparmannia africana
TILO DE SALÓN

20 °C / 5 °C

Gran arbusto de follaje persistente y amplio.

Origen: Suráfrica, Madagascar.

Hojas: de 15 a 25 cm de ancho, cordiformes, a veces trilobuladas, verde claro, ligeramente vellosas.

Flores: el tilo de salón presenta en primavera umbelas terminales formadas por flores blancas muy bonitas, de cuatro pétalos, que rodean un cojinete de estambres amarillo cobrizo y púrpura.

Luz: se requieren al menos cuatro horas diarias de intensa luz para que florezca.

Sustrato: mantillo, tierra de brezo y tierra franca.

Abono: desde marzo hasta octubre, añada un abono para plantas verdes cada 15 días.

Humedad ambiental: más del 60 % si la temperatura supera los 15 °C en invierno.

Riego: dos veces por semana desde abril hasta septiembre; cada 8 o 10 días durante el reposo.

Trasplante: dos meses tras la compra; luego, cada seis meses, hasta que la planta alcance 1 m de alto. Después, una vez al año, hasta que la maceta tenga 30 cm de diámetro; posteriormente, sustituya la parte superficial del sustrato.

Exigencias especiales: coloque el tilo de salón fuera (jardín o balcón), desde mayo hasta septiembre.

Tamaño: hasta 2,50 m, en casa.

Multiplicación: por esquejes escogidos en marzo, que arraigan fácilmente en un sustrato húmedo.

Longevidad: más de 15 años.

Plagas y enfermedades: las arañas rojas empañan el follaje. Las cochinillas algodonosas se incrustan en los tallos y bajo el limbo de las hojas.

Especies y variedades: «Nana» no pasa de 60 cm; «Flore Pleno», de flores dobles.

Consejo: cada año, en abril, tras la floración, reduzca un poco los riegos. A principios de junio, pode todos los tallos a 40 cm de su punto de partida, para obtener una mata redondeada. La floración es mejor cuando la planta pasa el invierno bajo una intensa luz y al fresco (en torno a 10 °C).

Strobilanthes dyerianus
STROBILANTHES

22 °C / 12 °C

Herbácea vivaz de porte extendido.

Origen: Birmania (Myanmar).

Hojas: oblongas, lanceoladas. Los nervios y el contorno verde cobrizo destacan el colorido del limbo: rosa amaranto, con matices plateados.

Flores: espigas azules en otoño (poco frecuentes).

Luz: indirecta pero intensa. No deje la planta en verano tras una ventana descubierta.

Sustrato: mantillo, turba y tierra vegetal.

Abono: una vez al mes, desde marzo hasta octubre.

Humedad ambiental: al menos del 60 %. Vaporice el follaje dos veces al día, durante todo el año.

Riego: entre dos aportes de agua, deje que la maceta se aligere un poco y que el sustrato de la superficie se seque.

Trasplante: cada año, en primavera.

Exigencias especiales: el strobilanthes requiere pinzamientos para conservar una forma achaparrada y regular.

Tamaño: 60 cm de alto, en maceta.

Multiplicación: por esquejes en primavera, en un mini-invernadero de atmósfera controlada, con calor de fondo; difícil.

Longevidad: renueve la planta cada dos o tres años, ya que, con la edad, los colores palidecen.

Plagas y enfermedades: moscas blancas.

Especies y variedades: «Exotica», de hojas con matices verdes y purpúreos, con reflejos metálicos; *Strobilanthes atropurpureus,* de hojas verdes y bellas flores púrpura oscuro, en verano.

Consejo: instale el strobilanthes al pie de los crotones, cuyos tallos se deshojan.

Stromanthe sanguinea
STROMANTHE

24 °C / 10 °C

Planta con rizomas, que forma matas densas.

Origen: Brasil, Colombia, Venezuela.

Hojas: de 30 a 50 cm, ovaladas, terminadas en una puntita. Los limbos, verde glauco y gris, están adornados con franjas más oscuras.

Flores: en invierno o en primavera, espigas blancas o amarillo pálido, muy poco frecuentes en maceta.
Luz: las hojas se enrollan cuando se exponen al sol directo. La semisombra resulta ideal.
Sustrato: sustrato de trasplante a base de turba y de cortezas. Deposite una capa de 3 cm de gravilla en el fondo de la maceta, para mejorar el drenaje.
Abono: una vez al mes, desde abril hasta septiembre.
Humedad ambiental: al menos del 65 %. Cultive el stromanthe sobre una capa de bolas de arcilla o de grava, permanentemente húmedas.
Riego: una vez a la semana. Deje que la superficie del sustrato se seque a 2 cm de profundidad antes de regar.
Trasplante: en marzo, cuando las raíces ocupen todo el volumen disponible de la maceta. Use una maceta más ancha que alta, en lugar de una tradicional.
Exigencias especiales: el stromanthe teme las bajadas bruscas de temperatura y la atmósfera seca.
Tamaño: 60 cm de alto, en maceta.
Multiplicación: por división, en otoño, de fragmentos de mata, provistos de algunas raíces.
Longevidad: de dos a tres años en casa.
Plagas y enfermedades: cochinillas.
Especies y variedades: *Stromanthe jacquinii* (o *S. lutea*), de hojas más pequeñas y flores amarillas.
Consejo: no coloque esta planta cerca de una puerta o de una ventana que se abra frecuentemente, ya que no tolera las corrientes de aire.

Syngonium podophyllum SYNGONIUM

Arbusto sarmentoso, vigoroso, muy frondoso, que forma una gran liana al envejecer.
Origen: selvas tropicales de América del Sur.
Hojas: de 10 a 30 cm de largo, nacen cordiformes y luego adoptan formas sagitadas y lobuladas.
Flores: el espádice rodeado de una espata de color blanco rosáceo no suele formarse en interiores.
Luz: coloque el syngonium cerca de una ventana con cortinas, orientada al sur o sureste.
Sustrato: tierra de jardín, sustrato de cortezas y turba.

Syngonium «Pixy»: un contraste pasmoso. ▶

Syngonium angustatum «Albolineatum»: muy amplio. ▶

Abono: desde marzo hasta julio, use en cada riego un abono líquido para plantas verdes (un tapón por 10 litros de agua).
Humedad ambiental: el syngonium sólo medra en ambientes húmedos y cálidos. Si no puede ofrecerle una galería o un invernadero, rocíe el follaje dos veces al día e instale la maceta sobre una capa de gravilla que mantendrá siempre húmeda.
Riego: cada 6 o 10 días, cuando la superficie del sustrato se haya secado a una profundidad de 2 a 3 cm.
Trasplante: cada primavera, sólo si las raíces han ocupado toda la maceta.
Exigencias especiales: el syngonium requiere un tutor sólido (provisto de musgo, preferentemente). También tolera una canasta suspendida, ya que las ramas se dejan colgar.
Tamaño: hasta 2 m de alto, en maceta.
Multiplicación: en junio, mediante esquejes de extremos de tallos, de 10 cm de largo, plantados en un miniinvernadero, de atmósfera controlada, con hormonas y calor de fondo.
Longevidad: más de 10 años en casa.
Plagas y enfermedades: las arañas rojas proliferan en invierno cuando la atmósfera es cálida y la higrometría insuficiente. Trate de modo preventivo.
Especies y variedades: «Emerald Gem», planta frondosa de follaje un poco alveolado y de nervios subrayados de amarillo; «Green Gold», moteado de amarillo dorado; «Albolineatum», estriado de amarillo en el centro de la hoja; «Trileaf Wonder», de nervios plateados.
Consejo: el syngonium es muy sensible al frío. En entretiempo, cuando la temperatura baja en casa, hay que conservar la planta casi en seco, para que tolere el frescor.

▼ *Syngonium podophyllum* «Emerald Gem Variegatum».

▼ *Syngonium* «Green Gold»: bonitos nervios dorados.

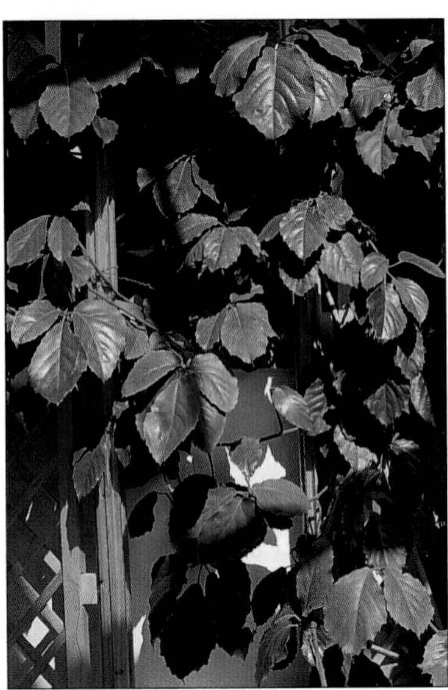

▲ *Tetrastigma voinierianum:* una lozanía increíble.

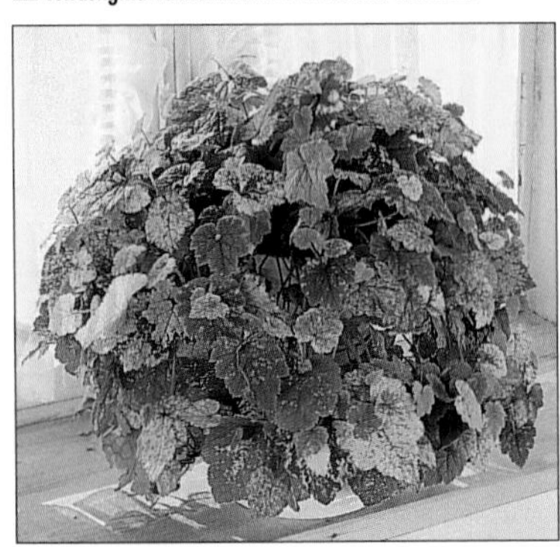

Tetrastigma voinierianum
TETRASTIGMA

Planta trepadora voluble, de hoja persistente y tallos vellosos, pardo rojizo, que forma zarcillos.

Origen: Vietnam, Laos.

Hojas: de 10 a 40 cm de largo, compuestas de tres a cinco folíolos, oblongas o rómbicas, verde intenso, de bordes dentados. El envés de las hojas está cubierto de una pelusa de color ardilla.

Flores: umbelas amarillentas en verano, aunque la planta casi nunca florece en interiores.

Luz: coloque la maceta a 1 m de un gran ventanal encortinado para matizar la luz del sol.

Sustrato: tierra vegetal, mantillo, arena y turba.

Abono: en abril, en junio y en julio, un aporte de abono líquido después de regar.

Humedad ambiental: una atmósfera un poco seca no es perjudicial para la planta mientras disfrute de una buena ventilación y de una reducida temperatura ambiente.

Riego: muy abundante, una vez por semana. Deje secar el cepellón entre dos riegos.

Trasplante: tres o cuatro meses tras la compra; luego, dos veces al año, en marzo y septiembre, hasta que la maceta alcance los 30 cm de diámetro. Después, cambie la superficie de la tierra cada dos años.

Exigencias especiales: la tetrastigma no soporta los traslados. Sus tallos son tan frágiles que se rompen como el cristal.

Tamaño: de 2 a 4 m, en una gran tina.

Multiplicación: mediante esquejes de tallos en una mezcla de mantillo y de arena, en bandeja colocada sobre la repisa de un radiador o en un miniinvernadero.

Longevidad: más de 10 años en casa.

Plagas y enfermedades: los pulgones se instalan a veces en el extremo tierno de jóvenes brotes. Corte simplemente los ramos invadidos.

Especies y variedades: entre las 90 especies conocidas, *Tetrastigma voinierianum* es la única que se cultiva.

Consejo: desde abril hasta octubre saque la tetrastigma a la terraza.

◀ *Tolmiea menziesii:* vellosa, casi rústica.

Tolmiea menziesii
TOLMIEA

Planta herbácea, con rizomas, que forma una mata. Hojas vivíparas.

Origen: costa oeste de Estados Unidos.

Hojas: de 8 a 12 cm de diámetro, cordiformes, lobuladas, dentadas, salpicada de motas verde claro. El limbo y el pecíolo son aterciopelados.

Flores: espigas rectas de 20 a 50 cm de alto, que presentan campanitas tubulares pardo purpúreo.

Luz: como planta de sotobosque, la tolmiea soporta sin problemas una habitación con poca luz. En invierno, acerque la planta a una ventana para evitar que las hojas palidezcan.

Sustrato: tierra de jardín, mantillo y arena.

Abono: durante el trasplante, añada una cucharadita de abono granulado de difusión lenta, que garantizará seis meses de nutrición completa.

Humedad ambiental: cultive la tolmiea sobre una capa de bolas de arcilla expandida, permanentemente húmeda, mientras estén encendidos los aparatos de calefacción.

Riego: una vez por semana mojando completamente el cepellón. En invierno, cada 10 días.

Trasplante: una vez al año, en primavera.

Exigencias especiales: la tolmiea se cultiva tanto en el jardín, en plena tierra (forma orillas encantadoras, a la sombra), como en maceta, en el balcón o en el interior. En este último caso, destacará en macetas colgantes.

Tamaño: de 20 a 40 cm en todas direcciones.

Multiplicación: jóvenes plántulas aparecen sobre las hojas, en la unión del limbo y del pecíolo. Sepárelas y trasplántelas.

Longevidad: poco más de dos años, ya que la planta se deshoja por el centro y pierde la belleza.

Plagas y enfermedades: ninguna.

Especies y variedades: la variedad «Taff's Gold» (o «Maculata») está moteada de blanco cremoso.

Consejo: no use abrillantador, ya que quema las hojas frágiles. Conserve la tolmiea en una galería fresca durante el invierno (a salvo de las heladas) y riéguela muy poco.

Tradescantia spp.
TRADESCANTIA

Herbácea vivaz de tallos menudos, carnosos y de porte colgante. El género *Tradescantia* agrupa actualmente a las *Setcreasea* y las *Zebrina*.

Origen: América Central y del Sur.

Hojas: de 5 a 10 cm de largo, lanceoladas, que envainan el tallo, con frecuencia estriadas con franjas blancas, plateadas, crema, rosa o verde pálido.

Flores: pequeñas corolas de tres pétalos aparecen y mueren el mismo día, en verano.

Luz: tolera las habitaciones con poca luz. Sin embargo, las variedades de follaje variegado requieren un poco más de luz, sin insolación directa.

Sustrato: añada a un sustrato de trasplante clásico entre 10 y 15 % de arena de río.

Abono: todos los meses durante el buen tiempo.

Humedad ambiental: la atmósfera de los interiores resulta idónea para las tradescantias, incluso cuando el ambiente se reseca un poco más en invierno.

Riego: una vez a la semana, durante todo el año.

Trasplante: cada dos años, a una maceta de tamaño ligeramente superior.

Exigencias especiales: coloque las tradescantias en un lugar alto o suspendidas, para destacar el porte colgante y el follaje.

Tamaño: hasta 80 cm de largo.

Multiplicación: mediante esquejes en agua en cualquier época del año; éxito asegurado.

Longevidad: por lo general la planta se renueva cada tres o cuatro años, ya que se deshoja por la base.

Plagas y enfermedades: pulgones verdes.

Especies y variedades: *Tradescantia fluminensis* posee diversos cultivares, entre los cuales destacan: «Albovittata», de hojas verde claro con franjas blancas; «Aurea», con franjas amarillas; «Rochford Silver», con variegaciones blancas; «Tricolor», blanca y violeta claro; «Variegata» con rayas de colores variados; *Tradescantia blossfeldiana* (o *cerinthoides*) es muy vigorosa, con rayas purpúreas; «Variegata» presenta estrías más claras; *Tradescantia sillamontana* se distingue por su porte erguido y la pelusa blanca que cubre tallos y hojas; *Zebrina pendula,* llamada *Tradescantia zebrina,* tiene exactamente las mismas necesidades que la tradescantia, y se diferencia por el colorido de sus hojas, de un verde más profundo, con franjas plateadas más señaladas.

Consejo: pince los brotes para retrasar el momento en que la planta se deshoja. Cuidado con los tallos, son muy quebradizos. Esquéjelos.

Zamioculcas zamiifolia
ZAMIOCULCAS

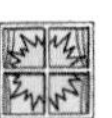  

Planta vivaz con rizomas, de tallos carnosos.

Origen: Zanzíbar. Los europeos no descubrieron el zamioculcas hasta 1828.

Hojas: de 30 a 60 cm, compuestas de cinco a ocho pares de folíolos coriáceos y lanceolados. Se producen en forma de matas, directamente sobre el rizoma.

Flores: las plantas en maceta nunca presentan floración.

Luz: un gran ventanal o un tragaluz son muy convenientes.

Sustrato: tierra de brezo, tierra de cortezas, turba rubia y tierra vegetal, todo ello en una mezcla a partes iguales.

Abono: una vez al mes, desde abril hasta septiembre.

Humedad ambiental: cuando la calefacción esté encendida, vaporice la planta dos veces por semana.

Riego: entre dos riegos, deje secar el sustrato a una profundidad de 3 a 4 cm. Evite el agua estancada.

Trasplante: cada dos años, entre marzo y abril.

Exigencias especiales: el zamioculcas tolera bien el invierno en una galería si se le riega poco.

Tamaño: hasta 80 cm de alto.

Multiplicación: por división de matas viejas o mediante esquejes de folíolos, en caliente; difícil.

Longevidad: más de cinco años en casa.

Plagas y enfermedades: cochinillas.

Especies y variedades: sólo *Zamioculcas zamiifolia* se ofrece como planta de interior.

Consejo: no la confunda con la *Zamia,* una cicadácea cuyas hojas son bastante parecidas, de donde procede el nombre de especie de la planta.

▲ *Tradescantia albiflora* «Albovittata»: una planta muy bella.

▲ *Tradescantia zebrina* «Regen Bogen»: todo delicadeza.

Zamioculcas zamiifolia: un aspecto prehistórico. ▶

LAS PLANTAS DE FLOR

La flor, que desvela con un gracioso descaro la intimidad triunfal de la sexualidad vegetal, es la expresión de la sensualidad extrema de la naturaleza. ✿ *Engalanada con los más bellos artificios y con colores soberbios, interpreta su papel de seductora para garantizar la descendencia de la especie. El refinamiento de las líneas, la infinita variedad de las formas, la extravagancia de los colores y la sutileza de los perfumes sólo tienen una finalidad: reunir las condiciones ideales para que la fecundación renueve el milagro de la vida.* ✿ *Las plantas, en una aparente inmovilidad, muestran tesoros de ingenio para lograr amores fecundos. Una orquídea se disfrazará de insecto, hasta dejarse llevar a un acoplamiento ficticio, que mostrará al animal haciendo las veces de alcahuete involuntario.* ✿ *Tan sólo basta un contacto de algunos segundos o un simple roce para que los minúsculos granos de polen pegados al abdomen velludo del abejorro o de la abeja se adhieran al pistilo de savia pegajosa de la orquídea.* ✿ *Algunas flores de cacto esperarán a la noche para abrirse y atraer irresistiblemente a los murciélagos, que las polinizarán.* ✿ *Los perfumes no fueron creados para deleitar nuestros sentidos, sino para atraer a determinados insectos que se harán cómplices de la propagación de las plantas que frecuentan.* ✿ *Sin que experimentemos sus efectos de modo primario y espontáneo, la naturaleza profundamente erótica de las flores inspira nuestros sentimientos y los usamos desde siempre en nuestros juegos de seducción.* ✿ *Aunque el código complejo y anticuado del lenguaje de las flores de antaño se borre de nuestra memoria, la flor siempre expresa belleza, suavidad, feminidad, afecto, ternura y amor. Además, el hecho de ofrecerse completa, viva, abierta en su tiesto, le brindará un valor simbólico todavía mayor, la garantía de un placer profundo y de una gran alegría compartida.* ✿

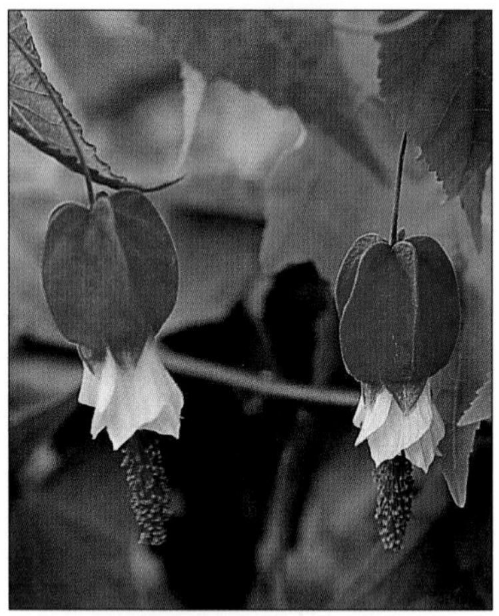

▲ *Abutilon megapotamicum:* linterna japonesa.

Abutilon spp.
ABUTILÓN

Arbusto bien ramificado, cultivado con frecuencia como planta veraniega de temporada.

Origen: regiones tropicales y subtropicales.

Hojas: de 10 a 20 cm de largo, por lo general perennes, palmadas, de tres o cinco lóbulos, con frecuencia variegadas. Brotes de color pardo purpúreo.

Flores: de 4 a 8 cm de largo, en forma de campana, de copa o de linterna japonesa, muy coloreadas, siempre renovadas desde mayo hasta octubre.

Luz: exponga todo el año el abutilón a pleno sol, incluso aunque sea muy intenso.

Sustrato: tierra de jardín, arena y mantillo con un 20% de fertilizante a base de estiércol y de algas.

Abono: durante todo el período de floración, añada cada 8 o 10 días un abono líquido para plantas de flor o para geranios.

Humedad ambiental: el abutilón tolera la sequedad si la temperatura invernal es baja.

Riego: cada tres o cuatro días en verano; no más de una vez cada 10 días durante el reposo.

Trasplante: cada año, antes del rebrote de la vegetación. La maceta debe ser bastante grande.

Exigencias especiales: los pinzamientos regulares de los brotes jóvenes favorecen la floración.

Tamaño: hasta 1,80 m de alto, en maceta.

Multiplicación: por esquejes de ramas jóvenes desde julio hasta septiembre, en miniinvernadero y atmósfera controlada.

Longevidad: una estación, si no dispone de una galería para una parada vegetativa al fresco. De lo contrario, de tres a cinco años, ya que luego la planta se afea.

Plagas y enfermedades: los pulgones negros son muy abundantes y frecuentes. Moscas blancas, arañas rojas y cochinillas de escudo.

Especies y variedades: *Abutilon megapotamicum,* de flores rojas y amarillas. Se cultivan sobre todo formas híbridas, por su colorido específico o su follaje variegado.

Consejo: pode drásticamente las ramas que presentaron flores.

◀ *Abutilon* x sobre tallo: un bello árbol de interior.

Acacia paradoxa
MIMOSA

Arbusto de hoja persistente, de tallos espinosos, bien ramificados, que forman una mata flexible.

Origen: Australia.

Hojas: presenta tallos aplanados que parecen hojas (filodios), de 1 a 3 cm de largo, de color verde oscuro, lanceolados u oblongos.

Flores: en invierno y en primavera, las ramas se cubren de borlas de color amarillo dorado de 1 cm de ancho.

Luz: a pleno sol todo el año, si no, la floración no se produce. En invierno es recomendable una iluminación artificial complementaria (cuatro horas diarias).

Sustrato: tierra de jardín, arena y tierra de brezo.

Abono: tras la floración y hasta el final de septiembre, añada cada 15 días un abono líquido para plantas de flor o para tomateras.

Humedad ambiental: no vaporice el follaje. No tendrá ningún problema en invierno si la habitación es fresca.

Riego: de una a dos veces por semana durante el crecimiento; cada 10 o 12 días en invierno.

Trasplante: cada dos años, tras la floración.

Exigencias especiales: como esta acacia es acidófila, use preferentemente agua de lluvia.

Tamaño: hasta 1 m en maceta.

Multiplicación: por esquejes de brotes jóvenes entre julio y agosto, en miniinvernadero y atmósfera controlada.

Longevidad: bajo las condiciones de interior, el tiempo de la floración. De dos a cinco años en invernadero frío; luego la planta se deshoja.

Plagas y enfermedades: podredumbre de las raíces en invierno en un ambiente demasiado cálido y húmedo. Arañas rojas, pulgones y cochinillas.

Especies y variedades: más de 1 100 especies inventariadas. *Acacia paradoxa* (o *armata*) es la más cultivada en maceta; *A. dealbata,* la «auténtica» mimosa, se da peor en casa que *A. baileyana* o *A. cultriformis,* de aspecto similar.

Consejo: se encuentran al final del invierno bonitas plantas injertadas en tallos, que medran durante más tiempo que las jóvenes plantas ofrecidas en forma de matas. Saque la mimosa al jardín durante todo el verano; reflorecerá mucho mejor.

Acalypha hispida ACALYPHA

Arbusto dioico, poco ramificado.

Origen: Malasia, Nueva Guinea.

Hojas: de 10 a 25 cm de largo, perennes, entre ovaladas y dentadas, de extremo en punta, verde oscuro.

Flores: sólo se cultivan las plantas hembra, que presentan amentos rojo bermellón. De 20 a 50 cm de largo, se abren desde abril hasta octubre.

Luz: intensa, pero sin sol directo en verano.

Sustrato: tierra de brezo y tierra de jardín.

Abono: desde abril hasta septiembre, añada cada 15 días un abono líquido para plantas de flor.

Humedad ambiental: al menos del 50%. Coloque la planta sobre un lecho de grava húmeda. No vaporice durante la floración.

Riego: de una a dos veces por semana durante el crecimiento; cada 10 o 12 días en invierno.

Trasplante: cada año en primavera, sin agrandar obligadamente el tiesto. *Acalypha* florece mejor en un recipiente ajustado.

Exigencias especiales: pode todos los brotes jóvenes a 10 cm de la base, muy al principio de la primavera. Las corrientes de aire son fatales para ella.

Tamaño: de 40 a 80 cm en tiesto, en casa.

Multiplicación: esquejes de brotes apicales en el momento de la poda, en marzo, en un miniinvernadero, en atmósfera controlada, con hormonas y calefacción de fondo (25 °C). Arraigo en dos meses.

Longevidad: una estación, si no dispone de un invernadero para la parada vegetativa; en caso contrario, de tres a siete años.

Plagas y enfermedades: arañas rojas, pulgones, aleurródidos sobre las plantas debilitadas.

Especies y variedades: «Alba», de amentos blancos, es más rara; la híbrida *Acalypha* x *pendula* tiene hojas más pequeñas. Las flores se presentan en el extremo de largos tallos flexibles. Esta planta forma una bella colgante; *A.* x *wilkesiana* ofrece un follaje coloreado *(véase pág. 248)*.

Consejo: para obtener una refloración es indispensable una parada vegetativa al fresco (menos de 15 °C) en un ambiente luminoso y con riegos parsimoniosos.

Achimenes x ACHIMENES

Vivaz rizomatosa, que forma una bella mata.

Origen: sólo se cultivan formas híbridas de estas plantas de América Central.

Hojas: de 15 a 20 cm de largo, opuestas, ovaladas, vellosas por el haz, verde oscuro, con frecuencia sombreadas de púrpura por el envés.

Flores: desde junio hasta septiembre, aparecen trompetas solitarias de 3 a 6 cm de diámetro con coloridos muy variados según los cultivares.

Luz: bastante intensa, pero sin sol directo.

Sustrato: tierra de brezo, sustrato de corteza y arena.

Abono: desde abril hasta octubre, añada todas las semanas un abono para plantas de flor, diluido a la mitad de la concentración recomendada en el envase.

Humedad ambiental: al menos del 50%. Coloque la maceta sobre gravilla húmeda. No vaporice.

Riego: cada tres días durante la floración.

Trasplante: una vez al año, tras la parada vegetativa.

Exigencias especiales: el achimenes exige un período de reposo invernal, con el cepellón de rizomas conservado completamente en seco.

Tamaño: de 20 a 30 cm de alto y de ancho.

Multiplicación: por división de rizomas al final del invierno, en fragmentos de 4 a 5 cm de largo. Esquejes de jóvenes tallos en agua; difícil.

Longevidad: por lo general, se tira la planta tras la floración; pero si posee una galería, intente la parada vegetativa de los rizomas.

Plagas y enfermedades: podredumbre invernal; pulgones y arañas rojas en verano.

Especies y variedades: *Achimenes grandiflora* y *A. longiflora* originaron muchas generaciones de híbridos de flores azules, blancas, rosas y rojas, lisas o más o menos veteadas.

Consejo: es posible usar el achimenes como planta veraniega decorativa en un balcón, por ejemplo, asociado a falangerios o esparragueras. Ahora bien, en caso de estación lluviosa, la planta puede llegar a estropearse de forma muy rápida.

▲ *Acacia paradoxa*: una mimosa de buen porte.

▲ *Acalypha hispida*.

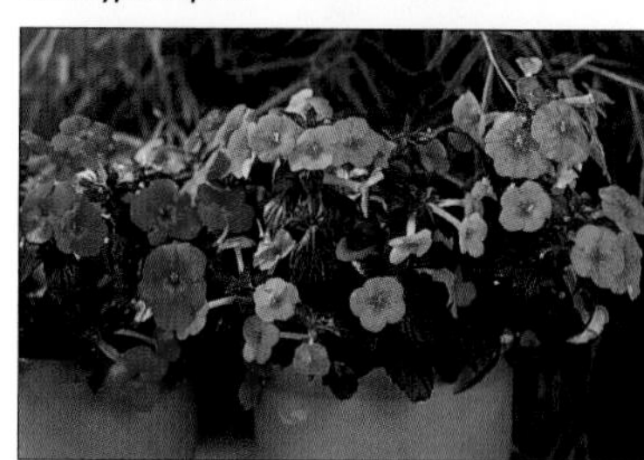

Achimenes x: una planta efímera para el verano. ▶

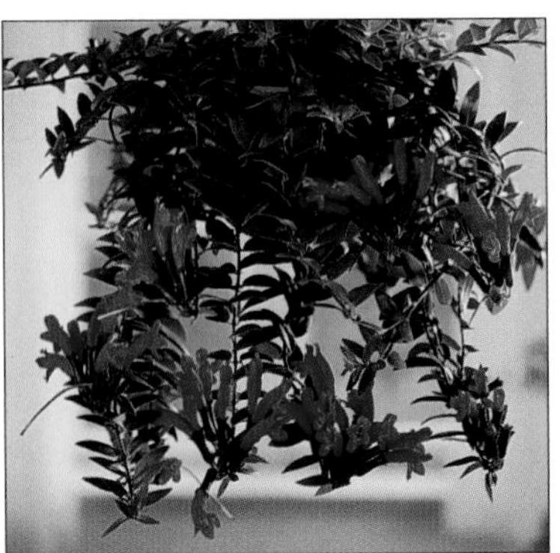

▲ *Aeschynanthus radicans:* una colgante escarlata.

▲ *Aeschynanthus speciosus:* fuegos artificiales aterciopelados.

Aeschynanthus speciosus
AESCHYNANTHUS

  22 °C 15 °C 

Planta vivaz de hoja persistente, a veces trepadora, de tallos colgantes o de porte en forma de mata.

Origen: sur de Asia, Indonesia, Papuasia.

Hojas: de 3 a 5 cm de largo, opuestas, simples, ovaladas, coriáceas, de color verde subido, lustrosas.

Flores: en forma de tubo alargado, naranja, rojo o amarillo subido, de cáliz purpúreo. Abundante floración veraniega.

Luz: muy intensa, pero sin sol directo.

Sustrato: sustrato de cortezas, tierra de brezo, turba rubia fibrosa y perlita, a partes iguales.

Abono: desde mayo hasta septiembre, añada un abono para plantas de flor cada 15 días.

Humedad ambiental: vaporice el follaje varias veces a la semana con agua a temperatura ambiente y sin cal, para evitar manchar las brillantes hojas.

Riego: una vez por semana todo el año, con agua no calcárea y sin empapar.

Trasplante: en primavera, una vez al año.

Exigencias especiales: cultive preferentemente el *aeschynanthus* en una cesta, colgado.

Tamaño: de 30 a 60 cm de largo.

Multiplicación: por esquejes de extremos de tallos, en miniinvernadero, en atmósfera cerrada; con hormonas y calor de fondo, en verano; difícil.

Longevidad: de uno a tres años, en tiesto en casa.

Plagas y enfermedades: ninguna, por lo general.

Especies y variedades: *Aeschynanthus marmoratus* resulta interesante por su bello follaje verde oscuro con diseños amarillo verdosos y marrones. Las flores, poco frecuentes en cultivo, son tubulares, de color verde moteado de marrón; *A. pulcher, A. lobbianus* y *A. parviflorus* desarrollan grandes flores rojo bermellón subido; «Black Pagoda» es una forma de porte extendido, con hojas alargadas. Flores erguidas amarillas y rojas.

Consejo: no traslade la planta cuando los botones estén formados, ya que podrían caer. En primavera, pince los extremos de los tallos para obtener un porte más ramificado.

◄ *Aeschynanthus:* flores de cáliz purpúreo.

Agapetes serpens
AGAPETES

  20 °C 5 °C 

Pequeño arbusto, de raíces tuberosas, con ramas flexibles y arqueadas que pueden colocarse en espaldera.

Origen: Nepal, Bhutan, Asam, China.

Hojas: de 2 cm de largo, perennes, lanceoladas, coriáceas, de un bello verde oscuro brillante.

Flores: de enero a abril, en forma de campanitas colgantes, de color rojo anaranjado, en la axila de las hojas.

Luz: bastante intensa, sin sol directo.

Sustrato: sustrato de hojas, tierra de brezo y turba rubia. Prevea una gruesa capa drenante en el fondo de la maceta (gravilla, bolas de arcilla).

Abono: desde mayo hasta septiembre, añada cada 15 días un abono líquido para plantas de flor.

Humedad ambiental: vaporice regularmente en invierno si la temperatura supera los 12 °C.

Riego: cada tres o cuatro días durante el período de crecimiento. Lo mínimo posible en invierno.

Trasplante: cada dos años, en primavera.

Exigencias especiales: deje que agapetes hiberne en una galería, entre 5 y 7 °C. En mayo, saque la planta al exterior, bajo un árbol o pegada a un seto y protegida del sol ardiente.

Tamaño: de 60 a 90 cm de alto, hasta 3 m plantado en el suelo en un invernadero frío.

Multiplicación: por esquejes de jóvenes tallos, en verano, con calor de fondo; por acodo en primavera.

Longevidad: un verano, a menos que disponga de una galería poco calurosa, en cuyo caso, de dos a cuatro años.

Plagas y enfermedades: ninguna, por lo general.

Especies y variedades: sólo se cultiva *Agapetes serpens*, también llamado *Pentapterygium serpens.*

Consejo: pince el extremo de los nuevos brotes para obtener una planta bien ramificada.

Allamanda cathartica
ALLAMANDA

 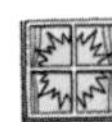 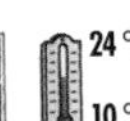 24 °C 10 °C 

Arbusto de ramas flexibles que puede ser guiado como una planta trepadora en espaldera.

Origen: América Central y del Sur.
Hojas: de 10 a 15 cm de largo, perennes, entre ovaladas y lanceoladas, simples, ligeramente onduladas por los bordes, de color verde oscuro brillante.
Flores: aparecen en verano grupitos de trompetas de color amarillo subido, de 8 a 12 cm de largo.
Luz: al menos cuatro horas de sol directo al día.
Sustrato: mantillo de cortezas, turba, tierra de jardín y tierra de brezo, con un buen drenaje en el fondo de la maceta, ya que la allamanda teme la humedad excesiva en las raíces.
Abono: una vez por semana, desde mayo hasta septiembre. Use un abono líquido para geranios, fresales o tomateras.
Humedad ambiental: al menos del 60 %. Vaporice el follaje a diario con agua a temperatura ambiente y sin cal.
Riego: deje que se seque bien el sustrato de la maceta entre dos aportes de agua, una vez cada 10 días en invierno, para señalar un leve período de reposo.
Trasplante: anualmente, en primavera.
Exigencias especiales: ponga en espaldera los brotes jóvenes a medida que vayan creciendo.
Tamaño: de 1 a 3 m, en todas direcciones.
Multiplicación: por esquejes apicales, en verano, en miniinvernadero, con calor de fondo; difícil.
Longevidad: de dos a cinco años, en maceta, en casa.
Plagas y enfermedades: pulgones sobre los tallos.
Especies y variedades: «Grandiflora», de flores color amarillo subido; «Hendersonii», de bella floración amarillo anaranjada; «Chocolate Swirl», de magníficas flores de color melocotón y rojas; *Allamanda blanchetii* o *violacea*, más compacta, presenta grandes flores de color rosa violáceo.
Consejo: instale esta trepadora vigorosa en una galería con calefacción para poder garantizarle una humedad ambiental elevada. Tale los tallos a la mitad tras el trasplante.

Alpinia spp.
ALPINIA

Planta vivaz con rizomas que desarrolla una fuerte mata de cañas erectas.
Origen: China, Japón, India.
Hojas: de 30 a 50 cm de largo, oblongas, lisas, coriáceas, de color verde oscuro.
Flores: blancas o amarillas en verano, en racimos erguidos o colgantes, acompañadas de brácteas carnosas rojas o marfileñas. A veces perfumadas.
Luz: viva, pero sin sol directo.
Sustrato: sustrato para trasplantes, estiércol bien descompuesto, arena de río y tierra de jardín.
Abono: desde mayo hasta agosto, añada cada 15 días un abono líquido para plantas de flor. O bien, en el momento del trasplante, incorpore en el sustrato un abono de larga duración granulado.
Humedad ambiental: al menos del 70 %. Garantice una vaporización por la mañana y por la tarde, todo el año.
Riego: una o dos veces por semana según la temperatura ambiente. Deje que se seque el sustrato de la maceta por la superficie entre dos aportes de agua.
Trasplante: una vez al año, en primavera. Sustituya el sustrato superficial de las grandes macetas, difíciles de trasladar.
Exigencias especiales: debido a su vigoroso crecimiento, las alpinias se desarrollan mejor si se plantan en una gran jardinera de al menos 40 cm de profundidad, o directamente en plena tierra, en el invernadero.
Tamaño: de 70 cm a 2 m de alto.
Multiplicación: por división de matas adultas, al final del invierno. Trasplante de los brotes jóvenes.
Longevidad: de uno a dos años en casa, más de cinco años en un invernadero caliente y húmedo.
Plagas y enfermedades: un grado higrométrico insuficiente ocasiona la aparición de arañas rojas y la desecación del borde de las hojas.
Especies y variedades: *Alpinia zerumbet*, de flores colgantes amarillas, con brácteas marfileñas; «Variegata», de follaje verde oscuro con rayas y manchas amarillo crema; *Alpinia purpurata*, con inflorescencias compuestas de brácteas rojo subido y florecitas blancas todo el año; *Alpinia vittata*, de hojas con rayas blancas y cremosas, presenta, en verano, flores verdosas con brácteas rosas.
Consejo: si no consigue que se dé la alpinia en maceta, aproveche sus flores en ramos. Duran varias semanas.

▲ *Agapetes serpens*: campanitas de colores sutiles.

▲ *Allamanda cathartica*: grandes embudos dorados.

▲ *Alpinia purpurata*: espigas escarlata de larga duración.

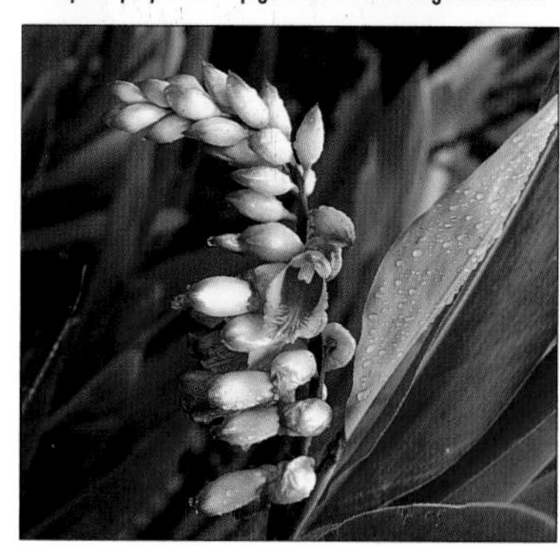

Alpinia zerumbet: la finura de la porcelana. ▶

▲ *Alyogyne huegelii* «Santa Cruz»: un aire de hibisco.

▲ *Anigozanthos* x: sorprendente.

Alyogyne huegelii
ALYOGYNE

25 °C / 5 °C

Arbusto en forma de mata de crecimiento rápido.

Origen: Australia.

Hojas: de 3 a 8 cm de largo, perennes, vellosas, palmadas, recortadas en cinco lóbulos de color verde subido.

Flores: durante todo el verano se suceden corolas en forma de copa de color lila o malva, de 10 cm de diámetro, sostenidas verticalmente por brotes apicales.

Luz: pleno sol, incluso ardiente.

Sustrato: tierra de jardín, turba rubia y mantillo.

Abono: desde abril hasta octubre, añada cada 15 días un abono líquido para geranios.

Humedad ambiental: tolera cierta sequedad si la temperatura es baja. En el ambiente normal de un interior, el follaje amarillea.

Riego: deje secar el cepellón entre dos aportes de agua; con demasiado riego, *Alyogyne* florece menos. Consérvelo casi en seco durante el invierno.

Trasplante: una vez al año al final del invierno, sin necesidad de cambiar a una maceta mayor.

Exigencias especiales: toda la parte aérea debe podarse a 10 cm del cepellón tras la floración, de lo contrario, la planta se deshoja.

Tamaño: 1 m de alto y de ancho, en maceta.

Multiplicación: por esquejes semimaduros de brotes jóvenes entre agosto y septiembre. Plántelos en miniinvernadero, en atmósfera controlada, con hormonas.

Longevidad: una temporada, si no dispone de una galería o de un invernadero para la parada vegetativa.

Plagas y enfermedades: pulgones y moscas blancas; arañas rojas sobre las plantas débiles.

Especies y variedades: «Santa Cruz», de flores oscuras, es el único cultivar ofrecido. Existen cuatro especies de alyogynes, consideradas por algunos botánicos como integrantes del género *Hibiscus*.

Consejo: en algunas zonas, el alyogyne crece al aire libre. También puede sacar la planta al balcón en verano.

☞ ***Amaryllis*** véase *Hippeastrum*.

◀ *Anthurium* x *andreanum:* flores muy duraderas.

Anigozanthos flavidus
ANIGOZANTHOS

20 °C / 5 °C

Vivaz de hoja persistente que forma una mata desmelenada.

Origen: Australia.

Hojas: de 30 a 50 cm de largo, lineales, rígidas, glaucas o verde intenso según las variedades.

Flores: desde mayo hasta agosto, tallos ramificados rígidos que presentan flores tubulares, de 3 a 5 cm de largo, más o menos encorvadas, vellosas, reunidas en ramos; de color verde, rosa, naranja o amarillo.

Luz: pleno sol, incluso ardiente.

Sustrato: arena, tierra de jardín y mantillo.

Abono: desde abril hasta septiembre, añada una vez al mes un abono líquido para plantas carnosas.

Humedad ambiental: el anigozanthos tolera muy bien la sequedad atmosférica.

Riego: dos veces a la semana durante la floración y luego cada seis u ocho días. Conserve la planta casi en seco durante la parada vegetativa.

Trasplante: todos los años, en primavera.

Exigencias especiales: no deben mojarse las flores, ya que su capa aterciopelada puede estropearse al retener la humedad.

Tamaño: de 40 cm a 1 m de alto.

Multiplicación: por división de mata, en primavera.

Longevidad: en casa, no suele conservarse el anigozanthos tras la floración.

Plagas y enfermedades: manchas foliares.

Especies y variedades: se ofrecen a veces formas híbridas sin denominación de *Anigozanthos bicolor* y *A. flavidus*.

Consejo: saque la planta al jardín o al balcón desde el mes de mayo. Intente un cultivo permanente al aire libre en la costa del Mediterráneo.

Anthurium
ANTURIO

25 °C / 15 °C

Vivaz con rizomas, de hoja persistente.

Origen: Ecuador, Colombia, Costa Rica y Brasil.

Hojas: de 30 a 40 cm de largo, coriáceas, entre acorazonadas y lanceoladas, de color verde oscuro, sostenidas por un largo pecíolo bastante rígido.

Flores: todo el año aparecen espádices tubulares, en algunas ocasiones en forma de tirabuzón, de colores rosas, blancos o amarillos, que van acompañados de soberbias espatas carnosas, con frecuencia rojas, de 10 a 20 cm de diámetro.

Luz: no exponer nunca al sol directo durante los períodos calurosos; tolera bien incluso la semisombra. En cambio, requiere plena luz en invierno para obtener una floración.

Sustrato: tierra de brezo fibrosa o sustrato de cortezas, turba rubia y arena gruesa.

Abono: desde abril hasta septiembre, añada cada tres semanas un abono orgánico líquido.

Humedad ambiental: al menos del 60 %. Vaporice el follaje por la mañana y por la tarde, pero no moje las espatas, ya que se manchan y duran menos tiempo.

Riego: cada tres o cuatro días cuando la temperatura es superior a 20 °C. En invierno, basta con un aporte de agua por semana.

Trasplante: todos los años en primavera, en el caso de los individuos jóvenes; cada dos años, cuando el cepellón supera los 25 cm de diámetro.

Exigencias especiales: es imprescindible que el agua no se estanque al nivel de las raíces.

Tamaño: de 40 a 80 cm de alto en el caso de las plantas con flores; 50 cm de ancho como media.

Multiplicación: sólo la división de mata se encuentra al alcance de un aficionado. Las semillas, sembradas a 25 °C, requieren varios meses para germinar.

Longevidad: dos o tres años en casa, y luego la planta pierde su interés al deshojarse.

Plagas y enfermedades: cochinillas y manchas foliares debidas a diversos hongos parásitos.

Especies y variedades: las formas botánicas como *Anthurium andreanum,* de grandes espatas rojas y espádices amarillos, o *A. scherzerianum,* reconocible por su espádice en forma de espiral, son más difíciles de lograr que los numerosísimos híbridos que fueron objeto de selecciones draconianas, y muestran desde entonces un excelente comportamiento en casa, con una floración que perdura durante meses.

Consejo: añada un producto antical al agua de riego y de vaporización, ya que el anturio es una planta acidófila.

Aphelandra squarrosa
APHELANDRA

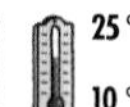

Arbusto de porte compacto y poco ramificado.

Origen: América tropical.

Hojas: de 20 a 30 cm de largo, perennes, coriáceas, alveoladas, ovaladas, elípticas, verde oscurísimo, con nervios blanco marfil.

Flores: desde junio hasta octubre aparecen espigas apicales formadas por brácteas imbricadas dispuestas de modo piramidal, amarillo ribeteado de rojo, que protegen flores tubulares amarillas.

Luz: intensa, pero sin sol directo.

Sustrato: tierra de jardín, turba rubia y mantillo.

Abono: desde mayo hasta octubre, añada cada 15 días un abono líquido para plantas verdes.

Humedad ambiental: 60 %. Vaporice la planta por la mañana y por la noche. Coloque la maceta sobre un lecho de bolas de arcilla húmedas.

Riego: dos veces por semana durante el período vegetativo. Cada 8 a 10 días en invierno.

Trasplante: anualmente, en primavera o tras la floración si la planta se encuentra estrecha.

Exigencias especiales: riegue con agua sin cal.

Tamaño: de 30 a 60 cm de alto, en maceta.

Multiplicación: por esquejes de brotes laterales, con hormonas y calor de fondo (22 a 25 °C).

Longevidad: de uno a tres años en casa, luego la planta se deshoja y pierde su interés.

Plagas y enfermedades: pulgones en los brotes jóvenes, cochinillas en el envés de las hojas.

Especies y variedades: «Dania» se cultiva por su follaje muy colorido; «Louisae» florece varias veces; «Snow Queen», de nervios plateados y flores amarillo ácido; *Aphelandra aurantiaca,* con espigas de flores anaranjadas resulta poco frecuente; *A. fascinator,* de follaje oscuro veteado de plata y con espigas escarlatas.

Consejo: elimine el polvo del follaje al menos una vez al mes y abrillántelo.

☞ ***Arum*** véase *Zantedeschia.*

▲ *Anthurium scherzerianum:* una estrella de los trópicos.

▲ *Aphelandra squarrosa.*

Aphelandra fascinator: una rareza realmente fascinante. ▶

B

Banksia spp.
BANKSIA

Arbusto de hoja persistente, ramificado, denso y bastante rígido.

Origen: Australia.

Hojas: de 10 a 20 cm de largo, entre lanceoladas y dentadas, recortadas en lóbulos de formas diversas según las especies, con frecuencia coriáceas, y de color verde oscuro.

Flores: en verano, las inflorescencias de 10 a 30 cm de alto, ovoides o cilíndricas, amarillas, anaranjadas o rosas, se componen de una multitud de flores minúsculas y tubulares que duran mucho tiempo.

Luz: pleno sol todo el año. Debe preverse luz artificial complementaria en invierno.

Sustrato: tierra de jardín, turba rubia y mantillo.

Abono: en el momento del trasplante, incorpore al sustrato un abono granulado para arbustos.

Humedad ambiental: vaporice sólo de tanto en tanto para eliminar el polvo del follaje.

Riego: una vez a la semana de media todo el año, según la temperatura ambiente.

Trasplante: una vez al año, en primavera, mientras que la banksia no alcance 1 m de alto. Luego, bastará con una sustitución superficial de sustrato.

Exigencias especiales: una parada vegetativa al fresco (10 °C) es indispensable para su supervivencia.

Tamaño: hasta 1,50 m de alto, en jardinera.

Multiplicación: para un aficionado medio es casi imposible encontrar las semillas en Europa. Al final del verano, los esquejes semimaduros son difíciles.

Longevidad: de uno a cinco años en tiesto; luego la planta pierde su silueta compacta y armoniosa.

Plagas y enfermedades: clorosis, *Phytophtora.*

Especies y variedades: existen 70 especies, pero sólo *Banksia menziezii,* con inflorescencias de 10 a 15 cm de diámetro, se cultiva en tiesto.

Consejo: la flor de la banksia dura varios meses en un ramo. Se encuentra regularmente en la sección de flores cortadas, sobre todo en invierno.

▲ *Banksia menziezii.*

Begonia nitida var. *odorata.* ▼

Begonia spp.
BEGONIA

Vivaz rizomatosa o subarbustiva, de hojas carnosas o en forma de bambú, y con aspecto muy variable según la especie.

Origen: regiones tropicales, aunque se cultivan esencialmente híbridos hortícolas.

Hojas: de 10 a 30 cm de largo, cordiformes o reniformes, más o menos carnosas, a veces vellosas o alveoladas, con frecuencia moteadas o jaspeadas.

Flores: veraniegas, solitarias, simples, dobles, en forma de anémona o en ramos en el caso de las begonias tuberosas, se agrupan en racimos colgantes muy graciosos en las begonias arbustivas o en ciertas formas de porte llorón.

Luz: bastante intensa, pero nunca pleno sol directo, sobre todo durante el período de floración.

Sustrato: tierra de brezo fibrosa, mantillo y tierra de jardín, con un 10 % de estiércol descompuesto.

Abono: durante la vegetación, añada todas las semanas un abono líquido para plantas de flor.

Humedad ambiental: al menos del 50 %; nunca debe vaporizarse el follaje.

Riego: conserve el cepellón ligeramente húmedo durante el crecimiento, sin empaparlo.

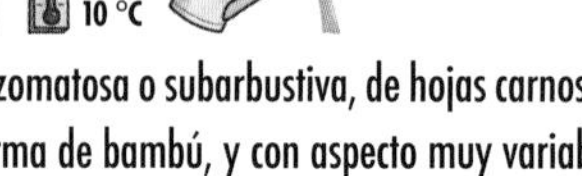

▼ *Begonia* x «Gold Civast»: una joya.

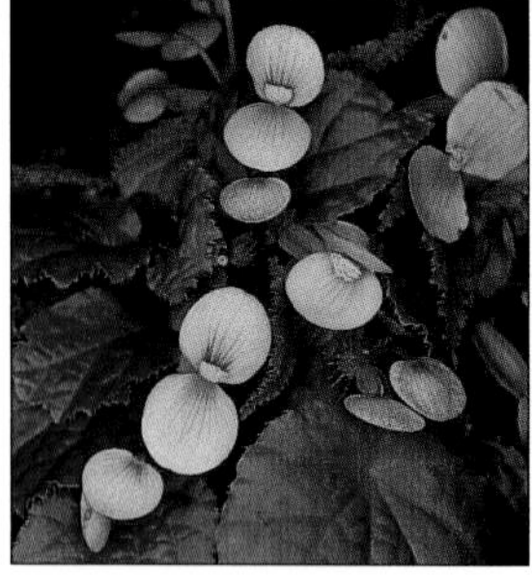

▼ *Begonia* x *hiemalis:* tonalidad muy sutil.

▼ *Begonia* x *lucerna:* una lluvia de flores.

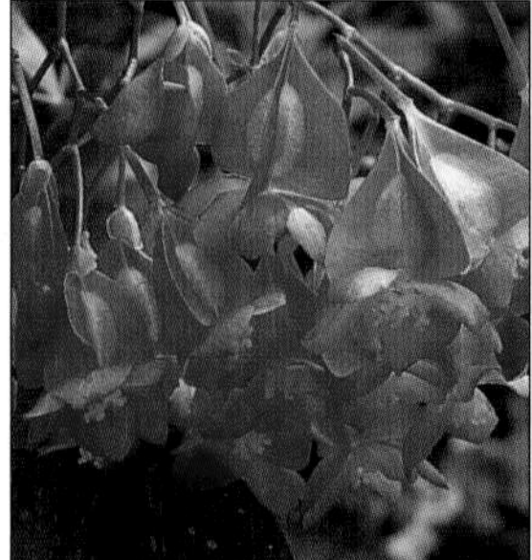

▼ *Begonia* «Orange Rubra»: en medios tonos.

Trasplante: anualmente, tras la floración o durante la reactivación de la vegetación en febrero-marzo.

Exigencias especiales: el secreto del éxito se encuentra en la dosificación del riego. Más vale que la planta se seque ligeramente que la situación contraria.

Tamaño: de 15 cm a 1,50 m de alto según las especies. Las colgantes alcanzan 1 m de ancho.

Multiplicación: por división de tubérculos en primavera; por esquejado de hojas en verano.

Longevidad: una temporada, para las begonias tuberosas; de uno a tres años para las arbustivas.

Plagas y enfermedades: el oídio resulta muy frecuente en las begonias tuberosas.

Especies y variedades: el género *Begonia* incluye alrededor de 900 especies y miles de variedades.

Consejo: pode los brotes jóvenes de las begonias arbustivas tras la floración, para que conserven una silueta compacta.

Beloperone guttata
BELOPERONE, CORAZÓN

22 °C
7 °C

Arbusto de hoja persistente, en forma de mata, bautizado con el nombre de *Justicia brandegeana* por los botánicos.

Origen: México.

Hojas: de 4 a 8 cm de largo, entre ovaladas y elípticas, cubiertas de pelos finos por el haz.

Flores: durante todo el año, espigas de 10 cm de largo, formadas de brácteas anaranjadas imbricadas que protegen las flores tubulares blancas.

Luz: pleno sol, no demasiado intenso.

Sustrato: tierra de jardín, arena y mantillo.

Abono: mezcle un granulado de acción lenta con el sustrato en el momento del trasplante anual.

Humedad ambiental: al menos del 50 %, aunque no debe vaporizarse la planta. Use un humidificador eléctrico o coloque la maceta sobre gravilla húmeda.

Riego: dos veces por semana durante la vegetación; cada 8 o 12 días en invierno.

Trasplante: una vez al año, en primavera.

Exigencias especiales: pode 3/4 partes de todas las ramas al final del invierno.

Tamaño: de 30 cm a 1 m de alto en maceta.

Multiplicación: por esquejes de tallos herbáceos jóvenes en primavera, en miniinvernadero, a 25 °C; difícil.

Longevidad: no más de cinco años, ya que el arbusto se deshoja poco a poco por la base.

Plagas y enfermedades: pulgones.

Especies y variedades: «Chartreuse», de brácteas color amarillo verdoso; «Yellow Queen», de espigas amarillas.

Consejo: saque el beloperone al balcón o al jardín desde mayo hasta octubre.

Bomarea
BOMAREA

18 °C
3 °C

Trepadora tuberosa, cuyos largos tallos se enrollan en torno a todo tipo de soportes.

Origen: Colombia, Ecuador.

Hojas: de 7 a 15 cm de largo, caducas, oblongas, de color verde glauco, a veces pubescentes.

Flores: desde mayo hasta septiembre aparecen inflorescencias esféricas, de 20 a 40 flores tubulares de 4 a 5 cm de largo, de color rosa anaranjado moteado de negro.

Luz: intensa, pero protéjala del sol directo.

Sustrato: tierra franca, sustrato de hojas, arena.

Abono: desde abril hasta septiembre, añada una vez al mes un abono líquido para geranios.

Humedad ambiental: del 50 %, como mínimo. Una buena humedad permanente es muy importante.

Riego: una vez por semana durante el crecimiento; cada 10 o 15 días en invierno.

Trasplante: anualmente, en primavera.

Exigencias especiales: es importante que la temperatura no supere los 18 °C, incluso en verano.

Tamaño: hasta 2 m de largo, en maceta.

Multiplicación: sólo la división en primavera está al alcance del jardinero aficionado.

Longevidad: una temporada en casa, de dos a cinco años si dispone de un invernadero frío.

Plagas y enfermedades: arañas rojas.

Especies y variedades: entre las 120 especies conocidas, sólo se cultiva *Bomarea caldasii*.

Consejo: no permita nunca que se estanque el agua.

▲ *Begonia socotrana:* reservada a los coleccionistas.

▲ *Beloperone guttata.*

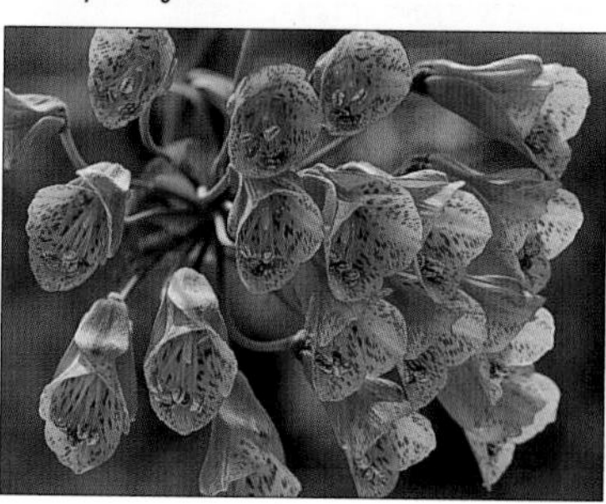

Bomarea caldasii: una trepadora de belleza inusitada. ▶

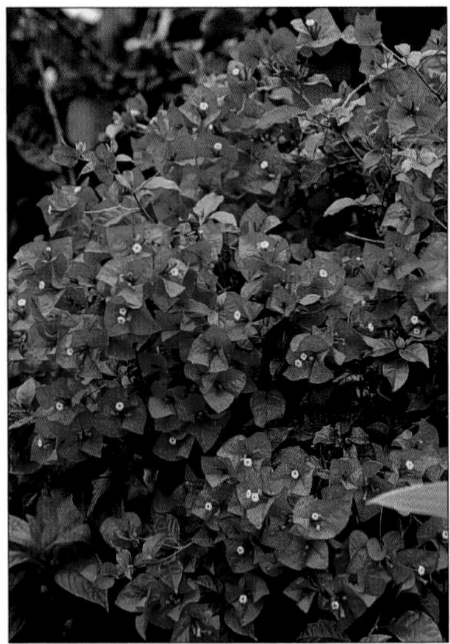

▲ *Bougainvillea* x: una profusión de brácteas coloreadas.

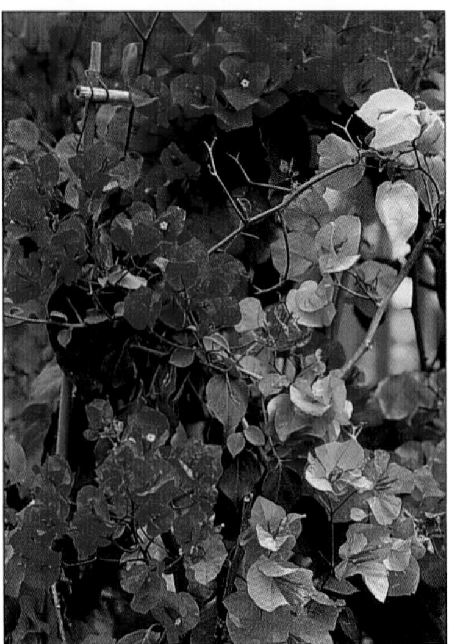

▲ *Bougainvillea* x: una trepadora muy generosa.

Bougainvillea x
BUGANVILLA

24 °C 5 °C

Vigoroso arbusto sarmentoso, de tallos espinosos, que también se llama «buganvilia».

Origen: Brasil. Numerosos híbridos hortícolas.

Hojas: de 5 a 8 cm de largo, perennes, ovaladas, puntiagudas, de color verde brillante, más claras por el envés.

Flores: desde mayo hasta noviembre, racimos de flores, violetas, rojas, rosas y blancas, cubren toda la planta. Están formadas por brácteas de 3 a 5 cm de largo, que rodean una flor tubular blanca.

Luz: pleno sol, incluso muy intenso.

Sustrato: tierra de jardín, arena y turba, con un 20% de fertilizante a base de estiércol y de algas.

Abono: desde abril hasta septiembre, riegue permanentemente esta planta glotona con una solución fertilizante (un tapón de abono por 10 litros de agua).

Humedad ambiental: es inútil vaporizar, a menos que la temperatura supere los 15 °C en invierno.

Riego: una a dos veces por semana durante el crecimiento; cada 10 o 15 días en invierno, en función de la temperatura ambiente.

Trasplante: un mes tras la compra, y luego todos los años antes de la reactivación de la vegetación.

Exigencias especiales: una estancia veraniega en el jardín, al pie de una pared orientada al sur o en el balcón redobla la intensidad de la floración.

Tamaño: hasta 3 m de alto en jardinera.

Multiplicación: por esquejes semimaduros de brotes terminales no floríferos entre agosto y septiembre, en un miniinvernadero en atmósfera controlada, con hormonas y calor de fondo (22 a 25 °C).

Longevidad: una temporada bajo las condiciones normales de los interiores. Hasta 10 años si puede hacer que la buganvilla hiberne en una galería.

Plagas y enfermedades: arañas rojas en tiempo caluroso y muy seco; pulgones y aleuródidos.

Especies y variedades: *Bougainvillea glabra* y *B. spectabilis* produjeron decenas de híbridos.

Consejo: tras la floración, pode todos los brotes a la mitad de su longitud.

◄ *Bouvardia* x: un ramo de finas trompetas pastel.

Bouvardia x
BOUVARDIA

20 °C 5 °C

Vivaz o arbustiva de porte frondoso y en forma de mata.

Origen: México.

Hojas: de 5 cm de largo, perennes, ovaladas.

Flores: en otoño se forman corimbos de flores tubulares perfumadas, blancas o rosas.

Luz: intensa, pero sin sol directo.

Sustrato: turba y sustrato de hojas.

Abono: desde mayo hasta septiembre, una vez al mes.

Humedad ambiental: es inútil vaporizar.

Riego: dos veces por semana durante la vegetación; cada seis u ocho días en invierno.

Trasplante: anualmente, en primavera.

Exigencias especiales: ventile bien la habitación.

Tamaño: de 50 a 70 cm de alto, en maceta.

Multiplicación: por esquejado; difícil; en mayo.

Longevidad: resulta muy arduo hacer que la bouvardia reflorezca en casa. Dos o tres años en invernadero.

Plagas y enfermedades: aleuródidos y ácaros.

Especies y variedades: sólo se cultivan formas híbridas de *Bouvardia longiflora.*

Consejo: sujete los tallos jóvenes con tutores.

Browallia speciosa
BROWALLIA

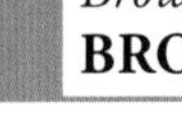  

24 °C 13 °C

Vivaz en forma de mata de base leñosa, que suele cultivarse como anual.

Origen: América del Sur (tropical).

Hojas: de 10 cm de largo, entre ovaladas y elípticas, con frecuencia onduladas, de color verde oscuro mate.

Flores: en verano, estrellas solitarias de 5 cm de diámetro, violetas, azules o blancas.

Luz: intensa, pero sin sol directo.

Sustrato: tierra de brezo o turba y mantillo.

Abono: desde mayo hasta septiembre, añada cada 15 días un abono líquido diluido al 50%.

Humedad ambiental: es inútil vaporizar.

Riego: cada tres días durante la floración.

Trasplante: resulta inútil, ya que la planta vive una temporada.

Exigencias especiales: pince los tallos demasiado largos para favorecer la formación de flores.

Tamaño: de 30 a 50 cm de alto, en maceta.

Multiplicación: mediante semillero a 18 °C, desde enero hasta abril; repicado un mes después de la siembra.

Longevidad: algunos meses, ya que resulta difícil conservar la browallia tras la floración.

Plagas y enfermedades: pulgones y aleuródidos.

Especies y variedades: «Blue Bells», enana de flores azul violáceo; «Blue Troll», enana de flores azul claro; «Silver Bells», enana de flores blancas.

Consejo: pince varias veces las plantas jóvenes.

Brugmansia spp. DATURA ARBÓREA

24 °C
5 °C

Arbusto opulento, antiguamente clasificado entre las *Datura*.

Origen: Colombia, Chile, Ecuador, Andes.

Hojas: de 15 a 30 cm de largo, perennes, entre ovaladas y oblongas, con nervios muy marcados.

Flores: desde la primavera hasta el otoño, aparecen trompetas colgantes y perfumadas de 15 cm de largo.

Luz: pleno sol, incluso muy intenso.

Sustrato: tierra de jardín, sustrato de turba, arena.

Abono: durante la vegetación, añada cada tres semanas un abono líquido para tomateras.

Humedad ambiental: es inútil vaporizar si la temperatura no supera los 18 °C en la habitación.

Riego: una vez por semana desde marzo hasta octubre; cada 10 o 15 días durante el reposo.

Trasplante: cada dos años, antes de la floración.

Exigencias especiales: pode drásticamente todas las ramas que presentaron flores.

Tamaño: hasta 2 m de alto, en jardinera.

Multiplicación: por esquejes semimaduros, desde julio hasta septiembre, en miniinvernadero caliente, con atmósfera controlada.

Longevidad: de tres a siete años en un invernadero.

Plagas y enfermedades: ácaros y aleuródidos.

Especies y variedades: *Brugmansia arborea,* de grandes hojas blancas; *B. aurea,* de flores amarillas; *B. x candida,* de flores grandísimas simples o dobles, blancas, amarillas o melocotón, según los cultivares; *B. sanguinea,* de trompetas tubulares de color amarillo anaranjado, con el borde y las venas rojos.

Consejo: como esta planta es tóxica, evite dejarla al alcance de los niños.

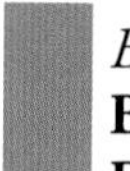

Brunfelsia pauciflora BRUNFELSIA, JAZMÍN DE PARAGUAY

22 °C
7 °C

Arbusto de hoja persistente de porte erguido.

Origen: Antillas, América Central.

Hojas: de 8 a 15 cm de largo, entre ovaladas y elípticas, coriáceas, de color verde oscuro, de borde ondulado.

Flores: desde enero hasta mayo nacen tallos florales de flores azul oscuro de 5 a 8 cm de diámetro, cambian a azul claro al día siguiente y acaban siendo blancas el tercer día; de ahí el nombre «Ayer, hoy y mañana».

Luz: sol indirecto o filtrado.

Sustrato: tierra de brezo y mantillo de hojas.

Abono: durante la vegetación, añada cada 15 días un abono líquido para plantas de flor.

Humedad ambiental: desde la aparición de los botones, vaporice fuera del período de floración y luego coloque el jazmín de Paraguay sobre gravilla húmeda.

Riego: cada tres o cuatro días durante el crecimiento; una vez por semana en invierno.

Trasplante: una vez al año, en primavera.

Exigencias especiales: pince los tallos demasiado largos para favorecer la floración.

Tamaño: hasta 1 m de alto en maceta.

Multiplicación: por esquejes herbáceos, en junio, en miniinvernadero con calefacción y atmósfera controlada.

Longevidad: dos o tres años, o poco más, en maceta.

Plagas y enfermedades: arañas rojas.

Especies y variedades: *Brunfelsia pauciflora* se llama también *B. calycina* «Floribunda», de flores más oscuras; «Macrantha», de flores más grandes; *B. americana* se perfuma por la noche.

Consejo: las plantas muy jóvenes deben trasplantarse inmediatamente después de la compra.

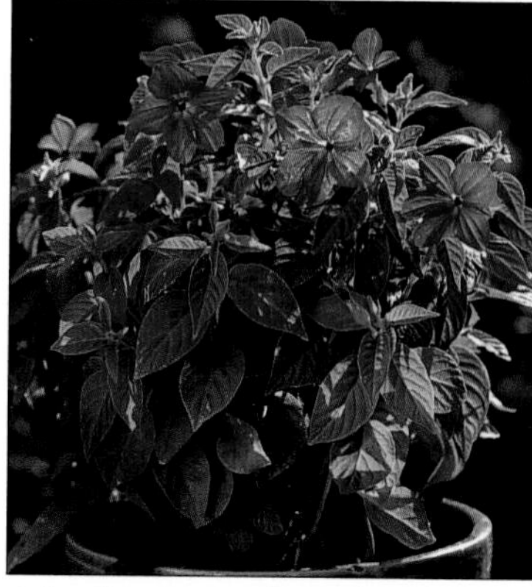

▲ ***Browallia speciosa:*** **una efímera violeta azul.**

▲ ***Brugmansia sanguinea:*** **la datura arbórea.**

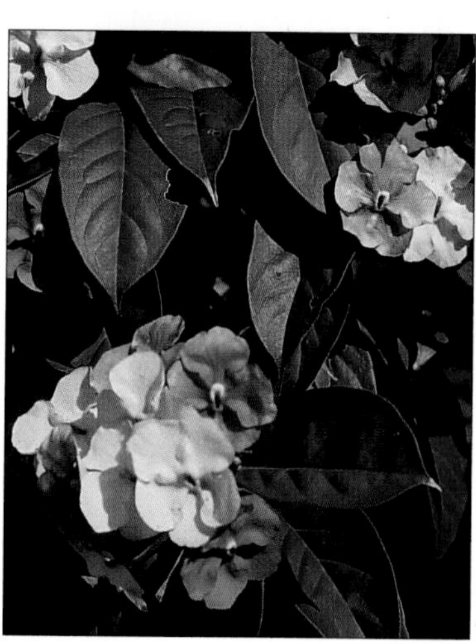

Brunfelsia pauciflora: **«Ayer, hoy y mañana».** ▶

Caesalpinia gilliesii CEIBO

  22 °C 5 °C 

Arbusto de hoja caduca y porte ligero.

Origen: Argentina, Uruguay.

Hojas: de 20 cm de largo, parecidas a las de la acacia, divididas en pequeños folíolos.

Flores: en verano, racimos de 30 a 40 corolas color amarillo anaranjado. Estambres rojos, de 5 a 8 cm.

Luz: pleno sol (cinco horas al día).

Sustrato: sustrato para geranios y un 10% de arena.

Abono: en el momento del trasplante, añada una cucharada de granulado para plantas de flor.

Humedad ambiental: ninguna exigencia.

Riego: una vez por semana, todo el año.

Trasplante: en primavera, en macetas bastante profundas. Sustitución del sustrato superficial de las plantas en jardinera en abril.

Exigencias especiales: el ceibo debe pasar el invierno en un invernadero frío (entre 8 y 10 °C) para reflorecer correctamente al año siguiente.

Tamaño: de 1 a 2 m de alto, en jardinera.

Multiplicación: mediante semillero en primavera, tras remojar las semillas 12 h en agua tibia.

Longevidad: seis meses en casa; varios años, si dispone de una galería.

Plagas y enfermedades: arañas rojas.

Especies y variedades: *Caesalpinia pulcherrima* es una variedad muy cercana, aunque sus flores son de color rojo rosáceo.

Consejo: en verano, plante el ceibo en plena tierra; dará una floración dos veces más abundante que en maceta.

▲ *Caesalpinia pulcherrima:* un gracioso ballet aéreo.

Calathea crocata CALATHEA

   24 °C 16 °C 

Vivaz de hoja persistente que forma una roseta.

Origen: Brasil.

Hojas: de 15 a 20 cm de largo, ovaladas, verde oscuro purpúreo, con nervios realzados en gris.

◀ *Calathea crocata:* un contraste muy luminoso.

Flores: en marzo, brácteas naranjas envuelven las flores en una inflorescencia globulosa.

Luz: aprecia una suave sombra.

Sustrato: tierra de brezo, turba y arena.

Abono: cada 15 días, desde abril hasta septiembre.

Humedad ambiental: en cuanto la temperatura supere los 20 °C, vaporice la planta con agua blanda (sin cal).

Riego: a partir de abril, riegue con frecuencia y en pequeñas dosis para conservar el cepellón húmedo. En invierno, deje que se seque la superficie del sustrato a 3 cm de profundidad antes de regar de nuevo.

Trasplante: en abril, a una maceta más grande, sólo si las raíces llenan toda la maceta.

Exigencias especiales: cuidado con las corrientes de aire y las diferencias de temperatura bruscas.

Tamaño: 40 cm de alto y de ancho.

Multiplicación: tras la floración, por división de rizomas con raíces.

Longevidad: de dos a cinco años, en maceta en casa.

Plagas y enfermedades: arañas rojas.

Especies y variedades: existen otras calatheas cultivadas por su follaje *(véase pág. 257).*

Consejo: coloque la maceta sobre gravilla bien humedecida todo el año.

Calceolaria hybrida ZAPATITO DE LA VIRGEN, CALCEOLARIA

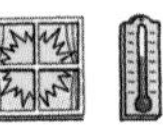  18 °C 5 °C 

Vivaz cultivada como anual.

Origen: América del Sur (Andes).

Hojas: de 5 a 10 cm de largo, lanceoladas, de verde subido, ligeramente alveoladas, vellosas por el envés.

Flores: en forma de escarpines pequeños, de tonos amarillos, naranjas y rojos, entre abril y mayo.

Luz: una ventana al oeste resulta ideal.

Sustrato: tierra de brezo y sustrato para geranios.

Abono: desde abril hasta septiembre, abono líquido para plantas de flor, una vez por semana.

Humedad ambiental: coloque la maceta sobre un fieltro o un lecho de grava húmedos. No vaporice.

Riego: el cepellón nunca debe secarse.

Trasplante: de inmediato tras la compra, a una maceta de 16 cm de diámetro.

Exigencias especiales: a los zapatitos de la virgen no les gusta el calor seco que hace caer sus botones. Conserve la planta por debajo de los 18 °C.

Tamaño: de 20 a 30 cm de alto y de ancho.

Multiplicación: mediante semillero, en caliente, desde junio hasta septiembre; reservado para los aficionados informados.

Longevidad: la floración dura de tres a cinco semanas. Elimine la planta cuando se marchite.

Plagas y enfermedades: pulgones, podredumbre del cuello y moscas blancas, sobre todo en galería.

Especies y variedades: existen varios cientos de híbridos. La mayor parte sin denominación botánica.

Consejo: en tiempo suave, instale la planta por la noche en el balcón o en el borde de la ventana; la floración será más duradera.

Calliandra haematocephala
CALLIANDRA

Arbusto de hoja persistente, de porte amplio, en forma de mata.

Origen: Brasil, Bolivia.

Hojas: de 20 a 40 cm de largo, compuestas de un gran número de folíolos, elípticas, de color verde subido.

Flores: los largos y numerosos estambres rojo granadina dan a las inflorescencias aspecto de borlas. La floración se produce en invierno, y cada borla dura al menos dos meses.

Luz: la calliandra requiere una luz máxima. Una galería resulta ideal. A falta de ésta, serán convenientes un gran ventanal o un tragaluz.

Sustrato: mantillo de hojas, tierra vegetal y arena gruesa, en una mezcla a partes iguales.

Abono: dos meses tras la floración, añada cada 15 días un abono para arbustos de flor, hasta la formación de nuevos botones.

Humedad ambiental: vaporice todos los días y duche la planta una vez al mes para eliminar el polvo. No use abrillantador.

Riego: una vez cada seis u ocho días. Deje que se seque un poco el cepellón entre dos aportes de agua.

Trasplante: cada dos años, en primavera.

Exigencias especiales: la calliandra requiere podas regulares para conservar una silueta armoniosa y compacta.

Tamaño: de 1 a 2 m de alto, en jardinera.

Multiplicación: por esquejes de tallos, en primavera, en miniinvernadero, en atmósfera controlada, a 25 °C; difícil.

Longevidad: de 2 a 10 años.

Plagas y enfermedades: moscas blancas.

Especies y variedades: *Calliandra tweedii* presenta un follaje velloso y flores más pequeñas.

Consejo: cuando trasplante, pode todas las ramas a la mitad de su longitud.

Callistemon citrinus
CALLISTEMON

Arbusto de hoja persistente, de porte erguido, poco ramificado.

Origen: Australia, Nueva Caledonia.

Hojas: de 8 a 10 cm de largo, lanceoladas, de color gris verdoso, coriáceas. Cuando se chafan, desprenden un fuerte olor a limón.

Flores: en primavera y en verano, los estambres forman grandes espigas cilíndricas rojo coral, en forma de escobilla, de 5 a 15 cm de largo.

Luz: el callistemon requiere al menos tres o cuatro horas al día de sol directo.

Sustrato: mantillo, turba y arena, a partes iguales.

Abon abono líquido para plantas de flor.

Humedad ambiental: en verano, vaporice la planta cada dos o tres días.

Riego: una vez por semana, todo el año.

Trasplante: anualmente, en primavera.

Exigencias especiales: desde noviembre hasta marzo, conserve el callistemon en una galería con poca calefacción, de lo contrario no florecerá.

Tamaño: de 1 a 2 m, en jardinera.

Multiplicación: por esquejes con talón, en agosto.

Longevidad: de 3 a 10 años en galería.

Plagas y enfermedades: ninguna, por lo general.

Especies y variedades: «Splendens», de inflorescencias rojas y grandes.

Consejo: tras la floración, pode todos los brotes a 50 cm y coloque la planta en el balcón o en el jardín, hasta principios de octubre.

▲ *Calceolaria* híbrida: coloreada, pero breve en maceta.

▲ *Calliandria haematocephala:* plumeros de seda.

Callistemon citrinus: una planta sorprendente. ►

▲ *Campanula isophylla,* «Alba»: es conveniente colgarla.

▲ *Campanula carpathica,* «Clips»: una floración precoz.

Campanula isophylla FAROLILLO, CAMPÁNULA

20 °C 7 °C

Vivaz rastrera de tallos herbáceos.

Origen: norte de Italia.

Hojas: de 4 a 6 cm de largo, entre redondeadas, ovaladas y dentadas, de un verde ligeramente azulado.

Flores: desde mayo hasta octubre, este farolillo se cubre con una multitud de campanillas estrelladas, muy abiertas. Prolongará la floración si se toma la molestia de ir eliminando las flores a medida que éstas se vayan marchitando.

Luz: el farolillo requiere una luminosidad máxima, pero teme los rayos intensos.

Sustrato: un sustrato para geranios.

Abono: cada dos semanas, use un abono diluido para plantas de flor, desde abril hasta agosto.

Humedad ambiental: vaporice a diario si la temperatura supera 16 °C.

Riego: diario en verano; cada tres días entre los 15 y 18 °C. Una vez a la semana por debajo de los 15 °C.

Trasplante: en seguida, tras la compra, a una maceta de 12 o 14 cm de diámetro. Al año siguiente, trasplante en febrero si las raíces han ocupado todo el espacio.

Exigencias especiales: el farolillo se presta de buena gana al cultivo en cestas colgadas. Prefiere el frescor (entre 10 y 15 °C).

Tamaño: 20 cm de alto, 30 cm de ancho.

Multiplicación: por esquejes de jóvenes tallos, en el transcurso del verano; fácil.

Longevidad: las plantas se hacen leñosas y menos floríferas tras dos o tres años.

Plagas y enfermedades: arañas rojas.

Especies y variedades: «Alba», de grandes flores blancas, se muestra más vigorosa que la especie azul; *Campanula carpathica,* «Clips», forma una planta efímera en los primeros días de la primavera.

Consejo: en febrero, tale a 5 cm de altura. Esqueje los tallos cortados.

◀ *Cassia corymbosa:* un bello arbusto para la galería.

Cassia corymbosa o *Senna* CAÑAFÍSTULA, CASIA

 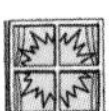  

22 °C 5 °C

Arbusto en forma de mata de hoja semipersistente, actualmente clasificado en el género *Senna*.

Origen: la casia fue introducida en Europa, justo tras la Revolución francesa, procedente de regiones tropicales de América del Sur, en concreto de Argentina.

Hojas: de 20 a 30 cm de largo, pinnadas, de color verde pálido, compuestas de dos o tres pares de folíolos. Se parecen a las flores de la acacia *(Robinia)*.

Flores: en verano aparecen racimos apicales de 10 a 20 cm de largo, formados por una decena de flores simples, de color amarillo intenso.

Luz: expóngala a pleno sol todo el año.

Sustrato: tierra vegetal y mantillo, a partes iguales.

Abono: cada 15 días, desde marzo hasta septiembre, añada un abono líquido para plantas de flor.

Humedad ambiental: la casia tolera la atmósfera un poco seca de la casa si no hace demasiado calor.

Riego: cada 6 o 10 días. Deje que se seque el sustrato a 3 cm de profundidad entre dos aportes de agua.

Trasplante: en marzo, hasta que la maceta alcance 40 cm de diámetro; después, sólo habrá que sustituir el sustrato superficial de la planta en abril.

Exigencias especiales: para florecer, la casia requiere una estancia invernal al fresco, en una galería (entre 5 y 10 °C). En verano, agradece salir al jardín o a la terraza.

Tamaño: de 1,50 a 2 m de altura, en maceta.

Multiplicación: fácil, mediante semillero tras remojo de las semillas. Esqueje los tallos jóvenes en verano.

Longevidad: de 5 a 10 años, a condición de disponer de una galería; de lo contrario, una temporada.

Plagas y enfermedades: el ajamiento del extremo de los tallos suele ser síntoma de la presencia de cochinillas en las raíces. Extráigala de la maceta y trátela.

Especies y variedades: de introducción reciente, *Cassia pacifica,* de hojas y flores más anchas; *Cassia fistula,* el cítiso indio, de largos racimos colgantes y perfumados desde mayo hasta septiembre.

Consejo: justo antes de la reactivación del crecimiento, en abril, pode todos los brotes a la mitad de su longitud.

Catharanthus roseus
VINCAPERVINCA DE MADAGASCAR

Planta subarbustiva en forma de mata, bastante efímera, de consistencia carnosa.

Origen: Madagascar.

Hojas: de 5 cm de largo, perennes, opuestas, ovaladas, verde claro, lustrosas.

Flores: corolas rosas o blancas, de cinco lóbulos muy abiertos, durante todo el verano.

Luz: el sol pleno quema el follaje.

Sustrato: tierra de brezo y sustrato para geranios.

Abono: desde abril y hasta el final de la floración, añada una vez por semana en el agua de riego una dosis de abono líquido para plantas de flor.

Humedad ambiental: mínima del 50%.

Riego: mantenga el cepellón apenas húmedo y acuérdese de vaciar el agua del platillo. La podredumbre de las raíces es una de las principales causas la muerte de las vincapervincas de Madagascar.

Trasplante: sólo si la maceta es demasiado pequeña.

Exigencias especiales: un fuerte calor aumenta el número de flores. Si la planta sobrevive al invierno, pode drásticamente todos los tallos.

Tamaño: de 30 a 50 cm de alto y de ancho.

Multiplicación: por esquejes de brotes jóvenes o semillero en caliente, en miniinvernadero, en primavera.

Longevidad: por lo general, se tira la planta tras la floración veraniega, ya que lo pasa mal en invierno.

Plagas y enfermedades: si la atmósfera es muy húmeda, hongos de diversos tipos manchan las hojas de pardo. Las cochinillas, que colonizan el envés de las hojas, son difíciles de tratar.

Especies y variedades: las flores adoptan diferentes coloridos, que pueden ir del blanco al rosa, o del púrpura al violáceo. Algunas de ellas son bicolores, o bien presentan corolas blancas o rosas con botón rosa o granate. Las plantas de los grupos *Cooler* y *Pacifica*, achaparradas y de grandes flores, son sin duda las más apreciadas.

Consejo: coloque la vincapervinca de Madagascar fuera, en cuanto el tiempo lo permita. Permanecerá más frondosa y florecerá con más abundancia. Agradece una jardinera en el balcón.

Cestrum elegans
CESTRUM

Arbusto de ramas arqueadas, en forma de mata, prácticamente rústico en la costa mediterránea.

Origen: procedente de México, en 1840.

Hojas: de 5 a 10 cm de largo, perennes, simples, lanceoladas, de color verde subido, lustrosas.

Flores: durante todo el verano aparecen muchas florecitas tubulares, de 2 cm de largo, colgantes, de un rojo granate muy subido, reunidas en ramos en el extremo de los brotes del año.

Luz: para florecer bien, el cestrum exige pleno sol durante al menos cuatro horas al día.

Sustrato: tierra vegetal y sustrato para trasplante.

Abono: desde mayo hasta septiembre, añada cada 15 días un abono líquido para plantas de flor.

Humedad ambiental: vaporice cada dos días si la temperatura supera los18 °C. Riegue abundantemente el follaje cada 15 días para eliminar el polvo.

Riego: cada tres días y abundante en cuanto la temperatura supere los 20 °C. Una vez cada 8 o 10 días, desde octubre hasta marzo, durante el reposo.

Trasplante: en primavera.

Exigencias especiales: desde mayo hasta octubre, es mejor instalar el cestrum fuera. Para la floración es necesaria una parada vegetativa al fresco.

Tamaño: 1,50 m en maceta; las plantas comienzan a florecer a partir de 40 cm de alto.

Multiplicación: por esquejes de tallo en agosto, en miniinvernadero con atmósfera controlada. También se pueden usar hormonas.

Longevidad: más de seis años en una galería; no más de una temporada en interiores.

Plagas y enfermedades: ninguna, por lo general.

Especies y variedades: «Smithii», de flores rosa melocotón, casi todo el año; *Cestrum nocturnum*, de flores blancas, deliciosamente perfumadas por la noche; «Newellii», de flores purpúreas.

Consejo: pode las ramas a la mitad justo antes de la reactivación de la vegetación.

▲ *Cassia fistula:* largos racimos dorados.

▲ *Cataranthus roseus:* la vincapervinca de Madagascar.

Cestrum elegans: una larga floración veraniega. ▶

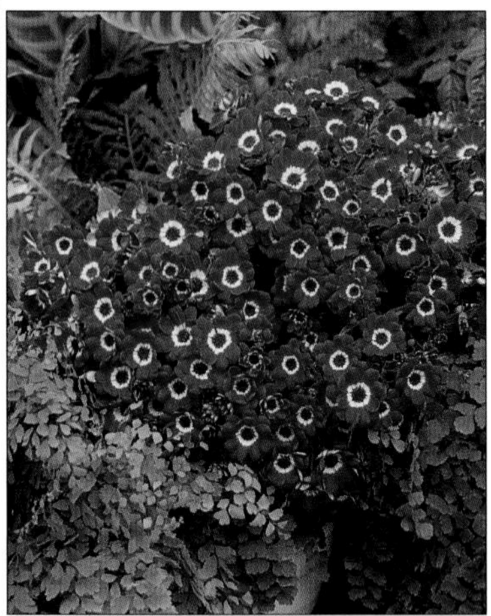

▲ *Cineraria* x *hybrida:* la cineraria de los floristas.

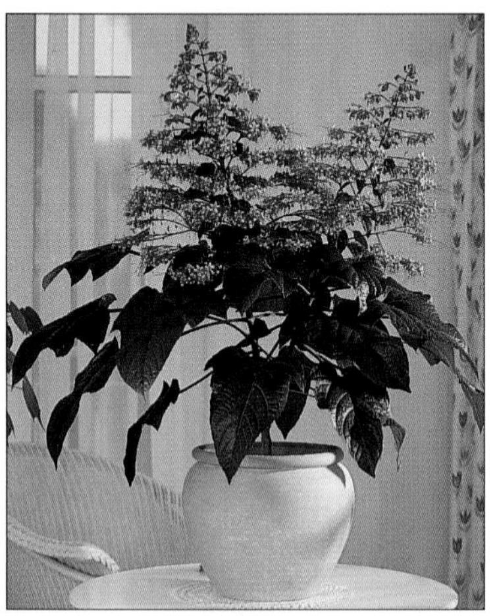

▲ *Clerodendrum speciosissimum* «Starshine»: asombrosa.

Cineraria x *hybrida (Senecio)* CINERARIA HÍBRIDA

Vivaz en forma de cojín, con frecuencia cultivada como una anual. Primero llamadas *Cineraria* x *hybrida* y luego *Senecio cruentus,* estas plantas también son consideradas por los botánicos como *Pericallis* x *hybrida*.

Origen: *Senecio cruentus* procede de las Canarias.

Hojas: de 20 a 30 cm de largo, cordiformes o triangulares, de color verde oscuro y rugosas.

Flores: desde enero hasta abril, margaritas coloreadas forman ramos por encima del follaje.

Luz: una buena luminosidad impide que la planta se debilite, aunque a pleno sol se marchitan las hojas.

Sustrato: sustrato de cortezas y turba a partes iguales.

Abono: resulta inútil, puesto que la planta sólo permanece en casa durante su floración.

Humedad ambiental: como son propensas a las enfermedades criptogámicas, las cinerarias no toleran las atmósferas encerradas. Ventile bien la habitación.

Riego: conserve el cepellón húmedo, pero no empapado. El platillo siempre debe permanecer seco.

Trasplante: inútil, ya que la planta es efímera.

Exigencias especiales: el calor acorta la duración de la floración; cada vez que pueda instale la planta en una galería fresca o sobre el borde de la ventana si la temperatura exterior no desciende por debajo de los 7 °C.

Tamaño: de 30 a 60 cm de diámetro.

Multiplicación: mediante semillero en miniinvernadero, a 15 °C; por lo general, reservada a los profesionales.

Longevidad: las cinerarias se compran a partir de enero para deshacerse de ellas tras la floración.

Plagas y enfermedades: moscas blancas.

Especies y variedades: existen cientos de variedades de cinerarias, que ofrecen una amplia gama de colores, desde el azul al púrpura, del rosa al blanco y del rojo al granate muy oscuro. Las flores bicolores van adornadas con un círculo blanco alrededor del botón.

Consejo: compre las plantas cuando los botones apenas dejen adivinar el color de la flor.

◄ *Clerodendrum thomsoniae:* una trepadora encantadora.

Clerodendrum thomsoniae CLERODENDRUM

Planta trepadora de largos tallos rígidos o mata amplia y bien ramificada.

Origen: África occidental.

Hojas: de 12 a 15 cm de largo, perennes, cordiformes, de color verde oscuro, ligeramente alveoladas.

Flores: en verano, racimos de corolas rojo escarlata, con estambres prominentes, rodeadas por un cáliz marfileño, en forma de linterna abierta.

Luz: una ventana al este resulta muy conveniente, pero sin sol directo desde junio hasta septiembre.

Sustrato: tierra vegetal, sustrato para geranios y tierra de brezo, en una mezcla de tres partes iguales.

Abono: desde abril hasta septiembre, añada cada 15 días un abono líquido para plantas de flor.

Humedad ambiental: al menos del 60 %. Vaporice las hojas con bastante frecuencia (por el haz y el envés).

Riego: cada tres o cuatro días, desde marzo hasta septiembre, para conservar el cepellón húmedo. El resto del año, no más de una vez por semana.

Trasplante: en abril. Deje la planta siempre estrecha en su tiesto.

Exigencias especiales: el clerodendrum se da mejor en la galería que en un interior.

Tamaño: 2,50 m de alto, en maceta.

Multiplicación: por esquejes, en junio; difícil.

Longevidad: de 3 a 10 años, en invernadero.

Plagas y enfermedades: moscas blancas y ácaros, sobre todo si la atmósfera es seca.

Especies y variedades: *Clerodendrum speciosissimum,* de largas panículas escarlatas en verano; *Clerodendrum ugandense,* con flores azules.

Consejo: en marzo, pode todos los brotes a la mitad de su longitud.

Clianthus puniceus CLIANTHUS

Subarbustiva sarmentosa de tallos menudos.

Origen: Nueva Zelanda, introducida en 1831.

Hojas: de 15 cm de largo, pinnadas, compuestas de 13 a 25 folíolos oblongos, de color verde oscuro.
Flores: en junio, ramos axilares de seis flores en forma de mariposa, rojas al brotar y luego rosas.
Luz: intensa, pero sin sol directo.
Sustrato: tierra de jardín, sustrato de cortezas, arena y turba en una mezcla a partes iguales.
Abono: en marzo, distribuya por la parte superior del sustrato una o dos pizcas de abono granulado.
Humedad ambiental: en cuanto la temperatura supere los 18 °C, rocíe las hojas con agua tibia al menos cada tres días.
Riego: cada 8 o 12 días en invierno. En cuanto se reactive la vegetación, riegue abundantemente cada tres o cuatro días sin empapar nunca el sustrato.
Trasplante: una vez al año, en primavera.
Exigencias especiales: los tallos finos requieren ser colocados en espaldera contra un enrejado.
Tamaño: aproximadamente 2 m de alto, en maceta.
Multiplicación: mediante semillero en primavera o por esquejes herbáceos con talón en junio, en atmósfera controlada; difícil.
Longevidad: un año, en manos de un principiante.
Plagas y enfermedades: arañas rojas.
Especies y variedades: «Alba», florece en blanco. *Clianthus formosus,* de flores rojas con botón negro.
Consejo: tras la floración, pode las ramas a la mitad de su longitud.

Clivia miniata
CLIVIA

Planta vivaz rizomatosa de hojas persistentes.
Origen: Sudáfrica (natal).
Hojas: de 30 a 50 cm de largo, encintadas, coriáceas, arqueadas, sostenidas en forma de abanico sobre el tronco.
Flores: desde febrero hasta abril, un tallo floral rígido presenta, durante varias semanas, una umbela de flores en forma de corneta, de color rojo anaranjado a amarillo pálido.
Luz: la clivia tolera bien la semisombra.
Sustrato: mantillo, arena y tierra de jardín.
Abono: desde abril hasta septiembre, añada cada 15 días un abono líquido para plantas de flor.

▲ *Clerodendrum ugandense:* mucho encanto.

Humedad ambiental: limpie las hojas una vez por semana con un trapo húmedo.
Riego: no más de una vez a la semana; a partir de diciembre, riegue cada 15 días.
Trasplante: cada dos años, preferentemente a una maceta un poco estrecha para obtener una mejor floración.
Exigencias especiales: para florecer bien, la planta requiere un reposo invernal a 10 °C.
Tamaño: de 40 a 60 cm de alto. Las matas más viejas alcanzan 90 cm de diámetro.
Multiplicación: la clivia produce hijuelos, que pueden separarse y replantarse individualmente cuando alcanzan 15 cm de altura.
Longevidad: más de 15 años, en tiesto.
Plagas y enfermedades: las cochinillas harinosas aparecen sobre las plantas debilitadas.
Especies y variedades: «Variegata», de hojas con rayas cremosas longitudinales; «Aurea», con flores amarillas (bastante rara); *Clivia miniata* var. *citrina,* con flores amarillo pálido; *Clivia nobilis,* de flores en forma de trompetas angostas, amarillas y rojas.
Consejo: no deje que se formen las semillas, ello hace peligrar la floración siguiente. En cuanto aparezcan los tallos florales, ante todo no aumente el riego, ya que puede provocar el aborto de la floración.

▲ *Clianthus puniceus:* una rareza muy seductora.

Clivia miniata: una floración suntuosa en febrero. ▶

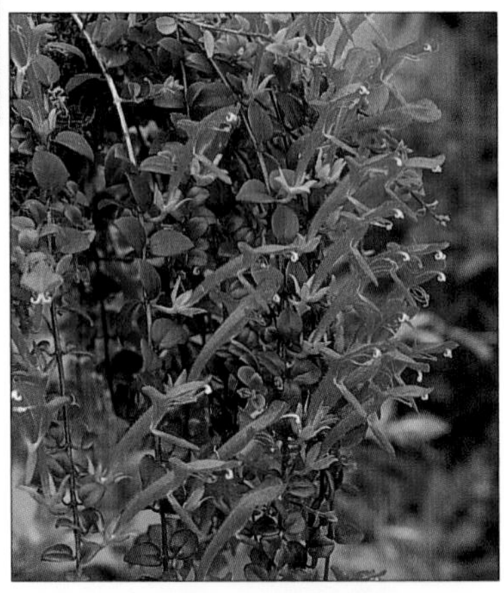
▲ *Columnea microphylla,* crece muy bien colgada.

▲ *Columnea* x *banksii:* con flores amarillas, no es corriente.

Columnea spp.
COLUMNEA

25 °C
12 °C

Planta epifita de tallos menudos y colgantes.

Origen: selvas tropicales de América del Sur.

Hojas: perennes, pequeñas, elípticas, lisas y casi carnosas o aterciopeladas.

Flores: en primavera, rojo subido, en forma de capucha y de 5 a 7 cm de largo. Cuello amarillo.

Luz: para una buena floración, indirecta.

Sustrato: 2/3 de sustrato para geranios bastante ligero y 1/3 de tierra de brezo fibrosa.

Abono: cada 15 días, desde abril hasta agosto.

Humedad ambiental: muy elevada (70-80 %).

Riego: dos o tres veces por semana en verano.

Trasplante: cada dos años en marzo. ¡Cuidado! Los tallos se rompen como el cristal.

Exigencias especiales: para florecer bien, la columnea debe reposar en invierno (poca agua, temperatura de 12 a 15 °C) y luego permanecer en una habitación cálida y bastante húmeda (invernadero).

Tamaño: de 60 a 90 cm de largo.

Multiplicación: por esquejes de tallos sin flores, en sustrato para semilleros, en miniinvernadero con atmósfera controlada, con calor de fondo de 25 °C.

Longevidad: más de cinco años en invernadero.

Plagas y enfermedades: los riegos demasiado abundantes acarrean el desarrollo de *Botrytis.*

Especies y variedades: *Columnea microphylla,* de flores naranja subido. *Columnea gloriosa* de tallos cortos y flores escarlatas. Existen muchos híbridos.

Consejo: las especies de hojas lisas suelen ser más fáciles de conservar que las de hojas vellosas, que se pudren fácilmente.

Costus speciosus
COSTUS

25 °C
16 °C

Arbusto de largos tallos carnosos un poco rígidos.

Origen: regiones tropicales de India.

Hojas: lanceoladas, carnosas, se sujetan en forma de espiral en torno al tallo.

Flores: las anchas corolas diáfanas, blancas, casi traslúcidas, sólo duran un día.

Luz: colóquelo cerca de un amplio ventanal.

Sustrato: arena, compost de estiércol y mantillo.

Abono: todas las semanas, desde abril hasta septiembre.

Humedad ambiental: muy elevada, al menos del 80 %.

Riego: cada 4 o 6 días en verano; no más de una vez por semana desde noviembre hasta febrero.

Trasplante: en abril.

Exigencias especiales: planta sensible al frío.

Tamaño: 2 m de alto, 1,50 m de ancho.

Multiplicación: por esquejes de tallo; difícil.

Longevidad: de tres a cuatro años (en invernadero).

Plagas y enfermedades: ninguna, por lo general.

Especies y variedades: *Costus speciosus* es el único que se cultiva en maceta.

Consejo: rocíe con frecuencia.

Crocus híbridos
CROCUS

18 °C
-10 °C

Plantita vivaz bulbosa que forma un cormo y de la cual existen unas 80 especies.

◄ *Costus speciosus* presenta soberbios pétalos diáfanos.

Origen: las especies proceden de regiones mediterráneas, pero se cultivan sobre todo en casa formas híbridas producidas en los Países Bajos.
Hojas: finas, encintadas, puntiagudas, con rayas blancas y verdes. Despuntan antes que las flores.
Flores: en forma de copas anchas que muestran un pistilo y dos estambres de color naranja subido: amarillas, azules, blancas, violetas, malvas y azul veteado de blanco.
Luz: muy cerca de una ventana muy luminosa para impedir el ajamiento del follaje.
Sustrato: tierra de jardín, sustrato para cactáceas, muy arenoso y sustrato para geranios, a tres partes iguales.
Abono: cuando las flores se marchiten, fertilice con un abono para tomateras cada dos semanas.
Humedad ambiental: la atmósfera bastante seca de los interiores resulta adecuada para los crocus forzados.
Riego: dos o tres veces por semana.
Trasplante: deje que las hojas amarilleen en el tiesto. Cuando desaparezcan, ya no riegue. Trasplante en septiembre a un sustrato nuevo.
Exigencias especiales: los crocus necesitan para florecer un mes de frío (0 °C), por lo menos.
Tamaño: de 10 a15 cm de alto y de 5 a 7 cm de ancho.
Multiplicación: por separación de los bulbillos (cormos).
Longevidad: el crocus sólo florece una vez, pero da muchos bulbillos que reflorecen.
Plagas y enfermedades: ninguna, por lo general.
Especies y variedades: la floración de los crocus botánicos resulta menos espectacular que la de los híbridos. El surtido de estos últimos es muy amplio.
Consejo: para disfrutar de una bella planta, plante como mínimo una decena de bulbos.

Crossandra infundibuliformis CROSSANDRA

Subarbustiva de follaje persistente.
Origen: en el siglo XIX, la crossandra, procedente del sur de India, fue implantada en Europa.
Hojas: enteras, lustrosas, elípticas, de bordes ligeramente ondulados, de color verde oscuro.
Flores: en mayo, la planta produce espigas compuestas de flores naranjas, que se abren unas tras las otras, de abajo hacia arriba, hasta septiembre.

▲ Los crocus florecen fácilmente en casa.

Luz: intensa, pero sin sol directo. ¡Cuidado! Demasiada sombra retrasa la floración.
Sustrato: sustrato ácido para azaleas.
Abono: cada 15 días, desde marzo hasta septiembre.
Humedad ambiental: la crossandra se contenta con la humedad ambiental. No vaporice.
Riego: delicado, el mínimo exceso de agua resulta mortal, sobre todo en invierno. Riegue siempre con agua a la temperatura ambiente de la habitación.
Trasplante: cada dos años, en primavera, con una buena capa de grava en el fondo de la maceta para garantizar el drenaje.
Exigencias especiales: la crossandra odia las corrientes de aire, que marchitan las hojas.
Tamaño: de 30 a 50 cm de alto.
Multiplicación: por esquejes apicales en miniinvernadero, en atmósfera controlada con hormonas y calor de fondo (25 °C).
Longevidad: como la floración resulta mejor en las plantas jóvenes, se aconseja renovar la crossandra cada tres o cuatro años.
Plagas y enfermedades: arañas rojas.
Especies y variedades: «Mona Walhead» enarbola flores asalmonadas. Vegetación más compacta.
Consejo: pince los brotes jóvenes para favorecer una nueva floración.

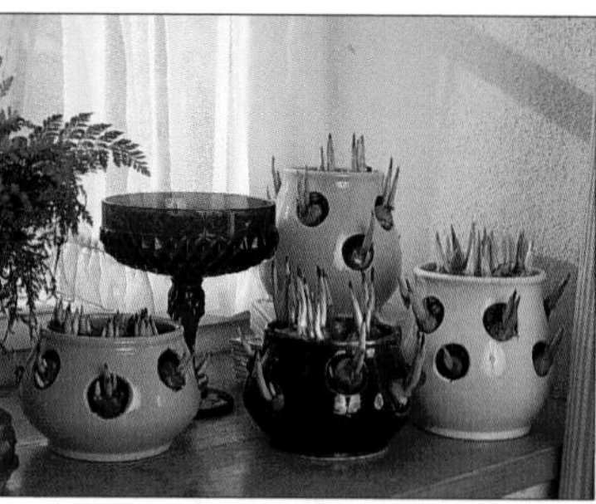
▲ Macetas perforadas especiales para el forzado de crocus.

Crossandra infundibuliformis: mucha elegancia. ▶

▲ *Cuphea ignea.*

▲ *Cuphea cyaneus:* pequeñas flores de grandes botones.

Cuphea
CUPHEA

  22 °C 5 °C 

Subarbustiva en forma de mata, de tallos flexibles, cultivada con frecuencia como una anual.

Origen: desde México hasta Jamaica.

Hojas: de 3 a 8 cm de largo, perennes, ovaladas, lustrosas, con el nervio más claro.

Flores: desde junio hasta noviembre, cáliz tubular rojo anaranjado subido. Estas flores carecen de pétalos.

Luz: siempre a plena luz, si no, la floración escasea o incluso desaparece.

Sustrato: tierra vegetal y sustrato para geranios.

Abono: todo el verano, añada todas las semanas un abono para geranios o para tomateras.

Humedad ambiental: pulverice la cuphea con agua blanda al menos tres veces por semana.

Riego: cada tres o cuatro días, empapando el cepellón. Deje que la maceta escurra totalmente.

Trasplante: enseguida, tras la compra, si la maceta parece demasiado pequeña; si no se hace así resulta inútil.

Exigencias especiales: acerque la planta a la ventana si ve que languidece.

Tamaño: de 30 a 40 cm de alto y de ancho.

Multiplicación: por esquejes, en marzo-abril.

Longevidad: por lo general, una temporada, ya que la planta se tira tras la floración. En invernadero, tres años.

Plagas y enfermedades: ninguna, por lo general.

Especies y variedades: *Cuphea cyanea,* de flores naranjas y rojas, con botón negro, desde el mes de mayo.

Consejo: como buena planta de balcón, la cuphea agradece una jardinera.

Curcuma alismatifolia
CÚRCUMA

   24 °C 15 °C 

Vivaz de raíces tuberosas y carnosas.

Origen: Malasia y selvas tropicales de Australia.

Hojas: de 30 a 40 cm de largo, con pecíolo, entre lanceoladas y oblongas, de color verde mate, un poco glauco.

◀ *Curcuma alismatifolia:* una apariencia muy exótica.

Flores: desde mayo hasta septiembre, los tallos florales carnosos presentan espigas erguidas, formadas por brácteas verdes, que protegen una flor poco decorativa. En la punta de la espiga, las brácteas se vuelven estériles, pero toman un colorido rosa intenso. Producen la impresión de una flor de pétalos múltiples.

Luz: viva, pero evite el sol directo, sobre todo en verano, ya que lava los colores de las flores.

Sustrato: tierra vegetal, turba y tierra de brezo.

Abono: una vez por semana, durante todo el período de crecimiento, con un abono líquido para geranios.

Humedad ambiental: mínima del 60%. Vaporice diariamente todo el año.

Riego: cada dos o tres días durante la floración. Una vez por semana desde octubre hasta marzo.

Trasplante: los rizomas se trasplantan anualmente, en primavera, a una maceta grande.

Exigencias especiales: coloque la planta en parada vegetativa en invierno, en una habitación a 15 °C.

Tamaño: de 60 a 80 cm de alto.

Multiplicación: al trasplantar, divida los rizomas de las grandes matas.

Longevidad: al menos tres años, si se respetan el reposo invernal y una buena humedad ambiental.

Plagas y enfermedades: ninguna, por lo general.

Especies y variedades: entre las 40 especies conocidas, sólo *Curcuma alismatifolia* se ofrece como planta decorativa. El rizoma de algunas cúrcumas se usa en polvo como especia.

Consejo: ventile bien en verano. Existe la posibilidad de una estancia veraniega en el exterior protegida del viento.

Cyclamen persicum
CICLAMEN

  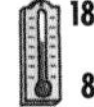 18 °C 8 °C 

Planta de tubérculos que forma una mata redondeada.

Origen: Asia Menor (1731), África del Norte.

Hojas: de 3 a 15 cm de largo según las variedades, cordiformes, delicadamente veteadas de plateado o de blanco, sostenidas por pecíolos carnosos.

Flores: desde noviembre hasta marzo, presenta flores de pétalos elegantemente vueltos, rosas, rojos, blancos o bicolores.

Ciclámenes bellamente combinados. ▶

Luz: una buena claridad, pero sin rayos de sol directos, salvo en invierno.
Sustrato: sustrato de hojas, sustrato arenoso (sustrato para cactáceas, por ejemplo) y turba a partes iguales.
Abono: cada 15 días, añada al agua de riego abono líquido para fresales o tomateras.
Humedad ambiental: mientras la temperatura siga siendo inferior a 15 °C, el ciclamen se conforma con la humedad ambiental. No vaporice.
Riego: cada dos días durante la floración; después el cepellón debe secarse casi por completo entre dos riegos.
Trasplante: resulta inútil, ya que no suele conservarse la planta tras la floración. Si se conserva, trasplante en otoño, tras el reposo, a una maceta bastante estrecha.
Exigencias especiales: el ciclamen requiere un período de reposo completo tras la floración para reconstituir las reservas de su tubérculo.
Tamaño: de 5 a 30 cm de alto.
Multiplicación: mediante semillero en verano, en bandeja o por división de tubérculos al final de la primavera.
Longevidad: aunque se trata de una planta vivaz, se tira tras la floración, ya que el ciclamen no suele reflorecer en interiores.
Plagas y enfermedades: las enfermedades criptogámicas resultan frecuentes en el caso de los ciclámenes. Se manifiestan mediante un reblandecimiento de los tallos. Evite mojar el follaje durante el riego.
Especies y variedades: existen cientos de variedades de todos los tamaños, de flor simple, doble u ondulada, desde el rosa hasta el rojo oscuro, pasando por el blanco. Los cultivares de flores rosa pálido suelen desprender intensos aromas de muguete.
Consejo: elimine regularmente de la base de la planta los pecíolos reblandecidos, ya que se pudren muy rápido, y corte las flores marchitas.

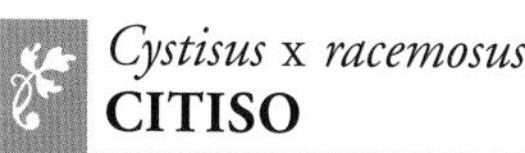

Cystisus x *racemosus*
CITISO

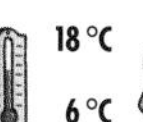
18 °C
6 °C

Arbolito de porte frondoso, a veces se puede encontrar sobre un pequeño tronco, que forma un árbol en miniatura.

Origen: esta forma híbrida fue creada por los agricultores a partir del *Cytisus canariensis.*
Hojas: de 3 cm de largo, compuestas de tres folíolos verde suave, ovaladas, ligeramente vellosas.
Flores: en primavera, el extremo de los tallos sostiene racimos amarillos de flores papilionáceas, de agradable perfume, que duran un mes largo.
Luz: se requieren algunas horas de sol directo todos los días para una floración correcta.
Sustrato: tierra vegetal, arena y sustrato rico en turba.
Abono: una vez al mes, desde marzo hasta septiembre.
Humedad ambiental: resulta inútil vaporizar.
Riego: cada tres o cuatro días mientras la planta florece, después, una vez por semana.
Trasplante: tras la floración.
Exigencias especiales: el citiso aprecia el frescor. Ventile la habitación con frecuencia o instale la planta sobre el alféizar de la ventana a partir de abril.
Tamaño: 60 cm de alto como media.
Multiplicación: por esquejes con talón, en agosto.
Longevidad: de seis meses a cuatro o cinco años.
Plagas y enfermedades: pulgones verdes en primavera; arañas rojas en invierno, si el tiempo es seco.
Especies y variedades: *Cytisus* x *racemosus* «Ramosissimus» ofrece una floración mucho más larga, que se prolonga hasta el principio del verano.
Consejo: tras la floración, pode todos los ramos una tercera parte de su longitud.

▲ *Cyclamen persicum:* debe estar en una habitación fresca.

Cytisus x *racemosus*: una retama para la galería. ▶

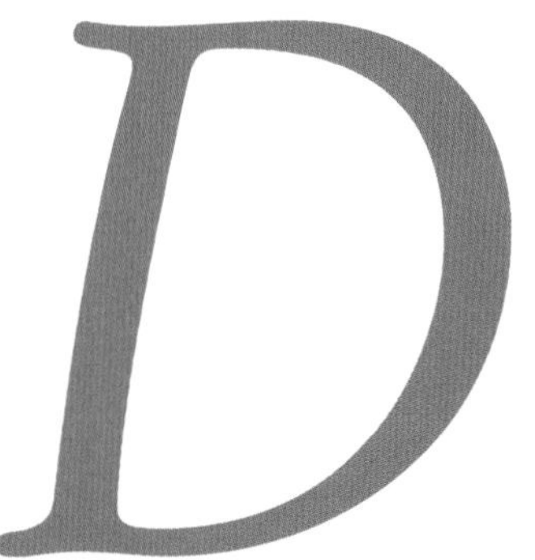

▲ *Dendranthema:* el crisantemo de los floricultores.

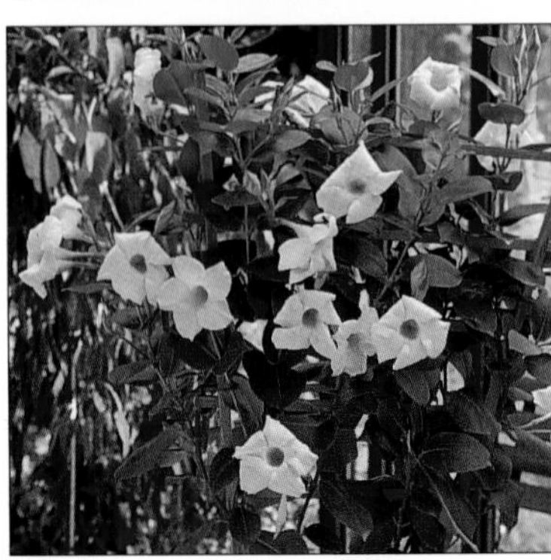

▲ *Dipladenia rosea* «Alba»: una deliciosa trepadora.

Dendranthema x
CRISANTEMO

Vivaz no rústica, de hoja persistente, en forma de mata, cultivada como una anual.

Origen: China, Japón.

Hojas: de 5 a 15 cm de largo, lobuladas, de color verde intenso y levemente aromáticas si se las chafa.

Flores: desde septiembre hasta diciembre, cabezuelas simples, semidobles, dobles o en forma de bolas, en todos los tonos del arco iris, salvo el azul.

Luz: directa, intensa, pero de corta duración, para que los botones se abran.

Sustrato: tierra de jardín arenosa y mantillo.

Abono: resulta inútil, a menos que quiera conservar la planta. En ese caso, es conveniente un aporte de abono líquido cada 15 días hasta el final de la floración.

Humedad ambiental: como los crisantemos odian la atmósfera seca, coloque la maceta sobre un lecho de grava húmeda. No vaporice las hojas, ya que la planta es propensa a las enfermedades criptogámicas.

Riego: conserve el cepellón húmedo, pero sin excederse, sobre todo, evite que haya agua en el fondo de la maceta.

Trasplante: resulta inútil; los pies madre se trasplantarán en el transcurso del mes de marzo.

Exigencias especiales: la floración dura más en una habitación con una temperatura entre 12 y 15 °C.

Tamaño: de 20 a 80 cm de alto.

Multiplicación: por esquejado fácil de los pies madre, en galería, en el transcurso de febrero.

Longevidad: por lo general, se tira la planta tras la floración, a menos que posea un invernadero frío.

Plagas y enfermedades: pulgones, arañas rojas, moscas blancas, oídio y mildiu.

Especies y variedades: existen cientos de variedades de crisantemos de otoño, muy rara vez con una denominación.

Consejo: no compre una planta que no muestre aún el color de sus botones, ya que quizá tenga dificultades para abrirse.

◀ *Dipladenia sanderi* «Rosea»: muy florífera en verano.

Dipladenia sanderi
DIPLADENIA

 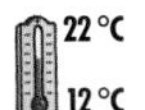 

Planta voluble vigorosa, actualmente clasificada por los botánicos en el género *Mandevilla*.

Origen: América del Sur (tropical).

Hojas: de 10 a 15 cm de largo, perennes, entre ovaladas y elípticas, coriáceas y brillantes.

Flores: trompetas muy ensanchadas, rosas, rojas o blancas se abren en ramitos, en el extremo de los tallos, a lo largo de todo el verano.

Luz: sol directo, pero no ardiente.

Sustrato: sustrato para geranios y tierra de brezo en una mezcla a partes iguales, con un 10 % de estiércol.

Abono: a partir del mes de mayo, nutra la planta dos veces al mes con abono para rosales.

Humedad ambiental: al menos del 70 %. Vaporice a diario y coloque la maceta sobre un lecho de grava húmeda. Lo ideal es un humidificador eléctrico.

Riego: de dos a tres veces por semana en verano. En invierno, conserve el cepellón casi seco.

Trasplante: una vez al año, en primavera, a una maceta bastante honda (al menos 25 cm).

Exigencias especiales: la dipladenia resulta difícil de conservar en interiores.

Tamaño: 50 cm si se poda tras la floración. De lo contrario, supera los 3 m de alto.

Multiplicación: por esquejes o acodo en primavera, con atmósfera controlada y caliente.

Longevidad: de seis meses a cinco años, si la humedad, la luz y el calor resultan suficientes.

Plagas y enfermedades: las cochinillas se instalan a lo largo de los nervios del envés de las hojas. Trate la planta con un producto que no sea aceitoso.

Especies y variedades: *Dipladenia boliviensis,* de florecitas blancas perfumadas. Esta especie resulta difícil de encontrar en el mercado, al igual que *Dipladenia atropurpurea,* de flores púrpura oscuro, que aparecen en las plantas de más de cinco años.

Consejo: saque la dipladenia a la terraza o al jardín durante todo el verano.

☞ ***Dipteracanthus*** véase *Ruellia.*

☞ ***Distictis*** véase *Phaedranthus.*

E

Episcia cupreata EPISCIA

  24 °C 15 °C 

Esta vivaz, prima de las violetas africanas, desarrolla matas en forma de rosetas estoloníferas.

Origen: Colombia, Venezuela, Brasil.

Hojas: de 5 a 8 cm de largo, ovaladas, vellosas, de color verde almendra, con el borde más oscuro.

Flores: desde la primavera hasta el otoño, pequeñas campanitas tubulares, rojo subido y amarillas, se ensanchan en lóbulos más o menos adornados con franjas.

Luz: intensa, pero sin sol directo.

Sustrato: turba, sustrato de cortezas, tierra de brezo.

Abono: una vez al mes, desde abril hasta septiembre.

Humedad ambiental: sólo la proximidad de un vaporizador eléctrico permite que la episcia medre.

Riego: cada dos días, para conservar el cepellón húmedo durante todo el período de crecimiento. En invierno, no más de una vez por semana.

Trasplante: cada dos años, en febrero-marzo, a recipientes más anchos que hondos.

Exigencias especiales: la episcia requiere mucha humedad ambiental, así que más vale plantarla en una bombona o un terrario.

Tamaño: 20 cm de alto y de ancho.

Multiplicación: por repicado de plántulas que se desarrollan en el extremo de los estolones. Los pecíolos de las hojas arraigan fácilmente.

Longevidad: seis meses en casa; tres o cuatro años en invernadero o en un terrario.

Plagas y enfermedades: moscas blancas.

Especies y variedades: «Cleopatra», de hojas con bordes rojos; «Acajou», de hojas pardas matizadas de plateado; «Metallica», con una franja plateada; «Silver Queen», con nervios plateados.

Consejo: compre una planta joven de episcia para decorar una bombona.

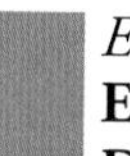

Erythrina crista-galli ERYTHRINA, ÁRBOL DEL CORAL

  20 °C 2 °C 

Arbusto caduco, de tronco leñoso, que produce tallos anuales espinosos, flexibles y arqueados.

Origen: Brasil, Bolivia, Argentina.

Hojas: de 30 cm de largo, compuestas de tres folíolos coriáceos, de color verde puro, matizado de azul.

Flores: desde julio hasta septiembre, en el extremo de los tallos se abren racimos de flores papilionáceas, gruesas, cerosas, de color rojo coral brillante.

Luz: para obtener una buena floración, se requiere una orientación a pleno sur, con sol directo.

Sustrato: tierra de jardín, mantillo y 15 % de estiércol.

Abono: durante el trasplante, incorpore al sustrato abono granulado de liberación lenta.

Humedad ambiental: mínima del 50 %. Vaporice las hojas dos o tres veces por semana.

Riego: mantenga la planta en seco en invierno. Desde abril hasta septiembre, dos veces por semana.

Trasplante: una vez al año, en primavera.

Exigencias especiales: el árbol del coral requiere un reposo invernal entre 5 y 10 °C.

Tamaño: 1,50 cm en todas direcciones.

Multiplicación: por esquejes con talón en primavera, en atmósfera controlada, con hormonas, entre 22 y 25 °C.

Longevidad: una temporada, si no respeta el período de reposo invernal; en caso contrario, cinco años y más.

Plagas y enfermedades: cochinillas.

Especies y variedades: «Compacta», que no supera los 50 cm de alto, resulta ideal en maceta.

Consejo: en febrero, tale la planta a 20 o 30 cm de altura.

☞ ***Eustoma*** véase *Lisianthus*.

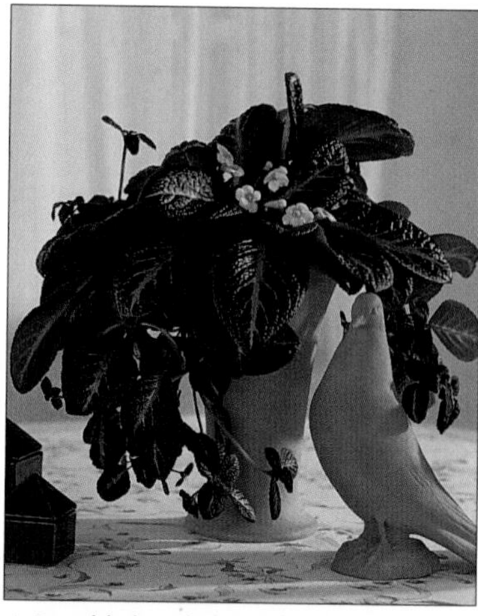

▲ *Episcia* híbrida: un bonito contraste de colores.

▲ *Episcia cupreata* «Amazon»: un efecto muy luminoso.

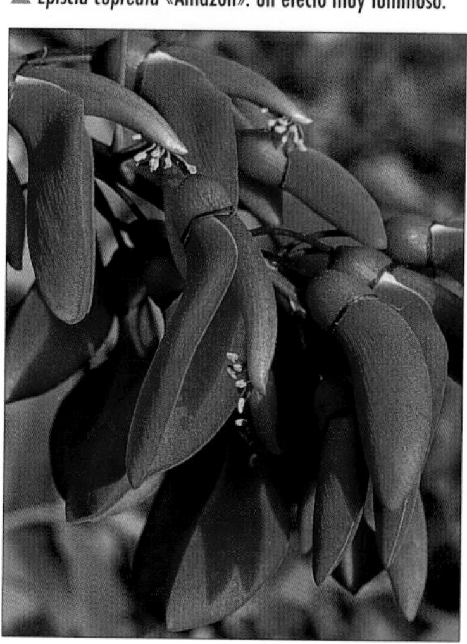

Erythrina crista-galli: flores muy espectaculares. ▶

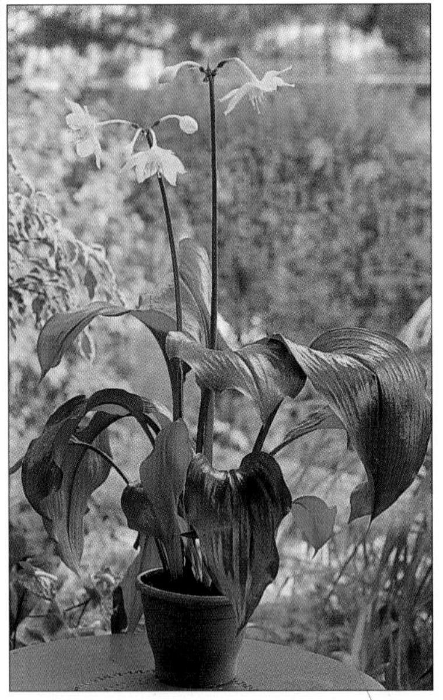

▲ *Eucharis* x *grandiflora:* una soberbia planta de otoño.

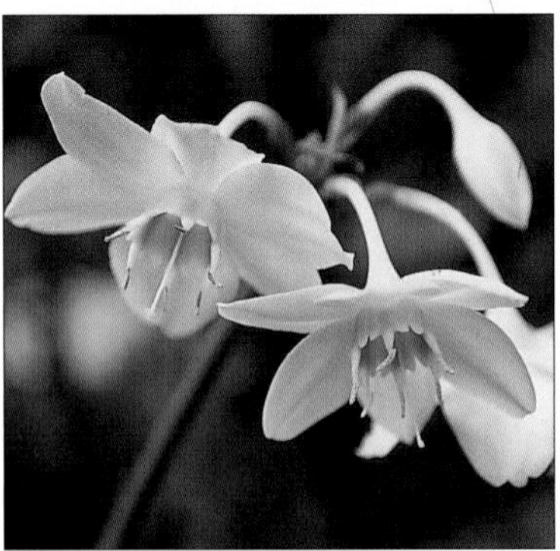

▲ *Eucharis amazonica:* una flor excepcional.

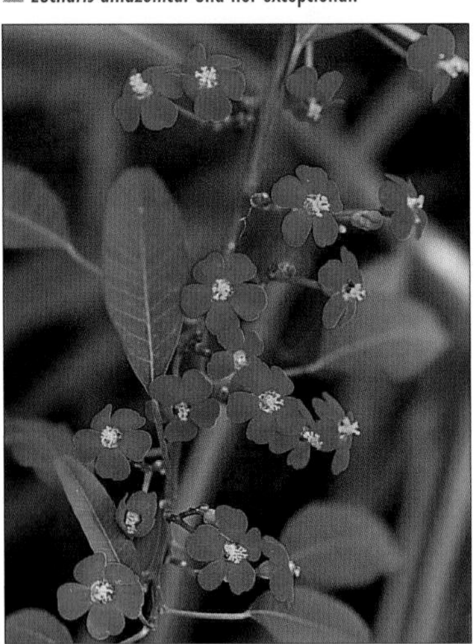

Eucharis x *grandiflora*
EUCHARIS

  22 °C 10 °C 

Planta vivaz bulbosa de hoja persistente.

Origen: Colombia, Perú.

Hojas: de 40 cm de largo, elípticas, de color verde brillante, sostenidas por pecíolos carnosos.

Flores: al final del verano, pecíolos de 50 cm de alto presentan flores colgantes, parecidas a las de los narcisos.

Luz: intensa, sin sol directo.

Sustrato: mantillo de hojas y tierra de brezo.

Abono: cada 15 días, durante el crecimiento, añada un abono líquido para plantas de flor.

Humedad ambiental: coloque la maceta sobre un lecho de grava húmeda, sin sumergir la base en el agua.

Riego: cada cuatro días durante la vegetación; cada 10 o 12 días en invierno.

Trasplante: cada dos años, en primavera, en macetas tan estrechas como sea posible. La punta del bulbo debe aflorar por la superficie del sustrato.

Exigencias especiales: la floración se consigue mediante temperaturas nocturnas bajas (13 °C) y una reducción de los riegos durante un mes.

Tamaño: de 40 a 60 cm de alto.

Multiplicación: en cada trasplante, separe los bulbillos que se forman sobre el bulbo principal y replántelos individualmente en un cubilete.

Longevidad: cinco años, si se respeta la parada vegetativa.

Plagas y enfermedades: ninguna, por lo general.

Especies y variedades: sólo se comercializa la forma híbrida de *Eucharis amazonica.*

Consejo: deje que la planta se desarrolle fuera hasta que aparezcan las flores.

Euphorbia pulcherrima

FLOR DE PASCUA, POINSETTIA

  22 °C 13 °C 

Arbusto poco ramificado, de hojas caducas.

Origen: México.

◀ *Euphorbia fulgens:* una floración de colores tónicos.

Hojas: de 15 cm de largo, elípticas, lobuladas, de color verde oscuro, con una forma parecida a un violín.

Flores: desde octubre hasta febrero, brácteas rojas, rosas, blancas o amarillas, reunidas en rosetas, rodean a florecillas insignificantes de color amarillo crema.

Luz: intensa y directa, aunque evitando el sol de mediodía. Dos meses antes de Navidad, encierre la planta en una habitación oscura, desde las 8 h a las 16 h. Se requieren «días cortos» para conseguir la floración.

Sustrato: tierra de jardín, arena y turba.

Abono: durante el trasplante, incorpore una dosis de abono granulado de liberación lenta.

Humedad ambiental: para evitar el amarilleo del follaje, coloque la maceta sobre un lecho de grava húmeda en cuanto encienda la calefacción.

Riego: de media, una vez por semana, a partir de abril, graduando según la temperatura.

Trasplante: anualmente, en primavera.

Exigencias especiales: tras la floración, la flor de Pascua necesita un período de reposo, en una habitación fresca y bien iluminada, con poca agua.

Tamaño: de 30 cm a 1,20 m de alto.

Multiplicación: por esquejes de brotes jóvenes.

Longevidad: la planta suele tirarse tras la floración; pero puede reflorecer regularmente varios años si se mantiene al fresco.

Plagas y enfermedades: la decoloración de las brácteas se debe a un exceso de agua; podredumbre gris.

Especies y variedades: *Euphorbia fulgens* forma una pequeña mata de porte rígido, que se cubre en invierno de «flores» (de hecho, de brácteas) escarlatas o blancas, reunidas en racimos apicales.

Consejo: tras la floración, en cuanto las hojas amarilleen, pode drásticamente todas las ramas a 10 cm de su punto de partida.

Eustoma grandiflora
EUSTOMA

  20 °C 5 °C 

Planta bianual, cultivada como anual.

Origen: México, sur de Estados Unidos.

Hojas: de 5 a 8 cm de largo, elípticas, de color verde azulado, que presentan tres o cinco nervios muy visibles.

Flores: en verano, los botones florales en forma de espi-

ral se abren en cornetas de 5 cm de diámetro, azules, rosas o blancas, de pétalos satinados.
Luz: intensa, pero sin sol directo.
Sustrato: turba y sustrato de cortezas a partes iguales.
Abono: resulta inútil si se compra la planta con flores.
Humedad ambiental: baja; no vaporice.
Riego: una vez por semana de media. Deje que se seque bien el sustrato a 2 cm de profundidad antes de regar de nuevo. Vacíe el platillo.
Trasplante: resulta inútil, ya que la planta es efímera.
Exigencias especiales: la eustoma florece mejor en una habitación un poco fresca y bien ventilada.
Tamaño: de 30 a 60 cm de alto.
Multiplicación: mediante semillero, en marzo, a 15 °C.
Longevidad: tire la planta tras la floración.
Plagas y enfermedades: varios hongos atacan los tallos, que se reblandecen y se marchitan.
Especies y variedades: «Echo», de flores dobles y coloridos variados; «Heidi», de flores simples, blancas, a veces lavadas o subrayadas por un ribete azul tinta; «Mermaid», de corazón blanco o azul.
Consejo: la eustoma puede ser cultivada en las zonas cálidas como planta de verano de macizo.

Exacum affine VIOLETA PERSA, EXACUM

Pequeña planta vivaz, en forma de mata y efímera.
Origen: isla de Socotra, en Yemen.
Hojas: de 3 cm de largo, ovaladas, puntiagudas, verde brillante, sostenidas por tallos ramificados y carnosos.
Flores: desde julio hasta septiembre, la planta se cubre de pequeñas copelas planas, azul lila y a veces blancas, iluminadas por estambres amarillo dorado y perfumadas cuando la temperatura supera los 20 °C.
Luz: es necesaria una exposición luminosa, sin sol directo, para que el exacum florezca.
Sustrato: tierra arenosa, mantillo y turba.
Abono: cada 10 días, desde mayo a agosto.
Humedad ambiental: la atmósfera saturada de agua de un cuarto de baño luminoso resulta ideal.

▲ *Euphorbia pulcherrima:* se le llama «flor de Pascua».

Riego: dos o tres veces por semana para que el cepellón permanezca húmedo, pero en modo alguno empapado.
Trasplante: un mes tras el final de la floración, a una maceta de 12 o 15 cm de diámetro.
Exigencias especiales: elimine regularmente las flores marchitas; protéjala de las corrientes de aire.
Tamaño: 20 cm de diámetro.
Multiplicación: mediante semillero, en marzo o en agosto, a 18 °C en miniinvernadero (bastante difícil).
Longevidad: se suele tirar tras la floración.
Plagas y enfermedades: ninguna determinante.
Especies y variedades: existen cultivares de flores simples o dobles, azules o blancas.
Consejo: reúna varios individuos en una copa, para lograr un efecto más espectacular.

Exacum affine: para mirarlo muy de cerca. ▶

▼ *Eustoma grandiflora:* también agrada en ramos.

▼ *Exacum affine:* una pequeña planta ideal para regalar.

Fuchsia x
FUCSIA, PENDIENTES DE LA REINA

 20 °C 5 °C 

Subarbustiva de hojas persistentes o caducas, que forma una mata compacta, de porte erguido o colgante, que también puede cultivarse en forma de pequeño arbolito.

Origen: los cultivares modernos proceden de hibridaciones de fucsias botánicas, originarias de América Central o de América del Sur.

Hojas: de 6 a 12 cm de largo, simples, ovaladas, de color verde mate, ligeramente dentadas, llevadas por tallos más o menos flexibles, bien ramificados.

Flores: campanitas tubulares se abren sin cesar desde mayo hasta las heladas. Los botones se abren en cuatro sépalos coloreados, estrellados, que acompañan cuatro pétalos en forma de campanita, de colores con frecuencia diferentes. Estambres y pistilos sobresalen de las corolas. Los coloridos van desde el blanco hasta el rosa, pasando por todos los tonos de rojo, malva y violeta.

Luz: la semisombra ligera resulta conveniente para la fucsia, que tolera incluso algunas horas de pleno sol por la mañana o al final de la tarde.

Sustrato: tierra de jardín bastante rica, mantillo y arena gruesa, en una mezcla a partes iguales.

Abono: desde abril hasta octubre, añada un abono líquido para plantas de flor cada 10 días.

Humedad ambiental: desde noviembre hasta marzo, la fucsia requiere una o dos vaporizaciones por semana, según la temperatura ambiente.

Riego: aumente la cantidad y la frecuencia de los aportes de agua en función de la temperatura. El sustrato puede secarse por la superficie entre dos riegos, pero es importante que el corazón del cepellón permanezca húmedo en verano.

Trasplante: una vez al año, en primavera, en el caso de las plantas madre que hibernaron en la galería. Los jóvenes plantones necesitan varios trasplantes en el transcurso de la temporada hasta alcanzar el tamaño adulto.

Exigencias especiales: el fuerte calor (superior a 25 °C) desagrada a la fucsia. En verano, es preferible instalarla en un rincón fresco del jardín o de la terraza, o mantenerla en una habitación bastante fresca de la casa. Pode la fucsia cuando haya terminado de florecer, para incitarla a producir en primavera nuevos tallos floríferos. A las plantas en forma de matas se les pueden cortar tres cuartas partes.

Tamaño: de 30 cm a 1,50 m de alto.

Multiplicación: por esquejes de brotes apicales, de 10 cm de largo, tomados al final del verano.

Longevidad: de uno a cinco años según las condiciones de parada vegetativa. Las fucsias demasiado viejas se deshojan por la base y pierden su valor decorativo.

Plagas y enfermedades: moscas blancas, pulgones, arañas rojas y podredumbre gris.

Especies y variedades: existen varios millares de híbridos de porte erguido y colgante, de flores simples o dobles. Dos categorías: las fucsias de grandes flores y las de flores pequeñas; estas últimas son adecuadas como plantas de interior efímeras o para decorar permanentemente la galería.

Consejo: cuando trasplante, añada un 15 % de enmienda orgánica al sustrato. No se puede conservar una fucsia en invierno bajo las condiciones normales de un interior, ya que requiere la luz y el frescor de una galería.

◀ *Fuchsia* «King George»: de tallo alto.

▼ *Fuchsia* «Liebriez».

▼ *Fuchsia* «Micky Goult».

▼ *Fuchsia* «Cameron Ryle».

Gardenia augusta
GARDENIA

 22 °C 7 °C 

Arbusto pequeño, de hoja persistente, en forma de mata, frondoso.

Origen: China, Japón, Taiwan.

Hojas: de 8 a 12 cm de largo, en grupos de tres, elípticas, coriáceas, lustrosas, de color verde oscuro.
Flores: desde mayo hasta noviembre, la gardenia presenta corolas cerosas, solitarias, semidobles o dobles, de color blanco lechoso que cambia a amarillo crema al final de la floración. Las flores desprenden un perfume potente y embriagador.
Luz: tan intensa como sea posible, pero sin sol directo entre mediados de mayo y finales de septiembre.
Sustrato: tierra de brezo y mantillo de hojas.
Abono: durante el crecimiento, añada cada 15 días un abono líquido para plantas de tierra de brezo o un fertilizante para orquídeas.
Humedad ambiental: al menos del 60%. El aire seco produce la caída de los botones antes de su completa abertura. Coloque la maceta sobre un lecho de grava húmeda y tenga siempre un pulverizador a mano para mojar el follaje, pero no las flores, ya que se mancharían y caerían.
Riego: de una a tres veces por semana durante el crecimiento, con agua sin cal, conservada a temperatura ambiente o tibia (acerque la botella de agua a un radiador). No empape el sustrato, pero no deje que se seque, incluso en invierno.
Trasplante: una vez al año, tras la floración, a una mezcla enriquecida con un 10% de fertilizante orgánico a base de estiércol y de algas.
Exigencias especiales: evite las corrientes de aire y las variaciones bruscas de temperatura. No coloque la gardenia en una hidrojardinera.
Tamaño: de 30 cm a 1 m de alto, en maceta.
Multiplicación: por esquejes de tallo semimaduros, desde julio hasta septiembre, en miniinvernadero en atmósfera controlada, con hormonas y calor de fondo (30 °C).
Longevidad: de seis meses a un año, en casa. De tres a siete años, en un invernadero templado o una galería.
Plagas y enfermedades: cochinillas, pulgones y arañas rojas; manchas foliares y clorosis.
Especies y variedades: existen 200 especies de gardenias aproximadamente. *Gardenia augusta* es más conocida por su antigua denominación de *G. jasminoides;* «Veithchiana» florece más concretamente en invierno; *G. tahitensis,* el tiaré, es la flor simbólica de Polinesia que se ofrece como regalo de bienvenida.
Consejo: un período de reposo en invierno en una habitación fresca (10 °C), con riegos reducidos, permite inducir una buena floración.

Gesneria cardinalis
GESNERIA

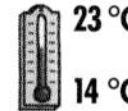

Planta herbácea rizomatosa, aún denominada a veces *Rechsteineria cardinalis.*
Origen: América del Sur, Antillas.
Hojas: de 12 a 18 cm de largo, ovaladas o cordiformes, ligeramente dentadas y alveoladas, aterciopeladas.
Flores: la gesneria produce en primavera racimos de flores rojo de color anaranjado, sostenidas por pedúnculos cubiertos de pelos rojos en la base del cáliz.
Luz: la gesneria requiere mucha luz, aunque protegida del sol directo.
Sustrato: sustrato de cortezas y tierra de brezo.
Abono: cada 10 días, durante la floración, use un abono líquido para plantas de flor.
Humedad ambiental: al menos del 70%. La gesneria sólo se da en invernadero caliente o en terrario; a falta de éstos, en una bombona de cristal.
Riego: delicado; demasiada humedad pudre los tallos; a la inversa, la gesneria se repone difícilmente de un período de sequía. Riegue cuando el sustrato ya no se pegue a los dedos. Tras la floración, basta con un aporte de agua por semana.
Trasplante: en primavera.
Exigencias especiales: el agua de riego no debe contener cal. No vaporice el follaje y coloque la maceta sobre una capa de grava húmeda.
Tamaño: de 20 a 30 cm de alto, en maceta.
Multiplicación: por esquejes de hojas o mediante semillero de semillas frescas (dificilísimas de encontrar).
Longevidad: algunas semanas, en casa; poco más de dos años, en un invernadero caliente.
Plagas y enfermedades: el cuello de la planta es una zona sensible: diversos hongos ennegrecen los tejidos y hacen que se pudran.
Especies y variedades: existen unas 50 especies. Sólo se ofrece *Gesneria cardinalis.*
Consejo: la gesneria es una planta de coleccionista que hay que regalarse como un placer efímero; incluso intente los esquejes en agua: a veces deparan agradables sorpresas.

▲ *Gardenia jasminoides:* **las hay de todos los tamaños.**

▲ *Gardenia tahitensis:* **el tiaré de perfume exótico.**

***Gesneria cardinalis:* hojas de terciopelo y flores de fuego.** ▶

▲ *Gloriosa superba* «Rothschildiana» inflama el verano.

▲ *Grevillea banksii:* una flor delicada y desmelenada.

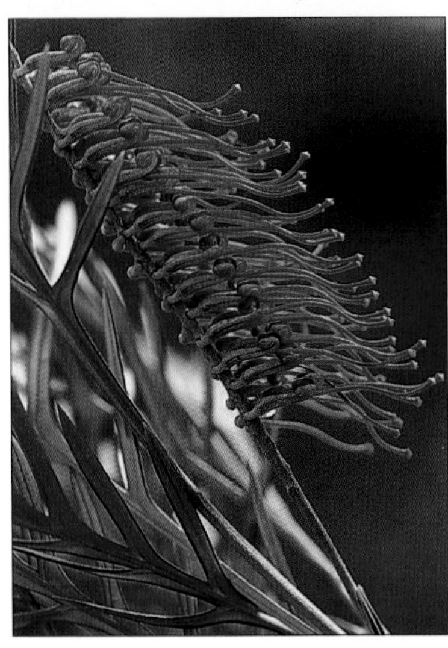

Gloriosa superba
GLORIOSA

24 °C
10 °C

Planta trepadora voluble, de raíces tuberosas.

Origen: África tropical, India.

Hojas: de 5 a 8 cm de largo, opuestas, lanceoladas, de un color verde subido y brillante. Algunas terminan en un zarcillo, que permite a la planta engancharse.

Flores: desde julio hasta octubre, largos tallos presentan corolas de 5 a 10 cm de diámetro, de seis pétalos vueltos, rojo subido, con el borde amarillo y ondulado. Los estambres son largos y salientes.

Luz: requiere una luminosidad abundante e incluso algunas horas de sol directo, por la mañana o por la tarde.

Sustrato: tierra de jardín, mantillo de hojas y arena.

Abono: desde abril hasta agosto, nutra la planta cada 10 días, con un abono para geranios.

Humedad ambiental: mínima del 50 %; vaporice el follaje todas las semanas para eliminar el polvo.

Riego: cada ocho días, hasta que aparezcan los primeros tallos; después, cada cuatro días.

Trasplante: en marzo, replante los tubérculos en un sustrato nuevo.

Exigencias especiales: en el transcurso de noviembre, deje que la vegetación se aje y que los tubérculos se sequen. Consérvelos en seco y protegidos de las heladas.

Tamaño: 2 m de alto y 1 m de ancho.

Multiplicación: durante el trasplante, separe los tubérculos laterales y replántelos individualmente. También puede sembrar las semillas en caliente (22 °C), en un miniinvernadero, en febrero.

Longevidad: un año, a menos que haga que los tubérculos hibernen correctamente, para renovar la planta.

Plagas y enfermedades: pulgones. El riego excesivo hace que se ennegrezca y caiga el follaje.

Especies y variedades: se cultiva sobre todo la forma «Rotschildiana», de grandes flores rojas con flamas amarillas. *Gloriosa superba* «Citrina», de flores amarillo limón, resulta menos frecuente. Sólo existe una especie.

Consejo: maneje los tubérculos largos y delgados con precaución, ya que se rompen fácilmente.

☞ ***Gloxinia*** véase *Sinningia.*

◀ *Grevillea* «Robyn Gordon»: una curiosidad para la galería.

Grevillea spp.
GREVILLEA, ROBLE SEDOSO

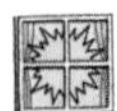
24 °C
5 °C

Arbusto de hoja persistente y elegante, de porte en forma de mata.

Origen: Australia, Nueva Guinea.

Hojas: de 20 a 45 cm de largo, tan finamente recortadas como las frondas de un helecho, vellosas, sostenidas por tallos de un color oscuro.

Flores: desde primavera hasta otoño, el roble sedoso presenta racimos de flores anaranjadas o rojas, sin pétalos, pero de estilo curvado. La floración sólo se produce en regiones con mucha insolación.

Luz: intensa pero no excesiva. Se aconseja iluminación artificial en invierno (cuatro horas al día).

Sustrato: tierra de brezo, tierra franca y mantillo, en una mezcla a partes iguales.

Abono: desde abril hasta septiembre, añada un abono líquido para agrios cada 15 días.

Humedad ambiental: en una habitación con más de 10 °C, el roble sedoso necesita una vaporización diaria en invierno, con agua sin cal.

Riego: durante el crecimiento, no deje que se seque el cepellón, ya que las raíces del roble sedoso gustan de la humedad. En invierno, riegue cada ocho días.

Trasplante: en marzo, cuando las raíces comiencen a salir por el orificio de drenaje de la maceta. Como el crecimiento es vigoroso, elija una maceta dos veces mayor que la precedente.

Exigencias especiales: el roble sedoso no tolera la cal. Una vez al mes, añada una dosis diluida de un producto que combata la clorosis.

Tamaño: hasta 2 m, en maceta, en casa.

Multiplicación: por esquejes con talón, en verano, en miniinvernadero, con hormonas y calor de fondo.

Longevidad: tras cuatro o cinco años sustituya la planta.

Plagas y enfermedades: ácaros y cochinillas.

Especies y variedades: *Grevillea baksii,* de largas espigas rojo rosado; *G.* «Robyn Gordon», de ramas arqueadas y flores rojas que cambian al rosa.

Consejo: para limitar el crecimiento del roble sedoso, pode tras la floración reduciendo las ramas a la mitad de su longitud.

H

Haemanthus multiflorus HAEMANTHUS

22 °C 7 °C

Vivaz bulbosa, cuya nueva identidad botánica es *Scadoxus multiflorus*.

Origen: Suráfrica.

Hojas: de 15 a 25 cm de largo, erguidas, ovaladas, de bordes ondulados, sostenidas por un falso pecíolo.

Flores: el tallo floral, producido antes que las hojas, forma una umbela esférica, roja, de 20 cm de diámetro, con perfume de coco.

Luz: sol directo que no sea intenso.

Sustrato: tierra para cactáceas o arena y mantillo.

Abono: dos veces al mes, desde abril hasta septiembre.

Humedad ambiental: el haemanthus se muestra satisfecho con la atmósfera normal de un interior.

Riego: cada 8 o 10 días, en tanto el tallo floral no haya aparecido; luego una o dos veces por semana, hasta el final de la floración.

Trasplante: cada tres años, en marzo.

Exigencias especiales: conserve el bulbo en seco y protegido de las heladas tras el amarilleo del follaje.

Tamaño: 30 a 40 cm de alto (en flor).

Multiplicación: separe los bulbillos y replántelos individualmente. Floración tras cinco años.

Longevidad: varios años, si se respeta el período de reposo.

Plagas y enfermedades: ninguna, por lo general.

Especies y variedades: *Haemanthus albiflos*, con inflorescencias de 5 a 7 cm de diámetro, blancas, en forma de cepillos; *H. coccineus*, parecido, pero rojo anaranjado. Estas dos especies se consideran en estos momentos las auténticas representantes del género. Las formas de grandes flores, como *H. magnificus* o *H. multiflorus*, se han convertido en *Scadoxus* para los botánicos, aunque se venden con la antigua denominación de *Haemanthus*.

Consejo: plante el bulbo de haemanthus en una maceta de 18 a 20 cm de diámetro, dejando que la punta emerja por la superficie.

Hedychium coronarium HEDYCHIUM

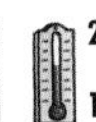

25 °C 12 °C

Bella vivaz con rizoma, que forma una mata.

Origen: China, Nepal, Himalaya, India.

Hojas: de 30 a 50 cm de largo, lanceoladas, puntiagudas, de gris verdoso, sostenidas por fuertes tallos.

Flores: desde agosto hasta octubre, los tallos presentan en sus ápices espigas erguidas, de 20 a 30 cm, formadas por flores amarillas de estambres rojos, perfumadas.

Luz: una ventana orientada al sur.

Sustrato: sustrato para geranios y tierra de jardín.

Abono: desde abril hasta septiembre, un aporte de abono líquido para plantas de flor, cada 20 días.

Humedad ambiental: vaporice el follaje una vez por semana en verano; a diario en invierno.

Riego: una vez por semana durante el crecimiento; cada 10 o 12 días, en invierno.

Trasplante: cada dos o tres años, en primavera.

Exigencias especiales: debido a su vigor, el hedychium crece mucho mejor en pleno suelo en un invernadero.

Tamaño: 1 m de alto y de ancho en maceta; el doble, en el caso de una planta instalada en plena tierra.

Multiplicación: por división de rizomas, que lleven al menos un tallo, en el momento del trasplante.

Longevidad: ilimitada, si lo divide con frecuencia.

Plagas y enfermedades: pulgones y ácaros.

Especies y variedades: *Hedychium coronarium*, con flores blancas, muy perfumadas, puede cultivarse en el jardín, al igual que *H. denfiflorum*.

Consejo: tras la floración, pode los tallos a 10 cm de la tierra y sustituya el sustrato superficial por estiércol.

▲ *Haemanthus multiflorus:* también llamado «*Scadoxus*».

▲ *Haemanthus puniceus:* un copete muy cálido.

Hedychium gardnerianun: un jengibre gigante. ▶

La flor de la heliconia mide más de 80 cm de longitud.

▲ *Heliconia psittacorum* «Lady Di»: una bonita curiosidad.

◀ *Heliconia rostrata*: la inflorescencia dura varios meses.

Heliconia spp.
HELICONIA

Vivaz con rizomas de gran desarrollo.

Origen: Brasil, Perú, Ecuador, Antillas.

Hojas: de 0,50 a 1,50 m de largo, oblongas, coriáceas, erectas, sostenidas por un largo pecíolo.

Flores: tallos florales que pueden alcanzar 1 m de largo presentan inflorescencias compuestas de brácteas intensamente coloreadas, que protegen flores más pequeñas, de color rojo anaranjado y a veces verdes.

Luz: un invernadero o amplios ventanales para esta planta amante del sol.

Sustrato: tierra de jardín y mantillo de hojas con un 20 % de fertilizante a base de estiércol y de algas.

Abono: desde mayo hasta septiembre, añada todas las semanas un abono para geranios.

Humedad ambiental: en cuanto la temperatura pase de los 18 °C, vaporice diariamente el follaje con agua blanda. Coloque la maceta sobre un lecho de grava húmeda. Riegue el suelo del invernadero.

Riego: desde septiembre hasta abril, cada 8 o 10 días. Durante la vegetación, cada cuatro días.

Trasplante: todos los años, entre marzo y abril.

Exigencias especiales: evite las corrientes de aire; mucha humedad. Un invernadero resulta ideal.

Tamaño: hasta 2 m de alto en jardinera.

Multiplicación: por división en primavera o por separación de hijuelos producidos por la planta madre.

Longevidad: uno o dos años bajo las condiciones normales de un interior; 5 o 10 años en invernadero.

Plagas y enfermedades: arañas rojas en verano con tiempo seco. Cochinillas en invierno.

Especies y variedades: *Heliconia caribaea*, de inflorescencias erguidas rojas. *H. stricta*, de brácteas naranjas. *H. schiedeana* y *H. psittacorum*, cuyas flores se parecen a las del ave del Paraíso.

Consejo: saque la heliconia en verano e instálela en plena tierra, como una caña.

Hibiscus rosa sinensis
HIBISCO

Arbusto en forma de mata, que puede formar un tronco. Se le llama también «rosa de China».

Origen: introducido en Europa en 1731, procedente de Asia tropical.

Hojas: de 10 a 15 cm de largo, perennes, simples, dentadas o recortadas, de color verde oscuro, alveoladas.

Flores: desde mayo hasta octubre, botones ahusados se abren en largas copas coloreadas simples o dobles, de cinco pétalos, con los estambres reunidos en un tubo.

Luz: intensa. Se debe evitar el sol directo de mediodía entre mayo y septiembre.

Sustrato: tierra de jardín y sustrato para geranios.

Abono: en marzo, aporte un abono granulado para rosales. Desde junio hasta agosto, riegue cada 15 días con un abono líquido para plantas de flor.

Humedad ambiental: en verano, vaporice diariamente el follaje. Moje con abundancia el suelo del invernadero o de la galería. Ventile bien la habitación.

Riego: cada tres o cuatro días, desde abril hasta octubre, evitando que la base de la maceta contenga agua estancada, ya que las raíces se pudren rápido.

Trasplante: una vez al año, en primavera. ¡Cuidado! En

▲ *Hibiscus schizopetalus* «Pagoda».

▲ *Hibiscus rosa-sinensis* «Week-end Dack».

▲ *Hibiscus rosa-sinensis* «Lucy».

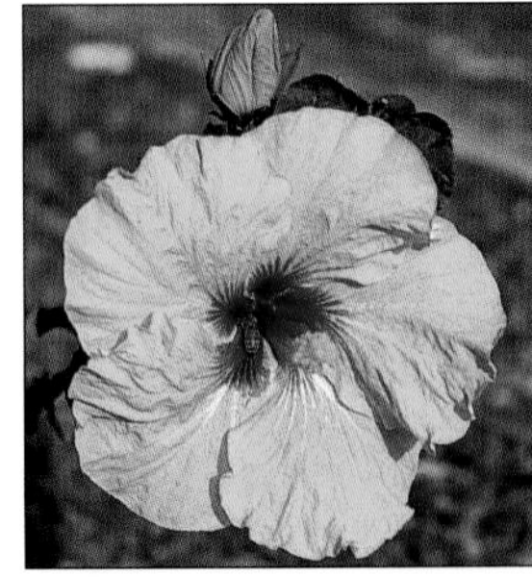

▲ *Hibiscus rosa-sinensis* «Crimson Ray».

un recipiente demasiado grande, el hibisco tiende a dar sobre todo hojas.

Exigencias especiales: por debajo de los 10 °C, las hojas amarillean y se caen. Para favorecer la floración, pode las ramas en marzo, y conserve solamente dos yemas en la base de cada rama.

Multiplicación: por esqueje, en primavera, en caliente (sobre la cubierta de un radiador, por ejemplo).

Longevidad: de uno a tres años en casa; más de 10 años, en un invernadero templado o una galería.

Plagas y enfermedades: cochinillas y arañas rojas. Si los botones se caen antes de abrirse, se trata de un golpe de frío o de humedad excesiva.

Especies y variedades: *Hibiscus rosa-sinensis* abarca varios cientos de cultivares de coloridos muy variados, cuyas flores superan a veces los 20 cm de diámetro; *Hibiscus schizopetalus,* originario de Kenia, de flores rubí y pétalos con franjas.

Consejo: como el hibisco es glotón, no dude en sustituir, en el transcurso de la temporada, 3 cm de tierra por una mezcla de mantillo y fertilizante a base de estiércol y algas compostados.

Hippeastrum x HIPPEASTRUM, AMARILIS

22 °C
13 °C

Vivaz que forma bulbos muy grandes.

Origen: sólo se cultivan híbridos de plantas procedentes de América Central y América del Sur.

Hojas: de 30 a 50 cm de largo, de color verde claro, encintadas, gruesas, arqueadas. Se desarrollan por pares y aparecen después de las flores.

Flores: un largo tallo floral hueco, que presenta de dos a cuatro flores en forma de trompeta, formadas por seis pétalos rojo subido, blancos, rosas, asalmonados o bicolores; cada flor mide más de 15 cm de diámetro y dura una media de dos a tres semanas en casa.

Luz: coloque el amarilis cerca de una ventana, al tiempo que lo protege del sol directo.

Sustrato: mantillo, turba rubia y arena.

Abono: en cuanto aparezcan los botones florales y hasta que amarilleen las hojas, nutra el amarilis cada 15 días con un abono líquido para plantas de flor.

Humedad ambiental: la atmósfera normal de nuestros interiores resulta muy conveniente para el amarilis.

Riego: cada tres o seis días en pequeña cantidad, para no encharcar la tierra.

Trasplante: plante el bulbo al final del invierno. Para ello, debe enterrar al menos dos terceras partes de su altura.

Exigencias especiales: cuando las hojas hayan amarilleado por completo, «olvide» el bulbo en un lugar seco, oscuro y protegido de las heladas, durante al menos tres meses, antes de dejarlo vegetar de nuevo.

Multiplicación: por separación de los bulbillos que se forman en la base del bulbo principal. Florecen al cabo de tres o cuatro años.

Longevidad: tres a cuatro años en la misma maceta.

Plagas y enfermedades: ninguna, por lo general.

Especies y variedades: «Picotee», de pétalos blancos, con rayas rojas; «Red Lion», de flores gigantes, rojo muy subido; «Papillon», de flores amarillo crema, teñidas y estriadas de rojo violáceo, con reflejos verdes.

Consejo: compre bulbos muy grandes para obtener la más bella floración posible.

▲ *Hibiscus schizopetalus:* una flor de encaje.

Hippeastrum x: el amarilis de flores enormes. ▶

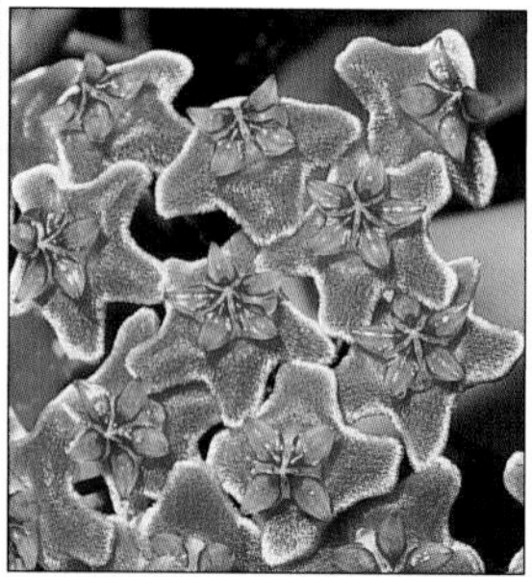

▲ *Hoya carnosa* «Dapple Gray»: muy luminosa.

▲ *Hoya coronaria:* ¡una maravilla!

▲ *Hoya multiflora:* poco frecuente.

▲ *Hoya pubicalyx* «Red Buttons»: extraña.

▲ *Hoya bella:* con el bello nombre «flor de cera».

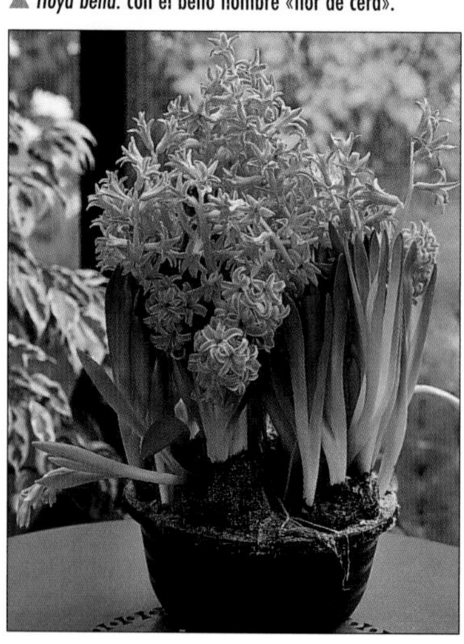

◀ Maceta de jacintos: un invierno con perfume primaveral.

Hoya spp. HOYA

  22 °C 10 °C 

Vivaz de textura carnosa y de porte colgante, llamada con frecuencia «flor de cera».

Origen: Asia, Indonesia, Australia.

Hojas: de 3 a 6 cm de largo, perennes, elípticas, lanceoladas, coriáceas, carnosas.

Flores: desde junio hasta octubre, los ápices de los tallos presentan umbelas compuestas por más de 30 flores en forma de estrella, blanco lechoso, de consistencia cerosa. *Hoya carnosa* desprende un perfume embriagador, perceptible a 2 m, sobre todo por la noche.

Luz: las hoyas toleran mal el sol directo, sobre todo en verano, durante las horas calurosas del día.

Sustrato: tierra de brezo y sustrato para cactáceas.

Abono: desde abril hasta septiembre, aporte dos veces al mes un abono para plantas de tierra de brezo.

Humedad ambiental: en verano, vaporice la planta dos veces por semana, nunca las flores.

Riego: espere que la tierra se haya secado a 2 o 3 cm de profundidad. No use agua con cal.

Trasplante: en abril, cada dos o tres años.

Exigencias especiales: la planta sólo florece sobre tallos de más de 30 cm de largo.

Tamaño: hasta 2 m, en maceta.

Multiplicación: por esquejes de tallos de 10 cm, en primavera, en caliente, en arena y turba.

Longevidad: de dos a ocho años.

Plagas y enfermedades: las cochinillas aparecen sobre todo en plantas debilitadas.

Especies y variedades: *Hoya bella,* de racimos con unas 10 flores, blancas de botón rojo; *Hoya carnosa,* de hojas más grandes y racimos con unas 30 flores perfumadas, de color marfil. Las otras formas ilustradas en este libro son plantas de colección, muy rara vez comercializadas.

Consejo: equilibre la hoya tras la floración evitando podar los tallos que florecieron, ya que pueden reflorecer al año siguiente.

Hyacinthus orientalis JACINTO

  18 °C 0 °C 

Vivaz bulbosa rústica, cultivada en casa como planta de flor, forzada para el invierno.

Origen: Europa del Este, Asia occidental.

Hojas: de 15 a 35 cm de largo, encintadas, en forma de canal poco profundo.

Flores: el tallo floral carnoso presenta un racimo de flores olorosas, que alcanza 20 cm de largo.

Luz: una ventana al este o al norte resulta conveniente para los jacintos. No los aleje más de 1 m.

Sustrato: tierra de jardín, arena y mantillo.

Abono: en cuanto despunten los botones, aporte todas las semanas un abono líquido universal.

Humedad ambiental: la atmósfera seca de la casa resulta muy conveniente para el jacinto.

Riego: cada tres días, cuando la planta esté en flor, pero en poca cantidad por vez.

Trasplante: desde septiembre hasta diciembre, instale cinco bulbos en una maceta de 20 cm de diámetro. Deje que sobresalga ligeramente la punta del bulbo o coloque el jacinto en un jarrón lleno de agua.

Exigencias especiales: tras la plantación, coloque la

maceta en el jardín o en la terraza hasta diciembre, antes de meterla en casa.

Tamaño: de 20 a 35 cm de alto.

Multiplicación: por separación de los bulbillos.

Longevidad: renueve los bulbos todos los años.

Plagas y enfermedades: podredumbre (exceso de agua).

Especies y variedades: los holandeses han creado cientos de variedades desde el final del siglo XIX: «Blue Jacket», azul oscuro; «City of Harlem», amarillo; «Gipsy Queen», naranja claro; «Hollyhock», de flores dobles, rojo oscuro; «Jan Bos», rojo carmesí, etc.

Consejo: use bulbos de gran calibre, especialmente preparados para el cultivo en interiores; la floración estará garantizada.

Hydrangea macrophylla
HORTENSIA

18 °C
0 °C

Arbusto rústico, usado como planta de flor efímera para la casa.

Origen: Japón.

Hojas: de 15 a 20 cm de largo, caducas, redondeadas, ligeramente dentadas, de color verde mate.

Flores: las hortensias en maceta se ofrecen casi todo el año. Un sustrato alcalino favorece las flores rosas; la acidez induce el azul.

Luz: a 2 m de una ventana orientada al este (sombra).

Sustrato: tierra de brezo y sustrato para geranios.

Abono: inútil para las hortensias de interior.

Humedad ambiental: vaporice el follaje a diario, si la habitación tiene una temperatura superior a 16 °C.

Riego: mantenga el sustrato siempre un poco húmedo, sin dejarlo secar nunca.

Trasplante: inútil, ya que la hortensia se tira tras la floración; también puede plantarse en el jardín.

Exigencias especiales: frescor; el follaje cae a más de 20 °C.

Multiplicación: por esquejes de 15 cm tomados en enero-febrero de ramas que no florecieron.

Longevidad: el tiempo de la floración en casa. Consérvela durante mucho tiempo en el jardín.

Plagas y enfermedades: cochinillas.

Especies y variedades: *Hydrangea macrophylla* se divide en dos grupos: el de flores redondas, estériles; y el de las «Lace Caps» o «gorros de encaje», de corimbos planos, compuestos de minúsculas flores fértiles, rodeados de amplias flores estériles.

Consejo: la hortensia dura más tiempo en una habitación a unos 12 °C.

Hipocyrta radicans
HYPOCYRTA

24 °C
13 °C

Subarbustivas epifitas de porte rastrero, clasificadas actualmente en el género *Nematanthus*.

Origen: Brasil.

Hojas: de 3 cm de largo, gruesas, ovaladas, de color verde puro y brillante, sostenidas por tallos de 60 cm.

Flores: en verano, corolas tubulares, cerosas, abultadas por la base, de color naranja subido con garganta amarilla.

Luz: nunca sol directo.

Sustrato: sustrato para plantas de flor y arena.

Abono: desde marzo hasta julio, riegue con una solución fertilizante muy poco concentrada (un tapón de abono para plantas de flor en 10 litros de agua).

Humedad ambiental: mínima del 50 %.

Riego: una vez por semana de media. El exceso de agua hace que se pudran las raíces.

Trasplante: en abril.

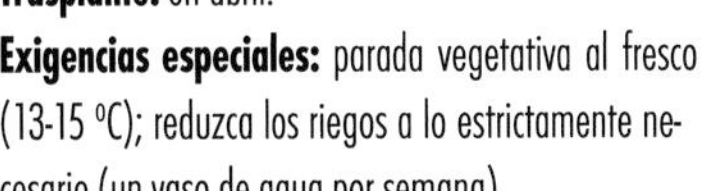

Exigencias especiales: parada vegetativa al fresco (13-15 °C); reduzca los riegos a lo estrictamente necesario (un vaso de agua por semana).

Multiplicación: por esquejes de tallos en verano, bajo atmósfera controlada.

Longevidad: uno o dos años.

Plagas y enfermedades: nada grave, por lo general.

Especies y variedades: sólo se comercializa *Hypocyrta glabra*, a veces bajo su nuevo nombre de *Nematanthus strigillosus*.

Consejo: en abril, pode una tercera parte de la longitud de todas las ramas.

▲ *Hydrangea macrophylla*: toda azul en tierra de brezo.

▲ *Hydrangea macrophylla* «Teller Rosa»: muy generosa.

Hipocyrta glabra: una pequeña planta muy original. ▶

I

▲ *Impatiens walleriana:* una bonita forma de flores dobles.

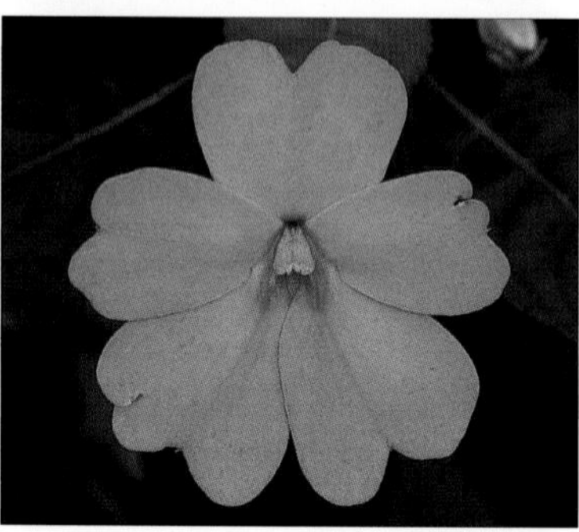

▲ *Impatiens* «Tangerine». *Impatiens niamniamensis.* ▼

Impatiens spp.
BALSAMINA, ALEGRÍA DE LA CASA

20 °C
12 °C

Vivaz sensible al frío, cultivada como una anual en el jardín o como planta de temporada en casa.

Origen: África tropical, India, Sri Lanka.

Hojas: de 8 a 12 cm de largo, entre lanceoladas y dentadas, sostenidas por tallos carnosos y acuosos.

Flores: desde mayo hasta diciembre, corolas planas y sin perfume que presentan una espuela; se visten de todos los colores, salvo de azul y de amarillo puro.

Luz: tamizada; es conveniente una ventana orientada al este.

Sustrato: sustrato para geranios bastante poroso.

Abono: desde mayo hasta septiembre, añada cada 15 días un abono para plantas de flor.

Humedad ambiental: la atmósfera ambiente de la casa resulta conveniente si hay menos de 20 °C.

Riego: el cepellón no debe secarse. Si la balsamina carece de agua, los tallos se desploman.

Trasplante: de inmediato, tras la compra.

Exigencias especiales: las balsaminas deben manejarse suavemente, ya que los tallos se rompen como el cristal.

Tamaño: de 20 a 60 cm de alto y de ancho según las especies y las variedades.

Multiplicación: por esquejes, en cualquier momento entre abril y octubre, o mediante semillero en caliente.

Longevidad: las balsaminas híbridas casi nunca se conservan de un año para el otro. Renueve las especies de colección cada dos años, por esqueje.

Plagas y enfermedades: moscas blancas.

Especies y variedades: la mayor parte de los híbridos cultivados proceden de cruces de *Impatiens walleriana.* Los híbridos de Nueva Guinea, que derivan de *Impatiens hawkeri,* presentan flores más anchas y toleran mejor el sol; *Impatiens niamniamensis,* de sorprendentes flores en forma de alubia, es una planta de colección más durable; *Impatiens repens,* amarilla, de porte colgante, ha aparecido recientemente en los centros de jardinería.

Consejo: la floración resulta mejor en una maceta estrecha. Cuelgue las balsaminas.

Iochroma cyanea
IOCHROMA

22 °C
7 °C

Arbusto en forma de mata, de hoja persistente si no hace frío.

Origen: Colombia, Ecuador, Perú.

Hojas: de 8 a 15 cm de largo, elípticas, de color verde almendra oscuro con envés grisáceo, pubescentes.

Flores: en verano aparecen racimos de flores colgantes, tubulares, estrechas, de un púrpura azulado.

Luz: pleno sol, ya que la iochroma adora las atmósferas luminosas, cálidas y abrigadas.

Sustrato: tierra de jardín, sustrato rico en turba y un 20 % de fertilizante a base de algas y de estiércol.

Abono: la iochroma, glotona, necesita nutrirse cada 15 días, desde abril hasta septiembre, con un abono líquido para plantas de flor.

Humedad ambiental: la de la casa, si la temperatura de la habitación no pasa de 15 °C en invierno.

Riego: cada tres días en verano. En invierno, cuando la planta se encuentra en la parada vegetativa, una vez por semana.

Trasplante: anual, en marzo.

Exigencias especiales: reposo invernal al fresco (10-15 °C). Por debajo de los10 °C, las hojas amarillean y caen, aunque reaparecen en primavera.

Tamaño: de 1 a 1,50 m de alto, en maceta.

Multiplicación: por esquejes, en verano.

◀ La balsamina de Nueva Guinea florece bien en interiores.

Longevidad: de uno a tres años, ya que después la planta se deshoja por la base y se afea.
Plagas y enfermedades: aleuródidos y arañas rojas, sobre todo con tiempo seco y caluroso.
Especies y variedades: *Iochroma coccinea,* más pequeña, presenta flores escarlatas.
Consejo: en verano, instale la planta en el balcón y doblará su volumen.

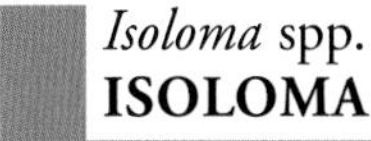

Isoloma spp.
ISOLOMA

Vivaz con rizoma, de flores aterciopeladas.
Origen: Colombia.
Hojas: de 8 a 10 cm de largo, ovaladas, de color verde puro, finísimamente dentadas, sostenidas por tallos peludos semirrastreros; nervios de color pardo purpúreo.
Flores: en verano aparecen tubos aterciopelados y coloreados en la axila de las hojas.
Luz: sombra ligera (debe poderse leer al lado de la planta), nunca sol directo.
Sustrato: sustrato de cortezas, turba y perlita.
Abono: desde abril hasta septiembre.
Humedad ambiental: elevada, pero no vaporice el follaje. Coloque la maceta sobre un lecho de grava constantemente húmeda.
Riego: cada tres o cuatro días durante la vegetación. Una vez por semana en invierno.
Trasplante: anual, en febrero.
Exigencias especiales: *Isoloma amabilis* destaca cuando se cultiva en una maceta colgante.
Tamaño: 60 cm de alto y de ancho.
Multiplicación: divida los rizomas en el momento del trasplante. Por esquejes de tallos, en septiembre, en miniinvernadero caliente con atmósfera controlada (difíciles).
Longevidad: dos a tres años, poco más.
Plagas y enfermedades: ninguna, por lo general
Especies y variedades: *Isoloma erianthay* sus híbridos, más vigorosos, alcanzan 80 cm de alto, de flores rojas; *I. rosea,* de flores granates, aterciopeladas; *I. amabilis,* de flores rosas; *I. digitaliflora,* de flores rosa purpúrea, con lóbulos verdes.
Consejo: no moje el follaje.

Ixora coccinea
IXORA

Arbusto tropical en forma de mata, de hoja persistente.
Origen: Malasia, India, Sri Lanka.
Hojas: de 5 a 10 cm de largo, oblongas, lustrosas, gruesas, coriáceas. Nacen de color cobre y verdean al envejecer.
Flores: voluminosas inflorescencias en forma de bola, compuestas por flores tubulares, que se amplían en cuatro pétalos en cruz, aparecen en los ápices de los tallos.
Luz: pleno sol. En invierno, agradece una iluminación artificial complementaria de cuatro horas al día.
Sustrato: tierra de jardín, sustrato de cortezas, turba y un 15 % de fertilizante orgánico a base de estiércol.
Abono: durante el trasplante, mezcle con el sustrato un abono granulado de liberación lenta.
Humedad ambiental: se requiere al menos el 60 % de humedad relativa para recordar a la ixora su hábitat originario. Vaporice todos los días, por la mañana y por la tarde. Se recomienda un humidificador eléctrico.
Riego: tres veces por semana, desde abril hasta septiembre; cada seis u ocho días en invierno.
Trasplante: todos los años en marzo. No siempre es necesario cambiar de maceta, ya que la planta crece lentamente. Sin embargo, debe sustituirse al menos una tercera parte del sustrato, pues la ixora es bastante glotona.
Exigencias especiales: sólo un invernadero caliente permite conservar la ixora de modo duradero. Sobre todo, no la exponga a las corrientes de aire.
Tamaño: unos 60 cm de alto, en maceta.
Multiplicación: por esquejes de tallos, en primavera, en caliente (23 °C), en miniinvernadero con hormonas.
Longevidad: un año como mucho, en casa. De dos a cinco años en invernadero caliente; luego la planta se deshoja por la base y se afea.
Plagas y enfermedades: las cochinillas se afincan fácilmente bajo las hojas, a lo largo de los nervios. Trátela de modo preventivo con un insecticida; los productos aceitosos no resultan convenientes.
Especies y variedades: «Fraseri», asalmonada; «Gillette's Yellow», amarilla; «Henry Morat», rosa, perfumada.
Consejo: tras la floración, pode todos los ramos a la mitad de su longitud.

▲ *Iochroma cyanea:* largas trompetas veraniegas.

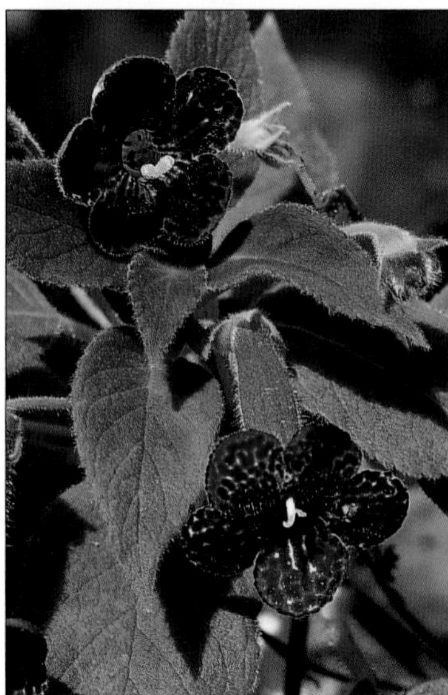

▲ *Isoloma rosea:* flores aterciopeladas de colorido intenso.

Ixora híbrida «Flamingo». ▶

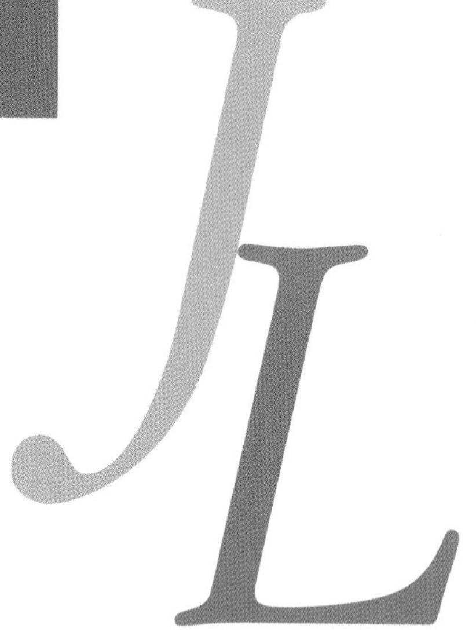

▲ ***Jasminum polyanthum:*** **un perfume embriagador.**

◄ ***Justicia carnea:*** **también se le llama «jacobinia».**

Jasminum polyanthum
JAZMÍN

Trepadora de hoja persistente, cuyos tallos vigorosos se enrollan en torno a su soporte.

Origen: oeste y sudoeste de China.

Hojas: de 5 a 8 cm de largo, pinnadas, recortadas en cinco o siete folíolos, sostenidas por tallos menudos.

Flores: estrellas blancas de cinco pétalos, de intenso perfume, que se abren en racimos en primavera.

Luz: todos los jazmines requieren mucha luz y pleno sol, pero ¡cuidado con el efecto de lupa de los cristales durante el período de floración!

Sustrato: mezcla de tres partes iguales de mantillo, arena y tierra de jardín no caliza.

Abono: tras la floración y durante seis meses, añada cada 15 días un abono líquido para plantas de flor o para geranios.

Humedad ambiental: coloque la maceta sobre un lecho de grava húmeda y vaporice regularmente la planta.

Riego: dos veces por semana, durante la parada invernal; cada dos días, desde abril hasta septiembre.

Trasplante: una vez al año, tras la floración.

Exigencias especiales: los jazmines requieren un invernadero para florecer bien; sólo se instalan en casa durante la floración.

Tamaño: hasta 2 m de largo, en maceta.

Multiplicación: los esquejes tomados en abril florecen a partir del año siguiente.

Longevidad: más de 10 años, si la planta vive en un invernadero o en un balcón protegido; seis meses en interiores.

Plagas y enfermedades: arañas rojas y pulgones deforman y decoloran las hojas.

Especies y variedades: *Jasminum officinale* es parecido a *J. polyanthum,* pero se abre en verano; «Argenteovariegatum» tiene hojas variegadas; *J. angulare,* aún más tardío, es casi otoñal; *J. mesnyi,* más en forma de mata, presenta flores amarillas sin perfume.

Consejo: compre las plantas en botón, para aprovecharlas durante más tiempo. Tras la floración, pode dos terceras partes de todos los tallos.

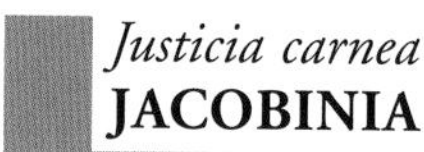

Justicia carnea
JACOBINIA

Arbusto de hoja persistente y poco ramificado.

Origen: norte de Brasil

Hojas: de 15 a 25 cm de largo, lanceoladas, de color verde puro, de apariencia áspera, a veces vellosas.

Flores: desde agosto hasta octubre, aparecen en el ápice de tallos jóvenes racimos frondosos de flores tubulares rosas, de aspecto desmelenado.

Luz: muy intensa. En invierno, la jacobinia requiere incluso sol directo y una iluminación artificial complementaria durante al menos tres horas por día.

Sustrato: tierra de jardín ligera y mantillo rico.

Abono: conviene abonar una vez al mes, desde abril hasta septiembre.

Humedad ambiental: rocíe por la mañana y por la tarde el follaje durante todo el año.

Riego: no deje que se seque el cepellón cuando aparezcan los botones florales y durante la floración. El resto del tiempo, es suficiente con un riego una vez por semana.

Trasplante: en primavera, sólo cuando las raíces ocupen toda la maceta.

Exigencias especiales: coloque la jacobinia en espaldera contra un enrejado cuando sus tallos se alarguen demasiado.

Tamaño: hasta 1 m de alto, en maceta.

Multiplicación: por esquejes de tallos, en primavera, en miniinvernadero bajo atmósfera encerrada, con hormonas y calor de fondo (25 °C). Arraigo en un mes.

Longevidad: por lo general, se tira la planta al cabo de dos o tres años, ya que reflorece mal y se afea, deshojándose por la base.

Plagas y enfermedades: arañas rojas.

Especies y variedades: *Justicia pauciflora* o *rizzinii,* más pequeña (70 cm), de porte colgante, presenta flores solitarias y tubulares amarillo dorado, de base anaranjada. El *Beloperone guttata,* o corazón, se llamará en lo sucesivo *Justicia brandegeana.*

Consejo: pince regularmente el ápice de los tallos para conservar el porte frondoso de la planta y sáquela al jardín, en el transcurso de mayo, en cuanto la temperatura ambiente pase de los 15 °C.

Lachenalia tricolor
LACHENALIA, NARCISO SILVESTRE DE EL CABO

Planta bulbosa.

Origen: Suráfrica.

Hojas: tres o cuatro cintas verde glauco, con marcas purpúreas, carnosas, de 15 a 20 cm de largo.

Flores: entre febrero y marzo, aparecen racimos colgantes, formados por unas 20 campanitas estrechas, de 3 cm de largo, amarillas con bordes verdes.

Luz: el narciso silvestre de El Cabo medra con cuatro horas de insolación directa al día.

Sustrato: tierra de jardín arenosa y turba.

Abono: durante el crecimiento, añada cada 15 días un abono para bulbos de flor.

Humedad ambiental: la atmósfera bastante húmeda de una galería resulta adecuada para el narciso silvestre de El Cabo.

Riego: una vez por semana, para que no se pudra el bulbo. Tras la floración, reduzca los riegos a la mitad hasta que el follaje amarillee y luego deje los bulbos en seco hasta el verano.

Trasplante: plante en agosto, a razón de cinco bulbos por tiesto de 12 cm de diámetro. Entiérrelos en posición vertical. Moje bien el sustrato en el momento de plantar y luego espere los primeros brotes para regar de nuevo.

Exigencias especiales: en la atmósfera cálida y seca de la casa, la lachenalia se seca con mucha rapidez. No la someta a más de 18 °C.

Tamaño: de 15 a 30 cm de alto.

Multiplicación: los bulbillos tomados de la base del bulbo principal y replantados individualmente florecen tras dos o tres años de cultivo.

Longevidad: por lo general, nos desharemos de la planta tras la floración.

Plagas y enfermedades: en suelo húmedo, un hongo provoca la podredumbre de los bulbos.

Especies y variedades: *Lachenalia tricolor* se llamará en lo sucesivo *L. aloides;* «Aurea», de flores amarillo pálido; «Nelsonii», de flores amarillo dorado, resaltadas por un remate verde en la punta.

Consejo: durante el reposo invernal, no almacene los bulbos al aire. Déjelos en su maceta.

Lantana camara
LANTANA

Arbusto de hoja persistente de porte flexible, cultivado sobre todo como planta de flor de temporada de verano.

Origen: América, Suráfrica.

Hojas: de 3 a 4 cm de largo, entre lanceoladas y dentadas, de tacto rugoso como el de una lengua de gato.

Flores: desde mayo hasta septiembre, aparecen en la axila de las hojas inflorescencias redondeadas, compuestas de flores tubulares, parecidas a las de la verbena. Blancas, rojas, amarillas y naranjas, atraen a las mariposas. Las tonalidades varían con la edad de la flor, y coexisten varios colores en la misma inflorescencia.

Luz: al menos tres o cinco horas de sol directo por el día, de lo contrario, la planta no florece.

Sustrato: un sustrato para trasplante, enriquecido con un 20 % de fertilizante orgánico y una cucharadita de abono granulado por 10 litros de sustrato.

Abono: entre agosto y septiembre, cuando el sustrato comience a agotarse, fertilice con aportes bimensuales de abono líquido para plantas de flor.

Humedad ambiental: no vaporice, pero ventile con frecuencia. En mayo, instale la lantana en el balcón, ya que no tolera la atmósfera cerrada de un interior.

Riego: cada tres días, en verano. Mantenga la planta casi seca en invierno.

Trasplante: en el momento de salir al aire libre.

Exigencias especiales: un reposo invernal, en una habitación fresca (10 °C) y luminosa.

Tamaño: hasta 1 m de diámetro, en maceta.

Multiplicación: por esquejes, al final del verano; fácil.

Longevidad: de uno a cinco años, según la parada vegetativa.

Plagas y enfermedades: moscas blancas.

Especies y variedades: «Mina de oro», de flores amarillas; «Avalancha», blanca; «Cochinilla», roja frambuesa; «Hoguera», roja con el centro amarillo; «Festón rosa», matizado de violeta, de amarillo y de blanco.

Consejo: plantada en plena tierra en un macizo, la lantana doblará su volumen.

Lantana camara híbrida: una larga floración veraniega. ▶

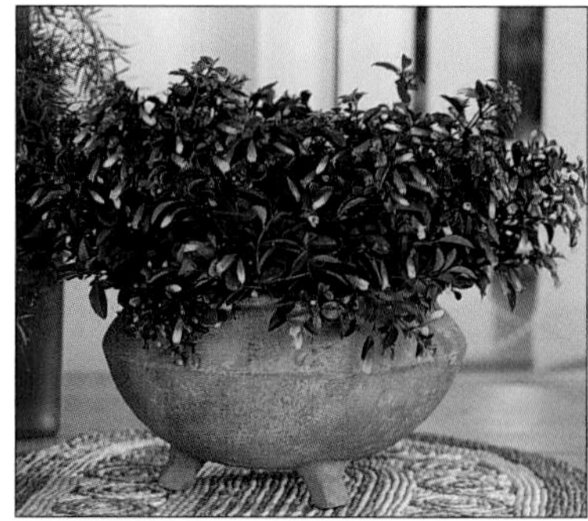

▲ *Jacobinia pauciflora:* una planta muy graciosa.

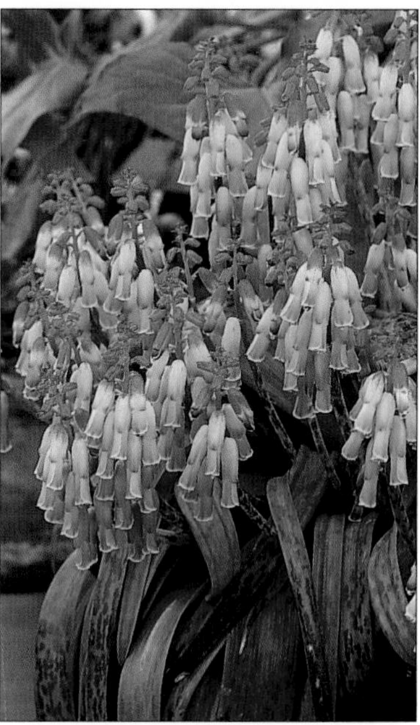

▲ *Lachenalia tricolor:* tímida, pero muy original.

▲ *Lapageria rosea* var. *albiflora*: campanitas de marfil.

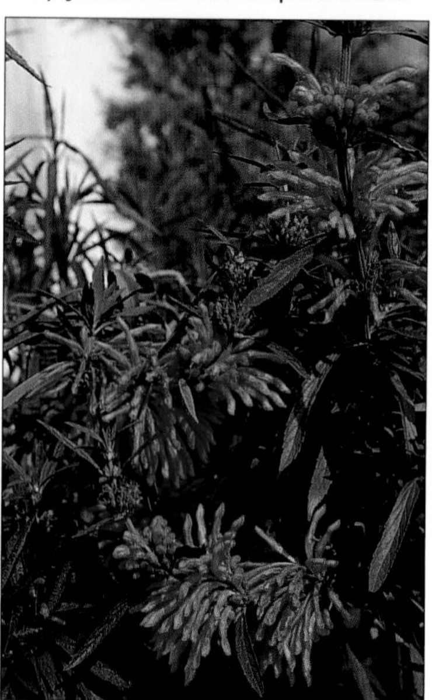

▲ *Leonotis leonorus*: rústico en la costa mediterránea.

◀ *Leucospermum patersonii*: la planta acerico.

Lapageria rosea
LAPAGERIA

20 °C
0 °C

Trepadora sarmentosa, de crecimiento lento.

Origen: la única especie es endémica de Chile.

Hojas: de 8 a 12 cm de largo, perennes, oblongas, de color verde oscuro, coriáceas, de textura cerosa, sostenidas por tallos sinuosos.

Flores: corolas carnosas, acampanadas, rosa subido casi rojo; se abren en verano.

Luz: la lapageria aprecia la semisombra.

Sustrato: tierra de brezo, tierra de jardín, perlita y un 15 % de fetilizante a base de estiércol y de algas.

Abono: desde abril hasta agosto, cada 15 días, añada un abono líquido para plantas de flor.

Humedad ambiental: la lapageria se marchita cuando la atmósfera se torna calurosa y seca. Aumente la humedad ambiental y refresque mediante pulverizaciones y una ventilación frecuente de la habitación.

Riego: una vez por semana, dejando que el cepellón se seque un poco entre dos aportes de agua.

Trasplante: una vez al año, al principio de la primavera, a una maceta ancha y honda, ya que las raíces son voluminosas y vigorosas.

Exigencias especiales: la lapageria vive mejor en un invernadero o una galería. Colóquela en espaldera sobre un enrejado o enrolle las ramas sobre un arco.

Tamaño: hasta 2 m de alto en maceta.

Multiplicación: mediante semillero, en marzo, a 18 °C, tras remojar las semillas durante dos días. Se necesitan al menos tres años antes de ver la primera flor.

Longevidad: una temporada en interiores; más de cinco años en un invernadero frío.

Plagas y enfermedades: cochinillas.

Especies y variedades: *Lapageria rosea* var. *albiflora*, de flores blanco crema, destaca por un follaje gris verdoso; «Nash Court», de flores rosa suave.

Consejo: instale la lapageria en el jardín, desde mayo hasta septiembre, a la sombra de un árbol. La dificultad del cultivo se debe al calor seco del verano y no al frescor invernal. La planta ha de mantenerse a un cierto grado de humedad.

Leonotis leonorus
LEONOTIS

22 °C
-5 °C

Subarbustiva de hoja persistente, aromática, con frecuencia considerada planta vivaz.

Origen: Suráfrica.

Hojas: de 6 a 12 cm de largo, semipersistentes, entre lanceoladas y oblongas, de color verde oscuro.

Flores: en otoño, los tallos presentan matas escalonadas, formadas por unas 20 corolas tubulares de 5 cm de largo, de color rojo anaranjado subido.

Luz: el sol directo, incluso el más intenso, es apreciado por esta planta de zonas áridas.

Sustrato: arena, mantillo y tierra de jardín, con un 20 % de fertilizante a base de estiércol y de algas.

Abono: durante el trasplante, añada al sustrato abono granulado de liberación lenta.

Humedad ambiental: más bien reducida, para evitar los riesgos de enfermedades criptogámicas.

Riego: entre 5 y 10 días. Deje que el sustrato se seque entre dos aportes de agua.

Trasplante: anual, en primavera.

Exigencias especiales: plante el *leonotis* en plena tierra en verano. Con un clima muy suave, hasta puede pasar el invierno fuera.

Tamaño: 80 cm de alto, en maceta.

Multiplicación: por esquejes de tallo, en atmósfera controlada, en verano. Use hormonas en polvo para aumentar las probabilidades de arraigo.

Longevidad: con frecuencia, una sola temporada. Más de 10 años, si las condiciones de cultivo son favorables.

Plagas y enfermedades: moscas blancas.

Especies y variedades: «Albiflora», de flores blancas, es una forma menos extendida.

Consejo: tras la floración, pode toda la mata, entre 20 y 30 cm del suelo.

Leucospermum spp.
LEUCOSPERMUM

24 °C
5 °C

Subarbustiva de hoja persistente, de porte redondeado.

Origen: Suráfrica.

Hojas: de 5 a 8 cm de largo, de color verde azulado. Cordiformes y dentadas por la base, se vuelven progresivamente ovaladas cerca del ápice del tallo.

Flores: las inflorescencias de 10 cm de diámetro, amarillas, naranjas, púrpuras o rosas, se componen de unas 100 flores simples, tubulares, de estambres salientes. ¡Duran dos meses largos!

Luz: máxima, con sol directo.

Sustrato: mezcle una parte de arena gruesa, incluso guijarrosa, con otro tanto de tierra de brezo.

Abono: desde abril hasta septiembre, nutra la planta una vez al mes con un abono para cactáceas.

Humedad ambiental: mínima del 40%. No vaporice el *Leucospermum,* para evitar los riesgos de enfermedades criptogámicas (manchas foliares).

Riego: una vez por semana de media durante todo el año.

Trasplante: anual, entre febrero y marzo.

Exigencias especiales: el *Leucospermum* es casi rústico en la costa mediterránea, pero requiere un suelo ácido y teme los vientos fuertes.

Tamaño: de 1 a 2 m en la naturaleza, poco más de 80 cm cuando la planta se cultiva en maceta.

Multiplicación: mediante semillero de semillas que permanecieron un mes largo en el cajón para las verduras del frigorífico. Brote lento. El esquejado de tallos o de raíces está reservado a los especialistas.

Longevidad: ¡desde dos meses... hasta más de 10 años!

Plagas y enfermedades: ninguna, por lo general.

Especies y variedades: *Leucospermum patersonii* es uno de los pocos que toleran la cal, pero sus flores son más pequeñas que las de *L. cordifolium.*

Consejo: las flores de *Leucospermum* forman excelentes ramos de larga duración.

Lilium spp. AZUCENA

Planta bulbosa, que suele cultivarse en el jardín, pero que resulta muy adecuada en interiores en macetas durante su soberbia floración.

Origen: las que se cultivan en maceta son únicamente las azucenas híbridas americanas o asiáticas.

Hojas: de 15 a 20 cm de largo, lanceoladas, sin pecíolo, con nervios bien marcados.

Flores: compuestas de tres pétalos y tres sépalos casi idénticos, dispuestos en forma de trompeta o de copa muy abierta, con estambres siempre prominentes. Todos los colores tienen representante, salvo el azul. Algunas azucenas son perfumadas.

Luz: coloque la maceta pegada a una ventana muy luminosa (sin sol intenso, para evitar el ajamiento).

Sustrato: tierra de jardín y mantillo, a partes iguales.

Abono: en cuanto las hojas despunten, añada cada 15 días un abono para plantas de flor.

Humedad ambiental: la azucena tolera la sequedad atmosférica de nuestros interiores, si hace fresco.

Riego: cada cinco u ocho días. Deje que se seque el sustrato a 3 o 4 cm de profundidad entre dos aportes de agua.

Trasplante: plante los bulbos en otoño y conserve la maceta en un lugar fresco pero alejado de las heladas.

Exigencias especiales: exponga la azucena a una intensa luz cuando los brotes aparezcan. Prevea un tutor para cada tallo joven.

Tamaño: de 60 a 80 cm de alto, en maceta.

Multiplicación: por separación de bulbillos. Por plantación de escamas del bulbo en primavera.

Longevidad: un mes en maceta, justo el tiempo de la floración. Sin embargo, la azucena vive varios años si se replanta el bulbo en el jardín.

Plagas y enfermedades: la podredumbre gris puede invadir los tallos y provocar así su debilitamiento. Durante la conservación del bulbo, varios hongos son responsables de su deterioro, ya que ablandan los tejidos y lo inhabilitan para la replantación.

Especies y variedades: «Destiny», amarillo soleado moteado de púrpura en el centro; «Empress of India», de flores de 25 cm de diámetro, rosa carmesí con borde blanco; «Imperial Gold», blanca moteada de amarillo; «Stargazer», roja y blanca; *Lilium regale,* de color blanco y muy perfumada, se comporta bastante bien en maceta.

Consejo: corte los estambres con tijeras antes de que lleguen a la madurez, ya que el polen mancha los tejidos y las moquetas.

☞ ***Lisianthus*** véase *Eustoma.*

▲ *Lilium* **híbrido: una planta efímera pero muy bonita.**

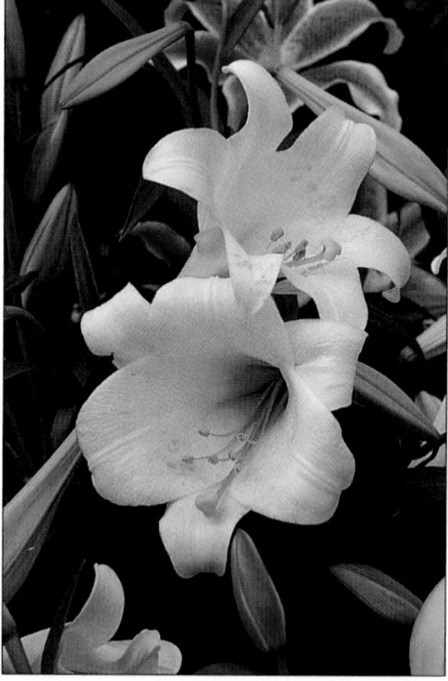

▲ *Lilium candidum:* **un perfume de vainilla embriagador.**

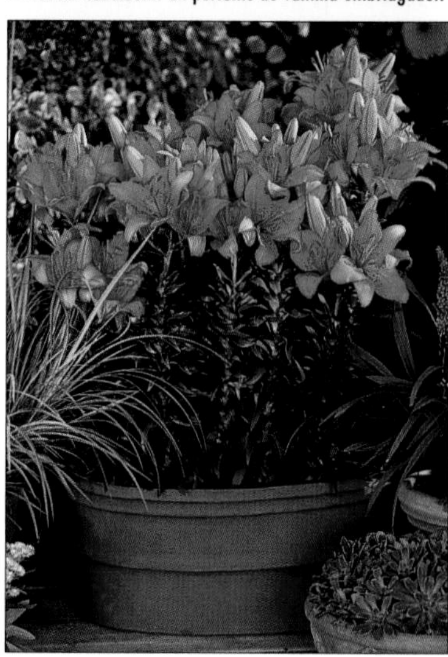

Lilium **híbrido: la planta para regalar por excelencia.** ▶

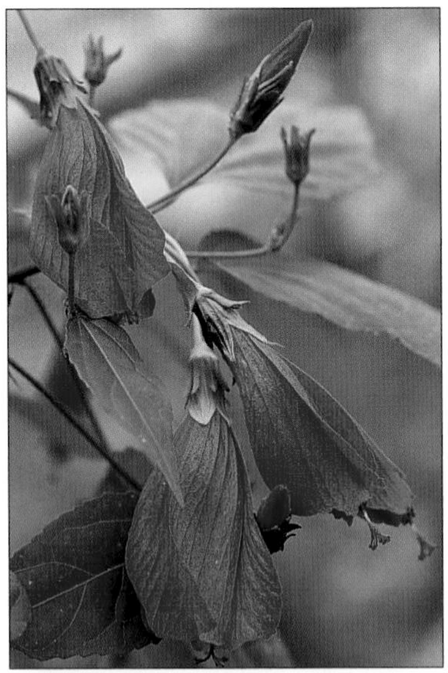

▲ *Malvaviscus arboreus:* las flores nunca se abren.

Malvaviscus arboreus
MALVAVISCO, ALTEA

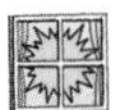  24 °C 10 °C 

Arbustito de tallos muy tiesos y poco ramificados, cubiertos de fina pelusa.

Origen: México, Colombia, Perú, Brasil.

Hojas: de 6 a 12 cm de largo, perennes, simples, acorazonadas, ligeramente dentadas.

Flores: casi todo el año, *Malvaviscus* presenta campanitas ensanchadas, colgantes, que no se abren pero que dejan que aparezca el pistilo.

Luz: una iluminación máxima durante todo el día. Coloque la planta al sur, en una galería o bajo un amplio tragaluz.

Sustrato: sustrato para geranios y tierra de jardín.

Abono: a partir de marzo, comience a nutrir el malvavisco con abono diluido para plantas de flor; cada tres semanas hasta mayo, luego una vez por semana hasta el final de julio y cada 15 días en agosto-septiembre.

Humedad ambiental: la atmósfera de la casa es apropiada durante el verano. En invierno, debe vaporizarse el follaje cada dos días.

Riego: sumerja el cepellón una vez por semana durante media hora. Complete con un riego de la superficie, si el sustrato se seca a más de 3 cm de profundidad.

Trasplante: una vez al año, en primavera, aumentando mucho las proporciones de la maceta.

Exigencias especiales: *Malvavisco* odia el agua estancada al nivel de las raíces. Vacíe siempre el platillo una hora después del riego. También aprecia una buena ventilación.

Tamaño: de 60 cm a 1 m, en maceta.

Multiplicación: el esquejado herbáceo, desde mayo hasta agosto, en miniinvernadero en atmósfera controlada, con hormonas y calor de fondo (25 °C) es bastante difícil de lograr para una aficionado (es muy frecuente la podredumbre).

Longevidad: menos de un año, en interiores. Hasta cinco años si puede instalar la maceta desde mayo hasta octubre en una terraza y dejarla hibernar en una galería.

Plagas y enfermedades: las moscas blancas sienten predilección por todas las malváceas.

◀ *Manettia luteorubra:* una trepadora de flor para el verano.

Especies y variedades: de las tres especies conocidas, sólo se ofrece *Malvaviscus arboreus.*

Consejo: para conservar una planta compacta, la poda de todos los brotes del año resulta indispensable tras la floración.

☞ ***Mandevilla*** véase *Dipladenia.*

Manettia luteorubra
MANETTIA

   22 °C 7 °C 

Planta vivaz de hoja persistente voluble, cuyos largos tallos se enrollan en torno a su soporte.

Origen: Paraguay, Uruguay.

Hojas: de 3 a 10 cm de largo, opuestas, lanceoladas, de color verde oscuro, ligeramente coriáceas.

Flores: durante todo el verano, la manettia presenta tubos solitarios, de 3 a 5 cm de largo, ligeramente vellosos, escarlatas, con el extremo amarillo subido.

Luz: la manettia aprecia la claridad; pero evite el sol directo, ya que quema la punta de las hojas.

Sustrato: tierra de brezo y sustrato para geranios, añadiendo un 20 % de fertilizante orgánico o una cucharada de estiércol granulado por planta.

Abono: desde abril hasta septiembre, añada todas las semanas un abono líquido para plantas de flor.

Humedad ambiental: vaporice el follaje cada dos o tres días durante el invierno si la temperatura supera los 12 °C.

Riego: un vaso grande cada dos días en verano, y una inmersión de la maceta durante media hora, una vez por semana. En invierno, riego cada 10 días.

Trasplante: anual, en marzo.

Exigencias especiales: la manettia requiere un soporte para elevarse. También puede caer en generosas cascadas si está colgada.

Tamaño: poco más de 1,50 m, en maceta.

Multiplicación: esquejes de tallos, con calor de fondo.

Longevidad: un verano, en casa; tres años, en invernadero.

Plagas y enfermedades: ninguna, por lo general.

Especies y variedades: *Manettia inflata* y *M. bicolor* son denominaciones sinónimas y comunes.

Consejo: pode en marzo, antes de la reactivación de la vegetación, para conservar el porte frondoso de la planta y favorecer la floración.

Medinilla magnifica
MEDINILLA

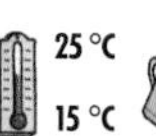

Arbusto epifito de hoja persistente, vigoroso, más o menos ramificado, que presenta tallos de corteza alada.

Origen: Filipinas.

Hojas: de 20 a 30 cm de largo, ovaladas, opuestas, coriáceas, un poco rugosas, de color verde oscuro, lustrosas, con nervios muy visibles.

Flores: desde abril hasta julio aparecen racimos colgantes, de 40 cm de largo, cuyas flores cerosas rosa pálido van acompañadas de brácteas.

Luz: sólo un invernadero o un gran ventanal pueden ofrecer las cuatro o cinco horas de sol directo que la planta necesita a diario.

Sustrato: 1/2 de tierra de brezo, 1/4 de arena y 1/4 de sustrato para plantas de flor (o sustrato de cortezas).

Abono: desde abril hasta septiembre, añada un abono líquido cada 15 días.

Humedad ambiental: al menos del 70%. Si la humedad resulta insuficiente, la planta no florece. Se requiere un invernadero o un humidificador eléctrico. Vaporice diariamente el follaje.

Riego: cada tres días en verano; no más de una vez por semana tras la floración.

Trasplante: cada dos años, en febrero.

Exigencias especiales: no tolera las bajadas bruscas de temperatura y aún menos las corrientes de aire; pero aprecia una habitación bien ventilada y el frescor nocturno.

Tamaño: de 60 cm a 1 m en todas direcciones.

Multiplicación: difícil; por esquejes apicales, a 30 °C, sin niebla, para los profesionales. Puede intentarse un acodo aéreo.

Longevidad: de tres meses a un año, en un interior. De tres a cinco años, en invernadero.

Plagas y enfermedades: arañas rojas.

Especies y variedades: entre las 150 especies de medinillas conocidas, algunas son trepadoras, y sólo *Medinilla magnifica* se cultiva como planta de interior y se ofrece a veces en grandes macetas.

Consejo: justo tras la floración, pode a la mitad de su longitud los tallos que presentaron racimos y luego reduzca los riegos.

Mussaenda erythrophylla
MUSSAENDA

Subarbusto ramificado, flexible, de tallos sarmentosos, cultivado en forma de mata o como trepadora.

Origen: Congo, donde fue descubierto en 1888.

Hojas: de 10 a 20 cm de largo, perennes, vellosas, oblongas, colgantes, de aspecto bastante suave, con nervios rojos.

Flores: las corolitas en forma de embudo, rodeadas de brácteas rosas o rojas, se reúnen en racimos desde julio hasta noviembre. Las inflorescencias, de 10 a 30 cm, recuerdan las de la hortensia.

Luz: intensa, pero sin sol directo en verano.

Sustrato: sustrato para plantas verdes o para geranios, añadiendo un poco de arena gruesa.

Abono: desde abril hasta septiembre, nutra la mussaenda cada 15 días con un abono para plantas de tierra de brezo diluido al 50%.

Humedad ambiental: al menos del 70%.

Riego: cada vez que el sustrato se seque por la superficie, pero sin empapar el cepellón.

Trasplante: cuando las raíces salgan de la maceta.

Exigencias especiales: la mussaenda no tolera la exposición prolongada a temperaturas inferiores a los 18 °C. Cuidado con el período de entretiempo, cuando la calefacción ya no está encendida o aún no funciona.

Tamaño: de 60 cm a 1 m, en maceta, en invernadero.

Multiplicación: reservada para los profesionales. Los esquejes apicales deben colocarse en atmósfera controlada, al 100% de humedad relativa y a 30 °C.

Longevidad: seis meses en casa y de tres a cinco años en un invernadero caliente.

Plagas y enfermedades: cochinillas, arañas rojas y aleuródidos, sobre todo con tiempo cálido.

Especies y variedades: existen unas 100 especies de mussaendas, entre las cuales pocas se cultivan en interiores. *Mussaenda frondosa*, de florecitas amarillas rodeadas de brácteas blanco verdoso.

Consejo: pode la planta tras la floración; si no lo hace, ésta adoptará un porte desordenado.

▲ *Medinilla magnifica:* una planta muy espectacular.

▲ *Mussaenda* «Brasil»: un híbrido con brácteas rosas.

Mussaenda erythrophylla «Alba»: luminosa. ▶

▲ Los narcisos forzados florecen en casa en invierno.

Narcissus spp.
NARCISO

 18 °C 5 °C 

Planta bulbosa de floración precoz, repartida en 12 divisiones según la forma de las flores.

Origen: cuenca mediterránea, Suráfrica.

Hojas: de 15 a 60 cm de largo según las especies, lineales, lisas, con frecuencia acanaladas.

Flores: los tallos florales flexibles presentan una o varias flores, compuestas por un periantio tubular, cuyos seis segmentos erguidos, extendidos o reflejados componen la «corola» en forma de trompeta. A veces se reduce a una simple corona en el centro de la flor. El amarillo y el blanco abundan, pero algunas variedades enarbolan el anaranjado o el rosa.

Luz: muy intensa; el sol directo no le perjudica.

Sustrato: mantillo y tierra de jardín arenosa.

Abono: tras la floración, nutra los narcisos cada 15 días con un abono rico en potasio (abono para bulbos, freseras o tomateras) hasta que las hojas estén casi amarillas.

Humedad ambiental: una humedad elevada resulta nociva para los narcisos, propensos a la podredumbre.

Riego: conserve el cepellón bastante húmedo, sin más, durante la floración. Luego, régimen seco.

Trasplante: inútil, ya que los narcisos no reflorecen dos años seguidos en el interior. Tras la floración, trasplántelos al jardín.

Exigencias especiales: para el forzado, los bulbos se colocan en la oscuridad y al fresco (5 °C) hasta que los tallos alcanzan 5 cm, lo que puede tardar dos meses. Luego, los narcisos requieren una temperatura de 15 a 18 °C para florecer.

Tamaño: de 15 a 50 cm de alto, en maceta.

Multiplicación: por separación de los bulbillos que aparecen en torno a los bulbos principales.

Longevidad: lo que dura la floración, de 10 a 15 días en el interior. Varios años si se deja que los narcisos se aclimaten al jardín.

Plagas y enfermedades: varios hongos pudren el bulbo o atacan la base de las hojas. Hacen estragos sobre todo en suelos muy húmedos.

Especies y variedades: todos los narcisos se prestan bien al forzado, sobre todo «Paperwhite», perfumado, que no necesita una estancia al fresco para florecer, y «Tête à Tête», un narciso en miniatura de 10 a 15 cm de alto, que puede replantarse en el jardín, donde reflorecerá durante muchos años.

◀ Los narcisos dobles se prestan de maravilla al forzado.

Consejo: prolongue la floración de los narcisos instalándolos por la noche en el balcón, si no hiela. Los bulbos que fueron forzados en gravilla no se podrán replantar.

☞ ***Nematanthus*** véase *Hypocyrta.*

Nerine bowdenii
NERINE, AZUCENA DE GUERNESEY

 20 °C 5 °C  

Planta bulbosa vigorosa, semirrústica.

Origen: Suráfrica.

Hojas: de 20 a 30 cm de largo, lineales, estrechas y encintadas, formadas tras la floración.

Flores: al final del verano, largos tallos florales presentan unas 10 flores de 6 a 8 cm de diámetro, reunidas en umbela, compuesta cada una de seis pétalos rosas o blancos, estrechos, encintados y curvados.

Luz: es indispensable la claridad de un invernadero, de una galería o de un gran ventanal.

Sustrato: tierra de jardín, arena y turba.

Abono: dos veces al mes, añada al agua de riego un abono para freseras o tomateras.

Humedad ambiental: la atmósfera seca de los interiores hace que los nerines amarilleen, a más de 15 °C. En este caso, coloque la maceta sobre gravilla húmeda.

Riego: riegue cada cuatro días, sin excederse, cuando la planta esté vegetando. Basta con una vez por semana en cuanto el follaje amarillee. Conservación y parada vegetativa al seco total.

Trasplante: una vez al año, en abril.

Exigencias especiales: en invierno, mantenga las azucenas a 10 °C para que conserven la vegetación. A más de 15 °C, la planta padece por el calor.

Tamaño: hasta 60 cm de alto.

Multiplicación: mediante siembra de semillas frescas o repicado de bulbillos (largo y delicado).

Longevidad: más de cinco años, con un verano fuera.

Plagas y enfermedades: cochinillas algodonosas.

Especies y variedades: «Pink Triomph» es la variedad más cultivada, por sus grandes flores rosa fuerte; *Nerine undulata* (o *crispa*) se distingue por sus flores rosa pálido muy recortadas.

Consejo: las azucenas de Guernesey resultan mucho más voluminosas en pleno suelo. Pasados dos años en una maceta, plántelas en el jardín.

Nerium oleander ADELFA

Arbusto de hoja persistente, semirrústico. Todos los elementos de la planta son tóxicos.

Origen: litoral mediterráneo.

Hojas: de 10 a 20 cm de largo, estrechas, lanceoladas, coriáceas, de color verde intenso o grisáceas.

Flores: las corolas tubulares cremosas, rosas, amarillas o rojas, de cinco lóbulos aplanados, se agrupan en ramos apicales desde junio hasta octubre. Algunas variedades desprenden un agradable perfume.

Luz: sólo una intensidad máxima, con sol directo si se tercia, puede ser conveniente.

Sustrato: tierra de jardín arenosa, enriquecida con un puñado de estiércol deshidratado o granulado.

Abono: una dosis de abono de difusión lenta, esparcida por la superficie de la maceta, bastará para la temporada.

Humedad ambiental: vaporice cuatro veces por semana si la temperatura invernal supera los 15 °C.

Riego: la adelfa resulta mucho más bella cuando el sustrato permanece siempre ligeramente húmedo. En pleno verano, a veces hay que regar todos los días si la planta está expuesta al sol.

Trasplante: anual, en abril.

Exigencias especiales: la adelfa apreciará una estancia invernal en una habitación muy luminosa y fresca (entre 5 y 10 °C).

Tamaño: hasta 4 m en la naturaleza, limitados a 1,50 m en maceta. Luego, se hace desgarbado.

Multiplicación: por esquejes en agua, en verano.

Longevidad: más de 15 años, incluso en maceta.

Plagas y enfermedades: las cochinillas, muy frecuentes y temibles, suelen provocar la aparición de fumagina (negrilla).

Especies y variedades: existen más de 40 variedades de adelfas, de flores simples, dobles, incluso triples, cuyos colores van del blanco al rojo pasando por el amarillo, el melocotón y el salmón.

Consejo: tras la floración, pode todas las ramas a la mitad de su longitud para provocar ramificaciones sobre las que crecerán los nuevos brotes floríferos.

Oxalis tetraphylla ACEDERILLA

 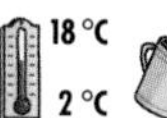 

Plantita vivaz, invasora, de raíces en tubérculo, llamada también «trébol de cuatro hojas».

Origen: México.

Hojas: de 5 a 15 cm de diámetro, de cuatro folíolos, como las de un trébol de cuatro hojas; cada lóbulo está marcado con una mancha purpúrea en la base.

Flores: en verano, los tallos menudos presentan flores de cinco pétalos, de color rojo anaranjado o blanco, reunidos en umbelas flojas.

Luz: aprecia el sol directo por la mañana.

Sustrato: sustrato arenoso para cactáceas.

Abono: en verano, nutra el oxalis una vez al mes con un abono para bulbos de flor.

Humedad ambiental: tolera la atmósfera seca frecuente en nuestros interiores, si la temperatura es inferior a los 15 °C.

Riego: cada cuatro o cinco días, mientras la planta vegeta. Deje en seco en invierno.

Trasplante: en abril, plante tres bulbos, a 5 cm de profundidad, en una maceta de 20 cm de diámetro.

Exigencias especiales: saque el oxalis al jardín, desde mayo hasta octubre.

Tamaño: de 15 a 25 cm, en todas direcciones.

Multiplicación: por división de mata.

Longevidad: no más de una temporada en casa; dos o tres años en invernadero frío o en galería.

Plagas y enfermedades: ninguna, por lo general.

Especies y variedades: *Oxalis triangularis*, de follaje purpúreo, florece en blanco desde julio hasta octubre y repliega sus hojas al menor soplo de aire.

Consejo: no la plante en suelo calizo.

▲ *Nerine bowdenii:* una bulbosa de floración otoñal.

▲ *Nerium oleander:* pasa el invierno en la galería.

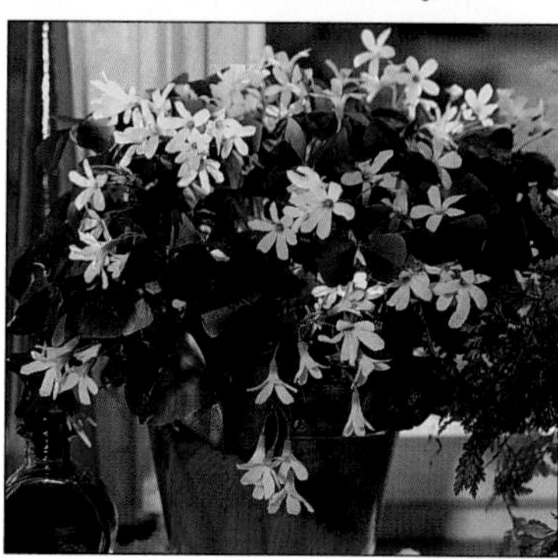

Oxalis tetraphylla: un trébol de cuatro hojas florífero. ▶

P

▲ *Pachystachys lutea:* la planta pirulí.

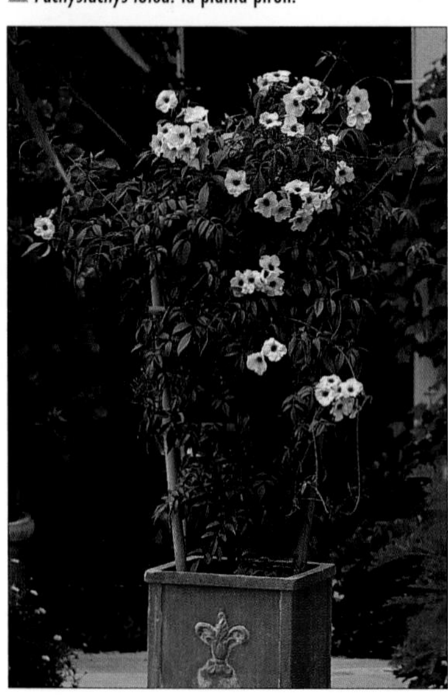

◀ *Pandorea jasminoides:* una trepadora original.

Pachystachys lutea
PACHYSTACHYS

 24 °C 12 °C 

Arbustito de hoja persistente, de porte erguido, pero poco ramificado, muy cercano a la justicia.

Origen: Perú, México.

Hojas: de 8 a 15 cm de largo, entre ovaladas y lanceoladas.

Flores: en verano, el ápice de los tallos presenta una inflorescencia cónica, compuesta de brácteas de color amarillo dorado, imbricadas como escamas, de las cuales cada una protege una flor blanca en forma de lengüeta.

Luz: en invierno, tres horas al día de sol impiden que el pachystachys se marchite. En verano, aleje la planta de la ventana al menos 1 m.

Sustrato: tierra de brezo y sustrato de cortezas, con un 10 % de perlita o de vermiculita para el drenaje.

Abono: una vez al mes, todo el año.

Humedad ambiental: al menos del 50 %. La atmósfera demasiado seca hace que se ennegrezca la punta de las hojas. En invierno, vaporice el follaje todas las mañanas.

Riego: cada 10 días, en invierno. En verano, riegue cada tres días, con poca agua.

Trasplante: una vez al año, en abril, sin olvidar los cascotes para el drenaje.

Exigencias especiales: pode todos los tallos en primavera, a 15 cm de altura, para que la planta conserve una silueta compacta.

Tamaño: de 40 a 50 cm de alto, en maceta.

Multiplicación: por esquejes de tallos sin flor, en mayo, en atmósfera controlada, con calor de fondo (25 °C).

Longevidad: de dos a cinco años, ya que después el tronco se deshoja por la base y la planta se marchita.

Plagas y enfermedades: moscas blancas, ácaros y exceso o falta de agua.

Especies y variedades: *Pachystachys coccinea,* de voluminosas inflorescencias escarlatas (bastante rara).

Consejo: trasplante el pachystachys de inmediato tras la compra, ya que resulta difícil conservarlo en casa en el sustrato con turba usado por los profesionales para producirlo. Luego mantenga el cepellón bien húmedo durante 15 días.

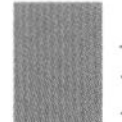

Pandorea jasminoides
PANDOREA

 22 °C 5 °C 

Planta trepadora voluble, cuyas ramas se enrollan en torno a su soporte.

Origen: Australia.

Hojas: perennes, pinnadas, compuestas de cinco a nueve folíolos de 3 a 5 cm de largo, de color verde intenso.

Flores: la pandorea se cubre, desde febrero hasta mediados del verano, de trompetas de 4 a 5 cm de diámetro, blancas o rosa pálido, de cogollo más oscuro.

Luz: se aconseja encarecidamente el sol directo, al menos cuatro horas por día, para obtener flores.

Sustrato: tierra franca, sustrato de hojas, arena y un 20 % de fertilizante orgánico a base de estiércol.

Abono: una medida de abono granulado de difusión lenta en el sustrato de trasplante.

Humedad ambiental: vaporice el follaje cada dos días durante todo el año si la temperatura supera los 18 °C.

Riego: sin excesos, cada vez que el sustrato se seque por la superficie.

Trasplante: una vez al año, a una maceta de al menos 30 cm de alto para una planta adulta.

Exigencias especiales: la pandorea requiere un reposo invernal bien delimitado, al fresco, para florecer.

Tamaño: hasta 3 m, en una maceta grande.

Multiplicación: por esquejado de tallos herbáceos, en mayo, en atmósfera controlada, con calor de fondo (22 °C).

Longevidad: al menos cinco años en invernadero o en una galería. Una sola temporada, en casa.

Plagas y enfermedades: pulgones y ácaros.

Especies y variedades: «Variegata», de follaje con bordes o manchas blanco crema; «Lady Di», de flores blancas; «Rosea Superba», de grandes flores.

Consejo: plante la pandorea en pleno suelo en una galería; el crecimiento será mayor.

Passiflora caerula
PASIONARIA

  23 °C 2 °C 

Esta planta trepadora se engancha mediante zarcillos.

Origen: América Central y del Sur.

Hojas: de 8 a 10 cm de largo, perennes, recortadas en tres a nueve lóbulos, de color verde medio.

Flores: la forma y la disposición de los órganos de la flor, azules, rosas y blancos, recuerdan la crucifixión.

Luz: pleno sol todo el año.

Sustrato: tierra franca y mantillo de hojas, con un 20% de fertilizante a base de estiércol y de algas.

Abono: a partir de abril, el riego se efectuará con una solución poco concentrada de abono para plantas de flor (un tapón por 10 litros de agua).

Humedad ambiental: vaporice por la mañana y por la tarde en invierno si la temperatura supera los 14 °C.

Riego: en verano, el cepellón no debe secarse. En invierno, riegue una vez por semana.

Trasplante: anual, en abril.

Exigencias especiales: pode bastante cortas las pasionarias en primavera, ya que florecen sobre los brotes del año.

Tamaño: de 2 a 3 m, en maceta; el doble, si se coloca la planta en pleno suelo en el invernadero.

Multiplicación: por esquejes de tallo, en verano. Por acodo enterrado, en abril. Mediante semillero, en febrero.

Longevidad: más de 10 años, en invernadero. Poco más de dos años, en interiores (refloración poco frecuente).

Plagas y enfermedades: diversos virus manchan y deforman las hojas. Arañas rojas y aleuródidos.

Especies y variedades: «Constance Elliott», de flores blancas; «Amatista», de flores violetas; *Passiflora quadrangularis,* de flores de 8 a 12 cm de ancho; *P. alata, P. coccinea* y *P. racemosa,* de flores rojas.

Consejo: coloque la pasionaria en espaldera sobre un encañado, una estructura metálica o un arco.

Pelargonium x *hybridum* GERANIO

Planta subarbustiva en forma de mata.

Origen: Suráfrica.

Hojas: de 15 cm de diámetro, anchas, de color verde puro, palmadas, dentadas o incluso con franjas.

Flores: desde mayo hasta octubre, en racimos, formadas por 5 o 10 flores, de cinco pétalos, que presentan todos los matices de rosa, rojo, anaranjado y blanco.

Luz: indispensable pleno sol.

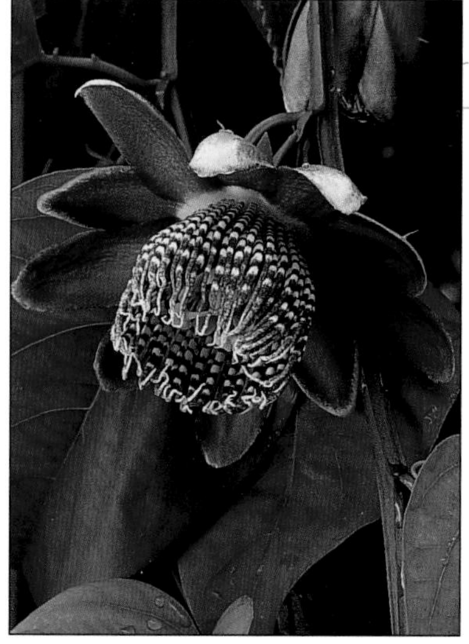

▲ *Passiflora alata:* la sutileza hecha flor.

▲ *Passiflora caerulea:* la forma más rústica.

Sustrato: sustrato para geranios, bastante poroso.

Abono: desde abril hasta mediados de agosto, riegue sistemáticamente con un abono líquido para geranios, muy diluido (un tapón por cada 10 litros de agua).

Humedad ambiental: al menos del 50% en invierno, si la temperatura pasa de los 14 °C.

Riego: deje que se seque bien el sustrato entre dos riegos. En invierno, riegue cada 10 o 20 días.

Trasplante: en primavera.

Exigencias especiales: imponga un reposo a partir de octubre, en la galería protegida de las heladas. A partir de mayo, ventile con frecuencia la habitación.

Tamaño: de 30 a 50 cm de alto, en maceta.

Multiplicación: mediante semillero, en febrero. Por esquejes de tallos no floríferos, entre agosto y septiembre.

Longevidad: tres años, si la planta sobrevive a la parada vegetativa, luego la mata se hace antiestética.

Plagas y enfermedades: moscas blancas en invierno, podredumbres y roya sobre las hojas, en verano.

Especies y variedades: *Pelargonium regale* y sus híbridos; el geranio de grandes flores de 5 cm es el más adaptado al cultivo en casa.

Consejo: pode drásticamente en febrero, para conservar una silueta gruesa y evitar a la vez que el tronco se lignifique demasiado.

▲ *Passiflora quadrangularis:* una inquietante maravilla.

Pelargonium x *grandiflorum* «Gemma Jewels»: luminoso. ▶

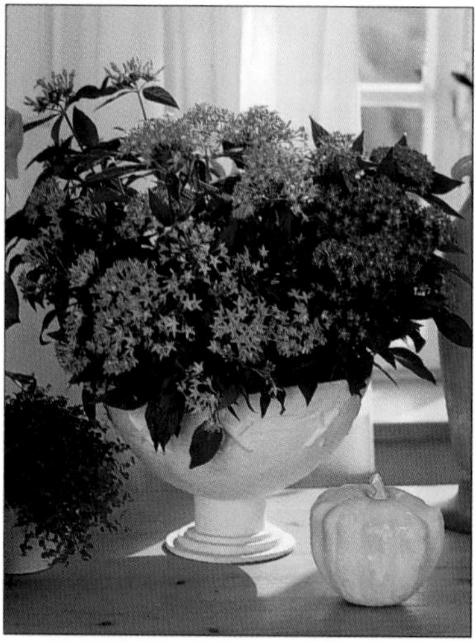

▲ *Pentas lanceolata:* una floración abundantísima.

▲ *Phaedranthus buccinatorius:* una trepadora muy coloreada.

Pentas lanceolata PENTAS

 22 °C 7 °C 

Subarbustiva de hoja persistente, de porte bien ramificado.

Origen: este del África tropical, Arabia.

Hojas: de 10 a 15 cm de largo, entre ovaladas y lanceoladas, elípticas, vellosas.

Flores: desde mayo hasta octubre, los corimbos están formados por unas 50 estrellas blancas, rojas, rosas o malvas de 1 a 2 cm de diámetro.

Luz: al menos, cuatro horas al día de sol.

Sustrato: sustrato para trasplantes, enriquecido con un 10 % de fertilizante a base de estiércol y de algas.

Abono: desde mayo hasta septiembre, añada cada 15 días un abono líquido para plantas de flor.

Humedad ambiental: pulverice a diario el follaje en cuanto la temperatura pase de los 18 °C.

Riego: de media, una vez por semana todo el año. Demasiada agua hace que amarilleen las hojas.

Trasplante: anual, en abril.

Exigencias especiales: al trasplantar, pode todos los tallos a una tercera parte de su longitud.

Tamaño: de 50 a 80 cm de alto.

Multiplicación: por esquejes herbáceos, en junio.

Longevidad: algunos meses, en interiores. De tres a cinco años, si puede hibernar en una galería.

Plagas y enfermedades: moscas blancas.

Especies y variedades: «California Lavender», malva; «California Pink», rosa subido.

Consejo: una vez acabada la floración, el pentas pierde su interés. En ese momento, más vale sustituirlo.

Phaedranthus buccinatorius BIGNONIA ROJA

  24 °C 5 °C 

Planta trepadora de hoja persistente, actualmente llamada *Distictis buccinatoria* por los botánicos.

Origen: México, Antillas.

Hojas: compuestas de dos folíolos opuestos, de 8 a 10 cm de largo, entre ovaladas y lanceoladas, de color verde oscuro y provistas de zarcillos con tres ramificaciones.

Flores: desde abril hasta julio, trompetas tubulares, de color rojo subido, de 8 a 10 cm de largo, se reúnen en racimos. Se parecen a las de la bignonia.

Luz: pleno sol, todo el año.

Sustrato: tierra vegetal, mantillo y arena, con un 15 % de fertilizante orgánico a base de estiércol.

Abono: todas las semanas, desde abril hasta agosto, añada un abono líquido para plantas de flor.

Humedad ambiental: ventile la habitación en tiempo caluroso, o instale la planta en el balcón en junio.

Riego: no deje que el sustrato se seque. En tiempo caluroso, riegue todos los días.

Trasplante: una vez al año, en marzo. En una jardinera, basta con cambiar el sustrato de la superficie.

Exigencias especiales: la planta puede tolerar una helada (-2 °C) de cortísima duración, lo que le permite quedarse fuera, protegida, en la costa mediterránea.

Tamaño: 2 m en maceta, 5 m en plena tierra.

Multiplicación: por esquejes semimaduros, desde julio hasta septiembre, en atmósfera controlada, en miniinvernadero.

Longevidad: al menos cinco años, si la planta pasa la temporada de calor fuera. Un año, en un interior.

Plagas y enfermedades: arañas rojas en invierno, pulgones en primavera y cochinillas en verano.

Especies y variedades: entre las nueve especies conocidas, sólo se cultiva *Phaedranthus buccinatorius.*

Consejo: al final de la floración, pode a la mitad las ramas más largas. Es importante que la bignonia roja cultivada en maceta conserve una silueta bastante compacta, si no, se deshoja por la base y se vuelve antiestética.

◄ *Plumbago auriculata:* azul cielo para todo el verano.

Plumbago auriculata PLUMBAGO, CELESTINA

 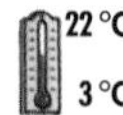 22 °C 3 °C 

Arbusto de porte flexible, sarmentoso, gracioso, cultivado como trepadora sobre un soporte o colgante.

Origen: Suráfrica.

Hojas: de 4 a 7 cm de largo, perennes, ovaladas, de color verde medio mate, sostenidas por tallos menudos y desordenados que cuelgan, a menos que se los coloque sobre tutores sólidos.

Flores: todo el verano aparecen racimos, formados por pequeñas flores azul porcelana.
Luz: pleno sol, que puede ser filtrado en verano.
Sustrato: tierra vegetal, mantillo, turba y arena.
Abono: durante la floración, añada todas las semanas un abono líquido para geranios.
Humedad ambiental: en invierno, a más de 14 °C, coloque la maceta sobre gravilla húmeda.
Riego: cada tres días, durante la floración; cada 8 o 12 días, en invierno.
Trasplante: en marzo.
Exigencias especiales: ponga a hibernar el plumbago a menos de 10 °C, en una galería.
Tamaño: de 1 a 2 m, en maceta.
Multiplicación: por esquejes con talón, en verano, en atmósfera controlada, con hormonas y calor de fondo.
Longevidad: de tres a siete años, si la planta hiberna al fresco. Un año como máximo, en un interior.
Plagas y enfermedades: moscas blancas.
Especies y variedades: *Plumbago auriculata* es más conocido por su antiguo nombre de *P. capensis;* var. *Alba,* de flores blanco puro; *P. indica,* más raro, escarlata.
Consejo: al principio de la primavera, efectúe una poda drástica, eliminando las horquillas de las ramas.

Plumeria alba
PLUMERIA, AMANCAY, SÚCHEL

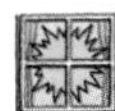

Gran arbusto o arbolito de corteza gruesa y vegetación poco densa.
Origen: América Central, Antillas.
Hojas: de 20 a 30 cm de largo, caducas, coriáceas, agrupadas en los ápices de las ramas.
Flores: casi todo el año, ramos de flores blancas y aterciopeladas, cuyo perfume recuerda el del franchipán.
Luz: pleno sol, todo el año.
Sustrato: tierra de jardín, arena y sustrato de turba.
Abono: desde mayo hasta agosto, añada cada 15 días un abono líquido para cactáceas.
Humedad ambiental: mínima del 60 %.
Riego: entre dos aportes de agua, deje que se seque la superficie del sustrato a 3 cm de profundidad.
Trasplante: cada dos años, en abril.
Exigencias especiales: las plumerias requieren un reposo invernal entre 13 y 15 °C.
Tamaño: de 50 cm a 1 m, en maceta.
Multiplicación: por esquejes de tallo sin hojas, al principio de la primavera, en arena.
Longevidad: menos de un año, en interior. De dos a cinco años, en invernadero; después, la planta se deshoja.
Plagas y enfermedades: debido a su madera suave, la plumeria es propensa a la podredumbre.
Especies y variedades: *Plumeria rubra,* la plumeria roja, de flores rosa oscuro, amarillas o cobrizas.
Consejo: asóciela con jacobinias, kalanchoes y dipladenias.

Podranea ricasoliana
PODRANEA

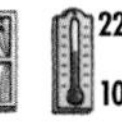

Trepadora voluble, de tallos leñosos.
Origen: Suráfrica.
Hojas: de 15 a 20 cm de largo, perennes, compuestas por entre 5 y 11 folíolos ovalados, lanceolados, verde oscuro brillante, ligeramente moteados.
Flores: corolas tubulares, en forma de trompeta recortada y abierta, de color rosa suave con nervios más oscuros.
Luz: intensa, pero siempre filtrada.
Sustrato: tierra de jardín, arena, mantillo y estiércol.
Abono: cada 15 días, en verano.
Humedad ambiental: la sequedad invernal atmosférica es fatal para la podranea.
Riego: mantenga el sustrato húmedo durante la floración; cada 10 días, en invierno.
Trasplante: en marzo.
Exigencias especiales: cultive en invernadero frío y luego en el exterior desde finales de mayo hasta finales de septiembre.
Tamaño: hasta 3 m, en jardinera.
Multiplicación: por acodo, en primavera. Por esquejes semimaduros, desde julio hasta septiembre.
Longevidad: un verano, en interiores.
Plagas y enfermedades: moscas blancas.
Especies y variedades: *Podranea ricasoliana,* muy poco común, es la única comercializada.
Consejo: pode corto, en primavera.

▲ *Plumeria alba:* la flor de los templos budistas.

▲ *Plumeria* x: un amancay de matices sutiles.

Podraena ricasoliana: una trepadora rosa suave. ▶

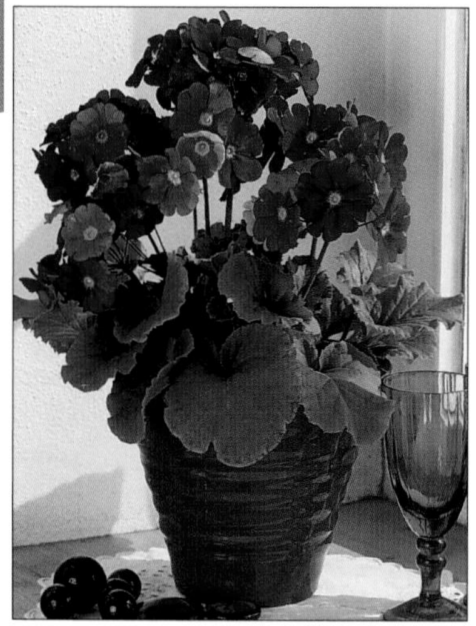

▲ *Primula obconica:* una planta precoz pero efímera.

▲ *Primula malacoides:* flores de fino encaje.

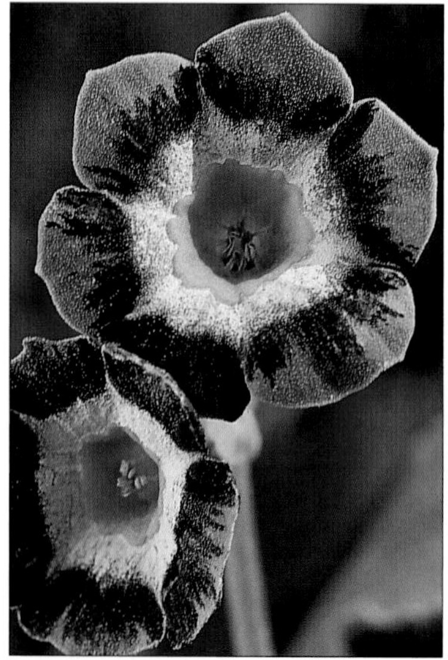

◀ *Primula auricula* «RN 25»: una joya de coleccionista.

☞ ***Poinsettia*** véase *Euphorbia pulcherrima.*

☞ ***Poinciana*** véase *Caesalpinia.*

Primula spp. PRIMAVERA

18 °C 5 °C

Planta vivaz que suele cultivarse como planta de temporada.

Origen: las primaveras cultivadas como plantas de interior proceden principalmente de China.

Hojas: de 5 a 15 cm de largo, perennes, dispuestas en rosetas, enteras, ligeramente alveoladas, de color verde puro, con el nervio principal muy marcado.

Flores: solitarias o reunidas en umbelas, de corolas simples o dobles. Algunas primaveras presentan un botón coloreado, pétalos bicolores, a veces con polvo plateado o con flores perfumadas.

Luz: filtrada, pero con un poco de sol directo en invierno.

Sustrato: sustrato para geranios con un 20 % de arena.

Abono: a partir de octubre y hasta la floración, añada cada 15 días un abono líquido para geranios.

Humedad ambiental: no vaporice el follaje, pero coloque la maceta sobre gravilla húmeda en cuanto la temperatura supere los 15 °C.

Riego: mantenga el sustrato húmedo durante la floración. Riegue siempre sumergiendo el tiesto, para no mojar las hojas. Tras la floración, bastarán uno o dos riegos por semana.

Trasplante: por lo general, las primaveras se eliminan tras la floración. *Primula auricula* se trasplantará cada dos años, entre septiembre y octubre.

Exigencias especiales: tras la floración, las primaveras necesitan reposar hasta el otoño, en un lugar fresco, seco y semisombreado.

Tamaño: de 10 cm a 40 cm de alto.

Multiplicación: por semillero, desde febrero hasta junio, en bandeja o por división de mata tras la floración.

Longevidad: el tiempo justo de una floración. *Primula auricula* vive al menos tres años, en invernadero frío.

Plagas y enfermedades: pulgones.

Especies y variedades: existen 400 especies de primaveras e innumerables variedades. En casa se cultivan sobre todo: *Primula obconica,* gruesa, de hojas redondeadas; *Primula* x *kewensis* y *P. malacoides,* de flores sostenidas por largos pedúnculos; *P. auricula* es más bien una planta de invernadero frío, interesante por sus sorprendentes coloridos. Las flores están a veces cubiertas por un polvillo aterciopelado, blanco o plateado, poco común.

Consejo: las primaveras contienen primina, una sustancia que irrita las pieles frágiles. Al manipularlas, use guantes si es alérgico.

Protea spp. PROTEA

20 °C 5 °C

Arbusto de porte ramificado, erguido, rígido.

Origen: Suráfrica.

Hojas: de 5 a 15 cm de largo, perennes, alternas o en espiral, coriáceas, oblongas, glaucas o de color verde oscuro, apretadas sobre las ramas.

Flores: según las especies, las inflorescencias en forma de cono miden de 5 cm a 20 cm de diámetro, con brácteas exteriores rosas, purpúreas, blancas o verdosas, coriáceas y ceñidas.

Luz: pleno sol, todo el año.

Sustrato: tierra de brezo, perlita y turba.

Abono: las proteas no toleran el fósforo. Añada una vez al mes un abono nitrogenado (sangre seca, por ejemplo), dosificado a una tercera parte de la concentración recomendada.

Humedad ambiental: las proteas agradecen un ambiente bastante seco. No vaporice.

Riego: de media, una vez por semana todo el año. El sustrato no debe secarse totalmente. No obstante, un riego excesivo, incluso temporal, hace que las raíces se pudran rápidamente.

Trasplante: anual, en primavera, a una maceta más ancha que alta.

Exigencias especiales: regadas con agua de ciudad con cal, las proteas en maceta padecen clorosis fácilmente. Al menor amarilleo de las hojas, añada un producto a base de quelatos de hierro.

Tamaño: hasta 1 m de alto, en maceta.

Multiplicación: mediante semillero resulta fácil, pero las semillas no suelen encontrarse en Europa. Los jóvenes plantones crecen muy lentamente. El esquejado, con calor de fondo, está reservado a los profesionales.
Longevidad: de 3 a 15 años, en una galería.
Plagas y enfermedades: phytophtora.
Especies y variedades: el género *Protea* comprende 115 especies, entre las cuales algunas comienzan a ofrecerse en maceta. *Protea cynaroides,* de enormes flores que se parecen a las de una alcachofa; *P. eximia,* de brácteas espatuladas, rojas; *P. neriifolia,* de hojas lanceoladas; *P. repens,* con flores de 10 cm de diámetro rojas o cremosas.
Consejo: pode la protea tras la floración, reduciendo a 5 cm cada brote del año que ha presentado flores apicales.

Punica granatum
GRANADO

22 °C
5 °C

Arbusto espinoso, de porte erguido, frondoso.
Origen: sudeste de Europa, Himalaya.
Hojas: de 5 a 8 cm de largo, caducas o semiperennes, simples, oblongas, de color verde brillante.
Flores: todo el verano aparecen sucesivamente corolas tubulares y cerosas, de cinco pétalos rojo anaranjado. Ofrece frutos redondos, pardos, de cáscara muy dura.
Luz: pleno sol, todo el año.
Sustrato: tierra de jardín, arena y mantillo.
Abono: desde abril hasta septiembre, añada una vez al mes un abono para fresales o tomateras.
Humedad ambiental: vaporice la planta cuando la temperatura pase de los 20 °C en verano y los 15 °C en invierno.
Riego: dos veces por semana, durante el crecimiento; cada 8 o 10 días, desde noviembre hasta marzo.
Trasplante: anual, en abril.
Exigencias especiales: el granado debe pasar el invierno en una habitación a 10 °C, bien iluminada.
Tamaño: hasta 1 m de alto en maceta.
Multiplicación: por esquejes de tallos no floríferos, en atmósfera controlada, con hormonas.
Longevidad: un año, en casa; hasta cinco años, en una galería; luego, la planta se deshoja.
Plagas y enfermedades: cochinillas.

Especies y variedades: *Punica granatum* var. *nana,* de porte compacto y enano, resulta ideal para el interior; sus frutos no son comestibles; «Flore Pleno», de flores dobles y rojas, es el más cultivado.
Consejo: pode el granado al final del invierno para conservar su forma redondeada.

Pyrostegia venusta
PYROSTEGIA

24 °C
12 °C

Planta trepadora de hoja persistente, que se adhiere mediante zarcillos de triple ramificación.
Origen: América del Sur.
Hojas: opuestas, compuestas por dos o tres folíolos de 5 a 8 cm de largo, entre oblongas y lanceoladas, lustrosas, de color verde oscuro, a veces terminadas en un zarcillo.
Flores: desde noviembre hasta marzo, los ápices de los tallos presentan racimos de corolas tubulares y naranjas.
Luz: pleno sol todo el año. Una iluminación artificial complementaria es deseable en invierno.
Sustrato: tierra franca, mantillo, arena y estiércol.
Abono: desde junio hasta septiembre, añada cada 15 días un abono líquido para plantas de flor.
Humedad ambiental: al menos del 50 %. Vaporice en invierno si la temperatura supera los 18 °C.
Riego: cada dos o tres días en verano; cada seis u ocho días en invierno, sin empapar nunca.
Trasplante: un mes, tras la floración.
Exigencias especiales: esta trepadora puede tolerar excepcionalmente hasta los 2 o 3 °C.
Tamaño: 2 m en maceta, 7 m en plena tierra.
Multiplicación: por esquejes de tallo ,al final del verano.
Longevidad: de 5 a 10 años, en una galería.
Plagas y enfermedades: ninguna, por lo general.
Especies y variedades: entre las cuatro especies conocidas, sólo *Pyrostegia venusta* se cultiva como planta de flor.
Consejo: para mantener con vida una pyrostegia en casa, resulta indispensable una intensa iluminación artificial durante seis horas al día.

▲ ***Protea repens:*** **una floración de larga duración.**

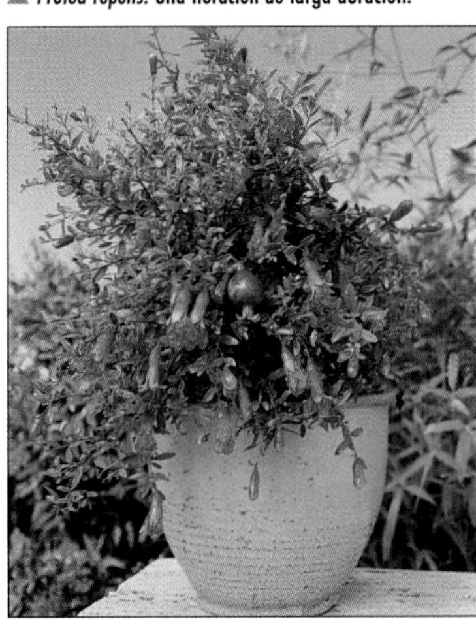

▲ ***Punica granatum*** **«Nana»: sáquela al sol en verano.**

Pyrostegia venusta: **una trepadora de gran vigor.** ▶

▲ *Quamoclit coccinea:* una enredadera de flores rojo subido.

Quamoclit coccinea
CAMPANILLA ESCARLATA

 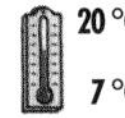 20 °C 7 °C 

Planta trepadora anual, voluble, clasificada por los botánicos en el género Ipomoea.

Origen: sudeste de Estados Unidos, México.

Hojas: de 8 a 15 cm de largo, cordiformes u ovaladas, enteras o dentadas, de color verde mate.

Flores: desde junio hasta septiembre, corolas tubulares de 2 a 4 cm de diámetro, de color rojo subido, con la garganta más clara, aparecen agrupadas en ramos, en la axila de las hojas superiores.

Luz: muy luminosa, pleno sol solamente por la mañana.

Sustrato: sustrato para geranios y tierra de jardín.

Abono: a partir de abril, añada cada 10 días un abono líquido para plantas de flor.

Humedad ambiental: inútil vaporizar.

Riego: cada dos o cuatro días, en función de la temperatura. Mantenga el sustrato húmedo.

Trasplante: tras el semillero, repique las plántulas cuando hayan formado cuatro hojas en macetas de 10 cm de diámetro y luego en otras de 14 cm, un mes después. Antes de que aparezcan las flores, instale tres o cuatro plantas en una maceta de 25 cm.

Exigencias especiales: desde mediados de mayo, ventile la habitación o instale la maceta en el balcón. Prevea tutores o un enrejado, para que los tallos se enganchen.

Tamaño: de 1,50 a 3 m, en maceta.

Multiplicación: mediante semillero en marzo, bajo cubierta.

Longevidad: *Quamoclit* es anual.

Plagas y enfermedades: arañas rojas en los veranos cálidos y secos. Trate la planta en cuanto aparezcan.

Especies y variedades: *Ipomoea (Quamoclit) lobata,* de tallos con manchas purpúreas y flores tubulares escarlatas, más sensibles al frío (10 °C); *I. quamoclit (Quamoclit pennata),* de hojitas muy recortadas y flores purpúreas de 1 cm de diámetro.

Consejo: si siembra después del 15 de abril, la floración se producirá hasta el final del verano.

☞ ***Rechsteineria*** véase *Gesneria.*

◀ *Rehmannia elata:* grandes flores todo el verano.

Rehmannia elata
REHMANNIA

  20 °C 0 °C 

Planta herbácea vivaz, por lo general cultivada como bianual. Se la llama también «digital de China».

Origen: bosques claros de China.

Hojas: de 10 a 15 cm de largo, en rosetas, vellosas, profundamente dentadas y lobuladas.

Flores: desde mayo hasta octubre, desarrolla tallos cortos que presentan flores en forma de campánulas, de color rosa purpúreo, de garganta moteada de amarillo.

Luz: exposición muy luminosa. Evite el sol directo en verano entre las 10 y las 17 h.

Sustrato: tierra de jardín, turba y arena, con un 15 % de fertilizante a base de estiércol y de algas.

Abono: cada 15 días, a partir de abril, añada un abono líquido para plantas de flor.

Humedad ambiental: ventile la habitación con tanta frecuencia como sea posible, para mejorar la humedad.

Riego: cada dos días, durante la floración. Una vez por semana, en otoño y en invierno. Aumente las dosis en primavera.

Trasplante: en marzo, si a la planta le falta espacio.

Exigencias especiales: la floración es mejor si la planta hiberna a 10 °C y en seco.

Tamaño: de 30 a 50 cm de alto, en maceta.

Multiplicación: mediante semillero, en marzo, bajo cubierta.

Longevidad: las plantas de dos años florecen mejor. Luego, es mejor eliminar la planta.

Plagas y enfermedades: ninguna, por lo general.

Especies y variedades: *Rehmannia elata* es más conocida con su antigua denominación de *R. angulata; R. henryi,* de flores manchadas de rojo.

Consejo: el riego excesivo es la principal causa de fracaso. Riegue poco en invierno.

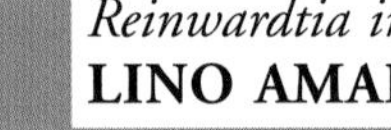

Reinwardtia indica
LINO AMARILLO

  20 °C 7 °C 

Arbusto o subarbolito cercano a los *Linum,* de porte erguido y poco ramificado, cultivado como anual.

Origen: India, Pakistán, China.

Hojas: de 5 a 8 cm de largo, perennes, elípticas, finamente dentadas, de color verde oscuro o grisáceas.

Flores: desde febrero hasta mayo, el lino amarillo presenta flores amarillas tubulares, solitarias o en ramos.

Luz: coloque el lino amarillo tras un gran ventanal, protegido del sol directo en verano.

Sustrato: tierra de brezo, sustrato para geranios.

Abono: desde abril hasta octubre, añada cada 15 días un abono para plantas de flor.

Humedad ambiental: el lino amarillo medra cuando la atmósfera es a la vez húmeda y el espacio está bien ventilado. Vaporice la planta a diario, sin tocar las flores. En verano, coloque la maceta en el balcón.

Riego: cada dos o tres días; el sustrato nunca debe secarse entre enero y agosto; desde septiembre, basta con una vez por semana.

Trasplante: anual, tras la floración.

Exigencias especiales: para florecer bien, el lino amarillo debe hibernar a 10 °C, en una habitación luminosa.

Tamaño: de 30 a 50 cm de alto, en maceta.

Multiplicación: esqueje en miniinvernadero, en caliente, de brotes herbáceos cortados tras la floración. Mediante semillero en cubiletes, a 18 °C, en marzo-abril.

Longevidad: como el lino amarillo envejece mal y presenta dificultades de conservación en invierno, por lo general se elimina tras la floración.

Plagas y enfermedades: ninguna muy grave.

Especies y variedades: *Reinwardtia indica,* la única especie comercializada, suele ofrecerse bajo su antigua denominación de *R. trigyna.*

Consejo: en abril, pode dos terceras partes de la planta para que conserve un porte compacto.

▲ *Reinwardtia indica:* una pequeña planta arbustiva que requiere una parada vegetativa al fresco para florecer bien.

Rhodochiton atrosanguineus RHODOCHITON

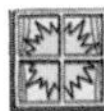

Vivaz trepadora voluble, de tallos herbáceos.

Origen: zonas forestales de México.

Hojas: de 5 a 8 cm de largo, caducas, cordiformes, de bordes finísimamente dentados, sostenidas por pecíolos que se enroscan en torno al soporte.

Flores: desde finales de junio hasta mediados de octubre, el rhodochiton se cubre de campanitas formadas por un cáliz en forma de copa invertida rosa o malva y por una corola roja, violácea o púrpura oscuro.

Luz: pleno sol, para obtener flores.

Sustrato: sustrato para geranios, arena y 15 % de fertilizante orgánico a base de estiércol y de algas.

Abono: desde mayo hasta agosto, añada una vez por semana un abono líquido para geranios.

Humedad ambiental: riegue el suelo de la galería cuando la temperatura pase de los 20 °C. No vaporice el follaje y, aún menos, las flores.

Riego: cada dos o tres días, en verano. Mantenga el sustrato mínimamente húmedo en invierno.

Trasplante: en marzo.

Exigencias especiales: resulta muy original cultivado en cestas colgantes. Si no, coloque los tallos sobre tutores.

Tamaño: hasta 3 m, en una temporada.

Multiplicación: mediante semillero, a 18 °C, entre marzo y abril.

Longevidad: el rhodochiton se cultiva como una anual, que puede sobrevivir dos temporadas en una galería.

Plagas y enfermedades: ninguna, por lo general.

Especies y variedades: *Rhodochiton atrosanguineus* se comercializa comúnmente con su antigua denominación de *R. volubile.*

Consejo: pode las dos terceras partes de todos los tallos tras la floración y deje que hiberne en la galería.

▲ *Rhodochiton atrosanguineus:* flores sorprendentes.

Rhodochiton atrosanguineus: una trepadora veraniega. ▶

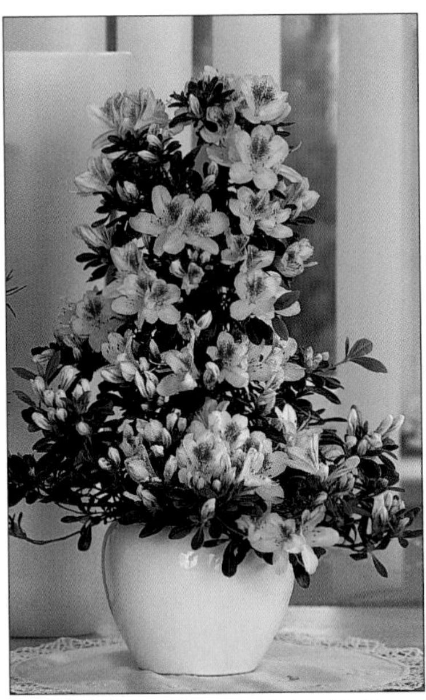

▲ *Rhododendron* x «Kolibri»: una soberbia pirámide.

▲ *Rhododendron simsii* x: la azalea de interior.

Rhododendron simsii x
AZALEA DE INTERIOR

Arbusto en forma de mata, de porte redondeado, del que se encuentran plantas en flor todo el año.

Origen: China, Himalaya, Cáucaso.

Hojas: de 5 cm de largo, perennes en las especies en tiesto, ovaladas, vellosas, de color verde oscurísimo.

Flores: copas simples o dobles, a veces onduladas, rosas, rojas, blancas o bicolores.

Luz: sin sol directo; semisombra en invernadero.

Sustrato: tierra de brezo.

Abono: desde febrero hasta julio, añada una vez al mes un abono para plantas de tierra de brezo.

Humedad ambiental: coloque la maceta sobre un lecho de grava húmeda. Vaporice sólo el envés de las hojas y, sobre todo, no moje las flores.

Riego: cada dos o tres días, durante la floración. Una a dos veces por semana, el resto del tiempo.

Trasplante: en primavera, preferentemente a una maceta más ancha que honda.

Exigencias especiales: la azalea no tolera las temperaturas altas. La floración dura más tiempo en una habitación sin calefacción. La supervivencia de la planta depende de un reposo invernal en una galería.

Tamaño: de 25 cm a 1 m de alto en maceta.

Multiplicación: por esquejes de brotes apicales no floríferos, en miniinvernadero con hormonas y calor de fondo (25 °C), está reservada a los especialistas.

Longevidad: rara vez más de unas semanas en casa. De tres a siete años, en una galería.

Plagas y enfermedades: la *phytophtora*, un hongo parásito que seca las hojas y las ramas cuando la planta está demasiado impregnada de agua.

Especies y variedades: *Rhododendron simsii* ha originado cientos de híbridos que suelen llamarse «azaleas de florista» y presentan muchos coloridos.

Consejo: para conservar la azalea, procure no caldear la habitación a más de 15 °C. Una estancia veraniega en el jardín, en la semisombra, le será de provecho.

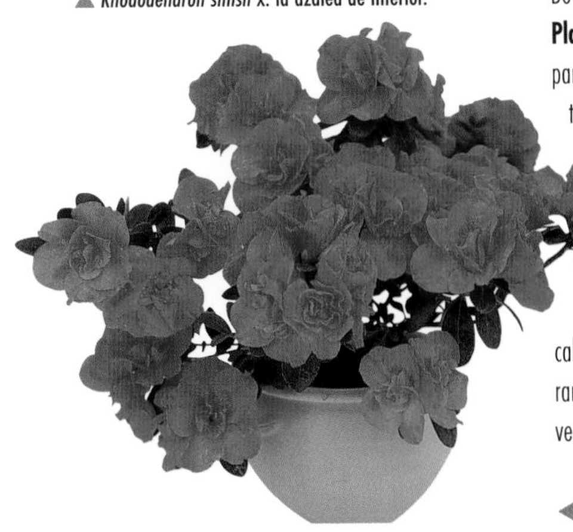

◀ *Rhododendron simsii* x: un gran surtido de colores.

Rosa spp.
ROSAL ENANO

Arbusto de hoja caduca, frondoso, del que se han seleccionado variedades compactas, muy enanas, que se comportan bien en maceta y resisten en casa.

Origen: híbridos de parentales chinos.

Hojas: de 5 a 7 cm de largo, compuestas por cinco o siete folíolos, de color verde brillante, ligeramente dentadas.

Flores: los rosales enanos vendidos en maceta presentan florecitas dobles de pétalos ceñidos, a veces vueltos. Todos los coloridos salvo el negro y el azul.

Luz: pleno sol, pero que no sea muy intenso.

Sustrato: sustrato para rosales o tierra vegetal, con un 20 % de fertilizante orgánico a base de estiércol.

Abono: desde abril hasta septiembre, añada una vez al mes un abono líquido para rosales.

Humedad ambiental: vaporice el envés de las hojas a diario en cuanto la temperatura pase de los 15 °C o coloque la planta en el balcón.

Riego: dos o tres veces por semana, sin dejar nunca que se seque el cepellón durante la floración. Una vez por semana durante el período de parada vegetativa.

Trasplante: anual, en marzo.

Exigencias especiales: todos los rosales enanos deben pasar el invierno al fresco, pero lejos de las heladas. Mueren si permanecen encerrados en el interior.

Tamaño: de 10 a 30 cm de alto.

Multiplicación: los esquejes se realizan *in vitro,* únicamente por profesionales.

Longevidad: no más de tres semanas seguidas en casa. Al menos, un año en invernadero frío.

Plagas y enfermedades: manchas negras (marsonia), oídio, pulgones y arañas rojas.

Especies y variedades: las variedades de rosales enanos son numerosas. El grupo de las «Meillandina» se da bien en tiesto y dura bastante tiempo en casa; «Opalina», blanco con el botón amarillo pálido, se distingue por un porte rastrero; «Gentle Touch», de flores semidobles, ligeramente perfumadas, de color rosa pálido, es uno de los más vendidos; «Rosamini» forma una mata.

Consejo: pode regularmente las flores marchitas. En marzo, pode una tercera parte de todas las ramas para evitar que la planta se ahíle.

Ruellia makoyana
RUELLIA

Subarbustiva de porte colgante, clasificada por algunos botánicos en el género *Dipteracanthus.*

Origen: Brasil.

Hojas: de 6 a 8 cm de largo, elípticas, ligeramente dentadas, aterciopeladas, de color verde puro, delicadamente realzadas por un nervio mediano blanco plateado, verde pálido o amarillo y un envés purpúreo.

Flores: desde agosto hasta noviembre, aparecen en la axila de las hojas superiores ramos de flores estrelladas de color rosa purpúreo de 10 cm de diámetro.

Luz: intensa pero tamizada por una cortina fina; si no, el follaje pierde sus bellos coloridos.

Sustrato: sustrato para plantas verdes, al que se añade un 20 % de fertilizante orgánico a base de estiércol.

Abono: desde abril hasta septiembre, añada una vez por semana un abono líquido para orquídeas.

Humedad ambiental: la ruellia gusta de la humedad. No vaporice el follaje velloso, pero coloque la planta cerca de un humidificador eléctrico o, en su defecto, sobre un lecho de bolas de arcilla húmedas.

Riego: cada dos o tres días durante el crecimiento, ya que el cepellón no debe dejarse secar por completo. Tolera una corta sequía fuera del período de floración. Durante el reposo vegetativo, riegue una vez por semana.

Trasplante: una vez al año, en primavera.

Exigencias especiales: la ruellia destaca más si se cultiva colgada. Cuidado con las diferencias bruscas de temperatura y con las corrientes de aire frío, ya que pueden resultar fatales.

Tamaño: 25 cm de alto y 50 cm de ancho.

Multiplicación: por esquejes de brotes laterales en abril o mayo, en miniinvernadero, en atmósfera controlada, a 25 °C; difícil.

Longevidad: no más de tres años, incluso en invernadero.

Plagas y enfermedades: moscas blancas.

Especies y variedades: *Ruellia devosiana* se distingue por sus flores blancas con rayas azules.

Consejo: tras la floración, ofrezca a la ruellia un régimen un poco más seco durante un mes y luego pode los tallos a la mitad.

Russelia equisetiformis
RUSSELIA

Planta vivaz o subarbustiva, de porte flexible, cuyas ramas finísimas están bellamente arqueadas.

Origen: México.

Hojas: de 1,5 cm de largo, se reducen al estado de escamas y caen con bastante rapidez.

Flores: desde mayo hasta octubre, aparecen tubos rojo escarlata de 3 cm de largo, reunidos en cimas colgantes, ligeras, graciosas, aéreas.

Luz: sol directo, todo el año.

Sustrato: sustrato para geranios, tierra de jardín y arena, con un 10 % de fertilizante a base de estiércol.

Abono: desde abril hasta septiembre, añada cada 10 días un abono líquido para plantas verdes o de flor.

Humedad ambiental: mínima del 50 %. La planta necesita pulverizaciones diarias en cuanto la temperatura supera los 18 °C.

Riego: dos o tres veces por semana en verano, cuando la temperatura supera los 22 °C; cada seis u ocho días de media, el resto del año, incluso en invierno.

Trasplante: una vez al año, en primavera.

Exigencias especiales: la russelia luce más colgada. Agradece una estancia veraniega en el jardín, cerca de un estanque, por ejemplo, o en el balcón.

Tamaño: hasta 80 cm de largo, en maceta.

Multiplicación: por división de matas, en otoño. Los tallos tienden a acodarse de modo natural: basta con separar los hijuelos arraigados. El esquejado queda reservado para los profesionales.

Longevidad: de tres a cinco años, si la hibernación es al fresco.

Plagas y enfermedades: casi ninguna.

Especies y variedades: el género *Russelia* se compone de unas 50 especies. Sólo *Russelia equisetiformis* (o *juncea*) se comercializa comúnmente.

Consejo: sólo una galería (o un invernadero) permite conservar *Russelia* más de un verano.

▲ *Rosa* «Meillandina»: una bella estancia en casa.

▲ *Ruellia makoyana:* clasificada como *Dipteracanthus.*

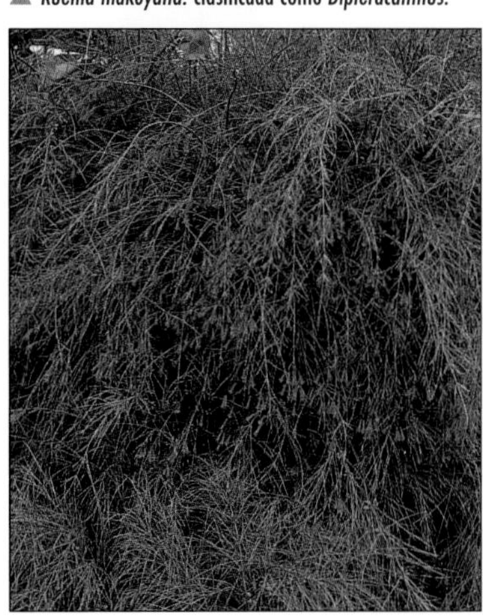

Russelia equisetiformis: toda finura y elegancia. ▶

S

Saintpaulia ionantha
VIOLETA AFRICANA

Vivaz herbácea de hoja persistente, que forma una roseta aterciopelada.

Origen: las primeras violetas africanas fueron descubiertas en el siglo XIX, en las laderas de las montañas de Usambara, en Suráfrica.

Hojas: de 2 a 6 cm de largo, cordiformes, ligeramente onduladas, sostenidas por pecíolos rojizos, velludos, carnosos.

Flores: en el centro de la roseta, tallos ramificados presentan ramos de violetitas estrelladas, cuyos pétalos simples o dobles, a veces rizados, van del violeta oscuro al rosa más pálido, pasando por el púrpura y el blanco. Algunas formas son bicolores, con estrías o ribetes. Todas se encuentran realzadas por un botón de color amarillo muy vivo.

Luz: la violeta africana seguirá floreciendo mientras la luz sea intensa. En verano, instálela a 3 o 4 m de la ventana y luego acérquela a ella a medida que los días se acorten y la luminosidad se reduzca. Nunca la exponga a los rayos directos del sol, salvo en invierno.

Sustrato: sustrato turboso para plantas de flor o tierra de brezo y sustrato de hojas.

Abono: durante todo el año, añada una vez al mes un abono líquido para plantas de flor.

Humedad ambiental: la violeta africana agradece mucho la atmósfera húmeda del cuarto de baño o de la cocina. Nunca vaporice sus hojas vellosas, ya que son muy propensas a la podredumbre gris (botrytis).

Riego: vierta agua sobre el sustrato, nunca sobre la planta, o mejor, sumerja la maceta durante media hora para que se empape bien. No deje que se estanque el agua sobrante en el fondo del platillo, ya que las raíces son propensas a la asfixia. Use preferentemente agua sin cal y tibia (22 °C).

Trasplante: en cuanto las nuevas hojas aparezcan más pequeñas que las antiguas. Elija un recipiente de un tamaño inmediatamente superior, preferentemente más ancho que alto.

Exigencias especiales: la violeta africana se marchita cuando la temperatura se sitúa de modo prolongado por debajo de los 12 °C.

Tamaño: de 5 a 15 cm de alto; de 6 a 40 cm de diámetro, según las variedades.

Multiplicación: se logra por esquejes de hojas con su pecíolo. Entierre este último hasta el limbo, en una mezcla de arena y de mantillo húmedo, o simplemente en agua. La nueva violeta africana se formará en la base de la hoja madre. Corte delicadamente la hoja vieja, cuando amarillee, y replante el esqueje enraizado en un sustrato nuevo. La verá florecer entre seis y doce meses después.

Longevidad: desde algunos meses, si se la riega demasiado, hasta cinco años, período tras el cual hay que renovar la planta, ya que comienza a mostrar signos de agotamiento.

Plagas y enfermedades: podredumbre de las hojas de la base. Hojas deformadas por virus.

Especies y variedades: existen 20 especies silvestres de violetas africanas. Los hibridadores crearon los 2 000 cultivares actuales a partir de *Saintpaulia ionantha.* Por desgracia, rara vez se presentan en el mercado con su denominación.

Consejo: vaya suprimiendo los tallos de flores marchi-

▲ *Saintpaulia ionantha* híbrida: hojas aterciopeladas.

◀ *Saintpaulia* «His Promise»: con reflejos amarillos.

▼ *Saintpaulia* «Chimera»: estrellada.

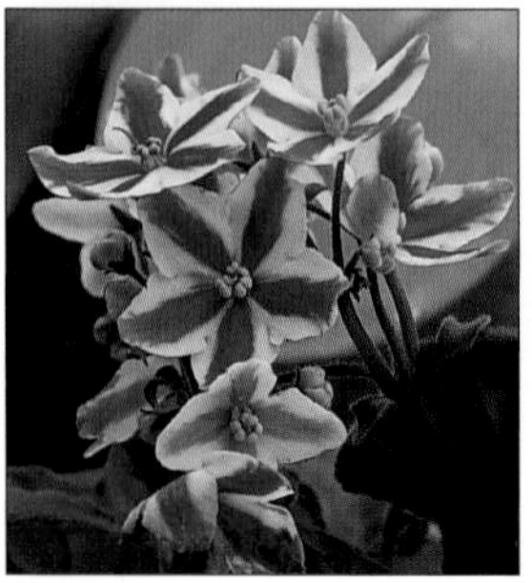

▼ *Saintpaulia* «Lavender Delight»: rizada.

▼ *Saintpaulia* «Francfort Raspberry».

▼ *Saintpaulia* «Summer Lighting».

tas y las hojas de la base, ya que podrían favorecer la aparición de podredumbres. Ayude a la formación de flores eliminando las hojitas del centro de la roseta.

Sandersonia aurantiaca SANDERSONIA

Vivaz rizomatosa voluble.

Origen: Suráfrica (natal).

Hojas: de 8 a 10 cm de largo, perennes, lanceoladas, finas y estrechas, de color verde almendra.

Flores: tallos gráciles presentan, en verano, campanitas naranjas colgantes, de 3 cm de largo.

Luz: la sandersonia aprecia el sol directo, salvo en las horas más cálidas del verano.

Sustrato: añada un 30 % de arena a un sustrato adecuado para plantas de flor, para garantizar un drenaje perfecto.

Abono: desde abril hasta septiembre, es conveniente añadir, una vez al mes, un abono líquido para plantas de flor.

Humedad ambiental: pulverice el follaje de la sandersonia en verano, tras el intenso calor.

Riego: una vez por semana, así evitará una desecación prolongada del sustrato. Mantenga el rizoma en seco durante todo el reposo invernal.

Trasplante: anual, en primavera, instalando la cepa carnosa a 10 cm de profundidad.

Exigencias especiales: la sandersonia requiere un soporte para elevarse, si no, se desploma o trepa de modo natural sobre las plantas vecinas.

Tamaño: de 60 a 80 cm de alto.

Multiplicación: por división del rizoma en abril.

Longevidad: un año, a menos que se conserve el rizoma en seco y al fresco durante todo el invierno.

Plagas y enfermedades: ninguna, por lo general.

Especies y variedades: el género *Sandersonia* se compone de la única especie *S. aurantiaca.*

Consejo: algunos aficionados cultivan la sandersonia en plena tierra, a partir del mes de mayo. Se comporta entonces como una planta anual, que se destruye con la primera helada.

☞ ***Scadoxus*** véase *Haemanthus.*

Schizanthus pinnatus SCHIZANTHUS

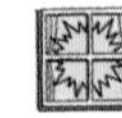

Anual en forma de mata, cultivada como planta efímera para la casa.

Origen: Chile.

Hojas: de 8 a 12 cm de largo, de color verde medio, muy divididas como frondas de helecho.

Flores: desde mayo hasta septiembre, cada corola, de 5 cm de diámetro, y parecida a una orquídea, presenta tonos bicolores, en matices del rojo al blanco, pasando por el amarillo y el rosa.

Luz: expóngala a pleno sol, así evitará el ahilamiento de los tallos: cúbralos ligeramente en tiempo muy caluroso.

Sustrato: sustrato para geranios.

Abono: desde mayo hasta el final de la floración, añada un abono para geranios cada 15 días.

Humedad ambiental: la atmósfera demasiado seca de los interiores hace que pardee la punta de las hojas. Coloque la maceta sobre un lecho de grava húmeda.

Riego: dos veces por semana, entre 15 y 20 °C; cada dos o tres días, con tiempo muy caluroso.

Trasplante: repique las plántulas procedentes de semillero a macetas cada vez más grandes, de hasta 20 cm para una planta adulta.

Exigencias especiales: el schizanthus no tolera las temperaturas demasiado elevadas. Para el cultivo en interiores, siembre desde el otoño.

Tamaño: de 40 a 80 cm. Los individuos más grandes son flexibles y deben colocarse sobre un tutor.

Multiplicación: mediante semillero, en octubre, en bandeja.

Longevidad: esta planta anual se tira obligatoriamente tras el final de la floración.

Plagas y enfermedades: ninguna, por lo general.

Especies y variedades: «Mascarade», de grandes flores; *Schizanthus* x *wisetonensis,* enano, de 20 a 40 cm, resulta ideal para tiestos.

Consejo: para obtener schizanthus de porte bien frondoso a partir de semillero, pince los brotes jóvenes cuando la planta alcance los 10 cm de alto.

▲ *Sandersonia aurantiaca:* campanitas muy bonitas.

▲ *Schizanthus wisetonensis* híbrido: una planta veraniega.

Schizanthus hybridus: una gran riqueza de colores. ▶

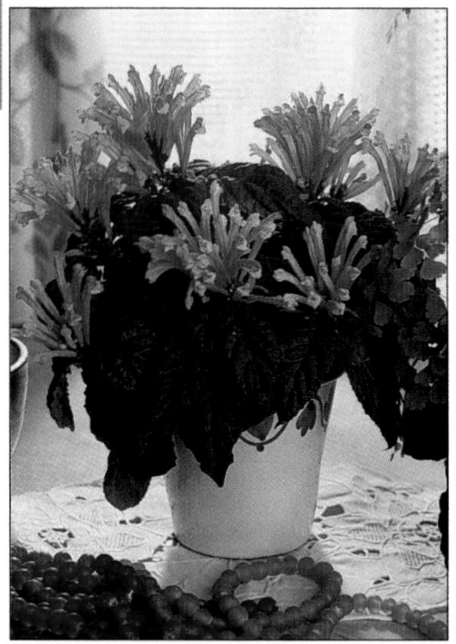

▲ *Scutellaria costaricana:* **flores de colores fogosos.**

▲ *Gloxinia cardinalis:* **flores escarlatas duraderas.**

Scutellaria costaricana SCUTELLARIA

Subarbustiva de rizoma, en forma de mata.

Origen: Costa Rica, México.

Hojas: de 12 a 15 cm de largo, perennes, entre ovaladas y oblongas, puntiagudas, ligeramente alveoladas, de color verde oscuro, sostenidas por tallos purpúreos.

Flores: todo el verano, el ápice de los tallos del año presenta racimos ceñidos, verticales, formados por flores tubulares, de color rojo subido con la garganta amarilla.

Luz: la scutellaria sólo florece a plena luz y se marchita fácilmente si carece de luminosidad. Protéjala de los rayos directos del sol en verano.

Sustrato: sustrato para geranios, arena y turba.

Abono: desde abril hasta el final de la floración, añada un abono líquido cada 15 días.

Humedad ambiental: en pleno verano, rocíe abundantemente el follaje. Riegue el suelo de la galería cuando la temperatura supere los 20 °C.

Riego: a partir de abril, el sustrato nunca debe secarse. Limite los aportes de agua a una vez por semana a partir de septiembre.

Trasplante: en abril, si la planta se conserva en invierno y si las raíces salen de la maceta.

Exigencias especiales: la escutelaria sólo tolera el invierno en una habitación fresca (entre 10 y 12 °C), muy bien iluminada.

Tamaño: de 40 a 60 cm de alto, en maceta.

Multiplicación: por esquejes tomados, en agosto, de los tallos que no florecieron (bastante difícil).

Longevidad: tres años, si se respetan las condiciones de hibernación. Resulta más fácil cultivarla como anual.

Plagas y enfermedades: ninguna, por lo general.

Especies y variedades: entre las 300 especies conocidas, sólo se cultiva *Scuttelaria costaricana.*

Consejo: tras el invierno, tale las plantas a 10 cm de la base.

◀ *Sinningia speciosa:* **flores en forma de capullos de rosa.**

Sinningia speciosa GLOXINIA

Vivaz herbácea rizomatosa.

Origen: Brasil.

Hojas: de 15 a 25 cm de largo, ovaladas y aterciopeladas, de borde festoneado, dispuestas en roseta.

Flores: desde abril hasta agosto, cortos tallos presentan de una a cuatro flores en forma de imponentes campanitas erguidas.

Luz: la gloxinia necesita una gran luminosidad para florecer, pero teme el sol directo.

Sustrato: mantillo de hojas y tierra de brezo.

Abono: desde abril hasta septiembre, añada cada 15 días un abono para geranios.

Humedad ambiental: mínima del 50 %, pero, sobre todo, no vaporice las hojas.

Riego: cada tres días, por inmersión de la maceta durante 10 minutos en agua sin cal. No permita que el cepellón se seque por completo. Disminuya los riegos tras la floración, en septiembre. Manténgala en seco cuando las hojas mueran.

Trasplante: en abril, ponga los tubérculos a vegetar colocándolos en un sustrato nuevo.

Exigencias especiales: conserve los tubérculos en seco en invierno, en la oscuridad, a 15 °C.

Tamaño: de 15 a 30 cm de alto.

Multiplicación: por división de tubérculos o mediante semillero, en primavera. Por esquejes de hojas, en verano.

Longevidad: los rizomas pueden vivir tres o cuatro años, pero producen plantas menos bellas al envejecer. Renueve las plantas cada año.

Plagas y enfermedades: trips y podredumbre.

Especies y variedades: *Sinningia speciosa* presenta cientos de híbridos de grandes flores, rara vez ofrecidos con su nombre; *S. pussila* es una miniatura de 5 cm de alto que da muchos híbridos; *S. cardinalis,* de florecitas tubulares rojas, suele ofrecerse todavía con su antigua denominación de *Rechsteineria cardinalis.* Florece por lo general desde agosto hasta octubre.

Consejo: plante el tubérculo de gloxinia de modo que aflore justo en la superficie del sustrato. De este modo existirán menos riesgos de podredumbre en los nuevos brotes.

Smithiantha x
SMITHIANTHA

  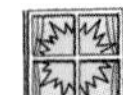

Vivaz rizomatosa, cercana a las *Sinningia.*

Origen: México

Hojas: de 12 a 20 cm de largo, cordiformes, cubiertas de pelos tupidos purpúreos, suaves al tacto, con nervios muy manchados de rojo.

Flores: en verano, los tallos gráciles presentan bajo el follaje racimos de flores en forma de tubos, de 3 a 4 cm de largo, de color naranja, amarillo o rosa.

Luz: la smithiantha prefiere estar situada a 1 o 2 m de una ventana muy luminosa.

Sustrato: mantillo de hojas, arena y turba rubia.

Abono: desde abril hasta septiembre, use, en cada riego, un abono líquido para plantas de flor (un tapón por 10 litros de agua).

Humedad ambiental: se requiere un mínimo del 60 % durante el período de crecimiento. Coloque la maceta sobre una capa de grava húmeda o cerca de un humidificador eléctrico. No vaporice.

Riego: de media, dos veces por semana durante todo el período de crecimiento. El rizoma debe hibernar completamente en seco.

Trasplante: anual, en marzo, instale tres rizomas en una maceta de 15 cm de diámetro, enterrándolos 1 cm solamente.

Exigencias especiales: la smithiantha se marchita tras la floración. El rizoma debe ser conservado en un lugar seco y al fresco (12 °C como máximo) y en la oscuridad.

Tamaño: de 30 a 60 cm de alto.

Multiplicación: por división de rizomas, en marzo.

Longevidad: tres o cuatro años si se respetan las condiciones de hibernación. Sin embargo, es mejor plantar cada año nuevos rizomas seleccionados.

Plagas y enfermedades: a veces, pulgones.

Especies y variedades: existe un número infinito de híbridos, la mayor parte de los cuales no llevan nombre.

Consejo: la smithiantha requiere calor continuo, al menos 21 °C durante todo el crecimiento. Para la reactivación de la vegetación, resulta conveniente colocar los rizomas sobre la placa de protección de un radiador o en un miniinvernadero caliente (hasta 25 °C).

Solandra grandiflora
SOLANDRA

Arbusto de hoja persistente, de porte trepador, ramificado, que forma tallos leñosos muy vigorosos.

Origen: México, Jamaica, Colombia.

Hojas: de 10 a 15 cm de largo, entre ovaladas y elípticas, gruesas, verdes y brillantes.

Flores: todo el verano, copas de 15 a 25 cm de diámetro, carnosas, con el extremo de los pétalos vuelto, de color amarillo de mantequilla fresca y veteadas de púrpura, se abren ampliamente. Desprenden un perfume embriagador en cuanto cae la noche.

Luz: la solandra aprecia una exposición muy luminosa, incluso a pleno sol.

Sustrato: tierra de jardín arenosa, a la que se añade mantillo de hojas y un 20 % de fertilizante orgánico a base de estiércol y de algas.

Abono: desde abril hasta septiembre, añada cada 15 días un abono líquido para rosales.

Humedad ambiental: tan elevada como sea posible. Pulverice la planta cada dos días durante la vegetación y si la temperatura supera los 15 °C en invierno.

Riego: una vez por semana, durante el crecimiento; cada cuatro días, durante la floración. No más de una vez cada 10 días, en invierno.

Trasplante: en abril.

Exigencias especiales: la solandra necesita un soporte sólido para elevarse.

Tamaño: hasta 3 m en maceta, de 6 a 8 m, en pleno suelo, en invernadero; 12 m en la naturaleza.

Multiplicación: por esquejes de tallos, en agosto, en miniinvernadero, con hormonas y calor de fondo.

Longevidad: más de 10 años, en plena tierra, en invernadero. Es difícil que pase el invierno en interiores.

Plagas y enfermedades: pulgones y cochinillas.

Especies y variedades: *Solandra nitida* (o *maxima* o *hartewgii*), amarilla, veteada de púrpura; *S. grandiflora,* de flores violetas, manchadas de blanco.

Consejo: durante el trasplante, pode a la mitad de su longitud las ramas demasiado extendidas o las que se hayan deshojado por la base.

▲ *Sinningia* x: grandísimas flores de coloridos delicados.

▲ *Smithiantha* «Orange King»: graciosas trompetas.

Solandra nitida: una trepadora de flores enormes. ▶

▲ *Solanum jasminoides:* un arbolito semirrústico.

▲ *Solanum pyracanthum:* hojas muy espinosas.

Solanum jasminoides
SOLANUM JAZMÍN

 22 °C 2 °C

Arbusto de hoja semipersistente, sarmentoso, muy amplio.

Origen: Brasil, introducido en 1838.

Hojas: de 5 cm de largo, recortadas en tres o cinco lóbulos, sostenidas por largas ramas volubles.

Flores: a partir de julio y hasta las heladas, el solanum jazmín se cubre de largos corimbos perfumados, formados por estrellitas azul pálido lavado, de anteras doradas. Las flores recuerdan las de la patata, de la misma familia.

Luz: pleno sol, todo el año.

Sustrato: arena, mantillo y turba rubia, enriquecidos con un 20 % de fertilizante orgánico a base de estiércol.

Abono: desde abril hasta agosto, añada una o dos veces al mes un abono líquido para rosales.

Humedad ambiental: una atmósfera seca en verano conlleva casi inevitablemente la aparición de ácaros. Pulverice el follaje al atardecer.

Riego: cada dos o tres días, durante el crecimiento y la floración; reducido al máximo, en invierno.

Trasplante: una vez al año, en abril.

Exigencias especiales: el solanum jazmín requiere un enrejado, una barandilla o un tutor sólido en forma de pirámide para elevarse. Los individuos guiados en tallos necesitan podas frecuentes para conservar un porte bien compacto.

Tamaño: 6 m en pleno suelo; 3 m en maceta.

Multiplicación: por esquejes semimaduros, en agosto-septiembre, con calor de fondo (22 °C).

Longevidad: de dos a cinco años, en maceta.

Plagas y enfermedades: un follaje manchado en anillos concéntricos es síntoma de virus.

Especies y variedades: 1.400 especies conocidas. *Solanum jasminoides* «Album», de flores blancas; *S. pyracanthum,* mata espinosa de follaje gris azulado; *S. rantonnetii,* azul, en forma de mata, luminoso.

Consejo: en verano, plante el solanum jazmín en pleno suelo en un lugar protegido, orientado al sur: crecerá muy rápido. Unas temperaturas de 5 a 7 °C en invierno garantizan una floración muy generosa.

◄ *Spathiphyllum* «Mauna Loa»: muy amante del agua.

Spathiphyllum wallisii
SPATHIPHYLLUM

 23 °C 10 °C

Vivaz rizomatosa de hoja persistente, muy frondosa.

Origen: América Central y del Sur.

Hojas: de 30 a 50 cm de largo, lanceoladas, de color verde subido brillante, arqueadas, sostenidas por largos pecíolos.

Flores: todo el año, espatas blanco puro protegen unas inflorescencias en forma de espigas (espádices).

Luz: el spathiphyllum tolera la semisombra, pero mejora estando una semana al mes en una habitación muy luminosa, sin sol directo.

Sustrato: tierra de jardín, mantillo y arena, con un 20 % de fertilizante orgánico a base de estiércol.

Abono: todo el año, añada un abono para plantas de flor cada cuatro o cinco semanas.

Humedad ambiental: mínima de 50 %. La atmósfera seca por la calefacción central hace amarillear las hojas. Vaporice el follaje, tres o cuatro veces por semana, con agua a temperatura ambiente.

Riego: cada tres o cinco días; el sustrato no debe secarse, pero es peligroso para el spathiphyllum que sus raíces queden sumergidas en el agua del platillo.

Trasplante: preferentemente en primavera, cuando la mata ocupe todo el espacio del tiesto.

Exigencias especiales: no traslade el spathiphyllum con demasiada frecuencia: es casero.

Tamaño: hasta 1 m de alto y de ancho.

Multiplicación: por división de matas, en abril.

Longevidad: de 3 a 10 años, en casa.

Plagas y enfermedades: pulgones sobre el envés de las hojas y cochinillas en invierno.

Especies y variedades: existen 36 especies de spathiphyllum. La creación de híbridos permitió obtener individuos mucho más resistentes en casa y floríferos todo el año. «Mauna Loa», vigoroso, de grandes flores y follaje amplio; «Sensation», de hojas anchísimas; «Petite», una bonita miniatura. *Spathiphyllum floribundum,* cuyas hojas no superan los 20 cm de largo. Tallo floral arqueado y espatas blancas de 7 cm de largo.

Consejo: proteja el spathiphyllum de las corrientes de aire frío, ya que hacen que pardee y que se seque el extremo de las hojas.

Sprekelia formosissima
SPREKELIA

Vivaz bulbosa, de crecimiento bastante rápido.

Origen: México, Guatemala.

Hojas: de 40 a 50 cm de largo, encintadas, dispersas, aparecen justo después de la floración.

Flores: de 10 cm de diámetro, solitarias, desde mayo hasta julio, de color rojo escarlata a carmesí.

Luz: pleno sol, que no sea muy intenso.

Sustrato: tierra de jardín y arena, a partes iguales.

Abono: desde la floración hasta la desecación, añada dos veces al mes un abono líquido.

Humedad ambiental: mínima del 50 %.

Riego: una o dos veces por semana, desde abril hasta el amarilleo de las hojas y luego en seco.

Trasplante: cada dos años, en septiembre, tras la floración, sin agrandar la maceta.

Exigencias especiales: la sprekelia necesita cuatro horas al día de intensa insolación para florecer bien.

Tamaño: hasta 40 cm de alto.

Multiplicación: por separación de bulbillos en septiembre, durante el trasplante.

Longevidad: de uno a cuatro años, en maceta, en casa.

Plagas y enfermedades: cochinillas algodonosas.

Especies y variedades: el género *Sprekelia* sólo comprende una especie: *S. formosissima.*

Consejo: cuando plante el bulbo, deje que la parte superior sobresalga un poco.

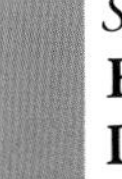

Stephanotis floribunda
ESTEFANOTE, JAZMÍN DE MADAGASCAR

Trepadora voluble de hoja persistente, de tallos leñosos, que pueden hacerse muy vigorosos.

Origen: Madagascar.

Hojas: de 8 a 10 cm de largo, perennes, opuestas, coriáceas, ovaladas, de color verde oscuro.

Flores: desde mayo hasta septiembre, racimos cerosos, de color blanco puro, tubulares, se abren en cinco lóbulos. Su perfume embriagador es perceptible a varios metros.

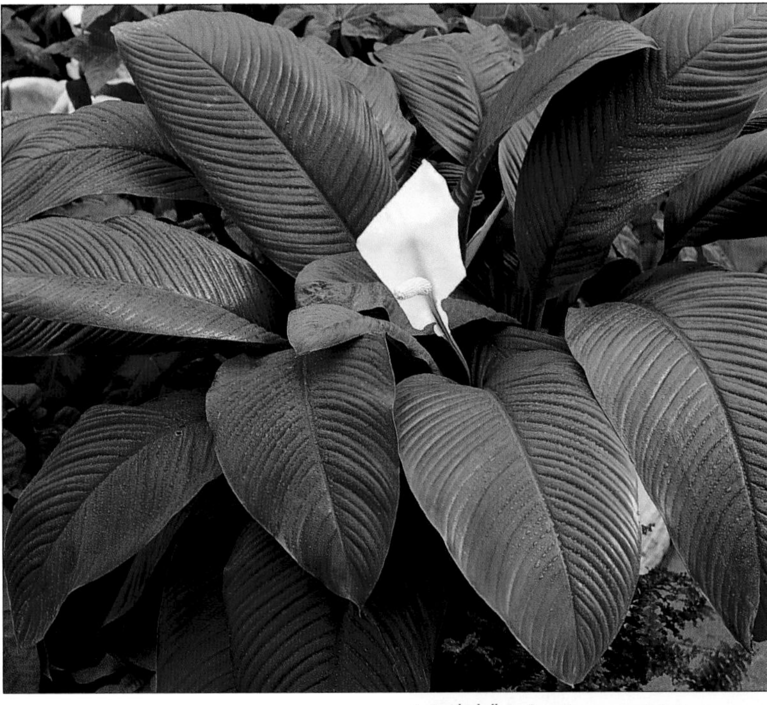

▲ *Spathiphyllum* «Sensation»: un crecimiento enorme.

Luz: bastante intensa, pero siempre atenuada.

Sustrato: tierra de brezo y tierra de jardín.

Abono: una vez al mes, de abril a finales de agosto.

Humedad ambiental: pulverice tres veces por semana el follaje con agua blanda.

Riego: cada tres días, sin empapar el cepellón; cada 8 o 12 días en invierno.

Trasplante: anual, en abril.

Exigencias especiales: un período de sequía y de frescor en invierno es indispensable para la formación de flores. Cuidado con las corrientes de aire.

Tamaño: 2,50 m en maceta; 6 m en plena tierra.

Multiplicación: por esquejes, en verano (difíciles).

Longevidad: de uno a 10 años, según los riegos y, sobre todo, el respeto de una buena parada vegetativa.

Plagas y enfermedades: cochinillas.

Especies y variedades: entre unas 10 especies conocidas, sólo se comercializa *Stephanotis floribunda,* a veces con la denominación *S. jasminoides.*

Consejo: inmediatamente tras la compra, suelte las ramas del jazmín de Madagascar enrolladas en torno al arco y colóquelas en espaldera sobre un enrejado.

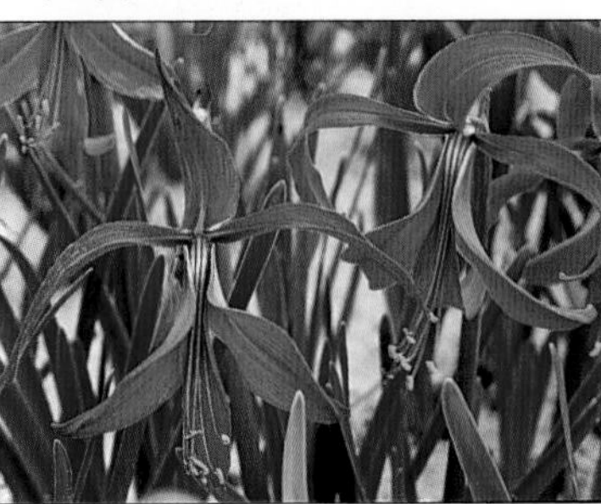

▲ *Sprekelia formosa:* tan refinada como una orquídea.

Stephanotis floribunda: un perfume excepcional. ▶

▲ *Strelitzia reginae:* una sorprendente flor multicolor.

▲ *Strelitzia juncea:* hojas largas y finas.

◀ *Streptocarpus wedlandii:* una hoja única, alveolada.

Strelitzia reginae
AVE DEL PARAÍSO

Planta vivaz de porte muy frondoso.

Origen: Suráfrica.

Hojas: de 30 a 40 cm de longitud, oblongas, de color verde azulado, sostenidas por largos pecíolos rígidos.

Flores: desde abril hasta octubre, cada tallo floral de 1 m de largo presenta una inflorescencia formada por una espata puntiaguda, de color verde diluido con púrpura, que envuelve un abanico de flores azules y de brácteas naranjas, en forma de punta de lanza. El conjunto recuerda a un pájaro exótico moñudo.

Luz: de cuatro a seis horas diarias de pleno sol por día.

Sustrato: mantillo, arena y tierra de jardín, con un 20 % de enmienda orgánica a base de estiércol.

Abono: desde abril hasta octubre, añada cada tres semanas un abono líquido para plantas de flor.

Humedad ambiental: vaporice a diario si la temperatura de la habitación supera los 15 °C en invierno.

Riego: cada tres días, durante el crecimiento; cada 10 o 15 días, durante el reposo invernal.

Trasplante: anual, en primavera. Las raíces voluminosas exigen un recipiente bastante grande. Su vigor puede hacer reventar la maceta.

Exigencias especiales: un período de parada vegetativa, entre 7 y 12 °C, en una habitación muy luminosa, es indispensable para obtener una floración.

Tamaño: hasta 1,20 m de alto, en maceta.

Multiplicación: por división de mata, en primavera.

Longevidad: de tres a cinco años, en invernadero y en maceta.

Plagas y enfermedades: cochinillas.

Especies y variedades: entre las cinco especies registradas, *Strelitzia reginae* es la que se cultiva con más frecuencia como planta de interior; *S. juncea,* de hojas largas y finas, es muy frondosa; *S. nicolai,* de flores blancas y azules, se hace enorme.

Consejo: si cultiva la strelitzia a partir de una planta joven, ármese de paciencia, ya que hay que esperar una media seis años para obtener flores. La planta se desarrolla mucho mejor en tierra, en un invernadero o una galería.

Streptocarpus x *hybridus*
STREPTOCARPUS

Vivaz rizomatosa que forma una roseta.

Origen: Suráfrica, Kenia, Tanzania.

Hojas: de 20 a 35 cm de largo, caducas, entre oblongas y alveoladas, vellosas, de color verde mate.

Flores: desde mayo hasta octubre, ramos de tres a cinco flores muy duraderas, de coloridos variados, aparecen sobre tallos gráciles por encima del follaje.

Luz: la floración es excelente cerca de una ventana, al este o al oeste. Agradece una posición sombreada desde junio hasta septiembre.

Sustrato: mantillo de hojas no tamizado, cortezas compostadas, arena y turba rubia.

Abono: desde abril hasta septiembre, añada una vez al mes un abono para tomateras o para fresales.

Humedad ambiental: la atmósfera húmeda de un cuarto de baño resulta benéfica para el streptocarpus.

Riego: con agua sin cal, cada 8 o 12 días, en invierno. Dos veces por semana, en verano, sin dejar nunca que la base del tiesto se estanque en el agua.

Trasplante: una vez al año, en primavera.

Exigencias especiales: el streptocarpus no tolera las habitaciones con humo.

Tamaño: de 20 a 35 cm de ancho y de alto.

Multiplicación: por esquejes de hojas, en miniinvernadero, en atmósfera controlada, con calefacción de fondo (25 °C).

Longevidad: de uno a tres años. Luego, la planta se afea y florece mucho menos.

Plagas y enfermedades: pulgones.

Especies y variedades: existen 130 especies de *Streptocarpus,* de las cuales se cultivan sobre todo híbridos rosas, rojos, blancos o azules. *S. wedlandii* y *S. grandis* son especies sorprendentes, ofrecidas con bastante frecuencia, y que forman una enorme hoja única y una larga inflorescencia blanca, rosa o azul, durante varios meses. Estas plantas monocárpicas mueren tras haber florecido.

Consejo: maneje los streptocarpus con precaución, ya que las hojas se rompen y se estropean fácilmente. Riegue la planta sumergiendo el tiesto 15 minutos en agua, pues el follaje es propenso a mancharse y a pudrirse, ya que retiene la humedad.

Streptosolen jamesonii
STREPTOSOLEN

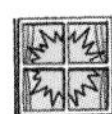  

Arbustito de hoja persistente perenne, de porte semirrastrero.

Origen: Colombia, Ecuador, Perú.

Hojas: de 3 a 5 cm de largo, ovaladas, de color verde oscuro.

Flores: desde mayo hasta septiembre, racimos de flores tubulares entre amarillas y naranjas, de pecíolos lobulados, se suceden en el ápice de los tallos.

Luz: de cuatro a seis horas diarias de pleno sol.

Sustrato: tierra de jardín arenosa y mantillo.

Abono: desde abril hasta agosto, añada cada 15 días un abono líquido para rosales.

Humedad ambiental: es inútil vaporizar, salvo en invierno, si la temperatura supera los 15 °C.

Riego: cada dos o cuatro días durante el crecimiento. En invierno, deje el cepellón casi en seco.

Trasplante: en primavera.

Exigencias especiales: sin podar, adopta un porte rastrero. Cultívelo colgado o en espaldera sobre un enrejado.

Tamaño: hasta 1,30 m en maceta.

Multiplicación: por esquejes de tallos en agosto, con hormonas, o acodadura en septiembre.

Longevidad: de dos a cinco años, en galería.

Plagas y enfermedades: pulgones en las plantas débiles o nutridas con un abono demasiado nitrogenado.

Especies y variedades: *Streptosolen jamesonii* es la única especie del género.

Consejo: pode tres cuartas partes de la longitud de todos los tallos al principio de la primavera. El streptosolen, que pertenece a la familia de las solanáceas, es tóxico. Aléjelo de los niños.

Strongylodon macrobotrys
BEJUCO DE SADE

Trepadora leñosa, de hoja persistente, que debe ponerse en espaldera.

Origen: Filipinas.

Hojas: de 15 cm de largo, coriáceas, divididas en tres folíolos, entre ovaladas y elípticas. De color rosa cobrizo al nacer, cambian al verde puro al madurar.

Flores: desde enero hasta mayo, racimos colgantes, de 40 a 90 cm de largo, compuestos de flores en forma de pico de loro vuelto color verde jade.

Luz: un invernadero ligeramente sombreado en las horas cálidas resulta adecuado para el *Strongylodon.*

Sustrato: mantillo de hojas, arena y turba, con un 20 % de enmienda orgánica a base de estiércol.

Abono: desde abril hasta septiembre, añada un abono líquido para rosales cada 15 o 20 días.

Humedad ambiental: mínima del 70 %. Vaporícelo.

Riego: cada cuatro o siete días, desde abril hasta septiembre; cada 8 o 12 días, en invierno.

Trasplante: una vez al año, en abril.

Exigencias especiales: el *Strongylodon* sólo medra en plena tierra en un invernadero grande.

Tamaño: hasta 2 m de altura, en maceta; más de 10 m en pleno suelo, en un invernadero.

Multiplicación: en semillero, en miniinvernadero a 30 °C.

Longevidad: de 5 a 10 años, en invernadero. Algunos meses solamente en interiores.

Plagas y enfermedades: cochinillas.

Especies y variedades: existen unas 20 variedades de *Strongylodon,* todas bastante raras.

Consejo: prevea un armazón sólido (pérgola, celosía) sobre el que se enrollarán los largos tallos del *Strongylodon.*

▲ ***Streptocarpus* híbrido: flores de coloridos variados.**

▲ ***Streptosolen jamesonii*: debe exponerse a pleno sol.**

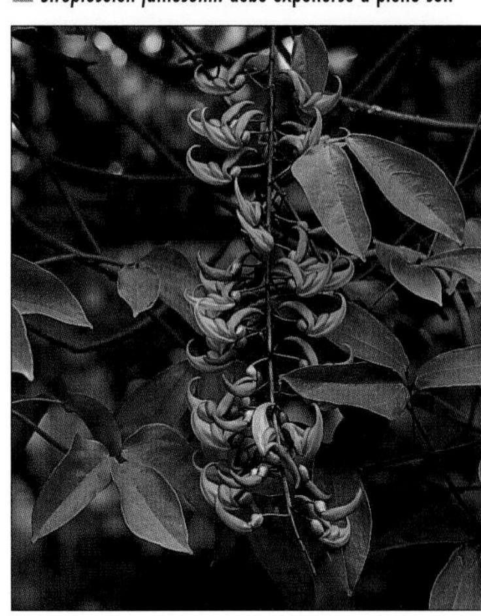

***Strongylodon macrobotrys*: una liana de flores extrañas.** ▶

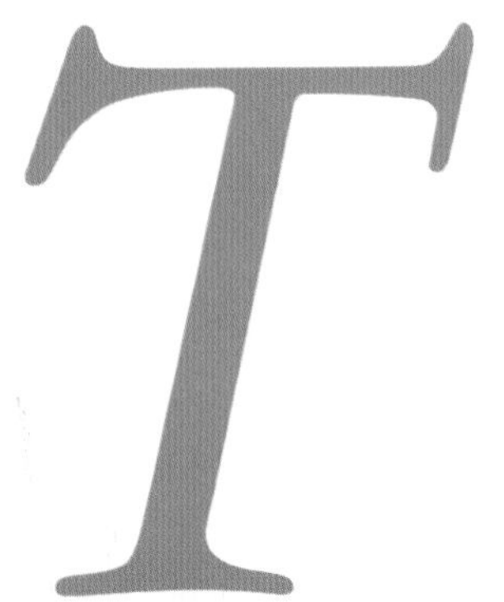

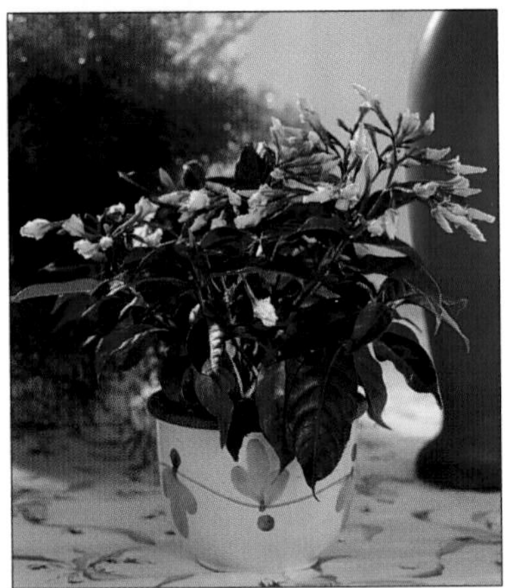

▲ *Tabernaemontana divaricata:* muy perfumada por la noche.

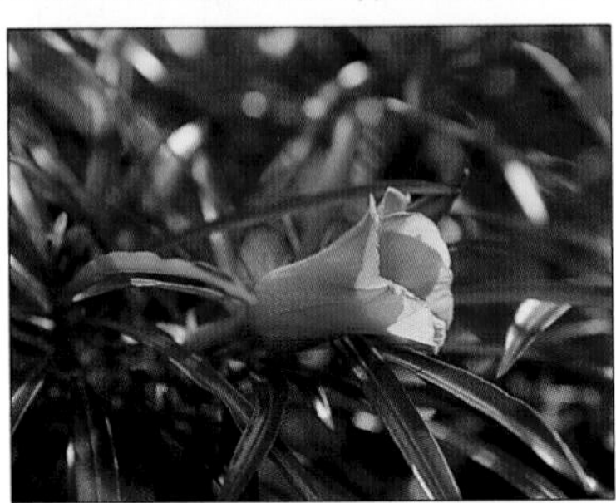

▲ *Thevetia peruviana:* mucha finura.

◀ *Thevetia jecotli:* bellas trompetas amarillo dorado.

Tabernaemontana divaricata
TABERNAEMONTANA

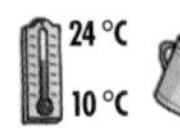

Arbusto perenne, en forma de mata, muy ramificado.

Origen: regiones tropicales, desde India hasta China.

Hojas: de 10 a 15 cm de largo, opuestas, simples, entre ovaladas y onduladas, puntiagudas de color verde brillante.

Flores: blancas, tubulares, con cinco pecíolos muy abiertos y ligeramente en forma de tirabuzón. Son veraniegas y desprenden un perfume embriagador por la noche.

Luz: la tabernaemontana agradece de tres a cinco horas de pleno sol, preferentemente por la mañana.

Sustrato: arena, mantillo y tierra de jardín con un 15 % de enmienda orgánica a base de estiércol.

Abono: desde abril hasta octubre, añada una vez al mes un abono líquido para plantas de flor.

Humedad ambiental: vaporice la tabernaemontana con agua sin cal cada dos o tres días, cuando la temperatura supere los 20 °C.

Riego: de media, una vez por semana, ya que las raíces no toleran estancarse en el agua ni incluso medio día. Poca agua en invierno.

Trasplante: una vez al año, en abril, sólo si las raíces ocupan todo el volumen de la maceta.

Exigencias especiales: la tabernaemontana se sacará al jardín o al balcón en verano.

Tamaño: hasta 1,50 m de alto, en maceta.

Multiplicación: por esquejes herbáceos, entre junio y julio, en miniinvernadero, con calefacción de fondo (25 °C).

Longevidad: de tres a seis meses, en interiores. Más de cinco años, si puede hibernar en invernadero templado.

Plagas y enfermedades: cochinillas y pulgones.

Especies y variedades: entre las 100 especies identificadas, sólo *Tabernaemontana divaricata* (o *coronaria*) se cultiva comúnmente; «Flore Pleno», de flores dobles, que recuerdan las de la gardenia; «Variegata», de hojas variegadas de amarillo y verde.

Consejo: en la costa mediterránea, la tabernaemontana resiste fuera con un simple acolchado invernal, aunque el suelo debe estar bien seco.

☞ ***Tamaya*** véase ***Begonia***.

Thevetia peruviana
THEVETIA

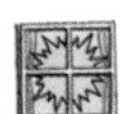

Arbusto de hoja persistente, de porte abierto y gracioso, llamado también *Thevetia neriifolia*.

Origen: América del Sur, Caribe.

Hojas: de 10 a 15 cm de largo, gruesas, estrechas, listadas, de color verde oscuro, lustrosas.

Flores: desde abril hasta diciembre, la thevetia abre cornetes ensanchados y colgantes, de 5 a 7 cm de largo, carnosos, amarillos o asalmonados. Las flores se presentan en ramos en los extremos de ramas secundarias.

Luz: sol directo, si se evitan las horas ardientes del mediodía en verano.

Sustrato: bien drenado, añada un puñado de arena a 10 litros de sustrato para trasplante.

Abono: en cuanto la thevetia emita nuevos brotes, al final del invierno, nútrala una vez al mes hasta septiembre con abono líquido para plantas de flor.

Humedad ambiental: al menos del 60 %. Vaporice el follaje a diario durante el crecimiento.

Riego: Una vez por semana, de media; cada tres días, en verano, si hace mucho calor.

Trasplante: en abril, cada dos años.

Exigencias especiales: cultivada en pleno suelo en un invernadero, la thevetia acaba formando un tronco y un ramaje en umbela.

Tamaño: hasta 2 m de alto en maceta.

Multiplicación: mediante semillero, en primavera, a 22 °C. Por esquejes herbáceos, en junio-julio, en miniinvernadero, en atmósfera controlada, con calefacción de fondo (24 °C).

Longevidad: de 5 a 10 años, en invernadero. Rara vez más de tres años en un interior.

Plagas y enfermedades: cochinillas y ácaros.

Especies y variedades: se conocen ocho especies de *Thevetia*. *T. peruviana* es la más popular; «Alba», de flores blancas, es más rara; *T. jecotli,* de grandes trompetas amarillas, es una especie muy extendida.

Consejo: como en la mayor parte de las plantas de la familia de las apocináceas (la familia de la adelfa), todas las partes de la thevetia son tóxicas. No deje la planta al alcance de niños pequeños. Colóquela en alto.

Thunbergia alata
THUNBERGIA

23 °C
7 °C

Trepadora de hoja persistente, voluble, cuyos tallos se enrollan en torno a su soporte.

Origen: África tropical.

Hojas: de 5 a 8 cm de largo, entre triangulares y ovaladas, puntiagudas, muy dentadas, de color verde claro.

Flores: desde mayo hasta septiembre, las corolas tubulares naranjas, amarillas, blancas o rosas se ensanchan en cinco lóbulos aplanados. El centro de la flor, muy oscuro, contrasta intensamente con los pétalos.

Luz: pleno sol, incluso si es bastante intenso.

Sustrato: sustrato para geranios, tierra de jardín y arena, con un 20 % de compost de estiércol.

Abono: desde abril hasta septiembre, añada un abono líquido para geranios, en uno de cada tres riegos, siempre sobre un cepellón húmedo.

Humedad ambiental: es inútil vaporizar.

Riego: de dos a cuatro veces por semana; no deje que el cepellón se seque en tiempo caluroso.

Trasplante: al principio de la primavera, a una maceta de 20 cm de diámetro, como mínimo.

Exigencias especiales: la thunbergia requiere un enrejado para engancharse. Muy vigorosa, invade rápidamente su soporte. También puede cultivarse colgada en una gran cesta.

Tamaño: hasta 3 m de alto, en jardinera.

Multiplicación: mediante semillero, en febrero-marzo, en caliente.

Longevidad: la thunbergia suele cultivarse como anual. Para conservarla, tiene que pasar el invierno en un invernadero o una galería bastante frescos.

Plagas y enfermedades: ácaros y aleuródidos.

Especies y variedades: existen unas 100 especies de *Thunbergia*. *T. grandiflora*, con flores azul pálido con garganta amarilla, de 10 cm de diámetro, rebasa los 5 m de alto. Es casi rústica en la costa mediterránea; *T. fragans*, de flores de color blanco puro perfumadas; *T. coccinea*, con racimos de florecitas rojo anaranjado; *T. gregorii*, de flores de un color naranja subido.

Consejo: coloque regularmente en espaldera los brotes, disponiéndolos en forma de abanico sobre el enrejado, si no, el crecimiento se vuelve rápidamente desordenado.

Tibouchina urvilleana
TIBOUCHINA

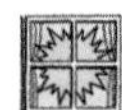  

23 °C
5 °C

Arbustito de hoja persistente de porte flexible, extendido, llamado también *Tibouchina semidecandra*.

Origen: Brasil.

Hojas: de 5 a 7 cm de largo, ovaladas, puntiagudas, aterciopeladas, con nervios bien marcados.

Flores: el extremo de las ramas presenta, desde agosto hasta noviembre, flores de 7 a 10 cm de diámetro, con cinco pétalos redondeados. El tipo es de un azul violeta purpúreo, muy puro e intenso, con estambres corvos.

Luz: coloque la tibouchina ante una ventana al oeste o al sur, tamizando los rayos de sol en pleno verano con una cortina fina.

Sustrato: tierra de brezo, arena, sustrato de cortezas y un 15 % de enmienda orgánica a base de estiércol.

Abono: desde abril hasta octubre, añada cada 15 días un abono líquido para rosales.

Humedad ambiental: en verano, coloque la maceta sobre un lecho de piedras húmedas. Ventile con frecuencia la habitación.

Riego: cada tres días de media, durante el crecimiento. Una vez por semana en invierno.

Trasplante: una vez al año, en abril. Un tiesto de 30 cm de diámetro para un individuo de 1 m de alto.

Exigencias especiales: en la costa mediterránea, puede crecer en plena tierra si se protege el pie a partir de los 5 °C. En otras zonas, debe conservarse en un invernadero frío.

Tamaño: hasta 2 m de altura, en maceta.

Multiplicación: por esquejes herbáceos, en junio o por esquejes semimaduros, en agosto-septiembre, en miniinvernadero, con hormonas y calor de fondo (25 °C).

Longevidad: algunos meses, en interiores, de 5 a 10 años, en una galería bastante fresca en invierno.

Plagas y enfermedades: arañas.

Especies y variedades: entre las 350 especies de *Tibouchina*, se cultivan esencialmente *T. urvilleana* y los híbridos «Elsa», de flores blancas realzadas por estambres violetas; y «Kathleen», de flores rosas.

Consejo: la tibuchina necesita un tutor para conservar un porte bien erguido.

Tibouchina urvilleana: estambres muy extraños. ▶

▲ *Thumbergia alata*: crece muy bien colgada.

▲ *Thunbergia grandiflora*: una liana de gran tamaño.

▲ *Torenia:* florecitas veraniegas encantadoras.

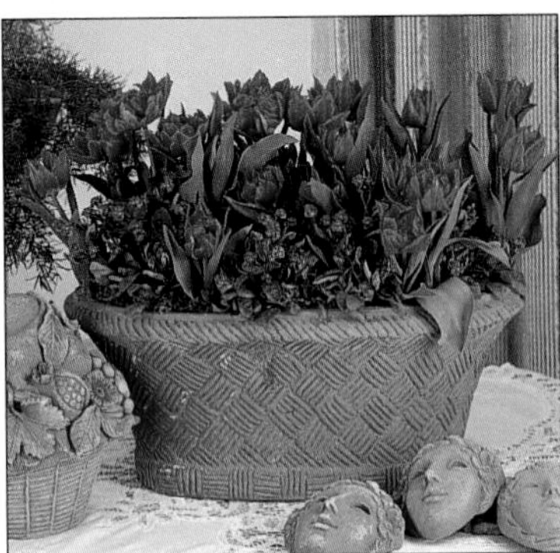

▲ Una jardinera de tulipanes: la primavera en casa.

Torenia fournieri
TORENIA

  18 °C 5 °C 

Planta anual, erguida, que forma una mata.

Origen: Asia tropical.

Hojas: de 4 a 5 cm de largo, estrechas, ovaladas, puntiagudas, finísimamente dentadas, de color verde grisáceo.

Flores: desde julio hasta septiembre, la torenia se cubre de flores tubulares de labios purpúreos, de color rosa magenta o violeta, de garganta más clara.

Luz: nunca sol directo.

Sustrato: sustrato para geranios.

Abono: a partir de abril, añada una vez por semana un abono líquido para plantas de flor, diluido a la mitad de la dosis aconsejada.

Humedad ambiental: la torenia teme la atmósfera seca. Instálela en el balcón desde finales de mayo.

Riego: cada dos o tres días. No deje que se seque el sustrato a más de 1 o 2 cm de profundidad.

Trasplante: es inútil, si se compra la planta a punto de florecer. Las torenias de semillero se trasplantan en abril, a una maceta de 12 o 15 cm de diámetro.

Exigencias especiales: abra la ventana en cuanto la temperatura ambiente supere los 15 °C.

Tamaño: de 10 a 30 cm de alto.

Multiplicación: mediante semillero, en marzo, en bandeja, en casa. Repique las plántulas con cuatro hojas.

Longevidad: una temporada, ya que la torenia es anual.

Plagas y enfermedades: ninguna, por lo general.

Especies y variedades: «Clown» es una serie de cultivares bastante compactos (20 cm); «Panda» es una variedad enana (10 cm).

Consejo: pince el ápice de los brotes jóvenes para que la planta conserve un porte achaparrado.

Tulipa x *hybrida*
TULIPÁN

  18 °C 0 °C 

Vivaz bulbosa de floración primaveral.

Origen: Turquía, Oriente Medio.

◀ Tulipán doble temprano, «Angélique», forzado en maceta.

Hojas: de 15 a 30 cm de largo, estrechas, oblongas, envainadoras, puntiagudas, de color verde mate.

Flores: los tallos rígidos presentan en invierno flores solitarias, de pétalos en forma de copa.

Luz: pleno sol, hasta la abertura de las flores. Luego coloque luego la maceta en semisombra para que duren un poco más.

Sustrato: mantillo y arena, a partes iguales.

Abono: es inútil, a menos que desee reutilizar el bulbo. En ese caso, añada un abono líquido para bulbos de flor, una vez al mes.

Humedad ambiental: sin exigencias especiales.

Riego: cada seis días. Todas las plantas bulbosas padecen por humedad excesiva.

Trasplante: en otoño, plante varios bulbos a 10 cm de profundidad, espaciados entre 3 y 5 cm, en un tiesto, una jardinera o una maceta grande.

Exigencias especiales: el bulbo del tulipán requiere un período de frío (alrededor de 4 °C) para florecer. Almacene los bulbos dos meses en el verdulero del frigorífico o plántelos en otoño en una maceta, que colocará en el balcón. Una vez dentro de casa, mantenga los tulipanes en la oscuridad hasta que aparezca el tallo floral.

Tamaño: de 20 a 70 cm de altura.

Multiplicación: las plantas procedentes de semillero tardan unos seis años en florecer. Por separación de bulbillos, cuando las hojas amarillean y se marchitan.

Longevidad: los tulipanes cultivados en maceta se eliminan, por lo general, tras la floración.

Plagas y enfermedades: el mayor riesgo del bulbo es la podredumbre, que se ve favorecida por un riego excesivo. A veces, pulgones en las raíces.

Especies y variedades: el género *Tulipa* cuenta con unas 100 especies, y existen más de 4 000 variedades y cultivares, entre los cuales se comercializan varios centenares. «Flair», bermellón con bordes de color amarillo veteado, muy temprano, es uno de los mejores para el forzado en maceta, al igual que «Angélique», una doble temprana y compacta; los tulipanes botánicos *T. fosteriana*, *T. greigii* o *T. kaufmanniana* y sus variedades, y *T. bakeri* «Lilac Wonder» resultan muy adecuados para las jardineras y los tiestos.

Consejo: instale las macetas de tulipanes por la noche en el borde de la ventana, si no hiela. Así conseguirá que dure la floración.

Veltheimia bracteata
VELTHEIMIA

  18 °C 5 °C 

Bulbosa, llamada también *Veltheimia capensis*.

Origen: Suráfrica.

Hojas: dispuestas en roseta, de 30 a 40 cm de largo, encintadas, redondeadas, de color verde oscuro. El borde del limbo está ligeramente ondulado.

Flores: tallos rígidos de 40 cm de largo presentan, desde enero hasta marzo, espigas formadas por 20 a 60 flores tubulares colgantes. Son de color pardo rosado, con manchas amarillas. Duran más de dos meses.

Luz: al menos tres horas de sol al día.

Sustrato: sustrato para geranios, arena y turba rubia.

Abono: durante el crecimiento, añada una vez al mes un abono para bulbos de flor.

Humedad ambiental: sin exigencias especiales.

Riego: deje que el sustrato se seque a 3 o 4 cm de profundidad entre cada riego. En seco, tras la floración.

Trasplante: plante el bulbo en octubre, dejando que la punta sobresalga. Después, trasplante cada dos o tres años. La veltheimia también puede cultivarse en un macetero con agua, como el jacinto.

Exigencias especiales: la veltheimia requiere sol y frescor. Agradece un invernadero frío. Durante el período de crecimiento, asegúrese de que la temperatura es de 15 a 18 °C.

Tamaño: hasta 50 cm de alto.

Multiplicación: en octubre, separe los bulbillos que se hayan formado en torno al bulbo madre y replántelos individualmente.

Longevidad: de uno a cinco años, según la hibernación.

Plagas y enfermedades: la principal causa de fracaso es la podredumbre. El bulbo se muestra muy propenso a ella, incluso durante el período de reposo veraniego.

Especies y variedades: «Rosalba», de flores crema lavada de rosa, resulta un poco menos común.

Consejo: elija desde el principio una maceta lo bastante ancha (al menos 15 cm de diámetro) para contener el voluminoso bulbo.

Zantedeschia aethiopica
ZANTEDESCHIA, ARO DE ETIOPÍA

  20 °C 0 °C 

Vivaz con rizoma, semiacuática y vigorosa, llamada a veces «cala».

Origen: Suráfrica, Lesotho.

Hojas: de 30 a 40 cm de largo, en forma de punta de lanza, de color verde oscuro, ligeramente brillantes, a veces moteadas.

Flores: una ancha espata blanca cerosa, de 20 cm de largo, envuelve un espádice amarillo crema.

Luz: pleno sol y calor son indispensables para obtener la floración.

Sustrato: mantillo, turba, tierra de jardín y arena con un 20 % de compost de estiércol y de algas.

Abono: desde enero hasta mayo, añada una vez por semana un abono líquido para plantas de flor.

Humedad ambiental: vaporice el follaje en cuanto la temperatura supere los 18 °C.

Riego: mantenga el cepellón húmedo cuando la planta se encuentre en pleno crecimiento. Tras la floración, reduzca mucho los riegos hasta que se sequen las hojas. Conserve la cala en seco para que repose hasta noviembre.

Trasplante: anual, en noviembre.

Exigencias especiales: aunque en la naturaleza la cala crece en las orillas de las albuferas, no permita que el agua se estanque bajo la maceta.

Tamaño: de 50 a 90 cm de alto en maceta, y casi lo mismo de ancho.

▲ *Veltheimia bracteata:* una inflorescencia original.

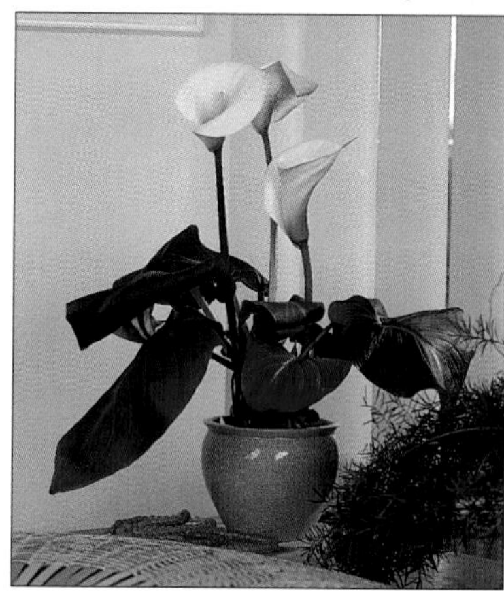

▲ *Zantedeschia aethiopica:* grandes cornetas blancas.

Multiplicación: los hijuelos que se forman en torno al rizoma se replantan a 5 cm de profundidad.

Longevidad: de uno a tres años, en maceta.

Plagas y enfermedades: arañas rojas.

Especies y variedades: nuevos cultivares se visten de espatas amarillas, de color rosa asalmonado o rojo anaranjado. «Little Gem» (40 cm) está bien adaptado al cultivo en interiores; *Zantedeschia rehmannii*, de espléndidas espatas rosa suave o carmín; *Z. elliottiana*, de hojas moteadas y espatas amarillas.

Consejo: las calas pueden cultivarse en pleno suelo en los jardines más protegidos del litoral mediterráneo o atlántico. Adquieren entonces proporciones imponentes.

LAS PLANTAS DE FRUTOS ORNAMENTALES

En el mundo complejo de las plantas superiores, el fruto es el resultado del ciclo de la vida, la promesa de un nacimiento, la garantía de la perennidad de la especie. ❋ *También es un maná para los animales y los seres humanos que se deleiten con él. Es la imagen de la generosidad de la naturaleza, y brinda la ocasión de compartir un momento de placer y de amistad.* ❋ *Objeto de mil y una controversias, el fruto goza de complejas protecciones en el caso de muchas plantas, ya que es vital para su supervivencia. Puede vestirse con una cáscara durísima o espinosa, para evitar ser devorado por cualquiera. En algunos casos, desprenderá un olor pestilente o un amargor que disuadirá a los más hambrientos. También puede adornarse con colores subidos y brillantes, que atraerán todas las miradas.* ❋ *Pero, en el lenguaje sutil y simbólico de la naturaleza, ello suele significar: ¡cuidado, peligro! Una baya demasiado vistosa y apetitosa contiene sustancias tóxicas con frecuencia. Estamos ante la expresión concreta del mito del «fruto prohibido», una manera de decirnos: «no ceda a la tentación».* ❋ *En el transcurso de los siglos, el ser humano ha seleccionado los frutos comestibles, sin olvidar aquellos cuyo aspecto y colores enamoran.* ❋ *Entre las plantas para cultivar en casa, las especies de frutos ornamentales no son legión, pero desempeñan una función importante, al escapar del diseño ornamental clásico compuesto de follaje o de flores.* ❋ *Será sin duda muy agradable para nuestros sentidos acoger una de estas plantas en casa.* ❋

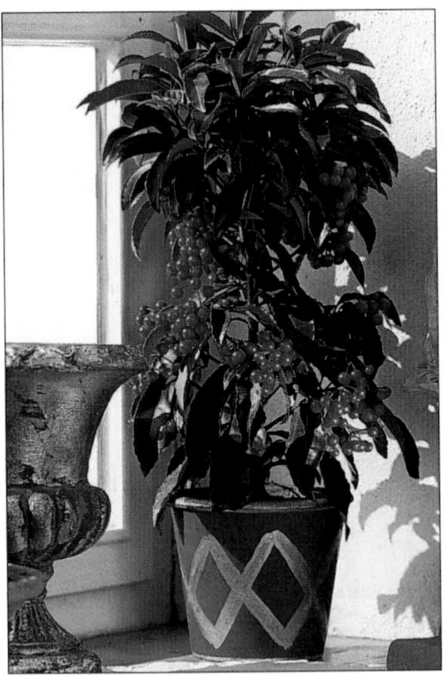

▲ *Ardisia crenata:* bayas rojas durante todo el invierno.

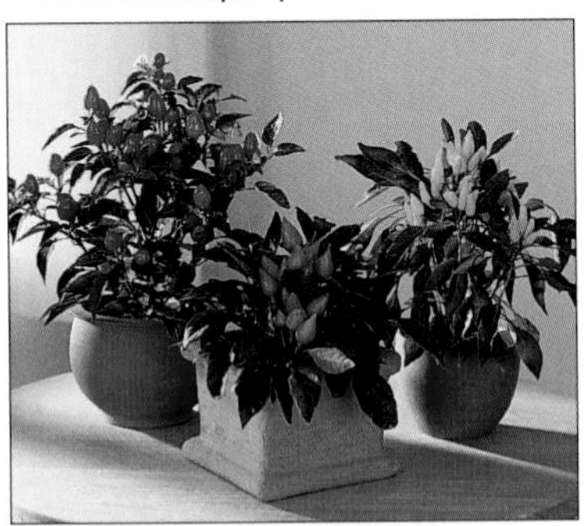

▲ *Capsicum annuum:* el pimiento decorativo, muy vivaz.

Ardisia crenata ARDISIA

Pequeño arbusto de la familia de las mirsináceas, de ramas escasas y porte extendido, apreciado por las bayas rojas que lo decoran en Navidad.

Origen: Sudeste asiático.

Hojas: de 5 a 15 cm de largo, muy coriáceas, oblongas y lanceoladas, dentadas, afiladas en los ápices, de color verde oscuro brillante por el haz, y verde más claro y moteada por el envés.

Flores: en junio aparecen minúsculas flores de color blanco rosado, fragantes, que duran varios meses. Producen bayas del tamaño de un guisante, rojo escarlata, perennes durante varios meses, a veces hasta la floración siguiente.

Luz: colóquela muy cerca de la ventana, para una iluminación máxima, aunque evite el pleno sol en verano.

Sustrato: una mezcla de tierra de jardín ligera, de sustrato de hojas y de tierra de brezo fibrosa.

Abono: desde marzo hasta agosto, añada cada semana un abono para plantas de flor, con la mitad de la concentración aconsejada en el envase.

Humedad ambiental: vaporice la planta a diario con agua a la temperatura ambiente, sobre todo antes de la floración, con más de 15 °C.

Riego: cada tres o cinco días, durante la vegetación, sin empapar nunca el cepellón; en invierno, basta con una vez cada 8 o 12 días.

Trasplante: en primavera, sólo si la planta está apretada.

Exigencias especiales: la ardisia aprecia el frescor en invierno y teme a las corrientes de aire.

Tamaño: hasta 1 m, en maceta.

Multiplicación: mediante semillero, en bandeja, de las semillas extraídas de las bayas, al final del invierno o en primavera. Repicado en cubilete cuando la plántula ha formado dos o tres hojas. El esquejado de tallos, en primavera o en verano, resulta más difícil y lento.

Longevidad: tras cinco años, la ardisia se aja.

◀ *Citrus mitis:* el calamondín, muy actual.

Plagas y enfermedades: a veces, cochinillas.

Especies y variedades: *Ardisia crenata* (o *crispa*) es la única especie cultivada de interior. *Ardisia japonica* es un arbusto compacto, que puede cultivarse en los jardines de las regiones costeras.

Consejo: puede ayudar a la polinización pasando un pincel de una flor a la otra y así favorecer la formación de los frutos.

Capsicum annuum PIMIENTO DECORATIVO

Con sus frutos en otoño y en invierno, esta pequeña anual en forma de mata, que añade una nota de color en casa, es muy apreciada para las decoraciones de fin de año.

Origen: América Central y del Sur.

Hojas: de 8 a 12 cm de largo, de color verde intenso, lanceoladas, puntiagudas.

Flores: insignificantes, en primavera y en verano. Le siguen frutos en forma de pequeños conos, más o menos cilíndricos y puntiagudos, según las variedades, que cambian de color a medida que maduran, en tonos siempre luminosos: violeta, rojo, naranja o amarillo.

Luz: una larga e intensa insolación es esencial para llegar a la formación de frutos.

Sustrato: mezcla de tierra de jardín, de turba y de mantillo de hojas, añadiendo un 15 % de fertilizante orgánico a base de estiércol y de algas.

Abono: desde abril hasta agosto, añada todas las semanas un abono líquido para plantas de flor o mezcle una cucharadita de abono granulado para frutos en una maceta de 12 cm de diámetro.

Humedad ambiental: en verano, vaporice las hojas por la noche.

Riego: cada tres días, desde mayo hasta septiembre, sin empapar el cepellón. Una vez por semana, cuando la temperatura baje de los 15 °C.

Trasplante: instale todo plantón joven comprado en primavera en una maceta de 12 cm de diámetro.

Exigencias especiales: la atmósfera cálida y seca hace que los frutos caigan. Es preferible no superar los 20 °C en invierno.

Tamaño: de 20 a 50 cm de alto, en maceta.
Multiplicación: mediante semillero, al principio de la primavera, en bandeja, en caliente (de 22 a 25 °C), y luego repicado en cubiletes individuales, cuando las plantas hayan desarrollado dos hojas auténticas (bastante difícil).
Longevidad: es una planta anual, que debe tirarse una vez que los frutos se ajan y caen.
Plagas y enfermedades: pulgones y arañas rojas, oídio, antracnosis y virosis varias.
Especies y variedades: se encuentran variedades de frutos redondos, otras de frutos largos, cónicos o en forma de campana. Rara vez llevan denominación.
Consejo: como en el caso de todas las plantas de la familia de las solanáceas, las partes verdes del pimiento decorativo son tóxicas. Los frutos son comestibles, pero muy picantes.

Citrus spp.
AGRIOS

Los naranjos, limoneros, pomelos, mandarinos y otros Citrus forman la familia de los agrios. Presentan con frecuencia frutos comestibles.
Origen: Sudeste asiático.
Hojas: de 10 a 20 cm de largo, perennes, ovaladas más o menos anchas, brillantes, de color verde oscuro.
Flores: las flores primaverales y veraniegas, blancas o purpúreas, perfumadas, producen en invierno frutos esféricos u ovoides, cubiertos por una piel gruesa de color amarillo pálido a rojo anaranjado.
Luz: todo el año, cerca de una ventana orientada al sur; en verano, fuera, a pleno sol.
Sustrato: tierra de jardín sin cal, arena y turba.
Abono: en primavera, un aporte de abono orgánico y luego, durante el crecimiento, uno especial para agrios (rico en potasio) cada dos riegos.
Humedad ambiental: vaporice el follaje entre los riegos y en invierno, si hay más de 15 °C.
Riego: cada 10 o 15 días, durante la parada invernal. Una vez por semana durante la vegetación, sin empapar ni dejar que el agua se estanque bajo la maceta. Los agrios son muy propensos a la podredumbre de las raíces. El agua caliza o demasiado fría puede ocasionar clorosis o la caída de las hojas.

▲ *Citrus maxima:* el pomelo, un agrio muy sensible al frío.

Trasplante: al final del invierno, aunque puede conformarse con una simple sustitución del sustrato superficial. Espere por lo menos un mes antes de abonar.
Exigencias especiales: los agrios necesitan condiciones de cultivo regulares, con una parada invernal bien marcada, seguida de un período de vegetación. El frío es necesario para que se produzca la floración del año siguiente. Instale la planta en un invernadero o en el balcón, si no hay riesgos de helada, protegida con una tela de hibernación. Se necesita una poda anual para equilibrar la forma del arbusto y reducir los brotes demasiado grandes.
Tamaño: 1 a 2 m de alto, en jardinera.
Multiplicación: fácil, mediante semillero, aunque las plantas obtenidas producen pocos frutos. Hay que usarlas como patrón de injerto. Injerto en escudete, en mayo, o de aproximación en abril o septiembre.
Longevidad: unos 10 años, en maceta.
Plagas y enfermedades: pulgones, cochinillas y ácaros, sobre todo en las plantas débiles.
Especies y variedades: pueden cultivarse en interiories unas 12 especies de *Citrus*. El trabajo de selección de los profesionales permite encontrar variedades bien adaptadas al cultivo en maceta.
Consejo: las jardineras con ruedecillas permiten transportar mejor los grandes individuos. Evite las reservas de agua, ya que a los agrios no les gusta tener «los pies en el agua» permanentemente.

▲ *Citrus reticulata:* la mandarina.

Citrus sinensis: el naranjo y sus flores tan perfumadas. ▶

▲ *Coffea arabica* (en recuadro, el grano de *C. robusta*).

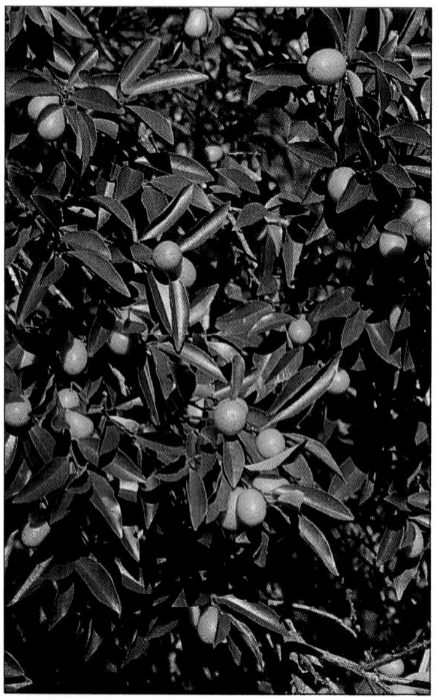

▲ *Fortunella margarita:* el kumquat de sabor acidulado.

◀ *Nertera granadensis:* la planta de los caramelos.

Coffea arabica CAFETO, PLANTA DEL CAFÉ

Arbusto de hoja persistente, de ramas escalonadas, bien ramificadas, que forman un tronco con los años.

Origen: África tropical (Abisinia).

Hojas: de 20 a 30 cm de largo, opuestas, ovaladas, bastante anchas, de bordes ondulados, de color verde oscuro, brillantes. Nervios muy visibles.

Flores: desde junio hasta octubre, flores blancas y en bayas verdes y luego rojas, que contienen uno o dos granos de café.

Luz: intensa, aunque protéjala del sol directo.

Sustrato: tierra franca, arena y mantillo de hojas.

Abono: desde abril hasta agosto, cada 15 días, añada un abono para plantas verdes.

Humedad ambiental: al menos del 50%. Pulverice agua sobre las hojas a diario e instale la maceta sobre un lecho de grava húmeda, sobre todo en invierno.

Riego: cada tres o cuatro días; el cepellón nunca debe secarse del todo; en invierno, no más de una vez por semana.

Trasplante: en primavera, cada dos años.

Exigencias especiales: las corrientes del aires y las caídas bruscas de temperatura son muy nocivas.

Tamaño: de 80 cm a 1,20 m, en maceta.

Multiplicación: por esquejes de tallo, en verano, en atmósfera controlada, en miniinvernadero con hormonas y calefacción de fondo (difícil). Mediante semillero de granos de café verdes, en primavera (crecimiento bastante lento).

Longevidad: tras tres o cinco años, el cafeto se deshoja por la base y pierde su interés.

Plagas y enfermedades: cochinillas y arañas rojas. Las puntas de las hojas que pardean indican una atmósfera demasiado seca.

Especies y variedades: «Variegata», de follaje variegado; *Coffea arabica,* «Nana», es una forma enana, de floración muy precoz.

Consejo: tenga paciencia, florece tras tres o cuatro años. Las bayas no siempre son fáciles de conseguir en interiores. Una parada invernal al fresco favorece su aparición.

Fortunella margarita KUMQUAT

Pequeño arbusto, de hoja persistente, próximo a los agrios, ramificado y espinoso en la base de las hojas.

Origen: China, Japón.

Hojas: de 10 cm de largo, coriáceas, ovaladas, de color verde brillante. Nervios muy visibles.

Flores: en primavera o en verano, las flores de 1 cm de largo, blancas y perfumadas, producen pequeños frutos ovalados, de 2 a 3 cm de largo, de color amarillo anaranjado, que se consumen con piel.

Luz: a pleno sol, en el jardín, desde mayo hasta octubre, o todo el año tras un ventanal.

Sustrato: sustrato de turba, arena y tierra de jardín, con un 15% de fertilizante a base de estiércol.

Abono: desde marzo hasta octubre, añada un abono líquido para agrios o fresales cada 15 días.

Humedad ambiental: vaporice todos los días en invierno, si la temperatura supera los 15 °C.

Riego: con agua sin cal, cada tres o cuatro días, en verano. A partir de septiembre, reduzca a un aporte de agua cada 8 o 10 días.

Trasplante: una vez al año, en primavera, y luego cada tres o cuatro años cuando la planta pase de 60 cm de alto. Sustituya el sustrato superficial de los viejos individuos voluminosos.

Exigencias especiales: una parada vegetativa marcada es indispensable para la fructificación.

Tamaño: de 80 cm a 1,50 m, en maceta.

Multiplicación: siembre las semillas en un pequeño invernadero caliente. Las plantas obtenidas sólo florecerán en 8 o 10 años.

Longevidad: unos 10 años, en maceta.

Plagas y enfermedades: cochinillas, arañas rojas y manchas foliares en tiempo muy húmedo.

Especies y variedades: los frutos de *Fortunella japonica* son redondos y de color amarillo anaranjado; los de *Fortunella margarita,* ovalados, más oscuros y más ácidos; «Variegata» tiene hojas variegadas; *Fortunella hindisii* produce frutos pequeñísimos, del tamaño de los guisantes, y se presta a la nanificación, en forma de bonsái.

Consejo: deje los frutos un mes en la planta antes de consumirlos. Serán mucho más sabrosos y menos ácidos.

Nertera granadensis BAYA DE CORAL, NERTERA

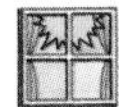

Esta planta vivaz forma una mata extendida, como musgo salpicado de caramelos naranjas.

Origen: América Central, México.

Hojas: de 0,50 cm de diámetro, redondas.

Flores: en primavera, las florecitas blanco verdoso pasan casi desapercibidas. Se transforman en bayas anaranjadas, del tamaño de un guisante, que cubren toda la planta hasta el final del invierno.

Luz: abundante, aunque sin sol directo.

Sustrato: turba, tierra arenosa y mantillo.

Abono: desde la floración hasta la formación de las bayas, añada una vez al mes un abono líquido para plantas de flor, a la mitad de su concentración.

Humedad ambiental: coloque la maceta sobre un lecho de bolas húmedas de arcilla expandida, pero no vaporice las hojas, ya que se pudren con bastante facilidad.

Riego: empape el cepellón cada cuatro o cinco días, durante el período vegetativo, dejando que se seque un poco el sustrato entre dos riegos.

Trasplante: inútil, la planta no dura lo suficiente.

Exigencias especiales: un reposo invernal al fresco (12 °C) permite conservar la nertera.

Tamaño: 2 cm de alto y 20 cm de ancho.

Multiplicación: siembre en marzo, a 15 °C, y con las semillas cosechadas de los frutos bien maduros.

Longevidad: resulta muy difícil conservar la nertera de un año para el otro, excepto en invernadero frío.

Plagas y enfermedades: pulgones y podredumbre.

Especies y variedades: sólo se encuentra *Nertera granadensis,* a veces llamada *Nertera depressa.*

Consejo: ventile durante la floración, para facilitar la fecundación y tener muchos frutos.

Solanum pseudocapsicum TOMATERA ENANA

Pequeño arbusto perenne, bien ramificado, cultivado generalmente como planta de temporada.

Origen: Brasil, Uruguay.

Hojas: de 5 a 8 cm de largo, de color verde subido, elípticas o lanceoladas, de bordes ondulados.

Flores: las flores, de color blanco verdoso, estrelladas, aparecen entre mayo y junio, y se transforman en bayas esféricas amarillas, naranjas o rojo subido, perennes durante parte del invierno si la planta no tiene demasiado color.

Luz: colocar la tomatera cerca de una ventana, al sol, garantiza la longevidad de las bayas.

Sustrato: mantillo, arena y turba, enriquecidos con un 10 % de fertilizante a base de estiércol y de algas.

Abono: desde marzo hasta agosto, añada un abono líquido para plantas de flor cada 15 días.

Humedad ambiental: vaporice agua diariamente sobre el follaje en invierno si la temperatura pasa de los 15°.

Riego: cada tres o cuatro días, desde mayo hasta septiembre. Una vez cada 8 o 10 días, en otoño y en invierno, justo para evitar la desecación.

Trasplante: anual, en primavera, a una maceta un poco más grande. En el momento de hacerlo, rebaje los tallos a la mitad de su longitud.

Exigencias especiales: pince los plantones jóvenes para favorecer la floración.

Tamaño: de 30 a 40 cm de alto.

Multiplicación: mediante semillero, en miniinvernadero a 20 °C, en primavera. Repicado precoz de las plántulas.

Longevidad: resulta dificilísimo conservar una tomatera tras la fructificación. Se cultiva, pues, como una planta anual.

Plagas y enfermedades: pulgones, arañas rojas y moscas blancas, si hace calor y la atmósfera es seca.

Especies y variedades: *Solanum capsicastrum,* de bayas más pequeñas y follaje a veces variegado; *Solanum melongena,* una variedad blanca de berenjena; *Solanum nigrum guineense,* de bayas comestibles, de un negro brillante; *Solanum mammosum,* de extraños frutos amarillos en forma de pequeños personajes; *Solanum aviculare,* de frutos verdes estriados de amarillo; *Solanum laciniatum,* de flores amarillas y frutos naranjas.

Consejo: no deje las bayas al alcance de los niños, son tóxicas como el resto de los órganos de esta Solanácea.

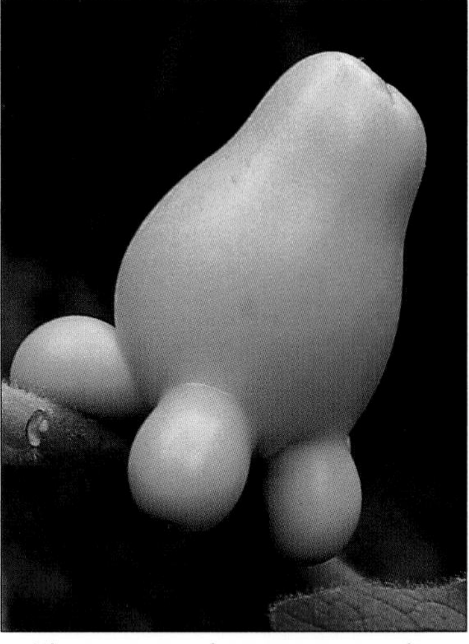

▲ ***Solanum mammosum:*** **la extraña manzana zombi.**

▲ ***Solanum nigrum guineense:*** **usado en repostería.**

Solanum pseudocapsicum: **la tomatera.** ▶

LAS ORQUÍDEAS

La orquídea, considerada la joya de las flores, es rara y valiosa, y ejerce una extraña fascinación entre los amantes de las plantas. ✻ *En el siglo* XIX *surgió una increíble pasión por las orquídeas tropicales, que algunos aventureros buscaban, jugándose la vida, en lo más profundo de las selvas más hostiles. Algunos coleccionistas locos se arruinaron por completo para saciar su pasión y consagraron fortunas a la adquisición de rarezas, que florecían con tremendas dificultades, incluso en los invernaderos más bellos de la época victoriana.* ✻ *Actualmente, gracias a técnicas más elaboradas que permiten reproducirlas in vitro, las orquídeas se encuentran al alcance de todos. Los métodos de cultivo se han perfeccionado y se ha borrado la imagen de la flor inaccesible, venerada en el estuche sofocante y húmedo de un invernadero caliente.* ✻ *Mediante la selección de algunos linajes y la realización de innumerables hibridaciones, los horticultores obtuvieron generaciones de orquídeas más resistentes y, sobre todo, con mayor floración, que medran en nuestros interiores, sin requerir cuidados extravagantes.* ✻ *De este modo se encuentra todo el año en los centros de jardinería una oferta cada vez más amplia de orquídeas, que nos hechizan con la opulencia y la longevidad de su floración. La orquídea, la planta para regalar por excelencia, no ha perdido nada de su soberbia. Sigue siendo la flor excepcional, que maravilla por la variedad infinita de sus colores y que sorprende por la forma casi animal y a veces inquietante de su flor.* ✻ *La familia de las orquídeas, que cuenta con 22 000 especies, se considera hoy en día la más rica y variada del mundo vegetal.* ✻ *Y como un grandísimo número de entre ellas acepta de buena gana cruzarse, las variedades se multiplican casi hasta el infinito, para nuestro placer.* ✻

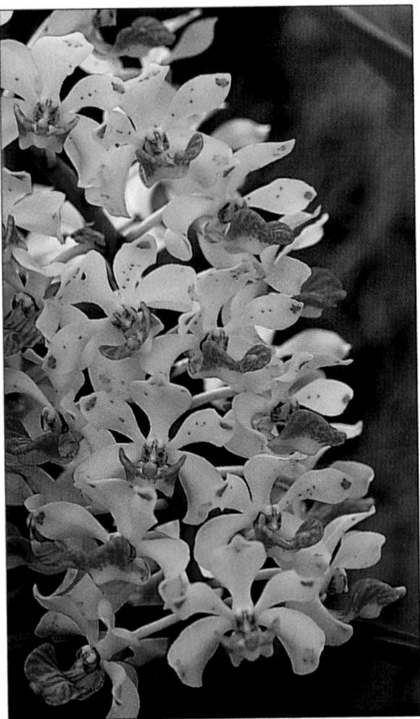

▲ *Aerides odorata:* un perfume fuerte y fragante.

▲ *Angraecum eburneum:* como arañas de cera.

Aerides spp.
AERIDES

Cercano a las vandas, su nombre recuerda la palabra «aeri», como muestra de su naturaleza epifita.

Origen: Sudeste asiático, India, Nepal, China.

Hojas: de 20 a 30 cm de largo, perennes, carnosas, alargadas, sostenidas por un tallo único.

Flores: en primavera y en verano, las inflorescencias colgantes, de 30 a 60 cm de largo, están formadas por flores carnosas, satinadas y perfumadas.

Luz: sol directo, salvo en pleno verano.

Sustrato: sustrato ventilado, para orquídeas epifitas.

Abono: en primavera, efectúe un aporte semanal de abono foliar líquido poco nitrogenado.

Humedad ambiental: del 70 al 80 %. Vaporice el follaje dos veces al día durante el crecimiento.

Riego: dos veces por semana, desde abril hasta septiembre; cada ocho días, durante la parada vegetativa.

Trasplante: cada tres o cuatro años, en cualquier época del año, salvo en invierno.

Exigencias especiales: mantenga una elevada humedad en las raíces aéreas.

Tamaño: mata de 15 a 30 cm.

Multiplicación: por separación de hijuelos que se forman en la base, con sus raíces aéreas.

Longevidad: un año, en casa; de 3 a 10 años, en invernadero. La floración dura cuatro semanas.

Plagas y enfermedades: pulgones y cochinillas.

Especies y variedades: *Aerides odorata,* de flores malvas y blancas, es la más común entre las 40 especies. Se crearon híbridos con vandas.

Consejo: cultive los aerides en una cesta o en una maceta perforada para ventilar bien las raíces.

Angraecum spp.
ANGRAECUM

  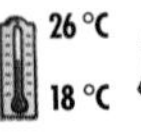 

Esta orquídea, con frecuencia imponente, forma un tallo y grandes raíces aéreas.

◄ *Angraecum sesquipetale:* flores de porcelana.

Origen: Comores, Madagascar, África del Este.

Hojas: de 10 a 50 cm de largo, imbricadas en forma de abanico, lineales, oblongas y bastante rígidas.

Flores: en diversas épocas del año, blancas, verdes, cerosas, con espuelas, perfumadas por la noche.

Luz: exposición sombreada en verano.

Sustrato: fragmentos de brezo y cortezas de pino.

Abono: desde marzo hasta octubre, añada un abono líquido para orquídeas cada 15 días.

Humedad ambiental: del 70 al 80 % durante el verano. Basta con el 60 % en invierno. Vaporice con frecuencia.

Riego: cada tres o cinco días, todo el año, en función de la temperatura ambiente.

Trasplante: cada tres años, en primavera.

Exigencias especiales: carecen de período de parada vegetativa. Al estar desprovistos de pseudobulbos, los angraecums son sensibles a la sequía.

Tamaño: de 15 a 90 cm, según las especies.

Multiplicación: por separación de hijuelos.

Longevidad: más de 10 años, en un invernadero templado. La floración dura de 6 a 10 semanas.

Plagas y enfermedades: cochinillas.

Especies y variedades: entre las 200 especies, se cultiva *Angraecum eburneum,* de flores invernales, de 5 a 6 cm de diámetro; *A. sesquipetale,* la estrella de Madagascar, de flores de color blanco marfil, de 20 cm por lo menos, *A. distichum,* forma enana de flor solitaria.

Consejo: vaporice el follaje al menos una vez al día. Cultívela como planta colgante.

Anguloa clowesii
CUNA DE VENUS, ANGULOA

Orquídea terrestre, caduca, de pseudobulbo cónico. Se la llama también «orquídea tulipán».

Origen: Colombia, Venezuela.

Hojas: de 40 a 80 cm de largo, con pliegues, lanceoladas, sobre pseudobulbos muy voluminosos.

Flores: desde abril hasta junio, corolas en forma de copa, de 10 cm de diámetro, carnosas, cóncavas, de color amarillo subido, solitarias, muy aromáticas, de labelo articulado, casi completamente oculto por los pétalos.

Luz: cerca de una ventana, sin sol directo.

Sustrato: cortezas, carbón de leña, perlita y turba.

Abono: durante el crecimiento, añada un abono líquido para orquídeas cada tres riegos.

Humedad ambiental: del 60 %, durante el crecimiento; del 40 %, durante el reposo. No pulverice.

Riego: cada tres días, hasta la caída de las hojas; luego, cada 10 o 12 días.

Trasplante: anual, al final del invierno, a una maceta de plástico o de terracota perforada.

Exigencias especiales: una amplia diferencia de temperatura entre el día y la noche y el frescor invernal permiten que se produzca la floración.

Tamaño: de 50 a 80 cm de alto.

Multiplicación: por división de mata, en otoño.

Longevidad: de 3 a 10 años. Floración de un mes.

Plagas y enfermedades: pulgones y ácaros.

Especies y variedades: el género *Anguloa* suma 10 especies, entre las cuales las más conocidas son *Anguloa ruckerii*, epifita, de flores ocres moteadas de rojo, y *Anguloa clowesii*, terrestre, de flores de color amarillo subido.

Consejo: la vaporización mancha las hojas; coloque las anguloas sobre grava mojada.

x *Angulocaste*
ANGULOCASTE

Este género híbrido, procedente del cruce de lycastes y anguloas, produce plantas extraordinarias.

Origen: creación hortícola a partir de padres procedentes de América del Sur.

Hojas: de 60 cm de largo, caducas, lanceoladas, flexibles, con frecuencia replegadas sobre sí mismas.

Flores: solitaria, carnosa, parecida a un tulipán, la corola, de 10 cm de diámetro, varía del blanco crema hasta el amarillo.

Luz: abundante, pero filtrada, tanto durante la vegetación como mientras se produce la parada vegetativa.

Sustrato: cortezas, vermiculita y turba triturada.

Abono: desde abril hasta septiembre, añada un abono líquido para orquídeas cada 15 días.

Humedad ambiental: del 60 %, durante la vegetación. Basta con el 40 %, cuando han caído las hojas.

Riego: dos veces por semana, durante el crecimiento; cada 15 días, en invierno.

Trasplante: cada dos años, entre febrero y marzo.

Exigencias especiales: evite rociar, ya que esto propicia las enfermedades criptogámicas.

Tamaño: de 30 a 60 cm de alto y de ancho.

Multiplicación: por separación de nuevos pseudobulbos, durante el trasplante.

Longevidad: de 3 a 10 años, en invernadero. La floración dura de cuatro a seis semanas (en primavera).

Plagas y enfermedades: ácaros con atmósfera seca.

Especies y variedades: sólo existen cultivares, que no siempre llevan nombre.

Consejo: respete una parada vegetativa estricta, tras la caída de las hojas.

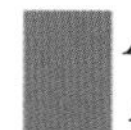

Ascocentrum ssp.
ASCOCEMTRUM

Esta orquídea en miniatura, epifita, con frecuencia ha sido objeto de hibridaciones con vandas en Asia.

Origen: noreste de India, Birmania (Myanmar), Tailandia.

Hojas: de 8 a 12 cm de largo, perennes, encintadas, sostenidas por un tallo único.

Flores: entre mayo y junio, los ramos están formados por muchísimas florecitas de color subido.

Luz: ante una ventana, al sol directo.

Sustrato: cortezas, poliestireno, poliuretano y perlita.

Abono: desde abril hasta septiembre, añada un abono líquido diluido al 50 % todas las semanas.

Humedad ambiental: del 70 al 80 %. Vaporice.

Riego: cada tres o cuatro días, en verano. Una vez por semana, en el período invernal.

Trasplante: cada tres años, tras la floración.

Exigencias especiales: sobre todo, evite las corrientes de aire y las caídas bruscas de temperatura.

Tamaño: de 10 a 15 cm de alto.

Multiplicación: por separación de los hijuelos del tallo.

Longevidad: de uno a cinco años, rara vez más.

Plagas y enfermedades: pulgones y ácaros.

Especies y variedades: *Ascocentrum ampullaceum,* de color rosa carminoso, las x Ascocenda, híbridas con vandas, presentan flores más grandes, rojas o naranjas.

Consejo: necesita iluminación artificial para florecer bien.

▲ *Anguloa clowesii:* la flor, amarillo limón, huele a chocolate.

▲ x *Angulocaste* «Rocket»: una flor enorme y duradera.

Ascocentrum híbrido: racimos muy espectaculares. ▶

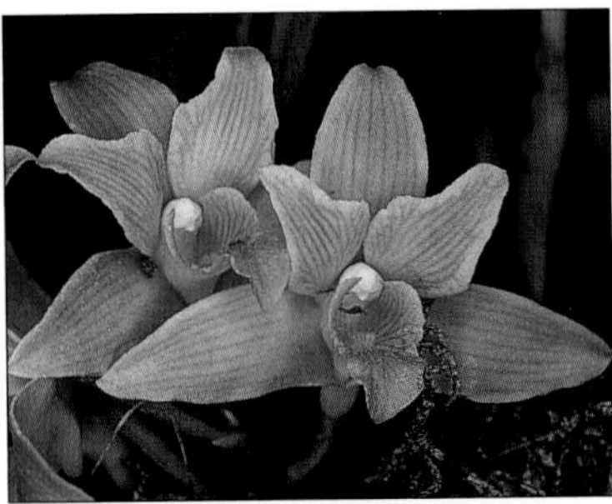

▲ *Bifrenaria* «Haselmere»: un híbrido caluroso.

▲ *Brassavola glauca:* una flor de perfume delicado.

Bifrenaria ssp. BIFRENARIA

  22 °C 10 °C 

Orquídea epifita, cercana a las lycastes, de cultivo bastante fácil para un principiante.

Origen: América del Sur.

Hojas: de 30 cm de largo, una sobre cada pseudobulbo, y estos últimos pegados los unos a los otros y surcados en toda su longitud.

Flores: en primavera, solitaria o en pareja, carnosa, de 7 a 8 cm de diámetro, muy perfumada.

Luz: ante una ventana, a pleno sol.

Sustrato: corteza de pino, poliestireno y vermiculita.

Abono: desde abril hasta septiembre, añada un abono líquido para orquídeas cada 15 días.

Humedad ambiental: del 70 al 80 %.

Riego: cada cuatro o cinco días, durante el crecimiento; cada 15 días, en invierno.

Trasplante: cada tres años, tras la floración.

Exigencias especiales: deje la planta en parada vegetativa todo el invierno, al fresco (12 a 15 °C) y en seco.

Tamaño: de 30 a 50 cm de ancho.

Multiplicación: por separación de pseudobulbos.

Longevidad: de tres a cinco años, incluso en casa.

Plagas y enfermedades: pulgones y ácaros.

Especies y variedades: existen 11 especies y muchos híbridos, como la *Bifrenaria harrisoniae,* de flores de color rojo a marfil, con el labelo rojo estriado.

Consejo: no vaporice las hojas, pero mantenga la humedad colocando la maceta sobre el platillo lleno de bolas húmedas de arcilla expandida.

Brassavola spp. BRASSAVOLA

  24 °C 13 °C  

Se trata de la primera orquídea tropical, introducida en Europa en 1698. Epifita, con rizoma.

Origen: América del Sur, Antillas.

Hojas: de 15 a 20 cm de largo, carnosas y puntiagudas, una sobre cada pseudobulbo, larga y fina.

◀ *Brassia arcuigera:* de flores graciosas y aéreas.

Flores: en cualquier época del año, flores solitarias o en grupitos, finas, blancas o verdosas, muy perfumadas, sobre todo por la noche.

Luz: ante una ventana, al sur.

Sustrato: raíces de helechos, corteza de pino, poliestireno grueso, poliuretano y vermiculita.

Abono: desde mayo hasta agosto, añada un abono líquido para orquídeas cada 15 días.

Humedad ambiental: del 70 al 80 %. Vaporice.

Riego: cada tres días, desde abril hasta septiembre; cada 8 o 12 días el resto del año.

Trasplante: cada dos años, en el transcurso de abril.

Exigencias especiales: una diferencia de 5 °C entre el día y la noche favorece la floración.

Tamaño: de 30 a 45 cm de alto.

Multiplicación: por división del rizoma.

Longevidad: algunos meses, en casa; hasta cinco años, en invernadero. La floración dura tres semanas.

Plagas y enfermedades: pulgones y ácaros.

Especies y variedades: el género *Brassavola* suma unas 20 especies; *B. glauca,* de flores de color blanco y crema; *B. cucculata,* de color verde amarillento; *B. fragans,* verdoso, con máculas rosas; y *B. nodosa,* de color verde y blanco, son las más extendidas. Existen muchos híbridos, especialmente con cattleyas.

Consejo: cestas de listones de madera, colgadas cerca del acristalamiento del invernadero, garantizan las mejores condiciones de desarrollo.

Brassia spp. BRASSIA

  24 °C 13 °C 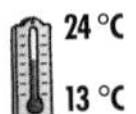

Planta epifita vigorosa, con rizoma, también llamada «orquídea araña».

Origen: América tropical.

Hojas: los pseudobulbos aplanados presentan de una a tres hojas, de 30 cm de largo.

Flores: inflorescencia de pétalos y sépalos finamente estirados, con cierto parecido a una araña. Flores de color verde a amarillo, con frecuencia fragantes.

Luz: intensa, aunque protéjala del sol directo.

Sustrato: corteza de pino, poliestireno y esfagno.

Abono: desde abril hasta septiembre, añada cada 15 días un abono líquido para orquídeas.

Humedad ambiental: mínima del 60 %. Vaporice.
Riego: cada tres o días, durante el crecimiento; no más de una vez por semana en invierno.
Trasplante: cada dos años, en primavera.
Exigencias especiales: vaporice el follaje dos veces al día, con agua sin cal, en cuanto la temperatura supere los 18 °C.
Tamaño: de 50 a 70 cm de altura.
Multiplicación: por separación de pseudobulbos.
Longevidad: al menos tres años, en invernadero.
Plagas y enfermedades: cochinillas.
Especies y variedades: suman unas 50 especies, entre las cuales las más comunes son *Brassia verrucosa,* de flores de color verde claro, salpicadas de máculas de color verde oscuro; *B. arcuigera,* que sorprende con sus pétalos filiformes; *B. lawrenceana,* cuyas flores alcanzan los 25 cm de largo.
Consejo: las brassias que hayan formado raíces aéreas pueden engancharse sobre una lámina de corteza y cultivarse colgadas.

Bulbophyllum spp.
BULBOPHYLLUM

Orquídea epífita de hoja persistente, de aspecto muy variado, que forma rizomas rastreros.
Origen: regiones tropicales del mundo.
Hojas: los pseudobulbos, redondeados o angulosos, se prolongan en una o dos hojas coriáceas, ovaladas, lanceoladas, de 10 a 15 cm de largo.
Flores: solitaria o en forma de espiga, sobre un largo pedúnculo en la base de los pseudobulbos. Las flores se caracterizan por su extraño labelo articulado.
Luz: sol directo, salvo en pleno verano.
Sustrato: fragmentos de helechos, corteza de pino, poliestireno, poliuretano y dolomita.
Abono: desde abril hasta septiembre, añada una abono para orquídeas muy diluido cada 15 días.
Humedad ambiental: del 70 %, en verano, en una habitación bien ventilada; del 50 al 60 %, en invierno.
Riego: dos veces por semana de media, durante el crecimiento. Lo menos posible en invierno.
Trasplante: tras la floración, cuando la planta desborde la maceta, o sea, cada tres años, aproximadamente.
Exigencias especiales: maneje las raíces con cuidado durante el trasplante.
Tamaño: de 2 a 60 cm, según las especies.
Multiplicación: por separación de pseudobulbos.
Longevidad: cinco años, en una galería templada.
Plagas y enfermedades: cochinillas y pulgones.
Especies y variedades: se trata del género de orquídeas más diversificado, con más de 1 000 especies. Algunas flores desprenden un olor nauseabundo.
Consejo: cultive los bulbophyllums en cesta colgada o sobre una lámina de corcho.

Calanthe spp.
CALANTHE

El nombre de esta orquídea terrestre con rizoma significa «bella flor».
Origen: Asia, Madagascar, Polinesia.
Hojas: caducas o perennes, con pliegues, agrupadas de dos en dos o de seis en seis sobre pseudobulbos oblongos.
Flores: en racimos erguidos, compuestos de flores de color rosa a blanco, de labelo con tres lóbulos.
Luz: bastante intensa, pero no a pleno sol.
Sustrato: turba, mantillo de hojas y corteza.
Abono: inútil, si el sustrato incluye mantillo.
Humedad ambiental: al menos del 60 %. Vaporice.
Riego: dos veces por semana, durante el crecimiento; cada 10 días en invierno.
Trasplante: una vez al año. En mayo, los calanthes de hoja caduca; en marzo, los de hoja persistente.
Exigencias especiales: deje que los calanthes de hojas caducas hibernen a 10 °C y en seco. Basta con una semiparada vegetativa, a 15-16 °C, para las especies de hoja persistente.
Tamaño: las inflorescencias alcanzan 1 m.
Multiplicación: por división de mata, en primavera.
Longevidad: de cinco a ocho años, si se respeta la parada vegetativa. La floración puede durar varios meses.
Plagas y enfermedades: pulgones y ácaros.
Especies y variedades: *Calanthe vestita,* de hojas caducas, es una de las más fáciles de conseguir.
Consejo: plante los calanthes en una maceta ancha, ya que las raíces se desarrollan, sobre todo, por la superficie.

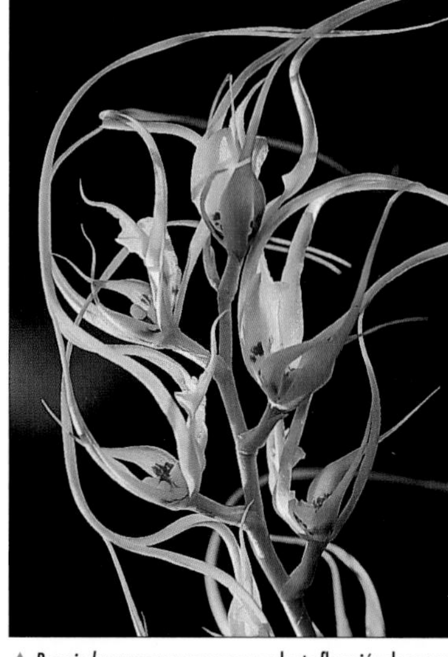

▲ *Brassia lawrenceana:* una sorprendente floración de verano.

▲ *Bulbophyllum cobbii:* de flores fantasmales.

Calanthe vestita: un grafismo muy elaborado. ▶

▲ *Cattleya* x *Laeliocattleya* «Stradivarius»: un colorido muy luminoso, resultado de una hibridación exitosa.

Cattleya
CATTLEYA

Las cattleyas son las «reinas de las orquídeas», por el esplendor y la diversidad de sus abundantes flores, símbolo de la imagen perfecta de toda la familia de las orquídeas.

El nombre de Cattleya se debe a un horticultor británico, William Cattley, que las descubrió por casualidad a principios del siglo XIX entre unos musgos, en una caja procedente de Brasil.

Todas la cattleyas son de la misma naturaleza que las orquídeas epifitas, y crecen sobre árboles o rocas (litofitas).

Tienen un crecimiento simpodial, es decir, que producen tallos en el pie del brote del año anterior y presentan pseudobulbos. Se trata de un engrosamiento del tallo, que almacena reservas de agua y de sustancias nutritivas. Unidos entre ellos mediante un rizoma horizontal y subterráneo, los pseudobulbos, en forma de maza, miden de media de 10 a 20 cm, pero pueden alcanzar 1 m. Las cattleyas se dividen en dos categorías:

- ***El tipo labiata o unifoliado,*** que sólo emite una hoja por pseudobulbo y produce de dos a seis flores grandes, de labelo espectacular.
- ***El tipo brasileño o bifoliado,*** que presenta dos o tres hojas en el extremo de cada pseudobulbo y muchas florecitas reunidas en racimos. La mayor parte de las cattleyas tienen magníficos colores y suelen desprender un perfume agradable, dulce, avainillado y muy exótico.

Origen: selvas tropicales de las montañas de América Central y América del Sur, especialmente la selva amazónica, entre 600 y 1 800 m de altura. *Cattleya loddigesii* fue la primera especie introducida en Europa, a principios del siglo XIX.

Hojas: uno, dos o tres limbos, de 10 a 20 cm de largo, coriáceas, planas, oblongas, erguidas; nacen en el extremo de cada pseudobulbo y persisten incluso durante la parada vegetativa.

Flores: en diferentes épocas del año, según las especies, se abren grandes flores de tres sépalos, de dos pétalos más grandes y un labelo, en forma de embudo, aplanado, ondulado, con franjas y de colores.

Luz: las cattleyas aprecian una exposición tras un cristal, al sur o al oeste. Evite el sol intenso atenuándolo con una cortina.

Sustrato: una mezcla clásica para orquídeas epifitas, a base de raíces de helechos, esfagno, cortezas de pino, bolas de poliestireno expandido y espuma de poliuretano.

Abono: un solo aporte por mes, desde mayo hasta septiembre, si la cattleya se cultiva en raíces de helechos; cada 15 días, si crece entre cortezas. El abono debe ser rico en nitrógeno durante la formación de pseudobulbos en primavera, y luego rico en potasio para propiciar la floración.

Humedad ambiental: del 70 al 80 % de humedad relativa, a más de 20 °C; del 50 al 60 %, entre 14 y 18 °C. Una vaporización dos veces al día con agua sin cal resulta indispensable para mantener una humedad adecuada, sobre todo durante la época de calor intenso.

Riego: de media, cada tres días, durante el crecimiento, sobre todo si se cultiva la planta en cortezas, aunque es preferible dejar que el sustrato se seque ligera-

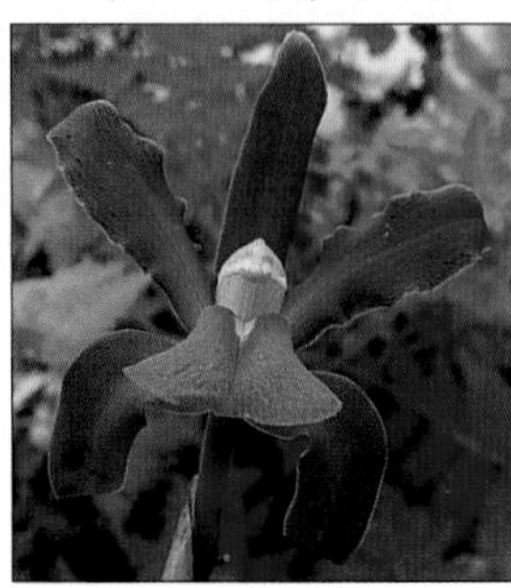

▼ *Cattleya bicolor:* una sorprendente combinación.

▼ *Cattleya digbyana:* desmelenada y barbuda.

▼ *Cattleya fascelis* «Orchid Jungle».

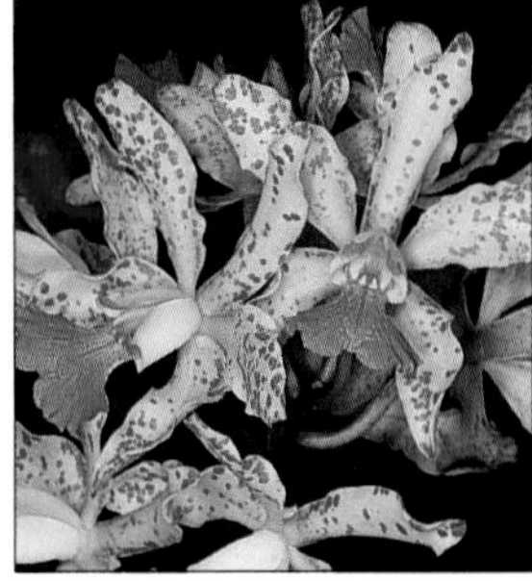

▼ *Cattleya* «Pink Elephant»: moteada.

x *Brassocattleya* «Fuchs Star»: veteada.

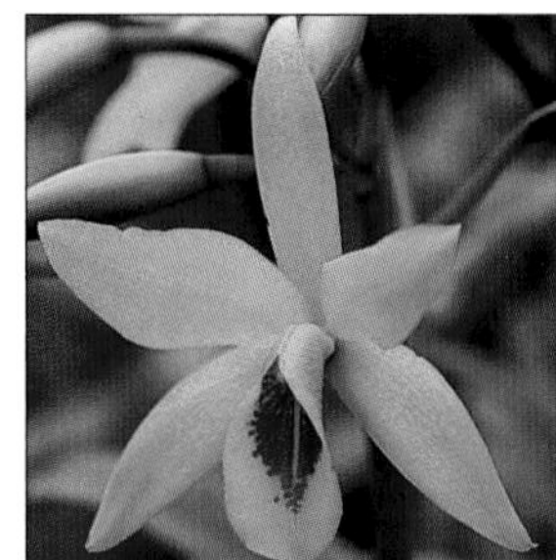
x *Laeliocattleya* «Pomme d'or»: preciosa.

x *Sophrolaeliocattleya* «Anzac»: intensa.

x *Sophrolaeliocattleya:* muy cálida.

mente entre cada riego. En invierno, confórmese con un aporte de agua semanal. Como a las cattleyas les perjudica la cal, use agua de lluvia o añada un antical al agua del grifo.

Trasplante: en abril, cada dos años, a una maceta bastante estrecha.

Hay que descentrar la planta, para permitir que el pseudobulbo delantero se desarrolle, y colocar un tutor para sostener la mata. Tras el trasplante, espere unos 10 días para regar.

Exigencias especiales: una diferencia de temperatura bien marcada (4 o 5 °C) entre el día y la noche es indispensable para la floración.

Tamaño: de 30 cm a 1,20 m.

Multiplicación: por división, en el momento de la reactivación de la vegetación, si la mata ha formado al menos seis u ocho pseudobulbos. Corte el rizoma entre dos pseudobulbos y trasplante cada parte.

Longevidad: de uno a tres años, en interiores; hasta 7 o 10 años, en un invernadero o una galería.

Plagas y enfermedades: el exceso de agua y la falta de ventilación causan la podredumbre negra de las hojas. Pulgones, trips, cochinillas algodonosas y ácaros. Trate de modo preventivo.

Especies y variedades: según los botánicos, el género *Cattleya* abarca de 40 a 65 especies. Como se cruzan fácilmente (incluso de modo natural), las cattleyas originan muchos híbridos. Entre las cattleyas botánicas destacan: *Cattleya aurantiaca* bifoliada, de hojitas veraniegas naranjas o amarillas; *C. bicolor,* bifoliada, de flores perfumadas, de color verde parduzco o rosa viejo, con un labelo estrecho rosa purpúreo a veces bordeado de blanco; *C. bowringiana,* bifoliada, con pseudobulbos de 50 cm de largo y flores de color rosa purpúreo, de labelo más oscuro, con manchas blancas; *C. digbyana,* de flores con franjas; *C. gaskelliana,* unifoliada, compacta, de flores con sépalos y pétalos rosas, con un labelo ondulado, con franjas blancas y estrías fucsias, de garganta de color amarillo anaranjado, desprende un perfume leve y agradable; *C. guttata,* bifoliada, de porte ahilado, follaje ligeramente moteado y racimos de flores de color verde manzana, punteado de marrón, con un labelo de color blanco y rosa; *C. labiata,* unifoliada, de labelo rojo magenta, con estrías purpúreas y ondulado, que realza el color rosa o blanco del resto de la flor; *C. skinneri,* bifoliada, vigorosa. Los tallos florales presentan ramos de 10 a 15 flores purpúreas, con un labelo más oscuro y la garganta de color blanco amarillento.

Los híbridos intergenéricos llevan un nombre precedido por el signo x (indicativo de un híbrido), que asocia los géneros de sus padres. Se cultivan del mismo modo y suelen ser más fáciles de obtener que las cattleyas botánicas: x *Laeliocattleya* (*Laelia* x *Cattleya*), de grandes hojas graciosísimas, con coloridos intensos y variados; x *Sophrolaeliocattleya* (*Sophronitis* x *Laelia* x *Cattleya*) suele presentar matices rojos; x *Brassocattleya* (*Brassavola* x *Cattleya*), de labelo a menudo con franjas, desde el blanco puro hasta el granate, y x *Brassolaeliocattleya* (*Brassavola* x *Laelia* x *Cattleya*) produce flores enormes con frecuencia en tonos malvas. Miles de cruces han salido a la luz, todos a cual más bello.

Consejo: no exponga las cattleyas a cualquier iluminación nocturna. Se trata, en el caso de algunas especies, de un inhibidor de la floración.

Cattleya skinneri: de flores de 10 cm de diámetro.

▲ *Coelogyne* x burfordiense: una bonita forma híbrida.

▲ *Caelogyne cristata:* de largos racimos perfumados.

Coelogyne spp.
COELOGYNE

Este género agrupa unas 100 especies de orquídeas epifitas o terrestres, con flores cuya forma, olor y perfume son muy variables.

Origen: India, Malasia, Fidji, Nueva Guinea.

Hojas: dos limbos, de 40 a 80 cm de largo, elípticas, coriáceas, planas.

Flores: desde la primavera hasta el verano, largos racimos de flores perfumadas, con frecuencia blancas, así como verdes o amarillas, aparecen en el cogollo de la mata.

Luz: intensa, durante el crecimiento. Coloque los coelogynes cerca de una ventana grande, atenuando la potencia del sol mediante una cortina translúcida.

Sustrato: esfagno, corteza de pino, poliestireno, fragmentos de helecho y carbón de leña.

Abono: desde mayo hasta octubre, añada una vez al mes un abono líquido para orquídeas.

Humedad ambiental: alrededor del 60 %, con una buena ventilación y rociadas diarias.

Riego: cada tres o cuatro días, durante el crecimiento, cuidando de que el agua no penetre en el interior, en el cogollo de los brotes, ya que los pudriría. Cada seis u ocho días, en invierno.

Trasplante: preferentemente colgada, en primavera, cuando la planta esté muy estrecha.

Exigencias especiales: una parada invernal a menos de 15 °C estimula la floración. Los coelogynes aprecian los traslados.

Tamaño: de 30 a 80 cm de alto.

Multiplicación: divida las matas durante el trasplante, reuniendo al menos tres pseudobulbos.

Longevidad: de tres a siete años, en casa.

Plagas y enfermedades: ácaros y pulgones.

Especies y variedades: *Coelogyne cristata,* el más fácil de obtener en casa, en invierno, flores blancas, perfumadas, de labelo con máculas de color amarillo dorado en el centro; *C. mayeriana,* de porte colgante, presenta un racimo de flores de color verde con labelo manchado de negro. Se trata de una entre las escasas orquídeas que presentan el negro en su gama de colores; *C. ovalis,* una miniatura de florecitas de color amarillo verdoso, con labelo con manchas purpúreas; entre los híbridos, *C.* x *burfordiense* (*C. asperata* x *C. pandurata*), con hojas de 60 cm de largo y flores de color verde manzana, con labelo manchado de negro.

Consejo: algunas especies son más sensibles al frío, como *C. dayana, C. massangeana, C. nitida, C. pandurata, C. speciosa,* etc., y necesitan un mínimo de 15 °C durante el período invernal.

Cymbidium spp.
CYMBIDIUM

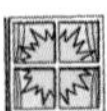

Este género agrupa de 50 a 120 especies de orquídeas terrestres o epifitas, algunas de las cuales ya se cultivaban hace varios siglos en China y Japón. Los cymbidiums se ofrecen actualmente como orquídeas comunes.

Origen: India, China, Japón, Australia.

Hojas: de 30 cm a 1 m de largo, perennes, encintadas, coriáceas, arqueadas, de color verde claro, envainan los pseudobulbos con frecuencia ovoides y arrugados.

Flores: más bien invernales, las inflorescencias en for-

◄ *Cymbidium* x: una planta invernal muy espectacular.

▲ *Cymbidium* «Amsbury Willows»: discreto.

▲ *Cymbidium* «Kent Bronze»: aéreo.

▲ *Cymbidium* «P. Stephan Youth»: cálido.

▲ *Cymbidium* «Portlett Bay»: refinado.

ma de espiga pueden sumar hasta 30 flores de 3 a 10 cm de largo.

Sépalos y pétalos, ovalados y puntiagudos, resultan idénticos. El sépalo dorsal suele encorvarse por encima del labelo carnoso y curvado.

Luz: instale los cymbidiums ante un ventanal, a pleno sol, que atenuará durante la floración. Si la luz natural es tenue, ilumine, sobre todo en invierno, con lámparas para plantas.

Sustrato: turba fibrosa triturada, mantillo de hojas fibroso, espuma de poliuretano, corteza de pino, poliestireno expandido, vermiculita.

Abono: desde abril hasta octubre, añada cada dos riegos un abono líquido para orquídeas.

Humedad ambiental: mínima del 40 %, en un ambiente muy ventilado; sin humedad estancada.

Riego: cada 8 o 12 días en invierno, si la temperatura es inferior a 10 °C. Una vez por semana a 15 °C; cada cuatro días, con una temperatura más alta.

Trasplante: cada tres o cuatro años, tras la floración. No riegue durante dos o tres semanas.

Exigencias especiales: las noches frescas, entre los 10 y 14 °C, favorecen la formación de tallos florales. Mantenga el cymbidium entre 18 y 20 °C durante la floración.

Tamaño: de 30 cm a 1 m de media, aunque los tallos florales pueden alcanzar 1,50 m.

Multiplicación: si la mata ha formado al menos seis pseudobulbos, divida durante el trasplante, separando grupos de dos o tres pseudobulbos provistos de sus hojas. Pode las raíces muertas, acorte las sanas y póngalas en una maceta.

Longevidad: de tres a siete años, en casa; las flores: de seis semanas a tres meses.

Cymbidium «Alexandre The Bridge»: de grandes flores. ▶

Plagas y enfermedades: ácaros y cochinillas.

Especies y variedades: la mayor parte de la oferta de cymbidium es híbrida. Entre las formas botánicas, *Cymbidium devonianum,* epifito, de racimos colgantes formados por unas 20 flores de color pardo oscuro, anteadas o verde aceituna. El labelo rosa va realzado por dos manchas violeta oscuro por los lados; *C. eburneum,* epifito, de pseudobulbos amarillos moteados de rojo; *C. Rubescens,* de florecitas con bordes blancos y labelo amarillo moteado de rojo; *C. tracyanum,* epifito extrañísimo, con flores en forma de araña de color amarillo dorado y moteadas de rojo.

Consejo: instale las especies pequeñas de floración colgante como *Cymbidium devonianum* y *C. aloifolium* en una cesta colgada. Saque obligatoriamente los cymbidiums híbridos al jardín desde mayo hasta octubre, para que se beneficien de las diferencias de temperatura entre el día y la noche, para que se produzca correctamente su floración.

▲ *Cymbidium devonianum:* un colorido muy original.

▲ *Cymbidium rubescens:* poco común, pero soberbio.

▲ *Dendrobium nobile* «Cybele»: un bellísimo híbrido.

▲ *Dendrobium thyrsiflorum*: espectacular y abundante.

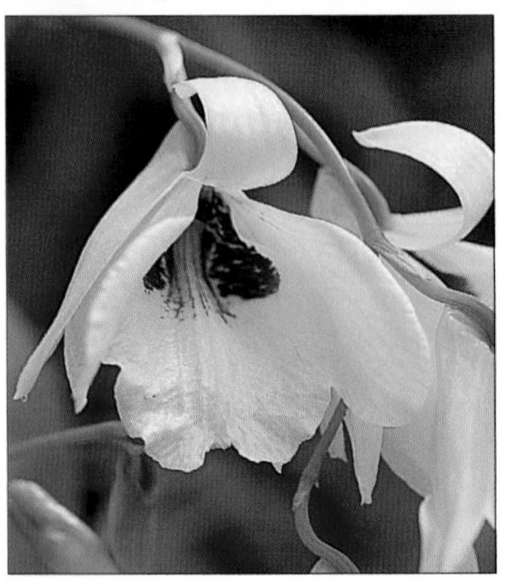

◄ *Dendrobium albo-sanguineum*: una joya de colección.

Dendrobium spp. DENDROBIUM

Con 900 a 1 500 especies, se trata de uno de los géneros más diversificados entre las orquídeas. Todos los dendrobiums son epifitos y su nombre significa «vivo sobre los árboles».

Origen: India, Birmania (Myanmar), Tailandia, Vietnam, Malasia, Filipinas, Nueva Guinea, Australia, islas del Pacífico, hasta 2 000 m de altitud.

Hojas: de 10 a 25 cm de largo, planas o cilíndricas, blandas o coriáceas, perennes o caducas, presentes a lo largo de pseudobulbos ovoides o ahusados, lisos o arrugados, colgantes o erguidos, que nacen sobre un pequeño rizoma.

Flores: flores en forma variadísima, pero con pétalos y sépalos del mismo tamaño. Los dos sépalos laterales se reúnen en la base de la columna para formar una especie de barbilla.

Luz: cerca de una ventana, para una iluminación intensa, aunque protéjala de un exceso de sol, ya que quemaría las hojas. Necesita una iluminación artificial en invierno (cuatro horas al día).

Sustrato: corteza de pino, raíces de helechos, esfagno, vermiculita y espuma de poliuretano.

Abono: desde abril hasta septiembre, añada cada 15 días un abono líquido para orquídeas.

Humedad ambiental: mínima del 60 %. Vaporice a diario, evitando que las gotitas de agua se estanquen en la axila de las hojas.

Riego: cada tres o cuatro días, durante el crecimiento. En el caso de los dendrobiums de hoja caduca, riegue cada 8 o 10 días, durante la parada vegetativa al fresco (12 °C). Una vez por semana, en invierno, en el caso de los otros dendrobiums.

Trasplante: cada tres o cuatro años, a una maceta estrecha o una cesta colgada, cuando se haya reactivado la vegetación. Coloque la planta a la sombra y espere una o dos semanas antes de regar.

Exigencias especiales: es indispensable una buena ventilación de las raíces.

Tamaño: de 15 a 60 cm, según las especies.

Multiplicación: separe suavemente y replante los «keikis», esas plántulas que se desarrollan a veces sobre los pseudobulbos al nivel de las antiguas yemas. Por esquejado de fragmentos de pseudobulbos, en arena, en caliente (25 °C).

Longevidad: algunos meses, en casa. De tres a siete años, en un invernadero o una galería.

Plagas y enfermedades: pulgones y ácaros.

Especies y variedades: *Dendrobium aggregatum,* perennifolio, de flores amarillas, en racimos colgantes; *D. aphyllum,* caducifolio, de porte colgante. Desde el invierno hasta la primavera, racimo de flores malvas con labelo marfil; *D. fimbriatum,* perennifolio, de flores amarillas o anaranjadas con labelo a franjas; *D. nobile,* caducifolio, de flores aterciopeladas, color púrpura rosado con botón marrón; *D. phalaenopsis,* de hoja semipersistente, flores blancas y perfumadas; *D. superbum,* caducifolio, de grandes flores perfumadas, color rosa violáceo oscuro, onduladas, para cultivar colgado; *D. thyrsiflorum,* perennifolio, forma en primavera un racimo espectacular, pero efímero, de flores blancas con labelo naranja. Existen también miles de híbridos, principalmente cultivados para flores cortadas.

Consejo: las macetas de dendrobiums, altas pero estrechas, no suelen ser muy estables. Es mejor que cultive estas plantas colgadas o bien coloque algunas piedras grandes en el fondo de la maceta. También puede colocar la maceta en un macetero más grande y llenar el espacio vacío con grava. En invernadero, los dendrobiums se obtienen enganchados a un trozo de helecho arbóreo o de corteza.

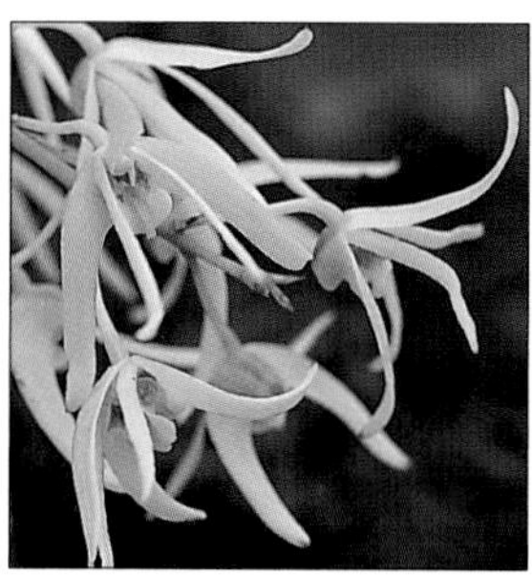

▲ *Dendrobium aemulum:* todo finura.

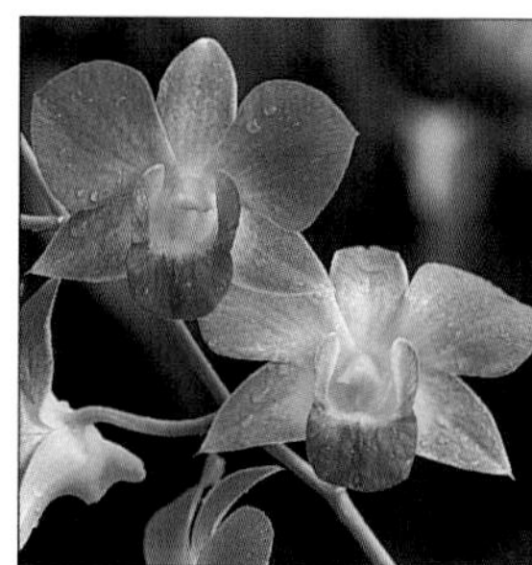

▲ *Dendrobium* x Carnet Beauty «Jaka».

▲ *Dendrobium phalaenopsis* «Sonia».

▲ *Dendrobium victoria reginae:* estrellado.

Disa
DISA

22 °C
7 °C

Aunque agrupan de 100 a 200 especies, las disas, tras haber conocido un éxito enorme durante el siglo XIX, se cultivan poco actualmente. Son orquídeas terrestres por lo general de hoja caduca, que forman tubérculos subterráneos y estolones.

Origen: África (excepto el oeste) y Madagascar.

Hojas: de 10 a 25 cm de largo, entre lanceoladas y ovaladas, dispuestas en roseta.

Flores: en verano, aparecen flores solitarias o reunidas en racimos sostenidos por tallos erguidos. El sépalo superior forma una especie de corneta erguida que puede confundirse con el labelo, el cual se encuentra atrofiado, así como los pétalos.

Luz: nunca la exponga al sol directo. Aprecia mucho una sombra parcial durante el verano.

Sustrato: turba, perlita o vermiculita, arena de río y tierra de bosque, en una mezcla de cuatro partes iguales.

Abono: todo el año, añada una vez al mes un abono líquido para orquídeas.

Humedad ambiental: mínima del 60 %. Coloque la maceta sobre grava que conservará siempre húmeda.

Riego: cada cuatro o cinco días, durante el crecimiento. Una vez por semana, en invierno. Cuide de que nunca quede agua en el platillo.

Trasplante: todos los años, al principio de la primavera, preferentemente a una maceta de terracota.

Exigencias especiales: el agua de riego no debe contener cal ni cloro.

Tamaño: hasta 90 cm de alto durante la floración en el caso de algunos híbridos; si no, 30 cm.

Multiplicación: por división de tubérculos, durante el trasplante. En semillero resulta posible, aunque es difícil.

Longevidad: apenas un año, en interiores; de tres a cinco años, en un invernadero o una galería.

Plagas y enfermedades: pulgones, cochinillas, ácaros y manchas sobre las hojas demasiado húmedas.

Especies y variedades: *Disa uniflora,* originaria de la provincia de El Cabo, en Suráfrica, produce en primavera flores de 10 cm de diámetro rojo bermellón. Originó muchas generaciones de híbridos de grandes flores, entre los cuales citamos Kewensis, de color rosa subido y Kirstenbosch Pride, de color escarlata y naranja.

Consejo: la dificultad estriba en mantener el sustrato siempre húmedo durante el crecimiento, sin que las raíces, sensibles a la humedad, se pudran.

▲ *Dendrobium aggregatum* o *D. lindleyi:* muy luminoso.

▲ *Disa* x *kewensis:* un refinamiento maravilloso.

Disa uniflora: una flor enorme y muy escasa. ▶

▲ *Encyclia cordigera:* muy cercana a los *Epidendrum.*

▲ *Epidendrum* x «Rainbow»: una gracia muy aérea.

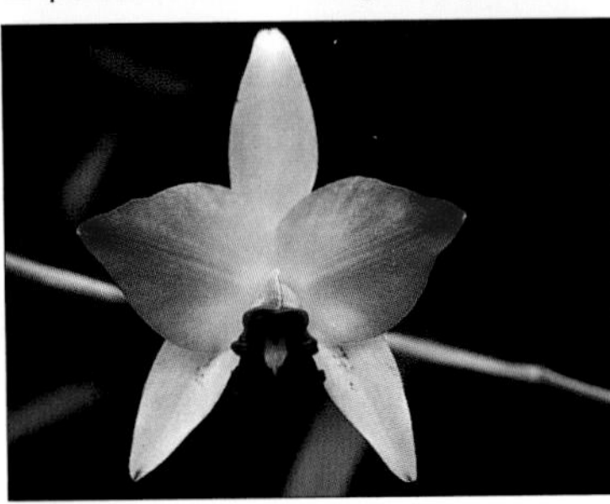

◀ *Laelia anceps* «Guerro»: en el extremo de largos pecíolos.

Encyclia spp.
ENCYCLIA

  22 °C 12 °C 

Estas orquídeas epifitas, con la mayor parte de hojas persistentes, son muy próximas a *Epidendrum*.

Origen: América tropical, Antillas.

Hojas: de 15 a 35 cm de largo, encintadas, sostenidas por pares, sobre pseudobulbos carnosos.

Flores: perfumadas, con un labelo situado en una posición anormalmente alta.

Luz: intensa, pero siempre filtrada, sobre todo en verano.

Sustrato: cortezas de pino, poliestireno expandido, espuma de poliuretano y dolomita.

Abono: desde abril hasta octubre, añada, cada tres riegos, un abono líquido para orquídeas.

Humedad ambiental: mínima del 70%; varias vaporizaciones diarias resultan indispensables.

Riego: dos veces por semana, desde abril hasta el fin de septiembre. Una vez por semana, el resto del año.

Trasplante: cada tres años, entre marzo y abril, cuando la planta se encuentre muy desequilibrada en su maceta.

Exigencias especiales: descentre la planta en la maceta para dejarle espacio para desarrollarse.

Tamaño: de 30 cm a 1,50 m de alto.

Multiplicación: por división de mata (delicada).

Longevidad: efímera, en casa. De dos a cinco años, en un invernadero templado con atmósfera húmeda.

Plagas y enfermedades: pulgones y cochinillas.

Especies y variedades: *E. cochleata,* de flores de color verde pálido, en forma de espiral con labelo pardo purpúreo; *E. cordigera,* púrpura pardusco y labelo de color blanco con manchas magenta.

Consejo: las especies pequeñas de encyclia se desarrollan mejor sobre láminas de corcho o entre helechos.

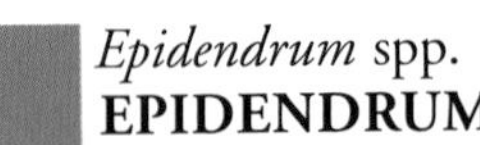

Epidendrum spp.
EPIDENDRUM

  24 °C 13 °C 

Se conocen 750 especies de *Epidendrum*, cuyo nombre indica que viven sobre los árboles.

Origen: América tropical.

Hojas: de 10 a 20 cm de largo, perennes, situadas en el extremo de pseudobulbos ovoides o redondeados, o sobre un tallo parecido a una caña.

Flores: flores perfumadas, reunidas en ramos, aparecen en el extremo del tallo cubierto de hojas.

Luz: intensa, pero nunca sol directo.

Sustrato: corteza de pino, poliestireno, espuma de poliuretano, esfagno y dolomita.

Abono: desde abril hasta septiembre, añada una vez por semana un abono líquido para orquídeas.

Humedad ambiental: mínima del 60%. Vaporice el follaje una o dos veces al día, todo el año.

Riego: las especies con pseudobulbos se riegan cada cinco u ocho días, según la temperatura ambiente. Los epidendrums con tallo necesitan un aporte cada tres días, en verano, y cada seis días, en invierno.

Trasplante: entre marzo y abril, cada dos años.

Exigencias especiales: mantenga verticales los tallos un poco débiles mediante bambúes.

Tamaño: de 30 cm a 1 m de alto.

Multiplicación: por división de las matas más grandes durante el trasplante. No riegue.

Longevidad: un año, en casa; hasta siete años, en invernadero. La floración dura varios meses.

Plagas y enfermedades: ácaros y pulgones.

Especies y variedades: *Epidendrum ciliare,* de flores de color amarillo verdoso; *E. ibaguense,* de flores rojas. Los híbridos suelen producir flores más grandes.

Consejo: coloque los epidendrums a plena luz y en una habitación fresca durante el invierno, para obtener una buena floración.

Laelia spp.
LAELIA

 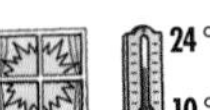 24 °C 10 °C 

Próximas a las cattleyas por su aspecto y su floración, las laelias incluyen 50 especies.

Origen: México, Brasil, Argentina.

Hojas: de 15 a 30 cm de largo, perennes, encintadas, coriáceas, solitarias o de dos en dos sobre pseudobulbos ovoides y alargados.

Flores: inflorescencias apicales, muy coloreadas, nacen en el extremo de los pseudobulbos.

Luz: coloque las laelias ante una ventana orientada al sur, para ofrecerle pleno sol.
Sustrato: corteza de pino, raíces de helechos, poliestireno expandido y espuma de poliuretano.
Abono: desde abril hasta octubre, añada cada 15 días un abono líquido para orquídeas.
Humedad ambiental: mínima del 70 %.
Riego: no más de dos veces por semana, incluso con calor intenso, con agua sin cal.
Trasplante: en abril, cada dos años.
Exigencias especiales: en invierno, respete un período de parada al fresco y en seco.
Tamaño: de 20 a 75 cm de alto.
Multiplicación: separe los viejos pseudobulbos.
Longevidad: dos o tres años, en casa; Hasta 10 años, en un invernadero templado o en una galería.
Plagas y enfermedades: virosis y cochinillas.
Especies y variedades: *Laelia anceps,* de tallos de 60 cm, que presentan florecitas lilas; *L. cinnabarina,* con racimos de flores de color rojo anaranjado. Se han creado muchos híbridos intergenéricos con las cattleyas (x *Laeliocattleya*).
Consejo: en invernadero húmedo, cultive las laelias sobre una corteza o una lámina de corcho.

Lycaste spp. LYCASTE

Estas orquídeas epifitas o terrestres recibieron su nombre en honor de la hija de Príamo, rey de Troya, famosa por su belleza.
Origen: América tropical, México, Antillas.
Hojas: pseudobulbos muy voluminosos con hojas de 30 a 60 cm de largo, con frecuencia caducas, lanceoladas, planas, flexibles, con pliegues.
Flores: de sépalos muy abiertos y pétalos más pequeños que permanecen entrecerrados, las flores de los lycastes superan a veces los 15 cm de diámetro.
Luz: abundante, aunque sin sol directo.
Sustrato: corteza de pino, carbón de leña, perlita, turba fibrosa triturada y vermiculita.
Abono: desde abril hasta septiembre, añada cada 15 días un abono líquido para orquídeas.
Humedad ambiental: mínima del 60 %.
Riego: una vez por semana, de media.
Trasplante: todos los años, al final del invierno.
Exigencias especiales: la falta de luz se manifiesta mediante un ajamiento general de la planta. No vaporice, ya que ello mancha las hojas.
Tamaño: de 50 a 80 cm.
Multiplicación: por división de pseudobulbos.
Longevidad: de dos a cuatro años, en casa.
Plagas y enfermedades: ácaros y aleuródidos.
Especies y variedades: se conocen 45 especies, entre ellas *Lycaste aromatica,* de color amarillo y perfumado; *L. cruenta,* anaranjado; y *L. skinneri,* de color blanco y rosa.
Consejo: una clara diferencia de temperatura entre el día y la noche propicia la floración.

Masdevallia spp. MASDEVALLIA

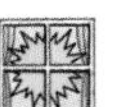

Orquídeas epifitas o terrestres, de flores compuestas esencialmente por sépalos.
Origen: América del Sur y América Central.
Hojas: de 15 a 20 cm de largo, perennes, ovaladas, portadas en solitario por un tallo cortísimo.
Flores: pétalos reducidísimos y sépalos pegados a la base forman una flor bastante extraña.
Luz: pleno sol, aunque no muy intenso.
Sustrato: corteza de pino, carbón de leña, perlita, lana de roca, poliestireno y arcilla expandidos.
Abono: una o dos veces al mes, todo el año.
Humedad ambiental: mínima del 60 %. Vaporice.
Riego: dos veces por semana, todo el año.
Trasplante: cada dos años, justo antes del invierno.
Exigencias especiales: sin parada invernal.
Tamaño: de 15 a 30 cm.
Multiplicación: separe y trasplante parte del rizoma, con sus hojas, en primavera.
Longevidad: más de cinco años, en una galería.
Plagas y enfermedades: pulgones y cochinillas.
Especies y variedades: más de 300 especies, entre ellas *Masdevallia coccinea,* roja; *M. ignea,* naranja.
Consejo: es preferible no pasar de los 18 °C, incluso en verano. Ventile bien la habitación.

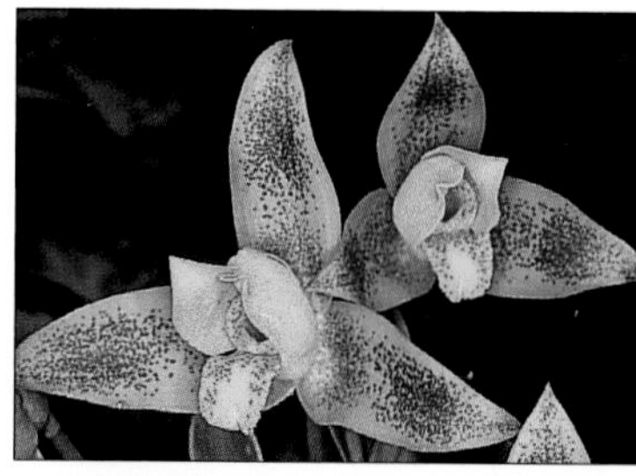

▲ *Lycaste* x «Grogan» (*L. aromatica* x *L. deppei*): soberbia.

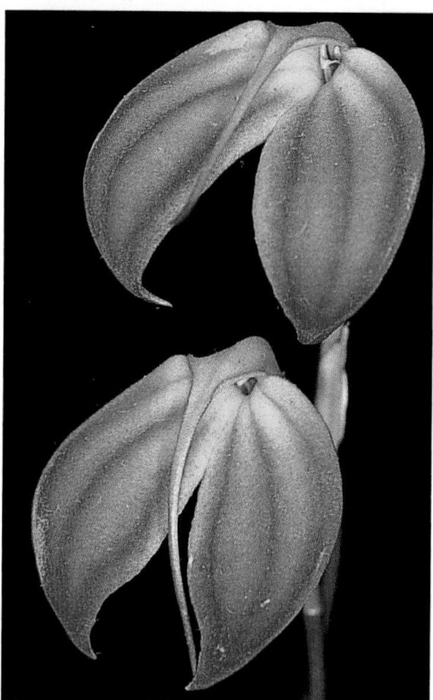

▲ *Masdevallia ignea:* una belleza diáfana.

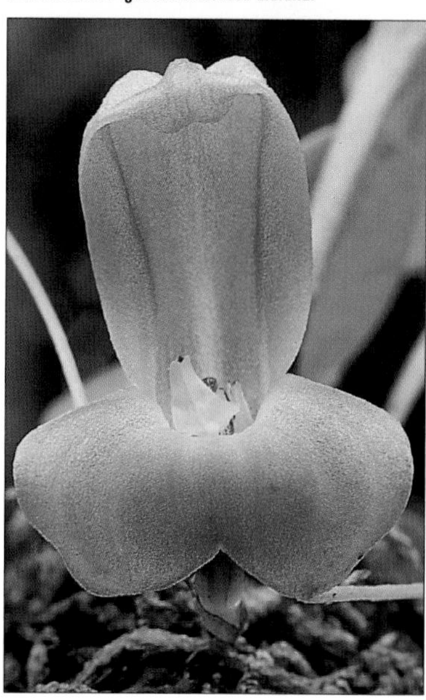

Masdevallia prodigiosa: hace honor a su nombre. ▶

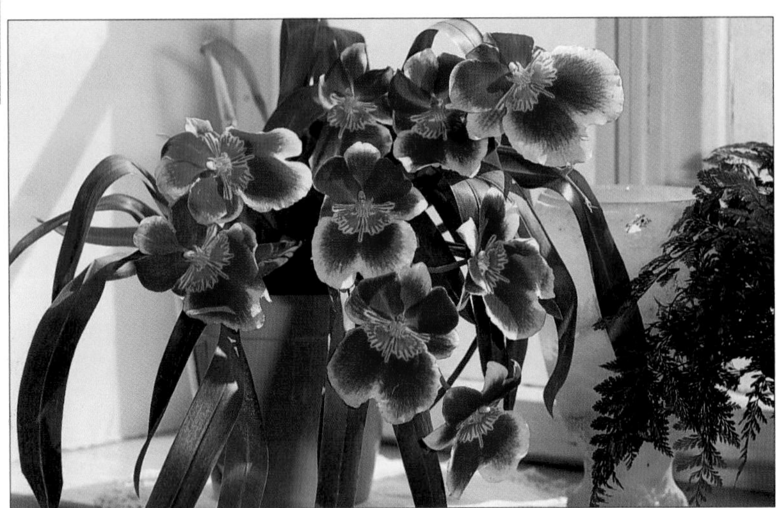

▲ *Miltonia* de flores tipo pensamientos.

▲ *Miltoniopsis* x «Cellex Wasserfals»: como una máscara.

▲ *Miltonia clowesii*: una especie originaria de Brasil.

Miltonia spp. MILTONIA

Estas orquídeas epifitas, que forman pseudobulbos cilíndricos y comprimidos, florecen todo el año, en ocasiones varias veces, abriendo flores con frecuencia perfumadas.

Origen: selvas cálidas y húmedas de América Central y América del Sur, sobre todo de Brasil.

Hojas: perennes, de 15 a 30 cm de largo. Los pseudobulbos que se desarrollan sobre el rizoma tienen dos hojas lineales, oblongas, flexibles, de color verde amarillento.

Flores: las flores solitarias o en grupos, de 6 a 10, superan los 10 cm de diámetro. Los sépalos y los pétalos son del mismo tamaño, y el labelo tiene un color con frecuencia contrastado. Las piezas florales se encuentran muy extendidas, a veces incluso totalmente planas, a diferencia de la mayor parte de las otras orquídeas.

Luz: intensa pero nunca directa, en el caso de las especies originarias de Brasil.

Las *Miltonia* que crecen en las montañas de Colombia prefieren permanecer ligeramente a la sombra. Un exceso de luz puede causar el enrojecimiento de las hojas.

◄ *Miltoniopsis vexillaria* x: de grandes flores planas.

Sustrato: mezcla de corteza de pino, fragmentos de helecho, poliestireno expandido y perlita.

Abono: añada cada 15 días, desde abril hasta septiembre, y una vez al mes, el resto del año, media dosis de abono para rododendros o un abono líquido específico para orquídeas.

Humedad ambiental: se necesita entre el 70 y el 80 %, todo el año, con una buena ventilación; aunque las especies de montaña toleran una atmósfera más seca. Vaporice y cultive las plantas sobre grava permanentemente húmeda.

Riego: cada tres o cuatro días, durante el crecimiento, preferentemente por la mañana, con agua sin cal a temperatura ambiente. Mantenga el sustrato siempre húmedo. En caso de aporte de agua demasiado abundante o muy escaso, las hojas se pliegan.

Trasplante: todos los años o cada dos años, en septiembre, a una maceta tan estrecha como sea posible y preferentemente de plástico, bien perforada por la parte inferior.

Exigencias especiales: baje la temperatura en torno a los 15 °C durante el invierno, para estimular la formación de futuras flores.

Tamaño: de 20 a 30 cm de alto y ancho.

Multiplicación: por división de mata, durante el trasplante, cuando los nuevos pseudobulbos tiendan a formarse fuera de la maceta.

Longevidad: de uno a cinco años, en interiores; más de 10 años, en invernadero. Las flores pueden durar de cinco a seis semanas, pero las flores cortadas se marchitan rápidamente.

Plagas y enfermedades: la caída de botones florales o su marchitamiento prematuro pueden deberse a una atmósfera demasiado cerrada. Una buena ventilación es indispensable (con ventilador).

Especies y variedades: Recientemente, el género *Miltonia* se ha obtenido de algunas especies que ahora se clasifican en el género próximo a *Miltoniopsis*. Este último agrupa plantas llamadas «orquídeas pensamientos», que sólo lleva una hoja sobre cada pseudobulbo. *Miltonia* y *Miltoniopsis* son orquídeas de cultivo común, que suelen confundirse. Son objeto de hibridaciones permanentes entre sí o con géneros próximos; los híbridos obtenidos producen flores bellísimas, que florecen más fácilmente y se muestran más resistentes que las especies botánicas. *Miltonia clowesii* presenta flores otoñales estrelladas, pétalos y sépalos amarillos manchados de pardo rojizo; labelo de colores que se desvanecen desde el rosa oscuro hasta el blanco. *M. spectabilis,* de flores veraniegas rosas o rojas, cuyo labelo presenta tres manchas amarillas en la base. *Miltoniopsis phalaenopsis,* con flores de 5 cm, blancas salpicadas de rojo purpúreo en el labelo.

Consejo: puede fijar su miltonia sobre un trozo de corteza y dejarla desarrollarse libremente colgada de esta forma. Para garantizar una mayor humedad, ponga un poco de musgo entre las raíces y el soporte.

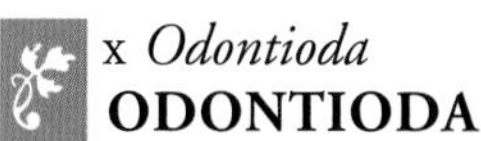

x *Odontioda*
ODONTIODA

Estos híbridos bigenéricos de logro reciente proceden del cruce entre *Odontoglossum* y *Cochlioda.* Se trata de plantas magníficas que se cultivan como sus parentales, preferentemente en invernadero frío.

Origen: los parentales proceden de bosques montañosos de América Central y América del Sur.

Hojas: perennes, de 20 cm de largo. Un rizoma lleva pseudobulbos ovoides, de donde salen dos hojas lineales, de color verde claro.

Flores: los racimos, situados sobre largos pedúnculos arqueados, están formados por unas 12 flores de 6 a 8 cm de diámetro, de sépalos y pétalos de color rojo intenso, rojo anaranjado o moteados de marrón rojizo. El labelo es también moteado, en tonos marrón amarillento y rojizo.

Luz: intensa, pero evite el sol directo, ya que la planta tendría demasiado calor. Si las hojas se pigmentan de rojo, reduzca la iluminación.

Sustrato: un sustrato finamente regulado, a base de cortezas de pino, arena, turba y perlita.

Abono: todo el año, una vez al mes, aplicando un abono para orquídeas o para plantas de tierra de brezo, en una cuarta parte de la dosis aconsejada.

Humedad ambiental: del 50 al 80 %, garantizando sobre todo una buena ventilación, con la ayuda eventual de un pequeño ventilador. Vaporice a diario cuando la temperatura supere los 20 °C.

Riego: evite que el sustrato se seque por completo durante el crecimiento, porque podría ver cómo las hojas de x *Odontioda* adquieren una forma combada. Riegue dos o tres veces por semana con agua sin cal a la temperatura de la habitación.

Trasplante: cada dos años, en primavera u otoño, a una maceta tan estrecha como sea posible.

Exigencias especiales: como sus parentales, estas orquídeas son plantas de invernadero frío, que necesitan para florecer una diferencia de temperatura de varios grados entre el día y la noche.

Tamaño: de 40 a 50 cm (el follaje).

Multiplicación: por división de una mata demasiado voluminosa, durante el trasplante.

Longevidad: si se le ofrece una habitación luminosa y fresca durante el invierno, una x *Odontioda* puede conservarse unos 10 años en casa.

Plagas y enfermedades: pulgones.

Especies y variedades: los especialistas producen permanentemente muchísimas formas híbridas de colores sorprendentes. Como son muy resistentes, se cuentan entre las orquídeas más fáciles para los aficionados, incluso en casa.

Consejo: estas orquídeas híbridas son difíciles de multiplicar y rara vez se reproducen fielmente. Divida las matas únicamente en caso de auténtica necesidad; es mejor dejarlas desarrollarse al máximo para obtener una planta robusta que podrá producir un gran número de flores. No traslade una planta que medre bien.

▲ x *Odontioda keighleyensis:* una maravilla poco común.

▲ x *Odontioda:* un colorido cálido y aterciopelado.

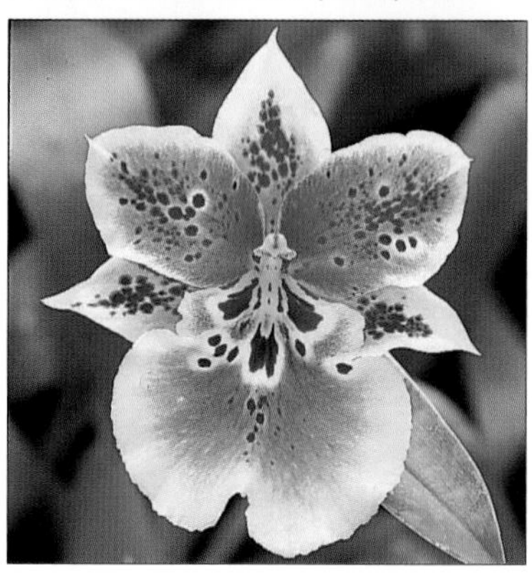

Odontioda «Vesta Charm»: una forma muy original. ▶

▲ *Odontoglossum cordatum:* muy extraño.

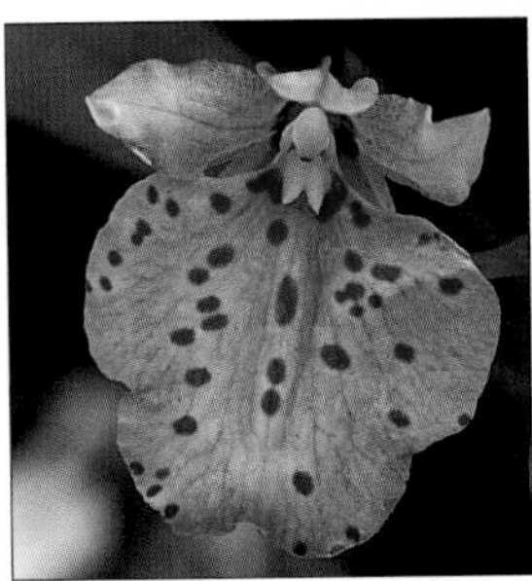
▲ *Odontoglossum majale:* labelo gigante.

▲ *Odontoglossum rosii:* muy contrastado.

▲ *Odontoglossum stellatum:* aéreo.

▲ *Odontoglossum* «Brutus» x «Echanson»: muy cálido.

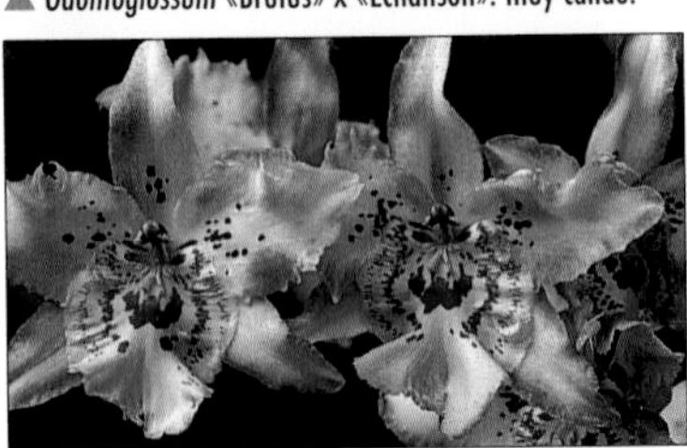
▲ *Odontoglossum* x: de flores muy espectaculares.

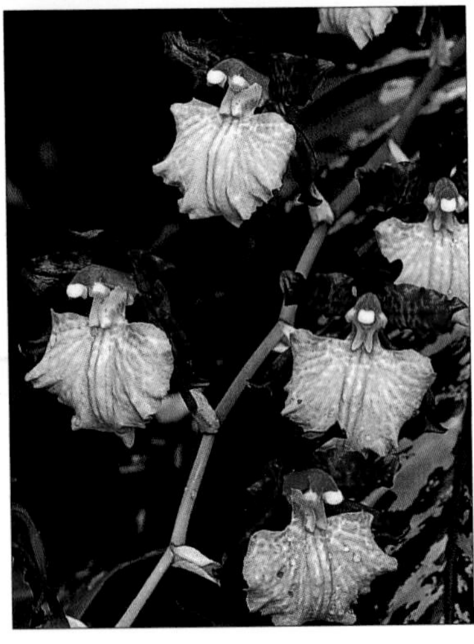
◀ *Odontoglossum uro-skinneri:* con matices carmesíes.

Odontoglossum spp. ODONTOGLOSSUM

Las prolongaciones en forma de dientes, presentes en la base del labelo, dieron su nombre al género *Odontoglossum*. A principios del siglo XX, estas orquídeas se cotizaban muy alto. Han sido muy usadas para las hibridaciones.

Origen: América del Sur, desde México hasta Bolivia, sobre todo en altitudes (cordillera de los Andes).

Hojas: perennes, de 15 a 50 cm de largo. Bulbos posteriores funcionan como reservas de nutrientes para los pseudobulbos. Estos últimos, elípticos y comprimidos, producen una o dos hojas, flexibles o coriáceas, de un color verde medio.

Flores: las flores inodoras, de 6 a 10 cm de diámetro, se agrupan en una inflorescencia erguida. Los sépalos y los pétalos suelen ser idénticos, el labelo completo o trilobulado. Con frecuencia moteadas, las flores, en formas variadas, cambian del rojo al marrón, pasando por el amarillo, el naranja y el púrpura. Varios tallos florales pueden desarrollarse en la misma planta; es preferible conservar sólo uno.

Luz: exponga el odontoglossum ante una ventana al norte o al este, para garantizarle plena luz, bastante suave, sin calor excesivo.

Sustrato: formado por arena, turba, corteza de pino y perlita, o bien corteza, poliestireno y espuma de poliuretano.

Abono: media dosis de abono líquido para orquídeas una vez al mes, todo el año.

Humedad ambiental: del 60 al 80 %, con una buena ventilación. Vaporice a diario.

Riego: cada dos o cuatro días; las raíces nunca deben secarse.

Trasplante: cada dos años, en otoño o en primavera, a una maceta estrecha.

Exigencias especiales: los odontoglossum gustan de grandes diferencias de temperatura entre el día y la noche, y toleran el frescor en invierno.

Tamaño: de 10 cm a 1 m, según las especies.

Multiplicación: por división de mata o por separación de grupos de tres bulbos posteriores.

Longevidad: de dos a cinco años, en casa.

Plagas y enfermedades: manchas y podredumbre de origen criptogámico y bacteriano.

Especies y variedades: es difícil encontrar las cerca de 200 especies que existen si no se es especialista. Se cultivan sobre todo numerosísimos híbridos, a veces cruzados con géneros próximos. Algunas especies de *Odontoglossum* se clasifican actualmente en los géneros *Lemboglossum* y *Rossioglossum*.

Consejo: el riego regular evita que la planta adquiera el aspecto combado y poco estético que toma en cuanto las raíces se secan.

Oncidium ONCIDIUM

Con más de 450 especies, el género *Oncidium* es uno de los más importantes entre las orquídeas. Las plantas son epifitas, con flores caracterizadas por la presencia de extraños tuberculitos en la base del labelo.

Origen: selvas de América Central y de América tropical, desde el nivel del mar hasta 3 000 m de altura.
Hojas: perennes, de 10 a 50 cm de largo, según las especies. Los pseudobulbos, ovoides, llevan una gran hoja rígida o dos pequeñas flexibles. También existen oncidiums en forma de matas.
Flores: el número de flores es muy variable, según las especies, desde la forma solitaria hasta los racimos que reúnen varios centenares. La mayor parte son amarillas y pardas, pero también se encuentran oncidiums rosas o blancos. Los pétalos y el sépalo dorsal son más grandes que los sépalos laterales; el labelo siempre va lobulado.
Luz: coloque la planta tras una ventana al sur o al oeste. La luz insuficiente no impide el crecimiento, pero inhibe la floración.
Sustrato: mezcla de corteza de pino y de raíces de helechos, con una granulometría media.
Abono: durante el crecimiento, fertilice una vez por semana con un abono para orquídeas. Debe ser bajo en nitrógeno durante la floración.
Humedad ambiental: media del 60 %, con una ventilación abundante para evitar la condensación. Las manchas sobre las flores o la podredumbre de las hojas delatan un exceso de humedad.
Riego: cada tres o cinco días, para permitir que el sustrato se seque periódicamente.
Trasplante: cada dos años, a una maceta de terracota. Coloque la planta en el borde de la maceta, dejando un espacio ante el brote más reciente.
Exigencias especiales: en las especies de pseudobulbos ausentes o atrofiados, debe respetarse un período de parada vegetativa tras la floración.
Tamaño: muy variable, desde algunos centímetros hasta 1 m de alto (el follaje).

▲ *Oncidium tigrinum* x: una nube de oro.

Multiplicación: por división de pseudobulbos en primavera, cuando aparecen nuevas raíces.
Longevidad: de uno a cinco años, en una galería.
Plagas y enfermedades: ácaros y cochinillas.
Especies y variedades: *Oncidium tigrinum* y sus híbridos es el más cultivado como planta de interior. *O. ornithorrhynchum,* de flores rosas, se cultiva bastante fácilmente. Los otros son pequeñas joyas reservadas para los coleccionistas. Algunos oncidiums se clasifican actualmente en los géneros *Cyrtochilum, Psychopsis* y *Psygmorchis.*
Consejo: puede cultivar las especies más pequeñas sobre planchas de corteza, de corcho o de «fanjan», un soporte de fibras de helechos arbóreos, muy resistente a la degradación.

▼ *Oncidium papilio:* llamado también «*Psychopsis*».

▼ *Oncidium bicallosum:* carnoso.
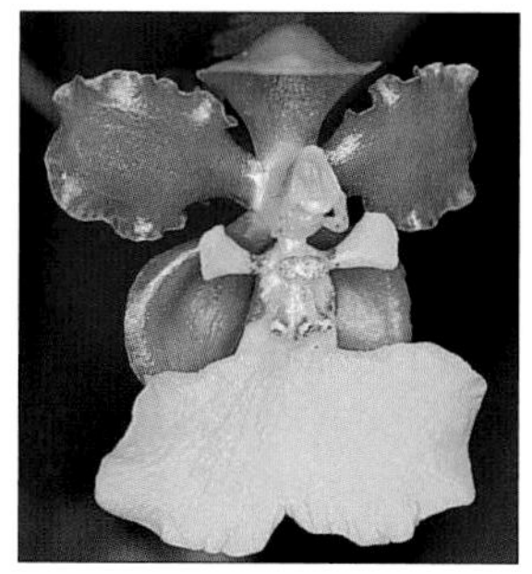

▼ *Oncidium carthagenense:* dentado.
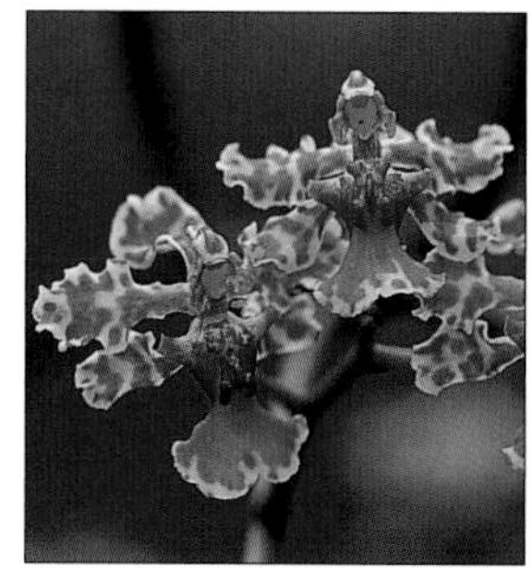

▼ *Oncidium* «Golden Sunset»: luminoso.
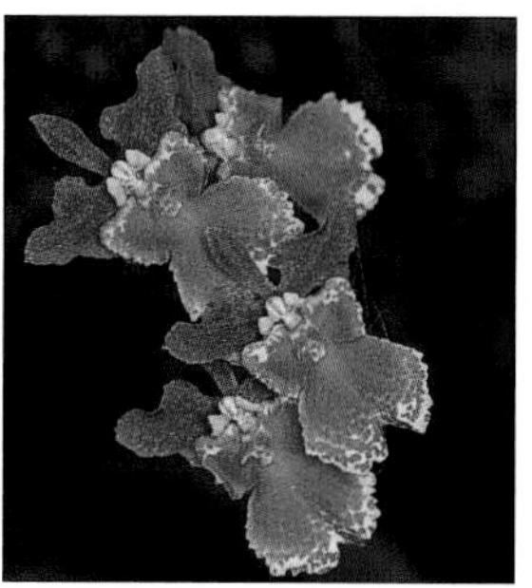

▼ Híbrido entre *Oncidium* y x *Odontioda.*

◀ *Paphiopedilum* x: la orquídea del principiante.

Paphiopedilum
PAFIOPEDILO

El pafiopedilo presenta un labelo con un aspecto muy especial, ya que forma un bolsillo o una especie de zueco en su parte anterior. De hecho, se trata de una «trampa de amor» en la que caen los insectos, desde donde salen cubiertos de polen antes de ir a visitar a otras flores, que así se fecundarán mejor.

El género *Paphiopedilum* se llamó durante mucho tiempo «*Cypripedium*», y esta confusión aún es frecuente. Los *Cypripedium* son otro tipo de orquídeas, localizadas en las zonas templadas del hemisferio Norte. En la subfamilia de las cypripedioideas, también se encuentran los *Phragmipedium* y los *Selenipedium*, géneros americanos. La mayor parte de los *Paphiopedilum* son orquídeas terrestres, algunas epifitas e incluso litofitas (crecen sobre las piedras).

Origen: Sudeste asiático. Desde el norte de India hasta Filipinas, Laos, Birmania (Myanmar), Tailandia.

Hojas: perennes, de 10 a 50 cm de largo, en rosetas, acaules y sin órganos de reserva, elípticas, de color verde o jaspeadas. Las hojas envainan el tallo floral y sus bases quedan ocultas. Las especies de hojas lisas aprecian el frescor, en tanto que las de hojas jaspeadas, moteadas o «taraceadas» prefieren el calor.

Flores: una flor, por lo general, única, de 6 a 12 cm de diámetro, de consistencia cerosa, aparece, según las especies, en diferentes épocas del año. Varias floraciones se suceden a veces en el transcurso de un mismo año. Algunos *Paphiopedilum* presentan inflorescencias de tres a cinco flores. La flor, rara vez aromática, suele presentarse con un labelo en forma de zueco y un sépalo dorsal muy desarrollado: un pabellón.

Luz: tolera la sombra, puesto que los *Paphiopedilum* crecen al nivel del suelo en las selvas tropicales. Sin embargo, para obtener una buena floración, coloque las plantas tras una ventana y atenúe la luz demasiado intensa con una cortina. En invierno, de dos a cuatro horas de iluminación artificial con lámparas de «luz de día» favorecen la floración.

Sustrato: una mezcla de corteza de pino de calibres variados, raíces de helechos, poliestireno expandido, dolomita y 1/6 de carbón de leña. La dolomita permite mantener el pH en un nivel neutro, aspecto importante para los *Paphiopedilum.*

Abono: si el sustrato es rico en materias orgánicas (raíces de helechos), es prácticamente inútil abonar. En una mezcla a base de cortezas, añada una a dos veces al mes un abono para orquídeas.

En un sustrato totalmente artificial, elija más bien un abono universal 10/10/10. En todos los casos, no olvide regar antes de fertilizar.

▼ *Paphiopedilum* «Aladin»: con encanto.

▼ *Paphiopedilum bellatulum:* narizota.

▼ *Paphiopedilum* «Calvi» x «Blendia».

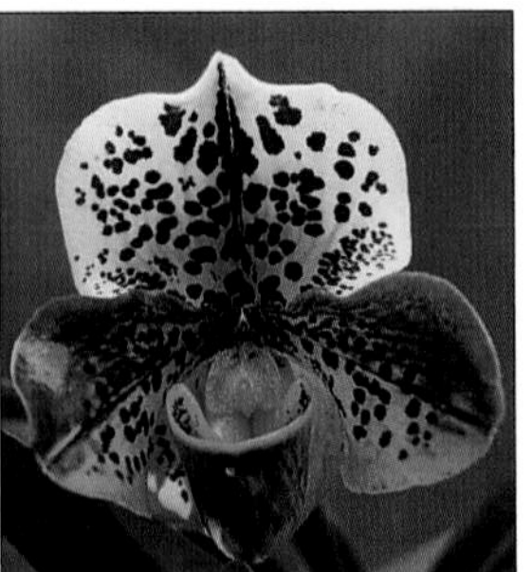

▼ *Paphiopedilum* x «Curtisii Sanderae».

▲ *P.* «Emerald» x «Voedoo Magic»: carmesí.

▲ *Paphiopedilum sukhakuli:* muy extraño.

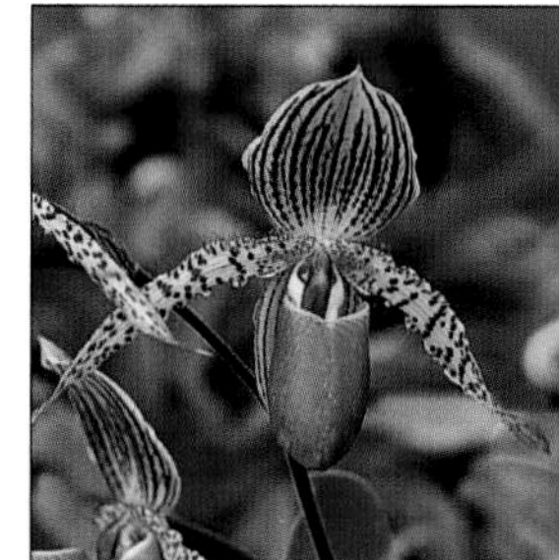

▲ *Paphiopedilum* «Vanguard las Colinas».

▲ *Paphiopedilum* «Violène»: un tono delicado.

Humedad ambiental: entre el 60 y el 70 %, en verano; del 50 al 60 %, en invierno. Coloque la maceta sobre un platillo lleno de grava o de bolas de arcilla, que mantendrá constantemente húmedas. Intercale un trozo de baldosa fina, para que la maceta no se vuelque sobre este soporte inestable.

Riego: nunca empape. Riegue por la mañana, con agua del grifo, una vez por semana, desde octubre hasta el final de febrero; cada tres días, durante el resto del año. No vierta agua en la vaina foliar, ya que no debe permanecer húmeda por la noche, porque podría pudrirse.

Trasplante: todos los años o cada dos años, tras la floración o en primavera, a una maceta tan pequeña como sea posible.

Exigencias especiales: se necesita un período de frescor nocturno (máximo 15 °C) de dos a ocho semanas, en septiembre y octubre, para que se produzca la floración. No dude en sacar el *Paphiopedilum* al exterior durante este período, o colóquelo en un invernadero frío hasta la formación de botones florales. Un descenso de la temperatura nocturna hacia el final de la primavera estimulará una segunda floración, al principio del otoño.

Tamaño: de 30 a 80 cm, según las especies.

Multiplicación: por división de la mata, que se ha agrandado, en el transcurso de mayo. Para acelerar la cicatrización de las partes cortadas, no riegue durante los 15 primeros días y coloque las plantas a una temperatura constante de 18 a 20 °C.

Longevidad: de uno a siete años, en interiores; más de diez años, en invernadero. Las flores duran hasta dos meses, e incluso más. La duración de las flores cortadas supera los 15 días, si se ha tenido cuidado en cortarlas ocho días antes de su abertura. Bajo buenas condiciones de cultivo, la floración se producirá todos los años.

Plagas y enfermedades: la bacteria *Erwinia cypripedii* provoca la podredumbre blanda. Una buena ventilación es indispensable para prevenirla. Las arañas rojas también son temibles en las especies de hojas finas de este tipo de orquídeas.

Especies y variedades: las cerca de 60 especies botánicas han sido objeto de muchas hibridaciones. Por lo general, los híbridos son más fáciles de cultivar para los principiantes que las formas «silvestres». Para los más veteranos, pero aún bastante fáciles de obtener, se encuentran: *Paphiopedilum appletonianum,* de flores finas, de color marrón con rosa y verde degradados; *P. bellatulum,* enano, con grandes flores blancas o amarillas moteadas de pardo; *P. callosum,* de flores marrones, con el pabellón con anchas estrías blancas; *P. sukhakuli,* de flores otoñales de color verde y púrpura, moteadas de negro y pabellón estriado de blanco. Los coleccionistas apasionados probarán con *P. haynaldianum,* de grandes flores de color pardo y verde, moteadas de rosa y de marrón. Y, sobre todo, *P. rotschildianum,* que presenta «barbas» de 20 cm de largo y del que sólo se encuentran híbridos, ya que la forma botánica (originaria de Borneo) está estrictamente protegida.

Consejo: el *Paphiopedilum* es una de las orquídeas más complacientes. Elíjalo para sus primeras experiencias de aficionado a las orquídeas. No obstante, recuerde que no debe regarlo demasiado y vaporice el follaje a partir de 22 °C, con el pulverizador regulado en la pulverización más fina, ya que el agua no debe chorrear.

▲ *Paphiopedilum villosum:* una bella especie asiática.

▲ *Paphiopedilum* «Wildroat»: de grandes flores cerosas.

Paphiopedilum x (*haynaldianum* x *rothschildianum*). ▶

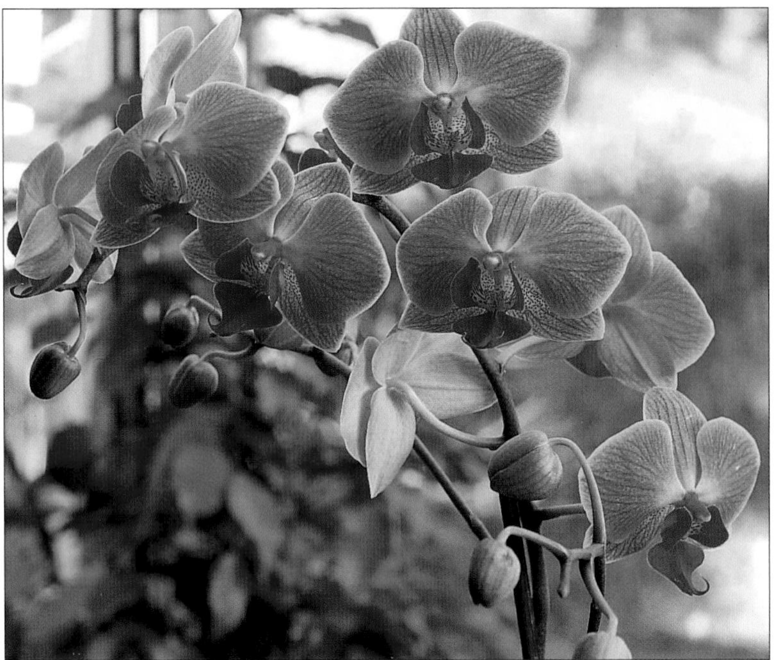

◀ *Phalaenopsis* x: puede florecer durante varios meses.

▼ *Phalaenopsis* «Joyau»: uno de los híbridos más bellos.

Phalaenopsis PHALAENOPSIS

El nombre *Phalaenopsis* evoca el parecido de las flores con la falena, una mariposa nocturna. Se trata de orquídeas epifitas, a veces litofitas, es decir, que crecen sobre rocas.

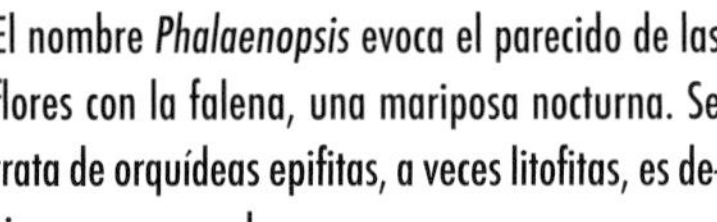

Origen: Sudeste asiático, India, Filipinas y norte de Australia, en las selvas húmedas y densas, a baja altitud (de 200 a 400 m).

Hojas: los *Phalaenopsis* son orquídeas monopodiales, es decir que no forman ni rizoma ni pseudobulbos, sino un tallo principal erguido, de crecimiento continuo. Las hojas perennes, de 10 a 30 cm de largo, son planas, coriáceas, brillantes, de color verde liso o moteadas y envainadoras por la base. Forman una roseta, de donde nacen los tallos florales y las raíces aéreas.

Flores: en cualquier momento del año puede aparecer un tallo floral, con frecuencia arqueado, que lleva unas 10 flores, de 3 a 6 cm de diámetro. Desde el blanco puro hasta todos los matices de rosa, se tiñen también de malva, de anaranjado y de amarillo. Los sépalos y los pétalos laterales suelen ser parecidos, a veces estriados o punteados.

Luz: coloque sus *Phalaenopsis* ante una ventana orientada al este, para que se beneficien de una insolación moderada, pero de una iluminación intensa.

Sustrato: una mezcla de corteza de pino, de granulometría variable, según el tamaño de la planta, con espuma de poliuretano, turba fibrosa y carbón de leña. Los *Phalaenosis* enanos crecen bien enganchados como epifitos sobre corcho.

Abono: desde marzo hasta septiembre, añada media dosis de abono líquido para azaleas o una dosis normal de abono para orquídeas; cada 15 días, siempre sobre un sustrato ya húmedo.

Humedad ambiental: del 60 al 80%. Coloque las macetas sobre una bandeja que contenga grava o bolas de arcilla medio sumergidas. Vaporice el follaje todos los días, cuidando de que el agua no chorree hasta el cogollo de la roseta (riesgo de podredumbre).

Riego: preferentemente por la mañana, cada dos o tres días, en verano; cada 8 o 10 días, en invierno. Use agua más bien tibia y sin cal.

Trasplante: cada dos o tres años, en primavera o al

▼ *Phalaenopsis* «Hymen»: esplendoroso.

▼ *Phalaenopsis* «Jumbo x G. De Préville».

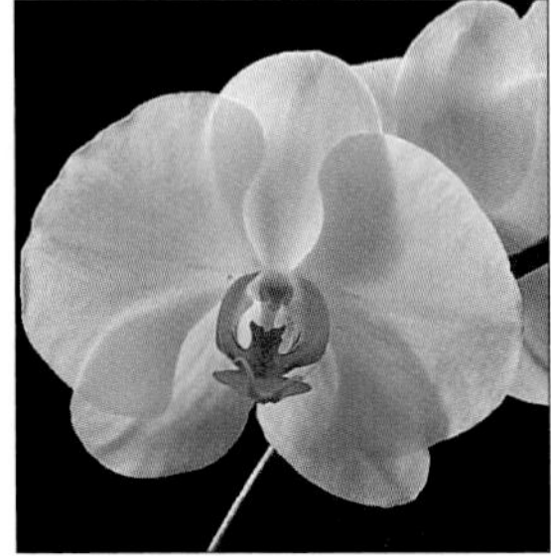

▼ *Phalaenopsis* «Lady Amboin»: muy sutil.

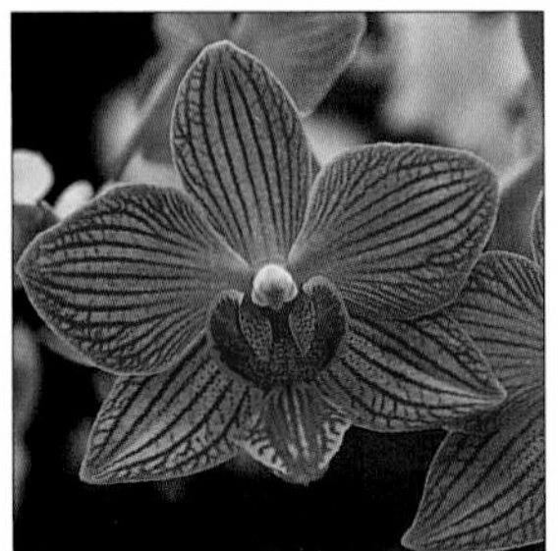

▼ *Phalaenopsis* «Le Fantasme»: mágico.

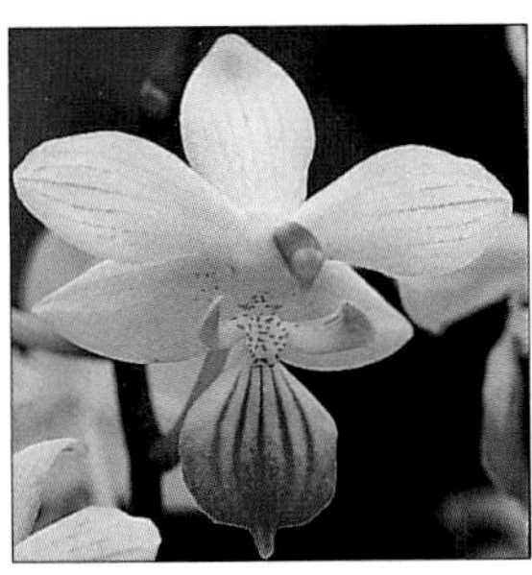
▲ *Phalaenopsis lindenii:* todo delicadeza.

▲ *Phalaenopsis lueddemanniana* x.

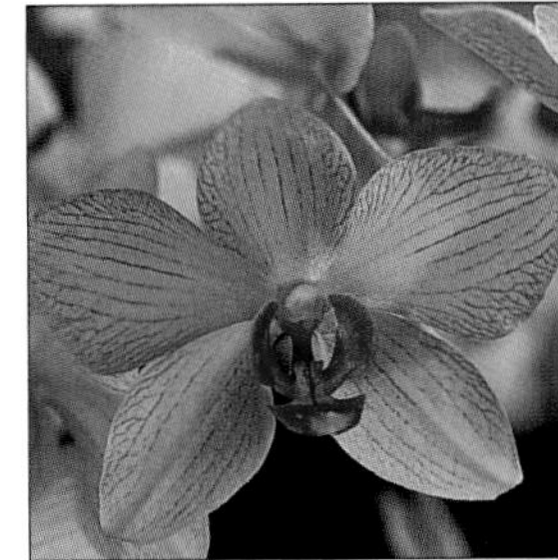
▲ *Phalaenopsis* «Sarah»: con matices cálidos.

▲ *Phalaenopsis* «Sonentau»: espectacular.

principio del verano. Se trata de una operación traumatizante para los *Phalaenopsis,* cuyas raíces son muy frágiles y se adhieren a las paredes del recipiente. El trasplante es indispensable cuando la maceta se ha quedado demasiado pequeña o el sustrato se ha descompuesto. Coloque la planta bien en medio de su nuevo recipiente y no pode las raíces.

Exigencias especiales: variaciones de temperatura entre el día y la noche y una parada vegetativa bien marcada tras la floración son indispensables para que se produzcan nuevas flores. Cuando la planta presenta botones, la temperatura no debe descender por debajo de los 15 °C, si no se observa esta precaución las flores de los *Phalaenopsis* corren el peligro de marchitarse y caer antes de abrirse.

Tamaño: de 30 a 50 cm, en maceta.

Multiplicación: por separación y trasplante de los keikis, esas jóvenes plántulas que se desarrollan sobre el tallo floral mismo. Para provocar su formación, envuelva con manguito de esfagno húmedo algunos capullos bien visibles sobre el tallo floral. Mantenga la planta en caliente, en una atmósfera muy húmeda. Cuando los keikis se hayan formado y hayan producido raíces de unos 5 cm, puede cortarlos y plantarlos en un sustrato de granulometría fina.

Longevidad: de tres a siete años, en casa. La floración de los *Phalaenopsis* puede prolongarse hasta seis meses, la mayor parte de las veces, desde enero hasta junio. Las flores aguantan al menos dos semanas en un jarrón.

Plagas y enfermedades: un ataque bacteriano de *Erwinia cypripedii* provoca la podredumbre blanda. Diversos hongos manchan las hojas o las flores (sobre todo el *Botrytis*); administre un tratamiento preventivo sin usar productos a presión, ya que se toleran mal. Use siempre herramientas limpias y garantice una buena ventilación (sin corrientes de aire).

Especies y variedades: se han registrado unas 50 especies y más de 5 000 híbridos, cuya genealogía complejísima puede remontarse a más de diez generaciones. Estos híbridos resultan mucho más fáciles de cultivar en interiores. Las especies se desarrollan mejor en invernadero, especialmente *Phalaenopsis amabilis,* de flores blancas y con el labelo de color amarillo y rosa manchado de rojo; *Phalaenopsis lueddemanniana,* de flores cerosas, pequeño, perfumado, de color blanco, amarillo y violeta purpúreo, una maravilla de delicadeza.

Consejo: los tallos florales de los grandes *Phalaenopsis* tienden a doblarse bajo el peso de las flores. Plante un tutor y sujételo por varios lugares al tallo floral para lograr que se mantenga la belleza de la planta.

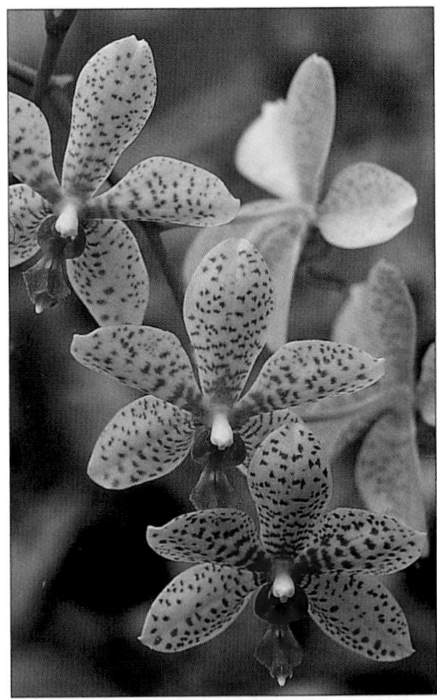
▲ *Phalaenopsis amboinensis:* muy florífero.

Phalaenopsis miniata: pequeño, pero realmente encantador. ▶

▲ *Phragmipedium* híbrido: flores en forma de zueco.

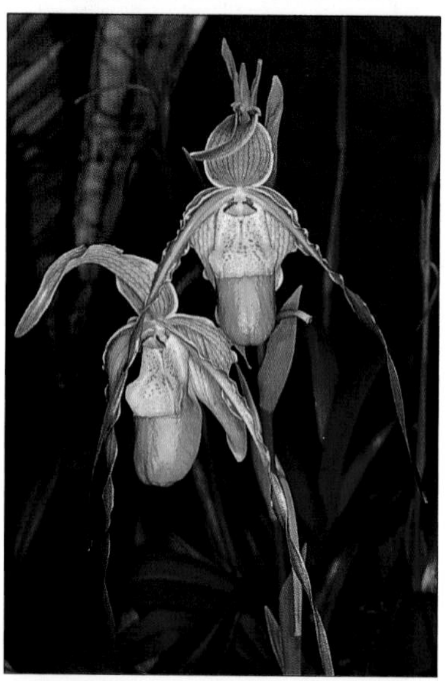

▲ *Phragmipedium* x *grande:* de flores de 30 cm de largo.

Phragmipedium spp.
PHRAGMIPEDIUM

Próximas a los *Paphiopedilum*, estas orquídeas terrestres presentan un labelo en forma de zueco.

Origen: América tropical: México, Perú, Colombia, Ecuador, Costa Rica, Panamá.

Hojas: de 20 a 50 cm de largo. Poco numerosas, perennes, más alargadas que las del *Paphiopedilum*, envainan el tallo floral.

Flores: el *Phragmipedium* se distingue del *Paphiopedilum* por la textura no cerosa de las flores y por la forma de sus pétalos laterales, con frecuencia largos y colgantes, a veces en espiral, siempre muy espectaculares. Flores grandísimas.

Luz: instale el *Phragmipedium* ante una ventana al este, para que se beneficie del sol matutino, aún suave. Filtre la luz solar desde mayo hasta septiembre.

Sustrato: mezcla equilibrada de cortezas de pino, de carbón de leña, de poliestireno expandido y de dolomita.

Abono: una vez al mes, añada una solución nutritiva dosificada a razón de un tapón de abono líquido para plantas de flor, en 10 litros de agua sin cal.

Humedad ambiental: del 50 al 70% todo el año. Coloque la maceta sobre un lecho de bolas de arcilla expandida, que mantendrá bien húmeda. Complete mediante pulverizaciones regulares con agua a la temperatura de la habitación.

Riego: dos veces por semana, todo el año, con agua del grifo, ya que *Phragmipedium* no posee pseudobulbos que le permitan constituir una reserva de agua.

Trasplante: cada dos años, a una maceta de diámetro justo superior al del anterior.

Exigencias especiales: garantice una buena ventilación, con la ayuda eventual de un ventilador.

Tamaño: de 40 a 80 cm de alto, en maceta.

Multiplicación: por división de matas, antes del arranque de la vegetación (desde noviembre hasta marzo).

Longevidad: de uno a tres años, en casa; hasta cinco años, en invernadero. Las floraciones sucesivas se prolongan sin interrupción durante varios meses.

Plagas y enfermedades: bacterias y ácaros.

◀ *Rhynchostylis retusa:* de racimos de 30 cm de largo.

Especies y variedades: *Phragmipedium caudatum* es el más espectacular, con sus pétalos laterales de color rojo purpúreo, en espiral, que pueden superar los 60 cm de largo; *P.* x *grande,* de hojas larguísimas, presenta flores de color blanco amarillento, amarillas y verdes.

Consejo: una diferencia de temperatura de 5 °C entre el día y la noche, durante el período invernal, propicia la futura floración.

Rhynchostylis spp.
RHYNCHOSTYLIS

Orquídeas epifitas monopodiales, cuyas grandes inflorescencias colgantes y compactas les proporcionan el apodo de «cola de zorra».

Origen: desde India hasta Malasia, Filipinas.

Hojas: de 20 a 30 cm de largo, gruesas y encintadas, acabadas en dos lóbulos desiguales y dispuestas en dos filas en torno a un tallo único, bastante corto.

Flores: en cualquier época del año, la inflorescencia erguida o colgante, de 30 a 50 cm de largo, está formada por numerosas flores de 3 o 4 cm de diámetro, gruesas, cerosas y muy aromáticas.

Luz: coloque el *Rhynchostylis* ante una ventana al oeste, protegida por una cortina que filtre los rayos demasiado intensos del sol veraniego.

Sustrato: cortezas de pino, raíces de helechos, esfagno, espuma de poliuretano, poliestireno expandido y carbón de leña, con una buena capa de cascos de vasijas de barro en el fondo del tiesto.

Abono: desde marzo hasta octubre, añada cada 15 días un abono líquido para orquídeas.

Humedad ambiental: del 50 al 70%, según la temperatura ambiente. Vaporice dos veces al día.

Riego: dos veces por semana, todo el año.

Trasplante: en abril, con la menor frecuencia posible.

Exigencias especiales: cultive en cesta colgada, para permitir que la inflorescencia caiga.

Tamaño: de 15 a 30 cm de alto.

Multiplicación: por separación de hijuelos, en abril.

Longevidad: tres años, en casa; de cinco a ocho años, en invernadero, si los trasplantes se efectúan delicadamente.

Plagas y enfermedades: ácaros y pulgones.

Especies y variedades: entre las seis especies, se cultivan sobre todo *Rhynchostylis gigantea,* de flores de color blanco y rojo magenta, y *R. retusa,* de flores blancas, perfumadas, en racimos de 30 cm de largo.

Consejo: el *Rhynchostylis* es una orquídea fácil de obtener en casa, a condición de que no sea trasladada en cuanto encuentra un lugar adecuado.

Spathoglottis spp. SPATHOGLOTTIS

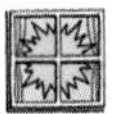

Esta orquídea terrestre, muy vigorosa, es objeto de cultivos importantes en el Sudeste asiático, sobre todo para la flor cortada.

Origen: Tailandia, islas del Pacífico y Australia.

Hojas: de 20 a 40 cm de largo, flexibles, entre lanceoladas y ovaladas, sostenidas por tallos cilíndricos. El Spathoglottis no forma pseudobulbos.

Flores: un largo tallo floral finísimo aparece en el cogollo de las hojas, llevando en su extremo un ramo de florecitas estrelladas de color rosa más o menos subido, cuyo labelo presenta una forma de lengua.

Luz: pleno sol, ligeramente atenuado durante las horas más calurosas del verano.

Sustrato: un sustrato para orquídeas comercial, al que se añade 1/3 de turba fibrosa triturada.

Abono: desde abril hasta septiembre, añada cada 8 o 10 días un abono para rododendros.

Humedad ambiental: mínima del 60 %. Deben garantizarse vaporizaciones diarias todo el año. Se aconseja un humidificador eléctrico.

Riego: dos o tres veces por semana, para conservar el sustrato ligeramente húmedo.

Trasplante: cada dos años, en primavera, a una maceta bastante honda, ya que las raíces son largas.

Exigencias especiales: una buena ventilación es indispensable, pero sin corrientes de aire frío.

Tamaño: de 30 a 40 cm de alto, en maceta.

Multiplicación: reservada a los profesionales.

Longevidad: de dos a cinco años, en invernadero caliente.

Plagas y enfermedades: cochinillas y pulgones.

Especies y variedades: existen unas 40 especies en la naturaleza, pero en Europa sólo se cultiva *Spathoglottis plicata,* de flores rosas.

Consejo: un aporte de luz artificial, de cuatro a seis horas por día, entre noviembre y marzo, es indispensable para obtener una floración.

Stanhopea spp. STANHOPEA

Orquídeas epifitas, de pseudobulbos cónicos.

Origen: América Central tropical.

Hojas: cada pseudobulbo lleva una sola hoja de 30 a 40 cm de largo, perenne, lanceolada, con pliegues, semirrígida, bastante ancha.

Flores: el tallo floral nace en la base de los pseudobulbos, se encorva hacia el suelo y atraviesa el compost, volviendo a salir bajo la planta antes de abrirse. Las flores carnosas y muy aromáticas, de aspecto bastante extraño, sólo duran cinco días.

Luz: coloque la planta colgada cerca de un gran ventanal expuesto al norte, con luz directa.

Sustrato: cortezas de pino, turba, esfagno y poliestireno expandido, con un poco de dolomita.

Abono: desde abril hasta septiembre, añada una vez al mes un abono líquido para orquídeas.

Humedad ambiental: mínima del 50 %. Vaporice el follaje sólo cuando haga mucho calor.

Riego: cada tres o cuatro días, durante el período de crecimiento; no más de una vez cada 12 o 15 días, desde noviembre hasta el final de febrero (parada total).

Trasplante: en abril, cada tres o cuatro años.

Exigencias especiales: plante en cestas perforadas, sin lecho de drenaje, para permitir que las flores salgan por debajo.

Tamaño: de 30 a 40 cm de alto.

Multiplicación: por separación de pseudobulbos.

Longevidad: de tres a cinco años, en una galería poco caldeada o una habitación fresca de la casa.

Plagas y enfermedades: arañas rojas.

Especies y variedades: suman unas 30 especies. *Stanhopea wardii,* de flores veraniegas, de color amarillo pálido moteado de rojo, es la más común.

Consejo: evite que se seque el sustrato durante el período de vegetación.

▲ ***Rhynchostylis gigantea:*** **de flores muy perfumadas.**

▲ ***Spathoglottis plicata:*** **de largos tallos muy graciosos.**

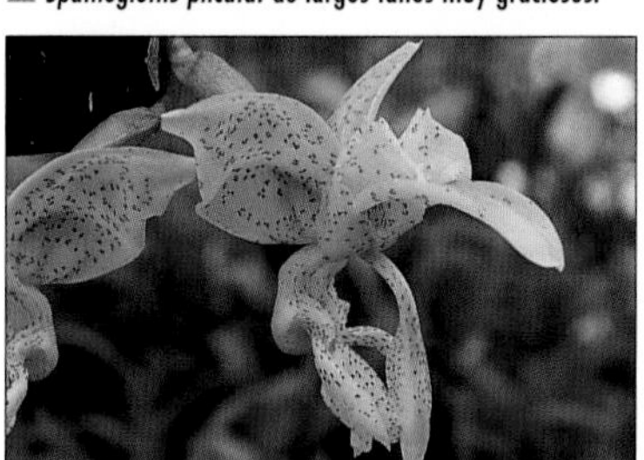

▲ ***Stanhopea costaricensis*** **«Saccata»: una flor extraña.**

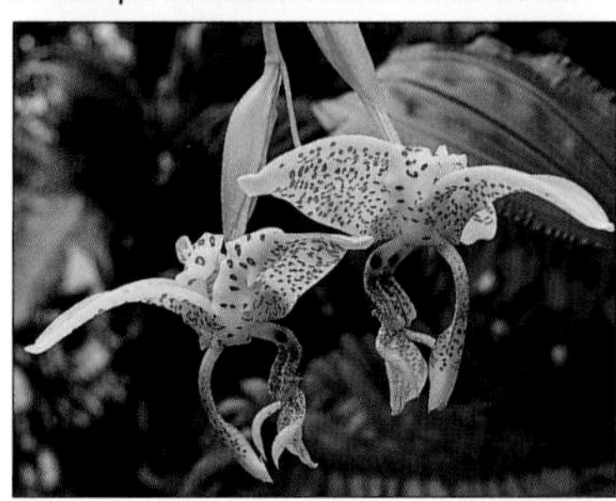

Stanhopea wardii: **debe cultivarse colgada.** ▶

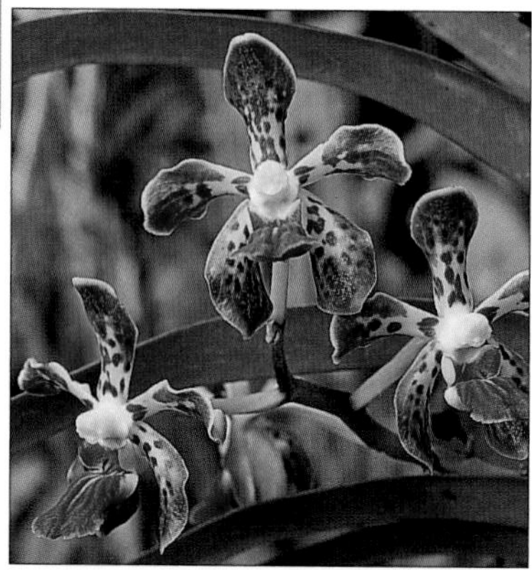

▲ *Vanda* híbrida «May May»: un colorido muy vigoroso.

▲ *Vanda* híbrida «Triboulet». *Vanda teres:* muy florífera. ▼

Vanda spp.
VANDA

25 °C
15 °C

Estas orquídeas monopodiales, cuyo tallo único crece verticalmente, pueden adoptar proporciones impresionantes en la naturaleza. Son epifitas o litofitas.

Origen: Asia tropical, desde India hasta Filipinas y en el norte de Australia.

Hojas: de 15 a 45 cm de largo, según las especies, planas, encintadas o cilíndricas.

Flores: los pétalos y los sépalos se parecen, con coloridos múltiples, con frecuencia moteados o reticulados. Existen variedades azul puro o azul cielo, muy apreciadas por los coleccionistas, ya que se trata de una tonalidad escasa entre las orquídeas.

Luz: pleno sol para las vandas de hojas cilíndricas, que incluso necesitan una iluminación artificial complementaria en invierno. Las especies de hojas planas se conforman con una iluminación tamizada.

Sustrato: cortezas de pino, carbón de leña, trozos de ladrillo y poliestireno expandido. El sustrato debe estar muy ventilado, para lograr una circulación de aire máxima. También pueden engancharse las vandas sobre una plancha de helecho o incluso instalarse sin sustrato, en una simple caja de madera perforada.

Abono: durante el crecimiento, añada cada 15 días un abono líquido para orquídeas.

Humedad ambiental: del 70 al 80 %. Un invernadero es indispensable para el logro de las vandas. Vaporice el follaje al menos dos veces al día.

Riego: cada tres días, en verano. Aproximadamente, una vez por semana durante la parada vegetativa.

Trasplante: cada tres o cuatro años, sólo cuando la planta se desborde de su maceta.

Exigencias especiales: se distinguen dos grupos: las vandas de llanura, que necesitan calor intenso, y la vandas de altura, que aceptan un invernadero templado. Una bajada de la temperatura nocturna es siempre favorable para la floración.

Tamaño: de 20 cm a 2 m, según las especies.

Multiplicación: por separación y trasplante de los hijuelos provistos de raíces que aparecen sobre el tallo o, para profesionales, por esquejado de la parte superior (copa).

Longevidad: desde algunos meses, en casa; hasta cinco o seis años, en un invernadero, si la planta tolera bien los trasplantes, siempre delicados.

Plagas y enfermedades: pulgones y ácaros.

Especies y variedades: de las 30 a 70 especies enumeradas por los botánicos se crearon muchísimos híbridos, entre ellos, formas complejas cruzadas con los géneros *Arachnis, Ascocentrum, Aerides* y *Renanthera. Vanda teres* presenta hasta 20 flores de 10 cm de diámetro; *Vanda coerulea,* de flores azules, ha sido objeto de muchas hibridaciones.

Consejo: deje que se desarrollen las raíces aéreas y vaporícelas con abono foliar.

Vanilla spp.
VAINILLA

24 °C
13 °C

Trepadora que usa sus raíces adventicias como zarcillo para trepar. Las vainas se usan en la gastronomía de todo el mundo.

Origen: México, Antillas, Polinesia.

▼ *Vanda* x «Lamel Yap»: muy intensa.

▼ *Vanda* «Phairot» x «Chantramon Tol».

▼ *Vanda* x *rotschildiana*; espectacular.

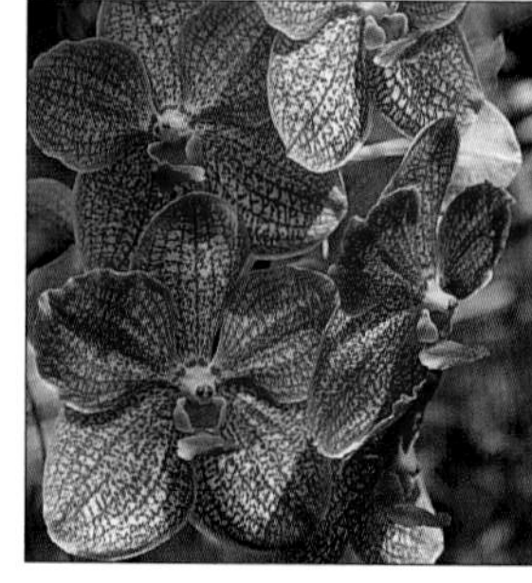

▼ *Vanda tricolor* var. *suavis:* perfumada.

Hojas: de 15 a 20 cm de largo, alargadas, planas, coriáceas, presentes en toda la longitud del tallo monopodial, cilíndrico.

Flores: inflorescencia de 6 a 30 flores, efímeras, aromáticas, de 6 a 8 cm de diámetro, de aspecto ceroso. Tras la fecundación, natural o provocada artificialmente, el pedúnculo de la flor se abulta y se transforma en una cápsula alargada, que llamamos «vaina de vainilla».

Luz: intensa, pero siempre filtrada.

Sustrato: mezcla de cortezas de pino, raíces de polipodio, esfagno y poliestireno expandido, con un poco de turba o de mantillo de hojas.

Abono: desde abril hasta septiembre, añada una vez por semana un abono líquido para orquídeas.

Humedad ambiental: del 70 al 80%. El uso de un humidificador eléctrico es indispensable.

Riego: de una a tres veces por semana, según la temperatura ambiente y la estación.

Trasplante: cada dos o tres años, no más.

Exigencias especiales: deje que la vainilla trepe naturalmente a lo largo de una palmera.

Tamaño: más de 30 m de largo en la naturaleza; de 1,50 a 3 m en una maceta, en invernadero.

Multiplicación: por esquejes de tallo (difícil).

Longevidad: de uno a tres años, en casa; más de 10 años, en invernadero, en una maceta grande.

Plagas y enfermedades: fusariosis y mildiu.

Especies y variedades: entre las 110 especies registradas en todo el mundo, unas 15 producen frutos aromáticos y sólo tres se cultivan con esta finalidad; *Vanilla fragans* o *planifolia,* de flores de color verde y amarillo; *V. pompona,* muy vigorosa, amarilla; y *V. tahitensis,* de grandes flores amarillas.

Consejo: en invernadero, cultive las jóvenes vainillas colgadas. El movimiento de la savia hacia abajo favorece la floración.

Zygopetalum spp.
ZYGOPETALUM

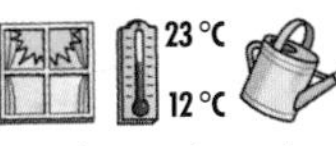

Orquídeas, sobre todo terrestres, de grandes pseudobulbos, cuyo nombre procede de la forma de yugo de los pétalos, apiñados en la base de la columna.

Origen: Brasil, Colombia.

Hojas: de 30 a 50 cm de largo, presentes en grupos de dos, en el extremo de los pseudobulbos. Estrechas, tienen nervios prominentes y duran varios años.

Flores: en invierno, el tallo floral se desarrolla en la base del pseudobulbo del año anterior y presenta un ramo de 5 a 12 flores, de 5 a 8 cm de diámetro, con un delicioso aroma de narciso. Los sépalos y los pétalos son casi iguales, más o menos moteados de rosa.

Luz: tras una ventana al sur, filtrando el sol directo con una cortina traslúcida.

Sustrato: para los zygopetalums terrestres, turba fibrosa triturada, arena, vermiculita y corteza de pino; para los epífitos, corteza de pino, poliestireno expandido y raíces de helechos.

Abono: desde marzo hasta septiembre, añada cada 15 días un abono líquido para orquídeas.

Humedad ambiental: entre el 40 y el 60%, siempre con una buena ventilación. No vaporice demasiado.

Riego: una vez por semana, durante el crecimiento, con agua tibia sin cal.

Trasplante: cada dos años, en verano.

Exigencias especiales: contrariamente a muchas orquídeas, los zygopetalums se cultivan en macetas de gran tamaño.

Tamaño: de 30 a 60 cm de alto, en maceta.

Multiplicación: por división de matas adultas, durante el trasplante. No estropee las raíces.

Longevidad: hasta tres años, en interiores que no sean demasiado caldeados; de tres a siete años, en un invernadero templado.

Plagas y enfermedades: ácaros, con tiempo cálido y seco; pulgones y moscas blancas.

Especies y variedades: entre las 18 especies conocidas, *Zygopetalum mackaii,* púrpura pardusco con rayas verdes, es el más cultivado; *Z. intermedium* se encuentra en el origen de muchos híbridos, entre los cuales citaremos «BG White Stonehurst», de labelo extendido, en forma de abanico púrpura y blanco.

Consejo: no rocíe las hojas, porque podría mancharlas, y cuide de que no quede agua en el hueco de las hojas jóvenes, para evitar que se pudran. Coloque la maceta sobre un lecho de grava, que mantendrá húmeda permanentemente.

Zygopetalum «BG White Stonehurst»: fácil de conseguir. ▶

▲ *Vainilla pompona:* excepcional.

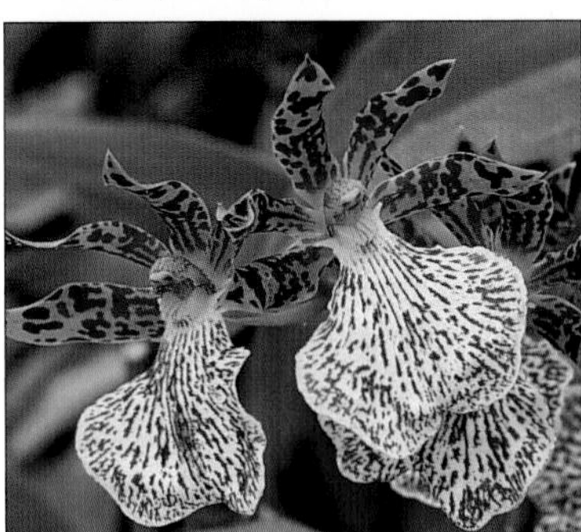

▲ *Zygopetalum intermedium:* floración en contraste.

LAS BROMELIAS

Las bromeliáceas, unas plantas originales por su aspecto, floración y forma de vida, constituyen una familia botánica especial, formada únicamente por plantas de origen tropical. ❀ *Muchas de ellas fueron objeto de selecciones hortícolas largas y complejas, que condujeron a la proliferación de variedades con inflorescencias muy coloreadas y racimos extraños y hechiceros por su forma, textura y gran duración. Estas flores, con una estructura compleja y una estética perfecta, añaden una nota decididamente contemporánea a la decoración de la casa.* ❀ *Pero, como si el Creador celoso le hubiera arrojado algún maleficio para castigarla por tanta belleza, la planta no sobrevive al resplandor de su flor. Debe esperarse que el brote joven aparecido al pie de la roseta se haga a su vez adulto para admirar de nuevo la magia de esta maravillosa floración.* ❀ *Entre los cerca de 50 géneros registrados en la familia de las bromeliáceas, todos, salvo uno, proceden de América. Las excepción que confirma la regla es la* Pitcairnia feliciana, *descubierta por casualidad en Guinea, en 1938.* ❀ *Las bromelias, muy características por su follaje en roseta, que se abre como un embudo para recuperar y almacenar agua, son auténticos depósitos de líquidos, puesto que pueden contener hasta cinco litros en el caso de las especies más grandes, como la puya de los Andes, que alcanza 3 m de altura. Esta particularidad permite a las bromelias vivir bajo condiciones a veces extremas y mostrar una sorprendente resistencia a la sequía. Algunas especies son incluso xerófitas, es decir, crecen directamente sobre las rocas.* ❀ *Pero la inmensa mayoría de las bromelias se encuentran enganchadas a las ramas de los árboles. Se trata de epifitas que se hacen pasar por plantas del aire en la sofocante humedad de las selvas más hostiles.* ❀ *Algunas, como las tilansias, ni siquiera poseen raíces y usan un ingenioso sistema de pelos absorbentes o escamas (las plicas) para saciarse de la vital humedad. Sin embargo, la estrella de la familia es indiscutiblemente la piña americana y su delicioso fruto, del que se devoran cada año millones de toneladas en el mundo, pero que también figura entre las preciosas plantas para el hogar.* ❀

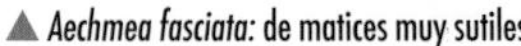

▲ *Aechmea fasciata:* de matices muy sutiles.

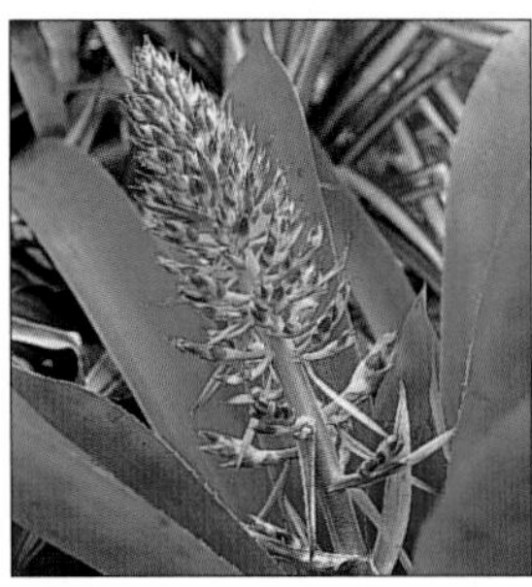

▲ *Aechmea fendleri:* espinosa y vaporosa.

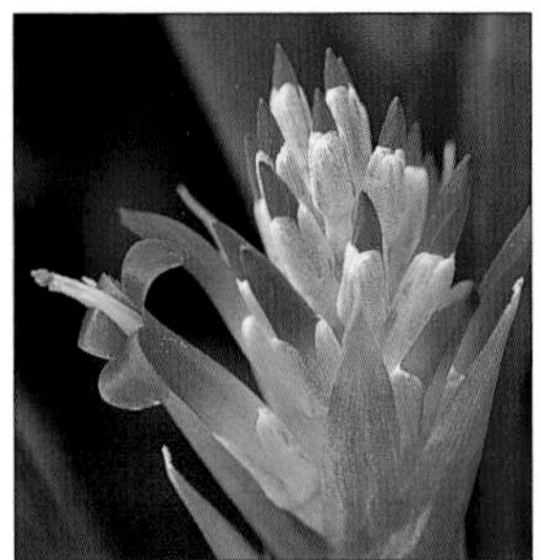

▲ *Aechmea longifolia:* de tonalidades sutiles.

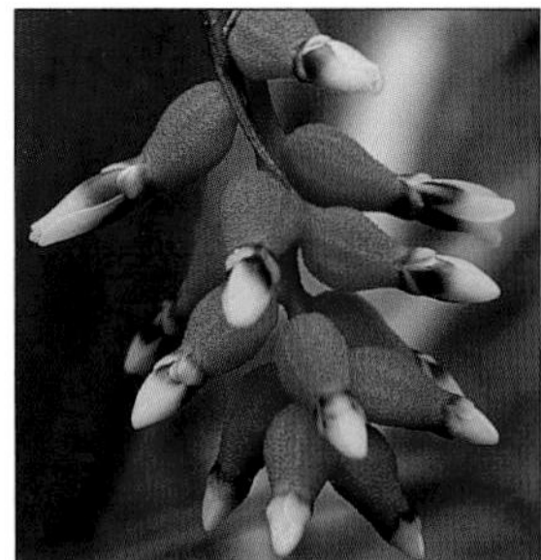

▲ *Aechmea racinae:* racimo colgante.

▲ *Aechmea chantinii:* de 40 cm de largo.

◀ *Aechmea pineliana:* puede alcanzar los 80 cm de alto.

Aechmea spp. AECHMEA

El nombre de estas vivaces epifitas significa «punta de lanza», y evoca la forma puntiaguda de las brácteas (hojas transformadas que rodean a las flores).

Origen: Brasil, México, Antillas.

Hojas: de 40 cm a 1 m de largo, rígidas, bordeadas de dientes puntiagudos, arqueadas y dispuestas en roseta, formando un embudo. Algunas presentan un color gris y son estriadas o moteadas.

Flores: las florecitas tubulares efímeras aparecen sobre una gran inflorescencia, formada por brácteas de diversos colores, que persisten durante algunos meses. Los frutos carnosos, coloreados y duraderos, también son decorativos.

Luz: coloque las aechmeas ante una ventana al sur o al oeste, pero con una cortina traslúcida para tamizar el sol intenso.

Sustrato: mezcla a partes iguales de turba rubia, tierra de brezo y mantillo de hojas.

Abono: desde abril hasta el final de agosto, añada una vez por semana, sobre el sustrato de la maceta, un abono para plantas de flor, diluido a la mitad.

Humedad ambiental: la aechmea tolera bien la atmósfera seca de nuestros interiores. Una rociada del follaje es muy apreciada cuando hay más de 20 °C.

Riego: llene cada mes el interior de la roseta con agua sin cal. Riegue el sustrato una vez por semana, durante la vegetación, y cada 10 o 12 días, desde noviembre hasta marzo.

Trasplante: inútil en el caso de las plantas con flor. En cambio, se cambiará la maceta de los individuos jóvenes una vez al año, en primavera, hasta la floración.

Exigencias especiales: sobre todo evite que se estanque agua bajo la maceta.

Tamaño: hasta 1 m de alto y de ancho.

Multiplicación: separe y plante individualmente los hijuelos que aparecen en la base de la planta, cuando alcancen 20 cm de alto.

Longevidad: algunos meses tras la floración, la planta madre muere. Los hijuelos necesitan entre tres y cinco años para formar una inflorescencia.

Plagas y enfermedades: ennegrecimiento de las hojas en caso de riego excesivo (podredumbre).

Especies y variedades: las 200 especies son en su mayor parte epifitas. *Aechmea fasciata,* de inflorescencia rosa, y *A. fulgens,* roja, son las más cultivadas.

Consejo: reúna varios individuos en un gran macetero, sin cambiarlos de maceta. Rellene con cortezas de pino y musgo y conseguirá una planta en maceta muy espectacular.

Ananas spp. PIÑA AMERICANA

Vivaces de hoja persistente, terrestres, que producen frutos comestibles en forma de conos.

Origen: América del Sur (Brasil).

Hojas: hasta 1 m de largo, aguzadas, de bordes provistos de ganchos acerados de color verde grisáceo o verde, con bordes de color amarillo crema o teñidas de rosa.

Flores: florecitas y grandes brácteas rojizas, que se trasforman en un fruto rojo o rosa.

Luz: la piña aprecia el sol intenso.

Sustrato: mezcla de tres partes iguales de mantillo de hojas, arena y turba rubia, con un buen drenaje.

Abono: desde abril hasta septiembre, añada cada 15 días un abono líquido para plantas de flor, diluido a la mitad de la concentración aconsejada en el envase, o use un abono en bastoncillo.

Humedad ambiental: la piña tolera bien la sequedad de la casa, aunque debe vaporizar el follaje diariamente con tiempo caluroso.

Riego: una vez por semana, empapando bien el cepellón, durante el crecimiento y el período de floración y de fructificación. En invierno, deje que el sustrato se seque entre dos aportes de agua.

Trasplante: en primavera, únicamente las plantas jóvenes que aún no hayan florecido.

Exigencias especiales: evite que el agua se estanque en el interior de la roseta de las hojas, contrariamente a lo recomedando para la mayor parte de las otras especies de bromelias.

Tamaño: 50 cm de alto y de ancho, en maceta.

Multiplicación: por separación de los hijuelos, cuando alcanzan los 20 cm de alto. Esqueje la mata de hojas que corona el fruto, con calor de fondo (25 °C), en una mezcla de turba rubia y arena.

Longevidad: unos tres años.

Plagas y enfermedades: cochinillas, en invierno.

Especies y variedades: existen muchísimos cultivares, pero, para la decoración de la casa, *Ananas bracteatus* «Tricolor», de hojas con bordes amarillos y frutos rosas, y *A. comosus* «Variegatus», parecido, pero de frutos rojos, son los más interesantes.

Consejo: el exceso de humedad daña mucho más las piñas que la sequedad; sea cauto con los riegos.

Billbergia spp.
BILLBERGIA

Planta vivaz rizomatosa, de hoja persistente, epifita o que vive sobre rocas (xerófita). Las billbergias forman rosetas voluminosas, bastante tupidas.

Origen: América tropical.

Hojas: de 30 a 60 cm de largo, estrechas y encintadas, en forma de correas, más o menos rígidas, coloreadas o variegadas, según las especies y las variedades.

Flores: las florecitas tubulares efímeras, azules o violetas, protegidas por grandes brácteas rojas o rosas, se agrupan en una inflorescencia con frecuencia colgante.

Luz: ante una ventana, sin sol directo.

Sustrato: turba rubia, mantillo de hojas y arena.

Abono: desde abril hasta septiembre, añada una vez por semana un abono líquido para orquídeas.

Humedad ambiental: del 60 al 70 %. Vaporice diariamente con agua sin cal.

Riego: cada 10 o 12 días, en función de la temperatura ambiente. Cuidado con el agua estancada.

Trasplante: en primavera, cuando la mata se haga demasiado voluminosa o se encuentre apretada en la maceta.

Exigencias especiales: deje que la billbergia forme una mata, florecerá mucho mejor.

Tamaño: de 30 cm a 1 m, en todas las direcciones.

Multiplicación: por separación de hijuelos.

Longevidad: hasta cinco años.

Plagas y enfermedades: cochinillas y pulgones.

Especies y variedades: entre las 60 especies conocidas, la más cultivada es *Billbergia nutans*, de floración colgante.

Consejo: su billbergia apreciará que la saque al aire libre, en semisombra, durante todo el verano.

▲ *Ananas bracteatus* «Tricolor»: una pequeña joya coloreada.

▲ *Ananas* «Pernambuco»: un bello y sabroso fruto.

Billbergia nutans «Windii»: una mata muy frondosa. ▶

▲ *Cryptanthus bivittatus* var. *minor*: un porte muy extendido.

▲ *Cryptanthus zonatus* «Zebrinus»: de hojas atigradas.

Cryptanthus spp. CRYPTANTHUS

25 °C
18 °C

Planta vivaz terrestre enana, tapizante, de hoja persistente. Su nombre significa que las flores están ocultas en el interior de la roseta de las hojas. Crece en las selvas menos húmedas, hasta 1 600 m de altura.

Origen: este de Brasil.

Hojas: de 15 a 30 cm de largo, coriáceas, de borde ondulado, que forman una roseta espinosa. Resultan muy decorativas por sus diseños y colores.

Flores: florecitas solitarias, por lo general blancas e insignificantes, aparecen en verano.

Luz: coloque los cryptanthus ante una ventana, protegidos del sol directo de mediodía. También toleran una posición de semisombra.

Sustrato: una mezcla bien drenada y a partes iguales de turba, mantillo de hojas, arena y mantillo de cortezas.

Abono: desde marzo hasta septiembre, añada cada 15 días un abono líquido para orquídeas.

Humedad ambiental: al menos del 60 %. Vaporice la planta diariamente, para garantizar una humedad suficiente. Si las hojas se abarquillan, ello indica que la atmósfera está demasiado seca.

Riego: dos veces por semana, en verano; una sola vez, el resto del año, con agua sin cal.

Trasplante: inútil, ya que las raíces no se desarrollan mucho y el crecimiento es lento.

Exigencias especiales: los cryptanthus no son epifitos, como muchas bromelias, sino que necesitan una auténtica mezcla terrosa.

Tamaño: de 10 a 30 cm de envergadura.

Multiplicación: separe y trasplante en una maceta ancha los numerosos hijuelos producidos por la planta.

Longevidad: la planta muere tras la floración. Un hijuelo crece unos tres o cuatro años antes de florecer.

Plagas y enfermedades: cochinillas en las raíces, arañas rojas y moscas blancas.

Especies y variedades: existen unas 20 especies difíciles de distinguir. Se obtuvieron muchos híbridos: «Pink Starlight», con rayas en diferentes matices de rosa, que se parece mucho a *Cryptanthus bivittatus* var. *minor*; y *C. zonatus* «Zebrinus», con rayas irregulares y transversales muy acentuadas.

Consejo: cultive los cryptanthus en un tarro, una botella o un terrario, donde encontrarán las condiciones de humedad que les agradan.

Guzmania spp. GUZMANIA

24 °C
15 °C

Planta vivaz epifita, de hoja persistente, que forma una roseta, en cuyo interior se yergue una inflorescencia acompañada de brácteas muy coloreadas.

Origen: América del Sur y América Central.

Hojas: de 40 a 70 cm de largo, estrechas, lisas o rayadas, se imbrican las unas en las otras, formando la roseta típica de las bromelias.

Flores: las flores, insignificantes y efímeras, van acompañadas de espectaculares brácteas coloreadas, que forman una inflorescencia sorprendente.

Luz: coloque la guzmania ante una ventana, protegiéndola del sol directo mediante una cortina. La luz demasiado intensa empaña el color de las brácteas.

Sustrato: turba, arena y mantillo de hojas.

Abono: todo el año, añada cada dos o tres semanas un abono líquido para orquídeas.

◀ Las guzmanias híbridas permanecen en flor varios meses.

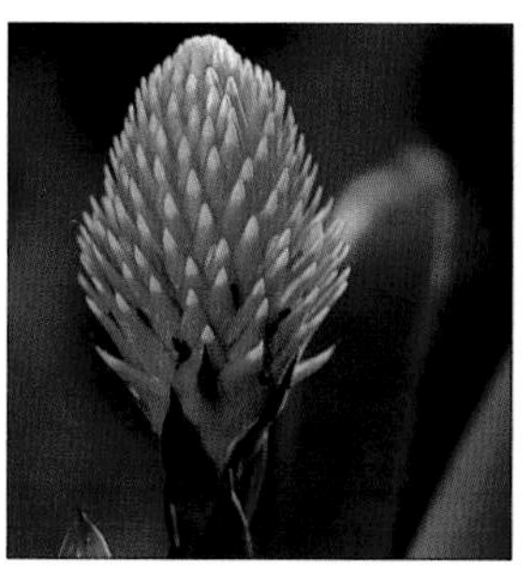
▲ *Guzmania conifera:* una espiga muy tupida.

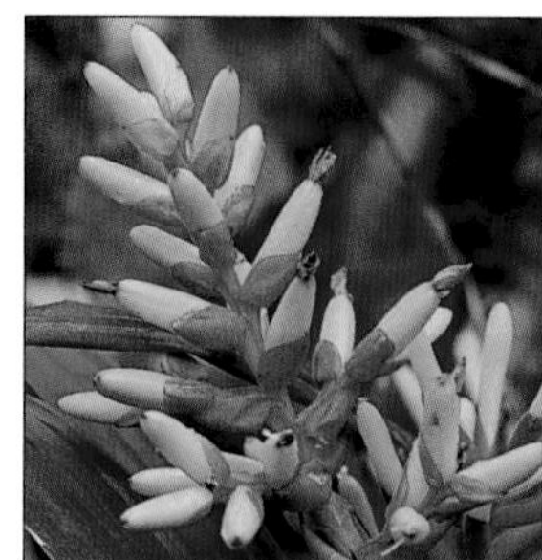
▲ *Guzmania scherzerianum:* muy brillante.

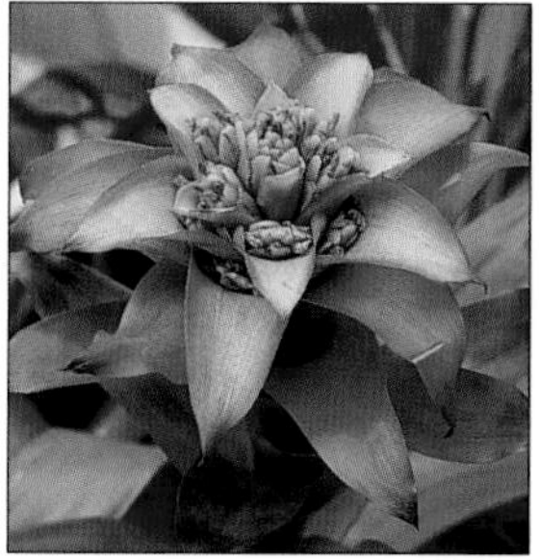
▲ *Guzmania* x «Tutti frutti»: muy matizada.

▲ *Guzmania musaica:* huevos de oro.

Humedad ambiental: mínima del 50 al 60 %. Vaporice todos los días, si hace calor.

Riego: mantenga siempre una pequeña reserva de agua sin cal en el interior de la roseta, y añada en primavera y en verano un riego una vez por semana sobre la mezcla terrosa.

Trasplante: únicamente en el caso de los plantones jóvenes repicados, en primavera, si se encuentran muy apretados.

Exigencias especiales: vacíe el agua que contiene la roseta si la temperatura es inferior a 18 °C.

Tamaño: hasta 75 cm de alto y 60 cm de ancho, con una media de 40 cm.

Multiplicación: por separación y trasplante de los hijuelos que aparecen en la base de la roseta. También puede realizarse un semillero en caliente.

Longevidad: calcule tres años antes de la floración; luego, la planta muere unos seis meses después.

Plagas y enfermedades: limacos y caracoles.

Especies y variedades: se registran 120 especies y cientos de híbridos, sobre todo *Guzmania lingulata,* de hojas tiernas de color verde claro. Tallo floral con brácteas rojas, amarillas, naranjas o blancas. Las otras formas son más bien plantas de colección.

Consejo: evite sobre todo las corrientes de aire.

Neoregelia
NEOREGELIA

Planta vivaz con rizoma, epífita o terrestre, en la que la base de las hojas enrojece tras la floración.

Origen: América del Sur, en las selvas tropicales, hasta 1 600 m de altura.

Hojas: de 30 a 70 cm de largo, encintadas, coriáceas, verdes o bicolores, forman una roseta en forma de embudo o una estrella bien extendida.

Flores: una inflorescencia corta, más bien plana, aparece en el centro de la roseta, acompañada de brácteas coloreadas. Las flores sólo duran una noche.

Luz: coloque la neoregelia ante una ventana orientada al sur, a pleno sol, y protéjala de los rayos más intensos del verano.

Sustrato: turba, mantillo fibroso y arena.

Abono: todo el año, añada cada 15 días un abono líquido para orquídeas.

Humedad ambiental: mínima del 60 %. Vaporice diariamente la planta con tiempo caluroso.

Riego: dos veces por semana, en verano; cada seis u ocho días, el resto del año. Llene de agua tibia el embudo que forma la roseta de las hojas.

Trasplante: sólo los hijuelos de la planta madre, tras la floración de esta última.

Exigencias especiales: elimine el polvo del follaje con una esponja. No use abrillantador.

Tamaño: de 60 cm a 1,50 m de ancho.

Multiplicación: separe y plante los hijuelos que emergen en torno a la planta madre.

Longevidad: de dos a tres años, antes de la floración.

Plagas y enfermedades: cuidado con la podredumbre, peligrosa si la temperatura es demasiado fresca.

Especies y variedades: entre las 70 especies, la más cultivada es *Neoregelia carolinae,* que ha dado muchos híbridos, como «Tricolor», de hojas coloreadas. Las otras son plantas de colección.

Consejo: las neoregelias causan más efecto cuando son vistas por la parte superior.

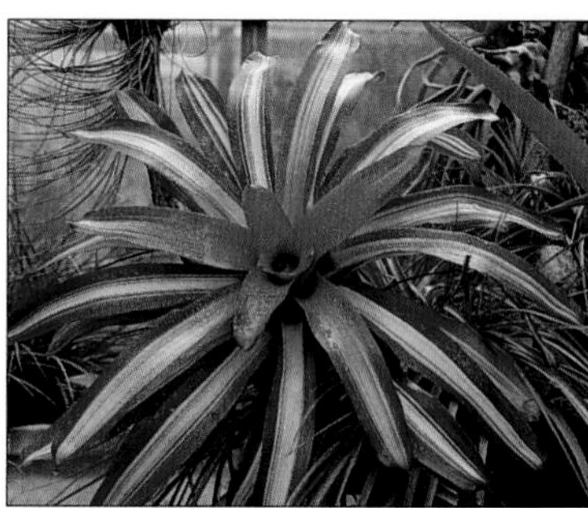
▲ *Neoregelia carolinae* «Tricolor»: un decorado permanente.

▲ *Neoregelia concéntrica:* alcanza los 90 cm de diámetro.

Neoregelia spectabilis: un rosetón espinoso. ▶

▲ *Nidularium fulgens* híbrido: de brácteas muy vivaces.

▲ *Nidularium lindenii* var. *viride:* una planta de colección.

◀ *Nidularium scheremetiewii* «Regel»: de colores muy sutiles.

Nidularium spp.
NIDULARIUM

24 °C
12 °C

Planta vivaz de hoja persistente, epifita, que forma una roseta muy extendida. Este género, muy próximo a las *Neoregelia*, con las que a veces se le relaciona, difiere de éstas por su inflorescencia, que emerge del centro de la roseta.

Origen: selvas pluviales de Brasil y de la cuenca amazónica, hasta 2 000 m de altura.

Hojas: de 20 a 60 cm de largo, coriáceas, lustrosas, de bordes dentados, a veces rayadas o moteadas.

Flores: una espiga de florecitas rojas o blancas, realzada por brácteas coloreadas.

Luz: intensa, aunque sin sol directo.

Sustrato: turba fibrosa, arena gruesa, mantillo de hojas y cortezas compostadas, en una mezcla equilibrada.

Abono: todo el año, vaporice una vez por semana con un abono foliar.

Humedad ambiental: del 60 al 70 %. Vaporice.

Riego: deje permanentemente agua sin cal en el centro de la roseta. Moje abundantemente el sustrato una vez por semana, durante todo el año.

Trasplante: las plantas jóvenes, cada dos años.

Exigencias especiales: la luz debe ser bastante intensa, si no, las hojas rayadas o coloreadas de algunas variedades verdean. Aleje las plantas de las fuentes de calefacción, ya que las resecan.

Tamaño: de 40 a 120 cm de diámetro.

Multiplicación: separe los hijuelos de la planta madre cuando alcancen 15 cm de diámetro. Florecerán, a su vez, al cabo de dos o tres años de cultivo. El semillero queda reservado a los profesionales.

Longevidad: tres o cuatro años; luego, la planta muere algunos meses después de la floración.

Plagas y enfermedades: si se expone la planta durante mucho tiempo a una temperatura inferior a 18 °C, se riega con agua de ciudad o se planta en un sustrato demasiado calizo, existe el riesgo de podredumbre. La punta de las hojas se seca si la atmósfera es demasiado seca.

Especies y variedades: entre las 25 especies conocidas, se cultivan muy pocas para interiores. *Nidularium fulgens* y sus híbridos, con un ramo de brácteas con diversos matices de rojo, es el más común; *N. regelioides, N. scheremetiewii* y *N. lindenii* son plantas de colección bastante raras, al igual que *N. procerum* var. *kermesianum,* de brácteas rojas con matices amarillos; *N. billbergioides* se parece un poco a una guzmania, con su tallo floral amarillo, muy visible por encima de las hojas.

Consejo: los nidularium toleran muy poco la sequedad ambiental de nuestros interiores. Conseguirá buenos resultados instalando la maceta en un macetero lleno de esfagno, que mantendrá constantemente húmedo. La compra de un humidificador eléctrico es muy adecuada.

Tillandsia spp.
TILANSIA, PLANTA DEL AIRE

25 °C
7 °C

Planta vivaz de hoja persistente, cuyas especies de hojas grises, epifitas, no necesitan sustrato y suelen encontrarse fijadas sobre una piedra, un trozo de madera o una corteza. Las tilansias de hojas verdes o parcialmente escamosas son terrestres y perfectas para el cultivo en maceta o para decorar una botella o un terrario.

▲ *Tillandsia andreana:* muy erizada.

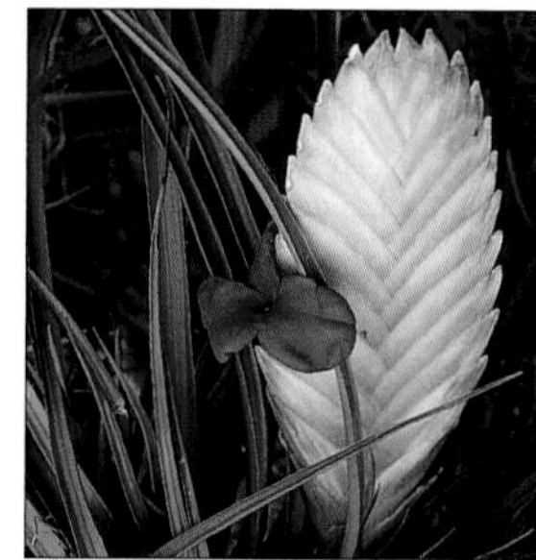

▲ *Tillandsia cyanea:* la más común.

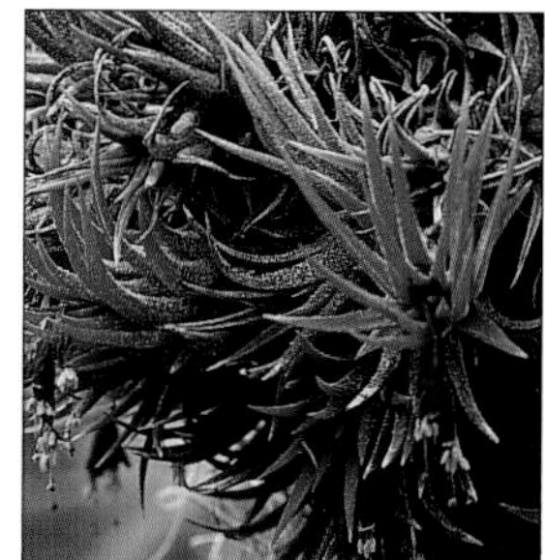

▲ *Tillandsia ionantha:* para colgar.

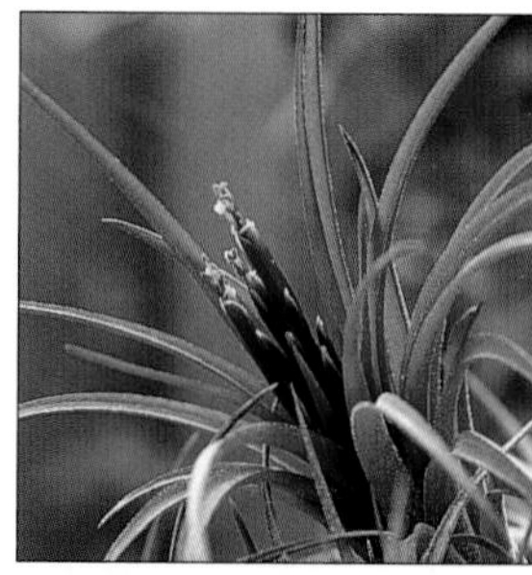

▲ *Tillandsia* x «Victoriae»: muy aérea.

Origen: América tropical y subtropical.

Hojas: muy variables de una especie a la otra. Estrechas y muy aguzadas, de 3 a 12 mm de ancho por 5 a 25 cm de largo, las hojas grises están cubiertas de escamas. Las hojas finas, parcialmente escamosas, de 20 a 40 cm de largo, son estrechas, lineales, semierguidas, de color verde muy oscuro. Las hojas lisas, planas, sin espinas, son muy coloreadas y de gran longevidad.

Flores: flores tubulares se agrupan en una espiga aplanada sostenida por un tallo corto. En algunas tilansias, la inflorescencia va acompañada de brácteas muy coloreadas de una gran longevidad.

Luz: intensa, aunque sin sol directo.

Sustrato: arena, turba fibrosa, mantillo de hojas y cortezas para las tilansias verdes. Cuelgue las otras sobre un soporte, sin sustrato alguno.

Abono: desde mayo hasta septiembre, vaporice cada 15 días con un abono foliar.

Humedad ambiental: al menos del 60 %, en cuanto la temperatura llegue a los 15 °C:

Riego: inútil en el caso de las formas epifitas, aunque se debe vaporizar una vez por semana en el caso de las tilansias cultivadas en maceta. Si la temperatura es baja en invierno, conserve casi en seco.

Trasplante: inútil, en el caso de las tilansias de hojas grises; cada dos o tres años, las otras.

Exigencias especiales: un período de parada vegetativa al fresco, durante el invierno, resulta muy benéfico.

Tamaño: 20 a 60 cm de largo.

Multiplicación: separe los hijuelos cuando alcancen 7 a 8 cm de largo.

Longevidad: de tres a cinco años, hasta que, una vez terminada su floración, la planta se marchita y muere.

Plagas y enfermedades: a veces, cochinillas.

Especies y variedades: con más de 400 especies, se trata del género más rico de la familia de las bromeliáceas. *Tillandsia cyanea* y *T. lindenii*, de flores azules, son las que se venden con mayor frecuencia en tiesto; *T. usneoides* es la más sorprendente, con su embrollo de tallos plateados que crecen sin sustrato, y *T. dyeriana* es una planta de reciente lanzamiento, muy elegante, que presenta inflorescencias muy coloreadas sobre pecíolos gráciles.

Consejo: asegúrese de que las tilansias que compra han sido efectivamente multiplicadas por horticultores, puesto que es bien sabido que muchas especies, sobre todo epifitas, se encuentran amenazadas en su hábitat natural.

▲ *Tillandsia usneoides:* sorprendente.

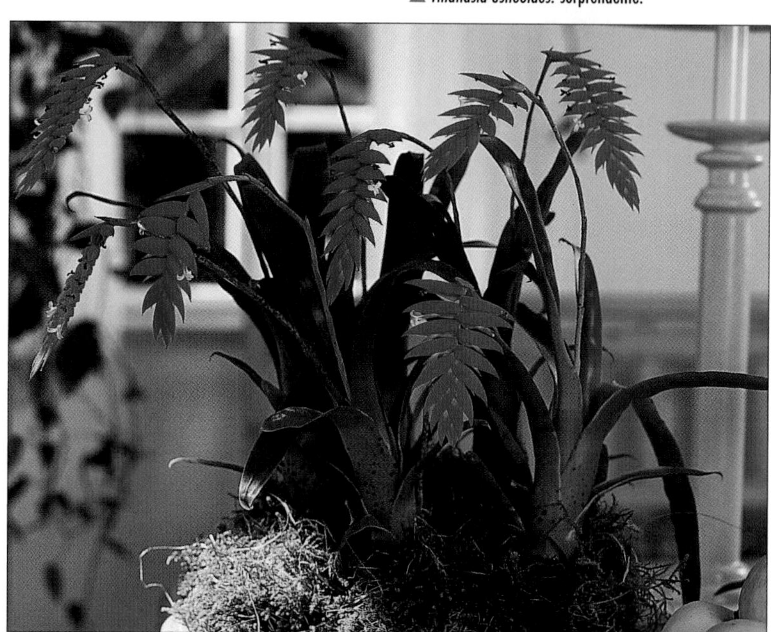

Tillandsia dyeriana: una especie graciosa y original. ▶

▲ *Vriesea zamorensis:* un tallo floral de gran finura.

▲ *Vriesea gigantea* puede alcanzar los 2 m, con flor.

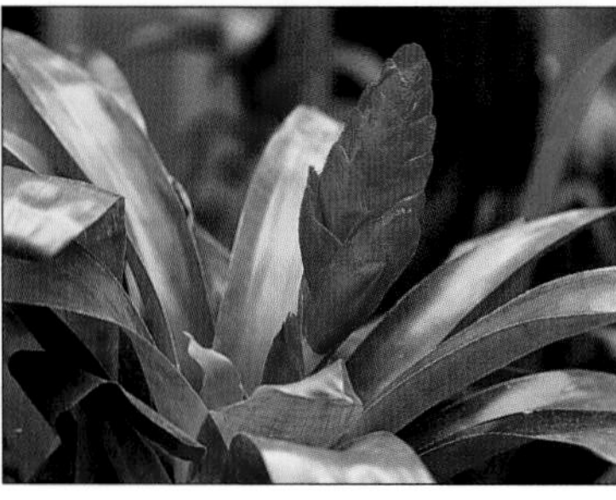

◀ *Vriesea* x: una bella espiga de color rojo brillante.

Vriesea spp.
VRIESEA

Estas plantas vivaces de hoja persistente, principalmente epifitas, son bastante próximas a las *Tillandsia,* pero sus hojas son por lo general más anchas y menos coriáceas. Las *Vriesea* siempre forman rosetas de hojas planas, alargadas, rígidas, sin espinas, en medio de las cuales emerge un tallo alto coronado por una espiga floral. Con su silueta esbelta y sus estéticas inflorescencias, las vrieseas se integran especialmente bien en un interior moderno.

Origen: México, Antillas, Brasil, Venezuela, Guyana, Perú, Colombia, Ecuador, en las zonas rocosas y las selvas, hasta 2 500 m de altura.

Hojas: de 20 a 80 cm de largo, lineales, coriáceas, dobladas por la parte superior, forman una roseta tupida con un embudo central. Según las especies y los cultivares, las hojas aparecen lisas, rayadas, moteadas o jaspeadas.

Flores: la inflorescencia es una espiga, lisa o multicolor, simple o ramificada, compuesta de florecitas diminutas, amarillas o blanquecinas, rodeadas de brácteas rojas o amarillas. Las flores se marchitan muy rápido, pero las brácteas duran varios meses, lo que garantiza el aspecto decorativo de esta bella planta.

Luz: instale la vriesea ante una ventana muy luminosa, pero protegiéndola del sol directo, desde mayo hasta agosto, con una cortina translúcida. En la naturaleza, la mayor parte de las vrieseas medran bajo una luz atenuada por la frondosidad de los árboles.

Sustrato: prepare una mezcla compuesta de dos partes de turba de esfagnos, aún fibrosa, de una parte de mantillo de hojas y de otra parte de arena. Para que drene bien, vierta grava o bolas de arcilla en el fondo de la maceta y sepárelas de la mezcla terrosa con un trozo de fieltro de jardinería.

Abono: desde abril hasta octubre, vaporice con un abono foliar, una vez por semana. En el caso de las plantas jóvenes que todavía no han florecido, refuerce la fertilización con un aporte mensual de abono líquido para orquídeas. También puede verter en el embudo, formado por la roseta de hojas, una solución nutritiva muy diluida (un tapón de abono para plantas de flor por 10 litros de agua). Las hojas de las vrieseas están provistas de células capaces de asimilar las materias orgánicas contenidas en el receptáculo central, lo que añade a la planta complementos necesarios para su crecimiento. Las raíces tienen más bien una función de fijación de la planta.

Humedad ambiental: mínima del 60 al 70%. En cuanto la temperatura supere los 18 °C, vaporice la planta todos los días con agua blanda en vaporización fina, evitando mojar la inflorescencia. También puede aumentar la humedad colocando la maceta sobre un platillo lleno de arena, grava o bolas de arcilla, que conservará húmedas permanentemente. Cuide de que la base de la maceta no quede sumergida directamente en el agua.

Riego: llene la roseta de agua sin cal, a temperatura ambiente, excepto en invierno, período en el que la planta debe mantenerse casi en seco. Durante la etapa de crecimiento, riegue cada tres días, con agua blanda sin cal.

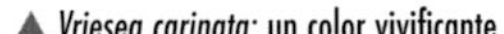

▲ *Vriesea carinata:* un color vivificante.

▲ *Vriesea* x *mariae:* a la izquierda, la flor.

▲ *Vriesea* x: muy graciosa.

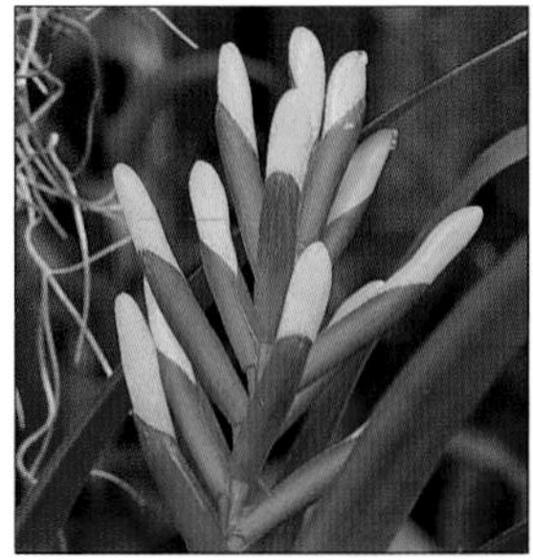

▲ *Vriesea* x «Tiffany»: dedos de oro.

Trasplante: dos años después de haber separado los hijuelos, trasplante las plantas jóvenes a una mezcla de mantillo de hojas, turba de esfagnos y ladrillo triturado. Si lo desea, puede ayudar a los hijuelos a enraizar antes de cortarlos. Para ello, debe rodear su base de musgo (esfagno), que mantendrá húmedo, o cúbralos con un montoncito de turba. No olvide conservar estos cultivos jóvenes en caliente, a la sombra y en una atmósfera muy húmeda.

Exigencias especiales: hay que esperar de media cuatro o cinco años, es decir, más tiempo que en el caso de las otras bromelias, para que los hijuelos trasplantados florezcan.

Tamaño: de 30 cm a 1 m de alto y de ancho de media, aunque *Vriesea imperialis,* la gigante del género, alcanza de 3 a 5 m de alto.

Multiplicación: separe los hijuelos que aparecen al pie de la planta madre en cuanto alcancen la tercera parte de la altura de la planta adulta. A continuación, plántelos en una mezcla que contenga dos veces más de arena que el sustrato en el que se encuentran las plantas adultas. También pueden multiplicarse las vrieseas mediante semillero, aunque es bastante difícil que las semillas alcancen la madurez esperada bajo las condiciones normales de nuestros interiores. Las semillas aladas se esparcen por la superficie de una mezcla muy ligera de fibras de helechos, arena y esfagno. La germinación necesita tres semanas en un miniinvernadero a 25 °C. Tras tres o cuatro meses, cuando las plántulas presentan dos o tres hojas, repíquelas en una bandeja y, un año después, en cubiletes individuales.

Longevidad: tras la floración, la roseta de hojas sobrevive un año o dos. Los hijuelos deben repicarse obligatoriamente para continuar el ciclo.

Plagas y enfermedades: la desecación y el ennegrecimiento de la punta de las hojas indican una atmósfera demasiado seca. Puede cortar limpiamente los extremos secos. Cuide en lo sucesivo de mantener una humedad ambiental correcta. La podredumbre de la planta es consecuencia de una temperatura demasiado baja. Pueden presentarse cochinillas, aunque son poco frecuentes. Trate obligatoriamente su planta con un insecticida en aerosol, respetando una distancia de pulverización mínima de 50 cm, para no quemar las hojas.

Especies y variedades: el género *Vriesea* cuenta con 250 especies. *Vriesea splendens,* de hojas rayadas transversalmente, presenta una gran espiga plana, de un color rojo subido. Es la más común. Los horticultores han producido muchos híbridos, los cuales son de cultivo menos delicado que las especies botánicas. Algunos presentan espigas multicolores más o menos ramificadas. *V. hieroglyphica,* de hojas de color verde pálido con rayas trasversales, es una de las especies más bellas.

Consejo: puede inspirarse en la naturaleza e instalar las vrieseas sobre un viejo tronco ramificado. Saque de la maceta cada planta, rodee sus raíces de musgo y sujétela mediante un hilo plastificado, rafia sintética o con una cinta de plástico perforada. Pulverice el conjunto diariamente y vierta un poco de agua en la roseta. Para favorecer la floración de todas las bromelias, puede colocar la planta adulta en un miniinvernadero o bajo una bolsa de plástico hermética, con dos o tres manzanas cortadas en trozos. Al descomponerse, la manzana desprenderá etileno, una sustancia que estimula la floración.

▲ *Vriesea ospinea:* una rareza resplandeciente.

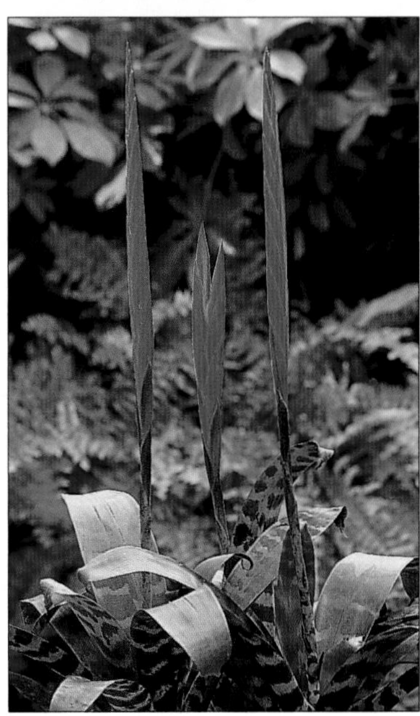

Vriesea splendens: la más comúnmente cultivada. ▶

LAS PLANTAS CARNÍVORAS

Por más que se haya destruido hace tiempo el mito de la planta asesina y se haya devuelto a sus justas proporciones, aún persiste con tenacidad. ✻ Las plantas carnívoras encarnan perfectamente el misterio y la extrañeza que suscita la naturaleza silvestre. ✻ Subyugan por su ingenio, su perfecta adaptación a un medio hostil y no en menor medida por su belleza. En honor a la verdad, es mejor hablar de plantas insectívoras que de carnívoras. La idea recuperada en ocasiones por ciertas publicaciones sensacionalistas, que asegura que estas plantas se nutren de trozos de carne fresca es tan falaz como estúpida. Las plantas insectívoras no son los monstruos sedientos de sangre que imaginaron los autores de ciencia ficción. ✻ No obstante, si nos encontráramos en un escenario similar al de «Querido, he encogido al jardinero» y, debido a la fantasía de un sabio loco, nos halláramos de pronto reducidos al tamaño de un moscardón, el problema sería muy diferente. ✻ La trampa para lobos que constituye la hoja mandíbula de la atrapamoscas, el pozo mazmorra del nepenthes o de la sarracenia y la liga de los tentáculos de la drosera serían otras tantas amenazas reales y de una eficacia poco frecuente. Si un buen día algunas plantas se pusieron a «comer», o más bien a «digerir», insectos, fue nada menos que para sobrevivir en un entorno hostil donde el suelo es tan pobre o tan ácido que impedía que asimilasen sus elementos nutritivos por la vía normal de las raíces. ✻ Al no encontrar con qué satisfacer sus necesidades en sales minerales y en oligoelementos, estas plantas evolucionaron hasta ser capaces de extraer lo necesario de la materia orgánica. Fue así como llegaron a colocar trampas para seres vivos, las cuales les garantizan el complemento nutritivo indispensable. ✻

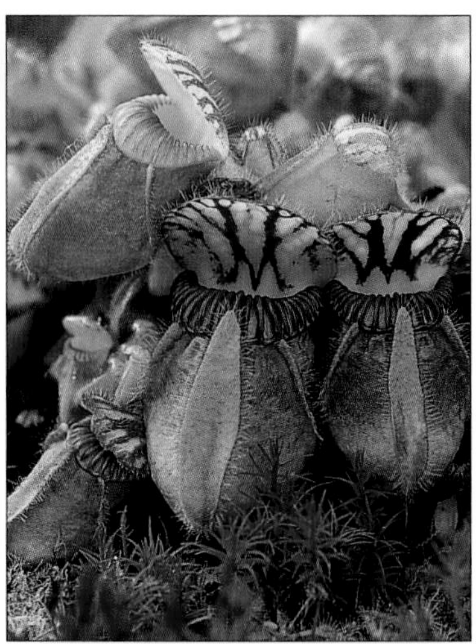

▲ *Cephalotus follicularis:* urnas cortas y coloreadas.

▲ *Darlingtonia californica:* parecida a una cobra.

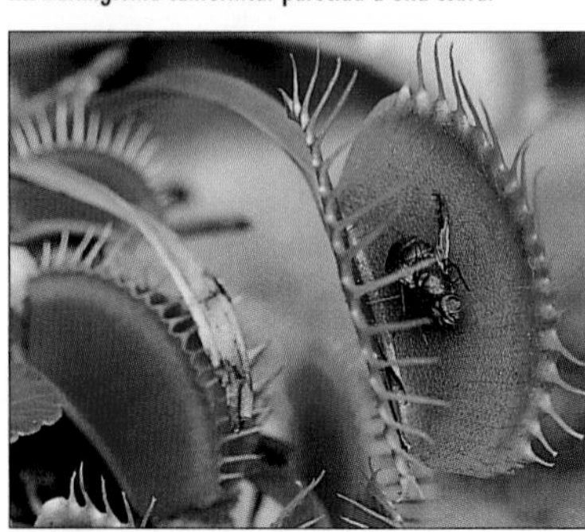

◀ *Dionaea muscipula:* una trampa muy temible.

Cephalotus follicularis CEPHALOTUS

 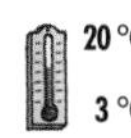 

20 °C
3 °C

Planta vivaz herbácea, que forma urnas abultadas, coronadas por una pequeña cubierta inmóvil.

Origen: ciénagas del sudoeste de Australia.

Hojas: perennes, ovaladas, planas en primavera; evolucionan a una forma de urna, que constituye una trampa pasiva que contiene un líquido capaz de atraer a insectos.

Flores: de 3 a 5 mm de largo, blancas, en ramos de unas 100, que se abren en verano, en el extremo de un pedúnculo de 50 a 60 cm de alto.

Luz: máxima, para conseguir una bella coloración de las urnas, aunque debe evitar el sol demasiado intenso.

Sustrato: esfagno, turba fibrosa y arena.

Abono: no fertilice.

Humedad ambiental: al menos del 70 %.

Riego: cada dos o tres días, con agua de lluvia, de mayo a septiembre. Cada cinco o seis días el resto del año.

Trasplante: en primavera, cuando las jóvenes no alcanzan el tamaño de las antiguas.

Exigencias especiales: mantenga la planta en reposo, a 3 o 4 °C, durante un mes, en invierno, y deje que se seque ligeramente el sustrato por la superficie.

Tamaño: de 5 a 8 cm de alto.

Multiplicación: mediante semillero, en atmósfera controlada, a 18 °C, en primavera, o por separación de brotes secundarios.

Longevidad: algunos meses, en casa; de dos a cinco años, en un terrario o un invernadero templado.

Plagas y enfermedades: pulgones y *Botrytis.*

Especies y variedades: *Cephalotus follicularis,* única especie del género, es muy poco común.

Consejo: use una maceta ancha y poco honda.

Darlingtonia californica DARLINGTONIA

20 °C
3 °C

Planta vivaz, cuyas trampas en forma de urnas encorvadas recuerdan a una cabeza de cobra.

Origen: Oregon, California.

Hojas: tubulares, de color verde, encorvadas, con un opérculo bífido, como una lengua de serpiente.

Flores: solitarias, desde mayo hasta julio, en forma de campanillas, colgantes, de sépalos verdes y pétalos pardos.

Luz: semisombra, nunca sol directo.

Sustrato: turba rubia pura o esfagno vivo.

Abono: no fertilice.

Humedad ambiental: más del 70 %.

Riego: vaporice a diario agua de lluvia sobre la planta y el sustrato.

Trasplante: en primavera, solamente si la planta comienza a desbordarse de su maceta.

Exigencias especiales: la darlingtonia tolera con dificultades el calor en verano, póngala en una zona de sombra. Respete en invierno un período de reposo entre los 5 y 10 °C, regando solamente cada cinco o siete días.

Tamaño: de 40 cm a 1 m, según las especies.

Multiplicación: mediante semillero, en primavera, en turba húmeda, sin enterrar las semillas. Por división.

Longevidad: algunos meses, en casa; de dos a cinco años, en un terrario, en invernadero frío.

Plagas y enfermedades: cochinillas y oídio.

Especies y variedades: *Darlingtonia californica* es la única especie del género.

Consejo: como planta de ciénaga, la darlingtonia puede plantarse cerca de un estanque y permanecer durante el invierno en el jardín.

Dionaea muscipula DIONAEA, ATRAPAMOSCAS

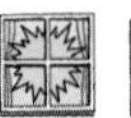  

20 °C
5 °C

Planta vivaz, cuyas hojas trampa se cierran sobre su presa y la aplastan lentamente, antes de digerirla.

Origen: Carolina, Nueva Jersey, Virginia (EE UU).

Hojas: de 3 a 8 cm de largo, perennes, en forma de mandíbula, rojizas en verano.

Flores: entre mayo y junio, de 1 a 15 flores blancas, de 1 cm de diámetro, presentes en el ápice de un tallo.

Luz: sol directo, no muy intenso.

Sustrato: turba rubia, esfagno y arena.

Abono: no fertilice.

Humedad ambiental: al menos del 50 %.

Riego: sumerja la maceta en un platillo lleno de agua de lluvia cada tres días. No más de una vez por semana, en invierno.
Trasplante: cada dos años, en abril.
Exigencias especiales: como la dionaea forma pseudobulbos subterráneos, puede desaparecer completamente en invierno y, luego, rebrotar en primavera.
Tamaño: de 10 a 25 cm de alto y de ancho.
Multiplicación: mediante semillero, a 15 °C, en primavera. Por esquejes de hojas o de escamas del pseudobulbo, en junio, en miniinvernadero, en atmósfera controlada.
Longevidad: de uno a tres años, en casa.
Plagas y enfermedades: pulgones.
Especies y variedades: *Dionaea muscipula* es la única especie del género, una planta bastante común.
Consejo: riegue la dionaea por inmersión de la maceta, para evitar mojar las hojas.

Drosera spp.
DROSERA

20 °C
2 °C

Planta vivaz, cuyas hojas atrapan a los insectos con una sustancia pegajosa y luego se enrollan sobre sus presas para digerirlas.
Origen: cosmopolita.
Hojas: de 1 a 6 cm de largo, planas, redondas o filiformes, de color verde o rosa, provistas de pelos pegajosos.
Flores: de 1 cm de diámetro, con cinco pétalos, aparecen en primavera y al final del verano, solitarias o en ramos, blancas, rosas o malvas.
Luz: intensa, aunque sin sol directo.
Sustrato: turba rubia, vermiculita y arena.
Abono: no fertilice.
Humedad ambiental: del 60 al 90 %.
Riego: deje en remojo la base de la maceta en agua de lluvia desde mayo hasta septiembre. Mantenga el sustrato apenas húmedo el resto del año.
Trasplante: en primavera, a una maceta ancha.
Exigencias especiales: evite mojar el follaje durante los riegos. No vaporice.
Tamaño: de 1 cm a 1,50 m de largo, en el caso de algunas especies poco frecuentes, que forman una especie de liana.
Multiplicación: mediante semillero, a 15 °C, en primavera, o por esquejes de hojas o separación de hijuelos.
Longevidad: de uno a tres años, en maceta, en casa.
Plagas y enfermedades: pulgones y *Botrytis.*
Especies y variedades: existen más de 100 especies y muchos híbridos. *Drosera capensis,* de largas hojas, es la más fácil de encontrar.
Consejo: mantenga la temperatura y el riego constantes, la drosera no hiberna.

Heliamphora ssp.
HELIAMPHORA

24 °C
15 °C

Planta vivaz que captura a los insectos en cornetas de paredes resbaladizas, cuyo fondo está lleno de agua.
Origen: Venezuela, Guyana.
Hojas: de 10 a 15 cm de largo, en forma de corneta abierta, coronada por una lengüeta en forma de cuchara, de color verde o teñida de rojo.
Flores: desde febrero hasta octubre, de color blanco rosado, inodoras.
Luz: intensa, con sol directo, no ardiente.
Sustrato: esfagno, turba fibrosa y vermiculita.
Abono: la planta no lo tolera.
Humedad ambiental: al menos del 70 %.
Riego: diario, incluso varias veces al día, en verano; cada dos o tres días, en invierno.
Trasplante: una vez al año, en primavera.
Exigencias especiales: a pleno sol se favorece el crecimiento y la coloración de las hojas.
Tamaño: de 10 a 30 cm de alto y de ancho.
Multiplicación: desde abril hasta principios de julio, por separación de las plantitas que se desarrollan en torno a la mata principal.
Longevidad: menos de un año, en casa; hasta cinco años, en un terrario, en invernadero caliente.
Plagas y enfermedades: pulgones y *Botrytis.*
Especies y variedades: entre las cinco especies que encierra el género *Heliamphora, H. heterodoxa, H. nutans* y *H. minor* son las más fáciles de conseguir. A veces, algunos especialistas ofrecen también híbridos hortícolas de hojas más coloreadas o de flores más grandes que las de los padres.
Consejo: la heliamphora crece todo el año. Es inútil hacerle pasar una parada vegetativa muy marcada en invierno.

▲ *Drosera aliciae:* de hojas bordeadas de tentáculos.

▲ *Drosera capensis:* se enrolla en torno al insecto.

Heliamphora minor: un pozo del que no se sale. ▶

Nepenthes spp.
NEPENTHES

25 °C 8 °C

Planta vivaz terrestre, epifita o trepadora, que presenta trampas pasivas en forma de urnas en el extremo de las hojas.

Origen: los nepenthes se encuentran en todas las regiones indopacíficas, comprendidas entre las Seychelles al norte, Madagascar al oeste y Nueva Caledonia al este, con una concentración importante de especies en Malasia, Borneo, Sumatra, Filipinas, Java y Papúa Nueva Guinea. Los nepenthes crecen sobre el suelo forestal, sobre rocas, en la arena de la costa o sujetos sobre los árboles. La mayor parte de las especies se concentran en las regiones húmedas, pero algunas toleran una alternancia de estaciones seca y húmeda.

Hojas: de 20 a 60 cm de largo, oblongas, de color verde o amarillo verdoso. El nervio principal de la hoja se prolonga más allá del limbo, en una especie de zarcillo terminado en la urna trampa de 5 a 35 cm de alto. La urna, en forma más o menos cilíndrica, está abultada por la base y coronada por una especie de cubierta inamovible: el opérculo. La boca está rodeada por un cuello liso y brillante, que atrae a los insectos y les sirve de «tobogán» para precipitarse por la urna. Excrecencias puntiagudas se desbordan ampliamente en torno a la boca de la urna, formando el peristoma, de forma que la planta impide la huida de los insectos atrapados en la trampa. Las urnas de la base de la planta suelen diferir de las que se encuentran cerca del ápice: son más cilíndricas y en algunas ocasiones están provistas de aletas. El interior de la trampa está cubierto de pelos tiesos, dirigidos hacia la parte inferior, que obstaculizan cualquier veleidad de evasión de la presa. Hay líquido digestivo en el fondo de la urna.

▲ Los nepenthes prosperan mejor colgados.

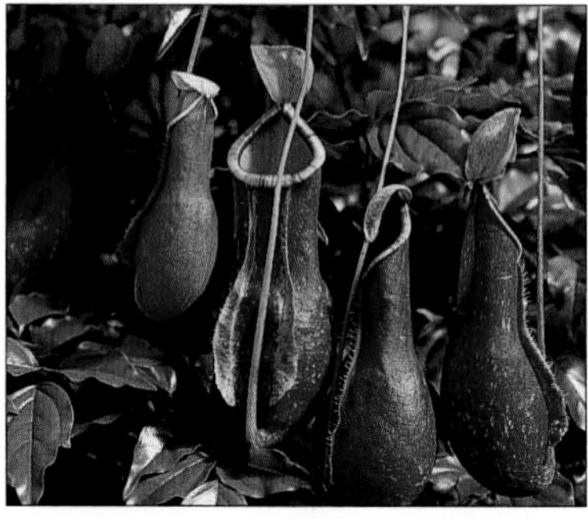

▲ *Nepenthes* x *coccinea:* un híbrido de urnas de color púrpura.

◀ *Nepenthes pervillei:* una multitud de urnas translúcidas.

Flores: los nepenthes son dioicos. Flores macho y flores hembra crecen sobre plantas diferentes. Agrupadas en ramos, son pequeñas, provistas de cuatro sépalos, pero apétalas; ambos sexos son difíciles de distinguir.

Luz: contrariamente a la idea extendida, los nepenthes no viven al abrigo de la selva, y gustan de las ubicaciones despejadas; su biotopo se encuentra durante gran parte del año envuelto en la niebla. Deben protegerse de las insolaciones intensas mediante una cortina ligera.

Sustrato: 40 % de turba rubia, 40 % de perlita y 20 % de vermiculita o de poliestireno expandido.

Abono: desde marzo hasta octubre, riegue cada 10 días con un abono líquido para orquídeas. Continúe el aporte una vez al mes, en invierno.

Humedad ambiental: del 70 al 90 %. Vaporice con mucha regularidad las hojas en función de la temperatura ambiente. Use agua de lluvia o sin cal, que habrá dejado reposar varios días a la luz en la habitación donde vive la planta. Como temen a los interiores de atmósfera demasiado seca, los nepenthes sólo se obtienen en invernadero o en una galería.

Riego: cada dos días, durante el período de vegetación, para mantener el sustrato permanentemente húmedo; aunque debe evitar que el agua se estanque en el platillo. Use agua desmineralizada, agua de lluvia o agua de manantial que contenga muy pocos minerales (residuos secos < 50 mg/l). Cuide de que la temperatura del agua sea al menos equivalente a la de la habitación. En invierno, reduzca el riego a una o dos veces por semana.

Trasplante: cada dos años, en primavera, preferentemente a macetas de barro bastante hondas. Deje en remojo las macetas nuevas durante 24 horas en agua antes de usarlas para que se empapen de humedad, de manera que después proporcionen un entorno más húmedo a la planta.

Exigencias especiales: según la altura a la que vivan en la naturaleza, los nepenthes toleran temperaturas variables. Algunos, como *Nepenthes rajah* o *N. ventricosa,* aceptan mínimas de 8 a 10 °C, al igual que las formas híbridas comúnmente expuestas en el mercado. En el caso de las especies más tropicales, la mínima nocturna debe ser de 15 °C. Durante el día, la temperatura no debe descender de los 21 °C, y de los 24 a 25 °C en invernadero.

▲ *Nepenthes bicalcarata:* abombado.

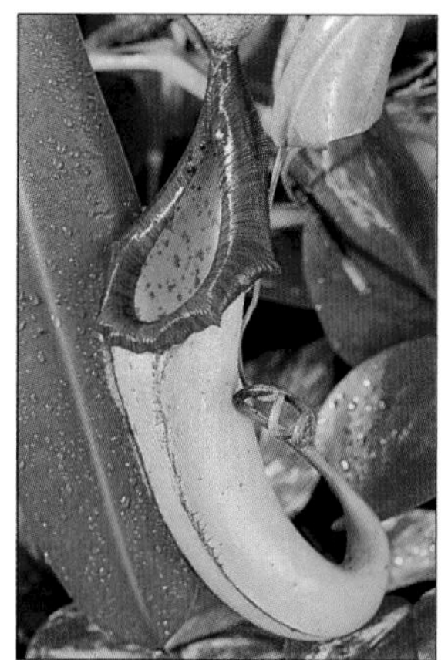
▲ *Nepenthes* x: el cuerno de la abundancia.

▲ *Nepenthes stenophylla:* muy mimético.

▲ *Nepenthes villosa:* velloso y escarlata.

Tamaño: de 30 a 60 cm, en el caso de los individuos cultivados en maceta; hasta más de 20 m, en la naturaleza, como *Nepenthes ampullaria.*

Multiplicación: por esquejes de tallo, en primavera, en atmósfera controlada, en caliente (25 a 27 °C). Por acodo aéreo de tallos largos de nepenthes trepadores, desde junio hasta septiembre. Una pequeña dosis de hormonas de enraizamiento y una elevada humedad del sustrato y en la atmósfera permiten la obtención rápida de raíces.

Longevidad: algunos meses, en casa. De dos a cinco años, en una galería.

Plagas y enfermedades: pulgones y cochinillas viven como parásitos de las plantas que padecen sequía o están debilitadas por abonos demasiado ricos en nitrógeno. Como tolera mal los insecticidas comerciales, es mucho mejor eliminar las primeras cochinillas frotando las hojas con un algodón empapado de jabón de Marsella.

Especies y variedades: se han registrado más de 70 especies, a las que se añaden muchas variedades e híbridos de origen natural u hortícola. *Nepenthes bicalcarata,* originaria del noroeste de Borneo, crece en ciénagas a menos de 1 000 m de altura. Sus hojas pueden medir hasta 60 cm de largo, con urnas de 5 a 13 cm de alto. *N. stenophylla* crece hacia 2 000 m de altitud en Borneo; sus urnas estrechas, de 15 a 20 cm de largo, son de un color verde estriado de púrpura. *N. villosa* crece en la región de Sabah, en Borneo; sus urnas, de 5 a 12 cm de diámetro y de 20 cm de largo, se caracterizan por su peristoma carnosísimo y rojo. *N. rajah,* originario del monte Kinabalu, en Borneo, es la especie que presenta las urnas más grandes, capaces de digerir una rata o un pájaro. *N. albomarginata* tiene urnas que alcanzan la longitud de una mano, y *N. pervillei,* originario de las Seychelles, se reconoce fácilmente por sus urnas abultadas por el centro. Los híbridos se encuentran con más frecuencia en los centros de jardinería, especialmente *N.* x *coccinea,* una forma con urnas rojas, multiplicada *in vitro.* Citemos también la variedad «Île de France», de urnas verdes teñidas de rosa, cuyo cuello bastante ancho presenta estrías rojas.

Consejo: el nepenthes no conoce un auténtico período de reposo. Mantenga condiciones de cultivo estables, al tiempo que deja que el sustrato se seque ligeramente en invierno, si la temperatura de la habitación es inferior a 16 °C.

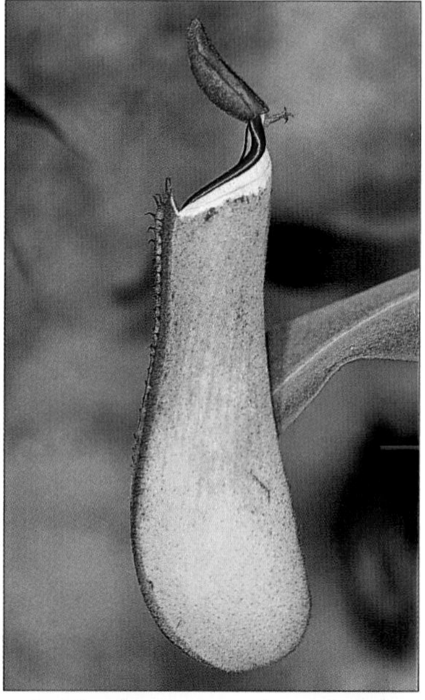
▲ *Nepenthes albomarginata:* una coloración muy sutil.

Nepenthes rajah: en su biotopo de Borneo. ▶

▲ *Pinguicula grandiflora:* un matamoscas viviente.

▲ *Pinguicula sethos:* una floración delicada en verano.

◀ *Pinguicula agnata:* poco común, pero muy florífera.

Pinguicula spp. GRASILLAS, PINGUICULA

22 °C
3 °C

Esta planta vivaz se parece ligeramente a una *Primula.* Sus hojas pegajosas inmovilizan a los insectos, y después se enrollan lentamente sobre sí mismas para digerirlos.

Origen: regiones templadas o árticas del hemisferio Norte, América Central, Argentina, Islas del Caribe y regiones tropicales y subtropicales.

Hojas: de 3 a 10 cm de largo, verdes o de color amarillo verdoso, a veces rosas. Ovaladas, redondeadas u oblongas, planas, más o menos onduladas, con frecuencia bastante anchas y enrolladas por los bordes, constituyen una roseta adherida al suelo. Algunas grasillas producen, tras la floración, hojas de forma diferente (plantas heterofilas).

Flores: la mayor parte de las veces, primaverales, solitarias, de color subido (rosas, blancas, azules, amarillas, violetas o púrpuras), sostenidas por tallos finos. Algunas *Pinguicula,* de origen tropical, florecen una segunda vez en verano.

Luz: nunca sol directo. La mayor parte de las grasillas aprecian una situación sombreada.

Sustrato: las especies más comunes crecen por igual sobre un suelo ácido o alcalino, compuesto por 2/3 de vermiculita y 1/3 de turba negra no demasiado triturada. Esfagno, turba rubia fibrosa y arena no caliza en una mezcla también son apropiados.

Abono: no fertilice, ya que la concentración de sales minerales podría ser fatal para la planta.

Humedad ambiental: mínima del 75 %.

Riego: mantenga permanentemente la base de la maceta con un poco de agua durante el buen tiempo. Desde octubre hasta marzo, basta con dos riegos por semana.

Trasplante: anual, al principio de la primavera, cuando la planta reactiva su crecimiento.

Exigencias especiales: las grasillas tropicales suelen pudrirse en invierno. Un tratamiento preventivo con un fungicida de síntesis puede dar buenos resultados. Sin embargo, es mejor reducir la temperatura en torno a los 10 °C, así como los aportes de agua.

Tamaño: de 5 a 15 cm de alto (hojas). Los tallos florales pueden alcanzar los 60 cm.

Multiplicación: por separación, al final del verano, de las rosetas que aparecen en torno a la planta madre.

Longevidad: algunos meses, en casa. De uno a tres años, en un terrario o en invernadero frío.

Plagas y enfermedades: pulgones y ácaros.

Especies y variedades: se han registrado 45 especies, así como muchos híbridos. *Pinguicula grandiflora,* originaria de Europa Occidental, es una de las más fáciles de cultivar y más espectaculares, con sus flores azul oscuro; *P. sethos,* de flores rosas con cogollo blanco, se parece mucho a *P. moranensis* (o *caudata*), originaria de México; *P. agnata* es una especie poco frecuente, de hojas ligeramente rojizas, que produce abundantes flores blancas.

Consejo: procure bajar siempre la temperatura nocturna de 3 a 5 °C.

Sarracenia spp. SARRACENA

25 °C
0 °C

Planta vivaz, cuyas hojas en forma de corneta o de trompeta, coronadas por un cuello ancho y más o menos ondulado o que simula un esbozo de cubierta, forman trampas pasivas.

Origen: América del Norte. Desde Canadá (lago Great Slave) hasta Boston y desde Washington hasta Houston.
Hojas: de 10 cm a 1 m de largo, enrolladas, forman una corneta vertical o bien están postradas en el suelo y reunidas en matas. En algunas especies, las hojas trampa desaparecen, en invierno, para dar paso a otras hojas planas (plantas heterofilas).
Flores: de 3 a 8 cm de diámetro, en primavera, solitarias, sostenidas por un tallo que puede superar los 70 cm de alto. Con frecuencia colgantes, las flores están compuestas de cinco sépalos y de cinco pétalos más largos. Están coloreadas de rojo, amarillo, rosa, naranja y pardo y duran mucho tiempo.
Luz: pleno sol todo el año. Las sarracenas pueden tolerar un calor intensísimo.
Sustrato: 1/2 de turba rubia, 1/4 de vermiculita y 1/4 de poliestireno expandido. O esfagno, turba rubia fibrosa y perlita a partes iguales.
Abono: no fertilice; la sarracenia debe crecer, como todas las carnívoras, en un medio carente de elementos minerales.
Humedad ambiental: como mínimo del 50 %. No vaporice, para evitar que se manchen las hojas.
Riego: desde mayo hasta septiembre, deje la base del tiesto permanentemente en remojo en un poco de agua de lluvia. Desde octubre hasta abril, riegue cada cinco días, justo para mantener el sustrato ligeramente húmedo.
Trasplante: cada dos años. Use macetas bastante grandes y más bien hondas, para permitir un buen desarrollo del rizoma.
Exigencias especiales: pese a que las sarracenas toleran las heladas de corta duración en su medio natural, en invierno la temperatura no debe bajar de los 5 °C, en el caso de todos los ejemplares cultivados en maceta.
Tamaño: de 10 cm a 1 m de altura.

▲ *Sarracenia psittacina:* una masa de trampas en forma de urnas.

▼ *Sarracenia* x *swaniana:* una soberbia puntuación.

Multiplicación: por división de mata, en primavera.
Longevidad: de dos a cinco años, en invernadero frío.
Plagas y enfermedades: pulgones y cochinillas, en verano (a veces también en los rizomas subterráneos). *Botrytis* (podredumbre), en invierno.
Especies y variedades: se han registrado ocho especies y decenas de híbridos. *Sarracenia psittacina* forma urnas postradas en el suelo, terminadas como un pico de loro; *S. rubra* es de color rojo purpúreo; *S. flava* florece en amarillo; *S. leucophylla* tiene urnas moteadas de blanco; *S. purpurea* es aterciopelada, oscura, casi negra.
Consejo: las sarracenas se embellecen con el paso de los años. Evite dividirlas con demasiada frecuencia y deje que las matas medren en grandes macetas.

▼ La extraña floración de la sarracena.

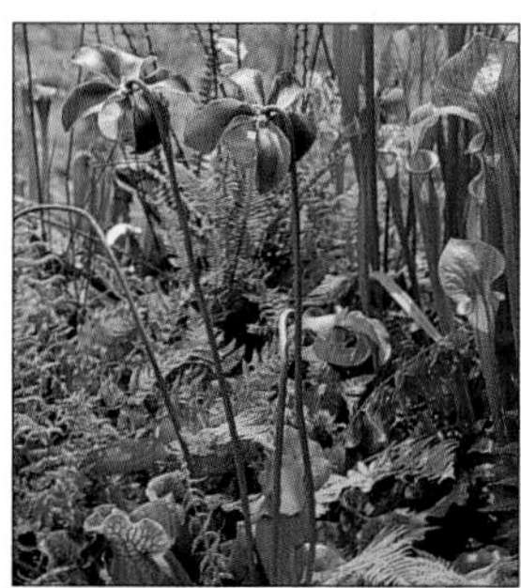

▼ *Sarracenia leucophylla:* manchada de blanco.

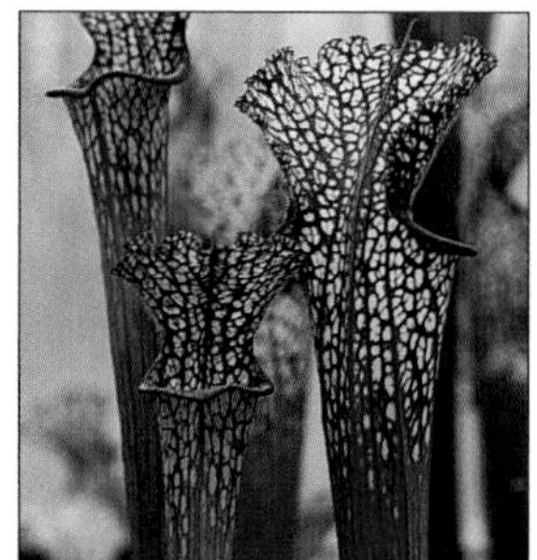

▼ *Sarracenia purpurea:* casi negra.

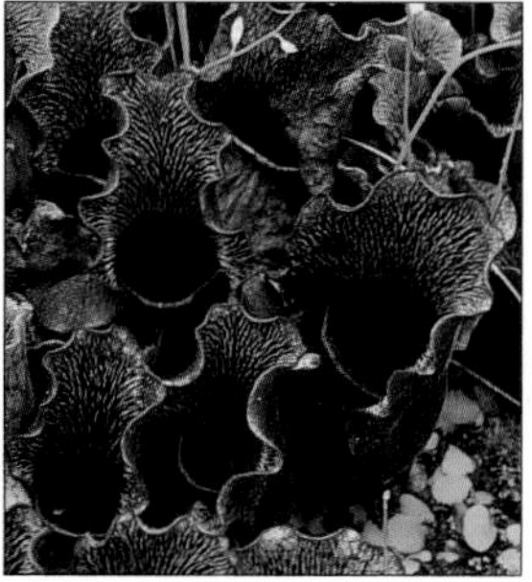

▼ *Sarracenia rubra:* rojo purpúreo.

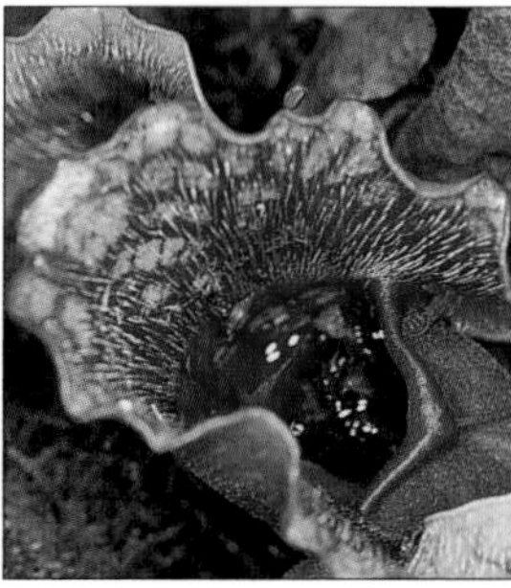

LOS BONSÁIS DE INTERIOR

Los bonsáis, palabra cuya traducción literal significa «árboles en maceta» y no «árboles enanos», como suele decirse sin fundamento, son la representación idealizada y magnificada de los caprichos de la naturaleza. ✻ *Los bonsáis, árboles venerables, de ramaje profundamente atormentado por el peso de los años, conquistadores de lo imposible, cuyas raíces intentan sujetarse a la roca hostil, son rebeldes valerosos que resisten el furor de los vientos y de las intemperies, y poseen una gran historia.* ✻ *La cuentan, en tanto que subliman sus defectos, para cautivar con su delicada armonía, adoptando diferentes formas con un extraño equilibrio y un refinamiento que perturban el alma y estimulan el sentido artístico. Dignos de ser considerdos entre las más bellas obras de arte, los bonsáis son esculturas vivas, torneadas por el ser humano en su búsqueda constante de comunión con la naturaleza.* ✻ *Yendo más allá de las puras consideraciones estéticas, el cultivo de bonsáis permite entrar en la intimidad compleja de esos árboles que se intenta que medren bajo condiciones difíciles, pero aceptables. Lejos de la idea de la tortura o de la coacción, el arte del bonsái plasma todos los valores primarios del mundo vegetal valorado.* ✻ *Cultivar un bonsái es observar el comportamiento de un árbol, entrar en su intimidad, aceptar sus defectos y magnificarlos, para que se convierta en un ser excepcional que será la admiración de todos, y, sobre todo, aprender a comprenderlo y a respetarlo.* ✻ *Éste es el motivo por el que los bonsáis de interior comprenden especies tropicales o subtropicales, y que los arces, los pinos, los robles y otros similares estén obligados a quedarse en el jardín.* ✻

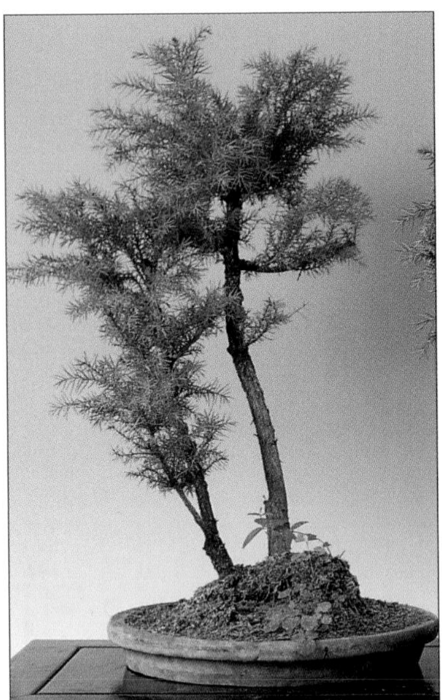

Araucaria heterophylla de unos 10 años.

Araucaria heterophylla
ARAUCARIA

  25 °C 12 °C 

Conífera de hoja persistente no rústica.

Origen: Oceanía y América del Sur.

Hojas: las agujas de color verde nítido, flexibles, finas y poco punzantes se cubren unas con otras, sostenidas por ramas horizontales.

Flores: las coníferas no forman flores.

Luz: una iluminación intensa, aunque sin sol directo. Saque la planta en verano, a la semisombra, a una terraza.

Sustrato: tierra de brezo, mantillo, tierra de jardín y arena de río, en una mezcla a partes iguales.

Abono: añada una pizca de sangre seca, en primavera (solamente si el árbol no se ha trasplantado) y un abono completo, en otoño.

Humedad ambiental: vaporice el follaje diariamente, e incluso dos veces al día, en verano.

Riego: deje que se seque el sustrato a 1 cm de profundidad entre dos riegos. Evite, sobre todo, el agua estancada.

Trasplante: en abril, cada dos años, a una maceta plana o poco honda. Pode la mitad de las raíces.

Exigencias especiales: elimine el polvo del árbol para evitar el amarilleo de las hojas.

Tamaño: de 25 a 30 cm, a los 10 años, en el caso de un bonsái.

Multiplicación: en semillero, en primavera, o por esquejado, con calor de fondo.

Longevidad: más de 50 años.

Plagas y enfermedades: cochinillas.

Especies y variedades: *Araucaria heterophylla* es la única cultivada como bonsái.

Consejo: entre abril y mayo, pince el ápice de las ramas para acortarlas.

Bambusca ventricosa
BAMBÚ

  25 °C 12 °C 

Planta gramínea cuyas cañas lignificadas presentan abultamientos sorprendentes.

Bambusa ventricosa: prefiere la humedad.

Las plantas de las ilustraciones provienen del Museo de Bonsáis de Châtenay-Malabry.

Origen: Asia subtropical.

Hojas: de 4 a 7 cm de largo, perennes, lineales, finas, con textura de papel.

Flores: los bambúes muy rara vez florecen.

Luz: intensa, aunque evitando el sol directo de 11 a 17 h, durante el verano.

Sustrato: tierra franca, mantillo y arena de río.

Abono: en junio y septiembre, una pizca de abono orgánico. En abril, una abono para césped.

Humedad ambiental: vaporice todos los días.

Riego: cada dos o cinco días, según la temperatura. El agua no debe estancarse bajo la maceta.

Trasplante: cada tres años, a una maceta amplia.

Exigencias especiales: instale la maceta sobre una bandeja llena de puzolana, que mantendrá permanentemente húmeda. No lo pode (se trata de una hierba).

Tamaño: de 30 a 50 cm de alto, en forma de bonsái.

Multiplicación: por separación en primavera de un trozo de rizoma provisto de un tallo de 2 años.

Longevidad: más de 40 años, en forma de bonsái.

Plagas y enfermedades: cochinillas algodonosas.

Especies y variedades: *Bambusa ventricosa,* de tallos anillados con entrenudos abultados.

Consejo: todos los años, en primavera, elimine los hijuelos que salen del sustrato.

Bougainvillea spectabilis
BUGANVILLA

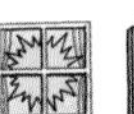  24 °C 8 °C 

Trepadora que forma un tronco con la edad.

Origen: Brasil.

Hojas: de 3 a 7 cm de largo, simples, perennes, situadas en ramas espinosas.

Flores: tres brácteas, rosas, malvas o violetas, rodean florecitas insignificantes en verano.

Luz: de 4 a 6 h de pleno sol, todos los días.

Sustrato: tierra de brezo, mantillo, tierra de jardín y arena de río, en una mezcla a partes iguales.

Abono: desde abril hasta julio, añada una vez al mes un abono líquido para bonsáis.

Humedad ambiental: vaporice el follaje todos los días, excepto cuando la planta no esté en flor.

Riego: cada tres o seis días, ya que la buganvilla se deshoja cuando se la riega demasiado.

Trasplante: cada dos años, a una maceta honda, suprimiendo la mitad de las raíces.

Exigencias especiales: ¡cuidado con las corrientes de aire! El frescor, en invierno, estimula la floración.

Tamaño: 50 cm, a los 10 años, en el caso de un bonsái.

Multiplicación: por esquejes de brotes jóvenes, en primavera, en caliente y con hormonas.

Longevidad: al menos 15 años, con cuidados adecuados.

Plagas y enfermedades: la clorosis amarillea las hojas. Las cochinillas son muy frecuentes.

Especies y variedades: *Bougainvillea* «Mini-Thaï», compacta, con abundantes brácteas de color violeta purpúreo.

Consejo: justo tras la floración, pince todas las ramas a la mitad de su longitud.

Carmona microphylla CARMONA

Árbol de porte ramificado cuya corteza gris se hiende en los individuos de edad avanzada.

Origen: China y Japón.

Hojas: de 1 a 2 cm de largo, perennes, ovaladas, vellosas por el haz, de color verde claro por el envés.

Flores: blancas, minúsculas, aromáticas, en junio.

Luz: siempre filtrada, incluso en invierno, pero tan intensa como sea posible. Semisombra en verano.

Sustrato: tierra de brezo, de jardín, arena de río y mantillo de hojas a partes iguales.

Abono: desde marzo hasta junio, añada una vez al mes un abono líquido para bonsáis.

Humedad ambiental: coloque la maceta sobre guijarros húmedos. Pulverice el follaje a diario.

Riego: cada tres o seis días, según la temperatura ambiental. Riegue poco tras la poda.

Trasplante: en abril, cada dos años, suprimiendo la mitad del volumen de las raíces.

Exigencias especiales: la carmona aprecia una estancia en el exterior en la semisombra, durante el verano.

Tamaño: de 30 a 80 cm, en el caso de un bonsái.

Multiplicación: esquejado difícil, en caliente y en atmósfera controlada, con hormonas, en primavera.

Longevidad: más de 70 años, en forma de bonsái.

Plagas y enfermedades: cochinillas, en invierno; pulgones, clorosis y arañas amarillas, en verano.

Especies y variedades: *Carmona microphylla*, a veces llamada *Ehretia*, es la única especie cultivada.

Consejo: guíe las ramas semimaduras con alambre de cobre, que se dejará colocado de seis a ocho semanas.

Crassula arborescens CRÁSULA

Planta suculenta en forma de mata, de porte tortuoso.

Origen: Suráfrica.

Hojas: de 2 a 3 cm de largo, perennes, ovaladas, carnosas, sostenidas por tallos gruesos y ahítos de savia, de color verde plateado moteado de rojo.

Flores: el ápice de los tallos lleva en primavera racimitos planos de flores de color blanco rosado.

Luz: pleno sol, todo el año.

Sustrato: tierra de jardín, arena de río, tierra de brezo y mantillo de corteza a partes iguales.

Abono: en mayo, junio y septiembre, realice un aporte de abono líquido para bonsáis.

Humedad ambiental: vaporice a partir de 20 °C.

Riego: una vez cada 15 días, en invierno; cada cinco o seis días, en verano.

Trasplante: cada dos años, a una maceta honda. Pode una tercera parte de la longitud de las raíces.

Exigencias especiales: durante el alambrado, proteja la corteza con corcho, ya que las hojas y los tallos de *Crassula* son quebradizos.

Tamaño: de 20 a 50 cm.

Multiplicación: por esquejado de brotes jóvenes, en arena apenas húmeda.

Longevidad: más de 50 años.

Plagas y enfermedades: manchas y podredumbre en las hojas y los tallos, si la humedad es excesiva.

Especies y variedades: *Crassula portulacea* (o *C. argentea*) se distingue por tallos muy gruesos y hojas más anchas.

Consejo: pince los tallos jóvenes para provocar ramificaciones y equilibrar bien las proporciones de la planta.

▲ *Bougainvillea spectabilis:* estilo Nejikan, 10 años.

▲ *Carmona microphylla:* estilo Nejikan, 35 años.

Crassula arborescens: 10 años, en forma de mata. ▶

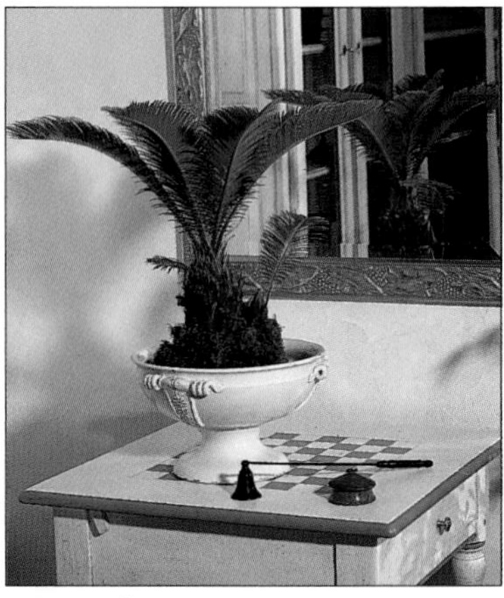

Cycas revoluta: 10 años y un tronco muy compacto.

Eugenia cauliflora: 30 años, un soberbio ramaje.

Cycas revoluta
CICA, SAGÚ

Planta de tronco rechoncho, que adquiere un porte de palmera.

Origen: regiones tropicales y subtropicales de Japón, China y Malasia.

Hojas: el tronco (estípite) semileñoso y casi cónico, formado por las bases de los pecíolos, presenta hojas espinosas, parecidas a palmas, con un nervio central coriáceo y marcado.

Flores: las flores macho y hembra, en forma de cono, aparecen en individuos diferentes.

Luz: pleno sol, en el interior. Desde mayo hasta octubre, saque la cica y colóquela a la semisombra.

Sustrato: tierra de jardín, turba y arena de río.

Abono: en mayo, junio y septiembre, añada una dosis de abono orgánico líquido completo.

Humedad ambiental: a partir de los 18 °C, pulverice diariamente el follaje con agua blanda.

Riego: cada 6 o 15 días, según la temperatura ambiente. El exceso de humedad es mortal.

Trasplante: en abril, cada tres años, a una vasija de barro poco honda, preferentemente redonda.

Exigencias especiales: cepille el tronco para eliminar el musgo que en él se desarrolle.

Tamaño: de 25 a 70 cm, en forma de bonsái.

Multiplicación: por separación, en primavera, de los hijuelos laterales producidos por la planta.

Longevidad: más de 100 años.

Plagas y enfermedades: cochinillas en los nervios.

Especies y variedades: existen unas 15 especies. *Cycas revoluta* es la única que se ofrece como bonsái.

Consejo: corte por la base del tronco las hojas que amarilleen. Una maceta azul quedará fantástica.

Ficus retusa: 16 años, estilo Kabudachi.

Eugenia uniflora
EUGENIA

Árbol ramificado cuya corteza se descama.

Origen: regiones tropicales y subtropicales.

Hojas: de 3 a 4 cm de largo, perennes, simples, ovaladas, puntiagudas, color cobre al nacer.

Flores: en verano, florecitas blancas, en panículas, aparecen en el ápice de las ramas.

Luz: intensa, aunque debe proteger la eugenia del sol directo de mediodía durante el verano.

Sustrato: tierra vegetal y mantillo, aligerados con un puñado de arena de río, por litro de mezcla.

Abono en primavera y otoño, añada una vez al mes un abono para bonsáis.

Humedad ambiental: pulverice diariamente el follaje. Coloque la maceta sobre grava húmeda.

Riego: sumerja el cepellón completo una vez por semana. Espere que los jóvenes brotes se arruguen un poco antes de regar de nuevo.

Trasplante: cada dos o tres años, a una maceta poco honda, preferentemente redonda.

Exigencias especiales: evite las caídas bruscas de temperatura y la falta de luz.

Tamaño: de 20 a 50 cm, en forma de bonsái.

Multiplicación: mediante semillero y por esquejes (difícil).

Longevidad: más de 50 años.

Plagas y enfermedades: moscas blancas.

Especies y variedades: *Eugenia uniflora,* de corteza lisa; *E. myrtiflora,* de ramos caobas y tronco moteado, y *E. cauliflora,* de porte estrelladísimo, con un tronco de corteza pardo anteado.

Consejo: entre marzo y octubre, pince de tres a cuatro veces los brotes jóvenes de dos hojas.

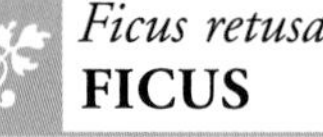

Ficus retusa
FICUS

Árbol ramificado que forma raíces aéreas.

Origen: regiones tropicales y subtropicales.

Hojas: de 3 a 7 cm de largo, perennes, oblongas, coriáceas, de color verde oscuro.

Flores: el ficus no florece en casa.

Luz: pleno sol, salvo en verano.

Sustrato: tierra de jardín, arena de río, mantillo de corteza y tierra de brezo a partes iguales.

Abono: en primavera o en otoño, dos aportes de abono orgánico con un mes de intervalo.

Humedad ambiental: rocíe el follaje todos los días, e incluso dos veces al día en verano.

Riego: una vez por semana, en invierno; cada dos o cuatro días, durante el período de crecimiento.

Trasplante: cada dos años, en primavera, a una maceta de cerámica bastante honda y rectangular.

Exigencias especiales: como el crecimiento es rápido, pince con frecuencia los brotes jóvenes.

Tamaño: de 25 a 80 cm, en forma de bonsái.

Multiplicación: por esquejes, en atmósfera controlada de tallos, incluso de bastante edad, o por acodo aéreo.

Longevidad: más de 100 años.

Plagas y enfermedades: cochinillas y trips.

Especies y variedades: *Ficus retusa,* de tronco tortuoso y numerosas raíces aéreas, es el que más suele ofrecerse como bonsái de interior.

Consejo: tras la poda de ramos de diámetro importante, enmasille las heridas.

Murraya paniculata
MURRAYA

Árbol de porte ramificado, regular y elegante.

Origen: India y Asia tropical.

Hojas: de 7 a 10 cm de largo, perennes, compuestas de muchos folíolos ovalados.

Flores: blancas y perfumadas solitarias, en primavera, seguidas por bayas rojas, en agosto.

Luz: necesita una buena luminosidad, aunque debe evitarse el sol intenso.

Sustrato: tierra vegetal, turba y arena de río.

Abono: en primavera y en otoño, alterne una vez al mes un abono orgánico y uno mineral completo líquido para bonsáis.

Humedad ambiental: vaporice el follaje a diario, con agua a temperatura ambiente.

Riego: cada tres o seis días, según la temperatura ambiental. El cepellón debe mantenerse húmedo.

Trasplante: cada dos años, en primavera, a una maceta más bien plana, ovalada o rectangular. Pode la mitad de la longitud de las raíces.

Exigencias especiales: evite las atmósferas cerradas y las corrientes de aire.

Tamaño: de 25 a 80 cm, en forma de bonsái.

Multiplicación: por esquejes, con calor de fondo (difícil).

Longevidad: más de 150 años.

Plagas y enfermedades: aleuródidos, en invierno.

Especies y variedades: *Murraya paniculata* es la más común, y *M. exotica* presenta grandes flores blancas con perfume de jazmín.

Consejo: todo el año, pode todos los ramos que hayan producido cuatro o cinco hojas hasta dejarles dos botones.

Podocarpus makii
PODOCARPUS

Conífera en forma de mata y ramificada.

Origen: China.

Hojas: de 4 a 7 cm de largo, perennes, lineales, lanceoladas, de color verde bastante oscuro.

Flores: las coníferas no forman flores.

Luz: tres a cuatro horas al día de sol suave.

Sustrato: tierra de jardín, mantillo de corteza, arena de río y tierra de brezo a partes iguales.

Abono: en primavera y en otoño, añada dos veces un abono líquido para bonsáis.

Humedad ambiental: vaporice todos los días.

Riego: cada cuatro o seis días, cada vez que el cepellón se encuentre un poco seco, sumerja la maceta.

Trasplante: cada dos o tres años, en junio.

Exigencias especiales: el podocarpus necesita que se le aplique un alambrado para su formación.

Tamaño: de 10 a 50 cm, en forma de bonsái.

Multiplicación: mediante semillero o por esquejado (difícil).

Longevidad: más de 100 años.

Plagas y enfermedades: cochinillas algodonosas.

Especies y variedades: *Podocarpus makii* es el único ejemplar que se cultiva en forma de bonsái.

Consejo: pince los brotes jóvenes, pero no pode las hojas.

▲ *Ficus retusa:* 23 años, estilo Sokan.

▲ *Murraya paniculata:* 45 años, estilo Chokkan.

Podocarpus makii: 20 años, estilo Nejikan. ▶

Las plantas de las ilustraciones provienen del Museo de Bonsáis de Châtenay-Malabry.

▲ *Rhododendron lateritium:* 70 años, estilo Sokan.

▲ *Rhododendron* híbrido: 26 años, estilo Chokkan.

Las plantas de las ilustraciones provienen del Museo de Bonsáis de Châtenay-Malabry.

Rhododendron spp.
RODODENDRO

18 °C
5 °C

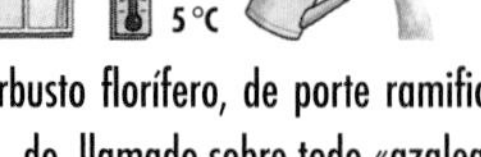

Arbusto florífero, de porte ramificado, llamado sobre todo «azalea».

Origen: Japón, China, India.

Hojas: de 3 a 5 cm de largo, perennes o semiperennes, ovaladas.

Flores: en primavera, grandes corolas en forma de campánula, violetas, rojas, blancas o rosas.

Luz: semisombra o sol muy suave.

Sustrato: tierra de brezo y mantillo ácido.

Abono: antes y tras la floración, añada una vez al mes un abono líquido para rododendros o para orquídeas.

Humedad ambiental: vaporice el follaje dos veces al día, salvo durante la floración.

Riego: cada dos o cinco días. Nunca deje que el cepellón se seque totalmente.

Trasplante: finales de mayo, cada dos años.

Exigencias especiales: tolera mal el agua calcárea del grifo. Use un producto antical.

Tamaño: de 10 a 50 cm, en forma de bonsái.

Multiplicación: mediante semillero o por esquejado (delicado).

Longevidad: a veces, más de 100 años.

Plagas y enfermedades: amarilleo.

Especies y variedades: *Rhododendron lateritium* (o *R. indicum*), de follaje semiperenne, es muy común. *R. impeditum* tiene hojas pequeñas.

Consejo: tras la floración, pince los brotes aún tiernos. Los bonsáis de azaleas se conservan en la galería durante el invierno y la floración, y luego se sacan al jardín.

Sageretia theezans
SAGERETIA

22 °C
10 °C

Arbusto de ramas menudas cuya corteza se exfolia bellamente en los individuos de avanzada edad.

Origen: China, Java.

◀ *Sageretia theezans:* 85 años, estilo Tachiki.

Hojas: de 1 a 2 cm de largo, perennes, ovaladas, finamente dentadas, opuestas.

Flores: de color blanco verdoso, insignificantes.

Luz: pleno sol, no demasiado intenso. Coloque la sageretia en el exterior, a partir de mediados de mayo.

Sustrato: tierra de jardín, arena de río y mantillo.

Abono: un aporte de abono líquido para bonsáis en abril, mayo, junio, septiembre y octubre.

Humedad ambiental: coloque la maceta sobre una bandeja de grava húmeda. Vaporice por la mañana y por la noche.

Riego: cada tres o cinco días. El cepellón debe permanecer húmedo, pero compruebe la eficacia del drenaje.

Trasplante: entre abril y mayo, cada dos años, a una maceta bastante plana. Pode la mitad de las raíces.

Exigencias especiales: la sageretia padece en invierno si la temperatura supera los 16 °C.

Tamaño: de 15 a 50 cm, en forma de bonsái.

Multiplicación: por esquejado, en primavera.

Longevidad: más de 100 años.

Plagas y enfermedades: pulgones y aleuródidos.

Especies y variedades: sólo *Sageretia theezans,* procedente de China, se cultiva como bonsái.

Consejo: pode a medida que crezca y conserve solamente dos pares de hojas en cada brote. Elimine las flores.

Schefflera spp.
SCHEFFLERA

24 °C
12 °C

Arbusto de tallos flexibles, de porte muy poco ramificado, que forma muchas raíces aéreas.

Origen: Nueva Guinea, Java, Taiwan.

Hojas: perennes; pecíolos de 10 a 15 cm presentan hojas palmadas, compuestas de 6 a 10 folíolos gruesos y flexibles, de color verde brillante.

Flores: escasas, pequeñas, de color verde, sin gran atractivo.

Luz: al menos 3 horas al día de sol directo, aunque tolera bien la sombra.

Sustrato: tierra franca, arena de río y mantillo.

Abono: en abril y mayo, una pizca de abono orgánico en polvo. En junio, septiembre, octubre y enero, riegue una vez con abono líquido.

Humedad ambiental: vaporice el follaje cuando la temperatura ambiente supere los 18 °C.

Riego: de media, una vez por semana; la sequedad reduce el tamaño de las hojas.
Trasplante: en marzo, cada dos años, a una maceta de cerámica más bien ancha, plana y azul.
Exigencias especiales: el árbol joven presenta dificultades para ramificarse. Hay que pinzarlo regularmente.
Tamaño: de 30 a 60 cm, en forma de bonsái.
Multiplicación: por esquejes de tallo, en agua.
Longevidad: de 10 a 50 años.
Plagas y enfermedades: cochinillas, pulgones y ácaros son frecuentes en las plantas debilitadas.
Especies y variedades: *Schefflera arboricola* (o *Heptapleurum*) y *S. actinophylla* (o *Brassaia*), de aspecto muy parecido, suelen confundirse.
Consejo: deshoje la schefflera totalmente cada tres años, en junio, para que forme hojitas, más elegantes en un bonsái.

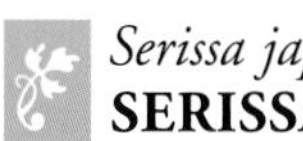

Serissa japonica
SERISSA

Arbusto de porte ramificado y de tronco tortuoso.
Origen: India, China, Japón.
Hojas: de 1 a 3 cm de largo, perennes, ovaladas, en ramas malolientes.
Flores: desde mayo hasta septiembre, sucesión de flores blancas o rosas, más bien solitarias.
Luz: tenue, cerca de una ventana orientada al este.
Sustrato: tierra de jardín, tierra de brezo y arena.
Abono: un aporte al mes, en primavera.
Humedad ambiental: vaporice por la mañana y por la noche. Ventile, porque la serissa es propensa a la podredumbre.
Riego: el sustrato debe permanecer húmedo de cuatro a cinco días por semana. Cualquier exceso de agua tiene resultados nefastos.
Trasplante: entre marzo y abril, cada dos años, a una maceta honda. Pode la mitad de las raíces.
Exigencias especiales: en invierno, reduzca el riego. Temperatura máxima de 15 °C.
Tamaño: de 25 a 70 cm, en forma de bonsái.
Multiplicación: por esquejes de tallo (incluso de avanzada edad), en primavera, en arena húmeda.
Longevidad: de 5 a 50 años.

Plagas y enfermedades: la podredumbre de las raíces es una de las causas de fracaso más frecuentes.
Especies y variedades: existen variedades variegadas de crema y verde, o con bordes amarillos.
Consejo: suprima regularmente los hijuelos que nacen en la base del tronco, a fin de conservar la forma de arbolito.

Ulmus parvifolia
OLMO CHINO

Árbol achaparrado que forma un tronco muy estético.
Origen: China, Corea, Japón.
Hojas: de 1 a 2 cm de largo, casi perennes, de color verde oscuro brillante y ligeramente dentadas.
Flores: en octubre; las flores insignificantes producirán en mayo sámaras aladas de color verde amarillento.
Luz: mucho sol, pero no muy intenso.
Sustrato: 2/3 de tierra vegetal y 1/3 de arena.
Abono: añada un abono orgánico granulado, en primavera y en otoño.
Humedad ambiental: vaporice el follaje por la mañana y por la noche, en cuanto la temperatura supere los 15 °C.
Riego: cada dos o tres días, en verano. Reduzca la frecuencia y la dosis a la mitad, en invierno.
Trasplante: en marzo, cada dos años, a una bandeja poco honda. Pode la mitad de las raíces.
Exigencias especiales: ponga el olmo a hibernar a una temperatura entre 5 y 10 °C. No tolera las heladas.
Tamaño: de 25 a 70 cm, en forma de bonsái.
Multiplicación: mediante semillero, tras una estratificación de las semillas en frío. Por esquejado (difícil).
Longevidad: de 10 a 70 años.
Plagas y enfermedades: pulgones y ácaros; no padece grafiosis.
Especies y variedades: *Ulmus parvifolia* es la única que puede considerarse bonsái de interior. Puede cultivarse en el exterior en las zonas más cálidas.
Consejo: necesita una buena ventilación, abra la ventana en cuanto el tiempo lo permita. Apreciará una estancia en el jardín durante el buen tiempo, bajo una ligera semisombra. Para favorecer la formación de un tronco grueso, deshoje totalmente el árbol en junio, cada tres años.

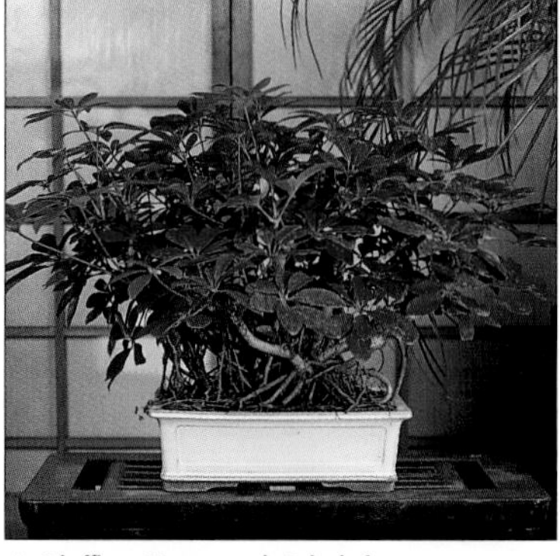

▲ *Schefflera:* 30 años, estilo Kabudachi.

▲ *Serissa japonica:* 30 años, estilo Tachiki.

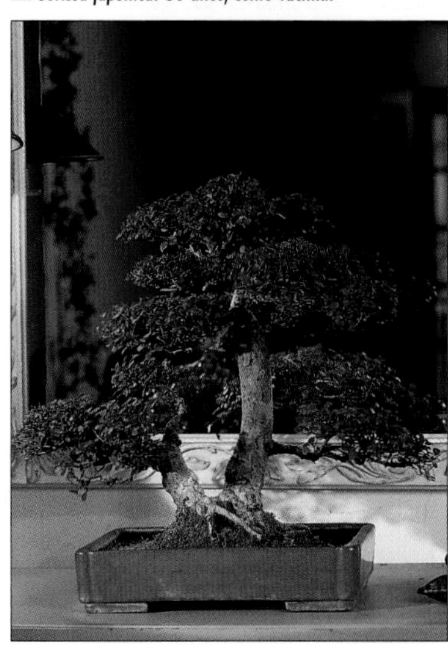

Ulmus parvifolia var. *chinensis:* 45 años, estilo Sokan. ▶

LAS PALMERAS Y LAS CICAS

Las palmeras, evocadoras de regiones encantadoras donde sombrean playas de ensueño, arrullan todos nuestros sueños de exotismo. ❀ *Estas plantas antiquísimas pertenecen a la familia botánica de las palmáceas, designadas actualmente con el nombre de arecáceas. Las palmeras incluyen 112 géneros y cerca de 2800 especies, la mayor parte de origen tropical. La palmera se distingue por su modo de crecimiento, puesto que posee una yema apical única donde se concentra la vida de la planta.* ❀ *Otra originalidad: el tallo de la palmera (o estípite) no se engrosa en forma concéntrica como el tronco de los árboles, sino que suele presentar cicatrices foliares nitidísimas, que confieren al «tronco» ese aspecto ligeramente ondulado o rugoso, tan decorativo. Las palmeras son plantas extraordinarias, que han desempeñado una función capital en el desarrollo económico y cultural de la humanidad.* ❀ *Es el caso del cocotero, del que los habitantes de Polinesia y de varias islas del Pacífico extraen gran parte de los recursos para su subsistencia, construyendo con él sus viviendas y embarcaciones, tejiendo ropa y sombreros con las palmas y alimentándose con los cocos.* ❀ *La palmera datilera, la palma africana que produce aceite y la rafia poseen también una importancia enorme para muchos países. Pero las palmeras son apreciadas también y sobre todo por sus cualidades ornamentales.* ❀ *Forman adorables arbolitos, que viven mucho tiempo en maceta y forman parte del decorado básico de nuestros interiores. Las cicadáceas, unas plantas mucho más primitivas, ya que no forman flores, también se presentarán en este capítulo, debido a su curioso parecido con las palmeras.* ❀

▲ *Archontophoenix cunninghamiana:* de palmas flexibles.

▲ *Brahea armata:* de sorprendentes reflejos azul metálico.

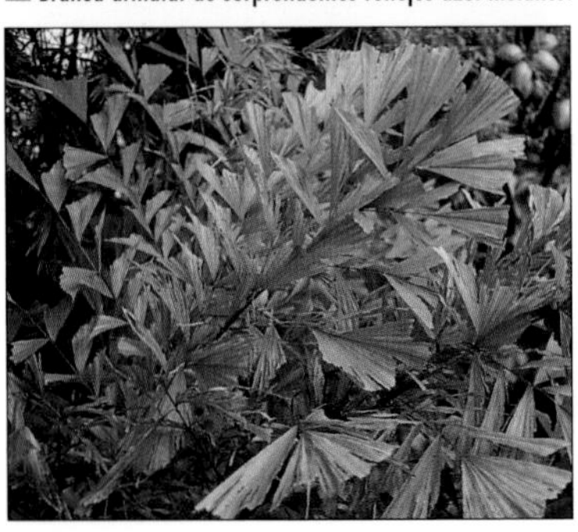

◀ *Caryota urens:* un follaje bellamente recortado.

Archontophoenix cunninghamiana PALMA REAL

25 °C
10 °C

Palmera monoica de estípite bien recto y anillado.

Origen: Australia (Queensland).

Hojas: de 1 a 2 m de largo, pinnadas de color verde nítido o gris verdoso, arqueadas con elegancia.

Flores: racimos colgantes de flores malvas, seguidas por frutos rojos.

Luz: sol directo, pero no intenso.

Sustrato: tierra de jardín, mantillo y arena, aligerados con un 10 % de poliestireno.

Abono: añada una vez al año un abono granulado para plantas verdes de acción lenta.

Humedad ambiental: al menos del 60 %, si no, las palmas amarillean. Vaporice diariamente.

Riego: cada cuatro u ocho días, según la temperatura ambiente. Evite que se seque el sustrato.

Trasplante: cada dos años, limpie los residuos de sales minerales en los bordes de la maceta.

Exigencias especiales: la palma real aprecia cierto frescor nocturno en invierno.

Tamaño: de 1,50 a 4 m, en maceta.

Multiplicación: mediante semillero, en caliente, de semillas frescas, tras remojarlas 24 h en agua tibia.

Longevidad: de dos a cuatro años, en casa.

Plagas y enfermedades: cochinillas, en invierno y arañas rojas, en verano, en las plantas debilitadas.

Especies y variedades: la segunda especie del género, *Archontophoenix alexandrae,* rara vez se ofrece para el cultivo en maceta (demasiado vigoroso).

Consejo: durante el transporte, proteja la yema apical, único punto de crecimiento.

Brahea armata PALMERA AZUL

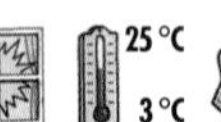 

25 °C
3 °C

Palmera de estípite único anillado, cubierto de fibras.

Origen: California, México.

Hojas: el estípite gris, grueso, presenta una corona de hojas de 1 m de largo, en forma de abanico, muy coriáceas, azuladas, cubiertas de polvillo ceroso plateado y dotadas de una fila de espinas en el pecíolo.

Flores: en verano, las inflorescencias, que miden a veces más de 4 m, sólo aparecen en los individuos en plena tierra. Flores de color blanco crema a amarillo.

Luz: plena luz, pero no ardiente.

Sustrato: el drenaje debe ser perfecto. Mezcle tres partes iguales de tierra de jardín ligera, sustrato para cactáceas y sustrato de trasplante. Añada 1 litro de vermiculita por cada 10 litros de mezcla.

Abono: desde abril hasta septiembre, añada cada 15 días un abono líquido para plantas verdes.

Humedad ambiental: la palmera azul es resistente; basta con con pasar una esponja húmeda sobre las hojas una vez al mes, para limpiarlas.

Riego: deje que se seque el sustrato a 5 o 6 cm de profundidad entre dos aportes de agua, muy abundantes.

Trasplante: cada dos años, en primavera, a una maceta de tamaño inmediatamente superior.

Exigencias especiales: esta palmera ha llegado a resistir, en plena tierra, temperaturas de -10 °C. Debe hibernar al fresco.

Tamaño: de 50 cm a 1,80 m, en maceta, ya que el crecimiento es lento durante los siete u ocho primeros años.

Multiplicación: mediante semillero, en primavera, en miniinvernadero caliente, a 25 °C. Remoje las semillas.

Longevidad: al menos 10 años, en maceta.

Plagas y enfermedades: ninguna, por lo general.

Especies y variedades: *Brahea edulis,* de corona muy tupida, se cultiva en la costa mediterránea. *B. brandegeei,* de estípite delgado, es más sensible al frío.

Consejo: como la *Brahea* necesita un intenso calor para garantizar un buen crecimiento, no la saque al jardín antes de julio.

Caryota urens CARYOTA, PALMERA DE COLA DE PESCADO

25 °C
15 °C

Palmera monocárpica de estípite robusto anillado, cubierto por una base fibrosa de hojas viejas. El vino de palmera se produce con sus frutos.

Origen: India, Sri Lanka, Malasia.
Hojas: una corona de hojas de 1 a 3 m de largo, bipinnadas (las únicas entre las palmeras).
Flores: las inflorescencias colgantes de 1 a 3 m aparecen en los individuos de edad avanzada. Las flores verdes van seguidas de frutos rojos. El árbol muere tras la floración, dando lugar a uno o varios hijuelos.
Luz: los individuos jóvenes prefieren la semisombra.
Sustrato: arena, mantillo de hojas y tierra de jardín.
Abono: cada 15 días, desde abril hasta septiembre, añada un abono líquido para agrios.
Humedad ambiental: todo el año, vaporice la planta sistemáticamente cada dos días.
Riego: una vez por semana (una vez cada dos semanas, en invierno), abundantísimo cada vez.
Trasplante: una vez cada dos años, en junio.
Exigencias especiales: la palmera de cola de pescado aborrece los descensos bruscos de temperatura.
Tamaño: de 1 a 3 m, en maceta.
Multiplicación: mediante semillero (especialistas).
Longevidad: de dos a cinco años, en maceta.
Plagas y enfermedades: arañas rojas.
Especies y variedades: *Caryota mitis,* la palmera de cola de pescado de folíolos triangulares, recortados. Porte elegante, troncos múltiples.
Consejo: para evitar que las *Caryota* parezcan miserables, hay que plantarlas en un gran invernadero bien caldeado.

Chamaedorea elegans CHAMAEDOREA

Palmera que forma una mata y un estípite anillado.
Origen: México, Guatemala.
Hojas: de 30 a 60 cm de largo, envainadoras por la base, pinnadas, de folíolos lanceolados.
Flores: esta palmera dioica florece bien en casa, y presenta racimos ramificados de color amarillo anaranjado.
Luz: evite el sol directo. Coloque la camedorea tras una ventana con cortinas, orientada al este o al norte.
Sustrato: tierra de brezo y tierra de jardín ácida.
Abono: en primavera y en otoño, añada un abono universal rico en oligoelementos.
Humedad ambiental: vaporice una vez al día con agua a temperatura ambiente.
Riego: de media, una a dos veces por semana. Nunca ahogue el cepellón.
Trasplante: cada dos o tres años, en abril.
Exigencias especiales: a la chamaedorea le gusta asociarse a otras plantas en una jardinera.
Tamaño: de 40 cm a 1 m, en maceta.
Multiplicación: con semillero, en caliente, en primavera.
Longevidad: de 5 a 15 años, en casa.
Plagas y enfermedades: cochinillas y ácaros.
Especies y variedades: *Chamaedorea metallica,* con palmas azuladas, con pliegues de reflejos metálicos.
Consejo: agrupe tres plantas jóvenes en una maceta, para lograr un bonito efecto decorativo.

Chamaerops humilis PALMITO

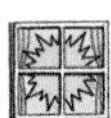

Palmera achaparrada que forma una mata, de estípite revestido de fibras pardas.
Origen: litoral del Mediterráneo.
Hojas: de 40 a 80 cm de largo, redondas, en forma de abanico, de color verde grisáceo, en una mata compacta.
Flores: amarillas, sin interés decorativo.
Luz: pleno sol, todo el año.
Sustrato: tierra de jardín, arena y mantillo.
Abono: desde abril hasta octubre, añada un abono líquido para coníferas cada 15 días.
Humedad ambiental: el palmito se conforma con la humedad ambiental. Elimine el polvo de las hojas, una vez al mes, duchándolas.
Riego: una vez por semana, en verano; cada 10 o 20 días, en invierno, según la temperatura.
Trasplante: entre marzo y abril, cada dos años.
Exigencias especiales: vacíe el platillo después de regar.
Tamaño: de 50 cm a 1 m, en maceta.
Multiplicación: mediante semillero, brote en tres o cuatro meses.
Longevidad: de tres a siete años, en maceta, en casa.
Plagas y enfermedades: ninguna, por lo general.
Especies y variedades: sólo existe una especie.
Consejo: las raíces, vigorosísimas, pueden hacer estallar la maceta, trasplántelo antes de que esto suceda.

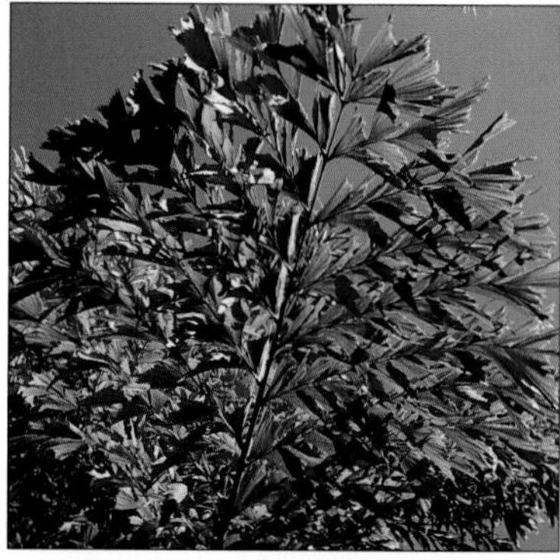

▲ *Caryota mitis:* la palmera «cola de pescado».

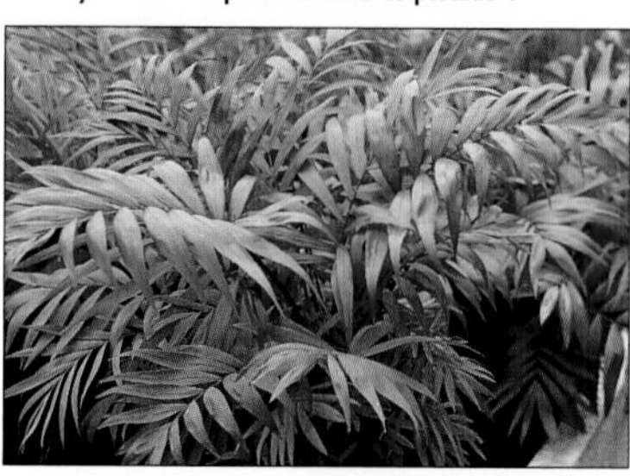

▲ *Chamaedorea elegans:* llamada también *Neanthe bella.*

▲ *Chamaedorea metallica:* de palmas bífidas y originales.

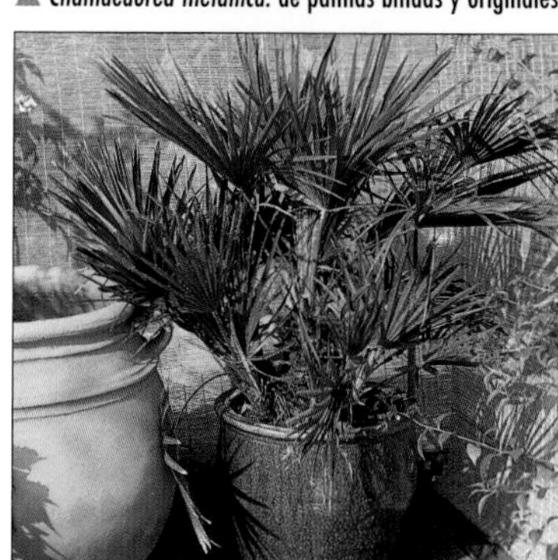

Chamaerops humilis: rústica en las regiones costeras. ▶

▲ *Chrysalidocarpus lutescens:* se le llama también areca.

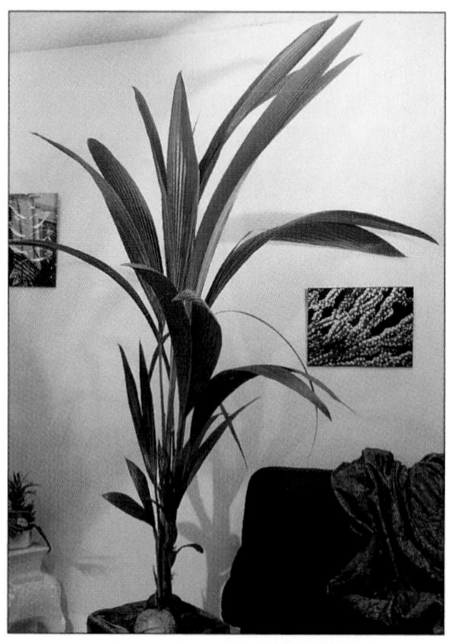

▲ *Cocos nucifera:* una joven planta de cocotero.

Chrysalidocarpus lutescens AREC A

24 °C / 10 °C

Palmera que forma una mata, también llamada *Dypsis.*

Origen: Madagascar.

Hojas: de 1 a 3 m de largo, pinnadas, arqueadas, de un hermoso color verde brillante, con el pecíolo amarillento.

Flores: en verano, panículas de flores color crema o amarillas, seguidas de frutos color violeta oscuro.

Luz: intensísima. Tolera el pleno sol.

Sustrato: arena, tierra vegetal y mantillo de hojas.

Abono: alterne cada 15 días abonos solubles para plantas verdes y para rosales.

Humedad ambiental: al menos del 50%. Coloque la maceta sobre un lecho de guijarros húmedos y vaporice las hojas todos los días, insistiendo en el envés.

Riego: una o dos veces por semana, abundantísimo. Nunca deje que se seque el sustrato.

Trasplante: cada dos años, en primavera. En los individuos grandes, sustituya la superficie del sustrato.

Exigencias especiales: aprecia mucho el ambiente húmedo de un invernadero.

Tamaño: de 1,50 a 4 m, en maceta.

Multiplicación: mediante semillero, tras remojo de las semillas; germinación en dos meses. Separe los hijuelos laterales que se forman en torno a la mata.

Longevidad: de tres a ocho años, en casa.

Plagas y enfermedades: cochinillas.

Especies y variedades: existen unas 20 especies de *Chrysalidocarpus. C. lutescens* es casi el único del género que se cultiva en interiores.

Consejo: agrupe varias palmeras jóvenes en la misma maceta, para lograr un mejor efecto.

Cocos nucifera COCOTERO

25 °C / 16 °C

Palmera cuyo tronco único no suele formarse en los individuos cultivados en casa.

◀ *Cycas revoluta:* una planta «prehistórica» y resistente.

Origen: regiones costeras tropicales.

Hojas: las jóvenes palmas son delgadas, finas, bastante rígidas, de 1 a 2 m de largo, bien recortadas.

Flores: no presenta floración en interiores.

Luz: pleno sol, todo el año.

Sustrato: sustrato fibroso, arena y tierra de brezo.

Abono: en abril, junio, agosto y octubre, añada un abono líquido para agrios o para bonsáis.

Humedad ambiental: mínima del 70%, si no, las puntas de las palmas pardean y las hojas enteras se secan. Vaporice el follaje tres o cuatro veces al día y coloque la maceta sobre grava húmeda.

Riego: evite que las raíces se sequen. En verano, conviene regar tres veces por semana.

Trasplante: de inmediato, tras la compra, y luego, cada dos años, en primavera, sin enterrar completamente el coco.

Exigencias especiales: el cocotero necesita una buena ventilación, sin corrientes de aire fresco.

Tamaño: hasta 3 m, en maceta.

Multiplicación: los profesionales logran que germinen los cocos en cinco meses, en caliente.

Longevidad: rara vez más de dos o tres años, en maceta.

Plagas y enfermedades: el riego excesivo hace que se pudra el estípite y las raíces. Cochinillas.

Especies y variedades: el género *Cocos* sólo incluye una especie. La palmera que se comercializa a veces con la denominación de *Cocos weddeliana* se llama, en realidad, *Microcoelum weddelianum.*

Consejo: el cocotero debe considerarse una curiosidad relativamente efímera, ya que sólo los individuos jóvenes son realmente atractivos en maceta.

Cycas revoluta CICA

25 °C / 5 °C

Planta primitiva, dioica, de crecimiento lentísimo.

Origen: islas Ryūkyū, en el sur de Japón.

Hojas: perennes, de 50 cm a 1,50 m de largo, las palmas son rígidas y punzantes, coriáceas, de un verde brillante y dispuestas en forma de roseta.

Flores: las inflorescencias de conos unisexuales, con frecuencia vellosos, se forman en el cogollo de la mata.

Luz: pleno sol. En verano, saque la maceta y colóquela cerca de un árbol de follaje ligero.

Sustrato: tierra de jardín, aligerada con un 10 % de arena.
Abono: en junio y septiembre, añada un abono rico en potasio y en oligoelementos.
Humedad ambiental: vaporice el follaje una vez por semana para quitarle el polvo.
Riego: cada cuatro o seis días, durante el crecimiento. No más de una vez, cada ocho días, en invierno.
Trasplante: cada tres años, durante la primavera. Sustituya el sustrato superficial de la maceta todos los años.
Exigencias especiales: la cica tolera heladas ligeras cuando se cultiva en pleno suelo.
Tamaño: de 50 cm a 2 m, en maceta.
Multiplicación: mediante semillero, reservado a los especialistas. Por separación de hijuelos de la base de la planta madre.
Longevidad: hasta más de 100 años.
Plagas y enfermedades: ninguna, por lo general.
Especies y variedades: entre las 15 especies registradas, la más común es la *Cycas revoluta.*
Consejo: haga que la cica hiberne al fresco (máximo 15 °C), en una habitación muy luminosa.

Dioon edule
DIOON

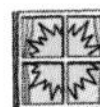  

Planta primitiva, parecida a una cica, pero que pertenece a la familia de las zamiáceas.
Origen: Honduras, México.
Hojas: las palmas, de 1 a 2 m de largo, están cubiertas de una lanilla blanca y, luego, se hacen coriáceas. Pínulas cortas (20 cm), punzantes.
Flores: la planta, dioica, produce conos unisexuales de 30 cm, cubiertos de pelos gris plateado.
Luz: pleno sol, todo el año.
Sustrato: tierra de jardín, con un 10 % de arena.
Abono: en abril y en septiembre, añada un abono para bonsáis o coníferas.
Humedad ambiental: vaporice el follaje cada dos o tres días, a partir de los 18 °C.
Riego: una vez por semana, abundantísimo. Cada 10 días, en invierno. Vacíe el platillo.
Trasplante: en abril, cada dos años.
Exigencias especiales: al dioon no le gusta tener el interior de la roseta mojado. Riegue por la base.
Tamaño: hasta 2 m de alto, en maceta.
Multiplicación: por separación de hijuelos laterales.
Longevidad: más de 10 años, en maceta, en la galería.
Plagas y enfermedades: ninguna, por lo general.
Especies y variedades: *Dioon edule* var. *angustifolia,* de hojas y pínulas más cortas.
Consejo: gire la maceta una vez por semana un cuarto de vuelta para que conserve un porte simétrico.

Encephalartos spp.
ENCEPHALARTOS

Planta primitiva, parecida a una cica, pero que pertenece a la familia de las zamiáceas.
Origen: África central y austral.
Hojas: perennes, de 60 cm a 2 m, aparecen en el grueso estípite. Son pinnadas, con pínulas cortas, coriáceas, espinosas y dentadas.
Flores: la planta dioica forma en el cogollo de las hojas grandes conos unisexuales, de color verde aceituna.
Luz: semisombra ligera, todo el año.
Sustrato: arena y tierra de jardín no caliza.
Abono: granulado, una vez al año, en mayo.
Humedad ambiental: limpie las hojas una vez al mes con una esponja húmeda.
Riego: deje que se seque el sustrato, a 6 o 7 cm de profundidad, entre dos riegos. Vacíe siempre el platillo.
Trasplante: en abril, cada dos o tres años, sólo cuando las raíces invadan toda la maceta.
Exigencias especiales: el desarrollo es mucho mejor en los individuos plantados en pleno suelo.
Tamaño: de 1 a 2 m, en maceta.
Multiplicación: mediante semillero o por división (delicada).
Longevidad: hasta más de 100 años.
Plagas y enfermedades: cochinillas.
Especies y variedades: existen 25 especies de *Encephalartos. E. ferox,* de pínulas largas y punzantes, como las del acebo, y conos rojo granate. *E. princeps,* de hojas azuladas.
Consejo: nunca deje el encephalartos a pleno sol veraniego, sobre todo en las regiones mediterráneas, ya que se secan las pínulas.

▲ *Dioon edule:* un pariente cercano a los cicas.

▲ *Encephalartos ferox:* de hojas muy espinosas.

Encephalartos princeps: porte amplio, en forma de corona. ▶

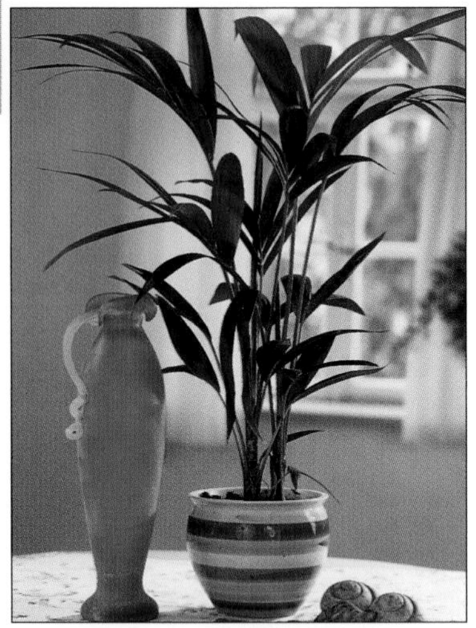

▲ *Howea forsteriana:* comúnmente llamada kentia.

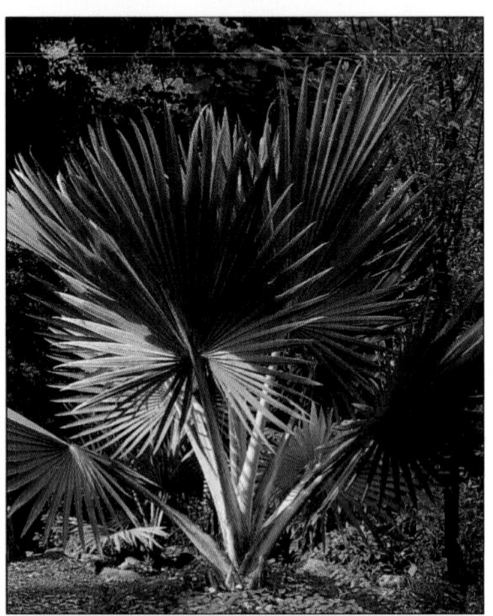

▲ *Latania loddigesii:* de soberbias palmas azuladas.

◀ *Licuala grandis:* abanicos casi perfectos.

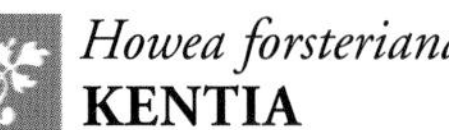

Howea forsteriana
KENTIA

24 °C / 15 °C

Palmera que forma un ramo de hojas arqueadas.

Origen: isla de Lord Howe, a 1 000 km al sureste de Australia (planta poco frecuente en el medio natural).

Hojas: palmas flexibles, de 1 a 2 m de largo, de color verde oscuro, de pínulas estrechas y aguzadas.

Flores: en los individuos adultos aparecen inflorescencias no ramificadas, de 1 m de largo.

Luz: en verano, la kentia aprecia los grandes ventanales orientados al sureste y con cortinas.

Sustrato: tierra de jardín sin cal, arena de río y sustrato de hojas, en una mezcla a partes iguales.

Abono: desde abril hasta octubre, añada dos veces al mes un abono líquido para agrios.

Humedad ambiental: mínima del 50%. En verano, le gusta pasar una corta estancia en el exterior, bajo la lluvia.

Riego: dos o tres veces por semana en verano; en invierno, deje que se seque el cepellón a 5 o 6 cm de profundidad.

Trasplante: anual, en primavera. Sustituya el sustrato superficial de los grandes individuos, a principios de marzo y finales de agosto.

Exigencias especiales: la kentia no soporta las atmósferas cerradas, las habitaciones con humo, las corrientes de aire frío y el agua estancada.

Tamaño: de 1, 50 a 3 m, en maceta.

Multiplicación: mediante semillero, en miniinvernadero caliente (al menos 26 °C), tras remojar las semillas.

Longevidad: de 5 a 20 años, en casa.

Plagas y enfermedades: cochinillas y ácaros.

Especies y variedades: sólo se cultiva *Howea forsteriana* como planta de interior.

Consejo: pode las puntas secas muy cerca de la parte verde.

Latania loddigesii
LATANIA

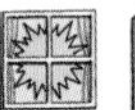  

24 °C / 15 °C

Gran palmera de estípite vertical y anillado.

Origen: islas Mascareñas (Mauricio).

Hojas: de 80 cm a 1,50 m, las pínulas, casi coriáceas, se agrupan, al menos en grupos de 20, en forma de abanico en el extremo de un pecíolo grueso.

Flores: las inflorescencias dioicas casi nunca aparecen en las plantas en maceta.

Luz: pleno sol, pero bastante suave. Acerque la latania a una ventana orientada al oeste o al sudoeste.

Sustrato: tierra de jardín ligera y mantillo de hojas.

Abono: desde abril hasta septiembre, añada una vez al mes un abono líquido rico en oligoelementos.

Humedad ambiental: mínima del 60%. Vaporice las palmas todos los días, sobre todo en invierno.

Riego: una vez por semana, abundantísimo; cada tres o cuatro días, cuando la temperatura supere los 20 °C.

Trasplante: en abril, todos los años.

Exigencias especiales: es vital un drenaje perfecto. Durante el trasplante, coloque una capa de bolas de arcilla de 5 cm de grosor en el fondo de la maceta.

Tamaño: de 1 a 3 m, en maceta.

Multiplicación: mediante semillero, en caliente (27 °C), en miniinvernadero; las semillas germinan en dos meses.

Longevidad: de 5 a 10 años, en casa.

Plagas y enfermedades: las arañas rojas proliferan si la atmósfera es demasiado seca.

Especies y variedades: existen tres especies de *Latania. L. loddigesii,* de hojas azuladas, suele cultivarse como palmera de interior.

Consejo: en verano, instale la latania en el exterior. Su crecimiento será más vigoroso.

Licuala grandis
LICUALA

24 °C / 15 °C

Palmera que suele formar una mata. La base fibrosa de las hojas cubre el estípite.

Origen: bosques primarios y zonas pantanosas de Australia y Vanuatu.

Hojas: las palmas de 60 cm a 1 m se componen de pínulas dispuestas en forma de abanico y casi todas se encuentra sujetas unas con otras, lo que les confiere un aspecto de hoja grande redondeada con pliegues regulares y recortada por el contorno.

Flores: la licuala casi nunca desarrolla sus largas espigas de color blanco verdoso en interiores.

Luz: elija el lugar más luminoso de la casa, pero coloque una cortina ligera en la ventana, entre junio y septiembre.

Sustrato: tierra de jardín rica y ligera, sustrato para plantas verdes y arena de río, añadiendo un 10 % de vermiculita o de bolas de poliestireno expandido, para obtener un drenaje óptimo.

Abono: desde marzo hasta julio, añada una vez al mes un abono líquido para bonsáis.

Humedad ambiental: mínima del 70 %. La licuala presenta casi siempre señales de desecación en la periferia de las palmas. Pulverice el follaje con agua tibia con la mayor frecuencia posible e instale la maceta sobre un lecho de grava húmeda.

Riego: cada cuatro o cinco días, durante el crecimiento, muy copioso cada vez; una vez por semana, durante el período invernal.

Trasplante: en marzo, sólo si las raíces ocupan todo el volumen de la maceta.

Exigencias especiales: la licuala necesita una atmósfera cerrada, como la que se consigue en un invernadero caliente. Agrupe varias plantas en torno a ella, para que se benefecie de la humedad producida por la transpiración natural.

Tamaño: de 1 a 3 m, en maceta.

Multiplicación: mediante semillero, a 25 °C, en miniinvernadero; las semillas necesitan entre tres y seis meses para germinar.

Longevidad: no más de tres años, en casa. En pleno suelo, en invernadero caliente, más de 10 años.

Plagas y enfermedades: las arañas rojas aparecen cuando el aire es demasiado seco.

Especies y variedades: entre las 108 especies conocidas, sólo se ofrecen los individuos jóvenes de *Licuala grandis* como plantas de interior.

Consejo: no exponga la licuala al viento ni a las corrientes de aire, ya que provoca el desgarramiento y la desecación de las palmas.

Livistona chinensis
PALMERA CHINA, LIVISTONA

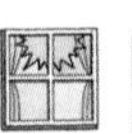

Palmera de crecimiento lento, que forma un estípite único y pecíolos espinosos bastante rígidos.

Origen: China, Japón, Taiwan.

Hojas: de 1 a 2 m de largo, las palmas están constituidas por pínulas delgadas y flexibles, dispuestas en forma de abanico, de un bello color verde claro. Los pecíolos presentan espinas pardas. En los individuos adultos, el extremo de las pínulas cuelga con gracia.

Flores: en los individuos adultos, inflorescencias ramificadas de 1 m de largo, formadas de flores de color crema y seguidas por frutos azul oscuro.

Luz: evite el pleno sol, desde junio hasta septiembre, ya que produce el amarilleamiento de las hojas.

Sustrato: tierra de jardín y mantillo, con un 20 % de fertilizante orgánico a base de estiércol y de algas.

Abono: desde abril hasta septiembre, añada cada 15 días un abono soluble para tomateras.

Humedad ambiental: la palmera china aguanta bien la atmósfera de nuestros interiores. Pase una esponja húmeda por las hojas una vez a la semana.

Riego: de una a dos veces por semana. Deje que el sustrato se seque por la superficie entre dos riegos. Vacíe el platillo.

Trasplante: en primavera, únicamente si la planta se encuentra desequilibrada o muy apretada.

Exigencias especiales: *Livistona chinensis* es rústica en la costa mediterránea.

Tamaño: de 60 cm a 2 m, en maceta.

Multiplicación: mediante semillero, a 25 °C, en miniinvernadero, en primavera, tras el remojo de las semillas. La germinación necesita unas seis semanas.

Longevidad: al menos cinco años, en casa, a condición de que no supere los 15 °C en invierno.

Plagas y enfermedades: arañas rojas, en verano y cochinillas, en invierno; los ataques indican, por lo general, que las plantas se encuentran debilitadas.

Especies y variedades: se conocen 28 especies de *Livistona,* entre las cuales las mas conocidas son: *L. australis,* de crecimiento lentísimo, puede tolerar temperaturas de -8 °C. Se cultiva en el exterior, en la costa mediterránea, y supera los 15 m de alto; y *L. rotundifolia,* de numerosas pínulas y de hojas casi redondas, puede alcanzar más de 10 m en un invernadero. Más sensible al frío, no debe exponerse a menos de 13 °C.

Consejo: pode los pecíolos más viejos para conservar el aspecto cuidado de la planta.

Livistona chinensis: resistente, pero de crecimiento lento. ▶

▲ *Licuala grandis:* sus palmas dejan que se filtre la luz.

▲ *Livistona rotundifolia:* de pecíolos largos y rígidos.

▲ *Phoenis canariensis:* aprecia una estancia en el jardín.

▲ *Phoenix roebelenii:* mucho encanto y elegancia.

◀ *Rhapis excelsa:* una palmera resistente y muy compacta.

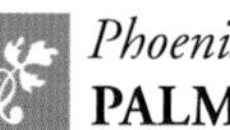

Phoenix canariensis
PALMERA CANARIA

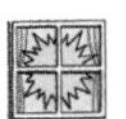  

Palmera de estípite único, recto y estriado.

Origen: islas Canarias.

Hojas: el raquis de más de 1 m presenta muchas pínulas, cortas y rígidas.

Flores: dioicas, los phoenix no florecen hasta los 10 años. Flores macho de color crema y flores hembra de color amarillo anaranjado. Frutos a veces comestibles.

Luz: pleno sol, todo el año.

Sustrato: tierra de jardín, arena y mantillo.

Abono: en marzo, mayo, julio y octubre, añada una dosis de abono líquido para plantas verdes.

Humedad ambiental: mínima del 40 %.

Riego: en verano, dos o tres veces por semana; en invierno, cada 10 días, con mucha abundancia.

Trasplante: en primavera, a una maceta de al menos 30 cm de profundidad.

Exigencias especiales: la palmera de las Canarias debe hibernar a 10 °C y con luz.

Tamaño: hasta 5 m, en maceta.

Multiplicación: mediante semillero, tras remojo de las semillas, que germinan en menos de dos meses.

Longevidad: más de 10 años, en casa.

Plagas y enfermedades: podredumbre de la yema. *Fusarium, Phytophthora* y cochinillas.

Especies y variedades: se han registrado 17 especies de *Phoenis. P. dactylifera* se cultiva como planta de interior cuando es joven; *P. roebelenii,* elegantísimo, alcanza los 3 m de alto.

Consejo: aleje los phoenix de los lugares de paso o de los niños pequeños, ya que la base de las palmas tiene temibles espinas.

Raphis excelsa
RAPHIS

Palmera con rizomas, que forma una mata.

Origen: sur de China.

Hojas: los estípites delgados, inclinados, recuerdan a las cañas de bambú. Presentan ramos de hojas gruesas, palmadas, divididas en unas 10 pínulas, de extremos dentados.

Flores: espigas cortas de flores color crema, en verano.

Luz: indirecta. En verano, le gusta estar bajo la sombra de un árbol de follaje ligero.

Sustrato: tierra de jardín y mantillo a partes iguales.

Abono: desde marzo hasta octubre, añada una vez al mes un abono líquido para agrios.

Humedad ambiental: una o dos veces por semana, pulverice el follaje con agua blanda.

Riego: cada tres o cuatro días, durante el crecimiento; cada 10 días, en el período invernal.

Trasplante: en primavera, sólo cuando los nuevos tallos parezcan desbordar la maceta.

Exigencias especiales: el raphis prefiere vivir un poco apretado. Un recipiente demasiado amplio favorece la aparición de podredumbre a la altura del cuello.

Tamaño: de 1 a 2 m de alto, en maceta.

Multiplicación: por división de matas demasiado densas.

Longevidad: más de 10 años, en maceta, en casa.

Plagas y enfermedades: diferentes hongos provocan la muerte de la yema apical.

Especies y variedades: se han registrado 12 especies de *Raphis. R. humilis* «Variegata», enano, de hojas con pliegues y variegadas, se parece a un bambú.

Consejo: si la punta de las hojas pardea, indica que hay falta de luz o exceso de agua.

Trachycarpus fortunei
TRACHYCARPUS

Palmera de zonas templadas, de estípite único.

Origen: centro de China y norte de la India, donde crece hasta 2 400 m de altitud.

Hojas: el estípite, cubierto de una gruesa capa de fibras pardas, presenta un ramo de hojas en forma de abanico, de 60 cm de largo, con el pecíolo cortante.

Flores: dioicas, agrupadas al principio del verano en cortas inflorescencias de color amarillo anaranjado.

Luz: sol directo. Prevea una cortina ligera durante las horas más calurosas del verano.

Sustrato: tierra de jardín y mantillo a partes iguales.

Abono: desde marzo hasta septiembre, añada una vez al mes un abono soluble para rosales, ya que el trachycarpus aprecia el magnesio.
Humedad ambiental: mínima del 10 %. Prefiere estancias en el exterior, bajo la lluvia, entre abril y octubre. En invierno, cuando funcione la calefacción, pulverice el follaje una vez al día.
Riego: cada tres días, en verano, para conservar el sustrato siempre un poco húmedo. Cuando la temperatura descienda por debajo de 12 °C, basta con regar cada 10 o 12 días.
Trasplante: todos los años, en marzo, hasta usar macetas de 40 cm de diámetro. En lo sucesivo, sustituya 5 cm del sustrato superficial, en marzo y en septiembre.
Exigencias especiales: en plena tierra, el trachycarpus tolera una temperatura de -10 °C. Es la más rústica de todas las palmeras y puede medrar en el jardín.
Tamaño: hasta 3 m de alto, en maceta.
Multiplicación: mediante semillero, a 24 °C, en primavera; tras remojar las semillas, éstas germinan en dos meses.
Longevidad: más de 10 años, en maceta, a condición de que hiberne al fresco, si no, se seca rápidamente.
Plagas y enfermedades: ninguna, por lo general.
Especies y variedades: entre las seis especies conocidas de *Trachycarpus, T. fortunei* es la más cultivada; «Takyl» tiene el envés de las hojas casi blanco; «Wagnerianus», de hojas más cortas y porte más compacto; «Nanus» casi no forma estípite, hojas de 30 cm, y *T. Martianus,* un poco más sensible al frío, su aspecto es más exótico con largas palmas en forma de abanico, medio divididas.
Consejo: moje abundantemente el trachycarpus por la noche, tras el calor intenso.

Washingtonia filifera
WASHINGTONIA

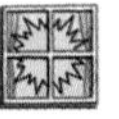

Palmera de estípite único, cuya parte superior está revestida de antiguas hojas secas.
Origen: California, Arizona, México.
Hojas: en la planta adulta, el estípite muy grueso presenta un ramo de grandes hojas en forma de abanico, provistas de fibras beis rizadas. Los pecíolos rígidos tienen temibles espinas.
Flores: las largas inflorescencias ramificadas, de color crema o rosado, sobresalen del ramo de hojas.
Luz: pleno sol, incluso en el caso de los individuos jóvenes. Un invernadero frío o una galería permiten el desarrollo completo de la washingtonia.
Sustrato: tierra de jardín ligera, mantillo de hojas y arena de río. La washingtonia siente predilección por los sustratos ligeramente alcalinos.
Abono: desde marzo hasta octubre, añada una vez al mes un abono líquido para plantas verdes.
Humedad ambiental: mínima del 40 %. Pulverice el follaje una vez al mes, para quitarle el polvo.
Riego: la washingtonia prefiere los sustratos más bien secos. En verano, riegue de media una vez por semana, pero con mucha abundancia; en invierno, limite los aportes de agua a una vez cada 10 o 15 días, según la temperatura ambiente.
Trasplante: todos los años, en primavera, a una maceta más honda que ancha.
Exigencias especiales: la washingtonia prefiere el aire libre. Sáquela al jardín o a la terraza, desde mayo hasta octubre. En plena tierra, tolera temperaturas de hasta -5 °C, lo que permite cultivarla en jardines de la costa mediterránea. Una parada vegetativa a 15 °C, como máximo, es indispensable, si no, el follaje se seca.
Tamaño: de 1 a 4 m, en maceta.
Multiplicación: mediante semillero, a 24 °C, en primavera, tras remojar las semillas toda la noche.
Longevidad: más de 10 años, en maceta y en invernadero.
Plagas y enfermedades: podredumbre de la yema apical; *Phitophthora* (podredumbre del cuello) si el sustrato es compacto o los riegos demasiado abundantes.
Especies y variedades: sólo se conocen dos especies de *Washingtonia. W. Robusta,* originaria del norte de México, es una palmera grácil, de estípite más bien fino y de corona más suelta. Es notable la ausencia casi completa de hebras en sus hojas. Las flores, de color rosa crema, pueden formar panículas de 3 m de largo. Es más sensible al frío que *W. filifera* (mínimo 8 °C).
Consejo: no instale la washingtonia cerca de un lugar de paso o al alcance de niños pequeños, ya que sus espinas pueden causar heridas.

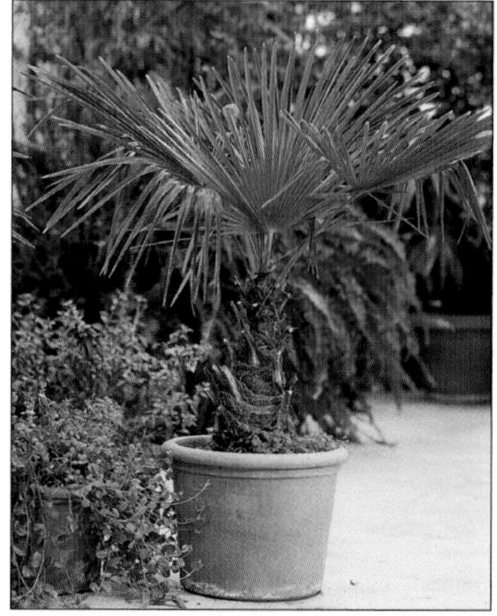

▲ *Trachycarpus fortunei:* la palmera menos sensible al frío.

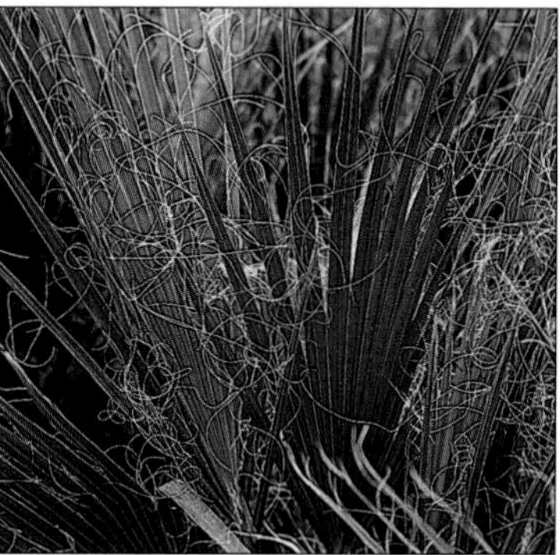

▲ *Washingtonia filifera:* de palmas desmelenadas.

Washingtonia robusta: armoniosa, pero un poco rígida. ▶

LAS CACTÁCEAS Y LAS PLANTAS CRASAS

Pese a su aspecto de erizo vegetal, cuya vestimenta punzante no muestra demasiado atractivo, el cacto ejerce un poder de seducción casi irresistible. ✱ Como todo lo que sabe a fruto prohibido, este ser huraño fomenta la curiosidad. ¿Por qué oscuros motivos la naturaleza dotó a ese cuerpo obeso, y con frecuencia deforme, de una armadura tan temible? Quizá porque una silueta globulosa sea la que ofrece la superficie exterior más reducida. ✱ Ahora bien, la mayor parte de los cactos vive en zonas áridas y desérticas, donde la supervivencia depende de la búsqueda y del ahorro del agua. ✱ Si el cacto es grueso, abultado y barrigón, se debe a que sus tejidos pueden llenarse de líquido en cuanto llueve. Su forma completamente redonda, abombada e hinchada, le sirve para ofrecer una superficie menor a la intensidad de los rayos del sol, que intentan robarle sus preciadas reservas acuosas. ✱ En cuanto a sus temibles púas, constituyen la evolución lógica del follaje, para reducir su superficie de contacto con el medio hostil, y, al mismo tiempo, una armadura muy eficaz para escapar del apetito de los herbívoros, que, en estas regiones, tienen muy poco que llevarse a la boca. ✱ Aunque el término «cacto» suele usarse de modo genérico, es preferible reservarlo sólo a las plantas de la familia de las cactáceas, las cuales, además, tienen todas un origen americano. Las otras, comúnmente llamadas «plantas crasas», deberían denominarse «suculentas», que significa «plantas ahítas de jugos», que es lo que son en realidad. ✱ Con estas bellezas del desierto, le invitamos a entrar en un mundo apasionante, donde formas y colores rivalizan por su carácter extraño para seducir, sin exigir demasiado. ✱

A

▲ *Acanthocalycium peitscherianum:* procede de Argentina.

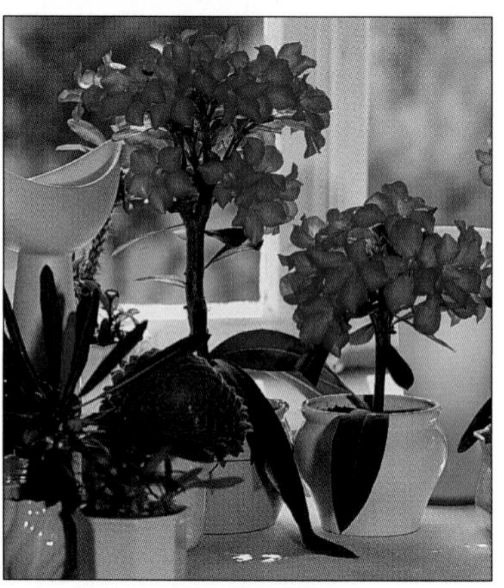
▲ *Adenium obesum:* una floración bellísima.

◀ *Aeonium tabuliforme:* originario de las islas Canarias.

Acanthocalycium spp. ACANTHOCALYCIUM

  25 °C 5 °C 

Pequeños cactos, clasificados en el género *Echinopsis*, muy apreciados por su floración.

Origen: regiones montañosas de Argentina.

Hojas: cada areola incluye de 5 a 10 púas radiales, de color pardo más o menos oscuro, que suelen rodear una púa central más larga.

Flores: diurnas, desde agosto hasta noviembre, rojas, naranjas, amarillas o blancas, según las especies.

Luz: pleno sol, incluso muy intenso.

Sustrato: mantillo, turba y arena gruesa.

Abono: entre mayo y agosto, realice tres aportes de abono líquido para cactáceas.

Humedad ambiental: en verano, vaporice ligeramente por la noche, tras el calor, para simular el rocío.

Riego: cada 15 días, desde marzo hasta mayo; una vez por semana, en verano; en seco, tras la floración.

Trasplante: cada dos años, en primavera.

Exigencias especiales: un cierto frescor invernal (10 °C) y mucha luz.

Tamaño: de 5 a 15 cm de alto y de ancho.

Multiplicación: mediante semillero, en caliente (20 °C), en bandeja con arena, al principio de la primavera.

Longevidad: de tres a ocho años, en casa.

Plagas y enfermedades: cochinillas.

Especies y variedades: *Acanthocalycium peitscherianum; A. Klimpelianum,* de flores blancas; *A. aurantiacum;* y *A. glaucum,* de un color amarillo anaranjado muy subido.

Consejo: coloque los cactos bajo un tragaluz orientado al sur, para que florezcan.

Adenium obesum ROSA DEL DESIERTO, ADENIUM

  24 °C 13 °C 

Planta crasa con caudex, con frecuencia deshojada.

Origen: este de África, sur de Arabia.

Hojas: de 8 a 12 cm de largo, caducas, ovaladas, presentes en el ápice de ramas desnudas.

Flores: solitarias o en ramos de 10 a 15 cm de diámetro, se parecen a las de la adelfa: rosas, rojas, blancas o bicolores.

Luz: pleno sol, con una buena ventilación.

Sustrato: tierra de jardín, arena y turba rubia.

Abono: dos o tres veces, durante el verano, añada un abono líquido para plantas crasas o cactáceas.

Humedad ambiental: más bien reducida.

Riego: cada 10 o 15 días, desde marzo hasta septiembre; una vez al mes, en octubre, noviembre y febrero; manténgala en seco entre diciembre y enero.

Trasplante: en primavera, cada dos años.

Exigencias especiales: el reposo invernal.

Tamaño: 20 cm, a los 5 años; 50 cm, a los 10 o 12 años.

Multiplicación: mediante semillero, a 20 °C, por esqueje de tallo sin hojas, en verano, con calor de fondo.

Longevidad: más de 10 años, en invernadero frío.

Plagas y enfermedades: pulgones.

Especies y variedades: entre las cinco especies conocidas, sólo se cultiva la más común, *Adenium obesum.*

Consejo: la savia, que aparece cuando se poda la planta, puede causar irritaciones en la piel. Evite cualquier contacto con los ojos.

Aeonium spp. AEONIUM

  24 °C 5 °C 

Plantas suculentas de hojas agrupadas en rosetas circulares. Tallos con frecuencia contorneados.

Origen: islas Canarias y cuenca del Mediterráneo.

Hojas: de 10 a 20 cm de largo, perennes, espatuladas, lisas o ciliadas, de color verde o púrpura.

Flores: en primavera, racimos de color amarillo, rosa, rojo o blanco, agrupados en el centro de las rosetas.

Luz: directa, sin ser muy intensa, sobre todo en el caso de las variedades de follaje púrpura.

Sustrato: sustrato para cactáceas bastante rico.

Abono: entre septiembre y marzo, añada tres o cuatro veces un abono líquido para cactáceas.

Humedad ambiental: 50 % como mínimo. Si el tiempo es seco, la planta se muestra más proclive a las cochinillas.

Riego: una a tres veces al mes, durante el invierno, la primavera y el otoño; en seco, en verano.

Trasplante: anual, en primavera.

Exigencias especiales: respete un reposo veraniego (la estación seca de su medio natural).

Tamaño: de 30 a 60 cm, en casa; hasta 1,20 m, en la galería o al aire libre.

Multiplicación: mediante semillero, a 20 °C, en primavera, por esquejado de rosetas, en verano.

Longevidad: la roseta o la planta que acaban de florecer se marchitan durante la maduración de las semillas, como mínimo al final del tercer año.

Plagas y enfermedades: pulgones y cochinillas.

Especies y variedades: *Aeonium arboreum,* el más espectacular; «Atropurpureum» de hojas púrpuras; «Schwartzkopf», casi negro; «Albovariegatum», de bordes color crema con reflejos rosas; y *Aeonium tabuliforme,* con rosetas planas, de hojas ciliadas.

Consejo: deje que el aeonium pase sed, ya que esto propicia la aparición de raíces aéreas sobre los tallos. Pode y trasplante el ápice de los tallos provistos de raíces, para obtener plantas nuevas.

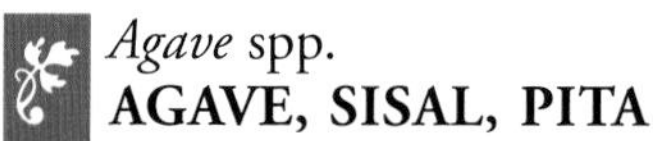

Agave spp. AGAVE, SISAL, PITA

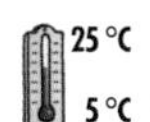

Plantas suculentas que forman una roseta regular y enormes tallos florales.

Origen: América Central, Antillas.

Hojas: alargadas, triangulares, más o menos ahuecadas, de bordes lisos o dentados. Terminan en una púa punzante (salvo *Agave attenuata*). En algunas especies, se observan manchas blancas, variegaciones marginales o centrales o un color azul o gris.

Flores: en forma de campanita o de embudo, agrupadas en inflorescencias sobre tallos, que pueden alcanzar varios metros de alto. La floración sólo aparece a una edad muy avanzada (mínimo 10 años).

Luz: abundante, pleno sol. Instale sus agaves al aire libre, desde mediados de mayo.

Sustrato: tierra de jardín, arena gruesa y turba.

Abono: durante el verano, realice dos o tres aportes de abono para cactáceas, bajo en nitrógeno.

Humedad ambiental: carece de exigencias especiales.

Riego: una vez al mes, en invierno; cada 7 o 10 días, en verano. Evite que el agua se acumule en el cogollo de las rosetas.

Trasplante: en abril, una vez al año, en el caso de las especies de crecimiento rápido; de lo contrario, cada dos años.

Exigencias especiales: una hibernación al fresco (8 °C) y un máximo de luz.

Tamaño: de 15 cm a 1,50 m de ancho.

Multiplicación: por separación y trasplante de hijuelos arraigados. Por esquejado de hijuelos no arraigados, en una mezcla de mantillo y un 80 % de arena gruesa. Mediante semillero, a 20 °C, al principio de la primavera.

Longevidad: los agaves son monocárpicos, es decir, la planta se muere tras la floración (tras 10 a 40 años).

Plagas y enfermedades: cochinillas de escudo.

Especies y variedades: entre las más de 200 especies que se conocen: *Agave americana,* de hojas azuladas; «Variegata», con bordes amarillos; «Mediopicta», señalado con una línea de color crema en el centro de las hojas; *A. stricta,* de hojas estrechas, repartidas en una bola perfecta; *A. victoriae-reginae* y *A. ferdinandi-regis,* con manchas blancas que surcan las hojas; *A. parviflora* y *A. filifera,* cubiertos de hebras blancas onduladas; *A. parryi,* de un magnífico gris azulado; *A. attenuata* carece de púas, su inflorescencia en forma de cuello de cisne es una auténtica maravilla; *A. ferox,* de hojas anchas que presentan terribles dientes de color pardo espinoso; *A. horrida,* de hojas elípticas, lanceoladas que tienen dientes punzantes; *A. ghiesbreghtii,* de hojas ovaladas, anchas, muy puntiagudas, con dientes blancos en los bordes; *A. pumila,* enano durante unos 10 años, de color gris verdoso con bordes blancos, cuya floración se desconoce; y *A. pigmae,* de hojas anchas, planas y con largos dientes blancos, parecidos a los de los tiburones.

Consejo: a la mayor brevedad, trasplante los agaves que acaba de comprar a una mezcla más rica, ya que suelen cultivarse en turba pura. Use una maceta de terracota de diámetro equivalente a la anterior. Espere a que aparezcan nuevos brotes antes de regar. No instale el agave en la terraza o cerca de los lugares de paso, su púa apical puede producir serias heridas. También puede suprimir esta punta o clavarle un tapón de corcho.

▲ *Agave americana* «Mediopicta»: bellamente variegado.

▲ *Agave filifera:* se adorna con filamentos blancos.

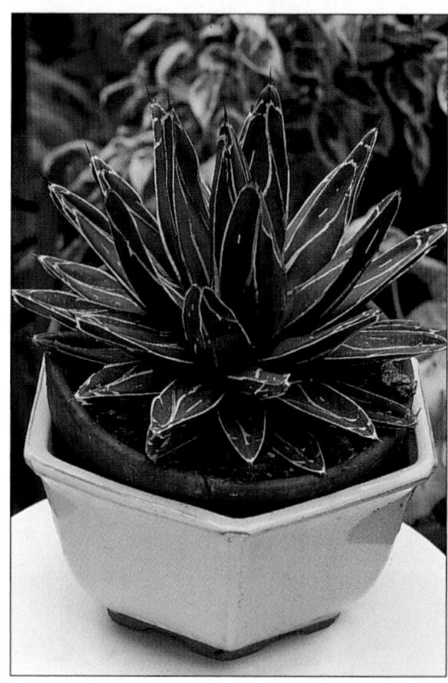

Agave victoriae-reginae: una roseta muy estética. ▶

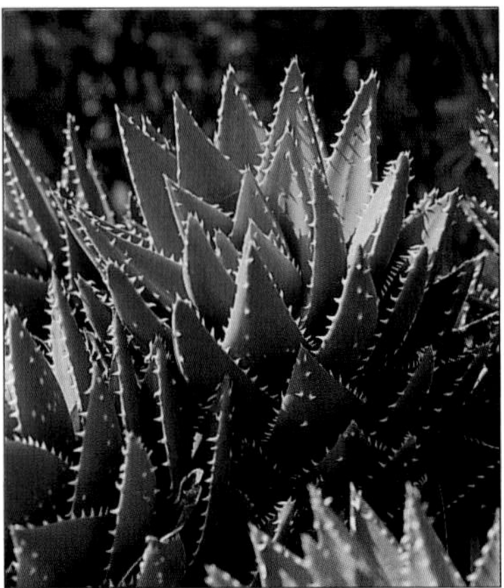

▲ *Aloe brevifolia:* forma matas compactas.

▲ *Aloe barbadensis* o *Aloe vera:* alcanza 50 cm de alto.

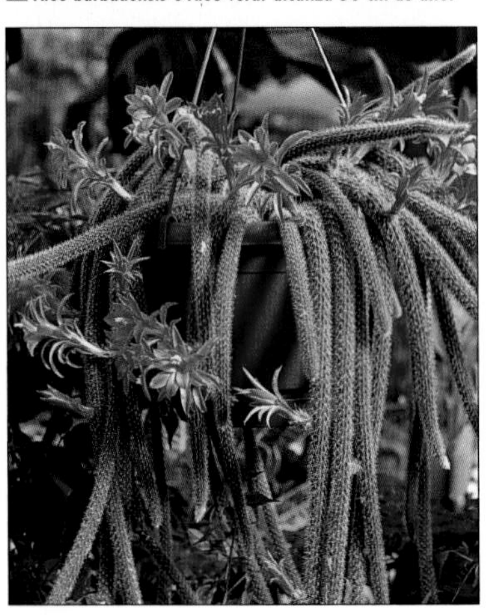

◀ *Aporocactus flagelliformis:* muy florífero colgado.

Aloe spp.
ALOE

Suculentas arbustivas, que forman rosetas un poco espinosas. Floración anual.

Origen: islas de Cabo Verde, África.

Hojas: largas, más o menos triangulares, están dispuestas sobre un tallo vertical, y pueden formar un auténtico tronco en el caso de algunas especies. Los bordes pueden ser lisos o estar provistos de dientes más o menos puntiagudos. De color verde o azuladas, las hojas también pueden ser jaspeadas o listadas, o presentar pequeñas pústulas blanquecinas.

Flores: tubulares, veraniegas, de color naranja, rojo, amarillo o verde y en espigas más o menos alargadas.

Luz: sol directo, no demasiado intenso.

Sustrato: tierra de jardín, arena gruesa y perlita.

Abono: no más de tres o cuatro aportes de abono líquido para cactáceas, durante el período de vegetación.

Humedad ambiental: reducida.

Riego: una vez por semana, durante el crecimiento; una a dos veces al mes, durante la parada.

Trasplante: según el crecimiento, todos los años o cada dos años, muy al principio de la primavera.

Exigencias especiales: en temporada de lluvias, evite que el agua se acumule en la base de las rosetas en las plantas colocadas en el exterior.

Tamaño: de 10 a 50 cm, en el caso de los aloes de interior comunes; hasta 2 m, en otros casos.

Multiplicación: mediante semillero, a 20 °C, en abril, en arena, o por separación de hijuelos laterales, en mayo.

Longevidad: de 5 a 20 años, en maceta, en casa.

Plagas y enfermedades: cochinillas de escudo.

Especies y variedades: *Aloe barbadensis* o *A. vera* de hojas gris verdoso, erguidas y con propiedades medicinales; *A. brevifolia,* con colonias de rosetas adornadas de punzoncitos blanquecinos; *A. variegata,* de rosetas listadas; y *A. erinacea,* con muchas espinas, blancas, pardas o negras.

Consejo: si las hojas de un aloe enrojecen, es síntoma de que el sustrato se ha empobrecido o secado demasiado. Es hora de trasplantar.

Aporocactus flagelliformis
APOROCACTUS

Cacto epifito de porte colgante, que forma bellas suspensiones muy floríferas.

Origen: bosques de altura de México.

Hojas: las agujas cortas se hallan repartidas alrededor de los tallos cilíndricos, menudos, de color verde grisáceo.

Flores: de color rosa oscuro a rojo purpúreo, se abren en primavera sobre los brotes del año anterior. En los individuos jóvenes, la floración se concentra en el ápice de la planta.

Luz: abundante, aunque sin sol directo. Se mantiene a la sombra, pero florece menos.

Sustrato: sustrato para cactáceas, enriquecido con un 10 % de fertilizante orgánico a base de estiércol y algas.

Abono: desde el final de la floración, añada una vez al mes un abono para tomateras, rico en potasio.

Humedad ambiental: no dude en pulverizar cuando la temperatura supere los 20 °C.

Riego: cada 6 o 10 días, durante el crecimiento; cada 15 o 20 días, en invierno.

Trasplante: cada dos años, en primavera.

Exigencias especiales: este cacto prefiere los lugares despejados y bien ventilados.

Tamaño: más de 1 m de largo.

Multiplicación: mediante semillero, en primavera, a 20 °C, de los pequeños frutos formados tras la floración. En verano, por esquejes de extremos de tallos.

Longevidad: más de 10 años, en casa.

Plagas y enfermedades: cochinillas.

Especies y variedades: *Aporocactus flagelliformis,* de flores dobles de color rosa oscuro; y *A. martianus,* de flores rojo anaranjado.

Consejo: pode la tercera parte de los brotes más largos para favorecer la floración.

Ariocarpus spp.
ARIOCARPUS

Sorprendentes cactos sin espinas, que forman una estrella coriácea. Están protegidos en su medio natural.

Origen: sur de Texas y México.

Hojas: planta afila (sin hojas). Los órganos aéreos son tubérculos repartidos en roseta, en torno a una raíz subterránea voluminosa.

Flores: diurnas, blancas, amarillas, rojas o rosas, en otoño, en el centro de las rosetas.

Luz: abundante, si es posible, pleno sol.

Sustrato: añada entre un 20 y un 30 % de yeso triturado a un sustrato comercial para cactáceas.

Abono: no fertilice.

Humedad ambiental: lo más reducida posible.

Riego: una vez, en verano; cada 15 o 20 días, al principio del otoño, que corresponde al período de crecimiento. Mantenga en seco durante el invierno.

Trasplante: cada tres o cinco años, a una maceta honda para que la raíz pueda desarrollarse bien.

Exigencias especiales: el ariocarpus prefiere los suelos bastante calcáreos y teme a la humedad.

Tamaño: el crecimiento es desesperantemente lento: ¡15 cm de diámetro a los 50 años!

Multiplicación: mediante semillero. Las semillas necesitan una gran diferencia de temperatura entre el día y la noche para brotar. Espere tres años antes de repicar.

Longevidad: más de 20 años, si permanece en seco.

Plagas y enfermedades: cochinillas.

Especies y variedades: se han registrado seis especies: *Ariocarpus retusus,* de tubérculos verde grisáceo y flores blancas; *A. fissuratus,* de tubérculos muy ceñidos en torno a la corona y flores rosas; y *A. trigonus,* de largos tubérculos triangulares, de color pardo chocolate.

Consejo: los ariocarpus sembrados necesitan más de 10 años para florecer. Un injerto sobre *Pereskiopsis* logra una floración tras tres años, pero la planta suele deformarse.

Astrophytum spp.
ASTRÓFITO, ASTROPHYTUM

Estas cactáceas, de forma muy compacta y estrellada, presentan grandes flores muy espectaculares.

Origen: sur de Texas, México.

Hojas: agujas pardas, más o menos quebradizas, rígidas o encorvadas. Dos especies, así como varios híbridos, no presentan púas.

Flores: de 5 a 10 cm de diámetro, diurnas, amarillas, aparecen desde la primavera hasta el verano en el ápice del cacto. Fruto escamoso y velloso.

Luz: abundante, si es posible, pleno sol.

Sustrato: añada aproximadamente un 10 % de granito triturado a una mezcla de arena gruesa y mantillo de hojas.

Abono: una vez al mes, desde abril hasta septiembre, añada un abono para cactáceas pobre en nitrógeno.

Humedad ambiental: lo más reducida posible.

Riego: dos veces al mes, desde marzo hasta septiembre; deje en seco durante el otoño y el invierno.

Trasplante: cada dos años, los individuos jóvenes; cada tres o cuatro años, las plantas adultas.

Exigencias especiales: para un crecimiento regular, los astrófitos prefieren una luz vertical (procedente de un tragaluz).

Tamaño: *Astrophytum ornatum* y *A. capricorne* alcanzan los 30 cm de alto; el resto, 15 cm.

Multiplicación: mediante semillero, en primavera, a más de 20 °C, el brote se produce en 48 h.

Longevidad: más de 20 años, en seco y al fresco.

Plagas y enfermedades: cochinillas de escudo.

Especies y variedades: el género *Astrophytum* abarca seis especies y muchos híbridos. *A. myriostigma* es el más apreciado por su forma de bonete de obispo, su carencia de espinas, su bello color plateado y sus enormes flores de color amarillo claro; *A. ornatum,* de espinas cortas en el ápice, muestra una coloración plateada con puntos más o menos marcados, según los individuos; *A. capricorne,* curioso por sus espinas encorvadas, que parecen envolver el tallo, enormes flores en forma de embudo, de color amarillo, con cogollo rojo y perfumadas; var. *minus,* cubierto de polvillo blanco, no rebasa los 12 cm de alto, y *Astrophytum asterias,* que parece un esqueleto de erizo de mar, grisáceo, sin espinas. Se embellece con injertos. Existen muchos híbridos.

Consejo: aunque tienen una forma más bien redondeada en su infancia, los astrófitos acaban por alargarse y adoptar una forma en columna. Algunos *Astrophytum ornatum* adquieren una silueta con zarcillos, especialmente notable. Sea paciente, la mayor parte de los astrófitos florecen a los 10 años.

▲ *Ariocarpus retusus:* un cacto estrellado, sin espinas.

▲ *Astrophytum myriostigma:* de flores excepcionales.

Astrophytum ornatum: espera 10 años para florecer. ▶

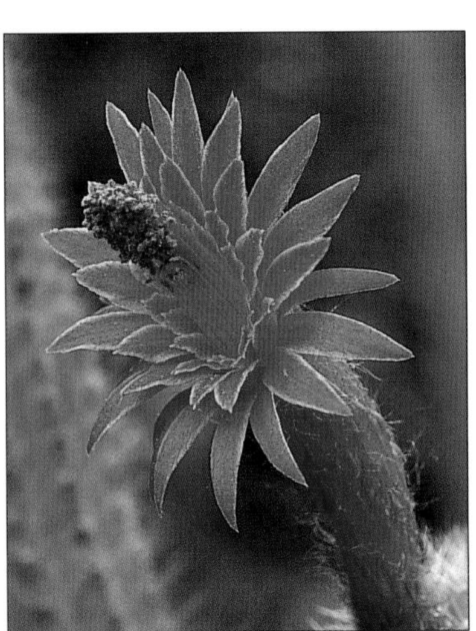

▲ *Borzicactus roseiflorus:* originario de los Andes.

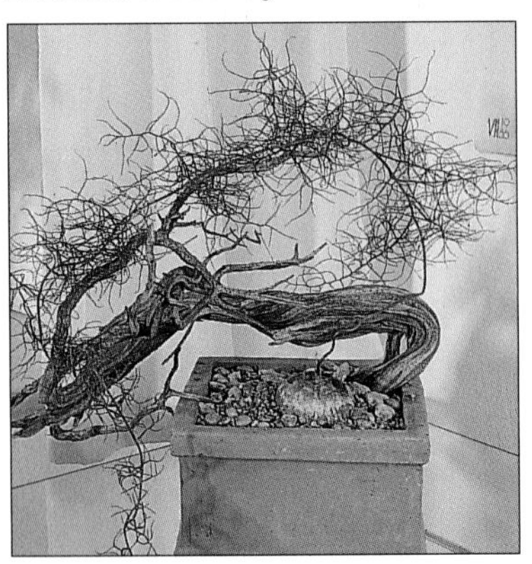

◀ *Bowiea volubilis:* una planta de aspecto muy extraño.

Borzicactus spp.
BORZICACTUS

Curioso cacto de tallos cilíndricos erguidos o rastreros. Se clasifica entre los *Oreocereus*.

Origen: Perú, Chile.

Hojas: púas amarillentas, de 1 a 4 cm de largo, en las areolas. Suman de 8 a 40 radiales y de 1 a 3 centrales.

Flores: de 5 a 8 cm de diámetro, diurnas, veraniegas, rojas o rosas, a veces tubulares.

Luz: pleno sol o semisombra ligera.

Sustrato: sustrato para cactáceas y un 20% de arena.

Abono: durante el trasplante, incorpore un abono granulado para cactáceas o para rosales.

Humedad ambiental: reducida, pero ventile bien.

Riego: cada 15 días, desde abril hasta septiembre; una vez al mes, en otoño; muy poco, en invierno.

Trasplante: en abril, cada dos años; una vez al año, las especies rastreras o colgantes.

Exigencias especiales: en verano, una estancia en el jardín favorece la floración.

Tamaño: de 60 cm a 3 m, según las especies.

Multiplicación: en semillero, a 20 °C, en primavera.

Longevidad: de 7 a 15 años, en casa.

Plagas y enfermedades: cochinillas.

Especies y variedades: *Borzicarpus roseiflorus,* de porte rastrero y flores de color rosa lila; y *B. celsianus,* cubierto de vello blanco, flores de color rosa púrpura.

Consejo: elija macetas más anchas que profundas, a fin de garantizar una buena estabilidad a los borzicactus, cuyo porte suele ser extendido.

Bowiea volubilis
BOWIEA

Curiosas plantas crasas, de la familia de las liliáceas, que forman un bulbo más o menos enterrado.

Origen: Suráfrica.

Hojas: efímeras y minúsculas (1 mm), aparecen muy al principio de la vegetación; luego, caen, en cuanto crecen los tallos verdes finísimos, en forma de espiral y deshojados.

Flores: diurnas, de seis pétalos de color blanco verdoso, casi insignificantes, en verano.

Luz: intensa, aunque sin sol directo.

Sustrato: sustrato estándar para cactáceas.

Abono: una o dos veces, durante la vegetación, añada un abono para cactáceas, diluido a la mitad.

Humedad ambiental: ambiente seco, en invierno.

Riego: cada 10 días, aproximadamente, sólo si el tallo, o alguno de ellos, se encuentra presente.

Trasplante: cada dos años, en primavera.

Exigencias especiales: uno o varios tutores permitirán que las ramas volubles se desplieguen sin formar un mocárabe confuso.

Tamaño: hasta 2 m de largo, en maceta.

Multiplicación: por trasplante de las divisiones del bulbo. Mediante semillero, a 22 °C, en primavera.

Longevidad: más de 10 años, los individuos más grandes con un bulbo extraño son los más decorativos.

Plagas y enfermedades: cochinillas y pulgones.

Especies y variedades: *Bowiea volubilis* consigue formar un «seudobonsái», muy decorativo.

Consejo: cubra la superficie de la maceta con un lecho de grava clara, a fin de realzar la parte aérea verde del bulbo. Procure no mojar el bulbo (podredumbre de las capas externas).

Cephalocereus senilis
CACTO SENIL, CABEZA DE VIEJO

El cacto erguido presenta una vellosidad blanca, concentrada a veces solamente en el ápice.

Origen: México (Hidalgo, Guanajuato).

Hojas: púas grises quedan ocultas por pelos de color blanco plateado de aspecto sedoso.

Flores: nocturnas, de color blanco amarillento o amarillo pálido, en verano, se forman sobre un «cephalium».

Luz: pleno sol, todo el año.

Sustrato: sustrato estándar para cactáceas, con un 25% de caliza finamente triturada.

Abono: desde marzo hasta septiembre, añada una vez al mes un abono líquido para cactáceas.

Humedad ambiental: ambiente muy seco, sobre todo en invierno.
Riego: una vez por semana durante el crecimiento, ningún aporte en invierno.
Trasplante: cada dos años, en primavera.
Exigencias especiales: aprecia una luz vertical (procedente de un tragaluz).
Tamaño: 30 cm en 10 años.
Multiplicación: en semillero, a 20 °C, en marzo o abril.
Longevidad: varios siglos en la naturaleza.
Plagas y enfermedades: cochinillas en las raíces.
Especies y variedades: *Cephalocereus senilis* es la más conocida de las tres especies del género.
Consejo: con la ayuda de un secador de pelo (regulado en la posición de aire frío), quite el polvo regularmente de los pelos blancos. Lávelos y péinelos para devolverles un bello aspecto sedoso.

Cereus spp. CÉREO

Grandes cactos erguidos, en forma de cirio, que se caracterizan por el color azulado de algunas especies y por las flores de enorme diámetro.
Origen: Argentina, sur de Brasil, Uruguay.
Hojas: largas púas punzantes, formando grupos de 4 o de 10, sobre areolas a veces vellosas.
Flores: nocturnas, en forma de copa o de embudo, desde junio hasta septiembre, alcanzan los 25 cm.
Luz: si es posible, pleno sol.
Sustrato: sustrato común para cactáceas.
Abono: desde mayo hasta septiembre, añada un abono líquido para cactáceas una vez al mes.
Humedad ambiental: reducida, pero ventile bien.
Riego: dos a tres veces al mes, desde la primavera hasta el principio del otoño. Consérvelo casi seco en invierno.
Trasplante: cada dos o tres años, eligiendo una maceta muy estable, ya que los individuos adultos son pesados.
Exigencias especiales: aumente la acidez del sustrato, añadiendo un 15 % de turba rubia.
Tamaño: de 1 m a 1,5 m aproximadamente, en 10 años.
Multiplicación: mediante semillero, a 20 °C, o por esquejes de brotes laterales jóvenes, en primavera.
Longevidad: de 20 a 30 años de media.
Plagas y enfermedades: cochinillas.
Especies y variedades: entre las 25 especies conocidas, *Cereus peruvianus (C. urugayanus)* y, sobre todo, su forma «Monstruosus», de silueta contorneada, es el más cultivado; *C. Azureus* tiene tallos azules.
Consejo: una hibernación al fresco (10 °C) es indispensable para conseguir una floración.

Ceropegia linearis FUENTE DE CERA, CEROPEGIA

Plantita suculenta de tallos menudísimos.
Origen: Suráfrica, Zimbabwe.
Hojas: de 1 a 2 cm de largo, opuestas, gruesas, de color gris verdoso por el haz y púrpura por el envés.
Flores: de 1 a 2 cm de largo, en forma de linterna, solitarias, de color verde rosado, en verano.
Luz: intensa, aunque sin sol directo.
Sustrato: tierra franca, turba y mantillo de hojas a partes iguales, con un 15 % de arena gruesa.
Abono: en primavera y en verano, añada tres o cuatro veces un abono para cactáceas, diluido a la mitad.
Humedad ambiental: del 40 al 50 %, no más.
Riego: dos o tres veces al mes, en primavera y en verano; cada 20 a 30 días, durante el invierno.
Trasplante: cada tres o cuatro años. La ceropegia gusta de permanecer apretada en una pequeña maceta.
Exigencias especiales: ¡cuidado! Los tallos son muy quebradizos. ¡Vigile con los excesos de agua!
Tamaño: hasta 1,20 m.
Multiplicación: mediante semillero, a 20 °C, en primavera. En el caso de *Ceropegia woodii*, por separación de los bulbillos, que se forman a lo largo de los tallos en contacto con el suelo.
Longevidad: renueve la planta cada cinco años.
Plagas y enfermedades: pulgones y ácaros.
Especies y variedades: *Ceropegia linearis* spp. *Woodii*, «la fuente de cera», cuyas hojas jaspeadas de gris parecen ensartadas como perlas en tallos finos.
Consejo: cultive la ceropegia colgada o en el borde de una jardinera. Sus tallos colgarán con gracia de la maceta.

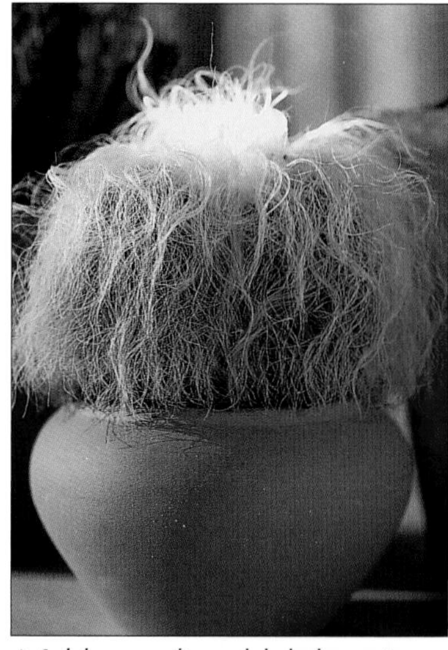

▲ *Cephalocereus senilis:* como la barba de un anciano.

▲ *Cereus peruvianus* «Monstruosus»: de flores gigantes.

Ceropegia linearis: de tallos muy delicados y colgantes. ▶

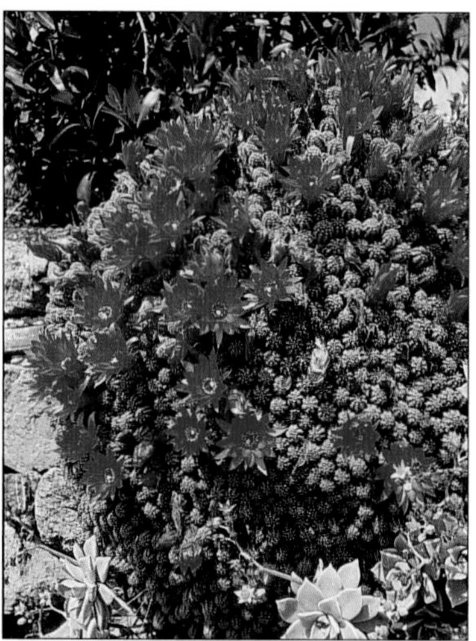

▲ *Chamaecereus silvestrii:* un cojín muy florífero.

▲ *Cleistocactus stausii* var. *fricii:* sedoso pero punzante.

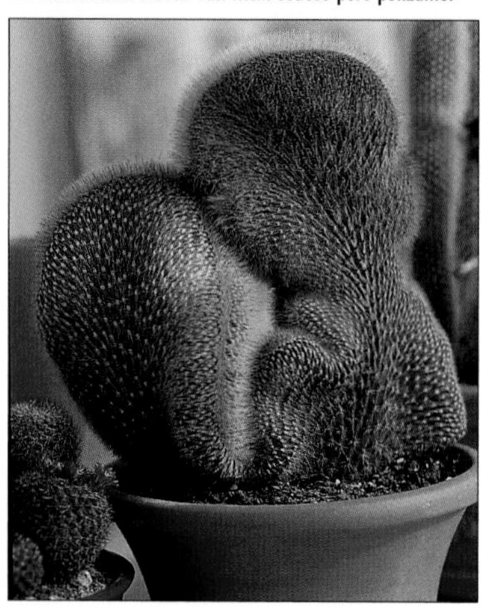

◀ *Cleistocactus jujuyensis:* de flores tubulares cerradas.

Chamaecereus silvestrii
CHAMAECEREUS

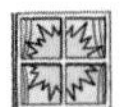  

24 °C
5 °C

Cacto enano, que forma una mata compacta. También se llama *Echinopsis chamaecereus, Cereus silvestris* y *Lobivia silvestris.*

Origen: Argentina (Salta, Tucumán).

Hojas: de 10 a 15 agujas frágiles, de color pardo, sostenidas por areolas sobre tallos de color verde pálido.

Flores: diurnas, en verano, en forma de embudo de 5 a 7 cm de largo, de color rojo anaranjado.

Luz: pleno sol, parte del día.

Sustrato: sustrato comercial para cactáceas.

Abono: desde abril hasta septiembre, añada una vez al mes un abono líquido para cactáceas.

Humedad ambiental: ambiente seco, sobre todo en invierno.

Riego: cada 7 o 10 días, durante el período de crecimiento; cada 15 o 20 días, en invierno.

Trasplante: cada dos años, a una maceta ancha.

Exigencias especiales: evite zarandear la planta, ya que los tallos son muy quebradizos.

Tamaño: de 30 a 50 cm de ancho.

Multiplicación: mediante semillero, a 21 °C, en primavera, o por separación de brotes laterales jóvenes.

Longevidad: al menos 10 años, en maceta.

Plagas y enfermedades: cochinillas.

Especies y variedades: *Chamaecereus silvestris* es la única especie de este género, clasificada por los botánicos entre los *Echinopsis.*

Consejo: para destacar el color de los tallos, cubra la superficie del sustrato con una capa de guijarros blancos finos.

Cleistocactus spp.
CLEISTOCACTUS

25 °C
10 °C

Cactus columnar, erguido o postrado, cuyas flores tubulares no se abren.

Origen: Perú, Bolivia, Paraguay, Argentina, Brasil y Uruguay, hasta 3000 m de altura.

Hojas: púas blancas, beis o doradas, forman un revestimiento denso sobre los tallos, confiriendo el color dominante del cacto.

Flores: diurnas, en verano, la mayor parte de las veces tubulares, o en forma de embudo, rojas, naranjas o rosas, en individuos de, al menos, cuatro años.

Luz: pleno sol, todo el año.

Sustrato: sustrato comercial para cactáceas.

Abono: desde abril hasta septiembre, añada una vez al mes un abono para cactáceas, diluido a la mitad.

Humedad ambiental: ambiente seco, sobre todo durante el invierno.

Riego: semanal en primavera y en verano, ningún aporte de agua durante el invierno.

Trasplante: en marzo, una vez al año, los individuos jóvenes; cada dos años, los adultos.

Exigencias especiales: disponga una buena capa de grava drenante en el fondo de las macetas.

Tamaño: de 50 cm a 1,50 m, en maceta.

Multiplicación: mediante semillero, a 20 °C, en primavera, o por esquejes de ápices de tallos, en verano.

Longevidad: al menos cinco u ocho años, en maceta.

Plagas y enfermedades: pulgones y podredumbre.

Especies y variedades: el género *Cleistocactus* incluye 50 especies. *C. strausii,* de tallos de 4 a 5 cm de grosor, verticales, que parecen revestidos de pelos blancos, flores rosas; *C. brookei,* extendido, parecido a una serpiente, flores naranjas; y *C. jujuyensis,* de púas blancas y flores tubulares rojo claro.

Consejo: sólo el cultivo en pleno suelo, en un invernadero, garantiza una floración abundante.

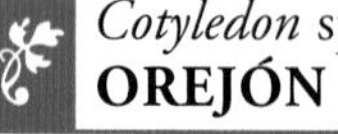

Cotyledon spp.
OREJÓN

24 °C
7 °C

Planta suculenta, que se reconoce por sus grandes hojas en forma de cuchara. Algunas especies se encuentran vinculadas al género *Adromischus.*

Origen: desde Arabia hasta Suráfrica.

Hojas: carnosas, gruesas, redondeadas, de color gris azulado o verde, lisas o vellosas, según las especies. Siempre se encuentran dispuestas por pares.

Flores: alargadas, a veces tubulares, naranjas, rojas o amarillas, agrupadas en panículas apicales, por lo general, al final del verano.

Luz: abundante, aunque evite el sol directo.
Sustrato: sustrato para cactáceas con un 15 % de tierra de jardín, para las especies de hojas lisas, o un 20 % de grava para los orejones de hojas vellosas.
Abono: desde abril hasta septiembre, añada cada 15 días un abono para cactáceas, diluido a la mitad.
Humedad ambiental: la normal de la habitación, durante el verano; ambiente muy seco en invierno, sobre todo en el caso de las especies vellosas.
Riego: una vez por semana, desde abril hasta septiembre; sin agua desde noviembre hasta enero. Una vez cada 15 días, el resto del año.
Trasplante: en marzo, a una maceta ancha.
Exigencias especiales: no moje las hojas, si no quiere provocar podredumbres.
Tamaño: de 30 a 70 cm de alto y de ancho.
Multiplicación: fácil por esquejes de tallos o de hojas, al principio del verano.
Longevidad: no más de tres o cinco años.
Plagas y enfermedades: cochinillas y podredumbre.
Especies y variedades: el género *Cotyledon* incluye nueve especies. *C. orbiculata,* de grandes hojas plateadas, más o menos bordeadas de rojo a pleno sol; *C. undulata,* de hojas con borde ondulado, y *C. tomentosa* y *C. ladysmithensis,* de hojas en forma de «pata de oso», gruesas, revestidas con una fina pelusilla, muy sensibles a los excesos de agua.
Consejo: aísle el cuello de las plantas de la humedad, cubriendo la superficie del sustrato con una ligera capa de grava fina. Es conveniente eliminar algunas hojas si desea destacar la bonita silueta de *Cotyledon orbiculata.*

Crassula spp. CRÁSULA

Plantas suculentas, muy carnosas, de porte arbóreo, parecidas a los bonsáis.
Origen: Asia, Madagascar, Suráfrica.
Hojas: de 3 a 7 cm de largo, opuestas, ovaladas, lanceoladas, en forma de rombo, gruesas, plateadas, de color plúmbeo o verde, según las especies.
Flores: de 1 a 3 cm de diámetro, tubulares o estrelladas, agrupadas en ramos de color blanco rosado en los ápices de las ramas, desde el final del verano hasta el invierno.
Luz: abundante para las crásulas de hojas plateadas; semisombra para las de hojas verdes.
Sustrato: arena de río, turba rubia, tierra de jardín y mantillo de hojas a partes iguales.
Abono: cada 15 días, desde abril hasta septiembre, añada un abono para cactáceas, diluido a la mitad.
Humedad ambiental: aprecia la sequía.
Riego: una vez por semana, desde abril hasta septiembre; completamente en seco, entre diciembre y enero; cada tres semanas, entre estos dos períodos.
Trasplante: anual, en primavera, a fin de conseguir un crecimiento bastante rápido.
Exigencias especiales: cubra la superficie de la maceta con una capa de grava, para evitar la podredumbre de las ramas bajas en contacto con el sustrato.
Tamaño: de 10 cm a 2 m, según las especies.
Multiplicación: fácil por esquejes de hojas o de tallos en verano. Cuando la atmósfera es muy seca, los tallos producen raíces de modo natural, lo que facilita el esquejado.
Longevidad: hasta 25 o 30 años, en maceta.
Plagas y enfermedades: cochinillas.
Especies y variedades: existen unas 150 especies de *Crassula. C. ovata,* una forma arbórea de tronco poderoso y hojas con bordes rojos; *C. arborescens,* arbórea, de hojas más grandes plateadas, bordeadas de rojo violáceo; *C. falcata,* de hojas alargadas, parecidas a hojas de puñal, inflorescencias naranjas y voluminosas; *C. tetragona,* mata compacta, de tallos cilíndricos que presentan hojas alargadas; *C. schmidtii,* con numerosas florecitas rosas; *C. lycopodioides,* de largos tallos, con hojas triangulares imbricadas, y *C. marnieriana,* compacta, enana, que produce la impresión de un collar de perlas carnosas ensartadas en el tallo.
Consejo: puede reunir varias crásulas de desarrollo reducido en una sola maceta grande, para componer un conjunto matizado en el ámbito de los colores y de las formas. Cultive las especies más grandes aisladas en una bella vasija de barro, para destacar su sorprendente silueta.

▲ *Cotyledon undulata:* de hojas gruesas y azuladas.

▲ *Crassula lycopodioides:* tallos finos en forma de serpiente.

Crassula arborescens: una mata muy ramificada. ▶

E

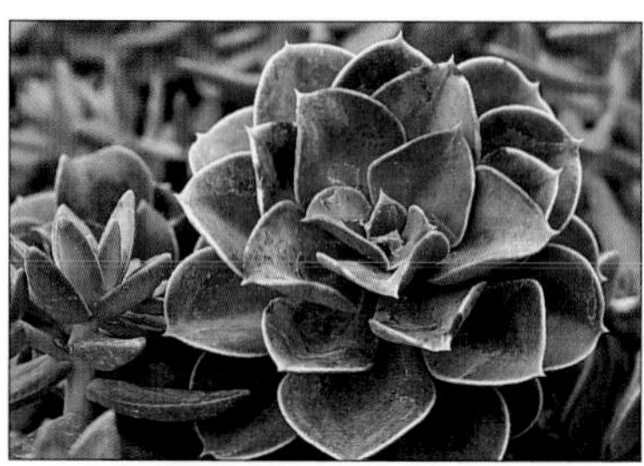

▲ *Echeveria gibbiflora* var. *metallica*: un púrpura azulado.

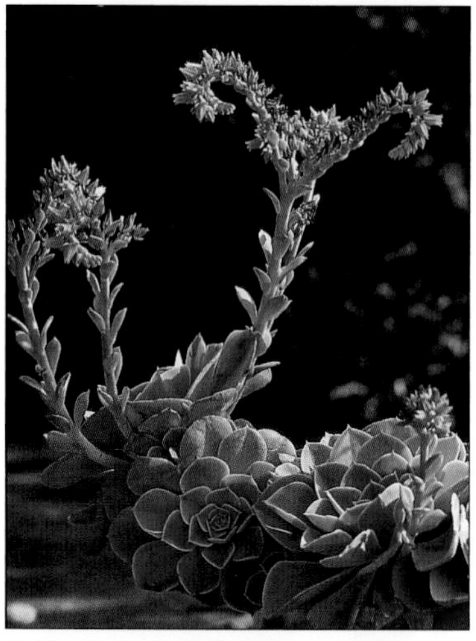

▲ *Echeveria derenbergii*: de rosetas muy compactas.

◀ *Echeveria setosa*: cubierta de suave terciopelo.

Echeveria spp.
ECHEVERIA

Llamadas popularmente «alcachofas», algunas de estas suculentas se usan en mosaicultura.

Origen: Texas, México, cordillera de los Andes.

Hojas: triangulares o en forma de rombo alargado, huecas, abultadas o de sección casi cilíndrica; lisas, cubiertas de polvillo, o muy velludas.

Flores: en forma de campanillas o de embudo, de color amarillo o naranja, las flores se agrupan en el ápice de un tallo, en primavera o en verano.

Luz: aprecia el pleno sol todo el año.

Sustrato: tierra franca, mantillo y grava fina o sustrato comercial para cactáceas.

Abono: desde abril hasta septiembre, añada una vez al mes un abono para cactáceas, diluido a la mitad.

Humedad ambiental: las especies vellosas prefieren lugares muy secos. Nunca vaporice.

Riego: una vez por semana, desde mayo hasta el final de septiembre; dos veces al mes hasta mediados de noviembre; luego, una o dos veces en el transcurso del invierno.

Trasplante: en abril, una vez al año, a una maceta de 2 a 4 cm más ancha que la anterior.

Exigencias especiales: no riegue el follaje, ya que esto puede ocasionar podredumbres.

Tamaño: de 10 a 40 cm de alto y de ancho.

Multiplicación: mediante semillero, a 15-20 °C, al principio de la primavera, o por esquejes de hojas, en arena.

Longevidad: de tres a siete años. En algunas especies, la roseta principal muere tras la floración.

Plagas y enfermedades: cochinillas.

Especies y variedades: el género *Echeveria* incluye 150 especies, entre las cuales las más conocidas son: *E. glauca,* de hojas azules, se usa mucho en macizos de verano; *E. metallica,* de suntuoso color violáceo; *E. derenbergii* florece sobre todo en amarillo y constituye bellas matas compactas; y *E. setosa,* de hojas vellosas, de color verde suave en verano, que se sonrosan en invierno.

Consejo: coloque sus echeverias al aire libre hacia finales de mayo. Entierre la base de las macetas, así las plantas adoptarán bellas proporciones.

Echinocactus spp.
ASIENTO DE LA SUEGRA

Estos cactos esféricos son especialmente espinosos.

Origen: sudoeste de Estados Unidos, México.

Hojas: púas de color dorado, pardo o rojizo, reunidas sobre areolas más o menos vellosas, a lo largo de costillas muy nítidamente delimitadas.

Flores: diurnas, amarillas, rosas o rojas, según las especies, se abren en el ápice del cacto sobre una zona revestida de pelusilla.

Luz: pleno sol, todo el año.

Sustrato: sustrato comercial para cactáceas, con un 20 % de arena gruesa. Sustituya la superficie de la mezcla con una capa de grava, para evitar que el sustrato se pegue bajo las agujas durante el riego.

Abono: desde abril hasta septiembre, añada cada tres semanas un abono líquido para cactáceas.

Humedad ambiental: normal; una atmósfera muy seca acarrearía aplanamiento de las costillas durante el invierno.

Riego: una vez por semana, desde junio hasta septiembre; cada 15 días, en primavera, no administre casi nada de agua durante el invierno.

Trasplante: cada dos años. La operación es delicada debido a la densidad de las agujas punzantes.

Exigencias especiales: gire regularmente los echinocactus para que reciban una luz homogénea, lo que garantizará una forma equilibrada.

Tamaño: hasta 80 cm de diámetro (15 cm de alto y de ancho a los 10 años).

Multiplicación: mediante semillero, a 20 °C, en primavera.

Longevidad: a veces, hasta más de 100 años.

Plagas y enfermedades: cochinillas.

Especies y variedades: el género *Echinocactus* presenta entre 6 y 15 especies, según los botánicos. *E. grusonii,* de forma esférica regular, con agujas de color amarillo dorado; var. *albispina* posee púas blancas, y *E. parryi,* compacto, con púas larguísimas.

Consejo: quite una vez al mes el polvo que se acumula en las costillas de su echinocactus mediante un secador de cabello regulado en la posición «aire fresco». Durante el verano, exponga la planta a la lluvia de vez en cuando.

Echinocereus spp.
ECHINOCEREUS

Estos pequeños cactos sorprenden por el diámetro de sus flores. El género *Echinocereus* agrupa las plantas antiguamente llamadas *wilcoxia*.

Origen: sur y sudoeste de Estados Unidos, México.

Hojas: púas escasas o numerosísimas, según las especies. La mayor parte de las veces blancas, en ocasiones se tiñen de rojo o de rosa en los individuos jóvenes.

Flores: diurnas, en forma de estrellas que alcanzan a veces 15 cm de diámetro, amarillas, rosas, rojas o naranjas, las flores se abren en el ápice de los tallos, por lo general al principio del verano.

Luz: intensa y con mucho sol.

Sustrato: sustrato comercial para cactáceas.

Abono: desde abril hasta octubre, añada cada mes un abono para cactáceas, diluido a la mitad.

Humedad ambiental: el ambiente más seco posible.

Riego: cada 8 o 10 días, desde la primavera hasta el principio del otoño; cada tres semanas, durante el mal tiempo. Las especies más espinosas son muy propensas a la podredumbre.

Trasplante: cada dos años, cuidando de no dañar la mata.

Exigencias especiales: la floración sólo se produce en los individuos que se benefician de una temperatura siempre superior a los 10 °C.

Tamaño: unos 15 cm de alto a los 10 años.

Multiplicación: mediante semillero, a 21 °C, en primavera, o por esquejes de ápices de tallos, en verano.

Longevidad: hasta 40 o 50 años, incluso en maceta.

Plagas y enfermedades: cochinillas de escudo.

Especies y variedades: se han registrado 45 especies del género *Echinocereus*. *E. armatus,* de flores muy espectaculares, a veces incluso más grandes que el propio cacto; *E. triglochidiatus,* de bellas matas de hojas azuladas poco espinosas; *E. engelmanii,* de tallos cilíndricos con púas blancas y flores rosas, y *E. fendleri,* enano, globuloso, con flores violetas más anchas que el mismo cacto.

Consejo: deje que se acumulen los brotes en el pie para formar bellísimas matas, lo que produce un efecto sorprendente cuando empieza la floración.

Echinofossulocactus spp.
ECHINOFOSSULOCACTUS

Estos cactos presentan costillas onduladas, que les confieren mucha personalidad. *Stenocactus* es una denominación sinónima.

Origen: llanuras de México.

Hojas: púas parduscas, rojas o blancas, la púa central de una areola es más larga y más gruesa que las radiales.

Flores: diurnas, solitarias o agrupadas en ramos en el ápice de las plantas. De color blanco, amarillo, rosa o rojo, lisas o bicolores, aparecen en los individuos de más de 5 cm de diámetro.

Luz: intensa, pero no a pleno sol.

Sustrato: sustrato comercial para cactáceas aligerado con un 25 % de grava fina o arena gruesa.

Abono: desde abril hasta octubre, cada tres riegos, añada un abono líquido para cactáceas.

Humedad ambiental: lo más reducida posible.

Riego: cada dos semanas, únicamente en primavera y en verano. Hibernación totalmente en seco.

Trasplante: cada dos o tres años, a una maceta ancha para que las raíces se extiendan bien.

Exigencias especiales: vigile que se reparta regularmente la luz (tragaluz).

Tamaño: unos 15 cm a los 10 años.

Multiplicación: mediante semillero, a 21 °C, en primavera.

Longevidad: hasta 25 o 30 años, incluso en maceta.

Plagas y enfermedades: pulgones.

Especies y variedades: el género *Echinofossulocactus* cuenta con unas 30 especies. *E. crispatus* var. *esperaza,* con costillas muy onduladas de color verde oscuro, en contraste con las púas claras; *E. multicostatus* var. *lloydii,* de largas agujas blancas y sus bellísimas flores rosas; *E. albatus,* de largas púas centrales, flores de color blanco crema, y *E. crispatus,* de numerosas costillas onduladas, de color verde oscuro y flores rosa pálido.

Consejo: coloque estas «plantas joya» bien a la vista para que pueda observarse su atormentada y sorprendente silueta.

▲ *Echinocactus grusonii:* el «asiento de la suegra».

▲ *Echinocereus armatus:* de flores espectaculares.

Echinofossulocactus crispatus var. *esperaza:* muy original. ▶

▲ *Echinopsis* híbrido: de grandes flores muy coloreadas.

▲ *Echinopsis oxygona:* de flores de 15 cm de diámetro.

Echinopsis spp.
ECHINOPSIS, CARDO GLOBOSO

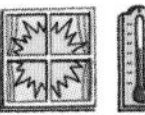

25 °C
5 °C

Estos cactos globulosos florecen incluso a muy tierna edad, desde primavera hasta el final del verano.

Origen: Argentina, Chile, Ecuador, Perú.

Hojas: el cuerpo acostillado presenta púas de tamaños y de colores variables.

Flores: grandes, estrelladas, de color blanco, amarillo, rojo o púrpura. Las flores son diurnas en los equinopsis que crecen en las alturas, nocturnas y de color blanco o rosa suave en las especies de llanura.

Luz: pleno sol, todo el año.

Sustrato: sustrato comercial para cactáceas.

Abono: desde abril hasta septiembre, añada una vez al mes un abono líquido para cactáceas.

Humedad ambiental: lo más reducida posible.

Riego: una vez por semana, desde la primavera hasta mediados del otoño; en seco, durante todo el invierno.

Trasplante: en abril, cada dos años.

Exigencias especiales: una estancia en el jardín, desde mayo hasta octubre, es muy provechosa.

Tamaño: de 10 a 50 cm, crecimiento lento.

Multiplicación: mediante semillero, a 21 °C, entre marzo y abril, por separación de hijuelos laterales, o por esquejes de brotes secundarios, en primavera.

Longevidad: de 10 a 15 años por lo menos.

Plagas y enfermedades: cochinillas.

Especies y variedades: *Echinopsis scopulicola,* uno de los más grandes, con frecuencia usado como patrón de injerto, inerme y flores de 15 cm de diámetro; *E. oxygona,* de grandes flores nocturnas de color blanco; *E. chamaecereus* var. *lutea,* de cuerpo de color blanco amarillento, debe injertarse necesariamente; *E. cardesiana,* enano, globuloso, de grandes flores de color rosa magenta; *E. eyriesii* var. *rosea,* de cuerpo cilíndrico con costillas muy marcadas, presenta púas pequeñísimas y flores rosas; *E. klingeriana,* globuloso, enano, flores blancas; *E. semidenudata,* apenas espinoso, flores nocturnas de color blancas.

Consejo: sólo una hibernación bajo condiciones térmicas muy bajas (de 5 a 10 °C) puede garantizar la floración.

◀ *Epiphyllum* «Peacolkii»: bello híbrido de grandes flores.

Epiphyllum spp.
EPIPHYLLUM

25 °C
10 °C

Cactáceas epifitas, que forman enormes flores, por las que reciben el nombre de «cactos orquídeas».

Origen: México, Argentina, Antillas.

Hojas: se trata en realidad de filóclados, tallos aplanados que realizan la fotosíntesis en lugar de las hojas. Largos y colgantes, entre dentados o almenados y sin espinas.

Flores: algunas especies se abren por la noche y desprenden un perfume exquisito e intenso. En los híbridos, las flores, de coloridos variados, permanecen abiertas varios días.

Luz: intensa, aunque sin sol directo.

Sustrato: turba rubia y mantillo de hojas.

Abono: desde abril hasta septiembre, añada cada 15 días un abono líquido para orquídeas.

Humedad ambiental: carece de importancia.

Riego: una a dos veces por semana durante el crecimiento; cada 8 o 10 días, en invierno.

Trasplante: cada dos o tres años, en primavera.

Exigencias especiales: una temperatura alta durante el verano propicia la floración de calidad.

Tamaño: varios metros. Los tallos demasiado largos se rompen y echan brotes enseguida.

Multiplicación: por esquejes de 20 a 25 cm de largo, entre junio y julio. Efectúe un corte sesgado de manera que forme un ángulo con el nervio central.

Longevidad: rejuvenezca las plantas, esquejándolas cada tres o cinco años.

Plagas y enfermedades: pulgones y cochinillas.

Especies y variedades: el género *Epiphyllum* cuenta con unas 20 especies. *E. crenatum* y *E. anguliger,* de grandes flores de color blanco crema, y *E. oxypetalum,* de flores blancas perfumadas. Se cultivan sobre todo híbridos como «Peacolkii», rojo subido, «Fantasy», rojo claro; «El Presidente», bermellón; «Tassel», rosa, etc. Algunos producen flores que superan los 30 cm de diámetro.

Consejo: asocie cactáceas epifitas con orquídeas; necesitan condiciones de cultivo similares y aprecian mucho las vaporizaciones regulares sobre el follaje en tiempo cálido.

Eriocactus spp.
ERIOCACTUS

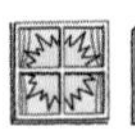 

Estos cactos en forma globulosa regular, de costillas bien marcadas, se agrupan entre los *Notocactus*, un género que actualmente se denomina *Parodia*.

Origen: Brasil, Uruguay, Paraguay.

Hojas: púas blanquecinas, de 8 a 10 mm de largo, en las areolas más o menos vellosas, a lo largo de las costillas.

Flores: diurnas, de color amarillo limón, aparecen en el ápice del cacto, en primavera o en verano.

Luz: intensa y a ser posible vertical (tragaluz). De lo contrario, gire regularmente la planta para que conserve una forma bien compacta.

Sustrato: sustrato comercial para cactáceas.

Abono: desde mayo hasta septiembre, efectúe tres o cuatro aportes de abono líquido para cactáceas.

Humedad ambiental: preferentemente bastante reducida.

Riego: una vez por semana, desde abril hasta septiembre; cada 15 o 20 días, durante el invierno.

Trasplante: cada dos años, en primavera.

Exigencias especiales: use una maceta más ancha que honda, ya que los eriocactus echan brotes y forman matas cada vez más bellas.

Tamaño: como máximo 30 cm de alto.

Multiplicación: mediante semillero, a 20 °C, en mayo.

Longevidad: a veces, hasta 80 o 100 años.

Plagas y enfermedades: cochinillas y pulgones.

Especies y variedades: *Eriocactus magnificus* forma globos de color verde grisáceo sobre los que resaltan mucho las costillas blancas.

Consejo: desde los primeros trasplantes, no dude en instalar su *Eriocactus magnificus* en una maceta más ancha de lo normal, para motivarlo a formar con rapidez una bella colonia.

Espostoa spp.
ESPOSTOA

Estos cactos erguidos, cubiertos de espinas vellosas, se ramifican y adoptan la forma de un candelabro.

Origen: Ecuador, Bolivia, montañas de Perú.

Hojas: muchas púas situadas en las areolas vellosas. La púa central es más larga.

Flores: nocturnas, blancas, amarillas o púrpuras, aparecen sobre un cefalio cuando las plantas alcanzan al menos 1 m de alto.

Luz: pleno sol, todo el año.

Sustrato: sustrato para cactáceas, con un 20 % de grava fina para mejorar el drenaje.

Abono: desde abril hasta septiembre, añada cada 15 días un abono líquido para cactáceas.

Humedad ambiental: reducida, sobre todo en invierno.

Riego: cada 8 o 10 días, en primavera y en verano; cada 15 días, en otoño y no más de uno o dos riegos ligeros, durante el invierno.

Trasplante: cada dos años, en primavera.

Exigencias especiales: una buena ventilación evitará que se deposite polvo entre las púas.

Tamaño: de 15 a 20 cm, hacia los 10 años.

Multiplicación: mediante semillero, a 20 °C, en primavera.

Longevidad: varios decenios en maceta.

Plagas y enfermedades: podredumbre de las raíces.

Especies y variedades: el género *Espostoa* incluye 10 especies. *E. lanata,* de bellas columnas blancas que pueden rebasar 2 m, en maceta. Se ramifican desde la base, y constituyen matas espectaculares. Flores blancas en los individuos de más de 1 m de alto, frutos rojos parecidos a fresones. Esta especie se encuentra en la naturaleza en compañía de bromelias. *E. melanostele,* más pequeña, más vellosa, con púas doradas, florece por la noche hacia la edad de 15 años aproximadamente. Puede resistir en pleno suelo una helada corta; *E. senilis,* completamente blanco, se ramifica mucho y se desarrolla como una mata, flores púrpuras, en verano.

Consejo: elimine el polvo de sus Epostoa de vez en cuando con un secador de pelo regulado en «aire fresco». Expóngalo al menos una vez durante el verano a una lluvia fina y tibia, de modo que se humedezcan naturalmente los pelos que revisten los tallos. Deje que la planta se seque perfectamente antes de meterla en casa. Cubra la superficie de las macetas con una fina capa de grava pequeña, a fin de evitar que se manche la base de los tallos con sustrato.

▲ *Epiphyllum* híbrido «Reward»: de flores enormes.

▲ *Eriocactus magnificus:* de areolas vellosas.

Espostoa melanostele: de púas de color amarillo dorado. ▶

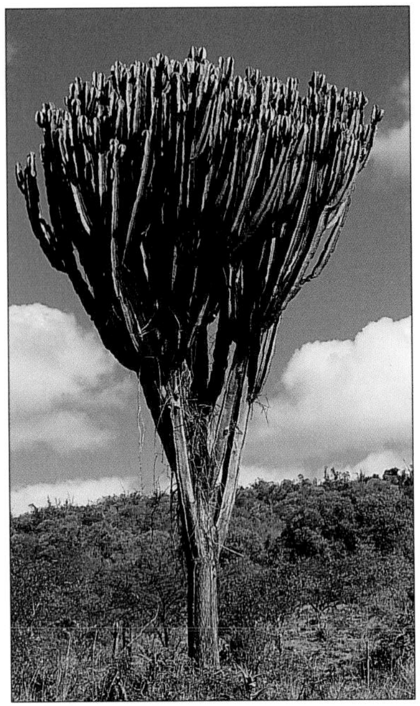

▲ *Euphorbia candelabrum.*

Euphorbia milii. ▼

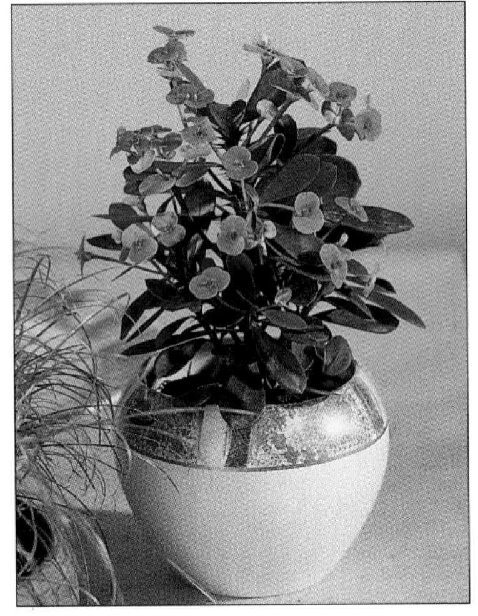

Euphorbia spp.
EUFORBIA

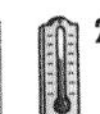

Las euforbias representan más de 2000 especies y adoptan apariencias muy diversas, parecidas a cactos, matorrales y árboles. Algunas son muy espinosas y otras completamente lisas. Muchas florecen de modo abundante, mientras que otras solamente abren sus flores de modo episódico. La floración permite reconocer los miembros de la familia de las euforbiáceas, así como el líquido blanco tóxico (látex), que fluye de cualquier mínima herida de un tallo o de una hoja.

Origen: en la mayor parte de las regiones tropicales y subtropicales, pero sobre todo en África.

Hojas: muchas especies presentan hojas auténticas, que se mantienen durante toda una temporada sobre la planta o sólo algunas semanas. Los tallos y sus excrecencias (las aristas) garantizan la función clorofílica. Las espinas se producen en la epidermis de los tallos y no son hojas transformadas en púas, como en las cactáceas.

Flores: lo que parece una flor es en realidad una inflorescencia especial, el «ciato». Se compone de auténticas flores (una hembra y varios machos que sólo tienen un estambre) y de brácteas (hojas transformadas), de diferentes tamaños e intensidades cromáticas. Ciertos ciatos suelen agruparse en una inflorescencia, también provista a veces de brácteas coloreadas, que segrega el néctar que atrae a los insectos que polinizan las flores. La floración dura mucho, a veces varios meses. Una euforbia no puede fecundarse a sí misma, por lo que hay que tener varias plantas de la misma especie, a fin de obtener semillas.

Luz: intensa. Las euforbias prefieren los lugares soleados. Las plantas de color claro y, en especial, las variedades de follaje variegado no soportan el sol muy intenso, pues les puede ocasionar quemaduras en la epidermis. Las euforbias arbóreas y las de crecimiento vertical se desarrollan mejor cuando la luz procede de arriba, en una galería o en una habitación provista de un tragaluz.

Sustrato: use un buen sustrato de trasplante con el que mezclará un 25 % de grava fina, a fin de aumentar la porosidad y el drenaje. En las plantas de gran tamaño, pesadas y, a veces, difíciles de estabilizar, incorpore guijarros al sustrato, de manera que el cepellón quede bien asegurado.

Abono: desde abril hasta septiembre, añada una vez al mes un abono para cactáceas. La fertilización regular da plantas más homogéneas.

Humedad ambiental: evite las atmósferas demasiado secas durante el invierno (aleje las plantas de los radiadores). En mayo, vaporice el follaje de sus euforbias con una llovizna fina y tibia, para limpiarlas bien; sin embargo, no las deje fuera varios días seguidos con tiempo húmedo. Una lluvia persistente puede ocasionar podredumbres.

Riego: una vez por semana, desde mayo hasta septiembre, a fin de alentar un crecimiento vigoroso. Aumente el ritmo de los riegos con la subida de la temperatura ambiente. En otoño y a partir del final del invierno, riegue solamente cada 15 días. De diciembre a febrero, riegue muy poco, justo lo necesario para impedir que los tallos se arruguen (alrededor de una vez al mes).

Trasplante: todos los años, en primavera, los indivi-

▼ *Euphorbia baumeriana:* muy espinosa.

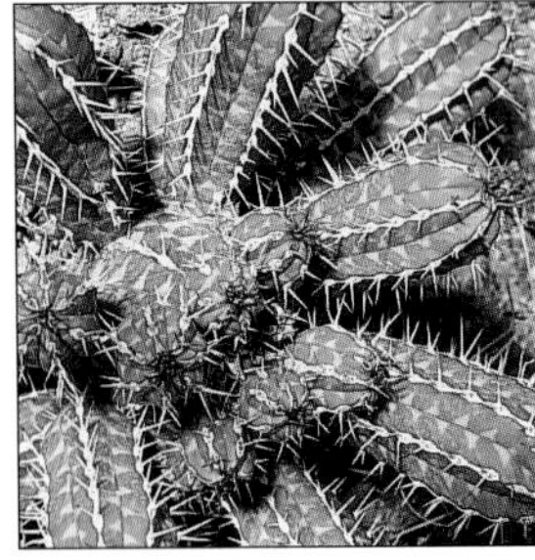

▼ *Euphorbia coerulescens:* en forma de mata.

▼ *Euphorbia neriifolia:* arbustiva.

▼ *Euphorbia resinifera:* tapizante.

▲ *Euphorbia echinus:* muy ramificada.

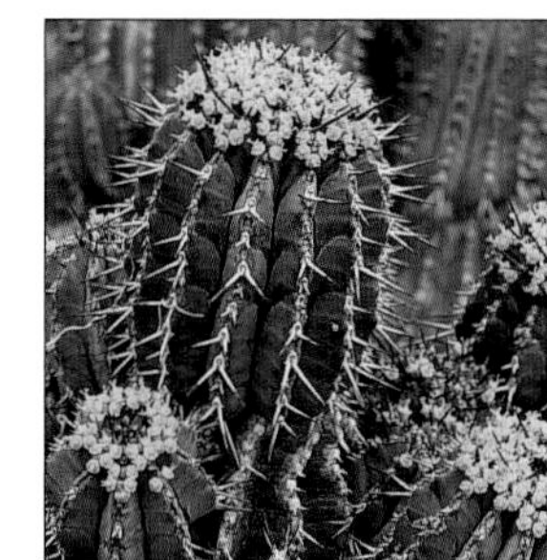
▲ *Euphorbia fruticosa:* de flores doradas.

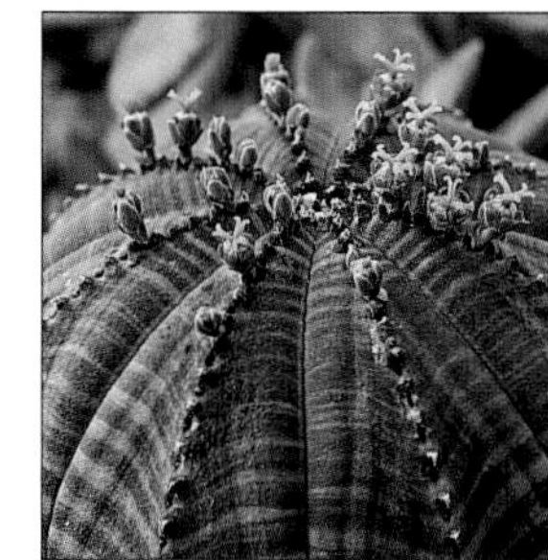
▲ *Euphorbia obesa:* una esfera rígida.

▲ *Euphorbia splendens:* muy florífera.

duos jóvenes cuyo crecimiento es vigoroso. Si el volumen de la maceta no permite compensar la altura o el desarrollo del individuo, afírmelo, depositando un trozo de ladrillo en el fondo de la maceta antes de introducir la planta.

Exigencias especiales: la homogeneidad de las temperaturas y el ritmo de riego favorecen un crecimiento regular. El crecimiento intermitente puede acarrear irregularidades en la silueta y afecta a la belleza de las plantas.

Tamaño: desde 15 cm de alto y de ancho, en los individuos globulosos, a 3 m, en maceta, en las especies arbóreas. Siempre pueden podarse los ejemplares demasiado voluminosos, aunque como consecuencia se produce una ramificación de los tallos y, con frecuencia, un crecimiento todavía más vigoroso de los nuevos brotes.

Multiplicación: como las semillas escasean, las euforbias se propagan por separación de hijuelos y por esquejado. Los esquejes se toman preferentemente del ápice de un tallo vigoroso y se cortan a la altura de un estrechamiento. Espere dos o tres días a que la herida del corte haya formado un callo de cicatrización, antes de ponerlos a arraigar en una maceta llena de una mezcla de turba y arena. Para detener el flujo de látex en las partes multiplicadas, vierta un poco de agua tibia o cúbralas con una fina película de pimienta molida.

Longevidad: varía con las especies, aunque generalmente pasa de 10 años, en casa, para alcanzar de 50 a 70 años en el mejor de los casos.

Plagas y enfermedades: las cochinillas se incrustan en las espinas o entre las costillas, es decir, en lugares inaccesibles. Se puede intentar eliminarlas con un cepillo de dientes impregnado de jabón de Marsella, repitiendo las limpiezas con regularidad. Un aumento de la humedad ambiental también contiene las invasiones, pero se ha de procurar no ocasionar la formación de podredumbres, que se instalan sobre todo en las «articulaciones» y en las ramificaciones.

Especies y variedades: entre las 2 000 especies con que cuenta el género *Euphorbia,* las tres quintas partes, es decir unas 1 200 especies, son plantas suculentas. Entre las más populares en cultivos se encuentran: *Euphorbia millii,* mata de tallos grises, más o menos ramificados, espinosos, que presentan hojas durante gran parte del año. Las flores, de color rojo, amarillo o rosa subido, se suceden desde abril hasta septiembre, var. *splendens,* más conocida por el nombre «corona de espinas», tiene un porte más postrado; *E. candelabrum* forma en África auténticos árboles que pueden alcanzar los 20 m de alto. En maceta, se muestra vigorosa y se ramifica bien, al igual que *E. canariensis,* cuyos tallos altos de color gris azulado se yerguen verticalmente. En maceta, *E. resinifera* y *E. submammillaris* forman grandes matas de pequeños tallos erguidos de color verde matizado de gris, provistos de espinas de 1 cm de largo, cuyo ápice se cubre de inflorescencias amarillas. Los tallos angulosos de *E. coerulescens* presentan un bello color verde azulado y terminan en inflorescencias de color amarillo subido; *E. baumeriana* y *E. echinus* se parecen más a los cactos, con sus tallos casi cilíndricos, más o menos verticales. Una de las más curiosas, *E. obesa,* forma un globo de 15 cm de diámetro completamente desprovisto de espinas y parecido a un melón; *E. trigona,* erguida y ramificada como un cereus, es fácil de reconocer por las hojas que crecen hacia el ápice de los tallos en primavera. Suele encontrarse disponible en varias variedades, entre las cuales, una magnífica forma variegada de color crema y otra rojo púrpura.

Consejo: las euforbias son plantas fascinantes por sus formas y su diversidad, pero el látex blanco que fluye si padecen cualquier herida puede ocasionar graves quemaduras en la piel de las personas más sensibles, así como lesiones oculares importantes al menor contacto con la retina. Evite cultivarlas donde jueguen los niños pequeños y procure colocar las especies espinosas lejos de las zonas de paso para no correr riesgos innecesarios.

Euphorbia tirucalli: una mata espinosa. ▶

Faucaria spp.
FAUCARIA

Plantas suculentas, que forman matas compactas de pequeñas rosetas, cuyas hojas gruesas y dentadas recuerdan a las mandíbulas.

Origen: Suráfrica (provincia de El Cabo).

Hojas: semicilíndricas o triangulares, gruesas, provistas de dientecillos en los bordes.

Flores: amarillas, diurnas, parecidas a margaritas, las flores aparecen en otoño, en medio de rosetas de dos años de edad.

Luz: pleno sol, para un porte muy tupido.

Sustrato: sustrato comercial para cactáceas.

Abono: desde abril hasta septiembre, añada una vez al mes un abono para cactáceas, diluido a la mitad.

Humedad ambiental: más bien bastante reducida.

Riego: cada 15 días, desde abril hasta octubre; cada seis semanas, durante el invierno.

Trasplante: anual, en primavera.

Exigencias especiales: procure no mojar la base de las hojas durante los riegos.

Tamaño: de 10 a 15 cm, hacia los 10 años.

Multiplicación: por separación de rosetas arraigadas. Por esquejes de hojas o de fragmentos de tallos.

Longevidad: de tres a cinco años, en maceta, en casa.

Plagas y enfermedades: podredumbre y pulgones.

Especies y variedades: *Faucaria tigrina,* de tallos bordeados de largos dientes flexibles; *F. tuberculosa,* con pequeños tubérculos blancos sobre las hojas.

Consejo: disponga una capa de pequeños guijarros oscuros sobre la maceta, a fin de aumentar un poco la temperatura del sustrato durante la primavera, lo que propiciará la floración otoñal.

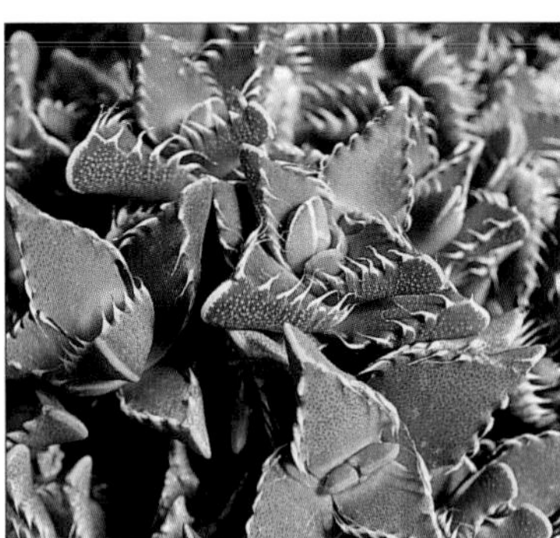

▲ *Faucaria tigrina:* de hojas bordeadas de dientes flexibles.

▲ *Ferocactus pilosus:* de púas muy punzantes.

Ferocactus spp.
FEROCACTUS

Como su nombre indica, estos cactos redondeados presentan agujas temibles.

◀ *Ferocactus acanthodes:* en verano, flores acampanadas.

Origen: sur de Estados Unidos, México, Guatemala.

Hojas: púas situadas en las areolas a lo largo de las costillas. Blanquecinas o rosadas, suelen encorvarse en el ápice.

Flores: en forma de corona, de color amarillo, naranja, rosa o púrpura, se encuentran cerca de la parte superior durante el verano.

Luz: cerca de una ventana por la que entre el sol.

Sustrato: sustrato comercial para cactáceas, con un 15 % de grava fina.

Abono: añada un abono líquido para cactáceas una vez al mes, entre abril y septiembre.

Humedad ambiental: no presenta problemas.

Riego: cada 15 días, desde abril hasta septiembre; una vez al mes en otoño; interrumpir en invierno.

Trasplante: cada dos años, en primavera.

Exigencias especiales: durante la floración, los ferocactus segregan una sustancia para atraer a las hormigas, que transportan el polen de una planta a la otra. Limpie este «pegamento» tras la floración, a fin de evitar la aparición de moho.

Tamaño: 15 cm de alto, a los 10 años.

Multiplicación: mediante semillero, a 15 °C, en primavera.

Longevidad: varios decenios.

Plagas y enfermedades: cochinillas.

Especies y variedades: el género *Ferocactus* cuenta con unas 30 especies: *F. pilosus,* de grandes espinas cerca de la base; *F. wislizenii,* vigoroso, de flores de color naranja y soberbias púas rojizas encorvadas; *F. latispinus,* de púas pardas anchísimas, sobre costillas regulares bien marcadas; *F. stainesii,* de púas finísimas, de color rojo subido; *F. chrysacanthus,* muy punzante, con púas encorvadas, de color amarillo dorado; *F. emoryi,* cuya púa central alcanza los 10 cm de largo y flores rojas, y *F. glaucescens,* de color verde glauco, con púas amarillo claro y flores amarillas.

Consejo: trate a los ferocactus con precaución durante los trasplantes, sin dañar las agujas, que no vuelven a crecen si se rompen.

Gasteria spp.
GASTERIA

 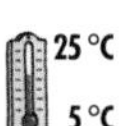 

Plantas suculentas, cuyas hojas coriáceas parecen «lenguas de gato».

Origen: Namibia, Suráfrica.

Hojas: alargadas, estrechas, entre redondeadas y de extremo puntiagudo, de color verde oscuro o con franjas plateadas, a veces adornadas de pequeños tubérculos blanquecinos o plateados, muy rígidas.

Flores: en forma de campanillas colgantes, anaranjadas o rojizas, aparecen en espigas o en pequeñas panículas.

Luz: intensa, aunque debe protegerlas del sol directo.

Sustrato: sustrato comercial para cactáceas.

Abono: desde abril hasta septiembre, añada una vez al mes un abono para cactáceas, diluido a la mitad.

Humedad ambiental: carece de importancia.

Riego: una vez a la semana, desde mayo hasta septiembre; una vez al mes, en octubre, noviembre, marzo y abril; totalmente en seco, de diciembre a febrero.

Trasplante: en abril, cada dos o tres años.

Exigencias especiales: quite las hojas secas en la base de las plantas, a fin de que no sirvan de refugio a las cochinillas o los pulgones.

Tamaño: máximo 30 cm, en todas direcciones.

Multiplicación: fácil por división de matas o por separación de hijuelos, a mediados de primavera.

Longevidad: más de 10 años, en maceta, en casa.

Plagas y enfermedades: pulgones (poco frecuentes).

Especies y variedades: *Gasteria obtusa,* de largas hojas en forma de «lenguas de gato», más o menos plateadas; *G. batesiana,* de hojas más puntiagudas; *G. beckeri,* de hojas anchísimas por la base, en forma triangular y *G. carinnata* var. *verrucosa,* de hojas apiladas las unas sobre las otras, adornadas con miles de puntitos blancos.

Consejo: componga bellas macetas juntando las gasterias con plantas más redondas: *Echeveria* o *Pachyphytum oviferum.*

Gymnocalycium spp. GYMNOCALYCIUM

Estos pequeños cactos globulosos, de costillas abolladas, producen grandísimas flores sedosas, que les confieren todo su encanto. La yema floral está cubierta de escamas. Grandes frutos ovoides.

Origen: sur de Brasil, Argentina, Uruguay, Paraguay, Bolivia.

Hojas: púas, la mayor parte de las veces ligeramente encorvadas y de color claro, contrastan con el verde oscuro, aceituna o pardusco del tallo.

Flores: de 4 a 7 cm de diámetro, situadas en el ápice del cacto. De color rosa, rojo o blanco rosado, son diurnas y aparecen entre mayo y agosto.

Luz: intensa, aunque sin sol directo. En la naturaleza, estos cactos viven bajo otras plantas.

Sustrato: sustrato comercial para cactáceas.

Abono: una vez al mes, de abril a septiembre añada un abono para cactáceas, diluido a la mitad.

Humedad ambiental: ambiente bastante seco durante el invierno.

Riego: cada 7 o 10 días, en primavera y en verano, una vez al mes, en otoño; interrumpir en invierno.

Trasplante: en abril, cada dos o tres años.

Exigencias especiales: las flores necesitan una luz intensa para abrirse bien.

Tamaño: 25 cm de alto por 40 cm de ancho constituyen el máximo (10 cm de media).

Multiplicación: mediante semillero, a 20 °C, al final del invierno, o por separación de hijuelos, en primavera.

Longevidad: algunos ejemplares, que forman auténticas colonias, pueden durar más de 80 años.

Plagas y enfermedades: cochinillas.

Especies y variedades: se cuentan alrededor de 70 especies de *Gymnocalycium. G. multiflorum,* de flores grandísimas, en el ápice de un globo recortado en segmentos regulares y poco espinoso; *G. ragonesi,* uno de los más floríferos, produce varias flores blancas a la vez; *G. baryanum* presenta tres a cinco púas muy grandes y encorvadas, de flores blanco nacarado; *G. bicolor,* con grandes areolas vellosas, flores de color rosa crema, con sombreados más oscuros; *G. capillaense,* aplanadísimo, enterrado en parte, con cinco púas muy grandes y flores de color blanco rosado; *G. tilcarense,* bastante grande (30 cm), púas negras y grises, flores de color blanco rosado, y *G. mihanovichii,* muy conocido en sus formas de tallos rojos («Red Top»), rosas, amarillos, violetas o blancos; se trata de mutaciones desprovistas de clorofila, que deben injertarse sobre otros cactos columnares para que puedan desarrollarse.

Consejo: las formas coloreadas necesitan pleno sol para garantizar el desarrollo y riegos más frecuentes.

▲ *Gasteria beckeri:* de hojas gruesas y triangulares.

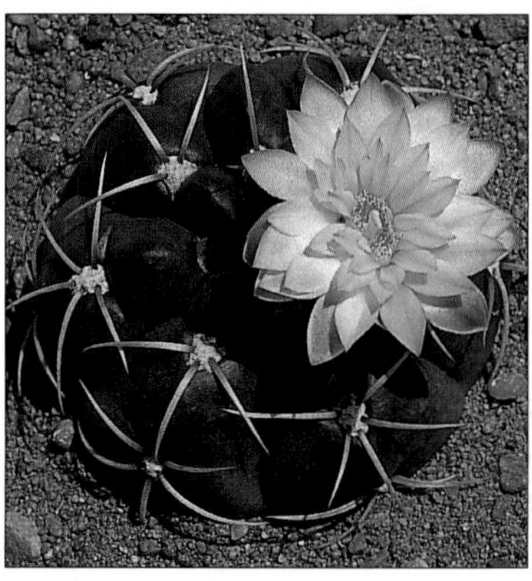

▲ *Gymnocalycium multiflorum:* una floración con encanto.

▲ *Gymnocalycium ragonesii:* con flores de largos tubos.

Gymnocalycium mihanovichii: cactos multicolores. ▶

H

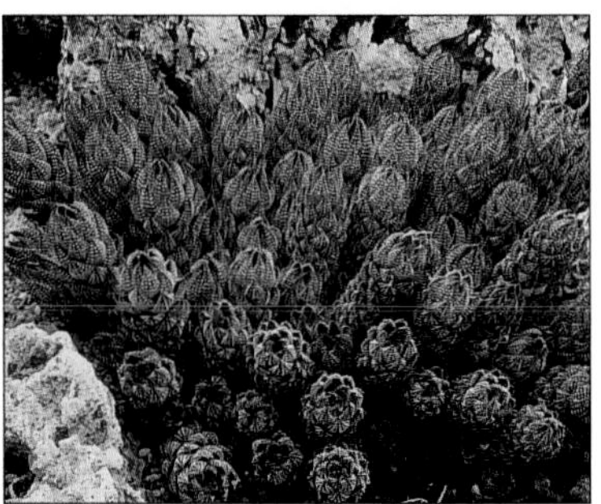
▲ *Haworthia chalwinii:* una forma enana, bastante rara.

▲ *Haworthia mutica:* sus hojas forman triángulos perfectos.

Haworthia spp. HAWORTHIA

La mayoría de estas plantas tan populares parecen agaves o áloes en miniatura, aunque existen especies de aspecto extraño.

Origen: Suráfrica, Namibia.

Hojas: muy variables; alargadas y puntiagudas, triangulares y gruesas, en forma de escamas aguzadas, o parecidas a piedras. Las hojas están más o menos imbricadas en rosetas sobre los tallos cortos, o en forma de manguito sobre los tallos largos. Muchas están adornadas de rugosidades blancas.

Flores: pequeñas y blancas, se abren entre mayo y junio, sostenidas por pequeños tallos florales.

Luz: intensa, pero no a pleno sol.

Sustrato: arena de río, turba rubia y mantillo de hojas, en una mezcla a partes iguales.

Abono: desde abril hasta septiembre, añada una vez al mes un abono para cactáceas, diluido a la mitad.

Humedad ambiental: carece de importancia.

Riego: una vez por semana, desde primavera hasta mediados de otoño; cada dos o tres semanas, durante la temporada de mal tiempo.

Trasplante: en primavera, cada dos o tres años.

Exigencias especiales: las *Haworthia* son plantas muy resistentes, evite los excesos de agua y los sustratos demasiado compactos.

Tamaño: de 5 a 15 cm de alto y hasta 60 cm a 1 m de ancho las formas vigorosas.

Multiplicación: muy fácil por separación de rosetas jóvenes, desde principios de mayo hasta mediados de agosto.

Longevidad: las rosetas se marchitan a veces tras la floración, pero los hijuelos las regeneran.

Plagas y enfermedades: cochinillas.

Especies y variedades: *Haworthia attenuata* y *H. fasciata,* muy parecidas con sus hojas triangulares estriadas de color blanco; *H. aspe-rula, H. venosa, H. cymbiformis, H. cuspidata, H. emelyae, H. mutica, H. retusa* y *H. tessellata,* de hojas largas y gruesas, dispuestas en estrellas y bien pegadas al suelo. *H. chalwininii* y *H. coarctata,* de brotes alargados y flexibles, que recuerdan los de algunos sedum. *H. pumila, H. venosa* y *H. cymbiformis* forman matas que pueden alcanzar 1 m de diámetro. *H. maughanii* y *H. truncata,* de hojas truncadas, parecidas a dientes de elefante, viven medio enterradas.

Consejo: use las haworthias más vigorosas como planta tapizante al pie de una yuca de interior o de una planta crasa de gran tamaño; son muy estéticas.

◀ *Haworthia fasciata* var. *clariperla:* la más extendida.

Hoodia spp. HOODIA

Estas asclepiadáceas bastante raras forman tallos erguidos de color verde grisáceo.

Origen: Suráfrica (Karoo, provincia de El Cabo), Angola, Namibia, Botswana.

Hojas: espinas solitarias se desarrollan en el ápice de tubérculos duros y llenan los tallos de pinchos.

Flores: una ancha corola simple y clara, moteada de color amarillo, de pardo o de rojo, se abre en verano en el ápice de los tallos, y desprende un olor a carne descompuesta (polinización por moscas).

Luz: pleno sol, atenuado durante las horas calurosas.

Sustrato: sustrato comercial para cactáceas.

Abono: desde abril hasta octubre, añada una vez al mes un abono líquido para cactáceas.

Humedad ambiental: lo más reducida posible.

Riego: una vez cada 10 o 15 días, desde abril hasta septiembre; una vez al mes, el resto del tiempo.

Trasplante: en abril, cada dos años.

Exigencias especiales: evite las temperaturas inferiores a 10 °C, ya que favorecen la podredumbre.

Tamaño: de 20 a 45 cm, en maceta.

Multiplicación: mediante semillero, a 20 °C, en primavera, o por injerto sobre *Stapelia* o tubérculo de *Ceropegia.*

Longevidad: hasta 30 o 40 años.

Plagas y enfermedades: ninguna.

Especies y variedades: *Hoodia passiflora,* de grandes corolas en forma de copa de color rosa viejo; *H. gordonii,* de bellos tallos azulados rastreros y luego verticales.

Consejo: la dosificación ligera del riego y un ambiente seco son la clave del éxito.

Huernia spp.
HUERNIA

Estas asclepiadáceas rastreras forman extrañas flores en forma de estrellas, de colores insólitos.

Origen: desde Etiopía hasta Suráfrica.

Hojas: reducidas a escamas, que caen en cuanto se han desarrollado.

Flores: las corolas, en forma de estrellas de cinco puntas, están adornadas de estrías o de punteados muy originales. Situadas en la base de los brotes jóvenes, a ras del suelo, las flores desprenden un olor nauseabundo para atraer a los insectos que polinizan.

Luz: evite el pleno sol tras un cristal.

Sustrato: turba rubia, arena y mantillo de hojas

Abono: desde abril hasta septiembre, añada una vez al mes un abono para cactáceas, diluido a la mitad.

Humedad ambiental: lo más reducida posible.

Riego: cada 15 días, en primavera y en verano; una vez al mes en otoño y al principio de la primavera; interrumpa el riego durante el invierno.

Trasplante: en abril, cada dos o tres años.

Exigencias especiales: macetas anchas y poco hondas permiten a las huernias extender sus raíces y formar bellas matas.

Tamaño: hasta 15 cm de alto.

Multiplicación: mediante semillero, a 22 °C, en abril, o por esquejes de tallos, desde mayo hasta julio, en miniinvernadero.

Longevidad: más de 10 años, las matas se regeneran constantemente formando hijuelos.

Plagas y enfermedades: nada que señalar.

Especies y variedades: *Huernia zebrina,* de flores con rayas púrpuras; *H. striata,* de flores verde jade, con rayas rojo violáceo; *H. quinta* y *H. humilis,* de flores en torno al centro de la corola. La forma de la flor cambia con el paso de los días dependiendo de que las puntas salgan o se encorven hacia atrás. *H. aspera,* de florecitas pardo rojizo, poco olorosas, y *H. hystrix,* muy espinosa, de flores de color púrpura muy oscuro tirando a rojo violáceo.

Consejo: en casa, es mejor cultivar las huernias en un invernadero, debido al olor de descomposición tan nauseabundo que desprenden sus flores abiertas.

Hylocereus spp.
HYLOCEREUS

Grandes cactos con frecuencia trepadores, de tallos triangulares poco espinosos. Las flores nocturnas son polinizadas por murciélagos.

Origen: América Central, Antillas.

Hojas: los tallos presentan a veces areolas sobre las que se insertan púas muy cortas.

Flores: de 20 a 30 cm de diámetro, con frecuencia perfumadas, amarillas o blancas, en verano.

Luz: indirecta o tamizada, pero bastante intensa.

Sustrato: tierra de brezo fibrosa o una mezcla de turba, mantillo de hojas y arena de río.

Abono: desde abril hasta octubre, añada una vez al mes un abono líquido para orquídeas.

Humedad ambiental: al menos del 50%, desde mayo hasta septiembre, vaporice cada dos días con agua blanda a temperatura ambiente. En invierno, limite las pulverizaciones a una o dos veces por semana.

Riego: cada tres o cuatro días, en primavera y en verano, sin que el sustrato quede impregnado de agua. Una vez por semana, en otoño y en invierno.

Trasplante: en abril, cada dos años.

Exigencias especiales: ha de preverse un soporte para los largos tallos sarmentosos. Un bonito encañado de bambúes es ideal.

Tamaño: 1 a 2 m de alto, incluso en maceta.

Multiplicación: por esquejes de tallo, en miniinvernadero, a 25 °C, en primavera.

Longevidad: poco más de cinco años, en maceta; más de 10 años, en el suelo, en invernadero.

Plagas y enfermedades: cochinillas.

Especies y variedades: el género *Hylocereus* cuenta con 25 especies, entre las cuales las más conocidas son: *H. purpusii,* trepador, de grandes flores con el centro blanco y de contorno amarillo, y *H. undatus,* epifito, muy ramoso, flores enormes, amarillas por el exterior y blancas en el centro.

Consejo: la floración sólo es realmente importante en los individuos de más de cinco años, cultivados directamente en el suelo, en un invernadero templado. Los frutos, rosas o rojos, son comestibles.

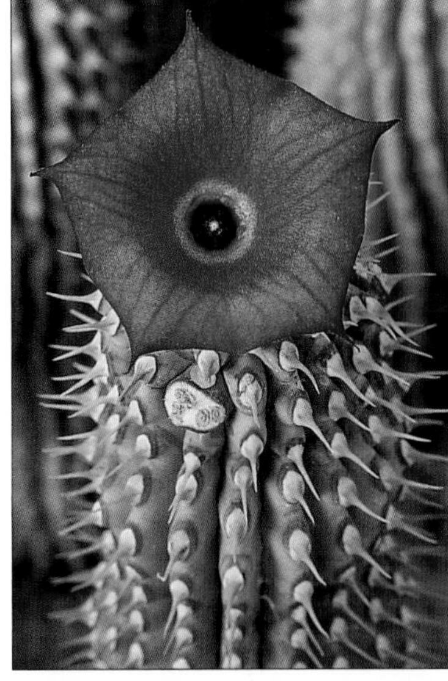
▲ *Hoodia passiflora:* **flores en forma de copas sorprendentes.**

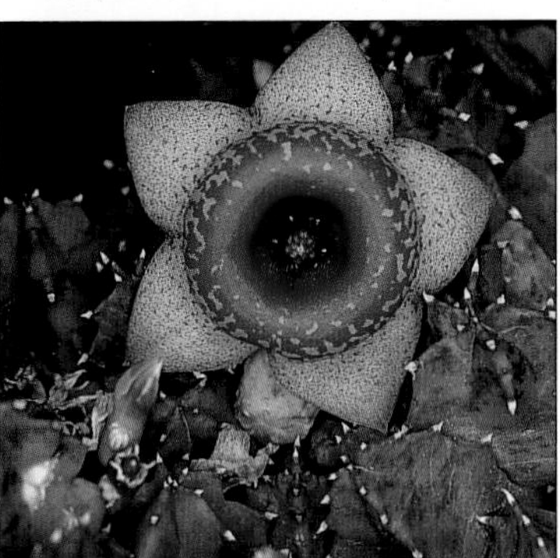
▲ *Huernia humilis:* **con estrellas realmente magníficas.**

Hylocereus undatus: **las flores son enormes por la noche.** ▶

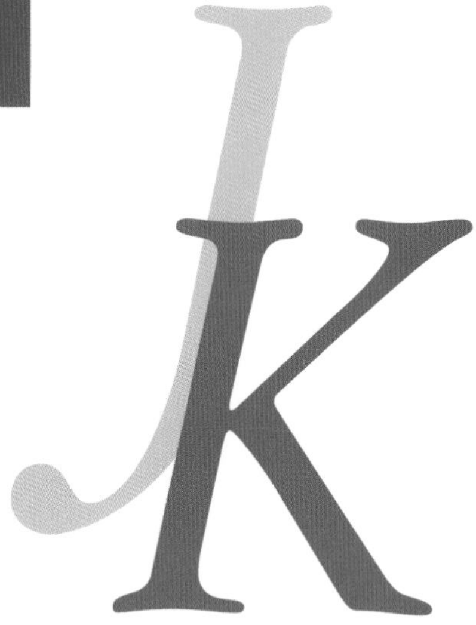

Jatropha podagrica
JATROPHA

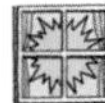  

Fácilmente reconocible por su tronco abultado por la base, esta planta suculenta de hojas caducas es un pariente próximo a las euforbias.

Origen: América Central, Caribe.

Hojas: de 20 a 30 cm de diámetro, palmadas, profundamente lobuladas o cordiformes. Caen cuando la luz se reduce y cuando el tiempo es más seco.

Flores: diurnas, en cimas agrupadas en tres, aparecen en el ápice de un tallo deshojado, rojo coral o anaranjado, durante todo el verano.

Luz: pleno sol, pero que no sea intenso.

Sustrato: arena de río, turba rubia y mantillo de hojas, con un 25 % de grava fina.

Abono: desde abril hasta septiembre, añada una vez al mes un abono líquido para cactáceas.

Humedad ambiental: ambiente más seco en invierno que en verano.

Riego: cada 7 o 10 días, en primavera y en verano; una vez al mes en otoño, interrumpir en invierno.

Trasplante: en abril, cada dos años.

Exigencias especiales: la jatropha necesita una parada vegetativa bien marcada en invierno.

Tamaño: de 30 cm a 1 m, en casa.

Multiplicación: en semillero, a 24 °C, en primavera.

Longevidad: más de 15 años, el pie abultado se hace cada vez más espectacular con la edad.

Plagas y enfermedades: cochinillas.

Especies y variedades: *Jatropha podagrica,* sorprendente con su tronco de base abultada, es la especie más fácil de cultivar, a condición de que se le ofrezca mucho calor; *J. berlandieri,* cuyas hojas se parecen a las del castaño, de un bonito color verde azulado. Tronco corto y globuloso.

Consejo: elija para los trasplantes una maceta bastante honda, de manera que quepan sin problemas las gruesas raíces carnosas. ¡Cuidado! El látex blanco que fluye de las heridas, causadas por un golpe o simplemente por la caída de una hoja, es muy tóxico. Evite cualquier contacto con los ojos y las mucosas.

▲ *Jatropha podagrica:* un cuerpo en forma de botella.

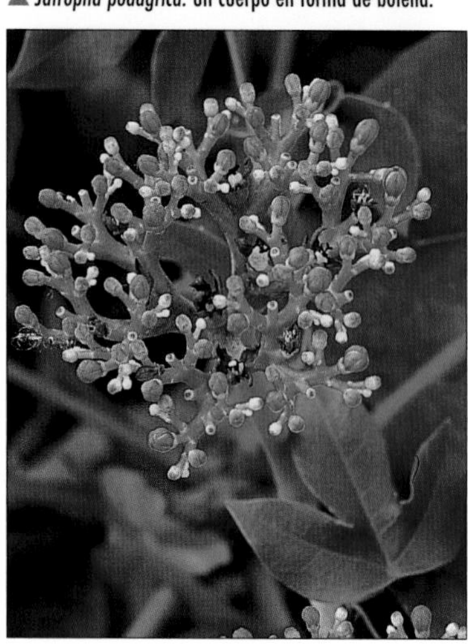

◀ *Jatropha podagrica:* con flores de un bonito rosa coral.

Kalanchoe
KALANCHOE

Estas plantas suculentas de aspecto muy diverso son apreciadas por su follaje o por su floración de larga duración. Los horticultores han desarrollado muchos híbridos que exigen pocos cuidados. El género *Bryophyllum* se vincula actualmente a los *Kalanchoe.*

Origen: las 130 especies se encuentran en todas las regiones subtropicales y semidesérticas de la península Arábica, en Suráfrica. Los *Kalanchoe* que se encuentran en Asia, Australia y América tropical son especies aclimatadas.

Hojas: de formas y de tamaños muy variables, lisas o vellosas, muchas presentan franjas por el envés. Algunas especies desarrollan en el borde limbos de pequeñas plántulas que caen al menor golpe y arraigan muy rápido (plantas vivíparas).

Flores: diurnas, la base de los pétalos está soldada a un tubo, más o menos largo y cerrado por la base, dentro de un cáliz a veces decorativo. Las flores pueden agruparse en cimas erguidas o colgar como campanillas. Las numerosas yemas no se abren al mismo tiempo, por lo que la floración se prolonga a veces durante varios meses.

Luz: intensa, aunque no a pleno sol. Demasiado sol enrojece las hojas o provoca quemaduras.

Sustrato: un sustrato para geranios aligerado con un 30 % de grava fina, con objeto de mejorar el drenaje de la planta.

Abono: para las macetas con flores, use un abono para plantas de flor, diluyendo la dosis recomendada a la mitad. Para las especies de follaje, opte por un abono para cactáceas. Fertilice una vez al mes, desde abril hasta octubre.

Humedad ambiental: normal. Las especies de hojas vellosas temen a la humedad ya que se pudren fácilmente cuando el agua condensada se estanca entre los pelos finísimos.

Riego: una a dos veces por semana, desde primavera hasta mediados del otoño; luego, alrededor de una a dos veces al mes; el sustrato nunca debe secarse completamente en invierno.

Trasplante: una vez al año, en el caso de las especies de gran desarrollo, a un recipiente bastante pesado para compensar la altura y el volumen, a veces importante. Son preferibles las macetas de barro.

Exigencias especiales: suprima los tallos sin flores en cuanto la mayor parte de las flores se marchiten, ya que esto favorecerá la formación de nuevos tallos florales.

Tamaño: bien cuidados, algunos kalanchoes de flor pueden rebasar los 50 cm de alto y de ancho. Algunas especies alcanzan comúnmente entre 1,50 m y 2 m de altura, incluso en interiores.

Multiplicación: sencillísima en el caso de las especies que producen brotes jóvenes sobre las hojas, ya que es suficiente depositarlos en la superficie de una maceta. Los otros kalanchoes se multiplican fácilmente por esquejes de tallos, provistos de una o dos hojas.

Longevidad: como media, de cinco a seis años; más allá de ésta hay que rejuvenecer la mayor parte de las especies, esquejándolas o separando fragmentos jóvenes. Los kalanchoes arbustivos de grandes hojas viven más de 10 años, en maceta, en casa.

Plagas y enfermedades: pulgones y cochinillas, sobre todo en las especies de crecimiento lento. Las plantas con flores son propensas al oídio y muestran a veces manchas negras sobre las hojas.

Especies y variedades: *Kalanchoe blossfeldiana* se ofrece bajo múltiples formas híbridas, que pueden florecer a lo largo de todo el año; *K.* «Tessa» se presenta colgado, cubierto de campanillas rosas que duran varias semanas, siempre que las variaciones de temperatura no sean bruscas; *K. daigremontiana* y *K. tubiflora (K. delagoensis)* presentan pequeñas plántulas sobre el borde de anchas hojas; *K. beharensis,* de grandes hojas triangulares gruesas, revestidas de fino terciopelo; *K. fedtschenkoi,* de matas ramificadas y rastreras, formadas por rosetas de hojas planas de color gris azulado y flores abundantes de color rosa pardusco; *K. longiflora,* de hojas matizadas de color naranja, flores amarillas, y *K. rubinea,* con el interior de las hojas rojo.

Consejo: procure al regar los kalanchoes que no se acumule agua en la base de las hojas, ni en el centro de las matas, pues ello provocaría el desarrollo de hongos (manchas negras).

Kalanchoe blossfeldiana: una planta florida y agradecida. ▶

▲ *Kalanchoe* «Tessa»: un híbrido cuyas innumerables campanitas colgantes aparecen al final del invierno.

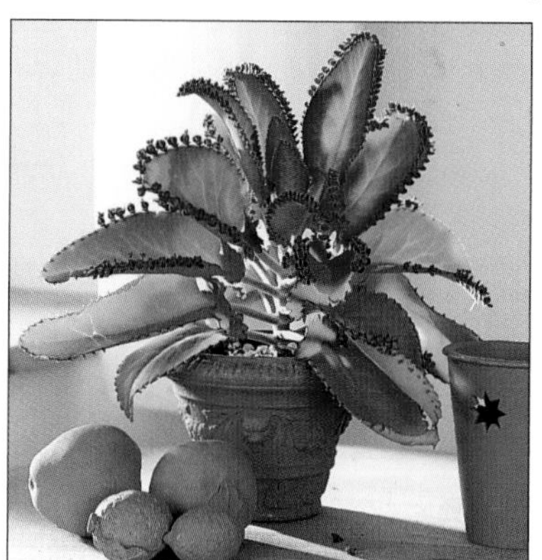

▲ *Kalanchoe daigremontiana:* también llamado *Bryophyllum.*

▲ *Kalanchoe beharensis:* de hojas de terciopelo plateado.

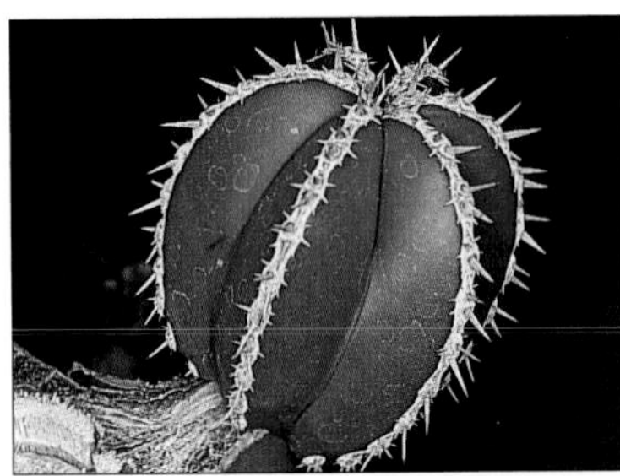

▲ *Lemaireocereus marginatus:* bellas líneas blancas.

▲ *Lithops hookeri* var. *marginata:* una estrella de oro.

▲ *Lithops lesliei* «Albinica»: una planta muy mimética.

◀ *Lithops marmorata:* una flor en el centro de un guijarro.

Lemaireocereus spp.
LEMAIREOCEREUS

25 °C / 12 °C

Estos grandes cactos arbóreos o columnares fueron repartidos hace poco entre los géneros *Neobuxbaumia, Pachycereus* y *Stenocereus.*

Origen: México (Puebla, Oaxaca), Guatemala.

Hojas: púas finas y quebradizas, pardas o blancas, situadas en las areolas a lo largo de costillas de aristas muy pronunciadas.

Flores: nocturnas, rosas, rojas o blancas, de 3 a 5 cm de diámetro, durante el verano.

Luz: pleno sol, todo el año.

Sustrato: sustrato comercial para cactáceas con un 25 % de grava fina para ventilarlo.

Abono: desde abril hasta septiembre, añada una vez al mes un abono para cactáceas, diluido a la mitad.

Humedad ambiental: ambiente lo más seco posible.

Riego: cada 15 días, desde la primavera hasta el principio del otoño; interrumpa el resto del tiempo.

Trasplante: en abril, cada dos años.

Exigencias especiales: una hibernación, completamente en seco bien marcada, es indispensable.

Tamaño: de 1 a 2 m de alto, en maceta.

Multiplicación: mediante semillero, a 20 °C, en marzo.

Longevidad: más de 80 años, en seco.

Plagas y enfermedades: cochinillas de escudo.

Especies y variedades: *Lemaireocereus marginatus* y *L. euphorbioides,* columnares de color verde suave, a veces matizados de rojo, con 8 a 10 costillas hondas y flores alargadas de 8 a 10 cm de largo.

Consejo: los ejemplares más grandes necesitan una plantación en plena tierra, en invernadero.

Lithops spp.
LITHOPS

25 °C / 5 °C

Plantas suculentas de cuerpo globuloso, separado en dos partes, en medio de las cuales se forma una flor en forma de estrella, de una dimensión excesiva.

Origen: Namibia, Suráfrica.

Hojas: dos en total, abultadas, en forma de cono invertido (la punta en el sustrato), más o menos abombadas por el haz. Éste está revestido de células traslúcidas que filtran la luz y adornado de manchas de colores y de motivos que permiten distinguir las especies. Las hojas desaparecen casi completamente durante el invierno.

Flores: desde agosto hasta octubre, blancas o amarillas, parecidas a margaritas de 2 a 3 cm de diámetro, solitarias o agrupadas por pares.

Luz: pleno sol, todo el año.

Sustrato: arena de río, grava fina, turba rubia y mantillo de hojas.

Abono: desde julio hasta noviembre, añada una vez al mes un abono para cactáceas, diluido a la mitad.

Humedad ambiental: muy reducida, sobre todo en invierno.

Riego: cada 15 días, en verano y en otoño. Interrumpa durante las otras estaciones.

Trasplante: en marzo, cada tres o cuatro años.

Exigencias especiales: respete escrupulosamente el ciclo vegetativo especial de estas plantas. Un riego fuera de la temporada las mata.

Tamaño: 20 cm de extensión en 10 años.

Multiplicación: mediante semillero de los pequeños frutos que siguen a las flores, a 20 °C, al principio del verano. Por separación de nuevos brotes, en las matas de edad avanzada.

Longevidad: de 1 a 15 años, en maceta, en invernadero.

Plagas y enfermedades: pulgones.

Especies y variedades: el género *Lithops* cuenta con 35 especies muy parecidas. *L. marginata, L. dorothaea, L. marmorata* y *L. lesliei* suelen comercializarse sin denominación exacta.

Consejo: agrupe varios lithops en una maceta y cubra la superficie del sustrato con guijarros, de modo que quede en evidencia el mimetismo de las plantas.

Lobivia spp.
LOBIVIA

25 °C / 5 °C

Estos pequeños cactos, actualmente clasificados en el género *Echinopsis,* se visten de flores enormes, de colores cálidos.

Origen: Bolivia, Argentina, Perú.
Hojas: púas pardas, que cambian a grisáceas o blanquecinas, aparecen sobre muchas areolas ceñidas sobre las costillas. La púa central alcanza los 10 cm de largo en algunas especies.
Flores: diurnas, en verano, blancas, amarillas, naranjas, rojas o rosas en el ápice de pequeños globos. De 2 a 5 cm de diámetro, a veces presentan tamaños superiores al de la planta.
Luz: pleno sol, todo el año.
Sustrato: sustrato comercial para cactáceas.
Abono: desde abril hasta septiembre, añada una vez al mes un abono líquido para cactáceas.
Humedad ambiental: reducida, sobre todo en invierno.
Riego: cada 10 o 15 días, en primavera y en verano; reducir en otoño, en seco en invierno.
Trasplante: cada dos años, sustituya completamente el antiguo sustrato, sin herir las raíces.
Exigencias especiales: cepille regularmente las lobivias con un pincel para quitarles el polvo y eliminar las posibles cochinillas.
Tamaño: de 10 a 20 cm, en la edad adulta.
Multiplicación: mediante semillero, a 22 °C, en primavera.
Longevidad: de 5 a 15 años, si se respetan las condiciones de sequedad invernal.
Plagas y enfermedades: cochinillas.
Especies y variedades: *Lobivia deeziana,* de flores con matices diferentes, según el origen geográfico de las subespecies. *L. tiegeliana* abre varias flores de color rosa violáceo al mismo tiempo; *L. marsoneri,* de flores de color amarillo ocre, más oscuras por el envés de los pétalos; *L. backbergii,* de flores rojas; *L. chrysantha,* de grandes flores de color amarillo anaranjado, y *L. ferox,* con espinas muy erguidas y flores blancas.
Consejo: agrupe varias especies en una maceta para enfatizar el impacto de los colores de la floración, por desgracia bastante efímera.

Lophophora spp.
PEYOTE, MEZCAL

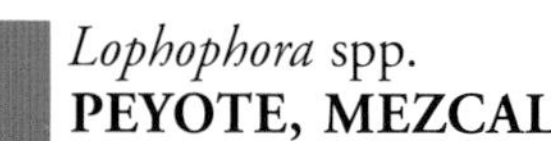

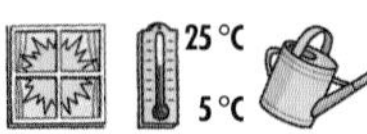

Cacto esférico, aplanado en el ápice y desprovisto de púas en la edad adulta.

Origen: sur de Texas, norte y este de México.
Hojas: algunas púas finas y cortas, solamente en los individuos jóvenes, son sustituidas por pelos en las plantas de más edad.
Flores: diurnas, de 2 a 3 cm de diámetro, rosas o blancas, que permanecen abiertas durante dos o tres días solamente.
Luz: pleno sol.
Sustrato: tierra de jardín, arena gruesa, mantillo, puzolana y yeso triturado.
Abono: desde abril hasta octubre, añada cada dos meses un abono líquido para cactáceas.
Humedad ambiental: el peyote necesita un ambiente lo más seco posible, sobre todo durante el período de parada invernal.
Riego: cada 10 o 15 días, en primavera y en verano, una a dos veces durante el otoño, ni la menor gota de agua en invierno.
Trasplante: en abril, cada dos o tres años.
Exigencias especiales: los peyotes desarrollan una raíz gruesa y profunda, así que deben cultivarse en macetas hondas pese a su pequeño tamaño. Las latas de conservas ofrecen buenos resultados.
Tamaño: de 5 a 8 cm de alto, por 20 a 30 cm de diámetro, a los 10 años.
Multiplicación: mediante semillero, entre 19 y 24 °C, en miniinvernadero, en arena, en primavera.
Longevidad: varios decenios en maceta.
Plagas y enfermedades: ninguna.
Especies y variedades: existen solamente dos especies de *Lophophora,* pero ninguna posee múltiples variedades naturales. *L. williamsii,* la más conocida, de cuerpo cubierto de grandes escamas, como el caparazón de una tortuga. La especie tipo produce flores rosas; var. *diffusa,* flores blancas; var. *caespitosa* forma cojines compactos que no suelen florecen, y var. *fricii,* aplanado, con el centro cóncavo y flores rojas.
Consejo: lávese bien las manos tras haber manipulado estas cactáceas, ya que su savia posee propiedades tóxicas y alucinógenas.

▲ *Lobivia deeziana:* una floración excepcional.

▲ *Lobivia tiegeliana* var. *distefanoiana:* muy espectacular.

Lophophora williamsii var.*diffusa:* un extraño cacto. ▶

▲ *Mammillaria baumii:* un intenso aroma a limón.

◀ *Mammillaria microcarpa:* un auténtico erizo.

Mammillaria spp.
MAMMILLARIA

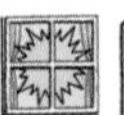

Pequeños cactos globulosos o erguidos, muy apreciados por su floración abundante, que aparece fácilmente incluso en los individuos jóvenes.

Origen: esencialmente México.

Hojas: púas sostenidas por areolas en el ápice de tubérculos más o menos voluminosos. Algunas especies presentan una o dos agujas centrales más largas que las otras, y encorvadas.

Flores: de 0,50 a 1 cm de diámetro, diurnas, se abren en forma de corona en el ápice de los tallos. La flores aparecen en primavera en la mayor parte de las especies y se prolongan varias semanas.

Luz: pleno sol, todo el año.

Sustrato: sustrato comercial para cactáceas.

Abono: desde abril hasta septiembre, añada una vez al mes un abono líquido para cactáceas.

Humedad ambiental: lo más reducida posible.

Riego: cada 15 días, desde la primavera hasta el principio del otoño; no riegue durante el invierno.

Trasplante: en marzo, cada dos o tres años.

Exigencias especiales: estos cactos poco sensibles al frío florecen mejor cuando pasan el verano al aire libre, en un lugar bien soleado.

Tamaño: de 15 a 30 cm de alto.

Multiplicación: mediante semillero, en primavera, a 20 °C, en arena, o por separación de brotes laterales jóvenes, al principio del verano.

Longevidad: de 15 a 20 años, en maceta, en casa.

Plagas y enfermedades: cochinillas.

Especies y variedades: se registran 150 especies de *Mammillaria. M. zeilmanniana,* muy común, ya florece en plantas jóvenes de 2 a 3 cm de alto; *M. baumii,* de florecitas amarillas; *M. blossfeldiana,* con flores que presentan una línea rosa en el centro; *M.chionocephala,* muy sorprendente, alterna series de areolas vellosas y zonas lisas; *M. albicans,* de púas blancas, flores de color blanco nacarado; *M. barbata,* de largas púas de color pardo dorado, flores de color amarillo paja; *M. mazatalensis,* de aspecto muy variable, con flores rojo carmín; *M. microcarpa,* cilíndrica, forma una mata, flores de color rosa purpúreo; *M. meridionalis,* de flores bicolores crema y rosa, y *M. spinosissima,* de púas blanquecinas y flores de color rosa purpúreo.

Consejo: cree una composición únicamente con mammillarias, ya que se trata de los cactos más fáciles de conseguir para un principiante.

Melocactus spp.
MELOCACTUS

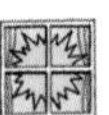

Estas cactáceas globulosas o cilíndricas se reconocen por la zona circular (cefalio), más o menos abombada y vellosa, que se desarrolla en el ápice de las plantas.

Origen: Brasil, Antillas, Cuba, México, Perú.

Hojas: púas de 1 a 4 cm de largo, blanquecinas o rosadas, aparecen en las areolas más o menos ceñidas a lo largo de las costillas.

Flores: diurnas, de color rosa subido, efímeras (6 horas), se abren en el ápice del cacto durante el verano.

Luz: pleno sol, todo el año.

▼ *M. mazatanensis:* en forma de mata.

▼ *Mammillaria meridionalis:* muy punzante.

▼ *M. spinosissima:* de tono variable.

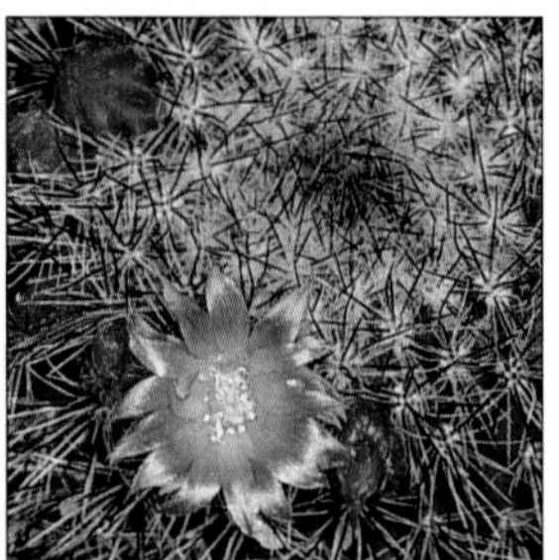

▼ *Mammillaria zeilmanniana:* var. *albiflora.*

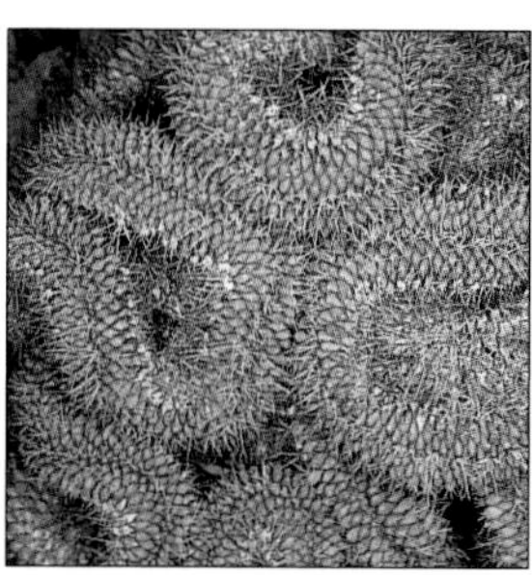

▲ *Mammillaria compressa:* forma compacta.

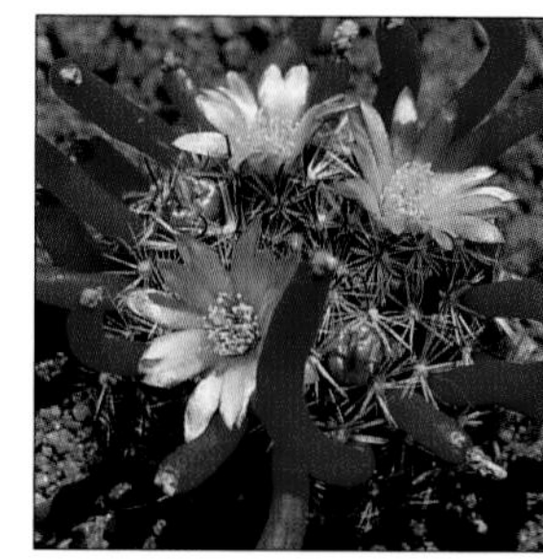

▲ *Mammillaria haehneliana:* de frutos rojos.

▲ *Mammillaria pilcayensis:* cilíndrica.

▲ *Mammillaria rekoi:* var. leptacantha.

Sustrato: arena de río y tierra de brezo.

Abono: desde abril hasta octubre, añada una vez al mes un abono líquido para cactáceas.

Humedad ambiental: lo más reducida posible.

Riego: una vez al mes, en primavera y en verano; ni la menor gota en invierno.

Trasplante: cada dos años, en el caso de las plantas jóvenes; cada tres o cuatro años, en el de las adultas.

Exigencias especiales: los melocactus son bastante sensibles al frío y temen a la humedad.

Tamaño: de 15 cm a 1 m de altura por 15 a 20 cm de diámetro, a los 10 años.

Multiplicación: mediante semillero, a 22 °C, en primavera.

Longevidad: de 25 a 30 años, muy en seco.

Plagas y enfermedades: ninguna.

Especies y variedades: *Melocactus communis (M. intortus),* de cephalium adornado de pelos rojos; *M. lanssensianus,* de cuerpo verde grisáceo; *M. azureus,* totalmente glauco; *M. albicephalus,* de gran cephalium cilíndrico blanco, velloso, y *M. ernestii,* de cephalium rojo oscuro y velloso.

Consejo: los individuos que muestran una zona pilosa bien clara se consideran adultos. Su diámetro ya no aumenta, sólo sigue desarrollándose el cephalium.

Myrtillocactus
MYRTILLOCACTUS

Estos cactos erguidos, con espinas bien separadas, son preciados por su bello color azulado.

Origen: México, Guatemala.

Hojas: púas situadas en grupos de tres a seis sobre areolas bien separadas. La aguja central es más larga y más oscura.

Flores: diurnas, de 2 a 3 cm de diámetro, de color blanco amarillento, en verano, con estambres protuberantes. Les siguen rápidamente pequeños frutos negro violáceo que recuerdan arándanos o aceitunas.

Luz: pleno sol, en cualquier estación.

Sustrato: sustrato comercial para cactáceas.

Abono: desde abril hasta septiembre, añada una vez al mes un abono líquido para cactáceas.

Humedad ambiental: lo más reducida posible.

Riego: dos veces al mes, desde la primavera hasta el principio del otoño; luego, prácticamente interrumpido.

Trasplante: cada dos años, a una maceta tan ancha como alta para garantizar una buena estabilidad.

Exigencias especiales: estos cactos bastante resistentes pueden vivir en el exterior durante el verano.

Tamaño: de 1 a 2 m de alto, en maceta.

Multiplicación: mediante semillero, a 22 °C, en primavera, o por esquejes de ápices de tallo, desde mayo hasta julio.

Longevidad: varios decenios, en maceta.

Plagas y enfermedades: cochinillas.

Especies y variedades: entre las cuatro especies conocidas, *Myrtillocactus geometrizans* es la más común, sobre todo la forma var. *cristata,* de tejidos alterados. Se le aprecia por el relieve especial de sus costillas, su color azulado y su crecimiento rápido.

Consejo: los myrtillocactus sorprenden por el peso tan considerable en relación con su tamaño. Es, pues, necesario fijar las macetas con un ladrillo o una piedra grande, de modo que las plantas altas conserven bien su equilibrio.

▲ *Melocactus communis:* un gran cefalio erguido.

Myrtillocactus geometrizans var. *cristata:* muy contorneado. ▶

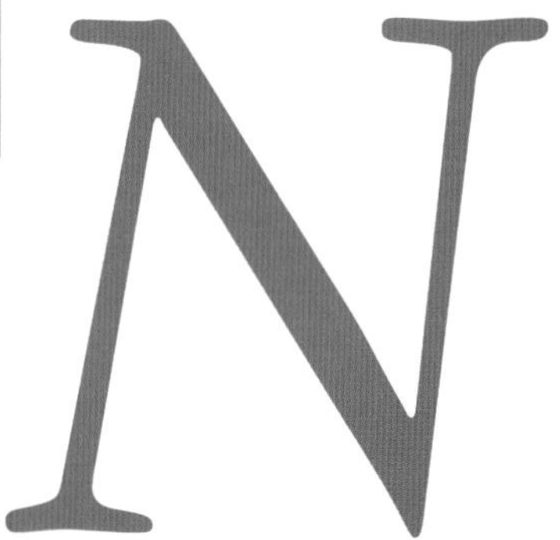

Neobuxbaumia spp.
NEOBUXBAUMIA

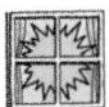 

Estos grandes cactos cirio forman costillas regulares y crecen con bastante rapidez.

Origen: México.

Hojas: pequeñas púas frágiles, amarillas, se agrupan en gran número sobre areolas bastante ceñidas, dispuestas sobre el canto de las costillas.

Flores: nocturnas, blancas, rosas o rojas, en verano, únicamente en los individuos grandes.

Luz: pleno sol directo, todo el año.

Sustrato: mezcla común para cactáceas con un 30 % de grava fina, a fin de mejorar el drenaje.

Abono: desde mayo hasta septiembre, añada una vez al mes un abono para cactáceas, diluido a la mitad.

Humedad ambiental: reducida, incluso durante el verano.

Riego: una vez cada dos o tres semanas, desde abril hasta octubre, no riegue el resto del tiempo.

Trasplante: en abril, cada dos o tres años.

Exigencias especiales: toleran una temperatura de -5 °C plantadas directamente en el suelo, si está seco.

Tamaño: de 1,5 a 3 m, en jardinera.

Multiplicación: mediante semillero, a 20 °C, en primavera.

Longevidad: hasta más de 80 años.

Plagas y enfermedades: cochinillas.

Especies y variedades: *Neobuxbaumia euphorbioides,* de bellísimos tallos de color verde suave; y *N. polylopha,* de púas pequeñas, forma gigantescas columnas perfectamente verticales.

Consejo: ofrezca a las neobuxbaumias una iluminación vertical, a fin de que crezcan muy rectas.

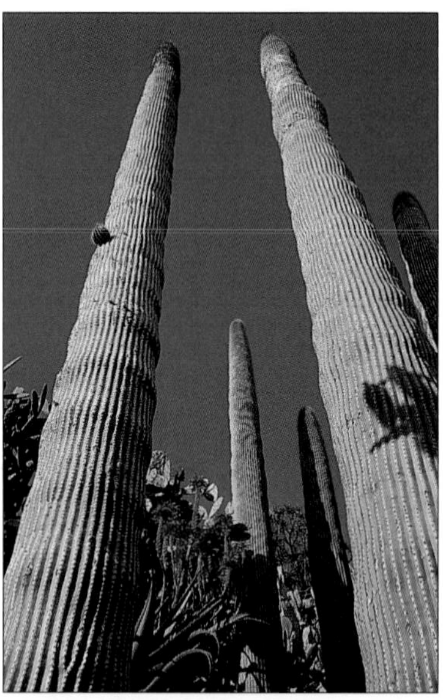

▲ *Neobuxbaumia polylopha:* un cirio gigante.

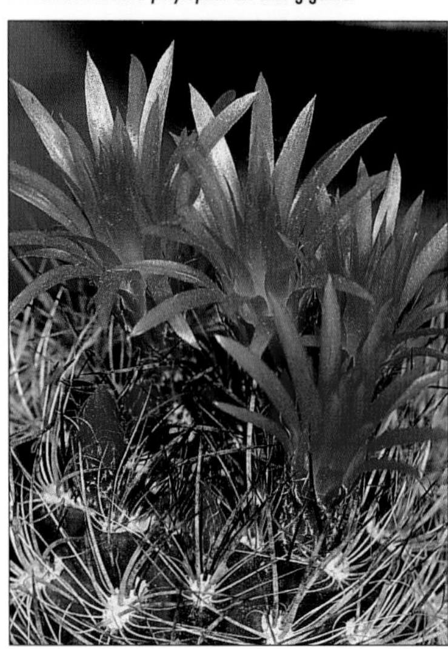

◀ *Neoporteria nidus* var. *senilis:* velloso y florífero.

Neoporteria spp.
NEOPORTERIA

La mayoría de estos pequeños cactos no necesitan muchos cuidados para florecer. Hace poco se incorporaron al género *Eriosyce* (que también agrupa las *Islaya* y las *Neochilenia*).

Origen: regiones costeras de Chile, sur de Perú, oeste de Argentina.

Hojas: pequeñas púas, con frecuencia blanquecinas, aparecen en las areolas más o menos ceñidas a lo largo de las costillas o en el ápice de los tubérculos. Estos últimos se encuentran dispuestos a veces en forma de espirales regulares, que causan gran efecto.

Flores: diurnas, en verano, solitarias o agrupadas en dos o tres, las flores se abren sobre la corona o cerca de ella. Blancas, rosas, amarillas o rojas, suelen ser más oscuras por el envés.

Luz: pleno sol, todo el año.

Sustrato: sustrato comercial para cactáceas.

Abono: desde mayo hasta octubre, añada una vez al mes un abono para cactáceas, diluido a la mitad.

Humedad ambiental: reducida, todo el año.

Riego: cada 15 días desde abril hasta octubre; ni una sola gota fuera de ese período.

Trasplante: en marzo, cada dos o tres años.

Exigencias especiales: las neoporterias no aprecian los fuertes aguaceros tempestuosos durante el verano. Al aire libre, resguárdelas bajo un bastidor.

Tamaño: hasta 15 a 20 cm de altura, en el caso de las especies de tallo cilíndrico, y 25 cm de diámetro, en las formas globulosas.

Multiplicación: en semillero, a 20 °C, entre mayo y junio.

Longevidad: de 25 a 30 años, de media.

Plagas y enfermedades: cochinillas.

Especies y variedades: *Neoporteria nidus* var. *senilis,* de agujas finísimas, acompañadas de pelos sedosos blanquecinos y flores rosas; *N. umadeave,* de púas erguidas hacia arriba y flores amarillas, y *N. villosa,* de costillas en espiral y flores rojas.

Consejo: junte las neoporterias con mammillarias, lobivias y rebutias para lograr una bella composición.

Nolina recurvata
PATA DE ELEFANTE, NOLINA

Este arbusto suculento pertenece a la misma familia que el agave. Su corteza arrugada y pie abultado le otorgaron su nombre popular. El género *Nolina* agrupa las *Beaucarnea* y los *Calibanus.*

Origen: desde el sur de Estados Unidos hasta Guatemala.
Hojas: hasta 1,80 m de largo, estrechas, encintadas, flexibles, en matas en el ápice de los tallos.
Flores: pequeñas, formadas por seis pétalos de color blanco matizado de malva y reunidas en panículas apicales en verano.
Luz: intensa, aunque sin sol directo.
Sustrato: tierra de brezo y sustrato para plantas verdes, aligerado con un 30 % de grava fina.
Abono: inútil; sustituya el sustrato superficial en abril.
Humedad ambiental: mínima del 50 %.
Riego: cada 6 o 10 días, en primavera y en verano; cada 15 días, el resto del año.
Trasplante: entre marzo y abril, cada dos o tres años, cuidando de no estropear las raíces.
Exigencias especiales: vaporice el follaje cuando la temperatura supere los 20 °C.
Tamaño: como el crecimiento en maceta es muy lento, los individuos de más de 1,50 m son excepcionales.
Multiplicación: mediante semillero, a 20 °C, en abril, o por separación de hijuelos, de marzo a junio.
Longevidad: es difícil más de 12 a 15 años, en maceta.
Plagas y enfermedades: cochinillas y ácaros.
Especies y variedades: *Nolina recurvata* formaba parte del género *Beaucarnea.* Se encuentran sobre todo individuos jóvenes; los ejemplares más viejos, de tronco anchísimo, alcanzan precios elevados, pues la planta ya está protegida en la naturaleza. *N. bigelowii* y *microcarpa* forman rosetas frondosas de reducido interés decorativo; *Nolina hookeri (Calibanus)* es una curiosidad de tronco esférico que presenta matas de hojas filiformes de color verde azulado.
Consejo: la pata de elefante es una planta ideal en un interior moderno, con decoración de diseño. Colóquela en una maceta ancha y poco honda, de la misma manera que los bonsáis, y cubra la superficie del sustrato con grava o pequeños cantos rodados.

Notocactus spp.
NOTOCACTUS

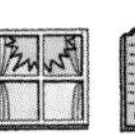

Estos cactos clasificados actualmente entre las *Parodia* toman una forma globulosa o esférica. Son muy atractivos, sobre todo por su floración, en forma de estrellas enormes.

Origen: Argentina, Uruguay, sur de Brasil, Paraguay, hasta 2 000 m de altitud.
Hojas: púas grisáceas o blanquecinas, situadas en las areolas más o menos ceñidas.
Flores: diurnas, en verano, solitarias o agrupadas en dos o tres en el ápice de los tallos.
Luz: intensa, pero evite el sol directo.
Sustrato: tierra de brezo, arena de río, perlita, turba rubia y mantillo.
Abono: desde mayo hasta septiembre, añada cada seis semanas un abono líquido para cactáceas, diluido a la mitad.
Humedad ambiental: carece de importancia.
Riego: cada 15 días, en primavera y en verano; tres veces en el trascurso del otoño y del invierno.
Trasplante: en abril, cada dos o tres años.
Exigencias especiales: una estancia en el exterior será muy beneficiosa, siempre que resguarde a los notocactus de las lluvias en las regiones húmedas.
Tamaño: de 15 a 20 cm de diámetro, representan el máximo en el caso de muchas especies globulosas. Los notocactus de tallos erguidos se alzan hasta 50 o 60 cm, incluso en maceta.
Multiplicación: mediante semillero, a 20 °C, en arena, en miniinvernadero, en primavera o en verano.
Longevidad: estos cactos de crecimiento lentísimo viven en maceta hasta 50 años, si se cultivan bien.
Plagas y enfermedades: pulgones.
Especies y variedades: *Notocactus lenighausii,* de característicos tallos erguidos por su aspecto «embutido», debido a las marcas de crecimiento; *N. werdermannianus,* globuloso, con grandes flores blancas; *N. purpureus,* de flores de color rosa purpúreo, de 5 cm de diámetro; *N. allosiphon,* redondeado, de grandes flores de color amarillo pálido; *N. arachnites,* con grandes estrellas de color amarillo nacarado; *N. clavicepots,* de flores de color amarillo dorado y cuerpo grueso que forma hijuelos; *N. concinnus,* de flores de color amarillo anaranjado, muy compacto; *N. crassigibbus,* de enormes flores blancas o amarillo claro; *N. haselbergii,* con flores que varían desde el anaranjado al bermellón, y *N. roseoluteus,* con flores de color rosa asalmonado.
Consejo: una plantación en pleno suelo en un invernadero garantiza un mejor crecimiento y una floración abundante.

▲ *Nolina recurvata:* un individuo joven en evolución.

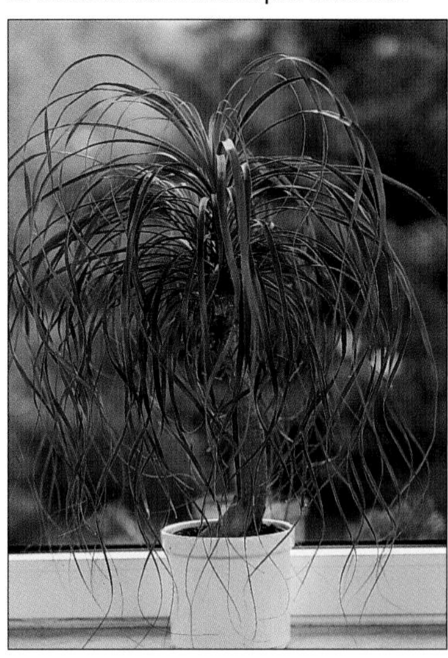
▲ *Nolina recurvata:* se le llama también *Beaucarnea.*

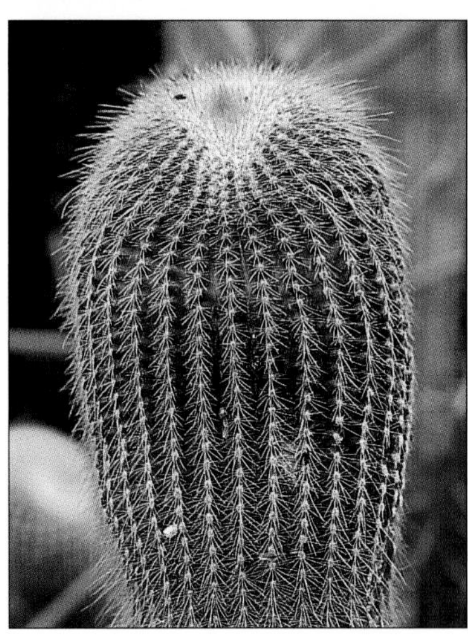
Notocactus lenighausii: de púas color miel. ▶

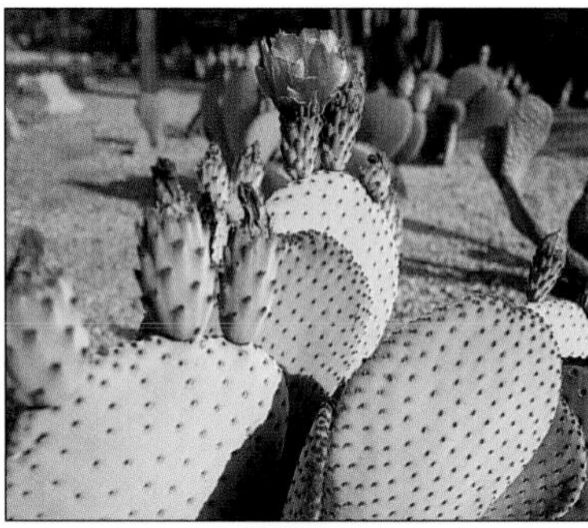

▲ *Opuntia basilaris:* un bonito color gris azulado.

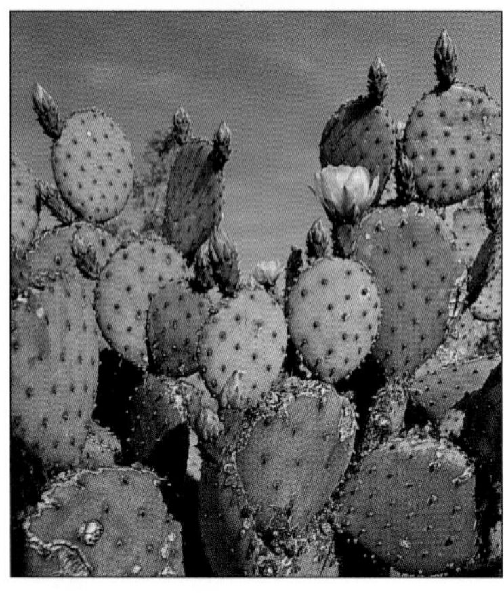

◀ *Opuntia violacea:* un contraste de flores amarillas.

Opuntia spp. CHUMBERA

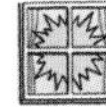 

Pencas, tuna, nopal, etc., las *Opuntia* tienen infinidad de nombres populares. Muchas poseen tallos ovalados y aplanados. Algunas *Opuntia* son casi rústicas y pueden cultivarse al aire libre en rocalla, incluso en las regiones más frías.

Origen: desde Canadá hasta Argentina y Chile; sin embargo, México alberga la mayor parte de las especies.

Hojas: púas situadas en las areolas. Muchas chumberas producen gloquidios, especies de agujas provistas de barbas, dificilísimas de extraer de la piel, algunas poseen hojas en forma de escamas, que caen tras haberse desarrollado.

Flores: en las plantas que alcanzan la madurez, las flores se abren desde la primavera hasta el otoño, sobre el «canto» de los segmentos o en medio de éstos. Son rosas, naranjas o amarillas.

Luz: pleno sol, en cualquier estación.

Sustrato: sustrato comercial para cactáceas.

Abono: desde abril hasta septiembre, añada una vez al mes un abono líquido para cactáceas.

Humedad ambiental: más bien reducida, sobre todo en el caso de las especies cubiertas de púas o de pelos.

Riego: una vez al mes aproximadamente, desde primavera hasta mediados de otoño, no riegue en invierno.

Trasplante: cada tres o cuatro años, ya que las raíces no soportan las manipulaciones demasiado frecuentes. Elija macetas muy anchas y poco hondas.

Exigencias especiales: sólo el cultivo en plena tierra permite a las chumberas grandes desarrollarse plenamente y florecer bien.

Tamaño: muy variable, algunas especies son más bien rastreras; otras alcanzan las proporciones de un gran arbusto o de un arbolito.

Multiplicación: mediante semillero, a 22 °C, en primavera, de las numerosas semillas extraídas de los frutos que se desarrollan tras la floración. Déjelas en remojo 24 h en agua tibia para mejorar la germinación. Cada segmento (paleta) constituye también un posible esqueje.

Longevidad: en maceta, la chumbera puede vivir por lo menos de 5 a 10 años.

Plagas y enfermedades: cochinillas.

Especies y variedades: suman más de 200 especies, entre las cuales destacan: *Opuntia ficus-indica,* una chumbera muy interesante por sus frutos comestibles, pero que resulta incompatible con los interiores por su gran desarrollo; *O. tunicata,* de tallos cilíndricos completamente cubiertos de agujas blancas; *O. basilaris,* cuyas paletas azuladas armonizan con las agujas rojizas; *O. microdasys,* de paletitas verdes, decoradas con areolas rojizas o blancas (en la variedad *albispina*) y desprovistas de agujas (¡mas no de gloquidios!); *O. invista,* de púas rojizas; *O. macrocentra,* de segmentos que se cruzan; *O. bergeriana,* con segmentos estrechos, flores rojas; *O. longispina,* de porte rastrero, grandes púas blancas, anchas flores naranjas y *O. stenopetala,* de numerosas florecitas rojo anaranjado, etc.

Consejo: coloque las chumberas fuera del alcance de los niños y lejos de los principales lugares de paso de la casa. Saque los ejemplares más bellos a un patio durante el verano.

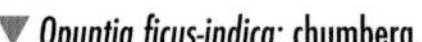

▼ *Opuntia ficus-indica:* chumbera.

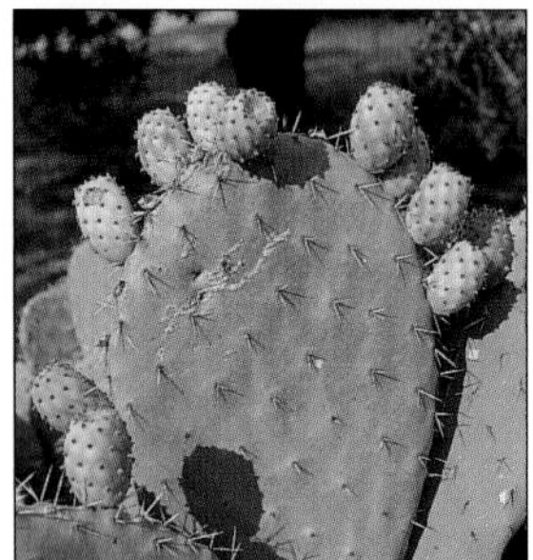

▼ *Opuntia invicta:* terriblemente espinosa.

▼ *Opuntia macrocentra:* de grandes flores.

▼ *Opuntia tunicata:* impenetrable.

▲ *Opuntia dillenii:* de pencas muy planas.

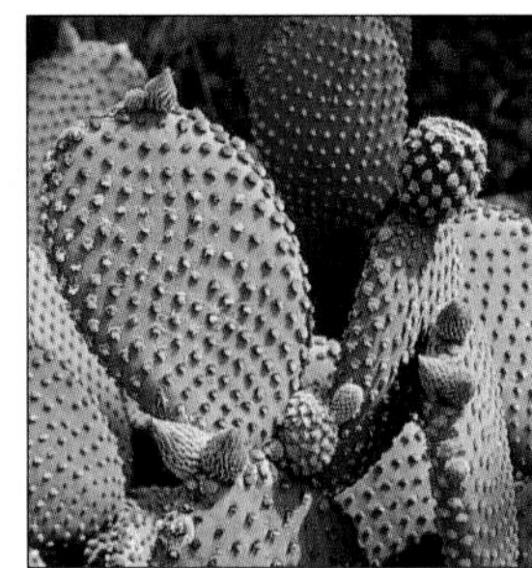

▲ *Opuntia microdasys:* suave en apariencia.

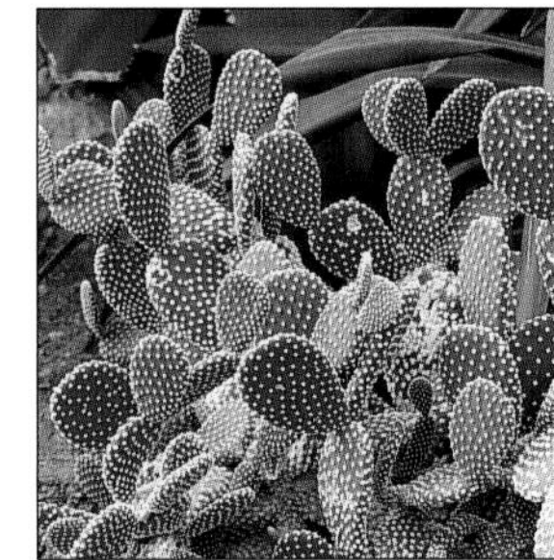

▲ *Opuntia microdasys:* var. *albispina.*

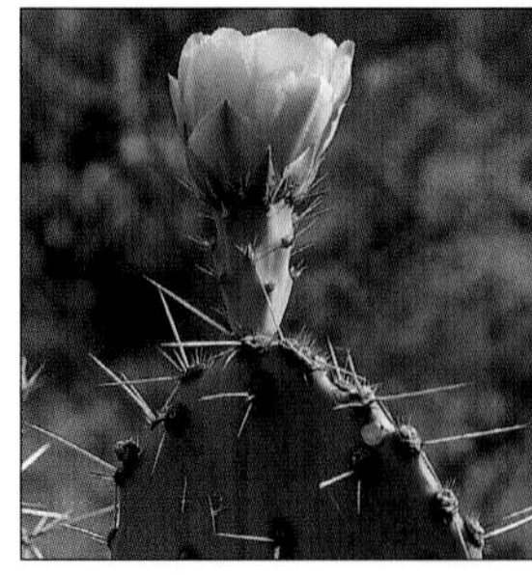

▲ *Opuntia phaeacantha:* pinchos largos.

Oreocereus spp.
OREOCEREUS

Estos cactos forman matas de tallos erguidos, más o menos cubiertos de vellosidad blanca.

Origen: hasta 4 200 m en los Andes.

Hojas: púas situadas en las areolas más o menos vellosas, según las especies y la altura a la que se desarrollen. Esta vellosidad las protege de los excesos de calor, debidos a la intensa insolación, y de las frías temperaturas nocturnas, que pueden acercarse a los 0 °C.

Flores: diurnas, tubulares, la mayor parte de las veces rojas, se abren en el ápice de los tallos únicamente en las plantas adultas.

Luz: coloque el oreocereus a pleno sol, todo el año. En interiores, puede situarlo bajo un tragaluz o cerca de un ventanal. Gire regularmente la maceta para que todas las caras del cacto reciban la misma cantidad de luz.

Sustrato: sustrato comercial para cactáceas, con un 20 % de pequeños guijarros calizos.

Abono: desde abril hasta octubre, añada una vez al mes un abono líquido para cactáceas.

Humedad ambiental: reducida. Compruebe que los *Oreocereus* quedan instalados en un lugar bien ventilado. No olvide que las especies de gran vellosidad son muy propensas a la podredumbre si la atmósfera es húmeda.

Riego: cada 7 o 10 días, desde la primavera hasta el final del verano. Espacie progresivamente los aportes de agua, para dejar de regar a partir de noviembre y hasta mediados de marzo.

Trasplante: en abril, todos los años, en el caso de las plantas jóvenes; luego, cada tres o cuatro años, los individuos de más edad y voluminosos.

Exigencias especiales: bajo 10 °C, los *Oreocereus* interrumpen su crecimiento. Deben colocarse entonces completamente en seco para evitar la aparición de la podredumbre. El frescor y la humedad dejan antiestéticas cicatrices que afean las plantas y perjudican la regularidad de su silueta.

Tamaño: de 15 cm a 2 m de alto, en maceta.

Multiplicación: mediante semillero, a 20 °C, en primavera.

Longevidad: varios decenios.

Plagas y enfermedades: cochinillas.

Especies y variedades: se han registrado unas 10 especies, entre las cuales destacan: *Oreocereus celsianus,* de tallos revestidos de muchos pelos blancos, y *O. trollii* se parece al anterior, aunque más compacto (no rebasa 1 m de alto). Estas dos especies necesitan mucho sol. *O. hendriksenianus* parece más hirsuto, ya que sus espinas larguísimas rebasan la protección sedosa. Las flores de color rosa oscuro contrastan sobre el color blanco de la vellosidad; *O. doelzianus,* completamente cubierto de pelos blancos, columnar, de tallos abollados que presentan mechones blancos, con flores violeta purpúreo, y *O. varicolor* forma una mata ramificada desde la base.

Consejo: la floración tarda a veces mucho en presentarse, aunque los oreocereus son apreciados sobre todo por su sorprendente textura. Extienda pequeños guijarros o cantos rodados oscuros por la superficie de las macetas. Acumularán calor que se transmitirá a la planta durante la noche.

▲ *Oreocereus hendriksenianus:* cojinetes erizados.

Oreocereus trollii: velloso, pero terriblemente armado. ▶

P

▲ *Pachyphytum oviferum:* carnoso y rollizo a placer.

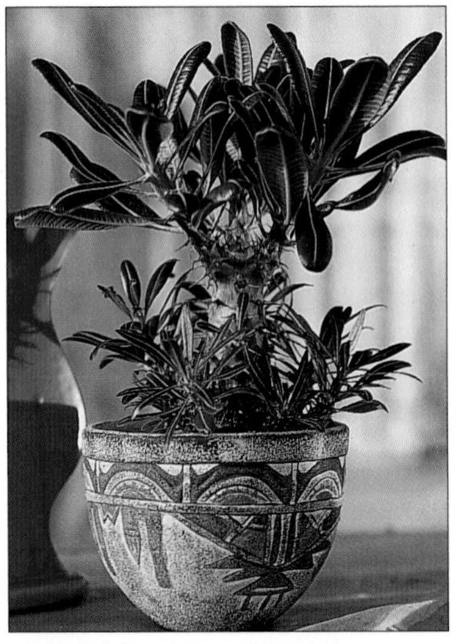

▲ *Pachypodium rosulatum:* es el «cacto palmera».

◀ *Pachypodium brevicaule:* enano y muy aplanado.

Pachyphytum spp.
PACHYPHYTUM

Emparentada con las *Echeveria*, estas plantas suculentas tienen hojas abultadas, completamente lisas.

Origen: regiones áridas de México.

Hojas: abultadas, más o menos alargadas, de sección circular. Son verdes o glaucas, a veces revestidas de polvillo satinado.

Flores: diurnas, en forma de campanillas, agrupadas sobre tallos florales, en el interior de las rosetas, en primavera.

Luz: abundante, aunque sin sol directo.

Sustrato: sustrato comercial para cactáceas.

Abono: una vez al mes, desde mayo hasta agosto, añada un abono líquido para cactáceas poco concentrado.

Humedad ambiental: evite cualquier condensación sobre las hojas durante el invierno.

Riego: cada seis o siete días, desde abril hasta septiembre; una vez al mes, en octubre y en marzo, nada de agua el resto del tiempo.

Trasplante: en abril, cada dos años.

Exigencias especiales: evite tocar las hojas, ya que las huellas de los dedos dejan marcas.

Tamaño: de 15 a 50 cm de alto, en maceta.

Multiplicación: mediante semillero, a 22 °C, en primavera, o por esquejes de hojas, al principio del verano.

Longevidad: de dos a cinco años, en maceta en casa.

Plagas y enfermedades: ninguna.

Especies y variedades: *Pachyphytum oviferum,* de grandes hojas blanquecinas que recuerdan a las peladillas, y *P. viride,* de hojas más alargadas y pardas.

Consejo: coloque los pachyphytum al pie de cactáceas espinosas para crear bonitos contrastes o entre guijarros de diversos colores.

Pachypodium spp.
PACHYPODIUM

Estos árboles espinosos son parientes de las adelfas (apocináceas), por tanto, no son cactos ni palmeras, a los que se parecen. Forman matas de troncos y ramas gruesas y espinosas y presentan en su ápice ramos de hojas de un bellísimo color verde. Flores perfumadas.

Origen: Madagascar, Suráfrica, Namibia.

Hojas: oblongas, coriáceas y lisas por el haz, las hojas son perennes en las especies arbóreas y caducas en las otras.

Flores: diurnas, veraniegas, blancas, rosas, amarillas o rojas, las flores forman ramos en el ápice de tallos de plantas mayores de 10 años.

Luz: pleno sol, sin problema alguno.

Sustrato: sustrato comercial para cactáceas.

Abono: una vez al mes, desde junio hasta septiembre, añada un abono para cactáceas, diluido a la mitad.

Humedad ambiental: reducida, todo el año.

Riego: una vez cada dos o tres semanas, aproximadamente entre mayo y octubre; luego, no riegue.

Trasplante: en abril, cada tres o cuatro años.

Exigencias especiales: los *Pachypodium* se muestran muy propensos a la podredumbre.

Tamaño: de 30 cm a 1,50 m, en maceta.

Multiplicación: mediante semillero, a 22 °C, o por esquejado de ramos, al principio del verano.

Longevidad: de 3 a 15 años, en casa.

Plagas y enfermedades: pulgones.

Especies y variedades: *Pachypodium lamerei,* de flores blancas con cogollo amarillo y perfumadas; *P. rosulatum,* de porte arbóreo, con la base del tronco abultada; flores de color amarillo canario, en febrero, antes de la aparición de las hojas, y *P. brevicaule,* cuyo tronco se parece a una gran patata grisácea, flores amarillas, planta poco frecuente en la naturaleza.

Consejo: un individuo grande es más fácil de conservar que una planta joven. No se preocupe si gran parte de las hojas o todas ellas caen al principio del invierno.

Parodia spp.
PARODIA

Estos cactos casi siempre globulares producen flores abundantes y de colores subidos, en el ápice de la planta, con frecuencia velloso.

Origen: Colombia, Argentina, Bolivia, Brasil, Paraguay, Uruguay, hasta 3 600 m de altitud.

Hojas: púas situadas en las areolas más o menos vellosas, a lo largo de costillas o sobre cada tubérculo.
Flores: en primavera y en verano, de color amarillo dorado, rosa o rojo, diurnas, las flores se desarrollan en la región apical del cacto, solitarias o en grupos que pueden sumar unas 10 corolas.
Luz: pleno sol, si es posible.
Sustrato: sustrato comercial para cactáceas.
Abono: desde mayo hasta septiembre, añada una vez al mes un abono para cactáceas, diluido a la mitad.
Humedad ambiental: a la parodia le gusta una ligera pulverización de vez en cuando, incluso en el transcurso del invierno.
Riego: cada 10 o 15 días, desde abril hasta octubre; una vez al mes el resto del tiempo.
Trasplante: en marzo, cada dos años.
Exigencias especiales: el secreto del éxito es un sustrato bien equilibrado, drenante y consistente a la vez.
Tamaño: de 15 a 30 cm de alto.
Multiplicación: mediante semillero, a 22 °C, en primavera.
Longevidad: varios decenios, en maceta.
Plagas y enfermedades: cochinillas y pulgones.
Especies y variedades: entre las 50 especies reunidas en este género destacan: *Parodia mammulosa, P. formosa, P. chrysacanthion, P. brevihamata, P. hausteiniana, P. microsperma, P. mutabilis, P. setifera,* de flores amarillas; *P. andreae, P. bilbaoensis, P. comosa, P. herzogii, P. mairanana, P. weberiana,* de flores naranjas; *P. lauii, P. otuyensis, P. nivosa, P. sanguiniflora, P. schuetziana, P. stuemeri,* y *P. subterranea,* de flores rojas.
Consejo: elija preferentemente plantas que ya tengan varios brotes, ya que formarán más rápido una bella mata florífera.

Pereskia spp.
PERESKIA

Estos cactos arbustivos forman matas ramificadas con hojas oblongas y coriáceas, que les hacen parecerse a algunos ficus.
Origen: Florida, Brasil, Argentina, Caribe.
Hojas: tallos suculentos, leñosos, de púas dispersas, presentan hojas entre lanceoladas y ovaladas, con frecuencia perennes, de 6 a 10 cm de largo.
Flores: diurnas, en forma de copa, de 4 a 5 cm de diámetro, las flores se abren en ramitos axilares o apicales, a lo largo de todo el verano.
Luz: intensa, pero evite el sol directo.
Sustrato: turba rubia, arena y mantillo de hojas.
Abono: desde mayo hasta septiembre, añada cada cuatro o seis semanas un abono líquido para cactáceas.
Humedad ambiental: carece de importancia.
Riego: cada 10 o 15 días, desde mayo hasta septiembre; una vez al mes, en otoño e invierno.
Trasplante: una vez al año, en marzo, durante cinco años, el tiempo de formación del arbusto; luego, cada tres o cuatro años, con una sustitución superficial del sustrato anual.
Exigencias especiales: el frío y la humedad combinados acarrean rápidamente la podredumbre.
Tamaño: de 1 a 2 m de alto por 1 m de ancho, en el caso de las plantas de unos 10 años.
Multiplicación: mediante semillero, a 20 °C, en primavera. También se puede multiplicar por esquejes, entre junio y julio, de ápices o trozos de tallos, en una mezcla de arena y turba.
Longevidad: en interiores, las plantas con más de 10 años pierden parte de su belleza y se vuelven desgarbadas. Se regeneran a partir de esquejes.
Plagas y enfermedades: cochinillas y pulgones.
Especies y variedades: el género *Pereskia* cuenta con 16 especies. *P. aculeata* (la grosella de Barbados) se ofrece sobre todo en la forma «Godseffiana», de jóvenes hojas rosas que cambian a más o menos purpúreas en la madurez, grandes flores blancas con estambres de color amarillo dorado; *P. bahiensis,* bastante espinosa, de flores rosas; *P. nemorosa,* con hojas de 10 cm de largo y ramos de flores de color rosa pálido, desde mayo hasta agosto, y *P. grandifolia (Rhodocactus grandifolius),* de hojas de 10 a 20 cm de largo y flores en corimbos de color rosa púrpura.
Consejo: no dude en podar la pereskia, a fin de darle una forma aireada y bien proporcionada. Detenga el flujo de látex blanco, pulverizando con agua tibia en las heridas. Evite el contacto de esta savia con la piel y los ojos.

▲ *Parodia herzogii:* **una floración admirable.**

▲ *Parodia comarapana:* **espinosa de flores luminosas.**

Pereskia aculeata **«Godseffiana»: el único cacto con hojas.** ▶

▲ *Rebutia espinosae:* una corona de flores rosas.

Rebutia spp. REBUTIA

Estos pequeños cactos, de floración abundante y espectacular, también se llamaron *Aylostera, Mediolobivia, Sulcorebutia* y *Weingartia.*

Origen: Bolivia, norte de Argentina, hasta 3 600 m de altitud.

Hojas: púas finas y frágiles aparecen en las areolas, en el ápice de tubérculos.

Flores: diurnas, en verano, de color rosa, naranja, amarillo o rojo, se abren sobre las areolas.

Luz: intensa, la mayor insolación posible.

Sustrato: sustrato comercial para cactáceas.

Abono: desde principios de mayo hasta finales de agosto, añada una vez al mes un abono líquido para cactáceas.

Humedad ambiental: lo más reducida posible.

Riego: una a dos veces al mes, desde mayo hasta septiembre; deje en seco el resto del tiempo.

Trasplante: en abril, cada dos años. Una maceta estrecha no favorece una buena floración.

Exigencias especiales: en casa, coloque las rebutias en un lugar bien ventilado, a fin de evitar cualquier riesgo de podredumbre.

Tamaño: hasta 10 cm de alto y de ancho.

Multiplicación: mediante semillero, a 20 °C, en primavera, o por separación de hijuelos, al principio del verano.

Longevidad: varios decenios.

Plagas y enfermedades: cochinillas.

Especies y variedades: entre las 70 especies conocidas: *Rebutia espinosae, R. narvaecensis, R. perplexa,* de flores rosas, *R. albiflora,* de flores de color blanco rosado, *R. aureiflora, R. marsoneri,* de flores amarillas, *R. camargoensis, R. krainziana, R. huasiensis,* de flores rojas; *R. fiebrigii, R. euanthema, R. flavistyla, R. heliosa, R. kieslingii, R. muscula,* de flores color naranja, etc.

Consejo: para destacar la floración abundante de las rebutias, deje que las plantas desborden ligeramente su maceta.

◀ *Rebutia muscula:* una bola vellosa y florífera.

Rhipsalidopsis spp. RHIPSALIDOPSIS

Cactos epifitos de tallos planos y colgantes. Se diferencian de las muy próximas *Schlumbergera* porque sus flores son en forma de estrellas y porque son más precoces. Los botánicos las denominan *Hatiora.*

Origen: selvas y zonas rocosas de Brasil.

Hojas: algunas espinas finas se encuentran dispuestas en areolas a lo largo de los tallos, de color verde, aplanadas y almenadas. Estas últimas se «articulan» en segmentos de 3 a 7 cm de largo.

Flores: diurnas, estrelladas, de 3 a 5 cm de diámetro, rosas o rojas, las flores aparecen en primavera, en el ápice de los segmentos.

Luz: intensa, aunque sin sol directo. Una exposición junto a una ventana orientada al norte es ideal.

Sustrato: mantillo, tierra de brezo y perlita.

Abono: desde marzo hasta septiembre, añada una vez al mes un abono líquido para cactáceas.

Humedad ambiental: al menos del 50 %; vaporice el follaje cada dos o tres días cuando el tiempo sea seco.

Riego: cada cinco o siete días, desde marzo hasta septiembre, sin que el cepellón quede empapado de agua. Cada 8 o 10 días, durante el reposo invernal.

Trasplante: entre marzo y abril, cada dos años.

Exigencias especiales: evite mojar las flores abiertas.

Tamaño: de 15 a 20 cm de alto y de ancho.

Multiplicación: por esquejes de segmentos de tallos tras la floración, en un sustrato arenoso.

Longevidad: de 3 a 10 años, en maceta.

Plagas y enfermedades: cochinillas.

Especies y variedades: *Rhipsalidopsis rosea,* de corolas de color verde subido colgantes, cuyos pétalos se encuentran ligeramente levantados como las cubiertas de las pagodas; *R. gaertneri,* de flores color rojo anaranjado. Se cultivan también varias formas híbridas.

Consejo: los rhipsalidopsis son plantas de «días cortos», que necesitan oscuridad durante al menos 12 h al principio de la primavera. En cuanto se hayan formado las yemas florales, exponga las plantas a la luz, y ya no las mueva, puesto que los botones se desprenden con bastante facilidad.

Rhipsalis spp. RHIPSALIS

Estos cactos epífitos forman mata y tallos colgantes, parecidos al muérdago en algunas especies.

Origen: Brasil, Argentina, Uruguay.

Hojas: ausentes o, en ciertas especies, algunas púas sobre areolas discretas.

Flores: diurnas, minúsculas, blanquecinas o rosadas. Bayas negras, rojas o blancas.

Luz: intensa, aunque sin sol directo. Lo ideal es colgar los rhipsalis delante de una ventana orientada al norte.

Sustrato: sustrato para orquídeas con un 50 % de mantillo de hojas bastante fibroso.

Abono: añada tres o cuatro veces durante el verano un abono líquido para orquídeas.

Humedad ambiental: cuando haga mucho calor, vaporice los rhipsalis cada dos o tres días.

Riego: cada cinco o siete días, durante el crecimiento; cada 10 o 12 días, en invierno.

Trasplante: en abril, cada dos años.

Exigencias especiales: los rhipsalis temen las corrientes de aire, sobre todo durante el invierno.

Tamaño: de 15 a 30 cm hacia los 5 años; de 50 cm a 1 m en 10 años, incluso en maceta.

Multiplicación: por esquejes de fragmentos de tallos al principio del verano, en tierra de brezo.

Longevidad: de 7 a 30 años, en casa.

Plagas y enfermedades: cochinillas.

Especies y variedades: *Rhipsalis micrantha* y *R. capilliformis,* en anchas matas de finos tallos verdes articulados, y *R. floccosa,* de frutos en forma de bolitas blancas y traslúcidos, que recuerdan las del muérdago.

Consejo: los rhipsalis conviven muy bien con las orquídeas y las bromelias.

Rochea spp. ROCHEA

Plantas suculentas bastante vigorosas, agrupadas recientemente en el género *Crassula*.

Origen: Suráfrica.

Hojas: de color verde o glaucas, bastante alargadas, la base se inserta en la de la hoja opuesta.

Flores: diurnas y agrupadas en el ápice de los tallos, rosas o rojas, con cinco pétalos soldados en forma de tubo.

Luz: intensa, aunque sin sol directo.

Sustrato: sustrato comercial para cactáceas.

Abono: desde mayo hasta agosto, añada una vez al mes un abono líquido para cactáceas.

Humedad ambiental: bastante reducida.

Riego: una vez por semana desde abril hasta septiembre; una vez al mes, en otoño; no regar en invierno.

Trasplante: en marzo, cada dos años.

Exigencias especiales: acorte los tallos separando las dos terceras partes superiores, desde el final del invierno, para obtener plantas más floríferas.

Tamaño: de 30 a 70 cm de alto, en maceta.

Multiplicación: por esquejes de trozos de tallos al principio del verano, en una mezcla arenosa.

Longevidad: de 5 a 15 años, en maceta, en casa.

Plagas y enfermedades: cochinillas y pulgones.

Especies y variedades: Rochea coccinea, de flores de un bello rojo descolorido y el centro de los pétalos de color rojo; *R. falcata,* de hojas curvadas como la hoja de una guadaña, y *R. longifolia,* de hojas muy alargadas y bellas inflorescencias rojo coral.

Consejo: coloque las *Rochea* en macetas más bien altas, ya que algunas ramas tienden a arquearse o a colgar con gracia.

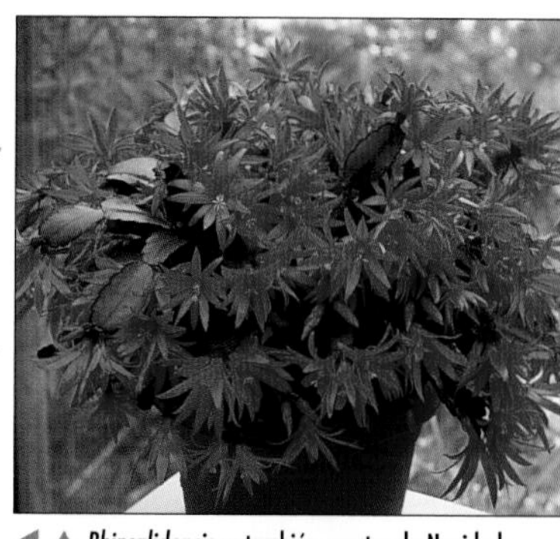

◄ ▲ *Rhipsalidopsis* x: también «cactos de Navidad».

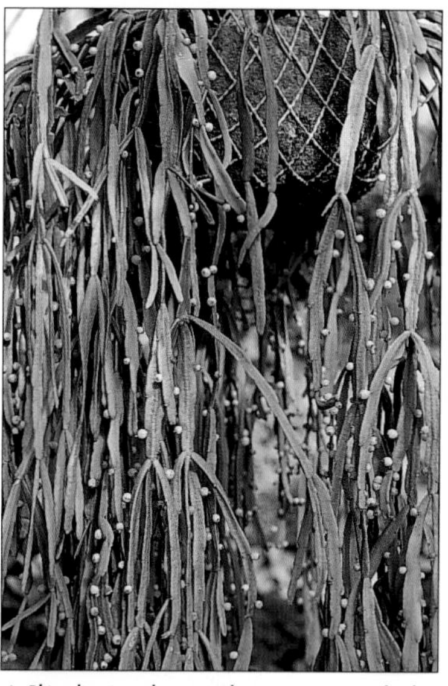

▲ *Rhipsalis micrantha:* para cultivar en una cesta colgada.

Rochea longifolia: una mata suculenta y muy florífera. ►

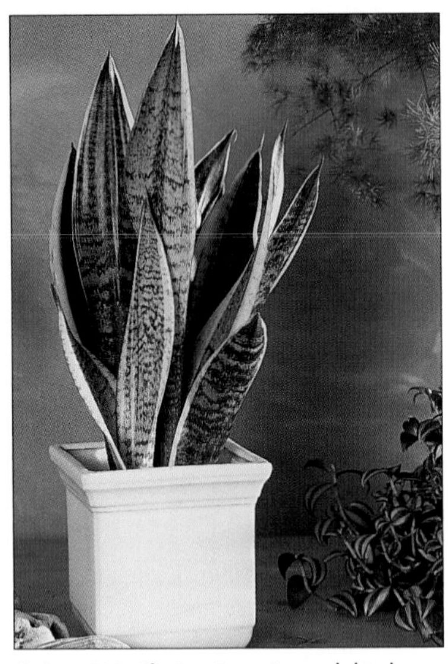

▲ *Sansevieiria trifasciata* «Laurentii»: muy habitual.

◀ *Sansevieiria* «Twist»: una novedad de hojas con zarcillos.

Sansevieria spp.
LENGUA DE TIGRE, SANSEVIERIA

 25 °C 12 °C 

Estas plantas vivaces con rizomas de hojas suculentas forman parte de la familia de los agaves.

Origen: Kenia, Madagascar, Namibia, Angola.

Hojas: lanceoladas, puntiagudas en el extremo, planas o cilíndricas, más o menos verticales, forman una roseta ceñida, de color verde o manchadas de gris plateado, aunque también existen variedades variegadas.

Flores: de 0,5 a 1 cm de largo, blancas, perfumadas, agrupadas en espigas, en primavera, en plantas adultas.

Luz: intensa, sin sol directo demasiado ardiente.

Sustrato: sustrato para geranios aligerado con un 30 % de arena gruesa, a fin de mejorar el drenaje.

Abono: desde mayo hasta septiembre, añada una vez al mes un abono líquido para cactáceas.

Humedad ambiental: sin la menor importancia.

Riego: cada 12 o 15 días, desde marzo hasta octubre; cada cuatro semanas, el resto del tiempo.

Trasplante: en marzo, cada tres o cuatro años.

Exigencias especiales: plante las sansevierias en una jardinera, para que puedan desarrollarse cómodamente sus rizomas.

Tamaño: de 80 cm a 1,20 m de alto en 10 años, en el caso de las especies más vigorosas.

Multiplicación: por separación de hijuelos jóvenes en primavera. El esquejado de trozos de hojas es fácil, pero no reproduce los bordes amarillos.

Longevidad: varios decenios.

Plagas y enfermedades: cochinillas.

Especies y variedades: *Sansevieiria trifasciata,* de largas hojas planas; «Laurentii», con bordes amarillos; «Golden Hahnii», enana con hojas apartadas, bordeadas de amarillo crema, tolera un lugar sombreado; «Twist», de hojas curiosamente contorneadas, y *S. cylindrica,* de hojas enrolladas sobre sí mismas, casi cilíndricas, bastante rara.

Consejo: plante la sansevieria junto a otras plantas crasas de silueta redondeada, a fin de crear una composición con ritmo.

Schlumbergera spp.
CACTO DE NAVIDAD

  25 °C 10 °C 

Estos cactos de porte colgante ofrecen una floración abundante en invierno.

Origen: selvas tropicales del sureste de Brasil.

Hojas: púas que casi han desaparecido en las formas híbridas comúnmente cultivadas.

Flores: diurnas, rojas o rosas, las flores se abren desde diciembre hasta marzo; en el extremo de segmentos apicales, rojas, púrpuras, rosas, blancas.

Luz: intensa, aunque sin sol directo. Una ventana orientada al norte es muy conveniente.

Sustrato: un sustrato para orquídeas, mezclado al 50 % con mantillo de hojas.

Abono: desde junio hasta octubre, añada una vez al mes un abono líquido para cactáceas.

Humedad ambiental: mínima del 40 %. Vaporice de vez en cuando durante el invierno (con más de 16 °C).

Riego: cada tres o cinco días, desde junio hasta septiembre y durante la floración; una vez por semana, desde octubre hasta diciembre; cada 15 días, tras la floración y hasta el final de la primavera.

Trasplante: entre marzo y abril, cada tres o cuatro años.

Exigencias especiales: en cuanto se formen las yemas, no mueva las plantas y mantenga una temperatura regular.

Tamaño: de 30 a 40 cm de alto y de ancho.

Multiplicación: por esquejes de segmentos, en marzo.

Longevidad: de 15 a 20 años.

Plagas y enfermedades: cochinillas.

Especies y variedades: existen seis especies de *Schlumbergera,* pero se cultivan sobre todo híbridos de *S. truncata,* raramente denominados.

Consejo: instale los cactos de Navidad en una estantería, para admirar su porte colgante.

Sedum spp.
SEDUM

  25 °C 5 °C 

Estas suculentas, a veces rústicas, tienen especies exóticas que gustan de los interiores.

Origen: México, Guatemala.
Hojas: oblongas o redondas, gruesas, carnosas, a veces parecen escamas.
Flores: en forma de estrellas, amarillas, blancas o rojas, en el ápice de nuevos brotes, en primavera.
Luz: intensa, pero protéjalas del sol directo.
Sustrato: 1/3 de mantillo y 2/3 de arena gruesa.
Abono: desde mayo hasta septiembre, añada cada cinco o seis semanas un abono para plantas verdes.
Humedad ambiental: sin importancia alguna.
Riego: una vez por semana, desde marzo hasta octubre; una vez al mes, durante el invierno.
Trasplante: en marzo, cada dos o tres años.
Exigencias especiales: evite que el sustrato se seque por completo, ya que en algunas especies puede ocasionar la caída de las hojas.
Tamaño: de 10 cm a 1 m, según las especies.
Multiplicación: por esquejes de fragmentos de tallos o de hojas, en primavera o en verano.
Longevidad: de tres a siete años, en maceta.
Plagas y enfermedades: cochinillas.
Especies y variedades: entre las numerosas especies de sedum destacan: *Sedum morganianum,* de porte colgante y hojas gruesas de color verde azulado es la especie de interior más bella; *S. batalae,* de rosetas gris azulado imbricadas y flores blancas; *S. dendroideum,* de porte arbustivo, hojas gruesas en rosetas y flores amarillas; *S. linearifolium* «Variegatum», de follaje claro, tapizante o colgante; *S. lucidum,* que forma mata, compacto, de hojas redondeadas teñidas de rojo y flores blancas; *S. tahlii;* rastrero, hojas en forma de pequeños huevos de color rojo parduzco y flores amarillas, y *S. suaveolens,* en rosetas gris azulado y flores blancas.
Consejo: mezcle varias especies colgantes en una sola maceta suspendida.

Selenicereus spp.
CACTO DE NOCHE, SELENICEREUS

Este cacto epifito de porte rastrero, trepador o colgante desarrolla flores enormes por la noche.
Origen: México, Jamaica, Cuba, Haití.
Hojas: púas muy cortas se encuentran repartidas sobre areolas regularmente espaciadas en los tallos.
Flores: de 20 a 30 cm de diámetro, de color blanco puro, con pétalos externos crema, las flores se abren durante una noche, desprendiendo un aroma de vainilla excepcional, destinado a atraer a las mariposas nocturnas, que garantizan la polinización. Una planta adulta puede presentar hasta 20 flores. Los grandes frutos ovoides que siguen a la floración son comestibles.
Luz: intensa, pero evite el sol directo.
Sustrato: un sustrato para orquídeas, en una mezcla a partes iguales con mantillo de hojas.
Abono: desde mayo hasta septiembre, añada una vez al mes un abono líquido para cactáceas.
Humedad ambiental: mínima del 50 %. Hay que pulverizar cada dos o cuatro días para humedecer las raíces aéreas que se desarrollan a lo largo de los tallos.
Riego: cada cuatro o seis días, desde mayo hasta septiembre; cada 7 o 10 días, en invierno. Use agua sin cal, a la temperatura de la habitación.
Trasplante: cada tres o cuatro años, en primavera.
Exigencias especiales: un descenso progresivo de la temperatura de 3 a 5 °C, durante la noche, favorece la floración.
Tamaño: de 75 cm a 3 m, en jardinera.
Multiplicación: muy fácil, por esquejado de fragmentos de tallos, en atmósfera controlada, en miniinvernadero.
Longevidad: de tres a siete años, en maceta.
Plagas y enfermedades: cochinillas de escudo.
Especies y variedades: existen unas 20 especies de *Selenicereus. S. grandiflorus,* el más espectacular, es también el que se encuentra más fácilmente en el mercado. Sus flores pueden alcanzar los 30 cm de diámetro, pero la floración no aparece en las plantas de menos de 2 m de alto; *S. spinulosus,* de flores de 20 cm de diámetro en verano, en cuanto las plantas alcanzan la edad de cinco años; *S. testudo (S. diabolicus),* de porte arbustivo, flores diurnas de 20 cm de diámetro; *S. anthocyanus,* de porte colgante, flores amarillentas de 10 a 15 cm, y *S. hamatus,* de flores blancas, que alcanzan los 35 cm.
Consejo: en cuanto las yemas florales comiencen a formarse, la temperatura no debe descender de los 15 °C. El cacto de noche alcanza su plenitud si se planta en pleno suelo en un invernadero.

▲ *Schlumbergera* híbrida: flores en Navidad.

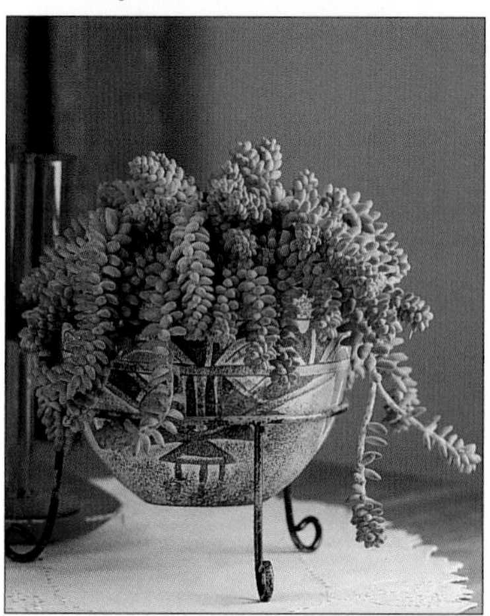

▲ *Sedum morganianum:* una colgante con mucho estilo.

Selenicereus grandiflorus: una enorme flor nocturna. ▶

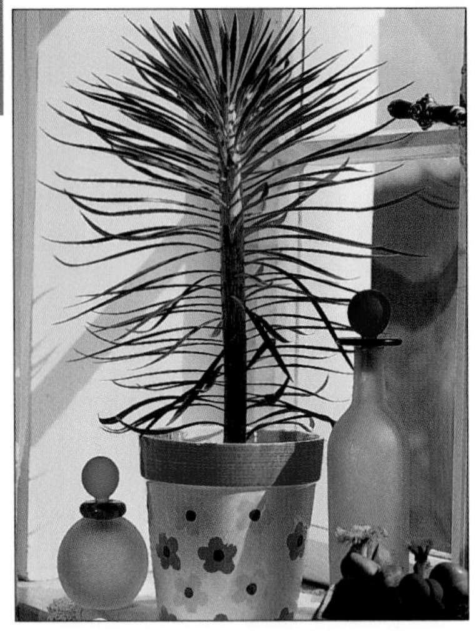

▲ *Senecio kleinia:* un sorprendente arbusto suculento.

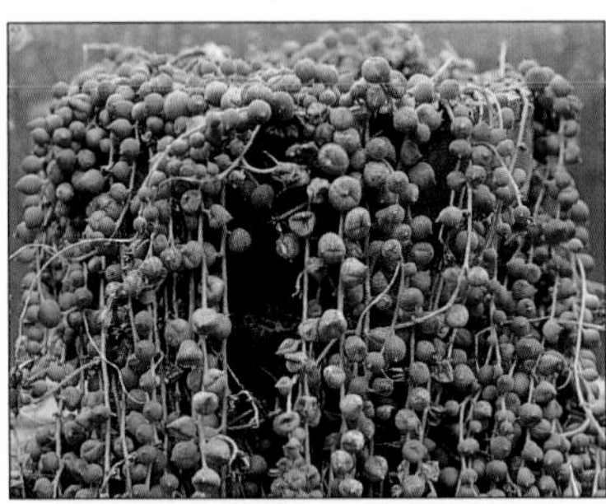

▲ *Senecio rowleyanus:* una pequeña planta colgante.

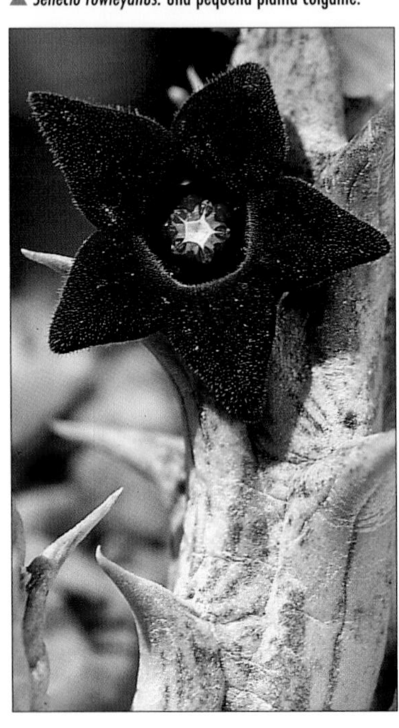

◀ *Stapelia commutata* var. *hesperidum:* la estrella negra.

Senecio spp. SENECIO

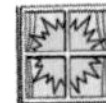  

Planta suculenta rastrera o arbustiva.

Origen: Suráfrica, Namibia, Marruecos.

Hojas: largos tallos finos presentan hojas globulosas, de color verde azulado, gruesas como las uvas. En las formas arbustivas, las hojas son lineales, cilíndricas y carnosas.

Flores: amarillas, blanco amarillento o rosas, en verano.

Luz: pleno sol, aunque debe evitar en verano los rayos demasiado intensos entre las 11 y las 16 h.

Sustrato: tierra vegetal y sustrato para cactáceas al 50 %.

Abono: tres veces por temporada, en abril, junio y agosto, añada un abono líquido para cactáceas.

Humedad ambiental: sin importancia alguna.

Riego: cada cuatro o seis días, desde abril hasta septiembre; en invierno, mantenga el sustrato casi seco.

Trasplante: en abril, cada tres o cuatro años.

Exigencias especiales: la planta sólo florece bien si disfruta de un reposo invernal al fresco (10 °C) y de una temperatura veraniega suficientemente alta (al menos 23 °C).

Tamaño: los tallos rastreros pueden alcanzar los 90 cm de largo; los arbustos, el 1,50 m.

Multiplicación: fragmentos de tallos arraigan con facilidad en arena apenas húmeda.

Longevidad: más de 10 años.

Plagas y enfermedades: pulgones y limacos.

Especies y variedades: se han enumerado más de 1 000 especies de *Senecio. S. macroglossus* recuerda una hiedra de hojas gruesas; *S. kleinia,* de porte arbustivo y largas hojas lineales casi horizontales; *S. rowleyanus,* rastrero, colgante, de hojas esféricas; *S. citriformis,* de hojas ahusadas, que parecen minúsculos limones; *S. ficoides,* arbustivo, de hojas de color verde azulado, flores de color blanco amarillento, y *S. scaposus,* de rosetas cilíndricas.

Consejo: plante los senecios rastreros en una maceta más ancha que honda, ya que el sistema redicular es superficial. Coloque tutores firmes para las formas arbustivas.

Stapelia spp. STAPELIA

Plantas suculentas bajas, que forman mata, algunas de las cuales se encuentran clasificadas en el género *Orbea.*

Origen: Suráfrica, Namibia, Botswana.

Hojas: los tallos gruesos, cuadrangulares, presentan hojas atrofiadas, que forman especies de dientes bastos. Algunos tallos son espinosos.

Flores: las corolas carnosas, en forma de estrellas, de cinco pétalos, parecen estrellas de mar púrpuras, verdes, pardas, crema, a veces moteadas o vellosas. Su olor desagradable atrae las moscas, que las polinizan.

Luz: pleno sol, todo el año.

Sustrato: mantillo y arena gruesa o grava.

Abono: añada tres veces durante el buen tiempo un abono líquido para cactáceas.

Humedad ambiental: lo más reducida posible.

Riego: evite que el sustrato se seque, ya que los tallos se marchitarían sin remedio.

Trasplante: cada dos o tres años, en abril, en macetas estables, más anchas que hondas.

Exigencias especiales: las stapelias gustan de pasar el invierno a 10 °C.

Tamaño: hasta 30 cm de alto y de ancho.

Multiplicación: mediante semillero, en marzo, o por esquejes de ápices de tallos en verano, en miniinvernadero.

Longevidad: más de 10 años, en un invernadero.

Plagas y enfermedades: cochinillas algodonosas.

Especies y variedades: se registran 43 especies de *Stapelia. S. hirsuta,* de flores pardo rojizo cubiertas de pelos cortos y suaves, es la más fácil de cultivar; *S. commutata,* de tallos espinosos y flores negras; *S. flavopurpurea,* de flores de color verde con cogollo rojo; *S. gigantea,* con flores que alcanzan los 40 cm de diámetro, de color amarillo claro estriado de rojo; *S. grandiflora,* de flores de 15 cm de diámetro, de color rosa oscuro a pardo purpúreo, de aspecto variable; *S. mutabilis (Orbea mutabilis),* de flores de 5 cm, de color rojo vinoso con el centro amarillo; *S. pulvinata,* de flores vellosas rojo parduzco, etc.

Consejo: para obtener los esquejes de stapelia, deje secar las secciones escogidas durante cuatro o cinco días antes de plantarlas.

Stenocereus thurberi STENOCEREUS

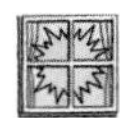  

Gran cacto en forma de cirio estrecho.

Origen: México, Venezuela, islas Vírgenes.

Hojas: los tallos forman columnas gruesas, con púas rígidas, de 3 o 4 cm de largo, situadas en las areolas vellosas.

Flores: de 4 a 7 cm de largo, rosas, rojas o blancas. Fruto escamoso y rojo, comestible.

Luz: pleno sol, obligatoriamente.

Sustrato: sustrato comercial para cactáceas.

Abono: dos o tres veces, desde mayo hasta julio, añada un abono líquido para cactáceas.

Humedad ambiental: ambiente lo más seco posible.

Riego: una vez por semana durante el crecimiento, casi nada de agua en invierno.

Trasplante: cada dos o cuatro años, según la velocidad de crecimiento. Sustituya el sustrato superficial de los individuos grandes en mayo.

Exigencias especiales: saque los stenocereus durante el verano. Pueden permanecer todo el año fuera en los jardines protegidos de la costa mediterránea.

Tamaño: hasta 2 m, en maceta.

Multiplicación: mediante semillero, a 22 °C, en primavera.

Longevidad: en los jardines botánicos, los ejemplares más viejos alcanzan 100 años.

Plagas y enfermedades: manchas negras.

Especies y variedades: se han enumerado 25 especies de *Stenocereus*. *S. griseus*, con la epidermis grisácea y flores rosas; *S. pruinosus*, verde azulado y flores de color blanco rosado, y *S. marginatus*, de tallos grisáceos y flores rojas.

Consejo: instale la planta en macetas pesadas y estables, más anchas que hondas.

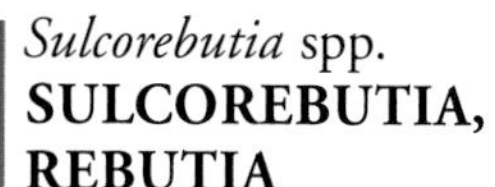

Sulcorebutia spp. SULCOREBUTIA, REBUTIA

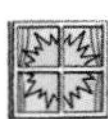  

Pequeñas cactáceas globulosas muy floríferas, actualmente vinculadas por los botánicos al género *Rebutia*, pero que se distinguen de éste por sus areolas huecas y alargadas.

Origen: Bolivia, hasta 3 500 m de altitud.

Hojas: el cojín redondeado, hemisférico, se encuentra revestido por una red densa y perfectamente geométrica de finas púas blancas.

Flores: en primavera, muchas corolas de colores subidos se abren por la mañana y se vuelven a cerrar por la noche. Se marchitan tras una semana de vida.

Luz: pleno sol, todo el año.

Sustrato: sustrato comercial para cactáceas.

Abono: durante la temporada, use tres veces un abono para freseras, diluido a la mitad.

Humedad ambiental: ambiente lo más seco posible.

Riego: deje que el sustrato se seque a 2 cm de profundidad, antes de aportar agua de nuevo. En invierno, interrumpa casi completamente el riego.

Trasplante: en primavera, todos los años, a una bandeja o una maceta plana y ancha.

Exigencias especiales: tolera altas temperaturas (30 °C), si puede disfrutar de un poco de frescor por la noche.

Tamaño: máximo de 12 a 15 cm de alto.

Multiplicación: en primavera, por separación de hijuelos que se forman en la base de la mata; en abril, mediante semillero, a 22 °C; fácil. El brote es rápido, pero el crecimiento de las jóvenes plantas es muy lento.

Longevidad: más de 10 años, en casa.

Plagas y enfermedades: arañas rojas en tiempo muy cálido; cochinillas algodonosas en invierno.

Especies y variedades: se distinguían 40 especies de *Rebutia* antes de que los botánicos reorganizaran el género. Además de las especies ilustradas al lado: *S. breviflora*, *S. candiae*, *S. menesesii*, de flores amarillas; *S. canigueralii*, de flores naranjas; *S. crispata*, y *S. glomerispina*, de flores rosas, relmente soberbias.

Consejo: en invierno, conserve las rebutias en una galería, entre 5 y 12 °C.

▼ *Sulcorebutia flavissima*: una soberbia corona florida.

▲ *Stapelia grandiflora*. ▼ *Stenocereus thurberi*.

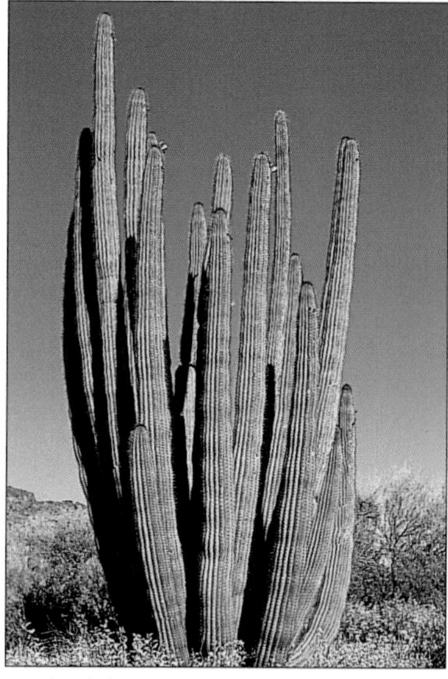

▼ *Sulcorebutia arenacea*: un mosaico muy gráfico.

▼ *Sulcorebutia glomericeta*: aterciopelado, con flores doradas.

▲ *Thelocactus matudae:* de grandes areolas cónicas.

Thelocactus matudae
THELOCACTUS

 25 °C 8 °C 

Cacto globuloso.

Origen: México, en las selvas húmedas.

Hojas: este cacto forma un tallo grueso y cilíndrico de unos 15 cm de diámetro, de cojinetes cuadrangulares de 2 cm de alto, con un ramo de púas punzantes cada uno.

Flores: en verano, las corolas de 6 a 8 cm de diámetro y muy abiertas aparecen cerca del ápice del cacto. Son de color rosa violeta intenso, realzadas por un ramo de estambres de color amarillo dorado.

Luz: luz abundante, pero indirecta.

Sustrato: sustrato comercial para cactáceas aligerado con un 20 % de yeso triturado.

Abono: desde abril hasta septiembre, añada dos veces al mes un abono para tomateras, diluido a la mitad.

Humedad ambiental: sin importancia alguna.

Riego: una vez por semana durante el buen tiempo. Desde octubre hasta abril, una vez al mes, ya que el thelocactus efectúa un período de reposo marcado.

Trasplante: entre marzo y abril, cada dos años, a una maceta más ancha que honda.

Exigencias especiales: entre octubre y marzo, conserve el thelocactus al fresco (10 °C).

Tamaño: de 10 a 15 cm de alto y de ancho.

Multiplicación: mediante semillero, a 22 °C, en primavera.

Longevidad: más de 20 años, en maceta, en casa.

Plagas y enfermedades: cochinillas algodonosas.

Especies y variedades: *Thelocactus rinconensis,* y *T. bicolor,* de grandes flores de color rosa fuerte.

Consejo: las espinas pueden dañarle la piel: use guantes para manipular la planta.

Trichocereus spachianus
TRICHOCEREUS

 25 °C 3 °C 

Cacto con costillas, desmelenado, de porte erguido o extendido, actualmente clasificado en el género *Echinopsis.*

◀ *Trichocereus spachianus:* un gran cacto rastrero.

Origen: Argentina, Perú, Ecuador, Bolivia.

Hojas: el tronco en forma cilíndrica se encuentra marcado por costillas verticales provistas de areolas, que presentan púas finas, pero muy punzantes.

Flores: la planta adulta presenta en verano flores blancas de 15 a 20 cm de diámetro.

Luz: una intensa insolación directa.

Sustrato: mantillo de hojas y arena gruesa, a partes iguales, o sustrato comercial para cactáceas.

Abono: una vez al mes, desde abril hasta octubre, añada un abono líquido para cactáceas.

Humedad ambiental: ambiente tan seco como sea posible.

Riego: una vez por semana durante el crecimiento, siempre en el pie de la planta. No más de una vez cada 20 a 30 días, desde octubre hasta marzo.

Trasplante: en abril, cada dos años.

Exigencias especiales: para una bella floración, respete un reposo invernal entre 5 y 10 °C.

Tamaño: hasta 1 m en 10 años.

Multiplicación: mediante semillero, a 20 °C, en abril, o por separación de hijuelos de la base, en primavera.

Longevidad: al menos 10 años.

Plagas y enfermedades: cochinillas algodonosas.

Especies y variedades: *Trichocereus atacamensis,* de areolas blancas, flores de color blanco rosado; *T. candicans,* rastrero, de flores blancas con aroma de jazmín; *T. huascha,* rastrero, de flores amarillas, y *T. strigosus,* rastrero de grandes flores blancas.

Consejo: el trichocereus es muy propenso a los excesos de agua. Cuando el sustrato permanece húmedo demasiado tiempo, la planta se marchita y se pudre.

Wilcoxia albiflora
WILCOXIA

 25 °C 5 °C 

Cacto de porte menudo, llamado por los botánicos *Echinocereus leucanthus.*

Origen: México.

Hojas: los finos tallos cilíndricos, de reflejos púrpuras, presentan costillas erizadas de púas radiales blanco plateado y centrales negras.

Flores: el ápice de los tallos lleva al final de la primavera flores blancas de 4 cm de diámetro.

Luz: intensa, pero protéjalo del sol directo.
Sustrato: una mezcla de mantillo de hojas y arena de río bastante gruesa, a medias.
Abono: desde abril hasta agosto, efectúe cuatro aportes de abono líquido para fresales o tomateras.
Humedad ambiental: cuanto más seca y cálida sea la atmósfera, mejor resultará el crecimiento de la planta.
Riego: espere al menos 10 días entre cada aporte de agua, incluso en pleno verano; desde noviembre hasta marzo, es inútil regar.
Trasplante: en abril, cada dos años, a una maceta ancha, provista de una buena perforación de drenaje.
Exigencias especiales: la wilcoxia no le gusta ser regada en forma de lluvia. Una regadera de alcachofa fina es muy práctica para regar justo al pie de la planta.
Tamaño: de 20 a 30 cm de largo.
Multiplicación: mediante semillero, a 22 °C, en primavera.
Longevidad: de 8 a 10 años, en maceta, en casa.
Plagas y enfermedades: arañas rojas.
Especies y variedades: *Wilcoxia viperina,* de flores rojo frambuesa; *W. schmollii,* de flores de color rosa suave, y *W. kroenleinii,* de flores de color salmón.
Consejo: cada tres años, pode los tallos viejos que ya florecieron, a fin de conservar un aspecto más achaparrado de la planta y de provocar la aparición de nuevas ramificaciones floríferas.

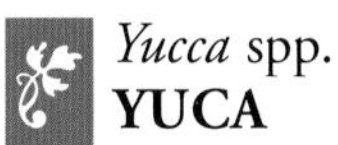

Yucca spp.
YUCA

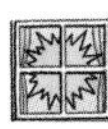

Arbusto o arbolito que forma un tronco ramificado, de follaje perenne, coriáceo y rígido.
Origen: California, Arizona, México, Antillas.
Hojas: de 30 cm a 1 m de largo, gruesas, lineales, alargadas, terminadas en una punta temible, las hojas se encuentran dispuestas en rosetas.
Flores: la yuca casi nunca florece en interiores. Al aire libre, produce imponentes racimos erguidos de campanillas de color blanco crema.
Luz: pleno sol, incluso muy intenso.
Sustrato: mantillo, tierra de jardín y arena de río.
Abono: desde mayo hasta septiembre, añada cada 15 días un abono para plantas verdes diluido.

▲ *Wilcoxia albiflora:* de flores blancas y tallos menudos.

Humedad ambiental: la yuca se adapta a la atmósfera de nuestros interiores. Una ducha semanal la refrescará y le quitará el polvo.
Riego: cada cinco o siete días, en verano, el sustrato debe secarse a 5 o 6 cm de profundidad; en invierno, basta con una vez cada 10 o 12 días.
Trasplante: desde el momento de la compra, si la maceta no garantiza una buena estabilidad a la planta, o si la yuca está cultivada en turba pura. Cada dos o cuatro años y luego, en función de la velocidad de crecimiento.
Exigencias especiales: las yucas gustan de pasar el invierno al fresco (10 °C), en una galería.
Tamaño: de 50 cm a 2 m de alto.
Multiplicación: por esquejado (delicada), por separación de hijuelos en primavera, en miniinvernadero, a 25 °C.
Longevidad: hasta 15 años, en maceta, en casa.
Plagas y enfermedades: *Botrytis* y cochinillas.
Especies y variedades: *Yucca aloifolia* es casi rústica, hojas muy punzantes; *Y. elephantipes,* la más común como planta de interior, de hojas más flexibles y tronco decorativo, «Variegata» es una forma de follaje variegado; *Y. rostrata* forma un ramo de hojas semirrígidas y finísimas; *Y. brevifolia* forma un arbusto ramificado, pero su crecimiento es muy lento, hojas tan punzantes como espadas,y *Y. whipplei,* sin tallo (acaule), rosetón gris azulado y hojas muy punzantes.
Consejo: en verano, saque la yuca al balcón y cobrará nuevo vigor.

▲ *Yucca aloifolia* «Marginata»: de hojas variegadas.

▲ *Yucca elephantipes:* un resistente árbol de interior.

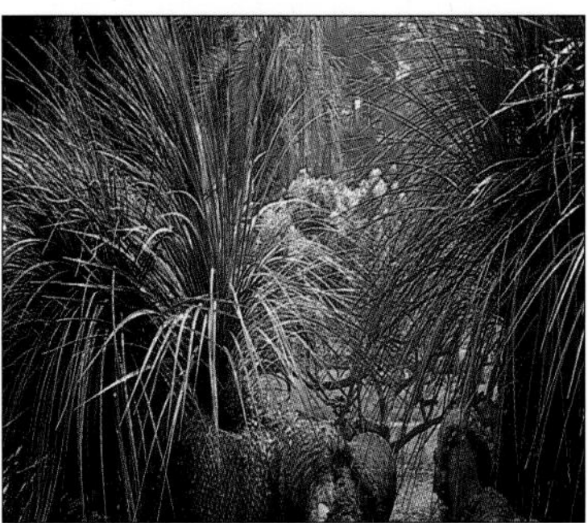
Yucca rostrata: sáquela al jardín en verano. ▶

4

LAS PLANTAS DE INTERIOR MES A MES

Enero

En pleno invierno, la casa se convierte en un refugio acogedor en el que ha de encontrarse el equilibrio correcto entre luminosidad, temperatura y riego. La mayor parte de las plantas se encuentran en parada vegetativa. Respete su reposo mediante un uso mesurado de la regadera. Evite las corrientes de aire frío y acerque las macetas a las ventanas para que se beneficien de la máxima luminosidad posible.

▲ Adorne la casa con una bonita decoración primaveral con bulbos forzados. Narcisos y jacintos acompañan a un anturium.

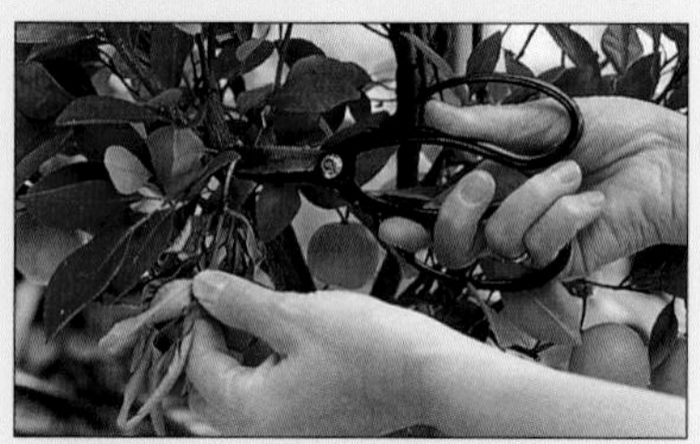

▲ Tijeras de bonsái para podar las ramas secas.

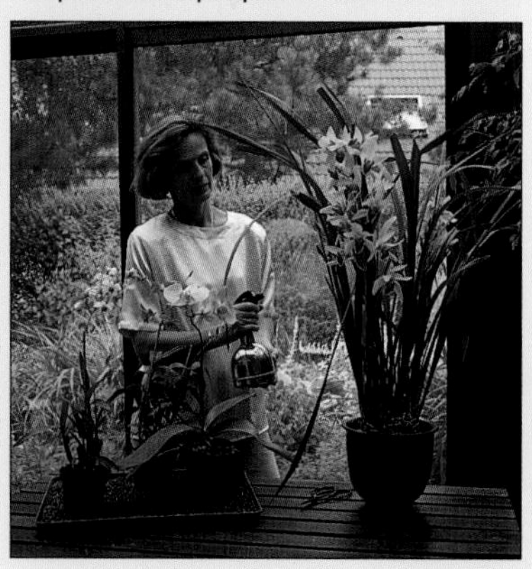

◀ Vaporización diaria para el cymbidium (orquídea).

Regar

• Espacie los aportes de agua y reduzca las cantidades. El sustrato debe secarse entre riego y riego. Vacíe los platillos 20 minutos después.

• Riegue las cactáceas y las plantas crasas cada 10 o 12 días en una habitación cálida; cada tres semanas en una fresca.

Podar

• Use tijeras de jardinero o una podadera pequeña para podar los brotes secos. Acorte los que se alargun de forma desmedida por falta de luz.

• Pode el extremo pardo y seco de las hojas de las plantas verdes, sin tocar la parte verde, pues seguiría estropeándose.

NO LO OLVIDE

- Ventile sin exponer las plantas al aire frío.
- Abone sólo las plantas con flor o a punto de florecer.
- Vaporice regularmente el follaje de las plantas con flor, sin mojar las flores.
- Acerque a las ventanas las plantas de bulbos forzados en la oscuridad en cuanto los tallos florales resulten muy visibles.
- Examine las plantas para descubrir cuanto antes plagas o enfermedades.

Humidificar el aire

• Aumente la humedad ambiental vaporizando agua blanda y tibia sobre las hojas.

• Reúna las macetas sobre un lecho de bolas de arcilla inmersas en un poco de agua, para limitar los efectos desecantes de la calefacción.

Febrero

Los días comienzan a alargarse y las plantas de interior se reactivan lentamente. Es hora de efectuar una gran limpieza general y, sobre todo, de cambiar el sustrato y las macetas de la mayor parte de las plantas.

Limpiar

• Elimine el polvo que obstruye los poros pasando una esponja húmeda sobre las hojas grandes y vaporizando las pequeñas.
• Quite el polvo de los cactos con un pincel.
• Rocíe el follaje de las palmeras e insista en el envés de las hojas, para limpiarlas y desalentar los ataques de arañas rojas.
• Abrillante las plantas de follaje grueso.

Preparar y tratar

• Prevea los trasplantes primaverales y compre las macetas o jardineras necesarias, los sustratos adecuados, las bolas de arcilla para el drenaje, los platillos, los tutores y el abono.
• Prepare las mezclas de los sustratos para los trasplantes.
• Elimine las cochinillas manualmente o con un tratamiento específico. Pode los brotes secos cubiertos de oídio.

NO LO OLVIDE

- Reduzca la calefacción algunos grados por la noche, sus plantas se desarrollarán mejor.
- No rocíe el follaje de las plantas vellosas (violeta africana, begonia).
- Gire las macetas de plantas verdes para garantizar una iluminación uniforme.
- Rocíe a diario los bonsáis.
- Alargue la floración de la flor de Pascua colocándola en una habitación fresca.

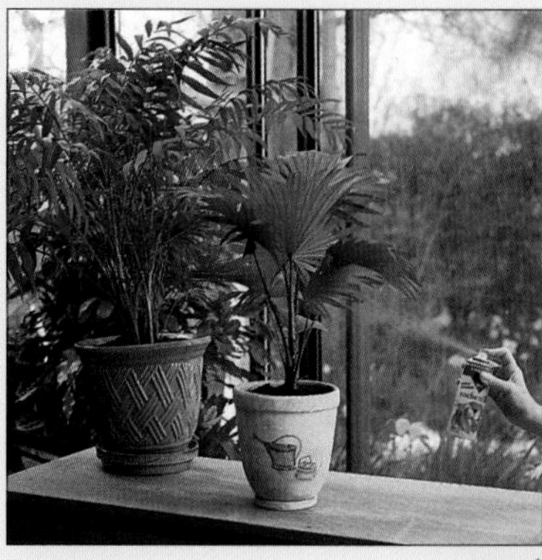

▲ Trate las palmeras contra las cochinillas.

• Transporte con cuidado las plantas que compre. Envuelva las macetas con cartones, papel de periódico o plástico con burbujas.
• Es el momento de comprar primaveras, azaleas y ciclámenes. Florecerán durante más tiempo si traslada las plantas por la noche a una habitación fresca.

El amarilis *(Hippeastrum)* florece ahora. ▶

SIEMBRA DE HELECHOS

Las esporas de los helechos de interior, pteris o adiantum, se pueden sembrar. Espere a que los esporangios, las capsulitas anaranjadas o verde azulado situadas bajo las frondas, se encuentren a punto de liberar las esporas en forma de polvo fino. Recójalas sobre una hoja de papel o una plaquita de cristal, golpeteando la fronda o rascando el esporangio. Llene una maceta o bandeja de sustrato para semilleros y esparza finamente las esporas por la superficie. Humedezca el sustrato con un vaporizador. Resguarde el cultivo bajo un miniinvernadero, en un lugar luminoso, pero sin sol directo. Tras varias semanas, una especie de musgo verde aparecerá en la superficie del sustrato. Se trata de los protalos, que contienen las células reproductoras. Repique en cubiletes fragmentos de este musgo verde, y repártalos por la superficie. Conserve el cultivo en un miniinvernadero, con una humedad adecuada, hasta que aparezcan las plántulas (entre tres y ocho semanas). Trasplante individualmente cada helecho joven cuando alcance de 3 a 5 cm de alto.

▼ *Tome esporas de pteris.*

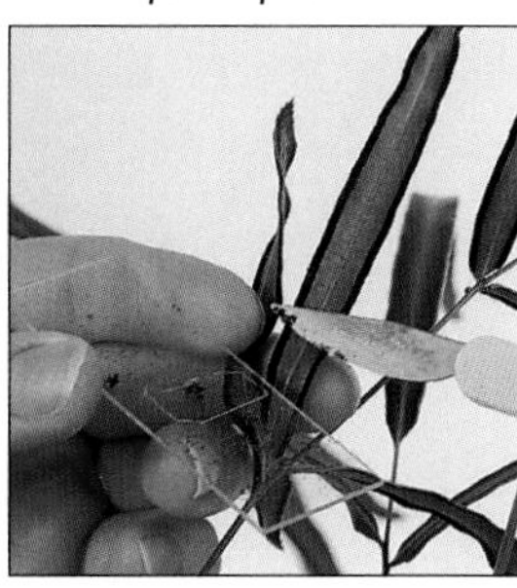

▼ *Disperse las esporas sobre la bandeja.*

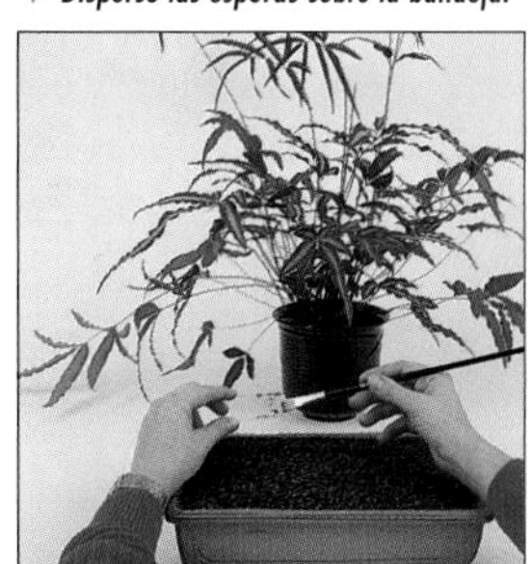

▼ *Riegue con un vaporizador.*

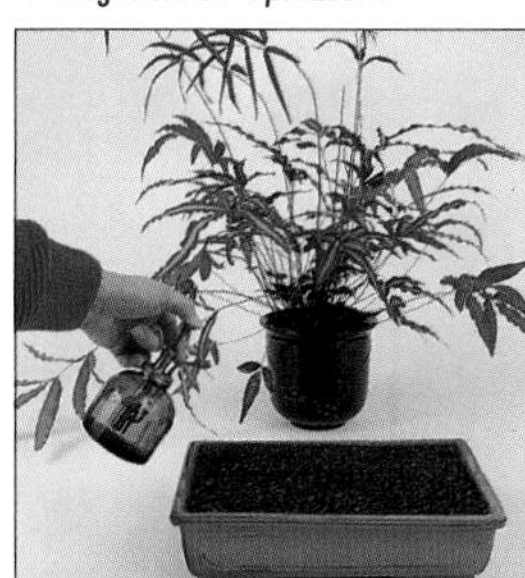

Marzo

Con el regreso de la primavera, la luminosidad aumenta. Las plantas de la casa retoman su crecimiento y requieren más cuidados. Aumente el riego, fertilice, trate y comience a multiplicar sus especies favoritas.

▲ Como muchas especies de orquídeas florecen a partir del mes de marzo, aproveche para aumentar su colección.

NO LO OLVIDE

- Pode la flor de Pascua sin flores y trasplántela si el sustrato parece empobrecido.
- Durante el trasplante, divida las matas que se encuentran apretadas en una maceta.
- Ventile regularmente la casa, pero evite exponer las plantas a corrientes de aire frío o a variaciones bruscas de temperatura.
- Pode las plantas trepadoras despobladas y coloque en espaldera los tallos largos.
- Sustituya el sustrato de las jardineras.

Comprar

• Es el momento de renovar la mayoría de sus colecciones de plantas de interior, incluso de orquídeas. Elija individuos de follaje sano y brotes vigorosos. En el caso de las plantas de flor, seleccione las que presenten botones en detrimento de las plantas con flores bien abiertas, pues durarán menos.

• Cuando elija una planta de interior, asegúrese de que puede ofrecerle un emplazamiento que se ajuste a sus necesidades, sobre todo respecto a la luz.

• Agrupe en un mismo lugar orquídeas, cactáceas y plantas crasas e, incluso, variedades de flores de Pascua, etc.

• Disponga de un platillo o un macetero cuando compre una planta de interior nueva.

◀ La batata crece en agua.

Regar

• Aumente progresivamente los riegos de las especies más ávidas de agua, hasta llegar a dos veces por semana.

• En cuanto se formen los botones florales de la clivia, riéguela una vez por semana.

• Vuelva a regar con moderación las cactáceas y plantas crasas, y evite cualquier exceso.

• Use agua sin cal para regar azaleas, gardenias, helechos y orquídeas.

• No riegue con agua fría. Debe estar a la temperatura de la habitación.

Nutrir

• Reanude hacia mediados de mes los aportes de abono regulares, empezando con dosis bajas.

• Nunca añada abono sobre un sustrato seco o sobre una planta sedienta. Riegue primero sólo con agua.

• En el caso de las plantas delicadas, como los helechos y las orquídeas, diluya el abono a la mitad de la concentración aconsejada en los envases.

• Si acaba de trasplantar la planta, espere un mes y medio o dos meses antes de continuar con los aportes de abono.

• Use un abono específico para las orquídeas, bonsáis, cactáceas y agrios.

▲ Pode drásticamente todos los tallos de la flor de Pascua.

Sembrar

• Intente los semilleros de frutos exóticos como agrios, dátiles, litchis y papayas.
• Un miniinvernadero caliente es ideal para lograr los semilleros. No lo exponga al sol.
• Siembre en caliente begonias, balsaminas, cóleos, sensitivas, platanera, cactos, pasionarias, etc.
• Use el vaporizador en lugar de la regadera para humeceder los semilleros sin revolverlos.
• Si no dispone de sustrato para semilleros, use una mezcla a partes iguales de turba rubia, arena o vermiculita.

Trasplantar

• Trasplante las plantas verdes que se encuentren apretadas en su maceta o cuyo sustrato no se haya cambiado desde hace más de dos años.
• Espere el final de la floración para trasplantar las plantas que florecen ahora.
• Trasplante los streptocarpus antes de que formen los primeros botones florales.

▲ Aún por descubrir: *Streptocarpus grandis.*

• Trasplante los cactos sólo si parecen desequilibrados o muy apretados en su maceta.
• Elija una maceta un poco más grande para trasplantar una planta joven en pleno crecimiento. Consérvela en el caso de un ejemplar que ya alcanzó la madurez total.
• Trasplante las orquídeas que ya florecieron, cuando se desborden de su maceta. Use una mezcla de cultivo especial, sin tierra.

Plantar

• Forme jardineras reuniendo varias plantas verdes y de flor que presenten las mismas exigencias respecto a la luz y el riego.
• Para alegrar sus composiciones de plantas verdes, añada uno o varios ejemplares de flor. Colóquelos en una jardinera sin sacarlos de su maceta para renovarlos con facilidad.
• Un tubérculo de batata o de ñame, cuya base se encuentre sumergida en un jarrón para jacintos, produce una planta voluble.

Bonsáis

• Dos veces por semana, sumerja la maceta de los pequeños bonsáis en una palangana con agua para impregnar bien su sustrato.
• Comience el trasplante de los bonsáis de interior a sabiendas de que pueden permanecer en su bandeja entre dos y tres años.
• Desenrede las raíces con un tenedor.

TRASPLANTE

Reúna en una mesa el material necesario: macetas, platillos, sustrato para trasplantes, arena, turba, vermiculita, tierra de jardín, bolas de arcilla para el drenaje, podadera para una poda eventual de tallos o de raíces, regadera de alcachofa fina y plantas por trasplantar.
Extienda una capa de drenaje de 2 a 3 cm de grosor y luego vierta el sustrato, de modo que la parte superior del cepellón alcance el mismo nivel que en su maceta de origen. Extraiga la planta de la maceta golpeteando el borde. Escarbe un poco el viejo sustrato por la superficie y los lados del cepellón, desenrede las raíces y luego centre la planta en la nueva maceta. Rellene con el sustrato adecuado, compactando con los dedos. El nivel del sustrato debe llegar aproximadamente a 1 cm del borde de la maceta antes del riego. Riegue en abundancia.

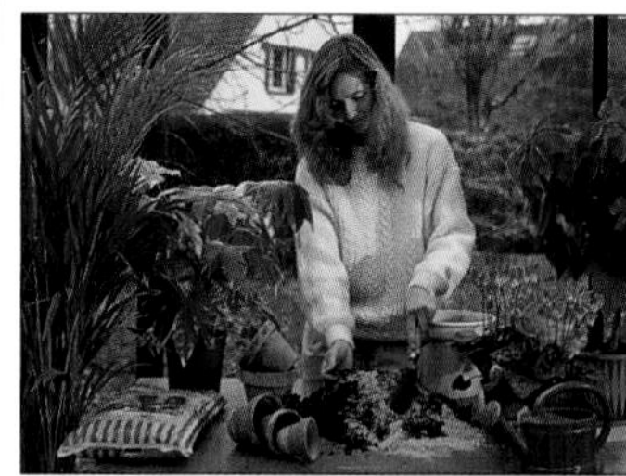

▲ *Trasplante de una aralia. Prepare el sustrato.*

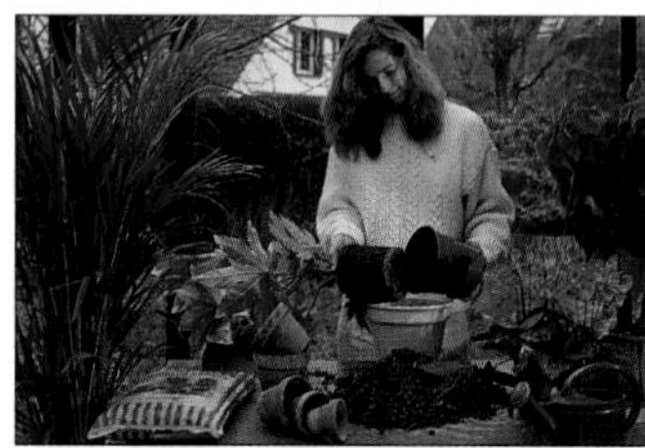

▲ *Extraiga la planta sin estropear las raíces.*

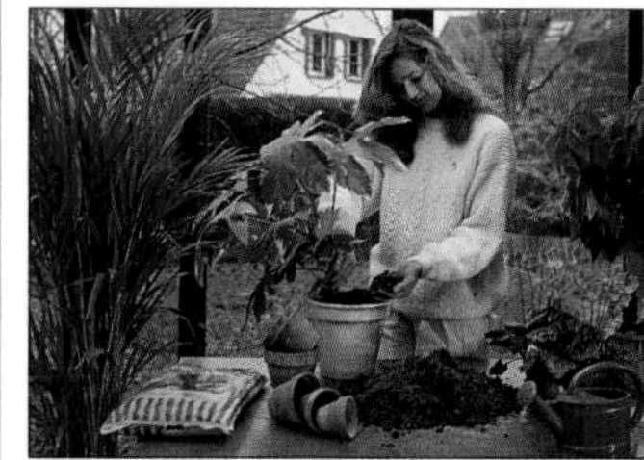

▲ *Use una maceta más grande y un sustrato nuevo.*

Abril

Con la primavera, el sol brilla de nuevo y las plantas reanudan su crecimiento. ¡Cuidado con los golpes de calor tras los cristales! La oferta aumenta en los centros de jardinería y se presenta la oportunidad de disfrutar de una profusión de plantas de flor. Riegue con más abundancia.

▲ Abril es el mes de la floración del cacto de Navidad (*Rhipsalidopsis* x) y de los lithops.

NO LO OLVIDE

- Pode, o incluso tale, las plantas verdes que padecieron durante el invierno.
- Ponga un tutor o coloque en espaldera las plantas trepadoras.
- Remoce ficus, cordylines, dieffenbaquias, drácenas y yucas, deshojados mediante un acodo aéreo.
- Aleje de las ventanas las plantas que no necesiten una luz muy intensa.
- Reanude los aportes regulares de abono líquido muy diluido.

◀ Esta esparraguera debe trasplantarse.

Limpiar

• Limpie una vez al mes con una esponja húmeda las grandes hojas brillantes, que atraen irremediablemente el polvo.
• Elimine las hojas amarillas y los brotes débiles y evalúe las necesidades de trasplante.
• Si detecta plagas, trate con un insecticida listo para usar, insistiendo en el envés de las hojas.
• Aproveche los trasplantes para limpiar los maceteros, con agua a la que habrá añadido un poco de lejía.
• Con tiempo muy suave y lluvia fina, saque las plantas verdes para que disfruten de una ducha refrescante y limpiadora.
• Las señales blanquecinas en las hojas, debidas a la cal del agua, se eliminan fácilmente con una esponja.

Comprar

• En este momento tiene a su disposición muchas plantas nuevas. Exija al vendedor que le especifique sus necesidades (riego, luz, temperatura, tipo de sustrato, etc.).
• Para crear un jardín embotellado, compre ejemplares jóvenes de plantas verdes de ambiente húmedo: helecho, pilea, peperomia, selaginella, fittonia y *Ficus pumila.*

Armarse de paciencia

• En la mayor parte de las regiones es demasiado pronto para sacar las grandes plantas verdes y las de invernadero a la terraza. Espere a mediados del próximo mes.
• No repique los semilleros de marzo antes de que las plántulas alcancen los 3 cm de alto. No rompa el tallo, ya que es muy endeble.

ESQUEJADO DE HOJAS DE BEGONIA

Algunas begonias de follaje decorativo como las rex se multiplican fácilmente a partir de una incisión que se realiza en la parte inferior de los nervios de las hojas.

Se desarrollan nuevas plantas a la altura de las incisiones. Elija una hoja joven y sana (la planta no debe haber sufrido sequía recientemente). Coloque el haz sobre una tabla de recortar.

Con una navaja de afeitar o una cuchilla de injertar bien afiladas, practique incisiones transversales, de 1 mm de profundidad aproximadamente, sobre varios nervios. Llene una bandeja de sustrato para semilleros y coloque encima las hojas, con el haz hacia arriba. Mantenga las hojas en su lugar con horquillas o pequeñas grapas metálicas. Humidifique el sustrato, sumerja la base de la bandeja en agua y luego cúbrala con un plástico transparente. Mantenga un ambiente húmedo y una luz tamizada. En seis u ocho semanas aparecerán plántulas que deberá separar y trasplantar.

▼ *Realice incisiones en los nervios.*

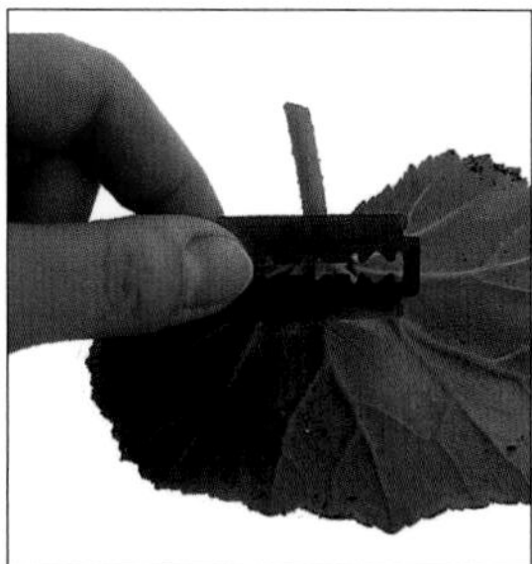

▼ *Sostenga la hoja con una horquilla.*

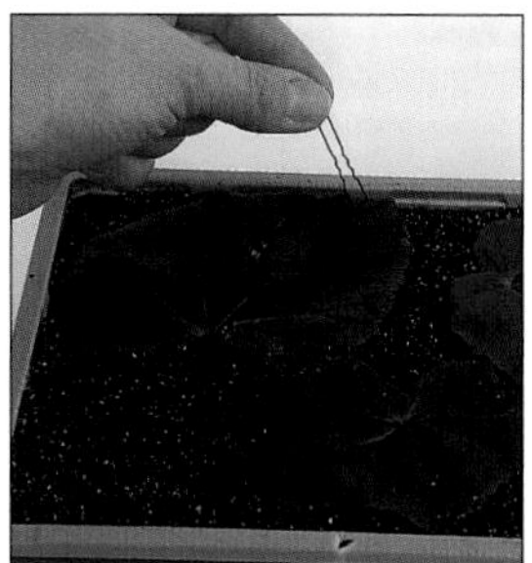

▼ *Tape con una campana de vidrio.*

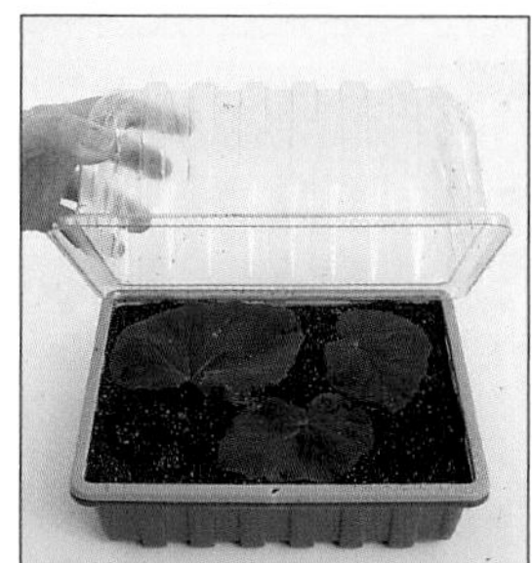

Nutrir

• Si no presta la debida atención a sus plantas, recurra al abono en bastoncillos. Clave uno en el sustrato, en el borde de la maceta. Estará «tranquilo» entre 4 y 10 semanas, según los productos.

• Por regla general, en el caso de las palmeras es suficiente con aportes de abono cada tres semanas.

• Use un abono específico para agrios, con alto contenido en potasio, para estimular la floración y la fructificación.

Esquejar

• Esqueje en agua brotes jóvenes y vigorosos de balsamina, singonio, tradescantia, paraguas, potos, hipoestes, etc.

• Unas gotas de abono orgánico añadidas al agua del esquejado aumentan notablemente las probabilidades de éxito.

• Esqueje brotes u hojas de crásula. Deje secar la parte por esquejar, entre 24 y 48 horas antes de repicarla, en un sustrato de arena y turba rubia.

• Durante el repicado de esquejes arraigados, agrupe unos cuantos en una maceta grande o en un pilón, para conseguir rápidamente una mata frondosa.

• Nunca exponga los esquejes a pleno sol tras un cristal, ya que se secarían.

Podar

• Pince el ápice de las pequeñas plantas de follaje decorativo que compró el mes pasado, para provocar ramificaciones y lograr una mata.

• Remoce una yuca o un cordyline deshojados podando o serrando el tronco bastante bajo, justo por encima del punto de inserción de una hoja antigua (abultamiento). Aparecerán hojas nuevas a la altura del corte o en la base del tallo.

Comprobar

• Cuide de que el agua no se estanque en los maceteros tras el riego.

• Asegúrese de que las plantas tóxicas (diefenbaquia, anturio, croton, adelfa, etc.) o las especies de follaje punzante no se encuentren al alcance de los niños.

• Elimine las ataduras demasiado apretadas.

▲ Coloque el bastoncillo de abono en el borde de la maceta.

Riegue dos veces por semana los bonsáis de interior. ▶

Mayo

El tiempo es ahora más suave y la temperatura aumenta en casa. Es el momento de sacar las plantas más resistentes al frío para una estancia en el balcón o en el jardín que se prologará hasta el otoño. Vigile también las plagas, que se multiplican muy deprisa.

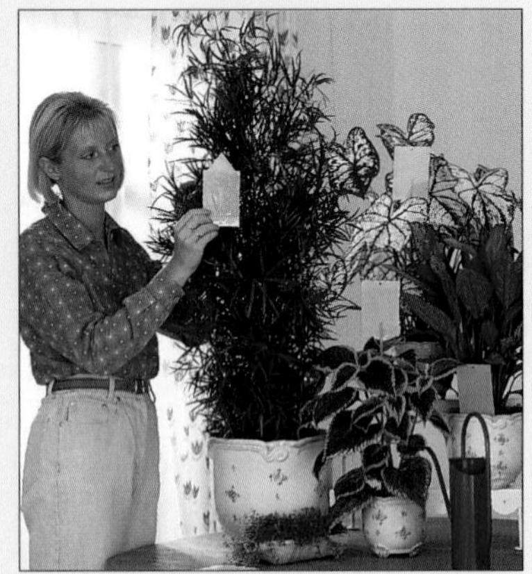

▲ Atrape a los aleuródidos con láminas pegajosas amarillas.

▲ Una bella colección de temporada: *Miltonia* x, *Neoregelia* x, *Passiflora caerulea*, *Adiantum raddinum* y *Saintpaulia ionantha*.

Comprar

• Adquiera varias pequeñas plantas tapizantes y colgantes (hiedra, helxine, *Ficus pumila*, etc.) para adornar la superficie de las macetas de las grandes plantas erguidas.

• Es la época de los hibiscos. Elija uno que ya presente algunas flores abiertas, para asegurarse de su colorido. Debe parecer muy ramificado, compacto, tener un follaje brillante y disponer de muchos botones florales.

• No se resista al sorprendente beloperone, que florece sin problemas a lo largo de casi todo el año, ni a la pasionaria, que le encantará durante todo el verano.

• Para una situación poco luminosa, pruebe con el spathiphillum, robusto, elegante y poco exigente en cuanto a la luz.

◀ *Fortunella japonica* «Variegata» fructifica en este momento.

Plantar

• Intente el hidrocultivo en el caso de las plantas que esquejó en agua.

• Renueve o modifique sus arreglos cuando algunas plantas decaigan y otras sean demasiado voluminosas. Cambie el sustrato, trasplante individualmente los ejemplares grandes y plante las nuevas adquisiciones o esquejes arraigados.

Podar

• No dude en podar varias veces al año los tallos colgantes o trepadores que carezcan de fuerza o que se deshojen por la base. Pódelos encima de una hoja.

• Elimine todas las ramitas secas, los brotes débiles o mal colocados de *Ficus benjamina* y de *Schefflera actinophylla*.

Regar

• Adapte el ritmo de los riegos a los cambios de temperatura. Durante la época cálida, riegue cada dos días.
• Hinque un dedo en el sustrato para comprobar la necesidad de agua de las plantas. Riegue si el sustrato parece seco.

Vigilar

• Las moscas blancas (aleuródidos) proliferan sobre todo en el invernadero o la galería. Atrápelas con láminas amarillas untadas de pegamento, ya que las atraen irresistiblemente.

NO LO OLVIDE

- ❋ Sombree la galería o el invernadero.
- ❋ Proteja los bonsáis del sol intenso.
- ❋ Con tiempo cálido, aumente la humedad ambiental con vaporizaciones diarias de agua tibia y blanda sobre el follaje.
- ❋ Repique los esquejes arraigados.
- ❋ No moje los follajes expuestos al sol, pues podrían padecer quemaduras por el efecto de lupa de las gotitas.
- ❋ Cuando acabe la floración, trasplante las plantas recién compradas.

• Rocíe abundantemente dos veces al día, durante dos semanas, el follaje, por el haz y el envés, de las plantas plagadas de arañas rojas.
• Los pulgones son bastante frecuentes. Pode y deseche los brotes plagados y luego efectúe tres tratamientos con un insecticida, con seis días de intervalo.
• Inspeccione periódicamente las plantas que se plagaron de cochinillas, para eliminar rápidamente las que reaparezcan.

Orquídeas

• No pode por la base el tallo floral del phalaenopsis cuando se marchiten las flores, ya que puede brotar y presentar flores nuevas. Elimine las flores de una en una.
• Rocíe diariamente el follaje, sin mojar las flores y el cogollo de la mata.
• Riegue las cestas de listones de las orquídeas epifitas, sumergiéndolas dos veces por semana, durante unos 10 minutos, en una palangana con agua blanda, a 20 °C como mínimo.
• Elimine las cochinillas que plagan sus orquídeas despegándolas una por una con la punta de un cuchillo, ya que estas plantas no soportan los tratamientos aceitosos.

Plantas crasas

• Trasplante la beaucarnea a una maceta ancha y poco honda, de preferencia de terracota, para garantizarle una buena estabilidad.
• Hacia fin de mes, puede comenzar a sacar las cactáceas y plantas crasas a la terraza. Antes de exponerlas al sol, déjelas aclimatarse en la semisombra, resguardadas de la lluvia.
• Prefiera las macetas de terracota a las de plástico para el trasplante de plantas crasas. Resultan más porosas y armoniosas.
• Riegue para favorecer el crecimiento, pero espere a que el sustrato se seque a 4 o 5 cm de profundidad.
• Esqueje los cactos que se alargan de modo desmedido. Espere a que la herida de corte cicatrice antes de plantar el esqueje.

El hidrocultivo sustituye a la tierra con bolas de arcilla. ▶

CREACIÓN DE UN PILÓN PARA EL DÍA DE LA MADRE

¡Prepare con sus hijos un arreglo de plantas verdes y de flor, un regalo personalizado que, sin duda, será perfecto para el día de la madre! Reúna follajes coloreados y variegados de hypoestes, *Ficus pumila,* cintas y pteris, con las flores y los frutos de colores de exacums, calceolarias, begonias y azaleas. Para que el pilón dure mucho tiempo, las plantas deben presentar más o menos las mismas necesidades en cuanto a calor, luz y riego. Elija una maceta ancha grande o una jardinera decorativa que pueda contener al menos de tres a cinco plantitas. Garantice un buen drenaje mediante un lecho de bolas de arcilla. Llene la maceta hasta la mitad de su altura con sustrato para trasplantes, rico y fibroso a la vez. Distribuya las plantas y agrupe bellamente los colores y las formas, pero cuide de situar detrás las especies más altas. Póngalas en su lugar comenzando por el centro o el fondo de la composición. Incline hacia fuera las plantas colocadas en los bordes para que cuelguen. Rellene con el sustrato, comprima y riegue con generosidad.

▲ *Llene el pilón de sustrato.*

▲ *Extraiga de la maceta, coloque y plante.*

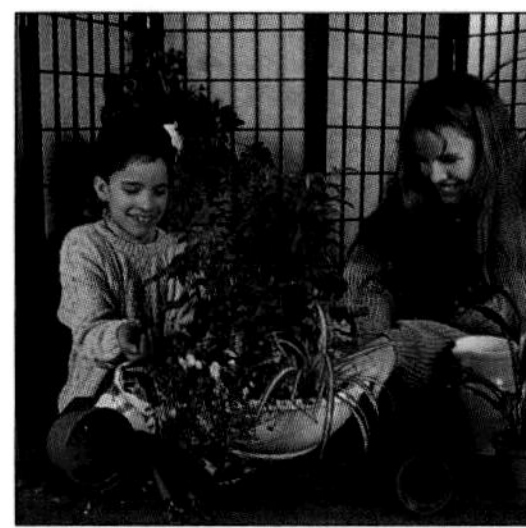

▲ *Comprima y riegue para acabar.*

Junio

En este inicio del verano, la luz y el calor favorecen un crecimiento vigoroso de sus plantas de interior. Para ayudarlas a hacerse frondosas, aumente la humedad ambiental mediante vaporizaciones. Las plantas mediterráneas y las especies más resistentes al frío pasarán ahora el buen tiempo en el balcón o el jardín.

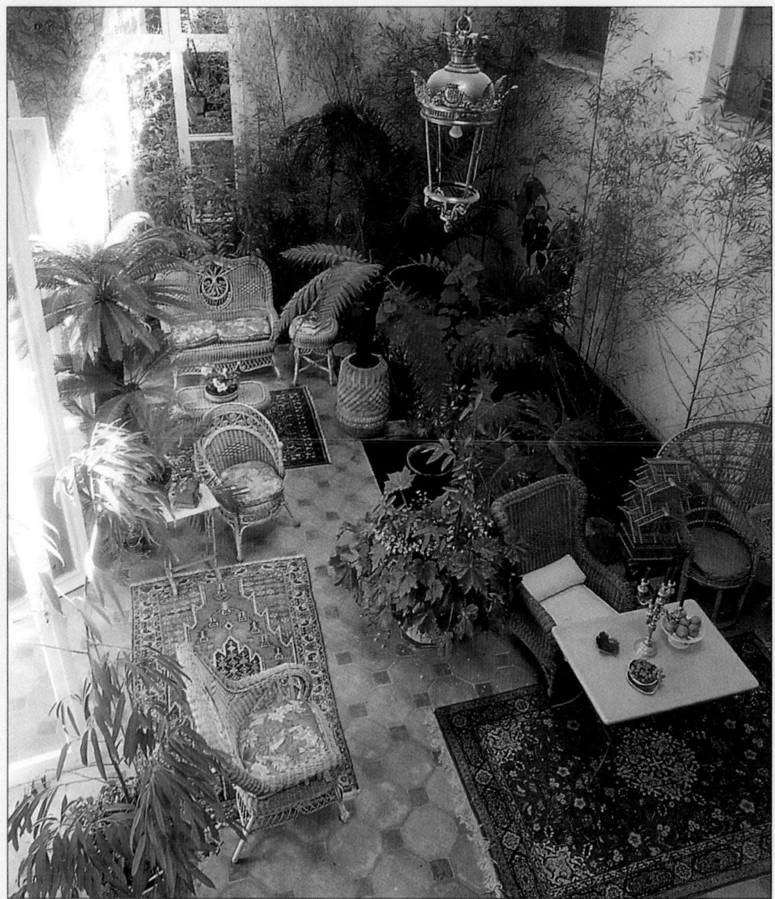

▲ Ventile cuando haga calor. En la fotografía, *Ficus longifolia, Dicksonia antartica, Cycas revoluta,* begonia y bambú.

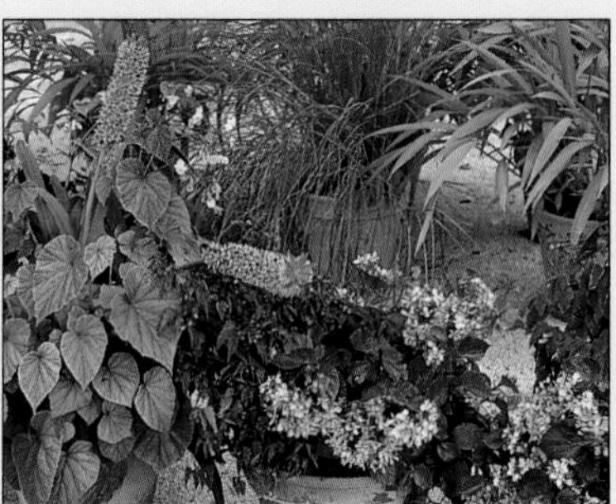

▲ Saque las plantas más resistentes al frío al jardín.

NO LO OLVIDE

- Regule los aportes de abono, ya que las plantas de flor suelen ser más «golosas» que las plantas verdes.
- Saque la azalea al jardín, a la sombra.
- Intente el injerto de cactos.
- Sustituya el sustrato superficial de las plantas grandes que no trasplantó en primavera.
- Etiquete sus nuevas adquisiciones o anote bien su nombre en una libreta.

Comprobar

- Coloque en espaldera, sin juntarlos, los tallos de las plantas trepadoras a medida que vayan creciendo para evitar que se enreden.
- Controle la firmeza de los tutores cuando los tallos se vuelvan pesados.
- Sombree la galería y las ventanas orientadas al sur. Asegure una buena ventilación.
- El aire debe circular entre las macetas para evitar enfermedades en las plantas.

Humidificar el ambiente

- Cuanto más alta es la temperatura, más aprecian las plantas una atmósfera húmeda.
- En tiempo cálido, multiplique las vaporizaciones y redúzcalas cuando refresque. No moje las hojas aterciopeladas.
- Si piensa ausentarse varios días, coloque las macetas en una gran jardinera con turba húmeda, que garantizará el frescor.
- Coloque las macetas sobre grava mojada.

Vigilar

• La clorosis causa el amarilleo entre los nervios de las hojas si el agua de riego contiene demasiada cal. Use un producto antical y un abono rico en hierro para prevenir su carencia.
• Un ambiente húmedo y cerrado favorece la podredumbre gris.

Nutrir

• No abone durante las horas cálidas, es preferible hacerlo temprano, por la mañana, o por la tarde o noche.
• Espere de seis a ocho semanas para reanudar los aportes de abono tras el trasplante, y 15 días después de la sustitución del sustrato superficial.
• No vierta abono sobre un sustrato seco, ya que la alta concentración de sales minerales podría quemar las raíces y pardear el follaje.
• Resulta inútil abonar una planta enferma; trátela primero.

Regar

• Para «recuperar» una planta sedienta, sumerja la maceta con su cepellón en una palangana con agua durante al menos media hora.
• El riego con agua fría favorece el oídio.
• Una vez por semana, riegue todas las plantas mediante inmersión de la maceta durante media hora. Es el único medio de impregnar por completo un sustrato rico en turba.

Bonsáis

• Tanto si permanecen en casa como si los saca a la terraza en verano, disponga de un sistema de sombreado para protegerlos.
• Riegue hasta dos veces al día en tiempo de canícula, pero nunca deje que el agua se estanque en el platillo.
• Cuando haga mucho calor, rocíe por la mañana y por la noche el follaje de los bonsáis. Moje también las barandillas y los anaqueles para aumentar la humedad ambiental.

Podar

• Pince varias veces las plantas cuyos tallos se ahílan rápidamente a lo largo: balsaminas, hiedras, hypoestes, pasionarias, etc.
• Elimine varios tallos cuando la planta se haga demasiado densa o se enrede.
• Acorte o suprima los tallos mal colocados de sus árboles de interior: schefflera, ficus, radermachera, costilla de Adán, etc.

Pince los ápices de tallos de las balsaminas para que se ramifiquen y se favorezca la floración. ▶

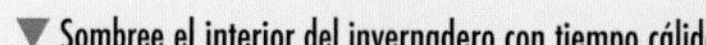

▼ Sombree el interior del invernadero con tiempo cálido.

INSECTOS Y PLAGAS

Inspeccione regularmente el follaje de sus plantas para descubrir cuanto antes la presencia de plagas. Con el calor, se multiplican rápidamente, se pasan a las plantas vecinas y después son difíciles de eliminar. En cambio, si se las descubre a tiempo, se limitan los daños y se reducen los tratamientos. Separe los primeros pulgones, despegue las cochinillas y aumente la humedad para ahuyentar las arañas rojas. Como medida preventiva, también puede hincar en las macetas bastoncillos nutritivos e insecticidas.

Verdes o negros, los pulgones invaden los brotes jóvenes e incluso llegan a revestir totalmente el tallo. Las cochinillas, inmóviles bajo un escudo pardo o una masa algodonosa blanquecina, se encuentran a lo largo de los tallos o bajo las hojas. Los ácaros o arañas rojas, invisibles a simple vista, se descubren por las finísimas telas que tienden entre las ramas, o por puntos sobre las hojas, que luego se secan y adquieren reflejos plomizos. Las moscas blancas (aleuródidos) también son plagas frecuentes y muy invasoras.

▼ *Daños de ácaros en un agrio.*

▼ *Pulgones negros sobre un* Abutilon *x.*

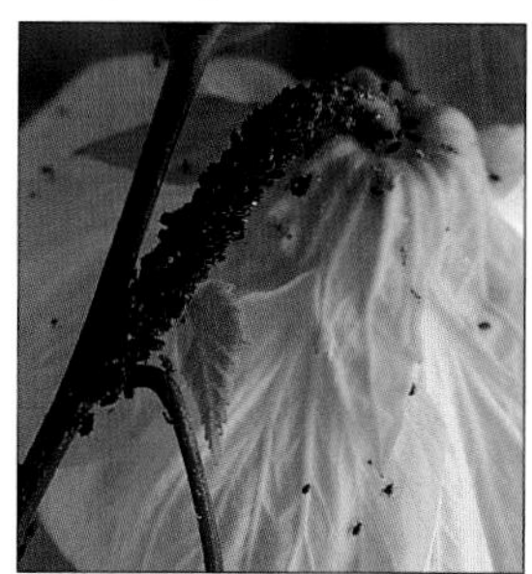

▼ *Fertilice y trate al mismo tiempo.*

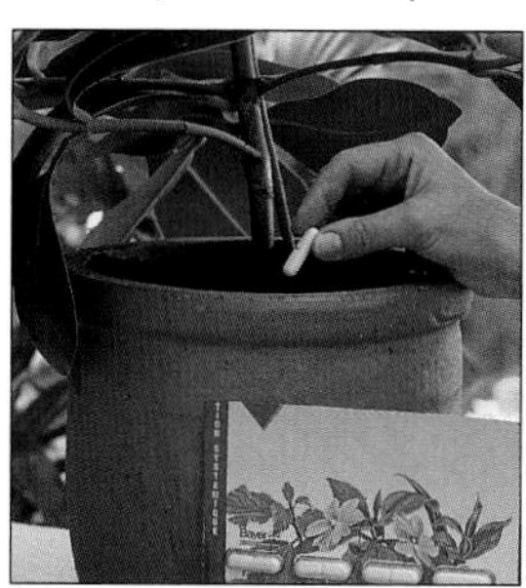

Julio

El período vacacional suele ser temible para las plantas de interior, que se descuidan sin contemplaciones. No obstante, existen soluciones eficaces y sencillas para que soporten del mejor modo posible su ausencia. Saque las más resistentes al exterior. Pode y trate, si fuera necesario, para estimular el vigor y la floración e instale un sistema de riego automático.

▲ Las plantas de flor son las reinas del verano: buganvilla, adelfa, *Hibiscus* x *rosa-sinensis* y kalanchoe.

NO LO OLVIDE

- Garantice el sombreado y la ventilación de las orquídeas.
- Durante el período de lluvias, vacíe los platillos de las plantas de exterior.
- Riegue cada dos días con tiempo cálido.
- Administre a los bonsáis un abono específico de difusión lenta y riéguelos a diario.
- Rocíe por la mañana y por la noche los helechos.
- Siga esquejando si no se ausenta.

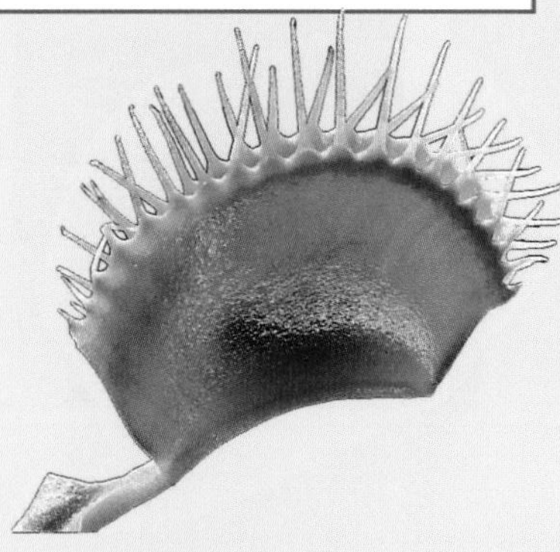

Preparar las vacaciones

- Prepare el riego durante su ausencia: sistema de alimentación automática con depósito de agua, mechas sumergidas en agua, etc.
- Agrupe todas las plantas que permanecen en el interior en un lugar luminoso, pero que no se encuentre expuesto al sol directo.
- Descuelgue las plantas colgantes que se sequen pronto y que requieran un riego diario.
- Efectúe un aporte de abono uno o dos días antes de irse de vacaciones.
- Elimine las flores y los botones florales para limitar las necesidades de las plantas de flor.
- Encargue el cuidado de sus bonsáis a un especialista, a un amigo entendido o a un florista.
- Extienda la turba por la superficie de las macetas grandes, para reducir la evaporación.

◀ La *Dionaea muscipula* es una buena compra de temporada.

Sacar las plantas al jardín

- Durante su ausencia, no dude en instalar en el jardín, bajo una sombra ligera, la mayor parte de sus plantas verdes y de flor.
- No saque los follajes vellosos o alveolados que temen a la lluvia, los frágiles que se rompen (caladium, dieffenbaquia) y las macetas pequeñas o inestables.
- Conserve el amarilis fuera y en seco, hasta que el follaje amarillee.

Esquejar

- Esqueje en agua cóleos, begonias de follaje y scheffleras. Añada un trozo de carbón de leña para que el agua no se enturbie.
- Repique en un sustrato ligero fragmentos de tallo tendidos de cordyline, drácena, dieffenbaquia y yuca. Tape el cultivo.

Agosto

◀ Elimine los brotes inútiles o sobrantes de los bonsáis.

Agosto requiere una vigilancia constante de las plantas, riegos abundantes y vaporizaciones frecuentes. A la vuelta de las vacaciones, aproveche las promociones de los centros de jardinería para renovar su colección.

Limpiar

• Vaporice los follajes polvorientos y séquelos con un trapo suave.

• A la vuelta de las vacaciones, inspeccione las macetas. Elimine las flores marchitas, las hojas secas y los brotes mal dispuestos. Compruebe la ausencia de plagas o enfermedades.

• Cepille los cactos con un pincel para quitarles el polvo. En tiempo de canícula, ofrézcales una vaporización ligera por la noche.

▼ Un cono de terracota riega la planta permanentemente.

Preparar

• Interrumpa el riego cuando las hojas del amarilis amarilleen y caigan. Coloque la maceta en el interior, al fresco, hasta el otoño.

• Coloque en espaldera los tallos de la pasionaria que se desarrollaron demasiado durante el verano.

• Rectifique la silueta de los bonsáis, eliminando las ramas que aparecen en la base del tronco y los brotes sobrantes.

• Recoja las plantas más frágiles que pasaron el período de vacaciones en el exterior. Aproveche para limpiar los platillos y maceteros y para podar los follajes exuberantes.

• Trasplante los esquejes arraigados.

▼ Con tiempo muy cálido, vaporice también las cactáceas.

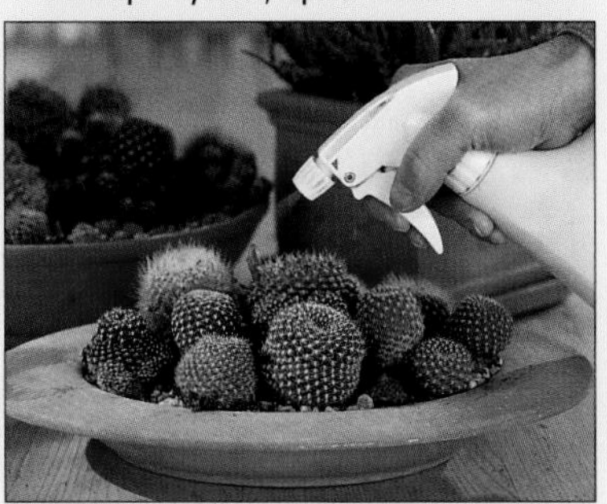

ESQUEJADO DE TALLOS

Esqueje ramas de sus plantas favoritas: ficus, croton, abutilon, etc. Llene cubiletes o bandejas con sustrato para semilleros o con una mezcla de arena y turba rubia. Elija brotes apicales, preferentemente sin flores. Córtelos bajo el punto de inserción de una hoja. Elimine las hojas inferiores y la mitad del limbo de las grandes hojas apicales. Si el tallo resulta leñoso (duro), introduzca la base en hormonas de enraizamiento en polvo, para favorecer el arraigo. Hinque una tercera parte del esqueje en el sustrato y riegue.

▲ *Reduzca el follaje* (Streptocarpus saxorum).

▲ *Introduzca la base del esqueje en hormonas.*

▲ *Plante tres esquejes en una maceta de 10 cm.*

Septiembre

El verano se va poco a poco y las plantas de interior que pasaron la temporada de calor en el exterior también vuelven a casa. El mejor lugar de la casa se encuentra cerca de una ventana, en una habitación que no resulte demasiado calurosa. Complete su decorado con plantas nuevas, ya que el surtido es amplísimo en este momento. Reduzca poco a poco el riego y la fertilización.

▲ Cree conjuntos personalizados con maceteros decorados. En la imagen, *Beaucarnea recurvata, Yucca elephantipes* y *Hoya*.

Cultivo en jarrón de un bulbo de amarillis *(Hippeastrum)*. ▶

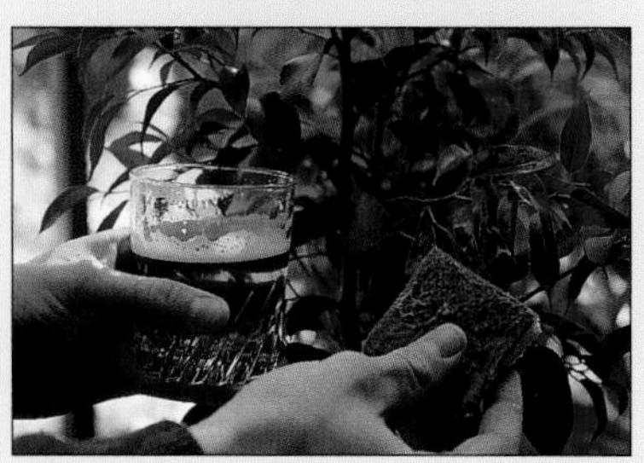

Comprar

• Piense en las plantas de bayas coloreadas para alegrar la casa en otoño: nertera, pimiento ornamental, solanum y calamondin.
• Buscará plantas para lugares poco iluminados; pruebe con la clivia y el spathiphyllum, en cuanto a plantas de flor, y los follajes lustrosos o variegados de aglaonema, aspidistra, ciso, syngonium, fatshedera y filodendro trepador.
• También es la ocasión de seleccionar bulbos para su forzado, para conseguir una floración de fin de año. Elija los que fueron especialmente preparados para dicho cultivo.
• Añada una iluminación complementaria a las zonas más oscuras de la casa, equipándolas con bombillas tipo «luz diurna».

◀ Limpieza de hojas de ficus con cerveza.

Helechos

• Corte las frondas secas por la base y vaporice finamente el follaje para limpiarlo.
• Use agua sin cal, a temperatura ambiente, tanto para regar como para vaporizar.
• Para mantener una humedad ambiental elevada en torno a los helechos, colóquelos sobre una gran bandeja hueca, tapizada de bolas de arcilla en permanente remojo.

Limpiar

• Rasque superficialmente el sustrato de las macetas que introduzca en casa, para facilitar la penetración del riego. Limpie los platillos para eliminar caracoles y cochinillas.
• Elimine el polvo de las hojas brillantes con un trapo húmedo, impregnado de agua o de cerveza.

JARDÍN EMBOTELLADO

El final del verano es un buen momento para realizar un arreglo en una bombona o una botella grande. Elija plantas pequeñas: helecho, selaginella, fittonia, pilea, peperomia, etc. Evite las bombonas de cristal ahumado, ya que obstaculizan la entrada de luz y enturbian el espectro solar. Extienda en el fondo una capa de 3 cm de bolas de arcilla de pequeño calibre, para el drenaje, más unos cuantos pedacitos de carbón de leña (con propiedades antisépticas). Añada el sustrato y viértalo, si fuera necesario, en un embudo. Disponga un pequeño promontorio en el centro para dar relieve a las plantaciones. Use como herramientas para plantar palillos chinos, un tenedor o una cuchara sujeta al extremo de un bambú. Para distribuir las plantas, empiece por la periferia del arreglo y luego cubra el sustrato de musgo o de guijarros. Riegue dejando que el agua chorree por las paredes. El mantenimiento se limita a regar cuando el sustrato se seque por la superficie, a limpiar las paredes de la botella con una esponjita y a podar los individuos demasiado vigorosos.

▼ *Quite las algas con una navaja de afeitar.*

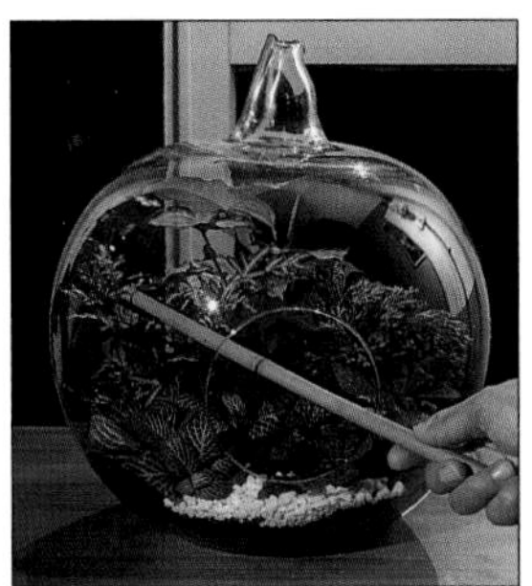

▼ *Elimine el polvo con un algodón.*

▼ *Riegue con tranquilidad.*

Plantar

• Trasplante inmediatamente a una buena mezcla las plantas que acaba de comprar.
• Plante un bulbo de amarilis en un jarrón especial o en una maceta poco profunda y estable, llena de sustrato de trasplante arenoso.
• No dude en rellenar los huecos de las grandes hidrojardineras, o en sustituir las plantas debilitadas por plantas de flor.

Podar

• Acorte los tallos que cuelgan si estorban el paso.
• Elimine cualquier brote verde que se desarrolle en una planta de follaje variegado, para evitar que domine la forma verde.
• Para aclarar el follaje, pode ligeramente las crásulas en forma de bonsái.

Verificar

• La flor de Pascua requiere para reflorecer un período mínimo de seis a ocho semanas de días cortos, con más de 12 horas continuas de oscuridad. Por la noche, coloque la planta en un armario o debajo de un cartón.
• Un follaje desplomado puede indicar una falta de agua, fácil de diagnosticar, o, por el contrario, un exceso de la misma. Si el cepellón se encuentra empapado, escúrralo comprimiéndolo con un papel absorbente o un trapo. Trasplante y, luego, deje que la planta «se recupere» sin regar durante, al menos, un mes.
• Interrumpa progresivamente el riego del caladium para que el follaje se seque y el tubérculo guarde un período de parada.

Cactáceas

• Reduzca la frecuencia de los riegos.
• Elija la ubicación más luminosa posible para los cactos que pasaron el verano en el exterior. Evite introducirlos bruscamente en una habitación caliente.
• Elimine una por una las flores marchitas y compruebe la ausencia de cochinillas.
• Sobre el antepecho de una ventana, gire las macetas un cuarto de vuelta por semana, para garantizar una iluminación uniforme.
• Interrumpa los aportes de abono de las plantas crasas y cactáceas.

NO LO OLVIDE

❋ Con las plantas verdes, espacie los aportes de abono y reduzca el riego a fin de mes.
❋ Plante los primeros bulbos para el forzado.
❋ Proceda a una poda de limpieza de las plantas grandes antes de meterlas en casa.
❋ Quite los dispositivos de sombreado y abra las cortinas para dejar entrar la luz.
❋ Descubra plantas nuevas en los centros de jardinería; infórmese de sus exigencias y de las particularidades de su cultivo.

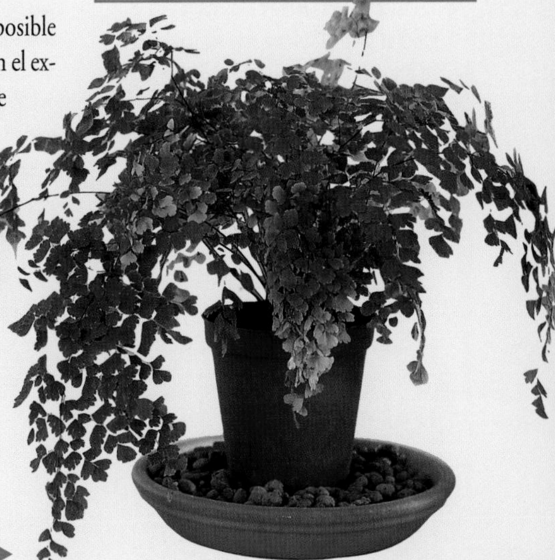

Coloque el culantrillo sobre grava húmeda. ▶

Octubre

Llega el otoño y es el momento de recoger las últimas plantas que aún se encuentran en el balcón o el jardín. Es la ocasión para los últimos aportes de abono en el caso de las plantas de follaje. La puesta en marcha de la calefacción secará la atmósfera en casa. Aumente la humedad ambiental mediante vaporizaciones frecuentes del follaje.

▲ Trasplante los esquejes que se efectuaron durante el verano. Use bonitas macetas para crear un conjunto decorativo.

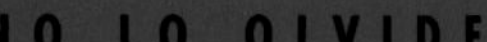

NO LO OLVIDE

- Acerque todas las plantas a las ventanas.
- Garantice un período de parada vegetativa, entre 10 y 15 °C, hasta que aparezcan los tallos florales.
- Reduzca la frecuencia de los riegos, ya que muchas plantas inician una semiparada.
- Agrupe las plantas que presenten las mismas necesidades respecto a la luz.
- Mantenga en casa una temperatura cercana a los 20 °C.

Comprar

• Los amarilis comprados al principio de su crecimiento deben, primero, formar un tallo floral. Si se desarrollan hojas en primer lugar, existen escasas probabilidades de conseguir una floración.

• Realice un arreglo de follajes variegados, agrupando en un pilón ancho varios esquejes arraigados o plantas jóvenes vendidas en cubiletes.

◀ El amarilis está creciendo.

Limpiar

• No deje que los follajes vellosos se empolven. Frótelos con un pincel suave y ancho, sosteniendo las hojas grandes por debajo, con la palma de la mano.

• Limpie con una esponja húmeda las hojas lustrosas del jazmín de Madagascar, y coloque en espaldera los tallos que se alargaron durante el verano. No pode antes de la floración.

• Pode las inflorescencias secas del spathiphyllum y limpie o vaporice de vez en cuando su follaje lustroso.

• Elimine las numerosas hojas estropeadas que presentan los cymbidiums (orquídeas) tras su estancia veraniega en el jardín.

Palmeras

• Durante los riegos, no moje el botón apical, ya que es propenso a la podredumbre.

• En el invierno, instale todas las palmeras en una habitación muy luminosa. Riéguelas una vez por semana.

• Muchas palmeras no soportan el ambiente seco de los interiores en invierno, por lo que se encuentran aún más expuestas a las plagas de arañas rojas; mantenga una humedad ambiental alta mediante vaporizaciones. Trate de modo preventivo todos los meses.

• No coloque las palmeras jóvenes en un sitio de paso, ya que el follaje es bastante frágil.

Esperar

• Reduzca la frecuencia de las plantaciones de bulbos para retrasar las floraciones.

FORZADO DE BULBOS DE FLOR

Compre bulbos preparados para el forzado: jacintos, crocus, narcisos, tulipanes botánicos o precoces, para conseguir floraciones en pleno invierno. Para el forzado, los narcisos se colocan en un recipiente estanco provisto de bolas de arcilla. Llene de agua hasta algunos milímetros bajo la base de los bulbos, y luego exponga el recipiente a la luz hasta la floración. Las otras especies requieren un período de oscuridad y de frescor para florecer. Plántelas en macetas, dejando que sobresalga el extremo de los bulbos, o en un jarrón para jacintos. Tape los recipientes con papel de aluminio o con una bolsa de plástico negra y colóquelos al fresco, protegidos de las heladas. Humedezca regularmente el sustrato. Coloque las macetas a la luz, entre 18 y 20 °C, cuando los botones florales comiencen a despuntar.

▲ *Coloque el bulbo de jacinto a ras del agua.*

▲ *El bulbo debe despuntar por el orificio de la maceta.*

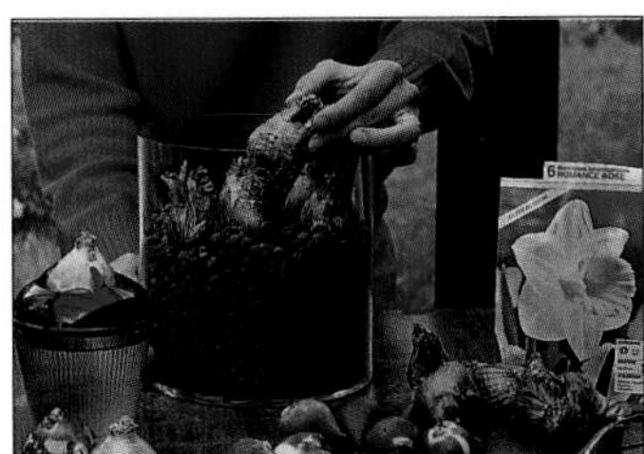

▲ *Los narcisos se desarrollan entre bolas de arcilla.*

• Evite cambiar de ubicación o girar una planta a punto de florecer. A veces, es suficiente con una nueva orientación para que caigan los botones florales.

• Es preferible esperar a la primavera para podar drásticamente el tilo de salón *(Sparmannia africana),* pero ya puede acortar los tallos demasiado voluminosos.

Orquídeas

• Trasplante las cattleyas que acaban su floración cuando estén demasiado apretadas.

• Recoja los cymbidiums que florecerán en otoño. Intente garantizarles una temperatura nocturna por debajo de los 4 o 5 °C.

• Conserve el phalaenopsis en un ambiente fresco (entre 15 y 18 °C) durante un mes o dos, para favorecer una nueva floración.

• Instale las orquídeas cerca de una ventana, para que se beneficien, en invierno, de una luz intensa y de las diferencias de temperatura.

• Conserve un ambiente húmedo alrededor de las orquídeas, vaporizando con agua blanda y templada el follaje. Coloque las macetas sobre un lecho de grava en remojo, en un poco de agua.

• En una galería, enganche las orquídeas epifitas a una lámina de corcho, que colocará sobre un viejo tronco de árbol, para componer un decorado muy original.

• Vaporice las raíces aéreas.

▼ Riegue por inmersión las macetas de nertera.

▲ Coloque la *Dracaena marginata* a 1 m de una ventana.

Nutrir

• Efectúe un último aporte de abono y luego interrumpa la fertilización hasta febrero, excepto en el caso de las plantas con flor o a punto de florecer, como la violeta africana, las orquídeas, etc.

• No use en esta temporada bastoncillos nutritivos, ya que efectúan una fertilización de larga duración. Prefiera el abono líquido.

• Si la temperatura ambiente supera los 20 °C, puede preverse un aporte de abono una vez al mes, ya que el crecimiento sigue.

Regar

• Las plantas tapizantes de follaje fino y frágil, como la nertera o el helxine *(Soleirolia),* se regarán vertiendo agua en el platillo, o sumergiendo tres cuartas partes de la maceta en agua, ya que las hojas no deben mojarse.

• Las plantas toleran mejor la sequía que el exceso de riego. Dos aportes de agua por semana es suficiente durante esta temporada.

• Si la temperatura supera los 20 °C en casa, mantenga el interior de la roseta de las hojas de las bromelias (aechmea, billbergia, guzmania, vriesea , nidularium) lleno de agua, pero no moje demasiado el sustrato.

Noviembre

A fines de otoño, deje que las plantas se beneficien del máximo de luz posible tras las ventanas y, sobre todo, evíteles las corrientes de aire frío. Agrupe varias especies, pero sin juntarlas demasiado ya que el contacto entre las hojas favorece la podredumbre. Preste atención a las manchas de cualquier tipo, ya que las enfermedades resultan temibles en este momento.

NO LO OLVIDE

- Use un producto antical antes de regar gardenias, camelias, naranjos y helechos.
- Airee la superficie del sustrato con un pequeño rastrillo si está comprimido.
- Conserve los tubérculos de caladium en turba seca, a 15 °C como mínimo.
- Riegue muy poco los cactos, sobre todo si se encuentran en una habitación fresca.

▲ La galería invernadero es el lugar idóneo para conservar las plantas, con una temperatura mínima de 10 °C.

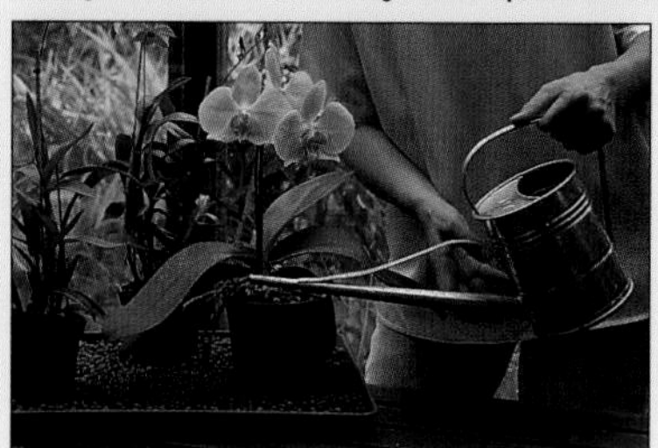

▲ Riegue las orquídeas con agua sin cal.

▲ Elimine manualmente las cochinillas *(Asplenium)*.

Vigilar

• Si descubre cochinillas en una planta, frote los escudos uno por uno con un algodón impregnado de alcohol de 60°. Después, es preferible aislar la planta durante algunas semanas y tratarla varias veces.

• No moje los follajes vellosos o carnosos que se pudren fácilmente, sobre todo si la temperatura es fresca. Vierta el agua en el platillo y vacíelo media hora después, para evitar cualquier exceso de humedad.

• La azalea pierde sus botones florales si la temperatura supera los 18 °C.

◀ Agrupe las plantas en un arreglo decorativo.

Regar

• Deje que se seque el sustrato fibroso de las orquídeas entre los riegos, pero conserve permanentemente una atmósfera húmeda.

• Aumente los riegos del amarilis en función de su desarrollo.

• Plante en un pilón estanco acorus, scirpus y paraguas para crear un marco casi acuático, facilísimo de regar. Use un sustrato para plantas acuáticas, cubra de grava y luego conserve permanentemente algunos centímetros de agua en el fondo.

• Aumente los riegos del cacto de Navidad cuando se formen los botones. No lo traslade, si no quiere ver caer las flores.

Diciembre

Henos sumergidos en el invierno con días cortos, una luminosidad débil, una atmósfera caldeada y con frecuencia demasiado seca para sus plantas de interior. Use un humidificador eléctrico para aumentar la humedad ambiental, también se beneficiará usted...

Preparar

- Cree un arreglo de Navidad en rojo y verde con flores de Pascua, amarilis rojos, ardisias y follajes oscuros y lustrosos.
- Siembre huesos y pepitas de frutos exóticos (dátiles y agrios) en un miniinvernadero.
- Deje que se temple el agua del grifo antes de regar las plantas.
- Si reúne plantas para acercarlas a la luz, o mejor, para destacar los contrastes entre los follajes, no junte demasiado las macetas, para que el aire circule bien.

Limpiar

- Las manchas pegajosas bajo la floración de la hoya (flor de cera) se deben al néctar de las flores y no a la presencia de parásitos chupadores de savia. Pase una esponja húmeda.
- Elimine regularmente las hojas secas o amarillas y recorte los brotes marchitos o debilitados para que sus plantas conserven su belleza.
- Abrillante las hojas gruesas y lustrosas una vez al mes con un producto a presión.

▲ Una bella idea decorativa para su mesa de Navidad con amarilis, ardisia y violeta africana.

El calamondin es propenso a la caída de botones. ▶

NO LO OLVIDE

- Ventile a mediodía, y traslade las plantas para evitarles el aire frío.
- Aumente la humedad ambiental, sin mojar demasiado los follajes.
- Acerque las macetas de bulbos a la luz en cuanto se formen los brotes.
- Ofrezca a las plantas una corta y beneficiosa bajada de temperatura nocturna.

Índice general

Los números en letra redonda remiten a los nombres de las plantas principales y a los temas y técnicas fundamentales expuestos en esta obra; los números en negrita indican las páginas de temas que son objeto de un desarrollo importante. Los paréntesis guardan relación con las secciones siguientes: (D) «IDEAS DECORATIVAS»; (B) «BUENAS COSTUMBRES»; (C) «CONSEJO»; (T) «TEXTOS EN RECUADRO».

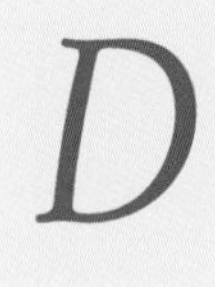

H

I

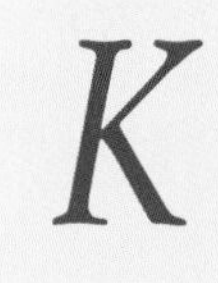

L

T

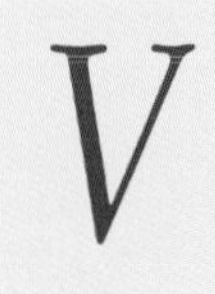

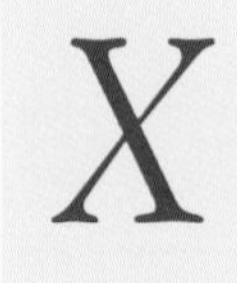

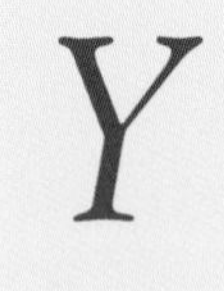

Algunas ideas de plantas en maceta y de decorados de colores para embellecer las habitaciones de la casa

Créditos fotográficos

Todas las fotografías que ilustran este libro fueron proporcionadas por la agencia MAP/Mise au Point (10, boulevard Louise Michel 91030 Évry Cedex) con la participación de los fotógrafos siguientes:

Pierre Aversenq: *166 (2), 168, 172, 173, 461.* - **D. Bernardin:** *167, 169.* - **Anne Breuil:** *148, 167, 170, 171, 174 (2), 175.* - **A. ETM Breuil:** *161.* - **Burke Communication:** *62.* - **Alizée Chopin:** *464.* - **Arnaud Descat:** *8, 10 (2), 12 (2), 20, 22 (2), 24 (2), 28 (2), 29, 32, 38 (2), 40 (2), 45, 48, 50, 58 (2), 65, 66, 68, 69, 70, 84, 86, 87, 89, 90 (2), 92, 93, 96, 97, 98, 109, 126, 136, 142, 143, 156, 157, 165 (2), 168, 170, 172, 175 (2), 178 (2), 179, 185, 188, 195, 196, 197 (2), 198, 210, 215, 222, 223 (2), 224 (2), 225 (2), 226 (2), 227 (2), 228 (6), 229 (3), 230 (5), 231 (4), 232 (2), 233 (3), 234 (5), 235 (2), 236 (3), 237, 238, 239 (4), 240 (2), 241 (2), 242 (2), 243 (4), 244 (2), 245 (3), 246 (3), 247, 248, 250, 251 (2), 252, 253 (3), 254 (3), 255 (2), 256, 257 (2), 258 (3), 259 (5), 260 (6), 261 (2), 262 (2), 263, 264, 265 (4), 267, 268, 269 (3), 270 (2), 271, 272 (3), 273 (2), 275 (2), 280 (2), 281 (2), 282(2), 283 (2), 284 (2), 295, 297, 298, 299 (2), 300, 301 (2), 302 (3), 304 (2), 305 (2), 307, 308 (4), 310, 311, 312, 313, 314, 315 (2), 316 (2), 321, 322 (2), 324, 325, 326 (2), 327, 329, 330 (4), 333, 334, 335 (2), 341, 345, 347 (3), 349, 350 (3), 351, 352, 353 (3), 354, 355 (4), 356 (2), 357, 358 (3), 359 (6), 361, 363 (2), 365 (3), 366 (3), 367 (3), 368 (5), 369 (6), 371 (2), 372 (4), 373 (3), 374, 376 (6), 377, 378 (2), 379 (5), 380 (3), 381 (3), 382 (2), 383 (5), 384, 385, 386 (2), 387, 388 (2), 391 (3), 403 (2), 404, 421, 414, 415, 416, 417, 418 (2), 420 (3), 422, 423, 424, 425 (4), 426 (2), 427, 428, 432 (2), 437, 439 (2), 441, 442, 443 (2), 445, 446 (2).* - **Frédéric Didillon:** *4, 36, 50, 80, 196, 222, 223, 230, 274, 275, 273, 277, 284, 286, 321, 325, 331, 348, 357 (3), 381, 383, 419, 421, 435.* - **M. Duyck:** *168, 169.* - **François Gager:** *15, 16, 21, 22, 29, 56, 57 (2), 69, 70, 85, 87, 89, 127, 135.* - **Jean Yves Grospas:** *292, 380, 383, 390, 412, 413, 460, 464, 465, 473, 474, 488.* - **Alain Guerrier:** *142, 238, 303, 305, 346, 362, 417, 438, 440.* - **Fred Lamarque:** *28, 34 (2), 44 (2), 80, 107 (2), 110, 114, 115 (5), 116-117 (6), 118-119 (6), 120 (3), 121 (2), 125, 138 (7), 145, 155 (2), 160, 162, 185, 188 (2), 190, 198 (2), 210, 214 (4), 215 (2), 217, 220, 224 (2), 263, 264, 266, 287, 298, 311, 342, 437, 457, 461, 464, 468.* - **J. Lode:** *422, 427, 433, 434, 435 (2), 445, 447 (2).* - **Romain Mage:** *439.* - **Nicole y Patrick Mioulane:** *4 (2), 5 (2), 6, 7, 10, 11 (3), 12, 13 (2), 16, 18, 19 (2), 20, 21 (2), 22, 23 (2), 24, 25 (2), 26, 27 (2), 28, 29, 30, 31, 32 (2), 33, 34 (2), 36 (2), 37 (2), 40 (2), 41 (4), 43, 44 (2), 45, 46 (2), 47 (2), 48, 49 (2), 50, 51 (2), 52 (2), 53, 54, 55 (3), 56 (2), 57, 58 (2), 59 (2), 60, 62, 63, 64 (2), 68 (2), 69, 70, 71 (3), 74, 75, 79, 80, 81, 82, 83, 84, 85, 86, 88, 90, 91 (3), 92 (2), 93 (2), 94 (2), 95, 96, 97 (2), 98, 99, 100-101, 102, 103, 104, 105, 106 (2), 107 (2), 108 (4), 109, 111 (2), 112(2), 113 (6), 114, 121, 122, 123 (6), 124 (4), 125 (3), 126, 128, 130 (2), 132, 133, 134, 135, 146, 138, 140 (2), 141, 142, 143, 144 (3), 145 (3), 146, 147, 149 (3), 150 (3), 152 (2), 153 (3), 154 (2), 156 (2), 158 (2), 159 (4), 160, 161 (2), 162, 163 (4), 164 (2), 166, 167, 169 (2), 170, 171, 173 (2), 174, 176-177 (6), 178, 179 (2), 180-181 (6), 182-183 (5), 184 (3), 186-187 (8), 188 (2), 189, 191 (3), 192 (2), 193 (4), 194, 197, 198, 199 (4), 200-201 (6), 202, 203 (4), 204, 205 (5), 206-207 (7), 208 (4), 209 (3), 210, 211 (3), 212-213 (8), 214, 216, 217, 219-220, 225, 227, 228, 229, 232, 233, 235, 238 (2), 239, 241, 242, 244, 245, 248, 250, 251, 252, 253, 258, 260, 262, 264, 266, 267 (2), 268, 269, 272 (2), 273, 274, 257, 276, 279, 282 (2), 283, 285 (3), 287 (2), 288 (2), 290, 291, 292, 294, 295, 297 (2), 299, 301 (2), 304, 305, 307 (6), 308 (5), 309, 315 (2), 318 (2), 319 (2), 322, 324 (2), 328, 330, 331, 334, 335, 336, 337, 338 (3), 339 (2), 341, 347, 352 (2), 353 (2), 355 (3), 356, 358, 360, 362 (2), 363 (2), 364, 366 (3), 367, 368 (3), 369, 371, 372 (2), 373 (2), 376, 378, 380, 382, 387, 389, 390 (2), 392 (3), 393, 394, 395 (2), 396 (3), 398 (3), 399 (3), 400 (3), 401-402 (2), 403, 404, 405, 406 (3), 407, 408 (2), 409, 410, 414 (3), 415, 416 (2), 420 (2), 422, 424, 425 (3), 427, 429 (2), 430 (2), 431, 432, 433 (2), 434, 435 (4), 436 (2), 437 (2), 439 (3), 440, 441, 444, 446 (2), 447, 448, 451 (3), 452 (4), 455, 456 (5), 457, 459 (2), 460 (3), 462, 464 (3), 465, 466 (4), 467 (3), 468.* - **Yann Monel:** *85, 93, 403, 435, 439-440, 450.* - **Clive Nichols:** *320, 340, 358, 373.* - **Eric Ossart:** *336, 371, 450.* - **J.-P. Soulier:** *3, 14, 17.* - **Friedrich Strauss:** *9, 14 (2), 15, 18 (2), 20 (2), 21 (2), 23, 25, 26 (2), 27, 31, 33 (2), 35 (3), 37, 38, 39 (3), 42 (2), 46, 47, 48, 49 (2), 51 (2), 54 (2), 56, 60 (2), 61 (3), 64 (2), 65, 66 (2), 67, 68, 72, 73, 74, 75 (2), 76-77 (6), 78, 80 (2), 84, 86, 98, 105 (2), 107, 109, 110, 111 (2), 128 (2), 134, 142, 148, 149, 153, 154 (2), 157, 161 (2), 169, 171, 184 (3), 193, 194, 195 (3), 197 (2), 198, 202, 203, 204, 208, 210 (2), 214, 216, 223, 226, 227, 228, 242, 243, 248, 249, 250, 251, 253, 254, 257, 258, 264, 265, 271, 275, 277, 279, 280 (3), 281, 286, 290, 291 (2), 292, 293 (2), 294, 296 (2), 297, 298 (2), 300, 302 (2), 304, 309, 310 (2), 311 (2), 312, 313, 314 (2), 316, 317 (2), 218 (2), 319, 320, 321, 325 (2), 326, 329 (3), 330, 331, 332 (2), 333 (2), 334, 335, 337 (2), 339, 340 (2), 341 (2), 342, 344, 345 (3), 346, 347 (2), 351, 355, 363, 367, 371,478, 479, 380, 382, 383, 389, 403, 404, 405, 407 (2), 408, 409 (2), 410 (2), 411, 413 (3), 417, 418, 419, 422, 423, 424, 425, 426, 428 (2), 438, 441, 442 (2), 443, 444, 445, 446, 447, 450 (2), 454, 455-456, 457, 459 (2), 460, 464 (5), 465, 466, 467, 468, 470.* - **Truffaut:** *245.* - **Didier Willery:** *13, 19, 51, 79 (2), 65, 67 (2), 73, 86.*

Agradecimientos

Queremos agradecer encarecidamente a los propietarios de casas y de galerías que nos abrieron sus puertas amablemente y nos permitieron realizar las fotografías de ambiente que ilustran esta obra:

Dominique y Nicolas Angel, Île-de-France. - Butchart Gardens, Canadá. - Annie Chazottes, Borgoña. - Marie - José Degas, Aquitania. - Alain Delavie, Île-de-France. - Catherine Delprat, Île-de-France. - Sylvie Diarté, París. - Fundación Young, Jersey. - Jardin botanique de Montreal, Canadá. - Jardin des serres d'Auteuil, París. - Knighshayes Court, Inglaterra. - Muebles de Tonge, sala de exposición de la Av. de Malakoff en París. - Nicole y Patrick Mioulane, Île-de-France.

Nuestros más sinceros agradecimientos también a los profesionales siguientes, que nos permitieron fotografiar las plantas de sus colecciones:

Bonsáis Rémy Samson, Châtenay-Malabry. - Jardin des serres d'Auteuil, París. - Orchidées Marcel Lecoufle, Boissy-Saint-Léger. - Orchidées Vacherot & Lecoufle, Boissy-Saint-Léger. - Plantassistance, Rungis. - Truffaut, La Ville-du-Bois. - Truffaut, Servon.